새
고려
왕조사

새 고려 왕조사
제왕의 나라 고려 역사 읽기

초판 1쇄 발행 2025년 6월 13일

—

지은이 한정수
펴낸이 이방원
책임편집 정우경   **책임디자인** 양혜진
기획 김명희·박준성   **마케팅** 최성수   **경영지원** 이병은

—

펴낸곳 세창출판사

신고번호 제1990-000013호   주소 03736 서울특별시 서대문구 경기대로 58 경기빌딩 602호

전화 02-723-8660   팩스 02-720-4579   이메일 edit@sechangpub.co.kr   홈페이지 http://www.sechangpub.co.kr

블로그 blog.naver.com/scpc1992   페이스북 fb.me/Sechangofficial   인스타그램 @sechang_official

—

ISBN 979-11-6684-391-4 93910

이 저서는 2020년도 건국대학교 KU학술연구비 지원에 의한 저서임.

제왕의 나라
고려 역사
읽기

한정수 지음

새 고려 왕조사

세창출판사

34명 고려 제왕의 치적과
5백 년 왕조의 흥망 읽기를 도모하며

이 책의 제목은 『새 고려 왕조사: 제왕(帝王)의 나라 고려 역사 읽기』이다. 이러한 제목을 선택한 것은 필자가 보려는 다음의 시각을 반영하고자 해서이다. 고려가 이룬 삼한 일통의 위대한 왕 즉 신성 대왕이 통치한 나라라는 점, 제불신기(諸佛神祇)의 가호를 받는 신성(神聖) 군주가 다스린 왕조라는 점, 천명을 받은 성인(聖人) 군주가 아우른 국가라는 점, 동국(東國)과 해동천하를 구축하고 태평의 시대를 연 나라라는 점, 때로는 황제로 호칭되면서도 국왕 책봉을 받은 국가라는 점 등의 다채로운 시각을 '제왕의 나라'로 함축하려 한 것이다.

책을 쓰면서 왜 고려사 전공자가 되었을까를 새삼 고민해 보았다. 고려사 전공자가 된 이유는 사실 간단했다. 선배들이 있었던 데다가 우리 역사 속 소위 많은 정치, 경제, 행정, 종교 등 시스템이 처음 갖춰진 데 대해 흥미를 느껴서였다. 더불어 고대에서 중세로의 전환기, 중세 사회라는 단어에 꽂혀 중세 사회 성격을 집중적으로 파악하고자 하는 의지도 반영되었다. 지도교수이신 이범직 선생님의 영향이 없었다면 연구자의 길로 들어서지도 않았을 것이다. 그리고 석사 과정 입학과 함께 들어간 한국역사연구회에서의 학습반과 연구반 활동으로 많은 자극을 받기도 했다.

고려 시대사 연구는 그렇게 시작하여 농업 정책, 농업 기술, 월령, 재이와 천명의식, 시간 지배, 태조 추숭, 용손의식, 팔관회, 풍수도참, 양로의, 국가 의례, 연호, 잔치, 고려의 정체성과 문명의식, 서희와 안우, 천안과 홍경사, 상징조작과 집단의식 등 다방면에 걸친 연구로 이어졌다. 현재도 필자는 이를 지속적으로 다각화하면서 고려 왕조가 지향한 체제가 어떠한 것인지, 그리고 그것은 어떻게 형성 변화했는지 등을 정리 중이다.

이어 선학이 언급한 '고려는 독특한 체제를 갖췄다'는 말의 의미를 다시 곱씹어 보았다. '외왕내제(外王內帝)'나 이중 체제, 해동천하, 다원사회 등이 그것으로, 중국적 체제와 고려의 독특함이 만나는 지점에 대한 해석이 반영된 개념들이었다. 체제 정비 속 황제국이나 제후국 국제 논의, 동문의식, 용손의식과 해동천하, 유불도 삼교의 활용 등이 고려에는 복잡하게 적용되었던 것이다. 이후 조선 왕조에서 『고려사』 등을 편찬하면서는 고려 왕조의 체제 부분에 대해 손을 댄 측면도 있었다. 현재의 『고려사』를 곧이곧대로 볼 수만은 없는 것이다. 이를 복원하고 그 내용을 재해석하는 것이 전공자로서의 의무라고 생각했다.

그리고 다음과 같은 역사의 세 장면을 주목해 보았다.

1. 태조 왕건은 30세가 되던 906년 바다에 솟아오른 9층 금탑에 오르는 꿈을 꾸었다. 42세가 되던 918년 6월 을묘일(14) "왕공이 이제 의기(義旗)를 들었다"라는 외침으로 궁예를 내치고 새로운 왕조를 세우는 역성혁명을 시작했다. 이튿날 병진일(15) 즉위하여 국호를 고려라 하고 개원하여 천수(天授)라 했다. 정사일(16) 즉위 조서에 천하 태평의 경사를 이루겠다 하였다.

2. 즉위 전 이성계는 꿈에서 신인(神人)이 하늘에서 내려와 금척(金尺)을 주는 것을 받은 바 있었다. 이후 1392년 7월 신묘일(12) 우시중 배극렴 등은 왕대비 안씨에게 공양왕이 혼암하다 하여 폐위를 청했고 왕대비의 교로 공양왕을 폐위했다. 1392년 7월 을미일(16) 배극렴과 조준, 정도전 등이 이성계의 저택에 나아가 왕위에 오르기를 권하였다. 태조는 "자고로 제왕의 흥기는 천명이 있지 않으면 불가하다. 나는 실

로 부덕한데 어찌 이를 감당하겠는가"라고 거절하다가 이튿날인 병신일(17) 58세의 나이로 즉위했다. 1393년 2월 경인일(15) 국호를 조선이라 했다.

3. 1394년(태조 3) 4월 갑신일(15) 강화나루에서 형조전서 윤방경(尹邦慶) 등이 왕씨들을 물에 던져 죽이고, 병술일(17) 정남진(鄭南晋) 등이 삼척에 이르러 공양군과 그 두 아들을 교살했다. 이어 기축일(20)에도 형조전서 손흥종(孫興宗) 등이 거제 바다에 왕씨를 던져 죽였다. 4월 을미일(26) 왕씨로 성을 받은 자는 본래의 성씨를 따르게 하고 왕씨 성을 가진 이는 고려 왕실 후손이 아니더라도 모계 성을 따르게 했다.

위 1, 2, 3의 세 장면은 고려의 건국과 멸망, 조선의 건국과 고려 왕씨의 멸문을 보여 준다. 고려 왕조의 흥망이 고스란히 나타난다. 918년 6월 병진일(15)부터 시작된 고려는 1392년 7월 병신일(17) 이성계의 즉위와 함께 역사의 뒤안길로 사라졌다. 1394년(태조 3) 4월에 일어난 공양왕과 왕씨 일족 제거는 어떠한 명분을 갖다 붙이더라도 역사의 비극이었다. 475년 이어진 용손 혈통의 고려 왕실 부흥 도모 의혹을 빌미로 한 발본색원 차원의 조치였다. 후일 조선 왕조는 『고려사』와 『고려사절요』를 편찬해 고려의 역사를 정리하고 조선 건국의 명분을 정당화하였다. 또한 왕씨 혈통을 찾아 숭의전을 설치하여 고려 왕실에 대한 위로와 함께 제사를 올렸다. 조선판 고려 역사 세우기였다.

하지만 고려의 정통을 말할 수 있는 왕실 혈통은 교살 혹은 수장되었고, 고려의 역사는 조선의 시각으로 각색되었다. 이 때문에 고려의 역사는 뒤틀린 면이 생겼다. 반면 정사에, 문집에, 금석문에, 각종 문서에, 불경에 고려의 역사 유산은 고스란히 남아 있다. 또 『고려사』와 『고려사절요』의 행간에도 보인다. 이를 통하여 필자는 고려가 신성한 용손 혈통의식에 따른 왕위계승, 제불신기의 가호와 그에 대한 보은, 사회통합을 위한 팔관회 개최와 보살계 수계 및 장경도량 등 호국 불교 도량 설행, 유불도 문명의식과 선랑 등에 기초한 해동천하 건설, 고려 왕조의 자주성 유지를 위한 외교적 노력,

왕조 중흥을 위한 다양한 개혁 정책의 추진 등에 힘썼음을 알 수 있었다.

이 과정에서 고민한 것은 다음과 같았다. 태조 왕건은 어떻게 왕위에 올라 삼한을 일통할 수 있었을까? 그리고 태조 왕건이 운영한 고려는 어떤 왕조였을까? 그는 어떠한 천하를 세우려 했고 어떤 족적을 남겼을까? 나아가 고려는 우리 역사에서 어떠한 위치를 차지할까 등을 문제의식으로 삼았다. 이에 제1장 천수(天授) 혁명 왕건과 고려, 제2장 5백 년 왕조의 토대 만들기(혜종~목종), 제3장 위기 극복과 해동천하(현종~숙종), 제4장 12세기 대전환 속 고려의 선택(예종~인종), 제5장 제왕과 무신정권(의종~원종), 제6장 고려와 원 그리고 부마고려국왕(충렬왕~충정왕), 제7장 왕조의 가을과 역성혁명(공민왕~공양왕)으로 나눠 고려 건국부터 왕조 멸망과 조선에서의 고려 역사 세우기에 이르기까지를 정리했다. 각 군주의 즉위 과정과 왕실 구성 및 공신, 그리고 정치와 업적, 죽음과 시대 과제라는 틀로 고려 왕조사를 재구성하고자 했다.

전체적으로 고려는 천명과 제불 그리고 천지산천의 신기, 풍수지리와 도참 등에 가탁하여 왕실 신성화와 왕업의 중흥 및 연장을 도모했다. 수많은 사찰 창건과 제불에 대한 도량 행사, 천지산천의 신기에 대한 제사, 그러면서도 천명에 의지하는 덕치, 풍수에 의한 정도 및 천도론 등을 추구했다. 그리고 왕실을 용손 혈통의 황가(皇家)로 신성화했으며 팔관회를 열어 왕실이 천령과 제불신기의 가호를 받고 있음을 대내외적으로 천명했다. 그러면서도 유교 정치를 끊임없이 추구했다. 신성한 성인(聖人) 군주인 제왕이 다스리는 나라라는 인식은 이를 토대로 점차 강화되었다. 그 결과 고려는 건국과 삼한 일통을 이룬 태조를 기점으로 문종 대에 고려 중심의 해동천하 인식과 문명의식을 가지게 되었다.

이후 고려는 쇠퇴했다. 그렇지만 삼한 일통과 해동천하 등은 고려를 상징하는 문명 및 자존의식의 토대로 작용했다. 그렇기에 고려 왕조는 무신정변, 여몽 전쟁, 원 간섭기 부마제후국 단계를 거치면서도 475년간 왕조를 유지할 수 있었다. 반면 선왕 정치 모델로의 지나친 개혁과 회귀 시도는 독이 되기도 했다. 개혁은 현실을 고쳐 미래를 만들어 가는 것인데, 과거 모델의 집착은 역사의 진전을 늦추는 면이 있기 때문이다. 궁예가 암군으로 쫓겨나고 태조 왕건이 추대로 즉위했듯이, 공양왕 역시 혼암한 군주라는 명분으로 축출되었다. 다만 자신들의 힘으로 추대 즉위시킨 공양왕을 축출한 이성계 등은 사실상 혁명의 명분을 찾기 어려웠다. 이에 이미 수명을 다한 고려 왕실의 혈통을 발본색원 단절함으로써 강제로 그 명분을 세웠다. 제왕의 나라 고려는 이로써 마무리되었다. 지나치게 독단적이거나, 무능하고 우유부단하며 소통하지 않는 군주가 왕조의 쇠퇴와 멸망을 낳은 것이다. 고려는 해동천하의 확장은커녕 살아남기에도 급급해진 나라가 되었고, 그마저도 민심을 헤아리지 못하면서 천명은 다른 선택을 하기에 이르렀다. 아쉬움이 남는 대목일 수밖에 없다. 그러나 그 또한 역사의 일부일 따름이었다.

마지막으로 고려를 다루는 역사서로서는 분량이 많은 이 책이 나오기까지 물심양면으로 후원해 준 여러 분들에게 감사드리고자 한다. 먼저 건국대학교에서는 계획과 달리 출간이 늦어진 데 대해서도 넉넉함을 주며 기다려 주었다. 세창출판사 김명희 편집이사께서는 직접 연구실로 찾아와 여러 차례 독려를 해 주셨고, 책임 편집을 맡은 정우경 편집자는 꼼꼼히 교정하면서 읽기 좋은 책으로 만들어 주었다. 진심 어린 애정에 감사를 드린다. 모쪼록 이 책에서 다루지 못했거나 잘못 다룬 부분, 혹 오독이 있는 부분 등은 전적으로 필자에게 책임이 있으므로 그에 따른 비판과 질정은 앞으로 머리 숙여 감당해 가고자 한다.

일감호에서 송악산 만월대 거닐기를 꿈꾸며
2025년 6월
한 정 수

제3장   위기 극복과 해동천하

제4장　　12세기 대전환 속 고려의 선택

제1장

천수(天授) 혁명 왕건과 고려

1.
분열 속 새로운 시대로의 여명

1) 후삼국의 정립과 관계

시대는 바뀌었다. 금성과 주변 일대를 중심으로 영향을 발휘할 수밖에 없는 신라, 완산주에 도읍해 왕을 자칭하는 견훤의 백제, 신라를 멸도라 부르면서 반신라를 외치는 궁예의 고려 등 이렇게 세 축으로 정리되면서 후삼국 시대가 열렸다. 물론 어디에도 속하지 않는 지방의 성주 및 장군들이 있기는 했다. 그들도 필히 생존을 위해서는 어떤 줄이든 서야 했다. 물론 이제 외딴섬에 불과하게 된 신라는 그 대상이 아니었을 것이다.

호족들은 신라 왕실 중심의 골품제적 지배 질서를 와해시켰다. 다만 대부분 그들 스스로 어떤 새로운 나라를 만들려는 의지는 약했다. 성과 촌을 지키면서 자신의 존립 기반을 굳건히 하려는 경향이 있었다. 이에 그들은 견훤이나 궁예의 군세(軍勢)나 자신들에 대한 예우 여부를 살펴 귀부를 결정했다. 혹은 독립적 세력으로 남으려 하기도 했다. 또는 견훤이든 궁예든 편을 들다가 강자 쪽으로 돌아서 배신자 소리를 듣기도 했다. 혹은 저항하다가 패배한 후 승자에 의해 굴욕을 당하기도 했다. 예컨대 나주 압해현의 수달(水獺)이라 칭해진 능창(能昌)은 왕건에 의해 체포되어 궁예에게 보내진 뒤 사람들 앞에서 참수되었다. 지금의 황해도 염주 적수(賊帥) 류긍순(柳矜順)의 책사로 기실(記室)이었던 태평(泰評)은 류긍순이 격파된 후 졸오(卒伍)로 강등되었다. 태평은 후일 태조를 따르게 된다.

호족 중심의 열국 시대는 후백제와 고려로 압축되었다. 이러한 후삼국 시대에서의 성공 여부는 무엇에 달려 있었을까? 그것은 시대 흐름을 반영한 큰 그림의 계획과 추진이었다. 이 관점을 가지고 후삼국 시대의 정립과 그 관계를 살펴보자.

신라는 후삼국 시대에 이르러 강력한 영향력을 발휘하기 어려웠다. 오히려 신라는 견훤이나 궁예의 먹잇감이었다. 견훤은 '신라서면도통' 등의 지위를 자처했다. 또 경애왕을 죽이고 경순왕을 세웠다. 그리고 명분을 '위태로운 나라를 다시 세우고 없어진 군주를 있게 한 것[再造危邦, 喪君有君]'이라 하는 등 신라 중심의 존왕·존주적 면을 보였다. 그러나 기본적으로 신라는 침략의 대상이었다. 궁예 역시도 명주나 패서, 패강진, 평양성, 한산주 등을 비롯한 신라 영토를 침식해 들어갔으며 신라와 외교 관계를 전혀 맺지 않았다. 다만 904년(효공왕 8) 백관을 설치하면서 신라의 제도를 따랐다는 기록이 보일 따름이다. 여기서 의문이 드는 것이 있다. 왜 신라 왕실은 옛 영화와 영토를 되찾아 신라 왕실 중심의 질서를 다시 세우고자 하지 않았을까 하는 점이다.

효공왕은 재위 중 견훤과 궁예의 침략을 받았다. 하지만 대응보다는 현상 유지만 하려 했다. 예컨대 905년(효공왕 9)의 기록을 보면 강역이 날마다 줄어든다는 말을 듣고 매우 걱정했지만 지킬 힘이 없으므로 모든 성주에게 출전하지 말고 성을 굳게 고수하라고만 명했다. 여기에다 효공왕 말년인 911년(효공왕 15)에는 천첩(賤妾)을 총애하여 정사를 돌보지 않아 대신 은영(殷影)이 충간했다. 하지만 효공왕이 듣지 않자 은영이 그 첩을 죽였다. 그리고 이듬해 효공왕은 실의한 탓인지 죽었으며, 후사가 없었다.

후사는 헌강대왕의 딸과 혼인한 신덕왕 박경휘(朴景暉)였다. 신덕왕은 신라 8대 임금으로 154~184년 사이에 재위한 아달라왕의 먼 후손이기도 했다. 신라 하대 사회에서 처음으로 박씨계가 왕위에 오른 것이다. 경문왕가에 혈손이 없는 관계로 사위에 해당하는 신덕왕이 오른 셈이다. 어쨌든 아달라왕의 원손이라는 핏줄 의식이 작동하고 있다는 점이 특징적이다. 이는 고려나 조선 시대에서는 상상하기 어려운 면이기도 하다. 그렇지만 신덕왕이라는 묘호에 걸맞지 않게 그는 어떠한 변화도 꾀하지 못하고 재위 6년 만에 죽었다.

그의 뒤는 태자 승영(昇英)이 계승했다. 8년간 재위한 경명왕이다. 경명왕은 신덕왕과 달리 좀 더 적극적으로 외교적 노력을 기한 것이 눈에 띈다. 태조 왕건이 즉위한 고려에 대해 교빙 수호 관계를 맺었고, 고려의 군사적 도움을 자주 청하기도 했다. 그렇지만 이러한 긴밀한 관계 속에서 신라의 여러 성주가 태조에게 자주 귀부해 친고려 정책에 따른 부작용이 나타났다. 경명왕을 이어 동생인 경애왕이 즉위했다. 재위 동안 그도 친고려 정책을 이어 갔다. 경애왕은 특히 견훤에 대해 경계하였다. 견훤과 왕건 사이 화친의 징표였던 견훤의 외생(外甥) 진호(眞虎)가 죽고 견훤이 이를 빌미로 고려에 대한 공격을 시작했다. 이에 태조는 후백제 용주(龍州) 친정(親征)에 나섰고, 경애왕은 고려에 원군을 보내 협조했다. 경애왕의 친고려 정책을 넘은 군사 연합 정책은 견훤 측으로서는 그냥 둘 수 없는 일이었다. 이를 계기로 927년(경애왕 4) 9월 견훤은 고울부 및 금성을 공격했고, 고려의 원병이 도착하기 전 경애왕은 죽음을 맞게 되었다.

견훤은 경애왕을 죽인 후 신라 왕실을 멸하지 않았다. 대신 54대 경명왕(景明王)의 외사촌 동생[表弟]이며 49대 헌강왕(憲康王)의 외손인 김부(金傅)를 왕으로 세웠다. 경순왕이었다. 그러면서 명분으로는 "위태로운 나라를 다시 세우고 없어진 임금을 있게 하였다"라 한 것이다. 신라 왕실을 다시 세운다는 명분이었지만 실제로는 일종의 괴뢰 왕실을 세워 자신의 뜻대로 움직이려는 것이었다. 그렇지만 경순왕의 행보는 견훤의 의지와 정반대였다. 경순왕 자신도 신라 왕실을 욕보인 견훤을 인정할 수 없었던 것이었다. 또 견훤의 군대가 금성에 남아 있지 않은 상황에서 굳이 견훤의 눈치를 볼 필요도 없었다. 견훤은 이때 늦게 도착한 태조 왕건의 군대와 공산 동수 전투에 나서야 했기 때문이었다(927).

경순왕은 930년(경순왕 4) 2월 고창군(안동 일대) 전투에서 견훤을 크게 이겨 분위기 반등에 성공한 태조 왕건을 금성으로 초빙했다. 이에 931년(경순왕 5) 태조 왕건은 금성에서 2월부터 5월까지 3개월을 보내면서 신라 왕실과 귀족, 백성들의 환심을 샀다. 그들은 태조에 대해 "예전에 견훤이 왔을 때는 호랑이나 이리를 만난 것 같았는데, 지금 왕공(王公)이 오니 부모를 만난 것 같다"라 하면서 칭송했다.

경순왕 5년이자 태조 14년의 이 방문은 경순왕과 신라 조정이 왕건의 고려에 대해 전향적 관계 설정을 하는 결정적 계기가 되었다. 여기에 경순왕 7년이자 태조 16년(933) 3월 후당에서 왕건을 '고려국왕'으로 책봉하자 대세는 더욱 굳어졌다. 그것은 경순왕 9년이자 태조 18년(935) 10월 신라의 고려 귀부 결정으로 이어졌다. 이때 신라 왕자는 다음과 같이 말하면서 반대했다 한다(『삼국사기』 권12, 신라본기 경순왕 9년 10월).

> 나라의 존망(存亡)에는 반드시 천명이 있습니다. 다만 충신 의사와 함께 민심을 수합하여 스스로 굳건히 힘을 다한 뒤에 망할지언정, 어찌 1천 년의 사직을 하루아침에 남에게 가벼이 줄 수 있습니까?

후삼국 시대라는 큰 구도 속 견훤의 후백제는 어떠했을까? 견훤은 사벌주 즉 상주 출신으로 종군하여 서남해안의 비장이 되었고, 무리를 모아 후백제를 세웠다. 사실 신라 출신으로서 갑자기 백제의 원수를 갚겠다고 부르짖는 것은 떳떳치 못한 면이 있다. 그렇기에 성씨를 견씨로 칭하면서 새로운 왕실을 만들었다 자부했을 가능성이 있다. 『삼국유사』에서는 광주 북촌 부잣집 딸과 자줏빛 옷을 입은 남자 사이에서 태어난 아이가 열다섯이 되어 스스로 견훤이라 불렀다 하여 다른 기록을 남기고 있다. 기록의 신빙성은 깊게 논하기 어려우나 견훤이 무장으로서 군사들의 신망을 얻어 나라를 세우면서 국가 운영의 방향을 반신라로 잡은 것은 분명하다.

이미 몰락해 가는 신라였기에 견훤의 군사를 동원한 영토 확장과 후백제 체제의 정립은 충분히 가능했다. 그는 칭왕하고 국호를 정하면서 연호를 건원하여 새로운 정치를 열고자 했다. 『삼국사기』나 『삼국유사』 등 사서에는 기록되어 있지 않으나 남원 실상사 편운화상 승탑에 새겨진 문구 중 "정개 10년 경오년에 세우다[正開十年庚午歲建]"라 한 내용이 확인된다. 이때의 정개(正開)는 다른 어디도 칭하지 않은 연호였다. 경오년이 910년임을 고려하면 정개 원년은 901년이 된다. 따라서 '정개'를 칭한 것은 견훤의 후백제일 수밖에 없다.

연호 사용에는 적잖은 의미가 함축된다. 천명이라는 상징성과 정치 운영 방향 및 목표를 반영하는 것이 연호였다. 즉 연호를 정하거나 개원하는 것은 천하 주인으로서의 자신을 과시하는 징표가 된다. 견훤은 궁예보다도 먼저 연호를 사용하였다. 이는 다른 무엇보다 김헌창의 난(822) 때 국호를 '장안', 연호를 '경운'이라 쓴 것과 관련이 있을 것이다. 견훤이 정한 '정개'의 의미는 그가 백제 부활을 꿈꾼 데에 있었다. 즉, 해석하자면 다시 올바름을 열겠다는 것이기 때문이다. 예컨대 조선 시대 연산군이나 광해군 축출과 관련해 '반정(反正)'이라 한 것을 떠올릴 수 있겠다. 다만 이 연호와 관련한 문헌 기록이 보이지 않는 것은 아쉬움이 있다. 고려 왕조에서 이를 없앤 때문이라 할 수 있겠으나 궁예의 국호 및 연호를 그대로 소개하고 있는 것을 보면 반드시 그 때문만은 아닐 듯하다. 사실 고려 태조가 국왕으로 즉위하면서 개원(改元)해 정한 '천수' 연호도 문헌 및 금석문 기록에 잘 나타나지 않는 점을 참고할 수 있다.

의자왕의 오랜 원한[宿憤]을 갚겠다는 견훤의 의지는 관직을 설치하고 직책을 분담시키는 데서 출발하여[設官分職] 신라 성의 정복에 집중되었다. 하지만 첫 단추부터 쉽게 꿰이지 않았다. 낙동강 서쪽 합천 지역에 있는 대야성(大耶城) 공략에 실패한 것이다(901).

여기에 급속도로 세력을 확장한 궁예가 같은 해에 송악에서 '고려'를 칭하고 왕이라 했다. 당시 연호를 정했는지는 알 수 없다. 그런데 904년 궁예는 국호를 '마진(摩震)' 그리고 연호를 '무태(武泰)'로 삼은 바 있다. 이후 905년에는 연호를 개원해 '성책(聖冊)'이라 했고, 911년에는 국호를 '태봉(泰封)'이라 하고 연호를 '수덕만세(水德萬歲)'라 고쳤다. 914년에는 다시 연호를 '정개(政開)'라 바꾸었다. 견훤 입장에서 궁예의 이러한 조치는 이해하기 어려운 면이 있었을 듯하다. 그렇지만 그것과 별개로 궁예와 군사적 대치를 이어 가야 했다.

비장 출신이기도 했던 견훤은 직접 출장하는 일이 많았다. 왕건 역시 궁예 휘하에 있었을 때뿐만 아니라 왕위에 오른 후에도 자주 전장에 나섰다. 그러나 궁예의 경우 왕위에 오른 후의 관련 기록에서는 전투 참여 내용이 잘 확인되지 않는다. 실제 없었던 것인지, 있었지만 기록을 삭제하거나 남기지 않은 것인지 명확지는 않으나 후자일 가능성이 높다. 다만 912년에 덕진포에서 견훤과 궁예가 싸웠다는 내용이 보인다.

견훤과 궁예 정권과의 18년간에 걸친 전투 중 중요 장면을 보자. 가장 먼저 보이는 기록은 금성(錦城) 즉 나주를 둘러싼 공방이다. 『삼국사기』의 견훤 열전과 궁예 열전에서는 그 시기가 다르다. 견훤 열전에서는 910년에 이미 금성이 궁예에게 투항했고, 이에 견훤이 보병과 기병 3천으로 금성을 10일간 포위 공격하였다 하고 있다. 반면 궁예 열전에서는 911년 국호를 태봉으로 연호를 수덕만세로 고치면서 왕건에게 금성을 공략하게 하여 취하였고, 이때 행정명을 나주(羅州)로 바꾸었다 하고 있다. 『고려사』에서는 천복 3년(903)에 이뤄진 것으로 기록하였다. 앞선 두 기록과 큰 차이가 보여 의아하다. 어쨌든 궁예가 하필 '나(羅)'를 쓴 이유는 백제 지역까지도 망라하여 취하겠다는 의지가 반영된 것이라 여겨진다. 그리고 늦어도 911년에 왕건은 금성의 세력가였던 다련군(多憐君)의 딸이자 후일 혜종의 어머니가 되는 장화왕후 오씨를 만나게 되었고, 다련군의 투항을 이끌어 냈다.

궁예의 직접적인 영향권에서 거리가 멀었던 나주로의 해로를 통한 접근과 다련군의 투항을 이끌어 낸 장면에서 궁예는 왕건을 활용했다. 금성을 잃은 견훤은 친히 3천 병력을 동원해 회복하고자 했으나 결과적으로는 실패했다. 아무리 왕건이 해전에 능했다 하더라도 나주 일대에 대한 경계를 놓치고 다련군까지도 등을 돌리게 한 것은 견훤의 실책이었다.

나주와 관련해 다시금 견훤군과 충돌한 것은 『고려사』에 따르면 909년 무렵이었다. 나주 회복 등을 위해 견훤이 노리고 있음을 우려한 궁예는 왕건을 해군대장군으로 임명해 보냈다. 왕건은 광주 염해현에 머물면서 견훤이 오월국에 보내는 배를 잡아 왔고, 이후에는 나주 덕진포에서 견훤의 수군과 왕건의 해군이 맞붙었다. 전함을 가깝게 연결해 군세를 과시하려 한 견훤의 전략은 오히려 왕건에게 기회가 되었다. 바람을 타고 불을 놓아 전함을 불태웠기 때문이다. 그리고 견훤의 영향하에 있으면서 수전(水戰)을 잘해 수달이라고까지 불렸던 능창(能昌, ?~910)을 사로잡기까지 하였다.

압해현의 해적 우두머리였던 능창의 위명은 궁예에게도 평소 잘 알려졌던 듯하다. 그런데 포로로 잡혀 끌려온 능창에 대한 궁예의 태도는 적장을 대하는 예우에 맞지 않았다. 그는 능창에 대해 면전에서 "해적이 모두 너를 받들어 영웅이라고 하였지만 이제 포로가 되었으니 어찌 나의 신묘한 계책[神筭] 때문이 아니겠는가?"라 하면서 사람들이 있는 데서 목을 베었다. 자신의 수군에서 영웅으로까지 불리던 장수를 잃은 견훤은 몹시 안타까웠을 것이다. 왕건이 계책을 세워 그를 잡았지만 여전히 능창의 능력은 뛰어났던 것이다. 이러한 그를 궁예가 회유하여 수하로 삼는 포용력을 보였다면 견훤의 수군은 매우 위축되었을 것이고 왕건을 비롯한 여러 장수 또한 궁예의 정치력을 다시금 평가했을 것이다. 그러나 궁예가 능창을 죽이는 장면은 기대와는 거리가 멀었다. 나아가 궁예는 전장에서 공을 세운 장군들에게까지 의심을 갖기 시작해 휘하 장수들은 철원에 있기보다는 안위를 위해 전장에 나가려 할 정도가 되었다.

여기서 한 가지 염두에 둘 점은 궁예가 승려 출신이라는 점이다. 이 때문인지 궁예는 898년(효공왕 2) 11월 송악에서 팔관회를 열었으며 스스로 불경을 해석하기까지 하였다. 자신을 '미륵불'이라 칭하기도 했으며 불경 20권을 저술한 기록이 있다. 복장으로 금책(金幘)을 쓰고 방포(方袍)를 입었으며, 큰아들과 작은아들을 각기 청광보살과 신광보살이라 했다. 출궁할 때는 고운 비단으로 말갈기와 꼬리를 꾸민 백마를 타고, 소년 소녀들로 일산과 향화를 받들고 앞에서 인도토록 하였다. 그리고 200여 명의 비구에게 찬불가를 부르며 뒤를 따르게 했다.

궁예 출궁 때의 이 광경은 미륵불의 용화수(龍華樹) 아래 설법과 그 후 제자들을 데리고 혈두말성(趨頭末城)으로 들어가는 장면을 연상해 연출한 듯하다. 미륵불이 성으로 들어갈 때 길거리에서는 가지가지의 번개(幡蓋)를 세우고 향(香)을 태웠는데, 그 연기가 구름 같았다 한다. 그때 제석과 천왕은 불덕(佛德)을 찬양하고, 하늘의 꽃들을 뿌려 부처님을 공양한다고 했다. 따라서 궁예의 출궁 및 환궁 때 미륵불 관련 의장은 이를 보는 백성들에게 미륵불이 설법하여 만드는 용화세계가 실현되고 있다는 환상을 갖게 한 것이다.

궁예의 이 같은 면은 그가 승려 선종으로서 꿈꿨던 것이라 여겨진다. 그는 미륵신앙 속에서 그 자신을 미륵이라 자칭하고 중생을 계도하여 부처의 세계를 만들려는 의지가 있었다. 즉, 이를 통해 궁예는 그 자신이 미륵으로서 또 국왕으로서 정교일치적 전제주의를 이뤄 가려 했다. 그리고 불경 20권을 저술하고 출궁 시 의례를 자신 스스로 해석한 미륵의 모습으로 연출하였으며 협시보살로서 자신의 아들 둘을 각기 청광보살, 신광보살이라 칭하였던 것이다.

불교에서 미륵보살을 자씨보살, 미륵불을 자씨불이라 칭한 것을 보자. 본래 미륵은 자씨 즉 자비를 상징하고 있었다. 미륵은 석가의 교화를 받아 수도하면서 훗날 성불할 것이라는 수기를 받아 도솔천에 올라[彌勒上生] 천인(天人)에게 설법한다고 했다. 그리고 석가의 입멸 후 일정 기간이 지난 뒤 사바세계에 다시 태어나 화림원(華林園) 용화수(龍華樹) 아래서 성불[彌勒下生]하는 존재였다. 이때의 자비는 말 그대로 중생을 남김없이 구제한다는 의미를 담고 있었다. 그러나 미륵불을 자처한 궁예의 모습은 미륵이라는 구세 영웅적 모습이 아니라 광기에 찬 영웅의 모습이었다. 심지어 궁궐 내원에 있었던 승려 석총(釋聰)이 궁예의 미륵과 관련해 "모두 사악한 설과 괴상한 말로 교훈이 될 수 없다"라 하자 철퇴로 내리쳐 죽였다는 기록이 보인다.

석총은 신라 하대 미륵신앙과 관련한 대표적 인물인 진표(眞表)의 법상종 법맥을 이은 인물이었다. 그는 아마도 궁예의 불교적 면을 자문하는 역할을 했을 것이다. 궁예가 계속해서 전륜성왕을 넘어 스스로 불경을 해석해 자신을 미륵불이라 하자 앞서의 비판을 한 것이라 보인다. 이러한 석총의 참혹한 죽음은 궁예의 무자비함을 보여 주었다. 그것은 세속의 왕으로서 불법을 숭상하는 전륜성왕의 모습도 절대 아니었다. 견훤과 달리 미륵신앙을 통해 적극적으로 민심을 수습하고 자신의 지위를 전륜성왕화하려 했던 본의와도 한참 떨어져 있었다.

여기에다 결정적 몇 가지 장면은 미륵불을 자처하는 궁예의 모습이 얼마나 광기에 찬 것이었는가를 보여 준다. 앞서 능창을 처형하는 장면이나, 914년 연호를 수덕만세에서 정개(政開)로 고친 때 갑작스레 미륵관심법을 체득했음을 빌미로 아녀자의 간음 여부를 판단하거나, 재상이나 장수 중 모반죄를 엮어 하루에도 100여 명을 죽였다는 사례, 궁예의 그릇된 일에 대해 간언한 부인 강씨를 간통했다 하여 그녀와 그의 두 아이까지 죽인 사건, 심지어 왕건에게조차 의심을 품어 죽음 지경까지 몰았던 일 등이 궁예 정권 후반기 내용의 대부분을 차지한다. 기록이 사실 그대로라면 궁예는 광기의 군주이자 폭군이었고 미륵불 자처는 자만을 넘은 오만이었다.

이는 견훤과의 치열한 경쟁이 계속되는 중 태봉 정권을 스스로 무너뜨릴 수 있는 중요한 문제였다. 왕건이 후백제와의 전투에서 승전보를 올리고 있었지만 궁예가 미륵불을 자처하고 미륵관심법으로 신료와 아녀자들을 통제하는 상황 속에서 전투에서의 승리는 오히려 궁예의 광기를 부채질할 수 있는 것이었다. 그렇다면 궁예는 후백제 및 신라와의 치열한 경쟁 중에 어째서 이 같은 행위를 되풀이하였을까?

현재로서는 남겨진 기록만으로 판단을 해야 한다. 이를 토대로 볼 때 유력한 해석은 궁예가 지나치게 미륵신앙을 혹신하고 불경을 자의적으로 해석하여 쓰다가 국왕으로서의 성취를 과신해 전륜성왕을 넘어 미륵불을 자처했으리라는 것이다. 출궁 때의 미륵불 관련 의장이나 팔관회 시행, 미륵관심법이 이를 상징한다.

다음으로는 그의 정치 기반에 따른 불안함이 이를 부채질했을 가능성이다. 그는 신라 왕실 출신이었다. 그런데 이와는 거리가 먼 옛 고구려 지역과 세력에 의존해야 했으므로 이들의 정치적 야심을 실현시켜 주어야 했다. 언제든 이들 세력의 이익을 대변할 이가 등장할 경우 궁예는 축출될 수 있었다. 이러한 불안감을 궁예는 반대 세력 축출과 처형이라는 극단적 방법으로 해결해 간 것이다. 어쨌든 자비의 불(佛)인 미륵불과 반대되는 이 행보는 그의 몰락을 가져왔고, 결국 왕건이 휘하 장수들로부터 새 군주로 추대받으면서 마무리되었다.

2) 새로운 후삼국 정립과 시대 과제

신라와 견훤의 후백제, 궁예의 태봉이라는 후삼국 시대의 정립은 궁예의 몰락으로 한바탕 출렁였다. 정립(鼎立)은 말 그대로 천하를 세 개의 균등한 다리가 떠받치고 있음을 뜻한다. 그중 한 축이 삐걱거리면 다른 두 개 역시도 흔들릴 수밖에 없다. 물리적으로 이는 당연하다. 하지만 정치라는 것은 이와 달랐다. 삐걱거리는 한 축을 누군가가 바로 세우면 나머지 두 축과의 관계도 달라지기 때문이다. 여기서 이제 신라, 견훤의 후백제, 왕건의 고려는 더욱더 큰 그림 즉 통합을 위한 리더십을 누가 더 빨리 진정성을 가지고 완성하느냐에 따라 달라질 수 있었다. 이는 세 개의 축을 하나로 만들면서 솥단지 즉 백성의 삶은 흔들리지 않게 해야 하는 일이기도 했다.

먼저 이 시점에서 가장 공고했던 견훤을 보자. 그에게는 더욱 강력한 군사력 양성을 도모하고 영토 확장에 적극적으로 나서는 것과 당분간 새로이 즉위한 왕건의 고려를 관망하면서 내실을 다지는 방향으로 나아가는 것의 두 개의 길이 있었다. 이 두 길 가운데 견훤은 일단 후자를 택하였다. 견훤은 왕건의 즉위에 대해 918년(태조 1) 8월에 일길찬 민합(閔郃)을 보내 축하하고 공작선(孔雀扇)과 지리산 대나무 화살을 선물로 보냈다. 한편 신라의 대야성에 대해 보병과 기병 1만으로 공격한 일이 920년(경명왕 4) 4월에 있었다.

이는 견훤이 군사력만 중요시한 것이 아니라는 사실을 보여 준다. 말하자면 시세를 파악하고 시의적절한 정국 운영을 꾀한 것이기 때문이다. 이 시기 견훤은 오월국에 사신을 다시 보내 전에 받았던 검교태보의 작위 위에 중대부를 더해 받았다. 견훤의 이러한 외교적 노력은 왕건의 고려보다 앞선 것이었다.

사실 서남해안 비장이었던 출신과 함께 장보고의 청해진 세력이 벽골군으로 옮겨지면서 그들의 무역 및 외교 경험이 축적되었을 것이라는 점 등을 전제로 하면 그의 외교적 감각은 남다를 수밖에 없었다. 후일 후당으로부터 왕건보다도 빠른 시기인 925년에 종전에 있었던 지절 도독전무공등주군사 행전주자사 해동사면도통지휘병마제치등사 백제왕(持節都督全武公等州軍事行全州刺史海東四面都統指揮兵馬制置等事百濟王)의 지위 그대로와 함께 검교태위 겸 시중판백제군사(檢校太尉兼侍中判百濟軍事)로 책봉받은 것은 그 성과였다. 다만 태조처럼 '고려국왕'이 아닌 판백제군사(判百濟軍事)로 책봉된 것은 분명한 차이가 있어 보인다. 적어도 후당으로부터는 온전히 백제국왕으로서의 지위를 인정받지 못한 셈이다.

그간 태봉에서는 이러한 외교적 노력은 거의 없었다. 사실 이러한 면에서 본다면 궁예의 정치 개혁 내용은 국호와 연호를 바꾸어 정하는 데 집중되고 있었다. 예컨대, 904년 궁예가 국호로 정한 마진에는 다음과 같은 의미가 있었다. 우선 '마하진단(摩訶震旦)'에서 온 것으로 동방의 큰 나라[大東方國]를 뜻한다는 견해가 있다. 혹은 발해의 국호 진국(震國)을 염두에 두고 발해의 영토까지 회복하겠다는 뜻이라 보기도 한다. 한편 『역경(易經)』의 '제출어진(帝出於震)'에 근거하여 제왕(帝王)의 나라 출현을 다짐하는 염원을 담았다고 해석하기도 한다. 이처럼 해석 여지는 있지만 이는 새로운 시도에 해당하였다.

'태봉(泰封)'이라는 국호에는 '평화로운 통일 천하'로서 한 무제가 제국의 통합과 안녕을 기원하며 행한 태산봉선(泰山封禪)의 의미가 있었다. 국호도 연호도 궁예는 나름의 의미를 부여하고 상징성 있는 글자를 모아 정한 것이다. 그것은 평가야 달리 받고 있지만 개혁의 의미라 할 수 있었다. 다만 원대한 뜻과 달리 궁예가 외교적 노력을 취하지 않은 것은 내정과 전쟁에 집중해야 했던 현실 때문이라 여겨진다.

또한 연호를 '무태(武泰)-성책(聖冊)-수덕만세(水德萬歲)-정개(政開)'로 개원한 것도 남다른 의미가 있었다. 연호를 풀이한 연구를 보면 '무태'는 한나라 무제가 태산에서 봉선한 것을 축약하면서 천하 일통을 상징하고자 한 것으로 볼 수 있다. 또한 무태 연호 사용 1년 만에 개원한 '성책'의 경우는 철원이라는 성역으로의 천도를 기념하고자 하는 의지가 담긴 것으로 해석되었다. 또는 철원 일대에서 '성책'이라 할 도참적인 문건이 발견되었을 가능성도 있다. 이 경우는 궁예 정권의 조작물로 보아야 할 것이다. '수덕만세'의 경우는 오행 상생을 염두에 두었다. 철원은 오행 중 금의 기운[金德]의 땅이며, 여기서 수의 기운[水德]이 일어난다는 것이다[金生水]. 오행 상생의 이치를 담아 태봉의 영원함을 기리려는 뜻을 담고 있다. 마지막 개원 연호 '정개'에는 글자 그대로 후삼국 중 큰 영토를 차지하면서 그 자신감 속에 새로운 정치를 열겠다는 의지가 내포되었다.

궁예가 팔관회를 열고 또 이어 미륵불을 자처하면서 미륵관심법을 행한 것은 불교적 관심사의 표현이었고, 이를 통해 민심 통합을 꾀한 면이 있었다. 미륵관심법의 경우 그 행태에 대해 비판은 있을지언정 말이다. 특히 중동(仲冬)인 음력 11월 열린 팔관회는 국가적 차원의 축제 의례로 부상하였고 이는 태조 왕건이 행한 팔관회의 전신인 점을 고려하면 부처와 궁예 그리고 신민이 함께 즐기는 신성한 의례였다. 또한 미륵불 및 미륵관심법, 그리고 도참적 성격을 가진 성책과 오행적 내용을 담은 수덕만세 연호의 제정 등을 보면 궁예의 정치는 견훤이나 신라의 정치와는 차이가 있었다. 그것은 먼저 불교를 신앙 차원을 넘어 국가 통합 의례의 원리로 삼으려 했다는 점이며, 다음으로 오행과 연계한 도읍 선정과 연호 제정을 볼 때 풍수도참을 적극 이용하려 했을 것이라는 점이다.

그렇지만 견훤이나 궁예, 신라는 백성의 생계를 어떻게 도모할 것인지에 대해서는 관심을 보이지 않았다. 군역이나 건설 등에 동원되는 공역, 가장 중요한 공사(公私)의 조세, 관료나 장군 및 군인들에 대한 처우 등에도 그러했다. 동시에 왕위계승의 절차를 어떻게 잡음 없이 진행할 것인지의 해결책도 확고히 세우지 못했다. 견훤은 후일의 왕건처럼 부인이 많았다. 그 사이 아들이 10여 명이 되었고 여러 딸이 있었다. 궁예는 부인 강씨와 두 아들이 있었다. 장남으로 할 것인가, 총애받는 아들로 할 것인가, 아니면 공이 있고 덕이 있는 아들로 할 것인가 등의 문제가 그들에게 있었던 것이다.

신라는 여전히 경주를 중심으로 축소 일변도였고, 부국강병을 위한 개혁 등의 시도는 거의 불가능할 지경이었다. 그것은 천년 신라가 존망의 위기에 처했음에도 공고한 기득권 카르텔인 골품제적 지배 질서 즉 진골 귀족 중심 사회를 고수하고 있었기 때문이었다. 918년(경명왕 2) 2월 일길찬 현승이 모반하였다가 처형당한 것은 이를 방증한다.

이들 내용을 종합할 때 새로이 정립되는 후삼국 시대(신라-후백제-고려)에 해결되어야 할 과제는 새로운 통일 왕조에도 적용되는 것이었다. 그것은 다음과 같지 않았을까 한다.

첫째, 유교와 불교를 아우르는 이상적 군주상의 설정과 실현 노력

둘째, 왕조가 지향하는 새로운 천하의 모습 제시

셋째, 왕위계승의 안정 확립과 왕권 강화

넷째, 왕권 경쟁 세력 즉 진골 귀족 세력에 대한 철저한 견제 혹은 화합: 진골 귀족 세력 몰락으로 유교 및 불교 등을 아우른 관료 양성 필요성 대두

다섯째, 합리적, 도덕적 소양을 갖춘 왕도정치를 위한 개혁 추진 세력의 양성: 유교적 소양을 갖춘 최응과 같은 이들로 설관분직 등 추진

여섯째, 민심 수습을 위한 불교신앙의 역할 확대와 윤리와 사회질서 유지 그리고 인재 양성을 위한 유교 교육의 심화: 불교 의례와 신앙 중요성 확대, 중앙 학교 및 지방 학교 설치 운영

일곱째, 백성의 사회경제적 안정을 위한 조세와 전제(田制) 및 구휼 정책의 마련

여덟째, 지배층의 겸양과 예의 그리고 검소함 장려, 합리적이고 공정한 인재 선발과 기회 부여

아홉째, 풍수도참의 적절한 활용과 유교에서의 재이와 천명 사상 수용

열째, 지방민의 안정 및 농업생산력 향상과 지방 사회 개발

그런데 새로이 후삼국 시대가 열림에 따라 견훤은 추진했지만 궁예는 하지 못했던 점에 대해 고려 태조는 궁예와 다른 선택을 했다. 즉 적극적으로 주변과 관계를 맺고자 한 것이다. 그것은 외교의 필요성에 대한 깨달음이었다. 이를 위해 기본 외교 자세에 대한 이해가 필요했다. 물론 일방적 환심 사기나 굴욕적인 저자세가 아닌 상호 이해와 협력을 위한 것이었다. 이 때

문에 새로운 후삼국 시대에서 삼국은 혼란기이기는 하였지만 자신들의 국정 운영 명분을 찾기 위해 중국의 오대십국 왕조에 사신을 보내기에 이르렀다. 사신을 통한 외교적 노력과 책봉받기가 이에 해당하였다.

여기에 더해 본격적인 통일 전쟁의 전개와 승리를 위한 전략 만들기가 필요했다. 국토에 대한 전반적인 파악 위에 군사 운영의 방안, 전쟁 수행을 위한 군사 도로 확보, 자발적 귀부를 유도하는 정책의 수립과 전개 등이 요구된 것이다. 이는 사실 각 지역의 유력 세력이라 할 성주나 장군의 투항과 그에 대한 적절한 대우 등이 뒷받침될 때 자연스레 해결될 수 있는 영역이기도 했다.

풍수도참이나 불교, 토속신앙 등을 적극 이용해 민심을 수습하고 사회 안정을 위해 나설 필요가 있었다. 풍수도참은 신라 하대 사회에서 더욱 유행하기 시작했다. 특히 불교 사찰 건립과 관련해 이른바 '불가풍수(佛家風水)'가 자리를 잡았다. 불교 국가 신라를 넘어 승려의 수행과 득도성불을 위한 가람 터를 찾고 이를 왕실 후원과 연결시키면서 새로운 구세주 보살의 등장을 예견하려 했다. 신라 외 고려나 후백제의 경우에도 불가풍수를 적극 이해하고 이를 운영하기 시작하였다. 이에 당대 불가풍수가로 유명했던 승려 도선(道詵, 827~898)의 영입 활용이 과제로 떠올랐다. 이는 그동안의 신라 금성 즉 경주 중심 국토편성을 새로운 국가, 새로운 왕실, 새로운 도읍 중심으로 재편성하는 국가지리적 문제이기도 했다.

도참비기를 통해서는 신라의 운명과 후백제 견훤, 태봉 궁예, 태조 왕건의 흥망을 만들어 가고자 했다. 특히 민심의 경우는 그럴듯한 상황과 자신의 처지를 구원해 줄 구세주의 탄생을 열렬히 기도하는 경향이 있다. 토속신앙의 경우 특히 오랜 신앙의 대상인 여러 신이나 용, 신성한 혈통, 과거의 전설이 담긴 신앙처 등을 활용해 신성한 탄생담과 성장담 등을 특정화했다. 현재도 언급되는 조지 오웰의 『1984』에 나오는 구절을 연상할 필요가 있겠다.

과거를 지배하는 자가 미래를 지배하고, 현재를 지배하는 자가 과거를 지
배한다.

이를 적용하면, 지배자가 과거의 이야기를 독점하고 이를 통해 자신의 존
재 명분을 확립하면서 자신의 계획대로 미래 사회를 만들어 갈 수 있게 된
다. 물론 이 과정이 자연스레 이뤄진다면 더할 나위 없이 좋고 그렇지 않더
라도 백성들이 이를 믿고 따르게 만든다면 그것은 성공적이라 할 수 있다.
'새로운 군주는 덕이 있기에 하늘이 천하를 다스릴 운명을 내렸고, 이에 왕
위에 올라 무기가 아닌 덕으로 천하를 통합한다'라는 신앙과 이야기를 통해
과거를 지배함으로써 명분 만들기를 해 갈 필요가 있었다. 신성한 왕실과
유덕한 군주상 만들기가 바로 이것이었다.

3) 신성한 왕건 가문 만들기

『고려사』 권1 태조 세가 첫머리에는 왕건의 혈통에 대해 적고 있다. 성이
왕씨(王氏)이고 휘 즉 이름은 건(建)이며, 자(字)는 약천(若天)이라 했다. 송악
군 사람이며 세조의 맏아들로 모친은 위숙왕후 한씨라 기록했다. 한편「고
려세계」에는 의종 대 김관의(金寬毅)가 쓴 『편년통록』을 인용해 태조의 이름
에 대한 소위 비하인드 스토리를 전했다. 지리법을 배운 도선국사가 개성
송악산과 연결되는 곡령에 올라 산수의 맥과 천문, 운수를 살펴 태조 왕건
의 아버지인 용건(龍建)에게 다음과 같이 말했다고 한다.

그대는 수명(水命)이니 마땅히 수(水)의 대수(大數)를 따라 집을 육육(六六)
으로 지어 36구(區)로 만들면 천지의 대수와 맞게 되어 내년에는 반드시
성스러운 아들[聖子]을 낳을 것이니, 마땅히 그 이름을 왕건(王建)이라 지으
시오.

도선은 오행에 따라 용건 즉 태조의 아버지에게 수덕(水德)이 있다 하였고, 이를 더욱 왕성하게 하기 위해 집을 구획해 지을 때 36구로 만들면 천지 대수와 맞아떨어진다고 조언했다. 이렇게 한 이후 다음 해에 이르면 반드시 성스러운 아들을 낳을 것이며 이름을 '왕건'이라 지으라 말했다. 이를 보면, 성자(聖子) 왕건이라 했는데 여기서는 성이 없다. 우리가 아는 것처럼 성이 '왕'이고 이름이 '건'이 아닌 것이다. 눈여겨볼 대목은 아버지의 이름은 용건(龍建)이고, 할아버지는 작제건(作帝建)이라는 부분이다. 아버지 용건은 나중에 이름을 '융(隆)'으로 바꿨고 성을 역시 왕씨로 했다. 이것을 본다면 태조 왕건의 가계에는 뭔가 우여곡절이 있음을 알 수 있다.

그것이 무엇인가를 살펴보는 것은 태조 이하 고려 왕실 신성화의 과정 이해에 도움이 된다. 또한 왜 그렇게 설정해야 했는지도 마찬가지이다. 여기서 추가로 의문이 드는 것은 왕실 신성화 이전의 가장 사실에 근접한 태조 왕건의 가계는 어떠했는가이다.

시조는 호경(虎景)으로 나온다. 호경은 스스로 성골장군(聖骨將軍)이라 했고 백두산에서 내려와 부소산에 자리를 잡았다. 이후 죽을 위기에서 자신을 구해 준 구룡산 산신과 부부가 되었다. 이때 산신은 과부였다 한다. 그리고 호경은 밤마다 옛 부인의 꿈속에서 그녀를 찾아 교합해 아들을 낳았다. 그가 강충(康忠)이었다.

성골장군의 호칭은 신라의 신성 왕실 혈통을 칭한 것이었다. 여기에 장군은 지방 군진의 성주 장군을 의미했다. 백두산에서 내려왔다는 대목은 고구려계를 뜻했다. 과부인 구룡산 산신은 고유의 토착신앙인 산신신앙을 염두에 둔 것이었다. 호경이 옛 부인의 꿈속에 찾아들어 부부관계를 맺어 아들을 낳은 대목은 신라 진지왕과 도화녀 이야기에서 모티브가 온 것으로 보인다. 구룡산의 명칭은 구룡이라는 용어에서 나오듯 산신과 용신신앙의 반영이었다.

그리고 이를 기리기 위해 고려 왕실은 사당을 지었고 이를 '국조성골장군

사(國祖聖骨將軍祠)’라 했다. 구룡산은 나중에 성골장군이 거처하는 곳이라
해 이름을 ‘성거산(聖居山)’으로 바꿨다. 이는 고려 왕실이 호경 관련 설화를
기정사실화하고 신앙의 대상으로 삼도록 민심을 유도한 결과였다.

국조인 호경의 아들은 강충이었다. 역시 이름만 등장한다. 강충은 영안
촌 부잣집 딸인 구치의(具置義)를 아내로 맞아 오관산 아래 마하갑(摩訶岬)에
서 살았는데, 풍수에 밝은 신라 감간(監干) 팔원(八元)의 조언을 받았다. 즉
“만약 고을을 산의 남쪽으로 옮기고 소나무를 심어 바윗돌이 드러나지 않
도록 하면 삼한(三韓)을 통합할 인물이 태어날 것입니다”라 한 것이다. 강충
은 이 말대로 하고 군의 이름을 ‘송악군(松嶽郡)’이라 해 풍수의 기운을 받고
자 했다.

이 내용을 보면 마하갑이 보인다. 마하는 큰 혹은 위대한이라는 뜻을 담
고 있다. 마하갑은 매우 큰 골짜기라는 의미를 가짐과 동시에 위대한 이가
사는 곳이라는 의미이기도 했다. 풍수를 잘 아는 감간 팔원은 경문왕 때 황
룡사탑 중수(重修)에 참여한 집사시랑 김팔원(金八元)을 뜻한다. 김팔원은 경
문왕 12년(872) 황룡사 9층 목탑 금동찰주본기에 등장한다. 실제 강충과 김
팔원의 생몰은 시점을 비교할 때 상당한 차이가 있었다. 김팔원이 장수했
다면 모를까 말이다. 이는 이미 왕건의 집안이 선대 때부터 풍수로 점찍어
진 가문이라는 의미를 담은 것이었다. 또한 삼한을 통합할 인물이 태어난
다는 것은 도참적인 이야기였다.

강충의 두 아들은 이제건(伊帝建)과 보육(寶育)이었다. 이 중 동생 보육이
꿈속에서 송악산 자락 곡령(鵠嶺)에 올라 남쪽을 향해 소변을 보니 삼한 산
천이 오줌에 잠겨 은빛으로 변했다 하였다. 이를 들은 형 이제건은 “너는 반
드시 하늘을 떠받칠 기둥을 낳게 될 것이다”라 하면서 딸 덕주(德周)를 아내
로 삼게 했다. 두 딸을 낳았는데 막내의 이름은 진의(辰義)라 했다. 그 언니
가 오관산 꼭대기에 올라 소변을 보니 천하에 흘러넘치는 꿈을 꾸자 진의
는 비단치마로 이 꿈을 사고 당나라 숙종황제를 만나 아들 작제건(作帝建)을

낳았다.

 사실 보육이나 그 딸의 오줌꿈 즉 선류몽(旋流夢)은 고대사회에서 자주 등장하는 스토리이다. 이미 헤로도토스가 쓴 『역사』에 메디아 왕 아스티아게스가 딸의 방뇨로 전체 도시가 물에 잠기고 아시아 전역에까지 범람하는 꿈을 꾸었다는 기록이 있다. 이 딸에게서 태어난 아이가 오리엔트를 재통일하는 페르시아의 키루스 대왕이었다. 메디아 왕의 꿈과 보육 및 그 딸의 오줌꿈은 물론 직접적 연관성은 없다. 다만 『삼국유사』에는 김유신의 누이들인 보희·문희 이야기가 나온다. 언니 보희가 서악 즉 선도산에 올라 오줌을 누었는데 금성에 가득 찼고, 이를 들은 동생 문희가 비단치마로 꿈을 샀다는 이야기 구조는 매우 유사하다.

 요지는 산에 올라 오줌을 누었고, 그것이 천하에 흘러넘친다는 것으로서 대체로 하늘을 떠받칠 기둥 혹은 천하를 다스릴 영웅이 이 꿈을 통해 예지된다. 비단 등을 통해 매몽하지 않더라도 기이한 이야기로 여겨졌다. 후일 고려 현종을 낳은 헌정왕후 황보씨가 곡령에 올라 오줌을 눈 꿈도 이에 해당한다. 강충의 오줌꿈이나 진의의 오줌꿈 매몽은 대체로 보희의 오줌꿈을 문희가 산 이야기가 모티브였을 것이다. 이들 꿈에 등장하는 서악, 곡령, 오관산은 신령한 산의 요소이기도 했다.

 작제건은 꿈을 산 진의와 당 숙종황제 사이에서 태어났다. 실제로 당 숙종이었을 리는 없으므로 왕실 혈통의 신성화를 위한 장치였을 것이다. 숙종이 패강 즉 예성강 서쪽에 이르렀다가 곡령에 올라 남쪽을 보고는 반드시 이곳은 도읍이 될 것이라 하였다. 따르는 자도 이곳이 팔진선(八眞仙)이 사는 곳이라 덧붙였다. 그리고 보육의 집에 머물다가 진의와 부부의 연을 맺었고 작제건이 태어났다. 임신 사실을 알고 돌아가면서 숙종은 자신이 대당의 귀한 가문이라 하면서 징표로 활과 화살[弓矢]을 남겨 아이에게 주도록 했다. 작제건은 16살의 나이가 되자 징표를 받았다. 이를 쏘니 신궁(神弓)이라 소문이 났다.

이후 아버지를 찾아 배를 타고 가던 중 치성광여래로 변신한 늙은 여우로부터 괴로움을 당하던 서해 용왕을 구해 주었다. 이에 용왕은 작제건의 소원을 들어주겠다 했다. 용왕은 작제건에게 아버지를 찾겠는지 아니면 부자가 되는 칠보를 가지고 가 모친을 받들려는지 물었다. 이에 작제건은 동쪽의 왕이 되길 원한다고 대답했다. 하지만 용왕은 현재는 어려우며 자손 삼건(三建)의 때를 기다려야 한다 했다. 이에 꿈을 접자 늙은 노파[老媼]가 그에게 용왕의 딸 저민의(翥旻義)를 배필로 청할 것을 조언했다. 용녀 저민의가 작제건에게 용왕이 가지고 있는 버드나무 지팡이와 돼지를 요청할 것을 말하자 칠보와 돼지 등을 받아 돌아왔고, 이후 돼지가 송악 남쪽 기슭을 찾아 눕자 여기에 집을 지었다. 용녀는 황룡으로 변해 용궁을 드나들었는데 작제건이 이를 몰래 보자 어린 딸과 용궁으로 들어가 돌아오지 않았다 한다.

「고려세계」의 이야기 중 작제건 관련 설화가 가장 많은 분량을 차지한다. 여기서의 작제건은 태조 왕건의 조부이다. 그리고 용녀 저민의는 조모에 해당한다. 아무래도 구체적인 이야기라 할 선행 설화가 있었을 가능성도 있겠다. 즉,『삼국유사』진성여왕 대에 전하는, 서해의 신을 늙은 여우로부터 구해 보상을 받는 거타지(居陀知) 설화를 바탕으로 삼았을 것이다. 신화 혹은 설화에는 스토리 차이가 있더라도 소위 중요 키워드라 할 신화소 혹은 설화소는 특정되기 마련이다. 예컨대 작제건이나 당 귀인, 활과 화살, 신궁, 늙은 여우와 용왕, 용녀 저민의, 황룡, 버드나무 지팡이, 돼지, 칠보, 삼건(三建), 송악 남쪽 등이 그러하다.

이 작제건 설화에는 여러 가지 선행 설화가 연결되어 있다. 우선 작제건이라는 이름에는 후손 중 제왕이 등장할 것이라는 예지적 요소가 있으며, 당 귀인 혹은 당 숙종은 작제건의 부친이 외래인이라는 것을 말해 준다. 예컨대 주몽 설화에서도 천제의 아들 해모수는 유화의 임신을 도울 뿐 다른 역할이 없었다. 또 활과 화살, 그리고 신궁이라는 요소는 유목 및 수렵과 연결되는 대목이며 고대 군주를 상징하고 있다. 주몽이라는 이름 자체가 부여 속담에서 활을 잘 쏘는 자를 뜻했는데 이를 반영한 것이었다.

한편 용왕과 치성광여래로 변신한 늙은 여우[老狐]를 보자. 서해 용왕은 용 숭배신앙의 대상이다. 이는 황룡이자 용녀인 저민의 역시도 마찬가지이다. 고대사회에서 부계보다는 모계를 따르는 경우가 많았을 것임을 염두에 둘 때 후일 용녀에게서 태어난 네 아들, 그리고 그중 장남에게서 태어난 왕건은 이와 관련지어 용손 혈통으로 상징화되었다.

치성광은 도교의 칠성신앙에서 유래된 것으로 곧 북극성을 뜻했다. 불교에서 이를 받아들여 치성광여래라 했는데, 이는 우리나라 전통 불교신앙에서 시작되었다 한다. 그러나 늙은 여우가 치성광여래로 변신했다 한 것은 그만큼 불교가 나쁜 쪽으로 활용되어 가고 있는 현실을 반영한 면이 있다. 버드나무 지팡이는 실제 작제건이 받았는가는 모호하게 서술되어 있으나 주몽의 어머니 유화 부인이 버드나무[柳]와 관계되어 있는 점이 반영되었다고 여겨진다. 돼지 역시 고구려의 도읍을 정할 때 역할을 하였는데 송악 남쪽에 누운 것이 그러하다. 세 번 건을 쓰면 동쪽의 왕이 된다는 것도 마찬가지이다. 작제건-용건-왕건으로 이어져 실제로 왕건이 즉위했다. 그래서 세 번째 '건'을 쓴 자손의 경우 석 삼(三)에 하나로 세운다는 의미로 '王'(三+ㅣ)을 쓴 것이라 여겨진다.

이와 달리 고려 후기를 살았던 이제현은 '건'이 세 번 연속된 것에 대한 다른 해석을 내놓은 바 있다. 즉, 신라에서 마립간(麻立干), 아간(阿干), 대아간(大阿干)처럼 간(干)을 붙여 호칭하자 백성들도 간을 이름에 붙여 서로 높이면서 그렇게 된 것이라 보았다. 아간은 아찬(阿粲)·알찬(閼餐)이라고도 했는데 이는 소리가 비슷한 결과라 했다. 이를 고려하면 3번 반복된 건은 이름에 붙여 부른 것으로 이름이 아니라 한 것이다. 또한 용녀의 경우도 『성원록(姓源錄)』이라는 지금은 전하지 않는 책에 이른 내용이라 하며 소개했다. 즉, '의조 흔강대왕(昕康大王)의 처인 용녀(龍女)는 평주(平州) 사람인 두은점(豆恩坫) 각간(角干)의 딸이다'라 했다. 여기서 의조 흔강대왕은 작제건을 말한다.

이렇게 본다면 작제건 설화에는 신라의 거타지 설화, 고구려 주몽신화, 불교와 도교의 융합적 설화에 정도(定都)와 관련한 신성한 돼지라는 고구려 계통의 역사 등이 종합되어 있다. 치성광여래 및 황룡으로의 변신 등은 변신 설화의 내용을 담고 있다. 버드나무 지팡이나 돼지는 신성한 것을 상징했는데 이들이 활용된 것도 주목할 필요가 있겠다. '왕건'이라는 이름을 위한 '삼건' 역시도 도참적인 요소가 내포되어 있었다.

설화적 요소로 가득 찼던 이야기는 작제건 대에서 정리되었다. 작제건에 비하면 용녀의 네 아들 중 장남인 용건과 관련해서는 설화적 요소가 거의 없다. 꿈속에서 본 미인을 부인으로 맞았고 삼한의 어머니가 되었기에 나중에 '한(韓)'씨라 성을 지었다 했다. 본래 성씨는 없었던 것이다. 이 점은 사실 작제건이나 용녀, 용건 등도 마찬가지였음을 여기서 읽을 수 있다. 그리고 용건은 도선을 만났다. 도선은 곡령에 이르러 그에게 풍수도참을 활용해 조언을 해 주었다. "기장을 심을 땅에다 어찌 마를 심었는가?[種穄之地, 何種麻耶]"라는 일성을 한 후 용건의 집을 정해 지으면서 수의 대수를 따라 36구로 하라 했다. 여기서 기장이라 해석된 글자인 '제(穄)'는 이제현의 설명을 보자면 '왕(王)'과 서로 비슷하다. 이렇게 하면 곧 성자가 태어날 것이라 했다. 이에 용건은 태어난 아이의 이름을 도선이 정해 준 '왕건'이라 짓게 된다.

이상의 내용을 종합하면 왕건의 가계에 대한 대략적인 이해가 가능하다. 즉, 왕건의 선대는 왕건이 태어나기까지 호경-강충-보육-(진의와 당 귀인)-작제건(용녀)-용건(몽부인 한씨)으로 핏줄이 연결된 것을 읽을 수 있다. 그렇지만 이름만 있고 성씨가 없는 점, 바다와 개경 인근 영산(靈山)을 장소로 하고 있는 점, 용왕과의 교류로 부를 축적한 점 등을 보면 이들은 송악 인근에서 성장한 가문으로 읽힌다. 서해 해상 무역을 통해 부자가 되어 주변 일대에 영향력을 가진 유력 호족이 된 것이었다.

다만 부계(父系)로만 연결하기 힘든 면이 있는데, 바로 작제건의 부모이다. 보육이 작제건의 외조부가 되기 때문이며 부친은 실상 잘 알려지지 않은 것이다. 작제건 이전 세대의 경우 실제로 용과 관련된 설화의 주인공은 없었으며, 작제건 대 이후 등장하는 데다가 그 부인을 황룡인 용녀로 묘사한 점을 고려하면 적어도 작제건 대 이후 실제로 이들 집안의 가세가 괄목 성장했을 가능성이 있다.

모호한 선대 계보로 인해 태조는 조상 추존에 어려움이 있었다. 태조는 태조 2년(919) 3월에 부친을 세조 위무대왕(世祖 威武大王)이라 하고 비를 위숙왕후(威肅王后)라 했다. 조부를 의조 경강대왕(懿祖 景康大王)이라 하고 비를 원창왕후(元昌王后)라고 하였으며, 증조부를 시조 원덕대왕(始祖 元德大王)이라 하고 비(妃)를 정화왕후(貞和王后)라 추존했다. 여기서 증조부와 그 비가 문제가 된다. 우선 시조 원덕대왕은 「고려세계」에서는 '국조 원덕대왕'이라 표현되어 있다. 약간의 차이가 있다. 김관의의 서술에는 국조 원덕대왕이 작제건의 외조부인 보육성인(寶育聖人)으로 되어 있고, 그 딸인 진의가 정화왕후이다. 부녀가 부부로 바뀌어 있는 것이다. 이 때문에 『왕대종족기』라는 책을 인용해 '국조는 태조의 증조이고 정화왕후는 국조의 비이다'라고 하였으며, 반대로 『성원록』에서는 '보육성인은 원덕대왕의 외할아버지이다'라고 하여 차이가 있다. 이 같은 기록의 엉성함은 결국 다음의 결론에 이르게 한다. 왕건의 선대 가문은 신라의 귀족 가문처럼 소위 세계를 정확히 알 수 없으며, 지방에서 성장한 유력 가문이기 때문에 혈통 관계가 분명하지 않다는 것이다. 단 모계 혈통의 중시는 고대사회에서 자주 나타나는 현상이기에 문제 될 것이 없었다.

4) 풍수도참과 왕건, 그리고 불교

풍수도참은 사실 오늘날의 심리학에서 본다면 그 원리를 선행효과 혹은 각인효과로 추측할 수 있다. 해당 내용에 대해 사람들이 선입견을 갖게 되고 해당 인물을 남달리 인식하게 되기 때문이다. 이러한 풍수도참이 받아들여지고 그것이 일종의 대세가 되면 믿지 않던 사람들도 이를 따르는 이른바 '밴드 왜건 효과'가 나타난다. 그리고 여기에 도덕적, 합리적 명분이 갖춰지고 천명(天命)이라는 말로 수식하게 되면 완벽히 해당 인물은 역사의 주인공이 될 수 있다. 이는 역사에서 자주 확인되는 대목이기도 하다.

왕건의 탄생을 보자. 그는 그간 선대로부터 풍수지리와 도참으로 예지된 삼건의 성자 즉 성스러운 아이였다. 그가 태어나게 된 송악산 남쪽 자락의 터전은 용녀가 데리고 온 신성한 돼지가 누운 곳[臥豚之處], 백두산의 기운이 내려와 모인 마두명당(馬頭明堂), 제왕이 태어날 종제지전(種穄之田)이자 36구(區)의 집을 만들어 비보하는 천부(天府)의 명허(名墟) 즉 명당이었다. 이렇게 도선의 도움으로 지덕을 받아 용건과 몽부인은 877년(헌강왕 3) 정월 14일 병술일에 왕건을 낳았다.

태어나는 광경이나 생김도 남달랐음이 서술되어 있다. 제왕이 태어날 때의 상황에 대해 교룡 같은 신광(神光)과 자색 기운이 방 안과 뜰에 가득 차 맴돌았다 하였다. 용녀의 핏줄이 있으므로 이를 연결하여 쓴 것이라고도 할 수 있겠다. 명당에서 몇 대에 걸쳐 기원한 성자가 태어난 만큼 신광과 자색 기운이 그 탄생을 상징한 것이라 하겠으나 사실 여부는 알 수 없다.

또 자라서는 제왕의 골상을 갖추었는데, '용과 같은 얼굴에 이마 한가운데 뼈가 도드라졌고 턱은 네모나고 넓었다'라 했다. '용안일각(龍顔日角) 방이광상(方頤廣顙)'이라는 묘사이다. 본래 교룡은 머리에 흰 혹이 있다 하는데 용안일각은 이와 연결된다. 이들 내용은 사실 여부를 알 수 없지만 정사의 기록이나 설화가 있고, 이를 위한 재생산의 장치들이 있으므로 신성화의 기제가 된다.

이렇게 본다면 당시 풍수도참은 태조 왕건 가문을 위한 것이라 해도 과언이 아니었다. 강충을 위해 풍수에 밝은 신라 감간 팔원이 부소산에 소나무를 심을 것을 조언한 것이나 보육에게 신라 술사가 당나라 천자가 와서 사위가 될 것이라 예언한 것, 당 숙종으로 기록된 인물을 수행한 자가 곡령 남쪽에 대해 해당 지역이 팔진선이 사는 곳이라 신성화한 것, 도선이 용건과 만나 명당을 비보하는 36구 구획을 알려 준 것 등이 이를 말해 준다. 앞에서 언급한 마두명당이나 종제지전, 천부명허 등도 마찬가지이다.

용건과 도선의 만남은 용건이 죽은 때나 도선이 죽은 때, 태조 왕건의 탄생 때를 고려하면 877년 이전 어느 시기가 된다. 고려 후기 민지(閔漬)가 쓴 『편년강목(編年綱目)』에서는 왕건의 나이 17세가 되었을 때인 893년 무렵 도선이 찾아와 군사를 내고 진을 치는 법[出師置陣]과 지리와 천시를 살피는 법[地利天時之法], 산천에 차례로 제사하고 신과 통하면서 도움을 받는 이치를 알려 주었다고 하고 있다. 사실 여부는 불명확하지만 부인하기도 어려움이 있다. 용건 즉 세조 융이 궁예에게 귀의하는 것이 896년(진성여왕 10)이었기 때문이다. 시간상 정확지는 않더라도 가능성은 있다.

또한 왕건이 즉위 이듬해 철원에서 송악으로 도읍을 정하고 10대 사찰을 지은 것도 눈여겨보아야 한다. 궁예가 처음 송악에 도읍하기 전 왕건은 불과 20세의 나이로 송악군에 발어참성(勃禦槧城)을 쌓고 성주가 된 바 있었다. 도선이 898년에 입적하였으므로 17세 때에 만난 이후 도선이 왕건에게 송악의 주요 풍수 명당을 알려 주었을 가능성이 있다. 그 때문에 왕건은 송악에 정도하면서 10대 사찰을 지어 풍수를 보호하는 한편 경주처럼 불국토를 만들려 계획하였을 것이다. 이는 사실 앞으로의 불교계를 재편하려는 시도이기도 했다. 이때 지어진 사찰은 법왕사(法王寺)·자운사(慈雲寺)·왕륜사(王輪寺)·내제석사(內帝釋寺)·사나사(舍那寺)·대선원(大禪院)·신흥사(新興寺)·문수사(文殊寺)·원통사(圓通寺)·지장사(地藏寺) 등이었다.

태조는 불교계와 밀접했다. 스스로 보살계(菩薩戒)를 수계해 불제자가 되었고, 집안은 대대로 풍수 혹은 불가풍수를 따르고 있었다. 지방 사회에 이르기까지 많은 사찰이 건립되고 있었던 시대이니만큼 이러한 가문 분위기는 당연하다 할 수도 있을 것이다. 다만 태조 왕건의 불교 이해가 순수한 경전에 기반하는 것만은 아니었다는 특징이 있다. 즉, 이는 도선이 17세가 된 왕건에게 산천의 신에게 차례로 제사를 지내 감통하면서 그들의 보호와 도움을 받는 이치를 알려 주었다 한 점으로 추측이 가능하다. 이는 풍수와 사찰 건립, 산천신앙 등이 결합된 것이라 볼 수 있다.

특히 산천신에 대한 제사와 사찰 건립을 통해 신명과 감통해야 한다는 것은 민심 수습을 꾀하고 부처의 가호 및 천지신명의 기운을 받으려는 시도이기도 했다. 이는 후일 태조가 죽기 직전 남긴 「훈요십조(訓要十條)」에 나타나고 있기도 하다. 즉, 여러 부처의 가호에 힘입어 대업이 이뤄졌다 한 것, 여러 사원들은 도선이 산수의 순역을 살펴 정했다 한 것, 삼한 산천의 음우에 힘입었다 한 것, 연등회를 통해서는 부처를 섬기고 팔관회에서는 천령(天靈)과 오악(五嶽)·명산(名山)·대천(大川)·용신(龍神)을 섬긴다 한 것 등으로 알 수 있다.

왕건은 궁예의 자의적 불교 이해와 의례로서의 불교를 지나치게 이용하는 것, 불교를 혹신하는 한편 자신을 미륵불로 자처하면서 미륵관심법 등을 행하고 고승 등을 함부로 죽이는 것을 목도했을 것이다. 왕건은 궁예 휘하에 있었던 만큼 불교에 대해 어느 정도 이해를 도모해야 했고, 철원 지역에 있는 도피안사 등을 찾기도 했으리라 여겨진다. 한편 궁예의 지나친 불교 이해나 행차 등을 현실에 맞게 바로잡는다면 민심 통합의 좋은 기제가 되리라 보았을 것이다. 태조가 즉위 원년(918) 11월 "전 임금(궁예)은 매년 중동(11월)에 팔관재(八關齋)를 크게 개설하여 복을 빌었으니, 그 제도를 따르시기 바랍니다"라는 건의를 받아들여 팔관회를 매년 열도록 한 것은 이를 말해 준다.

이들 풍수와 불교뿐 아니라 왕건은 도참비기도 활용했다. 그것은 때로 징조로, 혹은 선지자의 참언이나 예지몽으로, 도참문·참언의 발견 등으로 나타났다. 서해 용왕은 작제건에게 자손 삼건(三建)을 기다려야 동토의 왕이 나온다 했다. 도선은 성자(聖子)가 탄생하고 그가 미래 삼한 통합의 군주가 될 것이라 하였다. 최치원은 왕건과 관련해 그가 비상한 인물임을 알고 장차 천명을 받아 나라를 열 운명임을 짐작했다 한다. 그리고 왕건에게 글을 보내길 '계림은 누른 잎이오 곡령은 푸른 솔이라[雞林黃葉, 鵠嶺靑松之]'라고 해 신라의 멸망을 내다보고 은밀히 새로운 왕업 개창을 도왔다.

30살 무렵이던 왕건은 꿈속에서 9층 금탑이 바다 한가운데 있는 것을 보고 그 위에 올라갔다. 9라는 숫자가 군주를 상징하는 점, 그 위에 올라가는 행위를 한 점, 이 탑이 황룡사 9층탑을 연상케 한다는 점 등이 확인된다. 황룡사 9층탑은 삼한 일통이나 천하 평안 등을 상징하는 만큼 이는 새로운 통일이 이뤄진다는 의미이기도 했다. 30살 무렵이던 906년은 궁예가 철원으로 도읍을 옮긴 이듬해로 마진의 성책 2년이 되는 때였다. 궁예의 철원 정도 후 꾼 이 꿈은 나름 의미가 있었던 것이다. 바로 궁예 정권의 몰락과 왕건 자신의 등극 예지였다.

또한 왕창근이라는 중국에서 온 상인이 시장에서 산 오래된 거울[古鏡] 속 문자가 있다. 여기에 쓰인 147글자는 참언 중 손꼽힌다. 『고려사』에 실린 전체 글을 보면 다음과 같다.

삼수(三水) 가운데 사유(四維) 아래로	三水中四維下
옥황상제가 아들을 진마(辰馬)에 내려보내어	上帝降子於辰馬
먼저 닭[雞]을 잡고 뒤에 오리[鴨]를 치리니	先操雞後搏鴨
이것은 운수가 차서 삼갑(三甲)을 하나로 함을 이름이라.	此謂運滿一三甲
어둠 속에서 하늘에 올라 밝음 속에서 땅을 다스리니	暗登天明理地
자년(子年)을 만나면 대사(大事)가 중흥할 것이며,	遇子年中興大事
자취와 이름이 혼돈(混沌)되니	混蹤跡沌名姓
혼돈 속에서 누가 진(眞)과 성(聖)을 알리오?	混沌誰知眞與聖
법뢰(法雷)를 떨치고 신전(神電)을 휘두르며	振法雷揮神電
사년(巳年) 중에 두 마리 용이 나타나서	於巳年中二龍見
하나는 청목(靑木) 속에 몸을 감추고	一則藏身靑木中

다른 하나는 흑금(黑金) 동쪽에 모습을 드러낼 것이다.　　　一則現形黑金東

지혜로운 자는 보고 어리석은 자는 보지 못하니　　　智者見愚者盲

구름을 일으키고 비를 뿌리며 사람들과 더불어 가서　　　興雲注雨與人征

때로는 번성함을 드러내고 때로는 쇠퇴함을 보이나　　　或見盛或視衰

성쇠(盛衰)는 악한 찌꺼기를 없애기 위함이라.　　　盛衰爲滅惡塵滓

이 중 한 마리 용은 아들이 서너 명인데　　　此一龍子三四

대를 번갈아 육갑자(六甲子)를 서로 이을 것이다.　　　遞代相承六甲子

이 사유(四維)는 반드시 축년(丑年)에 멸망하고　　　此四維定滅丑

바다를 건너와 항복함은 모름지기 유년(酉年)을 기다린다.　　　越海來降須待酉

이 글을 만약 현명한 왕이 보게 되면　　　此文若見於明王

나라와 백성이 크게 평안하고 왕업은 길이 창성할 것이다.　　　國泰人安帝永昌

내가 적은 것은 무릇 147자이다.　　　吾之記凡一百四十七字

참언의 글은 상징적이고 은유적인 내용을 가급적 간명하게 제시하기 마련인데 이 고경참언(古鏡讖言)은 이례적이었다. 147자에 달하기 때문이다. 다만 마지막 줄의 10글자를 뺀 실제 내용의 글자수를 보면 145자로 차이가 있다. 이것이 발견된 때는 궁예의 정개 5년(918) 3월이었다.

기록대로라면 궁예의 미륵관심법에 의한 폭정이 극심하던 때였다. 또 왕건도 궁예의 의심을 받아 죽음 직전에까지 몰렸었다. 이때 궁예 조정의 장주(掌奏) 최응(崔凝)은 왕건에게 "복종하지 않으면 위태롭습니다"라 조언했다. 이에 왕건은 "모반한 것이 사실이니 죽을죄를 지었습니다"라 하여 궁예의 의심을 풀 수 있었다. 이처럼 민심이 어수선하고 정국이 심상치 않은 즈음에 고경참언이 발견되었다는 것은 여러 의미가 있었다. 왕조 사회에서는 나라가 혼란에 빠지고 새로운 구세주가 등장할 때 하늘이 그 민심을 아이들의 노래 즉 '동요(童謠)'를 통해 전하여 경고했었다. 고경참언은 동요는 아니었지만 그 은밀성은 강력한 폭발력을 안고 있었다.

이 참언에는 몇 가지 특정할 수 있는 시간과 공간 개념이 들어 있다. 먼저 공간과 관련한 참언의 키워드를 정리하면 다음과 같다. 삼수(三水)·사유(四維)·진마(辰馬)·닭[雞]·오리[鴨]·청목(靑木)·흑금(黑金) 등이다. 여기서 삼수는 삼면의 바다로 둘러싸인 삼한을 말한다. 사유(四維)는 신라의 라(羅)를 파자(破字)한 것으로 신라를 뜻한다. 진마는 진한과 마한으로 곧 신라와 후백제이다. 닭은 계림 즉 신라를, 오리는 후백제를 말한다. 청목은 최치원이 언급한 '곡령청송'에서 확인되듯 고려이며, 흑금 동쪽은 철원을 말한다. 때로 오리를 압록강 쪽으로 보아 고구려 옛 영토를 상징한 것으로 보기도 한다.

다음으로 시간 키워드를 보자. 삼갑(三甲)·자년(子年)·사년(巳年)·육갑자(六甲子)·축년(丑年)·유년(酉年)이 언급되고 있다. 삼갑은 180년, 육갑자는 360년이다. 간지기년(干支紀年)은 기미년처럼 천간 10개와 지지 12개를 맞추는 것으로 60개의 간지를 이룬다. 이 때문에 1갑은 60년이 된다. 자년은 간지로 갑자년처럼 '자(子)'가 들어 있는 해이다. 마찬가지로 사년은 '사(巳)'가, 유년은 '유(酉)'가 드는 해이다.

왕창근이 거울에 글자가 있음을 알고 궁예에게 바치자 궁예는 문인 송함홍 등에게 풀게 했다. 다만 이들은 147자의 일부만을 풀어 제시하였다. 그 내용도 궁예의 심기를 거스를까 두려워 둘러대었다. 일부이지만 『고려사』에 송함홍 등이 푼 참언의 내용이 실려 있다.

"삼수 가운데 사유 아래로 상제가 아들을 진마에 내려보낸다"라는 것은 진한(辰韓)과 마한(馬韓)이다. "사년(巳年) 중에 두 마리 용이 나타나서 하나는 청목 속에 몸을 감추고 다른 하나는 흑금 동쪽에 모습을 드러낸다"라는 것은, 청목은 송(松)이니 송악군(松嶽郡) 사람으로서 용(龍) 자 이름을 가진 이의 자손이 임금이 될 것이라는 말이다. 왕시중(王侍中)에게 왕후(王侯)의 상이 있으니 어찌 이를 이름이 아니겠는가? 흑금은 철(鐵)이니 지금 도읍인 철원(鐵圓)을 말한다. 지금 임금께서 처음에는 이곳에서 번성하였다가 끝내 이곳에서 멸망한다는 것이로다! "먼저 닭을 잡고 뒤에는 오리를 칠 것이다"라고 한 것은 왕시중이 임금이 된 뒤 먼저 계림(鷄林)을 얻고 뒤에 압록(鴨綠)을 거둔다는 뜻이다.

바로 위 송함홍 등의 풀이에서는 언급되지 않았지만 앞선 고경참언 속 '자년(子年)을 만나면 대사(大事)가 중흥할 것'이란 대목을 살펴보자. 아마도 그들은 궁예가 904년 갑자년(甲子年)을 맞아 국호를 마진이라 하고 연호를 무태(武泰)라 해 중흥을 꾀한 것을 떠올렸을 가능성이 있겠다.

또 '사년(巳年)' 중 두 마리 용의 경우는 이미 과거에 일어난 일이기에 정확히 썼을 것이다. 우선 용건과 궁예가 사년 중에 태어났음을 알 수 있다. 용건의 장남인 태조 왕건이 877년 태어났고, 용건이 897년에 죽었다는 점을 고려하면서 사년에 해당하는 때를 찾아보면, 두 가지 가능성이 있다. 하나는 849년 기사(己巳)로 문성왕 11년이고, 다른 하나는 861년 신사(辛巳)로 경문왕 원년이다. 궁예는 헌안왕 혹은 경문왕의 서자로 친부는 불분명하다. 다만 헌안왕은 신무왕의 이복동생으로서 문성왕의 뒤를 이었고, 경문왕은 헌안왕의 사위로 왕위를 계승했다. 이러한 전제 조건은 궁예나 용건이 신사년(861)에 태어났음을 말해 준다.

어쨌든 큰 틀에서 이 고경참언이 함축하는 바는 왕건의 즉위와 삼한 일통의 상징에 있었다. 다만 좀 더 구절마다 해석이 뒤따랐어야 하지만 송함홍 등은 그러지 않았다. 당시 궁예 정권하에서의 한계 때문이었을 것이다. 다만 고경참언 전체에 대한 해석은 실제 이것이 918년에 쓰인 것이라 단정하기 어렵고 후일에 쓰인 글이라 하더라도 그 한 글자 한 글자가 나말려초의 정국 흐름 이해에 도움을 준다. 당시 사람들의 도참비기 작성에 대한 이해를 밝히는 데 중요한 역할을 할 수도 있다. 이에 그 자세한 해석은 앞으로도 관심이 필요하다.

2.
삼한 일통 전쟁과 「훈요십조」

1) 천명 수수와 삼한 일통 전쟁

궁예의 폭정은 결국 그의 몰락을 가져왔다. 까마귀가 내려 준 '왕(王)' 자 아첨의 상서는 여기까지였다. 결정적으로는 왕창근의 고경참언이 보고되었음에도 그에 따른 반성과 경계에 실패했다. 여기에 왕건 가문에서 꾸준하게 해 온 풍수도참을 통한 성자(聖子) 만들기와 송악군 일대에 대한 인덕(仁德) 베풀기는 왕건이 궁예 조정에 발을 내딛는 발판이 되었다. 궁예 휘하에서 왕건은 궂은일이나 목숨을 거는 일을 마다하지 않고 전장을 누벼 많은 승리를 가져왔다. 그러면서도 해당 지역이나 휘하 장졸에 대한 배려를 아끼지 않아 덕망이 높아졌으며 이를 행하면서도 궁예의 비위를 잘 맞추었다.

궁예 휘하에서 왕건의 지위 변천을 살펴보면 이것이 짐작된다. 896년 발어참성 성주, 898년 정기대감(精騎大監), 900년 아찬(阿粲), 903년 알찬(閼粲), 909년 한찬(韓粲) 해군대장군(海軍大將軍), 913년 파진찬 겸 시중(波珍粲兼侍中), 914년 시중 해임 및 영해군(領海軍), 918년 시중 등으로 지위가 올라 백관의 우두머리까지 되었다. 타고난 성자이자 왕이 되어 삼한을 일통하는 존엄함을 가지리라는 풍수도참에 그가 보인 인덕이 더해지면서 태봉에서는 그를 혼돈의 세상을 바로잡을 진정한 성인으로 보기 시작했다.

태봉 정개 5년(918) 6월 마침내 혁명을 꾀하는 움직임이 일어났다. 이때 장군 홍술(弘述, 홍유), 백옥삼(白玉三, 배현경), 능산(能山, 신숭겸), 복사귀(卜沙貴, 복지겸) 등이 태조의 집에 찾아와 의군(義軍)을 일으키고자 했다. 이들은 "어리석은 군주를 폐하고 명철한 임금을 세우는 것은 천하의 크나큰 의리이니, 공이 탕왕(湯王)과 무왕(武王)의 일을 행하시기를 청합니다"라 했다. 탕왕과 무왕의 일이란 탕왕이 하나라 폭군 걸왕을 축출하고 상나라를 세운 것과 주나라 무왕이 상나라 폭군 주왕을 결국 자살에 이르게 한 것을 말한다.

그러나 대의를 위해 탕·무의 일을 행하는 것에는 다른 면이 있었다. 그것은 당시 탕이나 무가 신하의 신분으로서 모시던 군주를 내쫓은 것이기 때문이었다. 군신 관계 속 충이라는 대의명분하에서는 받아들이기 힘든 요청이었다. 이 논리에 따라 왕건은 이들 장군에게 말했다.

> 나는 충순(忠純)함으로 자부해 왔다. 그런데 지금 폭정으로 어지럽다고 감히 두 마음을 가질 수 없다. 무릇 신하로서 임금을 교체하는 것을 혁명이라 하는데, 나는 실로 덕이 없으니 어찌 감히 은나라와 주나라의 일을 본받겠는가?

왕건의 성품과 고뇌가 묻어 있는 대답이었다. 하지만 왕건이 이런 명분으로 주저하고 망설이는 사이 궁예의 감시가 언제 그들을 덮칠지 몰랐다. 장군들은 때는 만나기 어렵지만 잃기는 쉬우며, 하늘이 주는데도 취하지 않으면 도리어 그 벌을 받게 된다고 하면서 혁명에 나설 것을 재촉했다. 왕건에게는 일생일대의 용기와 결단이 요구되었다. 이러한 왕건의 결단을 축구한 것은 부인 류씨(柳氏)였다. 그녀는 왕건에게 의로움을 들어 포학함을 대체하는 것은 예부터 그러하다고 하면서 직접 갑옷을 가져와 입혔다. 이윽고 도성 내에는 왕공이 이미 의기(義旗)를 들었다는 말이 퍼졌고, 궁예는 궁의 북문을 빠져나가 도망쳤다가 결국 28년의 꿈을 뒤로한 채 죽음을 맞았다. 마침내 혁명이 이루어진 것이다.

왕건은 918년 무인년 6월 병진일(15)에 포정전에서 즉위했다. 42세가 되는 때였다. 그는 궁예가 세상을 바꾸고자 처음으로 정했던 국호인 '고려'로 다시금 나라 이름을 정했다. 연호도 또한 바꾸었다. 정개에서 '천수(天授)'로 개원한 것이다. 『고려사』 기록에 새로 세운다는 의미의 건원(建元)이라 하지 않고 개원(改元)이라 한 것은 왕건 스스로 새로운 왕조 개창을 의도한 것이 아니라 다시 올바른 방향으로 되돌리려 했음을 밝히려는 의도로 읽힌다. 소위 '반정혁명(反正革命)'이란 대의명분을 둔 것이다. 물론 왕실이 바뀌었기에 '역성혁명(易姓革命)'이라 지칭할 수도 있겠다. 다만 태조 왕건은 궁예 정권하에서 행하였던 관제 등을 유지했고, 연등회나 팔관회 등도 지속함으로써 완전한 체제 개혁을 도모하지는 않아 반정혁명에 가까운 면이 있다.

태조 왕건의 재위는 26년간 이어졌다. 특히 재위 기간 태조가 이룬 삼한 일통은 우리 역사에서 무엇과도 비교하기 어려운 위대한 업적이었다. 태조의 재위 기간을 크게 두 시기로 구분하면 가장 결정적 사건이라 할 935년(태조 18) 견훤과 신라 경순왕의 귀부가 분기점이 된다. 명분상의 통일이 이뤄졌기 때문이며, 실질적으로는 이듬해 후백제 신검군과의 일리천 전투 승리도 의미가 있다.

태조 즉위로부터 태조 18년까지의 시기도 큰 사건별로 나눠 살펴볼 수 있다. 첫째는 922년(태조 5)에 있었던 명주 즉 강릉 지역 대호족이자 그간 친궁예 세력이기도 했던 김순식 세력의 귀부까지이다. 이는 궁예의 영향력이 사라졌음을 뜻하고 그만큼 태조 세력이 내부적으로 안정을 찾았다는 의미이기도 하기 때문이다.

태조 5년까지 어떠한 일을 했는가를 보자. 즉위 원년에는 모반 사건을 정리했다. 마군장군 환선길(桓宣吉)과 마군대장군 이흔암(伊昕巖), 청주 사람

순군리 임춘길(林春吉), 청주 파진찬 진선(陳瑄) 등을 처형했다. 919년(태조 2) 정월에는 송악 남쪽으로 도읍을 정해 개경으로 삼고 자신의 지지 기반을 견고히 했다. 서경을 복구하는 일도 시작했다. 이는 풍수도참에 따르는 것이기도 했다.

중폐비사(重幣卑辭) 정책의 성과로 골암성의 윤선(尹瑄), 상주의 아자개 등이 귀부해 왔다. 즉위 초이기 때문에 내정에 초점을 두어 인재를 찾아 적절한 관직 배치를 시행했다[設官分職]. 특히 유금필(庾黔弼, ?~941)을 중용해 승전을 거듭하기에 이르렀으며, 많은 문사와 고승 선사를 받아들여 인재로 혹은 자문으로 활용했다. 백성들의 조세를 경감하고 어쩔 수 없는 처지에 몰려 노비가 된 이들 1,000명을 찾아 원래 신분으로 돌렸다.

그러면서 견훤과 교빙하는 한편, 궁예 정권하에서 지속된 반신라 정책을 바꿔 친신라 정책으로 전환했다. 친신라 정책 전환은 이후 일관된 전략이었고 태조의 신라 왕실 보호 명분을 상징하였다. 921년(태조 4) 12월에는 장화왕후 오씨와의 사이에서 태어난 장남 무(武)를 정윤(正胤) 즉 태자로 책봉해 후계를 정했다.

특히 명주 대호족 순식의 귀부는 특별했다. 태조는 내원 승려였던 그의 아버지 허월을 통해 그의 귀부를 회유했고, 그가 귀부하자 그에게 왕씨 성을 하사하며 특별 우대해 그만큼 기쁨을 표현했다. 935년(태조 18) 일리천 전투 때 왕순식이 이끈 군사가 마군 2만에 달했다는 것은 그 세력 규모를 짐작게 한다. 이 시기는 평화기라 할 만하다.

둘째는 927년(태조 10) 견훤의 경애왕 시해와 공산 전투까지이다. 태조는 내정을 다지면서도 남진 정책을 취했다. 반면 견훤은 신라 쪽으로의 동진 정책을 추진했다. 이 과정에서 평화기는 끝나고 고려와 후백제의 충돌이 시작되었다. 현 안동과 상주 사이에서 벌어진 조물성(曹物城) 전투가 그 상징이었다. 924년(태조 7)과 925년 두 차례에 걸쳐 양측이 크게 충돌했고, 결국 승부를 보지 못한 채 인질 교환으로 양측이 합의하였다. 그러나 당시 전투는 고려가 우세했던 듯하다. 합의하면서 견훤이 "오늘 이후로 영원토록 화호할 것이며, 만약 이 맹세를 저버린다면 신이 죽음을 내릴 것입니다"라고 맹세한 것이 후에 태조에게 보낸 서신에서 확인되기 때문이다.

그렇지만 왕건은 견훤이 자신보다 10년 연상이라 하여 '상보(尙父)'라 높였다. 적장을 높이는 일을 먼저 행한 것이지만 실상 태조 왕건 자신이 덕이 있는 군주로서 덕망이 있는 노인을 아버지처럼 여긴다는 의미가 담겨 있었다. 중국 주나라 무왕이 태공망을 상보라 칭한 것이 이에 해당한다. 그것은 또 다른 면에서 태조 왕건의 숨겨진 명분 승리이기도 했다.

이후 백제 측 인질이었던 진호(眞虎)가 병으로 죽자 견훤은 고려 측 인질인 왕신(王信)을 죽였다. 다시금 전쟁이 개시되었고, 태조는 후백제의 용주(龍州)와 운주성·근품성 등을 공격해 견훤의 기세를 꺾었다. 또한 해군을 동원해 지금의 진주인 남해안 강주(康州)를 취하여 나주에서 강주로 이어지는 서남해안을 장악했다. 이는 후백제의 후방에 대한 공략이 가능함을 뜻했다. 927년(태조 10) 8월 고사갈이성(지금의 문경) 성주 홍달이 항복해 오며 동진하는 후백제를 공략하는 주요 전략 거점을 얻게 되었다.

그런데 같은 해 9월 후삼국 전쟁의 흐름을 바꾸는 사건이 벌어졌다. 견훤이 신라 금성을 공략해 경애왕을 비롯한 신라 왕실을 초토화시킨 것이다. 견훤은 경애왕뿐만 아니라 후비 등을 살해하고 마음대로 경순왕을 옹립하였다. 태조 왕건은 이를 듣고 신라를 도우려 했다. 그러나 이에 실패하고 공산(公山) 동수(桐藪) 전투에서 크게 패하기에 이르렀다.

경애왕 시해와 동수 전투에서 견훤은 이긴 것이라 여겼겠으나 실상은 전쟁에서 가장 중요한 명분을 잃었다. 태조는 졌지만 명분상으로는 우위에 서게 된 것이다. 소위 '전투에서는 이겼으나 전쟁에는 졌다'라는 말을 떠올릴 수 있다. 신라는 후백제에 대해 더욱 절치부심하게 되었다. 신라를 구원하는 데 실패하고 동수 전투에서 지면서 신숭겸과 김락 등을 잃은 태조는 전략을 가다듬고 다음을 노리게 되었다. 이렇게 보면 이 시기는 본격 전쟁

3막 중 1막에 해당한다.

셋째 시기는 933년(태조 16)에 있었던 태조 왕건에 대한 후당의 고려 국왕 책봉 때까지이다. 이때 책봉호가 임시를 뜻하는 권지고려국왕(權知高麗國王)이 아니었다는 점은 이제 고려가 신라나 후백제와 다른 국가 위상을 가지게 되었음을 뜻했다.

933년과 이듬해 초에는 후백제의 경주 침공과 경애왕 시해를 둘러싸고 견훤 측과 서신 공방이 오갔다. 견훤은 박씨계인 경애왕을 축출하고 문성왕의 후손으로서 김씨계인 경순왕을 옹립한 것을 두고 "위태로운 나라를 다시 세우고 없어진 임금을 다시 있게 한 것이 여기에 있다"라 명분을 내세웠다. 그러나 왕건은 이에 대해 다음과 같이 준엄하게 꾸짖었다.

> 털끝만 한 작은 이익을 보고 천지의 후덕한 은혜를 잊어버린 채, 군왕을 죽이고 궁궐을 불태웠으며, 경(卿)·사(士)를 죽여 젓을 담그고 백성들을 살육하고, 부인들을 취하여 수레에 같이 타고, 진보는 빼앗아 가득 실어 갔으니, 악행의 우두머리 됨이 하(夏)나라의 걸(桀)과 은(殷)나라의 주(紂)를 뛰어넘고, 어질지 못함이 맹수나 올빼미보다도 심하다.

이렇게 본다면 이때 태조 왕건과 견훤 간에 오간 서신 전쟁에서는 고려 측의 손을 들 수밖에 없을 듯하다. 더구나 견훤이 신라 왕실을 뒤집자 경순왕을 비롯한 신라 왕실은 자신을 옹립해 주었음에도 견훤을 따르지 않았다. 오히려 견훤 측을 원수로 여겼다. 그것은 이제 견훤이 고려와 신라 양측을 동시에 상대해야 함을 의미했다.

그렇지만 견훤의 군세는 강했다. 태조는 청주의 삼년산성 전투에서 위기를 넘겨야 했고, 의성부(義城府)에서는 성주인 장군 홍술이 전사했다. 동수 전투에서 신숭겸, 의성부 전투에서 홍술을 잃은 데 대해 태조는 "내가 양쪽 팔을 잃었구나!"라 탄식할 정도였다. 쫓기던 고려가 전세의 전환을 만들 수 있었던 계기는 929년(태조 12) 12월 고창 전투였다. 유금필의 활약으로 대승을 거둔 태조는 자신감을 회복했다. 그리고 이듬해 정월 고창 전투에서 크게 도움을 준 성주 김선평(金宣平) 등에 대해 상을 내리고 고창군을 승격시켰다. 이때 고창군을 동쪽이 평안해졌다는 의미에서 '안동부(安東府)'라 정했다.

동시에 신라 영역에 가까이 있던 재암성 장군 선필(善弼)이 고려에 귀의했다. 태조는 선필에 대해 신라와의 통교에 기여한 바가 있어 '상보'로 높여 예우했다. 태조가 상보로 칭한 이는 견훤과 선필 두 사람뿐이었던 만큼 태조의 마음이 어떠했는지 알 수 있다. 고창 전투 승리와 재암성 장군 선필의 귀부를 계기로 신라 동쪽 주(州)·군(郡)과 부락(部落)이 모두 항복하였는데, 명주(溟州)에서부터 흥례부(興禮府)에 이르기까지 모두 110여 성(城)이나 되었다.

동쪽을 평정한 후 태조는 본격적으로 남쪽 경략에 나섰다. 특히 술사(術師) 예방(藝方)은 대목군 동서도솔 지역에 대해 오룡이 구슬을 다투는 형세를 갖추고 있다 하면서 큰 고을을 설치할 것을 아뢰었다. 이에 왕자산(王字山)이라는 산 이름을 내리고 천하를 평안케 하겠다는 의미로 '천안부(天安府)'를 설치했다. 풍수도참을 믿은 바이기는 하지만 천안부는 후백제 경략의 전략적 요충지이기도 했기 때문이다.

신라 경순왕은 930년(태조 13) 2월 을미일(1)과 931년(태조 14) 2월 정유일(9) 상견(相見)을 요청해 왔다. 이에 태조는 931년 2월 신해일(23) 직접 신라 금성을 방문해 경순왕을 만났다. 그리고 경순왕은 태조에게 하소연하길 "내가 하늘의 보살핌을 받지 못하여, 견훤에게 유린당하였으니, 이렇게 원통할 수가 있겠습니까?"라 했다. 태조는 경순왕과 왕실, 귀족들, 일반 백성에 이르기까지 선물과 위로를 베풀었다. 2월 신해일(23)부터 5월 계미일(26)까지 3개월여 머물다 돌아간 태조에 대한 신라인들의 반응은 견훤에 비춰 보지 않더라도 매우 호의적이었다. 그들이 서로 "예전에 견훤이 왔을 때는 호랑이나 이리를 만난 것 같았는데, 지금 왕공(王公)이 오니 부모를 만난 것 같다"라 말한 것을 보더라도 이를 알 수 있다.

전쟁의 2막은 이처럼 순조롭게 고려의 승리로 끝날 것 같았다. 하지만 후백제는 수군을 동원해 예성강으로 쳐들어와 전함을 불사르고 말을 약탈해 돌아가면서 건재함을 알렸다. 또한 백제 해군장수 상애(商哀) 등이 대우도를 공략했다. 전세가 위태로워지자 태조는 귀양 가 있던 유금필을 재등용해 이를 막았다. 이렇게 양측의 공방은 끝없을 듯했다.

그러나 태조 왕건은 인덕을 베풀면서 대의명분을 계속 쌓았다. 이러한 면에서 후백제와의 경쟁에서 앞서 나가자 신라는 귀순 의사를 밝혀 왔다. 태조가 금성을 방문하고 돌아온 후 태세를 바꿀 소식이 전해졌다. 사실 후삼국 간의 전쟁에서 당시 오대십국이나 거란의 책봉은 굳이 필요하지 않았다. 나라를 세우고 관계를 맺으면 그뿐이었다. 그렇지만 중국 왕조로부터 받는 책봉은 삼한 사회를 대표한다는 의미가 있었다. 이 때문에 고려 태조는 후당에 사신과 공물을 보내는 등 일련의 노력을 기울였다.

더욱이 신라가 중국과의 외교 관계를 포기할 수밖에 없었던 상황인 데다 견훤의 경애왕 시해 사건이 있었기 때문에 정세는 고려에 매우 유리했다. 그리고 태조는 특진 검교태보 사지절현토주도독 상주국 충대의군사(特進檢校太保使持節玄菟州都督上柱國充大義軍使) 고려국왕(高麗國王)으로 책봉되었다. 국제 사회에서의 인정이라는 상징적 면이 있었다. 위기를 기회로 바꾼 전쟁 2막이었다.

마지막이 935년(태조 18)의 견훤과 경순왕 김부(金傳)의 귀부 때까지이다. 이는 전쟁을 통해서 진행된 것이 아니라 자발적 의사에 따른 것이었다. 견훤은 후계 문제를 잘못 정하면서 장남인 신검에 의해 축출되어 금산사에 유폐되었다. 금산사에 3달 동안 있으면서 견훤은 결국 왕권 회복을 포기하고 후일을 도모하려 했다. 견훤은 막내아들 능예(能乂), 딸 애복(哀福), 첩 고비(姑比) 등과 함께 금성 즉 나주로 달아나서 태조에게 만날 것을 청하였다.

태조는 기뻐하며 장군 금필(黔弼)과 만세(萬歲) 등을 보내 그를 위로하고 데려오게 하였다. 견훤의 사위 박영규도 936년(태조 19) 2월 태조에게 서신을 보내 "만약 의군(義軍)을 일으키신다면, 내부에서 응해 왕의 군사들을 맞아들일 수 있게 해 주십시오"라 하였다. 후백제 내에서 중요한 지위를 차지하고 있었을 박영규의 내응 약속에 대해 태조는 큰 기쁨을 표했다. 즉, 일이 이뤄진다면 박영규와 그 처를 형처럼 누이처럼 섬기겠다 한 것이다. 실제로 태조는 박영규의 딸을 후비로 맞아들였다. 동산원부인 박씨였다.

태조가 금성을 방문하고 돌아간 뒤 경순왕은 935년(태조 18) 10월 시랑 김봉휴를 보내 입조(入朝)할 것을 청했다. 그것은 경순왕과 신라 왕실이 신라라는 나라를 고려에 바친다는 의미였다. 11월 갑오일(3)에 금성에서 출발해 계묘일(12)에 개경에 도착한 경순왕에게 태조는 첫째 딸인 낙랑공주를 시집보내었고, 경순왕은 태조에게 신하의 예로 뵙기를 청하였다. 이후 태조의 성무부인 박씨 소생 공주도 김부에게 시집갔다. 하지만 태조는 섣불리 신라의 귀속을 받아들이지 않았다. 겸양의 덕을 지키려는 것도 있었지만 신라의 진심을 얻어야 했기 때문이었다.

신하들은 경순왕의 청을 받아들여야 한다고 간곡히 아뢰었다. 하늘에는 두 개의 태양이 없고, 땅 위에는 두 명의 왕이 있을 수 없으므로 신라 왕의 청을 받아들여야 한다는 것이었다. 결국 태조는 천덕전에서 김부의 알현을 받고 그를 관광순화위국공신 상주국 낙랑왕 정승(觀光順化衛國功臣上柱國樂浪王政丞)으로 삼아 지위가 태자의 위에 있게 했다. '낙랑왕' 책봉은 태조가 제왕(帝王)의 자격으로 제후를 삼은 것이어서 의미가 있다. 또 태조는 경순왕의 백부인 잡간 김억렴의 딸을 맞아들여 신라 왕실과 혼인 관계를 맺었다. 바로 현종의 조모가 되는 신성왕태후(神成王太后)였다.

이제 마지막 결전이 남아 있었다. 신검의 후백제에 대한 정벌이었다. 천명이라 할 대의명분은 이미 태조에게 있었다. 신검은 아버지를 축출한 난군(亂君)이며 그 신하들은 이를 주도한 반역자로 낙인찍혔기 때문이다. 이를 주도한 것은 다름 아닌 견훤이었고, 남몰래 후백제 내에서 이를 퍼뜨린 것은 박영규였다.

936년(태조 19) 6월 신검을 정벌하기 위한 선발대가 천안으로 갔다. 태자와 장군 박술희가 이를 이끌었다. 이후 9월에는 태조가 삼군을 통솔해 천안부에 이르러 군대를 합치고 진격했다. 일선군(一善郡) 일리천(一利川)을 사이에 두고 양군이 대치했으나 군대의 위용과 대의명분에 따른 고려군의 의기충천을 신검군은 당해 내기 어려웠다.

더구나 태조는 자신의 군대를 천군(天軍)이라 칭해 정의를 상징화했다. 지천군(支天軍), 보천군(補天軍), 우천군(祐天軍), 천무군(天武軍), 간천군(杆天軍)의 편제가 이를 말해 준다. 태조 왕건 휘하 삼군의 병력은 43,000명이었고, 여기에 지방 호족의 자발적 원병을 합한 총 병력은 87,500명 규모였다. 당시 최대의 병력이 동원된 것이다. 이때에는 흑수(黑水)·달고(達姑)·철륵(鐵勒) 등 제번(諸蕃)의 정예 기병 9,500명도 참여했다. 이로써 견훤의 후백제는 『삼국사기』에 따른다면 892년에 일어나 936년까지 45년 만에 멸망하였다.

후대 입장에서 본 18년 간의 태조의 전략은 다음과 같다. 태조에게는 실패도 때로 있었지만 큰 방향이 적절했기에 마지막에 승리할 수 있었다. 그것은 한마디로 말하면 천하를 위한다는 대의명분을 세우고 군사력[勇]을 강화하되 외교 자세로서의 중폐비사를 병행한 것이었다. 또한 호족인 성주나 장군 등의 귀부를 소중히 여겼다. 풍수도참을 고려해 전략 요충지를 장악하고 관리했는데 천안부가 대표적이다. 위에서는 언급하지 않았지만 삼한 일통을 위한 발원을 올리기도 했다. 태조는 신라가 9층탑을 세워 일통을 이룬 것처럼 개경에 7층탑을 세우고 서경에 9층탑을 세우겠다며 최응에게 발원문을 쓰도록 했다. 또한 개경에 10대 사찰을 포함해 일월사 등을 창건해 제불의 가호를 빌었다.

특히 당대 최고의 지식인으로서 지배층과 백성들에 이르기까지 영향력을 행사한 승려들을 우대했다. 태조는 즉위 전후로 해동(海東) 사무외대사

(四無畏大師)로 꼽힌 가지산문 형미(逈微), 성주산문의 여엄(麗嚴), 사자산파의 경유(慶猷), 수미산문의 이엄(利嚴)과 관계를 맺었다. 특히 경유는 태조의 왕사로 921년(태조 4) 3월 일월사에서 입적했다. 이엄의 경우 태조가 사나내원에 초빙하여 사자(師資) 즉 스승과 제자의 예로 대우했다. 이 외에도 당나라에 유학했다 돌아온 충담(忠湛) 선사를 왕사로 섬겼다. 현휘(玄暉)의 경우 그가 924년(태조 7)에 귀국하자 궁으로 맞아 국사(國師)로 섬겼다. 경보(慶甫)는 견훤의 스승이기도 했으며 견훤이 죽은 뒤에는 태조의 왕사가 되기도 했다. 이처럼 선사에 대한 존숭을 통해 태조는 백성과 지식인층을 하나로 모아 갔다.

문사의 경우도 마찬가지였다. 덕화를 흠모해 귀의해 오는 문사들을 적극 수용하고, 이들이 자기 역할을 다할 수 있도록 관직을 주어 움직이게 했다. 지방에서 성장한 최응(崔凝)이나 최지몽(崔知夢, 907~987)을 비롯해 당에 유학했다 돌아와 신라에서 활약했던 최언위(崔彦撝)를 등용했으며, 궁예를 섬기다 출가해 숨어 지내던 은사 박유(朴儒)나 태평(泰評), 중국 측 문사인 추언규(酋彦規), 박암(朴巖) 등을 거용했다. 이 외에도 경사에 밝은 문사들이 태조에게 귀부해 통일 전쟁에 기여했는데 이는 태조가 행한 일련의 문사 우대책이 빛을 발한 때문이었다.

예컨대 최응을 중용해 충직한 간쟁을 하도록 했고 예우를 극진히 했다. 특히 병이 든 최응이 고기를 먹도록 하기 위해 "경이 고기를 먹지 않는 데에는 두 가지 잘못이 있다. 몸을 보전하지 못하여 끝까지 어머니를 봉양할 수 없으니 불효(不孝)이고, 오래 살지 못하여 나로 하여금 훌륭하게 보필하는 자를 일찍 잃게 하니 불충(不忠)이도다"라고 설득한 바 있었다. 태조 원년에 박유를 알아보고 그에 대한 예우를 아끼지 않은 것 또한 대표적 사례에 해당한다. 박유는 궁예 치하에서 동궁기실(東宮記室)까지 올랐다가 궁예의 정치가 혼란에 빠지자 출가해 숨어 살았다. 이 때문에 그는 궁예 정권 말 은사로 불리기도 했다. 태조는 즉위 후 경사에 통달한 박유가 찾아오자 "치리

(致理)의 도는 오직 현자(賢者)를 구하는 데 있다"라 하며 그를 예로 맞이하고 왕씨 성을 하사하여 대우했다.

중폐비사라는 용어는 태조가 즉위한 해 8월 각 지방에 단사(單使)를 보내 넉넉한 선물과 겸손한 말로써 은혜를 베풀고 화해하려는 뜻을 보인 데서 나왔다. 즉, 서로 사신과 선물을 보내 교류를 나누는 교빙(交聘)을 행하려 한 것이다. 더구나 태조는 이를 외교적 수사 즉 아름다운 글귀로서만 제시한 것이 아니었다. 이것이 실질이 될 수 있도록 교빙 혹은 귀부해 오는 이들에게 최선의 배려를 하고자 했다. 전쟁과 교빙을 전개하면서 큰 방향을 잊지 않은 것이다.

그렇다면 태조의 통일 대업 성취에는 어떤 요인들이 있었을까? 우선 태조 자신이 궁예나 견훤, 그리고 신라의 군주와는 다른 군주상을 목표로 하고 실현해 가고 있었다는 점을 꼽을 수 있다. 또한 불교로부터 제불의 가호를 받고 풍수도참, 천령 및 산천신앙의 도움을 받으면서도 유교적 덕치(德治)나 예치(禮治)를 내세웠다. 유교적 천명(天命)을 마음에 담고 지배층의 겸양과 애민을 실천한 것이다. 더불어 국가 간 신뢰와 의리를 솔선해 지키고자 했다. 견훤 정권에 대해 먼저 화호의 약속을 깬 적이 없었고, 신라에 대해 일관된 협력을 지속했다. 그뿐만 아니라 현명한 신하를 알아보고 등용하면서 믿음을 줄 줄 알았다. 아자개나 김순식, 견훤, 경순왕이 찾아왔을 때 예를 다했다. 예의 으뜸으로서 겸양을, 덕의 근본으로서 공경을 갖추도록 했다. 그리고 불교의 자비를 깨닫고 그 스스로 보살계를 받아 살생보다는 백성의 생계를 도모하려 했다. 사찰과 탑을 창건하고 세워 부처의 자비로 통일을 이루려 했다. 풍수도참이나 산천신앙을 통해서는 해당 지역을 살피고 지덕을 받아 민심을 안정시킨다는 명분을 실현했다.

태조 왕건은 18년간의 후삼국 통일 전쟁을 거치면서 완성형 인간으로서 모든 것을 결정한 것이 아니었다. 수많은 좌절과 성취를 경험했다. 그 과정에서 태조는 다양한 노력을 기울였고 주변 신하와 승려들의 충직한 간쟁과 자문을 받아들였다. 그러면서도 그 스스로 사람을 우선하는 애민의 마음을 갖고 있었다. 그는 한 번의 싸움으로 모든 것을 결정지으려 하지 않았다. 기다릴 줄 알았고, 힘을 기르기 위해 정치력과 군사력을 정비했다. 시간은 걸렸다. 하지만 이 기다림은 후삼국 일통을 물리적 일통이 아닌 화학적 융합으로 이끌어 새로운 시대를 열었다.

무엇보다 태조는 나면서부터 성자(聖子)라고 도선이 언급하여 성인(聖人) 의식이 강했을 법도 했지만 이를 의식하지 않았다. 자신을 불교의 미륵이 아닌 보살계 제자로서, 유교의 천명을 두려워할 줄 아는 군주로서 여겼다. 따라서 태조는 완성형 군주가 아닌 진행형 군주로서의 덕과 자비를 통일 전쟁 과정에서 잘 보여 주었다 하겠다.

2) 전쟁 후 사회통합 노력과 질서 재편

사실 전쟁보다 위험한 때가 전쟁이 끝난 때이다. 위험 요소가 있다고 예상하건 그렇지 않건 간에 언제든 다양한 요구가 폭발할 수 있어서이다. 태조 왕건이 이러한 불안정성을 예측했는지 모르겠으나 적어도 통합을 이룬 후의 행보를 보면 그의 고심이 상당했음을 알 수 있다.

앞서 태조는 진행형 군주로서 기다림을 아는 임금이라 했다. 여기서 기다림이란 사실 진행 과정에서 일어난 일들을 되새기면서 앞으로의 과정을 성공적으로 이끌기 위한 노력의 일환이다. 태조는 궁예 정권하에서 벌어진 일들을 목도했다. 미륵관심법을 통해 정교일치적 전제왕권을 만들려는 무리수와 이를 뒷받침하기 위해 수많은 노역과 재물이 들어가는 것을 보고 안타까워했다. 그것은 백성들의 세금이었고, 충성스러운 신하들의 피였다. 태조는 이를 반면교사로 삼으면서 즉위 후 천명을 받은 군주이지만 동시에 천명을 두려워할 줄 아는 군주가 되려 했다. 덕과 예를 알고 유능한 신하를 발굴하였으며 많은 대소 호족들을 포용했다. 견훤과 신라까지도 흡수했다.

무리하지 않고 진행한 것이기는 했으나 다양한 요구와 바람을 가진 이들 인물이나 세력들을 어떻게 통합할 것인지는 또 다른 문제였다. 따라서 태조는 이 문제를 풀기 위한 노력을 쏟아부어야 했다.

사실 이는 936년(태조 19) 9월 치러진 일리천 전투 이후 태조가 행한 일들을 보면 그 답이 찾아진다. 태조는 기적을 행하는 왕이 아니었다. 그렇다고 외적을 막고 풍파를 잠재우는 신비롭고 성스러운 만파식적(萬波息笛)과 같은 성물(聖物)이 있어서 하늘의 축복을 받는 존엄한 존재도 아니었다. 비록 937년(태조 20) 5월 김부로부터 진평왕이 하늘로부터 받았다는 '천사옥대(天賜玉帶)' 즉 성제대(聖帝帶)를 수수했지만 이를 착용하고 '성스러운 왕'이라 자처하지 않았다. 말하자면 스스로 특별한 왕이라 칭하지 않은 것이었다. 군주이면서도 자신을 낮추고 밑으로부터의 생각을 받아들일 줄 안다는 것은 성군의 중요한 덕목이다. 태조는 이를 자연스레 깨달은 셈이다.

태조는 후백제를 정벌한 후 개경으로 돌아와 위봉루에 나아가 하례를 받았다. 936년(태조 19) 9월의 기록을 보면 이때 태조가 신자(臣子)들에게 절의(節義) 즉 충절을 장려하는 조치를 시행한 것이 나온다. 태조 스스로가 지은 경계의 글을 반포하였는데 『정계(政誡)』 1권, 『계백료서(誡百僚書)』 8편이 이것이었다. 내용은 전하지 않지만 대략 정치의 귀감과 경계 삼아야 할 것, 신하로서 군주와 백성을 어떻게 대할 것인지 등이 담겨 있었을 것이다. 이 두 글에는 태조의 우려와 고심이 함축되어 있었다.

다른 한편 신하도 태조에게 성군의 자세를 유지할 것을 요구했다. 통일 이후 태조의 성덕(聖德) 즉 업적과 관련해 태조 대 활동했던 봉어 최원(崔遠)이 올린 축하 표문이 최자의 『보한집』에 실려 있다.

지혜로운 나라의 신하들이 일찍이 상국(上國)으로 모여들고 반역한 자의 군대가 지금 남방에서 와해되었습니다. 폐하께서 이웃의 급한 사정을 듣고 곧장 가서 그들을 구원해 준 것은 인용(仁勇)이고, 이웃 왕이 와서 귀부하자 곡진히 대하고 정성껏 친애한 것은 지신(智信)이며, 견훤의 작은 혐의점을 잊어버리고 은혜와 신뢰로 맞이한 것은 관인(寬仁)이고, 모든 반역한 자들을 주살하고 남은 백성을 위로하고 어루만진 것은 의(義)에 밝아 인(仁)이 넘쳐 나는 것입니다. 이것으로 제왕(帝王)이 후손에게 전해 줄 오상(五常)으로 삼으신다면 어찌 후손들이 만세토록 선조를 따르지 않겠습니까?

위의 축하 표문 즉 하표(賀表)가 정확히 언제 올려진 것인지는 알 수 없다. 하지만 내용을 본다면 후백제 신검군을 정벌한 후 올려진 것임은 분명하다. 태조는 최원이 올린 축하 표문에 일단은 수긍하였을 것이다. 최원이 건의한 후손에게 남겨 줄 오상(五常) 제안은 신선한 생각이었다. 이 하표는 오상은 아니더라도 후대 왕에게 남겨야 할 바에 대한 대계(大計)를 정리하는 계기가 되지 않았을까 한다.

후백제와의 마지막 일전을 앞둔 936년(태조 19)에 태조는 많은 생각을 했을 것이다. 그리고 이를 고려의 염원이자 천하의 희망으로 승화하려 했다. 이는 종교와 신앙의 차원에서 풀 문제이기도 했다. 태조는 개경에 7층탑과 서경에 9층탑을 세워 일통을 발원한 것처럼 광흥사(廣興寺)·현성사(現聖寺)·미륵사(彌勒寺)·내천왕사(內天王寺) 등을 창건하고 또 연산(連山)에 개태사(開泰寺)를 창건했다. 특히 개태사의 창건과 관련해서는 태조가 직접 발원문을 작성했는데 중요 대목은 태조의 심경을 알게 해 준다. 『보한집』에 다음과 같이 실려 있다.

불성(佛聖)의 유지(維持)에 보답하고, 산령(山靈)의 찬조(贊助)를 갚고자 특별히 사국(司局)에 명하여 연궁(蓮宮)을 새로 짓게 하였습니다. 이에 산 이름을 천호(天護)로 하고, 절 이름을 개태(開泰)로 하였습니다. 운운. 원컨대 부처의 위엄으로 비호해 주시고, 하늘의 힘으로 도와주십시오.

불성과 산령의 도움 그리고 부처의 위엄과 하늘의 힘의 도움을 받고자 하였다. 이를 통해 도탄에 빠진 백성을 구제하고 이들이 마음껏 농상에 종사할 수 있도록 하겠다는 것이었다. 그리고 그 꿈은 진심을 다함으로써 이뤄졌다.

산 이름 즉 산호를 정한다는 것은 중요한 의미가 있다. 앞서 고려가 풍수지리를 따랐다는 것은 언급했다. 산호를 정하는 것은 앞의 인용문에서처럼 풍수 및 산천신앙과 관련되는 것이었다. 태조는 전국에 걸쳐 산호를 정하고 사찰을 세웠다. 예컨대 천안의 왕자산(王字山) 등이 있었다. 이는 곧 풍수를 통해 혹은 불교를 통해, 산천신앙을 고려 왕실 중심으로 다시 편제하여 제사하고 보답하기 위해서였다.

그런데 여기서 한 가지 아쉬운 점이 있다. 일통을 이룬 즈음 대대적인 축하를 통해 통합의 기쁨과 번영의 기원을 담아야 하는데 『고려사』 등의 사료에는 이 같은 내용이 빠져 있다. 실제로 없었던 것인지 혹은 원래 있었지만 현종 대 거란의 침략으로 기록이 불에 타 유실되고 새로이 태조 대 실록을 만드는 과정에서 빠졌던 것인지 의아함이 생긴다. 만약 축하의 자리가 있었다면, 또 이를 부처와 천령, 산신 등에게 감사하고 임금과 신민이 하나 되는 기회로 삼았다면 어떠했을까?

사진 1　충남 논산시 개태사지

사진 2　개태사지 석조여래삼존입상(복원 전)

여기서 주목되는 것이 신라 때부터 행해 온 팔관재 혹은 팔관회이다. 팔관연회는 신라 진흥왕 33년(572) 10월에 처음 시작되었는데, 전사한 사졸을 위한 위령제의 목적이었다. 그리고 궁예가 898년 11월에 팔관회를 개설하였고, 그 후 매년 행해지면서 궁예를 미륵불로 장엄화하는 단계까지 진행되었다. 태조는 이를 계승하여 즉위 원년부터 열었다. 이렇게 본다면 팔관회는 신라와 궁예 정권에서 모두 행한 것이 된다. 또 기록에는 없다 하더라도 고구려나 백제에서도 불교가 폭넓게 전해진 만큼 팔관회 형태의 불교 행사가 있었으리라 짐작 가능하다. 그것은 연등회도 마찬가지였을 것이다. 다만 연등회가 석가모니의 탄신을 기리는 목적이 있는 만큼 위령제와 같은 다른 성격을 더하기는 힘들었다.

『고려사절요』 918년(태조 1) 11월의 기록을 보면 이 팔관회 행사를 매우 성대하게 열었던 내용이 보인다. 구정에 윤등(輪燈) 하나를 설치하고 주변에는 향등(香燈)을 벌여 놓아 불빛이 땅 위를 가득 채운 듯 보이게 했다. 5장 남짓의 비단 기둥[綵棚]을 세웠는데 연대(蓮臺)와 같은 형상이었다. 백희가무가 연주되고 신라 고사에 따라 사선악부(四仙樂府)와 용·봉황·코끼리·말·차선(車船) 같은 형상을 한 것이 이어져 나왔다. 백관은 도포를 입고 홀을 든 채 의례를 행했다. 이때 태조는 위봉루에 올라 이를 보고는 부처를 공양하고 신을 즐겁게 하는 모임[供佛樂神之會]이라 했다.

물론 간소하게나마 918년(태조 1) 11월 팔관회는 설행되었을 것이다. 다만 이렇게 묘사되어 있는 팔관회가 정말로 태조 원년 11월에 이루어졌는지 의문이 든다. 신라 고사까지 활용한 성대한 행사를 정권 초 불안했던 정국의 철원 궁궐에서 했다고 보기는 힘든 데다 바로 919년(태조 2) 정월 송악으로 서울을 정했기 때문이다. 그렇다면 이때의 성대한 의례 광경은 후백제를 정벌하고 삼한 일통을 이룬 936년(태조 19) 11월의 팔관회 모습으로 보는 것이 적절하다. 부처를 공양하고 신을 즐겁게 함과 동시에 전쟁에서 죽은 사졸을 위로하는 모임이자 임금과 신하, 백성이 모두 감사하며 즐기는 자리가 되었을 것이다. 또한 최원이 태조에게 올린 축하 표문도 이때의 팔관회에서 쓰여진 것일 가능성이 충분하다.

산호를 정하고 사찰을 창건하는 일에 대해 국토 재편이라는 틀로 앞서 언급했다. 이 같은 관점에서 태조는 통합된 국토에 대한 행정 재편을 시도했다. 군현명을 다시 정리하는 일이 이에 해당했다. 940년(태조 23) 3월 경주를 대도독부로 삼고 여러 주군의 호칭을 고쳤다는 내용이 확인된다. 태조 즉위 이후 꾸준히 진행되어 온 것이기는 하나 이때 대대적 재편이 있었다고 보면 될 듯하다. 예컨대 이에 따라 오늘날 문경에 해당하는 고사갈이성은 문희군(聞喜郡)이 되었다. 벽진군을 경산부(京山府)로 바꿨다. 전주의 경우는 후백제 멸망 후 안남도호부라 했다가 이해에 전주로 다시 명칭을 회복시켰다. 웅주(熊州)는 공주(公州)로, 서원경은 청주로 바꾸었다. 반대로 통일 전쟁에 대한 공로에 따라 군현의 격을 낮추기도 했다. 나아가 고려를 자주 배반한 고을의 사람들에게 짐승 이름으로 성씨를 내려 사회적 형벌을 가하기도 했다. 즉, 『신증동국여지승람』 충청도 목천현 조에 "고려 태조가 나라를 세운 뒤에 목주 사람이 여러 번 배반한 것을 미워하여 그 고을 사람들에게 모두 짐승 이름으로 성(姓)을 내렸다"라 한 대목이 보인다. 이때의 성씨는 우(牛)·마(馬)·상(象)·돈(豚)·장(場) 등이었다 한다.

태조는 918년(태조 1) 8월 자신의 즉위에 공을 세운 이들을 1등, 2등, 3등으로 나눠 포상한 바 있었다. 1등은 홍유(洪儒)·배현경(裵玄慶)·신숭겸(申崇謙)·복지겸(卜智謙)이었고, 2등은 견권(堅權)·능식(能寔)·권신(權愼)·염상(廉相)·김락(金樂)·연주(連珠)·마난(麻煖)이었으며, 3등 공신에는 2천여 명이 있었다. 이들에 대해 차등 있게 금은 그릇이나 비단, 포백, 미곡 등을 주어 공로에 대한 상을 내렸다. 이때의 공신에 대한 공식 명칭은 없으나 나라를 열었다는 의미에서 개국공신이라 하기도 하고, 실제로는 고려라는 나라를 새로 연 것이 아니라 회복한 것이기에 개국이 아닌 즉위공신이라 부르기도 한다.

통일을 이룬 후에도 그 공로에 따라 논공행상을 공정하게 하였다. 이들 공신은 후삼국 통일 즉 삼한 일통에 공이 있다 하여 삼한공신(三韓功臣)이라 불렀다. 태조가 보인 삼한 일통 의지 즉 삼한 일통 의식의 의미를 반영해 이때를 개국이라 부르기도 한다. 삼한공신 관련 기록은 통일 후 4년 만에 신흥사를 중수해 공신당을 설치하고 동·서쪽 벽에 삼한공신을 그렸으며, 하루 밤낮 무차대회를 열었는데 이후 매년 대회를 열었다고 한 데서 보인다. 동시에 삼한 통합 때 공을 세운 신하들에게 인성(人性)과 선악과 공로의 대소를 살펴 차등 있게 역분전(役分田)을 지급했다 하였다. 삼한공신에는 태조를 도와 통합 전쟁에 참여한 이들, 고려에 귀의한 신라 귀족들, 태조에게 귀순한 성주·장군 등이 포함되어 있었다. 그리고 이들은 크게 삼한공신과 삼한벽상공신으로 나눠지기도 했다. 벽상공신은 삼한공신으로서 공신당 동서벽에 화상이 그려진 공신을 일컫는다.

이들에게는 최대 2백 결에 이르는 역분전이 차등 있게 지급되었다. 이는 공훈에 대한 보상 즉 훈전(勳田)을 지급하는 것이었다. 역분전 지급은 이때 처음으로 실시되었는데, 이후 공신 및 관료 등 직역 부담자에게 수조지(收租地)를 분급하는 제도인 전시과(田柴科)의 모태가 되었다. 태조는 이미 934년(태조 17) 공경 장상들이 녹읍에 가신을 보내 착취해서 백성들이 어려워하는 현실에 대해 안타까워하고 이를 바로잡고자 한 바 있었다. 공교롭게도 국가에서 공신 및 직역 담당자들에게 녹읍이 아닌 역분전이라는 토지를 분급함으로써 그 단초를 마련한 것으로 일단 그 돌파구를 연 셈이었다. 소유주의 직접 지배와 착취가 가능한 토지를 내리는 대신 수조권 분급을 통해 일종의 공적 지배 방식을 제시한 것으로 볼 수 있다.

태조의 정치에서 특히 주목해 볼 점이 하나 있다. 그것은 태조가 즉위 초부터 옛 고구려 도읍이었던 평양 즉 서경을 중시했다는 점이다. 고구려 계승의식을 갖고 국호를 고려라 했음은 주지의 사실이다. 이를 보다 구체화하기 위해 태조는 황폐해진 평양을 다시 건설하겠다는 뜻을 즉위 원년 9월부터 내세우기 시작했다. 태조가 직접 서경을 순행한 기록만 보더라도 『고려사』에 최소 9차례가 확인된다. 또한 후에 「훈요십조」에서도 후대 왕들에게 사중월(四仲月)인 2·5·8·11월에 서경을 방문하되 100일 이상을 체류토록 해 나라의 안녕을 이룰 것을 훈시했다.

평양은 후삼국 전쟁으로 예성강 이북 지역의 방비가 소홀해지자 야인 혹은 여진족들이 드나들면서 무주공산 지역처럼 변해 갔다. 그 때문에 복구가 시급했으며, 이는 북방의 위협에 대한 방비책이기도 했다. 동시에 발해 유민도 수용해야 했기 때문이다. 태조는 평양을 서경이라 칭하여 양경제를 시행했고, 종제(從弟)인 왕식렴으로 하여금 지키게 했다. 서경에 9층탑을 세워 통일을 발원하기도 했다. 그리고 이를 발판으로 북방에 성을 쌓고, 진을 설치하면서 진두(鎭頭)를 파견해 영토를 개척해 갔다. 진두는 군사 방어와 영역의 관리, 조세와 역의 부과나 면제 등의 일을 맡았다.

이러한 노력 때문에 태조 왕건의 원대한 꿈을 꼽을 때 북방 진출을 통해 고구려의 옛 영토를 회복하려 했음을 든다. 그 결과 태조 대 서북쪽 영토는 마헐탄(馬歇灘)과 석성(石城) 일대인 청천강과 압록강 사이를 오갔다. 동북쪽으로는 태조 즉위 원년 현 함경남도와 강원도 일대인 삭방 골암성 장수 윤선(尹瑄)의 귀부와 그에 이은 골암진 경영이 있어 북계의 경계선이 되었다.

3) 왕조 안정책의 시행

왕건은 궁예의 신하로서 21년간 조정과 전장을 누비며 출장입상(出將入相)했다. 고려 국왕으로서의 정치 여정은 26년간이었다. 신하로서는 백성의 삶의 질곡을 살피면서 전쟁의 참상을 목도하는 한편 장수로서 많은 승리를 가져와 영토를 확보했다. 그간 태조는 신라 치하에서 지방에 웅거한 많은 성주와 장수를 겪었다. 또한 고승 선사나 문사, 은사 등을 만날 기회도 있었다. 특히 출장해서는 휘하 장졸들을 아낌으로써 승장이자 덕장으로서 신망을 얻었다. 홍유·배현경·신숭겸·복지겸 등은 폭군을 축출하고 유덕자 왕건이 천명을 수수했다는 명분을 들어 추대했다. 태조의 정치는 철원 포정전에서의 즉위로 시작했지만 자신의 지역 기반이 있는 송악으로 도읍을 옮겨 본격적인 고려 왕조 운영을 전개했다. 최승로의 말을 빌리자면 고구려가 다시 부흥하는 운을 만난 것이었다[乘丙鹿再興之運].

태조가 즉위 전 혁명을 주도했을 가능성은 있지만 그렇다고 확언하기는 어렵다. 그렇지만 즉위하면서 반포한 조서나 이후 정책 방향과 그 실행을 밝히는 조서 등에서 태조는 천명에 기반한 애민 정치를 밝혔다. 천명에 기반한다는 것은 군주로서 덕을 기르고 그에 따라 게으름 없이 근정(勤政)을 행한다는 뜻이었다. 상서나 재이가 발생하더라도 항상 하늘의 뜻을 살피려 노력하고 두려워했다.

태조는 스스로 경사에 밝았지만 겸양했다. 그리고 덕치를 함께 실행할 수 있는 신하를 가까이했다. 최응이나 박유, 최지몽, 최언위, 최원, 태평 등은 경사에 능하고 문장을 잘했다. 후학 및 인재 양성을 위해 개경에서는 원봉성(元鳳省)에서 수학하게 했고 서경에는 학교를 세워 운영토록 했다. 최승로가 태조의 발탁으로 원봉성에서 수학한 대표적인 인물이었다. 태조는 백성을 다스리는 데 중요한 것이 유능하고 현명한 이를 뽑아 관직에 임명하는 것이라 보았다. 이 원칙에 입각해 태조는 인사를 공평하고 적절하게 운영하였고, 직접 『정계』와 『계백료서』를 지어 신하들이 경계로 삼게 하여 후대의 칭송을 받았다.

여기에 더해 백성이 농상에 전념할 수 있도록 사회 안정책을 꾀했다. 백성들이 때에 맞춰 농사를 지을 수 있도록 했다. 민전(民田)에서 십일조법(什一租法) 즉 10분의 1의 조세 수취를 실현하고, 과도한 조세 수취를 방지하려 했다. 억울하게 노비가 된 백성을 속환(贖還)했다. 굶주린 백성들을 위해 흑창(黑倉)을 설치해 곡식을 빌려주었다. 역분전을 실시해 공신 관료에 대한 토지 분급제의 기초를 마련했다. 이는 지배층의 공로와 직역에 대한 대가 지급에 해당하였는데 민에 대한 과도한 수렴(收斂)을 제한해 백성을 보호했다. 이러한 태조의 대민 안정책은 그가 즉위하면서 내세운 천명과 애민 정치 실현 노력에 기반한 것이었다. 백성의 안집은 태조 재위 26년간만이 아니라 그 이후 고려 왕조가 번영의 토대를 마련하는 데 바탕이 되었다. 결국 유교 정치의 선언과 그 실현 노력이 성과를 거둔 것이라 하겠다.

최승로는 태조의 업적에 대해 평가하면서 "불교를 높이 받들고 유교를 소중하게 여겨 임금으로서의 미덕이 이로써 갖추어지게 되었으며, 나라를 다스리는 좋은 계책이 본받을 만했습니다"라고 하였다. 유교 정치와 함께 불교를 숭상하여 치도(治道)가 갖춰졌으며 이로써 불교와 유교가 각각의 역할을 다할 수 있게 하였다는 뜻이었다.

실제로 태조는 앞에서도 언급했듯이 불제자로서 보살계를 받았으며, 고승을 승통이나 국사로 모셨다. 풍수지리를 살펴 개경과 지방에 사찰과 탑, 승탑 등을 세웠다. 매년 정월 보름에는 연등회를 열었다. 공교롭게도 태조가 정월 14일에 태어난 만큼 정월 보름의 연등회는 그 스스로 보살에서 전륜성왕이 되어 불도를 받드는 존재가 되었음을 내세울 수도 있는 자리였다. 또한 팔관회의 경우 중동인 음력 11월 보름 전 열려 위령제 및 추수감사제적 성격이 있었고 24절기 중 가장 중요한 동지(冬至)인 때에 맞춰 원구에서의 하늘에 대한 제사와 같은 면을 갖기도 했다. 부처를 섬기고 신을 즐겁게 하는 모임이라고 태조가 칭한 만큼 이미 태조 대부터 연등회와 팔관회는 나라에서 행하는 가장 큰 잔치로서의 의미도 가졌다. 이 외에도 무차대회를 통해서는 공신 및 전몰 장졸에 대한 위령을 겸하기도 했다.

태조는 승통과 왕사가 입적하거나 중요 사찰을 창건하여 도량을 열 때 친히 비문이나 발원문 등을 쓰기도 했다. 결국 이러한 노력을 거쳐 그간 신라 금성 즉 경주를 중심으로 사찰 경영이 이뤄진 데서 이제는 개경을 중심으로 사찰이 편제되게 되었다. 이는 고려 불교의 정착과 심화로 이어지게 되었고, 왕실과 불교는 상호협력 관계를 유지하였다. 이를 통해 불교를 수신의 도로 삼도록 해 백성들은 신앙 면에서도 더욱 안정을 찾게 되었다.

새로운 왕으로서 즉위하고 통일 전쟁을 겪은 후의 왕조를 운영할 때 가장 문제가 될 수 있는 것은 정치 세력이라 할 수 있다. 신라 하대 사회의 경우 진골 귀족의 반란으로 많은 왕이 교체된 것은 정치 주도 세력을 통제하지 못했기 때문이었다. 왕권 약화와 맞물리면 이는 더욱 심해지기 마련이었다. 태조는 정치 주도 세력을 축출하고 이들을 어떻게 조정하여 고려 왕실을 위한 울타리이자 충성을 다하는 이들로 바꿀 수 있을지를 살폈다.

태조는 성주·장군·수(帥) 등을 주목했다. 이들은 호족 혹은 지방 세력으로 개념화되었다. 고려를 연 이후에는 태조 즉위 공신 세력이 있었다. 또한 전쟁을 거치고 통일을 이루면서는 삼한공신이 생겨났다. 설관분직을 행하면서는 경사에 능하거나 일정 정도의 자격을 갖춘 자들을 선발해 직역을 담당하게 했는데 관료군이라 할 수 있다. 이렇게 본다면 지배층으로는 호족과 공신 세력, 그리고 주요 관료 세력이 존재하게 된다.

바로 이들이 고려 초 정치 지배 세력이었다. 태조는 통제나 억압을 가하는 대신 어떻게 이들과 공생하면서 신료로서 왕실을 떠받치게 할 수 있을 것인지 고민하였다. 이를 위한 첫째 중요한 전제는 태조 스스로 이들의 존재를 인정하고 존중해야 한다는 것이었다. 둘째는 이들을 겸양의 자세로 대하고 공경해야 한다는 것이었다. 셋째는 이들이 왕실에 충절을 다하면 그에 따른 응분의 보상이 있음을 믿게 하는 것이었다. 이 세 가지 전제는 본래의 성품에 노력이 더해져야 하는 것인데 태조는 이를 실천하였다.

이 때문에 최승로는 태조의 성품에 대해 편안할 때 안일하지 않았고 아랫사람을 접할 때 공경했다고 평가했으며, 어진 이를 좋아하고 착한 일을 즐기면서 자신을 고집하지 않고 남의 의견을 따랐다 했다. 태조의 공손함, 검소함, 예의 바름, 겸양함이 천성이라고 보았다.

태조는 이러한 성품으로 다른 이들에게 신뢰를 얻었을 것이다. 그런 바탕 위에서 태조는 새로운 정치 지배 세력으로 떠오른 호족과 공신, 관료 세력

들을 아울러 왕실을 위한 튼튼한 울타리로 삼는 방책을 시행했다. 혼인 정
책, 사성 정책(賜姓政策), 기인제(其人制), 사심관제(事審官制) 등이었다.

사실 새로운 왕조 경영에 있어 무엇보다 중요한 것은 신성한 왕실의 위상
정립과 안정된 왕실의 번창이었다. 왕조 국가의 특성상 1명의 왕과 다수의
후비(后妃)는 불가피한 면이 있었다. 일부일처를 고수하더라도 다수의 자손
을 두어야 했다. 태조 왕건은 고려의 1대 국왕이었다. 태조의 왕후와 부인
을 보면 모두 29명이 있었다. 『고려사』 후비 열전에는 3명의 왕후와 3명의
태후, 그리고 23명의 부인이 기록되었다. 소생 자녀로는 25명의 왕자와 9명
의 공주가 있었다. 태조는 이를 통해 왕실의 안녕과 자손 번창이라는 토대
를 만들었다.

그런데 이들 왕후 및 부인의 출신을 보면 다분히 정치적 이익을 고려한
정략결혼이라는 것을 알 수 있다. 이들 대부분이 각 지역 호족 세력의 딸이
거나 신라 및 후백제 왕실과 관련이 있기 때문이다. 태조의 즉위를 도운 신
혜왕후 류씨(柳氏)는 황해도 정주(貞州)의 장자(長者) 류천궁(柳天弓)의 딸이었
다. 고구려 주몽의 어머니이자 지모신적 성격을 갖는 유화(柳花) 부인이나,
작제건이 서해 용왕에게서 받은 버드나무 지팡이[柳杖] 등과 관련한 '버드나
무 류(柳)'를 떠올리는 것도 흥미로울 듯하다. 혜종의 모친인 장화왕후 오씨
(吳氏)는 나주 목포 사람으로 오다련군(吳多憐君)의 딸이었다. 정종과 광종,
낙랑공주 등의 모후인 신명순성왕태후 유씨(劉氏)는 충주인으로 유긍달(劉
兢達)의 딸이었다. 명복궁대부인이었다가 성종에 의해 신정왕태후로 책봉
된 황보씨(皇甫氏)는 황해도 황주 사람으로 황보제공(皇甫悌恭)의 딸이었다.
현종의 조모가 되는 신성왕태후 김씨(金氏)는 경순왕의 백부 김억렴의 딸이
었다. 정덕왕후 류씨(柳氏)는 정주(貞州) 사람으로 시중 류덕영(柳德英)의 딸
인데 4남 2녀를 낳았다.

다소 번거롭지만 나머지 부인들의 경우도 모두 거론할 필요가 있다. 경
주인 좌윤 평준(平俊)의 딸 헌목대부인 평씨, 명주(溟洲) 왕경(王景)의 딸인 정

목부인 왕씨, 황해도 평주(平州) 사람으로 유금필(庾黔弼)의 딸인 동양원부인 유씨, 충청도 진주(鎭州) 사람인 대광 명필(名必)의 딸 숙목부인, 경주 사람인 태수 임언(林彦)의 딸 천안부원부인 임씨, 충청도 홍주(洪州) 사람인 홍규(洪規)의 딸 홍복원부인 홍씨, 합주(陜州) 사람인 대광 이원(李元)의 딸 후대량원부인 이씨, 강원도 명주 사람인 왕예(王乂)의 딸 대명주원부인 왕씨, 경기도 광주 출신 대광 왕규(王規)의 딸인 광주원부인 왕씨와 소광주원부인 왕씨, 전라도 승주(昇州) 사람으로 견훤의 사위인 삼중대광 박영규(朴英規)의 딸 동산원부인 박씨, 강원도 춘주(春州) 사람인 대광 왕유(王柔)의 딸 예화부인 왕씨, 황해도 동주(洞州) 사람인 대광 김행파(金行波)의 딸인 대서원부인 김씨와 소서원부인 김씨, 황해도 신주(信州) 사람인 아찬 강기주(康起珠)의 딸 신주원부인 강씨, 대광 영장(英章)의 딸인 월화원부인, 원보 순행(順行)의 딸인 소황주원부인, 황해도 평주 사람인 삼중대광 박지윤(朴智胤)의 딸 성무부인 박씨, 경상도 의성부 사람인 홍유(洪儒)의 딸 의성부원부인 홍씨, 황해도 평주 사람인 태위 삼중대광 박수문(朴守文)의 딸 월경원부인 박씨, 황해도 평주 사람인 태사 삼중대광 박수경(朴守卿)의 딸 몽양원부인 박씨, 경상도 해평(海平) 사람인 대광 선필(宣必)의 딸 해량원부인, 출신이 전하지 않는 서전원부인 등이 있었다.

이들의 출신에는 특이점이 보인다. 첫째는 특정 지역 출신이 다수 있다는 것이다. 예컨대 지금의 황해도 지역인 정주 출신 2인, 황주 출신 2인, 평주 출신 4인, 동주 출신 2인, 신주 출신 1인 등이 확인된다. 이들 지역은 나말려초 시기 패강진 지역이었다. 이 지역 출신 왕후와 부인이 전체 29명 중 11인이나 된다는 것은 태조가 이 지역을 자신의 정치 기반으로 삼았음을 보여 준다. 둘째는 경상도로 경주 3명, 합주 1명, 해평 1명, 의성부 1명이다. 도합 6명이다. 셋째로 충청도는 충주 1명, 진주 1명, 홍주 1명 등 도합 3명이고, 넷째로 강원도 출신의 경우를 보면 명주 출신 2명, 춘주 출신 1명이 있다. 이 외 경기도 광주 2명, 전라도 나주 1명, 승주 1명, 출신 불명 2명이 있다.

지역적으로 본다면 전국적으로 혼맥이 연결되는 것을 볼 수 있지만 그럼에도 불구하고 태조의 혼맥에서 중요한 것은 예성강을 중심으로 한 패강진 지역 혹은 패서 지역이었다. 그리고 경주 3명이 있고 왕씨 성을 하사받은 호족 가문의 딸로 명주와 광주 출신이 각각 2명이라는 점도 해당 지역 호족의 세력 강성 여부와 연결된다. 특히 신라 왕실과 후백제 왕실과도 연결되는 점은 태조가 왕실과의 혼인을 통해 삼한 일통을 상징화하고자 한 것으로 이해된다.

한편 태조는 공주나 종실의 딸을 유력 세력에게 시집보내기도 했다. 낙랑공주와 성무부인 박씨 소생 공주를 경순왕 김부에게 시집보내고, 연산군 매곡현 사람으로 견훤의 심복이었던 공직(龔直)이 귀의해 오자 그의 아들 영서(英舒)와 귀척(貴戚)인 정조(正朝) 준행(俊行)의 딸을 혼인시킨 것 등이 이에 해당한다. 태조의 아들들과 혼인 관계가 맺어지기도 했는데, 진주(鎭州) 대광 임희의 딸과 광주 대광 왕규의 딸, 청주 원보 김긍률의 딸이 그들이다. 또 정종과도 승주 박영규의 두 딸, 청주 김긍률의 딸이 혼인했다.

둘째로는 태조의 사성(賜姓) 정책이 있다. 태조는 즉위 원년 8월 공신 책봉 조서를 내렸는데, 그 서두 부분에서 다음과 같이 언급했다.

제왕의 창업을 돕고자 기이한 책략을 구사해 세상을 뒤덮는 높은 공훈을 세운 신하에게 봉토를 나눠 주고 또한 높은 품계와 관직을 내려 포상하는 것은 백대의 관례이자 천고의 큰 규범이다.

이 글에서 주목해야 할 부분이 있다. '봉토를 나눠 준다[分茅胙土]'는 부분이다. '분모조토'라는 이 표현은 제왕이 제후에게 봉지(封地)를 나눠 줄 때 해당 방향의 희생과 흙을 띠풀에 싸서 나눠 준 데서 기인한다. 당시 제후에게는 봉토에 따라 성씨가 있었다. 성(姓)은 천자가 유덕한 자를 세워 제후로 봉할 때 조상의 출생지로써 내리는 것이었고, 제후는 성을 내릴 수 없었다. 씨(氏)는 봉토 즉 지명에 의해 명명되었다.

그런데 후삼국 시대만 하더라도 고정된 성씨는 그리 많지 않았다. 신라 왕실의 김·박·석씨나 6성인 이(李)·최(崔)·정(鄭)·손(孫)·배(裵)·설(薛)씨 등이 있었고, 이 외 장(張)·요(姚)·서(徐)·송(宋)·류(柳) 등이 확인되는 정도였다. 또한 성씨는 몇몇을 제외하고 경주 출신들이 사용하였으므로 지방 출신의 경우 성씨가 거의 없었다. 심지어 고려 왕실의 경우도 태조의 아버지인 용건이 왕씨를 사용한 것으로 확인될 따름이다. 태조 추대 1등 공신의 경우 어릴 적 이름이라고는 했으나 홍술(弘述), 백옥삼(白玉三), 능산(能山), 복사귀(卜沙貴)라 한 것이 보인다.

태조는 성씨를 정하는 특별한 은혜를 내려 왕실과 신민을 관리하려 했다. 즉위 원년 8월 공신 책봉을 보면 일부분이긴 하지만 성씨가 정해진 것을 볼 수 있다. 즉, 위의 1등 공신 4인을 각기 홍유(洪儒), 배현경(裵玄慶), 신숭겸(申崇謙), 복지겸(卜知謙)이라 칭하고 있기 때문이다. 이처럼 제왕으로서 태조가 성씨를 정해 내리는 작업은 지속되었고 940년(태조 23) 군현명을 새로 정할 때 상당수의 토성(土姓)이 주어졌으리라 여겨진다. 여기에 지역을 중심으로 본관(本貫)을 설정하는 소위 '토성분정(土姓分定)'이 있었다 추정하고 있다. 이는 지역과 행정, 신민(臣民), 조용조의 부세 등을 관리하는 데 상당한 편의성과 효율성을 가져왔고 민의 향촌 거주 관리에 유리하였을 것이다.

이 과정에서 성을 가지면 그간의 성이 없을 때와 입지가 다르며 주요 성씨의 경우 귀족 가문을 상징한다는 인식은 매우 중요했다. 그것은 자연스럽게 공신과 신료, 백성들이 성씨를 갖는 계기로 작용하게 되었다.

그런데 여기서 보다 주목할 것은 제왕으로서 태조가 행한 왕실의 성씨인 '왕(王)' 성의 하사였다. 그 사례를 보면 다음과 같다. 궁예의 동궁기실을 지냈던 은사 박유(朴儒)가 공을 세우자 왕씨 성을 내려 준 것이 우선 확인된다. 이어 명주 대호족 김순식이 귀의하자 왕순식이라 하고, 맏아들 수원(守元)은 왕수원이라 칭했으며, 장명(長命)은 왕렴(王廉)이라 했다. 그 소장(少將) 관경(官景)에게도 왕씨 성을 내려 주고 왕경(王景)이라 하였으며, 또 다른 명주 호족 김예(金乂)를 왕예(王乂)라 하였다. 광주원부인과 소광주원부인의 아버지 왕규(王規)의 경우도 광주 호족으로서 왕씨 성을 하사받은 것으로 추정되며, 발해국 세자 대광현(大光顯)에게도 성명을 내려 왕계(王繼)라 하였다. 왕씨 성 및 이름의 하사는 특별한 은혜를 베푸는 것이었다. 실제로는 다른 혈통을 가진 이들이지만 왕씨를 사여함으로써 동일한 성씨로 간주한다는 의제가족(擬制家族) 혹은 의제왕실(擬制王室)로 만든 것이었다.

한편 『고려사』를 보면 사심관 제도에 대한 중요한 설명이 나와 있다. 경순왕 김부를 경주 사심관으로 임명하고 부호장(副戶長) 이하 관직 인사 등의 일을 맡게 하였다는 것이다. 그리고 이 사심관제는 각기 출신 지역에 막강한 영향력을 가지고 있던 공신의 역할을 정하는 의미가 있었다. 이에 태조는 경주 사심관 김부 사례를 토대로 공신들을 출신 주에 대한 사심관으로 임명하게 된다. 김부의 경주 사심관 임명이 시초이긴 하지만 실제로 향의귀순성주(向義歸順城主) 등 호족이 지배하고 있는 지역을 태조가 직접 관리할 수는 없었다. 즉, 중앙권력이 이를 통제할 수 없었으므로 태조는 이들의 지위를 인정하고 지배력을 활용하는 방식을 취했던 것이다.

이는 공신 및 호족 세력의 기득권을 인정하면서도 사심관이라는 직을 주어 통제하기 위한 것이기도 했다. 또한 현실적으로 통일이 이뤄졌다 하더라도 중앙권력이 지방에까지 침투하는 데 한계가 있었다. 이에 해당 지역에 대한 이해가 깊었던 호족을 이용할 수밖에 없었다. 말하자면 사심관을 통한 간접적인 지방통제 시도라 할 수 있겠다.

태조 대에 자발적으로 복속해 들어오는 토착 세력 혹은 토착 세력화한 성주나 장군에 대해 향의귀순성주라 불렀다. 이들에게는 다양한 포상이 주어졌다. 식읍과 지위 하사, 사성 등이 행해진 것이다. 다만 이때 일부의 경우이기는 하지만 질자(質子) 즉 인질을 받았다. 그리고 이들 질자에 대해서는 개경 관원의 딸과 혼인시켜 안정을 찾게 하기도 했다. 예컨대 벽진군 성주 이총언의 아들 이영(李永)에게 대광 사도귀(思道貴)의 딸을 처로 삼게 한 것이나 강주장군(康州將軍) 윤웅(閨雄)의 아들 일강(一康)에게 경(卿) 행훈(行訓)의 누이동생을 처로 삼게 한 사례가 보인다.

『고려사』에 소개된 '기인(其人)'에 대한 내용을 보면 '향리(鄕吏) 자제를 선발하여 서울에 질자로 삼고 그 고을의 일에 대한 자문에 대비한 것'이라 했다. 기인은 본래 향리 자제였음을 볼 수 있다. 신라의 상수리제(上守吏制)와 연관되기도 하는데 이는 해마다 외주(外州)의 아전을 서울에 와 일하게 하는 것이었다.

태조는 지방 호족을 견제하는 한편 해당 지역에 대한 일을 살펴보기 위해 질자를 받았고, 상수리제와 질자를 결합한 기인제를 시행하였다. 이총언의 아들 이영이 질자로서 개경에 와 혼인하고 거주하면서 벽진군 일에 대해 자문하였을 것임은 미뤄 짐작할 수 있다. 명주 호족 순식의 아들 수원의 경우도 왕씨 성을 하사받고 개경의 토지와 집을 받았다 하였는데, 기인과 같은 역할을 하였다. 그리고 이들 기인 일부는 점차 중앙 관인화(官人化)되어 갔을 것이다.

4) 삼한 일통의 의미와 시대 과제로서의 「훈요십조」

태조 26년간의 정치는 신라 하대 이래 정치의 틀을 완전히 바꾸는 전환점이 되었다. 여러 가지 정치 운영 방식과 종교신앙에 대한 이해를 바탕으로 민심을 수습하였고, 공신과 호족 및 관료 세력을 통제하는 것이 가능해졌다. 이 과정을 통해 새로 개창한 왕조이자 삼한 일통을 이룬 고려는 중세사회로 접어들게 되었다. 이러한 면에서 앞에서 다뤄 온 이 시대와 삼한 일통의 의미가 무엇인가에 대해 정리할 필요가 있겠다.

먼저 그 첫째는 47년간 이어진 분열과 혼란의 시대를 마무리했다는 것이다. 전쟁의 피해 당사자는 힘없는 백성이라는 점에서 이는 고무적인 일이었다. 개개인이 하고 싶은 일을 안정적으로 할 수 있는 소위 살맛 나는 세상이 되었다. 동시에 불안정성이 컸던 사회에서 예측이 가능한 사회로 바뀌게 된 것이었다.

둘째, 전쟁으로 인한 분열을 넘어 개경 중심의 새로운 시대를 여는 것이 가능해졌다. 앞서 언급한 시대 과제의 대부분이 실현되는 때를 맞은 것이다. 그것은 중세사회로의 전환을 의미했다. 풍수나 종교 시설, 군사 시설, 조세 등 모든 면이 서울인 개경 중심으로 바뀌었다. 지방의 많은 사람에게 개경 진출의 꿈이 생긴 것이다.

셋째는 자주통일을 이루었다는 점이다. 삼한 일통은 외세의 간섭이나 도움 없이 이룬 결과였다. 여기에는 국제환경의 지각 변동이 도움이 되기도 했다. 당나라 이후 오대십국이라는 분열의 시대가 이어진 것이다. 동시에 각 지방 호족 세력 및 신라, 견훤 등 거의 모든 세력이 망라되어 마지막 전쟁을 수행해 일통을 이뤄 내기에 이르렀다.

넷째는 진정한 삼한 일통의 성취이다. 신라에 대해서는 원조와 협력을 통해, 그리고 후백제에 대해서는 포용과 정벌을 통해 이들과 하나로 합쳤다. 왕실과의 통합도 상징적 측면에서 가능해졌다. 이 때문에 고려는 태조 왕건의 즉위도 중요했지만 일통 삼한을 이룬 때인 936년(태조 19)도 중요했다. 이에 태조 19년을 소위 나라를 연 때로서 '개국(開國)'이라 칭한 것이 확인된다.

다섯째, 골품제에 기반한 신분제 사회의 해체를 실현했다. 진골 귀족 중심의 시대가 호족의 시대를 거쳐 능력을 중요시하는 새로운 지배계층의 등장으로 이어지게 된 것이다. 왕실과 국가에 대한 충성과 공로, 경사에 대한 지식과 경륜, 유교적 덕목의 실천이 중요한 시대의 도래였다. 특별 혈통이라야 시중(侍中)에 오를 수 있는 것이 아니라 공과 덕, 자격이 있으면 재상의 지위가 가능해진 것이다.

여섯째, 불교나 유교 및 전통신앙과 풍수지리 등 다양한 요소를 융합하는 동시에 각각의 역할을 수행하도록 그 기회를 열었다. 이는 민심 수습만이 아니라 왕실을 중심으로 한 지배 질서 구축에도 역할을 하였다. 다원성의 원리로 공존하는 사회가 이뤄진 것이다. 그리고 이를 왕실과 신민이 참여하는 대회(大會)를 열어 기념하고 안녕을 기원했다. 팔관회와 연등회, 공신당에서의 무차대회, 왕실 선대에 대한 제향, 도교적 초제 등이 그것이었다. 이는 서서히 분열되었던 민을 모아 민족 융합을 이루는 계기로 작동했다.

일곱째, 역사 계승의식을 표명함과 동시에 생물학적 통합을 꾀했다. '고려'라는 국호를 통해 고구려 계승의식의 상징성을 내세웠고, 신라 왕실 및 후백제 왕실과의 혼인을 통해 생물학적 통합을 꾀한 것이다. 장녀 낙랑공주 등 두 명의 공주를 경순왕에게 시집보내고 경순왕의 숙부 김억렴의 딸을 맞이한 것이나, 견훤의 사위 박영규의 딸을 동산원부인으로 맞은 것이 확인된다. 견훤을 상보로 높이고 신라로부터 성제대를 받은 것도 이에 해당한다.

여덟째, 통일 고려는 지정학적으로 한반도에 위치하고 있었다. 삼면이 바다였던 것이다. 태조 왕건의 가계가 해상 무역으로 부를 축적한 만큼 그의 해상 활동력은 강했다. 왕건이 수군을 이끌고 자주 승리를 거둔 것은 그러한 배경 덕분이었다. 후백제 수군 및 후백제 지역과의 전쟁을 거치면서 태봉 및 고려의 해군력은 더욱 강해졌다. 그러나 이 같은 수군력을 통일 이후 관리 및 강화하지 않았던 점은 아쉬움이 남는다.

태조의 즉위와 통일은 이상과 같은 의미를 가졌고, 최소한 이전 시기보다 농민은 생업에 종사할 수 있게 되었다. 지방민도 능력을 키우면 중앙에서 활동할 기회가 찾아왔다. 이 같은 결과로 이어질 수 있었던 데에는 태조가 즉위 후 시대 상황을 적절히 파악 및 이용하고 올바른 방향을 설정해 성과를 거둔 점이 주요했다. 이는 태조 사후 최승로가 통일 때까지의 태조의 업적에 대해 정리한 내용을 보면 알 수 있다.

우리 태조신성대왕(太祖神聖大王)께서 왕위에 오른 때는 난세였고 운수는 천년에 합치하였습니다. 처음에 내란을 평정하고 흉적을 정벌할 때, 하늘이 임시로 그 일을 맡을 군주를 내어 그 손을 빌리었고, 그 뒤에 도참비기(圖讖秘記)에 따라 천명을 받고서 왕의 자리에 오르니 사람들이 태조의 덕망을 알고서 따르고 복종하였습니다. 곧 신라가 스스로 멸망하였고 고려가 다시 일어나는 운을 타서 고향을 떠나지 않고 곧 대궐을 지었습니다. 그리고 요하(遼河)와 패수(浿水)의 놀란 파도를 진정시키고 옛 신라의 땅을 얻어 19년 만에 천하를 통일하였으니, 공적은 더없이 높고 덕망은 한없이 크다고 할 수 있습니다.

도참비기와 천명에 따라 왕위에 오르고 덕을 베풀면서 정벌에 성공해 천하를 통일하게 되었다는 이해를 보여 주고 있다. 인간의 노력만으로 이뤄진 것이 아니며, 태조가 하늘과 민심을 헤아려 통일을 이룰 수 있었다는 뜻이다. 이어서는 통일 후 태조의 정치에 대해 평가하고 있다. 그 일부를 보자.

통일을 이룬 이래 8년 동안 부지런히 정치에 전념하였고, 예로써 큰 나라를 섬기고 도의로써 이웃 나라와 사귀었으며, 편안할 때 안일하지 않았고 아래 사람을 접할 때는 공경했습니다. 도덕을 소중하게 여기고 절검을 숭상했습니다. (중략) 더욱이 사람의 됨됨이를 알아 그들의 재주를 잃게 하지 않았으니, 아랫사람을 거느릴 때는 반드시 그의 능력을 알아보았고, 어진 이를 임용할 때는 믿는 마음을 변치 않았으며, 사악한 사람을 제거할 때는 흔들리지 않았습니다. 불교를 높이 받들고 유교를 소중하게 여겨 임금으로서의 미덕이 이로써 갖추어지게 되었으며, 나라를 다스리는 좋은 계책이 본받을 만했습니다.

통일을 이룬 이래로도 자만하거나 오만에 빠지지 않고 예와 도의, 공경, 절검을 다했다고 평가한 뒤 인재를 알아보고 인사를 행할 때도 잘못됨이 없었다 하였다. 유교와 불교를 소중히 여겨 임금으로서의 미덕을 겸해 갖춰 치국의 계책이 설 수 있었다고 보았다. 그만큼 태조의 정치는 신라, 견훤, 궁예 시대의 정치와는 완전히 다른 것이었다. 새로운 시대 혹은 새로운 차원으로 우리 역사가 한 단계 올라서면서 기회의 시대가 열린 것이다.

그렇다면 고려 왕조가 당면한 시대 과제는 무엇이었을까? 근 47년간의 정치 여정을 겪으면서 태조는 이에 대한 고민을 하지 않았을까? 태조는 무엇을 걱정했을까? 또 문제를 풀기 위한 해법을 어떻게 찾고자 했을까? 태조는 이를 구상하고 그 방도를 「훈요십조」로 정리해 제시했다.

『태조실록』이 잘 남아 있었더라면 좋았겠지만 2차 거란 침입 당시 궁궐이 불탈 때 사료 상당 부분이 없어졌고, 태조 대부터 목종 대까지의 7대 실록은 결국 현종 대에 다시 정리되어야 했다. 그 과정에서 「신서훈요(信書訓要)」즉 「훈요십조」를 최승로의 손자 최제안(崔齊顔, ?~1046)이 최항(崔沆)의 집에서 찾아 소장했다가 실록 재편찬 때 바쳐 빛을 보게 되었다.

이 같은 수록 과정을 거친 데다가 「훈요」의 내용 중 일부가 태조의 인재 등용 방향과 맞지 않아 그간 누군가가 조작했다는 위작설(僞作說)이 언급되기도 했다. 그러나 이 기록 자체가 본래 왕실에만 전해져야 하는 비장 문서이고 마음에 참고해야 하는 것인 만큼 내용 관련 부분은 문제가 없을 것이다. 또한 고려 왕조 내에서도 이를 '신서(信書)', '훈서(訓書)', '훈요(訓要)', '태조신서(太祖信書)' 등으로 부르며 국정에 반영하고 있었다. 따라서 「훈요십조」는 943년(태조 26) 4월 태조가 대광 박술희를 불러 내린 글로 보아야 할 것이다.

이제 「훈요십조」는 말 그대로 고려 왕실이 항상 시대 과제로 여기고 실천해야 하는 헌장이 되었다. 태조는 후대 왕들에게 이를 마음속에 품으라 했다[中心藏之]. 먼저 서문 격인 '신서(信書)'에 해당하는 내용을 보자.

내 듣건대 순(舜)은 역산(歷山)에서 밭을 갈다가 요(堯)의 양위를 받았고,
고제(高帝, 한고조)는 패택(沛澤)에서 일어나 드디어 한의 왕업을 이룩하였
다 한다. 나도 평범한 집안에서 일어나 그릇 추대되어, 더위와 추위를 무
릅쓰고 노심초사한 지 19년 만에 삼한을 통일하고, 재위 25년에 몸은 이
미 늙었다. 행여 후사들이 방탕하여 기강을 어지럽힐까 두려워 「훈요」를
지어 전하노니, 아침저녁으로 읽어 길이 귀감으로 삼으라.

이 부분에서 태조는 우선 평범한 출신으로 제왕의 자리에 오른 순임금과
한고조를 예로 들면서 제업(帝業)을 이룩한 것이 우연히 이뤄진 것이 아님
을 말하였다. 그것은 천명과 함께 본인의 뼈를 깎는 노력이 있었기에 가능
했다 한 것이었다. 태조 자신도 출신이 한미하였지만 천명을 받아 추대되
어 왕업을 일으켰고, 나아가 온갖 어려움을 극복해 가면서 통일을 이루었
다 말하고 있다.

다만 가문의 한미함을 말한 것은 겸사의 표현이라 할 수 있다. 즉 태조는
왕실이나 중앙 귀족 출신이 아니었을 따름이다. 그는 적어도 작제건과 용
건 대를 거치면서 송악군의 부호이자 대호족으로 정착한 집안의 장남이었
다. 서해안을 통해 중국과 교역하면서 부를 축적하였고, 인근 지역의 유력
집안 출신이라 할 용녀나 몽부인 한씨 등을 맞았으며, 태조 자신도 정주의
장자 류천궁의 딸을 맞았다. 서해안에서 어찌 보면 가장 큰 부와 권력을 자
랑하고 있었던 것이다. 그렇더라도 즉위 후 많은 고초를 겪으면서 통일을
이루고 고려의 왕업을 성취한 것은 분명하다 하겠다.

그리고 이 신서 뒤로 10개 조항의 십훈요가 이어진다.

첫째, 우리 국가 대업(大業)은 반드시 제불(諸佛)의 호위하는 힘에 바탕을
두고 있으므로, 선종(禪宗)과 교종(敎宗) 사원(寺院)을 창건하고 주지(住持)
를 파견하여 향을 피우고 기도하게 해 각기 그 업을 다하게 하였다. 후세

에 간신(奸臣)이 집정해 승려의 청탁[請謁]을 받아 사사로이 사사(寺社)를 경영하며 서로 쟁탈하는 것을 마땅히 금해야 한다. (마음속에 이를 간직하라.)

둘째, 여러 사원은 모두 도선(道詵)이 산수(山水)의 순역(順逆)을 미루어 점쳐 개창한 것이다. 도선은 '내가 점을 쳐 정한 곳 외에 함부로 더 창건하면 지덕(地德)이 손상되고 엷어져 조업(祚業)이 길지 못하리라'고 하였다. 짐이 생각건대 후세 국왕이나 공후(公侯)·후비(后妃)·조신(朝臣)이 각각 원당(願堂)이라 일컬으며 혹시 더 개창할까 크게 우려된다. 신라 말에 다투어 사원[浮屠]을 짓다가 지덕이 쇠하고 손상되어 결국 망하는 데 떨어졌으니 경계하지 않을 수 있겠는가? (마음속에 이를 간직하라.)

셋째, 나라를 적자(嫡子)에게 전하는 것이 비록 상례(常禮)라 하지만 단주(丹朱)가 불초(不肖)하자 요가 순에게 선양한 것은 참으로 공평하여 사사로움이 없는 마음에서였다. 만약 원자(元子)가 불초하거든 다음 아들에게 주고, 또 불초하면 그 형제 중 추대받는 자에게 주어 대통(大統)을 잇도록 하라. (마음속에 이를 간직하라.)

넷째, 우리 동방(東方)은 예부터 중국의 풍속[唐風]을 흠모하여 문물(文物) 예악(禮樂)이 다 그 제도를 따랐으나, 사는 곳이 다르고 인성(人性)도 각기 다르므로 굳이 같게 할 필요는 없다. 거란(契丹)은 금수의 나라인 데다 풍속이 같지 않고 언어도 다르니 의관제도(衣冠制度)를 삼가 본받지 말라. (마음속에 이를 간직하라.)

다섯째, 짐은 삼한(三韓) 산천의 음우(陰佑)에 힘입어 대업을 이루었다. 서경(西京)은 수덕(水德)이 순조로워서 우리나라 지맥(地脈)의 근본이 되고 대업을 만대(萬代)에 전할 땅이므로 마땅히 네 계절의 중간 달[四仲月]에 순주(巡駐)하여 100일이 넘도록 묵음으로써 안녕(安寧)을 다하도록 하라. (마음속에 이를 간직하라.)

여섯째, 짐이 지극히 바라는 바가 연등회(燃燈會)와 팔관회(八關會)에 있다. 연등회는 부처를 섬기기 위함이고 팔관회는 천령(天靈) 및 오악(五嶽)·명산(名山)·대천(大川)·용신(龍神)을 섬기는 까닭이다. 후세에 간신(姦臣)이 이 행사를 더하거나 줄일 것을 건의하는 것을 마땅히 금지하라. 나 또한 당초 마음으로 맹세하기를, 대회(大會) 날짜가 국가의 기일[國忌]을 범하지 않게 하고 임금과 신하가 함께 즐기겠다고 하였으니 마땅히 삼가 이를 행하라. (마음속에 이를 간직하라.)

일곱째, 임금이 신민(臣民)의 마음을 얻는 것은 매우 어려우니, 그들의 마음을 얻기 위한 요체는 간언(諫言)을 따르고 참언(讒言)을 멀리하는 데 있을 따름이다. 간언을 따르면 성군(聖君)이 될 것이고, 아첨하는 말은 꿀과 같으나 믿지 않으면 곧 참소는 저절로 그친다. 또 백성을 부리는 데 때를 헤아리고 요역(徭役)과 부세(賦稅)를 가볍게 하며 농사의 어려움을 알아주면, 저절로 민심을 얻게 되어 나라는 부강하고 백성은 편안해질 것이다. 옛사람이 이르기를, '좋은 미끼를 드리우면 반드시 걸려드는 고기가 있고, 상을 신중히 주면 반드시 좋은 장수가 있게 된다. 또 빈 활을 당기더라도 반드시 피하는 새가 있고, 어진 정치를 베풀면 반드시 양민(良民)이 있게 된다'고 하였으니 상벌(賞罰)이 공정하면 음양(陰陽)도 순조로워질 것이다. (마음속에 이를 간직하라.)

여덟째, 차현(車峴) 이남과 공주(公州)의 강 바깥쪽은 산형(山形) 지세(地勢)가 모두 배역(背逆)하고 있는데 사람의 마음도 그러하다. 저들 주군(州郡) 사람들이 조정에 참여하고 왕후(王侯)나 외척(外戚)과 혼인하여 국정을 잡게 되면, 나라에 변란을 일으킬 수도 있고 통합당한 원한을 품고 왕실을 침범하며 난을 일으킬 수도 있다. 또 이미 관청[官寺]에 예속된 노비(奴婢)와 진(津)·역(驛)의 잡척(雜尺)이 권세가에게 투탁(投託)하여 역을 면제받고자 할 것이며, 왕후나 궁원(宮院)에 빌붙어 간교한 말로 권력을 희롱하고 정사를 어지럽게 하여 재변을 만드는 자가 반드시 있을 것이다. 비록 양민(良民)이라 하더라도 마땅히 그를 관직에 올려 일을 맡겨서는 안 된다. (마음속에 이를 간직하라.)

아홉째, 백관의 녹봉(祿俸)은 나라 재정 규모를 보아 정한 제도이기 때문에 함부로 증감해서는 안 된다. 또 고전(古典)에 이르기를, '직역에 따라 녹봉을 정하고 관직을 사사로이 하지 말라'고 하였다. 만일 아무 공적이 없는 자나 사적(私的)으로 친하다 하여 헛되이 천록(天祿)을 받게 한다면, 백성들의 원망과 비방이 그치지 않을 것이며 그 사람도 복록(福祿)을 길이 누릴 수 없을 것이니 마땅히 경계하여야 한다. 또한 강한 나라와 이웃하고 있으니 편안한 때에도 위태로움을 잊어서는 안 된다. 병졸은 마땅히 지켜 주고 보살펴 주며 요역을 헤아려 면제해 주고 매년 가을에는 무용(武勇)이 남들보다 뛰어난 자를 뽑아 적절히 벼슬을 더하여야 한다. (마음속에 이를 간직하라.)

열째, 나라를 가진 자나 집을 가진 자는 경계하여 근심이 없도록 하며 널리 경사(經史)를 읽어 옛일을 거울삼아 지금을 경계해야 한다. 주공(周公)은 큰 성인이면서도 무일(無逸) 1편을 성왕(成王)에게 바쳐 경계로 삼았으니, 마땅히 이를 그림으로 그려 걸어 놓고 출입 때마다 보고 성찰하여야 한다. (마음속에 이를 간직하라.)

태조는 이처럼 고려 왕조가 명심해야 할 왕조의 과제이자 경계로 삼아야 할 바를 「훈요」로 정리해 박술희에게 내렸다. 그리고 943년(태조 26) 5월 정유일(20)에 재신(宰臣) 염상(廉相)·왕규(王規)·박수문(朴守文) 등의 부축을 받으면서 앉아 한 문제가 남긴 '천하의 온갖 사물이 태어나 죽지 않는 것이 있지 않으니, 죽음이란 천지(天地)의 이치이며 사물의 자연스러움이므로 어찌 크게 슬퍼하랴?'라는 말을 언급하며 죽음을 준비했다. 이어 태자 왕무를 도와 미뤄졌던 내외의 기무를 결재하고 알리라 하였다.

이 말을 하고 9일 뒤인 5월 병오일(29) 신덕전에 거둥해 유조(遺詔)를 남겼다. 유조에는 내외 관료가 모두 태자의 처분을 듣도록 하며, 상장(喪葬)과 원릉(園陵)의 제도는 한 문제와 위(魏) 문제의 고사(故事)에 따라 모두 검약(儉約)

을 좇으라는 내용이 있었다. 신하들은 백성의 부모인 태조가 죽음을 맞이하려 하자 이를 애통해하였다. 태조는 마지막으로 "뜬구름 같은 인생 예로부터 그러하다[浮生自古然矣]"라 하면서 숨을 거두었다. 67세의 나이였다.

고려 왕조 창업 후 처음으로 맞은 제왕의 상장은 이로써 검약하게 치러졌다. 혜종은 선왕의 성품과 업적을 고려하면서 존경과 숭상의 뜻을 다하고자 했다. 이에 따라 시호와 묘호, 능호가 정해졌다. 먼저 시호는 '신성(神聖)'이라 했다. 유불의 이상적 군주상으로서 신성하고 성인인 군주라는 의미였다. 이후 태조는 '신성대왕'이라 칭해지게 되었다. 묘호는 나라를 창업한 공과 일통 삼한의 위업을 감안해 '태조(太祖)'라 정했다. 태조의 묘호가 처음으로 칭해진 것이다. 고구려에 태조대왕(太祖大王)이 있긴 했지만 이는 묘호가 아니었고, 양위하면서 스스로 칭한 것이었다. 태조의 능호는 '현릉(顯陵)'이라 했다. 태조의 업적이 가만히 있어도 천하에 드러난다는 의미일 듯하다.

고려에서는 군주가 죽은 후 관련 시대에 공이 있는 신료를 정해 태묘에 그 신위를 모셔 배향했다. 이를 체협공신(禘祫功臣)이라 칭했다. 이는 유교 예제 정비를 도모한 994년(성종 13) 4월에 처음 정해졌다. 체협은 각기 체제와 협제 때 신위가 배향되어 제사가 모셔짐을 뜻한다. 체제는 5년마다 4월에, 협제는 3년마다 10월에 올려졌다. 그러니까 체협공신은 왕조 사회에서 최고의 영예로 모셔짐을 뜻했다. 이와 관련해 태조 묘정에 배향된 인물들이 확인된다. 그 명단에는 실직 혹은 명예직, 공신호, 시호, 이름 순으로 표기하였는데 물론 상황에 따라 표현상에는 차이가 있다. 태조 묘정 배향 체협공신은 다음 〈표 1〉과 같았다.

이를 보면 유금필까지는 개국공신으로 표기되어 있다. 그만큼 994년(성종 13)에는 태조 추대 및 고려의 개국, 그리고 통일 전쟁 등에 공을 세운 이들을 위주로 선정했음이 드러난다. 시호의 '무'나 '충', '열', '절', '장' 등은 대체로 뛰어난 무공으로 충절을 다해 태조와 국가에 공이 있음을 뜻한다. 최응의 경우는 해주 출신 문신으로 태조 재위 기간 전체를 아우르지는 못했으

<표 1> 태조 묘정 배향 체협공신

배향 시기	이름	공신호
994년(성종 13) 4월	배현경(裴玄慶)	태사개국무열공(太師開國武烈公)
	홍유(洪儒)	태사개국충렬공(太師開國忠烈公)
	복지겸(卜智謙)	태사개국무공공(太師開國武恭公)
	신숭겸(申崇謙)	태사개국장절공(太師開國壯節公)
	유금필(庾黔弼)	태사개국충절공(太師開國忠節公)
1027년(현종 18) 4월	최응(崔凝)	태부희개공(太傅熙愷公)

나 궁예로부터 태조를 지키고, 태조 즉위 후 문장 등으로 보필한 공이 컸다. 이에 시호를 빛내다, 넓히다 등의 의미를 갖는 '희', 그리고 즐겁다, 평안해 지다 등의 뜻이 있는 '개'로 정한 것이었다. 어쨌든 이들 6인에 대해서는 태묘 제향 때 제사가 올려졌다. 또한 그들의 자손은 음서 등 여러 가지로 보훈 차원에서 우대를 받았다.

여담이지만 현릉은 태조의 성체가 모셔졌으므로 후대에 각별한 보살핌을 받았다. 전란 등이 있을 경우 무엇보다 먼저 현릉을 안전한 곳으로 옮겼고 안정을 찾으면 다시 원래의 자리에 모셨다. 광종 대에 이르러서는 봉은사 태조진전(太祖眞殿)에 태조소상(太祖塑像)이 모셔졌고, 이후 조선 세종 대

사진 3 개성군 중서면 곡령리 태조 왕건 현릉

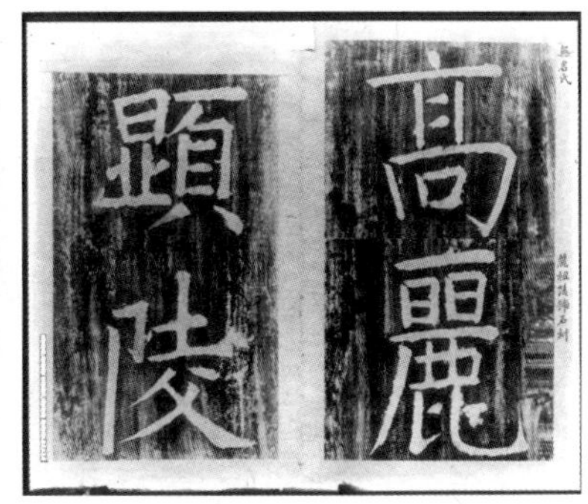

사진 4 현릉 석각 탁본

에 이르러 이 소상을 현릉에 안치한 바 있다. 소상은 제왕이 착용하는 통천관(通天冠)을 쓰고 있었고, 부처와 전륜성왕의 신체 특징이 표현되었다. 보살계 제자로서 불도를 닦으면서 제불의 보호를 받고 인덕(仁德)의 정치로 제왕의 도를 펼친 군주의 모습을 신성하게 나타냈던 것이다.

제2장

5백 년 왕조의 토대 만들기

1.
혜종, 정종과 왕자의 난

1) 혜종의 즉위와 고명대신

왕조 시대 왕위계승을 다루는 데는 혈통 문제가 무엇보다 중요하다. 부모가 누구이며, 신분은 어떠한가, 모계 가문은 어떠한가, 태어난 순서는 어떠한가, 그를 후원할 정치 세력은 누구인가 등등이 관계된다. 그리고 이는 재위 중 왕권과 그에 따른 정치를 이해하는 데 바탕이 된다. 이 관점에서 혜종의 혈통에 대한 전반적인 이해가 우선 필요하다.

태조를 이은 혜종(惠宗, 912~945)의 어머니는 장화왕후 오씨이며, 혜종은 태조의 장자였다. 그가 태어난 때는 912년 임신년 궁예의 수덕만세 2년이었다. 이름은 '무(武)'이고 자는 '승건(承乾)'이었다. 이는 태조가 지었으리라 생각된다. '무'라는 이름은 통일 전쟁이 한창인 시기 태어났기에 주나라 무왕이나 한나라 무제처럼 통일과 안정을 이루는 주역이 되라는 마음에서 정했을 것이다. 자호인 승건은 하늘을 계승한다는 의미이다. 이는 천명을 수수해 즉위하고 통일을 이룬 태조의 뒤를 이으라는 염원에서 지었을 듯하다. 참고로 태조의 자호는 '약천(若天)'이었다.

오씨와 태조의 만남은 당연히 혜종이 태어난 912년 이전이었다. 적어도 911년에는 잉태를 하게 되는 계기가 있었을 것이다. 왕건과 오씨의 조우는 꿈과 현실이 맞닿아 있는 만남이었다. 현실적인 면을 보자. 본래 금성(錦城) 즉 나주는 후백제 영향 아래 있었다. 오씨의 조부는 부돈(富伅)이고 부친은 다련군(多憐君)이며 모친은 사간(沙干) 연위(連位)의 딸 덕교(德交)였다. 나주 목포에서 대대로 살아온 다련군 집안과 사간 연위 집안은 나주 목포 일대에서 해상 무역 등을 통해 부를 축적한 호족이었다. 다만 처음부터 오씨 성을 가졌는지는 명확하지 않으며, 왕건 집안처럼 다련군 대에 칭성했을 수 있다. 이들 집안이 나주 목포에 영향력을 가졌음은 몇 가지 요소로 짐작된다.

오씨 집안이 목포에 대대로 살아왔으며 사간 지위를 가진 연위의 집안과 혼인 관계였다는 점이 우선 확인된다. 사간은 신라의 17관등제 중 8관등인 사찬의 다른 이름으로 이는 지방민이 오를 수 있는 최고 관등에 해당했다. 이를 고려하면 오씨 세력과 연위 집안은 나주 목포 지역의 세력가 촌주(村主)라 해도 좋을 것이다.

하루는 오씨가 용이 뱃속으로 들어오는 꿈을 꾼 후 기이하게 여겼다 한다. 이윽고 나주에 출진한 왕건은 목포에 배를 대고 강 쪽을 바라보았는데 오색구름이 서려 있어 기이하게 여기게 된다. 이에 가 보니 빨래하는 오씨가 있어 인연이 닿은 것으로 기록하고 있다. 오씨는 소위 용꿈을 꾸고 왕건을 만나 인연을 맺은 셈이 된다.

설화적으로 묘사되어 있긴 하지만 여기서 놓치면 안 될 것이 있다. 배 위에서 천상(川上)을 보니 오색구름이 서려 있었다는 대목이다. 실제는 확인할 수 없으나 오색구름이 있었다는 얘기는 상당한 규모의 저택이 있었음을 알려 준다. 그리고 이들은 왕건과 조응했을 가능성이 있다. 나주 목포 지역 촌주 세력이 왕건에게 내응하고 지위와 세력을 지키려 했다는 추측이다. 이들은 이후 견훤의 수군이 나주 포구에 전함을 늘어놓았을 때 왕건 측이 바람을 따라 불을 질러 승리를 거두는 데 일조했을 것이다. 여기서 나주 세력과 왕건과의 혼인을 통한 연합이 이뤄졌을 가능성이 충분하다 하겠다.

그렇지만 나주 목포는 언제든 후백제 영향력하로 들어갈 수 있었다. 여기서 왕건은 나주 오씨에 대해 고민이 생겼을 듯하다. 오씨에 앞서 정주 류씨(柳氏)가 있고, 그리고 이후 많은 혼인 관계가 생성되는 상황에서 오씨를 어떻게 대할 것인가였다. 여러 부인을 두는 것이 비난받는 상황이 아니었으므로 아이가 크자 오씨를 데리고 왔을 것이다. 다만 918년 6월 추대로 즉위한 후 고민에 빠졌을 가능성이 있다. 태조 자신은 42세였고, 912년에 태어난 아이는 이제 7세였다. 기록상 태조 즉위 때까지 오씨와의 사이에서 태어난 아이가 유일한 아들이었다. 후사를 정해야 한다면 이 아이가 후계자 영순위였다.

후당으로부터 책봉받은 왕후로서 하동군부인이 된 정주 류씨로부터 자식이 없는 상황에서는 선택의 여지가 없었다. 그렇지만 태조는 정주 류씨를 대표로 하는 패서 지역 세력의 동의를 얻어야 했다. 그의 정치 기반의 상당 부분이 패강진을 중심으로 한 패서 지역에 의존하고 있었기 때문이다.

『고려사』 후비 열전에서는 이러한 고민을 접주(襵主)라는 표현으로 상징화했다. 접주란 주름살 임금이라는 뜻으로, 혜종이 잉태되는 과정에서 왕건은 원치 않았으나 오씨가 의도하여 결국 수태하였고 이 때문에 혜종의 얼굴에 주름이 생겼다는 것이다. 그리고 태조는 혜종의 가계가 미천해 왕위에 오르지 못할까 우려하여 왕을 상징하는 자황포(柘黃袍)를 넣은 옷상자를 오씨에게 내려 증표로 삼게 했다. 태조 즉위 후 후계를 정해야 하는 상황이 되었을 때 오씨는 대광 박술희에게 태조의 증표를 보여 주었다. 박술희는 태조의 마음이 정해져 있음을 짐작해 태자 책립을 강력히 건의했다. 결국 태조는 921년(태조 4) 12월 왕자 무를 정윤(正胤)으로 책봉하여 후계자 문제를 매듭지었다. 태자의 나이 10세였다.

한편 무(武)라는 이름을 쓴 것을 보면 궁예 정권하에 있던 왕건이 그를 무장으로 키우려 했을 것이라 짐작할 수 있다. 자호인 승건(承乾)은 태조 즉위 후 지어졌을 터인데 이 또한 자의를 보면 의도가 있는 듯하다. 즉 '하늘을 잇다'라는 뜻이기 때문이다. 자황포나 승건은 결국 태조가 장남이지만 상대

적으로 가계가 한미한 오씨의 아들 왕자 무를 후계로 삼으려 한 것을 보여
준다 하겠다. 물론 후비인 정주 류씨에게서 자손이 없다는 점이 결정적 이
유였을 것이다.

여기서 눈여겨볼 것은 오씨와 대광 박술희가 연결되고 있다는 점이다. 박
술희는 지금의 충남 당진군에 해당하는 혜성군 출신이었다. 나주 세력과는
해상으로 연결되었을 가능성이 충분하다. 18살 무렵에 궁예의 위사(衛士)가
되었다 한 것을 보면 용맹함이 뛰어났던 듯하다. 고려 국왕으로 즉위한 태
조를 섬겨 공을 세웠고, 이후 태조의 측근으로서 충성을 다했다. 단순히 신
하의 한 사람으로서 태조에게 태자 책립을 주장했다면 당시 조정에서 수용
되기 쉽지 않았을 것이다. 이는 태조의 오랜 측근이었기에 가능했다. 태자
책봉 후 박술희의 활동 관련 기록은 거의 찾아지지 않는다. 다만 935년(태조
18) 나주 공격 및 수복과 관련해 등장하고 있고, 이후 943년(태조 26) 4월 「훈
요십조」를 태조에게 직접 받아 전한 것이 확인된다.

이 상황을 놓고 본다면 박술희는 무장으로 출세하여 태조의 측근으로 자
리 잡은 인물이었다. 태조가 신뢰할 수 있는 신하로서 태자 책립에 공을 세
웠고, 태자 무를 보좌하는 역할을 맡았다 볼 수 있겠다. 죽기 전 태조가 「훈
요십조」를 박술희에게 전해 태자 무의 정치를 올바른 길로 인도하라 한 것
은 이러한 신뢰를 보여 준 것이었다. 그리고 마지막 유언으로 박술희에게
"경이 태자를 도와 세웠으니 잘 보좌하시오"라 했다. 이에 박술희는 친위
세력으로서 혜종의 왕권 보호에 나서게 된다.

혜종의 후비로는 4명이 확인된다. 첫째로 921년(태조 4) 12월 지금의 충북
진천인 진주(鎭州) 사람 대광 임희(林曦)의 딸을 맞아들였다. 의화왕후 임씨
였다. 임희는 918년(태조 1) 6월 처음으로 관직 인사를 단행할 때 파진찬의
지위로서 병부령이 되었다. 같은 때 순군부령이 된 한찬 임명필(林明弼)도
같은 지역 집안 출신이었을 것이다. 임명필은 태조 후비 숙목부인의 부친
으로 기록된 명필(名必)과 동일 인물로 추정된다. 이 외 광평시랑 임적여(林

積璥), 광평낭중 임식(林寔), 도항사경(都航司卿) 임상난(林湘煖) 등도 같은 집안이라 짐작된다.

이는 그만큼 궁예 말 태조 초 진천 임씨 세력이 군사권을 장악하고 조정에서 상당한 세력을 형성했음을 보여 준다. 이 때문에 태조는 왕자 무의 태자 책봉과 함께 임희의 딸을 태자비로 정했다. 혜종과 의화왕후 사이에는 흥화궁군(興化宮君)과 광종의 후비가 되는 경화궁부인(慶化宮夫人), 정혜공주(貞惠公主)가 있었다. 정혜공주는 혜종 공주 열전에는 정헌공주(貞憲公主)로 되어 있다.

둘째는 대광 왕규(王規)의 딸인 후광주원부인 왕씨였다. 대광 왕규는 광주(廣州) 출신 대호족으로서 태조의 후비인 광주원부인과 소광주원부인 왕씨의 부친이었다. 세 딸 중 두 딸은 태조에게, 한 명의 딸은 그 아들 혜종에게 시집보낸 셈이 되는데 당시는 정략혼인이 이뤄지던 때라 문제는 없었던 듯하다. 어쨌든 태조 및 혜종 왕실은 세 명의 후비를 놓고 볼 때 왕규에게 상당한 의지를 했다고 볼 수 있다. 태조 대 왕규 관련 기록은 그리 많지 않으나 927년(태조 20) 5월 후진에 황제 등극 축하사로 다녀온 내용이 보인다.

이 외 왕규는 태조가 죽기 전 시좌하고 있었던 세 명의 재신 중 1인이었다. 또 『고려사절요』에서는 태조가 신덕전(神德殿)에서 죽자 태자와 제왕(諸王), 종실 및 근신이 땅을 치며 곡을 하였다고 기록했다. 이어 백관이 내의성(內議省) 문밖에 지위에 따라 늘어서 있자 왕규는 이들에게 태조의 유명(遺命)을 선포했다. 즉, "내외 모든 관료는 모두 동궁의 처분을 받들라"라고 한 것이고, 이에 태자가 즉위하게 되었다. 제왕(諸王)의 참여나 왕규가 태조의 유명을 선포한 대목은 『고려사』에는 보이지 않고 『고려사절요』에만 실려 있어 『고려사』 편찬 때 누락되었던 것을 김종서 등이 『고려사절요』 편찬 때 다시 기록한 것이라 여겨진다.

셋째는 청주 사람인 원보 김긍률(金兢律)의 딸 청주원부인 김씨이다. 김긍률은 두 딸을 각기 혜종과 정종에게 시집보낸 것으로 보아 청주 출신 세력가로 보인다. 청주는 궁예 때부터도 통제하기 어려울 정도로 상당히 군사력이 강성했던 지역이었다. 태조의 말을 빌리면 청주는 땅이 기름지고 호걸이 많아 궁예가 이를 두려워한다 했다. 그만큼 태조도 청주 지역 세력에 대해 관심을 가졌을 듯하다. 그리고 그것은 김긍률의 딸을 태자의 후비로 삼는 것으로 이어졌다. 청주와 진천이 지리적으로 근접해 있다는 것도 한 이유가 될 것이다.

넷째는 경주인 대간(大干) 연예(連乂)의 딸 궁인 애이주(哀伊主)이다. 태자 왕제와 명혜부인을 낳은 것으로 되어 있는데 관련 상세 기록은 거의 없다.

이렇게 본다면 혜종의 세력은 나주, 혜성군, 청주 및 진천, 광주, 경주 등으로 이어지고, 태조의 정치 기반이 된 패서 지역과는 연결고리가 없다. 경주의 경우도 궁인 애이주의 집안 면모를 짐작할 때 유력 세력이라 보기 어렵다. 그렇다면 태조가 혜종을 정윤으로 책봉하면서 심혈을 기울였던 혜종 후원 세력 양성은 성공했다 여겨지지 않는다. 결국 이 약점은 혜종이 왕규나 박술희, 임희, 김긍률 등의 호위 속에 즉위했다 하더라도 혜종의 왕권을 위협할 존재의 등장으로 쉽게 무너지는 계기가 될 수 있었다.

2) 흔들리는 왕권과 왕규

혜종은 921년(태조 4) 10세의 나이로 정윤으로 책봉되었고, 932년(태조 15)에는 북쪽 변방을 순행하면서 국방 경험을 가졌다. 935년(태조 18) 11월에는 신라 경순왕이 개경으로 귀부해 오자 여러 재상과 함께 그를 맞이해 궁으로 들어왔다. 936년(태조 19) 6월에는 후백제를 치기 전 먼저 장군 박술희와 함께 보병과 기병 1만을 거느리고 천안부에 도착해 싸울 준비를 했다. 또한 9월 신검의 후백제군과 싸울 때 선봉에 서서 용맹을 떨쳤다. 혜종의 즉위 전 활동 상황을 보면 이것이 거의 전부이다. 이 정도만으로는 실제 태자 무가 도량이 넓고 지용(智勇)이 절륜했다는 평가를 신뢰하기 어렵다.

최승로의 「오조정적평」 중 혜종 부분에 태자 시절 평가가 있다. 태자로 오래 있으면서 태조가 출정할 때는 서울에 남아 대신 다스리고 함께 출병하여서는 일을 잘 처리했다 하였다. 스승에 대한 존경과 예우, 빈객과 관료 접견 역시도 잘하였다고 했다. 즉위 전 태자 시절에 대해 이 정도의 짤막한 언급으로 그치고 있어 군주로서의 정국 운영 능력을 알기는 쉽지 않다.

다시 돌이켜 보자. 태조는 921년(태조 4) 12월 장자인 왕자 무를 후계자로 정했다. 모계인 오씨가 세력 기반이 나주인 데다가 상대적으로 가세가 약하다는 우려가 있었다. 하지만 태조는 왕위를 이을 덕이 있음을 고려해 장남을 정윤으로 삼았다. 태조 재위 기간 중 이러한 선택은 크게 틀리지 않았다. 태조의 위세가 태자의 약점을 막아 주었기 때문이다.

『고려사』에서 혜종과 관련된 기록 중 흥미로운 것은 그의 혈통을 강조하는 이야기이다. 왕건과 오씨 사이 잉태되는 과정에서 임신을 피하려는 왕건의 의도와 달리 오씨가 억지로 수태하였고 이 때문에 아이 얼굴에 주름 자국이 생기게 되었다 했다. 물론 실제 잉태하는 자리가 아이 얼굴에 흔적으로 남을 가능성은 거의 없을 것이다. 또 하나의 이야기는 혜종이 침실을 항상 물로 적셔 놓았고 큰 병에 물을 담아 두고 팔을 끊임없이 씻었다는 것이다. 이를 두고 『고려사』에서는 "참으로 용의 아들이다[眞龍子]"라고 썼다.

이러한 일련의 기록으로 본다면 혜종이 태조의 장자임은 의심할 여지가 없다. 다만 태자 시절의 업무 능력을 확실히 알 수 없는 데다가 왕위에 오른 뒤의 그의 국정 운영 역시도 미지수로 남는다. 어찌 보면 태조의 그늘이 큰 탓이었다고도 할 수 있다.

우려되는 것은 건국 군주를 잇는 다음 대 제왕의 왕권이 불안정하다는 것이었다. 중국 역사로 본다면 당 고조의 뒤를 잇게 되어 있었던 황태자 이건성이 천책상장(天策上將)의 칭송을 받은 이세민이 일으킨 현무문의 변으로 축출되었고 이세민이 황제위에 올랐다. 후백제를 보더라도 금강에게 뜻이 있던 견훤의 의도와 달리 장자인 신검이 견훤과 금강을 축출했다. 조선 왕조로 가더라도 정종과 태종이 즉위하기까지 두 차례에 걸친 왕자의 난이 있었다. 그만큼 왕위계승은 쉬운 일이 아니었다. 그 안정성을 지키기 위해서는 혈통만이 아니라 인덕, 세력 등을 갖춰야 했다.

혜종은 태조가 943년(태조 26) 5월 병오일(29)에 죽자 곧바로 즉위했고 이어 국상을 진행했다. 국상은 6월 임신일(26) 태조를 현릉에 장사함으로써 마무리되었다. 이어서는 원년에 광평시랑(廣評侍郎) 한현규(韓玄珪)와 예빈경(禮賓卿) 김렴(金廉)을 후진(後晉)에 보내어 왕위계승을 알렸고, 그에 따라 후진에서는 945년(혜종 2) 책봉사를 보내와 고려 국왕으로 책봉했다. 다만 왕후 책봉 내용은 보이지 않는다.

이후 혜종은 별다른 업적 기록 없이 태조가 죽은 해(943) 5월 29일 즉위 후 945년(혜종 2) 9월 중광전(重光殿)에서 죽었다. 34세의 나이였다. 『고려사』에서 사관은 그의 죽음과 관련해 평가를 남겼는데, 다음의 대목이 눈길을 끈다.

> 왕규(王規)가 역모를 꾀한 후부터는 의심하고 꺼리는 일이 많아져 항상 갑사(甲士)로 호위하게 했다. 희노애락을 절제하지 못해 군소배들이 아울러 벼슬에 올랐으며 장사(將士)에게 상을 내림에 절도가 없어 내외 사람들이 탄식하고 원망했다.

여기서 주목되는 내용이 왕규가 모역을 꾀하였다는 것이다. 왕규는 어떤 사람이었는지 앞서 살펴보았다. 태조에게 두 딸을 시집보내고 혜종에게 또 한 명의 딸을 보낸 광주 출신 대호족이었다. 또 태조의 마지막 자리를 시좌(侍坐)하고 유조를 선포하여 혜종의 즉위를 공식 발표한 것이 그였다. 여기에 태조에게 시집보낸 소광주원부인이 광주원군(廣州院君)을 낳았다.

그런데 혜종 세가나 왕규 열전, 최승로의 혜종 및 정종 정적평을 보면 공통된 기록이 있다. 혜종이 즉위 이듬해(944)에 병에 걸렸고, 이를 틈타 왕규가 태조의 아들이자 자신의 외손인 광주원군을 왕으로 세우려 했다는 것이다. 처음에 왕규가 혜종의 이복동생인 정종과 광종을 모반으로 참소하자 혜종은 이를 무고라 보았다. 그래서 반대로 두 동생에게 더욱 은혜를 내렸고 나아가 장공주인 경화궁부인 임씨를 광종의 처로 삼게 했다.

왕규 열전에 보면 왕규는 945년(혜종 2)에 정종·광종 형제를 한 차례 무고하였고, 부하를 통해 혜종 암살을 기도했으나 실패하였다. 이후에도 직접 수하와 함께 왕의 침소 벽을 뚫고 들어가 해치려 했다가 실패하였고, 혜종의 병이 위중해지자 난을 일으키려 하는 등 모두 4차례 음모를 꾸몄다. 그런데 앞서 언급했듯이 왕규는 태조 및 혜종 왕실의 울타리였다. 태조의 고명대신으로서 유조를 선포해 혜종 즉위를 알린 인물이었다. 이를 고려한다면 왜 그랬을까라는 의문이 든다.

사실 동 시기에 변란을 경험했을 최승로가 혜종 및 정종 정적평에서 언급한 것을 보면 왕규가 모반을 꾀한 것은 분명 사실로 받아들여진다. 그렇지만 왕실 수호의 역할을 맡았다 해도 과언이 아닌 왕규가 실제 기록대로 모반을 꾀했는지 의심스럽다. 광주원군을 추대하려 했다 하나 혜종을 포함 24명이나 되는 왕자가 있는 상황에서 그것이 가능했는지, 왕규 자신과 그 수하들만으로 이를 이룰 수 있었는지, 태조 후비들과 외척들이 왕규의 모반을 인정할 수 있었는지, 태조 즉위와 삼한 일통의 절대 지분을 가진 패서 지역 세력의 동의를 받을 수 있었는지 등이 걸린다. 이에 혹시 달리 보아야 할 부분은 없을까 하는 것이다.

혜종과 정종·광종은 이복형제이다. 정종과 광종은 충주 출신 신명순성태후 유씨의 아들들이었다. 신명순성태후는 태조의 후비 가운데 가장 많은 자녀를 낳아 5남 2녀를 두었다. 기록된 순서로 본다면 아들로는 태자(太子)인 왕태(王泰)와 정종·광종 및 문원대왕(文元大王) 왕정(王貞), 증통국사(證通國師)가 있었다. 이 중 정종은 923년(태조 6) 계미년, 광종은 925년(태조 8) 을 유년에 태어났다. 혜종이 즉위할 당시 이들의 나이는 각기 21세, 19세로 왕성한 때에 해당한다. 다른 왕자들의 출생 시기가 기록에 남아 있지 않아 알 수는 없지만 말년의 태조가 이들에 대해 우려했을 법도 하다. 그렇기에 박술희나 왕규 등에게 「훈요」와 유조를 남긴 것이 아닌가 하는 것이다.

한편 혜종 즉위 후 정국 운영에서 주목되는 인물이 1명 더 있다. 경사와 천문, 복서에 정통해 태조의 관심을 끌었던 남해 영암군 사람 최총진(崔聰進)이었다. 그는 18세에 태조의 꿈에 대해 "반드시 삼한을 다스릴 것입니다"라 해몽한 바 있다. 이 때문에 총애를 받기 시작해 이름도 꿈에 대해 잘 안다는 뜻의 '지몽(知夢)'을 하사받았다. 최지몽은 항상 태조 곁에 있으면서 천문, 복서 등으로도 기여하고 있었는데, 태조가 죽자 혜종을 위해 조정에 있게 되었다. 특히 그는 천문을 맡아보는 사천관(司天官)으로 있으면서 혜종에게 모반 관련 경고를 올렸다. "유성이 자미(紫微)를 침범하니 나라에 반드시 역적이 나타날 것입니다"라 하면서 왕규가 정종 형제를 해하려 음모를 꾸민다고 아뢰었다.

이를 들은 혜종은 정종 형제에게 더욱 우애를 갖고 장공주를 광종의 처로 삼게 하면서 문제를 크게 확대하지 않았다. 이 일로 인해 왕규 측의 위축이 예측되었다. 하지만 사료를 보면 그렇지 않았다. 혜종의 병이 깊어지자 오히려 왕규가 광주원군을 왕으로 세우고자 부하를 왕의 침소로 보내 시해하려 했다는 것이다. 혜종은 그를 쳐 죽이고 누구의 사주인가를 묻지 않았다. 그런데 이후 최지몽이 다시 변란 가능성을 예측하며 거처를 옮겨야 한다 아뢰었다. 이에 중광전으로 가면서 신덕전으로 침입한 왕규 일당의 시해 음모를 피할 수 있었다. 이때도 혜종은 왕규에게 죄를 묻지 않았다.

이 과정을 본다면 좀 이상한 점이 있다. 첫째는 혜종 재위 당시 3차례에 걸친 역모를 꾸몄는데도 왜 왕규에게 죄를 묻지 않았는가이다. 둘째는 반대로 정종과 광종 형제에 대해서는 왜 아무 의심을 하지 않고 형제의 우애만을 강조했는가이다. 어느 쪽에 비중을 두느냐에 따라 이때 일련의 사건은 '왕규의 난' 혹은 '왕자의 난'으로 시각이 달라질 수 있다. 어느 쪽이더라도 왕실의 위엄을 생각한다면 혜종은 살아생전 입장을 분명히 세우고 규율을 잡았어야 했다. 하지만 그러지 않았다.

일련의 사태에 따른 결론은 혜종 옹위에 기여했던 박술희와 왕규의 죽음이었다. 태자 책봉과 태조의 「훈요」를 혜종에게 전한 박술희를 혜종 죽음 직후 왕규가 정종의 명이라 사칭해 죽였다. 왕규 또한 변란을 일으키려다 정종의 요청을 받은 왕식렴이 서경에서 와 이를 진압했다. 왕규는 결국 강화도 갑곶으로 유배되었고 그 일당 3백여 명과 죽음을 맞았다. 왕규라는 역신을 정종과 왕식렴이 의기를 일으켜 정벌하고 왕실의 위기를 넘길 수 있었다는 정난(靖亂)의 고전적 이야기가 된 것이다.

따라서 혜종 대 왕실의 변란에 대해서는 『고려사』 등의 사료 기록에 따라 정치 상황을 이해할 것인가, 아니면 왕규의 난이라 일컬어진 일련의 사건에 숨겨진 사연이 있다고 볼 것인가 등 해석의 여지가 있게 된다. 그렇지만 바뀌지 않는 사실은 오랜 수업 기간을 거쳐 즉위한 혜종이 이름인 '무(武)'나 자호인 '승건(承乾)'과는 전혀 합치되지 못했다는 것이다. 또한 국왕으로서의 결단력을 보여 주지 못했고 후계자 문제를 확정하지 않은 채 죽음을 맞아 결국은 박술희도 왕규도 그의 죽음 뒤 모두 형장의 이슬이 되었다. 그리고 혜종으로부터 다음 대 왕위를 이으라는 지명을 받지 못했던 정종은 혜종이 죽은 날인 945년(혜종 2) 9월 무신일(15)에 군신(群臣)이 받들어 왕으로 즉위했다 하였다[群臣奉王卽位]. 최승로는 이에 대해 "천명(天命)을 따른 것이지만 사람의 계책이 있어서[雖由天命, 亦在人謀]"라 표현했다.

혜종의 시호, 묘호, 능호를 보자. 다음 대 왕이 혜종을 어떻게 보았는지가 반영되기 때문이다. 정종은 혜종의 시호를 '의공(義恭)'이라 했다. 의로움을 따라 공손했다는 의미인데, 여기에는 결국 정종을 인정하고 공손히 대했다는 뜻이 담겨 있다. 묘호는 '혜(惠)'였다. 건국의 임금이 아니기에 '종(宗)'을 붙여 혜종이라 했다. '혜' 역시도 은혜를 베풀다의 의미가 있다. 이 묘호가 들어간 유일한 군주는 신라 혜공왕(惠恭王)이었다. 이를 보면 혜종의 묘호는 긍정적으로 와닿지 않는다. 능호는 '순(順)'이라 했다. 순릉인 것이다. '순'은 도리를 따르다, 거스르지 아니하다라는 의미를 갖는 글자이다. 역시 정종을 거스르지 않고 양보했다는 뜻이 함축되어 있다.

짧은 재위 기간이었지만 혜종은 공식적으로 태조의 지명을 받아 군주의 자리에 올랐다. 그리고 병으로 죽었다. 그렇기에 유교 예제 정비에 앞장섰던 성종은 태묘를 정비한 후 994년(성종 13) 4월 체제를 지낸 바 있다. 이때 혜종 묘정 배향공신도 선정하였는데 박술희(朴述熙)·김견술(金堅術)이 그 대상이었다.

박술희는 혜성군 사람으로 혜종의 태자 책립에 결정적 역할을 했다. 그리고 태조가 혜종 관련 군국의 일을 부탁했으며, 혜종의 안위를 지키고 보좌한 인물이었다. 태사개국엄의공(太師開國嚴毅公)이 그였다. 엄의는 굳세어 위엄을 지켰다는 뜻으로 혜종 보위에 공을 세웠다는 의미를 담았다.

그런데 김견술은 혜종 묘정 체협공신으로 배향되었으면서 관련 기록은 배향 관련 내용이 전부이다. 하지만 박술희처럼 고려의 건국 및 혜종의 보좌에 공을 세운 인물임은 틀림없을 듯하다. 태사개국극익공(太師開國克翼公)이라 해서이다. 여기서 극익은 지극히 보좌를 잘했다는 의미를 담고 있다. 어쨌든 김견술 관련 기록이 없는 것은 그만큼 혜종 대 정종 및 왕규 세력의 충돌과 혜종 보위의 난맥상이 얽혀 그와 관련된 내용이 사라졌던 탓으로 보인다.

3) 정종과 왕식렴

정종(定宗, 923~949)의 이름은 요(堯)이고, 자는 천의(天義)였다. 태조의 둘째 아들로서 어머니는 신명순성왕태후(神明順成王太后) 유씨(劉氏)이다. 923년(태조 6) 계미년에 태어났다. 이름을 '요(堯)'라 한 것을 보면 태조 혹은 신명왕태후가 기대를 많이 했었던 듯하다. 그 기대치에 요임금과 같았으면 하는 마음이 깃들어 있는 것이다.

그러나 여기에는 함정이 있다. 형인 정윤 무와 이름만을 놓고 본다면 '요'라는 이름은 '무'라는 이름보다는 더 큰 뜻이 된다. 전설상의 성군인 요임금을 떠올리게 하기 때문이다. 자를 '천의'라 한 것도 문제였다. 형인 혜종의 자가 승천인데 다시 천의라 지었다면 새로운 세상을 만들겠다는 뜻으로 읽힐 수도 있어서이다.

정종의 후비는 모두 3명이었다. 승주인인 박영규의 두 딸이 있었으며, 청주인 원보 김긍률의 딸이 있었다. 곧 문공왕후 박씨, 문성왕후 박씨, 청주남원부인 김씨가 그들이었다. 자녀로는 문성왕후로부터 경춘원군과 공주가 있을 따름이었다. 경춘원군에 대한 기록은 없으며, 공주의 경우는 태조의 왕자인 효성태자와 혼인한 것으로 나온다. 박영규의 두 딸이 정종의 후비가 되었다는 점이 흥미롭다.

정종은 혜종이 즉위 후 건강이 좋지 않자 유고 시를 대비했다. 이에 앞서 태조는 「훈요십조」를 써 박술희에게 왕위계승 방식에 대해 전한 바 있었다. 그것이 3조에 있는 내용이었다. 적자에게 물려주는 것이 상례이나 요임금이 순임금에게 왕위를 물려준 것처럼 유덕자 혹은 형제 중 추대를 받는 자에게 왕위를 물려주라 한 것이다. 혜종에게는 의화왕후 임씨에게서 얻은 흥화궁군(興和宮君)과 궁인 애이주에게서 낳은 태자 왕제(王濟)가 있었다. 혜종이 921년(태조 4) 10살의 나이로 의화왕후 임씨를 맞이했다면 늦어도 흥화궁군은 혜종이 20세가 되기 전 낳았을 가능성이 크다. 그렇다면 흥화궁군은 혜종 즉위 때에는 10살을 넘긴 나이가 되었을 것이다. 정상적으로 보자면 혜종 즉위 후 정윤 책봉이 가능했다. 그러나 혜종의 후계 문제 언급은 사료에 없다.

정종은 태조의 「훈요십조」 중 3조에 의한다면 형제들 중 추대를 받은 자에 해당했다. 따라서 정종의 즉위는 그 과정에 혹 무리가 있었다 하더라도 유덕자로서 추대를 받은 것이었다. 그 때문에 '천의'라는 자와 '천명'에 따른 즉위라는 명분을 쓸 수 있었다.

정종 즉위의 1등 공신은 삼중대광 왕평달(王平達)의 아들 왕식렴(王式廉)이었다. 그는 태조의 종제(從弟) 즉 사촌 동생이었다. 그러니까 왕식렴의 아버지 왕평달은 태조 왕건의 아버지인 용건의 형제로 할머니이자 용녀인 원창왕후가 낳은 네 아들 중 하나였다. 그만큼 혈연적으로 가까운 사이였다. 그리고 그는 군부서사(軍部書史)로 벼슬을 시작해 918년(태조 1) 9월 평양을 대도호로 삼을 때 평양을 지키는 일을 맡았다. 이후에도 왕식렴은 주로 안수진 및 흥덕진 등 북방 축성에 나섰고, 좌승(佐丞)에까지 올랐다. 태조가 서경을 중시하고 영토 개척에 나섰으므로 왕식렴은 혈연과 공적으로 크게 인정을 받았을 것이다. 서경을 중시하라고 한 「훈요십조」의 내용도 왕식렴의 역할에 힘입은 바 있을 것이다.

왕식렴은 태조 사후 그리고 혜종 재위 때 개경 왕실이 흔들리는 데 대해 우려했을 듯하다. 어찌 보면 혜종 대 들어와서는 그가 패서 지역 세력의 상징적 역할을 맡았다 추측할 수 있다. 그것이 정종 세력이 왕식렴을 주목하고 왕규 세력에 대한 공동 제어를 제안한 이유였을 것이다. 특히 왕식렴이 가진 군사 동원력은 절대 필요했다.

결과적으로 보면 정종과 왕식렴의 정치·군사 동맹은 대성공이었다. 왕식렴은 왕규 세력 등을 제거했고 정종을 추대하였다. 3대 고려 국왕이 즉위한 것이다. 정종은 이어 왕식렴에게 광국익찬공신(匡國翊贊功臣)의 호와 대승(大丞)의 지위를 내려 포상했다. 949년(정종 4) 정월 대광으로 그가 죽자 정종은 그에게 '위정(威靜)'의 시호를 주어 공적을 상징화했고, 호기위 태사 삼중대광 개국공(虎騎尉太師三重大匡開國公)으로 추증했다. 994년(성종 13) 4월에 이르러서는 정종 묘정 체협공신으로 배향되었다. 수태사 개국 위정공(守太師開國威靜公)이 되었는데 위정은 위세로써 조용히 난을 진압해 공을 세웠음을 뜻했다. 신하로서는 죽은 뒤 최고의 지위까지 올라간 셈이다.

그런데 정종의 정치는 기대와 달랐다. 그에 대한 사관의 평가를 먼저 보자. '불교를 좋아하고 꺼리는 것이 많았다[好佛多畏]'라는 표현이 눈에 띈다. 도참을 잘못 믿고 서경으로 무리하게 천도하려 해 백성들의 원망과 비방이 일어났다는 평가가 나온다. 실제 어떠했는가를 보자.

946년(정종 1) 정월 태조의 현릉을 참배하려 했을 때 기이한 일이 일어났다. 제향을 위해 몸을 정결히 하는 재계 때 어전 동쪽 산 소나무 사이에서 "요(堯)야! 불쌍한 백성들을 가엾게 여겨 구휼하는 것이 임금의 중요한 책무다"라는 소리가 들린 것이다. 천명을 받아 오른 왕의 자리이니만큼 애민 정치에 힘쓰라는 죽은 태조의 당부라 할 수 있었다. 이는 그만큼 정종의 조정이 문제가 있으리라 예견한 것이기도 했다.

그렇지만 정종은 이해에 불교를 좋아한다는 평가가 나올 만한 일을 행했다. 의장을 갖춘 채 불사리(佛舍利)를 모시고 걸어서 10리 떨어진 개국사에 이를 봉안했으며, 곡식 7만 석으로 불명경보(佛名經寶)와 광학보(廣學寶)를 설치했다. 이는 불법을 수도하는 자들을 권장, 격려하는 차원에서 둔 것이었다. 소나무 사이에서 들린 애민과 구휼에 전념하라는 당부는 반영되지 않았다.

가장 큰 문제는 정종이 도참을 믿고 천도를 꾀하려 했다는 점이다. 정종 세가의 기록에는 947년(정종 2) 봄 서경에 왕성을 쌓았다는 단편적 사실 기록이 보인다. 정종이 죽은 뒤 사관의 평가 부분에서 정종이 도참설을 따라 도읍을 서경으로 옮기기로 결정했다 하였다. 사관이 기록한 도참설이란 무엇인가 보자. 태조는 서경을 중시하면서 수덕이 순조롭고 지맥의 근본이 된다고 하였다. 풍수도참으로야 그렇지만 현실적으로는 북방 개척의 전초 기지로서 고구려 옛 영화 회복이라는 상징적 의미가 컸다. 그러면서도 태조는 개경과 서경이라는 양경제 운영으로 이를 조절하는 데 그쳤다.

그런데 정종이 사관으로부터 비판을 받는 것을 보면 여기서 더 나아갔던 듯하다. 서경에 왕성을 쌓았다는 대목, 그리고 도읍을 서경으로 옮기려 해

장정을 선발하여 시중 권직(權直)에게 궁궐을 짓게 하였다는 부분, 개경의 민호를 뽑아 서경을 채우려 해 불안을 가중시켰다는 내용이 이에 해당한다. 건국 초의 불안정을 정리하고 혜종 말의 정국 혼란을 다스리면서 백성을 쉬게 해 안정을 찾게끔 해야 하는데 서울을 옮기는 일을 제1의 국가 대사로 삼은 것이다.

이러한 무리수에는 그동안 서경 건설과 북방 개척에 앞장서 왔던 왕식렴의 영향력도 분명히 있었을 것이다. 또 후진에서 유학하다 거란의 포로가 되었던 최광윤(崔光潤)은 모국인 고려에 거란의 침공 가능성과 그 대비의 필요성을 알려 왔다. 최광윤은 최치원·최승우·최언위를 이르는 신라삼최(新羅三崔) 중 고려 태조에게 귀의해 교육과 문장을 도맡아 한 최언위의 아들로 그의 말은 신빙성이 높았다. 그런 만큼 거란에 대비해 방비를 강화할 겸 서경을 전진 기지이자 도읍으로 만들려 했던 것이다. 또 같은 우려에서 947년(정종 2) 거란 침공에 대비해 지방 호족의 지휘를 받는 예비군으로 광군(光軍)을 조직하기도 했다.

그런데 왕식렴이 949년(정종 4) 정월 정종보다 앞서 죽고 정종 역시도 병이 위중해져 서경 건설과 천도 공역은 중지되었다. 이윽고 왕이 죽었다는 말을 들은 역부(役夫)들은 매우 기뻐하기에 이른다. 정종에 대한 기대가 그동안 실망을 넘어 원망으로 바뀐 것이다.

정종은 병이 심해지자 후계 문제를 결정했다. 아들이 아닌 친동생 '소(昭)'를 불러 내선(內禪)했다. 그리고 이내 제석원(帝釋院)으로 옮겼다가 949년(정종 4) 3월 병진일(13)에 죽었다. 나이 27세였다. 시호를 '문명(文明)'이라 하고 묘호는 '정종(定宗)'이라 정했다. 능호는 '안릉(安陵)'이라 했다. 문명의 시호는 아마도 최승로가 정종을 평가할 때 "왕위를 이어받아 밤낮으로 노력하여 나라 다스리는 도리를 구했습니다. 때로는 촛불을 밝혀 조정의 선비를 접견하였고, 또 어떤 때는 정사에 바빠서 늦게 식사하면서 모든 정사를 듣고 결정하였습니다"라고 한 데서 근거를 찾을 수 있을 듯하다. 정종의 묘호나 능호는 모두 사직을 안정시킨 업적에서 찾은 표현이라 여겨진다. 다만 어찌 보면 정종은 즉위 때와 광종에게 양위한 때가 가장 빛나는 순간이 아니었나 싶다. 기대와 그 업적이 차이가 있기 때문이다.

4) 시대 과제

혜종과 정종 대를 거치면서 고려 왕조는 한 차례 큰 파고를 겪었다. 동시에 왕조 초기 고려 왕실이 직면한 문제가 무엇인지 분명하게 깨달았다. 그것은 당시 사회가 직면한 문제였고 이를 해결해야 앞으로 나아갈 수 있다는 점에서 시무(時務) 사항이 되었다. 몇 가지를 정리하면 다음과 같을 것이다.

첫째는 국왕은 건강해야 한다는 것이다. 병마는 누구에게나 찾아온다. 또한 죽음은 모든 이에게 공평하다. 피할 수 없는 현실이다. 그런데 혜종이나 정종은 즉위 후 곧 병이 심해졌다. 군주의 건강은 왕실의 안정이나 정국 운영을 위해 반드시 챙겨야 했다. 이를 위해서는 기도와 함께 체계적인 의학의 도움으로 건강한 생활을 찾을 필요가 있었다.

둘째는 태조가 「훈요」에서 언급한 바대로 아들이 어리고 어리석으면 형제 중 추대받는 이 혹은 지명자를 정하여 내선해야 한다는 것이다. 억지 고집하는 부자승계는 피바람을 일으키며, 유덕자가 아니면서 왕위를 고집하면 결국 파탄에 이른다. 이런 면에서 정종이 추대로 왕위에 오르고 정종이 동생에게 내선한 것은 시의에 따른 것이라 할 수 있다.

셋째는 진심으로 백성을 위하는 정치를 목표로 해야 한다는 것이다. 혜종은 즉위 후 백성과 만날 틈도 없었고, 정종은 서경 천도 공역으로 백성의 원망을 받았으며, 지나치게 불교를 후원한 면이 있었다. 간언을 받아들이고 급하지 않은 공역을 줄일 필요가 있었다. 그것이 백성을 위한 정치가 될 수 있기 때문이다.

넷째는 왕규 혹은 왕식렴과 같은 거대 정치 세력의 등장을 제어해야 한다는 것이다. 후삼국 통일 전쟁의 과정을 거치면서 군사나 사병 등을 뜻대로 운영하는 호족이 존재하는 것은 우려되는 면이었다. 이 때문에 왕실 및 국가 안정을 위해서는 호족에 대한 통제가 필요했다.

다섯째는 불교 및 풍수도참 등이 지나치게 왕실과 연결되는 현상을 막아야 한다는 것이다. 태조는 민심을 수습하는 차원에서는 이들을 수용하고 정치에 반영했다. 하지만 그 이상은 도선의 말을 빌려서라도 막고자 했다. 이는 결국 공역 남발이나 국가 재정 증발로 이어지면서 국론 분열을 일으키기 때문이었다. 이에 대한 정리가 필요하였다.

여섯째, 정종이 서경으로 서울을 옮기려 했다는 점을 주목할 필요가 있다. 도참에 따른 것이라 했으나 아마도 그것은 고구려 옛 영토 회복과 연결되었을 것이다. 그렇다면 이는 고려 왕조의 새로운 비전 제시에 해당하기도 한다. 따라서 앞으로 고려 왕조가 나아갈 길에 대한 이해와 제시가 필요했다. 그것은 새로운 천하관이라고도 할 수 있었다.

2.
광종의 못 이룬 꿈과 대성(大成)

1) 광종의 즉위와 꿈

광종(光宗, 925~975)은 정종의 2살 터울 동생으로 925년(태조 8) 을유년에 태어났다. 이름은 환히 빛난다는 뜻의 '소(昭)'였으며, 자호는 햇빛을 의미하는 '일화(日華)'다. 자호를 보면 태조가 '약천(若天)', 혜종이 '승건(承乾)', 정종이 '천의(天義)'였는데 이를 연결해 보면 '일화'의 자호는 태조~정종 대까지 이뤄진 고려 왕조의 위업을 정리하고 다시 밝게 빛나는 고려를 만들라는 의미를 담은 것이라고도 여겨진다.

광종의 성품에 대한 최승로의 평가는 일단은 매우 긍정적이었다. 「오조정적평」 중 광종 정적평 서두의 내용을 보면 다음과 같다.

영준하고 기이한 외모와 어릴 때부터 뛰어난 자질로 태조의 사랑을 특별히 받았습니다. 친히 정종의 고명(顧命)을 받고, 형제간에 도와 왕위를 계승하여[鶺原襲慶] 왕위가 잘 이어졌습니다[鳳辰傳華]. 예의를 갖춰 아랫사람을 접하셨고, 분별력을 잃지 않고 사람들을 판단했습니다. 종친과 귀족이라고 치우치지 않았고, 항상 호강자를 억눌렀습니다. 먼 친척이나 천한 사람이라고 버리지 않았고, 홀아비나 과부 등 불쌍한 이들에게 은혜를 베풀었습니다.

이를 보면 광종은 태조에게서 특별한 사랑을 받으며 자랐다. 혜종이나 정종에 대한 기록과는 차이가 있는 것이다. 다만 최승로의 기억에 따른 것이라 분명치 않을 수는 있다. 그래도 광종의 평가를 보면 정치적 균형 감각과 함께 인정이 있었다. 더욱이 종친이나 귀척, 호강 세력을 멀리하거나 그들을 억눌렀다는 평가는 광종이 왕권을 자신 중심으로 운영하려 했음을 보여 준다.

즉위 직전 상황을 보자. 형인 정종은 병으로 인해 정사를 돌보지 못하고, 아들인 경춘원군(慶春院君)도 아직 어려 정윤으로 책봉하지 못하고 있었다. 정종이 태조의 「훈요십조」 중 3조의 내용을 알고 있었는가는 정확하지 않으나 혜종 혹은 박술희가 이를 전해 주었을 가능성이 크다. 꼭 그렇지 않더라도 정종은 혜종 대 혼란상을 직접 겪은 바 있기에 결국 동생 소에게 내선하여 왕위를 잇도록 했다.

광종의 첫째 후비는 태조의 딸로 대목왕후 황보씨였다. 그녀의 모후는 명복궁대부인으로 있던 신정왕태후 황보씨였다. 신정왕태후는 황해도 황주 출신 황보제공(皇甫悌恭)의 딸로 황보씨는 패서 지역 호족 가문의 하나였다. 대목왕후는 경종, 효화태자, 천추부인, 보화부인, 공주 등을 낳았다.

특히 광종과 첫째 후비인 대목왕후의 혼인은 주목되는 점이 있다. 고려 왕실혼의 특징인 근친혼 혹은 족내혼의 시발점이 되기 때문이다. 말하자면 태조의 이복(異腹) 자녀 간 혼인이 이뤄진 것이다. 본래 대목왕후는 태조와 신정왕태후 사이의 자녀였기에 성씨로 보자면 왕씨 성을 칭해야 했다. 황보씨를 칭한 것은 외가 성을 따른 것이었다. 이를 통해 군주와 왕후가 같은 성씨인 것을 피했다. 이는 경화궁부인 임씨도 마찬가지였다. 그간 혜종과 정종이 패서 지역 출신 호족과 혼인 관계가 없었던 반면 광종은 대목왕후 황보씨와 혼인하였는데, 이는 정종이 서경의 핵심 인물 왕식렴과 상호 정치적 후원 관계를 가진 것을 연계시켜 생각해 볼 수 있다.

다음은 혜종의 딸인 경화궁부인 임씨이다. 945년(혜종 2) 왕규가 요와 소 즉 정종과 광종 형제가 모반을 꾸민다고 혜종에게 참소한 바 있었다. 이때 혜종은 오히려 딸 경화궁부인을 소의 처로 삼게 해 왕규의 참소에 반하는 결정을 내렸다. 이는 혜종이 형제간의 우애와 왕실 및 왕권을 지키기 위한 차원에서 행한 것이었다. 혜종과 임씨와의 사이에 자녀는 없다.

어쨌든 태조와 혜종·정종·광종의 혼인을 보면 유교적인 관점 혹은 오 늘날의 관점에서 받아들이기 어려운 면이 있다. 왕규의 세 딸 중 둘은 태조 왕건과, 1명의 딸은 혜종과 혼인했다. 박영규의 세 딸 중 1명은 태조 왕건 과 그리고 두 딸은 정종과 혼인했다. 태조의 딸과 혜종의 딸은 태조의 아들 인 광종과 혼인했다. 이를 보면 한 집안의 딸을 아버지와 아들이 각기 취하 고 있다. 또한 이복 혼인 및 숙질 혼인도 이뤄지고 있다. 아들의 경우 아버 지 뜻을 따라 혼인하였다고 본다면 여기에는 분명 이유가 있었을 것이다. 반대로 딸들을 아버지와 아들에게 혼인시켜야 했다면 그 또한 이유가 있을 것이었다. 또 조카와 혼인해야 했다면 그것도 마찬가지였다.

사실 이 같은 족내혼을 행한 이유를 굳이 찾자면 신라의 골품제 속 혼속 (昏俗)을 들 수 있을 것이다. 신라에서는 박·석·김씨가 교대로 왕위를 차지 한 바 있었고, 혼인도 그들 내에서 이뤄졌다. 물론 이때 중요한 명분은 신성 한 혈통의 유지였다. 이후 김씨 왕계의 왕위계승이 성립되자 성골과 진골 혈통이 있게 되었다. 성골 중심 김씨 왕계는 진덕여왕 대를 끝으로 마무리 되었다. 그리고 즉위한 진골 출신 태종무열왕 이후 중대 신라 사회가 시작 되면서는 진골 귀족 시대가 열렸다. 이처럼 신라는 족내혼을 통한 성골 및 진골 유지를 신성 혈통 및 왕권과 연결되는 것으로 보고 있었다. 그리고 족 내혼을 골품제라는 신분제 사회 운영의 핵심으로 삼았다.

태조가 처음부터 이러한 신라의 골품제적 족내혼을 염두에 두었는가는 확실치 않다. 다만 태조가 신라 금성에 3개월간 체류하면서 신라 왕실의 혼속에 대해 파악했을 가능성이 있으며, 경순왕의 귀부 이후 신라 왕실계가 족내혼 적용을 제의하였을 수도 있다. 혹은 고려 스스로 신라의 풍속을 따른 것일 수도 있다. 다만 고려 왕조가 진골 중심 골품제 신분 질서를 이미 무너뜨린 상황에서 새로운 골품제 유지를 위한 족내혼을 따를 수는 없었다. 다른 명분을 세워야 했을 것이다.

특히 가장 중요한 점 하나를 새롭게 세워야 했다. 바로 고려 왕실의 신성 혈통 의식이었다. 작제건과 용녀 설화, 풍수도참이 점지한 성자 왕건의 탄생과 그의 혈통 이야기 등을 상징화해야 했다. 태조 대의 경우 이에 대해서는 구체화되지 않았으나 이를 위한 논의는 고려 왕실을 위해 꼭 필요한 것이었다. 시간문제일 뿐 고려 왕실의 정체성을 만드는 핵심 요소가 될 것이었기 때문이다. 그것은 앞으로 '용손혈통(龍孫血統)'이라 칭해질 내용이었다.

다른 하나는 명분을 세우는 것이었다. 태조는 혼인 방식으로 자매와의 중혼(重婚)이나 근친혼 및 족내혼을 통해 왕권 보호라는 큰 틀과 권력의 유지를 꾀했다. 혼인 정책 자체가 호족 세력과의 연합과 왕실 보호라는 정략적 목적이 있던 만큼 이 명분은 유효했다. 이에 고려 왕실은 유교를 폭넓게 이해하고 있으면서도 왕실 근친혼·족내혼을 유지해 모순된 혼인 풍속을 행했다. 이것이 유교적 보편성에는 어긋나지만 왕실의 특수성 즉 신성성을 강화하는 것으로서 왕권의 기반에 도움이 된다고 여겼기 때문이었다.

한편 광종은 황해도 신주 출신으로 태조의 스물두째 후비이자 아찬 강기주(康起珠)의 딸인 신주원부인 강씨와 관계가 깊었다. 강씨가 일찍 죽은 아들을 대신해 광종을 아들 삼아 길렀기 때문이다. 여기에 형제자매의 혼인을 보면, 태자 왕태는 태조의 열두째 후비인 홍복원부인 홍씨 소생의 공주 홍씨와, 정종은 승주 출신 박영규의 두 딸인 문공왕후·문성왕후 그리고 청주 출신 김긍률의 딸 청주남원부인과, 낙랑공주는 경순왕 김부와, 흥방공주는 정주 출신 정덕왕후 류씨의 아들 원장태자(元莊太子)와 결혼했다. 물론 이 혼맥은 정종 당시에도 정치적 의도가 적용되었을 것이다. 또 이는 광종을 둘러싼 혼맥이 되기도 했다. 그 세력은 신라와 후백제 왕실, 패서 지역 등을 망라하고 있었다.

이러한 신명왕태후 자녀의 혼맥은 고스란히 광종의 정치 기반이 되었다. 광종은 정종이 죽기 전 내선을 하여 왕위에 올랐기에 즉위 명분이 강했다. 이는 광종에게 정국 운영의 주도권이 있음을 뜻했다. 더구나 광종이 즉위할 때의 나이는 혈기 왕성한 25세였다. 말 그대로 그는 웬만하면 마음먹은 것을 다 할 수 있는 정치 환경 속에서 즉위한 것이다.

그렇다면 광종은 왕위에 올라 어떠한 고려를 만들려 했을까? 우선 광종이 가진 왕권은 혜종이나 정종과 달랐다. 흔들리지 않는 견고함과 정통성이 있었다. 여기에는 혈통과 혼맥, 내선을 통한 즉위 명분 등이 뒷받침되었다. 이를 토대로 광종은 태조가 만든 일통 삼한의 고려를 더욱 발전시키고자 했을 것이다. 문제는 어떻게 이를 이룰 것이냐였다.

정치는 뛰어난 한 사람의 역량만으로 성공을 거두기 어렵다. 정치 리더십이란 다른 사람들과 어떻게 조화하면서 목표를 이루는지에 달려 있다. 이를 위해서는 자신의 자세인 용모, 자신의 의견을 말하는 언변, 객관적으로 상황을 파악하는 시사(視事), 공정하게 다른 이의 말을 귀담아듣는 청정(聽政), 객관적이면서도 종합적으로 판단할 수 있는 의지와 생각 등이 갖춰져 있어야 했다. 모(貌)·언(言)·시(視)·청(聽)·사(思)라는 오사(五事)가 이것이었다. 이 오사는 특히 유교 경전인 『서경』 홍범 편에 실려 있는 내용이기도 하다. 광종 등은 이에 대해 충분히 알고 있었으리라 짐작된다. 태조가 「훈요」를 통해 『서경』 무일 편을 유념할 것을 강조했기 때문이다.

또한 광종 자신과 뜻을 같이하면서 개혁을 함께 도모할 정치 세력이 있어야 했다. 광종이 보았을 때 이들은 공신이나 호족 세력보다는 유신(儒臣) 세력이었다. 다만 현실적으로 유신 세력이라 할 이들보다는 강함을 앞세우는 호족이 많은 상황이었기에 개혁은 쉽지 않을 터였다.

광종은 개혁 군주의 자세를 갖추려 노력하면서 태조가 만든 일통 삼한의

사진 5 광종의 명으로 만든 충남 논산시 은진면 관촉리 관촉사 석조미륵보살입상

고려 왕조를 넘어서고자 했다. 개원이 아닌 건원(建元)을 시도했다. 이에 연호 '광덕(光德)'을 정하였고, 개경을 황제가 있는 도읍이라는 의미에서 황도(皇都)라 했다. 서경은 서도(西都)라 높였다. 광종은 고려를 황제가 다스리는 나라로 구축하고자 한 것이었다. 이러한 광종의 생각이 반영되었는지 지방에서는 광종에 대해 '금상황제(今上皇帝)'라 칭하기도 했다. 이는 현 경기도 여주 소재로 975년(광종 26)에 세워진 고달원원종대사혜진탑비(高達院元宗大師惠眞塔碑) 음기(陰記)나 956년(광종 7) 병진년 현 경북 영일군에 있었던 퇴화군대사종(退火郡大寺鐘)에서 확인된다. 개경에서 멀리 떨어진 지역에서 이를 썼다는 것은 광종에 대한 황제 칭호 사용이 일반적이었음을 보여 준다. 공식적으로는 국왕, 대왕이라 쓰는 것이 많았기는 하지만 이들 내용을 고려한다면 광종의 꿈은 여기에 있지 않았을까?

2) 왕권 강화의 앞면: 1기

949년(정종 4) 3월 병진일(13)에 정종은 병이 위중하다 하여 광종을 불러 내선했다. 곧 제석원으로 옮겨 요양하다가 죽었다. 병진일에 죽었는지는 사료 문맥상 분명치 않다. 여기서 정종의 내선 유조만으로 광종이 즉위한 점이 흥미롭다. 이는 그만큼 정종이 왕권을 잃지 않고 있었다는 방증이며 또한 광종이 이미 정종 재위 중 후계자로 자리 잡고 있었다는 점을 알려 준다.

이에 광종은 고려의 4대 군주로 즉위했다. 그리고 975년(광종 26) 을해년까지 26년을 재위했다. 공교롭게도 태조와 같은 재위 기간을 가졌다. 그리고 나이 51세로 죽었다. 광종은 그의 묘호가 '광(光)'인 만큼 많은 업적을 세웠다. 반면 희생도 많았다. 그것은 광종의 숙명이었는지도 모른다. 태조 이래 혜종과 정종이 재위 기간이 짧았던 데다가 개혁다운 개혁을 만들지도 추진하지도 못했기 때문이다. 광종은 혜종과 정종의 짧은 재위 후 즉위했다. 그러므로 보다 과감해야 했고, 보다 진취적이어야 했다. 그래야만 고려 왕조가 나아갈 방향을 개척할 수 있었기 때문이다.

광종의 개혁 추진은 쉽지 않았다. 많은 저항과 반발이 그를 기다렸다. 이를 극복하고 바라는 결과와 목표를 이루기 위해서는 나름의 계획이 있어야 했다. 이러한 과정이 그의 재위 기간 전반기에 이루어졌다. 개혁과 실의(失意)의 과정으로 수렴되는 그의 재위는 크게 세 시기로 구분하여 이해할 수 있다. 전체적으로는 개혁을 위한 토대를 만들고 개혁을 과감하게 추진하였지만 결국 방향을 잃으면서 불사(佛事)에 의지하게 되는 과정이었다. 이는 이미 최승로가 광종 정적평에서 언급한 바이기도 하다. 구체적인 세 시기는 쌍기를 등용하는 956년(광종 7) 병진년까지, 쌍기 등용 이후 960년(광종 11) 경신년까지, 그리고 960년 이후 말년까지이다. 이는 편의상 구분이므로 해석은 다를 수 있다. 그렇지만 광종의 개혁 흐름을 놓고 본다면 적절할 것이다.

먼저 첫째 시기의 개혁 추진 내용을 살펴보자. 처음 나오는 기사가 949년(광종 즉위년) 8월 대광 박수경(朴守卿)에게 국초 공역자를 살펴 정하게 한 것이었다. 이에 그는 한 번의 공을 세운 1역자로부터 4역자까지 분류했고, 광종은 그들에게 쌀을 12석부터 25석까지 차등 있게 주었다. 또한 이해에 원보

(元甫) 식회(式會)와 원윤(元尹) 신강(信康) 등에게 명해 각 주현(州縣)에서 해마다 바치는 공물의 액수를 정하게 했다. 이것이 즉위한 해에 행한 일이었다.

보통의 경우 즉위를 하면 즉위 조서의 반포와 함께 사면을 내리고 품계 등을 올리는데, 광종의 경우 관련 기록이 없다. 따라서 광종이 즉위 조서를 통해 어떠한 정치 방향을 제시했는지는 알 수 없다. 다만 8월에 이르러 위에 언급한 바처럼 국초 공역자를 조사하고 예식(例食) 지급 및 각 주현 세공(歲貢) 액수를 정한 것이 확인된다.

공역자 조사의 경우 그 기준이 나타나 있지 않아 알기 어렵다. 추정은 해 볼 수 있다. 우선 태조 즉위 시 공을 세운 자, 후삼국 통일 전쟁에 공을 세운 자는 포함되었을 것이 분명하다. 또한 정종이 왕식렴을 광국익찬공신으로 책봉한 것을 보면 왕규의 난 진압과 정종 추대와 관련된 인물도 공역이라 했을 것이다. 이어서는 광종이 아직 왕위에 오르지 않았을 때 그를 호위한 호종 공신이 있었으리라 짐작된다. 즉위 초 공역자 조사와 예식 지급은 달리 보자면 광종이 공신 세력을 파악하고 이들을 관리하려는 목적으로 시행한 것이었다. 즉 성명과 거주지 등은 기본 파악이 되었을 것이고, 여기에 더해 재산이나 가병 규모 등이 조사되었을 수 있다. 그리고 이 예식 지급을 위한 재정 파악도 이뤄졌을 것이다.

주현의 세공 액수를 정한 것도 마찬가지이다. 실제 어떠한 기준으로 이를 정했는지가 분명치 않은 것이다. 인정(人丁)수를 기준으로 한 것인지, 호족의 대·중·소에 의한 것인지, 농지를 비롯한 재산을 기준으로 한 것인지, 고려 왕실에 대한 충성의 정도로 한 것인지 알 수 없다. 다만 고려 초 왕조 안정이 아직 이뤄지지 않았을 때 식회와 신강 등에게 이를 살펴 정하게 한 것을 보면 그 기준은 복잡하지 않았을 것이다. 그러면서도 각 주현으로부터 불만 등이 적어야 했다.

주현 세공액의 기준은 어떠했을까를 보자. 일단 940년(태조 23)에 정한 주현을 기준으로 하되 광종의 왕권과 추진력을 보여 줄 수 있어야 했다. 이미

947년(정종 2) 이후 전국적으로 예비군 성격인 광군을 조직했고 이를 운영해 왔다. 이는 이미 이 시기에 일정 정도의 지방 군현 단위 인정 파악이 있었던 것을 전제로 한다. 여기에 940년(태조 23)에 행해진 역분전(役分田) 지급은 어느 정도 전결 파악이 이뤄진 데서 가능했다. 나아가 광종은 실제 농민이 경작하는 전결(田結)의 경작 여부 및 그 넓이와 생산량 등을 파악하고자 했을 가능성이 크다. 양전(量田)이 이것이었다.

『고려사』 광종 세가에서는 전국적으로 농지를 측량하고 토지대장 즉 양안(量案)을 작성해 조세 수취 등에 대비했다는 기록은 현재 찾아지지 않는다. 그러나 고려 왕조가 건국되고 후삼국 통일로 전쟁이 끝난 상황에서 공역자에 대한 역분전이나 예식 지급, 주현 세공액을 정하면서 국가 재정의 근간이 되는 전결에 대한 파악이 없었다고 할 수 없다. 이에 대한 작업이 광종 초부터 본격 계획되고 추진되었다고 여겨지는데, 특히 주현 세공액 분정은 긴밀히 연결된 것이었다.

실제로 광종 대에 국가 재정을 결정짓는 기초 조사라 할 양전이 시행되었다. 경북 칠곡군 약목면에 있었던 「정도사오층석탑조성형지기(淨兜寺五層石塔造成形止記)」가 이를 전해 준다. 그 내용 일부를 보면 956년(광종 7) 병진년에 양전사(量田使) 전 수창부경(守倉部卿) 예언(藝言)·하전(下典) 봉휴(奉休)·산사(算士) 천달(千達) 등이 나타난다. 그리고 그 전해 2월 15일에 송양경(宋良卿)이 결심(結審)한 도행(導行)에 근거해 이들이 양안을 만들었다 하였다.

이를 보면 955년(광종 6)에 송양경이 결심한 도행 양안이 있었고, 관련 조사에 양전사, 하전, 산사 등이 동원되고 있음을 알 수 있다. 여기서 송양경 등이 행한 양전은 광종 초부터 진행된 것이었다. 이미 신라장적 문서 혹은 신라 촌락 문서에서도 양전과 재산, 호구 파악 등이 상세히 이뤄졌던 만큼 고려 초 일정 시기에 새로운 왕조 운영을 위한 양전이 없었다고는 할 수 없다. 또한 표시 방식은 9세기 말에 작성된 전남 담양군 「개선사석등기(開仙寺石燈記)」 내용을 참고할 필요가 있다. 이에 양안의 토지 표시 작성은 석등기의 토지 표시 방식과 같이 동서남북 사주(四周)를 넣으면서 그 결수를 적었을 것이다.

이러한 상황 등을 놓고 볼 때 양전 관련 기록이 있는 955년(광종 6) 이전 광종 재위 때 신라의 양전 방식을 수용하면서 양전사 및 아전을 파견하는 양전이 추진되었고 그에 따른 전세 수취가 전개되었다고 보는 것이 합리적일 것이다. 이렇게 본다면 주현 세공액을 정한 것과 함께 949년(광종 즉위년)부터 국가 재정을 위한 조용조 삼세 수취의 기초 작업이 어느 정도 마무리된 셈이었다. 이러한 재정 기반 마련은 이후 왕조 개혁을 추진하는 데 토대가 되었을 것이다.

932년(태조 15) 4월 서경의 민가에서 기르는 암탉이 수탉으로 변해 3개월 만에 죽는 이상 현상이 생겼다. 태조는 이를 듣고 그저 기이한 일이라 치부하지 않았다. 이를 재변 혹은 재이로 보고 하늘이 자신을 꾸짖는 것이라고 여겼다. 재이론의 관점에서 판단한 태조는 그 해석을 위해 『상서지(祥瑞志)』를 살펴보았다. '부역이 공평하지 못하고 공물과 조세가 번거롭고 과중하여 백성들이 윗사람을 원망하면 이런 징조가 나타난다'라 한 내용에 공감하면서 이를 마음에 새겨 반성하고 경계하고자 했다. 이를테면 재이라는 이상 현상을 통해 위기를 증폭시키기보다는 성찰과 경계의 계기, 그리고 더 나은 나라를 만드는 기회로 삼은 것이다. 이는 당시 태조 조정의 신료들이 태조를 더욱 새롭게 인식하는 계기가 되었다.

광종 역시도 이 같은 태조의 이야기를 들어서 알고 있었을 것이다. 공교롭게도 950년(광종 1) 정월 큰바람으로 나무가 뽑히는 일이 일어났다. 음력 정월은 봄이라고는 하지만 실제로는 겨울이나 마찬가지였다. 얼어붙은 땅에 깊이 뿌리를 내린 큰 나무가 바람에 뽑혔다는 것은 위태로운 징조였다. 충분히 재이로 해석될 일이었다. 이에 광종은 신하들을 모아 재변을 물리칠 방도를 물었다. 그중 천문과 역법, 점복 등을 맡은 관서인 사천감(司天監)에서 답변을 내놨다. 그것은 간단명료했다. '수덕(修德)'이었다.

수덕이란 무엇일까? 덕을 닦는 것으로 풀이된다. 중요한 것은 '덕'이었다. 매우 포괄적 의미를 가진 덕은 한 가지로 노력해 얻을 수 있는 것이 아니었다. 학문 수양과 함께 덕성 함양을 해야 했다. 사치나 방탕, 음란 등을 행해서는 안 되었다. 천명을 받은 군주인 만큼 천명을 두려워하면서 백성을 위하는 마음과 정치를 펴야 했다. 덕은 바로 여기에 있었다. 자신의 부덕을 책망하고 학문 수양과 덕성 함양을 통해 백성을 위하는 정치를 행하는 것이었다. 그것이 '수덕'이었다.

광종은 수덕을 위해 학문 수양과 이를 통한 깨달음을 택했다. 즉, 광종은 당 태종이 신하와 군주가 갖춰야 할 도리와 정치의 근본, 경계해야 할 일, 백성을 위하는 방도 등에 대해 논의한 바를 정리한 『정관정요(貞觀政要)』를 읽고자 했다. 『정관정요』는 당 태종이 '정관의 치'라는 성세(盛世)를 만드는 과정을 보여 주었다. 성군 혹은 패왕의 이중적 평가를 받는 당 태종이지만 백성들은 분명 성군으로 받들었을 것이다. 광종은 이를 탐독하면서 성군이자 패왕의 길을 걸으려 한 것이다.

이러한 의지는 곧바로 상징화되었다. 태조는 즉위 후 태봉의 '정개(政開)'를 개원해 '천수(天授)'라는 연호로 기년(紀年)을 시작했다. 그렇지만 곧 오대 왕조(후량-후당-후진-후한-후주) 중 후당의 책봉을 받으면서 후당의 연호를 적용했다. 이 때문에 천수 연호가 태조 말까지 사용되었는지 확실치 않다. 그런데 광종은 연호를 새로이 정한 것이다. 그것도 천수 연호의 개원이 아니었다. '광덕(光德)'으로의 건원이었다(950). 광종 원년이 광덕 원년이 된 것이다. 그 의미만으로 본다면 광종이 덕치로 세상을 비추겠다는 뜻이 된다. 그만큼 새로운 고려를 만들겠다는 광종의 의지는 강했다.

다만 광종이 광덕으로 건원할 때의 국제 정세를 볼 필요가 있다. 950년은 오대 왕조 중 후한이 망하고 후주 세상으로 전환될 때였다. 달리 보자면 고려 왕조와 책봉 관계를 갖는 왕조가 없어진 셈이었다. 이에 대한 정보는 광종이 왕위를 이어받았음을 알리고 책봉을 청하는 사신을 보냈을 때 파악되었을 것이다. 이를 기회로 광종은 자신이 다스리는 독자적인 천하를 구상했을 수 있다.

하지만 곧이어 후주가 들어서자 이를 번복했다. 951년(광종 2) 12월 후주의 연호인 광순(廣順)을 쓴 것이다. 광종의 입장에서 이는 자신의 천하 구상과 맞지 않았지만 국제 관계 속 교류를 위해 보다 폭넓게 적용되는 후주의 연호 사용을 택하였다. 동시에 이는 후주의 역일 즉 1년 달력이라 할 수 있는 역서 수용을 의미했다.

이 같은 방식은 960년(광종 11)에 송나라가 들어서면서도 되풀이되었다. 송에서는 나라를 세우면서 연호를 '건륭(建隆)'이라 했다. 후주의 변화를 신속하게 파악하고 있던 광종은 송 건국을 파악하면서 연호를 새로 수용했다. 다만 이때 연호가 '건륭'이었던 만큼 그 적용에 고민했다. '륭(隆)'과 '건(建)'이 세조와 태조의 이름이었기 때문이다. 왕조 사회에는 국왕의 이름을 일반 문서 등에서 피해 쓰는 피휘 제도가 있었다. 이에 따른 조치가 필요했다.

광종 대에는 이에 건륭과 비슷한 의미를 담은 글자를 택해 썼다. 그 결과 연호를 '준풍(峻豐)'이라 하기에 이르렀다. 국왕의 이름을 피휘해 연호를 바꾼 것은 그만큼 본래의 연호 의미보다 국왕의 이름을 더 중요시한다는 뜻이었다. 당시 국제 사회에서 통용되는 기년 기준으로 송의 연호를 사용하기는 하지만 내부적으로는 피휘 연호를 쓰겠다는 독자적 기년 사용 의지이기도 했다.

다만 준풍 연호 표기 관련 기록이 『고려사』나 『고려사절요』에서는 찾아지지 않는다. 이는 광종이 국제 관계상 새로운 연호로서 준풍을 정해 쓴 것이 아님을 보여 준다. 준풍 연호가 사용된 사례로는 원주 거돈사원공국사승묘탑비 및 청주 용두사지철당간, 안성 봉업사지 출토 준풍명 기와, 전남 영암 고미현서원종 등이 있을 따름이다. 지방 사회에서 이를 썼다는 것은 중앙에서 그것도 왕실에서 이를 적용했을 가능성을 전해 준다.

광종의 정치에서 또 다른 중요한 조치가 있었다. 951년(광종 2) 대봉은사

(大奉恩寺)를 성남에, 불일사(佛日寺)를 동쪽 교외에 창건한 것이다. 각기 태조와 신명왕태후 유씨의 명복을 위한 원당(願堂)이었다. 원당은 신라 때부터 건립되었으며 복을 바라고 죽은 이의 명복을 빌기 위한 것으로 불교와 조상숭배 사상이 결합된 데서 나왔다. 이러한 의미가 있는 것임에도 불구하고 혜종이나 정종은 태조를 위한 원당을 세우지 않았다. 그리고 원당 창건은 광종의 책임이 되었다. 광종은 특히 태조를 위한 원찰을 지으면서 절 이름을 '대봉은사'라 했다. 그 의미는 태조의 자비와 은혜를 크게 받든다는 것이었다.

태조를 위한 첫 번째 원찰인 만큼 여기에는 태조를 상징하는 것이 자리하게 된다. 태조 소상 혹은 태조 진영이라 할 일종의 태조 성물이 모셔진 것이다. 바로 태조진(太祖眞)이었다. 이를 보관한 곳의 이름도 그래서 효사관(孝思觀)이라 했다. 봉은사 효사관은 광종 대 이래로 태조를 숭배하는 상징적 의미를 갖는 성소(聖所)가 되었다. 광종 대의 경우 연등회 때 행차하여 친히 향을 올리는 의례를 행한 사례가 보이지 않으나 태조의 탄일인 정월 14일이나 훙서한 날인 5월 29일에는 찾았을 가능성이 충분히 있다. 기록상 덕종의 뒤를 이은 정종(靖宗)이 1038년(정종 4) 연등 때 봉은사 태조진전을 찾아 향을 올리는 것을 상례로 삼았다 한 것이 보인다.

한편 이 시기 광종의 개혁에서 주목되는 내용이 노비안검법(奴婢按檢法)의 시행이다. 앞서 태조는 918년(태조 1) 8월에 전쟁과 토목 공사, 기근 등이 연속되는 속에서 백성 중 자신이나 자신의 자식을 팔아 노비가 된 자들을 내고(內庫)의 포백으로 속환한 바 있었다. 당시 1천여 명에 달했다 했는데, 철원과 그 인근 지역민들을 대상으로 했을 듯하다. 어쨌든 이는 태조의 양인 확보 방안이자 호족 세력의 사적인 불법 노비 증식을 제한하는 조치이기도 했다. 광종은 혜종·정종 대 기존 호족 세력에 공신 세력까지 늘어나면서 노비 역시 비례해 증가하는 것을 확인했을 것이다. 주현 세공액 분정이나 양전을 통한 양안 작성 과정을 거치면서 가능했다 여겨진다.

956년(광종 7)에는 태조 즉위 원년의 노비 속환 조치를 넘어서서 더 과감한 정책을 폈다. 그것은 일단 노비를 상세히 파악하는 데서[按檢奴婢] 시작되었다. 그리고 옳고 그름을 따져 사실 관계를 파악하도록 했다. 이를 위해서는 고려 후기처럼 전민변정도감(田民辨整都監) 혹은 인물추변도감, 노비변정도감 등과 같은 기구가 있었으리라 여겨진다. 이 때문에 노비가 주인을 배신하고 상전을 능멸하는 풍조[陵上之風]가 유행하였다는 비판적 기사가 『고려사절요』 광종 7년 기록에 보인다. 이를 보면 노비를 안검하는 개혁은 일정 지역에 국한한 것은 아니었던 듯하다.

갑작스러운 조치에 노비주들의 원망은 커졌을 것이다. 주인을 배신하고 상전을 능멸하는 풍조가 컸다는 기록은 이를 말해 준다. 특히 불법 노비주로는 대체로 호족이나 공신 세력이 주류를 이뤘다. 노비안검은 그들의 재산이 줄어드는 것을 의미했다. 이 때문에 이들은 강렬하게 반대하고 나섰다. 하지만 광종의 의지와 함께 불법 노비를 살펴 바로잡고 이를 통해 양인을 확보해 궁극적으로는 국가 재정을 확보할 수 있다는 대의명분을 막을 수 없었다. 심지어 광종의 후비 대목왕후 황보씨가 나서서 간절히 간하기까지 하였으나 광종은 받아들이지 않았다. 이는 국가 재정 확보 및 양인의 증가로 이어져 광종 정권의 기반이 되었다.

이처럼 광종은 1기에 재정 확보와 그 운영을 위해 양전 및 양안 작성, 주현 세공액 분정에 나섰다. 그리고 공역자 파악 후 예식을 지급해 공신 및 호족 세력에 대한 예우와 함께 통제를 시도했다. 새로운 고려 왕조를 위해 연호를 새로 정하고 왕실 신성화를 위해 태조 원당을 창건했다. 노비안검법 추진으로 양인의 숫자가 늘었다. 동시에 호족 및 공신 세력의 기반은 약해졌다. 또한 5대 왕조의 변화에 대해서도 분석하면서 고려의 나아갈 방향을 세웠다. 이 과정은 추후 광종이 개혁 세력을 양성할 때 바탕이 되었다.

이러한 광종에 대한 평가를 보자. 우선 광종 사후에 사평을 남긴 사관은 그에 대해 "신하를 예로써 대우하고 송사를 결단하는 데 밝으며 빈민을 구휼하고 유학을 중히 여기며 밤낮으로 부지런하여 거의 태평의 정치를 이루었다"라고 했다. 또 최승로도 후한 평가를 내렸다. "즉위한 해로부터 8년간 정치와 교화가 맑고 공평하였으며 형벌과 상이 지나치지 않았습니다"라고 한 것이다.

3) 개혁과 의문: 2기

광종은 후주로부터 고려 국왕 책봉과 함께 이후 개부의동삼사 검교태사를 덧붙여 받았다. 이는 문산계 최고 품계의 관직으로 삼사(三師) 중 가장 높은 태사가 되었다는 의미였다. 검교는 임시 훈관(勳官)이었다. 어쨌든 이 표현은 후주에서 광종에게 최고의 명예직을 주었음을 말한다. 후주의 이 조치는 거란에 대한 공동 대응을 위한 사전 작업이었다. 고려는 거란에 대해 태조 대부터 강경한 입장이었다. 그렇기에 후주 입장에서도 고려와의 연합은 중요할 수 있었다. 이 때문에 양국은 필요한 선에서 충분히 이해관계를 공유했다.

그런데 이러한 양국 관계는 뜻하지 않은 변화를 가져왔다. 956년(광종 7) 후주에서는 봉책사 설문우(薛文遇)를 보내 광종을 개부의동삼사 검교태사로 가책했는데, 이때 사신단에 전 대리평사(大理評使) 쌍기(雙冀)가 일원으로 왔다. 그런데 쌍기는 장기간의 뱃길 탓인지 병으로 돌아가는 사신단에 끼지 못했다. 광종은 쌍기를 접견하면서 후주의 개혁 등에 관심을 기울였다. 이어 광종은 후주에 쌍기의 귀화를 요청했다. 그리고 원보 한림학사로 삼았다가 곧바로 문병(文柄)을 맡겼다. 이는 그만큼 광종과 쌍기가 고려 왕조가 당면한 시대 과제에 공감했다는 말이기도 하다.

광종은 당시 소위 국제적 흐름에 맞도록 고려의 문물을 정비하고자 했다. 이는 자신의 힘만으로 이룰 수 있는 것이 아니었다. 선진 문물에 대해 알고 있어야 하며, 이를 이루기 위해서는 무엇을 꾀해야 하는지 방법까지도 파악할 인물이 필요했다. 쌍기가 바로 적임자였다. 이에 광종은 쌍기를 곧바로 등용하고 고위직을 주며 문병을 맡겼다.

다만 좀 더 생각할 점이 있다. 태조 이래로 고려는 원봉성이나 서경 학교와 같은 곳을 통해 인재를 양성했다. 그에 앞서서는 그간 은사로 있던 왕유나 신라에 있었던 최언위, 지방에서 성장했던 최응이나 최지몽 등의 인물이 정치 변화를 이끌어 왔었다. 그런데 광종은 이들 혹은 이들이 양성한 인재들을 왜 중용하지 않으려 했을까? 심지어 최승로가 956년(광종 7)까지 정치와 교화가 잘 이뤄지고 상벌이 지나치지 않았다 한 것을 보면 나름의 노력이 있었음을 알려 주는 데도 말이다.

광종은 중국의 문물에 대해 호기심이 컸던 듯하다. 최승로가 광종에 대해 화풍(華風)을 중히 여기고 화사(華士)를 예의로 대우하였다 했다. 이는 광종이 중국 문물에 대한 선호도가 높았다는 것을 말해 준다. 광종은 달리 보자면 화풍을 수용하고 이를 고려에 적용시키려 한 것이었다. 선진 문물이라 생각한 것은 오늘날로 보자면 '글로벌 스탠더드'였다. 당시 후주를 후주이게 만든 것은 경사와 시문이었다. 이를 토대로 중국은 학문과 문물을 계속 발전시켜 나갔던 것이다. 그리고 당시 이를 상징하였던 것이 인재 선발 제도인 과거제였다.

사실 신라 중대 이후 신라의 6두품 지식인들은 당의 문물 수입과 교육을 위해 당나라로 소위 국비 유학을 갔다. 이들이 도당유학생이었고, 상당한 성과를 거뒀다. 다만 이들이 당에서 치를 수 있는 과거는 외국인을 위한 빈공과(賓貢科)였다. 이는 상공(上貢)과 향공(鄕貢) 같은 당나라인들을 위한 과거와 달랐다.

신라 원성왕은 국학에서의 인재 선발을 위해 788년(원성왕 4)에 독서삼품과(讀書三品科) 혹은 독서출신과(讀書出身科)를 실시했다. 하품·중품·상품으로 나눴는데, 하품은 『효경(孝經)』과 『곡례(曲禮)』를, 중품은 『효경』·『곡례』·『논어』를 시험하고 상품은 『좌씨춘추(左氏春秋)』·『예기(禮記)』·『문선(文選)』

에 능통하고『논어』와『효경』에 밝은지를 시험했다. 여기에 특품을 두기도 했는데 오경(五經)과『사기』·『한서』·『후한서』의 삼사, 그리고 제자백가(諸子百家)에 능통하면 되었다. 능통한 경우 그 과에 따라 이들을 관직에 임명하는 출신(出身)을 행하였다.

빈공과의 경우는 당나라에서 외국인을 대상으로 한 것이었고, 독서삼품과는 신라에서 경사에 능통하고『문선』에 밝은가 여부를 중심으로 선발한 것이었다. 광종으로서는 태조가 그랬던 것처럼 유능하고 현덕한 인재 선발을 원했다. 그리고 이들을 자신이 생각하는 고려를 만들 중심 추진 세력으로 삼고자 했다. 이 시기 광종의 구상은 당에서 혹은 후주에서 행하고 있는 과거제를 고려의 과거제로 시행하는 것이었다. 이를테면 과거제의 재해석을 통해 고려식 과거제의 탄생을 꾀한 것이다.

쌍기를 신하로 발탁하면서 광종은 그에 걸맞은 대우를 했다. 문병을 맡겼다는 대목이 이를 상징한다. 그리고 958년(광종 9) 5월에 이르러 역사적인 첫 과거제를 실시했다. 시험과목이나 시험문제, 응시자 명단 등 상세한 내용은 전하지 않으나 이때 광종은 시(詩)·부(賦)·송(頌) 및 시무책(時務策)으로 진사(進士)를 선발하게 했고, 급제자로 최섬(崔暹)과 진긍(晉兢) 등이 있었다. 급제자는 위봉루(威鳳樓)에 급제자 명단을 거는 방방(放榜)을 하게 했다. 진사를 뽑았다는 것은 제술과를 행하였다는 것을 뜻했다.

『고려사』선거지(選擧志) 서문에서는 광종이 처음 과거를 시행한 것과 관련해 이는 '당제(唐制)'를 활용한 것이라 했다. 즉, 당에서는 책시(策試) 혹은 책문(策問)으로 시험을 보는 수재과(秀才科), 경전 즉 유학에 대한 이해를 시험하는 명경과(明經科), 시부(詩賦) 등 문학 및 문장을 주로 시험하는 진사과(進士科)의 제도가 있었다. 시대 변천에 따라 차이는 있으나 당에서 응시자가 많고 고위 관료가 많이 나온 것은 명경과보다는 진사과였다. 958년(광종 9)에 행한 선장(選場) 즉 과거에서도 제술과를 시험해 진사를 뽑았고, 겸하여 명경, 그리고 잡업으로서 의업(醫業)·복업(卜業) 급제자를 뽑았다. 이는 당나라처럼 진사과 즉 제술과를 중시하였다는 의미가 된다.

광종 대 과거는 광종 9년, 11년, 12년, 15년, 17년, 23년, 24년, 25년 8차례 시행되었고, 급제자는 제술과 진사 27명, 명경과 6명, 복업 3명, 의업 3명 등 모두 39명이었다. 과거를 관장하는 고시관(考試官)을 두면서 이를 지공거(知貢擧)라 했는데 초대 지공거는 쌍기였다. 광종 9년, 11년, 12년에는 쌍기가 지공거를 맡았고, 15년 3월에는 한림학사 조익(趙翌)이, 17년·23년·24년·25년에는 왕융(王融)이 맡았다.

한편 과거는 제술 및 명경과, 잡업만 실시된 것이 아니었다. 승과(僧科)도 비슷한 시기 시작되었다. 최충(崔冲)이 쓴「거돈사원공국사승묘탑비」내용을 보면 현덕(顯德) 초에 광종이 불교를 숭상해 선승을 모아 고승을 선발하고자 승과를 시행[僧科]했음을 밝혔다. 그리고 이때 원공국사 지종이 급제하고 959년(후주 현덕 6) 중국 유학을 떠났다. 여기서 현덕 연간은 954~959년 사이로 광종 5년에서 10년 사이였다. 현덕 6년은 광종 10년에 해당하므로 국사 지종이 급제한 과거는 958년(광종 9)에 있었던 셈이 된다. 광종이 이때 승과를 행한 목적은 불교를 숭상하여 선법(禪法)을 찾고 고승을 선발하는 데 있었다. 그리고 광종은 이때 승과에 급제한 이들에게 중국 유학의 길을 터주기도 했고, 그 일환으로 원공국사 지종 역시 유학길에 오를 수 있었다.

사실 958년(광종 9) 승과가 가능했던 것은 이미 태조 대에 해회(海會) 및 담선법회(談禪法會)를 열었던 경험과 교단 관리 및 승려 인사 관련 기구로서 승관(僧官)이 있었기 때문이었다. 태조는 해회와 담선법회를 통해 선법을 숭상하면서 승려를 선발한 바 있었다. 또 승관의 존재는 938년(태조 21) 서천축 홍범대사를 태조가 양가(兩街)를 갖추고 법가(法駕)로 맞이했다는 데서 짐작할 수 있다. 이 좌우양가가 곧 승록사(僧錄司)의 주 구성이었다. 불교 관련 업무를 관장하는 승록사가 운영되고 있었기에 승적(僧籍)과 인사 관장 등이 가능했다. 광종은 이처럼 승과를 실시함으로써 승려 선발을 도모했던 것이고, 독자적인 승록사 운영을 통해 불교 교단을 통제하려 했다. 고려는 불교 숭상을 넓힐 수 있었고, 또 불교계는 이를 계기로 더욱 발전할 수 있게 되었다.

그러나 광종의 쌍기 등 귀화 한인 중용과 이들에 대한 과도한 처우 등을 놓고 비판이 나오기 시작했다. 당시 광종이 이들을 어떻게 대우했는지를 잘 알려 주는 생생한 내용이 전한다. 서필은 이천 출신으로 하급 서리 즉 도필(刀筆)로 시작한 인물이다. 태조 대에 공을 세우면서 관직이 올랐고 혜종 및 정종 대 왕규의 난 때에 정종 측에 있었던 듯하다. 이에 광종 즉위 후 다시 관직이 올랐고, 재상의 반열에까지 도달했다. 재상의 자리에 있던 서필은 어느 날 광종에게 자신의 집을 바치고자 한다고 아뢰었다. 광종이 그 이유를 묻자 그는 다음과 같이 말했다.

> 지금 투화해 온 사람들이 관직을 골라 벼슬살이하고 집을 선택하여 거처로 삼고 있습니다. 대대로 벼슬한 신하들은 집을 빼앗기고 거처를 잃는 경우가 많습니다. 신은 어리석으나마 자손을 위하여 계획을 세웠습니다. 현재 재상의 집은 자신의 소유가 아닌 것과 같으니 제가 살아 있을 때 이를 취하소서. 신은 녹봉(祿俸)의 여분으로 다시 작은 집을 경영할 것이나 후회는 없습니다.

서필의 이 말은 당시 광종 조정에서 무리하게 추진되고 있던 한인 투화 정책과 관련이 있었다. 중국의 경우 오대십국의 왕조가 교체되고 거란의 침입 위험이 지속되는 속에 지식인층인 문사들은 안전을 확보하기 어려웠다. 그러한 현실 속에서 고려는 평화를 구가하고 있었고, 선진 문물을 수용해 부국강병 및 국태민안을 이루고자 했다. 이에 고려는 문사 출신 한인들을 받아들여 이들의 지식을 활용하려 했다. 다만 좋은 인재를 회유하기 위해서는 그만한 유인책이 있어야 했는데 그것이 지위와 혼인, 재산 등의 보장이었다.

서필의 이 지적은 개혁 성공으로 중국의 문물 수준에 근접해 가고 있다고 생각한 광종에게 충격을 주었을 것이다. 서필의 말로 대표되는 것처럼 다른 신료들도 그만큼 조정에 불만이 쌓여 있었음을 짐작게 한다. 이에 광종은 마음으로 깨닫는 바가 있어 다시는 신료의 집을 빼앗지 않았다고 한다.

그렇지만 광종은 소위 구신숙장(舊臣宿將)이라 할 고려의 신료를 중용하기보다는 여전히 중국에서 귀화해 온 이들의 말을 들었다. 이들을 접견하면서 광종은 계속해서 잔치를 벌여 빈축을 샀다. 귀화인들은 자신들의 인맥이 닿으면 가능한 한 고려로 오도록 했다. 이 때문에 최승로는 광종 정적평에서 "이리하여 남북용인(南北庸人)이 다투어 의탁하길 청하니 지혜와 재능은 논하지 않고 특별한 은례로 대했습니다"라 했다. 이어 최승로는 광종의 이러한 인재 등용 결과에 대해 "중화의 교화는 소중하게 여겼지만 그 법식은 받아들이지 않았으며, 중화의 선비를 예의로 대우했지만 현명한 인재는 쓰지 못했습니다"라고 하였다.

이 대목은 광종의 개혁이 실체가 있는 부국강병보다는 실속 없는 투화 한인들의 우대로 가득 찼고, 정치에 힘쓰지 않으면서 빈료(賓僚) 즉 투화나 손님으로 찾아온 신하를 접견하며 잔치를 벌이는 것에 불과했다는 지적과 연결된다. 즉 광종의 지적 허영심을 채웠을 뿐이라는 것이다.

그렇지만 반대로 생각할 부분도 있었다. 광종은 즉위 이듬해 광덕 연호를 건원한 바 있었다. 이 조치가 상징했던 것은 광종이 보다 큰 나라를 지향하고 있었다는 점이다. 이를 세우기 위해 광종은 쌍기 등 투화 한인을 적극적으로 받아들이고 이들이 가진 중화 문물을 고려에 정착시키고자 했다.

그중 하나가 복식이었다. 960년(광종 11)에 백관이 조정에 나아갈 때 입는 복식이 규정되었다. 백관 공복(公服) 제정이 이것이었다. 그 내용은 원윤(元尹) 이상은 자삼(紫衫), 중단경(中壇卿) 이상은 단삼(丹衫), 도항경(都航卿) 이상은 비삼(緋衫), 소주부(小主簿) 이상은 녹삼(綠衫) 등 4색으로 구분한 것이었다. 이는 조정의 위계질서를 나타내는 표시이기도 했는데, 특히 자·단·비·녹의 사색 공복은 중국의 공복제와 신라에서의 자·비·청·황의 공복제를 수용한 것이었다. 후주에서 광종에게 백관의 의관에 대해 화제(華制)를 따르라 한 바도 반영되었을 것이다.

또한 개경을 황제가 있는 서울이라는 의미에서 '황도(皇都)'라 하고 서경을 '서도(西都)'라 하기에 이른다. 이러한 지칭은 단지 호칭 변화에 그치지는 않았을 것이다. 황도라고 한 만큼 궁궐의 규모와 개경의 구획을 바꿨으리라 여겨진다. 961년(광종 12) 궁궐을 수리했다는 기사가 보이는데 관련이 있을 것이다. 구체적인 변화 사항은 알 수 없으나 짐작이 된다. 예컨대 최승로가 광종 시대에 대해 "궁실(宮室)은 제도를 뛰어넘고, 의복과 음식은 지극히 진귀하고 고운 것을 다 취했습니다. 토목 공사는 농사철을 생각하지 않았고, 기이한 물건을 만드는데 쉬는 날이 없었습니다"라 한 것이나 광종의 한 해 경비가 태조 대 10년 비용과 마찬가지라 한 것은 광종이 고려를 황제의 나라로 바꾸려 했기 때문이라 할 수 있겠다. 독서삼품과 수준의 인재 선발이 아닌 당나라에서 시행한 명경 및 제술, 잡업 등의 과거와 승과를 시행한 것도 이러한 차원에서 생각할 수 있다.

그러나 여전히 무리한 면이 있었던 것은 분명하다. 왕권 강화를 위한 개혁이라 평가받지만 그것이 진정 누구를 위한 것인가라는 의문이 들기도 한다. 국태민안과 부국강병을 위한 것이라면 내실을 다짐과 함께 태조가 행한 것처럼 은혜를 베풀어 화합을 꾀하는 혜화의 정치를 해야 했다. 하지만 그전까지와는 달리 투화 한인 혹은 남북용인이라 불리는 이질적인 세력을 등용해 기왕의 고려 사회와는 다른 방향으로 흘러가고 있었다. 광종의 개혁에 의문이 붙기도 한 까닭이다.

4) 개혁의 뒷면과 시대 과제: 3기

960년(광종 11)은 중국에서 후주가 망하고 송나라가 들어선 해이다. 이해 송 태조는 개원하여 '건륭(建隆)'이라 하고 국호를 '송(宋)'이라 한 후 군국(郡

國)에 사신을 보내 이를 두루 알렸다. 송 건국과 함께 사신이 고려에 왔는가 는 알 수 없지만 이해에 광종은 '건륭'의 연호 대신 '준풍' 연호를 썼다. 앞서 언급한 대로 이는 세조와 태조의 이름을 피하여 쓴 피휘 연호였다. 후주와 밀접한 교류를 하고 있던 광종으로서는 송이 들어서자 더 큰 고려를 세우 고자 했던 목표를 수정해야 했을 것이다. 피휘 연호의 사용은 이를 상징하 는 면이 있다.

그만큼 광종은 어쩔 수 없이 방향 전환을 해야 했는데, 이는 쉽지 않았을 것이다. 개혁이라는 이름으로 추진해 온 강한 물길을 잠재우는 일은 녹록 지 않았다. 동시에 광종의 왕권 강화와 체제 정비를 위한 개혁이 무리였다 는 신호를 줄 수 있었다. 따라서 이는 그동안 숨죽이면서 기회를 노리고 있 던 호족이나 공신 세력에게 기회가 되는 것이었다. 광종은 국제 정세의 흐 름 변화가 자신에게 유리하지는 않지만 그렇다고 정국 운영을 뒤바꿔 혼란 을 일으킬 수는 없었다. 결국 광종과 호족-공신 세력은 충돌을 빚었다. 여 기에 왕실 종친까지 연계되면서 충돌은 확산되었다.

여기서 역사란 필연인가 우연인가라는 질문을 해 본다. 남겨진 기록을 다 각도로 분석하면서 해석하는 것이 역사학의 한 부분인 점을 고려하면 남 겨진 기록은 거의 모두 필연의 산물처럼 보인다. 가령 광종이 자칫 정치 역 학 관계에서 수세로 몰릴 수 있는 시점에 중요한 사건이 하나 기록되었다. 960년(광종 11) 반역 도모 사건에 대한 보고가 그것이었다. 과연 우연이었을 까, 필연이었을까? 어떤 내용인지 보자.

960년(광종 11) 평농서사(評農書史) 권신(權信)이 대상(大相) 준홍(俊弘)과 좌 승(佐丞) 왕동(王同) 등이 모반했다고 참소하여 이들을 유배 보냈다는 기록이 이것이다. 일단 이 사건은 광종 대 모반 사건으로는 처음으로 기록된 것이 고 하급 서사(書史)가 중앙의 16등급 관계 중 일곱째인 대상과 여섯째인 좌 승을 모반으로 신고하고 광종이 이들을 유배 보냈다는 내용이다.

여기에 등장하는 인물을 보자. 평농서사 권신은 딱 1번 등장하는지라 더 이상 알 수는 없다. 다만 평농서사라는 관직을 보면 조세나 농사와 관련된 직책을 가졌다는 것을 짐작할 수 있을 뿐이다. 준홍의 경우는 충주 호족 세력과 연계가 있었을 것으로 추정된다. 혜종 대 세워진 충주 「정토사법경대사자등탑비 음기」에 나오는 좌윤 준홍, 958년(광종 9)에서 960년(광종 11) 사이 세워졌을 괴산 「각연사통일대사탑비 음기」에서의 내봉성령 준홍과 동일 인물이라 판단되기 때문이다. 왕동에 대해서는 달리 기록이 없다.

이 사건에는 몇 가지 의문점이 있다. 즉, 첫째는 하위 직급의 평농서사가 고위직 인물들을 충분한 근거 없이 참소할 수 있는가이다. 물론 이 경우는 광종이 신진 세력을 많이 등용하고 이들에게 권력을 실어 주던 시기이기에 그럴 수 있다고 약간이나마 동의할 수 있다. 둘째는 준홍과 왕동 등의 경우 모반을 꾀하기에는 병부나 군대와 직접 관련된 사항이 없다는 것이다. 적어도 모반을 위해서는 그와 관련된 최소한의 힘을 갖춰야 함에도 그렇지 않은 것이다. 셋째는 이들에 대한 광종의 조처이다. 단지 유배로 그친 것이다. 모반은 왕권에 대한 도전을 넘어 무너뜨리겠다는 의지에서 나온 것이라는 점을 고려하면 유배로 그쳤다는 것은 의문이 든다. 사건 기록의 소략함으로 인한 것일 수도 있으나 합리적 의심에 가깝다.

그렇다면 이 사건이 전해 주는 본질적인 정치적 메시지는 무엇이라 보아야 할까? 그것은 광종이 신진 세력을 활용해 자칫 개혁의 후퇴 혹은 좌절로 해석될 수 있는 당시의 정치 상황을 타개하려 했다는 것이다. 그 때문에 충주 호족 세력과 가깝다고 할 수 있는 준홍과 그 성명으로 볼 때 왕실이나 호족과 연결될 수 있는 왕동에 대해 유배로 그치지 않았나 한다. 이를테면 모반 사건이라는 정치 사건을 만듦으로써 경계를 유지하고 신진 세력 등에게 힘을 실어 주는 광종의 의지였다고 여겨지는 것이다.

960년(광종 11)의 관제 개편을 보면 주목되는 사항이 나온다. 태조 대 이래 호족의 군사 협의체적 성격을 갖고 있던 순군부(徇軍部)를 군부(軍部)로, 의장과 시위를 맡아보던 내군(內軍)을 장위부(掌衛部)로, 공예품과 보물 등을 맡았던 물장성(物藏省)을 보천(寶泉)으로 바꾸었다. 군부와 장위부의 개편은 광종이 시위군과 병권을 장악하여 자신의 안위뿐만 아니라 왕권 강화를 추진하는 데 필요한 무력 기반을 확보하기 위해서였다. 보천의 설치는 공기(工技) 보장(寶藏)을 왕실에서 통제한다는 의미가 있었다. 광종은 호족 세력 등을 숙청하면서 발생할 수밖에 없는 안위 문제를 대비하기 위해 병권과 궁궐 시위, 왕실 재정 관련 조치를 취한 것이었다.

권신의 참소 사건 이후 파장은 더욱 커졌다. 『고려사』에서는 후속 양상에 대해 이렇게 덧붙였다.

> 이로부터 참소하고 아첨하는 자들이 득세하여 충실하고 선량한 이들을 모함하였다. 노비가 그 주인을, 자식이 그 부모를 참소하므로 감옥이 항상 가득 차서 별도로 임시 감옥을 설치하였으며, 무죄임에도 죽임을 당하는 자들이 이어졌다. 의심과 꺼림이 날로 심해져서 왕실의 일원[宗族]으로서 (지위와 목숨을) 보전하지 못한 자들이 많았다. 비록 외아들 왕주(王伷)라 할지라도 또한 의심하여 가까이하지 않았다. 사람마다 모두 두려워하여 감히 서로 마주하며 말도 하지 못하였다.

사관의 기록인지라 다소 과장된 면이 있었을 것이나 평농서사 권신의 모반 참소 사건 이후 상황이 확인된다. 그런데 지금까지 광종이 더 큰 고려를 만들려 했던 과정을 고려한다면 좀 이해가 어려운 면이 있다. 너무 갑작스러운 변화인 때문이다. 왕규의 난 이후 요즘 식으로 표현하자면 특별히 외상 후 스트레스 장애(post traumatic stress disorder, PTSD)가 있었나 싶지만 직접적으로 연결시키기는 어렵다. 그러기에는 즉위 후 광종이 쌓아 온 업적이 있었기 때문이다. 아니면 앞서 조심스레 언급한, 꿈꿔 왔던 미래에 대한 좌절이 불러온 의심과 분노조절 장애 때문일까? 하지만 위에 쓰여진 사료만으로는 단정하기 어렵다.

현재로서는 광종이 다방면의 개혁을 통해 호족을 억제하고 이들의 경제력과 군사력을 해체해 왕실을 중심으로 재편하려 한 시도로 보인다. 당연하겠지만 기득권 호족 세력이나 공신 세력의 경우 가진 것, 누리던 것을 내려놓기 쉽지 않았을 것이다. 광종은 이 문제를 왕도정치나 백성을 위한다는 명분을 토대로 해결하려 하지 않고, 패도정치 그것도 기존 질서와는 다른 의심과 참소, 형벌로 위아래를 흔들어 풀려고 했던 것이다.

예컨대 964년(광종 15) 태조 대에 혁혁한 공을 세웠던 박수경(朴守卿)은 아들인 좌승(佐丞) 박승위(朴承位)·박승경(朴承景)과 대상(大相) 박승례(朴承禮) 등이 참소로 옥에 갇히자 울화병으로 죽었다. 태조 및 혜종, 정종 대에 걸쳐 왕실에 큰 공을 세웠던 최지몽은 광종의 귀법사 행차에서 실수하였다 하여 외방으로 쫓겨나 11년간이나 고생하게 되었다. 또한 광종의 의심은 태자에게까지 미칠 정도였다. 이는 상당히 심각한 양상을 띤 것이었다. 앞의 기록에는 보이지 않으나 최승로가 광종 정적평에서 광종 대에 혜종의 외아들, 그리고 정종의 외아들까지도 이 무고와 의심의 광풍 속에서 죽었다 한 것은 이를 상징적으로 보여 준다.

이는 3기에 해당하는 960년(광종 11) 이후의 정치 운영을 엉망진창으로 만들었다. 적어도 큰바람으로 나무가 뽑혀 날아가자 덕을 쌓고자 『정관정요』를 읽으려 하고, 서필과의 대화에서 반성과 깨달음을 얻었던 광종의 정치 모습은 아니었다. 최승로는 이에 대해 960년 경신년부터 975년(광종 26) 을해년까지 16년간 간흉이 진출해 참소와 헐뜯음이 일어나면서 군자는 몸을 둘 곳을 잃고 소인만 뜻을 얻어 조정과 사회가 분열되었으며, 구신숙장(舊臣宿將)이 죽음을 당했다 하였다. 말 그대로 세상이 뒤집힌 것이다. 반대로 생각하면 오로지 왕권만 강화하려는 광종의 시도가 성공한 것이었다.

이러한 면이 더 심해졌다면 마치 궁예가 미륵관심법으로 주위를 의심하고 죽이다 쫓겨난 것처럼 광종도 그러한 상황에 놓일 수 있었다. 실제 조짐도 있었다. 974년(광종 25)에 서경의 거사(居士) 연가(緣可)가 모반하려다 실패한 사건이 그것이었다. 다만 광종은 이러한 혼란 속에서 불교에 의지하기 시작했다. 미륵관심법이 아닌 참회가 중심이었다. 968년(광종 19)의 기록을 보면 흥미로운 기사가 있다.

> 왕이 참소(讒訴)를 믿고 사람을 많이 죽였으므로, 속으로는 스스로 회의하여 죄악을 씻어 보고자 널리 재회(齋會)를 베풀었다. (이를 기회로) 무뢰배(無賴輩)가 거짓으로 출가하여 배를 불리고자 하였고 구걸하는 자도 줄지어 모여들었다. 가끔 떡과 쌀, 콩과 땔감을 서울과 지방의 도로에서 나누어 주곤 하였는데 그 수를 헤아릴 수 없었다. 방생소(放生所)를 연달아 설치하고 근처 사원에 나아가 불경을 강연하게 하였으며 도살(屠殺)을 금하면서 궁궐 반찬으로 쓸 고기[肉饍]도 시전(市廛)에서 사다가 올렸다.

이 사료에는 광종의 개혁에 비협조적인 호족 세력 숙청으로 많은 사람이 희생되자 그에 대해 회의를 느끼고 죄를 씻으려 재회와 방생, 불경 강연 등을 널리 베풀었다는 내용이 보인다. 구체적으로는 비로자나참회법, 구정에서 승려들에게 음식을 공양하는 반승(飯僧), 귀법사에서의 무차회와 수륙회, 신지와 혈구·마니산 등지의 물고기 잡는 곳에 방생소 설치 등을 행하였다. 또한 최승로는 이와 더불어 연등회와 팔관회 때 사람을 많이 징발하여 노역에 동원해 백성들이 어려움을 겪고 있으며, 우인(偶人)을 많이 만들고 부숴 많은 비용을 낭비하고 있다고 하였다. 이를 보면 광종의 참회는 속죄를 가장한 왕권의 과시에 가까운 면이 있었다.

다만 이 3기에 광종은 북계 쪽 변방 지역 축성(築城)을 계속하여 거란과 여진의 침입에 대비했다. 현재의 평안북도 태천, 박천, 정주 일대를 비롯해 함경남도 고원 및 영흥 일대에 이르기까지 모두 15개소에 성보(城堡)를 쌓은 것이다. 순서대로 나열하면, 습홀(濕忽) 및 송성(松城), 낙릉군(樂陵郡), 위화진(威化鎭), 장평진(長平鎭), 태주(泰州), 안삭진(安朔鎭), 운주(雲州), 화주(和

州), 고주(高州), 장평(長平), 박평(博平), 신도(信都), 가주(嘉州), 안융진(安戎鎭) 등이었다. 사료에는 드러나 있지 않지만 이를 하나씩 계획적으로 늘려 나간 데에는 분명히 목적이 있었을 것이다. 그것은 아마도 태조가 국호를 고려라 한 것, 또 서경을 중시하면서 북계를 개척한 것 등과 맥이 닿아 있었으리라 생각된다. 광종도 태조처럼 고구려 옛 영토 수복을 꿈꿨기 때문이다.

975년(광종 26) 5월 갑오일(23)에 광종은 정침에서 죽었다. 51세였으며 26년간 재위했다. 시호는 '대성(大成)'이라 했고, 묘호는 '광종(光宗)', 능호는 '헌릉(憲陵)'이라 했다. 대성이라는 시호는 말 그대로 큰 성취 즉 업적이 있었다는 의미를 담았다. 최승로의 광종 정적평이나 이제현의 평가를 보면 956년(광종 7)까지는 성군의 기미가 보였으나 쌍기 등의 등용 이후 변하여 많은 숙청이 잇따라 원망이 커졌다는 내용이 주류를 이룬다. 재정을 낭비했다는 평가가 있으나 재원을 찾아내고 이를 문서로 만들어 국가 재정의 토대를 마련했다. 비록 전시과 제도를 반포하는 데까지는 이르지 못했으나 976년(경종 1)에 비로소 행하게 된 전시과는 광종이 기초한 것이나 마찬가지였다. 묘호인 광종도 역시 업적이 있었다는 의미이다. 특히 '광'의 경우 군사적 업적 등이 있을 때 올려진다는 점을 고려할 필요도 있겠다. 헌릉의 경우 '헌'은 법이 될 수 있는 틀을 만들었다는 의미가 반영된 것이라 여겨진다.

994년(성종 13) 4월 광종 재위 기간 공을 세운 이들을 중심으로 광종 묘정 배향 체협공신이 정해져 체제에 모셔졌다. 유신성(劉新城)·서필(徐弼)이 그들이었다. 이들은 각기 태사광위공(太師匡衛公), 태사내사령개국정민공(太師內史令開國貞敏公)으로 추증되었다. 광위는 널리 광종을 잘 보필했음을 뜻하고, 정민은 민첩하게 언행을 바루어 광종을 인도했음을 의미한다. 유신성은 충주 출신으로 여겨지는데 944년(혜종 1)에 세워진 충주 정토사지 법경대사자등탑비 음기에 '신성(新城) 아찬(阿粲)'이라는 이름으로 등장할 뿐, 관련 기록이 거의 없다. 서필은 이천 출신으로 서희의 부친이며 광종 대 재상으로 직간을 잘하였다. 아들 서희도 성종 묘정 체협공신이 되었다.

광종은 51세의 나이로 죽었다. 혜종이나 정종보다 긴 26년간 재위했다. 광종의 시대가 끝났으나, 광종이 살아서 행한 일로 인한 후폭풍이 기다리고 있었다. 또 광종이 미처 행하지 못하였으나 후대에 기필코 해내야 할 것들이 있었다.

우선 광종 정치에 대한 반동의 움직임이나 요구를 내리눌러야 했다. 복수라 할 수 있는 시도들이 언제든 일어날 수 있었다. 당한 입장에서는 하극상이라 할 그리고 억울해할 일이 다반사로 일어났기 때문이었다. 이를 통제하기 위한 강력한 왕권이 지속되어야 했다.

다음으로는 새로운 정치 질서의 구축이었다. 광종은 천하의 비난을 받으면서도 왕실의 앞날에 짐이 될 수 있는 호족이나 공신 세력들을 제거했다. 그런 만큼 다음 왕은 이러한 상황을 살펴 왕도정치를 이룰 수 있는 새로운 판을 구상하고 시행해야 했다.

셋째는 북방 개척의 지속이었다. 다만 문제가 있었다. 압록강 혹은 두만강 쪽으로 영토가 올라갈수록 거란이나 여진과 충돌할 가능성이 커지기 때문이었다. 이에 대한 방비책을 세워야 했다.

넷째는 과거 등을 통해 등용된 관료와 호족 및 공신 등의 처우에 대한 제도 마련이었다. 관계 및 관직 정비, 직역에 대한 대가 제도 마련 등이 이에 해당하였다. 과거 제도의 지속 운영을 위한 인재 양성 노력도 필요했다.

다섯째, 유교와 불교, 화풍과 토풍에 대한 경계 혹은 습합의 기준을 마련하는 것이었다. 왕권이 불교 중심으로 흐르는 것에 대한 정리가 필요했다. 이들이 각기 자기 역할을 하면서 국가 운영에 도움이 될 수 있도록 조화를 꾀해야 했다.

여섯째, 의례에 대한 정비가 요구되었다. 왕실과 국가, 불교와 왕실, 불교와 유교, 도교, 산천신앙 등을 위한 의례가 필요한 시대가 된 것이다. 이 정비가 곧 왕실과 국가의 격을 만들 수 있었기 때문이다.

일곱째, 백성을 위한 정치의 실현이었다. 어려운 이들에 대한 구휼을 넘어 사회 안정, 산업 안정을 도모하고 농업 생산을 늘려야 했다. 충과 효, 절의를 장려하고, 노인을 존중하는 제도를 마련할 필요가 있었다.

여덟째, 국제 외교 노선의 정리였다. 즉, 송나라와 거란이 양강 체제를 구축하고 있는 시점에서 고려에 선택을 강요하는 일이나 거란의 침략 등이 예상되기 때문이었다.

아홉째, 비록 태조나 광종은 이루지 못했지만 고려 왕조만의 문물을 구축하면서 문명의식 혹은 천하의식을 정비할 필요가 있었다. 그것이 어떠한 것인지는 구체화되지 않았더라도 광종처럼 계속 추진해야 그 과정에서 새로운 고려가 만들어질 것이었다.

열째, 광종에 의해 왕실이 위태로운 지경에 놓이게 되었기에 태조와 혜종, 정종, 광종으로 이어지는 직계 혈통이 단절될 수 있었다. 족내혼을 행하면서 왕실 직계 구성원이 줄기도 했다. 따라서 이에 대한 대비 혹은 대안이 필요했다.

광종은 '대성'이라는 시호를 받을 정도로 뚜렷한 업적을 남겼다. 하지만 그에 상응하는 숙제도 많이 남겼다. 광종이 남긴 숙제는 의도했든 의도하지 않았든 후대 왕에게 큰 부담이 되었다. 그렇더라도 회피할 수 있는 일이 아니었다.

3.
경종의 내선(內禪)과 성종의 지치(至治)

1) 경종의 즉위와 개령군 왕치

975년(광종 26) 5월 갑오일(23), 광종이 죽었다. 롤러코스터 같은 긴장감 속에 26년의 기간이 지났다. 광종의 뒤를 이어 정윤이던 경종(景宗, 955~981)이 즉위했다. 경종은 광종과 대목왕후 황보씨 사이의 맏아들이었다. 955년(광종 6) 을묘년 9월 정사일에 태어나 965년(광종 16)에 정윤으로 책봉되었다. 다만 『고려사』나 『고려사절요』에서는 이같이 생년월일을 기록하고 있으나 실제로 이해 9월 초하루 즉 1일은 병인일이므로 9월에는 정사일이 있을 수 없다. 그런데 정사일이라는 간지일이 맞다고 한다면 이해에는 윤9월이 있고, 윤9월의 초하루는 병신일이므로 정사일은 윤9월 22일이 된다. 국왕의 윤월 탄생을 피하려는 조치라 보고 있다. 따라서 경종은 955년 을묘년 윤9월 정사일(22)에 태어난 것이 된다.

경종의 이름은 '주(伷)'였고, 자호는 '장민(長民)'이었다. 즉위 때의 나이는 21세였다. 여기서 '주'라는 이름은 장자 즉 맏아들을 뜻하였다. 건·무·요·소 등 선왕들의 이름보다는 다소 일상적인 의미였다. 그렇지만 맏아들이기 때문에 왕업을 순리대로 잘 이어 다스려야 한다는 뜻으로도 여겨진다. '장민'의 자호도 어찌 보면, 하늘과 해의 의미가 담긴 약천·승건·천의·일화의 자호보다 다소 약해 보인다. 하지만 그 뜻을 새겨 보면 꼭 그렇지만은 않다. 오랫동안 백성과 함께해야 함 혹은 백성의 우두머리 즉 왕을 뜻하기 때문이다. 나아가 천명은 곧 민심과 같음을 고려하면 '장민'이라는 자는 큰 뜻을 담았다 하겠다.

경종의 후비는 모두 5명이었다. 순서대로 보면 경순왕 김부의 딸 헌숙왕후(獻肅王后) 김씨가 첫째이다. 헌숙왕후 김씨의 모친은 태조와 신명순성왕태후 유씨 사이의 장공주인 낙랑공주 혹은 태조와 평주 출신 박지윤의 딸 성무부인 박씨 소생 공주였을 것이다. 경종의 첫째 후비로 등재된 것은 그만큼 혈통이 다른 후비보다 귀해서였다. 단지 경순왕의 딸이라서는 아니었을 것이다. 이를 고려하면 경순왕과 낙랑공주 사이의 딸일 가능성이 높다. 경종과 헌숙왕후 사이 소생 자녀는 없다. 경종이 김씨를 맞은 것은 975년(경종 즉위년) 10월이었다. 그리고 이때 경종은 정승 김부에게 관작을 더해 상보(尙父)로 높인 바 있다. 이를 고려하면 왕실의 중심인 충주 유씨계와 신라 경주계가 손을 잡은 면이 있는 것이다.

둘째는 헌의왕후(獻懿王后) 유씨(劉氏)로 종실 문원대왕 왕정(王貞)의 딸인데 소생 자녀는 없다. 문원대왕은 태조와 신명순성왕태후 유씨 사이의 아들로 부인은 태조와 정덕왕후 류씨 소생 문혜왕후(文惠王后)였다. 문원대왕의 아들 천추전군은 광종의 딸인 아지(阿志)와 혼인했다.

셋째는 헌애왕태후(獻哀王太后) 황보씨(皇甫氏, 964~1029)로 태조의 아들인 대종 왕욱(王旭)과 선의왕후(宣懿王后) 류씨(柳氏) 소생이었다. 목종의 어머니가 된다. 선의왕후는 태조와 정덕왕후 류씨 소생이었다. 선의왕후는 경종의 뒤를 이은 성종의 모친이기도 했다. 헌애왕태후와 성종은 남매간이었다. 헌애왕태후는 천추태후로도 잘 알려져 있는데, 태후로서 목종 사후 황주로 돌아가 21년간 살다가 1029년(현종 20)에 66세로 죽었다.

넷째는 헌정왕후(獻貞王后) 황보씨로 대종과 선의왕후 류씨 사이 소생이었다. 헌애왕태후와는 자매간인 셈이었다. 경종이 먼저 죽은 후 혼자가 된 헌정왕후는 안종(安宗) 욱(郁)과 인연을 맺게 된다. 안종 욱은 태조와 신성왕태후(神成王太后) 김씨 사이 소생이었다. 헌정왕후는 현종의 생모가 된다.

다섯째는 대명궁부인(大明宮夫人) 류씨(柳氏)로 종실 원장태자(元莊太子) 소생이었다. 소생 자녀는 기록에 없다. 원장태자는 태조와 정덕왕후 류씨 소생이었다. 부인은 신명순성왕태후 유씨의 딸 흥방공주(興芳公主)였다. 원장태자의 아들로는 흥방궁대군(興芳宮大君)이 있다.

경종의 후비들을 보면 태조와 광종 소생 핏줄이 연결된다. 즉, 완벽한 왕실 족내혼이 이뤄진 것을 알 수 있다. 그 가운데서도 충주 유씨, 황주 황보씨가 중심이 되고, 신라계 및 정주 류씨계가 연결되고 있다. 광종 대의 경우 이들 세력은 자기 힘을 발휘하지 못하였을 터이지만 광종 사후 이들은 경종을 중심으로 한 혼맥을 다시 만듦으로써 왕실의 중심에 서게 되었다.

경종은 즉위하면서 광종 대의 계엄 정치를 우선 뒤집기 시작했다. 경종은 정윤으로서 10년간 죽음의 위기까지 내몰리면서 광종 정치의 폐단을 체험했다. 아마도 이때 경종은 후일 왕위에 오른다면 광종이 행한 정치는 따르지 않겠다고 결심하였을 것이다. 즉위 후 경종은 이를 위해 왕권의 안정과 강화를 도모할 필요가 있었다.

물론 충주 유씨 세력, 황주 황보씨 세력 등이 경종을 중심으로 얽혀 있기에 왕권 자체가 불안하지는 않았다. 또 광종이 경종을 위해 왕권을 강화시켜 놓은 덕도 있었다. 경종은 외곽을 더 넓히고자 했다. 일단 헌숙왕후 김씨를 맞이하면서 김부의 지위를 높였다. 즉 관광순화위국공신 상주국 낙랑왕 정승(觀光順化衛國功臣上柱國樂浪王政丞) 식읍 8천 호에서 상보도성령 추충순의숭덕수절공신(尙父都省令推忠順義崇德守節功臣) 식읍 1만 호로 한 것이다. 그간 혜종·정종·광종 대에 김부의 지위 변화가 없었던 것을 보면 김부는 말 그대로 칩거 상태로 살았다 여겨진다. 즉, 고려 왕실로부터 주목받는 일을 하지 않으면서 안전을 도모했던 것이다. 그렇지만 광종 사후 경종이 즉위하면서 혈통과 정치 세력을 더 확보하여 왕권을 강화할 필요가 있었는데, 이에 신라계의 대표라 할 김부 측과의 연결을 추진한 것이다.

경종은 그러면서 반광종 정치를 시작했다. 일단은 대사면령을 내려 유배된 사람들을 놓아주고 죄수들을 석방했으며 억울하게 연좌된 사람들의 죄를 용서했다. 낮은 지위에 있던 인재를 발탁했으며 억울하게 삭탈관직된 사람들을 복직시켰다. 백성들의 채무를 탕감해 주고 조세와 공납을 감면했다. 임시로 증축했던 감옥을 헐고 참소한 문서를 불살라 버렸다. 이러한 조치는 참소로 시작된 정치 혼란과 혐오를 화해의 정치로 돌리는 방책이었다.

그렇지만 경종은 해서는 안 될 일을 허락했다. 참소를 입은 자들의 자손에게 원수를 갚도록 허락한 것이다. 이 같은 상황을 주도한 것은 경종 즉위 초 집정(執政)을 맡은 왕선(王詵)이었다. 왕선의 경우 종실이나 호족 세력 출신의 대신이었을 가능성이 있다. 그렇기에 집정을 맡으면서 광종 대 피해를 입은 왕실이나 호족 및 공신 등을 대신해 복수 정치를 도모한 것이다. 이때의 복수 정치로 다시금 피바람이 불었고, 태조의 아들 천안부원군과 진주낭군 등이 죽었다.

이를 계기로 경종은 집정 왕선을 내쫓고 함부로 죽여 복수를 하는 일을 금지했다. 그리고 권력 집중의 역효과를 가져온 1인 집정제 대신 좌우 집정을 두고 내사령을 겸하게 했다. 순질(荀質)과 신질(申質)이 이를 맡았으며, 내사령으로서 왕명 출납을 담당하기도 했다. 이는 권력의 집중을 막으면서 국왕의 명이 잘 전달되도록 하기 위한 조치로서 왕권 강화 효과가 있었다.

이때 두 인물의 죽음에 대해 최승로는 천안(天安)·진주(鎭州) 두 낭군(郎君)은 본래 황가(皇家)의 자손이어서 광종도 오히려 관용을 베풀어 법으로 처리하지 않았고, 경종의 재위 기간 충분히 왕실의 울타리로 삼을 수 있었는데 도리어 원통한 넋이 되어 가슴 아프다고 했다.

경종은 복수 정치에 대한 회의를 가짐과 함께 광종 대 시작되었을 개혁 정치를 추진했다. 그 첫째가 976년(경종 1) 2월 문무(文武) 양반 묘지의 넓이와 봉분 높이 등의 구획 규정을 정한 것이다. 1품과 2품은 각기 사방 90보(步), 80보로 하되 봉분의 높이는 모두 1장(丈) 6척(尺)이었다. 3품은 사방 70보에 높이는 1장이었다. 4품은 사방 60보, 5품은 사방 50보, 6품 이하는 모두 사방 30보에 높이는 8척 이하로 제한했다.

경종이 문무 신료에게 이를 지키도록 했다는 것은 중요한 의미를 갖는다. 문무 관료를 품계로 나누고 그에 따른 각각의 규정을 만들었다는 것은 조정이 점차 질서를 찾기 시작했다는 방증이기 때문이다.

이는 같은 해 11월 전시과 제정으로 이어졌다. 960년(광종 11) 제정한 자(紫)·단(丹)·비(緋)·녹(綠)의 사색공복(四色公服)을 토대로 실직을 가진 직관(職官)과 실직이 없는 예비 관직자인 산관(散官) 각 품의 전시과(田柴科)를 처음 정한 것이었다. 전시과는 과등별로 전지(田地)와 시지(柴地)를 직역 담당에 대한 대가로 지급한다는 의미였다. 이에 따라 경종은 문무반 및 잡업, 잡리(雜吏), 과등에 들지 못한 자 등으로 나눠 인품(人品)을 고려하면서 직·산관 모두에게 전시과를 지급했다.

국가의 직역 담당자들을 분류하고 그들에게 직역에 대한 대가를 전시과로 지급한다는 것은 사실 광종의 과거제 실시에 필적하는 중대한 개혁이었다. 이는 신라의 관료전이나 녹읍, 그리고 태조의 역분전 등 신료에게 직역에 대한 급부를 지급한다는 원칙을 계승하면서도 모든 직역자를 그 범위에 넣었다는 점에서 중요했다. 그리고 여기에 땔감을 공급받을 수 있는 시지(柴地) 지급도 이뤄져 독특한 면을 띠었다. 많게는 전지와 시지 각 110결부터 작게는 전지 15결까지 세분화했다.

예컨대 자삼은 18품으로 나누되 1품의 경우 전지와 시지 각 110결을 받았으며, 자삼 18품은 전지 32결과 시지 25결을 받았다. 문반 단삼 이상의 경우 10품으로 나누되 1품은 전지 65결과 시지 55결, 10품은 전지 30결과 시지 18결이었다. 문반 비삼은 8품으로 나누면서 1품은 전지 50결과 시지 40결,

8품은 전지 27결과 시지 14결이었다. 문반 녹삼은 10품으로 나눴다. 1품은 전지 45결과 시지 35결이었으며, 10품은 전지 21결과 시지 10결이었다.

잡업 단삼 이상은 10품으로 나누고 1품은 전지 60결과 시지 55결, 10품은 전지 30결과 시지 18결로 하였다. 잡업 비삼 이상은 8품으로 나눴다. 1품은 자료가 누락되어 알 수 없지만 2품은 전지 45결과 시지 35결, 8품은 전지 27결과 시지 14결이었다. 잡업 녹삼 이상은 10품으로 나누었다. 1품은 역시 자료가 누락되었지만 2품은 전지 42결과 시지 32결, 10품은 전지 21결과 시지 10결이었다.

무반 단삼 이상은 5품으로 나눴고 1품은 전지 65결과 시지 55결, 5품은 전지 45결과 시지 39결이었다. 잡리는 인품에 따라 지급하는 토지가 달랐으며, 과등에 들지 못한 자는 모두 전지 15결을 지급받았다.

이를 처음으로 전시과를 정했다 하여 '시정전시과(始定田柴科)'라 한다. 그리고 977년(경종 2) 3월에도 처음으로 개국공신 및 향의귀순성주에게 그 공로에 따라 훈전(勳田)을 지급했다. 이는 공음전시(功蔭田柴) 지급의 시작으로 50결에서 20결에 이르기까지 차등을 두었다.

경종의 개혁은 광종의 양전과 주현공부액 산정, 과거제와 사색공복제의 시행 등을 이은 것이었다. 그것이 결국 문무반의 묘제 규정이나 전시과 지급으로 이어졌다 하겠다. 이 과정에서 경종은 다시 왕실을 정비하고 왕권 강화를 위한 토대를 만들려 했다. 즉위년에는 6대 조상에 대한 존호를 올렸다. 976년(경종 1) 6월에는 황주원(黃州院) 두 낭군(郎君)의 관례[元服]를 행하면서 원(院)의 이름을 고쳐 명복궁(明福宮)이라 했다. 978년(경종 3) 4월 상보도 성령 김부가 죽자 그의 시호를 '경순(敬順)'이라 하였다. 삼가 천의를 따라 귀순하였다는 의미를 담은 것이었다. 그리고 당제(堂弟)인 치(治)를 개령군(開寧君)으로 책봉하였다. 당제 왕치를 개령군으로 책봉한 것은 후사(後嗣)로서 경종 자신의 뒤를 잇게 하기 위한 조치이기도 했다. 개령군은 정윤을 의미했고, 정윤은 군주의 후계자인 태자의 의미가 있었다.

이어 과거를 실시하면서 군주가 직접 시험하는 친시(親試)를 행하였다. 그리고 응시자가 제출한 답안지를 읽으면서 그 시비와 능숙 여부 등을 군주에게 설명하는 독권관(讀券官)을 두었는데, 초대 독권관은 왕융(王融)이 맡았다. 그는 성종 대에 이르기까지 모두 11차례 지공거를 맡은 인물이기도 했다. 친시 및 독권관제의 실시는 군주가 인재 선발의 최종 결정자임을 대내외에 공식적으로 알리는 것이었다. 즉 친시는 군주의 대내외 장악력을 높이는 의미가 있었다.

경종 재위 6년간의 정치는 광종처럼 선정과 그렇지 않은 것이 뚜렷이 구분되었다. 왕실 보호를 위한 조치가 있었으나 태조의 아들들이 죽었으며 복수 정치를 허락해 조정의 혼란을 부추겼다. 이와 달리 문무반 묘제 및 전시과를 정하고 친시를 실시해 국정 장악력을 높였다. 980년(경종 5)에는 최지몽을 다시 불러 대광 내의령 동래군후 식읍 1천 호 주국으로 임명하고 국가 원로로서 우대하여 조정의 안정을 꾀하였다. 하지만 왕승(王承) 등이 모반하려다 처형당했다. 왕승 모반 사건은 경종이 최지몽으로 상징되는 호족 공신 체제 부활에 반대하여 일어난 것으로 보기도 한다.

그렇지만 후대 인물들에게 높은 평가를 받는 대목이 있다. 그것은 경종이 자신의 어린 아들을 정윤 즉 태자로 책봉하지 않았다는 점이다. 대신 당제인 개령군 왕치를 후사로 정하였고 981년(경종 6) 7월 갑진일(9)에 내선하는 유조를 내린 뒤 이틀 후인 병오일(11)에 정전에서 죽었다. 개령군 왕치는 이에 따라 갑진일에 즉위했다.

이때의 유조 내용 중 상복을 입는 기간으로 하루를 한 달로 계산하여 상을 치르는 '이일역월(以日易月)'을 실시토록 하고 각 도 지방관으로 하여금 진수(鎭守)하는 곳에서 애도하고 사흘 만에 상복을 벗으라 한 대목이 있다. 개령군에게로의 내선과 3년상을 이일역월로 치르는 것, 지방관의 거애와 탈상까지를 정한 유조는 왕실의 후사와 안위, 국정의 안정 등을 위해 내린 것이었다. 이는 이후 군주들에게도 모범이 될 수 있는 조치였다 하겠다.

26세의 나이로 경종이 죽은 후 시호는 '헌화(獻和)'라 하고 묘호는 '경종(景宗)', 능호는 '영릉(榮陵)'이라 했다. 헌화의 시호는 그 의미를 풀이하자면 화평 혹은 화호를 위해 헌신했다는 뜻일 듯하다. 그만큼 경종이 광종 대의 혹정을 뒤집고 평화를 위해 노력했다는 의미였다. 묘호의 '경(景)'은 환히 밝다는 뜻이다. 나랏일과 후사 문제를 잘 파악해 왕의 정치가 골고루 펼쳐지도록 했다는 뜻을 함축하였다 여겨진다. '영(榮)'의 능호는 경종의 정치가 고려를 영화롭게 했다는 의미일 것이다.

경종 묘정에 배향한 체협공신으로는 2명이 확인된다. 태사개국광익공(太師開國匡益公) 박양유(朴良柔), 태사개국민휴공(太師開國敏休公) 최지몽(崔知夢)이 그들이었다. 이 중 최지몽은 994년(성종 13) 4월 배향되었는데 그는 남해 영암군 사람으로 해몽과 천문 등에 밝아 태조와 혜종, 그리고 경종을 보위했다. 그 때문에 시호에 상서로움을 뜻하는 '휴'와 이를 민첩하게 알려 왕실을 보호했다는 의미로 '민'을 넣은 것이었다. 광익공 박양유는 1027년(현종 18) 4월에 경종 묘정에 배향되었다. 사실 경종을 위해 그가 무엇을 했는지는 기록에 없다. 오히려 성종 대에 목종을 개령군으로 책봉하는 역할을 맡았고, 1차 여요전쟁 때 시중으로서 상군사가 되었으며 이후 994년(성종 13) 4월 거란에 봉표사로 간 내용이 확인된다.

경종에 대해 지방에서는 '황제'라 칭하기도 했다. 하남시 교산동 선법사 경내 마애약사불 옆으로 쓰인 글에 이것이 보인다. 태평 2년 즉 송 태평흥국 2년인 977년(경종 2) 마애약사불을 중수하면서 '금상황제만세원(今上皇帝万歲願)'이라 하고 있기 때문이다.

경종의 내선 유조에 따라 개령군 왕치는 왕위에 올랐다. 개령군은 대종(戴宗) 왕욱(王旭)의 아들이었다. 어머니는 선의태후(宣義太后) 류씨(柳氏)였다. 대종 왕욱은 태조와 신정왕태후 황보씨(皇甫氏) 소생으로 969년(광종 20)에 죽었다. 선의태후는 태조와 정덕왕후 류씨(柳氏) 소생 4남 2녀 중 막내였다. 대종 왕욱 소생 자녀로는 성종 외에도 효덕태자(孝德太子)와 경장태자(敬

章太子), 경종의 비가 되는 헌애왕태후 황보씨 및 헌정왕후 황보씨가 있다. 개령군은 둘째 아들이었다.

성종의 할머니가 되는 신정왕태후는 성종의 부모가 죽자 성종을 보호하고 길렀던 듯하다. 신정왕태후는 광종의 후비 대목왕후 황보씨의 모친이기도 했다. 그랬기에 대종 소생 두 아들의 경우 광종 대 참소 등으로 인한 정치적 피해에서 벗어날 수 있었을 것이다. 그리고 이 아들은 성종과 경장태자였을 가능성이 크며, 이들은 976년(경종 1) 6월 관례를 행한 황주원(黃州院)의 두 낭군이었을 것이다. 경장태자의 딸은 현종의 후비 중 한 명인 원용왕후(元容王后) 류씨(柳氏)이다.

다만 황주원 낭군이었던 왕치가 언제 개령군으로 책봉되었는지는 기록에 빠져 있어 알 수가 없다. 그런데 『송사』 고려 열전 태평흥국 2년(977, 경종 2) 기사를 보면 고려에서 아들 원보(元輔)를 보내 좋은 말과 방물, 병기 등을 가져와 바쳤다고 하였다. 『고려사』에 이 기사는 없다. 『고려사』의 경우 목종 대까지의 실록은 중요 사료를 중심으로 다시 편찬된 것이다. 따라서 누락 가능성이 분명히 있다. 『송사』를 그대로 신빙한다면 여기서 아들 원보는 누구일까? 이 시점 경종에게는 아들이 없었다. 아들로 기록된 이는 왕자 신분이었을 것이며, 976년(경종 1) 관례를 치른 황주원 낭군 중 1명이었다 여겨진다. 황주원 낭군 왕치가 종실 왕자이자 원보의 직위를 가지고 송에 사신으로 다녀왔을 가능성이 있는 것이다. 이후 왕치는 경종의 당제로서 980년(경종 5)이나 981년(경종 6) 무렵 개령군으로 책봉되어 예비 후계자가 되었다 추정된다.

경종의 정치가 남긴 숙제는 분명했다. 태조 이래 경종 대까지의 정치를 돌아보면서 반성하고 본받을 것은 본받으면서 새로운 시대를 열어야 한다는 것이었다. 22세의 성종은 광종이 태조~정종의 정치를 보면서 자랐던 것처럼 광종과 경종의 정치를 경험했다. 광종과 경종 대 행해진 과거 제도 역시 살펴보았을 것이다. 그리고 경사에 대한 이해를 심화시켜 갔다. 이에 성종은 즉위하면서 지금까지의 선왕들과는 다른 면을 보였는데, 그것은 유교 문물 정비의 토대를 이루겠다는 의지였다.

2) 성종의 즉위와 최승로

성종(成宗, 960~997)은 960년(광종 11) 경신년 12월 신묘일(26)에 태어났다. 그리고 981년(경종 6) 7월 갑진일(9) 경종의 내선을 받아 22세로 즉위했다. 이틀 뒤 병오일(11) 경종이 죽자 시호와 묘호, 능호 등을 정하면서 애도했다. 한 달 후인 8월 계미일(19)에 국장과 국상을 마치자 위봉루에 올라 천하에 대사면을 내리고 문무관의 품계를 1등급씩 올려 축하의 의미를 더했다.

성종의 이름은 '치(治)', 자호는 '온고(溫古)'였다. 이름은 때로 그의 인품, 자질, 희망 등을 함축하기도 한다. 그 때문에 이름을 지을 때 사람들은 태어난 때와 별자리를 고려하고, 앞으로의 희망 등을 담곤 한다.

그렇다면 성종의 이름 '치'는 어떤 의미일까? 그것은 말 그대로 다스린다는 의미로 우임금의 치수(治水)에서 볼 수 있다. 그러자면 자신을 바로잡고 다스리고 관리해야 한다. '수신(修身)'과 '치국(治國)', 혹은 '수기치인(修己治人)' 한다는 뜻도 있었다. 또 정치를 떠올리면 된다. 정치라는 말은『상서』에 "도가 정령에 맞으니 다스림이 이뤄지고 제왕의 은택이 널리 퍼지니 백성이 풍족해진다[道洽政治, 澤潤生民]"라 한 데서 보인다. '온고'는 온고지신(溫故知新)에서 나왔을 것이다. 즉 옛것을 익히고 새것을 미루어 안다는 뜻이었다. 하늘이나 해, 백성 등의 의미를 띤 선대의 자호와 달리 성종의 자호는 학문적 의미를 담고 있어 주목된다.

경종은 개령군 왕치에 대한 내선 유조를 남기면서 말했다. 정윤 개령군 왕치는 나라의 어진 종친이고 우애하는 바이니 반드시 조종의 대업을 잘 받들어 나라의 기틀을 보전할 수 있으리라는 것이었다. 이처럼 간명하게 말한 것은 그만큼 당제인 정윤을 믿는다는 뜻이었다.

고려 초의 정치 상황에서 왕실 안정은 무엇보다 중요했다. 왕실혼은 왕권 안정과 연결되는 대목이었기에 그 혼인 관계를 살펴볼 필요가 있다. 성종의 후비는 세 명이었다. 첫째 후비는 문덕왕후(文德王后) 유씨(劉氏)였다. 문덕왕후는 광종과 대목왕후 황보씨 소생이었다. 처음에는 홍덕원군(弘德院君) 왕규(王圭)에게 시집갔다가 이혼 뒤에 성종의 배필이 되었다. 홍덕원군은 태조와 헌목대부인 소생인 수명태자(壽命太子)의 아들이었다. 홍덕원군의 딸은 목종의 후비가 되는 선정왕후(宣正王后) 유씨(劉氏)였다. 선정왕후 유씨의 모친이 문덕왕후 유씨인지는 명확지 않지만 목종의 제1비가 되었다는 점에서 문덕왕후 유씨가 선정왕후의 모친일 가능성이 있다.

둘째 후비는 문화왕후(文和王后) 김씨(金氏)로 선주(善州) 사람인 김원숭(金元崇)의 딸이었다. 모친은 화의군대부인(和義君大夫人) 왕씨였다. 문화왕후는 처음에 연흥궁주 혹은 현덕궁주라 불렸으며, 성종과의 사이에서 원정왕후(元貞王后) 김씨를 낳았다. 원정왕후 김씨는 현종이 즉위 후 왕후로 맞이했고, 이후 현덕왕후라 불렀다. 문화왕후는 1029년(현종 20)에 대비가 되었다. 또한 1037년(정종 3) 12월 만령궁(萬齡宮)을 하사받은 현덕궁주 김씨가 보이는데 문화왕후인지 현덕왕후인지는 명확하지 않다. 성종 후비 열전을 따른다면 문화왕후일 가능성이 높다.

셋째 후비는 연창궁부인(延昌宮夫人) 최씨(崔氏)로 부친은 우복야 최행언(崔行言)이었다. 최행언은 983년(성종 2) 과거에 급제한 인물이었다. 최씨는 성종과의 사이에서 딸 하나를 낳았는데, 바로 현종의 제2비인 원화왕후(元和王后) 최씨였다. 연창궁부인 최씨의 경우 모계는 밝혀지지 않았지만 왕실 인친이 아닐 가능성이 있다. 만약 그렇다면 연창궁부인 최씨는 광종 이래 족내혼을 하지 않은 첫 후비가 되는 셈이다. 즉 왕실의 이성혼(異姓婚) 사례가 되는 것이다.

성종의 후비와 그 가계를 보면 특징적 면이 몇 가지 확인된다. 첫째로 제1비는 왕실 족내혼으로 행하여 왕실혼 관행을 따랐다는 것이다. 다만 광종의 딸로 홍덕원군과 혼인까지 했던 문덕왕후 유씨를 맞이한 것을 보면 족내혼 대상이라 할 왕실 직계 공주 혈통이 줄었다는 것을 알 수 있다. 둘째는 굳이 혼인 대상을 왕실 내에서만 찾지 않았다는 것이다. 이는 그만큼 고려 왕실이 태조에서 경종 대까지를 거치는 동안 왕실 신성화에 성공했음을 반증해 주는 대목이다. 셋째는 종실 및 종실 이외 이성혼까지를 대상으로 하고 있다는 점이다. 이는 둘째와도 연결되는 것이나 이성혼을 택하기 시작했다는 점에서 주목할 변화가 된다. 이러한 특징은 양면성을 띤다. 긍정적인 면은 왕실 신성화에 성공했다는 점이고 그렇지 않은 면은 왕실 구성원이 줄어들어 결과적으로 이를 늘려야 할 필요성에 직면했다는 점이다. 이성혼의 대두가 이를 알려 준다.

성종은 '대성(大成)'이라는 시호를 얻었던 광종처럼 크게 고려의 문물을 정비한 군주이다. 이러한 업적은 하루아침에 완성될 수 있는 것이 아니었다. 장기적인 계획과 실행의 결과물이었다. 성종은 이를 어떻게 구상하고 실현할 수 있었을까? 고려의 체제 정비가 이 시기에 이뤄졌다는 점을 감안할 필요가 있다.

우선 즉위 초의 상황을 보자. 성종은 경종에 대한 국상을 이일역월제로
치렀다. 그 뒤 981년(성종 즉위년) 8월 계미일(19)에 위봉루에 나아가 대규모
은혜를 베푸는 조치를 시행했다. 즉, 대사면을 행하고 3년간 요역을 면제했
다. 조세의 반을 감면하는 한편 문무관의 품계를 1품계씩 올렸다. 경종도
즉위하면서 대사면을 행하였으나 문무관의 품계를 올리는 조치는 없었다.
즉위를 기념하면서 대사와 면역, 감세와 승품을 행하는 혜화(惠和)의 정치를
실천한 것으로 이는 후대 왕들이 즉위 때 행하는 조치의 선례가 되었다.

이해 11월 성종은 태조 대 이래로 매년 11월 개경에서 열려 왕실 및 국가
축제, 그리고 위령제 등의 자리가 된 중동팔관회를 새롭게 바꿨다. 다만 태
조가 언급한 내용을 바꾸지 않는 선상에서 추진해 나갔다. 팔관회잡기(八關
會雜技)의 불경함과 번거로움을 이유로 이를 혁파하였고, 법왕사(法王寺)에
가서 향을 올린 후 궁궐 구정으로 돌아와 군신의 조하를 받는 정도로 간소
화했다. 그렇더라도 태조 이래 왕실 및 국가 전통이 된 팔관회를 개편하는
데에는 여론의 동의가 필요했다. 또 이듬해 정월에는 연등회가 예정되어
있었던 만큼 국가 재정이 지나치게 낭비되는 것을 막아야 했다.

이를 위해 성종은 982년(성종 1) 6월 갑신일(24) 여론을 살피면서 현재 당면
한 정치 문제가 무엇이고 어떻게 해결할 것인지의 대책을 찾고자 했다. 이
내용은 앞으로 성종이 추구하려는 덕치 및 왕도정치의 방향을 결정짓는 중
요한 것이었다. 관련 기사를 보면 다음과 같다.

임금의 덕이 오직 신하에게 달렸다는 것은 예나 지금이나 같다. 짐이 새
롭게 만기(萬機)를 총괄할 때 혹시 정사(政事)에 빠진 것이 있을까 두려우
니, 5품 이상 경관(京官)은 각자 봉사의 글을 올려 현재 정치의 좋고 나쁜
점을 논하라.

성종의 이 같은 조치는 언로를 열고 선정을 펴기 위한 것이었다. 즉 '구언

(求言)'이었던 셈이다. 왕조 사회에서 군주의 구언은 즉위 초나 재이 발생 시 그 소재 대책을 마련할 때, 과거시험을 치르며 대책(對策)을 물을 때 등 여러 시기에 있었는데, 성종은 즉위 초 이를 행함으로써 독단적 결정을 하고 밀어붙이는 패도적 군주가 아님을 밝힌 것이었다.

성종의 시정득실에 대한 구언 조처는 상당한 반향을 일으켰다. 그 가운데서도 주목할 것은 최승로(崔承老)가 올린 봉사문(封事文)이었다. 고려 왕조를 관통하는 개혁의 글로 정치·사회·경제·문화·종교 등에 영향을 끼친 대표적인 것이 제왕의 글로서는 태조의 「훈요십조」이고 신하의 글로서는 최승로의 「시무봉사문(時務封事文)」이었다. 이들은 고려 사회의 성격을 이해하는 핵심을 담고 있는 것이었다.

최승로는 이 글의 구성을 크게 두 부분으로 나누었다. 하나는 오랫동안 근시직(近侍職)을 역임하면서 경험한 태조부터 경종 대까지의 5대 정치에 대해 그 대강을 소개하고 평가했다. 그리고 그 교훈과 경계를 정리했다. 바로 '오조정적평(五朝政績評)'이었다. 또한 각 분야에 걸쳐 문제를 진단하고 나름의 해결 방안을 제시했다. 이를 일러 '시무 28조(時務二十八條)'라 한다. 현재 남아 있는 것은 28조 중 22개조이다.

오조정적평과 시무 28조는 분리해서 분석하기보다는 오조정적평을 통해 문제를 적시하고 시무 28조를 통해 나름의 해결책을 제시하려 했다고 보는 것이 적절하다. 우선 오조정적평을 통해 최승로가 이루고자 했던 것은 왕조 사회에서 가장 중요한 제왕의 자질과 왕권을 세우는 것이었다. 이른바 다섯 임금의 잘잘못을 제시하면서 어떤 것을 본받고 어떤 것을 버려야 하는지를 제시하였다. 그 핵심은 오조정적평의 마지막 문장을 통해 알 수 있다.

성상(聖上)께서는 마땅히 선정을 받아들여 이를 행하시고, 선하지 못한 정치를 보고 경계하셔서, 긴급하지 않은 일은 제거하시고, 이롭지 않은 노역을 폐지해야 합니다. 요컨대 임금은 위에서 평안하고, 백성은 아래에서 기뻐하도록 하는 것입니다. 시작을 잘하는 마음으로써 유종의 미를 생각해 날마다 근신해야 합니다[日愼一日]. 비록 휴식을 취하여도 일은 그치지 마시고, 비록 신분은 군주이시나 스스로 존대하지 마셔야 합니다. 풍성하고 재덕이 있어도 스스로 교만하거나 자랑해서는 안 됩니다. 오직 자기를 공손히 하는 마음을 돈독히 하시며, 백성을 염려하는 마음을 끊지 않으셔야 합니다. 이렇게 하면 복은 구하지 않아도 저절로 이를 것이고, 재앙은 없애려 하지 않아도 저절로 소멸할 것입니다. 성수(聖壽)가 어찌 만 년이 되지 않겠으며, 왕업이 어찌 백세(百世)에 그칠 뿐이겠습니까?

최승로는 태조~경종의 정치를 보면서 어찌 보면 당연하다 할 정치 원리를 뽑아냈다. 그것은 다음과 같았다. 덕정을 베풀 것, 불교와 도참을 혹신하지 말 것, 스승을 존경하고 빈객을 잘 접대할 것, 예와 도로 이웃 나라와 관계할 것, 궁핍한 백성을 구휼할 것, 절검을 숭상하고 사치를 금할 것, 나라를 다스리는 도리를 구할 것, 인재를 잘 알아보고 기를 것, 상벌을 공정하게 할 것, 정사(正邪)를 구분할 것, 참소를 받아들이지 말 것, 억울한 죄수를 만들지 않을 것, 종실을 보호할 것, 여색에 빠지지 말 것, 정사를 게을리하지 말 것, 소인의 말을 따르지 말 것, 왕위계승자를 정할 것, 태자가 아직 정해지지 않았을 경우 형제 중 유덕자를 정해 내선할 것, 태조의 유풍을 준수할 것 등이었다. 이를 통해 최승로는 위의 글과 같은 군주의 모습을 갖추기를 성종에게 간곡히 아뢴 것이었다. 그러면 하늘이 주고 백성이 따라[天授人與] 성수만세(聖壽萬歲) 왕업백세(王業百世)가 이뤄진다고 제시하였다.

한편 최승로의 시무 28조 중 남아 있는 22조의 내용을 요약 제시하면 다음과 같다.

1. 서북 변경의 경계를 마헐탄과 석성 중 가려 정할 것, 지역민을 뽑아 경비케 하고 두세 명의 편장을 뽑아 다스리도록 하여 경군(京軍)의 수고를 덜 것.

2. 광종 대부터 행하기 시작한 공덕재(功德齋), 비로자나참회법, 무차회, 수륙회, 반승(飯僧), 내도량(內道場) 떡과 과일의 걸인 보시, 방생소 설치, 살생 금지 등은 백성들의 재물을 빼앗아 불사를 많이 일으키는 데에서 비롯되었으므로 군왕으로서 직접 이들을 행하지 않도록 하여 군왕(君王)의 체통을 바르게 하며 무익한 일을 하지 않을 것.

3. 광종 대에 대폭 늘린 시위 군졸을 태조의 법을 준수하여 날쌔고 용감한 자들만 남겨 두고 나머지는 모두 감축하여 재정을 아낄 것.

4. 광종을 본떠 행하는 성종의 사소한 보시를 그만두고 상벌을 명확히 하여 권선징악을 행할 것, 이로써 임금이 위정(爲政)하는 체통을 지킬 것.

5. 태조처럼 교빙 의례를 지키는 선상에서 사신을 보내고 무역으로 인한 사신을 줄일 것, 교빙사에게 무역을 겸하게 하여 인명 손실을 막고 나라의 체통을 지키도록 할 것.

6. 사원 승려들이 불보(佛寶)의 돈과 곡식으로 이자놀이 하는 것을 금하고 해당 전곡(錢穀)을 사원 전장으로 옮기도록 할 것, 주전(主典)이 가진 전정(田丁)을 각 사원의 장(莊)과 소(所)에 속하게 하여 백성의 피해를 줄일 것.

7. 태조 때 미처 두지 못한 외관을 파견해 지방 향호(鄕豪)의 백성 침탈을 막을 것, 이를 위해 10여 개 주현을 합쳐 한 명의 외관을 배치하고 그 아래로 각기 2, 3명의 관원을 두어 백성을 다스리도록 할 것.

8. 광종이 우대한 승려 선회(善會)가 자기 자신의 몸도 돌보지 못하고 죽어 복을 남에게 줄 수 없었던 사례를 참고하여 굴산(堀山)의 승려 여철(如鐵)을 궁궐로 불러 복을 구하는 일을 행하지 말 것.

9. 백료들이 조회할 때는 중국과 신라의 제도를 참고하여 공복(公服) 및 신발과 홀을 갖추도록 하고 일을 아뢸 때는 버선신, 명주신, 가죽신을 신도록 하며, 서인들은 고운 비단을 입지 못하게 하고 굵은 명주만 입도록 허락할 것.

10. 승려들이 군현을 오가며 폐단을 일으키므로 승도들이 객관(客館)·역사(驛舍)에 유숙하는 것을 금해 폐단을 없앨 것.

11. 예악 및 시서의 가르침과 군신 부자의 도는 중화(中華)를 따르고, 거마와 의복 제도는 토풍(土風)을 따르되 사치와 검약을 적당히 하여 굳이 같게 하지 말 것.

12. 광록시(光祿寺)에서 때도 없이 물품을 거두어들여 섬주민들 생활이 어려우므로 주군의 사례에 따라 공역(貢役)을 공평하게 거둘 것.

13. 연등회·팔관회 때 노역 징발을 줄이고 사용 후 부숴 버리는 데다가 상서롭지 않은 것으로 여겨지는 우인(偶人) 사용을 금할 것.

14. 성인이 하늘과 사람을 감동시키는 것은 순일한 덕과 사사로움이 없는 마음 때문이므로 군주는 겸손하고 삼가며 두려운 마음을 가지고 신하를 예로 대할 것, 매일 삼가면서 교만하지 말고 공손하며 죄인을 법대로 처리할 것.

15. 광종 때 늘어난 궁중의 노비와 구마(廐馬)의 수를 태조 때 제도에 의거해 줄이고 나머지는 밖으로 내보낼 것.

16. 선(善)을 심는다는 명목으로 불우(佛宇)를 영조하는 것이 매우 많으며, 중외 승도들이 사사로이 거주하는 곳을 다투어 세우면서 주군 장리에게 백성을 징발해 동원하길 공역(公役)보다 급하게 하도록 권유하여 백성이 괴로워하므로 이를 엄히 금할 것.

17. 재력을 가진 세력가들이 다투어 큰 집을 지어 제도를 넘어서 백성을 수고롭게 하는 폐단이 심하므로 예관에게 명해 존비에 따른 가사(家舍) 제도를 만들어 준수케 할 것, 이를 넘어서는 것은 헐어 버리게 할 것.

18. 신라 말 금은을 사용해 불경과 불상을 만드는 사치를 하다 멸망하였으므로 이를 교훈 삼을 것, 상인들이 불상 등을 훔치거나 매매하여 생계를 삼는 폐단이 있었는데 이를 엄하게 금하여 폐단을 고칠 것.

19. 삼한공신(三韓功臣)과 광종 말년 피해를 당한 훈구세가의 자손을 등용할 것, 태조 23년 역분전 지급 대상자와 삼한 일통 후 관직 생활을 한 사람에게도 공을 참작해 관계와 관직을 주어 원통한 누명을 풀어 줄 것.

20. 제왕이 불교를 존숭하는 것은 백성의 힘과 재물을 소비하는 것이므로 백성에게 피해가 미치지 않도록 할 것, 유·불·도는 각기 중요하게 여기는 바가 있으며,

불교는 수신의 근본이고 유교는 치국의 근원임, 임금은 신하와 백성들에게 이익 없는 일을 행하지 않아야 하며 함부로 버리기 힘든 불교 행사를 제외하고 줄일 것, 2월부터 4월까지와 8월부터 10월까지는 정사와 공덕을 반반씩 행하고 5월부터 7월까지와 11월부터 정월까지는 오로지 정사만 돌보아 계절에 순응하고 성상과 신하, 백성 모두 편안케 하며 노고를 덜 것.

21. 음사(淫祀)는 무복(無福)인데 산악(山嶽) 제사와 성수(星宿) 초제의 번거로움이 과도함, 제사를 통해 빌어서 복을 얻기보다는 백성의 부역을 쉬게 하여 복을 얻을 것, 별례(別例) 기제(祈祭)를 없애고 공손하고 반성하는 마음을 하늘에 이르게 해 복이 절로 오게 할 것.

22. 광종 대 노비안검법으로 인한 폐단을 돌아보고 노비와 주인에 대해 적절히 처리할 것, 지금 세상은 함부로 양인을 천인으로 만들 수 없으므로 판결을 분명하게 하여 어지럽게 하는 단서를 열지 않도록 할 것.

982년(성종 1) 6월 갑신일에 내린 구언교에 대한 최승로의 「시무봉사문」은 즉위 초 성종이 정치의 방향을 정하는 데 결정적인 도움을 주었을 것이다. 시무 28조를 관통하는 중심 내용은 유교적 왕도정치를 위한 방향 제시와 불교 및 음사에 대한 혹신 및 그로 인한 번거로움의 금지에 있었다. 그러면서도 최승로는 유·불·도 삼교에는 각각의 업이 있다 하여 그 나름의 역할을 인정했다. 이는 태조가 취한 유불에 대한 이해와 맥을 같이한 것이었고 고려 시대 전체에 있어서도 지속되었다.

불교의 혹신과 사원 남설, 승려들의 실행에 대한 지적과 그 개선을 위해서는 2·4·6·8·10·16·18·20조를 통해 검토하였다. 그 가운데서도 20조의 경우는 1년을 반으로 나눠 정사만 돌보아야 하는 때와 정사와 불교의 공덕을 함께 행해야 하는 때로 구분해 언급했다. 유학자로서는 독특한 유·불 공존의 국가 운영 틀을 제시하고 이것이 임금과 신하, 그리고 백성이 모두 평안하고 노고를 덜 수 있는 방안이라 했다. 유교에서는 매 계절 및 매달 천시(天時)에 따라 해야 할 일과 금해야 할 일 등을 정한 것이 있었다. '시령(時令)' 혹은 '월령(月令)'이 그것이었다. 월령을 따르면 천시에 순응하는 것으로 보았다. 따라서 이는 유교의 월령적 사고와 불교의 공덕을 각각의 업에 따라 할 수 있도록 제안한 것이었다.

그러면서도 13조의 연등회와 팔관회 관련 언급에서는 과도하고 번거로운 백성의 요역 징발과 조세 낭비 등의 문제를 지적하고, 21조에서는 산악제(山嶽祭)·성수초(星宿醮)·별례기제(別例祈祭)가 백성에게 실질적인 복을 가져오지 못하므로 이를 줄이거나 없애 백성이 이익을 얻게 하는 것이 복이라 보았다. 그러면서 군주가 공구수성(恐懼修省)을 실천해 하늘의 뜻을 받들어야 복이 저절로 온다 했다. 결국 불교나 도교, 산악 제사 등과 관련한 사항은 나라와 백성에게 실익이 있어야 가치가 있다 본 것이다. 유교 정치가로서 가진 애민(愛民)에 입각한 현실 인식이었다.

이는 정치 면에서도 같은 맥락이었다. 최승로는 군주와 개경을 중심으로 천하가 다스려지는 구조를 생각하고 있었다. 14조에서는 나라를 다스리는 군주의 올바른 자세를 제시했다. 성인이 천인(天人)을 감동시키는 것은 순일한 덕과 사사로움이 없는 마음이라 하면서 신하를 예로 대하고 매일 삼가야 한다 했다. 3조에서는 과도하게 많아진 궁궐 시위군을 줄여 재정을 아끼자 했다. 15조에서는 궁중 내속노비(內屬奴婢)와 내구마(內廐馬)를 줄여 비용 절감과 군량 확보 등을 꾀하려 했다. 또한 외관 파견을 언급한 7조에서 외관과 2, 3명의 관원을 통해 지방 향호의 백성 침탈을 막고자 한 것이 보인다. 17조에서는 재력 있는 토호들이 함부로 저택을 지으면서 백성을 고통스럽게 하고 있어 가사 제도(家舍制度)를 만들어 이를 규제하여야 한다 했다.

사회·경제 관련 시무도 보인다. 사회 면과 관련해서는 신분 질서를 세우는 데 중점을 두고 있었다. 9조에서는 관료의 공복과 신발 및 홀을 중국과 신라의 제도를 살펴 정하고 서인들은 고운 비단이 아닌 굵은 명주를 입어야 한다 했다. 17조에서는 신분에 따른 가사 제도를 정하여 지키도록 할 것을 제안했다. 22조에서는 광종 대 노비안검법의 폐단을 지적하면서 노비와 주인을 분명히 구분해야 함을 지적했다. 경제 면과 관련해서는 12조를 통해 섬주민에 대한 광록시의 수탈을 없애기 위해 주군의 사례에 따라 공역(貢役)을 공평히 해야 함을 밝혔다. 풍속과 관련해 11조에서는 중국의 제도를 따르기는 하되 사방 습속은 토성(土性)에 따라 형성된 것이라 했다. 그리고 예악시서의 가르침과 군신부자의 도 즉 유교는 중화를 본받되 거마·의복 제도 등은 토풍에 따를 것을 제안했다.

국방 및 외교 면에 대한 시무도 보인다. 1조에서는 마헐탄과 석성 등을 경계로 할 것과 이들 지역에 대한 진수(鎭守) 방법을 제안했다. 지역민을 군사로 쓰고 그중 2, 3명을 편장으로 선발해 활용하자는 것이었다. 이는 경군의 수고로움을 줄이고 말먹이와 군량 운반에 따른 비용 절감에 효과적일 것이라 보았다. 외교와 관련해서는 5조를 통해 태조 대의 교빙 의례를 따르되 무역을 위한 사신 파견을 없애고 교빙하는 사신에게 무역을 겸하게 해야 한다 했다.

최승로가 올린 「시무봉사문」 즉 오조정적평과 시무 28조 전체 내용을 보면 유교 정치와 불교 공덕, 산악 및 성수 제사 관련 기복, 사회경제, 풍속, 국방 및 외교 등에 대해 언급하고 있다. 그런데 그 밑바탕에는 몇 가지 중요한 것이 있었다. 태조의 유풍을 중심으로 한 올바른 군주의 자세와 애민 정치, 실질적인 이익 실현, 불교의 공덕과 수신(修身)에 대한 이해, 중국의 제도와 토풍의 조화 등이었다. 그는 「시무봉사문」을 통해 유교 정치와 불교 공덕, 기복 제사(祈福祭祀) 등 각각의 업을 아우르는 이상적 군주상을 만들고자 했다. 그것은 외관 파견 등을 통한 중앙 집권 체제 구축으로 실현될 것이었다. 말하자면 최승로는 고려 왕조에 자긍심을 가지면서 고려적인 제왕상(帝王像)과 정치, 제도, 풍속, 종교 등을 정리했던 것이다.

혜종-정종-광종-경종 대를 거치면서 정치적 숙청 등을 통해 대규모로 정비된 조정은 비극적 면을 담고 있었다. 그러나 이는 성종에게는 오히려 사전 정비 작업이 이뤄진 것이나 마찬가지였다. 더구나 광종 대 이후 과거 급제자들은 유교 정치사상을 갖추고 성종의 정치를 도울 준비가 되어 있었다. 신진 정치 세력들이었다. 또 과거를 거치지 않았더라도 경사에 밝고 경륜이 있어 조정에서 중요한 역할을 담당한 이들도 있었다. 최지몽, 왕융이나 최승로 등이 대표적 인물이었다. 최승로는 이러한 성종의 즉위 분위기와 관련해 상성(上聖)의 덕으로 중흥(中興)의 시기를 만났다고 정리하였다.

3) 중흥군주의 정치와 거란과의 전쟁

(1) 문물 제도 정비의 방향

982년(성종 1)의 기사를 보면 이미 성종은 제도 개혁과 왕실 정비를 위한 정치를 시작하고 있었다. 이해 3월에 백관의 칭호를 고쳤으며, 자신의 생일인 12월 26일을 고려 역사에서는 처음으로 '절일(節日)'이라 했다.

백관 칭호의 경우 관제 정비 과정을 보여 준다. 당의 3성 체제를 참고하면서 광평성·내사성·내의성의 기능을 혼합한 내사문하성(內史門下省)이 나왔으며, 광평성은 어사도성(御事都省)이 되는 등 변화가 있었다. 당의 관제를 참고한 것이었다.

더불어 절일을 칭하였다. '천춘절(千春節)'이라 하였다가 이듬해에 '천추절(千秋節)'로 바꿨다. 사실 생일을 일러 절일이라 한 것은 본래 없었던 제도였다. 당나라 현종(玄宗)이 처음으로 자신의 생일인 8월 5일을 '천추절'이라 함으로써 시작되었으며 이후 그 대상은 황제와 황후, 태자로까지 넓혀졌다. 성종이 생일을 천춘절 혹은 천추절이라 칭한 것은 그만큼 존귀해진 왕권을 상징적으로 보여 주는 것이었고, 이때에는 신하들의 하례를 받고 잔치를 베풀어 즐기기도 했다. 후일 고려에서는 군주와 태자의 경우 절일을 썼음이 확인된다.

　이 두 가지 상징적 변화는 성종의 제도 정비와 그 방향의 대강이 어디에 있는가를 알려 준다. 즉, 중국의 제도를 참조하되 고려 조정의 관제나 제왕 칭호를 일방적으로 낮춰 정하지는 않았다. 이후 조선이 명나라의 관제 등에 비해 두 등급을 낮춰 정한 이등체강(二等遞降) 원칙과 달랐던 것이다. 여기서 태조가 「훈요십조」 중 4조에서 당풍(唐風)을 흠모해 문물 예약은 그 제도를 따랐지만 다른 지역인 데다가 인성도 다르므로 굳이 같게 할 필요가 없다고 한 지적을 떠올릴 필요가 있다. 성종은 특히 광종의 정치를 체험한 바 있었다. 광종은 연호를 정하고, 황도를 칭했었다. 경종 대에는 지방에서 나온 것이기는 하지만 '황제만세원'이라 했다. 이를 경험하면서 성종은 제도문물 정비에 대해 중국 고대 및 당·송의 제도를 참조해 고려에 적용하되 고려의 상황에 맞춰 행한다는 원칙을 세웠던 것이다.

　원칙을 세웠으나 성종은 모순된 상황을 맞을 수밖에 없었다. 고려는 송에 대한 사대(事大)로 책봉을 받고 있었기 때문이다. 이는 성종이 사대를 행하면서 책봉과 정삭을 받고, 빙례를 닦으면서 공물을 보내는 상황인데 제도문물은 당·송의 것을 수용해 황제국 체제로 변용한다는 것을 의미했다. 다만 성종은 이 모순을 모순으로 보지 않고 양자가 동시에 적용될 수 있으리라 판단했다. 명분이 충분하면 가능하다 본 것이다.

　한편 성종이 중국의 제도문물을 고려에 적용할 때 그것을 제후국에 맞춰 체강해야 한다 혹은 그 적용은 참월하다라는 식의 논쟁이 전혀 없었다. 이는 황제와 제후의 격에 대한 문제의식이 없었던 것이 아니라 고려는 자주 국가이므로 제도문물을 선택할 수 있다는 의식의 산물이라 보아야 할 것이다. 성종은 이에 따라 선진 문물을 수용해 고려의 상황에 맞춰 바꾸고 왕실의 존엄성과 자주 왕조로서의 위상을 높인다는 원칙을 세울 수 있었다. 다만 군주에 대한 호칭으로 황제를 칭하지는 않았다.

　이는 '외왕내제(外王內帝)'로 해석되기도 한다. 외왕내제 개념은 고려 시대를 보는 다양한 시각의 하나로 자리 잡고 있다. 그런데 고려는 일통 삼한을 이루었으므로 문명의식을 가진 자주 국가 의식이 강했다. 그것은 고려가 필요하면 택하여 쓸 수 있다는 자기의식의 소산이었다. 이는 태조 대부터 나타나고 있었다. 제후로 책봉받더라도 1자 묘호나 능호를 쓴 것, 경순왕 김부에 대해 '낙랑왕'이라 책봉한 것, 후계를 정윤(正胤)이라 칭한 것, 천수(天授) 연호와 천군(天軍), 천덕전(天德殿) 등의 명칭을 쓴 것, 천호산(天護山)이나 개천산(開天山) 등의 산호를 정한 것, 천령 및 오악·명산·대천·용신을 섬긴 것, 사성 정책(賜姓政策) 등이 그러했다. 황제가 쓰는 묘호 및 능호를정하면서 '태조신성대왕'처럼 대왕을 붙임으로써 제도 및 용어 등을 혼용하고 있었고, 이는 광종 대에도 마찬가지로 적용된 면이 있었던 것이다.

(2) 중화의 제도를 추구한 군주

983년(성종 2)부터 전개된 제도 정비와 그 개혁 내용은 이 같은 원칙을 반영했다. 다만 좀 더 중국의 제도문물을 적극적으로 수용해 간 것이 확인된다. 어떻게 전개해 갔는가를 보자.

제도문물 정비를 위해서는 체계적인 개혁이 필요하다. 그러면서도 일관성과 지속성을 가져야 한다. 또한 선행 사례가 뚜렷해야 하며 왕실과 국가를 위한 필요성과 의미가 분명히 드러나야 한다. 더불어 이를 추진할 수 있는 동력 즉 인적 자원이 있어야 했다. 성종은 이에 대한 해결책을 앞서 언급한 구언과 최승로의 「시무봉사문」 등을 통해 찾았다. 고려의 전통에서 찾기어렵다면 선진 문물을 갖춘 중국을 참조하면 된다는 것이었다. 나중에는성종이 지나치게 화풍을 추구해 백성들이 좋아하지 않는다는 평가를 받았으나 일차적으로는 화풍에 입각한 제도문물을 갖추는 것이 우선이었다.

성종은 그 상징적 선언을 983년(성종 2) 정월 하늘과 태조에게 제사를 올리는 원구에서의 기곡(祈穀)으로 마련했다. 기곡이란 풍년이 들기를 기원하는제사를 말한다. 성종 대 마련된 원구의 제도는 어떠한 것인지 자세히 알 수는 없으나 상제를 모시고 태조를 배위로 삼은 것은 분명하다. 『고려사』에

지에 실린 원구의를 보면 맹서의 글인 서문(誓文)에 "정월 모일 첫 신일[上辛]에 원구에서 친히 제사[親祀]하여 풍년을 기원하니, 각기 맡은 일에 힘쓰되 직무를 다하지 않으면 나라에 일정한 형벌이 있다"라는 내용이 있다. 원구에서는 가뭄일 때 기우제인 우사(雩祀)도 행해졌다.

그리고 동교에 마련되었을 적전(籍田)에서 친히 쟁기를 잡아 밭을 갈고 신농과 후직에 제사했다. 이 또한 기곡과 함께 국왕이 농사의 어려움을 알고자 한다는 상징 행위였으며 계절이 순조롭게 해 달라고 빌면서 풍년과 국태민안을 기원하는 것이었다. 이는 사직단(社稷壇) 조성과 제사로 연결되었다. 토지의 신인 '사(社)'와 곡식의 신인 '직(稷)'을 모신 제사 공간을 만들고 봄과 가을로 제사를 지내도록 한 것이다[春祈秋報]. 성종은 여기에 이어 왕실 사당이자 배향공신까지 모시는 태묘도 세워 오묘제에 따라 선대왕의 신위를 모셨고, 각 왕별 배향공신을 정하였다. 태묘가 완성되자 협제(祫祭)와 체제(禘祭)를 올렸다. 성종은 이러한 유교적 의례를 통해 하늘과 땅, 농사, 조상 등의 신에 대한 제사를 올려 풍년과 복을 빌었다.

한편 전통과 불교의 범주에 있었던 연등회나 팔관회, 사찰에서의 조상 모시기 등을 어떻게 해야 할 것인지의 문제가 남아 있었다. 성종은 이를 폐지하지 않았다. 연등회나 팔관회는 특히 태조의 「훈요」에서 강조된 행사였다. 성종이라고 해서 이를 함부로 조정하는 것은 곤란했다. 그렇기 때문에 재계하고 제사를 올리면서 신하와 백성들에게 잔치를 베푸는 것으로 간소화했을 것이라 여겨진다. 993년(성종 12) 이지백이 성종에게 연등회와 팔관회, 선랑 등의 행사를 행하자고 한 것은 원래의 것으로 복원하려는 시도였을 것이다. 또한 불교를 따라 정월과 5월, 9월을 삼장월(三長月)로 삼아 도살을 금지한 것이 보인다. 태조의 기재(忌齋)와 아버지 대종(戴宗)의 기재 때에는 닷새를 기한으로, 어머니 선의왕후(宣義王后)의 기재에는 사흘을 기한으로 분향 수도하고 염불을 외도록 하면서 그달에는 도살을 금지하고 고기 반찬을 끊도록 했다.

(3) 정치 세력과 공신 예우

성종은 어떻게 보면 신라 말 고려 초의 시대 상황이 만들어 낸 이상적 군주였다. 건국과 통일의 과정 중 태조가 하지 못했던 백성을 위한 정치, 광종이 추구하였으나 정치 세력 정리로 인해 실현하지 못했던 과거제에 기반한 시스템 정치가 성종 대에 행해졌기 때문이다. 따라서 성종의 정치는 태조로부터 경종 대까지의 정치 과정이 낳은 이상적 결과물이라 할 수 있다. 그것은 먼저 새로운 정치 세력의 등장과 주도 이후 구정치 세력과의 조화를 꾀하는 데서 출발했다.

태조 대는 태조 즉위공신 및 삼한공신 등과 함께 호족 세력, 그리고 왕실 외척 세력이 자리를 잡았고, 유교 정치를 꿈꾼 이들은 보조 역할을 한 면이 있다. 그렇지만 혜종과 정종, 광종, 경종 대를 거치면서 강성했던 공신이나 호족 세력은 숙청을 통해 정리되었다. 반면 유교 정치 세력은 왕권을 뒷받침하면서 그 세력을 유지하는 한편 광종 대 과거제를 통해 새로 등장하기 시작한 과거급제자들과 맥을 같이하였다. 과거급제자들은 기본적으로 경사(經史)를 통해 경세의 학문을 배웠고 그것을 실현에 옮길 수 있는 이들이었다. 왕실 세력 역시도 광종 대를 거치면서 족내혼을 통해 특히 충주 유씨, 황주 황보씨, 정주 류씨 및 왕실 종친 세력으로 결합되었다. 성종은 이들을 조화시켜 가면 되었다. 전 시대 난세의 어려움이 이제 성종 대에 들어와서는 태평함을 만나는 토대가 된 것이다.

물론 이것은 성종이 어떻게 하느냐에 달린 문제였다. 이는 중흥(中興)의 시대를 여는 전제 조건이기도 하였다. 조화의 실현을 위해서는 일차적으로 군주의 자질이 갖춰져야 했다. 경종은 성종에 대해 나라의 어진 종친[國之親賢]이라 조종의 대업을 받들고 국가의 기틀을 보존할 수 있다 보았다. 최승로는 훌륭한 성인의 덕[上聖之德]을 갖추고 있다 했다. 최승로의 글을 정리한 사관은 최승로가 글을 올린 이유에 대해 성종이 훌륭한 뜻을 가지고 있어 선정을 도모할 수 있음을 알았기 때문이라 하였다. 이제현도 성종에 대해 뜻이 있는 사람이라서 함께 일할 수 있다고 했다. 선대의 정치 득실을 파악하고 자신을 낮출 줄 알며 신하를 예로 대하고 백성을 아낄 줄 안다는 평가가 있었던 것이다.

성종은 본격적인 정치의 첫걸음을 경관 5품 이상으로부터 시정득실에 대한 봉사를 받는 것으로 시작했다. 그리고 「시정봉사문」을 올린 최승로를 중용하는 것으로 화답했다. 성종의 인재 등용이 시작된 것이다. 이에 광종 대 과거에 급제한 최섬·서희·최량·류방헌·백사유·한인경 등과, 광종 대 광문원 서생 출신인 한언공 등이 활약했으며, 성종 대에 급제한 김심언이나 최항, 강감찬 등도 마찬가지였다. 과거 출신인지는 불분명하나 설신우·이지백·이겸의 등도 확인된다. 원로로서 유학에 밝았던 왕융이나 이몽유 등도 그 역할을 다하게 되었다.

공신과 그 후손들에 대한 예우도 잊지 않았다. 결국 이것이 고려 왕조에 대한 충성을 장려하는 면이기도 했기 때문이다. 성종은 987년(성종 6) 고려 건국 때부터 왕실을 지켜 온 최지몽이 병이 들자 말 두 필을 귀법사와 해안사에 내려 주고 승려 3천여 명에게 반승(飯僧)하여 병이 낫길 기원했다. 그가 죽자 부의로 베[布] 1,000필(匹), 쌀 300석(碩), 보리 200석, 차(茶) 200각(角), 향(香) 20근(斤)을 내렸고, 관(官)에서 장례 일을 주관하게 했다. 그리고 태자태부(太子太傅)에 추증하고, 시호를 민휴(敏休)라 했다. 왕실과 국가를 위했던 공신에게 최고의 예우를 한 것이다. 이는 이후 989년(성종 8)에 죽은 최승로에 대해서도 마찬가지였다. 후한 부의를 내리고 시호를 문정(文貞)이라 했다. 995년(성종 14) 죽은 최량도 부의와 함께 광빈(匡彬)의 시호를 받았다.

성종은 공신에 대한 예우를 여기서 그치지 않았다. 994년(성종 13) 4월 자신의 생부(生父) 대종을 태묘(太廟) 제5실에 모신 후 체제를 올리고 태조에서 경종 대까지의 묘정에 각각의 배향공신을 정했다. 신하와 그 후손들로서는 최고의 영예를 받는 것이었다. 이때 정해진 이들을 보면 다음과 같다.

태조 묘정에는 배현경(裴玄慶)·홍유(洪儒)·복지겸(卜智謙)·신숭겸(申崇

謙)·유금필(庾黔弼)이, 혜종 묘정에는 박술희(朴述熙)·김견술(金堅術)이, 정종 묘정에는 왕식렴(王式廉)이, 광종 묘정에는 유신성(劉新城)·서필(徐弼)이, 경종 묘정에는 최지몽(崔知夢)이 배향된 것이다. 이후 각 왕대마다 선대 군주의 묘정에 배향공신을 정하면서 이들의 명복을 기리고 충절을 장려하는 상징성을 부여하기에 이르렀다.

성종은 묘정 배향공신을 정한 후 이를 신민(臣民)과 함께 축하하는 자리로 승화시켰다. 대사면령과 함께 문무 관원에게 관작 1급씩, 집사자(執事者)에게 2급씩을 하사했다. 또 백성에게는 사흘간 큰 잔치인 대포(大酺)를 베풀었다. 고아와 자식 없는 노인들을 구휼하고 노인들[耆舊]을 포상했으며 밀린 부채와 체납 세금도 면제해 주었다. 확실한 보상과 우대를 통해 군주의 은혜를 보이고 면세와 포상, 잔치를 통해 임금과 신하와 백성이 즐기는 자리를 만든 것이었다.

988년(성종 7) 10월 내려진 조치는 공신을 넘어 문·무반 상참관 즉 조회에 참석할 수 있는 5품관 이상에게도 해당되었다. 이들 상참관 이상 부모와 처에게 작위(爵位)를 내리도록 한 것이다. 봉작(封爵)이 그것이었다. 이는 5품 이상 상참관과 그 가족에 대한 특별 대우였다. 이는 나아가 그들의 지위가 지속될 수 있는 중요한 기반이 되었는데, 후에 적용되는 음서제(蔭敍制)가 그것이었다.

(4) 시스템 정치를 위한 인재 양성

성종은 인재를 육성하고 선발하기 위해 심혈을 기울였다. 당장 과거만 보더라도 982년(성종 1)과 992년(성종 11)을 제외하고는 매년 과거를 실시했으며, 983년(성종 2)부터 친히 복시(覆試)를 행하였다. 이때 첫 급제자는 강은천 즉 강감찬이었다. 제술업 급제자는 총 77명 이상이나 되었으며, 명경업 급제자는 27명, 잡업 12명(의업 4, 복업 3, 명법 5)으로 확인된다.

그렇지만 성종은 이러한 수치에 만족하지 않았다. 987년(성종 6) 3월 "과거에 응시한 학생들의 시(詩)·부(賦)와 책문(策問)을 살펴보니 문사(文辭)가 법식에 어긋나고 격률(格律)이 조잡해 뽑을 만한 것이 전혀 없었다"라고 탄식하기도 했다. 이 상황에서 성종은 꾸준히 여러 가지 방식으로 학업을 독려했다. 주·군현의 자제들을 개경에서 공부할 수 있도록 조치하였고, 향수병에 걸려 돌아가려는 학생을 허락했다. 성종은 남든 돌아가든 이들을 예우했다. 즉, 술과 과일을 하사하면서 더불어 귀향[歸寧]을 원하는 학생 207명에게는 베 1,400필(匹)을 하사하고, 남기를 원하는 학생 53명에게는 복두(幞頭) 106매(枚)와 쌀 265석(石)을 하사토록 한 것이다.

돌려보내면서도 12목에 경학박사를 파견해 이들을 가르쳐 학업이 이어지도록 했다. 이는 개경과 서경, 그리고 12목에 지방 학교 즉 향학(鄕學)이 운영되었음을 의미한다. 서경의 경우 서적을 구비하기 위해 수서원(修書院)을 두었다. 이를 통해 주군의 장리나 평민들도 공부할 수 있도록 했다. 부모가 "배우고 익혀서 무엇을 하느냐? 책 읽는 것은 이로움이 없다"라고 하면서 공부를 막자 성공의 영광을 가질 기회를 잃지 않도록 교서를 내려 배움의 중요성을 밝혔다. 또한 지방관에게는 학문이 뛰어나거나 효우로 소문난 자, 의술을 갖춘 이를 천거토록 했다.

인재 양성을 위해 강제 및 권면 조치도 취했다. 인재 천거를 위해 989년 (성종 8) 4월 문관으로서 제자가 10명 이하인 경우, 12목의 경학박사로서 1명의 문생도 과거에 응시하는 자가 없는 경우는 인사에 반영하겠다는 것이었다. 또 한편으로는 12목과 주·부의 경학박사 및 의학박사를 권면하고 술과 음식을 내렸다.

유사(有司)에서 태학조교(太學助敎) 송승연(宋承演)과 나주목(羅州牧) 경학박사(經學博士) 전보인(全輔仁)이 게으름 없이 지성으로 학생들을 훈도하였다 하여 천거하자 성종은 이들이 학문을 널리 닦으라는 공자(孔子)의 뜻과 학문을 장려하는 본인의 뜻에 맞다고 하면서 발탁했다. 992년(성종 11) 정월에는 문재와 무략이 있는 자는 궁궐로 나아와 스스로 천거토록 하는 교서를 내렸다. 같은 해 5월에는 경관 5품 이상은 각각 1명씩 천거하라고 하였다. 997년(성종 16) 8월에는 유사에 명해 초야에 있는 인재를 찾아가 확인하고 보고하라 했다. 이처럼 성종의 인재 선발과 그 관리 노력은 그전까지의 인재 선발 양상과는 확연한 차이가 있는 것이었다. 지금까지 이렇게 적극적인 군주는 없었다.

(5) 효와 풍속 교화는 정치의 근본

이는 풍속 교화를 위한 노력으로도 이어졌다. 효는 모든 행실의 근본이라 한다. 효가 갖춰지면 이후 충이든 절의든 예의든 겸손이든 이러한 것이 내면에 있기 마련이다. 이 때문에 왕조 사회에서는 효의 장려에 각별하게 신경을 썼다. 그런데 성종은 여기서 더 나아갔다. 백성들에 대한 효의 장려와 더불어 백관의 상장례와 제례까지도 휴가(休假)를 지급하는 급가(給假)와, 상복을 벗고 관직에 돌아오는 기복(起復)을 규정하여 제도화했다. 노인에 대해 양로 정책을 펴 이들에게 음식을 나눠 줬으며, 환과고독 등 사회적 배려 대상에 대해서도 마찬가지였다.

990년(성종 9) 9월의 교서를 보면 성종의 효에 대한 이해가 나타난다. 어려서 부모를 여의고 신정왕태후 황보씨의 보살핌을 받았던 성종은 더욱 효를 생각하였고, 국가 운영과 효를 연결했다. 성종은 천자·제후·경대부·사·서인에 따른 오효(五孝)가 결국 효로 귀일된다고 보았다. 이를 권장하기 위해 6도에 사신을 보내 관련 내용을 반포하면서 효자 등을 찾게 하였다.

전주 구례현 손순흥(孫順興)은 모친의 초상화를 그려 제사를 받들고 사흘에 한 번씩 무덤을 찾아 음식을 올렸다. 이 외 노모를 지극정성 봉양한 운제현 기불역 백성 차달(車達) 3형제, 돌아가신 모친과 닮은 고목을 가지고 와 모신 서경 모란리 박광렴(朴光廉), 독사에 물려 죽은 부친의 빈소를 침소에 차려 놓고 5개월 동안이나 생시와 다름없이 음식을 올린 남해 낭산도 백성 능선의 딸 함부(咸富), 개가하지 않고 시부모와 어린 자식을 잘 보살핀 경주

연일현 백성 정강준의 딸 자이(字伊)와 개경 송흥방에 사는 최씨의 딸, 모친을 집 뜰에 장사하고 조석으로 제사한 절충부별장 조영(趙英) 등이 있었다.

성종은 이들에게 정문을 세워 주고 부역을 면제해 주는 등 후한 상을 내려 장려했다. "백성이 선행을 하면 이는 곧 나의 복이요, 악행을 저지른다면 나의 근심이 될 것이다"라는 말과 함께 성종은 "집안에서 효도하는 사람이 반드시 나라에도 충성할 터이니 모든 관리와 백성들은 나의 말을 되새기도록 하라"라고 말을 맺었다.

관료에게 휴가를 주는 제도를 마련하였고 상복을 입는 오복제(五服制)에 따라 참최와 재최 3년상에는 100일을 주는 데서부터 시마(緦麻) 3개월은 7일을 휴가로 주게 했다. 992년(성종 11) 6월에는 6품 이하로서 상참관에 들어가지 못한 관원의 경우 부모상 100일 후 관직에 다시 나오게 했다. 이때 해당 관원은 기복(起復)의 직함을 받고 상중(喪中)임을 표시하는 복장을 했다. 즉, 푸르스름한 빛깔의 참복(黲服)과 두건인 연각(㟃角) 차림으로 국왕이 있는 쪽을 향해 인사를 올린 후 직무를 보도록 했다. 996년(성종 15)에는 관원들의 제사 때 휴가 일수 규정도 정해졌다. 관원의 상장례 및 제사 관련 휴가 지급의 목적은 부모와 조상에 대한 효를 다하도록 한 것이었다. 이러한 것이 지켜짐으로써 효가 갖춰지고 그것이 곧 국가와 왕실에 대한 충으로 이어진다 보았다.

(6) 관료 행정 체계의 정비

성종의 이러한 조치 앞뒤로는 관료 행정 체계의 정비가 있었다. 앞에서 982년(성종 1)에 백관 칭호 개정이 있었다고 하였다. 『고려사』 백관지 서문에서는 성종이 행한 백관 편제에 대해 이렇게 평가했다.

성종은 대대적으로 새로 제도를 만들어 내외의 관직을 정하였다. 중앙에는 성(省)·부(部)·대(臺)·원(院)·시(寺)·사(司)·관(館)·국(局)을 두었고, 지방에는 목(牧)·부(府)·주(州)·현(縣)을 두었다. 관에는 일정한 직분이 있게 되었고, 직위에는 정원이 있게 되어 이에 따라 비로소 일대의 제도가 크게 갖추어졌다.

이러한 『고려사』 찬자의 높은 평가는 그만큼 성종이 백관 편제의 기틀을 잡았다는 것을 알려 준다. 다만 성종이 제도문물 정비의 기준으로 삼았던 중국에 비해 고려의 그것은 차이가 있었다. 이에 일차적으로 백관 칭호 개정이 이뤄졌지만 조정 관제와 관계, 복색 등등 아직 갖춰야 할 것이 많았다. 성종이 이를 고려의 독자적 제도문물 체제로 만들었다면 하는 아쉬움이 있긴 하나 그러기에는 당시 소위 글로벌 기준인 중국의 것이 있었다. 그보다 효율적인 것은 중국의 제도문물 관련 용어나 편제 등을 수용하되 고려의 독자성을 반영하는 것이었다.

백관지 서문에서 중앙의 관직과 관련한 편제는 983년(성종 2) 5월 정리한 것이 확인된다. 처음으로 3성과 6조 그리고 7시를 정했다고 했다. 982년(성종 1)에는 내사문하성과 어사도성이 정해졌다. 어사도성은 995년(성종 14)에 상서도성으로 바뀌었다. 982년과 983년 사이에는 선관(選官)·민관(民官)·예관(禮官)·병관(兵官)·형관(刑官)·공관(工官) 등 6조에 해당하는 어사 6관이 갖춰졌다. 이는 995년(성종 14)에 이부·호부·예부·병부·형부(刑部)·공부(工部) 등 상서 6부로 바뀌었다. 어사 6관에는 예하 기구인 속사(屬司)가 있었다. 민관에는 사탁(司度)·금조(金曹)·창조(倉曹), 예관에는 사조(祠曹), 병관에는 고조(庫曹), 공관에는 우조(虞曹)·수조(水曹) 등이 있었다. 이렇게 본다면 983년 5월의 3성·6조·7시는 실상 내사문하성·어사도성, 어사 6관, 어사 7조에 해당하여 차이가 있다.

성종 이전 고려 초부터 운영해 온 관서에 대한 개편도 확인된다. 전곡의 출납과 회계 업무를 관장한 조위부(調位府)를 삼사(三司)라 했으며, 관리의 공과 등을 관리하는 관서인 사적(司績)을 995년(성종 14) 상서고공(尙書考功)이라 했다. 991년(성종 10)에는 왕명 출납과 숙위 및 군기 관련 정무를 관장하는 관서를 설치했다. 이러한 기능을 송나라에서는 추밀원(樞密院)이 맡고 있었는데, 고려에서 이를 수용하면서 중추원(中樞院)이라 했다. 986년(성종 5)을 전후해서는 유학을 가르치고 교화하는 업무를 맡은 국자감(國子監)이 세워졌다. 경적(經籍) 보관 및 축소(祝疏)의 일을 맡은 기구로 원래 있었던 내서성(內書省)을 고쳐 비서성(秘書省)이라 했다.

이렇게 본다면 성종 원년, 2년, 10년 그리고 14년 등 여러 차례에 걸쳐 관제를 정비하고 호칭을 정함과 함께 관직명도 갖춰 간 것을 알 수 있다. 특히 995년(성종 14) 5월의 교서에서 요·순의 제도와 주(周)·한(漢)의 의례는 모두 백벽(百辟) 즉 백료의 이름을 바루어 군주의 경사로움을 길이 받들도록 했다면서 관사의 체제와 호칭을 바로잡았다 했다. 그리고 그 일차 기준은 상당 부분 당제(唐制)였고, 중추원처럼 송제(宋制)를 참조하기도 했다.

이 같은 작업에는 관리 고과나 관계를 정하는 일도 포함되었다. 갑작스러운 재해 및 변고가 발생하면 이를 없애고자 하는 소재(消災) 노력을 기울이는 한편 언로 불통에서 그 원인을 찾았다. 이어 관련 관원들을 파직하는 등 책임을 지웠다. 형관의 문기둥에 벼락이 치자 어사(御事)·시랑(侍郎)·낭중(郎中)·원외랑(員外郎)을 꾸짖고 모두 파직한 것이 그 사례이다.

공식적인 고과 관리를 위한 규정 마련도 중요했다. 이에 989년(성종 8) 4월 처음으로 경관(京官) 6품 이하는 네 차례 고과(考課)한 다음 그 등급을 올려 주고[加資] 5품 이상은 반드시 군주의 명령을 받도록 정했다. 이와 달리 군주에 대한 책봉, 묘정 배향공신 책봉, 서경 및 동경 순행 등이 있을 때에는 자품을 더해 주는 가자(加資)가 은사(恩賜)로 행해지기도 했다. 995년(성종 14)에는 문신과 무신의 관계를 나누고 그 호칭도 바꿨다. 자삼(紫衫) 이상은 정계(正階)를 하사하였으며, 문관 대광(大匡)을 개부의동삼사(開府儀同三司)로, 정광(正匡)은 특진(特進)으로, 대승(大丞)은 흥록대부(興祿大夫)로, 대상(大相)은 금자흥록대부(金紫興祿大夫)로, 은청광록대부(銀靑光祿大夫)는 은청흥록대부

(銀青興祿大夫)로 고쳤다.

(7) 지방 행정 체계의 정비

지방 행정과 관련한 조치가 진행되었다. 983년(성종 2) 2월 처음으로 『서경』 우서(虞書)에서 순임금이 12주를 바로잡았다는 사례를 참조해 양주(楊州)·광주(廣州)·충주(忠州)·청주(淸州)·공주(公州)·진주(晋州)·상주(尚州)·전주(全州)·나주(羅州)·승주(昇州)·해주(海州)·황주(黃州) 등 12목을 정하고 목사(牧使)를 파견했다. 986년(성종 5)에는 이들이 처자식을 데리고 부임하도록 했다. 그리고 국초부터 지방에 파견되는 사자(使者)의 명칭인 금유(今有)와 조장(租藏)의 호칭을 없앴다. 991년(성종 10) 2월에는 각 도(道)에 안위사(安慰使)를 보내 백성의 삶이 어떤지를 살피게 하였다.

성종은 왕실과 국가에 공을 세운 신료나 그 부모, 처자 등에 대해 작위를 주는 봉작을 했다. 이때 성종은 중국의 천자가 봉작을 하면서 지역을 들어 책봉한 것을 참조했다. 사실 이미 목이나 주·군현 등의 칭호는 정해져 있었지만 여기에 특별한 호칭을 더했던 것이다. '별호(別號)'였다. 즉, 별호는 중국식 지역 명칭이라 할 수 있다. 고려에는 낙랑이라는 지명이 없는데 낙랑왕이나 낙랑군이 쓰인다든가, 진강이라는 지명이 없는데 진강군 혹은 진강후가 쓰인다든가 한 것이다. 이 별호는 어디에서 어떻게 시작되었을까?

『고려사』 지리지를 보면 '성묘소정(成廟所定)' 즉 성종이 정한 것이라는 표현이 있다. 예컨대 경주라는 지역명의 별호로 '낙랑(樂浪)', 상주는 '상락(上洛)', 진주는 '진강(晋康)', 남경 혹은 양주는 '광릉(廣陵)', 강릉은 '임영(臨瀛)', 춘천은 '수춘(壽春)', 수주는 '한남(漢南)'이라 했다. 또 경기도 광주를 '회안(淮安)', 충주를 '대원(大原)', 원주를 '평량(平涼)', 평창을 '노산(魯山)', 진천 즉 진주를 '상산(常山)', 전주를 '완산(莞山)', 나주를 '통의(通義)·금성(錦城)', 황주를 '제안(齊安)', 신주를 '신안(信安)', 동주를 '농서(隴西)', 안북부를 '안릉(安陵)'이라고 했다.

학계에서는 이것이 991년(성종 10) 혹은 992년(성종 11)에 제정되었기에 당시 송의 연호인 순화(淳化)를 써서 '순화별호'라고도 한다. 있는 그대로 성묘소정별호라 해도 의미는 같을 것이다. 이 별호 제정에 담긴 의미는 결국 중국식 지역명을 별호로 하여 주·군현에 붙이고 성종이 지방 출신 공신 등에 대해 이 별호를 붙여 봉작을 행한다는 것이었다. 성종 대 별호가 제정된 지역을 보면 경기도나 황해도, 경상도에 집중되어 있었다. 이는 그 지역들이 대체로 고려 왕실에 많은 기여를 한 데에 기인했다. 청주와 승주를 제외한 10목의 경우도 별호가 제정되었다.

한편 성종은 거란과의 전쟁을 거치면서 지방 행정 제도의 개편을 꾀했다. 995년(성종 14)은 관제 개편 등이 행해진 때이기도 하였는데, 이때 군현제 개혁을 다시 꾀하면서 10도 12주제를 채택한 것이 확인된다. 12주는 12목과 일치하며 10도는 관내도(關內道)·중원도(中原道)·하남도(河南道)·강남도(江南道)·영남도(嶺南道)·영동도(嶺東道)·산남도(山南道)·해양도(海陽道)·삭방도(朔方道)·패서도(浿西道)였다. 그리고 주군을 관할하게 했는데 그 수는 580여 개소였다. 이를 행하면서 성종은 당제를 참조해 군사적 편제의 성격을 반영했다.

이러한 개편의 또 다른 이유 중 하나는 과거급제자 수의 증가였다. 인재를 선발하여 관직을 맡기는 것이 공식 과정인데 중앙 관직의 경우 제한이 있었지만 외관의 경우는 그 편제나 파견 여부에 따라 관직을 조정할 수 있기 때문이었다. 결과적으로 본다면 성종의 이 조치는 전쟁 상황에 대한 대비와 함께 중앙에서의 외관 파견을 늘림으로써 중앙 집권 체제를 강화한 노력의 일환이었다.

987년(성종 6) 8월에는 중앙과 지방 행정의 소통을 위한 방안을 정했다. 이를 위해서는 정해진 매뉴얼이 있어야 했는데, 지금까지는 정리되지 못한 상태였기 때문이다. 이에 성종은 좌집정과 지공거를 역임한 바 있었던 이몽유(李夢遊)에게 중앙이나 지방에서 올리는 주(奏)와 장(狀) 및 관청끼리 주고받는[行移] 공문(公文)의 양식을 상세히 정하도록 했다. 이는 요즘식으로 말하자면 공문 양식을 통일하는 일이었다. 이것은 점차 고려 사회가 체계화되고 시스템이 갖춰져 간다는 것을 뜻했다. 나아가 중앙과 지방 사회의 일원화가 가능해졌고, 그 가치는 다양한 방면으로 확대되었다.

같은 해 9월에는 향촌 단위에 이르기까지 장악력을 확대했는데, 그것은 향촌의 지배 세력에 대한 호칭 파악과 그 변경으로 알 수 있다. 즉 모든 촌 단위의 대감(大監)과 제감(弟監)을 촌장(村長)과 촌정(村正)으로 고친 것이다. 이 조치의 시행이 갖는 의미는 단순하지 않다. 향촌 사회에 대한 중앙의 파악이 시행되고 그 지배가 관철된다는 것을 뜻했기 때문이다. 중앙 집권 체제가 완성되어 가는 과정을 상징적으로 보여 주는 것이었다.

여기에 더해 983년(성종 2) 6월에는 지방의 정수(丁數)를 각기 1000정 이상, 500정 이상, 200정 이상, 100정 이상, 100정 미만, 60정 이상, 30정 이상, 20정 이하 등으로 나눠 주(州)·부(府)·군(郡)·현(縣)·관(舘)·역(驛)의 토지라 할 공수전(公須田)과 지전(紙田)·장전(長田)을 정했다. 이는 향(鄕)과 부곡(部曲)에까지도 지급되었다. 관과 역의 경우는 대·중·소로 나눠 지급했다.

이때 성종은 중앙의 관서와 혼동되기도 했던 주부군현의 이직(吏職)에 대한 개편도 아울러 행하였다. 병부(兵部)를 사병(司兵)으로, 창부(倉部)를 사창(司倉)으로, 당대등(堂大等)을 호장(戶長)으로, 대등(大等)을 부호장(副戶長)으로, 낭중(郎中)을 호정(戶正)으로, 원외랑(員外郎)을 부호정(副戶正)으로, 집사(執事)를 사(史)로, 병부경(兵部卿)을 병정(兵正)으로, 연상(筵上)을 부병정(副兵正)으로, 유내(維乃)를 병사(兵史)로, 창부경(倉部卿)을 창정(倉正)으로 삼았다. 역장(驛長)의 수도 대로 40정 이상은 3명, 중로 10정 이상이면 2명, 소로는 차등 적용하는 방식으로 정했다.

996년(성종 15) 사심관(事審官)의 수도 다시 정하였는데, 500정 이상 주에는 4명, 300정 이상 주에는 3명, 그 이하의 주에는 2명씩 두도록 했다. 사심관은 중앙정부가 지방통제를 위해 해당 지방을 본향으로 하는 중앙귀족화한 공신이나 고관에게 지방을 통제하게 하는 제도였다. 그런데 성종은 여기에 복수의 사심관을 임명함으로써 권력 집중을 막고 사심관 상호 경쟁 및 견제 등을 통해 지방과 중앙의 연계를 원활하게 만들고자 한 것이었다.

(8) 먹고살기 좋은 나라 만들기

성종은 지방관을 통해 이상적 정치 실현을 꿈꿨다. 현명하고 유능한 지방관과 중앙정부, 그리고 왕권이 조화를 이룬다면 가능하다 본 것이다. "하늘은 말을 하지 않아도 별들을 펼쳐 놓아 아래 세상을 비추며, 군왕은 덕화를 베풂에 있어 덕망과 재주를 겸비한 이를 빌려 지방을 다스린다"라는 표현은 이를 뜻했다. 이에 따라 성종은 목민관을 통해 농상을 장려하고 사회를 안정시키고자 하는 뜻을 여러 차례에 걸쳐 강조했다.

예컨대 986년(성종 5) 5월 내린 교서에서 성종은 국가는 민을 근본으로 삼고 민은 먹는 것을 하늘로 삼는 법이라 하면서 12목과 주·진의 수령들은 백성들로부터 농사짓는 때를 빼앗지 말라 하였다. 같은 해 9월에는 목민관이 행해야 할 6가지 일을 강조하였다. 즉, 옥송(獄訟)을 지체하지 말 것, 창고를 제대로 채울 것, 곤궁한 백성을 진휼(賑恤)할 것, 농사와 누에치기를 장려할 것, 부역과 조세를 가볍게 할 것, 일을 처리할 때 공평할 것 등이었다. 이를 위해 처음부터 신중히 하면서 윗물부터 맑도록 솔선하고 백성의 재물을 빼앗거나 공물을 함부로 쓰는 일이 없도록 하라 했다. 성종이 보기에는 식화 즉 농상을 향상시키는 것이 가장 중요했다. 그것이 뒷받침되어야 조세나 물가가 바로잡히고 예의, 풍속 교화 등이 갖춰진다 본 것이다.

여기에 더해 987년(성종 6) 정월에는 2월부터 10월까지는 만물이 태어나 성장하는 시기이므로 산과 들에 불을 놓지 말도록 했으며, 988년(성종 7) 2월에는 월령을 준수하여 정월 우수 절기 이후에 암컷 희생을 쓰지 말 것, 나무 베기를 금할 것, 어린 들짐승을 잡거나 알을 채취하지 말 것, 사람을 모으지 말 것, 길에 드러난 해골을 묻어 줄 것 등을 양경의 관청과 12목 지주현(知

州縣)·진사(鎭使) 등에 반포했다. 그리고 987년 6월에는 주군의 병기를 거둬 농기구로 만들었다.

한편, 고려 왕조는 해상 무역을 하면서 부를 축적한 왕건 집안이 세웠다. 따라서 상업에 대한 이해가 깊었다. 이에 고려 조정은 당시 상품 교역이나 육·해 교통로 및 교통 수단, 화폐, 미곡이나 면포 등의 상품 생산 등에 관심이 있었다. 물가 변동도 관심사였다. 국가 운영 차원에서 볼 때 상품 교역의 불균형이나 불공정은 심각한 경제 왜곡 혹은 침탈을 가져와 결국 민심 이반과 동요를 불러온다 보았다. 특히 재난 상황에서 수급 불균형은 백성의 삶을 황폐화시키는 것이었다. 성종은 이를 막고자 했다. 수요와 생산 및 공급에 따른 물가를 관에서 조절해 일정선을 지키려 했다. 이러한 차원에서 성종은 처음으로 상평창(常平倉)을 두어 물가 조절 기능을 맡도록 했다.

993년(성종 12) 2월 개경과 서경 양경 및 12목에 상평창을 설치했다. 그리고 교서를 통해 그 재원과 운용 방식을 알렸다. 고려는 천승의 나라이므로 천 금에 해당하는 비용을 금과 포, 포와 쌀로 환산하였다. 성종의 계산과 운영 방식은 다음과 같았다.

천 금을 현재의 가격으로 따지면, 금 1냥이 포 40필에 해당하므로 천 금은 포 640,000필이 되고, 미(米)로 환산하면 128,000석이 된다. 그것을 반으로 나누면 64,000석이 되니, 5,000석을 개경(開京)으로 올려서 경시서(京市署)에 맡겨 팔거나 사들이도록 하고, 대부시(大府寺)와 사헌대(司憲臺)로 하여금 함께 그 출납을 관장하게 하도록 하라. 나머지 59,000석은 서경(西京) 및 주군(州郡)의 창고 15개소에 나누어 서경은 분사(分司) 사헌대에 맡기고 주·군의 창고는 그 계수관(界首官)의 관원에게 맡겨서 이를 관리하게 하여 이것으로써 가난하고 약한 사람들을 구제하도록 하라.

이를 보면 상평창 재원은 물가 조절만이 아니라 빈약자 구제에도 활용되었음을 알 수 있다. 하지만 반대로 수급 불균형을 이용하여 이익을 확보해 왔던 상인의 입장에서는 이를 포기해야 하는 상황이 되어 불만이 생길 수 있었다.

988년(성종 7) 2월의 기록을 보면 지방별로 곡물의 숙성 여부를 살펴 잘 여물지 않으면 보고하게 하는 조치가 있었다. 직접 가서 손실을 살펴본다는 의미의 '답험손실(踏驗損失)'이 그것이었다. 성종은 원근에 따라 가까운 도(道)는 8월, 중간 정도 거리의 도는 9월 10일, 먼 도는 9월 15일을 기한으로 하여 호부(戶部)에 보고하도록 규정을 정했다. 조세 수취의 안정성을 확보하려는 노력의 하나였으며, 농민 보호 방안이기도 했다.

992년(성종 11)에는 공전(公田)의 조세 수취율에 대해 정했다. 수전 즉 논과 한전인 밭에서 재배한 작물의 결당 생산량을 기준으로 4분의 1을 거두도록 한 것이다. 수전 상등전의 경우 결당 생산량은 15석, 중등전은 11석, 하등전은 7석이며 한전 상등전은 7.5석, 중등전은 5.5석 등이었다. 각각의 전조(田租)가 구체적인 수치로 나와 있는 것이다. 민전의 경우도 10분의 1을 조세로 거두었을 것이다.

한편으로 이렇게 조세로 수취한 미곡을 모아 배로 개경까지 운반할 때 조운선에 지불하는 소위 운송가(運送價)인 조선수경가(漕船輸京價)와 운송 시기를 정했다. 각 지역에서 12개 조창을 포함한 60개 포구 조창으로 세곡을 모아 개경까지 운반하는 데 드는 비용이었다. 일종의 정액 규정이 생긴 것이다. 996년(성종 15) 4월에는 철전을 주조하여 사용토록 하는 조치가 있었다. 상평창이나 60개 포구와 수경가, 철전 주조 등의 정책을 보면 그만큼 성종대 왕권을 중심으로 한 중앙권력의 지배력이 지방 단위까지 강하게 미치고 있었음을 알 수 있다.

이같이 성종은 12목을 설치해 지방관을 파견하고 공수전 지급과 주부군현의 이직(吏職) 등을 정하였다. 여기에 사심관 수를 조정하고 상평창을 운영하며 60포구 및 수경가를 조정한 것은 지방 행정 제도 정비 및 운영과 관런해 중요한 의미를 갖는다. 첫째는 중앙의 지방통제가 체계화됨으로써 강대한 호족 세력의 등장이 제어되었다는 것이다. 둘째는 지방 행정과 재정이 체계화되고 안정적인 면을 띠게 되었다는 것이다. 셋째는 결국 이를 통해 왕권의 의중이 지방 사회에 빠르게 침투할 수 있는 통로가 안정적으로 마련되었다는 것이다. 넷째로는 고려 왕조가 지향한 풍속 교화와 교육, 조세 및 부역 수취, 지방민에 대한 진휼 및 의료 혜택 등이 가능해졌다는 점이다. 다섯째로는 지방 사회가 중앙과 지방관을 중심으로 권농정책 등 사회 안정책을 시행하여 안정되었다는 것이다.

(9) 중흥정치와 서경, 동경 순행

이러한 지방 사회 안정의 상황을 상징적으로 보여 주는 것이 성종의 지방 순행 특히 서경과 동경 순행이었다. 순행은 본래 성종이 순임금의 태산(泰山) 순수와 당 황제의 낙양 행행 사례를 들어 그 의미를 설명했듯 지방과 제후 및 산천을 살펴보고 백성의 질고를 이해하면서 천하가 새로운 삶을 누릴 수 있도록 하는 제도였다. 군주의 위엄과 은혜가 천하에 닿도록 한다는 의미도 있는 것이었다. 더구나 태조가 「훈요」 5조에서 서경 순행을 강조한 바 있었다.

이에 성종은 두 차례 서경에 행차하였다. 990년(성종 9) 9월의 교서를 보자. 성종은 즉위 10년 차를 맞아 태조가 서경을 설치하고 춘추로 친히 재계하고 제사를 지내면서 웅도 평양에 의지해 왕업을 굳건히 하려던 취지를 계승한다 했다. 또한 이어서는 새로운 법령을 펴고 산천의 형세와 백성의 형편을 살피며, 지방관의 숫자, 산천에 올리는 제사를 개정하는 데 목적이 있다고 했다. 이를 보면, 서경 순행의 목적은 태조의 유훈에 따라 서경을 찾는 의례를 행하는 것, 이어서는 월령(月令)에 따라 산하와 백성을 살피는 것, 셋째는 큰 은혜를 베풀어 중흥을 맞이한 것을 경축하는 것 등에 있음을 알 수 있다. 그리고 실제로도 서경을 찾는 과정에서 들렀던 주·군현과 그곳의 백성들, 서경의 관원과 백성들에 대해 큰 은혜를 내렸다.

그런데 성종은 서경을 행차하기 전인 987년(성종 6)에 경주를 동경유수(東京留守)로 승격했다. 경주를 동경으로 바꿨다는 것은 개경·서경·동경의 삼경 체제 혹은 다경 체제 운영 의지를 담은 것이었다. 이때 성종이 풍수도참을 따랐는지는 분명치 않으나 삼경 체제를 갖춤으로써 성종은 당시 고려 천하를 세 축으로 나눈 셈이 되었다. 동경을 두게 된 결정은 성종 대 최승로 및 최량 등 경주 세력의 활동이 뚜렷한 데 힘입은 것도 있었다. 이로써 고려는 동경에서 개경을 거쳐 서경에 이르는 종축을 중심으로 국토가 다시 개발되는 효과를 얻을 수 있었다.

성종의 동경 순행은 997년(성종 16) 8월에 진행되었다. 기록상 태조 이후 첫 국왕 행차였다. 그 목적은 서경 순행과 비슷했을 것이다. 8월 3일 동경에 도착하여 9월 7일에 다시 개경에 도착하는 여정이었다. 어떠한 경로로 갔는지에 대해서는 언급이 없지만 동경에 이르러서는 사면과 잔치 등을 성대하게 베풀어 관원과 백성들을 위로했다. 의부나 열녀, 효자 및 효손 등에 대해 정문(旌門)을 세워 주고 선물을 주었다. 당시 개경은 왕태자 격으로 책봉을 받은 개령군 즉 목종이 감국했을 것이라 여겨진다. 하지만 이때 성종은 병을 얻었고, 결국 선위를 결정한 후 내천왕사로 옮겼다가 10월 27일에 죽었다.

(10) 송과의 관계와 대거란 전쟁

성종은 제도문물을 정비하면서 광종식의 '황도(皇都)' 표현으로 상징되는 소위 대고려 건설의 내실을 다졌다. 이것이 가능했던 배경에는 송과의 관계 변화가 있었다. 당시 성종은 송의 잦은 고려 국왕 가책(加冊) 이유를 파악하고자 했으며, 조공 사절 및 사은사, 무역 사절 등을 파견하면서 송이 당과 같은 일원적 국제질서를 세우지 못한 것을 간파했다. 여기에 가장 큰 영향을 준 것은 거란이었다.

송은 후진 때 거란에 양도한 연주(燕州)와 계주(薊州) 등 16주를 되찾고자
했다. 이는 천하를 통일했다는 자부심을 가진 송의 입장에서 볼 때 사명과
도 같은 것이었다. 이를 이루기 위해 송은 고려와의 관계에 정성을 기울였
다. 책봉사가 온 982년(성종 1)부터 993년(성종 12)에 이르기까지 모두 9차례
사신이 왔다. 대부분이 책봉한 뒤에 명예 지위를 더 올려 주는 가책이었고
현실적인 면에서는 거란 공격을 위한 원병 요청이 있었다. 고려에서도 송
에 994년(성종 13) 6월 청병 거절에 따른 외교 단절에 이르기까지 9차례 사신
을 파견했다. 고려는 대체로 문물 수입을 주로 했던 반면, 송은 주로 거란에
대응할 군사 협력을 위한 목적이 컸다.

거란에서도 986년(성종 5) 정월 사신 궐렬(厥烈)을 보냈다. 그리고 고려와
화친을 요청했다. 사실 986년 송 태종은 감찰어사 한국화를 보내와 고려의
협조를 요청했다. 이때 송에서는 좋은 기회는 두 번 다시 오지 않는 법이라
하면서 "노획하는 포로와 가축과 재물과 병장기 등은 모두 그대 나라의 장
병들에게 내려 줌으로써 포상을 베풀 것이다"라고까지 약속했다. 고려는
이와 관련해 성종이 출병해 서쪽에서 만나겠다는 약속을 하였으나 구체적
인 이행 기록은 보이지 않는다. 그런데 이듬해 정월 거란이 궐렬을 보내 화
친 요청을 한 것을 보면 기록에는 없으나 정황상 고려와 거란 간 충돌이 있
었다고 여겨진다.

송 태종이 시도한 전쟁은 결국 거란의 승리로 끝났다. 송 태종은 이후에
도 고려 성종에게 가책을 위한 사신을 지속적으로 보내 관계를 유지했다.
고려와 거란은 경계가 맞닿아 있는 데다가 여진이 중간에 있었기에 상호
의심과 경계심이 커질 수밖에 없었다. 여진은 고려나 거란, 송과 관계를 가
지면서 자신들의 이익을 추구하고자 고려를 모함하기도 했다. 이에 여진
은 의심의 대상이 되기도 했다. 나아가 성종이 990년(성종 9)과 991년(성종 10)
10월에 서경을 방문한 것은 중흥의 업적을 만들고 태조의 유훈을 실행하려
는 것만은 아니었을 것이다. 민심을 위로하면서 경계를 늦추지 않기 위한

목적도 감안할 필요가 있는 것이다.

993년(성종 12) 5월 서북계 여진이 거란이 거병하여 고려를 침략하려 한다고 알려 왔다. 그러나 고려 측에서는 이를 여진의 속임수라 보았다. 왜 그러했을까? 국운이 걸린 문제임에도 불구하고 이러한 판단을 한 배경에는 불편한 여진과의 관계가 반영되었다고 여겨진다. 여진의 입장에서는 고려든 거란이든 자신들의 생존을 위협하기 때문이었고, 이에 양국의 전쟁이 일어나면 오히려 이때 어부지리를 얻을 수 있다 본 것이다. 고려는 8월에 다시 여진의 거란 침공 보고가 있자 다급해졌다. 이후 고려와 거란의 1차 전쟁이 시작되었다.

성종은 급히 각 도에 병마제정사를 보내 군사를 모으기 시작했다. 그리고 박양유를 상군사, 서희를 중군사, 최량을 하군사로 삼아 북계에서 거란을 막도록 했다. 이때 전쟁 과정에서 중군사였던 서희와 거란 소손녕 간에 협상이 오갔다. 994년(성종 13) 2월 소손녕은 고려에 글을 보냈다. 화친과 사대 결정에 따른 후속 조치 요구였다. 사대의 빙례가 잘 갖춰지고 지속되도록 협의하에 교통로와 성곽 해자를 설치하자 했다. 그 결과 거란은 압록강 서쪽에 5개의 성을 쌓고 고려는 안북부에서 압록강 동쪽 180리에 성을 쌓게 되었다. 그리고 고려는 거란의 통화(統和) 연호 사용과 포로 송환을 요청했다.

이 전쟁에서 영웅으로 떠오른 이는 서희였다. 서희는 거란의 목적이 고려와의 변경 충돌을 막고, 여진 문제를 고려에 떠넘기면서, 송과의 사대 및 군사 협력을 막는 것임을 파악한 것이다. 전쟁 와중에 거란에 서경 이북의 땅을 넘기자거나 서경의 미곡 창고에 남은 곡식을 강물에 버리자고 하는 등 패배를 예상하는 이들이 있자 서희는 "전쟁의 승부는 군대의 강약에 딸린 것이 아니라, 적의 약점을 잘 살펴 기동하는 데 있습니다"라 하면서 이를 막았다. 그리고 소손녕과의 협상을 주도하며 거란의 실제 거병 목적을 파악했던 것이다. 양국의 현실적 문제 해결을 위해 고려는 거란에 대한 사대와 송과의 외교 단절이라는 큰 타협을 하게 되었다.

서희는 거란의 요구를 수용하면서도 고려의 실익과 명분을 극대화하고
자 했다. 서희는 성종이 박양유를 예폐사로 거란에 보내자 다음처럼 밝혔
다. 즉, 여진 평정을 우선 이루고 옛 땅을 회복한 후 조빙을 행하기로 소손
녕과 약조했다는 것이었다. 성종의 성급함에 아쉬움을 표한 것이었다. 이
후 서희는 여진을 소탕하면서 흥화(興化)·용주(龍州)·통주(通州)·철주(鐵
州)·귀주(龜州)·곽주(郭州) 등 강동 6주를 축성해 영토를 확보하는 한편 거
란과의 관계 정상화를 꾀하였다.

이 외 당시 협상 내용 중 확인이 어려운 것이 있다. 그것은 성종이 거란에
입조하여 알현한다는 국왕 입조였다. 이 사항에 대해서 서희든 예폐사로
간 박양유든, 혹은 소손녕이든 언급이 없었다. 그럼에도 불구하고 거란의
2차 침입 때 주요 명분의 하나가 된 것을 보면 어떤 식으로든 국왕 입조가
거론되었을 듯하다. 다만 성종은 995년(성종 14)에 사신으로 좌승선 조지린
(趙之遴)을 거란에 보내 거란 왕실과의 혼인을 청했고, 이때 거란에서는 동
경유수 부마 소항덕 즉 소손녕의 딸로 이를 허락하였다. 이 혼인이 이뤄지
는 것을 조건으로 입조를 약속했을 가능성도 있다. 소손녕의 딸이 혼인 전
죽어 일은 성사되지 않았으나 고려는 이때 원나라에 앞서 거란의 부마제후
국이 되었을 수도 있었다.

994년(성종 13) 6월 고려는 그동안 맺어 왔던 송과의 공식적 교빙 관계를
단절했다. 이는 거란과의 협상에서 중요 사안이기도 했다. 고려는 거란과
의 전쟁에서 협상으로 위기를 모면했지만 거란에 대해 복수할 마음이 컸
다. 이에 성종은 사신 원욱(元郁)을 송에 보내 원군을 요청했다. 986년(성종
5) 송의 감찰어사 한국화가 와서 원병을 요청했던 상황과 유사하므로 송에
서도 동의할 수 있으리라 본 것이다. 하지만 송의 태도는 예상과 달랐다. 송
태종은 북방이 평안해진 지금 가벼이 움직일 수 없다고 하면서 사신을 예
우하고 돌려보냈다. 결국 성종은 송과의 외교 단절 결정을 내릴 수밖에 없

었다.

996년(성종 15) 3월 거란에서는 성종을 책봉하는 사신을 보내왔다. 이에 개경 서교에 단을 쌓고 책봉 의식을 치렀다. 그리고 책봉사는 성종을 개부의 동삼사 상서령 고려국왕으로 책봉하는 책문을 전달했다. 이 같은 책봉과 그 조서의 수수는 고려와 송, 거란 관계에 있어 하나의 마침표이자 시작점이 되었다.

4) 성종의 죽음과 시대 과제

997년(성종 16) 9월 성종은 동경 즉 경주에서 흥례부(興禮府) 태화루(太和樓)로 이동해 잔치를 베풀어 동경 순행 일정을 소화했다. 그러나 이때 갑자기 몸이 좋지 않자 급거 개경으로 환궁했다. 9월 기사일(7)에 환궁한 후 건강을 돌보고자 했으나 위독해졌다. 성종은 내천왕사에서 치료 및 요양을 하고자 했으나 결국 죽음을 맞았다. 10월 무오일(27)이었다. 38세의 나이에 불과했다. 성종의 마지막 말은 제왕의 죽음 앞에서의 초탈함과 후사를 걱정하는 마음을 느끼게 한다. 평장사 왕융이 사면령을 반포해 덕을 쌓음으로써 하늘의 보살핌을 얻고자 청한 데 따른 말이었다.

사생(死生)은 하늘에 달린 것인데, 어찌하여 죄지은 자들을 풀어 주면서까지 억지로 연명을 구하겠는가? 또 뒤를 이어 왕위에 오른 사람이 무엇으로써 새로운 은혜를 펼 수 있겠느냐?

묘호를 '성종(成宗)'이라 하고 시호는 '문의(文懿)', 능호는 '강릉(康陵)'이라 했다. 묘호 '성종'은 말 그대로 왕조의 문물 제도를 정비한 군주로서, 또 정치 세력을 예로써 대우하면서 잘 아우른 왕으로서, 백성을 선정으로 보살핀 제왕으로서의 업적이 있었기에 정해진 것으로 보인다. 성종 시대에 한 차례도 모반 사건이 없었던 것이 이를 방증한다. 다만 거란과의 전쟁과 사대, 송과의 외교 단절은 아쉬움이 있었다. 시호인 '문의' 역시도 마찬가지이다. 문물을 아름답게 이뤘다는 의미로 풀이되기 때문이다. '강릉'의 능호는 많은 문물 제도를 정비해 가면서도 큰 충돌이나 갈등 없이 편안한 정치를 이뤘기에 붙여진 이름이었다.

성종 묘정에 배향된 체협공신으로는 태사내사령광빈공(太師內史令匡彬公) 최량(崔亮), 태사내사령문정공(太師內史令文貞公) 최승로(崔承老), 태위내사령 정헌공(太尉內史令貞憲公) 이몽유(李夢游), 태사내사령장위공(太師內史令章威公) 서희(徐熙), 사도내사령(司徒內史令) 이지백(李知白)이 있다. 이 중 최량과 최승로는 998년(목종 1) 4월에 배향되었고, 서희·이몽유·이지백은 1027년(현종 18) 4월 배향되었다. 최승로는 989년(성종 8) 5월, 그리고 최량은 995년(성종 14) 4월에 죽었다. 최승로의 시호 '문정'은 학문이 바르다는 의미, 최량의 시호 '광빈'은 바루어 빛나다는 의미였다. 특히 최량은 성종 즉위 전 사우(師友)였다. 그 때문에 두 사람은 998년에 배향될 수 있었다. 서희와 이지백 등은 여요전쟁과 관련해 공이 있었고, 이몽유는 성종 대에 3차례 과거를 주관한 바 있었으며 987년(성종 6)에는 중외 공문식을 상정하는 등 문장과 관련한 업적이 있었다. 서희의 시호 '장위'는 협상으로 위엄을 떨쳤음을, 이몽유의 '정헌'은 문장을 잘 지어 사표가 됨을 나타낸다. 이들은 모두 성종의 재위기간 중 중요한 역할을 해냈던 것이다.

성종은 고려 역사에서 굵직한 한 페이지를 썼다. 많은 개혁을 추진하고 성과를 얻었지만 그에 따른 변화는 이후 많은 혼란을 가져올 수도 있었다. 중흥군주의 뒤안길은 어둠이 깔릴 수도 있었기 때문이다.

첫째는 성종의 정치가 진정으로 왕실과 정치 세력을 잘 아울렀는가의 문제였다. 왕조 사회에서는 늘 있는 것이지만 개혁을 당한 혹은 개혁에 끌려가야 했던 이들은 그 주체가 죽었을 때 소위 반동의 움직임을 시작하기 때문이다.

둘째는 성종의 개혁이 완성된 결과물을 만든 것이 아니라는 점이다. 따라서 미진하거나 방향만 잡아 놓은 일을 마무리하고 잘못된 경우 다시 바로잡아야 하는 과제가 남아 있었다. 그것은 후대 왕의 몫으로 남기 마련이었다.

셋째는 과거에 급제하고 성종과 함께 정치를 행해 온 정치 세력의 분열 여부였다. 성종이라는 중심이 있을 때는 문제가 표면화되지 않았지만 그렇지 않을 때는 어디로 움직일지 모르는 상황이 발생할 수 있기 때문이었다.

넷째는 송과의 관계, 거란과의 관계를 어떻게 설정할 것인가였다. 여기에 여진 역시도 마찬가지였다. 비록 성종은 거란에 대한 사대를 결정하고 화호했으나 여전히 국경 문제, 여진 문제, 입조 문제 등이 잠재해 있었기 때문이다.

다섯째는 왕실의 직계 종친이 극소수로 줄어든 상황이었다는 점이다. 광종의 살아남은 아들로 경종, 경종의 아들로 목종이 유일했으며, 성종은 딸만 둘이었다. 광종 대 참소의 바람에 휩쓸려 종실이 무너진 탓도 있었다. 따라서 왕위를 잇는 문제가 등장할 상황이 되었다.

여섯째, 당시 사람들이 성종의 화풍 중심 정치에 수긍하면서도 지나치게 중화의 제도를 따른 데 대한 반감이 있었다는 점이다. 성종이 축소시킨 연등회나 팔관회, 선랑 행사 등은 상징적 면이 있었다. 이러한 고려의 전통을 어떻게 회복할 것인가도 과제가 되었다.

일곱째, 장기적인 문제이지만 고려의 국제(國制)를 어떠한 위상으로 세울 것인가의 고민이 필요했다. 제도문물의 정비와 과거급제자 및 지식인의 급증은 어떤 형태로든 고려 왕조는 어떠한 나라여야 하는가에 대한 문제의식을 낳기 마련이었다. 그리고 그것을 어떻게 상징화할 것인가에 대해서도 마찬가지였다.

성종은 많은 교서를 반포하면서 고려가 '만승지국(萬乘之國)'이 아니라 '천승지국(千乘之國)'의 규모를 가졌음을 자인했다. 송의 책봉을 받으면서 송에 대한 사대 질서를 받아들였다. 그럼에도 불구하고 성종은 자주적 일통 삼한을 이룬 자긍심과 다원적 국제질서를 바탕으로 한나라나 당·송의 제도문물을 고려에 맞게 수용했다. 이를테면 화풍을 존중하되 이를 토풍에 맞춰 조절한다는 인식이었다. 따라서 성종의 제도문물 정비는 국가의 격이라 할 국제(國制)를 낮춰 수용하는 '체강(遞降)'이 아니었다.

달리 말하면 이는 성종 대에 들어와 더욱 당제를 모델로 하였지만 '고려 독자의 제도문물 정비' 역시 강화되어 갔음을 뜻했다. 그것은 후에 중국이 칭하는 군자의 나라라는 제후국 인식을 넘어 해동천하라는 천하의식 및 동방이라는 문명의식으로 확대되는 토대가 되어 갔다. 성종이 차지하는 중흥 군주의 역할은 여기에 있기도 했다.

이러한 성종의 정치에 대해 최승로가 성종 정적평을 남겼다면 어떤 내용이었을까? 아마도 진정 뜻을 같이할 수 있는 군주로서의 모습을 지적하면서 '하늘을 두려워하면서 예의로써 신하를 대하고 백성을 사랑하여 현세에 왕도정치의 지극함을 볼 수 있었다'라고 하지 않았을까 싶다. 그러면서도 보다 송과 긴밀한 관계를 유지하면서 거란에 대처하고, 거란의 침입에 대비해 방비를 강화했어야 했다고 평했을 것이다. 거란과의 전쟁 때 할지론에 흔들리고 간혹 불교에 경도되었던 모습에 대한 비판도 피하긴 어려울 듯하다. 그럼에도 불구하고 공은 9요, 과는 1이라는 정도의 정량 평가를 하지 않았을까 싶다.

4.
목종과 흔들리는 왕실

1) 목종의 혈통과 즉위

997년(성종 16) 10월 무오일(27), 6대 성종이 죽고 18살의 개령군이 선위를 받아 즉위하였으니 바로 목종(穆宗, 980~1009)이다. 목종의 이름은 '송(誦)'이고 자호는 '효신(孝伸)'이었다. 성종 대까지의 군주 이름이나 자호를 생각할 때 목종의 경우는 특이하다. 사실 특이함보다는 상대적으로 평범함이 보인다. 즉, '송'은 말하고 의논한다는 뜻이고, '효신'은 효를 편다는 것이기 때문이다.

목종은 980년(경종 5) 경진년 5월 임술일(20) 헌애왕후 황보씨에게서 태어났다. 헌애왕후 황보씨는 대종(戴宗)과 선의태후(宣懿太后) 류씨(柳氏)의 딸로 성종과 친남매 간이었다. 대종은 태조와 신정왕태후의 아들인데 969년(광종 20)에 죽자 신정왕태후가 어린 성종을 키웠다. 목종은 성종에게는 조카가 된다.

경종이 죽을 때 목종은 말 그대로 갓난아기였다. 경종으로부터 내선을 받은 성종은 즉위 후 어린 조카를 보호해야 했다. 왕실 직계 후손이 거의 없는 상황이어서였다. 이 때문에 아이를 궁중에서 기르면서 어떠한 위해나 모함도 있을 수 없게 하려 했던 듯하다. 그러면서도 건강을 위해 궁술이나 기마술 등을 익히게 했다. 사관이 목종에 대해 언급한 것을 보면 "천성이 침착하고 굳세어 어려서부터 인군(人君)의 도량이 있었고 궁술과 기마술에 능했다"라 하고 있기 때문이다. 인군의 도량은 저절로 생기기보다는 교육의 힘이 크다. 어느 왕보다도 교육을 통한 인재 양성에 힘쓴 성종이었기에 목종을 위해 많은 신경을 썼을 것이다. 궁술과 기마술을 익힌 것도 그러한 차원이었으리라 짐작된다.

『고려사』의 목종 총서에 따르면 목종은 990년(성종 9) 6월에 개령군으로 책봉되었다. 그런데 『고려사』의 성종 9년 조나 『고려사절요』에 따르면 같은 해 12월 무신일(7)에 개령군으로 책봉하였다 하고 있다. 사안의 중요성을 감안하면 이러한 착오가 있을 수 없다. 그렇다면 6월에는 개령군(開寧君)으로 책봉되고 12월에는 정윤이 된 것은 아닐까? 하지만 12월 무신일 책봉 교서를 보면 개령군으로 봉한다는 구절이 보인다. 이를 고려하면 6월 개령군 책봉, 12월 정윤 책봉보다는 12월 무신일 개령군 책봉이 보다 정확할 듯하다. 따라서 6월 책봉 기사는 착오라 하겠다.

여기서 개령군의 봉호는 성종이 왕위에 오르기 전 받은 책봉 군호(君號)와 같았다. 다만 개령군이라는 군호는 어떻게 정해졌는지 의문이다. 경상도 상주 쪽의 개령현을 염두에 둔 것일지 모르나 연고가 없어 이를 연결하기 어렵다. 하나 더 드는 생각은 개경(開京)을 일컫는 표현은 아니었을까 하는데 관련 근거는 찾아지지 않는다. 왕실에서 개령군 호칭을 쓴 것은 성종과 목종밖에 없다. 현종 대부터는 호칭을 개령군이나 정윤이 아닌 왕태자로 하였고, 이후 개령군 표현은 나오지 않는다.

다만 현종이 장자인 덕종을 왕태자로 책봉할 때 '연경군(延慶君) 흠(欽)을 왕태자로 책봉한다'라 한 내용이 있다. 이를 고려하면 왕태자 책봉 시에 조선 시대처럼 원자(元子)를 세자(世子)로 책봉하는 것이 아닌 군호를 정하고 왕태자로 책봉하는 방식이 있었던 듯하다.

990년(성종 9) 12월 무신일(7)에 내려진 왕송에 대한 개령군 책봉 교서를 보자.

주나라는 자손들[麟趾]을 각 지역에 봉하기 시작함으로써 변방[藩屛]을 예(禮)로 높였고, 한나라는 서로 맞물린 땅에 황족을 봉하는 제도[犬牙之制]를 만듦으로써 황실과 제후[宗支]의 의를 돈독하게 만들었다. (중략) 숭덕궁(崇德宮)의 적자(嫡子)인 왕송(王誦)은 태조(太祖)의 영손(令孫)이며 나의 조카[猶子]이다. 어릴 때부터 정도(正道)를 길러 겨우 대여섯 나이에 덕이 법을 넘지 않았으며 이미 성인(成人)과 같은 기량을 쌓았다. 옛 책을 두루 살펴보고 옛날의 풍속을 상고하니, 친족(親族)과 화목하게 지내는 것은 백세(百世)의 좋은 규범이고 어린애를 자애롭게 대함은 오상(五常)의 바른 뜻이다. 비록 이제 막 공부를 시작한 나이지만 내가 감히 봉토를 내려 주는 것을 아끼겠는가?

이를 보면 개령군 책봉의 정치적 배경에 대해 주나라나 한나라가 시행한 봉건제처럼 종지(宗支) 간 의리를 돈독하게 하기 위한 것이라 했다. 그리고 혈통에 대해 숭덕궁의 적자로서 태조의 영손이자 자신의 조카라 했다. 여기서 숭덕궁은 헌애왕태후 황보씨 즉 천추태후의 궁호(宮號)였다. 굳이 경종의 적자라 하지 않고 숭덕궁 적자라 한 것은 조금 의문이 들지만 황주 황보씨 세력이 강력했음을 고려할 때 이를 반영한 면도 있을 것이다. 그러니까 혈통상으로 본다면 왕송 즉 목종은 당시 왕실에서 왕위계승 영순위였다.

다음으로는 자질과 관련한 언급이 보인다. 정도를 길러 법도를 지키고 어린 나이지만 성인과 같은 기량이 있다고 하였다. 성종 자신이 최량을 통해 학문을 수학했듯이 조카 왕송도 그러한 과정을 거쳤음을 알 수 있다. 그리고 친족과의 화목과 자애로움을 보이고 입학할 나이인 치학(齒學)에 이르렀으므로 봉토를 내려 준다 했다. 즉, 책봉을 행한다는 것이었다. 그리고 책봉사를 보내 개령군으로 봉하였다.

그런데 더 중요한 것은 책봉하면서 이제 개령군이 되는 왕송에게 내린 일깨워 주는 말인 훈사(訓辭)였다. 그것은 다음과 같았다.

집안에서부터 나라로 효를 옮겨 마음을 다하고, 군신·부자의 규범을 따라 위의(威儀)에 어긋남이 없도록 하라. 예악(禮樂)과 시서(詩書)의 가르침을 익히고 부지런함을 존숭(尊崇)하며, 호화와 사치에 힘쓰지 말고 주색(酒色)에 빠지지 말라. 농사의 어려움을 알아 조정에서 정치 교화를 바르게 할 것이며, 공경하고 삼가면서 나의 명을 따르라.

한편 성종을 이어 목종이 즉위할 때의 나이가 18살이었다. 혼인 즉 가례(嘉禮)를 행했어야 할 때였다. 그러나 관련 사료가 없어 확인은 어렵다. 목종의 후비는 2명으로 나온다. 성종은 두 딸이 있었는데 목종과 혼인시키지 않았다. 나이가 너무 어려서였던 것인지 판단하기 힘들다. 다만 현종의 후비가 되는 성종의 딸 원정왕후 김씨를 현종이 즉위 후 맞이하여 현덕왕후라 했다는 점을 고려하면 어렸기 때문이라는 쪽이 맞을 듯하다.

목종의 첫째 후비는 선정왕후(宣正王后) 유씨(劉氏)로 종실 홍덕원군(弘德院君) 왕규(王圭)의 딸이었다. 홍덕원군은 태조와 헌목대부인 평씨 사이에서 난 수명태자(壽命太子)의 아들이었다. 그런데 선정왕후에 대해 유씨(劉氏)라 한 것을 보면 홍덕원군 왕규의 부인은 충주 유씨 계열일 가능성이 높다. 흥미로운 것은 앞서 성종의 첫째 후비가 된 문덕왕후 유씨가 홍덕원군 왕규에게 시집갔었다는 점이다. 홍덕원군이 살아 있었다면 이혼하고 혼인한 셈이 되는 것이고 아니면 사별 후 재혼한 것이 된다. 이를 고려하면 선정왕후 유씨는 선대왕의 딸이 아니긴 하지만 성종 비 문덕왕후 유씨의 딸이 되는 것이다.

둘째 후비는 궁인 김씨였다. 출계가 기록되어 있지 않아 부모를 알 수 없는데, 궁인으로만 기록된 데다가 목종의 총애를 받았다는 것을 보면 정식 후비라 하기는 어려울 듯하다. 경주 출신이었을 가능성이 있다. 목종 대에 그녀를 요석댁궁인(邀石宅宮人)이라 불렀던 점이나 그녀가 신라 원성왕의 먼 후손임을 사칭해 양민 5백여 명을 노비로 삼으려 했던 경주인 융대(融大)의 청탁을 받았던 것은 연고가 있어 가능했을 것이다. 궁인 김씨는 뇌물을 받았기 때문에 목종의 처분으로 구리 1백 근을 벌금으로 낸 바 있다.

목종 왕실 구성을 보면 광종이나 경종, 성종 대에 비해 후비 관련 정치 세력이 상대적으로 약했던 것으로 판단된다. 이것이 결국 강조에 의한 목종의 폐위가 가능했던 원인이 되었을 수 있다. 성종이나 목종의 모후가 되는 헌애태후 즉 천추태후가 목종 후비 문제에 왜 적극적이지 않았는지 의문이 든다. 여기에는 두 가지 정도 추정이 가능할 듯하다. 충주 유씨와 황주 황보씨의 결합 정도면 되었다 마음을 놓은 것은 아닌지 싶다. 또 하나는 뒤에 언급하겠지만 천추태후와 김치양의 치정 사건으로 태어난 둘 사이의 아이를 후계자로 삼으려 한 천추태후의 의도도 있을 수 있다.

2) 목종의 정치와 대거란 문제

목종과 관련해 선명하게 떠오르는 것은 998년(목종 1) 개정전시과(改定田柴科)의 시행, 천추태후, 1009년(목종 12) 김치양의 난과 강조의 정변 등이다. 그리고 현종의 즉위와 함께 곧바로 2차 거란과의 전쟁이 있게 된다. 이렇게 보면 경종-성종 대를 거치면서 제도문물이 정비되고 체제 안정기에 들어선 고려 왕조가 목종 대에만 두 차례에 걸친 정변을 겪고 대거란 문제가 폭발한 셈이다. 그렇다면 목종 대는 왕실의 변동과 함께 국제환경의 변화가 발생한 일종의 과도기였다 할 수 있다. 목종 대 정치를 통해 실제로 어떠한 일이 있던 것인지 보자.

목종은 990년(성종 9) 이후로 왕위계승자인 개령군으로서 스승으로부터 군주로서의 학문과 도를 배웠을 것이다. 더불어 성종의 정치에 참여하면서 성종이 양성한 인재들에 대해 알아 나갔다. 따라서 목종의 정치는 새로운 개혁을 추진하기보다는 성종 정치의 계승과 완성에 초점을 맞추었다. 다만 성종이 추구했던 당제 등 화풍을 토대로 한 제도문물 정비를 계속할 것인가, 아니면 토풍의 부활을 꾀할 것인가의 문제가 남아 있었다.

또한 모후인 천추태후와의 관계를 어떻게 설정할 것인지도 중요한 문제였다. 목종은 18세의 나이로 즉위해 정국 운영에 문제가 없었다. 하지만 왕태후가 된 천추태후는 생각이 달랐다. 천추전에 있으면서 섭정을 했다. 이때문에 천추태후라고 부르는 것이다. 여기에 김치양 등 왕태후를 둘러싼 세력의 처리 문제는 재위 기간 내내 계속되었고 끝내 목종의 폐위와 죽음을 불러오게 되었다. 이 외에도 갑작스러운 성종의 죽음 이후 대두된 시대 과제를 어떻게 해결할 것인지도 관심사가 될 수밖에 없었다.

(1) 즉위와 장녕절 제정

목종은 즉위하면서 숙부인 성종의 국상을 마무리해야 했다. 즉위 때 나이가 18세인 데다가 이일역월제로 행한 국상인지라 큰 어려움은 없었을 것이다. 국상이 끝나자 목종은 12월 임인일(11)에 위봉루에 올라 즉위와 책봉을 기념하여 사면과 포상, 면세, 잔치 등을 행하고, 모후인 헌애왕후를 높여 왕태후라 했다. 그리고 998년(목종 1) 4월에는 태묘 참배와 성종 부제(祔祭)를 행한 후 최승로와 최량을 성종 묘정 배향공신으로 정했다. 5월에는 태조와 황고 즉 부왕인 경종의 기일 재계에 각 5일간 불공을 올리고 혜종·정종·광종·대종·성종의 기재(忌齋)에는 하루 분수(焚修)를 상식(常式)으로 삼았다. 989년(성종 8) 12월의 교서에서 성종은 태조와 부왕 대종의 기재에는 당 태종이 한 것처럼 5일간 불공을 드리도록 한 바 있었다. 이러한 절차는 국상을 마치면서 행하는 것이기도 했다. 이는 성종 대에 마련되어 적용된 뒤 목종이 즉위 때부터 적용한 첫 사례가 되었다. 이후의 왕대에도 이는 마찬가지로 적용되었다.

목종은 다른 면에서도 성종 대 사례를 따랐다. 예컨대 성종처럼 자신의 생일인 5월 임술일(20)에 대해 절일 명칭을 정했다. '장녕절(長寧節)'이었다. 장녕은 길이 평안하다라는 의미를 담고 있는 것으로 자신이 있는 한 그러한 고려가 되길 바라는 마음도 있었을 것이다. 이러한 절일 칭호 역시도 후대에 이어졌다.

(2) 과거와 은사 그리고 음직

목종이 성종의 정치를 계승한 두드러진 분야는 인사와 과거였다. 그리고 관료에 대한 경제적 처우 개선 등에 있어서도 그러했다. 특히 인사를 보면 목종은 고려 역사에서 획기적인 일을 단행한 것이 확인된다.

997년(경종 즉위년)에 교서를 내려 문무 5품 이상 관원의 아들에게 음직(蔭職)을 주도록 했다. 이로써 소위 고려 시대 음서제(蔭敍制)가 시작되었고, 이는 고려 왕조가 문벌 귀족 사회로 전환되는 토대이기도 했다. 물론 왕족의 후예 및 공신 자손도 이에 앞서 관직에 서용되었지만 공식 기록상 5품 이상 관원 자손에게 음직 제수를 허락한 것은 처음이었다. 이를 매년 행했는지 특별한 때 위주로 행하였는지, 또 어떤 직을 주었는가는 분명치 않다. 그렇지만 처음 받는 직은 실직보다는 직위만 있는 산직 및 동정직, 행정 실무를 맡은 이속직(吏屬職) 등이었다.

이어서는 같은 해에 조서를 내려 그간 과거에 응시했으나 급제하지 못했던 이들에게 은사(恩賜)를 행했다. 진사·명경에 10번 응시했으나 합격하지 못했던 자 및 명서업(明書業)·지리업(地理業)의 학생으로 10년을 채운 자는 모두 관직에 나아가는 것[脫麻]을 허용한 것이다. 이 조치에 해당하는 당사자들은 급제자들의 관직에는 미치지 못했겠지만 관직에 나아갈 길이 열렸다는 점에서 환호할 만한 일이었다. 여기에다가 목종은 "상참관(常參官) 이상 및 직사(職事) 7품 이상 관리에게는 아버지·어머니·아내에게 각각 관직과 봉작[官封]을 더하여 주라"라는 교서도 내렸다.

과거는 재위 2·4·6·9년을 제외하고 시행되었는데, 특히 998년(목종 1)의 경우 정월과 3월 두 차례 방방(放榜)이 있었다. 정월에는 제술업에 갑과 2명과 을과 3명, 명경업 7명, 명법(明法) 5명, 명서(明書) 3명, 명산(明算) 4명,

삼례(三禮) 10명, 삼전(三傳) 2명이었다. 그리고 3월에는 갑과 7명 및 을과 25명, 동진사 18명, 은사(恩賜) 1명, 명경 20명, 명법 23명, 명서 5명, 명산 11명을 뽑았다. 이때에만 급제자 수가 급증하였는데 목종의 방침이 그러했던 것인지, 천추태후의 영향력이 작용해서인지, 실제 국자감 등의 교육 결과 급제할 만큼의 학생이 늘어났던 것인지는 판단하기 어렵다.

목종은 과거제를 시행하면서 불합리하다 판단한 사안에 대해 살펴보았다. 조선 왕조에 와서는 3년에 한 번씩 식년시(式年試)를 실시하면서 이를 대비과(大比科)라고도 했는데 고려 초에는 특별한 일이 없으면 매년 행하고 있었다. 성종 대의 경우도 이는 마찬가지였는데, 방방의 경우는 14차례의 과거를 실시하면서 9번을 3월에 발표하였다. 이 외 5월에 2차례, 윤2월에 1차례, 8월에 1차례 행한 것이 확인된다. 방방의 경우 대체로 3월에 행하는 것이 정례화되었던 것이다. 이에 목종은 1004년(목종 7) 3월 과거법을 개정하였다. 이때의 기록을 보면 매년 봄에 시험을 치르고 가을과 겨울에 방방하였으나 방방 시기를 3월로 정한다 했다. 과장 관리 및 시험 과정에 대해서도 절차를 정했다.

제술업 즉 진사과와 관련해 다음과 같이 정한 것을 알 수 있다. 즉, 과장 개설 시 문을 잠그고 시험을 보게 했다. 첫째 날에는 『예기』 중 10조를 뽑아 일부를 가리고 알아맞히게 하는 첩경(貼經)을 실시하고, 다음 날에는 시·부를 시험했다. 그리고 마지막 날에 시무책을 쓰도록 했다. 10일째에 합격 여부 및 등수인 과등(科等)을 정해 왕에게 아뢰고 잠근 것을 열도록 했다. 명경업과 잡업은 전년 11월 선발을 한 다음 진사와 같은 날 방방했다. 그렇지만 이것이 목종 7년 이후 잘 지켜졌는지는 의문이다. 방방 때를 보면 7년 4월, 8년 3월, 10년 6월, 11년 3월 등이기 때문이다. 그렇더라도 과장 관리 및 방방 시기 등을 정해 운영하려 했다는 점에서 이 조치는 의미가 있었다.

한편, 998년(목종 1) 3월에는 군현의 호장(戶長)에 대한 조치도 취했다. 나이 70세가 되면 안일(安逸)에 속하게 한 것인데 이는 정년퇴직 개념과 같았다. 70세에 퇴직하는 것에 대해 관료 생활을 다 끝냈다는 의미에서 '치사(致 仕)'라 했는데 이와 비슷한 것이었다. 당시에 이러한 호장을 안일호장이라 고 불렀고 이는 성종 대에 행한 양로 정책과도 통하는 면이 있었다. 그리고 목종은 이들 안일호장에 대해 경제적 보장도 해 주었는데, 그들이 원래 받 았던 직전(職田)의 반을 주도록 한 것이다.

(3) 전시과 개정

인사와 과거의 이 개정들은 즉위와 관련해 내린 특별한 조치이긴 했지만 사실 여러 가지 문제를 야기할 수 있었다. 아직은 왕조 초기이고 과거제가 시행된 지 그리 오래되지 않은 시점이라 인사 적체 등의 문제가 발생하지 않았겠으나 곧 이 문제가 나타날 수도 있었다. 혹은 일할 줄 모르거나 굳이 해당 직이 필요하지 않은 관원들도 생겨날 수 있었다. 소위 '용관(冗官)'이 이 에 해당하였다.

또 하나는 재정 문제였다. 요즘 식으로 얘기하자면 이들은 어떠한 형태로 든 국가공무원에 해당하였다. 즉 직역(職役)이 있기 때문에 이들에게는 월 급 즉 전시과나 녹봉 등이 지급되어야 했다. 따라서 국가 재정과 연결될 수 밖에 없었다.

목종 대에는 경종 대 시정전시과가 제정된 이래 특히 여러 유형의 관원 이 급증했기 때문에 그 분급을 시정전시과로 감당하기 어려워지게 되었다. 아마 성종도 이를 느꼈을 것이고 그에 대한 대책을 강구토록 했을 것이다. 그리고 그 해결책은 목종이 즉위하면서 제정되었다. 이것이 998년(목종 1) 12월 정해진 개정전시과였다.

개정전시과에서는 당연히 성종 및 목종 초의 관료제 변화와 그로 인한 국 가 재정 규모를 감안해 분급에 반영해야 했다. 우물물이 갑자기 강물이 될 수는 없기 때문이다. 우물물이 더 필요할 때는 우물을 넓히든지 아니면 다 른 우물을 하나 더 파야 한다. 즉, 수요와 공급을 현실적으로 조정해야 한다. 결국 목종은 한정된 국가 재정을 토대로 전시과를 지급하기 위해서 수요와 공급 조절론을 따를 수밖에 없었을 것이다.

이에 개정전시과의 내용을 보면 시정전시과와는 분명한 차이가 있게 되었다. 일단 분급 기준을 바꾸었다. 18과로 나눈 관직의 높고 낮음으로 분급 기준을 단일화했다. 실직을 중심으로 하되 산직의 경우는 이보다 낮춰서 받도록 한 것도 확인된다. 크게 보면 관인층과 이속층 그리고 군인층으로 분류된 것이기도 했다. (세습)군인층으로 마군(馬軍)과 보군(步軍) 등도 지급 대상에 들 수 있었다. 이는 성종 대의 대거란 전쟁과 지속되는 거란 및 여진과의 긴장 관계 속 무반 중시 경향이 반영된 것이었다.

구체적인 내용을 간단히 보면, 1과에 해당하는 내사령이나 시중의 경우 전지 100결과 시지 70결이었고, 18과로 분류된 여러 보군은 전지만 20결이었다. 이 외 여기에 들지 못하는 과외(科外)의 경우는 전지만 17결이었다. 이후 또 한 차례의 전시과 개정은 후일 1076년(문종 30)에 이루어졌다. 물론 이때에도 근 80년간의 변화를 반영해 정하였다.

(4) 책봉과 대거란 정책

목종의 책봉 문제와 거란 및 송과의 관계에 대해 살펴볼 필요가 있다. 목종 책봉은 성종이 거란에 대해 사대와 조빙을 행하고 고려 국왕 책봉을 받은 후 두 번째로 받는 것이기에 이는 양국 간의 중요한 관행으로 자리 잡을 수 있었다. 또 하나는 고려가 송과의 외교 단절을 선언했으나 실제로는 그렇지 않은 면이 보여서이다. 셋째, 고려와 거란 관계가 초기 안정 단계로 들어가는 것처럼 보였지만 성종 말년의 강동 6주 축성 이후 목종 대에도 지속해서 서북계 방면 축성을 해 나간 것이 보인다. 이를 보면 양국 간 불안함이 항상 존재하고 있었던 듯하다.

성종의 국상 후 목종은 11월에 합문사 왕동영(王同穎)을 거란에 보내 성종의 죽음과 그에 따른 왕위계승을 알렸다. 거란에서는 성종의 죽음을 알지 못한 상태에서 성종의 천추절을 축하하는 사신 편에 거란 황제의 글 등을 보내왔다. 고려 군주의 절일 즉 생일을 축하하는 사신 파견은 이때가 처음이었다. 이후 이것이 관행화되어 고려 군주의 절일에는 거란 측 절일 축하사가 왔고, 고려에서는 그에 감사하는 사신을 다시 보내어 답례했다. 목종은 절일을 축하하는 거란 황제의 글을 성종 영전 앞에서 고하여 혼령에게나마 알렸다. 그리고 거의 동시에 거란은 성종에 대해 치제(致祭)를 행하였고 목종 책봉사도 보내 목종을 권지국사(權知國事) 즉 권지고려국사(權知高麗國事)로 책봉했다.

이어 이듬해인 998년(목종 1)에 고려 국왕으로 책봉하였다. 그리고 1007년(목종 10) 2월 목종을 수의보방추성봉성공신 개부의동삼사 수상서령(守義保邦推誠奉聖功臣開府儀同三司守尙書令) 겸 정사령 상주국(政事令上柱國)과 식읍 7천호 및 식실봉 7백 호로 더하여 책봉했다. 참고로 성종은 996년(성종 15)에 개부의동삼사 상서령 고려국왕(開府儀同三司尙書令高麗國王)으로 책봉되었다.

고려와 거란 사이에 왕위계승을 둘러싸고 선왕의 죽음과 승계를 알리는 고애(告哀) 및 주청(奏請)-권지국사 책봉-고려국왕 책봉-가책 등으로 이어진 일련의 과정이 성립된 것이다. 그런데 고려-거란 관계는 고려와 송처럼 제도문물의 수입이나 빙례를 행하면서 책봉을 받는 과정을 밟은 것이 아니었다. 전쟁을 통한 강제성을 띤 사대관계였다. 따라서 사대관계는 단순히 명분에 그치는 것이 아닐 수도 있었다. 사대관계에 필수가 되는 것이 자소(字小)였다. '자소'란 빙례를 행하면서 책봉을 받는 나라를 대국이 지원한다는 의미가 있었다. 이 경우 책봉을 받은 군주의 지위에 이상이 생기면 대국이 왕위 변동 과정을 조사하는 것이 가능했다. 이는 후에 목종의 죽음 후 현종이 즉위하는 과정에서 거란 성종이 침략 명분을 세울 수 있었던 주요 근거가 되었다.

다음으로 송과의 관계를 보자. 목종이 즉위할 때 송은 태종(太宗)이 죽고 진종(眞宗)이 즉위했다. 고려는 송과의 외교를 단절하기는 했지만 송과 거

란의 관계에 대해 주목하고 있었다. 『송사』고려 열전을 보면 고려의 이부
시랑 조지린(趙之遴)과 아장(牙將) 주인소(朱仁紹)가 등주(登州)에 와서 정세를
살피려 하자 진종황제가 불러 접견한 내용이 기록되어 있다. 이때 주인소
는 고려가 여전히 황제의 교화를 사모하고 있는데 거란의 제재로 어려움에
처하였다고 알렸다. 이에 황제는 조서 1통을 고려에 보내온 것이다. 조서
내용은 전하지 않으나 고려의 마음을 잘 알겠다는 정도가 쓰여 있지 않았
나 싶다.

이후 1003년(목종 6) 고려는 호부낭중 이선고(李宣古)를 송에 보내 송의 군
대가 거란 접경지대에 주둔하면서 그들을 견제할 것을 요청했다. 이때 진
종이 회답 조서를 보낸 것으로 되어 있으나 역시 내용은 알 수 없다. 다만
이듬해 거란과 송 사이에 전연의 맹[澶淵之盟]이 맺어져 송 진종은 거란 성종
의 모친 승천황태후(承天皇太后) 소씨(蕭氏)를 숙모로, 거란 성종을 형으로 삼
았다. 거란에 대해 송이 사대한 것이다. 이 같은 양측의 전쟁 결과는 고려로
서도 송으로부터 현실적 도움을 얻을 수 없게 되었다는 전략적 사고를 갖
게 했다. 결국 고려는 이후 1014년(현종 5) 고주사 윤징고를 보내기까지 송과
공식 관계를 갖지 않았다. 그렇지만 이러한 상황은 고려에 여전히 친송-반
거란의 정서가 있었음을 상징적으로 보여 준다.

셋째로 성종과 서희가 강동 6주에 축성한 이래 목종 대에도 국방 경계를
위해 계속 성보를 쌓아 거란이 신경을 쓰기 시작했다는 것이다. 1000년(목종
3) 덕주(德州, 평안남도 덕천)에 성을 쌓은 이래 평로진(平虜鎮, 평안남도 희천), 가
주(嘉州, 평안북도 박천), 위화(威化, 평안북도 운산), 곽주(郭州, 평안북도 곽산), 귀주
(龜州, 평안북도 구성), 흥화진(興化鎮, 평안북도 의주), 통주(通州, 평안북도 동림) 등에
도 축성하였다. 더군다나 이러한 축성이 서희-소손녕 담판 결과인 사신 왕
래를 위한 교통로 마련 때문인지 다른 목적이 있는 것인지 거란 측은 의심
하고 있었다.

고려 성종과 거란 간에는 협상 후 사신이 오가면서 이면 합의가 있었던

것으로 파악된다. 그것은 성종의 거란에 대한 입조 약속이었다. 물론 이는 거란의 일방적 주장일 수도 있다. 강동 6주 및 여타 지역에 대한 축성이 지속되고 있는 시점에서 고려 측의 군사 움직임은 여진 대비용이라 하더라도 달리 보면 거란을 자극할 수 있었다. 이러한 민감한 문제에 다른 사안이 돌출하게 되면 그것은 연쇄 반응을 일으키게 되는데 강조의 정변과 목종의 죽음 등이 그것이었다.

(5) 순행과 서경 재제(齋祭)

목종은 개령군으로 있으면서 성종의 서경 및 동경 순행을 지켜본 바 있었다. 그 목적에 대해서도 익히 알았을 것이다. 그런데 998년(목종 1) 7월의 기록을 보면 서경을 호경(鎬京)이라 고쳐 부른 것이 보인다. 왜 이렇게 호칭을 정했는가에 대해서는 추측만 가능하다. 성종과 목종 대 조서 및 교서 서두를 보면 대개 중국 하·은·주 시대 혹은 한나라와 당나라 성군의 정치를 사례로 들면서 시작하고 있다. 이는 성종 및 목종 대 학사들이 생각한 이상적 정치였으리라 여겨진다. 호경이라는 호칭은 그 가운데 서주(西周)의 무왕(武王)이 정한 왕도(王都)의 이름이었다. 그만큼 서경을 높인다는 의미로 거란에 대한 대비 목적도 있었을 것이다.

목종 재위 기간 중 호경 순행은 모두 네 차례 있었다. 999년(목종 2) 10월, 1004년(목종 7) 11월, 1007년(목종 10) 10월, 1008년(목종 11) 10월에 행차한 것이다. 이를 어떻게 봐야 할까? 목적은 지방 상황과 민의 생계 및 교화 정도를 살피고, 풍년 유무와 산천신을 확인하는 것 등이었다. 다만 태조의 유훈을 받드는 한편 호경에서의 재계를 위해서인지, 갑작스레 서경의 전략적 중요도가 높아져서인지, 성종과 달리 토풍을 다시 세우려는 움직임인지는 알 수 없다. 그러면서도 1001년(목종 4) 11월에는 고려 군주로서는 처음으로 외가(外家)라 할 중원부(中原府) 즉 충주에 행차했다. 이때 지방의 사정을 살피고 호종한 신하나 지나온 주군 관리의 품계를 올려 주는 한편 물품도 내렸다.

　군주의 지방 순수는 성종의 서경 순행에서도 언급된 바처럼 군주가 지방관 및 백성에게 은혜를 베푸는 한편 산천신 및 왕실 조상신에게 재제를 행하는 것이었다. 본격적인 의장을 갖춰 대신들을 거느리고 행하는 것인 만큼 이는 군주의 위엄과 위상을 높이는 효과가 컸다. 먼발치에서 성대한 의장 속 군주를 대한 백성들은 속마음은 어떨지 몰라도 군주의 휘광에 감탄하고 엎드렸을 것이다. 더구나 여기에 잔치를 누리고 선물을 받을 수 있었으므로 그 감복의 정도는 더 커질 수 있었다.

(6) 불교와 재이(災異)

　한편 목종은 태조가 「훈요」에서 원찰 등을 함부로 짓지 못하게 한 것이나 985년(성종 4) 10월 집을 희사해 원찰로 만드는 일을 금지한 것과는 다른 조치를 취했다. 999년(목종 2) 7월 도성 남쪽에 왕태후인 천추태후를 위해 진관사(眞觀寺)를 지어 원찰로 삼았고 후에 9층탑을 짓기도 했다. 목종 자신도 1000년(목종 3) 10월 개경 환희방 숭교사(崇敎寺)를 자신의 원찰로 삼았다. 그런데 1009년(목종 12) 정월 경오일(14)에 숭교사 행차 후 환궁할 때 갑작스러운 바람으로 일산의 자루가 부러지는 불길한 일이 벌어졌다. 왕실이 원찰을 이렇게 지어 운영하는 것은 문제가 있었다. 즉, 왕실의 경우야 특별한 것이라 하더라도 백성들도 원찰을 만들 수 있다는 선례가 되었기 때문이다.

　이렇게 보면 목종의 불교계에 대한 관심이 화풍에 따라 유교적 예제 정비를 행한 성종보다 컸던 것을 알 수 있다. 1006년(목종 9) 6월 궁궐 천성전 치미에 벼락이 치자 여러 가지 소재(消災)를 위해 노력한 것이 보인다. 스스로를 책망하고 사면령을 베풀었으며 효자·효손·의부·열녀들에게 상을 내렸다. 이어 국내 명산대천의 신령들에게는 훈호를 더해 주었고, 관료들도 훈호나 품계를 올려 주었는데, 그 은택은 승려들에게까지 미쳤다. 선종과 교종 승려로 대덕(大德) 이상인 자에게 법호(法號)를 더해 주고 60세 이상 승려들의 승직을 올려 준 것이다. 왕사와 국사 제도를 지속적으로 운영한 것도 확인된다.

사실 그동안 성종 대를 거치면서 연등회나 팔관회는 그 개최가 정지되었다고 보았다. 그렇지만 실제로 완전히 혁파된 것은 아니었다. 간소화되었을 뿐 핵심적인 재제(齋祭)는 국왕의 서경 행차 때 여전히 이뤄졌음이 확인되기 때문이다. 이는 목종 대에도 마찬가지였다. 연등회 개최와 관련해서는 1009년(목종 12) 정월 임신일(16) 목종이 상정전에서 관등(觀燈)한 기록이 있다. 다만 이때 대부(大府) 기름 창고에서 불이 나 번지다가 태후전인 천추전을 태웠다.

이 일은 목종에게 상당한 심적 타격을 준 듯하다. 사실 앞선 1003년(목종 6) 2월 교서에서 1002년(목종 5) 천지의 변괴와 변경 문제로 근심 등이 크다 하면서, 성종이 구언을 했던 것처럼 경관 5품 이상자에게 시무봉사문을 올리도록 했다. 그만큼 재이를 두려워하면서 자신을 책하고 덕을 닦으려는 마음이 있었던 것이다. 1003년 천추태후와 김치양 추문 사건과 관련한 봉사문도 당시 있었으리라 짐작된다. 이 일을 겪은 후 1006년(목종 9) 6월 천성전 치미에 뇌전이 있었고 1009년(목종 12) 정월 숭교사에서의 환궁 때 바람으로 일산 자루가 부러졌으며, 천추전이 불타 버리는 등 사건이 연속되었다.

목종은 자신의 부덕을 탓하는 마음이 컸을 것이다. 그러면 부덕이나 박덕을 보완하기 위해 덕을 쌓는 정치, 백성을 위하는 정치를 펴야 하는데 목종은 그러지 않았다. 오히려 비탄에 빠지고 정사를 돌보지 못하는 지경에 이른 것이다. 목종 개인은 물론이고 고려 왕실에 있어서도 불행한 일이었다. 결국 목종은 갑작스레 병을 앓게 되었고, 왕사와 국사, 그리고 대신들은 궁궐에 숙직하면서 장춘전과 건화전에서 구명도량을 열어 회복되길 빌었으나 결국 실패했다.

3) 천추태후와 대량원군

천추태후는 고려 역사에서 큰 비중을 차지한다. 대종의 딸이자 경종의 후비, 성종과 남매, 목종의 모후이기 때문이다. 또 태조부터 목종 대까지 7대 동안 충주 유씨와 함께 왕실의 한 축을 차지한 황주 황보씨의 마지막 핏줄이기도 해서이다. 그러면서도 부정적으로 평가받지만 왕실의 소위 '자유부인'으로서 자신의 삶을 개척했다. 이러한 천추태후에 대해서 살펴보려는 것은 앞서 언급했듯 목종 대를 전환점으로 왕실 구성이 바뀌는 데 결정적 역할을 했기 때문이다.

목종 즉위 때 그의 나이는 18세였다. 천추태후는 34세였다. 그럼에도 불구하고 태후가 된 헌애왕후 즉 천추태후는 섭정을 하였다. 사실 18세의 나이라면 굳이 섭정을 하지 않아도 되었다. 그리고 섭정 혹은 수렴청정을 하더라도 대개는 국왕이 20세가 되는 때에 수렴을 거두기 마련이었다. 이를 철렴(撤簾)이라 했다. 다만 고려 시대의 경우는 수렴청정이라는 말보다는 섭정이라는 말로 대신했고, 철렴보다는 국왕의 친정(親政)으로 표현한다. 아마 목종의 친정 역시도 그가 20세가 되던 999년(목종 2)부터였으리라 생각되나 1002년(목종 5) 5월의 교서에서 "지난해부터 오늘까지 이러한 자신의 본마음을 제대로 헤아리지 못하고 지금이야말로 공적을 남길 일들을 행할 때라고 생각했다"라고 한 내용을 고려하면 1001년(목종 4)부터 친정이 시작되었다고도 할 수 있겠다.

목종은 즉위하면서 모친을 높여 응천계성정덕왕태후(應天啓聖靜德王太后)라 했다. 왕태후로서 받은 이 존호는 특별한 의미가 있다. 거란 태종의 모후 응천황태후(應天皇太后)가 있었기 때문이다. 응천황태후는 지황후(地皇后) 혹은 응천대명지황후(應天大明地皇后)라고도 했다. 거란 태조의 황후로서 거란 왕조 창업에 큰 공을 세운 여장부였다. 게다가 그녀는 둘째 아들 태종의 황제 즉위에 결정적 역할을 했고, 섭정을 통해 거란을 강대국으로 만든 공이 있었다. 고려 조정의 신하들이 이를 잘 알고 있었는가는 알 수 없지만 '응천(應天)'의 존호에는 이러한 의미가 있었다.

여기에 응천계성정덕왕태후를 굳이 풀이하자면 하늘의 뜻에 응하여 성업 즉 왕업을 새로 여는 조용한 덕을 가진 왕태후를 뜻했다. 왕태후가 실제 그러한 의지를 가졌는가는 후일의 일들을 놓고 보면 동의하기 어렵다. 그렇지만 표면상으로 볼 때 목종과 그 신하들이 왕태후에게 이러한 존호를 올린 것은 그만큼 왕태후가 왕실을 도와 나라를 일으켰으면 하는 바람을 표현한 것이다. 그러나 실제로는 왕태후가 섭정을 하면서 국정을 장악하자 신하들이 왕태후의 비위를 맞추고자 한 면이 더 클 것이다.

천추태후는 『고려사』 김치양 열전을 보면 이미 성종 대부터 황보씨의 외족인 김치양과 알고 지냈던 듯하다. 김치양은 동주(洞州, 황해북도 서흥) 사람으로 성품이 간교하고 음경에 수레바퀴를 걸 정도였다 한다. 승려인 척하면서 천추궁에 드나들었는데 결국 추문이 나자 성종은 그를 곤장 친 후 먼 곳으로 유배를 보내 정리하려 했다. 성종의 입장에서는 곤란한 일이었을 것이다. 누이들이자 경종의 후비들로 헌정왕후 황보씨는 안종 욱과, 헌애왕후는 김치양과 사통을 하고 있었기 때문이다. 그러나 성종이 죽고 목종이 즉위하자 김치양은 왕태후에 의해 합문지후 통사사인에 이어 우복야 겸 삼사사가 되었다. 왕태후와 김치양 천하가 된 셈이었다.

왕태후와 그는 백관의 인사권을 쥐면서 태후의 친족 및 자신의 친당(親黨)을 관직에 앉혔다. 뇌물을 챙기면서 3백여 칸의 집을 지었고, 누정과 연못 등을 갖춰 사치를 부리면서 태후와 추문을 이어 갔다. 고향인 동주에는 성수사(星宿寺)라는 사당을 지었고, 궁성 서북쪽에 시왕사(十王寺)를 세웠다. 심지어는 역모의 꿈도 꾸었고 절에 귀신의 도움을 비는 그림을 그렸으며 종에도 아래와 같은 글자를 새겼다 한다.

동국에서 생을 누릴 때는 함께 선근(善根)을 닦고 서방정토로 왕생하는 훗날에는 함께 보리를 증거할 것이다[當生東國之時, 同修善種, 後往西方之日, 共證 菩提].

여기서 이러한 생애를 함께하는 이들은 김치양과 왕태후였다. 그리고 1003년(목종 6) 왕태후는 아들을 낳았다. 이미 과부의 몸이었던 왕태후가 낳은 아이의 생부는 김치양이었다. 태어난 아이야 잘못이 없었다. 그러나 왕태후와 김치양은 아들이 없던 목종의 뒤를 노렸다. 이 때문에 목종은 재변이 있을 때 자주 놀라는 상황을 맞았다. 그러면서도 또 한편으로 5품 이상 상참관의 시무봉사문 등을 통해 김치양 세력을 숙청할 기회를 노리기도 하였다. 그러나 모후의 마음을 상하게 할까 두려워 실행에 옮기지 못했다.

천추태후와 김치양에게 있어 왕위계승의 걸림돌은 헌정왕후 황보씨와 안종 왕욱(王郁)이 낳은 대량원군(大良院君)이었다. 안종 왕욱은 태조와 신성왕태후 김씨가 낳았다. 본래 경종의 후비였던 헌정왕후와 안종 왕욱은 이루어질 수 없는 사이였다. 숙질 사이라는 문제보다는 헌정왕후가 경종의 후비였던 사실 때문이었다.

헌애왕후와 달리 자식이 없던 헌정왕후는 경종 사후 왕륜사 남쪽 사저로 나가 살았다. 그런데 이때 그녀는 기이한 꿈을 꾸었다. 즉, 곡령에 올라 소변을 누었는데 그것이 온 나라에 넘쳐 은빛 바다로 변하는 꿈이었다. 선류몽(旋流夢)이었다. 결국 그녀는 집 근처에 살던 안종 왕욱과 왕래하면서 임신을 하였다. 과부이지만 아들을 낳으면 한 나라의 왕이 될 것이라는 해몽대로 진행한 것이었다.

하지만 이는 왕실의 추문이자 백성들에게 효와 절의 등을 강조하던 성종의 체면을 구기는 사건이기도 했다. 결국 성종은 사실을 알게 되면서 992년(성종 11) 안종을 사수현에 유배하였다. 이때 헌정왕후는 아이를 낳다가 죽었다. 성종은 유모를 택해 아이를 키우게 하면서 일을 일단락 지었다. 아이가 두 살이 되면서부터 유모는 아버지를 뜻하는 '야(爺)'를 가르쳤다. 아들이 없던 성종에게 이 아이의 존재와 '야(爺)'라고 하는 소리는 그의 가슴을 아프게 했던 듯하다. 이에 아이를 사수현에 유배 가 있던 안종 왕욱에게 보냈다. 안종 왕욱이 996년(성종 15)에 죽자 아이는 다시 개경으로 올라왔고, 아마도 이 무렵 대량원군으로 책봉되지 않았나 한다.

1003년(목종 6) 왕태후가 아이를 낳았을 때 대량원군의 나이는 12살이었다. 왕태후의 나이는 이때 40세로 왕성한 힘을 발휘할 때였다. 대량원군은 비록 안종 왕욱과 헌정왕후의 사통으로 태어났지만 혈통상으로는 태조에게 가장 가까운 핏줄이었다. 왕태후와 김치양이 낳은 아들에 견줄 바가 아니었다. 이에 왕태후는 대량원군을 축출하고자 강제로 삭발시킨 뒤 왕실 원찰인 숭교사에 머물게 했다. 1006년(목종 9)에는 삼각산 신혈사로 옮겨 살게 했다. 태후 측은 사람을 시켜 살해하고자 했으나 신혈사 노승의 기지로 인해 실패했다. 이러한 상황이 주변 사람들에게 전해지면서 천명이 대량원군에게 있다는 민심으로 확산되었다.

앞서 언급한 바 있으나 다시 1009년(목종 12) 정월의 상황을 되짚어 보자. 정월 경오일(14)에 목종은 숭교사에 갔다가 돌아오던 중 폭풍으로 일산(日傘) 자루가 부러지는 변괴를 만났다. 군왕의 행차에 변고가 생겼다는 것은 일신의 안위와 연결되는 것이기도 해 목종은 경계심이 높아졌다. 그리고 16일인 임신일에 상정전에서 관등(觀燈) 즉 연등을 보는데 대부(大府)의 기름 창고에 불이 나 번져 천추전을 태웠다. 이때 태후는 장생전(長生殿)으로 옮겨 목숨을 부지하였으나 목종은 이로 인해 더욱 위험을 느끼는 한편 비탄에 빠졌다가 결국 병이 들었다.

그리고 왕사와 국사, 태의(太醫)·태복(太卜)·태사(太史), 재신들과 친종장군 및 중랑장 등이 김치양 등의 역모를 막기 위해 궁궐을 지켰다. 모든 궁궐문을 폐쇄하는 한편 장춘문과 태정문만 개방하여 출입할 수 있도록 했다. 그러는 동안 내전에서 조섭을 하던 목종은 유충정(劉忠正)이 올린 글을 보게 되었다. 글의 내용은 김치양이 역모를 꾸미면서 심복을 널리 심어 놓고 있으며 자신에게도 참여할 것을 요구하고 있다는 것이었다. 결국 목종은 채충순·최항·황보유의 등과 함께 이 일을 상의하고 황보유의를 삼각산 신혈사로 보내 대량원군을 맞아 오게 했다. 후사를 정하고 선양하려는 목적이었다.

그런데 김치양 등이 모반하려던 때 목종이 주목한 또 다른 인물은 서북면 도순검사 강조(康兆)였다. 김치양 편에 있던 이주정(李周楨)을 서북면 도순검사로 임명해 보내는 한편 강조를 불러들여 궁궐 호위를 맡게 하려 했다. 강조가 동주 용천역(龍泉驛)에 이르렀을 때 허위 소식이 그에게 전해졌다. 목종이 이미 죽었으며 왕태후와 김치양이 거짓으로 강조를 불러들여 죽이려 하는 것이니 돌아가 의군(義軍)을 일으켜야 한다는 거짓말이었다. 강조는 이에 속아 본영으로 돌아갔다. 이때 강조의 부친도 강조에게 왕이 이미 죽었으니 군사를 이끌고 개경으로 들어와 국난을 바로잡으라는 비밀편지를 지팡이 안에 넣어 보냈다. 5천 군사를 이끌고 개경으로 진군 중에 목종이 죽지 않았음을 확인했지만 중도에 그만둘 수 없다는 여러 장수들의 의견을 수렴했다. 이에 강조는 그대로 진군하는 한편 목종에게 용흥사와 귀법사로 피신해 있을 것을 주청하고 난이 정리되면 다시 모셔 오겠다고 했다.

이때 강조도 목종도 순서는 달랐지만 후계자로 태조의 혈손 대량원군을 지목했다. 목종은 먼저 대량원군을 데려와 순서대로 양위하려 했다. 같은 시기 김치양은 달리 손을 쓰지 못한 채 눈치만 보고 있었다. 강조의 군대가 궁궐을 장악하고 있었기 때문이다. 강조는 마침내 황보유의가 대량원군을 데리고 건덕전으로 들어오자 연총전(延寵殿)에서 즉위식을 올렸다. 이 과정에서 목종은 양위가 아닌 폐위되어 나라를 사양한 왕이라는 의미로 양국공(讓國公)이 되었다. 그리고 강조는 김치양 부자 및 유행간 등 7명을 죽이고 왕태후 친족 이주정 등 30여 명을 섬으로 유배했다. 목종은 모든 것을 포기하고 충주로 내려가 늙기를 바란다고 하면서 태후와 함께 충주로 출발하였다. 그러나 강조는 후환을 걱정했다. 그리고 이들 일행이 적성현(경기도 연천군 적성면)에 이르렀을 때 강조는 사람을 시켜 목종 살해를 사주했고, 결국 목종은 죽음에 이르게 되었다.

아들 목종과 이름조차 남지 않은 또 다른 아들까지 모두 잃었지만 왕태후는 사실 자신이 하고 싶은 일들은 모두 한 셈이었다. 경종의 후비로서, 성종의 누이로서, 목종의 모후로서, 천추태후로서 살아온 것이다. 자신의 이익과 야망을 위해서라고는 하지만 김치양을 맞아 태후 자신도 하고 싶은 일을 하면서 생을 누렸다. 다만 하늘의 뜻에 응할 수 있다는 응천왕태후(應天王太后)로서는 얼마만큼의 꿈을 이뤘는지 알 수 없다. 목종이 폐위되고 죽은 후 그녀는 본향인 황주(黃州, 황해북도 황주)로 돌아가 21년간 살았다. 그리고 1029년(현종 20) 정월 죽기 전에 개경 숭덕궁으로 돌아와 66세의 나이로 파란만장한 인생을 마감하였다.

1009년(목종 12) 2월 시해된 목종은 12년간 재위하였으며 죽을 때 나이는 30세였다. 목종은 죽음 한 달 뒤 적성현 남쪽에서 화장되었다. 강조는 비운의 죽음을 당한 국왕의 묘호와 시호, 능호를 멋대로 정했다. 묘호는 '민종(愍宗)'이라 하고 시호는 '선령(宣靈)'이라 했다. 민종에는 불쌍한 왕이라는 의미가 있어 군주의 묘호로 적절한 것이 아니었다. 선령 역시 사실 의미가 좋지 않기에 시호로 써서는 안 되는 것이었다. 의미를 보자면 죽은 영혼에게 베푸는 것이기 때문이었다. 능호는 '공릉(恭陵)'이라 하여 삼가 공손함을 가졌다는 뜻을 담았다. 그것은 저항하지 않고 왕위를 넘긴 것을 반영한 호칭이기도 했다.

현종은 강조에 의해 즉위한 것이나 마찬가지였다. 강조의 권력이 워낙 강해 그를 거스르기 어려운 상태였다. 어쩔 수 없는 것이었다 하더라도 목종의 사후 처리가 어떻게 되었는지 현종은 알지 못했다. 그나마 거란 성종이 침입해 오고 목종의 죽음에 대해 문책해 오자 관련 사실에 대해 알 수 있었다. 이에 1012년(현종 3)에 이르러서야 무덤을 도성 동쪽으로 옮기고 다시 묘호와 시호, 능호를 정했다. 묘호는 삼가 화목함을 추구했다는 의미에서 '목종(穆宗)'이라 하고, 시호는 양위로 은혜를 베풀었다 하여 '선양(宣讓)'이라 했으며, 능호는 현종을 왕위에 올리고 죽은 셈이라 하여 '의릉(義陵)'이라 바꾸었다. 현종의 이 같은 조치는 비참하게 죽은 목종의 억울함을 늦게나마 씻어 주었다.

목종 묘정의 체협공신으로는 태사내사령정신공(太師內史令貞信公) 한언공(韓彦恭), 태사문하시중충의공(太師門下侍中忠懿公) 최숙(崔肅), 태위문하시중(太尉門下侍中) 김승조(金承祚)가 있다. 이들은 1027년(현종 18) 4월 배향되었다. 비극으로 마무리한 목종이지만 12년간 재위했고, 그를 보좌한 신하가 분명 존재했기에 그 배향공신이 정해질 수 있었다. 다만 이들이 실제 목종 대 어떠한 활동을 했는가는 기록상 분명하지 않다.

예컨대 한언공은 1004년(목종 7)에 죽었는데 성종 대에 송에 사신으로 다녀온 기록이 있을 뿐이다. 그렇지만 '정신'이라 한 것을 보면 곧아서 신뢰가 있었음을 알 수 있다. 최숙 관련 기록은 배향공신이 되었음을 보여 주는 사료에 국한되고 있으나 '충의'라 한 것을 보면 목종 보위에 공이 있었다 여겨진다. 김승조에 대한 기록도 역시 공신 배향 관련 내용만이 전하여 아쉬움을 준다. 그렇더라도 현종이 목종 묘정 체협공신을 3명이나 정한 것은 현종의 목종 대에 대한 정리가 마무리됨을 뜻했다.

4) 목종의 죽음과 시대 과제

목종의 생애를 정리한 사신은 목종에 대해 이렇게 정리했다. "술을 즐기고 사냥을 좋아한 나머지 정사에 뜻을 두지 않았고 총애하는 자들만 믿고 가까이하다가 화를 당하기에 이르렀다." 이는 성종이 기대했던 목종의 모습은 아니었으며, 성종 대 양성되었던 많은 인재가 바랐던 군주상도 아니었다. 천추태후와 김치양에게 휘둘린 나약하고 어리석은 군주로 사신의 비판을 받은 것이다. '역사의 심판'이 바로 이런 것이었다.

목종의 시대는 전환의 시대가 되었다. 국내적으로는 충주 유씨와 황주 황보씨 중심의 왕실이 다시금 태조와 신라계 왕실 혈통으로 바뀌었다. 이에 유약한 목종 대 왕실 분위기를 일신해야 했다. 화풍 중심이었던 제도문물 정비의 시대는 전통의 회복을 통해 균형을 맞추는 시대로 바뀌고 있었다. 대외적으로는 거란과 고려의 전쟁, 거란과 송 간 전연의 맹이 있었고 이후 고려와 송은 거란에 대해 사대하면서 거란 일강 체제의 국제질서를 겪었다.

국내외 변화에 따라 목종 대가 남긴 시대 과제는 무엇이었을까 보자.

첫째, 목종 폐위와 현종 즉위에 따른 왕실의 혼란을 안정시켜야 했다. 천추태후 및 김치양 세력이 제거되면서 왕실 균형이 와해되었기 때문이었다. 정치적 공백을 메꾸면서 그간 소외되었던 정치 세력과 화해를 꾀하고 상벌을 공정하게 시행하는 것이 필요했다.

둘째, 경종 및 성종, 목종 대를 거치면서 오히려 감소한 직계 왕실 구성원을 늘려 새로운 왕실의 번병 세력을 늘려야 했다. 족내혼이 아니라 이제는 이성혼이 더 필요한 시점이 된 것이다. 이성혼의 경우 후비가 될 가문의 됨됨이와 가족 구성을 살필 필요가 있었다.

셋째, 왕실의 신성함을 다시 세워야 했다. 목종을 이은 대량원군 즉 현종의 즉위를 천명 및 태조와 연관시켜야 했다. 동시에 현종의 특별함을 강조해야 했다. 이를 위해 왕실 장엄 의례 및 시설을 조성할 필요가 있었다.

넷째, 목종 폐위와 죽음에 대한 거란 측의 문제 제기에 현명한 답을 준비해야 했다. 이는 거란 측에 고려 침략의 명분을 줄 수도 있는 것이기에 준비가 필요했다. 또한 송과의 관계를 정리한 거란이 고려에 대해 새로운 접근 방식을 취할 가능성도 있기에 이는 더욱 중요했다.

다섯째, 강조에 대한 공과를 살펴 신병 처리를 결정해야 했다. 목종 폐위와 죽음에 대한 책임이 있었기 때문이었다. 물론 현종 즉위와 관련해 공을 세운 면은 있었지만 그렇다고 현종 스스로가 강조의 허수아비가 될 수는 없었다.

여섯째, 이제현은 사론에서 "목종의 불행은 나라를 위해 오히려 불행이 아니었다"라 했다. 그것은 왕태후나 특정 집권자가 권력을 휘둘러 정상적인 정치가 펼쳐지지 않을 수 있는 상황에 대한 항시적인 대비나 경계가 필요하다는 역설이었다. 이는 사실 태조가 우려하면서 내린 「훈요십조」 및 성종의 개령군 책봉에 따른 일종의 훈사에서도 나왔었다. 이를 얼마나 마음에 새기고 실천할 수 있느냐의 문제이기도 했다.

일곱째, 백성의 안정을 꾀하여 농상에 전념할 수 있도록 해야 했다. 이는 목민관을 통해 진행했지만 군주의 지속적 관심과 관리가 필요했다. 『서경』 홍범 팔정 중 첫째와 둘째인 '식(食)'과 '화(貨)'에 대한 올바른 이해를 세워야 했다. 또한 경박하고 사치하는 풍속을 바꾸고 말업을 중시하는 풍조를 줄여야 했다. 더불어 재해나 전쟁으로 피해를 입은 백성에 대한 진휼이나 권농 등이 요구되었다.

여덟째, 새로운 왕실을 시작하는 만큼 고려 왕조 운영의 방향을 새롭게 정할 필요가 있었다. 그것은 고려의 국제적 위상과 함께 제도문물을 정비하면서 고려만의 천하의식 혹은 문명의식을 세워 가야 한다는 요구이기도 했다. 이를 위한 다양한 구상이 필요했다.

아홉째, 변경에서의 성보를 축성하는 일을 지속하면서 거란이 압록강을 넘는 일이 없도록 해야 했다. 압록강 동쪽으로 거란이 한 발이라도 내딛게 되면 일종의 교두보가 마련되는 것이기 때문이었다. 이를 위해 서북계 경계 및 군사 방어를 갖춰야 했다.

열째, 여진에 대한 경계와 활용이 필요했다. 고려와 거란 사이에 있던 여진의 활동 여하에 따라 양국 관계가 영향을 받고 있던 만큼 여진에 대한 회유정책이 필요했다. 여진에 대한 인식 전환도 요구되었다. 금수와 같다거나 인면수심이라고만 보면 여진 회유는 어렵기 때문이었다. 이에 여진 추장에게 작위나 선물을 내리고 개경 방문을 유도해 교화를 하는 것이 중요한 시점이 되었다. 귀부 장려도 필요했다.

이 같은 시대 과제는 일시에 해결될 수 있는 것이 아니었다. 군신이 방향을 정하고 그에 따른 구체적인 정책을 실행하며 추진 세력을 만들어야 했다. 그리고 문제가 발생하면 수정하여 더욱 좋은 방향으로 이끌 수 있어야 했다. 그런데 목종 이후 고려 왕실에 대두된 가장 큰 문제는 강조 및 강조 세력의 처리와 거란 측의 움직임이었다. 이는 고려 왕실의 존폐를 결정지을 수 있는 사안으로 고려 왕실의 급속한 혼란을 가져올 수도 있었다.

제3장

위기 극복과 해동천하

1.
수난의 용손 현종 즉위와 새로운 고려 왕실

1) 현종의 용비와 왕실

최충(崔冲)은 고려 시대 최고의 지성인으로서 동방의 학교 즉 사학(私學)을 일으킨 일등 공신이었다. 문종 대 사람들은 그를 일러 '해동공자(海東孔子)'라고 칭송했다. 그러한 최충이 사관으로서 인물이나 업적 등에 대한 논평인 사찬(史贊)을 쓴 것이 『고려사』에 전한다. 현종(顯宗, 992~1031)에 대해서도 그 즉위와 업적, 생애에 대한 139자의 찬을 남겼다. 핵심 내용은 다음과 같다.

> 하늘이 장차 흥하게 하려는데 누가 능히 그를 막을 수 있으리오?[天之將興, 誰能廢之]

하늘이 장차 천명으로써 군주로 삼으려는데 이는 그 누구도 막기 어려웠다는 것이 먼저 보인다. 우선 이는 현종의 부모인 안종(安宗) 왕욱(王郁)과 헌정왕후 황보씨를 보면 알 수 있다. 안종 왕욱은 태조와 신성왕태후 김씨 사이의 아들이었고, 헌정왕후 황보씨는 태조와 신정왕태후 황보씨 사이의 아들 대종(戴宗) 왕욱(王旭)과 선의태후 류씨(柳氏) 사이 딸이었다. 헌정왕후는 천추태후 및 성종과 동복 남매간이었다. 헌정왕후는 본래 경종의 후비였다. 그러므로 헌정왕후와 안종 왕욱은 맺어질 수 없는 사이였다.

경종이 죽은 후 자녀가 없던 헌정왕후는 궁 밖 왕륜사 근처 사저에서 살았다. 그런데 곡령에 올라 오줌을 누는 선류몽을 꾸고 근처에 살던 당숙인 안종 왕욱과 사통을 하게 되었다. 자매인 천추태후가 목종을 낳았을 때가 17살로 980년(경종 5) 5월이었으니 추정을 해 본다면 이들의 만남은 992년(성종 11) 7월 임진일(1) 현종이 태어나기 전인 991년(성종 10) 무렵으로 헌정왕후가 20대 후반이 되었을 때일 것이다.

그렇지만 이 둘의 만남과 임신 사실이 성종에게 알려지자 성종은 난감해하였다. 그리고 안종에 대한 처분을 내렸다. 즉, 대의(大義)를 범한 죄로 경남 사천으로 유배를 보냈다. 헌정왕후는 현종을 해산하다 992년(성종 11)에 죽었고, 996년(성종 15)에는 안종 욱도 유배지인 사천에서 죽었다. 잠깐이나마 아버지와 살았던 현종은 고아가 되어 결국 궁궐에서 성장하게 되었다.

목종 즉위 후 현종은 대량원군(大良院君)으로 책봉되었다. 아들이 없었던 목종으로서는 자신 주변에 태조 직계 자손이 없는 상황 속에서 내심 대량원군을 염두에 두었고, 그를 책봉해 두었다. 그러나 천추태후와 김치양 사이에 아들이 생겼다. 이들은 목종의 후계자로 이 아들을 세우려 했다. 이는 태조 후손이 끊기고 다른 성씨가 왕에 오르는 상황이 되는 것이었다.

목종은 김치양의 역모 상황을 파악했다. 그리고 숭교사와 신혈사 등에서 살해 위험을 넘기면서 근근이 살아남은 대량원군을 궁궐로 데려와 양위하고자 했다. 강조 역시도 대량원군밖에 태조 혈손이 없던지라 왕으로 옹립하려 했다. 다만 목종이 이미 이를 결정한 터였으므로 자칫 자신은 군사를 마음대로 동원한 난신으로 처벌받을 수 있었다. 이에 강조는 한편으로는 현종을 옹립하면서 다른 한편으로는 목종을 폐위시키고 충주로 내려가는 그를 살해했다.

현종이 즉위하기까지의 과정은 그야말로 위기의 연속이었다. 살아남은 것이 기적이었다. 이는 말 그대로 하늘과 부처가 보우해서이자 태조가 돌보고 죽은 부모가 보살핀 것이라 할 수밖에 없었다. 이러한 현종이 왕위에 오르기 전의 이야기는 새삼 그가 왕이 될 수밖에 없었던 운명이었다고 말해 준다.

첫째는 풍수지리에 정통했던 안종 왕욱이 자신의 시신을 사수현 성황당 남쪽 귀룡동(歸龍洞)에 엎어서 묻으라는 유언을 남겼다는 것이다. 용이 돌아간다는 의미의 지명을 가진 곳에 시신을 엎어서 묻었다는 것은 용이 개경으로 돌아가려 함을 뜻했다. 이는 어린 현종이 왕위에 오르게 하기 위한 풍수적 조치였던 것으로 해석된다. 둘째는 현종이 천추태후에 의해 삭발하고 왕실 원찰인 숭교사에 머물렀을 때의 일이었다. 절에 있던 어떤 승려의 꿈에 큰 별이 사원에 떨어져 용이 되었다가 용이 다시 사람으로 변했는데 곧 대량원군이었다는 것이다. 용손임을 꿈으로 알려 준 것이었다. 셋째는 삼각산 신혈사에 있게 된 대량원군을 죽이고자 천추태후가 사람을 보냈는데 사원에 있던 노승이 그를 지켜 준 일이었다. 넷째는 꿈에 닭 울음과 다듬이 소리를 듣고 깨어 이에 대해 술사에게 해몽을 맡긴 바 있었는데, 술사는 방언으로 이를 해석하길 닭의 꼬끼오 소리는 '고귀위(高貴位)'고, 다듬이 소리는 '어근당(御近當)'으로 들리니 즉위할 징조라 하였다.

이러한 이야기는 사실이었을까? 사실이든 아니든 생모인 헌정왕후의 선류몽까지 포함한 다섯 가지의 이야기는 궐내에 정치 후원 세력이 약했던 대량원군 즉 현종의 위상을 세우고 즉위 명분을 만드는 데 기반이 되었을 것이다. 사람들에게 '각인 효과'를 준 것이다. 이 이야기들이 널리 퍼질수록 대량원군은 태조의 혈손 즉 용손이고, 하늘이 점지하여 왕위에 오를 운명이라는 수난 영웅의 서사 구조가 완성되는 것이었다. 이 때문에 최충조차도 "하늘이 장차 흥하게 하려는데 누가 능히 그를 막을 수 있으리오?"라며 천명을 받은 현종의 이미지를 제시한 것이라 여겨진다.

다만 이러한 평가가 가능하였던 데에는 또 다른 이유가 있었다. 현종이 어려움을 겪고 왕위에 오른 뒤 왕실을 다시 세우고 백성을 위해 어진 정치를 폈다는 것이었다. 최충은 이에 대해 다음과 같이 한마디로 정리했다.

주나라의 성왕·강왕, 한나라의 문제·경제에 견주어도 손색이 없다[比之周之成康, 漢之文景, 亦無愧矣].

이들은 왕조가 건국되는 창업(創業)의 시대가 아닌 왕업을 지키면서 번영을 구가해야 하는 수성(守成)의 시대를 완성한 대표적 군주들이었다. 최충이 이를 언급한 것은 그만큼 현종이 왕위에 올라 천명에 따라 백성을 위한 정치를 펴 성군의 반열에 올랐다고 보았기 때문이었다. 또한 강조의 정변이나 거란과의 전쟁을 극복하고 전화위복(轉禍爲福)을 꾀해 난국을 나라의 복으로 만들었다는 평가였다. 빛나는 현명한 군주였다는 것이다.

이러한 현종의 이름은 '순(詢)'이었다. 자는 '안세(安世)'였다. 어찌 보면 '순'은 목종의 이름 '송(誦)'과 비슷하다. 묻고 꾀한다는 의미를 담고 있는 글자로 이름을 삼은 데에는 군주로서 신하들에게 잘 묻고 소통해 일을 이뤄야 한다는 뜻이 있었을 것이다. 자호인 '안세' 역시도 세상을 잘 다스려 평안하게 해야 한다는 의미가 있었다. 목종의 자호인 '효신(孝伸)'과 비교하면 좀 더 군주로서의 의지를 강조한 것이었다.

현종의 후비는 궁인 3명을 포함해 모두 13명이었다. 자녀는 5명의 아들과 8명의 딸을 두었다. 태조 이래 후비가 가장 많다. 이는 새로운 혈통으로서 왕위에 올랐기에 왕실을 지켜야 하는 책임이 있었기 때문이었다.

첫째와 둘째로 기록된 원정왕후(元貞王后) 김씨와 원화왕후(元和王后) 최씨는 성종의 딸이었다. 원정왕후는 자녀가 없으나 원화왕후는 공주 둘을 낳았다. 효정공주(孝靜公主)와 천수전주(天壽殿主)였다. 원정왕후는 1009년(현종 즉위년) 5월 을해일(21)에 맞았는데 기록을 보면 연흥궁주(延興宮主)의 딸 김씨를 왕비로 삼았다 했다. 연흥궁주는 성종의 후비 문화왕후 김씨이다. 원화왕후는 언제 왕비가 되었는지 기록이 없으나 나주 피난길에 동행한 것으로 보아 즉위년이나 원년에 맞았을 가능성이 있다.

제3비 원성태후(元城太后) 김씨와 제4비 원혜태후(元惠太后) 김씨, 제7비 원평왕후(元平王后) 김씨는 모두 현종 초 공주절도사로 있던 안산(安山) 출신 김은부(金殷傅)의 딸들이었다. 현종이 제3비와 제4비를 맞이할 때는 특수한 상황이었다. 제3비 원성태후의 경우 현종이 거란을 피해 나주까지 갔다가 돌아오는 도중 공주에 들렀을 때 왕이 입을 옷을 지어 바치게 한 것이 인연이 되었다. 덕종과 정종, 인평왕후와 경숙공주를 낳았고, 1028년(현종 19) 7월 죽었다.

원성태후는 처음에는 궁인 김씨로 칭해지다가 아들 덕종을 낳으면서 연경원(延慶院)의 원주가 되어 전장(田莊)과 염분(鹽盆)·어량(魚梁) 등을 받았다. 1018년(현종 9) 7월 정종을 낳으면서는 연경궁주가 되었다. 이후 1022년(현종 13) 5월 아들 연경군 흠이 태자로 책봉되자 같은 해 10월 왕비가 되었다. 그리고 1028년(현종 19) 7월에 죽자 시호를 '원성(元成)'이라 정하고 원성왕후라 했다. 덕종이 즉위한 후에는 왕태후로 추존했다. 이렇게 보면 원성태후의 경우 궁인-원주-궁주-왕비-왕후-왕태후로 이어지는 위호(位號) 변화가 보인다.

제4비 원혜태후 김씨는 문종과 평양공 왕기(王基), 효사왕후를 낳았다. 안복궁주(安福宮主)라 불렸으며, 1020년(현종 11) 5월에 안복의 호칭을 연덕(延德)으로 고쳤다. 1022년(현종 13) 6월에 졸하였다. 효사왕후는 족내혼을 하여 덕종의 후비가 되었다. 문종이 즉위하자 태후로 추존했다.

제7비 원평왕후(元平王后) 김씨는 1028년(현종 19)에 죽었다. 곧이어 원평왕후로 추증했다. 딸로 효경공주(孝敬公主)가 있었다. 제3비나 제4비처럼 원주-궁주가 되고 죽은 뒤 왕후로 추증되었다고 여겨진다.

이렇게 보면 안산 김은부의 세 딸이 현종의 후비가 된 셈인데, 이성혼을 하면서 이러한 경우는 처음 있는 일이었다. 현종은 사실 제1비와 제2비 사이에서 후사를 보지 못한 상황이었기 때문에 이들 세 자매를 맞아 이 문제를 해결하려 한 것이라 볼 수 있다. 어쨌든 현종 이후 덕종과 정종은 제3비인 원성태후 김씨가, 문종은 원혜태후 김씨가 낳아 왕위계승은 순조로워졌다.

제5비 원용왕후(元容王后) 류씨(柳氏)는 성종과 친형제 간인 경장태자(敬章太子)의 딸로 1013년(현종 4) 5월에 왕비가 되었다. 제6비 원목왕후(元穆王后) 서씨(徐氏)는 1022년(현종 13)에 숙비(淑妃)가 되었고 흥성궁주(興盛宮主)라 불렸다. 서희의 손녀이자 내사령 서눌(徐訥)의 딸이었다. 1057년(문종 11) 5월에 죽었다.

제8비는 원순숙비(元順淑妃) 김씨로 평장사 김인위(金因渭)의 딸이었다. 김인위는 신라 원성왕계 후손이었다. 그의 다른 딸은 이자연(李子淵)에게 시집가서 문종비 인예태후를 낳았다. 처음에는 경흥원주(慶興院主)라 불렸고, 1024년(현종 15) 정월 덕비(德妃)가 되었다. 딸로 경성왕후(敬成王后)를 낳았다. 경성왕후는 덕종과 족내혼을 하여 1034년(덕종 3) 2월 왕후로 책봉되었다. 제9비는 원질귀비(元質貴妃)로 중서령 왕가도(王可道, ?~1034)의 딸이었다. 제10비는 귀비 유씨(庾氏)로 궁인이었다가 귀비로 책봉되었다.

이 외 평장사 한인경(韓藺卿)의 딸인 궁인 한씨, 급사중 이언술(李彦述)의 딸 궁인 이씨, 내급사동정 박온기(朴溫其)의 딸 궁인 박씨가 있었다.

현종의 후비와 그 출신 가계를 보면 왕실 족내혼, 재상가 등과의 이성혼, 잘 알려지지 않은 집안 출신과의 이성혼 등의 부류가 있어 다양한 후비 구성을 보인다. 다른 한편으로 이들 가문은 후일 경원 이씨 가문처럼 외척으로까지는 성장하지 못하였다. 아무래도 그것은 자손이 계속 이어지면서 누대에 걸쳐 족내혼으로 외척 가문이 되어야 하는 것인데 현실이 그렇지 못했던 듯하다. 현종은 그래도 5명의 아들과 8명의 딸을 둠으로써 자신의 혈통을 잇는 왕위계승을 계속할 수 있게 되었고, 더불어 태조의 왕자와 공주들처럼 족내혼을 행할 수 있게 되었다. 새로운 왕실 세우기가 이뤄진 것이다. 그렇기에 현종의 시호 '원문(元文)'처럼 왕후들의 시호에 근본과 으뜸을 뜻하는 '원(元)' 자가 들어갈 수 있었다.

2) 신성한 왕실 새로 세우기

1인 지배구조인 왕조 사회에서 왕권은 절대적이었다. 그런데 영구적 절대 권력은 아니었다. 그러므로 절대 권력의 물질적·이념적 상징을 만들어 내고 정치 및 사회 구조로 확장하려는 경향이 생긴다. 절대성이란 사실 종교적 카리스마에 기반한 신성성과 통한다. 하지만 군주는 종교 사제가 아니었다. 이 때문에 신성한 혈통 혹은 그를 이은 정통의 계승이라는 점으로 신성함을 상징화하고자 했다. 나아가 이를 토대로 직계를 중심으로 신성한 왕실을 구축하여 신성한 왕권을 만드는 방식이 추구되기도 했다. 수난을 받은 신성한 혈통의 용손과 그의 용비 즉 즉위의 서사는 이 점에서 더욱 극적인 효과가 있었다. 이에 기반을 두면서 현종은 자신과 왕실의 신성성을 만들고 확산시키려 노력했다.

이에 시간을 두고 후비와 궁인을 맞이하여 새로운 왕실을 구성해 갔다. 나아가 현종은 자신을 중심으로 한 왕실을 새로 세우고자 했다. 여기에 더해 왕실 조상과 부모를 추모하는 의례를 제정하고 시설을 세우고자 했으며 다양한 불교신앙 의례 및 연등·팔관회를 성대하게 다시 복원하려 했다. 이는 천추태후와 김치양 사건이 남긴 파장, 강조에 의한 군권 약화, 성종 이후 약화된 토풍, 대거란 전쟁에 따른 사회 분열 등의 문제를 해결하기 위한 노력이었다. 현종은 왕권 및 왕실의 위상과 신성성을 다시 일으키려 한 것이었다.

우선 왕실 조상과 부모를 추모하는 의례를 행하고 시설을 정비한 노력부터 살펴보자. 현종은 1009년(목종 12) 2월 기축일(3) 왕위에 올랐다. 그리고 이튿날인 경인일(4)에 강조를 중대사(中臺使)로 임명했다. 이는 사실 강조 등이 현종을 옹립하면서 자신의 권력 기반을 강화하려 한 자의적 조치에 해당했다. 즉, 중대사는 중대성(中臺省)의 수장을 뜻하는데, 성종 대나 목종 대에 중대성 관제를 두지 않았기 때문이다. 중대성은 왕명 출납과 궁궐 숙위 및 군국 기무 등의 일을 맡은 중추원(中樞院)과 왕명에 따른 문서 작성을 맡은 은대(銀臺), 궁내의 연향과 장막 등 의례 관련 일을 담당한 선휘원(宣徽院) 등의 기능을 합친 권력 기구였다.

이는 비상시국이라는 계엄 상황에서 만들어진 기구였다. 하지만 현종의 왕권을 허수아비로 만들 수 있는 도구이기도 했다. 따라서 현종이 왕권을 회복하고 왕실의 위상을 높이기 위해서는 일차적으로 강조의 권력을 견제하거나 혹은 없애야 했다. 그러나 이는 조정에 기반이 없었던 현종이 현실적으로 이룰 수 있는 일이 아니었다. 그것은 우연인 듯 필연인 듯 목종의 죽음이 실은 강조의 군주 시해였으며 이는 따라서 시군(弑君) 정변이라는 거란 측의 시각이 반영되면서 이뤄지게 된다.

강조는 현종의 즉위 명분을 갖춰야 했기에 형식적으로는 목종의 양위 형태를 빌렸다. 그렇기에 목종을 폐하고 '양국공(讓國公)'이라 했던 것이었다. 이후 1009년(현종 즉위년) 2월에는 사신을 거란에 보내 목종이 죽어 현종이 즉위하게 되었음을 알렸다. 『고려사』에서는 이를 '죽음을 알리고 후사(後嗣)를 칭한다[告哀稱嗣]'라 기록했다. 그러나 이러한 왕위계승은 순조로운 것이 아니었으므로 이 때문에 1010년(현종 1) 7월 거란 성종은 사신을 보내 목종의 죽음에 대해 물어보게 된다. 거란 성종의 입장에서는 고려의 사대에 따른 자소(字小)라는 명분이 있기 때문이었다. 이는 후술하겠지만 거란 성종이 고려를 침략하는 중요 명분이 되었다.

현종은 조상과 부모를 위한다는 '효의(孝義)'의 명분으로 왕실을 우선 높이기 시작했다. 1009년(현종 즉위년) 3월 조모를 '신성왕태후(神成王太后)'라 높였고, 4월에는 부모의 시호를 추증했다. 황고(皇考) 즉 돌아가신 아버지의 시호를 '효목(孝穆)'이라 하고 묘호를 '안종(安宗)'이라 했으며, 돌아가신 어머니를 '효숙왕태후(孝肅王太后)'라 했다. 이 효숙왕태후는 경종 후비 헌정왕후(獻貞王后) 황보씨였다. 헌정왕후의 시호는 목종이 올린 것이었다.

사실 두 사람은 정식 혼인 관계가 아님을 고려할 때 정통성이라는 명분이 약했다. 그렇다고 군주의 부모를 인정하지 않을 수도 없었다. 이에 결국 현왕의 부모라는 특수성이 더 감안되었다. 그렇지만 『고려사』 찬자들은 효숙왕태후를 경종 후비 열전에 넣었고, 헌정왕후로 정리했다. 안종 왕욱과의 관계를 공식 인정하지 않은 셈이다. 이후 현종은 부모의 능호를 각기 건릉(乾陵)과 원릉(元陵)이라 하여 자신을 낳은 하늘이라는 의미의 건원(乾元)으로 정했다.

부모의 명복을 비는 원찰로서 대자은현화사(大慈恩玄化寺)를 1018년(현종 9) 6월에 짓기 시작했다. 이어 1021년(현종 12) 8월에는 현화사비의 액호(額號)를 직접 써 그 의미를 밝혔다. 이 외에도 안종을 받드는 의미에서 천안 성환읍에 봉선홍경사(奉先弘慶寺)를 창건하였는데 여기에는 객관 역할을 하는 광연통화원(廣緣通化院)도 있었다. 이는 고려 시대 주요 교통로에 사찰과 객관이 함께 있는 원관사찰(院館寺刹) 혹은 교통사찰(交通寺刹) 건립이 본격화되었음을 의미한다.

목종을 바로 세우려는 노력도 기울였다. 목종은 강조에 의해 적성현에서 죽은 뒤 한 달 후 현의 남쪽에서 화장되었다. 그리고 권력을 장악하고 있던 강조는 묘호를 '민종(愍宗)', 시호를 '선령(宣靈)', 능호를 '공릉(恭陵)'이라 멋대

사진 7 경기 개성군 영남면 현화리(현 개성시 장풍군 월고리) **사진 8** 현화사비 우측면
현화사지 전경

사진 9 현화사비 전액 탁본   사진 10 현화사지 석불좌상

로 지었다. 강조는 거란에 의해 1010년(현종 1) 11월 사로잡혔고 그 일파는 이듬해 제거되었다. 이후에야 현종은 목종의 억울함을 풀기 위한 신원(伸冤)을 전개했다. 1012년(현종 3) 도성 동쪽으로 무덤을 옮기고 묘호를 '목종(穆宗)', 시호를 '선양(宣讓)', 능호를 '의릉(義陵)'이라 정했다. 이어 1014년(현종 5) 4월에 목종의 신위를 태묘로 모셨다.

한편 고려 왕실에 있어 태조와 관련된 것은 무엇보다 중요했다. 1010년 거란 침입이 있자 태조의 능인 현릉(顯陵)의 관곽을 안전한 곳으로 옮겼다가 전란이 끝난 뒤 다시 현릉에 안치했다. 같은 해 12월에는 서경 중흥사탑이 불타고, 이듬해 정월에는 개경이 함락되면서 고려 왕실이 신성시하는 많은 것이 소실되었다. 개경에서는 태조 이래 목종 대까지의 실록과 궁궐 및 태묘 등이 불타 없어졌다.

다만 서경의 경우 거란에게 완전히 함락되지 않았다. 그 이유는 서경신사(西京神祠)에서 선풍(旋風)이 일어 거란 군마를 물리쳐서였다. 이 때문에 거란군은 서경을 우회하여 개경으로 진군하게 되었다. 서경신사의 기적은 왕실의 기적이기도 했으며, 서경을 신성시한 태조의 신이함으로도 비쳤다.

1011년(현종 2) 5월 평양의 목멱이나 동명왕 등 신령에게 훈호를 덧붙인 것은 그 보은 차원이었다.

현종은 1015년(현종 6) 3월 처음으로 서경을 찾았다. 3월에 찾은 이유는 1014년(현종 5) 11월 반란을 일으켜 정권을 장악한 김훈(金訓)·최질(崔質) 등과 관련이 있었다. 현종은 이들을 서경 방문 및 연회에 함께하도록 한 뒤 취한 틈을 타 제거하려 했다. 장락궁에서의 잔치 후 현종은 마침내 김훈 등의 제거에 성공했다. 이는 위태로웠던 왕실이 다시 태조와 서경의 덕을 본 셈이었다. 그리고 1018년(현종 9) 정월에 이르러 태조의 새로운 초상이 완성되자 서경 성용전(聖容殿)에 이를 모시게 했다. 즉 서경 성용전은 태조 어진을 모신 진전(眞殿)이었다. 개경 궁궐이 소실되면서 사라졌을 태조 어진을 새로 제작했다는 것은 이를 개경에서도 모셨을 가능성을 말해 준다.

개경의 태조진전은 이미 광종 대 창건된 봉은사 내에 있었다. 그리고 여기에는 태조 주상(鑄像)이 모셔졌다. 현종은 1011년(현종 2) 정월 거란 성종에 의해 개경의 태묘 등이 불타자 궁궐과 태묘 등을 다시 세웠다. 그 과정에서 현종은 다시 송과 교류를 맺으면서 송의 대중상부(大中祥符)나 천희(天禧) 연호를 쓰기도 했다.

당시 송나라에는 태묘와 별도로 설립된 경령궁(景靈宮)이 있었다. 이 경령궁은 선대 황제의 수용(睟容) 즉 진영을 모신 원묘(原廟)로서 1012년(송 대중상부 5)에 조성되었다. 현종은 이를 주목했다. 즉, 태조와 안종을 모시면서 자신의 정통성을 상징하는 추모 및 숭배 시설로서 이를 참조하고자 했다.

이에 개경 궁내에 1017년(현종 8)에서 1021년(현종 12) 사이 경령전(景靈殿)을 지은 것으로 이해된다. 우선 위에서 언급한 1018년(현종 9) 정월 서경 성용전에 새로운 초상을 모셨다는 것은 그 이전에 개경에도 진전을 만들어 모셨음을 추측게 한다. 태조 어진이 아무 때나 제작될 수는 없었을 것이고 또 개경에 모셔진 것과 달라서도 곤란했기 때문이다.

또한 1017년(현종 8) 4월에는 최항과 윤징고를 사주(泗州)로 보내 안종의 관을 개경으로 모셔 왔다. 그 능을 조성해서는 '건릉(乾陵)'이라 하고 5월에 부모의 시호를 더했다. 8월에는 건릉 참배가 이뤄졌고, 10월에는 태조 왕릉인 현릉 보수와 함께 12월에는 현릉 참배와 사면이 있었다. 이처럼 1017년 안종의 건릉 조성과 태조의 현릉에 대한 보수 등이 이뤄졌다는 것은 태조와 안종의 초상화가 완성되어 이 시기 태조와 안종을 위한 원묘가 조성되었을 가능성을 높여 준다.

그렇지만 경령전 건립과 완공에 대한 언급이 없는 상황이기에 실제 조성 완결 시점에 대해서는 고민이 필요하다. 1020년(현종 11) 8월 궁궐 내 전각을 중수하기 위해 수창궁으로 자리를 옮겼다는 기록과 함께 1021년(현종 12) 정월 및 7월 전각과 궁문의 이름을 바꾼 것이 확인된다. 8월에는 현화사 비석의 전자(篆字)로 된 액호를 직접 써 현화사가 최종적으로 완공되었음을 알 수 있다. 이를 고려하면 늦어도 1021년에는 경령전이 완공되고 액호까지 정해졌다 하겠다.

이처럼 현종 대에 왕실 원묘이자 별묘로서 설치되고 이후 태조와 국왕의 4대 직계 조상 진영이 모셔지게 되어 경령전은 태묘·제릉(諸陵)과 함께 중요 왕실 추모 및 숭배 시설이 되었다. 정조(正朝)·단오(端午)·추석(秋夕)·중구(重九) 등 때 정기적 경령전 친전(親奠)과 참배 알현 및 즉위 아뢰기, 출정 아뢰기 등은 국가 및 왕실 행사로 가장 큰 의례가 되었다. 그리고 이는 고려 시대 길례(吉禮) 대사(大祀)의 하나가 되기에 이른다.

고려에서는 성종 대부터 탄일을 절일로 정해 이를 축하하기 시작했다. 그 때문에 성종은 생일인 12월 26일을 천추절로 정했고, 목종은 5월 20일을 장녕절이라 한 바 있었다. 칭절(稱節)을 행한 것이다. 현종 역시도 7월 임진삭 (1)에 대해 즉위년 혹은 이듬해에 칭절하고 신민의 하례를 받아야 했다. 그런데 1012년(현종 3) 6월의 기록을 보면 부모를 일찍 여의어서 낳아 주신 날을 맞으면 추모하는 마음이 간절하여 차마 축하를 받을 수 없다고 했다. 그리고 양경과 각 도에서의 하례를 일절 금지하고 축수도량(祝壽道場)만을 열라 했다.

이를 보면 칭절을 했는지가 불분명하다. 그렇지만 현종을 이은 덕종이 자신의 생일을 인수절(仁壽節)에서 응천절(應天節)로 바꾼 것으로 봐서는 현종 역시도 절일 칭호가 있었을 것이라 여겨진다. 다만 하례를 금함으로써 부모에 대한 효의 마음을 표시한 것이라 보인다.

여기서 개경과 서경, 각 도에서의 하례를 일절 금지하고 축수도량을 행해라 한 것을 주목할 필요가 있다. 고려 시대에는 왕실 원찰과 함께 양경 및 각 도 계수관, 향읍 등에 복전(福田)으로 자복사(資福寺)라 할 사찰이 있었다. 그러니까 현종의 축수도량 언급은 이러한 원찰 및 자복사로 정해진 사찰에서 축수도량을 열어 장수를 빌라는 것이었다. 전국적 차원에서 고려 국왕을 위한 도량이 개설된 셈이었다.

1027년(현종 18) 4월에는 태묘를 배알하면서 각 왕별 묘정 배향공신을 정해 공덕을 기렸다. 태조묘에는 배현경(裵玄慶)·홍유(洪儒)·복지겸(卜智謙)·신숭겸(申崇謙)·유금필(庾黔弼)·최응(崔凝)을, 혜종묘에는 박술희(朴述希)와 김견술(金堅術)을, 정종묘에는 왕식렴(王式廉)을, 광종묘에는 유신성(劉新城)과 서필(徐弼)을, 경종묘에는 최지몽(崔知夢)과 박양유(朴良柔)를, 성종묘에는 최승로(崔承老)·최량(崔亮)·이지백(李知白)·서희(徐熙)·이몽유(李夢游)를, 목종묘에는 한언공(韓彦恭)·김승조(金承祚)·최숙(崔肅)을 배향토록 했다. 선왕들의 즉위와 정치를 잘 보좌하여 공업이 이뤄질 수 있도록 공헌한 공신들이 추가된 것이었다. 이는 동시에 현종 이전의 정치에 대한 평가가 일단락되었음을 뜻하는 것이기도 했다.

이 배경에는 1013년(현종 4) 8월부터 추진된 태조~목종 대까지의 역사를 정리하는 노력이 있었다. 거란 성종이 1011년(현종 2) 정월 개경까지 들어와 태묘와 궁궐 등을 불태워 사료 등이 소실된 탓이었다. 이에 감수국사(監修國史)로는 이부상서 참지정사 최항(崔沆)을, 수국사로는 예부상서 김심언(金審言)을, 수찬관으로는 예부시랑 주저(周佇), 내사사인(內史舍人) 윤징고(尹徵古),

시어사(侍御史) 황주량(黃周亮), 우습유(右拾遺) 최충(崔冲)을 각기 임명하여 『칠대사적(七代事跡)』36권을 편찬하도록 했다. 이는 1034년(덕종 3)에 가서야 완성되어 덕종에게 바쳐졌다.

현종의 정치에서 가장 주목할 대목의 하나는 성종 대 이래 축소 혹은 정지되었던 연등회와 팔관회를 원래대로 다시 연 것이다. 예컨대 1010년(현종 1) 정월 상원도량(上元道場)을 폐지하고 윤2월 갑자일(14)에 연등회를 개최한 것이 확인된다. 이때의 연등회에 대한 소개를 보면 "국속에 왕궁과 국도(國都), 향읍에 이르기까지 정월 보름이 되면 이틀 밤에 걸쳐 연등을 하였다"라 했다. 공식적으로 연등이 베풀어진 사찰로 개경에는 봉은사가 있었을 것이고 안종과 현종의 원찰인 현화사도 당연히 포함되었을 것이다. 이 외 지방에 있는 자복사에서 이를 개최했다 여겨진다. 이 연등회는 그간 성종 때에 축소 혹은 정지되었던 것을 이때 다시 행한 것이었다. 그리고 1011년(현종 2) 2월 보름 청주 행궁에서 연등회를 개최했는데 이때부터 2월 15일 개최를 상례로 했다고 하였다.

팔관회의 경우 1010년(현종 1) 11월에 이를 다시 열고 위봉루에 올라 악무를 관람하였다는 간단한 기사로 그 개회를 알 수 있다. 더 이상 상세한 내용은 없다. 현종 대의 팔관회 행사도 이것 하나만 실려 있다.

앞서 정리된 『칠대사적』과 달리 현종 대 기록은 사관에 의해 잘 정리되었을 것임에도 불구하고 연등회든 팔관회든 이렇게 소략한 것은 무엇 때문일까? 당시에도 이런 정도의 기사로 현종이 연등회와 팔관회를 다시 개회해 전통을 되살렸다는 의미를 줄 수 있다고 판단하지는 않았을 것이다. 의문이 남는 대목이다.

3) 위기의 연속과 태평 시대

최충은 현종에 대해 "하늘이 장차 흥하게 하려는데 누가 능히 그를 막을 수 있으리오”라고 했다. 이를 이어 이제현은 천명과 군주의 정치에 대해 다음과 같이 말해 경계했다.

> 인군(人君)이 천명만 믿고 하고 싶은 대로 하면서 법도를 어기면 비록 천명을 얻었을지라도 반드시 그것을 잃기 마련이다. 이런 까닭에 군자는 잘 다스려지고 편안할 때라도 난국과 위기를 생각하며, 항상 삼가는 마음을 행한 후에 하늘의 복록[天休]을 기다린다.

이는 인군이 천명을 받았더라도 매사 신중하고 공경하며 두려워할 것을 말한 것이었다. 또한 하고 싶은 것을 경계하고 법도를 따를 것과 공정해야 함을 밝혔다. 그래야 정치와 교화가 이뤄져 태평성대가 이어지기 때문이었다. 이제현은 현종이 이를 잘 실천하였기 때문에 더 이상 덧붙일 말이 필요 없는 군주라 평가했다. 이는 1215년(고종 2) 10월 태묘 협제(祫祭) 때 존호를 올리면서 현종에 대해 평가한 말에서도 확인이 된다. 즉, ‘태평성대의 기반을 다진 중흥(中興)의 군주’라고 표현하였다. 이러한 평가를 고려하면서 실제 현종 치세 기간 중 정치는 어떠했는가를 보자.

이 시기 살펴볼 주제로는 크게 다섯 가지가 있다. 첫째, 강조와의 관계 정리, 둘째, 김훈·최질 세력의 제거, 셋째, 거란 전쟁으로 약화된 왕권 안정, 넷째, 전쟁으로 동요한 민심의 안정과 생산 기반의 회복 및 생산력 증대, 다섯째, 국제질서 속 고려의 위상 확보 등이다.

먼저 강조와의 관계 정리를 보자. 강조는 어찌 보면 고려 왕실의 약점을 처음으로 잘 드러낸 인물이었다. 예컨대 혜종과 왕규, 정종과 왕식렴 등의 관계에서 왕식렴의 역할은 결정적이었다. 군사력을 지닌 인물과 왕실이 결탁되면 왕위 교체가 수월하게 이루어질 수 있음을 보여 주었다. 강조의 경우를 보자. 왕실을 위협하는 천추태후와 김치양, 왕실을 지키려는 목종이 있었을 때 강조는 그리 어렵지 않게 개경 진입에 성공하고 현종을 즉위시킬 수 있었다. 물론 이후 천추태후를 제외한 김치양 세력은 완전히 숙청되었다.

이러한 사태를 겪으면서 즉위한 현종과 조정의 신하들은 강조의 위상을 인정할 수밖에 없었을 것이다. 사실 강조는 목종 대에 이미 중추원 중추사로서 종2품의 직에 올라 있었다. 이는 그가 과거 출신은 아니더라도 문신으로서 상당한 능력이 있었음을 의미했다. 여기에다 그는 서희처럼 군정(軍政)에 밝은 인물이었던 듯하다. 목종이 김치양의 난 직전 그를 서북면 도순검사로 임명한 것에서 이를 알 수 있다. 강조는 현종 즉위 후 권력을 장악한 권신(權臣)이 되었지만 자기 멋대로 인사를 행하지는 않은 듯하다. 현종이 최항을 사부로 삼고, 문관 상참 이상에게 시무봉사문을 올리라 하는 등 모습이 보이기 때문이다.

명분상 강조 정권은 목종의 양위 및 현종의 즉위와 관련하여 거란에 사신을 보내 책봉을 받고자 했다. 하지만 거란 성종은 강조가 목종을 시해했다 하여 1010년(현종 1) 11월 전쟁을 일으키고 자신의 40만 군대를 의군천병(義軍天兵)이라 칭했다. 행영도통사로서 지휘를 맡았던 강조는 계속된 작은 승리에 방심하다가 결국 지금의 평안북도 선천군인 통주(通州)에서 거란에 사로잡혔다. 이러다 보니 집권 기간이 불과 2년밖에 안 되었다. 그래도 강조는 거란 성종이 신하가 될 것을 회유하자 "나는 고려 사람인데 어찌 다시 당신의 신하가 되겠는가?"라 하며 저항하다 결국 처형되었다.

거란의 침입을 피해 현종은 나주로 피난을 갔다가 1011년(현종 2) 2월 정묘일(23)에 개경 수창궁으로 돌아왔다. 현종의 남행 및 귀경 경로는 다음과 같았다. 나주까지의 남행은 '개경-적성현-창화현-양주-광주-비뇌역-양성-사산현-천안부 석파역-공주 파산역-여양현-삼례역-장곡역-인의현-수다역-노령-나주' 경로였으며, 개경으로 돌아오는 노선은 '나주-복룡역-고부군-금구현-전주-여양현-공주-청주-개경 수창궁'이었다.

강조가 거란에 의해 죽은 뒤 현종은 강조가 목종을 폐위하고 죽인 데 대해 어떠한 책임도 묻지 않았다. 다만 1012년(현종 3)에 목종의 능을 도성 동쪽으로 옮기고 시호, 묘호, 능호 등을 고쳤을 따름이었다. 이는 어찌 보면 강조가 김치양의 난을 진압하고 자신의 즉위를 도운 것과, 패배하긴 했지만 대거란 전쟁에서의 공을 인정한 면이 있었다. 다만 목종에 대한 처사만을 바로잡아 목종의 한을 풀어 주었다 하겠다.

둘째는 김훈·최질의 정변과 이들 세력에 대한 제거이다. 이에 앞서 주목해야 할 인물이 황보유의(皇甫兪義, ?~1042)이다. 그는 삼각산 신혈사로 가 현종을 호종해 왔으므로 옹립하는 데 큰 공을 세웠다. 현종은 즉위 후 황보유의를 중용했다. 그런데 거란 성종이 돌아간 후 부족한 재정으로 관원들의 녹봉 지급에 문제가 발생했다. 이때 황보유의와 중추원사 장연우가 2군 6위 등 경군(京軍)의 영업전을 빼앗아 녹봉에 충당하도록 했다. 이 때문에 경군에 속한 무관들이 불만을 갖게 된 것이 확인된다. 변방을 지킨 공이 있었던 상장군 최질은 문반의 지위에 오르지 못하자 유감이 있었고, 상장군 김훈 등도 이와 함께 경군의 영업전을 빼앗으려는 데 대한 불만이 컸다.

이들은 이러한 불만과 중앙군 제위(諸衛)의 불안함을 연결해 무인들의 분노를 부추겼다. 그리고 박성(朴成)·임맹(林猛) 등과 함께 군사를 이끌고 궁궐에 난입해 황보유의와 장연우를 포박하고 현종을 협박했다. 결국 황보유의 등은 관직을 빼앗기고 유배되기에 이르렀다. 정변에 성공한 김훈과 최질 등 무신들은 경군의 영업전 유지는 물론이고 5품 이상 상참관의 문관 겸직을 확보하였다. 나아가 이들은 어사대와 삼사 대신에 금오대(金吾臺)와 도정서(都政署)를 설치해 조정을 장악했다. 또한 대각(臺閣)에 있으면서 인사를 행해 조정 기강이 문란해졌다.

김훈·최질 등의 무리가 인사를 전횡하고 기강을 무너뜨리자 결국 이들에 대한 제거 논의가 나왔다. 왕가도와 김맹 등은 한나라 고조가 운몽현(雲夢縣)으로 초왕(楚王) 한신(韓信)을 유인해 제거한 고사를 들어 현종을 설득했다. 현종은 왕가도에게 서경에 먼저 가서 준비토록 하고 1015년(현종 6) 3월 서경 장락궁에 행차해 연회를 베풀었다. 그리고 술에 취한 김훈·최질 등 주력 세력 19명을 죽였다. 결국 김훈·최질의 집권은 4개월 만에 끝났다.

하지만 전쟁에 대한 혹은 변란 진압에 대한 논공행상과 공정한 녹봉 문제 처리 등은 숙제가 될 수밖에 없었다. 바뀌었던 관부는 원래의 이름대로 하고, 황보유의 등은 다시 기용되었다. 무신의 문신 겸직은 1016년(현종 7) 무관 출신 지채문이 우상시를 겸했던 것이나 1017년(현종 8) 11월 이원(李元)을 용호군 상장군 겸 호부상서로 임명한 것으로 보아 일부분은 허락되었던 듯하다. 하지만 무신란이 일어난 원인이 무신에 대한 차별이었으므로 무신의 문신 겸직은 여전히 어려웠다. 결국 문신 중심의 귀족 사회를 재편하려는 시도는 오히려 정변의 실패와 함께 문벌 귀족 사회를 촉진하는 방향으로 흘렀다.

셋째는 전쟁으로 약화된 왕권 안정 도모이다. 거란 성종의 1010년(현종 1) 고려 침략의 명분은 뚜렷했다. 강조가 목종을 시해하고 현종을 옹립했다는 것이었다. 현종은 즉위 후 여러 차례 사신을 보내 목종의 양위와 자신의 즉위를 알리고 화친을 요청했으나 거란 성종은 이를 거절했다. 그리고 강조에게 책임을 묻는다는 명분으로 1010년 11월 병자일(1)에 친정(親征)을 통보하고 개경에서 팔관회가 끝난 다음 날인 신묘일(16)에 보병과 기병 40만 명을 동원해 압록강을 건넜다.

기세등등한 거란 성종과 그의 군대는 압록강을 건너자마자 난관에 봉착했다. 도순검사 양규가 흥화진사 및 부사 등과 함께 흥화진 성에서 결사 항전했던 것이다. 공성에 실패한 거란 성종은 결국 군사를 둘로 나누었다. 우선 20만의 군사는 현 의주인 인주 남쪽 무로대에 주둔시키고, 나머지 20만을 거느리고 현재의 선천인 통주로 진격했다. 통주에서 강조의 군대는 승기를 잡았으나 방심한 탓에 결국 강조는 사로잡혀 회유와 고문을 당하다 죽었다. 이후 거란군은 곽주를 함락시키고 6천여 명을 잔류시켜 후방을 방어하고자 했다. 양규는 곽주 및 인주 무로대 주둔 거란군을 급습하여 큰 승리를 거뒀다.

이미 강조를 죽인 데다가 개경까지 진격해 궁궐과 태묘 등을 불살라 침공 목적을 달성한 거란 성종은 후방에서의 군량미 조달이나 회군을 위한 교통로 마련에 위기를 느꼈다. 그리고 이를 해결하기 위해 군대를 돌려 퇴군하면서 양규의 군대를 공격했다. 이때 양규와 김숙흥이 전사했다. 계속되는 고려군의 공격에 다급해진 거란 성종은 압록강을 건너는 데 급급했고, 흥화진사 정성(鄭成)은 돌아가는 거란군 후미를 공격해 큰 피해를 입혔다.

이것이 2차 대거란 전쟁이었다. 이때 현종은 처음에는 서경에서의 패전으로 개경까지 위협받게 되자 항복론에 기울었다. 강감찬이 나서서 전쟁 명분이 강조에게 있으므로 거란군의 칼날을 피해 있다가 부흥을 꾀하는 것이 나으니 남행(南行)해야 한다 하자 이를 따랐다. 하공진도 강조 등을 처벌한다는 거란 성종의 명분이 이뤄졌으므로 사신을 보내 화친을 청하자 했고 자신이 사신으로 가겠다 했다. 거란 성종의 위협은 강했지만 거란군 역시도 양규가 이끄는 군대에 의해 위기에 봉착하였고 결국 1011년(현종 2) 정월 계묘일(29)에 회군하였다. 현종은 2월 정묘일(23)에 개경 수창궁으로 돌아왔다.

거란 성종은 화친을 청하는 사신 하공진과 고영기를 데리고 귀국했고, 이들을 회유하려 했다. 하공진은 결국 신하로서 "두 마음을 가질 수 없다"라 하면서 죽음을 택했다. 이렇게 본다면 거란 성종은 강조의 처형과 고려와의 화친 등 소기의 목적을 달성한 셈이었다. 그렇지만 절반의 승리를 거둔 탓에 당시 동아시아 질서를 좌지우지하던 자신들의 위상 약화라는 아픔을 맛봐야 했다.

현종은 1011년(현종 2) 4월 공부낭중 왕첨을 거란에 보내 철군(撤軍)에 대해 사례하는 한편 동지하례 및 생신하례를 위한 사신을 보냈다. 이러한 조치는 거란과의 관계를 정상화하려는 노력의 일환이었다. 그런데 거란은 1012년(현종 3) 4월 고려가 화친을 청할 때 약조한 국왕 친조를 행하라는 압박을 가해 왔다. 6월에 사신을 보내 현종이 병으로 입조할 수 없다 하자 거란 성종은 고려에 조서를 보내어 홍화진·통주·용주·철주·곽주·귀주 등 6성을 취하겠다고 일방 통보했다.

여기에는 현종의 친조가 이뤄지지 않고 있음을 핑계로 거란이 고려의 전략 요충지를 빼앗으려는 혹은 고려에 대한 재침을 행하려는 의도가 내포되어 있었다. 즉 거란은 사실 홍화진이나 곽주, 통주 등 강동 6성이 군사적 측면에서 갖는 전략적 가치를 주목했다. 경제적으로도 고려와 여진의 물자가 만나고 또 뱃길로도 송으로 통할 수 있음을 확인했다. 이에 그 회수를 일방적으로 고려에 통보했고, 여러 차례 압록강을 건너 공격을 해 와 일진일퇴가 반복되었다.

이러한 거란의 횡포에 대해 현종은 송과의 교류를 재개함으로써 거란의 압박을 해결하려 했다. 1014년(현종 5) 8월 내사사인 윤징고를 송에 보내 다시 사대관계를 복원하려 했다. 게다가 청나라 필원(畢沅)이 정리한『속자치통감』에 따르면 이때 현종이 표문을 보내면서 '고려국황제'로 인정해 줄 것을 청하기도 했다. 송의 진종은 고려의 청을 수락했다는 대목이 확인된다. 황제가 황제를 책봉하게 된 것이다. 당시는 서하(西夏)나 베트남 등에서도 송의 책봉을 받거나 혹은 자체적으로 황제를 칭하던 다(多)황제 체제의 시대여서 가능했던 측면이 있다. 그렇지만 송과의 관계 복원이 고려에 실질적인 도움이 되지는 않았다. 서적 및 책력 수입 등의 문물 교류 정도가 확인될 뿐 군사적 협력은 없었기 때문이다.

거란의 강동 6성 요구 및 공격이 반복되는 속에서 고려는 송에 책봉 및 도움을 요청하는 등 송과의 관계를 복원하여 거란을 압박하려 했다. 상징적 행위가 송의 연호인 '대중상부'와 '천희'의 사용이었다. 이 와중에도 여진이나 철리국, 거란인, 송인 등이 고려로 귀부 혹은 복속을 청해 왔다. 고려가 보여 준 대거란 전쟁에서의 승리가 있었던 데다가 안정된 문명 국가로서 인식되어서였다.

국경을 놓고 고려와 거란 양국은 이해를 달리했다. 거란은 1015년(현종 6) 정월 압록강 서쪽과 동쪽을 잇는 다리를 놓고 성을 쌓아 교통로이자 군사로로 활용했다. 이를 통해 흥화진이나 통주 등을 공격했다. 4월에는 사신 야율행평을 보내 6성 반환을 압박했다. 그리고 이해에 거란은 선화진(宣化鎭)과 정원진(定遠鎭)에 성을 쌓았다. 이에 현종은 다시 민관시랑 곽원을 송에 보내 도움을 요청했다. 하지만 이듬해 귀국한 곽원이 가지고 온 조서에는 송과 거란이 우호의 맹약[盟好]을 맺었으니 고려도 거란과 화목하길 바란다고 쓰여 있었다. 거절이었다.

패자(霸者)로서 거란 중심의 국제질서를 주도하던 거란 성종은 뜻대로 되지 않는 고려에 대해 위기의식을 가졌을 것이다. 앞서 두 번이나 소위 헛심만 쓰고 돌아갔음에도 불구하고 위신을 다시 찾으려 무리수를 두었다. 명분은 국왕 입조를 압박하고 6성을 되찾겠다는 것이었다. 이어 1018년(현종 9) 12월 거란 성종은 소배압에게 10만 군사를 동원해 고려를 침공토록 했다. 3차 전쟁이 시작된 것이다.

그러나 이때는 고려도 거란과의 2차례 전쟁과 지속적인 6성 공격 등을 거치며 미리 대비를 하고 있었다. 고려는 강감찬을 상원수로, 강민첨을 부원수로 임명하였고, 이들은 군사 20만 8천 3백 명을 거느리고 현재 평안남도 안주시인 영주(寧州)에 주둔했다. 그리고 고려군은 1차 저지선이라 할 흥화진에서 거란군을 크게 이겼다. 소배압은 이에 개경으로 곧바로 진격하려 했으나 강민첨이 추격하여 이를 막았을 뿐만 아니라 대승을 거뒀다. 또한 1019년(현종 10) 2월 퇴군하는 거란군을 귀주에서 거의 섬멸하다시피 하였다. 동아시아 패자를 자처한 거란의 전쟁사에서 찾아볼 수 없는 참혹한 패전이었고, 거란 성종은 소배압을 크게 책망했다.

3차 전쟁에서 고려는 압도적인 승리를 거둔 셈이었다. 다만 국제 현실에서는 승리를 만끽할 수 없었다. 고려가 거란에 대해 사대해야 하는 것은 바뀌지 않은 것이다. 1020년(현종 11) 2월 표문을 보내 거란에 대해 번국(藩國)

을 자청하고 전처럼 공물을 받아 주길 청한 것은 이를 말해 준다. 다만 조건은 달라질 수 있었다. 국왕 친조 요구는 없어졌고 6성 반환 등의 언급도 없어졌다. 고려는 거란의 일방적 통보가 아닌 존중을 받는 나라가 된 것이다. 그리고 현종은 1022년(현종 13) 4월에 이르러 '고려국왕'으로 책봉되었고, 이때 거란 성종의 새로운 연호인 태평(太平)을 쓰기 시작했다. 이어 1023년(현종 14) 4월에는 태자가 '고려국공(高麗國公)'으로 책봉되었다. 양국 관계의 정상화가 이뤄진 것이었다.

그러나 여전히 거란은 압록강을 중심으로 서쪽에는 내원성(來遠城)을 두었고, 다리를 놓아 동쪽 고려의 땅인 현재의 압록강 동안(東岸)에 보주성(保州城)을 쌓았다. 이 다리와 보주는 이후 고려와 거란 양국 사이에 첨예한 문제가 되었다.

넷째, 전쟁으로 동요한 민심의 안정과 생산 기반의 회복 및 생산력 증대의 과제가 있었다. 현종 대 2차례에 걸친 거란과의 전쟁은 전쟁터가 된 고려에 큰 피해를 남겼다. 다만 큰 피해에도 불구하고 거란에 굴욕적 패배가 아닌 '의미 있는 큰 승리'를 거둔 고려는 이제 전쟁 후 수습 과정을 통해 '중흥(中興)'의 시대를 열어 갈 기반을 만들기 시작했다.

그것은 먼저 성곽 정비 등을 통해 국경 및 개경의 안전을 도모하는 데서 시작되었다. 1011년(현종 2) 개경 송악성 증축이 있었고, 거란 성종 침입 후에는 개경의 궁궐과 서경 황성(皇城)이 축조되었다. 개경 신궁궐은 1014년(현종 5)에 완공되었고, 2월 갑자일(8)에 현종은 궁에 입주하였다. 여기에는 명복궁과 수창궁, 건덕전(乾德殿), 회경전(會慶殿), 명경전(明慶殿)·영은전(靈恩殿)·경덕전(景德殿) 등이 있었다. 명경전 등은 1021년(현종 12) 7월에 각기 선정전, 명경전, 연영전으로 이름을 바꿨다. 개경 나성(羅城)은 조성도감(造成都監)을 두고 1009년(현종 즉위년)부터 축조를 시작해 1029년(현종 20) 8월 완공되었는데 낙성되기까지 21년이 걸렸다. 나성 축조에는 왕가도와 이응보, 황보유의, 황주량 등이 주축이 되었다.

특히 왕가도의 역할은 주목되는 바가 있다. 토목 관련 기초 공사를 할 때 당시로서는 과학적인 방법을 동원했기 때문이다. 즉 그는 성터를 찾을 때 일단 자신은 높은 곳에 올라 아래 능선을 관망했다. 그리고 아래 있는 사람들에게 일산을 들고 나아가고 물러나게 해 해당 공간의 넓고 좁은 곳을 살폈다. 왕가도에 의한 나성 축조는 이렇게 진행되었고, 이는 개경 방어에 중요한 역할을 수행하게 되었다.

이어서는 전공이 있는 이들에게 보훈 및 보상을 행하고 전쟁으로 죽거나 혹은 길에서 죽은 백성들에 대한 장례를 치렀다. 1014년(현종 5) 6월에는 죽은 방수(防戍)군은 관에서 시신을 거둬 염습하는 도구를 지급하고 유골함에 넣어 역마로 집에 보내 주도록 했다. 죽은 상려인(商旅人) 중 성명과 본관이 기록되지 않은 자들은 관에서 가매장하고 대략의 나이와 신체 형태를 기록해 의혹이 없게 했다. 1015년(현종 6) 7월에는 도병마사의 청으로 변방 수비에 공을 세운 12,500명의 장군과 군사에게 관등을 올려 포상했다. 1016년(현종 7) 7월에도 통주 전투에서 공을 세운 3,108명에 대해 작위를 1등급 올려 주었다. 이 외에도 전사한 자들에 대해 부의와 위로를 진심으로 전했다.

2차례의 큰 전쟁과 불안한 변경 상황으로 고려 사회는 뒤숭숭했다. 현종은 이를 안정시키고자 했다. 즉위년부터 재상을 비롯한 중앙의 관원과 목민관 및 진변(鎭邊) 장수에게 훈계를 내려 맡은 바 직무를 다하라 하였다. 나아가 가뭄이나 때아닌 안개 및 역질, 황충의 피해 등이 있으면 자신의 부덕을 책망하고 환과고독의 사회적 약자들에게 물품 등을 내려 생계와 건강을 도모할 수 있게 했다. 병란이 심해 추위와 배고픔에 시달리는 백성에게 면포와 소금, 장(醬) 등을 지급하여 위기를 벗어나게 했다. 가뭄이 심하면 시장을 옮기고 도살을 금지하는 한편 우산과 부채를 사용하지 못하게 하였다. 생계 유지를 돕고 농사를 장려하기 위해 양식과 함께 종자를 내려 주고 관청의 소를 빌려주기도 했다. 각 도의 주현에 매년 뽕나무를 심어 양잠에 이바지하게 했다. 이러한 정책은 생산력 증진과 농민 안정을 가져와 이후 고려의 안정적 발전에 기여했다.

현종은 백성을 위하고 농상을 장려하는 마음을 의례 시행으로도 표현하였다. 백성에게 은혜를 베풀고 제불과 신명에 감사하며 죽은 장졸을 위령하고 화합하는 자리도 마련했다. 예컨대 농사의 신에 대한 제사를 올리는 사직단을 수리하고 그 의례를 정비했다. 또한 적전에서 현종이 친히 쟁기로 밭 가는 의식을 진행하여 농상의 어려움을 파악하고 풍년을 기원했다. 연등회와 팔관회, 그리고 각종 불교 도량 및 반승은 고난을 겪은 백성의 마음을 위로하고 신앙을 통해 사회 안정을 도모하는 의미가 있었다.

이 시기 고려는 거란의 침입으로 국난의 위기를, 강조 및 김훈 등의 정변으로 정치 질서의 문란 등을 겪었다. 큰 위기였다. 이를 극복하기 위해 현종은 점차 자신의 정치적 역할을 넓혀 나갔다. 그것은 최항이나 강감찬, 황보유의, 양규, 강민첨, 최충, 왕가도 등 충신들을 잘 활용함으로써 가능했다. 특히 최사위와 황보유의, 장연우는 지방 행정 편제의 개혁을 건의했다.

이를 시발점으로 현종은 995년(성종 14) 이후 운영하던 12주 절도사를 없애고 5도호 75도 안무사를 두게 했다. 5도호는 안동(安東, 금주), 안남(安南, 영암), 안서(安西, 풍주), 안변(安邊, 화주), 안북(安北, 영주)이었다. 1018년(현종 9)에는 제도(諸道) 안무사를 폐지하고, 안남(安南, 전주), 안서(安西, 해주), 안변(安邊, 등주), 안북(安北, 영주)의 4도호와 광주, 충주, 청주, 나주, 상주, 진주, 황주, (명주) 등 8목으로 다시 개편했다. 또 그 아래로는 56지주군사(知州郡事)와 28진장(鎭將), 20현령(縣令)을 두었다. 이를 행하면서 현종은 지방관이 지켜야 할 봉행 6조(奉行六條)를 새로 정해 따르게 했다. 그것은 다음과 같았다.

첫째, 백성의 고통을 살필 것[察民庶疾苦].

둘째, 검은 인끈을 맨 향리의 능력을 살필 것[察黑綬長吏能否].

셋째, 도적과 간교한 자들을 살필 것[察盜賊姦猾].

넷째, 백성이 금령을 범하는지 살필 것[察民犯禁].

다섯째, 백성들의 효도와 우애, 청렴 결백을 살필 것[察民孝弟廉潔].

여섯째, 아전들이 재정을 산실하고 있는지 살필 것[察吏錢穀散失].

이를 계기로 고려의 군현 제도는 기능상 두 계통으로 나눠지게 되었다. 경(京)-목(牧)-지사부(知事府)-지사군(知事郡)-현령관(縣令官)으로 이어지는 민정적 계통과 도호부(都護府)-방어군(防禦郡)-진(鎭)으로 이어진 군정적 계통이 이에 해당한다.

특히 거란 전쟁에서의 '의미 있는 큰 승리'는 고려의 위상을 높였다. 성종 대 이래 추진된 문물 제도 정비와 농업생산력의 안정은 주변에 고려가 문명 국가임을 자신하는 바탕이 되었다. 과거시험은 현종 2년, 3년, 6년, 10년, 13년, 16년, 18년, 20년, 22년을 제외하고 열려 이자연(李子淵)·최유선(崔惟善) 등 인재를 선발했다.

한편 거란과 송은 보이지 않는 대립 관계를 지속하고 있었다. 1029년(현종 20)에는 거란 동경 요양부 장군 대연림(大延琳)이 흥료국(興遼國)을 세워 고려에 도움을 청했다. 현종은 이에 응하지 않았지만 대연림의 건국은 거란 내부에 분열이 일어나고 있음을 뜻했다. 49년간 재위한 거란 성종의 치세도 막을 내려 가고 있었다. 이 틈을 노려 곽원(郭元)은 군사를 동원해 압록강 동쪽 거란이 세운 성을 탈환하고자 했다. 과감하게 군사를 동원해 진격했으나 실패로 돌아갔다.

이 시기 동북아시아에는 거란과 송, 고려, 여진 부족과 철리국, 일본, 탐라, 우산국 등이 있었다. 최강대국은 거란이었지만 그렇다고 송과 고려를 압도하지는 못하였다. 여기에 고려가 두 차례에 걸친 거란과의 전쟁에서 의미 있는 큰 승리를 거두자 고려의 위상은 달라졌다. 고려 스스로도 이에 따른 자신감을 가지기 시작했다. 상징적인 것이 고려 현종이 황제를 칭하고자 했다는 점이다. 그동안에도 황제국 체제로서 황성이나 조서, 3성 6부, 봉작제, 시호나 묘호 및 능호 등이 쓰이곤 했으나 고려 국왕으로 책봉받았고 태묘 부묘 때 신위에도 대왕 칭호가 공식적으로 쓰이고 있었다. 그렇기에 황제국이라 하기 어려운 상황이었다. 그런데 『속자치통감』 송기 진종 대중상부 7년 12월 기록은 현종이 송으로부터 황제 칭호를 쓰도록 양해받은 것을 보여 준다.

> 권지고려국사 왕순이 고주사 윤징고 및 여진 장군 대천기 이하 무릇 78인을 보내 방물을 바쳤다. 순이 표하여 말하길, "거란이 도로를 막아 오랫동안 통하지 못했습니다. 청컨대 황제 존호와 정삭을 내려 주십시오"라고 하자 조서를 내려 청을 따랐다.

여기서 왕순은 현종을 일컫는다. 대중상부 7년은 1014년(현종 5)이었으며, 권지고려국사라 처음에 칭한 것은 송으로부터 책봉을 받지 않았기 때문이었다. 오랫동안 통하지 못했다는 것은 거란의 간섭과 책봉으로 인한 것이었지 실제로 도로가 막혀서 통하지 못한 것은 아니었다. 이 사료에서 중요한 것은 고려에 황제 존호를 내려 달라는 것이었다. 그리고 송의 진종은 이를 따랐다고 보인다. 다만 현종이 실제로 '고려 황제'라 칭했는지는 기록이 없어 알 수 없다.

현종 대에는 거란이나 송, 여진 부족, 일본 등지의 많은 이들이 귀부하거나 방물을 바치는 등 고려에 속하길 원했다. 1011년(현종 2) 5월 동북여진 추장의 방물 헌상부터 시작해서 같은 해 9월에는 탐라에서 주군의 행정용 관인(官印)이라 할 주기(朱記)를 내려 줄 것을 청했다. 1012년(현종 3) 2월에는 여진족 추장이 30개 성의 부락 자제와 함께 와서 토산말을 바쳤다. 3월에는 송나라에서 왕복(王福) 등 7인이 내투했다. 8월에는 일본국의 반다(潘多) 등 35명이 와서 투항했다. 1014년(현종 5) 2월에는 철리국에서 말과 담비 가죽 등을 바쳤다. 또한 1016년(현종 7)에만도 거란인 73명과 가호 43호가 고려로 자발적으로 왔다. 이러한 상황은 문종 대까지도 지속되었다.

이에 따라 고려는 변경의 복속을 청하는 이들에게 운휘대장군(雲麾大將軍)이나 회화장군(懷化將軍), 귀덕장군(歸德將軍) 등의 지위를 내려 대우했다. 이들 호칭은 모두 고려의 덕화(德化)를 흠모해 구름처럼 모여든다는 것을 의미했다. 고려의 번성은 송 등에 찾아온 대식국 상인들에게도 알려졌다. 1024년(현종 15) 9월과 1025년(현종 16) 9월 대식국 열라자·만하·선라자 등이 와서 방물을 헌상한 것이 보인다.

현종 초 어려움을 겪었던 고려는 점차 전란의 상황을 안정시키고 사회를 복구해 갔다. 고려는 이제 국제 사회에서 군자의 나라이자 문명의 나라, 최강대국 거란과도 맞서 이기는 나라로 자리매김하였다. 이 때문에 송이나 거란은 물론이고 여진, 일본 등지에서 많은 이들이 내투하였고, 대식국 등지에서도 교역을 위해 찾아왔다. 현종은 거란을 물리치고 변방 18개 읍에 성을 쌓아 침략에 대비하였다. 또한 태평성대의 기반을 다져 나갔다. 이러한 업적으로 현종은 '중흥군주'라는 후대의 칭송을 받기에 이르렀다.

4) 현종의 죽음과 시대 과제

1031년(현종 22) 5월 신미일(25)에 현종은 태자를 불러 후사(後事)를 부탁하고 중광전(重光殿)에서 죽었다. 22년간 재위했으며, 나이는 40세였다. 시호는 '원문(元文)', 묘호는 '현종(顯宗)', 능호는 '선릉(宣陵)'이라 정해졌다. 이러한 칭호를 정하는 데에는 성품과 재위 때의 업적이 참고되었다.

시호 '원문'은 학문도 학문이려니와 문물 제도를 새로 만든 업적을 반영한 듯하다. 여기에 왕실을 새로 만든 군주로서의 위상도 가미되었을 것이다. '현종'의 묘호는 업적이 빛난다는 뜻이다. 거란을 물리치고 주변 국가와 종족의 귀부를 받아들여 교화를 넓혔다는 것이다. 사실 '현(顯)'은 이미 태조의 능호에 사용된 바 있었다. 그럼에도 불구하고 이를 다시 쓴 것은 그만큼 현종이 고려를 다시 정비한 '재조 중흥의 군주'라는 역사적 성격을 넣은 것이라 할 수 있다. 능호 '선릉'의 '선(宣)'은 베푼다는 뜻이 강하다. 부모에 대한 효성을 다하면서 국난을 극복하고 문물 제도를 정비했으며 인정(仁政)과 덕치(德治)를 베풀었기 때문이다.

현종 묘정에 배향되는 체협공신도 후에 정해졌다. 태사문하시중인헌공(太師門下侍中仁憲公) 강감찬(姜邯贊), 태사증문하시중절의공(太師贈門下侍中節義公) 최항(崔沆), 태사내사령정숙공(太師內史令貞肅公) 최사위(崔士威), 태사중서령영숙공(太師中書令英肅公) 왕가도(王可道) 등이었다. 강감찬의 시호 '인헌'은 어질고 귀감이 됨을 뜻했다. 그는 1031년(덕종 즉위년) 8월 84세로 죽었다. 과거에 급제한 이후 거란과의 전쟁, 나성 축조, 사직단 정비 등에 공을 세웠다. 최항은 1024년(현종 15)에 죽었다. 최언위의 손자로 현종 즉위에 공을 세웠고 현종의 사부가 되었다. 그의 시호 '절의'는 대의를 위해 충을 다했다는 의미로 현종이 직접 내려 주었다. 이 둘은 1033년(덕종 2) 현종을 태묘에 부제할 때 묘정 체협공신으로 배향되었다. 최사위는 1041년(정종 7)에 죽었으며 1052년(문종 6)에 현종 묘정에 배향되었다. 그의 시호 '정숙'은 목종과 현종을 위엄으로 보위하고 거란을 막는 데 공이 있었다는 뜻을 담았다. 왕가도의 본래 성과 이름은 이자림(李子琳)으로 청주 출신이었다. 현종의 비인 원질귀비(元質貴妃)와 덕종의 비인 현비(賢妃)의 아버지이기도 하다. 1034년(덕종 3) 5월 죽었는데 그의 시호 '영숙'은 성종 대 장원급제 하는 등 학문이 뛰어난 데다가 왕명을 잘 받들고 나성을 축조하였으며 거란과의 관계에 공을 세웠다는 의미를 담은 것이었다. 이들은 대체로 현종의 즉위 과정과 거란과의 전쟁에서 공을 세우고, 거란 격퇴 후 현종의 정치를 잘 보좌한 신하들이었다.

공교롭게도 1031년(현종 22) 5월 신미일(25) 현종의 죽음 직후 6월 기묘일(3)에 거란 성종도 죽음을 맞았다. 거란 성종은 나이 61세로 49년간 재위했다. 양국 군주의 죽음은 지금까지의 양국 관계가 새로 정립된다는 의미가 있었다. 특히 고려의 경우 재조 중흥의 기반이 닦이고 평화가 찾아오면서 태평의 시대가 다가오고 있었다. 반면 거란은 가장 절정의 시기에서 가장 강력했던 군주의 죽음으로 정치 질서의 혼란이 커졌다.

이러한 시점에서 고려 현종의 시대가 막을 내렸다. 그리고 앞으로 덕종 시대가 해결해야 할 혹은 중점을 두고 추진해야 할 시대 과제가 남았다.

첫째, 천수(天壽)는 말 그대로 하늘이 주는 수명으로서 경종이나 성종, 목종, 현종을 보면 모두 40세 이하의 나이에 죽었다. 경종은 26세, 성종은 38세, 목종은 30세, 현종은 40세였다. 군주의 장수 여부는 정치의 일관성이나 정치 세력의 활용 등에 영향을 미친다. 따라서 건강하게 장수하기 위한 제도적 장치가 필요했다.

둘째, 왕실 구성원의 확대를 위한 노력이 다시금 시대 과제가 되었다. 현종은 후비와 궁인 13명으로부터 5명의 아들과 8명의 딸을 두었다. 덕종과 정종, 문종 그리고 평양공 왕기와 검교태사 왕충 등이었다. 왕자의 탄생이 감소할 경우 필연적으로 왕위계승 문제가 발생할 수밖에 없는 관계로 이를 해결할 방법을 찾아야 했다. 인위적으로 해결하기 어려운 문제이긴 했지만 족내혼보다는 다산 가능성이 높은 이성혼을 택하여야 했다. 다만 이는 외척 문제를 불러올 수 있으므로 신중을 기할 필요가 있었다.

셋째, 왕실의 특수성 혹은 신성성을 내포한 의례 및 제도 등을 정비하면서도 인정과 덕치를 위해 노력할 것이 요구되었다. 이 부분은 왕조 사회의 필수 과제로서 아무리 강조해도 과하지 않은 것이었다. 이 점에서 유교와 불교의 역할이 더욱 중요해졌다. 또한 이를 왕실 혹은 고려의 국제적 위상을 높이는 것과 연결할 필요가 있었다.

넷째, 국제 사회의 움직임을 관찰하고 분석해 자국의 이익을 확대하는 노력이 필요해졌다. 성종 대 1차 전쟁, 현종 대 2·3차 전쟁, 압록강 유역을 둘러싼 군사 갈등 등 고려는 거란과 지속적인 갈등 관계에 있었다. 송과는 양국의 이해관계에 따라 군사 협력이 성립되지 않아 문물 교류 및 상인을 중심으로 한 무역 등으로 관계가 국한되었다. 거란과는 영토 문제를 해결해야 했고, 송과는 관계 정상화가 필요하게 된 것이다. 여기에 더해 고려는 거란과의 전쟁을 거치면서, 또 여진족과 접하면서 군사 시설로서의 성곽을 정비하고 서북면 및 동북면 방어 시설 등을 세워야 했다.

다섯째, 여진족 문제였다. 이들은 현종 대에 고려에 귀부와 복속을 약속하기는 했으나 인면수심의 행동을 보이는지라 위엄과 은혜를 적절히 조절해 대우해야 했다. 때때로 고려를 노략하고 돌아가는 등의 일이 발생하기도 했다. 여진이 자진 복속할 경우 이들에 대한 처우를 어떻게 할지, 이들을 부락 단위로 고려로 귀속시킬 것인지, 이들에 대한 정벌을 진행한다면 어느 정도까지 할 것인지 등을 결정해야 했다.

여섯째, 불교 사원이 왕실과 군주의 복전(福田)으로 많이 세워지고 있어 이에 대한 제어가 필요해졌다. 현종은 부모와 자신을 위해 대자은현화사를 짓고, 혜일중광사와 봉선홍경사를 창건하는 등 불사를 일으켰다. 이는 대규모 공역이었다. 여기에 많은 인부와 재원이 동원되고 소비되었다. 그 때문에 간관들은 "백성이 수고롭고 피폐할 때는 불사를 일으켜서는 안 됩니다"라 하며 말리기도 했으나 현종은 부처의 공덕이 한량없으므로 백성을 수고롭게 한들 무엇이 해롭겠는가라며 무마한 바 있었다. 이 같은 논리라면 군주의 의향에 따라 대규모 불사가 자주 행해질 수밖에 없었다. 그러므로 이에 대한 대처가 필요했다.

일곱째, 전쟁이 없는 태평 시대에 필요한 것이 무엇이고 이를 위해 어떻게 할 것인가를 정리해야 하는 과제가 생겼다. 그동안 고려는 3차례에 걸친 전쟁과 내란에 준하는 강조의 정변 및 김훈·최질의 난을 겪었다. 그렇지만 현종 중반 이후 국제질서의 평화와 국내 정치의 안정은 새로운 사회로의 전환을 의미했다. 이러한 시점에서 고려 왕조가 무엇을 해야 할지에 대한 고민이 필요하게 된 것이다.

이상 7가지 시대 과제를 제시해 봤는데, 당연히 일순간에 이루어질 수 있는 사안은 아니었다. 일관되게 장기간에 걸쳐 진행해야 할 문제였다. 여기에 더해 고려가 자신들이 이뤄 온 성과를 토대로 건강한 자존의식을 이념화할 수 있다면 좋을 터였다. 군주와 신료들이 공감하고 이를 의례로 상징화한다면 왕실과 국가의 질서는 잘 갖춰지는 셈이었다. 이러한 과제의 해결과 성취는 결국 후대 왕들이 현종 대의 시대 상황과 문제를 어떻게 인식하고 해결해 가고자 하는가에 달려 있었다.

형제 계승이 만든 해동천하와 문종의 정치

1) 덕종의 즉위와 아쉬운 응천(應天)

덕종(德宗, 1016~1034)의 이름은 '흠(欽)'으로 1016년(현종 7) 5월 을사일(2)에 태어났다. 현종과 원성태후 김씨 소생이었다. '흠'의 의미는 삼가고 공경한다는 것으로 장차 군주가 될 몸으로서 이러한 마음가짐을 새기라는 뜻이기도 했다. 자호는 '원량(元良)'으로 정했다. 매우 선량함 혹은 큰 덕을 뜻하며 이후 원량이란 말은 태자를 상징하는 대명사로도 쓰였다. 현종이 모후인 효숙왕후 즉 헌정왕후 황보씨의 능호를 '원릉(元陵)'이라 한 것, 현종의 시호가 '원문(元文)'인 것 등을 고려하면 새로운 왕실의 동량(棟梁)을 뜻하고자 '원량'이라 했을 수 있겠다.

덕종은 태조의 아들로 왕이 된 혜종이나 정종·광종을 제외하고는 처음으로 이성혼을 한 왕후 소생이었다. 그만큼 왕실로서는 의미가 있는 일이었다. 또한 덕종은 왕자로서 고려 초 이래 '왕태자(王太子)' 호칭으로 책봉된 최초의 왕이었다. 태조~광종 대에는 정윤, 성종과 목종은 개령군으로 칭해졌으며 현종은 대량원군으로 있다 즉위하였다. 그런데 덕종의 호칭 변화 과정에는 흥미로운 면이 보인다. 태어나서는 연경원의 왕자였다가 1020년(현종 11) 4월 경자일(19)에 이르러 연경군으로 책봉되었고, 1022년(현종 13) 5월 계사일(25)에는 왕태자로 책봉된 것이다. 원군-군-왕태자로 이어지는 지위에 따른 호칭 변화가 확인된다.

현종은 연경군을 왕태자로 책봉하면서 태자궁의 관속을 정했다. 즉, 1022년(현종 13) 기록을 보면, 태자궁에 사(師)·보(保) 및 실무 관원인 관속(官屬)을 둔 것이 보인다. 1023년(현종 14) 이후로는 태자를 위해 태자빈객(太子賓客)과 태자중윤(太子中允), 태자우서자(太子右庶子), 태자우유덕(太子右諭德) 등을 등용해 태자의 강학(講學)을 맡도록 했다. 대표적으로 최사위, 황주량과 최제안, 최충 등 유학에 밝은 이들이 이를 맡았다. 또한 거란에서는 처음으로 왕태자 덕종을 '고려국공(高麗國公)'으로 책봉하여 고려 국왕 다음 지위로 확인했다.

또한 태자로 책봉되면서는 생일에 대해 사료상 처음으로 칭절(稱節)을 행했다. 1032년(덕종 1) 정월에 생일 인수절(仁壽節)을 고쳐 응천절(應天節)이라 했다고 기록되어 있다. 사실 '인수(仁壽)'의 칭절호는 현종이 내렸을 터인데 그 의미는 『논어』 옹야(雍也) 편에서 찾을 수 있다. "지혜로운 사람은 즐기고, 어진 자는 천수를 누린다[知者樂, 仁者壽]"라 한 것이 보인다. 현종이 태자 덕종의 장수를 바라는 마음을 담은 듯하다. 그렇지만 이를 '응천'이라 고친 것을 볼 때 덕종 자신은 현종을 이어 고려를 태평성대로 만들려 했다 여겨진다. '응천'은 말 그대로 천명을 받들어 응한다는 의미가 있기 때문이다.

덕종의 후비는 5명이었다. 경성왕후(敬成王后) 김씨, 경목현비(敬穆賢妃) 왕씨, 효사왕후(孝思王后) 김씨, 그리고 칭호가 누락된 부여 출신 공부시랑 이품언(李稟焉)의 딸 이씨와 충주 사람인 검교소감 유총거(劉寵居)의 딸 유씨가 있었다.

제1비 경성왕후 김씨는 현종과 원순숙비 김씨 소생 공주로 1034년(덕종 3)에 왕후가 되었는데 소생 자녀는 없었다. 제2비 경목현비 왕씨는 왕가도(王可道)의 딸로 상회공주(殤懷公主)를 낳았는데 공주는 일찍 죽었다. 후비의 성씨로 왕씨를 쓴 것은 청주 출신 부친의 영향 때문이었다. 부친 왕가도의 처음 이름은 이자림(李子琳)이었고, 나중에 이가도(李可道)로 개명했다가 1029년 (현종 20)에 현종으로부터 왕씨 성을 하사받았다. 이 때문에 후비의 성씨를 왕씨로 표기할 수 있었던 것이다. 경목현비가 왕비가 될 수 있었던 것은 덕종 즉위 후 왕가도가 왕비를 맞아들여야 한다고 건의했기 때문이었다. 덕종은 이를 수용해 왕가도의 딸로 간택한 것이다. 제3비 경목현비는 경성왕후보다 2년 일찍 왕비가 된 셈이지만 현종의 공주 경성왕후와 혈통 차이가 있어 밀렸다. 왕가도는 현종에게도 납비하였는데 원질귀비(元質貴妃) 왕씨였다. 효사왕후 김씨는 현종과 김은부의 딸인 원혜태후 김씨 소생으로 덕종에게는 이복남매였으므로 족내혼을 한 것이다. 자녀는 없었다.

　이렇게 본다면 덕종은 김은부와 왕가도 가문과의 결합을 통해 왕실 구성을 이뤄 간 것으로 볼 수 있다. 현종의 공주를 중심으로 한 왕실 족내혼과 현종과 덕종에게 납비한 이성혼, 그리고 지위조차 기록에 남지 않은 이성혼이 확인된다. 덕종과 후비들 사이에는 왕자는 없고, 공주만 둘이 있었다. 여기에는 덕종이 재위 3년 만에 19세의 나이로 일찍 죽은 탓도 있었다. 덕종 왕실은 현종의 왕실 번성 기대에 부응하지 못한 것이다. 또 일찍 죽음으로써 '인수'를 바랐던 기원도 소용없게 되었다.

　덕종의 재위 기간은 불과 3년밖에 되지 않는다. 하지만 지금까지의 다른 후계자들과 달리 태자로서 체계적으로 학문을 닦았다. 덕종은 1031년(현종 22) 5월 신미일(25)에 현종이 중광전에서 죽자 곧바로 16세의 나이로 즉위했다. 그리고 이일역월제(以日易月制)에 따라 선왕 현종을 6월 병신일(20)에 선릉에 장례하고 이어 상복을 벗는 석복(釋服)을 6월 무술일(22)에 마쳤다. 경자일(24)에는 태조 및 현종의 진영 등을 모신 경령전(景靈殿)을 배알하고 즉위를 고했다. 그리고 계묘일(27)에는 신봉루에 올라 닭의 형상을 한 계간(雞竿)을 걸고 사면을 내렸다. 1033년(덕종 2) 8월 무오일(25) 27개월의 3년상을 마치면서는 선왕 현종의 신위를 태묘에 부묘했다. 덕종이 선왕 현종의 죽음 이후 진행한 이 일련의 과정은 후사를 잇는 군주가 행하는 상례가 되었다.

즉위 후 이일역월제에 따른 상장례를 마친 후 경령전 참알과 즉위를 고하는 의식은 덕종이 처음으로 행한 것이었다. 경령전은 그 위상이 태묘에 준하는 왕실 원묘였기에 이는 태조와 현종의 신성함을 덕종이 잇게 되었음을 상징했다. 즉, 이를 통해 덕종의 정통성과 신성성이 갖춰진 것이었다.

또한 덕종은 『고려사』의 기록상 처음으로 응건전(膺乾殿)에서 보살계(菩薩戒)를 받았다. 1032년(덕종 1) 6월 갑인일(15)의 왕실 일대 사건이었다. 보살계는 부처의 제자임을 밝히고 그 수행을 위해 계율을 일상 속에서 지키겠다는 불교 의식이었다. 이는 군주가 정치와 교단을 아우르는 존재임을 상징하기도 했다. 이를 6월 15일에 왕사 및 국사를 통해 받은 것이다.

여기서 주목할 것은 6월 15일이다. 6월 15일은 태조가 고려 군주로 즉위한 날이었기 때문이다. 사실 현종 대까지의 군주들도 보살계를 받아 왔는데 날이 고정되어 있지는 않았던 듯하다. 그런데 덕종이 태조의 즉위일에 맞춰 보살계 제자로서의 의식을 궁내 응건전에서 받은 것이다. 이는 새로운 스타일의 태조 추모이자 그 신성성을 잇는 의식이었다. 이후 고려 군주의 6월 15일 보살계 수계는 매년 정례적으로 행해졌다. '고려 군주=보살계'의 등식이 성립한 것을 보면 그 상징성을 알 수 있다.

고려에서 개경의 구정(毬庭)은 위봉루 혹은 신봉루 아래에 펼쳐진 넓은 공지로서 국정과 관련한 의식의 공간이자 왕실 관련 신성한 명당 공간이었다. 특히 현종 대에는 그 활용성을 높여 구정에서 도교 초제(醮祭)와 함께 호국 불교 경전의 하나인 『인왕경(仁王經)』 강경 의례를 행했고 승려들을 공경하여 식사를 올리는 공양인 반승(飯僧) 행사도 열었다. 덕종도 이를 이어 반승 등을 행했다. 여기에 더해 친히 초제를 올리는 친초(親醮)를 행하고 국로(國老)를 대접하는 연향을 베풀었다.

계간을 걸어 사면을 알리는 대사의례(大赦儀禮)도 구정에서 행하기 시작했다. 이는 북송에서부터 시작된 의식이었는데 고려에서는 덕종 대 기록에서 처음 나타난다. 북송의 맹원로가 쓴『동경몽화록(東京夢華錄)』에 따르면 계간에는 '황제만세(皇帝萬歲)'라는 글자가 쓰여 있었는데, 고려의 계간에는 무엇이 쓰여 있었을지 궁금하다. 현종이 황제 존호를 썼을 가능성을 생각하면 이때의 계간에도 '황제만세'의 네 글자가 있지 않았을까 한다.

덕종은 거란에서 보애사(報哀使)를 보내 거란 성종의 부음을 알리자 애도를 표했다. 또 선왕 현종의 생일을 축하하러 거란 사신이 오자 반혼당(返魂堂)에서 거란의 조서를 받았다. 이는 양국 관계에서 의례적으로 진행되는 일이었다. 여기에 더해 새 황제 즉위를 축하하면서 덕종은 거란의 국정이 혼란한 틈을 살펴 고려의 요구 사항을 전달하고자 했다. 당시 거란 성종의 부마 필제(匹梯)가 동경에서 반란을 일으켜 거란 국내가 혼란에 빠진 상태였기 때문이다.

이에 왕가도를 중심으로 한 신하들은 1015년(현종 6)에 거란이 설치한 압록강의 성과 다리를 헐고 억류된 사신을 돌려보낼 것을 요청하는 표문을 보냈다. 그러나 거란이 이를 받아들이지 않자 덕종은 통호(通好)를 끊어야 한다는 왕가도와 서눌 등의 의견을 받아들였다. 다만 전격적 단교를 행한 것은 아니었다. 일단은 새해 원단을 축하하는 하정사(賀正使)를 보내지 않고 거란 성종의 연호만 쓰기로 하면서 문제 해결을 촉구했다.

덕종과 조정 대신들의 이 같은 대거란 관계의 재정립은 현종 대를 이어 거란의 침입에 철저히 대비하고 있었기에 가능했다. 여기에 더해 1032년(덕종 1) 정월 거란 사신들이 내원성까지 와 입국하고자 했지만 덕종은 이를 허락하지 않았다. 이는 덕종의 의지를 보여 준 것이었다. 즉, 사대(事大)를 하더라도 거란이 고려의 의견을 존중하지 않고 부적절한 조치를 계속 유지한다면 관계를 끊겠다는 것이었다. 그만큼 자신감이 있었던 것이라 여겨진다.

그런데 이러한 덕종이 재위 3년 나이 19세에 갑자기 병으로 죽게 되었다. 1034년(덕종 3) 9월 계묘일(17) 연영전(延英殿)에서 동복아우인 평양군 형(亨)

에게 보위를 잇도록 고명(顧命)을 남기고 졸한 것이다. 고명은 군주가 죽으면서 명을 남겨 후사를 정하는 마지막 유언을 말한다. 이 표현은 성종이 경종을 이은 뒤 993년(성종 12) 3월 태묘에 신주를 모실 때 교서에서 경종의 고명을 받아 왕위를 이어 지키게 되었다고 표현하며 처음 쓰였지만 실제 현왕이 죽을 때 고명이라 칭한 것은 덕종이 처음이었다. 즉, 죽음 직전 고명-후사의 지명-후사의 즉위라는 공식 절차가 마련된 것이다.

덕종의 장례는 선덕전(宣德殿)에 빈전(殯殿)을 차리는 데서 출발했다. 시호는 '경강(敬康)', 묘호는 '덕종(德宗)', 능호는 '숙릉(肅陵)'이라 정했다. 시호 '경강'은 삼가 공경하면서 강건했다는 것으로 덕종의 성품, 정치와 외교가 그러했음을 함축한 것이었다. 묘호 '덕종'에도 시호를 정할 때의 요소가 거듭 반영되었다. 사관이 쓴 내용 중 "장성하여서는 벽돌을 밟기만 하여도 깨졌는데, 사람들은 소위 덕이 두텁기 때문이라 여겼다"라는 대목이 그 이해에 참고가 된다. '덕이 두텁다[德重]'라는 것에서 덕종이 재해와 권농 등과 관련해 자신의 부족함을 책망하고 덕을 쌓아 원망을 풀어 주려 노력했음이 보인다. 능호 '숙릉'은 공경하고 엄숙하다는 의미가 내포되어 있는데 이는 덕종이 거란에 대해 취한 강경하고 과단성 있는 결단을 함축한 듯하다.

덕종이 태묘에 부묘된 후에 체협공신이 정해졌다. 덕종을 위했던 체협공신으로는 태위문하시랑평장사양의공(太尉門下侍郎平章事襄懿公) 류소(柳韶)가 배향되었다. 재위 기간이 짧은 탓에 체협공신은 류소만이 있었다. 류소는 덕종이 태자 때 태자빈객(太子賓客)이었다. 이후 덕종 대에 북방에 관성(關城)을 축조하는 등 변경 안정에 공을 세우기도 했는데 이것이 반영된 듯하다. 1038년(정종 4) 4월에 죽었다.

덕종에 대한 후대의 평가로 『제왕운기』를 쓴 이승휴(李承休)와 그보다 약간 후대의 사람인 익재(益齋) 이제현(李齊賢)의 글이 있다. 두 사람이 하나의 상황을 놓고 다른 평가를 한 것이 흥미롭다.

이승휴는 『제왕운기』에서 덕종의 짧은 치세를 안타까워하며 "봉황새가 상서를 보였거늘"이라 했다. 반면 이제현은 『덕종실록』에 그러한 기록은 없으며 다만 민간에 전하는 얘기에 "봉황이 위봉문에 와서 춤을 추었더니 까마귀 떼가 따라 지저귀어 봉황이 마침내 날아가 버렸다. 나라 사람들이 이에 까마귀를 미워해 어른과 아이 모두 활을 쏘아 덕종 시대에는 경성에 까마귀가 없었다"라 했다고 썼다. 이를 놓고 이제현은 까마귀 떼에게 쫓긴 봉황이 봉황이라 할 수 있겠는가라 비판하면서 『제왕운기』의 봉황새 상서 기록이 근거가 없는 것이라 하였다. 그렇지만 덕종이 현종에 대한 효를 다하고 현종이 정한 치도(治道)를 바꾸지 않았으며 어진 신하를 등용해 백성을 편안하게 하였으므로 봉황새가 없었더라도 묘호를 '덕'이라 한 것이 당연하다 했다. 양자 모두 덕종의 짧은 치세를 아쉬워한 점은 마찬가지인 듯하다.

2) 정종의 즉위와 '선계선술(善繼善述)'의 정치

정종(靖宗, 1018~1046)은 1018년(현종 9) 7월 무인일(18)에 태어났다고 『고려사』 및 『고려사절요』의 정종 총서에서는 기록하고 있다. 그런데 현종 세가에서는 같은 해 7월 정축일(17)에 연경원에서 태어났다 하고 있어 차이가 보인다. 모후는 덕종과 마찬가지로 원성왕태후 김씨였다.

정종의 이름은 '형(亨)'이고 자호는 '신조(申照)'였다. '형'이란 이름은 형통하다 즉 만사가 잘 통하여 이뤄진다는 의미를 갖고 있다. 그만큼 왕자로서 혹은 제왕으로서 만사형통하길 바라는 마음이 담긴 것이었다. 자호 '신조'는 어찌 보면 독특하다 할 수 있다. 그대로 뜻풀이를 하면 빛을 골고루 편다가 된다. 제왕의 경우 '조(照)'는 군주로서 은혜를 햇빛처럼 골고루 내린다는 의미도 된다. 이처럼 정종의 이름과 자호에는 선왕인 현종의 바람이 담겨 있었다.

정종은 1022년(현종 13) 5월 동복형인 덕종이 왕태자로 책봉되자 다음 달인 6월에 왕자로서 평양군(平壤君)으로 책봉되었다. 이때 문종도 낙랑군(樂

浪君)이 되었다. 1034년(덕종 3) 5월에는 정종의 학문을 돕는 이로 한림학사 박유인(朴有仁)이 평양군문학(平壤君文學)으로 임명되었다. 덕종은 딸만 둘이 었던 터라 이때부터 후사 문제를 고민했던 듯하다. 그런데 같은 해 9월 계묘일(17)에 덕종이 19세의 나이로 병으로 죽었다. 이때 덕종은 동복동생 평양군 왕형에게 후사를 잇게 하는 고명을 내렸고, 정종은 17세의 나이로 중광전에서 즉위했다.

정종은 1035년(정종 1) 7월 갑오일(13)에 칭절(稱節)을 행하면서 그 호칭을 '장령절(長齡節)'이라 했다. 건강과 장수를 비는 마음을 담은 것인데 경종 이하 군주들의 수명이 길지 못했던 것을 고려했던 듯하다. 이후 장령절이 되면 미리 거란에서 생신축하사가 도착하여 축하를 올린 것이 확인된다. 다만 거란에서 보낸 생신축하사는 대체로 7월 14일에 도착한 경우가 많았다.

정종의 후비로는 제1비 용신왕후(容信王后) 한씨, 제2비 용의왕후(容懿王后) 한씨, 제3비 용목왕후(容穆王后) 이씨, 제4비 용절덕비(容節德妃) 김씨, 제5비 연창궁주(延昌宮主) 노씨가 있었다.

용신왕후 한씨와 용의왕후 한씨는 단주(湍州) 사람 중 문하시중 한조(韓祚)의 딸들이었다. 정종은 용신왕후 한씨와 평양군 때에 혼인을 했는데, 즉위해서는 연흥궁주(延興宮州)라 했다가 1035년(정종 1) 아들을 낳자 혜비로 책봉했다. 이어서는 정신왕비(定信王妃)로 봉했지만 1036년(정종 2) 7월에 죽었다. 용의왕후 한씨는 1038년(정종 4) 4월에 여비(麗妃)로 책봉되었고, 창성궁주(昌盛宮主)라 칭하였다가 현덕궁주(玄德宮主)로 고쳤다. 그리고 1040년(정종 6) 2월 왕후로 책봉되었으며, 세 명의 왕자를 두었다. 애상군(哀殤君) 왕방(王昉)·낙랑후(樂浪侯) 왕경(王璟)·개성후(開城侯) 왕개(王暟)가 이들이었다.

이 외 용목왕후 이씨는 부여군 사람 공부시랑 이품언(李禀焉)의 딸이었으며, 창성궁주라 불렸다. 공주로 도애공주(悼哀公主)가 있었는데 '도애'라는 호칭으로 보아 일찍 죽었던 듯하다. 덕종의 후비 이씨와 용목왕후 이씨는 자매간이었다.

용절덕비 김씨는 경주 사람 문하시중 김원충(金元冲)의 딸로 연흥궁주(延興宮主)라 칭해졌다. 김원충은 현종의 후비인 원순숙비 김씨와 남매간이었다. 김원충의 다른 딸은 문종의 후비 인목덕비(仁穆德妃, ?~1094) 김씨이다. 이렇게 본다면 김원충은 현종, 정종, 문종에게 납비한 셈이 되며, 외척으로서의 입지가 강했다 볼 수 있다. 김원충은 신라 원성왕계의 후손이었다.

연창궁주(延昌宮主) 노씨는 가계가 알려져 있지 않다. 정종이 그 용모가 아름답다는 말을 듣고 몰래 궁으로 들인 후비였다. 정종 대에는 단지 궁인에 머물렀다. 죽으면서 문종에게 유언을 남겨 돌봐 줄 것을 부탁한 듯하다. 이 때문에 문종은 노씨에게 연창궁을 내려 주어 후대했다. 노씨는 이후 연창궁주라 불리게 되었다.

이 외 1059년(문종 13) 6월 을유일(23)의 기사를 보면 문종이 정종의 궁인(宮人) 세 명에 대해 은택을 내린 내용이 보인다. 궁인 한씨(韓氏)와 소한씨(小韓氏) 그리고 위씨(韋氏)에게 해마다 내장택(內莊宅) 멥쌀 30석씩을 내리라고 한 것이다. 이들이 원호나 궁호 등 없이 궁인으로 호칭된 것을 보면 자녀는 없었고, 또한 정종의 부탁한다는 유언도 없었던 것을 알 수 있다. 그렇지만 문종은 선왕의 궁인이라 하여 대우한 것이었다.

이처럼 정종의 후비를 보면 일단 족내혼이 없다. 갑작스레 왕위에 오른 탓도 있었을 것이다. 그렇지만 눈여겨보면 몇 가지 특징이 보인다. 증 문하시중 한조의 두 딸이 후비가 되었다. 현종과 문종에게 납비한 경주 출신 원성왕의 후손 김원충의 딸을 맞이했다. 공주 출신 이품언의 두 딸은 덕종과 정종과 인연을 맺고 있다. 이는 특정 가문과의 혼맥을 형성하려는 왕실의 의지로 읽힌다. 연창궁주 노씨의 경우는 사료에 용모의 아름다움이나 규방의 재미[房宴]를 언급한 것을 볼 때 정종이 총애한 후궁이었다 볼 수 있다.

정종의 정치는 이제현이 사론을 통해 잘 정리한 바대로 선왕의 뜻을 잘 계승, 발전시킨 것이었다. 따라서 이제현은 『중용』 19장에 나오는 무릇 효라는 것은 선인의 뜻을 잘 계승하고 발전시키는 것이라는 표현 중 '선계선술(善繼善述)'을 인용해 함축했다. 그리하여 나라를 잘 보전하였다는 것이었다[以保其國]. 실제 정종의 치세를 살펴보면 이 같은 평가를 할 만했다.

정종은 12년간 재위했다. 1018년(현종 9)에 태어나 1046년(정종 12)에 죽었으므로 나이는 29세가 맞다. 그런데『고려사』에서는 정종이 죽을 때 나이를 33세로 기록하고 있다. 잘못된 기록이라 여겨진다. 정종 대와 관련해 주목할 주제는 다음과 같다. 첫째, 덕종 대에 이은 거란과의 관계 재개 및 압록강 석성 철거 요구이다. 둘째로는 연등회와 팔관회 실시이다. 셋째로는 각종 제사의 새로운 정비이다. 이들을 중심으로 살펴보도록 하겠다.

먼저 거란과의 관계 및 압록강 석성과 성보 공방을 보자. 1029년(현종 20) 흥료국의 발흥에 따른 거란의 군사 요청을 거절한 후 고려 조정의 곽원(郭元)은 이 틈을 노려 압록강 동쪽에 쌓은 거란의 성을 빼앗을 것을 청했다. 하지만 조정의 의견 분란과 공격 실패로 곽원은 부끄러움과 분노가 쌓여 등창으로 죽었다. 또한 거란 성종의 죽음 후 거란 황실의 분란을 틈타 왕가도가 주축이 되어 거란이 쌓은 압록강 성교(城橋)를 부수고 억류된 사신을 돌려보낼 것을 요구하려 했다. 거란이 거부하자 덕종은 우호 관계를 끊자는 왕가도 및 서눌 등의 의견과 우호 관계를 지속하면서 백성을 안정시켜야 한다는 황보유의 등의 주장 속에서 선택해야 했다.

결론은 하정사 파견 등은 중지하지만 이미 죽은 거란 성종의 연호인 '태평'은 계속 사용하는 것으로 매듭지었다. 고려의 단호한 의지를 밝히면서 거란에게 책임을 묻는 의도가 담겨 있었다. 또 평장사 류소와 왕가도, 이단 등이 거란의 성을 부수자는 강경론을 제기하자 결론을 섣불리 내리지 못한 덕종은 태묘에서 점을 쳐 결정하고자 했다. 그러나 길하지 않다는 점복으로 결국 출병하지 않았다.

정종은 즉위 후 거란에 덕종의 죽음과 자신의 계승을 알리지 않았다. 또한 책봉을 요청하지도 않았다. 오히려 1036년(정종 2) 7월에는 송에 진봉 겸 고주사(告奏使)를 보냈다. 다만 옹진 쪽에서 파선되어 되돌아와 송과 공식 관계 재설정은 실패로 돌아갔다. 그렇지만 이는 정종이 송과의 관계 개선 의향이 있음을 보여 주는 것이었고, 반대로 거란과의 관계 정상화를 적극적으로 시도하지 않겠다는 의지의 표현이기도 했다. 고려가 사신 파견을 하지 않자 1037년(정종 3) 9월 거란 흥종은 내원성에 황제의 선지(宣旨)를 내려 고려 측 영덕진(寧德鎭)에 전달했다. 요지는 왜 직공(職貢) 즉 조공을 하지 않느냐는 것이었다.

정종은 이를 받고 문하시중이자 판도병마사 서눌 등 14명에게 의논토록 했다. 결론은 정종의 즉위 및 고려의 요청 등을 담은 글을 써서 고주사를 보내자는 것이었다. 거란 흥종의 요구에 응하면서도 고려의 영토 확보에 대한 의지를 밝히려는 것으로 실제 1037년(정종 3) 12월 고주사를 통해 보낸 글 중 '두 개 조항의 공사(公事)'에 대한 결정이 있어야 관계를 재개하겠다 하였다.

2개 조항의 공사란 1031년(덕종 즉위년) 10월 요청한 압록강 연안 거란 측 성교의 철거와 억류된 이예균 등 8명 사신의 귀환을 말하는 것이었다. 정종의 이 요구는 그만큼 거란의 공격에도 맞설 수 있다는 자신감의 표현이기도 했다. 2, 3차 거란 전쟁 경험을 통해 준비하고 확인한 것이었다.

고주사 최연하가 1038년(정종 4) 3월 돌아오면서 받아 온 거란 흥종의 조서에서는 두 조항의 공사에 대한 수락 여부를 밝히지 않았다. 그렇지만 정종이 4월에 상서좌승 김원충을 보내 사례하고 연호를 요청한 것을 보면 이 두 조항에 대한 수락이 이뤄졌으리라 여겨진다. 같은 해 10월 거란이 사신 마보업(馬保業)을 통해 보낸 조서의 "건의한 바대로 이미 허락을 내렸다[雖已從於告奏]"라는 부분에서도 확인할 수 있다. 억류되었던 사신을 돌려보냈는지는 확인되지 않으나 이 부분에 대해 후일 어떤 논의도 없었던 것을 보면 귀환 가능성이 높다. 그러나 압록강 동쪽 성보 문제는 그렇지 않았다. 1039년(정종 5) 2월 사신 유선(庾先)을 보내기 전 판도병마사 서눌이 정종에게 다음과 같이 아뢴 것에서 관련 내용이 확인된다.

지난해에 거란이 압록강 동쪽에 성과 보루를 증축하고서 지금 다시 화친하려 하니 유선이 가는 길에 표문을 부쳐 이를 없앨 것을 청해야 합니다.

여기에 더해 유선이 가지고 온 거란 흥종의 조서에 압록강 동쪽 성보는 국경 방비를 위한 것일 뿐 고려에 어떤 해가 있겠는가라는 내용이 보인다. 압록강 성보 문제는 결국 해결이 되지 않은 채 양국의 잠재적 갈등 요소로 남게 되었다. 그렇지만 양국이 이를 확인함으로써 거란은 더 이상 동진(東進)을 할 수 없게 되었다. 고려로서도 충분치 않지만 소기의 목적은 달성한 셈이라 위안으로 삼았다.

하지만 정종은 방비를 더 견고하게 해 나갔다. 최충(崔冲)을 판서북로병마사로 임명하고 변경의 성과 해자 수축의 명을 내렸다. 최충은 영원진(寧遠鎭)과 평로진(平虜鎭) 등 4개의 진과 14개의 보를 설치하기에 이르렀다. 대거란 방어를 위한 성보를 더욱 많이 설치함으로써 만약을 위해 대비토록 한 것이었다. 그렇더라도 압록강 성보 문제는 여전히 미해결 상태였다.

이후 거란은 곧바로 1039년(정종 5) 4월 정종을 책봉하였다. 그 조서에 "영광은 일자왕(一字王)보다 높고 조칙에 따라 받은 지위는 삼사(三師)를 아울러 보인다"라는 대목이 있다. 또 1043년(정종 9) 11월에는 책봉사를 133명이나 보내 가책하면서 "다른 사람과 같이 앉지 않는 높은 자리에 올리고", "군자국을 지키는 제후왕 가운데 으뜸이다"라는 표현을 써 가면서 고려에 대한 존중을 나타냈다. 비록 책봉의 글에 쓰인 수사적 표현이기는 하나 당시 최강대국 거란조차 고려가 자신들과 같지 않으나 그에 준하는 위상을 가졌음을 인정한 것이다.

둘째로 연등회와 팔관회 실시 및 각종 불교 의례의 전개를 보자. 우선 팔관회와 관련한 조치가 1034년(정종 즉위년) 10월에 보인다. 재신을 서경에 보내 팔관회를 열고 이틀간 잔치를 베푼 것이다. 10월 서경 팔관회를 연 것인데 내용은 개경의 경우와 마찬가지였다. 같은 해 11월에는 개경에서 팔관회를 열었다. 이때 정종은 신봉루에 행차하고 저녁에 법왕사에 갔으며, 이 튿날 대회(大會)에서는 백관과 동경·서경, 동로와 북로 병마사, 4도호 8목 이 각각 표문을 올려 진하(進賀)했다. 송의 상객과 동서번(東西蕃) 및 탐라국 은 방물을 바쳤다. 그리고 이들에게 자리를 내려 의식과 악무 등을 즐기도 록 했다. 이때의 팔관회 형식은 고려에서는 매년 행하는 의식 형태가 되었 다. 이처럼 1034년 마련된 팔관회는 고려의 대표적 왕실 중심 큰 잔치인 중 동팔관회(仲冬八關會)의 전형적 모습을 갖추어 주목된다.

이로써 팔관회는 고려 왕실에 방물을 바치는 번국 및 상객 등이 자발적으 로 참여하고 국내의 주요 지방관이 표문을 올려 국왕의 성수만세를 축원하 는 유일한 자리가 될 수 있었다. 어찌 보면 태조가 팔관회를 열면서 기원한 왕실의 복과 태평성대, 부국이자 문화강국 등의 염원이 이뤄진 것이라 볼 수 있겠다.

다음은 연등회이다. 연등회는 919년(태조 2)부터 곧바로 시행되었으리라 생각되지만 사실 정종 이전 관련 기록은 그리 많지 않다. 그나마 1010년(현 종 1) 윤2월에 정식으로 다시 연등회를 열고 이듬해 2월 피난 중에 청주 행 궁에서 연등회를 개최하면서 정월이 아닌 2월 보름 개최로 바꾼 것이 확인 된다. 이어 1032년(덕종 1) 2월 연등회 때 덕종은 왕륜사에 행차했다.

그리고 1038년(정종 4) 2월 계미일(16) 연등회가 개최된 것이다. 이전의 연 등회와 다른 것은 이때 정종이 태조 진전사원으로 태조 소상 등을 모신 봉 은사를 찾고 봉은사 내 태조진전에 있는 태조진(太祖眞)을 배알했다는 점이 다. 이때를 기점으로 상원연등회(上元燃燈會)에서는 궁궐에서의 연등 후 봉 은사 및 봉은사 태조진전을 찾아 향을 피워 올리는 의식이 지속되었다. 다 만『고려사』예지 상원연등회의에는 연등 자체에 대한 기록은 없고, 봉은사 진전을 찾아 행향하는 소회일과 하례 등을 받고 잔치를 베푸는 대회일로 구분, 정리되어 있다.

고려는 불교신앙을 통해 호국과 소재(消災)를 빌었고 국왕의 건강과 장수,

선왕의 명복 등을 기원했다. 고려 왕조의 대표적 문화유물 중『팔만대장경』은 불교신앙에 따른 제불호위의 상징이었다. 즉 적어도 당시 선진문화강국이라 하면 갖춰야 하는 필수물이 대장경이었는데, 고려가 이를 판각했다는 것을 주목할 필요가 있다.

고려에서 대장경의 전래는 928년(태조 11) 신라승 홍경(洪慶)이 후당의 민부(閩府)로부터 대장경 1부를 가지고 오자 이를 제석원에 둔 데서부터 시작되었다. 이어서는 991년(성종 10) 4월 한언공이 송에서 대장경을 가지고 오자 이를 내전에서 맞아 승려를 불러 읽는 개독(開讀) 의식을 행한 바 있었다. 그리고 이러한 대장경을 고려는 신앙을 높이는 한편 호국 진호를 행하려는 목적에서 판각하기 시작했다. 즉 이는 1011년(현종 2) 무렵부터 전개된 것으로 여겨진다. 대장경을 토대로 왕실 불교의례를 행한 것이 1029년(현종 20) 4월에 행해진 회경전에서의 장경도량 개최였다. 불·법·승 삼보 중 법보인 장경에 귀의하고 복을 빈 것으로 추정되는데 현종이 부모의 원찰 사원인 현화사에 대장경을 모시면서 판각된 대장경 일부를 공양하는 의식이었다. 이때는 승려에게 식사를 올리는 반승(飯僧)까지 행하여 의미를 더했다.

이러한 장경도량의 전형적인 의식을 마련한 것이 정종이었다. 1041년(정종 7) 4월 현종 대처럼 회경전에서 장경도량을 연 것인데 봄과 가을 두 차례 이 도량회를 개최토록 했다. 그리고 봄에는 6일간, 가을에는 7일간 각기 12번을 읽어 재앙을 없애고 복을 비는 소재기복(消災祈福)을 바랐으며, 풍년과 국왕의 교화·장수 및 왕실의 번성 등을 빌었다. 이 장경도량은 고려에서는 공양왕 대까지 열린 것이 확인된다. 예컨대 조선 태종의 장인인 민제(閔霽)는 공양왕에게 봄과 가을의 장경도량 외에는 모두 없애야 한다고 했다. 이는 그만큼 장경도량이 고려 왕조의 상징적 불교신앙 의식으로 자리 잡았음을 보여 주는 것이었고, 그 시작이 1041년(정종 7) 4월 장경도량 개최였던 것이다.

한편 국왕과 대신, 승도 및 백성이 함께하는 불교신앙 의례로 가구경행

(街衢經行)을 처음으로 행한 것이 확인된다. 1046년(정종 12) 3월 신축일(21) 정종은 시중 최제안(崔齊顔, ?~1046)을 시켜 구정(毬庭)에서 분향하고 『반야경(般若經)』을 실은 채루자(綵樓子)를 개경 시내 방향으로 세 갈래로 나가게 배송(拜送)하였다. 이어서는 승도들이 법복(法服)을 갖추어 입고 걸으면서 독송(讀誦)을 하고 감압관(監押官)도 공복(公服) 차림으로 따라 걸으면서 거리를 순행했다. 이는 백성을 위하여 복을 비는 것으로 '경행(經行)'이라고 불렀고, 이때부터 고려에서는 매년 행하는 신앙 의례가 되었다.

특히 여기서의 『반야경』은 『인왕반야경(仁王般若經)』으로 질병과 화재, 가뭄 등의 재해, 외적의 침입 등을 막기 위해 하루 두 번씩 외어야 하는 호국 경전이었다. 정종은 바로 이 『인왕반야경』을 통해 왕실과 국가, 백성의 평안을 모두가 함께 비는 국가적 행사를 제시한 것이었다.

이 외 덕종이 보살계를 받았듯이 정종도 1044년(정종 10) 6월 을사일(15)에 건덕전에서 보살계를 수계했다. 이는 앞서 언급한 바처럼 태조의 건국과 즉위를 되돌아보고 불제자로서 부처의 가호를 바라는 의식이었다.

셋째로 각종 제사의 정비를 보자. 먼저 1034년(정종 즉위년) 10월 정사삭(1)에 태묘에서 고삭(告朔) 의식을 행한 것이 보인다. 10월은 맹동에 해당하며 정사삭이란 초하루 즉 그달의 1일을 말한다. 이는 맹동 초하루에 태묘에서 이듬해의 정삭(正朔) 즉 책력을 올리고 희생을 바치는 고삭 혹은 곡삭을 행한 첫 사례였다. 여기서 올려진 책력은 거란이나 송에서 받은 책력이 아니라 고려에서 독자적으로 만든 소위 '고려력(高麗曆)'이었을 가능성이 높다. 그리고 이 책력은 동지 때 대신들과 지방관들에게 나눠 주기도 했기에 동지력(冬至曆)이라 부르기도 했다. 또한 매달 초하루에 올리는 태묘 제사도 고삭이라 했는데, 고삭을 행한 사례는 1034년(정종 즉위년) 10월 초하루가 처음이었다.

고려 시대뿐만 아니라 현대에도 여전히 지형상 위치로 인해 한국은 봄 가뭄이 심하다. 또 여름으로 들어가면 집중호우 등이 내려 큰 피해를 입기도 한다. 이는 정종 대에도 마찬가지였는데, 비가 너무 잦자 1035년(정종 1) 5월 갑진일(21)에 냇가에서 날이 맑기를 바라는 기청제(祈晴祭)를 올렸다. 물론 가뭄이 들 때는 기우제(祈雨祭)를 올렸다. 당시 정종은 송악산 계곡에서 백신(百神)에게 제사를 올려 재해를 없애고자 하였고 이를 일러 '천상제(川上祭)'라 했다. 이후 가뭄 재해인 한재(旱災)나 폭우 등의 수재(水災) 때 천상제는 지속되었을 것이다.

가뭄 시 기우 조치 프로세스가 정종 대에 정해졌다. 1036년(정종 2) 5월에 이 내용이 확인되는데 그것은 다음과 같았다. 즉, ① 억울한 죄수가 없는지 다시 살필 것, ② 궁핍한 백성을 진휼할 것, ③ 버려진 시신을 수습해 매장할 것, ④ 악진(岳鎭)·해독(海瀆)·제산천(諸山川) 및 북교(北郊) 등 비를 일으킬 수 있는 곳에서 기우제를 행할 것, ⑤ 종묘에서 7일에 한 번씩 기우할 것 등이었다. 그래도 가뭄이 심해지면 스스로의 부덕을 책망하는 죄기(罪己)·책기(責己)를 행할 것, 원구에서 우사(雩祀)를 행하고 시장을 옮길 것, 일산(日傘)과 도축(屠畜)을 금하고 관마(官馬)에게 곡물을 주지 않을 것, 정전(正殿)을 피할 것, 군주의 반찬인 상선(尙膳)을 줄일 것 등의 조치를 시행했다. 이러한 조치는 유사(有司)가 아뢴 바를 따른 것이었는데, 처음으로 기우를 위해 정한 구체적인 프로세스였다.

983년(성종 2) 정월 신미일(14)에 하늘에 풍년을 기원하는 제사를 원구(圓丘)에서 올린 바 있었다. 당시 호천상제에게 올리는 원구는 있었지만 그에 짝하는 지신(地神)에 대한 방택(方澤)은 정해지지 않았다. 1031년(현종 22) 정월에 친히 방택을 마련하고 제사를 올린 것이 확인된다. 그와 더불어 1036년(정종 2) 2월 초하루에 원구에 짝하여 방택에서도 제사가 올려졌다. 물론 이도 풍년을 기원하는 기곡제(祈穀祭)로서 의미가 있는 것이었다.

1037년(정종 3) 7월 임술일(22)에는 1028년(현종 19) 7월에 죽은 모후 원성왕태후의 기일을 맞아 애도를 올렸다. 그런데 이때 백관들은 원성왕태후와 정종을 위해 위로의 표문을 올렸다. 이는 백관이 군주의 슬픔을 함께하며 위로를 전하는 의식이었는데, 휘신진위(諱辰陳慰)라 했다. 또한 그 격식도 갖춰져 재신(宰臣) 3품 이상은 검은 허리띠나 붉은 허리띠[黑帶假紅]를 하고, 3품 이하는 서대(犀帶)를 착용하고 진위하는 표문을 올렸다. 후일 이는 『고려사』 예지가 편찬될 때 오례 중 흉례(凶禮)에 '선왕의 기일에 진전을 찾고 잔을 올리는 의식[先王諱辰眞殿酌獻儀]'으로 정비되어 실렸다.

음력 섣달그믐 즉 12월 마지막 날 나쁜 귀신과 역질을 쫓는 나례(儺禮) 의식을 정비한 것도 확인된다. 1040년(정종 6) 11월 무인일(27)의 일이었다. 정종은 나례를 행할 때 닭 5마리를 산 채로 찢어 죽여 역귀를 몰아내는 의식을 보고 이는 생명을 아끼는 마음[好生之德]이 아니므로 이를 바꾸라 했다. 이에 사천대에서는 정종에게 각각 길이 1척, 높이 5촌이 되는 황토로 빚은 소 4필을 만들어 닭을 대신하도록 하자 했는데 정종은 이를 허락했다. 이 내용을 보면 나례 행사는 이미 이전부터 시행되어 오던 풍속이었다고 여겨지며 다만 1040년(정종 6)에 이르러 황토로 빚은 토우로 대신하게 했을 따름이라는 것을 짐작할 수 있다. 이후 이는 하나의 의례로 정해져 그 절차가 전하는데 『고려사』 예지에 있는 '계동대나의(季冬大儺儀)'가 이것으로 당나라의 나례를 모델로 하고 있다.

이 외에도 정종 대에 처음으로 올려진 제사를 소개하면 다음과 같다. 1039년(정종 5) 정월 신축일(10) 비를 관장하는 신인 우사(雨師)에 대한 제사, 2월 임오일(21) 수명을 관장하는 별인 노인성(老人星)에 대한 제사, 1045년(정종 11) 정월 정축일(20) 동북교에서의 바람을 관장하는 신인 풍사(風師)에 대한 제사, 같은 해 6월 경진일(26) 농사의 풍년 등을 관장하는 영성(零星)에 대한 제사, 1046년(정종 12) 2월 임신일(21) 말의 수호신인 천사성(天駟星) 즉 마조(馬祖)에 대한 제사, 같은 해 3월 신사삭(1) 일식이 있자 정종이 정전(正殿)을 피한 뒤 흰 도포[素襴]를 입고 일식을 막고자 행한 제사, 4월 신해일(1) 맹하 즉 4월에 농사의 신에게 제사하는 중농제(仲農祭) 등이 있었다.

1046년(정종 12) 2월에는 가문에 후사를 세워 잇게 하는 율문을 정한 것이 보인다. 즉, "무릇 백성들은 율문에 의거해 적자(嫡子)를 후사로 세우고 적자에게 유고가 생기면 적손(嫡孫)을 세울 것이며, 적손이 없으면 동모제(同母弟)를 세우고 동모제가 없으면 서손(庶孫)을 세우도록 하라. 만일 남손(男孫)이 없으면 또한 여손(女孫)을 세우는 것을 허락한다"라는 조항이었다. 이는 사실 제사를 모시는 일만이 아니라 재산 상속, 혹은 음서 및 지위 상속과도 통하는 것이기에 중요한 규정이라 할 수 있었다. 정종은 바로 일종의 상속법을 정함으로써 적자와 적손 상속을 우선으로 한 것이다. 그러면서도 전제 조건이 달려 있기는 하지만 서손 및 여손 상속 등을 허락함으로써 후사를 잇고 대가 이어질 수 있도록 했다.

이렇게 보면 정종 재위 12년간 성종에 이어 유교 제사를 정비한 것이 확인되며, 동시에 정종은 성종과는 달리 불교신앙 의례를 갖추는 한편 기우 등을 위한 일정한 프로세스도 정하였다. 정종이 이처럼 다양한 의식을 갖춘 것은 결국 왕실과 백성, 그리고 국가를 위한 것이었다.

1046년(정종 12) 5월 정유일(18)에 병이 심해지자 정종은 낙랑군 왕휘(王徽)를 불렀다. 그리고 그에게 국정을 임시로 맡게 하는 조서를 내렸다. 그 내용은 "유덕(有德)한 이에게 왕위를 잇게 한다"라는 것이었고 그 대상이 바로 이복동생인 낙랑군이라 했다. 그리고 이날 정종은 재위 12년, 29세의 나이로 죽었다. 낙랑군 즉 문종은 선덕전(宣德殿)으로 정종의 빈소를 옮기고 이후 시호와 묘호, 능호를 정하였다.

사관은 정종에 대해 그 성품과 언행을 다음처럼 평가했다. 즉, 정종은 너그럽고 인자하며 효성과 우애가 있는 데다가 식견이나 도량이 넓은 군주라고 하였다. 또한 뛰어난 무예와 과단성을 갖추었고 작은 일에 구애되지 않았다고 하였다. 이러한 성품과 자질, 그리고 업적을 반영한 것이 정종의 시호 '용혜(容惠)'였다. 이는 은혜로움을 담은 그릇이라는 의미로, 신하나 백성, 내투해 오는 이방인에게 은혜를 내려 교화했다는 것이다.

묘호는 '정종(靖宗)'이라 했는데 '정(靖)'은 평안히 잘 다스렸다는 의미가 있다. '정난(靖難)'처럼 난국을 다스렸다는 뜻이라 하겠다. 이는 이제현이 선왕의 뜻을 잘 받들고 나라를 보전하였다고 평가한 것과 통한다.

능호는 '주릉(周陵)'이라 했다. 골고루 은혜를 두루 나눠 주었다는 의미와 이상적 고대 국가인 주나라와 같이 문물을 정비했다는 뜻을 담아 정한 것으로 보인다. 그만큼 정종이 유교적 제사를 갖추면서도 불교 의례를 두루 정비했다는 것이다.

정종이 죽은 뒤 그 공덕을 되새기면서 애도하여 안타까움을 표한 글인 애책문(哀冊文)이 『동인지문사륙(東人之文四六)』에 전한다. 정종 및 문종 대 문장가인 이영간(李靈幹)이 지은 것이다. 글 속에 정종의 공덕이 어떠한 것이었는지 잘 나타나 있다.

백성에게 부모였고, 인의(仁義)를 수저처럼 썼구나. 도를 좇아 행하시고, 어진 신하에게 맡기고서 의심하지 않았네. 큰 계책을 옥처럼 만들고자 하였고, 제도는 금과 같았구나. 먼 나라의 사람은 낯을 바꾸어 귀순하려 하고, 백성들은 마음속으로 기뻐하였다네. 새벽에 옷을 입고 밤늦게 밥을 먹듯 근심하고 부지런하였으며, 고금의 문물 제도를 참작하시었네.

글을 보면 정종이 어떠한 노력을 기울이면서 정치를 하였는지 나타나 있다. 하지만 정종이 이룬 나라가 어떠했는지가 상징화되어 있지 않다. 12년간이라는 짧다면 짧고 길다면 긴 정종의 재위와 죽음에 대한 아쉬움을 간접적으로 표현한 것이다.

정종이 태묘에 부묘되면서 정종실(靖宗室)에 배향된 체협공신으로는 서눌(徐訥), 황주량(黃周亮), 최충(崔冲), 김원충(金元冲) 등이 있었다.

결국 분명한 것은 정종 역시도 덕종이 19세로 죽은 데 이어 29세로 젊은 나이에 졸하였다는 점이다. 축수를 위한 불교 도량이나 성수만세를 담은 유교 의례, 노인에게 은혜를 베푸는 양로의 등을 행하였음에도 짧은 생애를 극복하지 못하였다. 아쉬운 점이라 할 수밖에 없는데, 누대에 걸친 족내혼의 영향 탓이라 볼 수도 있다. 왕실혼의 다양성 확보가 필요한 시점이 되었던 것이다. 그래도 현종 이후 덕종, 정종 대에 걸쳐 유교 문물 및 제도 정비와 거란 및 송과의 관계 재설정이 이루어졌음을 볼 수 있다. 더불어 독자적 천하를 가진 고려에 대한 자신감이 생겨났고 부처의 가호를 받는 신성한 왕실과 그 나라라는 인식이 심화되고 있는 것을 알 수 있다. 그 완성은 정종을 이은 낙랑군 휘 즉 문종에 의해 이뤄지게 된다. 압록강 성교 문제는 정종이 매듭짓지 못해 후대의 과제로 남았다.

3) 촉유(燭幽) 문종의 즉위와 정치 방향

문종(文宗, 1019~1083)은 1019년(현종 10) 12월 계미삭(1)에 안복궁(安福宮)에서 태어났다. 현종과 김은부의 딸 원혜태후 김씨 소생으로 현종의 셋째 아들이었다. 원혜태후 김씨는 원성태후 김씨와 자매였다. 이렇게 보면 문종은 앞선 덕종·정종과는 이복형제가 된다. 이들 자매와 현종의 인연은 1011년(현종 2) 나주까지 피난 갔다 돌아오는 길에 공주에 머물렀을 때 원성태후가 현종의 어의를 지어 올린 데서 시작되었다. 그리고 그에 이어 원혜태후 및 원평왕후도 차례로 현종의 후비가 되었다.

문종이 태어나자 현종은 이름을 '서(緖)'라 지었다. 실마리나 시작을 의미하므로, 새로운 시작점이 되라는 염원을 담았던 것이라 할 수 있다. 후에 이름을 '휘(徽)'라 바꾸는데 언제 그랬는지 기록에는 보이지 않는다. 다만 1037년(정종 3) 8월 19세인 낙랑군 왕서를 수태사 겸 내사령으로 책봉했다는 것을 보면 이때도 이름은 왕서였음을 알 수 있다. 그러다 1046년(정종 12) 5월 정유일(18)에 낙랑군에게 임시로 국사를 맡도록 할 때 이름은 '휘'였다. 이를 보면 문종은 1037년에서 1046년 사이에 개명한 것이다. 이름 '휘'는 아름답다 혹은 아름답게 하다의 뜻인데 그만큼 자신을 통해 주변을 아름답게 한다는 의미를 담았던 것으로 보인다.

1022년(현종 13) 5월 현종은 첫째 아들 연경군 왕흠을 왕태자로 책봉하면서 같은 해 6월 셋째 아들인 왕서를 낙랑군(樂浪君)으로 책봉했다. 이어 언제인지는 정확히 알 수 없으나 대략 문종의 나이 10세를 전후해 자호를 정했는데 '촉유(燭幽)'라 했다. 어두움을 밝히는 촛불이라는 소박한 뜻으로 이는 나중에 그가 왕위에 오를 것을 예상하지 못했던 상황에서 지은 것이었다. 그러나 결과적으로는 국왕이 되었으므로 그 촛불은 세상을 밝힌다는 뜻을 갖게 되었다.

문종은 1046년(정종 12) 5월 정유일(18)에 이복형인 정종이 죽자 28세의 나이로 관 앞에서 즉위했다. 이때 백관이 국새(國璽)를 받들어 올렸고, 이어 중광전(重光殿)에 이르러 조하를 받았다. 정식 즉위가 이뤄진 것이었다.

문종의 후비는 5명이었다. 왕실 족내혼으로 맞은 현종과 원성태후 김씨 소생인 인평왕후(仁平王后) 김씨가 우선 보인다. 이어 인주(仁州) 출신 이자연(李子淵)의 세 딸로 인예태후(仁睿太后) 이씨와 인경현비(仁敬賢妃) 이씨, 인절현비(仁節賢妃) 이씨가 있다. 또한 경주 출신 시중 김원충(金元沖)의 딸 인목덕비(仁穆德妃) 김씨가 보인다. 여기서 족내혼과 함께 이자연의 세 딸이 후비가 된 것이 눈에 띈다. 인목덕비는 정종의 후비 용절덕비 김씨와 자매간으로 김원충 가문과 왕실의 관계가 확인된다.

제1비 현종의 딸 인평왕후 김씨는 왕실 족내혼으로 맞은 후비였다. 생몰년이나 문종과의 혼인 등 구체적 관련 내용이 전혀 없다. 심지어 '인평(仁平)'이란 시호를 언제 올렸는지도 기록에 없다. 다만 1037년(정종 3) 8월 19살인 문종을 수태사 겸 내사령으로 책봉했다는 기록을 본다면 이때를 전후해 혼인했으리라 여겨지며, 문종 즉위 후 죽었다는 기록이 없는 점으로 보아서는 문종 즉위 전에 병사했을 가능성이 높다.

제2비 인예순덕태후(仁睿順德太后, ?~1092) 이씨는 이자연의 장녀이다. 인주 출신인 이자연은 이한(李翰)의 아들이며, 이한의 아버지는 이허겸(李許謙)으로 그의 딸이 김은부(金殷傅)의 처가 되었다. 그리고 김은부의 세 딸이 현종의 후비가 된 데다가 이자연 자신은 1024년(현종 15) 3월 과거에서 뛰어난 성적으로 급제까지 하였다. 이자연은 과거에 급제한 후 자신의 능력과 고모부가 되는 김은부의 후광으로 이미 문종 초에 재상의 반열에 올랐다. 인평왕후 사후 문종은 후비를 맞이하게 되는데 그 대상이 된 이가 이자연의 딸이었다. 1052년(문종 6) 2월 문종은 이자연의 세 딸을 차례로 맞이했다. 그중 장녀가 인예태후였다. 인예태후는 처음에는 연덕궁주(延德宮主)로 불리었으며 2월에 왕비로 책봉되었다. 1086년(선종 3) 2월에는 태후가 되었다. 이해 10월에 선종은 내외 관원에게 태후 생신 때도 축하 표문을 올리도록 해 존숭을 더했다. 1092년(선종 9) 9월 서경에서 죽었다. 태후는 대각국사 의천의 청을 받아들여 국청사(國淸寺)를 창건하기도 했다.

제3비 인경현비 이씨도 처음에는 수령궁주(壽寧宮主)의 칭호를 받았다가 1082년(문종 36) 정월에 이르러서야 숙비(淑妃)로 봉해졌다. 제4비 인절현비도 처음에는 숭경궁주(崇敬宮主) 칭호를 받았는데, 같은 해 7월 죽어 '인절'이라는 시호를 받았다. 제5비 김원충의 딸 인목덕비는 처음에는 숭화궁주(崇化宮主)라 했으며, 1094년(선종 11) 6월에 죽었다.

문종의 자녀를 보자. 3명의 국왕과 10명의 왕자 그리고 7명의 공주를 두었는데 공주 중 적경궁주와 보령궁주를 제외하고는 일찍 죽었다. 주목되는 점은 인평왕후와의 사이에는 소생 자녀가 없지만 인예태후와는 10남 2녀를 낳았다는 것이다. 순종·선종·숙종과 대각국사(大覺國師) 왕후(王煦), 상안공(常安公) 왕수(王琇), 보응승통(普應僧統) 왕규(王規), 금관후(金官侯) 왕비(王㶨), 변한후(卞韓侯) 왕음(王愔), 낙랑후(樂浪侯) 왕침(王忱), 총혜수좌(聰慧首座) 왕경(王璟) 및 적경궁주(積慶宮主)·보령궁주(保寧宮主)가 이들이다. 인경현비와는 3남을 두었는데, 조선공(朝鮮公) 왕도(王燾)·부여공(扶餘公) 왕수(王㸂)·진한공(辰韓公) 왕유(王愉)가 있었다.

문종과 인주 이씨 집안 출신 후비 사이의 소생 자녀가 많았다는 것은 어떤 의미로 보아야 할까? 이는 왕실로서는 매우 다행스러운 일이었다. 다만 그것은 왕실의 특성상 지금까지와는 다른 유형의 외척 가문의 출현을 예고했다. 인종 대 이자겸의 난이 있기까지 인주 이씨 세력은 거의 유일무이한 왕실 후비 가문으로 공고히 자리를 잡았다. 그리고 이들은 그 유지와 정치 세력 확장을 위해 다른 문벌 가문과 혼인을 맺었다. 외척으로서의 위세와 문벌로서의 위상을 가지면서 경원 이씨 즉 인주 이씨 가문은 해동의 제일가는 가문이라는 의미에서 '해동갑족(海東甲族)'이라 칭해지기도 했다.

문종과 인주 이씨 가문과의 혼인에는 집안의 자매를 한 명의 국왕이 맞이하거나 대를 이어 맞아들이는 고려 왕실혼의 특성이 있었다. 태조의 세 아들인 혜종·정종·광종, 현종의 세 아들인 덕종·정종·문종에 이어 문종의 세 아들 순종·선종·숙종도 왕위에 올랐다. 후에 인종의 세 아들 의종·명종·신종도 왕위에 오른 것이 확인된다. 태조와 혜종이 왕규 및 박영규 가문과, 현종이 김은부(金殷傅) 가문과, 현종과 덕종이 왕가도(王可道) 가문과, 정종(靖宗)이 한조(韓祚) 가문과, 정종과 문종이 김원충(金元沖) 가문과 연이어 왕실혼을 행한 것이 보이는 것이다.

현종부터 정종 대까지의 선왕들은 40세를 넘기지 못했다. 왕조 국가에서 이는 좋은 점일 수도 그렇지 않을 수도 있었다. 군주 교체가 잦으면서 정치 개혁이 자주 전개된다는 점은 긍정적이나 일반적인 경우 정국 불안정을 가져오기 마련이었다. 그렇지만 현종-덕종-정종 대의 경우를 보면 부자 및 형제 계승 등으로 선왕의 정치 계승과 개혁, 제도 보완이 이루어졌으며 외교에도 일관성이 지속되었다. 덕종 및 정종 대에 모반 사건 등이 없었던 것은 그만큼 정치가 안정되었음을 보여 주는 대목이다.

수명이 짧은 데 대한 불안감은 있지만 그래도 형제 계승 방식 등을 통해 위기를 극복해 온 만큼 일단은 재위 시에 최선을 다해야 했다. 새로 즉위한 문종 역시도 이는 마찬가지였다. 특히 현종 대부터의 정치를 직접 경험해 왔지만 문종의 입장에서 앞으로의 정치 방향을 잡는 것은 쉽지 않았다. 하

지만 갑작스레 왕위에 오르게 되었다 해도 28살의 나이와 그간 배워 온 왕
자로서의 학문, 또 그러면서 관계를 맺어 왔을 많은 신료들과의 안정적 정
치 네트워크는 문종이 정국 운영을 성공적으로 추진할 수 있는 기반이 되
었을 것이다. 그렇다면 문종의 즉위는 어느 왕대보다도 평화적으로 이뤄진
정권 계승이자 교체였다고 볼 수 있다. 이 때문에 즉위 직후부터 정국은 안
정되었다.

이러한 토대 위에서 문종이 관심을 기울였던 것은 무엇이고 성취를 이루
기 위해 추진했던 정치의 방향 및 내용은 어떤 것이었을까? 먼저 그것은 아
무래도 문종 자신의 건강과 장수였을 것이다. 선대왕들의 경우 이를 충분
히 누리지 못했기 때문이다. 이를 위해 문종이 어떠한 조치를 행하였는가
는 충분히 주목해 볼 만하다. 또한 얼마만큼의 노력을 기하였는가와 그에
따른 감응은 어떠했을까를 살펴볼 필요가 있다. 특히 사찰 건립과 불교 의
례, 도교 의례 등이 이와 관련될 듯하다.

다음으로는 자신을 비롯한 왕실 구성원의 번영이었을 것이다. 왕실 구성
원에는 왕족 및 외척이 포함된다. 이들이 군주의 울타리가 되기 때문이다.
왕조 국가는 국왕과 왕실이 존재해야 하며 건강해야 했는데, 이를 위한 다
양한 조치가 필요했으리라 생각된다.

셋째로는 제도 정비였다. 고려가 건국(918) 이후 문종 즉위(1046) 시점에 이
미 120년이 넘어 제도의 정비가 필요한 때가 되었던 것이다. 그간 제도 정
비가 이뤄진 때를 보면 광종 즉위 때는 건국 이후 30년이 넘은 때였고, 성
종 즉위 때는 60년이 넘었다. 현종 즉위 때는 80년이 넘은 시점이었다. 대략
30년을 한 세대로 가정하면 세대마다 제도 정비가 요구되었다 볼 수 있다.

넷째로는 현종 대 이후 생긴 고려의 자신감이었다. 이것이 실제 고려 내
부의 자기 인식에 어떻게 반영되었는지가 중요하다. 송에 황제 책봉을 요
청한 것이나 자국의 이익을 관철하기 위해 거란과의 외교 관계를 단절한
것, 수많은 주변인이 귀화 혹은 투화, 복속하면서 방물을 바치는 상황 등이

있었다. 이는 고려가 그만큼 강성한 선진 문명국이기에 가능한 것이었다. 실제로 이것이 어떻게 나타나고 있었는가를 이해할 필요가 있다.

다섯째로는 거란과의 관계 및 송, 여진 등 번국과의 관계 유지였다. 이는 국가의 안위 및 문물 교류와 통하는 것이었다. 이 관계 조성과 유지 발전을 위해 문종이 어떠한 노력을 기울였을까를 알아볼 필요가 있다. 그리고 고려 스스로 고려를 생각하는 '자기 인식'과 '문명의식' 기반 위에서 문종은 이를 전개했으리라 여겨진다.

여섯째로는 의식의 변화였다. 문종은 고려 독자의 문명의식을 가지면서 이를 토대로 천하의식의 변화를 꾀했을 것으로 보이는데 그것이 어떠한 형태로 나타났는지를 살펴볼 필요가 있다. 이는 특히 다양한 왕실 및 국가 의례 혹은 종교신앙을 통해 이뤄졌으리라 여겨지는데 이를 중심으로 검토할 필요가 있겠다.

마지막으로는 고려의 국제적 위상을 세우고 이를 확인하는 것이었다. 당시 고려는 다양한 이유로 고려를 찾는 사신, 상객, 귀화인 등을 통해 스스로의 위상을 알 수 있었을 것이다. 고려의 대외 정책은 자기 인식과 문명의식이 토대가 되어 일종의 자신감으로 전개되었으리라 여겨진다. 이는 이 시대를 살았던 이들의 글을 통해서도 알 수 있을 것이다.

이 같은 정국 운영 방향이야 설정하기 나름이지만 실제로 이를 해결하고 성과를 만들기 위해서는 많은 소통과 노력이 필요하다. 소통의 경우 군주가 독단적으로 주도해서는 성과가 있기 힘들다. 이를 위해서는 위에서 아래로 정치 주제에 대한 논의를 해 나가는 방법과 밑에서 다양한 의견을 제시해 올리는 방식 등이 잘 매칭되어야 했다. 문종은 소통 면에서 높은 합격 점수를 받을 수 있었다. 이미 형인 정종은 문종에 대해 '유덕(有德)'의 말에 맞는 후계자라 평하였고, '인효공검(仁孝恭儉)' 즉 어질고 효성스러우며 삼갈 줄 알고 검약을 실천한다 했다. 따라서 문종의 소통 방식과 성과를 주목할 필요가 있겠다.

문종은 소통을 중시하면서도 한편으로 강한 의지와 추진력을 갖추고 있었다. 이러한 문종의 성격을 보여 주는 단적인 사례가 있다. 그것은 자신의 원찰인 홍왕사(興王寺)를 세우는 일이었다. 신하들의 반대가 있었음에도 불구하고 문종은 10년이 넘도록 역사를 진행해 완성시켰다. 국가적 차원의 공역을 진행한 것이므로 어느 정도의 반대는 당연한 것이기도 했지만 문종의 의지가 없었다면 신료들의 반대를 이겨 내기 힘들었을 것이다. 그리고 그 기쁨을 누릴 줄도 알았다. 1067년(문종 21) 정월 낙성 후에 5일간 연등대회를 진행한 것이 대표적이다.

4) 성수만세(聖壽萬歲)로 이룬 소중화(小中華)

(1) 해동천자의 나라인가, 소중화의 나라인가

은(殷)나라 수레와 주(周)나라 면류관이요, 순(舜)임금의 해와 요(堯)임금의 구름이로세. 악(樂)은 순임금의 소(韶)와 주나라 작(勺)을 조화하고, 도(道)는 오전(五典)과 삼분(三墳)을 꿰뚫었도다. 명철하게 사람을 알아보았으며, 위엄으로 북방 오랑캐들을 교화하였네. 좌임(左衽)의 풍속을 관(冠)으로 바꾸고, 서루(西樓)에는 책(冊)을 드리웠도다. 존귀한 자리에 있음에도 겸손하여 빛이 나고, 불러서는 타일러 바로잡았다네. 황제의 편지가 정중하였으며, 외국 사신이 연달아 이어졌네. 성명(聲名)은 빛나고, 문물이 꽃피어 융성한 것이 상국(上國)에 견줄 만하여, 소중화(小中華)라 일컬었소.

이 글은 문종 대 급제하고 요나라와 송나라에 사신으로 나아가 표문 등을 지어 유명해진 박인량(朴寅亮)이 쓴 문종 애책문의 일부이다. 참고로 삼분, 오전은 삼황오제(三皇五帝)의 대도(大道)와 상도(常道)로 그만큼 문종이 역사를 꿰뚫고 있음을 뜻한다.

박인량은 문종 때 김근(金覲)과 함께 송에 사신으로 간 적이 있었다. 이때 그들의 글을 본 송인들은 감탄을 금치 못했던 듯하다. 박인량 등이 쓴 시문을 모아 문집을 간행하고 그 이름을 『소화집(小華集)』이라 지었기 때문이다. 송에서 고려 문장가의 시문을 자발적으로 모아 시문집으로 간행한 것이었다. 내용은 전하지 않으나 그만큼 당시 박인량과 김근 등 고려인의 시문이 화려하면서도 절조가 있고, 위엄을 전하면서도 공경함을 담은 명문이었음을 알게 해 준다.

또한 다음의 글을 보자.

해동천자(海東天子)이신 당금(當今) 제왕(帝王)

제불(諸佛) 천령(天靈)이 보조(補助)하매 교화(敎化) 펴러 오셨네.

(중략)

외국에서 친히 달려와 모두 귀의(歸依)하여

사방 변경 편안하고 깨끗해져서 창과 깃발을 없애니

성덕(盛德)은 요(堯)임금 탕(湯)임금에게 견주기 어려우랴.

(중략)

남만(南蠻) 북적(北狄)이 스스로 내조(來朝)하여

온갖 보물을 우리 천하의 뜰[天墀]에 바치는구나.

금으로 만든 섬돌과 옥으로 지은 전각에서 만세를 외치면서

우리 군주께서 오래도록 보위(寶位)에 계시기를 바라네.

(중략)

「환궁악사(還宮樂詞)」를 다투어 노래함은

성수만세(聖壽萬歲)를 알리기 위함일세.

이 글은 고려의 속악(俗樂) 중 「풍입송(風入松)」이라는 노래의 가사이다. 그 내용에서 해동천자, 제불과 천령의 보조[佛補天助], 외국의 귀의 및 성덕, 우

리 천하의 뜰인 회경전 앞, 성수만세 등의 표현은 현종-덕종-정종-문종 대를 거쳐 이루어진 고려 왕조의 번영 즉 태평성대를 표현한 키워드들이었다. 내용을 보면 대략 박인량이 쓴 애책문 속 문종의 업적과 통하고 있다.

사실 '풍입송'이라는 제목과 가사는 송나라에도 있었다. 송 태종이 직접 지은 소곡조(小曲調)로서의 풍입송이 『송사』권142, 지95 악17 교방(敎坊) 조에 실려 있기 때문이다. 다만 곡명으로 「풍입송(風入鬆)」이라 했으므로 고려의 「풍입송(風入松)」과는 달랐다. 고려를 상징하는 나무는 소나무였다. 특히 고려 궁궐 뒤 송악산의 소나무는 더욱 그러했다.

이 점과 앞에서 언급한 「풍입송」의 주요 키워드 등을 고려하면 「풍입송」은 결국 문종 치세 기간 팔관회 때 연주되었을 가능성이 매우 크다. 그만큼 문종 대 고려는 땅덩어리 크기만 다를 뿐 송나라와 견줄 수 있는 문화 수준을 자랑하고 있었다. 즉 문종 대 고려가 이룬 문물과 국력의 상징이 성대한 팔관회의 개최였고, 이때 「풍입송」이 연주되어 고려의 문명을 성대하게 찬미했던 것이다. 따라서 고려는 소중화이자 해동천자가 다스리는 나라로서의 위상을 자부했다 하겠다.

(2) 문종의 무병장수를 위한 기원과 의료

문종의 이 같은 성과는 자연스레 이뤄진 것은 아니었다. 일단 문종의 치세는 태조 26년, 광종 26년, 현종 22년의 치세보다 길었다. 수명으로 본다면 태조가 67세, 광종이 51세, 현종이 40세에 죽었다. 문종의 치세는 37년 그리고 수명은 65세였다. 유덕한 군주의 장기적인 국가 운영은 왕조의 틀과 수준을 달리 만들 수 있다. 이 점을 고려하면 문종의 치세는 당시 송이나 거란, 여진, 일본, 탐라 등의 존중을 받기에 충분했다.

그렇다면 앞에서 언급한 첫째와 둘째 사항인 군주의 건강과 수명 및 왕실 번영의 부분이 어느 정도 해결되었다 볼 수 있다. 이와 관련한 내용을 보자.

문종은 1046년(정종 12) 5월 정유일(18) 정종이 죽자 곧바로 즉위하고 중광전에서 백관의 하례를 받았다. 그리고 같은 해 6월 기미일(10) 내전에서 친히 본명성수(本命星宿)에 초제(醮祭)를 올렸다. 이후 매년 본명성을 만나는 때 반드시 초제를 행했다. 문종의 본명성은 자신이 태어난 해인 기미년에 해당하는 별자리로 천문(天文)의 중궁(中宮)에 있는 태일구궁성(太一九宮星)이었다. 도교 초제를 올려 건강과 장수를 비는 기복신앙 행위라 할 수 있는데 아마도 이러한 초제를 행함으로써 자신의 건강 등을 돌아보는 계기로 삼았을 듯하다. 이는 문종 자신이 일상에서의 신중함과 건강 증진을 위한 여러 노력을 기울이도록 했을 것이다.

문종은 자신의 생일인 12월 1일의 절일 명칭을 정했다. '성평절(成平節)'이었다. 아마도 이 칭호에는 태평성대를 이루겠다는 의미가 담겨 있었을 듯한데, 그러기 위해서는 역시 건강 등이 중요했다. 1046년(문종 즉위년) 첫 번째 성평절에 문종이 이를 위한 조치를 내린 것이 확인된다. 이후 거란으로부터 생신축하사가 매년 와서 선물을 올렸고, 문종은 건덕전에서 백관의 축하를 받은 후 선정전에서 잔치를 베풀었다.

건강과 축수를 기원하는 조치는 앞서 언급한 본명성 초제와 더불어 보살계 수계 및 기상영복도량(祈祥迎福道場) 등이 있었다. 1053년(문종 7) 6월 계미일(15)에 문종은 덕종이나 정종처럼 건덕전에서 보살계를 받았다. 그 이전에도 받았을 가능성이 높지만 일단 기록상으로는 이때 수계했다. 보살계를 받은 문종이 생일마다 행할 일로 정한 하나가 기상영복도량이었다. 1046년(문종 즉위년) 12월 병오일(1)부터 이 도량이 행해졌는데 이는 말 그대로 상서로움과 복이 들어오길 비는 도량이었다.

그런데 그 규모를 보면 국가적 차원으로 확대되고 있었다. 즉, 이날이 되면 외제석원에서 7일간 기상영복도량을 열고 문무백관은 흥국사(興國寺)를 찾아 기도 및 분향하며, 서경과 동경 양경과 4도호 8목에서는 해당 지역에 있는 사찰 즉 자복사에서 이를 행하도록 한 것이다. 문종에 의해 국가적 차원에서 전개하는 불교 도량이 된 셈이다. 달리 보면 성평절과 기상영복도량은 문종의 신성함과 존엄함을 높이는 국가 행사이기도 했다. 그리고 이는 관례가 되어 이후 왕대에서 비슷하게 실시되었다.

7일간 기상영복도량을 여는 외제석원은 924년(태조 7) 구요당 및 신중원과 함께 창건한 왕실 원찰 중 하나로 송악산 자락에 있었다. 법왕사나 봉은사 등과 함께 역대 군주들이 자주 찾은 호국사찰이자 내제석원과 더불어 33천을 주재하는 제석(帝釋) 관련 신앙의 상징이기도 했다. 문종은 외제석원이 갖는 이러한 신앙적 상징성을 의식해서 궁 밖 산림(山林)에 갔다가 돌아올 때면 반드시 이곳에 머무르면서 가마에 승려를 태우고 헌란(軒欄)에서 불경을 강설하도록 했다. 산림을 나갔다가 돌아오면서 흥분했던 마음을 가라앉히고 신앙심을 채우기 위한 조치이기도 했지만 제석의 불력으로 문종 자신과 국가를 보전하려는 목적이 있었다. 1060년(문종 14) 정월부터 7일간 천제석도량을 연 것도 이러한 차원에서였다.

나아가 군주의 장수와 건강, 왕실의 번창과 국태민안 및 태평성대를 기원하는 다른 도량도 많이 열었다. 때로 이는 가뭄 등을 없애 달라는 소재도량으로도 이어졌다. 정월이나 2월에 행한 연등회나 11월에 열린 팔관회, 화엄경도량, 백좌인왕경도량, 윤경회, 반야도량, 금강경도량, 백고좌인왕도량, 문두루도량 등등이 확인된다. 그 규모나 정례성 등을 놓고 볼 때 조금 과장한다면 고려는 불교 국가라 해도 될 정도였다.

그 상징 중 하나가 대장경의 판각과 인행이었다. 문종 대에는 대장경 수입과 판각, 안치 등에 정성을 쏟았다. 1058년(문종 12) 11월에는 정종의 혼당에 있는 금은 그릇 및 거란에서 보내온 조의(弔儀) 예물인 비단으로 대장경을 새로 만들어 정종의 명복을 빌도록 했고, 1063년(문종 17) 3월에는 거란에서 대장경을 보내왔다. 이때 문종은 예를 갖춰 서교에서 이를 맞이했다. 또한 1083년(문종 37) 3월에는 송에서도 대장경을 보내왔다. 문종은 이를 맞아 개국사에 안치하고 도량을 열도록 하였다. 거란과 송에서 대장경을 보내온 것은 문종의 신앙심에 부응하고 그의 건강을 빌려는 목적도 있었지만 다른 한편으로는 자신들이 가진 불교 문화를 과시하려는 목적도 없잖아 있었다.

한편 고려도 현종 이래 대장경을 만들고자 노력해 왔는데, 이는 문종 대에 더욱 적극적으로 전개되었다. 가령 1051년(문종 5) 정월에는 진관사(眞觀寺)에 행차해 새로 조성한 『화엄경』과 『반야경』을, 1077년(문종 31) 3월에는 홍왕사에 행차하여 새로 만든 『금자화엄경』을 소리 내어 읽는 전독(轉讀)을 행한 것이 보인다. 문종이 관심을 쏟은 『고려대장경』은 결국 그가 심혈을 기울여 창건한 홍왕사와 깊은 인연을 맺게 된다.

문종은 고려 역사상 최대 규모의 사찰을 건립했다. 현종을 상징하는 사찰이 대자은현화사였다면 문종을 상징하는 왕실 호국사찰은 홍왕사였다. 홍왕사 건립은 문종이 신하들의 반대를 물리치고 진행한 것이었다. 1067년(문종 21) 정월 덕수현에 낙성된 홍왕사의 규모는 2,800칸으로 12년 만에 완공된 것이었다.

이때 문종은 1천여 명의 승려를 홍왕사에 상주시키고 5일에 걸쳐 연등대회를 열었는데 백사(百司)와 안서도호부·개성부, 광주(廣州)·수주(水州)·양주(楊州)·동주(東州)·수주(樹州) 등 5개 주(州), 강화현(江華縣)·장단현(長湍縣) 등 2개 현(縣)으로 하여금 궁궐에서 홍왕사 문까지 수많은 채붕을 세우도록 했다. 행차하는 좌우에는 등불로 담을 만들고 나무에는 등롱을 매달아 대낮처럼 밝혔다. 문종이 이때 행한 연등대회와 홍왕사 행차는 사관이 보기에도 대단했던 것으로 "불사(佛事)의 성대함이 예로부터 없던 일이었다"라 할 정도였다. 홍왕사 초대 주지는 대각국사 의천이 맡았고 의천은 선종 대 홍왕사에 교장도감을 두어 불경 조판 및 인행(印行)을 추진해 『초조대장경』을 완성하기까지 했다.

이처럼 장엄불사(莊嚴佛事)를 이룬 문종은 여기에 더해 1070년(문종 24) 2월 3층 구조의 미륵전을 추가로 짓고는 절 주위에 성벽을 쌓도록 했다. 또한 은 427근과 금 144근을 써서 내부를 은으로, 외부를 금으로 입혀 만든 금탑을 1078년(문종 32) 7월에 만들었다. 이러한 홍왕사의 장대함과 화려함은 일본에까지 소문이 나 1079년(문종 33) 11월 일본 상인 후지하라[藤原] 등이 와서 법라(法螺) 등을 흥왕사에 바치고 문종을 위해 축수(祝壽)했다. 1080년(문종 34) 6월에는 흥왕사 석탑이 낙성되었는데, 이날 문종은 이를 기념해 죄수들에 대한 사면을 내렸다.

사실 흥왕사의 창건이나 중흥사·대안사·대운사의 중수 등은 많은 공역과 물자가 소요되는 사업이었다. 그렇지만 문종은 이것으로 자신의 건강과 수명, 그리고 왕실과 국가의 번영에 제불이 호응하여 가호해 줄 것으로 믿었다. 그리고 실제 문종 대에 그야말로 단군 이래 최고의 번영을 맞았던 것이 확인되므로 결과론적으로 이 믿음이 잘못되었다고 할 수는 없다. 더구나 문종 자신도 65세까지 살았으니 더 말할 나위 없었다. 그렇지만 여기에서 주목해야 할 또 하나의 요소가 있다. 그것은 의약과 의원 제도의 정비이다.

의료와 관련하여 의학박사의 12목 파견은 이미 987년(성종 6)에 보인다. 989년(성종 8)에는 문관 5품과 무관 4품 이상자 중 병환이 있는 경우 시어의

사진 11 경기 개성군 진봉면 흥왕리 흥왕사지 전경

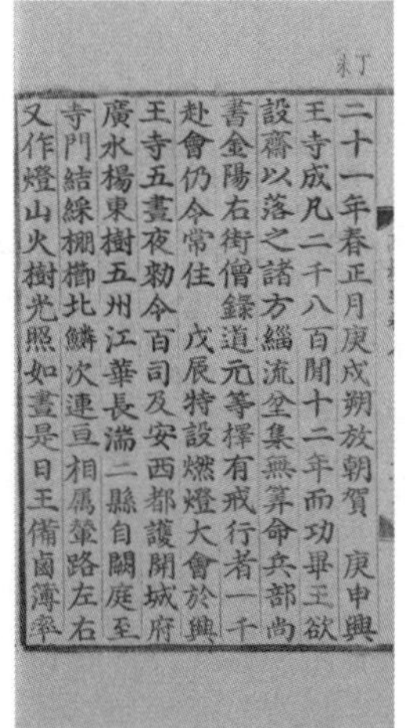

二十一年春正月庚戌朔放朝賀 庚申興
王寺成凡二千八百閒十二年而功畢 王欲
設齋以落之諸方緇流坌集無筭命兵部尚
書金陽右街僧錄道元等擇有戒行者一千
赴會仍令常住 戊辰特設燃燈大會於乾
王寺五晝夜勅令百司及安西都護開城府
廣水楊東樹五州江華長湍二縣自闕庭至
寺門結綵棚櫛比鱗次連亘相屬輦路左右
又作燈山火樹光照如晝是日王備鹵簿率

사진 12 『고려사』 1067년(문종 21) 정월 경신일(11) 흥왕사 낙성 기사

사진 13 흥왕사 대각국사 의천 묘지명

(侍御醫)와 상약직장(尙藥直長)·태의(太醫)·의정(醫正) 등을 보내 치료토록 했다. 이러한 기록은 성종 대에 이미 상당한 정도의 의료 제도와 의약이 구비되었음을 말해 준다.

그렇지만 여전히 의업 종사자는 부족했던 듯한데 이를 해결할 방안을 실시한 것이 문종이었다. 태의소감 김징악(金徵渥)을 명의라 하여 은퇴시키지 않고 70세가 넘어서도 근무하도록 하였다. 의업 종사자를 늘리기 위해 1048년(문종 2) 10월에 내린 글을 보면 과거 중 잡업, 의업 응시와 관련해 규정을 정한 것이 보인다. 많은 것을 널리 알아야 하는 것이 의업이므로 응시 자격을 호정(戶正) 이상의 아들이 아닌 악공(樂工)이나 잡류(雜類)에 관계되지 않은 서인(庶人)까지도 볼 수 있도록 정했다.

특히 문종은 송으로부터 의원과 약재를 받아들였다. 1072년(문종 26) 6월 송에서 의관 두 사람이 고려로 온 것이 확인된다. 이듬해 8월 귀국했는데 이 기간에 이들 의관은 고려에 여러 가지 자문을 했을 것으로 여겨진다. 또한 1074년(문종 28) 6월에도 송나라 양주(楊州) 의조교(醫助敎) 마세안(馬世安) 등 8인이 와 고려에 도움을 주었다. 이상적인 문물 교류였다고 할 수 있다. 문종 대 기록을 보면 언제인지 특정되지는 않았으나 군주의 건강과 질병을 관리[御藥]하는 관서인 상약국(尙藥局)의 관제가 정비되었다. 목종 대에 이어 대대적인 정비가 이뤄진 것인데, 정6품의 봉어(奉御) 1인, 종6품 시의(侍醫) 2인, 정7품의 직장(直長) 2인, 정9품의 의좌(醫佐) 2인, 의침사(醫針史) 2인, 약동(藥童) 2인을 두도록 했다.

이어 문종은 고려를 찾은 송 사신 안도(安燾)에게 자신의 풍비증(風痺症) 치료를 위해 의관과 약재를 보내 줄 것을 요청한 바 있었다. 이것이 1078년(문종 32) 7월의 일이었다. 그 내용은 다음과 같았다.

> 나이 들면서 쇠약해져 갑자기 풍비증(風痺症)에 걸렸는데, 우리나라에는 의관이 적고 의술도 부족하여 효험이 더디며 약이 신통치 못하여 효력이 낮습니다. 바라건대 저의 부탁을 염두에 두어 약자를 돕고 인덕을 넓혀 주(周) 왕실의 십전(十全) 의원을 선발하여 이곳에 와서 진찰하도록 하고, 신농씨(神農氏)의 백품약(百品藥)을 나누어 복용하도록 허락해 주십시오.

이를 요청받은 송에서는 1079년(문종 33) 7월 의관 형조(邢慥) 등과 약재 백품(百品)을 보내와 문종에게 도움을 주었다. 또한 1080년(문종 34) 7월에는 전에 고려에 온 바 있었던 의관 마세안을 다시 보내왔다. 마세안과의 연관성 여부는 명확하지 않으나 문종은 이듬해인 1081년(문종 35) 10월 지금의 황해도 평천군인 평주의 온천을 다녀왔으며, 1082년(문종 36) 9월에도 충남 온양시에 해당하는 온수군(溫水郡)에서 온천욕을 하면서 건강을 다스린 것이 확인된다.

이처럼 명의 태의소감 김정악에 대한 신뢰, 의업 응시 자격의 확대, 송의 의관과의 교류, 송의 약재 수입, 상약국 관제 정비 등은 문종이 비교적 건강하게 65세의 수명을 누리는 데 기여했을 것이다. 나아가 문종 대의 의료 제도 정비와 의술 발달 및 약재 개발은 고려사에 있어서 의학 발달의 한 획을 긋는 계기가 되었다. 이는 이후 1146년(인종 14) 의업 관련 고시 과목과 고시 방법인 의업식(醫業式)의 제정으로 이어지게 된다.

(3) 성명(聲名)은 빛나고, 문물이 꽃피다

박인량은 문종 애책문에서 '성명(聲名)은 빛나고, 문물은 꽃 피었다'라고 그 업적을 함축해 표현했다. 여기서 말하는 '성명'은 제왕이 덕으로 백성을 교화하는 '성교(聲敎)'의 다른 말이었다. 그러니까 박인량의 이 말은 교화와 문물이 잘 어우러져 다스려졌다는 뜻이다. 사실 문종 치세의 요약은 이제현이 남긴 사찬을 통해 조목조목 알 수 있다. 그가 어떻게 정리했는가를 보자.

문종은 몸소 근검절약하고 현명한 인재를 등용했으며, 백성을 사랑하여 휼형(恤刑)을 행하였고, 학문을 숭상하며 노인을 공경했다. 자격 없는 자에게 관직[名器]을 맡기지 않았으며, 측근[近昵]에게 실권을 주지 않았다. 인척이라도 공로가 없으면 상을 주지 않았고, 아끼는 신하라도 죄를 지으면 반드시 벌주었다. 환관(宦官) 급사(給使)의 수는 10여 명에 불과하고 내시(內侍)는 반드시 공로와 재능이 있는 자를 충원했는데 이 또한 20여 명에 지나지 않았다. 쓸모없는 관리[冗官]가 줄어 일이 간편해졌으며, 비용이 절약되어 나라가 부유해졌다. 나라의 창고에는 해마다 곡식이 계속 쌓이고 모든 백성이 풍요를 누리니, 당시 사람들이 태평성대라고 했다.

이 내용을 보면 문종은 고려를 태평성대로 이끈 성군이라 할 만했다. '해동의 지금 시대는 태평천하[海東今日, 太平天]'라는 「해동금일사(海東今日詞)」의 가사에도 부합했다. 또한 재변에 대한 구언 조서를 내린 인종에게 시무책을 올린 송나라 출신 임완(林完)은 덕을 닦는 것이 중요하며 이를 위해 태조 유훈과 문종의 옛 제도를 거행해야 한다 했다. 그러면서 문종에 대해 어질고 성스러운 군주[賢聖之主]라 했고 이제현 역시 이를 그대로 인용해 문종을 평가했다.

후대인들이 이렇게 높이 평가하고 본받을 만하다고 한 것은 그만한 업적이 있었기 때문이었다. 이를 이루는 데에는 문종의 소통 과정이 중요했다. 소통은 다른 무엇보다도 언로(言路)를 여는 것이었다. 따라서 우선 문종이 행한 언로 개방을 살펴볼 필요가 있겠다.

사실 군주가 시정(時政)의 잘잘못에 대해 신하들로부터 의견을 듣고 힘써 행할 바를 수용하는 것은 말처럼 쉬운 일이 아니다. 군주는 만인지상의 높은 자리이기 때문에 자신만이 옳다 하며 강압적인 정치 즉 전제정치를 할 위험성이 높기 때문이다. 또 귀에 거슬리고 입에 쓴 말을 듣는 것은 군주로서 보통 어려운 일이 아니기도 했다. 그럼에도 불구하고 문종은 재상이나 신하들과 여러 차례 시정득실을 논하는 자리를 마련해 국정 전반의 문제를 진단하고 해결해 간 것이 확인된다. 태조가 「훈요」 중 7조에서 신민의 마음을 얻는 요체는 간언(諫言)을 따르고 참소를 멀리하는 데 있다고 한 사항을 실천한 셈이다.

1046년(문종 즉위년) 8월 문종은 정전인 건덕전에서 조회를 받고 편전 격인 선정전으로 옮긴 뒤 시중 최제안과 평장사 최충 등을 불러 처음으로 시정의 잘잘못에 대해 논의했다. 문종은 5월에 즉위했으므로 정종의 국장과 이를 거란에 알리는 고애사(告哀使) 파견 등 즉위 후 해야 할 바를 마치고 거의 곧바로 시정득실에 대한 논의를 시작한 것이다. 어떠한 내용이었는가는 자료가 없는 관계로 알 수 없다. 이듬해인 1047년(문종 1)에도 4월 및 6월, 7월, 11월 네 차례에 걸쳐 선정전과 문덕전에서 시정득실에 대해 논하였음이 보인다. 이 중 6월의 경우는 최충 등을 불러 행하였는데 군국서무(軍國庶務)에 대해 물었다 하고 있다. 즉 군국의 경우는 아마도 거란 및 여진 문제였을 것이고 서무는 제도 정비 등에 대한 것이었다고 여겨진다. 이후 1052년(문종 6) 5월과 11월에도 이를 행하였는데, 5월에는 상참(常參) 이상의 문·무관과 은퇴한 옛 신료들로 하여금 각기 글을 올려[封事] 시정득실을 진술하라 했다.

　재상과 어사대 등이 문종과 논의한 것을 보면 때로는 수용하기도 했지만 그렇지 않은 경우도 있었다. 1055년(문종 9) 10월 문종이 복과 공덕을 빌고 불력에 힘입어 재변을 없애고자 길지를 골라 사원을 창건토록 지시했다. 그러나 문하성에서 반대 의견을 올렸다. 이를 보면 다음과 같았다.

　　예로부터 성스럽고 현명한 제왕 가운데 사원과 탑을 세워서 태평성대를 이룩한 분은 없습니다. 불교를 숭상하되 정치와 교화를 신중히 살펴 백성들의 힘을 손상시키지 않아야 자연히 국운이 장구해질 수 있을 것입니다. (중략) 또 태조께서 사원을 창건한 것은 한편으로는 통합의 소원을 이루어 준 데 대한 보답이고, 다른 한편으로는 왕업에 거역하는 산천의 기운을 억누르기 위한 것일 따름이었습니다. 지금 새로운 사원을 더 창건하려고 하신다면 불요불급한 일로 백성들을 괴롭힘으로써 원망과 비방이 뒤이어 일어날 것이며, 산천의 기맥(氣脈)을 훼손하여 재해가 반드시 생길 것입니다. 이는 신인(神人)이 함께 노여워할 일로서, 태평성대를 이룩하는 길이 아닙니다.

　즉, 불교를 숭상할 수는 있지만 정치와 교화에 있어 사원과 탑을 세워 태평성대를 이룬 제왕은 없으므로 사원 창건에 신중을 기하여야 한다는 것이었다. 그렇지만 문종은 이러한 문하성의 의견을 받아들이지 않았고 흥왕사 창건에 나섰다. 간언을 받아들이지는 않았지만 문종 스스로도 사찰과 탑의 창건 문제를 되돌아보는 계기는 되었을 것이다.

　이 외에도 1058년(문종 12) 8월 탐라와 영암군의 목재로 배를 만들어 송과 교통하려 한 바 있었다. 이에 대해 내사문하성에서는 거란과 화친하여 전쟁의 위험 없이 지내고 있는 상황과 이미 1010년(현종 1) 거란 성종이 '동쪽으로는 여진과 결탁하고 서쪽으로는 송나라와 왕래하니 이는 무슨 계책을 꾸미려 함인가?'라 한 말을 다시 언급했다. 말하자면 북으로 거란을 사대하고 송과 단절하는 북사남절(北事南絶)을 지켜야 한다는 것이었다. 그리고 고려가 이미 문물 예악이 흥성해 상객들이 앞다퉈 오고 있는 상황 등을 감안할 때 송과 통하는 것은 적절치 않다고 의견을 내었다. 당시 문종은 이를 따랐으나 결국 후일 송과 국신 관계를 맺었음이 확인된다.

이처럼 문종의 정치는 시정득실을 함께 논하고 그에 따라 정국 운영 방향을 정하는 이상적 모습을 갖추고 있었다. 다음으로는 문종 대 꽃핀 문물 제도에 대해 살펴보도록 하겠다. 고려 건국 후 120년이 넘은 이때는 고려의 문물 제도가 완숙기에 들어가는 시점이었다. 이러한 번영은 거의 전 분야에 걸쳐 전개되었다.

우선 고려 왕조의 시간 즉 역법과 천문 등을 담당한 사천대(司天臺)의 관제를 정비했다. 그 이전 1047년(문종 1) 3월 을해삭(1)에 일식이 발생하자 어사대에서 춘관정(春官正) 류팽(柳彭)과 태사승(太史丞) 류득소(柳得韶) 등이 천문에 어두워 일식을 미리 보고하지 않았다고 하여 이들의 파직을 청해 끝내 허락을 받아 낸 바가 있었다. 사소한 일 같지만 이는 관제 운영과 관련해 중요한 사건이었다. 무능한 관리의 정리와 관제 개혁 관련 문제 제기의 단초였기 때문이다. 사실 일식은 그 발생을 예측할 수 있는 것인데 관리가 무능해 직책을 제대로 수행하지 못했다는 면을 강조하면서 이뤄진 일이었다.

이에 앞서 1023년(현종 14) 태복감을 사천대로 바꿨지만 그 직제가 완비되지 못한 점을 고려해 문종은 사천대 관제를 정하기에 이르렀다. 정3품의 판사와 종3품의 감, 종4품의 소감 2인, 종5품의 춘관정(春官正)·하관정(夏官正)·추관정(秋官正)·동관정(冬官正) 등을 두었고, 태사국에는 판사 1인, 지국사(知局事) 1인, 종5품의 영 1인, 종7품의 승 1인, 정8품의 영대랑 2인, 종8품의 보장정 1인과 설호정 2인, 정9품의 사진 2인, 종9품의 사력 2인과 감후 2인 등을 두었다. 상징적인 조치였다.

문종은 이같이 관제에 대해 대대적인 개편을 행한 것이 확인되는데 작위(爵位)와 관련해 식읍 3천 호의 정2품 공·후·국공(國公), 식읍 2천 호의 종

2품 군공(郡公), 정5품 식읍 1천 호의 현후(縣侯)와 7백 호의 현백(縣伯) 및 5백 호의 개국자(開國子), 종5품의 식읍 3백 호인 현남(縣男) 등을 정했다. 또한 문산계를 모두 29등급으로 정했는데 995년(성종 14)에 정해진 29등급의 무산계와 짝을 이룬 것이었다. 종1품 개부의동삼사에서부터 종9품의 상 문림랑(文林郎), 하 장사랑(將仕郎)까지 나눠졌다. 작위와 문산계를 정해 체계화한 것이다. 무반의 경우 무산계를 쓰지 않고 문산계를 적용했음이 확인된다. 이로써 문무 양반 제도는 완성 단계에 이르렀다. 다만 문반이나 무반에 속하지 않았던 남반직은 상대적으로 차별받게 되었다.

이 외 1061년(문종 15)에는 최고 정무기관인 내사문하성을 중서문하성으로 고쳤다. 문종은 여기에 삼사(三師)와 삼공(三公)을 각각 1인씩으로 하면서 정1품으로 임명했다. 최고의 명예직이 된 것이다. 시중의 경우 1인으로 정하면서 종1품으로 삼았다. 이렇게 관직의 호칭을 바꾸면서 품계를 정한 것이 다수 확인된다.

군기(軍機) 및 변경의 일 등을 협의하는 합의기관인 도병마사(都兵馬使) 역시 다시 정비하였다. 판사는 시중(侍中)·평장사(平章事)·참지정사(參知政事)·정당문학(政堂文學)·지문하성사(知門下省事)로 임명하며, 사(使)는 6추밀(六樞密) 및 직사(職事) 3품 이상으로 하여 최고 합의기관으로서의 위상을 갖췄다. 고려의 법제를 정하는 회의기관으로서 식목도감(式目都監)도 재편하였다. 사(使) 2명은 성재(省宰)로 하고, 부사(副使) 4명은 정3품 이상으로 한 것인데 사는 수상인 시중이, 부사는 3품직을 겸한 추신(樞臣)이 맡은 것이다. 도병마사와 식목도감에 속하는 녹사(錄事) 각 8명은 과거에서 갑과로 급제한 이들이 맡았는데 이들을 갑과권무(甲科權務)라 했다. 그만큼 엘리트 기구라 할 수 있었다.

권무직을 두는 기구를 찾아보면 1076년(문종 30) 관제 정비의 정도를 파악할 수 있다. 권무는 갑과·을과·병과 등으로 나뉘어 배정되고 있었다. 이는 그만큼 1076년 관제가 대대적으로 다변화되고 직무가 나뉘었음을 알게 해 준다. 우선 도병마사 및 식목도감 외 녹사에 갑과권무가 배정된 기구로는 개경의 5부, 개경을 중심으로 사면의 방위를 담당한 관서인 사면도감(四面都監), 율령(律令) 제정을 맡은 산정도감(刪定都監), 팔관회 경비 조달 기구인 팔관보(八關寶), 직능을 알 수 없는 기구이나 개경과 서경에 설치된 구복원(勾覆院), 왕실 소유 전답과 재정을 맡은 내장택(內莊宅) 등이 있었다.

같은 시기의 것으로 추정되는 기구로서 을과권무(乙科權務)가 배정된 관서는 사신 즉 빈객을 맞이하고 보내는 영송도감(迎送都監), 목장 및 전마(戰馬)와 역마 등을 관장한 전목사(典牧司), 각종 제사에 소용되는 제물을 맡아보는 도재고(都齋庫), 궁궐 소용 활과 화살을 관장하는 내궁전고(內弓箭庫), 이 밖에 창고도감(倉庫都監), 행랑도감(行廊都監), 복두점(幞頭店), 취선점(聚仙店), 경선점(慶仙店) 등이 있었다.

병과권무(丙科權務)를 배정한 관서로는 강론 및 문서 기록과 보관의 일을 맡은 동문원(同文院), 제례와 시호·묘호 등을 정하는 기구인 태상부(太常府), 명령의 전달 및 잡역을 맡아본 연경궁제거사(延慶宮提擧司), 이 밖에 서적점(書籍店), 급전도감(給田都監), 제기도감(祭器都監), 노부도감(鹵簿都監), 도염원(都鹽院), 동서대비원(東西大悲院), 제위보(濟危寶), 목재 관장 기구인 동서재장(東西材場) 등이 보인다. 이 외 1076년(문종 30)에 설치된 관서로 음악 기구인 관현방(管絃房)도 보인다. 녹봉 지급 규정을 보면 소리와 음률을 관장한 대악서(大樂署)와 합해 대악관현방(大樂管絃房)이라 하여 별사(別賜)가 이뤄졌다.

사실 이 같은 관직과 관서, 직명, 관원 등에 대한 정비가 이뤄진 것은 일차적으로는 문종 대 그만큼 나라가 태평성대를 누리면서 그에 따른 대우나 직무 조정 등이 필요했기 때문이었다. 그러면서도 문종의 이름인 '휘(徽)'를 고려해 이 글자가 들어가지 않도록 정리했다. 관직의 체계와 위계질서를 세운 셈이었다.

그런데 문무 양반이 아닌 남반직의 경우 지위상의 변화가 있었다. 남반 최고위는 종래 4품직의 선휘사(宣徽使)였으나 문종 대에 이르러 문종의 이름인 '휘(徽)'를 피하고 관서를 통폐합하는 과정에서 선휘사는 없어지게 된 듯하다. 그리고 이제현이 사찬에서 "환관(宦官) 급사(給使)의 수는 10여 명에 불과하고 내시(內侍)는 반드시 공로와 재능이 있는 자를 충원했는데 이 또한 20여 명에 지나지 않았다"라 한 대목을 떠올리면 남반의 축소가 있었으리라 생각된다. 정7품의 내전숭반(內殿崇班) 4인 등 남반직은 36인으로 조정되었다. 이는 실질적으로 정치와 교화, 그리고 군사 등의 일을 담당하는 문무 양반을 남반직보다 우위로 둔 데서 비롯된 것이기도 했다.

문종 대의 기록을 보면 농상 장려가 정책적으로 지속되고, 안정된 사회가 이뤄지면서 농업생산력의 향상이 이뤄졌다. 이에 따라 전답의 매년 경작 유무와 지속을 토대로 토지를 구분했다. 1054년(문종 8) 3월의 기록을 보면 전품(田品)을 나누는데 쉬지 않고 경작하는 불역(不易)의 토지를 상으로 하고 한 해는 경작하고 다음 해는 쉬는 땅[一易之地]을 중, 한 해는 경작하고 다음 두 해는 경작하지 않는 땅[再易之地]을 하로 하여 전품을 나눴다. 그리고 산전(山田)의 경우 불역산전 1결을 평전 1결, 일역전 2결을 평전 1결로 하고 재역전 3결을 평전 1결에 준하게 하였다. 불역전이나 일역전, 재역전과 평전, 산전에 대한 이해를 놓고 고려 시대 농법을 달리 보기도 한다. 하나는 고려 농법을 휴한 단계로 보는 이해이다. 불역이나 일역의 표현에서 기준이 되는 것이 쉬는 전지라 보는 시각이다. 또 평전은 논농사인 수전으로, 산전은 밭농사인 한전으로 본 것이다. 다만 위의 전품 규정은 문종 대 산지 개발 전개에 따른 산전 규정이라 보았다. 이와 달리 불역전을 중심으로 평전이 기준이 되고 있는 점을 주목하면서 상경농법 단계로 보는 시각이 널리 자리 잡기도 하였다.

상경농법의 전개와 지방관 및 향리들에 대한 권농 장려 등으로 농업생산력은 높아졌고, 산지 등에 대한 개발이 전개되었다. 1066년(문종 20) 4월에는 지방관의 직무 중 가장 중요한 것이 농상의 장려라 하면서 여러 도의 외관 수장에게 권농사(勸農使)를 겸하게 하였다.

이 같은 다각도의 농업 장려와 농법 향상은 조세 수입으로 이어지기 마련이었다. 1067년(문종 21) 3월의 기사를 보면 다음과 같은 사실 기록이 보인다. 문종이 잡곡 4만 9천 4백 석을 삭북(朔北)의 여러 주·군으로 운반해 변방의 백성들에게 나누어 주도록 했다는 것이다. 경창의 세곡이 이같이 쌓였다는 것은 당시 약탈적 조세 수취를 강제하지 않은 상태에서도 조세 수입이 늘었음을 보여 주는 것이었다. 그만큼 농업생산력의 향상을 짐작할 수 있다.

농지의 비옥함과 척박함이 달라지기 시작하자 토지를 다시 파악하고자 했다. 이것이 전체 토지에 대한 양전(量田)으로 이어졌는가는 확신하기 어려우나 1059년(문종 13) 2월 양주에 소속된 견주(見州) 지역에 대한 양전이 행해진 것이 보인다. 또한 1069년(문종 23)에는 양전하는 기준을 정하였다. 양전보수법(量田步數法)이 이것인데, 토지[田] 1결(結)은 방(方) 33보(步), 2결은 방 47보, 3결은 방 57보 3분(分), 4결은 방 66보, 5결은 방 73보 8분, 6결은 방 80보 8분, 7결은 방 87보 4분, 8결은 방 90보 7분, 9결은 방 99보, 10결은 방 104보 3분으로 정한 것이다. 여기에 세주(細註)로 6촌을 1분, 10분을 1척, 6척을 1보로 한다고 적어 놓았다. 이러한 일련의 내용을 본다면 전시과나 녹봉 규정이 정해진 1076년(문종 30) 이전 전국적인 양전이 실시되었을 가능성이 있다.

이때의 관제에 대한 대대적인 정비와 함께 주목되는 것은 전시과(田柴科) 제도의 재정비와 녹봉 제도의 실시였다. 앞서 1049년(문종 3) 5월 양반공음전시법(兩班功蔭田柴法)을 정해 5품 즉 5단계로 양반 자손을 나누어 이를 지급한 바 있었다. 특히 공음전은 자손에게 세습을 허락한 것이어서 '영업전(永業田)'이라고도 했다. 이는 고려 사회를 세습적 문벌 귀족 사회로 보는 기준의 한 축으로 음서제와 함께 주된 요소로 꼽는다. 5품으로 나눈 기준이나 언제 어떻게 지급하였는지에 대해서는 구체적 규정이 없어 해석이 다양하다. 그렇지만 영업전적인 성격을 갖더라도 이것이 영구 세습인 것인지는 의문스럽다. 관료 사회의 성격상 양반은 늘어나고 다양해지며 세대가 달라지는데 이를 계속 지급할 경우 결국 지급 시지는 당연히 한계점에 달할 수밖에 없기 때문이다. 지급과 회수 혹은 소멸에 대한 부분도 세밀하게 검토할 필요가 있겠다.

1076년(문종 30) 개정된 전시과는 다시 정했다 하여 '경정전시과(更定田柴科)'라 부른다. 998년(목종 1)의 개정전시과처럼 문종은 18과로 나눠 지급하는 것을 원칙으로 삼았다. 크게 본다면 양반전시와 무산계전시(武散階田柴), 별사전시(別賜田柴)로 구분하였다.

양반전시의 경우 목종 대 개정전시과에 비해 몇 가지 특징적인 변화가 확인된다. 간략하게 정리하면 다음과 같다.

첫째는 실직이 아닌 검교(檢校) 및 동정(同正) 등의 산직(散職)에 대한 지급 규정이 없다는 것으로 철저히 실직 중심 지급으로 바뀌었다는 점이다. 이는 달리 말하면 그만큼 문종 대에 이르러 고려의 관료제 사회가 공고해졌다는 의미였다. 용관(冗官)을 없애려는 노력의 결과이기도 했다.

둘째는 거란과의 전쟁과 여진의 침입 방비, 개경 수비 및 치안과 군주에 대한 호위 등으로 그 역할이 많아진 무반에 대한 대우가 향상되었다는 점이다. 개정전시과에 비해 2~3과등(科等) 정도가 올랐는데, 예컨대 정3품 상장군의 경우 기존 5과에서 제3과에 해당하게 되었다.

셋째는 이속층인 서리(胥吏)와 잡로직(雜路職)인 유외잡직(流外雜職)에 대한 지급도 상향 조정하고 있다는 점이다. 각기 최상위·차상위·하급 등 3과등으로 나눠 15과·16과·17과로 배정하였고, 아직 실직에 나아가지 않고 시집가지 않은 한인(閑人)과 한외과(限外科) 잡류(雜類)의 경우도 18과로 편제되어 전 17결을 지급받게 되었다. 문종이 정한 전시과는 그만큼 혜택의 폭을 넓힌 것이라 할 수 있으며, 일단 관료제의 틀 안에 들어온 이들의 직역에 대한 대가를 확보해 준 것이었다.

넷째는 9품 16계로 이뤄진 향직(鄉職)에 대한 제한적 지급이 확인되는 점이다. 3~6품까지의 향직을 가진 자가 12과에서 14과에 배정되었지만 지방 관청에 근무하는 향리에 대한 분급은 없었다.

다섯째는 전시의 지급액 감소가 확인된다는 점이다. 전지의 경우는 평균 5결 정도, 시지의 경우는 전체 평균을 놓고 볼 때 32결에서 19결로 줄고 있다. 농업생산력의 향상이나 땔감 채취지의 감소, 감소된 액수에 대한 녹봉 지급 등 복합적인 이유가 있을 듯하다.

한편 새로 확인되는 것이 무산계전시와 별사전시의 지급이었다. 별도 규정으로서 양반전시를 마련한 후 보완 차원에서 이들을 정했을 것이다. 우선 확인해야 할 것은 무산계의 경우는 문무 양반 중 무반에 대한 품계가 아니라는 것이다. 무산계는 995년(성종 14)에 정한 것으로 귀부해 오는 여진 추장이나 탐라 왕족, 노령 병사 및 향리 등에 대한 종1품부터 종9품 하까지 29등급의 관계였다. 문종은 무산계전시를 정하면서 6단계로 나눴고, 전 35결과 시 8결로부터 전 17결까지 지급했다. 특히 6단계의 경우에는 무산계만이 아닌 대장(大匠), 부장(副匠), 잡장인(雜匠人), 어전부악건(御前部樂件), 어전부악인(御前部樂人), 지리업승인(地理業僧人) 등이 포함되어 있었다. 별사전시 역시 6과등을 두었는데, 승려인 대덕(大德)에게 전 40결과 시 10결, 대통(大通)에게 전 35결과 시 8결, 부통(副通)에게 전 30결, 지리업을 수행하는 지리사(地理師)에게 전 25결, 지리박사(地理博士)에게 전 20결, 지리생(地理生)과 지리정(地理正)에게 전 17결을 지급도록 했다.

어쨌든 1076년(문종 30) 다시 개정한 경정전시과 이후 전시과 제도에 대한 정비는 더 이상 추진되지 않았다. 하지만 기본적으로 생각해 볼 것은 이때의 전시과는 고려의 국력이나 재정이 정점에 달했던 시기에 정해진 것이었다는 점이다. 따라서 지금까지처럼 어느 정도 기간이 되면 시대 상황에 따라 개혁되어야 했다. 한정된 토지와 농업생산력, 조세의 증감, 국난 상황 등의 문제가 발생하기 때문이었다. 하지만 전시과에 대한 별다른 개혁이 추

진되지 않았다는 점에서 일차적으로 1076년(문종 30)의 경정전시과는 문제
는 있었더라도 완결성을 가졌던 것으로 이해된다.

다음으로는 녹봉제(祿俸制)를 정하여 내외 신료 및 이서·잡직 등에 이르
기까지 직역에 대한 대가를 지급했다.『고려사』권80, 지34 식화3 녹봉 서
문에서는 문종이 시행한 녹봉 제도의 대략을 정리하고 있다. 그 내용은 다
음과 같다.

좌창(左倉)에 한 해 동안 들어오는 쌀과 좁쌀, 보리의 총액 13만 9,736석
13두를 과(科)에 따라 지급하였는데, 안으로는 왕비와 후궁[妃主]·종실(宗
室)·백관(百官)으로부터 밖으로는 3경(京)·주(州)·부(府)·군(郡)·현(縣)에
이르기까지 녹(祿)을 받지 않음이 없었는데, 이로써 염치를 기르도록 하
였다. 그리고 잡직(雜職)·서사(胥史)·공장(工匠)에 이르기까지 무릇 직역
(職役)을 가진 자도 또한 모두 일정한 녹봉[常俸]으로 (직접) 경작하는 것을
대신하게 하였으며, 이를 일러 별사(別賜)라고 하였다. 서경(西京) 관원의
녹봉은 서경의 대창(太倉)에 해마다 운송되는 서해도(西海道)의 세량(稅粮)
1만 7,722석 13두를 가지고 지급하였으며, 지방관[外官]의 녹봉은 좌창(左
倉)에서 반을 지급하고 해당 고을[外邑]에서 반을 지급하였다.

위에서와 같이 1076년(문종 30)의 녹봉은 현물인 미곡을 지급하는 것으로
크게 아홉 개 항목으로 나눠졌다. ① 비주록(妃主祿), ② 종실록(宗室祿), ③
문무반록(文武班祿), ④ 권무관록(權務官祿), ⑤ 동궁관록(東宮官祿), ⑥ 서경관
록(西京官祿), ⑦ 외관록(外官祿), ⑧ 잡별사(雜別賜), ⑨ 제아문공장별사(諸衙門
工匠別賜) 등으로 구분해 미곡을 연 2회에 걸쳐 지급도록 한 것이다.

다만 좌창에서 지급되는 녹봉은 세곡(稅穀)을 각 주군에서 근처 조창(漕倉)
에 보내면 이듬해 2월 조운하기 시작해 가까운 곳은 4월 말, 먼 곳은 5월 말
까지 좌창 등 경창(京倉)으로 모인 것을 나눠 주는 방식이었다. 그런데 문제

는 세곡의 운반 즉 조운에 문제가 생기거나 흉년 및 전쟁, 각종 부정행위 등이 있을 경우 세곡 확보에 변고가 생긴다는 것이었다. 문종 대에는 이 같은 일이 벌어지지 않았으나 녹봉 지급은 국가 재정 및 왕권과 연결되는 것이기에 각별히 신경 써야 했다.

여기에 문종은 양주(楊州)를 승격해 남경(南京)으로 하고 1068년(문종 22) 남경에 신궁(新宮)을 세웠다. 1067년(문종 21) 홍왕사가 낙성된 뒤 곧이어 양주 인근 백성을 옮겨 남경을 조성하고 궁궐을 세운 것이다. 이렇게 되면 고려는 중경인 개경, 서경, 동경, 남경까지 4경을 둔 셈이 된다. 보통은 4경의 발음 등을 고려하여 3경이라 했다는 설명도 있으나 개경에 대한 이해를 고려하면 달리 볼 여지가 있다. 즉, 1062년(문종 16) 지개성부사(知開城府事)라 하면서 상서도성이 관할하던 11개 현을 모두 속하게 하고 여기에 더해 우봉 군을 분할해 속하게 했다는 기록이 있다. 이렇게 보면 개경은 상서도성 혹은 지개성부사 관할이었다. 따라서 3경은 서경, 동경, 남경이라 볼 여지가 있다.

하지만 풍수지리에서의 삼경은 좀 달랐다. 숙종 대 남경 건설에 중요한 역할을 한 김위제(金謂磾)의 설명을 보면 다른 측면이 있다. 『도선기(道詵記)』에 전한다는 내용에 중경 송악, 목멱양 남경, 평양 서경이 보인다. 또 『신지 비사(神誌秘詞)』를 인용하면서는 송악 부소, 서경, 삼각산 남쪽 남경을 언급했다. 당시 풍수지리에서는 동경은 삼경의 범주에 넣지 않았던 셈이다. 이렇게 보면 4경제 즉 다경제를 운영했던 고려에서 정단 및 동지, 팔관회, 절일 때 3경에서 표전을 올려 하례하였다는 대목의 3경은 서경, 남경, 동경이되는 것이고, 김위제가 말하는 풍수지리에서의 3경은 중경인 개경과 서경, 남경이 된다. 문종은 처음으로 풍수도참상의 3경을 갖춘 군주가 된 것이었다. 다만 남경 신궁 등에 문종의 행차는 보이지 않는다.

이를 보면 문종은 1067년(문종 21)과 1068년(문종 22) 남경을 설치하고 신궁을 세워 풍수도참상의 삼경제를 갖췄다. 또한 대대적 관제 개편과 전시과 개정, 녹봉 지급을 1076년(문종 30)에 모두 진행한 셈이 된다. 이는 사실 국가적 차원의 대개혁이라 할 수 있는 것이지만『고려사』세가의 문종 30년이나 『고려사절요』문종 30년 조를 보면 관제를 개정했다거나 양반전시과를 다시 고치고 백관의 반차(班次) 및 녹과(祿科)를 정하였다는 간단한 사실 기록밖에 없다. 개정 및 규정 배경에 대한 것은 없다.

(4) 군자의 나라에서 해동천하로

국제 관계는 국가 간 상호 관계이다. 상호 관계에는 해당 국가 간 이익이 도모되어야 한다. 그렇다면 국익은 무엇이고 어떻게 이해해야 할까? 국익은 영토와 백성 및 재산, 군사 등 유형(有形)의 것이며, 이를 이해하기 위해서는 상대국을 또 자기를 어떻게 인식하고 이를 표상화하고 있는지 무형(無形)의 요소도 요구된다. 일방의 이익을 관철하려 하거나 일방적 자기 인식을 강요해서는 곤란할 것이다. 따라서 이에 대한 이해가 전제되어야 올바른 국제 관계가 성립될 수 있다.

이러한 면에서 볼 때 문종 대 국제 관계는 이상적이었다. 고려는 거란과의 관계, 송과의 관계, 여진이나 일본과의 관계에 있어서도 고려의 자존의식 혹은 자기 인식을 토대로 상대를 존중하며 상호 이익을 꾀하였기 때문이다. 문종 대에 들어서면서 사실 거란과의 관계는 상호 존중의 안정 단계에 들어섰다. 거란은 문종과 태자에 대한 책봉을 행하였고, 고려는 정해진 사신단을 거란에 보냈다. 고려가 보내는 정기적 사신은 춘하계문후사(春夏季問候使), 추동계문후사(秋冬季問候使), 절일·정단사(節日正旦使)·하태후생신사(賀太后生辰使) 등이 있었고, 이 외 거란에서 고려에 책봉이나 생신축하사·횡선사 등을 보냈을 때 이에 대한 사례 차원으로 보내는 사례사(謝禮使) 등 부정기적 사신 파견이 있었다.

문종은 거란으로부터 책봉을 받으면서 현종이나 덕종, 정종처럼 최고의 존중을 받았다. 하지만 영토와 국방 문제에 있어 문종은 선왕들처럼 한 치도 양보하지 않았다. 고려의 영토는 마땅히 굳건히 지켜야 했기 때문이다. 이 점에 있어서 정종 때처럼 압록강 성교(城橋)의 철거와 압록강 동쪽 고려 영토에 대한 보장이 양국 간 첨예한 문제가 되었다.

1055년(문종 9) 7월 정사일(1) 도병마사에서는 압록강 동서의 고려 영토에 대해 보고를 올렸다. 즉, 압록강 동쪽 영토는 거란의 전 태후인 승천황태후와 전 황제인 성종이 조서를 내려 이를 고려 영토로 인정한 바 있다고 사실을 적시하였다. 그러나 거란이 자국의 실익을 위해 멋대로 성과 교량을 더 짓거나 방책 및 궁구(弓口) 등을 설치해 점차 국경을 넘어오고 있으며 우정(郵亭)까지 새로 만들어 영토를 잠식하고 있는 상황이라 보고했다. 이에 대한 국서를 동경유수에게 보내 군사 행동을 중지하게 할 것을 요청하고 거부하면 황제에게 사신을 보내 직접 알려야 한다 했다. 영토 문제에 있어서는 조그만 것이라도 방치하기 시작하면 큰 화근이 될 수 있음을 지적한 것이었다.

이에 문종은 동경유수에게 국서를 보내 압록강 동쪽에 설치하고 있는 임시 성과 교량, 방책 및 궁구 그리고 망루 등을 모두 철거하고, 황제에게 보고해 고려의 땅을 온전하게 돌려 달라 하였다. 양국은 이 같은 국경 문제가 있기 전인 1055년(문종 9) 5월 거란이 문종과 왕태자의 책봉을 더하면서 관계가 좋은 상태였다. 그럼에도 성교를 더 짓고 우정 등을 설치하는 일이 벌어지자 문종은 일단 외교적 해법을 찾고자 한 것이었다. 그런데 이에 대한 거란 측 입장이 전달되기 전 거란 흥종황제가 죽어 그 해결은 뒤로 미뤄지게 되었다. 새로 즉위한 도종황제가 1057년(문종 11) 3월 자신이 휘호를 받은 것을 기념하여 문종과 왕태자에 대한 책봉을 다시 더하면서 이 문제는 논의가 연기될 상황에 처한 것이다.

문종은 1057년(문종 11) 4월 임의로 가설하고 있는 성교와 궁구, 망루 및 우정을 철거하고 송령(松嶺) 동북쪽 개간지까지 지은 초막을 없애 달라 다시 요청하는 건을 논의토록 했다. 이에 대해 중서성에서는 새 황제가 즉위하고 문종과 태자에 대한 책봉을 더한 상태에서 감사를 표하는 회사(回謝)를 하지 않고 곧바로 국경 관련 일을 언급하는 것은 마땅한 방책이 아니라는 의견을 올렸다. 하지만 문종의 입장은 강경했다. 거란이 성책을 완성하게 되면 소용없는 일이 되므로 중추인 8월에 사신을 보내 책봉에 대한 사례를 하면서 이 문제를 계속 주청하게 했다. 실제로는 9월에 사신을 보낸 것이 확인된다.

그러나 이 문제의 해결은 진척이 되지 않았다. 답보 상태가 계속되었다. 예컨대 1075년(문종 29)에도 사신을 보내 압록강 성교 철거를 요청한 일이 보인다. 이때 박인량은 거란 도종황제에게 진정표(陳情表)를 지어 올렸는데, 그 내용이 현재 전하고 있다. 그중 다음 일부분을 보자.

> 온 천하가 이미 왕의 땅이 아닌 곳이 없고, 왕의 신하 아닌 자가 없는데, 남아 있는 작은 땅을 어찌하여 반드시 내 땅이니 내가 다스리겠다고 하십니까?

박인량은 이와 같이 먼저 그 위신을 추켜세웠다. 이어서는 본론으로서 고려의 영토를 돌려주면 고려도 태평성대에 박수 치며 춤을 출 것이라 했다. 박인량의 이 대의명분을 강조하는 표문은 도종황제를 공감케 했다. 이 글을 보고 국경을 넓힐 것을 중지했다는 내용이 『고려사』 박인량 열전에 보이기 때문이다.

이에 1075년(문종 29) 7월 거란 추밀원으로부터 명을 받은 동경병마도부서에서 국경을 확정하자는 요청이 오기에 이르렀다. 문종은 장기간에 걸쳐 지속된 국경 문제를 결말짓고자 지중추원사(知中樞院事) 류홍(柳洪)과 상서우승(尙書右丞) 이당감(李唐鑑) 등을 보냈다. 그렇지만 양국의 입장은 합의점에 도달하지 못했다. 현재 시점의 영토를 확정하려는 거란과, 거란 성종이 약속한 압록강 동쪽 지역 영토를 재확인하려는 고려의 입장 차가 줄어들지 않았기 때문이었다.

거란과의 관계는 이처럼 안정 단계에 있으면서도 내부에서는 국경 관련 외교 문제가 지속되었다. 하지만 이 외 거란은 문종에 대해서는 5차례의 책봉을 행하고 왕태자에 대해서는 3차례 책봉을 행하였다. 최종적인 문종의 책봉호는 '광시치리갈절자충봉상수정보의공신 개부의동삼사 수태사 중서령 겸 상서령 상주국 고려국왕(匡時致理竭節資忠奉上守正保義功臣開府儀同三司 守太師中書令兼尙書令上柱國高麗國王)·식읍 2만 3천 호·식실봉(食實封) 2천 3백 호'였다. 거란 중심의 국제 사회에서 고려 국왕이 차지하는 위치를 책봉호 사여와 식읍 지급 등을 통해 볼 수 있다.

이는 문종 즉위에 따른 책봉이라는 의례적인 것이었지만 여러 가지 이유로 책봉을 더하는 과정을 통해 거란의 국력을 과시하려는 목적도 있었다. 파견된 책봉사는 1043년(정종 9) 11월의 사례로 본다면 133명이나 되었는데, 관련 선물도 많았던 것으로 보인다. 이 외에도 1063년(문종 17) 3월에는 거란에서 대장경을 보내온 바 있어 문화교류도 활발했던 것을 알 수 있다.

사신단이 대규모로 자주 찾자 문종은 사신 접대로 피로해진 주현에 대해 조세의 반을 삭감했다. 1057년(문종 11) 4월의 조치였다. 동시에 "책봉받을 때 여러 집사자 및 승단배위관(昇壇陪位官)으로 상참(常參) 이상은 다 직급을 올리고, 향직(鄕職) 이하는 동정직(同正職)을 더하며, 장고(掌固)·산사(算士)·서수(書手)·근장군두(近仗軍頭)는 모두 관직에 나아가도록 허락하고, 그 나머지 군졸에게는 물품을 차등 있게 하사하라" 하여 은사를 베풀었다.

문종은 영토 및 국방과 관련하여 완전히 국익을 확보하지는 못한 채 답보 상태로 매듭지었다. 그렇지만 위에서 언급한 대로 거란으로부터 5차례에 걸친 책봉과 대장경의 유입 및 횡선사와 생신축하사 파견 등 많은 우대를 받았다. 외교적 수사라고는 하더라도 거란 중심의 국제질서 속에서 제후 가운데 으뜸이라는 표현은 그만큼 거란이 고려를 존중하며 대하였음을 보여 준다.

그러나 문종은 거란의 이 같은 자세와는 별도로 송과의 관계 재개를 꾀하였다. 이는 문종이 세운 숙원 사업의 하나이기도 했을 듯하다. 그간 고려는 태조 대부터 중화의 문물 수용에 대해서 긍정적이었고, 이를 참조하면서 고려의 제도문물을 갖춰 왔다. 현종~정종 대까지도 언제든 명분이 생기면 고려의 영토 회복 등 이익 수호를 위해 거란과의 관계를 중단하고 송의 연호를 사용한다든가 사신을 파견해 관계를 재개하려 했다. 물론 실질적으로 이 시기에 사대책봉이 이뤄진 것은 아니었지만 몰래 송의 상객을 통해서건, 고려 측 밀사에 의해서건, 승려에 의해서건 일정한 물밑 관계가 유지된 것도 사실이다. 숙종 대에 나온 표현으로 "북으로는 대요와 교류하고 남으로는 대송과 통한다[北交大遼, 南事大宋]"라 하였듯이 이는 숙종 대만이 아니라 현종 이후 고려의 기본 대외 자세였다. 거란과의 교린은 사대와 책봉을 목적으로 한 것이었고, 송과는 문물 수입과 교류가 주목적이었던 것이다.

문종은 송의 진사 장정(張廷)이 오자 비서교서랑을 제수하면서 교서를 내렸다. 이것이 1052년(문종 6) 6월의 일이었다. 이때 문종은 기쁨을 표하면서 인연이 있어 군자의 나라[君子之邦]에 이르렀다 하였다. 문종 스스로가 고려를 군자의 나라라 표현한 것은 주목할 일이었다. 그러면서 장정에게 한결같은 마음으로 고려의 국운을 위해 도우라 했다. 군자의 나라라는 표현은 이에 앞서 거란이 996년(성종 15) 3월 및 1043년(정종 9) 11월 성종과 정종을 책봉하면서 '군자의 옛 나라를 다스리는', 혹은 '군자국을 지키는 제후국 중 으뜸'이라 칭한 바 있었다. 또 1068년(문종 22) 7월 송의 신종도 '고려는 예로부터 군자의 나라라 이른다'라 했다. 자칭 타칭 '군자'라 이르고 있는 것이다.

군자란 학문과 도덕 및 예의 등을 겸비하고 염치를 알며 검약하면서 어짊을 추구하는 선비를 일컫는다. 그러한 군자가 있다는 것은 교화가 이뤄져 문물이 갖춰진 나라라는 의미를 갖는다. 물론 이때 문물의 기준은 중화라 할 수 있었는데, 문물이 중화와 같음을 일컫는 표현의 하나가 '동문(同文)'이었다. 이미 985년(성종 4) 5월 송이 책봉하면서 고려에 대해 '서계(書契)는 동문(同文)이고 의관(衣冠)은 추로(鄒魯)의 맵시를 따른다'라 한 것이 보인다. 이처럼 동문은 같은 문물을 추구하여 함께 나아가고 있음을 상징하는 표현이었다. 중화가 아닌 다른 나라가 이를 행할 경우 '소중화(小中華)'라 했다. 따라서 '소중화'란 문물이 중화와 견줄 수 있는 나라라는 의미가 된다.

송에서도 고려에 대해 '소중화' 혹은 '소화'라는 표현을 썼다. 고려 스스로도 박인량의 문종 애책문에 보이듯 "성명(聲名)은 빛나고, 문물이 화려하니, 융성한 것이 상국(上國)에 견줄 만하여, 소중화(小中華)라 일컬었소"라 했고, 송에서는 고려 사신을 맞이하는 객관을 '소중화지관(小中華之館)'이라 했다.

그렇지만 사실 거란에 사대하면서 책봉을 받는 고려의 상황을 고려하면 송과의 교류 시도는 큰 문제가 될 수 있었다. 거란은 고려와 송의 관계를 지속적으로 주시하고 있었다. 대신들도 송으로 사신을 보내는 것에 대한 거란 측의 의심 및 그로 인한 거란과의 전쟁 발발을 우려하였다. 또한 고려 문물의 우수성과 송과의 교류 및 무역에 따른 실익이 없음 등을 들어 교류를 반대했다. 이것이 1058년(문종 12) 8월 을사일(7)의 일이었다. 하지만 소원하던 2,800칸의 흥왕사가 12년 만인 1067년(문종 21) 낙성되고 등공양으로 5주야(晝夜)에 걸친 연등대회가 마무리되자 문종은 더욱 자신감이 커졌다. 이듬해인 1068년(문종 22) 7월 송나라 황신(黃愼)이 송 신종이 고려와의 교류를 희망한다 전하였다. 문종은 바라던 바였는지라 황신의 귀국 편에 이첩(移牒)하여 입공할 것을 알렸다.

그리고 송과의 교류 준비를 마친 뒤 1071년(문종 25) 3월 민관시랑 김제(金悌) 등으로 하여금 등주(登州)를 통해 공물을 보내기에 이르렀다. 문종의 숙원이 이뤄지기 시작한 것이다. 이듬해 6월 송에서는 먼저 의관 둘을 보내 화답했고, 귀국하는 사신 김제 편으로 신종의 칙서 5통과 고려가 보낸 물품에 대한 회사품(回賜品)을 보내왔다. 1077년(문종 31) 8월에는 충청도 홍주 정해현에 안흥정(安興亭)을 세워 송 사신의 객관으로 삼게 하여 사행길을 정비했다. 새로운 사행 항로가 열린 것이었다. 문종은 이어 1078년(문종 32) 4월 송 신종의 절일에 동림사와 대운사에서 축수재를 열어 송과의 본격 교류를 위한 정성을 쏟았다. 이어 곧바로 송에서는 명주 교련사를 보내 국신(國信)으로 통하겠다는 뜻[通信之意]을 표시했다. 사절을 보내겠다는 뜻이었다.

그리고 5월에 이르러 문종은 공부상서(工部尙書) 문황(文晃)과 호부시랑(戶部侍郎) 최사훈(崔思訓)을 보내 안흥정에서 송나라 사신을 영접도록 했다. 바닷길을 거쳐 6월 갑인일(12)에 송의 국신사(國信使)인 좌간의대부(左諫議大夫) 안도(安燾)와 기거사인(起居舍人) 진목(陳睦) 일행이 예성강에 도착하였다. 이들은 개경 순천관(順天館)에 머무르며 회경전에서 문종과 조우했다. 문종은 이들 사절을 극진하게 대접해 송과의 교류 의지가 확고함을 나타냈다.

송의 정식 사절단이 고려를 찾은 것은 992년(성종 11) 6월 광록경(光祿卿) 유식(劉式)과 비서소감(秘書少監) 진정(陳靖)을 보내와 책봉을 더한 것이 마지막이었다. 85년 만의 일이었다. 다만 새로 시작된 양국의 관계는 통신(通信) 즉 사대와 책봉 관계가 아닌 신뢰를 주고받는 국신 관계였다. 말하자면 고려는 송을 상국으로 예우하고 송은 고려에 대해 문물 교류를 허락하는 사이가 된 것이었다. 거란으로 인해 고려와 송은 더욱 서로를 이해하고 도우려 했다. 당시의 거란 중심 국제질서가 만든 기이한 관계였다.

이에 따라 앞서 언급했듯이 송에서는 문종의 치료와 건강 회복을 위해 의관과 약재를 보내왔고, 고려는 방물을 준비해 보냈다. 이 과정에서 송은 고려의 요청에 따라 1079년(문종 33) 7월 합문통사사인(閤門通事舍人) 왕순봉(王舜封)과 한림의관(翰林醫官) 형조(邢慥) 등 88명을 보내 양의와 약재를 전했다. 또 1083년(문종 37) 3월 대장경을 보냈고 문종은 이를 개국사에 안치한 후 도량을 열었다. 물론 이는 거란과의 협의를 거쳐 맺은 국신 관계는 아니었지만 거란으로서도 고려가 송과 교류하는 것 자체를 막을 수는 없었다. 예컨데 고려와 송이 군사 동맹을 맺어 거란을 공격하려는 위협처럼 유효한 명분이 없었기 때문이다.

또한 이때는 소위 거란과 송 사이 '전연의 맹' 이후 맹약 체제가 유지되면서 안정적인 국제질서와 각국 군주의 장기 집권이 지속된 시기였다. 그러므로 굳이 기존 질서를 무너뜨리고 평화를 깨려는 시도는 없었다. 그만큼 상호 교역을 통해 이익을 도모하려는 사행 무역 및 해상 무역이나 각장 무역 등도 많아졌다. 이후 고려는 금의 흥기가 있기까지 소위 북쪽으로는 거란과 교류하고 남으로는 송을 예우하며 통하는 '북교남사(北交南事)' 정책을 펴 나가게 된다.

거란 흥기와 발해 멸망 후 고려에 있어 동북 지역 관련 큰 이슈는 여진족 문제였다. '인면수심'의 야만성을 가졌다 하더라도 이들은 부족을 이루고 사냥을 하는 등 집단화하면서 힘을 발휘하기 시작했기 때문이다. 비록 생존을 위해 고려나 거란에 투항하고, 송과 외교를 행했지만 여전히 이들은 공격성을 드러낼 수 있었다. 이에 고려는 강온 양면정책을 폈다. 정벌 및 방어를 위한 군사 행동과 동시에 이들에 대한 교화와 기미주(羈縻州)·귀순주(歸順州) 혹은 화내(化內)로의 편입을 이끌었던 것이다.

문종 대 평화가 지속되고 문물이 흥성하면서 태평성국이 되자 여진족들 일부는 고려에 대한 노략을 행하였지만 대부분의 경우는 고려에 편입되길 원했다. 이에 고려는 이들 일부를 고려 내지로 이주시켜 편호(編戶)를 허락하기도 했다. 혹은 칭신(稱臣)하면서 고려 주군으로의 편입을 요청하는 이들에 대해서는 '~장군' 등 무산계 및 향직 등을 주어 권위를 갖게 하였다. 또한 그들 거주지에 고려식 주군(州郡)을 설치하고 관인(官印)이라 할 주기(朱記)를 주기도 했다. 기미주 즉 귀순주를 두었는데 이를 통해 주군의 이름을 주고 그 추장을 도령(都領)으로 임명하여 자치 즉 제한적이나마 독자성을 유지토록 하였다. 특히 고려에 복속해 귀화한 여진 지역을 '화내'로 일컬어 범주화함으로써 고려는 대여진 정책의 큰 틀을 정했다.

1073년(문종 27)은 역대 대여진 정책이 마무리된 해였다. 동여진과 서여진이 투화하면서 자신들의 지역에 군현을 설치하거나 혹은 군현에 편입시켜

달라고 요청해 온 것이다. 2월 을미일(21)의 기록을 보면 동여진의 도령으로
서 귀부해 오는 이들에 대해 고려는 성과 이름을 내려 주고 무산계와 향직
을 수여한 것이 확인된다. 가령 다음과 같았다.

> 동여진 귀순주(歸順州)의 도령(都領)인 대상(大常) 고도화(古刀化)와 부도령
> 인 고사(古舍), 익주(益州)와 창주(昌州)의 도령인 귀덕장군(歸德將軍) 고사(高
> 舍)와 금부(黔夫), 전주(氈州)와 성주(城州)의 도령인 봉국장군(奉國將軍) 야호
> (耶好)와 귀덕장군(歸德將軍) 오사불(吳沙弗), (중략) 성주(誠州)의 도령인 이다
> 불(尼多弗) 등이 무리를 이끌고 귀부하면서 군현으로 편입해 줄 것을 간청
> 했다. 이에 고도화는 손보새(孫保塞), 고사는 장서충(張誓忠)이라 이름하고
> 각각 회화대장군(懷化大將軍) 직을 주었다. 야호는 변최(邊最), 다로는 류
> 함빈(柳咸賓)이라 하고 각각 봉국대장군(奉國大將軍)의 직을 내렸다. 오사
> 불에게는 위번(魏蕃)의 이름과 회화장군(懷化將軍)을, (중략) 이다불은 조장
> 위(趙長衛)라 이름을 내리고 각각 대상(大常) 벼슬을 주었으며 차등을 두어
> 물품을 하사했다.

장군직을 보면 회화대장군(懷化大將軍)·봉국대장군(奉國大將軍)·회화장군
(懷化將軍)·귀덕장군(歸德將軍) 등이 보이며 대상(大常)의 직도 내리고 있다.
표현을 보면 모두 고려의 덕에 감화해 귀화하였다는 뜻이며, 이들에게 내
려진 성과 이름도 마찬가지였다. 예컨대 야호에 대해 내린 변최(邊最)라는
성과 이름은 변방(邊方)의 최고(最高)라는 뜻이었다.

문종은 이러한 조치를 취하면서 4월에 이르러서는 동북변 15개 주 외번
인(外蕃人) 즉 여진인이 사는 곳에 대해 군현을 두도록 했다. 그리고 이를 태
묘와 사직에 고해 기쁨을 표명했다. 동여진의 이 같은 상황을 보면서 서여
진 추장 만두불(曼豆弗) 등도 고려에 귀부를 타진해 왔다. 즉 고려가 동여진
의 전례에 따라 주군을 설치하여 준다면 길이 변방의 신하[藩翰]가 되어 거

란과 교류를 끊겠노라고 약속한 것이다.

1073년(문종 27) 진행된 동·서여진의 귀부와 주현 편입 등은 결국 이들이 고려의 문물 세례를 받고 교역의 실익을 실현하려는 차원이었다. 동시에 이는 문종에게 있어서는 새로운 외번(外蕃)을 만드는 것으로서 실질적인 영토의 확장을 의미하기도 했다. 군자의 나라를 넘어 주변에 많은 번을 두는 종주국으로서의 위상도 갖게 된 것이다. 문종 대 고려는 그 결과 선진 문물을 누리면서, 거란과 송에서도 존중하고 많은 번을 두고 있는 나라로 자리매김하게 되었다. 「풍입송」에서 노래한, 해동천자가 다스리는 천하가 된 것이다. 실제로 1073년 11월 팔관회 관련 기록을 보면 다음과 같이 되어 있다.

> 11월 신해일(12) 팔관회(八關會)를 열고 신봉루(神鳳樓)에 나아가 풍악을 관람하였다. 다음 날 연등대회에서 대송(大宋)·흑수(黑水)·탐라(耽羅)·일본 등 여러 나라 사람들이 각각 예물과 명마를 바쳤다.

기록 자체는 간략한 사실만 전하고 있어 담백하다. 그렇지만 이 기사를 읽을 때에는 이해에 일어난 왕조 차원의 경사 즉 동여진과 서여진이 귀부해 오고 일본에서 75명이나 되는 사신 및 상객이 방물을 바치러 온 사실을 고려할 필요가 있다. 「풍입송」에서의 '남만북적(南蠻北狄)이 스스로 내조(來朝)하여 온갖 보물을 우리 천지(天墀, 회경전 뜰)에 바치네'라는 구절이 곧바로 연상되는 것이다. 해동천자가 다스리는 천하의 장엄함이 느껴지는 대목이라 하겠다.

5) 문종의 죽음과 시대 과제

박인량은 문종 애책문에서 '현철한 이도 병들지 않음이 없고, 성인도 죽지 않는 이가 없네'라 했다. 자연의 이치라는 담담함을 내포하면서도 박인량은 문종의 죽음이 주는 슬픔과 아쉬움을 이 표현에 담았다. 그리고 더하여 다음과 같은 마지막 말을 남겼다.

오직 향기로운 자취만은 남아, 청사(靑史)를 빛내 아름다움이 넘치네. 해와 달과 함께 계시면서 후손들에게 복을 내려 더욱 번창하게 해 주소서.

글을 보면 성군(聖君)의 죽음에 대한 안타까움과 바람이 동시에 나타나 있다. 그만큼 문종의 정치는 고려 역사에서 한 획을 긋는 공과 덕이 있는 것이었고, 후대 군왕과 신료들은 태조와 문종을 이상적 군주로 손꼽았다. 일통삼한과 고려 왕조의 기반을 세운 태조, 제도문물을 정비하고 해동천하를 이룬 문종으로 자리매김된 것이다.

문종은 재위 37년을 끝으로 죽었다. 1083년(문종 37) 7월 신유일(18) 병이 심해지자 문종은 유조(遺詔)를 남겨 군국정사를 모두 태자 왕훈(王勳)에게 맡기며 왕위를 전한다 했다. 이어 신료들에게 충과 효에 더욱 힘쓰라 하였다. 그리고 중광전에서 마지막 숨을 거두었다. 향년 65세였다.

문종이 죽자 곧바로 유조를 받들어 즉위한 태자는 선왕의 시호를 '인효(仁孝)'라 하고 묘호를 문종(文宗)이라 했다. 능호는 '경릉(景陵)'으로 정했다. 사관은 문종을 어려서부터 총명하고, 자라서는 학문을 좋아하고 활을 잘 쏜 군주로 보았다. 그리고 지략이 원대하고 너그럽고 인자하여 많은 사람을 용납하는 성품이라 평했으며, 무릇 송사(訟事)를 듣고 판단한 것은 다시 잊지 않는 기억력을 가졌다고 정리했다. 너그럽고 인자하며 다른 사람을 용납하는 성품이 있었기에 어질고 효성 있는 군주라는 의미의 '인효'란 시호가 정해진 것이라 이해된다.

문종이 행한 인효(仁孝)는 사실 인덕(仁德)과 통한다. 효의 극진함으로 다른 사람을 대하면 그것이 곧 인이고 덕이 되기 때문이다. 이러한 인정(仁政)과 덕치(德治)를 상징하는 유교 정치가 특히 문종 대에 실시되었다. 그 가운데서도 문종은 노인 및 환과고독(鰥寡孤獨) 등 사회적 약자에 대한 많은 은사 정책을 행하여 여민동락(與民同樂)을 이뤘다. 그 대상은 국로(國老)·서로(庶老), 기로(耆老) 등의 노인 및 효자·순손·의부·절부, 80세 이상 승속(僧俗)과 환과고독 등이었다. 모두 8회에 걸쳐 이를 행한 것이 확인된다. 이는 후에 노인에게 향연과 물품을 내려 주는 의례라 하여 『고려사』 예지 가례 조에 '노인사설의(老人賜設儀)'로 정리되기까지 하였다.

특히 문종 대부터는 시호의 둘째 음절에 '효(孝)'를 붙이기 시작했다. 1056년 (문종 10) 10월 혜종을 제외한 태조 이하 구묘(九廟)에 시호를 더하는 가시(加諡)를 행하였는데, 이때 태조에 대해 장효(章孝)라 한 것처럼 광종은 의효(懿孝), 경종은 정효(靖孝), 성종은 광효(光孝), 현종은 대효(大孝), 덕종은 선효(宣孝), 정종은 홍효(弘孝)라 하였다. 3대 정종의 경우는 초시(初諡)나 가시에 '효' 자 시호가 없었다. 혜종의 경우는 목종이 명효(明孝)를, 목종은 현종이 효사(孝思)를 각각 시호로 더한 바 있었다.

이처럼 군주의 시호에 '효' 자를 붙이는 것은 이후 순종, 헌종, 충정왕 등을 제외하고는 모두 행해졌다. 이는 중국의 제도를 수용한 것이었다. 한나라 이후 송대까지 황제의 시호를 보면 인륜과 만행의 근본이라 할 '효'의 중요성을 강조하며 '효' 자를 시호에 넣었다. 이른바 선왕의 뜻을 잘 계승한다 [善繼善述]는 의미를 반영하는 것으로 이를 통해 선왕과 사왕이 혈연과 정통성으로 이어짐을 표방했다. 동시에 이는 군주부터 효를 실천하여 모범을 보이고 이를 교화에 활용한다는 '효치천하(孝治天下)' 이념과 통했다.

문종이 시호를 더할 때 '효'를 넣은 것은 이러한 의미가 있는 것이었고, 동시에 중국의 제도를 활용해 고려 군주의 위상을 높이려는 의도가 있었다. 선왕과 선후의 기일 도량 및 제사, 체협제사 등을 모두 챙긴 것은 '효'에 대한 모범을 보일 수 있기 때문이었다.

문종이라는 묘호는 두말할 나위 없이 문물 제도를 완성하고 변경을 편안하게 해 태평성국을 이뤘기에 정해진 것이라 여겨진다. 경릉이라는 능호에서 '경(景)'은 환히 밝다는 의미가 있다. 이 또한 문종의 업적이 그만큼 크고 위대하다는 뜻이라 보아야 하겠다.

이어 태묘에 문종의 신위가 모셔지면서 체협공신도 정해지게 되었다. 여기에는 최제안(崔齊顔)·이자연(李子淵)·왕총지(王寵之)·최유선(崔惟善)이 배향되었다. 이들은 모두 1086년(선종 3)에 배향공신으로 정해졌다. 최제안은 최승로의 손자로 1046년(문종 즉위년) 11월에 죽었다. 따라서 문종 재위 기간 중의 치세에 공을 세웠다고는 볼 수 없지만 낙랑군 시절 사부 등 특별한 인연이 있어 책봉되었으리라 여겨진다. 다만 관련 기록은 보이지 않는다. 이자연은 1061년(문종 15) 졸하였는데 문종에게 3명의 딸을 납비한 인연과 더불어 문하시중 및 식목도감사를 지내면서 정치를 보좌한 것이 확인된다. 왕총지는 1067년(문종 21)에 죽었으며, 태조의 후손이었다. 문종 초 이부상서로서 도병마사를 지냈고, 1057년(문종 11) 8월 서경 행차 때 시중 이자연과 함께 상도(上都) 개경을 유수(留守)할 정도로 신뢰가 깊었다. 최유선은 문헌공 최충의 아들로 부자가 배향공신이 된 경우이다. 문종에게 창업보다 수성이 어렵다는 것을 간언하였으며 문하시중을 지내다 1075년(문종 29)에 졸하였다. 최충과 함께 유종(儒宗)으로 꼽혔다.

사실 문종 시대를 상징하는 이는 이들보다 최충이었다. 최충은 해주 출신으로 1054년(목종 8) 과거에 급제한 후 현종·덕종·정종·문종 등 5대를 섬긴 충신이자 유신(儒臣)이었다. 문종은 최충에 대해 극찬을 아끼지 않았다. 문종이 표현한 바를 보면, '훌륭한 신하가 보좌해야만 성군이 되는 법'이라 하면서 이 훌륭한 신하가 최충이라 하였다. 최충으로 인해 조정에 질서가 잡히고 인재가 모여들었으며, 뛰어난 학문과 다재다능한 재주와 박식함은 드러내지 않아도 빛났다고 칭찬했다. 대각(臺閣)의 제도를 세워 모범을 보이고 인륜(人倫)의 영수 즉 유학의 종장으로서 군신 화합을 도모하면서 재상의 임무를 바로잡았다 했다.

이에 최충은 군주로부터 당시로서는 가장 긴 공신호를 받았는데, '추충

찬도좌리동덕홍문의유보정강제(推忠贊道佐理同德弘文懿儒保定康濟)’의 16자가
그것이었다. 참고로 후에 무신정권의 집정 최충헌(崔忠獻)은 무려 138자에
달하는 공신호를 소유해 한국사상 가장 긴 공신호를 가졌다. 더불어 최충
이 연 구재학당은 낙성재(樂聖齋)·대중재(大中齋)·성명재(誠明齋)·경업재(敬
業齋)·조도재(造道齋)·솔성재(率性齋)·진덕재(進德齋)·대화재(大和齋)·대빙
재(待聘齋)로 여기에서 공부하는 학도들은 최공도 혹은 문헌공도라 칭하여
자부심을 가졌다.

　이러한 업적으로 문종으로부터 최고의 예우를 받았기에 최충은 사실 문
종 묘정에 배향하는 것이 마땅했다. 만약 최충에게 선택권이 있었더라면
마땅히 해동천하를 이룬 문종의 묘정에 배향되고 싶어 했을 듯하다. 그런
데 현실에는 여러 문제가 있었다. 최충의 배향 결정은 1086년(선종 3)에 이뤄
졌다. 문종 묘정 배향공신을 정할 때와 같은 시기이다. 그런데 최충의 아들
최유선도 문종 시대의 주역 중 하나였으므로 선종과 조정은 이 문제로 난
관에 봉착했다.

　최유선도 문종에게 흥왕사 건립에 대해 간언을 하면서 왕도를 바로 세우
려 노력했다. 이에 문종은 “간쟁하는 것은 충이고 좋은 것만 따르는 것은 아
첨이다”라 하면서 최유선을 격려했는데, 여기에 더해 최유선은 문종에게
“창업하여 후세에 전하는 것은 오히려 쉽고, 수성(守成)하기가 어렵습니다”
라 하였다. 문종에게 일깨움을 주는 말이었다. 선종은 이러한 최충과 최유
선 부자를 한 묘정에 둘 수 없다 보고, 최충을 정종 묘정에 배향했다 여겨진
다. 그만큼 최충 부자의 공로가 돋보였다는 뜻도 되지만 현종 대 이후로 고
려에 걸출한 인재가 많이 배출된 결과이기도 했다.

　문종의 시대는 이렇게 마무리되어 갔다. 불교 및 도교, 유교 의례와 정치
를 통해 공덕과 인덕을 쌓는 방식이 정해졌고, 송 출신 의원의 자문을 받으
면서 의료 시스템도 어느 정도 갖춰졌다. 군주의 건강과 축수를 위한 조치
가 마련된 것이다. 문물과 전시과 및 녹봉 제도, 관직 및 관청 등도 정비되

면서 고려는 당시 가장 선진 문물로 자타가 인정한 송에 견줄 문물 제도를 갖췄다. 군자국이나 소중화의 칭호가 이를 말해 주었다. 거란과의 전쟁에서 승리한 후 생긴 자신감과 문물 정비 등을 통해 생긴 자존의식은 문명의식으로 확대되었다. 여기에 거란과 송으로부터는 존중을 받았다. 동·서여진, 일본, 탐라 등의 귀부 및 내조(來朝)를 받으면서는 고려 중심의 천하의식을 형성했다. 해동천자가 다스리는 태평천하 즉 해동천하의 인식이 그것이었다.

이러한 성과에도 불구하고 문종 시대는 우울한 면도 수면 밑에 있었다. 문종의 신앙심을 담아 12년에 걸쳐 낙성한 흥왕사 문제가 대표적이다. 이제현은 문종에 대한 사찬을 쓰면서 다음과 같이 언급했다.

> 한 기현(畿縣)을 옮겨서 한 절[興王寺]을 지었다. 그 절의 높고 훌륭한 집은 궁궐보다 사치스럽고, 높이 쌓은 성은 나라의 수도와 비슷한 데다가 황금으로 탑을 만들었으며 모든 시설들이 이와 비슷하였다. 이는 거의 양(梁) 무제[蕭梁]에 비교될 만하다. 문종은 후대에 자신의 덕을 찬미하고자 하는 자가 이것에서 탄식할 줄을 알지 못하였다.

여기서 말하는 기현이란 덕수현(德水縣)이었다. '기현을 옮겨서'라는 말은 고려 시대의 지방 행정 시스템을 알아야 이해가 된다. 기현은 경기의 현을 말하며 치소는 지방 행정 사무를 맡는 관서를 두는 곳이다. 이 표현은 곧 덕수현의 치소를 옮겼다는 의미가 된다. 1056년(문종 10) 2월 흥왕사를 짓기 시작하면서 문종은 덕수현의 치소를 양천(楊川)으로 옮겼던 것이다. 흥왕사가 1067년(문종 21) 완공되면서 그 전후로 고려의 국운이 흥성해 태평해지자 이를 흥왕사 창건과 문종의 발원 덕택으로 간주했을 가능성도 충분하다.

문종의 신앙심의 발로로 이뤄진 이 불사로 2,800칸에 달하는 대규모 사찰에 미륵전, 석탑, 금탑 등이 조성되었다. 여기에 1천여 명의 승려가 상주했다. 이로써 흥왕사는 고려 불교의 중심지이자 상징 역할을 맡게 된 것이다. 어찌 보면 흥왕사는 문종의 지원 속에 고려 불교의 랜드마크가 되었다.

윗글에는 양 무제와 비견될 만하고 후대 사람들이 흥왕사에 대해 탄식했다는 대목도 있다. 양 무제는 50년간 재위한 남조 양나라의 황제였다. 그는 불교를 신봉해 '황제보살'로 불렸으며 자신이 창건한 동태사(同泰寺)에서 '사신(捨身)'하면서 막대한 재물을 보시했다. 이러한 신앙 활동에도 불구하고 양 무제는 결국 유폐된 채 굶어 죽고 말았다. 이는 극단적 사례로 널리 회자되는 얘기였다. 군주의 수신(修身)을 위한 신앙 활동은 막을 수 없는 일이었다. 다만 그것이 국가 재정이나 인사 문제, 지방 행정과 군사 등에서 질서를 무너뜨릴 정도가 되면 국가적 위기를 불러올 수 있었다. 이제현의 지적은 이를 언급한 것이었다.

문종 시대에는 오랫동안 큰 전쟁 없이 평화가 지속되어 태평한 나날이 이어졌다. 그러나 여기에는 소위 어떤 왕조라도 피할 수 없는 난제가 숨어 있었다. '승자의 저주'였다. 분명 고려는 많은 희생을 치르면서 거란을 이겼고, 동·서여진을 아우르게 되었다. 송과는 단교하였으나 문종이 갖은 노력을 다해 외교를 재개했다. 그러나 내부에서는 문무 양반 체제가 어느 정도 균형을 이루긴 했지만 여전히 문반이 우위에 있었다. 이는 무반의 불만을 살 수 있는 일이었다. 더구나 문종은 선대 군주와는 달리 평화를 즐기고자 했다. 신하들에게 주연을 베풀거나 출궁하여 신하들과 시문을 즐기는 일이 빈번해졌다. 이는 글을 잘 짓는 문신으로서 군주의 총애를 받는 폐행(嬖幸) 등의 등장을 불러올 수 있었다.

최충의 문헌공도 등장이 상징하듯 사학(私學)의 발달과 특정 가문 과거급제자 증가, 혼인 및 공음전시, 각종 이유로 주어지는 음서 등으로 주요 유력 가문들이 등장했다. 긍정적 의미로 평가되기는 하지만 최충과 12공도, 최충·최유선 부자의 대를 이은 유종 역할, 김은부와 이자연으로 이어지는 왕실혼과 외척 세력 등장 등은 달리 본다면 특정 세력의 출현을 의미했다. 이 때문에 '문벌 귀족 사회'라는 용어가 등장하기에 이른다.

동·서여진 문제는 회유로 일관될 것은 아니었다. 물론 이들 여진에 대한 정벌 및 진압도 있었지만 주된 정책 방향은 회유였고, 고려는 이들을 기미주로 편입하면서 내조해 오는 추장들에게 무산계 등의 지위와 다양한 선물을 내렸다. 그렇지만 고려-여진 간의 갈등이나 부족 간 다툼, 선진 문물을 누린 여진의 요구 등이 뒤섞이면서 부족의 통일을 꾀하려는 움직임이 나오게 되었다. 이는 앞으로 이어질 여진족의 흥성으로 연결되었다.

이러한 상황은 '승자의 저주'라는 말과 딱 맞아떨어지는 상황은 물론 아니다. 그렇지만 그만큼의 느슨함이 고려에 존재하게 되었고, 그 사소함을 경시하다 이것이 점점 커져 나라를 흔드는 지경으로 이어질 수 있었다. 목종시대에 대한 평가를 하면서 이제현은 "목종의 불행은 나라를 위해 오히려 불행이 아니었다"라는 말을 남겼다. 이는 전화위복이라는 말과 통하는데, 재앙이나 전쟁 및 불행 등은 이를 극복하기 위한 노력과 단합으로 이어져 복을 낳게 됨을 뜻하기 때문이다. 문종 시대는 해동의 태평천하를 만든 것이 분명하지만 밝음 뒤에 있는 어둠을 경계해야 했다. 선진 문물과 인정 및 덕치를 통한 교화, 압도적 군사력, 교빙을 통한 외교력 등 삼박자를 지속적으로 갖춰 나갈 필요가 분명히 있었던 것이다.

3.
순종, 선종, 헌종, 숙종의 왕위계승과 정치

1) 36년간의 후계자 교육 대 4개월의 재위 기간, 순종

순종(順宗, 1047~1083)은 1083년(문종 37) 7월 신유일(18) 선왕 문종이 죽자 곧바로 즉위했다. 그는 1047년(문종 1) 12월 기유일(9)에 연덕궁비 이씨 즉 인예태후가 낳은 첫째 아들이었다. 순종의 원래 이름은 '휴(烋)'였다. 경사로움을 뜻했다. 그렇지만 1053년(문종 7) 11월 을축일(24) 문종은 왕휴의 이름을 '왕훈(王勳)'으로 개명하고 태자로 삼았다. '훈(勳)'은 공을 세운다의 의미가 있었다. 다만 후일 군주가 될 태자의 이름으로 적절했는지는 의문이다. 군주는 그 자체로 국가를 의미하기 때문이다.

태자 책봉 시 자호도 정했으리라 여겨지는데, '의공(義恭)'이라 했다. 자호에 의롭고 공손하다는 의미가 있는데 인효를 강조한 문종의 입장에서 충분히 지을 수 있는 것이라 판단된다. 다만 이 역시도 군주의 자호로서는 뭔가 약하다. 문종의 '촉유(燭幽)'나 정종의 '신조(申照)', 덕종의 '원량(元良)', 현종의 '안세(安世)', 동생인 선종의 '계천(繼天)'과 대각국사 왕후(王煦)의 '의천(義天)' 등과 비교하면 느껴지는 바가 있다. 태자의 지위에 있으므로 겸손한 태도를 갖춰야 한다는 의미라고도 이해된다.

1053년(문종 7) 11월에 태자로 삼기는 하였지만 왕태자 책봉은 이듬해인

1054년(문종 8) 2월 계묘일(9)에 있었다. 책봉문에서 문종은 훈계를 밝혔다. 그 내용은 다음과 같았다.

> 좋은 계책[猷圖]에 힘써 훌륭한 공훈을 따를 것이며, 높은 지위에 나아갈수록 더욱 조심하고 정직한 말을 오직 스승으로 삼아야 할 것이다. 좋은 일을 드러나게 하고, 또한 어루만져 살피는 일[撫監]을 소홀히 하지 말라.

군주로서 아버지로서 태자에게 내린 가르침이었다. 이어 3일 뒤인 병오일(12)에는 신봉루에 가서 대사(大赦)를 반포해 경축했으며, 4월에는 거란에 태자 책립을 알렸다. 거란에서는 1055년(문종 9) 5월 태자를 '삼한국공(三韓國公)'으로 특별히 책봉했다. 또한 이듬해 12월 병진일(9)에는 전국에서 전문(箋文)을 올려 왕태자의 생일인 장흥절(長興節)을 축하했다. '장흥'은 오래도록 흥성한다는 의미였는데, 건강과 장수를 비는 마음이 담겨 있었다.

문종은 이 외에도 순종이 체계적인 태자 교육을 받을 수 있도록 관속을 배정했다. 1061년(문종 15) 11월에 최유부(崔有孚)와 김양(金陽)을 태자좌·우서자(太子左右庶子)로, 최상(崔尙)과 이유적(李攸績)을 좌·우유덕(左右諭德)으로, 박충(朴忠)을 중윤(中允)으로, 정공지(鄭功志)와 황항지(黃抗之)를 좌·우찬선대부(左右贊善大夫)로 임명하였고, 후에 김덕부(金德符)와 최유길(崔惟吉), 이정공(李靖恭), 류홍(柳洪), 이의(李顗) 등이 차례로 태자빈객이 되었다. 최유길은 최충의 둘째 아들이었다. 이렇게 보면 최충 부자 3명이 군주의 스승이 된 셈이다.

그리고 1064년(문종 18) 11월 태자비를 맞아 이를 경령전(景靈殿)에 고하였다. 태자의 책봉 및 학문과 혼인인 가례까지도 문제없었다. 순종의 입장에서는 문종이 깔아 놓은 길을 순탄하게 가면 될 일이었다.

순종은 태자로서 부왕이 마련하는 한식이나 중양절 등의 잔치에 참여하여 시연(侍宴)하였고, 송의 사절을 맞이한다든가 송의 진사들을 시험하고 복시를 관장하기도 했다. 동·서여진이 내조하면 이를 태묘에 고유하는 의례 및 팔관회 때 법왕사에서 행향하는 의식, 송에서 보낸 대장경을 개국사에 안치하고 여는 도량 등을 대리로 행하였다. 그만큼 순종은 태자로서 문종의 엄격한 태자 수업을 받은 셈이었고, 즉위하면 많은 국사를 수월하게 처리할 수 있는 소위 '준비된 왕'으로서의 자격을 갖췄다.

그런데 상황은 예견된 대로 흐르지 않았다. 문종은 자신이 의도한 대로 후사 군주로서의 자격을 갖추게 했다 자족했을지 모른다. 그러나 중요한 착오와 잘못이 있었다. 착오는 매우 일반론적인 것으로, 공자라도 자식 교육은 하기 어려움을 간과했다는 점이다. 부모의 뜻대로 장성하여 효도를 다하는 경우는 그리 많지 않은 것이다.

잘못의 판단은 구체적인 내용이 없어 자신할 수 없다. 다만 순종 후비전을 보면 흥미로운 얘기가 실렸다. 순종의 후비로는 세 명이 있었다. 정의왕후(貞懿王后) 왕씨, 선희왕후(宣禧王后) 김씨, 장경궁주(長慶宮主) 이씨이다.

정의왕후는 평양공 왕기의 딸로 족내혼에 해당한다. 언제 가례를 올렸는가는 나와 있지 않다. 평양공 왕기는 현종과 원혜왕후 김씨 소생으로 문종과 동복형제였다. 선희왕후 김씨는 경주 출신 대경(大卿) 김양검(金良儉)의 딸로 김양검은 1066년(문종 20) 춘하번지서북면병마사를 지낸 바 있다. 태자비로 1064년(문종 18) 11월에 맞았는데 순종의 나이 19세 때였으니 조금 늦은 편이다. 순종의 총애를 받았지만 문종이 싫어하여 출궁시켰던 까닭에 자식이 없었다. 1126년(인종 4)에 죽었는데 죽기 전에는 연복궁주라는 칭호가 있었다. 장경궁주 이씨는 이자연의 6남인 이호(李顥)의 딸이다. 순종 즉위 후 비로 들였지만 순종이 곧바로 죽어 궁 밖에 거처하게 되었다. 다만 궁궐 노복과 불미스러운 남녀관계가 있어 폐비되었다.

어찌 보면 순종은 자신 뜻대로 무언가를 하지 못한 셈이었다. 특히나 총애하는 선희왕후 김씨를 부왕이 싫어해 궁 밖으로 내쫓았다는 것은 부모로서 할 수 있는 일이라 하더라도 태자인 순종의 자존심을 뭉개는 일이었다.

이는 순종에게 심적 스트레스로 남았을 가능성이 충분하다.

더구나 순종은 인효를 강조하는 문종 아래서 자랐다. 누구보다 효라는 인륜에 대해 익히 알고 실천했을 것이다. 이를테면 부모 말을 잘 듣는 모범생의 느낌이 있었다. 문종이 병으로 죽자 순종은 효를 다하기 위해 애도를 지극정성으로 올렸던 듯하다. 이제현은 이에 대해 어버이를 사랑하는 그 정성이 지극했다고 표현했다. 하지만 이 때문에 7월 신유일(18)에 즉위한 뒤 젊어서부터 앓아 왔던 병이 심해졌다.

순종은 1083년(순종 즉위년) 10월 갑신일(12) 동생인 왕운(王運)을 수태사 겸 중서령으로 올려 후사 문제에 대비했다. 병증이 심해 문종 대 갖춰진 의료 시스템이나, 성수만세를 빌기 위한 불교 의례 혹은 도교 초제 등도 소용없었던 것이다.

결국 순종은 문종이 그렇게 많은 교육투자를 쏟았음에도 불구하고 재위 1년도 채우지 못하고 4개월 만인 10월 을미일(23)에 문종의 치상소(治喪所)에서 죽었다. 37세에 불과했다. 국원공 왕운 즉 선종이 임시로 국사를 맡았는데 결국 순종이 회복하지 못하고 죽자 병신일(24)에 순종의 유조를 받들어 선정전(宣政殿)에서 즉위하며 백관의 축하를 받았다.

순종의 시호는 '선혜(宣惠)'라 하고 묘호는 '순종(順宗)', 능호는 '성릉(成陵)'이라 했다. 시호 '선혜'는 은혜를 베풀다의 뜻이었다. 동생인 선종에게 기꺼이 양위했기 때문인지, 태자 때부터 백성들에게 은혜를 베푸는 성품을 갖고 있었기 때문인지 알 수 없지만 둘 다 관련은 있을 듯하다. '순종'의 묘호는 따른다는 뜻이 있다. 여기에는 천명에 순종하여 죽음을 맞이하면서 왕위를 정했다는 의미가 있었다. '성릉'이라는 능호는 뜻을 이루었다는 의미를 담았을 듯하다. 왕위계승의 대의를 이뤘기 때문이다.

순종은 4개월이라는 짧은 재위 기간이었지만 태자로서 문종 훙서 후 즉위했다. 죽을 때는 동복동생 국원공 왕운을 후사로 지명하였다. 선종이 그이다. 재위 기간은 짧았지만 정식으로 태자-군주-후계지명-훙서 등의 과정이 있었기에 정식 군주에 해당했다. 따라서 순종은 태묘에 부제될 수 있었고 체협공신도 정해졌다. 수사도 문하시중 문충공(守司徒門下侍中文忠公) 이정공(李靖恭)이 그였다. 1107년(예종 2) 8월 배향되었는데, 다만 그와 순종의 인연은 1075년(문종 29) 예부상서로서 태자빈객이 되었던 것 정도이다.

2) 왕실의 위기와 계천(繼天), 선종

선종(宣宗, 1049~1094)은 1049년(문종 3) 9월 경자일(10) 연덕궁비(延德宮妃) 이씨 즉 인예태후가 낳은 문종의 둘째 아들이다. 선종은 즉위한 1084년(선종 1) 8월 갑오일(27)에 자신의 생일을 천원절(天元節)이라 했다. 새로운 시대의 시작이자 근원이라는 의미를 담은 절호(節號)였다. 문종은 그의 이름을 '증(蒸)'이라 지었다. '증'은 덥다, 찌다, 나아가다라는 뜻이 있는데, 아무래도 이 가운데 나아가다라는 의미로 정했을 가능성이 높겠다. 원문에는 '증(蒸)'이라 쓰여 있으나 혹 '증(烝)'과 통하는 글자라면 이는 임금 혹은 겨울 제사를 뜻하기도 한다. 첫째인 순종의 이름인 '휴(烋)'에 비해 '증'은 보다 큰 의미가 있어 문종의 의중이 의아해진다. 순종이 젊어서 병이 있었다는 사실이 영향을 끼친 것은 아닐까라고 추측할 뿐이다. 1056년(문종 10) 3월 왕증을 국원후(國原侯)로 삼았다 한 것을 보면 이때까지도 이름은 '증'이었다.

그리고 국원후 책봉은 8세에 받은 것으로 순종도 8세에 왕태자로 책봉되었다. 문종은 순종 책봉 때 한 무제가 7세에 태자로 책봉되었음을 모범사례로 꼽았는데, 이 나이를 기준으로 삼았을 가능성이 크다. 물론 국원후의 봉작은 태자와는 다른 것이기는 했다. 후는 종실 종친이 받는 봉작이며 '공(公)'의 아래였다. 그리고 차츰 종1품에 해당하는 상서령이나 중서령을 겸하거나 태위(太尉)·사도(司徒)·사공(司空) 등을 겸대하기도 했다.

선종의 자는 '계천(繼天)'이었다. 국원후 책봉 후 문종이 지었을 것이라 여겨지는데 뜻은 '하늘을 잇는다'이다. '승천(承天)'과도 통한다. 순종이 왕태자로 책봉된 상태였으므로 '계천'의 자호는 뭔가 훗날을 예견한 것일 수도 있겠다. 참고로 후일 승려의 길을 택해 대각국사가 된 동생 왕후(王煦)의 자는 '의천(義天)'이었다.

1066년(문종 20) 5월에 이르러 문종은 국원후 왕중의 이름을 바꿨다. '기(祁)'였다. 크다, 성하다는 의미가 있었다. 문종은 순종의 이름 '휴'를 '훈(勳)'으로 바꾼 바 있었는데 둘째 아들 국원후 즉 선종의 이름도 바꾼 것이다. 이름이 갖는 의미를 고려하면 특별한 의도가 있었을 듯하다. 이후 국원후 왕기는 상서령을 겸하였고, 1077년(문종 31) 2월 기사를 보면 국원공 왕기가 비를 맞이했다 하였다. 여기서 '납비(納妃)'라는 용어를 쓴 것은 고려에서 종실의 공과 후는 제왕(諸王)으로 분류되어서였다. 그러니까 1066년(문종 20) 이후 1077년(문종 31) 사이 국원공 책봉이 이뤄진 셈이다. 그리고 1083년(순종 즉위년) 10월 왕제 왕운(王運)을 수태사 겸 중서령으로 삼았다는 기록이 보인다. 여기서는 다시 이름이 '운(運)'으로 바뀌었다. 1077년(문종 31) 이후 어느 때인가 개명한 것이다.

선종은 순종이 죽기 전 국원공 수태사 겸 중서령의 지위에 있다가 유조에 따라 즉위하게 되었다. 유조의 내용 중에는 동생 국원공의 성품과 자질에 대해 평한 것이 보인다. 수사적인 좋은 말을 쓰는 것이 일반적이라 큰 의미는 부여할 수 없더라도 선종을 이해하는 데 도움이 된다.

> 이제 동모제 수태사 중서령 국원공(守太師中書令國原公) 왕운(王運)은 천부적으로 재능이 많고 성덕(盛德)이 날로 높아져, 농사의 어려움 등 일에 밝으며 형정(刑政)의 득실을 모두 마음에 궁구(窮究)하였다. 만일 왕위[九五之尊]에 오르면 가히 억조(億兆)의 바람을 편안하게 할 것이니, 내가 죽으면 곧 군권(君權)을 갖도록 하라.

동생에 대해 순종은 왕운이 천종의 성스러움 즉 하늘로부터 부여받은 제왕의 성덕이 있으며 농상과 형정 등에 밝다 했다. 달리 말하면 선종의 성품과 능력을 믿으며 제왕으로서 충분히 선정을 펼 수 있으리라는 표현이었다. 또한 사관은 선종의 성품과 자질에 대해 "어려서는 총명하고 지혜로웠으며, 장성해서는 효를 다하고 공경하며 공손하고 검소하였다. 지식과 도량이 널리 미쳤으며 경사(經史)를 두루 살펴 읽고 제술(製述)에 특히 솜씨가 있었다"라고 하였다. 이처럼 선종은 순종의 대안으로 일찍부터 주목받았음을 알 수 있다. 그리고 결과적으로 이는 또다시 이뤄진 형제 계승의 한 사례가 되었다. 형제가 서로를 잘 아는 법이니 가능할 수 있었으며, 공교롭게도 순종에게 왕자가 없었던 점도 작용했다.

즉위 시 선종의 나이는 35세였다. 늦은 나이이기는 했지만 오히려 안정적인 정국 운영이 가능했다. 선종의 후비는 3명이었다. 정신현비(貞信賢妃) 이씨, 사숙태후(思肅太后) 이씨, 원신궁주(元信宮主) 이씨인데 모두 인주 즉 경원 이씨 출신이었다. 정신현비는 문종 때 과거에 급제하고 선종 대에 지공거를 역임한 이예(李預)의 딸이었다. 정신현비는 선종이 국원공으로 있던 1077년(문종 31) 2월 맞이했다. 연화궁주(延和宮主)를 낳았는데 궁주는 예종의 후비가 되는 경화왕후(敬和王后) 이씨였다. 이예는 이자상(李子祥)의 아들이며, 이자상은 이자연(李子淵)의 동생이었다. 정신현비는 선종이 국원공으로 있을 때 죽었던 듯하다. 이 때문에 왕후로 책봉되지 못했다.

사숙태후 이씨는 공부상서 이석(李碩)의 딸이다. 이석은 이자연의 셋째 아들이었다. 선종이 국원공으로 있을 때 비로 맞았으며 연화궁비(延和宮妃)라 불렀다. 자녀로는 헌종과 수안택주(遂安宅主)가 있었는데, 수안택주는 나면서부터 눈이 보이지 않아 40세가 되도록 시집가지 못했다. 연화궁비는 선종이 즉위하자 왕비로 책봉되었고, 헌종 즉위 후 태후가 되었다. 태후로서 중화전(中和殿)과 영녕부(永寧府)를 두었다. 어린 헌종을 대신해 섭정하면서 국가 대소사를 처결하였다.

1107년(예종 2) 4월 예종이 선종의 사당에 정신현비를 정비라 하여 부묘하려 하자 간관들은 이에 반대했다. 그 이유로 정신현비는 왕비로 있던 기간이 짧지만 태후는 오랫동안 내조의 공이 있는 데다가 헌종을 도와 섭정을 행하였음을 들었다. 더욱이 숙종이 즉위한 뒤 궁으로 물러나 처신을 옳게 하였으므로 태후의 선종 사당 합사가 맞다는 것이었다. 결국 예종은 사숙태후를 합사하는 결정을 내렸다.

셋째 후비가 원신궁주 이씨이다. 인주 출신 평장사 이정(李頲)의 딸이다. 이정은 이자연의 장남이었다. 원래는 경흥원주(慶興院主)로 불렸던 듯한데 경흥원을 원희궁(元禧宮)으로 높이면서 원희궁비가 되었다. 왕비는 한산후(漢山侯) 왕윤(王昀)과 알려지지 않은 아들 형제를 낳았던 듯하다. 후일 숙종이 원신궁주와 한산후 형제를 경원군으로 유배했다는 기록이 보여서이다. 유배의 이유는 왕비의 오빠인 이자의(李資義)가 한산후를 왕으로 삼으려 모반했기 때문이었다.

후비는 아니지만 선종이 총애한 첩 즉 폐첩(嬖妾)으로 만춘(萬春)이 있었다. 선종의 총애를 빌미로 집을 웅장하고 크게 짓자 어사중승 위계정(魏繼廷)은 선종에게 이렇게 간언했다. "만춘이 주상의 마음을 미혹시키고 백성들을 혹사하여 집을 크게 지었으니 바라건대 이를 헐어 버리소서"라 한 것이다. 선종은 답하지 않았던 것으로 나온다.

선종 시대는 거란에서는 도종황제의 치세 기간에 해당한다. 또한 송에서는 1085년(원풍 8) 3월 신종황제가 죽고 철종황제가 즉위했던 때이다. 전반적으로는 국제 관계 면에서 문종 대의 분위기라 할 '북교남사'가 이어졌다. 다만 거란이 압록강에 각장(権場)을 세우려 하자 이를 둘러싼 갈등이 오갔다. 내정에 있어서도 선종은 문종의 뜻을 잇는 정치를 행하면 되었다. 유교, 불교, 도교 의례나 행사도 마찬가지였다. 가뭄 등 재변에 대한 대처 방식도 또한 그러했다.

순종은 죽으면서 신하들에게 유조를 남겨 사군(嗣君) 즉 선종의 뜻을 따르도록 하고 국상을 간소하고 검소하게 하라 하였다. 이는 다음과 같았다.

무릇 나라의 상벌과 대사(大事)는 모두 사군(嗣君)에게 아뢰어 처분하도록
하고, 지방의 주진(州鎭) 관원들은 다만 본군(本郡)에서 문상하며 함부로
임지[理所]를 떠나지 못하게 할 것이다. 상복제(喪服制)는 이일역월(以日易
月)로 행하고, 산릉제도(山陵制度)는 힘써 검소함을 좇도록 하라.

선종은 이를 따라 국장과 국상을 마쳤다. 앞서 순종은 1083년(순종 즉위년)
7월 신유일(18)에 즉위하여 거란에 고애사(告哀使)를 보내 문종의 죽음과 자
신의 즉위를 알렸고, 송에도 이를 알렸던 듯하다. 그리고 8월 갑신일(11)에
문종을 경릉에 모셔 국장을 마무리했다. 이렇게 문종의 국상을 처리한 순
종이 10월 을미일(23)에 죽자 선종은 11월에 거란에 고애사를 보내 순종의
죽음을 알렸고, 11월 경신일(19) 순종을 성릉에 모셨다. 선종은 순종의 죽음
에 대해서 송에도 알렸을 것이다.

거란과 송에서는 문종과 순종의 죽음을 애도하는 사신을 보내오고 거란
은 이후 선종을 책봉하였다. 거란은 1084년(선종 1) 4월 칙제사(勅祭使)와 위
문사(慰問使)를 보내오면서 제문(祭文)도 가져와 제사를 올렸다. 송에서도 같
은 해 8월 제전사(祭奠使)와 조위사(弔慰使)를 보내오고 문종 및 순종의 사당
에서 3주야간 도량을 열었다.

이 같은 거란과 송의 칙제사와 제전사 등의 파견은 당시 3국 관계 속 소
위 조문외교(弔問外交)의 일단을 보여 주는 것이었다. 고려는 국상을 거란이
나 송과의 관계를 유지하는 기제로 삼았고, 거란이나 송도 이는 마찬가지
였다. 1085년(선종 2) 8월 송 신종의 죽음과 철종의 즉위를 계기로 조문사와
축하사를 보낸 것이 이를 말해 준다.

거란과는 책봉이 남아 있었다. 이를 위해서는 고려의 경우 문종과 순종의
태묘 부묘를 마무리해야 했다. 1085년(선종 2) 7월 문종의 대상(大祥)이 있자
홍왕사에 행차하여 분향하고, 8월 문종의 신어(神御) 즉 어진(御眞)을 경령전
에 봉안했다. 이어 10월과 11월에 각기 문종과 순종을 태묘에 부묘했다. 거

란은 이를 반영해 고려의 국상 절차가 모두 마무리되는 11월 낙기복사(落起復使)를 보내오고 같은 달에 선종을 책봉했다. 선종은 남교에서 책명을 받았다. 여기서 낙기복사란 상주인 군주에게 상복을 입고 애도하는 것을 그치고 국사를 돌보라고 권하는 사신을 뜻한다.

이 과정을 거쳐 선종은 명실상부한 고려의 군주가 될 수 있었다. 이어 1086년(선종 3) 2월에는 정종과 문종 묘정에 배향될 체협공신을 정했다. 정종 묘정에는 최충(崔冲)과 김원충(金元冲), 문종 묘정에는 최제안(崔齊顔)·이자연(李子淵)·왕총지(王寵之)·최유선(崔惟善) 등이었다. 배향공신 선정은 정종과 문종의 시대에 대한 정리가 끝났음을 의미했다. 그리고 그 마무리로 같은 해 4월 태묘에서 5년마다 올리는 체제(禘祭) 제사가 있었다. 참고로 순종 묘정 배향공신은 1107년(예종 2) 8월에 이르러서야 정해졌다. 문하시중 문충공 이정공(李靖恭)이었다.

선대를 위한 제사를 모시는 일은 왕실에서는 중요한 일일 수밖에 없다. 제물 등이 허술해서는 안 되었다. 이에 선종은 선왕 선후의 기일에 명복을 정성스레 빌기 위해 관련 제물 등을 준비하는 관서를 두었다. 1093년(선종 10) 7월 기록을 보면 광인관(廣仁館)에 봉선고(奉先庫)를 두고 미곡을 저축하라 한 내용이 있다.

선종은 즉위 후 왕실 및 국가의 안정과 번영을 꾀하고, 재변을 없애며 복을 구하기 위해 신앙 및 관련 의례를 주목했다. 이는 문종 대 등 다른 왕대와 비슷한 면이었다. 1083년(선종 즉위년) 10월 정유일(25) 건덕전에서의 금강명경도량을 시작으로 화엄경도량, 천제석도량, 금강경도량, 불정도량, 보살계 수계, 인왕경도량, 소재도량, 연등도량, 능엄경도량, 금탑 회경전 봉안과 경찬회, 오백나한재, 장경도량 등이 개설되고 승려들에게 음식을 대접하는 반승이 이어졌다.

특히 1085년(선종 2) 2월 을해일(11) 송나라 제도를 따라 호국 경전인 『인왕반야경』을 출궁 및 환궁 등 때 행렬 앞에 세워 불법의 보호를 기원하고 장엄한 효과를 내고자 했다. 1087년(선종 4) 2월과 3월에는 개국사 및 홍왕사에서 대장경 낙성을 기념하는 행사가 열렸다.

선종의 치세 기간 중 불교와 관련해 더욱 주목되는 것은 대장경의 1차 완성과 승과(僧科)의 시행 규정을 정한 일이다. 대장경 경판의 완성은 고려 호국 불교의 염원이자 선진 불교 문물 소유의 상징이었다. 또한 제불의 호위를 받음을 상징화한 결과물이기도 했다.

대장경 간행 발원은 1011년(현종 2) 거란의 침략을 불력으로 물리치기 위해 시작되었다.『고려대장경』조판 사업은 송과 거란의 대장경을 받아들이고, 전래해 온 불경 등을 정리해 작업한 것으로 1087년(선종 4)까지 진행되어 일차 완성되었다.『초조대장경(初雕大藏經)』이었다. 선종은 이를 축하하기 위해 개국사와 귀법사에 행차했으며, 문종의 원찰인 홍왕사 대장전(大藏殿)도 이때 낙성되었다. 이를 본다면 고려판 대장경의 첫 완성은 1087년이라 할 수 있겠다.

한편으로 대각국사 의천 왕후는 대장경의 완성도를 더 높이려 했다. 이미 1073년(문종 27) 19살의 나이에「대세자집교장발원소(代世子集敎藏發願疏)」를 짓고는 송과 거란 등의 불경을 수집하고자 했다. 선종이 즉위한 뒤에는「대선왕제종교장조인소(代宣王諸宗敎藏雕印疏)」를 올려 의지를 더했다. 그리고『신편제종교장총록(新編諸宗敎藏總錄)』이라는 목록집을 만들어 대장경을 보완하려 했다.

이에 의천은 1085년(선종 2) 4월 송으로 밀항했고, 1086년(선종 3) 6월에 돌아왔다. 선종은 태후와 함께 봉은사에 나아가 그를 맞이했다. 그리고 이때 홍왕사에 교장도감(敎藏都監)을 설치하고 송과 거란, 일본 등에서 구한 불경 등을 통해 대장경 목록을 정하고 조판 간행을 시작도록 했다. 이것이 대장경에 대해 해석한 장소(章疏)를 모아 간행한『교장(敎藏)』이었다. 국사 의천이 죽은 뒤 숙종은 부처를 참칭해서는 안 된다는 신하들의 반대가 있었지만 의천의 시호를 큰 깨달음이라는 의미를 담은 '대각(大覺)'이라 하여 그의 위상을 높였다.

승과의 경우 그간 부정기적으로 시행하던 승과 시험을 정기적으로 실시하려 했다. 1084년(선종 1) 정월 보제사의 승려 정쌍(貞雙) 등이 건의한 바에 따라 9산문 참학승도(參學僧徒)를 진사시(進士試)처럼 3년에 1회 뽑는 식년시(式年試)로 전환했다. 이 승과에 합격한 승려에게는 대선(大選)의 법계가 주어졌다. 식년 승과의 실시라 할 수 있는데, 이후 승과는 교종(敎宗)·선종(禪宗)·천태종(天台宗)으로 나뉘어 행해졌다. 여기서의 급제자는 불교 관련 여러 사무를 맡아보던 관서인 승록사(僧錄司)에서 등록 및 관리하였던 것으로 여겨진다. 이는 불교계에서 자체적으로 행한 것이라 할 수 있지만 동시에 국가의 개입이 이뤄진 셈이다. 정교(政敎) 분리가 이뤄지는 가운데 국왕 보살계나 국사·왕사 제도, 각종 도량과 반승 등을 통해 왕실과 불교계가 여전히 상호 연결되어 있었음을 보여 준다.

도교 초제 역시 많이 열렸다. 1085년(선종 2) 4월 구정(毬庭)에서의 친초를 시작으로 비를 바라는 기우나 눈을 바라는 기설(祈雪), 풍우 순조 기원, 풍년 기원 등이 행해졌다. 거행된 장소를 보면 구정, 회경전, 문덕전, 내정(內庭), 내전(內殿), 전성(氈城) 등이었다. 이를 보면 선종 대 역시 신앙에 의지하는 모습이 분명하게 나타나고 있다. 달리 보았을 때는 군주와 왕실의 신성성을 제불(諸佛)과 도교 신격으로부터 받는다는 뜻이기도 하다. 고려의 군주들을 신성한 제왕이라 했을 때 선종 역시 이 범주에 포함되는 것이다.

1084년(선종 1) 8월에 정한 '천원절'은 그 명칭에 천하의 중심이라는 의미를 담고 있다. 왕조의 정치는 결국 왕 자신이 중심이 될 수밖에 없다는 마음이었을 것이다. 선종 대에도 이러한 절일에 거란에서는 생신축하사를 보내왔다. 선종은 이 천원절 때에 축하하러 온 거란 사신을 맞아 연회를 베풀면서 시문을 제술하였다. 이를 통해 고려의 군주들이 거란 생신축하사로 하여금 자신들의 생신 절일이 무엇인가를 알 수 있게 했으리라 여겨진다. 어쨌든 1089년(선종 6) 9월 정축일(10) 천원절에는 거란 사신에게 '하성조사(賀

聖朝詞)'를 지어 창화한 바 있다.

가뭄은 선종 대에도 극심했다. 1085년(선종 2)부터 1091년(선종 8)까지의 기록을 보면 매해 기우제를 올려 비를 빌었으며, 1091년 11월에는 눈이 오길 빌기도 했다. 특히 1088년(선종 5) 4월 병신일(20)에 가뭄이 극심하자 선종은 백료를 거느리고 남교(南郊) 원구에서 두 번째 우사(雩祀)를 올리면서 가뭄에 대한 자신의 잘못을 언급했다. 이때 선종은 자신을 자책하고 정치를 잘 펴겠다는 의지를 담은 '6사 자책(六事自責)'을 말했다. 그 내용을 보면 다음과 같다.

> 정사를 한결같이 행하지 않았던가, 백성이 생업을 잃게 했던가, 궁실을 높게 했던가, 부녀자의 청탁이 매우 많았던가, 뇌물이 행하여졌던가, 아첨하는 무리가 많았던가?

그러고는 동남동녀 각 8인으로 또 춤추며 비를 내려 달라고 외치게 하였다. 정전(正殿)을 피하여 앉고 반찬 수를 줄였으며, 음악을 멀리하고 지붕 없는 자리에 앉아 정무를 처리하였다. 여기에 더해 앞에서 언급했듯 불교 도량과 초제, 산천에 대한 기우, 태묘 및 사직단 등에서의 제사, 죄수에 대한 형벌 경감 등을 행해 온갖 노력을 다하였다.

『고려사』를 보면, 선종 등 고려의 군주는 제불과 천령의 보호를 받는 신성한 제왕임을 표명했다. 하지만 그러한 신성 군주라도 하늘은 가뭄 등 재이라는 견고(譴告)를 내렸다. 재이를 겪으면서 군주는 반성하고 수덕(修德)의 조치를 해야 했다. 선종은 이러한 이해 위에 여섯 가지 일에 대한 잘못을 반성[恐懼修省]하고 수덕하면서 인정과 덕치를 펴 나가려는 노력을 기한 것으로 보인다. 이러한 노력 때문인지 선종 대에 가뭄 등으로 백성들이 유리했다든가, 초적 봉기, 모반 사건 등이 일어났다는 사회불안 상황 기록은 보이지 않는다.

한편 1088년(선종 5) 2월 거란 측이 압록강에 각장 설치를 더하려는 움직임이 보고되었다. 각장은 본래 '각고지장(権酷之場)'으로 송의 한족과 북방 민족 사이의 무역장이었다. 압록강 성교 가설 문제도 해결되지 않은 상태였는데 이러한 조치가 있자 선종은 이를 바로잡고자 했다. 이에 우선 장경 소향사(藏經燒香使)를 가장한 중추원부사 이안(李顔)을 구주로 보내 이 일을 비밀리에 대처케 하고, 9월에 상황을 파악하고는 태복소경 김선석(金先錫)을 보내 설치 중지를 요청하는 표문을 올렸다.

이는 박인량(朴寅亮)이 작성한 것으로 그 내용 중 1062년(문종 16) 임인년에 "매매원(買賣院)을 선의군(宣義軍)의 남쪽에 설치하였으므로 사리를 밝혀 아뢰었더니 집들을 허무는 것을 마쳤다고 하였다"라는 내용이 확인된다. 그럼에도 새 시장을 경영하려는 것은 거란의 선대 유지를 저버리는 것이므로 각장 설치를 중단해야 한다고 요구하였다. 이에 1088년(선종 5) 11월 도착한 거란의 회답을 보면 고려의 요구가 관철된 것이 확인된다.

송과의 교류에 있어서 눈에 띄는 것은 서적 등 문물 교류였다. 성종 및 문종 대에 이미 대장경이 온 바 있으며, 1090년(선종 7) 12월에는 송 태종 대에 간행된 대표적 시문 선집인 『문원영화(文苑英華)』를 받기도 했다. 이 책은 중국 양나라 말부터 오대에 이르기까지의 시문을 모은 것이었다. 무려 권수로 1,000권에 이르렀으며 송 태종의 칙명으로 만들어졌다. 이에 앞서 문종은 송으로부터 송 태종 대에 편찬된 백과사전적 성격의 책인 『태평어람』을 구하고자 노력하기도 했다.

고려의 서적에 대한 이해와 소장 수준은 상당했던 듯하고 이는 송에도 알려졌다. 이 때문에 송에서는 고려에 소장되어 있을 선본(善本) 목록을 만들어 1091년(선종 8) 6월 귀국하는 이자의(李資義)를 통해 이를 보냈다. 어느 정도까지 고려가 이를 확인하고 만들어 보냈는가는 확인되지 않으나 그만큼 고려의 서적 보유가 송에까지 알려져 있었다 여겨진다.

선종은 순종의 뒤를 이어 즉위하였다. 순종은 후사가 없었으므로 형제 계승을 한 것이었다. 선종에게는 4명의 아들이 있었지만 두 명은 일찍 죽었다. 첫째가 헌종 욱(昱)이고 다음이 한산후 윤(昀)이었다. 헌종 욱은 1084년(선종 1) 6월에 태어났고 1088년(선종 5) 11월에야 연화궁 원자로서 '욱'의 이름을 받았다. 그리고 1093년(선종 10) 3월의 기록에서도 원자라 하고 있다. 즉 원자 왕욱에게 수춘궁에 들어와 살게 하고 태자좌첨사와 태자우첨사를 임명한 것이다. 이 기록들만 보면 헌종에 대한 태자 책봉은 없었던 듯하다. 하지만 실제로는 1088년(선종 5) 11월 무렵이나 1093년(선종 10) 3월 무렵 태자 책봉이 있었으리라 여겨진다.

1092년(선종 9) 3월 무렵 선종은 몸이 이상하다 하여 문덕전으로 처소를 옮긴 뒤 내의가 지어 준 양성방약(養性方藥)을 먹었다. 그러고는 시를 지었는데 그 마지막에 다음과 같은 구절이 있었다.

> 약효가 있든 없든 무엇을 염려하겠으며, 덧없는 인생에 시작이 있는데 어찌 끝이 없겠는가? 오직 간절히 원하는 것은 여러 가지 선행을 닦아, 정토에 뛰어올라 부처님께 예배하는 것이네.

이제현은 이 시의 제목을 「이약시(餌藥詩)」라 했다. 내용을 보면 인생의 덧없음과 선행을 닦아 정토에 나아가길 바란다는 것이었다. 나라를 다스리는 군주로서의 시 품격은 아니라 보았다. 그 후 이듬해 원자 왕욱을 수춘궁으로 들어오게 한 것을 보면 후계자 문제를 생각한 것이라 여겨진다. 태자로서의 지위를 부여한 것이었지만 시기적으로는 늦은 편이었다.

여기에 1092년(선종 9) 9월 임오일(2) 함께 서경에 행차했던 인예태후가 죽었다. 심신이 약해져 약을 복용 중이었던 선종의 건강은 모후의 죽음과 국상을 치르면서 더 악화되었을 것이다. 그 때문에 후사를 정해 놓아야 하는 것은 당연했다. 이를 고려하면 1093년(선종 10) 3월의 태자 책봉이 가능성이 높다.

선종은 1094년(선종 11) 윤4월 임진일(22) 다시 병에 걸렸다. 갑오일(24)에는 재추(宰樞) 및 종실 등이 연영전 북문으로 와서 평안한지를 물을 정도로 병중이 깊어졌다. 결국 선종은 5월 임인일(2) 연영전 내침에서 죽었다. 그리고 기록에는 '원자' 왕욱이 유명을 받들어 중광전에서 즉위했다 하였다.

정상적이라면 선종은 윤4월 재추 및 종실이 연영전에 와 기거(起居) 즉 안부를 물을 때 후사 문제에 대해 논의했으리라 여겨진다. 당시 종실로는 조선공(朝鮮公) 왕도(王燾), 계림공(鷄林公) 왕희(王熙), 상안공(常安公) 왕수(王琇), 부여후(扶餘侯) 왕수(王㸂), 금관후(金官侯) 왕비(王㚟), 변한후(卞韓侯) 왕음(王愔), 진한후(辰韓侯) 왕유(王愉) 등이 있었다.

11살이라고는 하나 아직 어린 원자 욱을 왕위에 올리는 것은 사실 불안한 면이 있었다. 이에 선종이 삼공 중 첫째인 조선공 왕도를 형제 계승자로 지명해 내선했더라도 큰 문제가 아니라 오히려 칭송을 받을 수 있었을 것이다. 그렇지만 결론적으로는 원자 왕욱을 후계자로 삼는 유명이 있어 결국 원자가 즉위하게 되었다.

선종은 연영전 내침에서 죽을 때 나이가 46세이고 재위 기간은 11년이었다. 시호는 '사효(思孝)'이고 묘호는 '선종(宣宗)'이라 했다. 그리고 능호는 '인릉(仁陵)'이라 했다. 시호 '사효'는 문종 이후 군주들이 공통적으로 갖는 '효' 자 시호의 일환으로 지어졌다. 문종은 '인효(仁孝)', 숙종은 '명효(明孝)', 예종은 '문효(文孝)', 인종은 '공효(恭孝)', 의종은 '장효(莊孝)', 명종은 '광효(光孝)', 신종은 '정효(靖孝)', 희종은 '성효(誠孝)', 강종은 '원효(元孝)', 고종은 '안효(安孝)'였다.

이는 신민에게 효를 장려하려는 목적도 있지만 '효' 자 시호를 통해 왕위를 잇는 사왕이 효를 실천하도록 하는 효과를 얻고자 해서였다. 또한 부자로 연결되는 효 윤리의 정통성을 얻을 수 있기 때문이었다. 그런 차원에서 보면 '사효'는 말 그대로 효에 대해 잘 생각하고 실천했다는 의미가 된다.

묘호 선종의 '선(宣)'은 교화를 베풀다, 공포하다, 혹은 임금의 하교를 뜻한다. 선종 역시 문종과 마찬가지로 국로와 80세 이상 노인, 환과고독 등에 대해 양로 및 진휼 등을 펼쳤다. 더불어 가뭄 등 재변 때에는 6사 자책 및 여러 가지 방식으로 애민과 농사를 걱정하는 마음을 표한 바 있다. 또한 송과의 교류 및 대장경 낙성 등 문화적 업적도 있었다. 경사에 밝고 제술을 잘했다는 평가도 있는 만큼 이를 반영해 선종이라는 묘호가 정해졌으리라 생각된다.

능호 '인릉(仁陵)'의 '인(仁)'은 어질다는 말이다. 그렇지만 이것이 정치와 연관될 때는 그보다 의미가 확대된다. 일단 기본적으로는 효의 실천을 바탕으로 자신을 수양하고 신민들을 위해 인정(仁政)을 베풀기를 다했다는 평가가 있어야 했다. 선종은 모후 인예태후에 대한 효를 다하고 대각국사 및 조선공, 계림공, 상안공 등 종실과 우애를 닦았다. 이런 측면 등이 모두 고려되면서 선종의 능호는 '인릉'이라 지어졌을 것이다.

선종 묘정에 배향된 체협공신은 정헌공(貞獻公) 문정(文正), 광숙공(匡肅公) 류홍(柳洪), 문정공(文貞公) 김상기(金上琦)였다. 문정은 장연현(長淵縣) 사람으로 문종 대 동번(東藩)의 난을 판행영병마사로서 진압하였으나 선종 대 활동 사항은 그리 많지 않다. 12공도 중 정헌공도(貞憲公徒)는 시중 문정이 세운 것으로 나온다. 다만 정헌공의 한자가 열전과 다른데, 체협공신 명단 및 열전에서 정헌공(貞獻公)이라 한 것을 기준으로 보아야 할 것이다. 류홍은 문종 대 송 사신을 맞이하고 송에 사신으로도 다녀왔다. 선종 대에 네 차례 시정득실을 아뢴 바 있으며, 서북면병마사로 활동하기도 했다. 1091년(선종 8) 11월 문하시랑평장사로 죽었다. 김상기도 선종 대 동지공거와 지공거를 역임하고 송에 사신으로 다녀온 바 있으며, 간관으로서 활동하고 수국사(修國史)의 지위에 있기도 했다. 1116년(예종 11)에 선종 묘정 체협공신으로 배향되었다.

선종 왕실은 사실 겉보기와 달리 위태로웠다. 후에 숙종이 되는 계림공 왕희, 상안공 왕수, 조선공 왕도 등 삼공과 두 명의 후(侯)가 있는 데 반해 선종의 아들 헌종은 즉위 때 나이 불과 11세였을 정도로 어렸기 때문이다. 종실의 위세가 강한 형국이었다. 인예태후가 살아 있었을 때는 이 문제가 크게 드러나지 않았다. 따라서 선종의 의지대로 원자 욱에게 왕위를 계승하는 방향으로 정해졌다.

다만 숙종의 경우는 달랐다. 어린 왕의 즉위보다는 선대의 왕들처럼 또 한 번의 형제 계승을 바랐다. 그것은 상징화된 형상으로 나타났다. 1092년(선종 9) 서경 행차를 호종했는데 이때 서경에서 자줏빛 구름[紫雲]이 막사 위를 두른 것이다. 이를 본 사람들은 왕이 될 조짐이라 했다. 이를 보면 숙종이 선종의 자연스러운 후계지명과 내선을 기대하고 있었으리라 여겨진다.

더구나 문종이 3명의 인주 이씨 출신 후비를 맞이하고 나서 순종이나 선종 역시도 인주 이씨 출신을 후비로 삼았다. 3대에 걸친 왕실 외척 가문이 만들어진 것이다. 이자연을 필두로 한 인주 이씨 집안은 문벌로서도 위세를 떨치며 조정 신료들과 여러 인적 네트워크를 맺고 있었다. 따라서 이들 인주 이씨 집안의 누군가가 마음만 먹으면 왕위계승 문제를 일으킬 여지가 충분했다. 이 또한 선종 대 마지막 해를 불안하게 했다.

이 두 가지 문제가 실제로 선종 사후 헌종이 즉위하면서 불거지기 시작했다. 어린 왕, 강한 종친, 강한 외척의 삼박자가 4개월여 순종 시대의 불안함을 안정시킨 선종의 치세에도 불구하고 어긋나기 시작하면서 새로운 고려 왕실에 대한 요구로 이어지게 된다.

3) 강성한 종실과 유약한 군주, 헌종

역사에서는 데자뷔라 할 수 있는, 즉 기시감이 드는 사실들이 간혹 보인다. 앞서 문종과 태자 즉 순종의 관계는 조선의 세종과 세자 문종의 관계와, 헌종과 숙부 숙종의 관계는 조선의 단종과 숙부 세조의 관계 등과 겹쳐 보이는 것이다. 37년 재위(1046~1083), 65세(1019~1083)에 훙서한 고려의 문종과

32년 재위(1418~1450), 54세(1397~1450)에 훙서한 조선의 세종은 왕조의 문물 제도 정비의 정점에 있는 군주들이다. 문종을 이은 순종은 37세(1047~1083)로, 세종을 이은 문종은 39세(1414~1452)로 훙서했으며 재위 기간은 각기 4개월, 28개월이었다.

사실 이러한 이면에는 두 군주가 각기 태자 순종과 세자 문종의 비와 빈 문제에 간여했고, 순종과 조선의 문종 모두 선왕의 상사에 애도를 극진히 하다 병을 얻어 죽은 사실이 있다. 그들을 이은 군주를 보자. 헌종은 11살에 즉위했고, 이듬해에 숙종에게 선양하고 물러났다가 훙성궁에서 죽었다. 태자로서 왕위를 계승했지만 사료에는 원자로 쓰여 있다. 단종은 12세에 즉위했고, 3년간 재위했다. 그리고 17세의 나이로 영월에서 죽었다. 약간씩의 차이는 있더라도 큰 틀은 비슷한 것이다.

이들 왕대의 관계를 보면 빛과 그림자의 극명함이 있다. 한편으로는 아무도 예상하지 못한 역사의 우연이라 하더라도 해당 주체가 그 상황을 다양한 노력으로 극복하면 화를 복으로 바꿀 수도 있었다. 이를 위해서는 당사자의 유연함이 필요했다. 그러나 이 가운데서도 을의 입장에 있던 헌종에게 이는 정말 극복하기 쉬운 일이 아니었다. 여러 상황 속 생각지 못한 변수가 많은 변화를 만들어 내기도 했다.

실제 헌종의 시대에 어떠한 일이 일어났는가를 보면 역사 속 상수와 변수 관계가 어떤 사건을 만들어 낼 수 있는지 훙미로워진다. 헌종 시대를 살펴보면서 이에 대한 궁금증을 풀어 보도록 하겠다.

헌종(獻宗, 1084~1097)은 1084년(선종 1) 6월 을미일(27)에 연화궁에서 태어났다. 모친은 연화궁비 이씨 즉 사숙태후 이씨였다. 어려서부터 글과 그림을 좋아했으며, 1094년(선종 11) 5월 임인일(2) 선종의 유조를 받들어 중광전에서 11세로 즉위했다. 이 과정에서 헌종은 1088년(선종 5) 11월 연화궁 원자로서 욱(昱)의 이름을 받았다고 되어 있다. 본래 태어나면 곧바로 받는 것을 뒤늦게 받은 셈이다. 그리고 1093년(선종 10) 3월 기록에는 원자 왕욱을 수춘

궁에 들어와 살게 했다고 하였다. 동시에 동지중추원사 류석(柳奭)과 우간
의대부 손관(孫冠)을 태자좌첨사와 태자우첨사로 임명하였다. 이를 보면 원
자로 있다가 태자 책봉이 행해졌다 여겨지며 1094년(선종 11) 윤4월 갑오일
(24) 재추와 종실이 병문안을 왔을 때 이들에게 보좌를 부탁했으리라 생각
된다.

헌종은 1094년(선종 11) 5월 임인일(2) 중광전에서 선종의 유명에 따라 즉
위했다. 같은 달 갑인일(14)에 선종을 인릉에 장사했고, 6월 초하루에는 모
후를 태후로 높였다. 그리고 즉위를 기념하여 6월 무자일(19)에는 신봉루에
나아가 대사(大赦)를 베풀었다. 이는 고려의 천하에 크게 사면을 내린 것으
로 여기에는 새로운 군주로서 대사를 계기로 모든 정치의 시작을 행한다는
의미도 있었다. 이어 종실에 대한 예우를 다시금 갖췄다. 6월 기해일(30)의
다음 기록은 이를 말해 준다.

> 조선공(朝鮮公) 왕도(王燾)와 계림공(鷄林公) 왕희(王熙)를 수태사(守太師)로,
> 상안공(常安公) 왕수(王琇)와 부여공(扶餘公) 왕수(王㛰)를 수태보(守太保)로,
> 진한후(辰韓侯) 왕유(王愉), 한산후(漢山侯) 왕윤(王昀), 낙랑백(樂浪伯) 왕영(王
> 瑛)을 수사도(守司徒)로 각각 임명하였다.

이는 이제 막 시작하는 헌종이 종실을 튼튼한 울타리로 삼아야 하는 만큼
예우를 극진히 한 것이다. 그리고 8월 초하루에는 동북변의 정주(定州) 일대
에 황충의 해가 있다 하여 군신들로 하여금 봉사문을 올리도록 했다. 이후
11월 임자일(14)에는 팔관회 설행 표시는 없으나 구정에서 80세 이상 노인
에게 향연을 베풀고 물품을 차등 있게 내렸다 하였다. 12월에는 거란에서
칙제사와 위문사, 기복사와 책봉사를 보내와 선종의 반혼당에서 제문과 제
사를 올렸다. 다만 선종에 대한 첫 책봉 시 지위가 특진 검교태사 겸 중서령
상주국(特進檢校太師兼中書令上柱國) 및 식읍(食邑) 1만 호와 식실봉(食實封) 1천

호였던 것과 비교하면 표기대장군 검교태위 겸 중서령 상주국 고려국왕(驃騎大將軍檢校太尉兼中書令上柱國高麗國王) 및 식읍 7천 호와 식실봉 7백 호로 차이가 있다. 그렇지만 헌종 즉위년의 정치는 큰 문제 없이 정상 처리된 듯 보인다.

다만 헌종 즉위 후 정사는 태후가 주도하고 있었다. 사숙태후로 책봉되자 그녀는 전(殿)을 설치해 '중화전(中和殿)'이라 하고 영녕부(永寧府)를 열었다. 실제 선종 후비 열전 중 사숙태후 편을 보면 "왕이 유약하여 정무 처리를 하지 못하자 태후가 왕을 대신해 나라의 대소사를 모두 맡아 처결하였다"라 하였다. 앞서 천추태후의 일이 있었던 때문에 아마도 이를 거울삼아 스스로 조심했을 수 있다. 1107년(예종 2) 4월 정신현비와 사숙태후를 선종 사당에 부묘하려 했을 때 간관이 올린 다음의 말은 참조가 된다.

> 태자(太子)가 정통(正統)을 잇자 조정(朝廷)에 나아가 칭제(稱制)한 지가 3년이었으며, 헌종께서 숙종(肅宗)에게 왕위를 물려주자 곧 옛 궁으로 물러나 살며 끝까지 덕을 잃지 않았습니다.

이를 보면 태후 이씨는 천추태후와 달리 실덕(失德)한 일이 없었음을 알 수 있다. 조정에 나아가 칭제하였다는 것은 태후가 조정으로 나아가 가장 높은 황제의 명인 '제(制)'를 내렸다[臨朝稱制]는 것으로 태후의 섭정 혹은 수렴청정을 뜻했다. 이는 한고조의 비인 여태후의 칭제 때부터 시작되었다. 군주의 죽음 뒤 공백 혹은 비상사태가 있을 때 사군(嗣君)의 모후인 태후가 비상대권을 행사하는 것이었다. 단지 3년이었다는 대목은 실제 연수인 2년과는 차이가 있는데 아들인 헌종이 죽은 때를 고려하면 3년이 된다. 이는 숙종 즉위 후 갑작스러운 왕위 교체에 대한 거란 측의 물음에 대비하기 위한 목적도 있었을 것이다.

1095년(헌종 1) 정월 기록에 헌종이 스스로 수양할 생각을 않고 내의(內醫)

서너 명을 불러 술서에 대해 묻거나 서화만을 익혀 왕도를 닦지 않음을 비판한 대목이 보인다. 그렇지만 헌종은 정상적인 국정을 소화했다. 같은 해 2월 연등회와 봉은사 행향, 6월 기묘일(15) 건덕전에서의 목차계(木叉戒) 수계, 7월 상중임에도 태묘 제향 및 원구(圓丘)·방택(方澤)·종묘(宗廟)·사직(社稷)의 모든 제사 거행, 8월 황룡사탑의 수리 등이 이뤄졌다. 동여진 추장을 대하고 거란 동경회례사를 접견하였으며 송 상인 및 자은종 승려 혜진도 접견한 것이 확인된다.

그런데 1097년(헌종 1) 7월 목종 대 김치양의 난 이후 가장 큰 모반 사건이라 할 '이자의(李資義)의 난'이 발생해 이자의가 복주(伏誅)되었다. 이자의는 선종의 후비인 원신궁주 이씨와 남매간으로 원신궁주의 아들 한산후 왕윤(王昀)을 왕위에 앉히려 하다 실패해 죽음을 맞은 것이다. 그런데 이자의가 이러한 선택을 한 것을 보면 미묘한 상황이 당시에 있었던 듯하다. 그것은 이자의의 다음과 같은 말에서 찾을 수 있다.

주상께서 병이 있어 아침저녁으로 보전하기 어려우니, 외부에서 왕위를 엿보는 자가 있을 것이다. 너희들은 마땅히 온 힘을 다하여 한산후를 받들어 왕위가 다른 사람에게 돌아가는 것을 허락하지 말라.

이자의는 자신이 모은 무뢰용사들을 선동하면서 활쏘기 등을 일삼고 모반을 획책했다. 이러한 그의 움직임은 계림공에게 포착되었고, 명복궁에 있던 계림공 즉 숙종은 평장사 소태보를 설득하고 소태보 등은 상장군 왕국모 등에게 입궐 호위를 하라 했다. 결국 이자의는 선정문에서 참수되고 일당 17명이 처형되었으며, 평장사 이자위와 사천소감 황충현 등 50여 명이 남쪽으로 유배되었다. 여기에 더해 그 처자들은 양계 주진의 노비로 삼았다. 또한 숙종 초에는 이자의의 집권 시 가장 큰 혜택을 받았을 원신궁주 이씨와 한산후 왕윤을 경원군으로 보냈다.

헌종은 계림공이 이자의의 난으로 명실상부하게 병권 등을 장악하자 중서령으로 높였다. 소태보는 특진 수사도 판이부사가 되었고, 왕국모는 우복야 참지정사 판병부사 주국이 되었다가 판도병마사가 되었다. 계림공의 천하가 된 셈이었다.

이후 헌종과 사숙태후는 보이지 않는 압박을 받을 수밖에 없었다. 그리고 10월 기사일(7)에 헌종은 제서(制書)를 내려 숙부 계림공에게 선양함을 알렸다. 그 이유로 쓴 것은 다음과 같았다.

첫째, 유충(幼沖)하다.

둘째, 병을 앓고 있다[病羸].

셋째, 왕권을 쓰는 데 능하지 못하다.

넷째, 사민(士民)의 바람에 부응하지 못하고 있다.

다섯째, 역모가 일어나 여러 차례 내침에 이르고 있다.

여섯째, 덕이 부족하다.

사실 이는 태후와 종실, 그리고 어진 신하들이 힘을 모아 헌종이 장성할 때까지 보좌하면 될 일이었다. 그렇지만 이런 결정을 내릴 수밖에 없었던 것은 헌종과 그를 대신해 섭정한 사숙태후 입장에서 볼 때 이미 천하대세는 바꿀 수 없음을 알았기 때문일 것이다. 결국 헌종은 근신 김덕조(金德釣) 등으로 하여금 계림공을 종저(宗邸)에서 맞이해 오도록 하고 선위하였다.

이로써 헌종의 시대는 짧게 마무리되었다. 헌종은 왕위에서 물러난 뒤 후궁에서 기거하였다. 그 후 1097년(숙종 2) 윤2월 갑진일(19) 죽기 전까지 선종이 군주가 되기 전 살았던 흥성궁(興盛宮)에서 생활했다. 나이 14살이었다. 시호는 '회상(懷殤)'이라 하여 일찍 죽음을 마음에 담다라는 의미를 부여했다. 이 시호는 1105년(예종 즉위년) 11월에 '공상(恭殤)'으로 고쳐졌는데, 삼가 일찍 죽었다는 뜻이 담긴 것이었다. 묘호는 숙종 대에 정해지지 않았고,

능호는 '은릉(隱陵)'이라 하였다. '은'은 숨어 있는 이나 감춰지다, 혹은 세속을 떠나 있음 등의 의미였다. 묘호는 1105년 11월 '헌종(獻宗)'이라 했다. 그 이전에는 '시호+대왕' 칭호로 '회상대왕'이라 하였다. '헌종'이라는 묘호에는 아무래도 왕위를 물려주고 물러난 군주라는 의미가 있었다.

이처럼 시호와 묘호 등은 예종이 즉위하면서 다시금 새롭게 정하였지만 중요한 의례적 요소는 기록에 없다. 즉, 고려 왕조에서 최초로 묘정에 배향되는 체협공신이 정해지지 않은 것이다. 이는 명분상 헌종 재위 기간은 인정하더라도 실제로는 헌종을 인정하지 않겠다는 숙종 및 예종 그리고 그 후대 왕실의 시각이 반영된 결과였다.

한편 헌종의 죽음이 사실 그대로 기록되었을까라는 의문이 있을 수밖에 없다. 사료에서는 1097년(숙종 2) 윤2월 갑진일(19)에 죽은 전왕 헌종을 3월 경신일(6)에 은릉에 장사 지낸 것이 확인된다. 헌종은 유언을 남겨 쇠약해진 몸을 요양하다 죽음에 이르렀으며 장례를 검약하게 하되 거란에는 상사를 알리지 말라 하였다. 이에 숙종은 헌종의 죽음 관련 고애사를 보내지 않았다고 기록되어 있다.

거란에서는 헌종의 죽음과 그를 이은 숙종의 즉위를 받아들여 1097년(숙종 2) 12월 책봉사를 보내 숙종에 대해 특진 검교태위 겸 중서령 상주국 고려국왕(特進檢校太尉兼中書令上柱國高麗國王) 식읍 1,000호(戶), 식실봉 700호로 책봉했다. 다만 헌종 책봉 때 식읍 7,000호, 식실봉 700호였음을 고려하면 거란 측에서도 왕위계승에 무언가 의구심을 가졌다 여겨진다.

숙종의 책봉으로 헌종의 시대는 완전히 마무리되었다. 이제현의 다음과 같은 사찬은 어린 군주와 태후가 있을 때 어진 종실과 재상의 보좌를 받지 않으면 어려운 지경에 이를 수밖에 없음을 경계한 일침이었다.

> 종친 중에 주공(周公) 같은 이나 신하 중에 박륙(博陸) 같은 이에게 위임하여 국정을 돕도록 하지 못한다면, 그 위태롭고 어지러움이 발돋움하고 기

다릴 것이다. 후세에 불행하게도 강보에 싸인 아이에게 중대하고 어려운 일을 맡기려 한다면 이로써 경계 삼는 것이 좋을 것이다.

4) 숙종의 즉위와 10년간의 천하 운영

(1) 왕실 부흥의 운명을 띤 숙종의 즉위

숙종(肅宗, 1054~1105)은 1054년(문종 8) 7월 을축일(28)에 태어났다. 모후는 순종이나 선종과 마찬가지로 인예태후이다. 『고려사』 문종 8년 7월 을축일 기사에는 이름을 '옹(顒)'이라 지었다 하고 있으나 실제 문종이 지어 내린 이름은 '희(熙)'였다. 빛나다, 넓다 등의 의미가 있다. 순종은 '휴(烋)', 선종은 '증(烝)', 대각국사는 '후(煦)'로, 이들 형제 이름에는 '화(火)'에 해당하는 '灬'가 들어간 것이 특징이다. 다만 인예태후 소생 아들 10명이 모두 그렇진 않다.

이러한 숙종의 이름이 바뀐 것은 1101년(숙종 6) 3월이었다. 거란 도종의 손자 천조제(天祚帝)가 1101년 즉위하자 천조제의 이름인 야율연희(耶律延禧)의 '희'와 음이 같다 하여 '옹'으로 바꾼 것이다. '옹'은 공경하다, 우러러보다라는 뜻이 있다. 숙종은 이에 따라 태묘와 8릉에 고하였고, 군신들은 표문을 올려 개명한 것에 대해 하례하였다.

그리고 태어난 날인 7월 28일에 대해 절호를 정해 신성한 왕을 상징하는 의미를 부여했다. 1096년(숙종 1) 정월에 생신을 '대원절(大元節)'이라 한 것이다. 문종은 '성평절(成平節)', 순종은 '장흥절(長興節)', 선종은 '천원절(天元節)'이라 한 바 있었다. 선종과 숙종의 절호가 겹치는 면이 있다. 일단은 '원(元)'인데 으뜸이나 근본 등을 뜻한다. '천(天)'이나 '대(大)'의 경우 크고 넓다는 의미이므로 '대원'은 결국 큰 근원 혹은 큰 시작이라 할 수 있다. 선종이나 숙종의 경우 본래 적자로서 왕위에 오른 군주가 아니기 때문이다. 후일 의천이 쓴 글에 '천성절(天成節)'이 나오는데 숙종 자신이 바꾼 절호라 이해된다.

자호는 '천상(天常)'이라 했다. 이는 하늘이 정한 인륜 및 인·의·예·지·

신 오상(五常)의 도라는 의미가 있었다. 부왕인 문종이 자호를 이렇게 정한 데에는 분명 뜻한 바가 있었을 것이다. 특히 순종의 자호가 '의공(義恭)'인 것과 비교하면 숙종의 '천상'은 선종의 '계천(繼天)'과 맥락이 닿는다. 새로운 천하라는 의미가 내포되어 있다고 여겨지기 때문이다.

숙종의 성품과 자질에 대해서는 어려서는 총명하고 지혜로웠고 커서는 효와 공경, 근검을 갖췄다고 했다. 게다가 뜻이 크고 과단성이 있었다. 종실로서는 드물게 오경자사(五經子史)를 두루 읽었다. 이를 본 문종은 숙종에 대해 아버지로서 다음과 같은 말을 했다.

후에 왕실을 부흥시킬 자가 바로 너다.

문종이 실제로 이 같은 말을 했을 가능성은 있지만 태자인 순종이 있고 형인 선종이 있는 상황에서 이 말은 미묘한 파장을 가져올 수 있었다. 숙종에게 하늘의 뜻으로 용비할 수 있다는 기대감을 주기 때문이다. 반대로 이 표현은 나중에 『숙종실록』을 쓴 사관이 그럴듯하게 넣은 것이라고도 볼 수 있다. 숙종 즉위의 합리화를 위한 차원에서 말이다.

1065년(문종 19) 2월 숙종은 12살의 나이에 계림후(鷄林侯)로 책봉되었다. 이어 1077년(문종 31) 3월에는 계림공으로 작위가 올랐다. 1092년(선종 9) 8월 서경 행차를 호종하였는데 이때 모후인 인예태후가 동행했다가 서경에서 죽었다. 이러한 상황임에도 사관은 숙종이 선종의 서경 행차를 호종할 때 상서로운 기운이라 할 자운(紫雲)이 막사 위를 둘러 사람들이 이를 왕이 될 조짐이라 했다는 기록을 남겼다. 형인 선종이 '이약시(飴藥詩)'를 지을 정도로 건강에 대한 자신이 없었던 상황, 서경에서 모후 인예태후의 죽음이 있었던 때에 왕이 될 조짐을 언급한 것은 숙종이 즉위하였기에 쓸 수 있는 내용이더라도 도덕적으로는 적절치 않았다.

숙종은 1095년(헌종 1) 7월 원신궁주 이씨의 오빠인 이자의가 한산후 왕윤

(王昀)을 추대하려는 모반을 획책했다 하여 이들을 제거했다. 이자의의 난이 이것이다. 이를 진압하면서 병권을 장악한 숙종은 헌종의 선양을 사양하다가 결국 수용해 중광전에서 즉위했다. 42세의 나이였다.

숙종의 후비로는 아주 드물게 명의태후(明懿太后) 류씨(柳氏)만 있었다. 명의태후는 정주(貞州) 출신 문하시중 류홍(柳洪)의 딸로 즉위 전에 혼인했다. 숙종은 문종 이후 왕실혼에서 일반적으로 이뤄진 경원 이씨가와의 혼인도 하지 않았다. 계림공으로서 왕실을 다시 일으키려고 의도적으로 그러했는지는 알 수 없으나 즉위하기 전이라면 몰라도 즉위 후에는 후비를 더 두어 왕실 구성원을 늘릴 필요가 있었다. 다만 숙종과 명의태후 사이에는 예종을 비롯해 7남 4녀가 있어 후사 문제는 걱정이 없었다고 여겨진다. 상당후(上黨侯) 왕필(王佖), 원명국사(圓明國師) 왕징엄(王澄儼), 대방공(帶方公) 왕보(王俌), 대원공(大原公) 왕효(王俲), 제안공(齊安公) 왕서(王偦), 통의후(通義侯) 왕교(王僑) 및 대령궁주(大寧宮主), 흥수궁주(興壽宮主), 안수궁주(安壽宮主), 복녕궁주(福寧宮主)가 자녀들이었다.

명의태후의 지위 변화는 호칭 등에서 확인된다. 명복궁주였다가 연덕궁주로 고쳤으며, 1099년(숙종 4) 3월 왕비로 책봉되었다. 1105년(예종 즉위년) 10월에는 왕태후가 되었다. 그런데 1108년(예종 3) 정월에도 왕태후로 책봉했다는 기사가 있다. 다만 명의태후의 죽음 후 예종이 시호를 올리는 책문을 쓰도록 했는데 그 글 중 '왕태후로 계신 8년 동안'이라는 표현이 있는 것을 보면 1105년 10월 왕태후 책봉이 정확하다. 1108년 정월 및 2월의 책봉은 즉위년 기사가 실수로 옮겨진 것이라 이해할 수 있다. 혹은 즉위년 10월 왕태후로 삼고 실제 책봉은 3년상 기간이 지난 1108년 정월에 행한 것으로도 볼 수 있다.

즉위년에 태후 궁을 '천화전(天和殿)', 부를 '숭명부(崇明府)', 생일을 '지원절(至元節)'이라 하여 높였던 것도 확인된다. 천화전이나 숭명부, 지원절 등의 명칭을 보면 예종이 왕태후를 얼마나 높이고자 했는지가 보인다. 이는 동시에 제왕으로서 예종의 위상을 뜻하는 것이기도 했다. 또한 1106년(예종 1) 정월에는 양계·3경·3도호·8목에서 정월 초하루 및 동지, 지원절마다 태후궁인 곤성전에 표를 올려 하례하는 것을 항식으로 정하기도 했다.

태후는 1112년(예종 7) 7월에 죽어 숭릉(崇陵)에 모셔졌다. 시호는 '명의(明懿)'라 했다. 명의태후의 시호에 대한 설명이 시호를 올리는 책문에 보여 참고가 된다. 즉, 선견지명을 갖춘 것을 '명(明)'이라 하고 온화하고 성스러운 것을 '의(懿)'라 하여 이로써 정한 것이라 했다. 명의태후의 상사가 알려지자 거란에서는 사신을 보내 조문하고 제사를 올린 것이 확인된다. 고려 태후의 상사에 대한 조문과 제사는 처음 있는 일이었다.

(2) 이자의의 난과 헌종의 선위 명분 만들기

숙종은 즉위 후 상당히 긴장했을 것이다. 헌종이 제서를 내려 "대숙(大叔) 계림공(鷄林公)은 역수(曆數)를 몸에 지니고 있고 신인(神人)이 손을 빌려줄 것이므로 너희가 그를 받들어 대업을 잇도록 하라"라고는 했지만 이러한 내용이야 얼마든지 임의로 만들 수 있는 문구였다. 따라서 헌종이 실제로 도덕적 하자 없이 이를 행한 것이라는 절차상의 증명이 필요했다.

사실 이러한 과정이 요구된 데에는 이전의 사건이 큰 영향을 끼쳤다. 목종이 김치양의 난 이후 강조에 의해 폐위되고 현종이 즉위했을 때 거란 성종은 목종 폐위와 죽음의 의심스러움을 빌미로 고려를 침략한 바 있었다. 거란 입장에서는 목종의 책봉에 따라 소위 상대국을 지켜 주는 '자소(字小)'를 행한 것이었다. 그렇지만 고려 입장에서 이는 간섭이자 침략이었다. 이로 인해 궁궐이 불타고 국토가 유린되었으며 백성이 도탄에 빠진 데다가 현종은 나주까지 남행하고 돌아와야 했다. 숙종은 이러한 역사를 잘 알고 있었을 것이다. 이러한 상황을 피하려면 즉위 명분을 만들어야 했다.

여기서 가장 중요한 것은 어린 헌종과 사숙태후의 협조였다. 혹시라도 거란 측에서 문제 삼을 수 있기에 이들을 함부로 제거할 수 없었다. 다행히도 사숙태후의 협조가 있었던 듯하다. 그 과정을 간단하게 보면, 1095년(숙종 즉위년) 10월 기사일(7)에 헌종이 선위한다는 제를 내렸고, 이튿날 숙종은 중광전에서 즉위했으며, 원신궁주 이씨와 한산후 형제를 경원군에 유배했다. 그리고 또 다음 날 곧바로 윤관과 임의를 거란에 파견해 헌종의 양위 표문과 숙종 자신의 즉위 표문을 보냈다. 아주 신속하게 이 과정을 진행함으로써 일차적으로는 즉위 관련 잡음이 없도록 했고 헌종과 사숙태후를 보호, 감시했다. 숙종은 이들을 선종이 즉위 전 거처로 삼았던 홍성궁에서 생활하게 했다.

그리고 1095년(숙종 즉위년) 11월 기미일(27) 거란에서 전왕인 헌종의 생일 축하사를 보내오자 이를 대신 맞이하고 12월 기사일(7) 돌아가는 거란 사신 편에 헌종의 이름으로 표문을 보냈다. 그 내용 중에는 헌종 자신이 병약한 체질인 데다가 중책을 맡다 보니 질병이 심해져 보고 듣기나 거동이 어려워졌으므로 가까운 친척[骨親]에게 정사를 맡긴 뒤 이를 이미 거란 조정에 알렸다고 했다. 숙종도 함께 표문을 올려 같은 내용을 전했다. 군주인 헌종 왕욱이 병석에 있어 기동도 못 해 직접 생일축하사를 맞이할 수 없어 숙종 자신이 조서와 물품을 대신 받아 전달했다는 것이었다.

거란에서 헌종의 양위와 숙종 즉위를 인정하는 회조(回詔)를 10월 사신으로 갔다 돌아오는 임의의 편에 보내왔다. 헌종의 숙환으로 인한 양위와 숙종의 임시 국정 책임을 우선 허락한다는 요지였다. 임시 국정 책임 즉 '권지(權知)'는 책봉을 받으면 해결되는 것이었으므로 일차 관문은 넘어선 셈이었다. 그리고 2차 관문인 의심의 완전 해소는 조금 시간이 걸렸다. 그 과정에서 숙종은 1096년(숙종 1) 2월 사은사 겸 고주사를 파견해 생일 축하에 대해 감사를 전했다. 그리고 헌종 명의로 헌종 자신에 대한 기복과 책봉을 모두 면제해 준 것에 감사를 표하고 국왕의 자리를 거둬 달라는 표문을 보냈다. 그럼에도 불구하고 거란에서는 12월 정사일(2) 생일축하사를 보내 전왕 헌종의 생일을 축하했다. 의심이 완전히 걷힌 것은 아니라는 뜻이었다. 그리고 1097년(숙종 2) 정월에 전왕에게 횡선사를 보내 칙서를 전하여 중책을 거두는 뜻을 알렸다. 이는 곧 숙종의 책봉이 임박했다는 뜻이었다.

그런데 이즈음 공교롭게도 홍성궁에 나가 살던 헌종이 죽었다. 1097년(숙종 2) 윤2월 갑진일(19)의 일이었다. 숙종은 죽기 전 헌종이 유언을 남겨 거란에 알려 번거롭게 하지 말라 하였다는 글을 거란 동경병마도부서에 보냈다. 형식적인 과정을 지킨 것이었다. 이어 같은 해 12월 계사일(13) 권지고려국왕으로 있던 숙종은 마침내 특진검교태위 겸 중서령 상주국 고려국왕(特進檢校太尉兼中書令上柱國高麗國王) 식읍 1,000호, 식실봉 700호로 책봉을 받기에 이르렀다. 마지막 관문을 넘은 것이다.

이자의의 난이야 한산후 왕윤 추대를 위해 행한 것이라 하더라도 이를 계기로 숙종이 집권하고 헌종의 양위를 받아 낸 것, 그 이후 거란 측에 전왕과 함께 표문을 지속적으로 보낸 것, 책봉 가능성이 99%로 높아졌을 때 헌종이 홍성궁에서 죽은 것이 확인되었다. 숙종의 즉위와 책봉 과정에 어쩔 수 없는 우연이 겹치다 보니 헌종의 죽음과 관련해 숙종에게 가는 의심을 피하기 어려운 면이 있다. 이 때문인지 선종 대 헌종 관련 기록에 태자라 하기보다는 '원자(元子)'라 낮춘 것이 확인되며, 헌종 사후 묘호를 정하지 않기도 했다. 성공한 쿠데타 즉 혁명을 통해 새로운 숙종 천하를 연 것이라 여겨지는 면이다.

(3) 새로운 정치의 시작과 해동통보, 활구의 유통

즉위하면서 숙종은 왕실 종친 달래기와 이자의의 난 진압 및 즉위에 공을 세운 신하들에 대한 상훈에 착수했다. 당연한 일이었지만 혹시라도 공로에 비해 상이 적으면 불만과 함께 또 다른 난의 발생으로 이어질 수 있기에 공정하게 평가하는 것 이상으로 상을 주어야 했다. 1095년(숙종 즉위년) 10월 경진일(18)의 기록에 "등급을 뛰어넘어 벼슬을 옮긴 사람이 수백 명이며 공인·상인·천인[工商皂隸]도 등급을 뛰어넘어 현직(顯職)을 받았으나 유사에서 감히 말하지 못했다"라고 한 것은 당시 상황을 잘 표현해 준다.

게다가 같은 해(1095)에 조서를 내려 현직으로 4품 이상 및 치사(致仕)한 관원의 경우 호당(戶當) 아들 1명에게 작(爵)을 주도록 하여 음서의 은택을 내렸다. 태조 후손 및 삼한공신의 내외손으로 관직이 없는 자는 호마다 1명의 입사(入仕)를 허락하는 한편 현종 대 공신 하공진과 송국화 및 1010년(현종 1) 거란에 억류되었던 정사와 부사의 자손 1명씩의 입사도 허락했다. 모두 음서의 폭을 넓힌 셈이었다. 더불어 즉위년에 한정하였지만 이해의 조세를 면제해 주기도 했다.

이러한 조치는 승진자 및 입사자의 증가를 뜻했다. 재정이 허락되고, 관직이 충분하다면 이는 군주의 입장에서 충분히 활용할 수 있는 정책이었다. 다만 갑작스럽게 늘어난 관원들은 서로에 대해 잘 모르는 데다가 상하 위계질서에 따른 예를 어떻게 해야 할지 어려웠다. 이는 사실 조정의 위계질서를 세우는 일과 통했다. 결국 숙종은 관원들이 조회 때나 등청 때 행하는 소위 인사법을 정해 그에 따라 예를 행하도록 했다. 이것이 1097년(숙종 2) 5월 정한 참상(叅上)·참외(叅外)·인리(人吏)·장고(掌固)가 재추(宰樞)를 알현하는 의례와 인리·장고가 참상·참외를 알현하는 의례였다. 인리와 장고는 중앙 및 지방의 이속(吏屬)을 말한다.

이 알현 의례는 문안 즉 기거(起居)를 행하고 읍례(揖禮)를 하며 공경스러운 인사[唱喏]를 행하는 것이었다. 관직에서 공무를 보면서 상하가 이러한 예를 갖추는 것은 결과적으로 상하의 위계를 세우는 것이 되었고, 나아가 위아래의 차이를 인식하게 하는 장치가 되었다.

또한 11월에는 즉위를 기념하여 대사(大赦)와 함께 명산대천에 덕호(德號)를 더하고 80세 이상 노인 및 환과고독 등 사회적 약자에게 잔치를 베풀면서 물품을 하사했다. 각색 군인에게도 쌀과 포를 차등 있게 내렸다. 이는 백성들에게 숙종의 즉위로 인한 은덕을 가시화하는 국가적 비용이었다. 신민들의 입장에서는 군주가 바뀌면서 음식과 물품 등을 받는 기회가 되었다.

1095년(숙종 즉위년) 11월 병오일(14) 고려 전체에 숙종의 즉위를 알릴 수 있는 또 다른 행사가 곧 이어졌다. 바로 팔관회였다. 이때 양계 및 3경, 3도호, 8목 등의 지방에서 숙종의 성덕을 찬양하고 성수만세를 담은 축하 표문을 작성해 올리도록 되어 있었다. 숙종은 즉위 후 이러한 기회를 놓치지 않았을 것이다. 팔관회는 계림공이 아닌 고려의 제왕 숙종이 신봉루에 올라 천하의 하례를 받는 자리가 되기 때문이었다. 그만큼 중요했다.

숙종 주도의 태조 후손 및 공신 자손, 4품 이상 관원 및 치사 관원의 자손 등에 대한 입사 허락은 80세 이상 노인과 환과고독, 각색 군인 등에게 물품을 내리는 것과 함께 큰 은혜를 내려 교화를 꾀하는 혜화의 정치 중 하나였다. 물론 그 이면에는 막 출발한 숙종 정권에 대한 부정적 인식을 불식시키고 통합을 꾀하려는 목적이 있었을 것이나 숙종의 이 조치는 일단은 성공을 거두고 있었다.

한편 숙종은 송과 거란 등을 다니면서 국제 정세와 경제 상황에 밝은 동생 대각국사 의천의 견해에 주목했다. 의천은 '주전건의상소(鑄錢建議上訴)'를 지어 화폐 유통론을 폈다. 용전(用錢)의 장점에 대해 첫째, 교환과 운반에 편리한 점, 둘째, 쌀과 포의 특성으로 인한 수취 및 교환의 부정을 막을 수 있다는 점, 셋째, 신료들에게 나눠 줄 녹미(祿米) 독촉으로 피해를 입는 빈민 보호가 가능하다는 점, 넷째, 미곡 저축으로 흉년 대비가 가능하다는 점 등

사진 14 숙종 대 주전도감에서 주조한 동전과 활구(왼쪽부터 해동통보, 삼한중보, 활구)

을 들었다.

숙종은 의천의 건의를 살펴보도록 하고 그 실시에 대해 자신감을 가졌다. 이는 1097년(숙종 2) 12월 교서에 나타난다. 여기서 숙종은 소박하고 간소한 것이 고려의 풍속이었지만 문종 대에 이르러 문물 예악이 융성해졌다 했다. 이는 물자와 문물 등 유통이 활발해졌다는 뜻이기도 했다. 즉 문종 대의 태평성대와 산업 번영은 동전 유통을 통해 충분히 더 나아갈 수 있다는 진단을 내린 것이다. 이에 숙종은 주전(鑄錢)하는 관청을 세워 동전의 유통을 추진하라 했다. 성종 대 이래 다시금 화폐 유통이 개시된 셈이었다.

숙종은 곧바로 주전도감(鑄錢都監)을 설치하고 동전을 만들어 유통시켰다. 그리고 1101년(숙종 6) 4월의 기록을 보면 주전도감에서 나라 사람들이 동전 사용의 이로움을 알게 된 것을 종묘에 고하자 했다. 숙종은 여기서 더 나아가 고액 화폐를 새로 만들었다. 은 1근으로 나라의 지형을 본떠 만든 은병(銀瓶) 즉 활구(闊口)였다. 그만큼 화폐 유통이 활발해졌다는 의미이기도 했다.

하지만 이때는 화폐를 주조하는 규정인 고주법(鼓鑄法)이 없었다. 동전의 경우도 그렇지만 고액 화폐인 은병은 위폐 주조 유혹의 대상이 될 수밖에 없었다. 1101년(숙종 6) 6월의 조서에 간사한 백성이 구리를 섞은 은병을 몰래 주조해 유통시키고 있다는 지적이 나온 것이 이를 말해 준다. 이에 대한 숙종의 첫째 대책은 활구에 도장으로 검인(檢印) 표시를 하도록 한 것과 이를 어긴 자에 대한 중죄 처벌이었다.

그리고 여기에 더해 화폐 주조 규정이라 할 고주법을 1102년(숙종 7) 12월에 제서를 내려 제정했다. 고주법에 근거해 동전을 제조하고 그 유통을 위해 다각도로 노력하자는 내용이었다. 기록은 다음과 같다.

이제 처음으로 화폐를 주조하는[鼓鑄] 법을 제정하니, 이에 따라 주조한 전(錢) 15,000관(貫)을 재추(宰樞)와 문무양반(文武兩班) 및 군인에게 나누어 하사해 화폐 사용의 시작점[權輿]으로 삼을 것이며, 동전에 새길 문자는 해동통보(海東通寶)로 할 것이다. 또 처음으로 전폐를 사용하게 되었음을 태묘(太廟)에 고할 것이며, 이어서 개경에 좌우(左右) 주무(酒務)를 설치하고 또한 거리 양쪽에 존비(尊卑)에 상관없이 각각 점포를 설치하여 철전(鐵錢)을 사용하는 이로움을 일으키게 하라.

이같이 철전 즉 화폐 사용의 이로움과 편리함에 대한 숙종의 이해는 상당히 높았다. 그러나 실제 유통을 위해서는 위아래 신민 모두가 이를 사용할 수 있어야 했다. 상황은 숙종의 의도와는 달리 상당히 지지부진했다. 개경이나 서경과 같은 대도시의 경우 물산이 모이고 흩어지는 속도가 상당히 빨라 화폐 사용이 잘 이루어질 수 있었으나 지방이나 일반 백성의 경우는 달랐다.

1104년(숙종 9) 7월의 기록을 보면 관련 상황이 보인다. 즉 이때 숙종은 주현에 명해 철전을 이용하여 미곡을 내 술과 음식을 파는 점포를 열도록 하고 일반민의 무역을 허락했다. 1101년(숙종 6)의 조치가 있었음에도 화폐 유통이 그리 활발하지 않은 때문이었다. 더구나 윤관(尹瓘)처럼 용전론에 적극 찬성하는 이들이 있긴 했으나 대신 중 일부는 이에 대해 반대했다. 곽상(郭尙)이 대표적이었다. 그는 선종의 병상을 끝까지 지키면서 숙종이 병문안을 오자 선종의 부름이 없으므로 입직할 수 없다고 하여 강직함을 드러낸 이였다. 그로 인해 오히려 훗날 숙종의 신뢰를 받기도 했다. 곽상은 철전 사용이 풍속에 합당하지 않다 한 것이다.

더 구체적인 내용을 보면 1106년(예종 1) 중외 신료들이 전폐 사용의 불편함에 대해 의견을 올리자 예종은 반박 조서를 내린 바 있었다. 반대론자들은 태조 유훈 중 당과 거란의 풍속을 쓰지 말라는 내용을 근거로 전폐 사용을 반대했다. 이는 곽상의 견해와 같은 맥락이기도 했다. 하지만 예종은 숙종의 전법(錢法) 시행이 재화를 늘리려 한 것도 아니고 부국편민(富國便民)을 위해서 취한 것인 데다가 화려하고 사치한 중국 문물 수용이 아니기에 이를 취하는 것이 타당하다 했다. 그러나 긍정론과 부정론의 충돌이 지속되었다는 것은 그만큼 화폐의 전면적, 전격적 사용에는 한계가 있었음을 뜻한다.

숙종의 주전도감 운영과 화폐 사용, 그리고 고주법의 제정과 전법 운영론은 일반론적으로는 시대상 타당하고 필요한 정책이었다. 나라를 부유하게 하고 백성에게 이익을 줄 수 있는 정책임은 분명했다. 숙종 대 재정위기가 닥쳐 이를 타개할 목적에서 화폐를 발행, 유통시킨 것도, 이를 통해 숙종이 왕권을 더욱 강화하고자 한 것도 아니었다. 이미 숙종은 자신의 뜻대로 정국 운영이 가능했기 때문이다.

거란의 책봉과 송으로부터의 왕위계승 인정은 숙종의 왕권을 인정한 것이었고, 이후 남경 건설을 추진해 성과를 보기도 했다. 또한 아직은 여진 문제로 숙종의 왕권이 위태로운 상황도 아니었다. 그렇다면 숙종의 주전과 그 유통 정책은 말 그대로 문종의 문물 예악의 흥성을 계승하고 송과 거란에서 행해지는 화폐 유통의 편리함과 이익 됨을 수용한 것이라 할 수 있다. 또한 그것이 당시 고려-거란-송 간 글로벌 경제의 중요한 축이라 보았기 때문이었다. 다만 현대사회의 기축통화나 국제통화기금 같은 국제적 화폐-물가 조절 기구나 수단이 없는 상황에서 현물을 기준으로 각기 다른 화폐를 쓰는 것은 여러 면에서 위험성이 있는 것도 사실이었다.

(4) 고려삼경론과 남경 개창의 함정

숙종 대 추진된 또 하나의 대규모 정책은 남경 건설이었다. 고려는 사실 서경과 동경을 운영하고 있었다. 현종은 동경에 대해 경주방어사 및 안동대도호부로 강등 및 개칭하였다가 풍수도참가인 예방(銳方)이 올린 『삼한회토기(三韓會土記)』에 '고려삼경(高麗三京)'이라는 문구가 있음을 근거로 다시 동경을 설치했다. 다만 동경은 신라의 금성이긴 했으나 거리가 있는 데다가 태조가 서경을 중요시한 면 등이 반영되어 고려 군주의 행차가 거의 없었다.

그런데 이후 현종이 즉위 전 거처했던 삼각산 신혈사에 대한 관심이 높아졌다. 1036년(정종 2) 3월 및 1051년(문종 5) 10월 왕이 삼각산에 행차한 기록이 보인다. 이는 현종이 있었던 신혈사에 참배하려는 목적이었을 것이다. 당시 현종 추숭은 왕실 신성화와 연결되고 있었기 때문이기도 했다. 이러한 관심은 풍수지리로 이어져 삼각산 일대를 성지로 만들려 했을 가능성이 있다. 이는 풍수도참가들이 자신들의 뜻을 펼칠 기회였다.

이에 문종은 1067년(문종 21) 및 1068년(문종 22)에 남경(南京)을 두고 신궁을 세웠으며 남경유수사를 설치했다. 구체적으로는 서경이나 동경유수사에 준하여 관제를 정했다. 현종 대와 또 다른 '고려삼경'을 완성한 것이다. 하지만 이와 관련한 풍수도참 비기 기록은 없고, 문종의 남경 행차나 직접 경영 등 더 이상의 기록은 보이지 않는다. 이처럼 왕실의 직접적인 관심은 당시 의외로 크지 않았던 듯하다. 이것이 지속되면 사실 남경과 남경 신궁은 쇠락할 수 있었다.

그렇지만 선종이 왕태후를 받들고 다시 삼각산에 행차하면서 반전의 기회가 찾아왔다. 1090년(선종 7) 10월의 일이었다. 선종과 왕태후의 행차는 승가굴과 장의사(藏義寺), 인수사(仁壽寺), 신혈사에서의 오백나한재 참석으로 이어졌다. 15일간의 행차를 마친 뒤 11월 신유일(1) 개경으로 돌아왔다. 이때 선종의 행차에 대해 남경이 아닌 삼각산에 행차했다 한 점을 유의할 필요가 있다. 그만큼 남경 인식이 약해졌다는 것을 보여 주기 때문이다. 한편 이때 계림공이었던 숙종도 호종했을 가능성이 있다.

숙종은 즉위 후 문종이 시작한 남경 경영에 다시 관심을 가졌다. 그리하여 자신도 다녀왔을 남경에 대해 다시 알아보고자 했다. 이를 위해 숙종은 풍수도참에 능한 이들 및 일자(日者), 사천대, 재추에게 논의토록 했을 것이다. 찬반이 당연히 있었을 것인데 여기서 주목할 주제는 풍수도참에 근거한 '고려삼경'론으로, 숙종 및 예종 시기 대표적 풍수가라 할 김위제(金謂磾)의 견해였다. 그는 1096년(숙종 1) 7월 무렵 『도선기(道詵記)』와 「도선답산가(道詵踏山歌)」, 「삼각산명당기(三角山明堂記)」, 「신지비사(神誌秘詞)」 등을 인용해 남경 건설과 천도를 건의했다. 이들 인용서의 공통점은 결국 삼경 건설과 남경 순주를 하게 되면 왕실이 번창하고 온 천하의 조공 등이 이어질 것이라는 도참적 내용이었다. 즉 새로운 천하 경영이 가능하다는 인식의 표현이었던 것이다. 숙종의 입장에서 문종의 뜻을 계승하고 풍수도참에 따른 삼경제를 갖추는 데에 이를 토대로 새로운 천하를 만들 수 있다는 명분은 중요했다.

일자 문상(文象)도 이에 동감했다. 논의가 이렇게 흐르자 왕실 번창과 더 큰 천하에 대한 야심이 있었던 숙종은 직접 살펴보기로 했다. 1099년(숙종 4) 9월 재신과 일관에게 양주에 남경을 세우는 문제를 논의하게 한 뒤 같은 달 정묘일(28) 삼각산에 왕비와 원자, 우세승통(祐世僧通)과 함께 행차했다.

우세승통은 세상을 도우러 온 승통이라는 의미로 문종이 지어 준 대각국사 의천의 호이다. 그는 해인사에 있다가 숙종 즉위 후 흥왕사 주지가 되었는데, 이때 의천의 삼각산 호종은 남경 건설에 대한 자문 목적도 있었다 여겨진다. 그는 흥왕사에 있으면서 원효와 의상의 추존에 기여했을 것이다. 1101년(숙종 6) 8월 원효와 의상은 동방의 성인(聖人)이라 하면서 원효는 대성화쟁국사(大聖和諍國師), 의상은 대성원교국사(大聖圓敎國師)라 추증하고 비석을 세워 공덕을 기리도록 한 기록이 보인다. 이후 의천은 총지사(摠持寺)에 머물다 죽었다. 그리고 숙종은 중서문하성의 반대에도 불구하고 시호를 '대각(大覺)'이라 하고 국사(國師)로 추증했다.

1099년(숙종 4) 윤9월 을해일(6), 숙종은 양주에 머물면서 도성을 세울 땅을 찾았다. 한 달 이상을 머물면서 지세를 살펴본 것이다. 그리고 1101년(숙종 6) 9월 남경개창도감(南京開創都監)을 설치했다. 최사추와 윤관, 문상 등에게 명해 남경 지세를 살피고 그 건설을 명하였다. 같은 해 10월 최사추는 지세에 대해 보고하였는데 삼각산 면악 남쪽 지세가 좋으며 이곳에 북쪽에서 남쪽으로 향하게 지형을 따라 세워야 한다 했다. 숙종은 이를 수락하고 이 튿날 남경 창건 시작을 종묘와 사직, 산천신에게 알렸다.

여기에 더해 1102년(숙종 7) 3월 중서문하성에서 남경의 영역과 관련해 내부로는 산과 강의 형세를 쫓아 동쪽으로는 대봉(大峯, 낙산), 남쪽으로는 사리(沙里), 서쪽으로는 기봉(岐峯, 서대문 밖), 북쪽으로는 면악(面嶽, 백악)까지를 경계로 할 것을 건의하자 이를 허락했다. 그리고 마침내 1104년(숙종 9) 5월 남경 궁궐이 완공되었다. 7월에는 숙종이 직접 오연총 및 임의 등과 함께 남경을 찾았고 8월 신해일(10) 남경에 이르러 의례를 행하였다.

그런데 주목되는 점은 행차 관련 모든 일이 일관이 아뢰는 바에 따라 진행되었는데도 유사(有司)에서 감히 말하는 자가 없었다는 것이다. 이 당시 숙종의 관심은 온통 남경 건설에 있었고, 그로 인한 자신감이 충만해 있었을 것이기 때문이다. 이어 8월 갑인일(13) 남경 궁궐의 정전을 연흥전(延興殿)이라 하고 중외 백관의 조하를 받았다. 이는 해석하자면 왕업의 홍성함을 오래도록 연장한다는 뜻을 담고 있었다. 숙종의 소원하던 바가 이뤄진 기쁨은 매우 컸으리라 여겨진다. 이에 연홍전에서 잔치를 열고 신하들에게 폐백을 차등 있게 내려 주었다.

그렇지만 남경 건설 후유증이 나타나기 시작했다. 한편으로는 국도(國都) 관련 풍수도참이 더욱 유행하게 되었고 이에 따라 소위 풍수도참가들이 더욱 많아졌다. 그것은 새로운 국도 찾기와 신궁 건설의 붐을 일으켰다. 왕업 연장이나 왕실 번창, 국태민안, 천하의 조공 등은 군주의 마음을 움직이기에 충분한 키워드들이었기 때문이다.

다른 한편으로는 풍수도참론에 근거해 나라와 백성에게 실익이 없는 신궁과 신경 건설에 재정을 쏟는 것은 곤란하다는 반대론자들의 이해도 그만큼 커졌다. 또 실제로 도참 관련 발복(發福)이라는 것도 전혀 확인되는 바가 없었다는 실증적 이해를 토대로 반박하기도 했다. 이는 달리 보면 숙종의

국정 장악력이 떨어지면서 억눌려 있던 문제들이 정쟁화되며 갈등의 여지
가 생겼다는 의미였다. 이는 예종 및 인종 대 시대 문제로 넘어가게 되었고,
왕실에 큰 부담이 되었다. 마침내는 서경천도론과 묘청의 난으로 이어지게
된 것이다.

특히 숙종의 왕권에 균열이 생기기 시작했음을 알려 주는 사건의 하나
가 1103년(숙종 8) 8월 대장군 고문개와 장홍점, 이궁제 등의 모반이었다. 실
제 반란이 있기 전 발각되어 유배를 보냈지만 숙종의 입장에서는 그 이유
를 찾아야 했다. 최사추가 그 죄를 다스렸다고 기록되어 있으나 모두 남쪽
변방으로 유배 보내는 것으로 그친 것을 보아서는 실제 모반이었는지 다른
이유가 있었던 것인지 판단하기 어렵다. 그렇지만 최사추는 사건 처리 후
'보정공신(補正功臣)' 호를 받았다.

(5) 북교남사와 여진정벌론에 따른 전쟁의 일상화, 그리고 죽음

숙종의 정치에서 주목할 수 있는 또 하나의 중요한 주제는 대외 관계 문
제이다. 1101년(숙종 6) 8월 을사일(16)의 조서 내용을 보면 당시 국제 관계
상황을 알 수 있는 대목이 있다.

짐은 왕위에 오른 뒤 항상 신중하게 처신해 북쪽으로 요나라와 교린하고
남쪽으로는 송나라를 섬겨 왔는데 또 여진이 동쪽에서 세력을 떨치고 있
다. 군국(軍國)에 힘써야 할 것으로는 백성을 편안케 하는 일이 급하니 긴
급하지 않은 역을 마땅히 중지하여 백성을 안정시켜야 할 것이다.

북교남사의 외교 정책을 펴 왔음과 함께 동여진의 성장을 주시하고 있다
는 말이 보인다. 이 말에 걸맞게 숙종은 거란 즉 요의 책봉을 받았으며, 양
국은 이에 상응하여 사신단을 주고받았다. 또한 1099년(숙종 4) 4월에 요는
횡선사 편으로 대장경을 보내왔다.

송과는 국신 관계였지만 상국으로 예우하면서 문물을 수용했고, 사신을
주고받았다. 같은 해(1099) 2월 송 빈공과에 응시가 허락되었으며, 1101년(숙
종 6) 6월 오연총 등은 문종 대부터 구입을 희망했던『태평어람(太平御覽)』1천
권을 받아 왔다.『태평어람』은 송 태종의 명으로 편찬된 책으로 당시까지의
기준으로 본다면 백과사전류 즉 유서(類書) 중 가장 방대한 것이었다. 참고
로 송대 문물을 대표하는 4대서가 있었다. 시문집으로는『문원영화』, 백과
서로는『태평어람』이 있었다. 또 소설류로는『태평광기(太平廣記)』500권, 역
대 정치 관련해서는『책부원구(冊府元龜)』1,000권 등이 있었다.

1103년(숙종 8) 2월에는 인적 교류가 있었다. 송 명주 교련사 등이 입조했
고 6월에는 송의 국신사가 와 조서를 전하면서 숙종이 부탁한 의관 모개(牟
介) · 여병(呂昞) · 진이유(陳爾猷) · 범지재(范之才) 등 4명을 보내 주었다. 이들
은 흥성궁에 머물면서 의술을 가르쳤다.

그런데 문제는 동여진의 움직임이었다. 위에서 언급했듯이 여진이 위세
를 떨치기 시작했는데, 그 중심은 동여진 완안부(完顔部) 태사 영가(盈歌)가
이끄는 세력이었다. 이들 부족에서 영가의 친척을 치료한 의원은 고려로
돌아와 흑수여진의 군세가 강성해지고 있다 알렸다. 이에 숙종은 흑수여진
특히 영가 측과 사신을 통하기 시작했다. 하지만 영가가 죽은 뒤 그 조카 오
아속(烏雅束)이 추장이 되면서 고려와의 충돌이 있게 된다. 숙종은 문하시랑
평장사 임간(林幹)을 판동북면행영병마사로 임명하고 부월(鈇鉞)을 주어 출
병토록 했으나 정주성 전투에서 패했다. 이후 1104년(숙종 9) 6월 여진이 화
친을 청한다는 보고를 받자 결국 강화를 맺었다.

사실 숙종은 남경 건설을 주도하면서 도참에 따른 고려의 해동천하를 꿈
꾸었을 것이다. 하지만 임간의 패전과 여진과의 화친은 숙종의 꿈을 깨는
사건이었다. 이때 숙종이 분노해 "천지신명에게, 만약 도움을 내려 적지를
소탕하게 해 준다면 그 땅에 사원을 짓겠다"라고 빌었다는 기록이『고려사』
윤관 열전에 나온다. 곧이어 숙종은 1104년(숙종 9) 7월 남경을 찾고 이듬해

8월에는 서경을 순주했다. 현재의 시각에서는 삼경 순주론이 허황된 것이라 여겨지지만 사실 고려 시대 국도 관련 풍수도참이 유행하던 시절에는 큰 영향력이 있었다. 숙종은 삼경 순주를 위해 남경과 서경을 연이어 찾은 것이라 볼 수 있다.

숙종은 여진전에서의 패배의 치욕을 씻고 이들에 대한 정벌을 통해 자신의 왕권을 확인하려 했다. 물론 명분상으로는 변방의 안정을 되찾아 교화를 행하고 고려의 신민에게는 평화를 준다는 것이었다. 이에 1104년(숙종 9) 12월 중대한 결정을 내렸다. 그것은 여진 정벌을 위한 특수 군대의 창설이었다. 윤관의 청에 따른 별무반(別武班)의 설치가 이것이었다. 여기서 윤관은 크게 마군이라 할 수 있는 신기군(神騎軍)을 우선 편제하고 말이 없는 이들은 신보(神步)·도탕(跳盪)·경궁(梗弓)·정노(精弩)·발화(發火) 등의 군으로 삼았다.

신기군의 경우는 문무산관(文武散官)과 이서(吏胥)로부터 상고(商賈)·복예(僕隸) 및 주(州)·부(府)·군(郡)·현(縣)에 이르기까지 말을 가진 자로 구성되었다. 신보군에는 나이 20세 이상으로 과거 응시자가 아닌 자를 소속시켰다. 양반과 더불어 진부(鎭府)의 군인을 사시(四時) 훈련토록 했다. 또한 항마군(降魔軍)을 두었는데 사원 소속 승려들을 뽑아 속하게 했다. 수원승도(隨院僧徒) 중에서 선발해 여러 군에 나눠 편제했다. 수원승도는 사원에 소속되어 있으면서 노역 등의 일을 맡아보던 이들로 군현민과 같았고, 재산을 소유하기도 했다.

별무반의 편제 및 훈련은 신민에 대한 전쟁 동원령이나 마찬가지였다. 이를 통해 숙종은 실추된 왕권의 위상을 회복하려 했고, 여진 정벌에 대한 기대도 높아지게 되었다. 그리고 숙종은 여진 정벌 및 그 성공을 기대라도 하듯 1105년(숙종 10) 8월 을해일(11) 서경에 행차하였다. 그리고 서경에 체류하면서 활쏘기와 기마술 등의 훈련을 사열했다. 이때까지만 하더라도 숙종의 의도는 분명했다. 여진 정벌 개시를 위한 준비였다 보이기 때문이다. 고려와 여진 간 침략과 정벌의 반복과 일상화가 시작된 것이다.

하지만 숙종이 양경을 순주하면서 복을 빌고 사찰 등을 찾아 도량을 행해 발원하였음에도 불구하고 같은 해(1105) 9월 병진일(22) 몸이 편찮아졌고, 이튿날 서경을 출발했다. 10월 을축일(1) 증세가 심해지자 금교역에서 머물며 차도를 살피다가 병인일(2) 밤중에 다시 출발해 장평문 밖에까지 이르렀다. 하지만 궁에 들어오지 못한 채 어가 안에서 죽었다. 다만 조서를 남겨 왕태자에게 장례를 치르기 전 관 앞에서 즉위하라 하고 앞으로 장구한 계책을 강구해야 하니 상을 치르느라 몸을 해치지 말 것을 당부했다.

처음에 시신을 모신 곳은 연영전이었다. 곧 선덕전에 빈소를 차리고 국상을 준비했다. 향년 52세로 10년간 재위했다. 시호는 효치천하를 표방한 고려 왕조인 만큼 이를 반영해 정했다. '명효(明孝)'였다. 명의태후의 시호와 견줘 보면 선견지명이 있는 효자를 뜻했다. 묘호는 '숙종(肅宗)'이었다. 엄숙하고 공경하여 공을 이뤘다는 뜻이 있었다. 능호는 '영릉(英陵)'으로 정했다. 이 역시도 영명한 군주의 능이라는 뜻으로 죽은 뒤 왕조를 보살펴 주기를 염원한 것으로 여겨진다.

이제현은 사찬을 통해 숙종이 즉위한 것은 천명이요 인력으로 된 것이 아니라 하면서 '자식을 아는 데에 아버지만 한 사람이 없다'는 말을 인용해 문종 스스로도 숙종에게 왕조 부흥의 천명이 닿아 있음을 알았다 하였다. 숙종은 그만큼 계림공으로 있으면서 왕도를 닦으려 했고, 즉위해서는 그 뜻을 펼쳐 왕실 부흥을 이뤘다는 평가라 여겨진다.

숙종 묘정에 배향된 체협공신은 소태보(邵台輔), 왕국모(王國髦), 최사추(崔思諏)였다. 소태보는 이자의의 반란 때 왕국모로 하여금 숙종을 호위하게 해 공을 세웠고, 국학 폐지안을 건의하기도 했다. 협모공신(協謀功臣)의 호칭처럼 숙종의 즉위에 공을 세워 배향공신이 되었다. 왕국모 역시 마찬가지였는데, 그는 사실 1095년(숙종 즉위년) 10월에 죽었다. 1107년(예종 2) 8월에 배향되었다. 소태보가 언제 배향되었는지는 나오고 있지 않으나 같은 시기에 왕국모와 함께 이뤄졌을 가능성이 있다. 최사추는 해동공자 문헌공 최충의 손자였다. 문종 때 급제한 이래 대장군 고문개 등의 모반 사건을 다뤘고, 남경 개창에 공을 세웠다. 또한 이자겸(李資謙)·문공미(文公美)·류인저(柳仁著, ?~1113)는 최사추의 사위들로서 문벌의 성대함을 잘 보여 주었다. 1115년(예종 10) 2월에 졸하였고 1116년(예종 11) 4월 정묘일(4)에 숙종 묘정에 배향되었다.

숙종 사후 남겨진 시대 과제는 그 무게가 만만치 않았다. 앞에서 언급한 풍수도참의 유행으로 국도풍수 논란이 생겼고, 문벌이 커지고 외척이 득세하였으며, 여진 세력이 강해져 화친하기조차 어려워졌으므로 별무반을 동원해 여진 정벌에 나서야 하는 상황이었다. 한편 송과의 교류가 늘면서 문풍도 화려해져 기강이 문란해졌고, 국학 폐지론이 나올 정도로 국학 교육이 약화되었으며, 늘어난 관원과 이속 등으로 인해 조정 질서를 바로잡아야 하는 문제가 있었다. 이는 결국 예종이 해결해야 하는 숙제가 될 수밖에 없었다.

5) 23년의 세월이 남긴 시대 과제

순종부터 숙종에 이르기까지 기간은 23년밖에 되지 않는다. 사실 현종 대 이래로 형성되기 시작해 문종 대에 절정에 이르렀던 고려 왕조의 위상은 동문과 소중화, 군자국 등 문명의식이 바탕이 되어 고려의 해동천하 의식을 낳았다. 1009년(현종 즉위년)부터 문종이 죽을 때(1083)까지의 70여 년은 '수난의 서사'와 '영웅의 탄생'이라는 드라마를 보여 주었다. 거란과의 여러 차례에 걸친 전쟁을 이겨 내고 내치를 다져 부국강병을 이뤘으며, 문물과 제도를 정비해 태평성대를 만들어 냈다. 이는 고려인들의 자존의식과 자부심을 강화시킨 것이었다.

하지만 순종 즉위(1083) 후 숙종이 죽을 때(1105)까지의 기간은 여러 가지

변수가 작용하면서 위험 요소가 다수 발생했고 이는 다음 시대 과제로 이어졌다.

첫째로 왕실의 안정이 요구되었다. 왕조 사회인만큼 왕실의 안정은 무엇보다 중요하였다. 이는 일반적으로 왕위계승의 정통성과 신성성의 확보를 일차 기반으로 삼고 있었다. 그런데 문종 대 가장 체계적으로 왕태자로서의 교육과 훈련을 받았던 순종이 즉위 4개월 만에 죽고, 그를 이은 동생 선종도 11년간만 재위하였으며, 아들 헌종은 1년 재위했다. 이는 왕실의 불안을 고스란히 드러낸 것이었고, 이자의의 난(1095)과 숙종의 즉위는 그 상징적 사건이었다. 숙종이 왕실 부흥의 천명을 띠고 즉위했다고는 하지만 여전히 왕위계승의 안정을 위한 노력과 시스템 마련은 필요했다. 특히 전통적으로 종실은 왕실의 울타리 역할을 해야 했지만 다수의 강한 종실과 1명의 군주 구도는 역학 관계상 늘 문제가 있었다.

둘째는 외척과 문벌 세력의 제어였다. 둘은 다른 정치 세력이라 볼 수 있지만 현실적으로는 그렇지 않았다. 특히 경원 이씨가의 외척 지위는 압도적이었다. 이들은 과거 및 음서를 통해 관료로서도 재상 가문을 형성하는 한편 다른 재상 가문 혹은 신진 가문과의 혼인을 통해 공고한 세력을 구축했다. 과거 및 음서 등을 통해 급제자를 배출하고 재상의 반열에 오른 특정 가문도 정치 세력을 형성했다. 해주 최충 가문이 대표적이었다. 이어서는 파평 윤관 가문, 경주 김인문 가문, 정안 임의 가문 등도 있었다. 이는 안정적인 군신 관계를 만들 수 있다는 긍정적 측면도 있었지만 권력의 불균형이 발생했을 때 서로 경쟁 관계가 되어 갈등을 유발할 수 있었다. 이러한 문제로 이들 세력에 대한 제어 장치가 필요했다. 그러나 이들 자체가 정치 주체여서 군주로서도 협조를 받아야 했다는 점에서 한계가 있었다.

셋째는 지나친 연향과 여가 활동의 조절이었다. 문종 대 이래 큰 전쟁이 발생하지 않은 관계로 평화가 지속되어 군신들이 한가해졌다. 태평성대가 이뤄지고 아무 일 없는 한가로움이 있게 되면 나타나는 현상들이 있다. 그것은 우선 궁 내외의 좋은 풍광을 즐기고 시문을 짓는 경향이었다. 그리고 화려한 건축물을 만들고 다양한 종교 활동 등을 행하는 것이었다. 즉, 호문 (好文)의 시대가 열려 군신이 함께 연향과 시문 제술을 즐기기 시작한 것이다. 이는 왕조 운영에 큰 문제라 할 수는 없지만 지나침은 재정 문제와 기강 문란, 문무 차별 등으로 이어졌다. 따라서 이에 대한 조절이 절대적으로 필요했으나 이미 문물 제도가 안정된 단계에 올라선 고려에서는 쉬운 일이 아니었다. 이 또한 문제이자 과제가 될 수밖에 없었다.

넷째로 권력의 편중을 해소하고 지역민의 중앙 진출을 확대해야 했다. 건국 이후 숙종이 죽을 때인 1105년(숙종 10)까지 고려의 역사는 200년 가까이 되었다. 이 과정에서 개경 중심의 문벌 귀족 사회가 형성되었고 중앙과 지방의 차이가 커졌다. 권력의 편중화가 있었던 것이다. 고려삼경론이 등장하면서 남경 건설을 추진하고 그 개창이 이뤄졌으나 여전히 중심은 중경인 개경이었다. 특히 국초부터 양경의 하나로 자리를 잡은 서경의 경우는 거란 사신을 맞이하는 외에 북방 개척이나 방어 등 군사적 기능이 컸고, 고려 군주의 순행이 이뤄져 부담이 컸던 지역이었다. 따라서 풍수도참상의 배려나 분사 설치 외에도 실질적으로 이 지역민의 중앙 진출로가 확대되어야 했다. 그렇지 않을 경우 중앙으로 진출한 정치 세력과 지역 세력이 연결될 수 있었다.

다섯째로 국제 관계와 그 변화에 대한 이해 그리고 대응 노력이 요구되었다. 이는 언제나 등장하는 문제였다. 북교남사로 대표되는 거란과 송에 대한 고려의 외교는 이미 관행이 되어 큰 문제가 아니었다. 또 거란과 송도 오랫동안의 평화에 빠져 있어 전쟁이라는 충격적 행동을 하지 않았다. 고려는 이 사이에서 크게 성장할 수 있었다. 그러나 고려 역시도 평화라는 나른함에 취하기 시작했다. 여진과 일본, 탐라 등이 방물을 바치거나 귀부해 왔으며, 여진에 대한 기미 정책은 성공을 거두고 있었기 때문이다. 하지만 여진 내부는 달랐다. 특히 강력한 거란의 힘이 무너지고 여진에 대한 통제의 힘은 약화되기 시작했다. 또 고려 역시도 여진을 얕보고 그들의 성장을 애써 무시했다. 그러나 여진은 완안부 태사 영가, 오아속 등을 중심으로 군사력을 강화하는 한편 고려 및 거란, 타 여진 부족과의 전쟁을 통해 존재감을 드러내고 있었다. 이는 12세기 최대 현안으로 떠오를 예정이었고, 이에 대한 파악과 대응이 요구되었다.

　여섯째로 도교 활용의 문제였다. 불교 사원의 창건이나 대장경 조판 및 간행 등과 같은 불사(佛事), 도량 및 반승, 연등회와 팔관회 등은 이미 고려 왕조에 자리 잡아 사회적, 국가적 역할을 하고 있었다. 그렇지만 문종 대부터 풍수도참이 활발해지기 시작하고 이에 따른 신경(新京) 건설과 그 논의가 지속되자 갈등이 시작되었다. 이 또한 정치 세력과 연결되면서 일종의 개혁론으로 포장되기도 하였다. 게다가 도교 초제가 지속적으로 올려지면서 이와 관련한 도교 사상이 확대될 수 있었다. 어떻게 도교를 활용하면서 국가 운영에 반영할 것인지도 앞으로의 과제가 되었다.

12세기 대전환 속 고려의 선택

1.
덕치와 모화(慕華)로 이룬 예종의 문물

1) 예종의 즉위와 왕실

숙종은 서경 순주 중 병환으로 개경 환궁을 결정했다. 그러나 돌아오다 개경의 황성 서쪽 문인 장평문(長平門) 밖에서 10월 병인일(2)에 죽었다. 이때 남긴 유조에는 국장을 치르기 전 왕태자가 영구 앞에서 곧바로 즉위하라는 부분이 있었다. 당연한 것이지만 한시라도 제왕의 자리는 비워 둘 수 없기 때문이었다. 왕태자는 유조를 받들어 중광전에서 즉위했다.

예종(睿宗, 1079~1122)은 숙종이 계림공으로 있던 1079년(문종 33) 정월 정축일(7)에 명의태후 류씨에게서 태어났다. 숙종의 7남 중 장남이었다. 이름은 '우(俁)'이고 자호는 '세민(世民)'이라 했다. '우'라는 이름은 크다, 장대하다는 의미가 있었다. 자호 '세민'은 백성이라는 의미가 있었지만 당 태종의 이름이 '세민'이었음을 고려할 필요도 있을 듯하다. 즉 당 태종처럼 '정관의 치'를 이루는 군주가 되기를 바랐을 수 있겠다.

예종은 1094년(선종 11) 검교사공 주국이 되었다가 이윽고 태위(太尉)가 되었다. 이는 종친으로서 받는 지위였다. 숙종이 즉위하자 예종은 태자로 책봉되었다. 그런데 기록에는 태자 책봉 시기가 1098년(숙종 3) 3월과 1100년(숙종 5) 정월로 다르게 나온다. 첫 번째로 태자가 된 것은 1098년 3월 계해일(14)이었다. 이때 숙종은 태자를 세우면서 첨사부(詹事府)와 좌춘방(左春坊), 연경궁사(延慶宮司) 등 관청과 함께 태자삼사와 삼공, 빈객, 학사 등을 정해 태자의 학문 수양을 돕고 행정과 호위를 맡도록 했다. 이어서는 백관이 태자부를 세운 것을 하례했다. 이때 예종의 나이 19세였다.

그런데 1100년(숙종 5) 정월 을미일(28)의 기록을 보면 장자 우(俁)를 왕태자로 삼는다 했다. 같은 해 2월 을사일(8)에는 신봉루에 나아가 사면과 함께 명산대천의 신호(神號)를 더하고 양경 문무백관에게는 관작 1급을, 첨사부 춘방관원에게는 2급을, 동서번의 추장에게는 무산계를 더했으며 환과·노병·효자·순손에게는 물품을 차등 있게 내렸다. 그리고 10월 임자일(19)에는 거란에서 왕태자를 삼한국공 식읍 3천 호, 식실봉 500호로 책봉했다. 이때가 21세였다.

예종의 태자 책봉 시기에 혼란이 있는 것이다. 숙종은 왕태자의 생일을 절일로 칭하는 조치를 내렸는데, 태자 책봉과 관련한 판단에 도움을 줄 수 있을 듯하다. 즉, 1101년(숙종 6) 정월 정묘일(6)에 이튿날 있을 태자 생신을 '창녕절(昌寧節)'로 정했다 한 것이다. 절호는 1106년(예종 1) 정월 무술일(5)에 '함녕절(咸寧節)'로 바꿨는데, 거란에서 온 생신축하사는 정월 3일이나 5일에 도착해서 축하를 올려 정월 7일 함녕절을 지낸 것으로 확인된다. 그런데 1118년(예종 13) 정월, 1121년(예종 16) 정월, 1122년(예종 17) 정월 함녕절 기사를 보면 정월 17일에 이날을 함녕절이라 하여 건덕전에서 하례를 받고 잔치를 베푼 사례가 보인다. 어떠한 이유에서 17일에 함녕절을 지냈는지는 알 수 없다. 어쨌든 창녕절 절일 지정이 1101년이었다는 점은 1100년(숙종 5) 정월 왕태자 책봉이 있었을 가능성을 높여 준다.

예종은 1105년(숙종 10) 10월 병인일(2)에 숙종이 죽자 곧바로 중광전에서 즉위했다. 나이 27세였다. 예종의 후비는 모두 4명이었다. 경화왕후(敬和王后) 이씨, 문경태후(文敬太后) 이씨, 문정왕후(文貞王后) 왕씨, 숙비(淑妃) 최씨 등이다.

경화왕후 이씨는 선종과 정신현비(貞信賢妃) 이씨 사이의 딸이다. 왕후 이씨는 외가 즉 경원 이씨가의 일원인 이예(李預)의 집에서 자라 연화공주로 책봉되었다. 예종 즉위 후 1106년(예종 1) 2월부터 재상들이 후비를 맞을 것[納妃]을 청했으나 상중이라 하여 허락하지 않다가 같은 해 6월에야 비를 맞이했는데 연화궁주 이씨였다. 왕후는 자녀 없이 1109년(예종 4) 7월 임신일(29)에 31세로 죽었다. 예종과 경화왕후는 사촌 형제간에 해당하는 족내혼이었다. 시호 '경화(敬和)'는 공경하여 화목을 이룬 공덕이 있음을 뜻한다. 인종 소생 공주인 영화궁주의 시호도 '경화'라 하여 겹치고 있다.

문경태후 이씨는 최충의 손자 최사추의 사위인 조선국공(朝鮮國公) 이자겸(李資謙)의 둘째 딸이었다. 1108년(예종 3) 정월 급사중 지위에 있던 이자겸의 딸을 맞은 것이다. 연덕궁주(延德宮主)로 불렸으며 이듬해(1109) 10월 을해일(4)에 이자겸의 집에서 인종을 낳았다. 이에 예종은 연덕궁주를 왕비로 책봉하였고 이후 왕비는 승덕궁주(承德宮主)와 흥경궁주(興慶宮主)를 낳았다. 1118년(예종 13) 9월 갑신일(5)에 해산을 위해 이궁(離宮)으로 갔다가 아들을 낳았지만 산고로 인해 죽었다. 갓 태어난 아들도 죽은 듯하다. 이어 예종은 시호를 '순덕(順德)'이라 하였는데, 온순하고 덕이 있음을 뜻했다. 1122년(인종 즉위년) 5월에 예종의 시호인 '문효(文孝)'에 맞춰 '문경(文敬)'이라 시호를 올리고 왕태후로 추존했다. 그 때문에 문경왕태후로 기록되었다.

문정왕후 왕씨는 진한후(辰韓侯) 왕유(王愉)의 딸로 선발되어 1121년(예종 16) 정월에 입궁하였다. 이때는 후비였던 문경왕태후의 상기가 끝난 뒤였다. 예종은 제왕의 흥기는 내조에 힘입어 이뤄지는 법이라 하면서 진한공 왕유의 장녀를 내직(內職) 즉 후비로 맞아들였다. 그리고 예사(禮司)에 명하여 직명을 정하라 했는데, 왕씨를 귀비(貴妃)로 삼았다. 1129년(인종 7) 2월 다시 귀비 책봉 기록이 보인다. 귀비 왕씨는 1138년(인종 16) 6월 기사일(15)에 죽었으며, 자녀는 없었다.

숙비 최씨는 참지정사 최용(崔湧)의 딸이었다. 최용은 최사제(崔思齊)의 아

들이고, 최사제는 최유선(崔惟善)의 아들이며, 최유선은 최충(崔冲)의 아들이
었다. 최충의 증손인 것이다. 최용은 이처럼 현종 대 이래 고려 왕조 최고의
문벌 가문인 해주 최씨 혈통을 잇고 있었다. 예종은 경원 이씨 가문과 짝하
는 가문이라 할 해주 최씨 가문에서 최용의 셋째 딸을 1121년(예종 16) 정월
문정왕후 즉 귀비 왕씨와 함께 맞이했다. 이해 11월에 아들을 낳았는데 그
가 현화사 주지를 지낸 왕각관(王覺觀, 1121~1174)이었다. 이에 숙비는 장신궁
주(長信宮主)의 칭호를 받았다가 1129년(인종 7) 2월 귀비와 함께 숙비로 책봉
되었고, 1184년(명종 14)에 죽었다.

예종은 문경왕태후 이씨로부터 1남 2녀, 그리고 숙비 최씨로부터 1남을
두었는데,『고려사』 열전의 예종 왕자란에는 기록이 없다. 이는 인종이 군
주가 되고, 숙비 최씨의 아들이 출가하여 승려로서 승통(僧統)이 되었기 때
문이었다. 예종의 직계 비속으로 본다면 결국 아들로는 인종밖에 없었다.
반면 예종의 형제는 6명이나 되었다. 상당후(上黨侯) 왕필(王泌), 원명국사(圓
明國師) 징엄(澄儼), 대방공(帶方公) 왕보(王俌), 대원공(大原公) 왕효(王侾), 제안
공(齊安公) 왕서(王偦), 통의후(通義侯) 왕교(王僑)가 있었다. 종실은 강하고 군
주는 약한 형국이 된 셈인데, 예종 죽음 후 결국 이는 왕실 안정과 관련한
문제로 이어졌다.

즉위 때 27세였던 예종은 자신과 왕실을 위한 여러 조치를 취하면서 정
국 운영을 시도했다. 1105년(예종 즉위년) 10월에는 왕의 이름인 '우(俁)'와 같
은 운(韻)인 우(噳)·우(麌)·우(喁) 등의 글자들을 다른 글자로 바꾸도록 하는
피휘를 적용하였다. 이어서는 거란에 숙종의 죽음을 알리는 고애사를 보냈
다. 모친을 왕태후로 높였고, 숙종의 공주이자 자신의 형제들인 네 명의 공
주에게 궁을 내렸다.

특히 1105년(예종 즉위년) 왕실 정통성 세우기와 관련한 중요한 일이 있었
다. 숙종에게 선양하고 죽은 뒤 '회상(懷殤)'이라 부르던 헌종의 시호를 '공상
(恭殤)'이라 하고 묘호를 '헌종(獻宗)'이라 했다. '회(懷)'가 아쉬운 마음을 품다

혹은 안타까움을 품다라는 의미라 한다면 '공(恭)'은 삼가다, 공손하다라는 뜻이 있어 삼가 숙부인 숙종에게 선양했다는 의미를 반영할 수 있기 때문이다. 이는 일종의 예종식 역사 바로 세우기였다.

예컨대 공민왕(恭愍王)의 시호는 명에서 1385년(우왕 11) 9월에 정해 준 것이었다. '공민(恭愍)'은 삼가 근심한다는 것으로 공민왕의 죽음을 두고 명에서 가진 안타까움을 담고 있었다. 공양왕(恭讓王)의 경우 조선 태조가 공양왕을 축출한 뒤 '공양군(恭讓君)'으로 삼았고, 1416년(태종 16) 8월에야 공양군을 공양왕으로 추존하였다. '공양(恭讓)'은 삼가 천명을 깨달아 양위했다는 의미를 담은 시호였다.

중국사에서도 왕조의 마지막 황제로서 황위를 양보한 경우 이처럼 '공(恭)'을 넣는 시법을 썼는데, '공제(恭帝)'가 이에 해당한다. 헌종도 마찬가지였다. '헌(獻)'은 천명을 깨달아 바치다의 의미로 쓴 것이 분명하기 때문이다. 물론 물러나는 군주가 이를 정말로 자발적으로 행하였는가는 다를 수 있다. 강제로 물러났더라도 후임 군주의 즉위 명분을 합리화하기 위해 위의 글자들을 갖다 붙이는 경우가 대부분이었던 점을 고려할 필요가 있다.

문종 대 이래로 군주 칭호에 '효'가 강조되었다. 당연히 이는 조상과 부모에 대한 효를 모두 포함하고 있었다. 이를 토대로 군주의 즉위 명분과 정통성, 군주로서의 왕도정치를 표방할 수 있다 본 것이다. 왕사와 국사를 정하면서 예종은 특히 선대와 부모의 기일 제사 및 도량, 체협(禘祫) 향사 등을 놓치지 않고 올렸다. 또한 태조의 진영이 모셔진 봉은사를 1106년(예종 1) 6월에 참배하고 6월 을해일(15)에 보살계를 받았다. 서경의 태조가 머문 곳인 행재소와 성용전을 찾아 참배했으며, 세조의 능인 창릉을 찾기도 했다. 숙종의 능인 영릉과 명의태후 능인 숭릉(崇陵)을 참알했다. 여기에 더해 숙종과 명의태후의 진영을 모신 천수사(天壽寺)를 약사원으로 옮겨 중창하고 도량을 열어 명복을 빌었다. 심지어 예종은 죽은 숙종과 태후를 위해 천수사를 찾으면서 추모의 눈물을 보이기도 했다. 군주로서 이러한 예종의 행위는 신료나 백성의 입장에서 본다면 효의 모범으로 여겨졌을 듯하다. 그러한 면에서 예종의 '효치(孝治)'는 성공한 것이라 볼 수 있겠다.

예종은 종실과 조정 신하들에 대한 신뢰를 보여 주고 은혜를 베풀기 위해 노력했다. 이는 결국 왕실 안정과 함께 국정 운영에 절대적으로 필요한 일이었기 때문이다. 이를 위한 예종의 방책은 특별한 선물을 하사하고, 향연과 시문 제술 및 활쏘기, 투호 등의 자리를 만드는 것이었다.

먼저 선물을 나눠 가진 것을 보자. 1105년(예종 즉위년) 12월에 선대로부터의 유물을 제왕 및 재추에게 나눠 준 기록이 보인다. 이는 단순한 선물의 하사라는 의미를 넘어서는 것이었다. 왜냐하면 선대 군주의 유품을 나눈다는 것은 일종의 집단의식을 기르는 장치이기도 하기 때문이다. 1112년(예종 7) 10월에는 송에서 국신 예물로 보낸 용봉차(龍鳳茶)를 재신(宰臣)들에게 나눠 주었다. 특히 1117년(예종 12) 6월에 열린 청연각에서의 연향은 매우 성대했으며, 이때 예종은 송 휘종이 보내 준 계향어주와 용봉명단 및 진귀한 과일을 제왕 및 재신들과 나눠 먹었다. 끝난 뒤에는 서대(犀帶)와 의복을 하사했다.

당시의 광경은 여기에 참여했던 김인존(金仁存)이 쓴 「청연각기(淸讌閣記)」에 잘 묘사되어 있다. 이후에도 예종은 송에서 보내 준 서화 등을 재추와 시신(侍臣)에게 보여 주기도 했다. 여기에 더해 국로뿐만 아니라 치사한 기로, 80세 이상 노인 및 사회적 약자 등에 대해서도 여러 차례 잔치를 베풀고 물품을 나눠 주었다. 은혜를 베풀고 조화를 꾀하여 교화를 이룬다는 인정과 덕치를 실천한 것이었다.

이어 예종 대에는 향연과 시문 제술 및 각종 여가 활동을 즐겼다. 문물이 흥성해지고 태평성대가 이뤄지면서 군주를 중심으로 한 이 경향은 활발해졌다. 다만 절제된 연향 등은 왕실과 국가 통합에 기여할 수 있지만 지나치게 되면 상하 질서의 문란과 재정 낭비, 신분 차별 등의 문제를 낳을 수 있었다. 예종 대까지는 그러한 단계로 나아가지 않았지만 문제의 소지는 다분했다. 예컨대 1109년(예종 4) 2월 연등회 후 중광전에서의 연회 때 예종이 좌우 신하에게 춤을 추게 하자 승선 임언(林彦)이 "동쪽 변방이 편안치 않은데 어찌 춤을 출 수 있습니까?"라며 나갔다는 기록이 있다. 아래는 우간의 대부 이재(李載)가 간언한 내용이다.

> 지금 군정과 국사[軍國]에 변고가 많고 백성이 편안하지 못한데도 주상께서는 두 동생을 책봉하면서 신하들과 자주 연락(宴樂)을 행하고, 어사대부 최계방(崔繼芳)에게 명하여 춤까지 추게 했습니다. 또 연등회 날 잔치 때에도 해가 높이 떠서야 파한 데다, 평장사 김경용(金景庸)을 시켜 춤까지 추게 한 것이 어찌 예법에 맞겠습니까?

예종은 연회와 더불어 활쏘기 등이 군신 화합을 도모하고 예종 자신의 왕권을 과시하는 데 도움이 된다고 보았던 듯하다. 이와 관련한 행사가 자주 보이기 때문이다. 1106년(예종 1) 5월에 이미 예종이 직접 가창루에서 시를 짓고는 모시던 신하들 10여 명에게 화답시를 지어 올리게 하였고, 은 주발을 과녁 삼아 시종한 장상 중 활을 쏴 맞힌 자에게 상을 내렸다. 또한 같은 해 12월 중광전에서 상장군 및 대장군 이하 군사들에게 활쏘기를 시켜 적중한 자에게 말과 비단을 내렸다. 이 같은 활쏘기는 여진과의 전쟁을 전후로 지속되어 군사 훈련의 의미가 있기도 했다. 장령전, 남경 북녕문, 청연각, 동지(東池), 어원(御院), 중광전 등에서 행해진 것이 확인된다. 이 외 1110년 (예종 5) 9월 남명문에서 신기군의 격구를 사열했으며, 1116년(예종 11) 12월에는 투호의(投壺儀)를 찬정케 하기도 했다.

이 같은 예종의 노력이 전개되었지만 왕실에서는 모반 사건이 벌어져 불안감이 생겨났다. 예종은 모후인 명의왕태후가 1112년(예종 7) 7월 신박사 (信朴寺)에서 죽자 8월에 숭릉에 장례하였다. 그리고 8월 병오일(22)의 기록을 보면 승통 왕탱(王竀)을 거제현으로 유배 보내고 이어 무신일(24)에 상서

우승 김인석(金仁碩)과 전주목사 이여림(李汝霖) 등을 먼 곳으로 보낸 뒤 숭교
사 승려 자상(資尙)은 중도에 처형했다 하였다. 무슨 일이 일어났는가에 대
해서는 언급이 없다. 다만 문종 왕자 열전 편에 문종 왕자 도생승통 왕탱이
1112년(예종 7)에 김인석·이여림과 교류하면서 불궤를 도모했다고 기록한
부분이 있다. 이를 고려하면 왕탱 등이 불궤 즉 모반한 일이 있었을 것이다.

　사실 여부를 더 살펴볼 필요는 있으나 일단 예종 왕실에 모반이 있었다
는 점은 충격적이다. 그것도 비록 승려였지만 종실의 1인이 주역 역할을 하
고 있었다. 사료에서 확인되는 바를 보면 한안인(韓安仁)·이여림(李汝霖)·이
영(李永) 등은 예종 즉위 전 시학(侍學)으로 있다가 예종이 즉위하게 되자 총
애를 받았는데, 이들 사이에 틈이 생겨 결국 한안인이 이여림 등을 밀어내
고 다시는 등용되지 못하게 했다고 하였다. 이 내용만으로 추측한다면 결
국 한안인 등이 왕탱·이여림 불궤 사건과 연관이 있다고 이해할 수 있다.
한안인이 권력을 장악하기 위해 벌인 사건이었을 가능성이 충분한 것이
다. 이는 인종 즉위 후 한안인과 이자겸의 갈등으로 이어진 것으로도 확인
된다.

2) 예종의 정치와 여진 정벌

(1) 밝고 명철한 군주인가, 모화와 기복(祈福)에 빠진 군주인가

　예종(睿宗)의 묘호가 갖는 의미는 깊고 밝은 성인 군주이다. 예종이 이러
한 묘호를 받은 것은 유교·불교·도교 등의 경전과 관련 의례, 풍수와 전통
신앙 등에 이르기까지 많은 성과를 거둔 바가 있었기 때문이다. 이런 면에
서 예종은 문종을 이어 고려의 제도문물을 다른 차원으로 끌어올린 군주라
할 만하다.

　예종의 정치는 선왕들처럼 기본적으로 종교신앙에 토대를 두고 있었다.
군주 개인의 기복이나 왕실 번창, 국태민안, 천재지변과 전쟁의 종식을 위

해, 또한 상서로운 일의 발생과 영토 회복을 위해 신앙 행위에 의지한 측면이 컸다. 가히 신성한 군주와 왕실, 나라를 지향했다 해도 과언이 아닐 듯하다. 물론 그렇다고 해서 예종 자신이 인간으로서 발휘할 수 없는 신성한 능력을 가졌다는 것은 아니었다. 이런 면에서 보자면 역대 고려의 군주는 유불도와 전통신앙 및 풍수 등에 통치 원리를 둔 태조와 같은 길을 걸은 셈이 된다.

먼저 예종 대의 경우 다른 왕대와 달리 유교 경전 및 『정관정요』 등에 대한 활발한 강론(講論) 즉 경연(經筵)이 있었다. 이와 함께 사학(私學)에 비해 위축되어 있던 국학(國學)을 부흥시키고자 했다. 최충이 문헌공도에 9재 즉 낙성재(樂聖齋)·대중재(大中齋)·성명재(誠明齋)·경업재(敬業齋)·조도재(造道齋)·솔성재(率性齋)·진덕재(進德齋)·대화재(大和齋)·대빙재(待聘齋) 등을 두어 체계적인 유학 및 과거 교육을 행한 것처럼 국학에 7재를 두었다. 『주역(周易)』은 여택재(麗澤齋), 『상서(尚書)』는 대빙재(待聘齋), 『모시(毛詩)』는 경덕재(敬德齋), 『주례(周禮)』는 구인재(求仁齋), 『대례(戴禮)』는 복응재(服膺齋), 『춘추(春秋)』는 양정재(養正齋), 『무학(武學)』은 강예재(講藝齋)에서 공부하게 하였다. 그리고 무학에 8명, 이 외 태학에는 70명을 선발해 거처토록 했다.

사실 숙종 초 소태보(邵台輔)는 국학을 통해 선비를 기르는 양사(養士) 정책에 대해 다음과 같이 비판한 바가 있었다. 즉, "국학에서의 양사로 비용을 많이 써서 실로 백성들에게 폐단이 되고 있습니다. 또한 중국의 법은 우리나라에서 행하기가 어려우니 이를 중지할 것을 청합니다"라 했다. 이는 어찌 보면 문종 대 이래 모화(慕華)에 대한 비판적 입장이자 사학 옹호로 비춰질 수 있는 것이었다. 그렇지만 숙종은 이를 받아들이지 않았고, 숙종을 이은 예종은 국학을 더욱 체계화시킴으로써 사학과 국학의 경쟁 관계가 있게 된 셈이다. 그렇더라도 이 시기 경전에 대한 이해는 최충이 문헌공도를 연이래 심화되었다. 이는 고려 문물의 상징으로서 유학 발달의 면을 보여 준 것이었다.

예종이 참여한 유교 경전 강론 사례를 보자. 예종은 유학에 밝은 신료에게 유교 경전 중 특히 국정 운영이나 가뭄 관련 대책, 때에 알맞은 정치의 시행 등과 관련한 것을 선정해 이를 강의토록 하여 국정에 활용하고자 했다. 17년의 재위 동안 예종은 『상서(尚書)』 무일(無逸)·요전(堯典)·순전(舜典)·대우모(大禹謨)·고요모(皇陶謨)·익직(益稷)·홍범(洪範)·열명(說命)·태갑(太甲), 『예기(禮記)』 중용(中庸)·투호(投壺)·월령(月令), 『주역(周易)』 건괘(乾卦)·태괘(泰卦)·복괘(復卦), 『시경(詩經)』 관저(關雎)·노송(魯頌)·반수(泮水)·운한(雲漢), 『정관정요(貞觀政要)』, 『노자(老子)』 등에 대한 강론을 듣고 신하들에게 술과 음식을 내렸다. 한번은 청연각에서 박승중(朴昇中)이 『서경』 홍범을 강론하던 중 기다리던 비가 내려 이때의 홍범 경연을 기이하게 생각하기도 했다. 참고로 박승중은 학사로서 예종 대에만 경연에 7차례 참여했다.

예종의 이 같은 조치는 송의 학풍(學風)을 흠모하면서 이뤄졌다. 1115년(예종 10) 7월 송에 보낸 표문에 따르면, "백성을 교화하여 풍속을 이루는 일[化民成俗]은 태학의 학풍에 말미암는 것이고, 중화(中華)의 문물로 이(夷)를 변화시키는 것[用夏變夷]은 선왕의 가르침에 의한 것입니다"라 하였고, 유교의 도를 동쪽으로 오게 도와줄 것을 말하였다. 즉 예종은 송의 유교를 받아들이겠다는 의지를 표명한 것이었다.

1116년(예종 11) 예종이 송의 제도를 수용해 궁중에 청연각(淸讌閣)을 두면서 강론은 더 활발해지게 되었다. 그리고 이어 청연각이 궁중에 있어 학사들의 숙직과 출입이 어렵자 별도로 각(閣)을 두고 이름하여 보문각(寶文閣)이라 했다. 보문각 홍루 아래에 학사들이 모여 강론하는 공간을 만들고는 액호를 '정의(精義)'라 내렸다. '정의'는 자세한 의의(意義)를 살핀다는 뜻이므로 정의당은 학문을 연구하고 강론하는 곳이라는 의미가 된다. 이에 청연각은 주로 군주가 나아와 참여하는 경연의 공간이 되고, 보문각은 경서를 강론하고 학사들의 도서관으로서 국정 운영에 필요한 자료를 저술하거나 『정관정요』를 주해(註解)하는 등 연구 및 서적 편찬의 기관이 되었다.

예종 대의 경연과 유학 연구에서 주목되는 것은 김인존이 쓴「청연각기」에 보이는 '삼강 오상의 가르침[三綱五常之敎]과 성명 도덕의 이[性命道德之理]가 사방에 충만하다'라 한 내용이다. 이 표현은 그만큼 당시 고려의 유학이 이미 '성리(性理)'를 논하는 단계에 도달하였음을 보여 주었고, 1115년(예종 10) 7월 언급된 '유학의 도가 동쪽에 온 것'을 상징했다. 특히「청연각기」는 서긍이 정리하여 휘종에게 보고한『선화봉사고려도경』에 채록되어 송에도 알려졌다.

삼강 오상과 성명 도덕, 경연을 통한 유학의 심화가 전개되고 있었지만 이와는 별개로 예종은 신앙에 기대어 복을 빌었다. 그 중심에는 국초부터 그러했듯 불교가 있었다. 1106년(예종 1) 한 해만 하더라도 태후의 복과 장수를 비는 도량, 건덕전 금강경도량, 회경전 반야도량, 건덕전 소재도량, 회경전 인왕경 백고좌도량과 반승 3만, 문덕전 자비참도량, 건덕전 반야도량 등이 열린 것을 볼 수 있다. 이듬해에도 건덕전 인왕도량, 문덕전 천제석도량·불정도량, 개국사 금강경도량, 회경전 백고좌도량 등이 있었다. 이 같은 도량은 거의 매년 왕실 번창과 국태민안, 재변 구제를 비는 차원에서 행해졌다.

이 외 돌아가신 부모님을 위한 도량으로 기신도량과 우란분도량도 있었으며 전염병을 없애기 위한 도량으로 문덕전에서 연 공작명왕도량 또한 확인된다. 정례적으로 연등회와 봉은사 행차, 6월 봉은사 행향, 10월 및 11월 팔관회 등이 행해졌으며, 천수사 및 경천사 등의 사찰을 자주 찾기도 했다.

이러한 불교에 대한 의존을 보면 유교는 나라를 다스리는 도이고 불교는 수신의 도라는 분리 병존의 논리는 예종 대에 이르러서도 극명하게 나타난 셈이다. 한편 고려 시대 불교가 국가 운영의 분명한 한 축으로 자리 잡았음을 알 수 있는 대목이기도 하다. 이는 고려가 제불의 가호에 힘입어 나라를 열고 삼한 일통을 이뤘다는 인식의 또 다른 표현 형태였다. 또한 고려의 군주가 유교적 성인 군주이자 제불의 가호를 받는 보살 군주라는 인식에 기인한 것이라 여겨진다.

예종 대에 성행한 것으로 유학에 대한 강론 및 연구와 함께 북송 도교(道敎) 수용을 빼놓을 수 없다. 고려는 국초부터 도사가 초제 등 의례를 행하여 복을 비는 과의도교(科儀道敎)를 행했다. 기우나 장수를 비는 본명초 등 초제는 현종 이후 자주 이뤄졌다. 시대적 한계에서 비롯된 것이지만 구복 신앙적 성격을 가진 고려 왕실의 노력을 엿볼 수 있는 대목이다. 그런데 과의 도교 성격의 초제가 왕실 및 국가적 차원에서 지속되고, 도교에 대한 이해를 높이려는 노력이 북송으로의 사행이나 유학 등을 통해 전개되자 도교는 그 폭이 보다 넓어졌다.

송의 휘종은 도교를 신봉했고, 도교 문화를 체계화해 '도군황제(道君皇帝)'로까지 불렸다. 휘종 대의 북송 문화는 예종에게 적극 수용할 대상이었다. 예종은 기왕의 초제 등을 통한 과의도교가 자리 잡아 가고 있던 만큼 송에서 체계화된 도교를 받아들여 군주와 왕실, 그리고 국가를 위한 또 하나의 종교를 제시하려 했다. 『고려도경』에는 1110년(예종 5)에 송 휘종에게 도교를 수용할 뜻을 전한 뒤 송에서 이를 받아들여 고려로 오는 국신사 편에 도사 2명을 딸려 보내 고려 도교를 돕도록 한 내용이 나온다. 이들 도사의 교육을 받아 고려에서도 10여 명의 도사가 나올 수 있었다고 서긍은 기록하였다.

이와 더불어 한안인의 사위 이중약(李仲若)과 화폐 사용을 반대했던 곽상(郭尙)의 아들인 금문우객(金門羽客) 곽여(郭輿)의 적극적 활동이 있었다. 이중약은 고려 도교의 본산이라 할 복원궁 건립에 기여했다. 곽여는 예종으로부터 선생으로 예우를 받으면서 동산처사(東山處士)라 불렸다. 이들은 또한 젊어서 문장으로 교유를 하였는데 이를 일러 '신교(神交)'라 했다. 그만큼 선풍(仙風)이 있었던 듯하다.

예종의 도교에 대한 수용은 송의 문물에 대한 선망 속에 이뤄진 측면이 있다. 동시에 당시 유행하던 도교를 통해 복을 구하려는 목적도 컸다. 이 과정에서 예종 대에 초제는 모두 27차례나 있었다. 그 장소는 궐정(闕庭), 건덕전, 회경전, 산호정, 옥촉정, 상춘정, 성수전(星宿殿), 순복전(純福殿), 장락전(長樂殿), 복원궁(福源宮) 등이었으며, 그 대상은 삼계신기(三界神祇), 원시천존상(元始天尊像), 호천오방제(昊天五方帝), 삼청(三淸) 등이었다. 특히 1107년(예종 2)에 모신 원시천존을 보면 이미 고려의 도교는 자생적 면이 있었던 것으로 여겨진다. 이 원시천존은 천보군(天寶君)·영보군(靈寶君)·신보군(神寶君)을 합쳐 부르는 것으로 이들은 삼청(三淸)이라고도 했다.

한편 1116년(예종 11) 3월 서북계 쪽에서 큰 변동이 일어났다. 거란의 내원성과 포주성이 여진에 의해 위기에 처하고 거란 동경에 거처하던 발해인들이 고영창(高永昌)을 황제로 세운 뒤 국호를 대원(大元), 연호를 융기(隆基)라 한 것이다. 말 그대로 변란이 일어난 셈이고 이것이 고려에 어떠한 영향을 줄 것인지, 또 고려는 이에 대해 어떻게 대처할 것인지 신속히 분석하고 해결책을 찾아야 했다. 이 일 때문인지 예종은 3월 을묘일(21)에 서경으로 출발해 4월 초하루 갑자일에 도착했다. 이후 금의 아골타(阿骨打)가 사신 아지(阿只)를 보내오자 예종은 요의 역법을 중지하고 요의 천경(天慶) 연호를 없애는 한편 간지만으로 기년(紀年)했다.

이러한 변동의 순간에 예종은 서경 건원전(乾元殿)에서 국정 쇄신과 왕업부흥을 위한 제서를 내렸다. 이것만으로 본다면 변고에 대한 대응 노력으로 읽을 수 있다. 더불어 큰 변고에 따른 대대적인 유신(維新)의 개혁이 있을 것으로 기대되었다. 그런데 내용을 보면 그렇지 않았다. 중요 내용은 다음과 같았다.

첫째, 옛 성현의 가르침과 여러 도참의 기록에 따라 '음양에 순응하여 받들고 불교를 존숭하며 형벌을 확실하게 밝히고, 어리석은 사람은 물리치고 현명한 사람을 서용하며 불교[三寶]의 재물을 함부로 허비하지 말고, 사선(四仙)의 자취는 마땅히 영광을 더해야 한다'라는 내용을 따를 것.

둘째, 원구(圓丘)·태묘(太廟)·사직(社稷)·적전(籍田) 및 여러 원릉(園陵)은 나라에서 공경하여 소중히 여기는 장소이니 담당 관원은 때에 맞게 수리하여 훼손됨이 없도록 할 것.

셋째, 국선(國仙)은 대관의 자손에게 맡길 것.

넷째, 문무 양학(兩學)에 있어 학생을 기르는 일에 대해 정하여 시행할 것.

다섯째, 검소한 풍속을 유지토록 하고 신분에 따른 의복 제도를 정할 것.

이처럼 개혁 관련 제서의 주요 내용은 다섯 가지였다. 여기서 주목되는 것은 첫째와 셋째 조항이다. 셋째 조항은 첫째 조항에 대한 보충의 의미가 있다. 사실 첫째 조항의 내용은 다음과 같이 정리할 수 있다. 이는 성현과 도참의 말을 따른 것으로 음양 봉순의 경우는 풍수도참과 유교적 내용이 내포되어 있는 것이고 불교 존숭과 재물을 아껴야 한다는 대목은 당연히 불교적 내용이다. 사선의 자취는 도교적인 면과 함께 신라 풍류도 및 산천 신앙과 연결된다. 위급한 시기에 예종이 군국을 다스리는 도를 내지 않고 이처럼 개혁 제서를 만든 데에는 이유가 있었을 것이다.

이 제서의 서문 격 내용을 보면 이번 서경 행차가 일관(日官)의 청에 의한 것이라 했다. 고려 시대 군주의 거둥 때 일관의 역할은 길흉화복을 점치는 것이었다. 국가적 위기의 상황에 군주의 서경 행차를 일관의 요청에 따랐다는 표현은 약간의 과장은 있었더라도 예종이라는 군주의 성격을 가늠하는 데 도움을 준다. 실제 이때의 서경 순행은 변경에서의 변고에 대한 대응보다 1105년(예종 즉위년)부터 추진된 신궐의 완성을 기념한 면이 있었기에 일관의 요청이라는 말이 나온 것이라 여겨진다. 창업이 아닌 수성(守成)의 군주로서 태평성대를 지키는 데 보다 무게 중심이 있었음을 알려 준다. 더불어 태평성대를 지키는 방법으로 음양 봉순이나 기복신앙, 제사 등에 초점을 맞춘 것은 당시의 시대적 한계가 느껴지는 대목이다.

개혁 제서의 내용을 좀 더 살펴보자. 예종은 첫째 조항과 관련해 '성현의 가르침[聖賢之訓]과 여러 도참의 기록에 따라'라는 표현을 썼다. 도참과 관련해서는 이미 1106년(예종 1) 3월에 여러 음양지리 관련 제가(諸家)의 책을 산정(刪定)해 1책으로 편찬한 바 있다. 이것이 김인존이 최선(崔璿)·이재(李載)·이덕우(李德羽)·박승중(朴昇中) 등과 함께 만든 『해동비록(海東秘錄)』으로 정본은 어부(御府)에, 부본은 중서성과 사천대, 태사국에 소장토록 하였다. 이는 『해동비록』을 통해 그간의 중국 및 고려에서 논의된 음양지리 관련 중요 내용이 종합 정리되었음을 의미한다.

1106년(예종 1) 9월에는 술사가 서경 용언(龍堰)에 궁궐을 따로 창건해 때때로 순행할 것을 권하자 모두 가하다는 의견을 올린 바 있었다. 당시 풍수도참이 어떻게 고려 조정의 논의를 주도하고 있는지 보여 주는 대목이다. 여기에 평장사 최홍사(崔弘嗣, 1043~1122)는 송도 즉 개경에 도읍한 지 200년이 넘어 왕업을 연장하려면 서경 용언 옛터를 살펴 신궐을 짓고 조하를 받은 뒤 새로운 율령(律令)을 반포해야 한다고 주장했다.

예종은 당시 이 주장에 많이 기울어져 있던 상태였다. 왕업 연장 즉 연기(延基)와 함께 신궐을 창건함으로써 예종 자신의 왕권을 상징화할 필요가 있었기 때문이었다. 따라서 당시 논의는 형식적 측면이 강했다. 다만 당시 논의에 참여한 오연총(吳延寵)만이 이를 반대하면서 의견을 냈다.

오연총은 큰 틀에서는 남경 공사가 이제서야 끝나 백성은 피로하고 재정은 고갈되어 신궁을 지을 형편이 아니라고 지적하고 세 가지 논점을 들었다. 첫째, 문종이 술수에 미혹되어 서경에 좌우 궁궐을 지은 뒤 잘못을 깨달은 데다가 감응이 없었다는 점, 둘째, 남경을 개창한 지 8년이 되었지만 좋은 감응이 없다는 점, 셋째, 서경의 궁궐과 용언이 가까워 지세의 길흉 차이가 없으며 옛 궁궐을 버리고 새 궁궐을 지어 백성을 혼란스럽게 하는 것이 옳은가 하는 점 등이었다.

그럼에도 불구하고 예종은 내인(內人) 정극공(鄭克恭)에게 명하여 사천소감(司天少監) 최자현(崔資顯), 태사령(太史令) 음덕전(陰德全)·오지로(吳知老), 주부동정(注簿同正) 김위제(金謂磾) 등과 더불어 서경에 가서 용언에 있는 옛

터를 살펴보게 했다. 이 중 김위제는 숙종 대 남경 조성 때도 고려삼경론을 들어 남경 천도를 주장했던 인물이기도 하다. 이후 예종은 신궐창성도감(新闕創成都監)을 두었고, 1116년(예종 11) 3월 신궐이 완공되자 이달 서경 순행을 하면서 신궐에서 새로 시작하는 의미[更始]의 신령(新令)을 반포했다. 풍수도참에 따른 서경 궁궐 조성을 마무리하였던 것이다.

용덕궁(龍德宮)이 그 신궐로 추정되며, 지명에 따라 용언궁이라고도 하였다. 건원전은 그 정전이었을 것이다. 이때의 용덕궁의 궁명이 송 휘종 때의 용덕궁과 같다. 우연의 일치로 보이지는 않는다. 서경 순행 직전 낙성된 숙종과 명의태후 류씨의 진전사원인 천수사 역시도 풍수도참에 따라 새로 창건한 것이었다.

풍수지리 혹은 풍수도참이 예종 대의 정국을 주도한 데에는 김위제와 같은 탁월한 풍수지리가나 『해동비록』을 찬술한 관련 인물들이 있었다. 이 때문에 술사나 일관, 도참 등의 말이 조정 대신들을 움직이고, 나아가 예종의 최종 결정을 끌어낼 수 있었다. 예종은 남경에 1108년(예종 3) 9월, 1110년(예종 5) 윤8월, 1117년(예종 12) 8월, 1120년(예종 15) 2월 4차례 순주를 했으며, 서경에는 1107년(예종 2) 11월, 1116년(예종 11) 3월, 1120년(예종 15) 8월 세 차례 갔다. 이들 순행에는 풍수지리가 등의 역할이 어느 정도 있었다 봐야 할 것이다.

예컨대 1107년(예종 2)과 1116년(예종 11) 서경 순행의 경우에는 직접 일관의 요청임을 언급한 바 있었다. 그렇지만 이 같은 방식의 신궐 조성과 천도론은 위험성이 컸다. 여기서는 왕업 연장론을 그 명분으로 들었다. 하지만 특정 정치 세력이 이를 주도하면서 의도한 목표를 이루고자 할 때 왕권은 위험에 빠질 수 있었다. 이렇게 본다면 인종 대 서경 세력과 묘청의 난은 그 본질이 숙종 대 남경천도론이나 예종 대 서경천도론과 묘하게 닮아 있다. 공통점은 물론 풍수도참에 따른 천도론이라는 것이다.

다만 서경을 방문한 1116년(예종 11) 기록을 보면 서경의 관제를 고친 내용이 있다. 분사(分司) 제도를 둔 것이다. 여러 학사원(學士院)을 분사국자감(分司國子監)이라 고치고, 각루원(刻漏院)을 분사태사국(分司太史局), 의학원(醫學院)을 분사태의감(分司太醫監), 예의사(禮儀司)를 전례사(典禮司)로 바꿨다. 또한 별도로 열락원(閱樂院)을 두기도 했다. 양반(兩班)을 두어 일을 해 나가는 것은 상경 즉 개경과 같이했다. 이 외 새로운 시작을 위한 신령(新令)에는 포함되지 않았으나 서경의 지위를 개경과 버금가도록 승격하는 것은 중요한 의미가 있었다. 서경 세력의 형성과 관련이 있었을 것이기 때문이다.

(2) 여진 정벌 대 9성 환부와 금의 건국

예종은 화풍(華風)을 흠모했다. 화풍을 수용해 문물을 바꾸는 '용하변이(用夏變夷)'를 시도했다. 이 같은 태도는 송과의 관계를 돈독히 하는 데 분명 도움이 되었다. 송나라 복주 출신 호종단(胡宗旦) 같은 이를 신용하여 그의 말을 많이 따랐다는 이제현의 사찬은 예종의 모화주의를 보여 주는 대목이기도 하다. 예종은 송과의 관계를 깊이 유지하기 위해 많은 노력을 기했다. 특히 사신을 자주 보내 이를 확인하고 발전시킨 것이 확인된다.

이후 고려에서는 송에 대한 진공(進貢)과 함께 유학생 파견 등을 행하였다. 고려의 사신에 대해 송에서는 성대하게 예우했다. 국신사로 예우했을 뿐만 아니라 그 격을 서하 위에 두었으며 거란 사신과 함께 추밀원에 예속되도록 했다. 고려 사신을 접대하는 이들의 격도 높여 접관반(接館伴), 송관반(送館伴)이라 했다. 때로는 고려의 사신이 매년 와서 이들을 접대하느라 회·절 지방에서 괴로워하고 있다는 지적까지 나오고 있었다.

실제로 예종 대에 송으로 보낸 사행을 보면 1108년(예종 3) 7월 진공사로 김상우(金商祐)·한교여(韓曒如)를 보낸 이후 1111년(예종 6) 7월 김연(金緣, 김인존)과 임유문(林有文), 1114년(예종 9) 6월 왕자지(王字之, 1066~1122)와 문공언(文公彦), 1115년(예종 10) 7월 왕자지와 문공미(文公美), 1116년(예종 11) 7월 이자량(李資諒)과 이영(李永), 1117년(예종 12) 이자겸(李資謙), 1118년(예종 13)

8월 정극영(鄭克永)·이지미(李之美) 등이 있었다. 고려의 사신들은 송의 접대를 받으면서 고려가 이룩한 문물의 성과를 보여 주었다. 앞서 문종 대 박인량 등이 쓴 시문을 모은 『소화집』이 편찬되었던 것처럼 고려 사신들이 지은 시문은 송 황실에서 읊어지기도 했다. 이자량은 『시경』의 내용 등을 인용해 휘종 앞에서 다음과 같은 시를 지어 올리기도 했다.

> 녹명(鹿鳴)의 아름다운 모임에 현량한 신하들에게 연회를 베푸시니
> 신선의 성대한 음악은 깊숙한 방에서 나오네.
> (중략)
> 오늘 배신(陪臣)이 성대한 자리에 참례하였으니
> 바라건대 천보(天保) 편을 노래하며 길이 잊지 않으리.

'녹명'과 '천보'는 모두 『시경』의 편명으로서 녹명은 군신의 모임과 잔치를 일컫는 대명사이고, 천보는 하늘이 길이 나라와 군주를 보전해 준다는 내용을 담은 것이었다. 이자량이 이를 자유로이 읊음으로써 당시 송 황실에 고려의 문화 수준을 알릴 수 있었다.

이렇게 양국이 화기애애하게 교류를 하고 있었지만 송의 성대한 환대에는 그에 상응하는 배경도 있었다. 김연 즉 김인존은 송의 후대가 지나침을 비판했다. 그 이유는 당시 여진이 강해지고 거란 역시도 계속 위협이 되는 상황에서 자신에게 여러 번 잔치를 베풀면서 그릇은 모두 백옥을 쓰고 있어 화려함과 사치스러움이 심했기 때문이었다. 또 이자량이 귀국하려 하자 송에서는 여진과 통하기 위해 이자량 등에게 다음번 내조 때 여진과 함께 오라고 언급하였다. 이에 이자량은 "여진은 인면수심(人面獸心)으로 오랑캐[夷獠] 중에서도 가장 욕심 많고 추악하니 상국과 통교할 수 없습니다"라 조언하였다.

이들 상황을 보면 송은 거란이 약해지고 여진이 강성해지는 틈을 타 연운

16주를 탈환하고 그간 거란에 치욕을 당한 복수를 위해 고려 및 여진을 이용하려는 목적이 있었음을 알 수 있다. 그렇지만 이자량의 조언에도 불구하고 송은 오히려 고려가 여진과의 교역을 독점하려는 것이라 보았다. 이어 직접 사신을 여진에 보내 통교하였고, 이는 결국 송의 패착으로 귀결되었다. 결과는 1126년(인종 4) 정강(靖康)의 변으로 송 휘종과 흠종이 금에 사로잡히는 치욕이었다.

한편 예종 대에 송에서도 고려로 사신을 5차례나 파견한 것이 확인된다. 송에서 고려에 온 사례로는 1109년(예종 4) 12월 송 교련사 임곽 등의 고려 방문, 1110년(예종 5) 6월 송 휘종황제의 조서를 지닌 왕양(王襄)과 장방창(張邦昌) 등의 고려 사행, 1118년(예종 13) 7월 고려에서 의관을 요청한 데 따른 송 합문지후(閤門祗候) 조의(曹誼)와 의관(醫官) 양종립(楊宗立) 등 일곱 명의 사행, 1120년(예종 15) 7월 승신랑(承信郎) 허립(許立)과 진무교위(進武校尉) 임대용(林大容)의 사행, 1121년(예종 16) 3월 송 사신 요희(姚喜)의 사행 등이 확인된다. 이들은 외교 문서인 첩(牒)이나 조서를 가지고 왔으며, 또한 국신 예물을 가지고 오기도 했다.

특히 1110년(예종 5) 6월의 기록을 보면 조서와 밀지에서 고려가 요의 책명을 받고 송과 요가 골육 형제와 같은 우호 관계가 있는 만큼 더 이상 고려를 책봉치 않겠다라는 말과 함께 임시로 맡고 있다는 뜻의 '권지(權知)'를 쓰지 않은 조서를 보냈다. 이때의 조서는 전례 없이 휘종황제가 직접 쓴 것이라 사신이 밝혔고, 예종은 휘종이 고려 책봉을 영원히 면제한 것이라고 이해하였다.

예종의 입장에서 본다면 휘종의 친필 조서와 밀지, 책봉을 실제 받은 것과 같은 '권지' 글자의 삭제, 문종이나 숙종 때보다도 친밀함을 담았다는 사신의 설명은 감격을 주는 것이었다. 더구나 휘종이 송 사신 혹은 고려 사신을 통해 보내온 각종 물품과 조서, 서화 등은 상당한 것이어서 예종은 이를 보관하기 위해 별도로 천장각(天章閣)을 궁내에 설치해야 할 정도였다. 청연각과 보문각 설치 운영도 유학과 송의 풍속을 흠모해서였다. 따라서 양국 관계의 밀착은 송의 문물을 적극 수용하려는 목적에서의 전통적인 우호 관계가 지속된 것이기도 하였지만 위에서도 언급했듯 송의 입장에서는 고려와의 연합을 통해 거란을 압박하려는 목적, 혹은 여진과 통교하여 거란을 치려는 의도 등이 있었다.

그렇다면 고려와 송이 본 여진은 달랐다 할 수 있다. 고려는 여진을 인면수심의 존재로 보았고, 송은 고려의 대안으로서 거란을 압박하는 데 아주 유용한 카드로 여겼다. 그러나 여진은 인면수심의 존재도, 송의 이용 대상도 아니었다. 오히려 여진은 고려-거란-송이라는 삼국 체제 속에서 살아남아 힘을 키우면서 12세기 동북아시아 역사를 주도하기 시작했다. 특히 예종 대 고려와 여진 사이 정벌과 침략, 화친과 귀부 등이 반복되면서 양국 관계가 재정립되었다. 그 시작은 숙종이 마무리하지 못한 여진 정벌이었다.

대대적인 여진 정벌은 숙종의 꿈이었다. 이를 통해 변방을 안정시키고 백성들이 생업에 종사할 수 있도록 하려 했다. 심지어 숙종은 이를 천지신명에게 기원하였는데, 그 서소(誓疏) 내용이 1109년(예종 4) 5월에 이르러 밝혀졌다. 예종은 숙종의 서원이 중광전 내 불상을 안치하는 방에 있었다면서 이를 중서문하성과 추밀원 대신들에게 보여 주었다. 그리고 여진 정벌의 의지를 다졌다. 그 골자는 다음과 같았다.

지금 추한 무리들을 소탕하면 즉시 적들의 땅에 성과 보루를 수축하고 사우(寺宇)를 창건하여 불법(佛法)을 널리 펴겠다.

이 내용은 윤관 열전에서 확인되고 있다. 예종이 숙종의 서원을 꺼내 든 이유는 본격적으로 여진 정벌을 추진하려 해서였다. 그동안에도 즉위 후 예종은 1105년(예종 즉위년) 11월에 사천소감 등을 보내 동계(東界) 산천의 지세를 살펴보게 했고, 1106년(예종 1)에는 동번(東蕃)의 움직임을 감시하다가 싸움이 일어날 뻔했으나 동북면병마사가 동여진 지훈이 화친을 청해 왔다고 보고해 갈등 없이 정리될 수 있었다. 그러나 예종은 이를 믿지 않았다. 같은 해 8월에는 예부상서 이위(李緯)와 병부상서 최유정(崔惟正)을 중군병마사(中軍兵馬使)로, 위위경 장익(張翼)과 예부시랑 김연(金緣)을 중군병마부사(中軍兵馬副使)로 각각 임명하면서 군사를 움직일 준비를 하였다. 11월에는 윤관과 오연총이 숭인문 밖에서 신기군과 신보군을 열병했다. 군사훈련을 계속해서 한 것이다. 1107년(예종 2) 3월에는 서북도와 동북도에 임언(林彦) 등을 보내 각 성들을 순시토록 했다.

이처럼 예종은 여진의 움직임에 대해 주시하고 있었는데, 1107년(예종 2) 변방에서 "여진이 강성해져 변방의 성을 침구하고 있습니다. 그 추장이 호로병 하나에 꿩 꼬리를 달고 각 부락에 회람시키면서 의논하는데 무슨 의도인지 알 수 없습니다"라는 보고를 해 왔다. 이는 여진이 연합하고 있음을 뜻하였다. 이 보고 후 예종은 앞서 언급한 것처럼 양부 재신들에게 숙종의 서원을 보인 것이었다. 그리고 대신들은 숙종의 유지가 깊고 간절하다 하면서 상서해 여진 정벌을 청했다. 예종은 정벌을 공식화하기 위해 평장사 최홍사(崔弘嗣)에게 명해 태묘에 가 점을 치게 했다. 그리고 결과는 '감(坎)의 기제(旣濟)'였다. 이는 험난한 일이 있기는 하나 진실한 믿음의 마음으로 형통한다면 공이 있으리라는 뜻이었다.

예종이 이렇게 한 것은 극소수이긴 하지만 여진 정벌이 무리하다 생각하는 이들이 있어서였다. 잘 드러나지는 않았지만 여진 정벌군의 부원수가 된 오연총은 정벌에 대한 의문을 윤관에게 밝혔다 했다. 비록 오연총은 정벌론이 결정된 후 부원수로서 공을 세웠지만 여진 정벌이 필요한지에 대해 의문을 가진 것이었다. 또한 김연 즉 김인존 열전에서는 예종이 동여진을 치는 데 모든 대신들이 찬성하였으나 김인존만은 상소해 극력 반대했다 하였다. 여진 정벌이 소기의 성과를 얻기는 했으나 패배로 이어진 면도 있자 간관 김연(金緣)과 이재(李載) 등은 "윤관 등이 제멋대로 명분 없는 전쟁을 일으켜 패전하고 나라에 피해를 입혔다"라고 간쟁하였다. 이를 보면 1107년 (예종 2) 여진 정벌이 본격 개시된 시점에도 반대론자들이 있었다 볼 수 있다.

이해(1107) 윤10월 여진 정벌군이 꾸려졌고, 예종은 윤관과 오연총을 각기 원수와 부원수로 삼았다. 예종과 윤관은 여진 정벌군에 대해 여진을 은혜로 교화하기 위한 것이라 했다. 즉 '인의지군(仁義之軍)'이라 한 것이다. 그리고 천명을 받든다는 명분을 위해 일관으로 하여금 출병을 위한 택일을 하도록 명하였다. 일관은 예종이 직접 서경까지 가서 출군해야 한다 아뢰었다. 결국 예종은 11월 경오일(19)에 서경으로 출발했다. 그리고 을해일(24)에 서경에 도착하였고, 12월에 위봉루(威鳳樓)에서 윤관에게 부월을 주고 정벌에 나서도록 했다. 병력 수는 모두 17만 명이었지만 20만 대군이라 칭하여 그 수만으로도 여진을 압도하려 했다.

그렇지만 여진 정벌은 모든 준비를 다 했음에도 불구하고 쉬운 일이 아니었다. 수많은 고려 군사가 전사했고 여진도 이는 마찬가지였다. 성과도 있었다. 여진 공격에 성공하면서 웅주·영주·복주·길주에 성을 쌓을 수 있었으며 동여진인 3,230여 명이 귀부해 오기도 하였다. 윤관은 숙종의 염원을 기억하고는 새로 개척한 영주(英州) 성안에 호국인왕사(護國仁王寺)와 진동보제사(鎭東普濟寺)를 창건했다. 그리고 이들을 불법을 펴는 상징 사원으로 삼았다.

1108년(예종 3) 2월에도 여진과의 공방전은 계속되었다. 여진 정벌군은 차곡차곡 승리를 쌓았고, 이어서는 앞의 4개 주와 공험진에 방어사를 두어 대비했다. 윤관은 계속해서 공험진에 '고려지경(高麗之境)' 즉 고려의 영토라는 글자를 새긴 고려정계비(高麗定界碑)를 세웠다. 더불어 여진 평정 및 6성을 새로 쌓은 데 대한 하례 표문을 지어 아들 윤언순(尹彦純)을 시켜 예종에게 올렸다. 영주(英州) 남청(南廳)에는 종군하고 있던 예부낭중 임언(林彦)이 기록한 여진 평정의 전공을 걸어 송축도록 했다. 이는 『고려사』 윤관 열전에 소개되어 있다. 그리고 여기서는 새로 쌓은 6성에 대해 기록을 남겼다.

첫째, 진동군(鎭東軍) 함주대도독부(咸州大都督府)로 병과 민이 1,948정호(丁戶)이다. 둘째, 안령군(安嶺軍) 영주방어사(英州防禦使)로 병과 민이 1,238정호이다. 셋째, 영해군(寧海軍) 웅주방어사(雄州防禦使)로 병과 민이 1,436정호이다. 넷째, 길주방어사(吉州防禦使)로 병과 민이 680정호이다. 다섯째, 복주방어사(福州防禦使)로 병과 민이 632정호이다. 여섯째, 공험진방어사(公險鎭防禦使)로 병과 민이 532정호이다. 현달(顯達)하고 어진 재주가 있어 그 임무를 감당할 자를 뽑아 이 지역을 진무(鎭撫)하게 했다.

당시 윤관은 이 외 의주(宜州)·통태진(通泰鎭)·평융진(平戎鎭)에도 성을 새로 쌓고 북계(北界) 9성으로 하였다. 그리고 남계(南界) 지역민들을 이주시켜 완전히 고려의 영토로 편입하고자 했다. 4월에 윤관과 오연총 등 여진 정

사진 15 조선 시대 『북관유적도첩』 중 윤관이 여진을 몰아내고 '고려지경(高麗之境)'의 비를 세우는 장면

벌군은 개선하여 경령전에 나아가 복명하고 부월을 바쳤다. 예종은 세조의 능인 창릉을 참배하고 이어 태묘에서 5년마다 1차례 올리는 큰 제사인 체향(禘享)을 올리면서 승전을 고했다. 이때 대사면과 함께 각종 은혜를 명산대천의 신령과 죄수들, 관원들 등에게 베풀었다. 이것이 1차 여진 정벌이었다.

그렇지만 여진은 고려의 공격으로 인해 오히려 더욱 단합했다. 그리고 고려를 압박하면서 9성을 돌려받고자 했다. 고려는 2차 여진 정벌에 나섰다. 여진의 공격이 시작되자 다시 오연총이 병마부원수로서 웅주로 출전하였다. 이어 7월에는 행영병마원수 문하시중 윤관에게 다시 여진 정벌을 명하였다. 그사이에 예종은 각종 불교 도량과 천신과 오방제에 대한 초제를 열어 여진을 물리치길 빌었다. 9월에는 9도에 점군사(點軍使)를 보내 병사를 선발토록 해 군대를 보완했다.

양측의 공방은 해가 넘어가도 계속되었다. 다만 여진 측에서 번장 등이 고려에 들어오는 등 화친을 위한 접근도 있었다. 그리고 1109년(예종 4) 2월 고려는 거란 즉 요나라에 동계 9성 신축을 알려 여진 정벌에 대한 이해를 구했다. 다만 이는 거란 측과의 영토 문제 등을 야기할 수 있어 외교적 위험 소지가 있었다.

예종은 신임하는 장수와 병사를 여진 정벌전에 보내 승전하고자 했다. 그러나 광활한 지역과 상대적으로 익숙하지 않은 지형 지세, 급변하는 기후와 여진인들의 반발, 오랜 전투의 지속으로 고려군은 고초를 겪었다. 여진 정벌전은 새로운 돌파구를 찾아야 했다. 이는 여진 측도 마찬가지였다. 잘 버티고 있다고는 하지만 여진의 피해도 고려만큼이나 극심했던 것이다. 이에 결국 화친론이 나오게 되었다. 1109년(예종 4) 4월 갑진일(30)에 동여진에서 사현(史顯)을 보내 화친을 청해 온 것이다[款塞請和]. 하지만 5월에는 윤관이 다시 서북로로 출정하는 등 긴장 관계는 계속되었다.

이때 윤관은 길주로 가던 도중 함주사록 유원서(俞元胥)의 보고를 받았다.

여진의 공형(公兄) 요불(裛弗)과 사현이 여진 태사 오아속의 화친 요청을 전했다는 것이었다. 윤관은 이를 듣고 강화(講和) 문제는 병마사가 결정할 수 있는 것이 아니므로 예종에게 직접 아뢰어 허락을 받아야 한다고 대응했다. 이에 1109년(예종 4) 6월 기해일(26) 여진에서는 동번 사자로서 요불과 사현을 고려 조정에 입조하게 하였고, 이튿날인 경자일(27) 이들은 다음과 같이 말하면서 화친과 함께 9성의 환부를 요청했다.

> 옛날 우리 태사(太師)인 영가(盈歌)가 일찍이 이르기를, '우리 조상도 대국[大邦, 고려]으로부터 나왔으니 자손 대대에 이르기까지 귀부하는 것이 의리에 맞는 일이다'라고 하였습니다. 지금 태사인 오아속(烏雅束) 역시 대국을 부모의 나라로 삼고 있습니다. 갑신(甲申, 1104) 연간 궁한촌(弓漢村) 사람들 중 태사의 지시에 복종하지 않은 사람들을 군사를 일으켜 응징하자, 고려[國朝]에서는 우리들이 국경을 침범한 것으로 생각하고 군사를 내어 정벌하였지만 다시 수호(修好)를 허락하였습니다. 이 때문에 우리는 그것을 믿고 조공을 끊임없이 바쳤는데, 생각지도 못하게 지난해에 대규모로 군사를 일으켜 쳐들어와 우리의 늙은이와 어린아이들을 죽이고 9성을 설치하여 유랑민들이 돌아가 의지할 곳이 없어졌습니다. 이에 태사가 우리를 보내어 옛 땅을 청하게 되었습니다. 만약 9성을 되돌려주어 우리의 생업을 편안하게 해 주시면, 우리는 하늘에 맹세하여 자손 대대로 공물을 정성껏 바칠 것이며 감히 기와 조각 하나라도 국경에 던지지 않겠습니다.

이처럼 여진은 자신들의 뿌리가 고려라고 밝히며 앞으로도 정성껏 섬기면서 국경을 침범하지 않겠다고 맹세했다. 이에 예종은 7월 을사일(2) 재추(宰樞) 및 대성(臺省)·제사(諸司)·지제고(知制誥)·시신(侍臣)·도병마판관(都兵馬判官) 이상과 문무 3품 이상의 관리를 선정전(宣政殿)에 모이게 했다. 그리고 9성 반환 논의를 시작했다.

그러나 결론을 내리는 일은 쉽지 않았다. 논의는 두 갈래로 나뉘어 팽팽했다. 하나는 여진 정벌 후 축성하고 사원을 창건하는 숙종의 서원을 유지하고 9성을 고려의 영토로 영속시키자는 입장이었다. 다른 하나는 지금까지도 그랬고 진행 중이며 앞으로도 그럴 것 같은 여진의 침략과 그로 인한 고려 조정과 백성들의 불안을 고려해 돌려주자는 입장이었다. 다만 현실적인 면에서 볼 때 당장의 인명과 재정 손실은 여진 정벌로 얻는 이익보다 컸고 향후 지키기 위해 희생해야 하는 비용은 계산하기 어려웠다.

이 같은 면이 예상되는 가운데 이 논의의 결정적 의견을 김연(金緣) 등이 냈다. 성을 서로 빼앗으며 죽어 나가게 하기보다 9성을 돌려주어 양측의 백성이 쉬면서 생업에 종사하게 하는 것이 마땅하며, 또 돌려주지 않으면 거란과 분란이 기필코 생길 수 있다는 것이었다. 몇 년에 걸쳐 정벌을 준비하고 2년 동안 본격적인 정벌이 전개되었으나 결정적 순간을 만들지 못한 데 대해 예종 역시도 고민하고 있었다. 수많은 고려의 병사들이 죽음으로써 획득한 9성을 쉽게 돌려주는 것도 명분이 서는 일은 아니었다. 또 9성 환부는 선왕 숙종의 서원을 거둬들이는 일이기도 했다.

그렇지만 예종은 현재와 미래를 생각해 대승적 결정을 내렸다. 9성의 환부였다. 결정이 내려지자 곧바로 예종은 여진과 싸우고 있는 윤관과 오연총 등에게 이를 알렸다. 그렇지만 전장에서 피 흘리며 싸우고 있었던 이들은 이를 그대로 수긍하고 돌아갈 생각이 없었다. 최소한의 뒷마무리를 하고자 했다. 그것은 여진 추장들이 맹서를 하게 하는 것이었다. 행영병마별감 최홍정(崔弘正)과 병마사 문관(文冠)은 여진 추장 거위이 등에게 맹약과 맹서를 행하라고 요구했다. 이에 이들은 함주 성 밖에 제단을 차리고 하늘에 다음과 같은 맹세를 행했다.

지금 이후 대대손손(九父之世)까지 악한 마음을 품지 않고 해마다 조공을 바칠 것입니다. 이 맹세와 다름이 있으면 우리[蕃土]는 망하여 없어질 것입니다.

전장에 있던 이들의 입장에서는 전쟁이 끝나서 다행이라는 생각과 함께 그렇게 싸워서 얻은 것이 무엇인가라는 이해가 상충할 수밖에 없었다. 장수와 군사들의 희생, 그리고 그 가족들이 입은 상처 등은 특히 그러했다. 예종은 바로 이러한 이들의 호국 희생에 보답해야 했다.

고려는 화친과 함께 9성 환부 결정으로 축조했던 성들을 차례로 철거했다. 여진인들은 물러나는 고려의 병사와 백성들을 보호하며 안전하게 돌아갈 수 있도록 했다. '질서 있는 후퇴'를 도운 것이다. 이처럼 소위 평화가 모색되는 가운데 조정에서는 2차 여진 정벌을 패전으로 규정했다. 그리고 원수와 부원수 등에게 책임을 물어야 한다는 책임논죄론이 나왔다. 앞에서 언급한 대로 윤관 등이 멋대로 명분 없는 전쟁을 일으켜 패전하고는 나라에 피해를 입혔으므로 그 죄를 용서할 수 없다는 것이었다.

윤관과 오연총 등은 완전한 승리가 아닌 어쩔 수 없는 화친으로 피로 쌓은 9성을 돌려준 상황이었기에 할 말이 있더라도 말할 수 없었다. 예종은 이들을 위로했다. 이들은 결국 왕명에 따라 전장에 나아가 최선을 다한 것이었기 때문이다. 결국 재상과 대간의 문책 간언 때문에 관직 박탈과 공신호 삭제 등이 행해졌지만 예종의 뜻은 분명했다. 선왕의 유지를 받들고 선왕의 뜻을 잇겠다는 예종의 명을 받들어 윤관 등이 전장에 나아가 오랜 치욕을 씻은 것이라고 여겼다. 또 여진 추장들의 항복과 화친 요청을 받아들인 것은 예종과 대신들의 결정이었기에 윤관 등에게 죄를 묻는 것은 국가 운영과 왕실에 도움이 되지 않는다고 보았다.

어쨌든 크게 두 차례에 걸친 여진 정벌은 동여진 완안부 태사 오아속이 중심이 된 여진에 의해 좌절되었고, 여진은 완안부를 중심으로 힘을 키웠다. 그 뒤를 동생 완안아골타가 이었으며, 특히 아골타는 뛰어난 상황판단과 민첩성, 용맹함과 전술 전략 능력을 드러내며 단시간 내에 완안부를 여진의 중심으로 만들었다. 완안부가 고려를 '부모지방(父母之邦)'이라 부르면서 섬겨 왔지만 이제 상황을 얼마든지 바꿀 힘이 완안부에 축적되기 시작한 것이다.

그러나 예종은 이미 성취한 결과에 대해 자부심을 가졌다. 나아가 송나라와 더욱 밀착하면서 그 문물을 그대로 흡수하고 고려의 것으로 만들고자 했다. 천장각을 두고 청연각과 보문각을 설치한 뒤 학사들과의 강론을 행하여 고려의 문물이 송과 마찬가지라는 것을 상징화했다. 이를 토대로 예종은 고려 왕조가 제불이 호위하는 나라, 원시천존이 가호하는 나라, 명산대천의 신령이 보호하는 나라, 천령(天靈)이 지켜 주는 나라임을 자신했다.

예종은 9성 설치 후 화친이 이뤄지자 성을 허물고 해당 지역을 돌려주었음을 거란에 사신 이국경(李國璟)을 보내 알렸다. 거란에서도 이에 대해 적절한 조치였다는 뜻을 전해 왔다. 이것이 1110년(예종 5) 정월의 일이었다. 이후 예종은 북계 번장 등의 지속적인 입조를 받으면서 이들에게 은혜를 베풀었다. 더불어 매년 정월과 7월 무렵 서북면병마사와 병마부사, 동북면병마사와 병마부사를 번갈아 인사를 행해 변방의 일에 대비했다. 여진과의 화친으로 태평한 시절을 맞이한 것이다.

그런데 1114년(예종 9) 여진인들의 고려 입조와 관련해 주목할 만한 변화가 있었다. 일단 이해 정월 입조하는 여진인들이 서여진 장군의 직함을 띠고 있었다. 그러는 사이 이해 10월 예종은 모후인 명의태후의 신위를 숙종실에 함께 안치하고 숙종과 명의태후의 능인 영릉과 숭릉을 참배했다. 그리고 태묘에서의 협향(祫享) 때 송에서 보내 준 대성악(大晟樂)을 사용하여 의미를 더했다.

여진의 움직임 변화를 알려 준 중요한 보고가 예종이 왕실의 위상을 다지는 사이에 있었다. 그것은 거란 동경병마도부서사(東京兵馬都部署司)에서 알려 온 것으로 생여진 완안부의 아골타가 거병하여 반란을 일으켰다는 내용이었다. 다만 고려는 이때까지만 해도 기존처럼 거란 사신을 받고 왕태자의 이름을 정하였으며 연덕궁주 이씨를 왕비로 책봉했다. 또한 선정전에서 북계 4관 밖에서 온 번장(蕃長)이나 동번 사자 아지를 접견하는 등 큰 변화는 없었다.

1115년(예종 10) 정월 상황은 급변했다. 완안부 아골타가 스스로 황제라 칭하고 이름을 '민(旻)'이라 고쳤으며 국호를 '금(金)'이라 했다. 당시는 소위 다황제(多皇帝) 체제라 할 만큼 국제적으로 각 나라가 황제를 칭하고 있었다. 이를 고려하면 큰 문제라 할 수는 없었다. 이름을 아골타에서 '민'으로 바꾼 것도, 국호를 정해 '금'이라 한 것도 마찬가지였다. 다만 '민'은 하늘을 뜻하는 것으로 새로운 천하를 만들겠다는 아골타의 의지를 보여 준 것이었다. '금'이라는 국호는 금 태조가 완안부의 색인 백색의 금은 변하지 않고 녹슬지 않는다며 그 영원성을 고려해 정했다는 설이 전한다. '함보'로부터 시작된 자신들의 뿌리인 신라의 왕성(王姓) '김(金)'을 고려해 정한 것이라는 설도 있다.

금의 시조는 『금사』에 따르면 고려 혹은 신라 출신 '함보(函普)'였다. 『고려사』에 소개된 바로는 어떤 사람은 평주(平州) 승려 금준(今俊)이 금나라의 선조라고 했다. 또 어떤 사람은 평주 승려 김행(金幸)이라고 했는데, 그의 아들 김극수(金克守)가 여진 여자와 결혼해 고을태사(古乙太師)를 낳았고, 고을태사의 아들이 활라태사(活羅太師)라 했다. 활라태사의 장남이 핵리발(劾里鉢)이며 막내아들이 태사 영가(盈歌)라 했다. 핵리발의 장남이 오아속이고 그 동생이 아골타라 정리했다.

이와 달리 『금사』에서는 함보의 후손으로서 세조로 추존된 완안핵리발(完顔劾里鉢)의 장남이 강종(康宗)으로 추존된 완안오아속(完顔烏雅束)이라 했다. 오아속이 1113년에 죽자 그 동생인 아골타가 뒤를 이었다. 바로 금 태조 완안아골타(完顔阿骨打)였다. 아골타는 집권한 후 곧바로 1114년 10월 거

란 동경병마도부서사에서 고려에 알려 온 것처럼 거병을 시작했고, 이듬해
인 1115년 정월에는 금나라를 세웠다.

　1115년(예종 10) 4월 거란에서는 여진 정벌을 위해 고려군의 협력을 요청
했다. 당장은 농번기이므로 훈련만 하도록 하였지만 곧 닥쳐올 일이었다.
그런데 예종은 이같이 중대한 시기에 송으로 사신을 파견하고 진사 김단
등 5명을 송의 태학에 입학시켰다. 그리고 5월 경인일(21)에 건덕전(乾德殿)
에서 종친과 재추(宰樞), 시신(侍臣)들에게 "중신(重臣)이 현량하니 만사가 평
안하네[股肱良, 庶事康]"라는 시제를 내고 제술토록 했다.

　거란 천조제(天祚帝)는 이같이 평안한 때를 보내는 고려에 여진 진압을 위
한 파병을 요청했다. 1115년(예종 10) 8월 경자일(3)의 일이었고, 예종은 결국
을사일(8)에 재추와 시신, 도병마판관(都兵馬判官) 및 여러 위(衛)의 대장군 이
상을 모아 논의토록 했다. 김부식(金富軾)의 형 김부일(金富佾) 열전에 소개
된 바에 따르면 대부분이 파병에 찬성했으나 김부일과 아우 김부식 및 호
부원외랑 한충(韓冲), 우정언 민수(閔脩), 위위소경 척준경(拓俊京) 등은 이에
반대했다. 그 이유는 다음과 같았다.

　　우리나라가 정해년(1107, 예종 2)과 무자년(1108, 예종 3)의 병란 이후에 군민
　　이 겨우 쉴 틈을 얻었습니다. 지금 다른 나라를 위하여 출병하는 것은 스
　　스로 불화를 생기게 하는 것이라, 그 이해를 헤아리기 어려우니 조심스럽
　　습니다.

　엄청난 인명 및 재산 피해, 그리고 재정적 어려움을 겪었고 아직 회복되
지도 않았는데 고려에는 아무 피해가 없는 상황에서 거란을 위해 파병하는
것은 모험이 따른다는 것이었다. 사실 이들의 견해는 파병 자체의 반대라
기보다는 실제 와닿는 금에 의한 피해가 없는 상황, 또 거란과 금의 전쟁 상
황에 대한 분석과 이해, 좀 더 넓혀서는 송과 금의 관계 등 많은 면을 고려

해 결정해야 한다는 것일 수 있었다. 고려의 파병 결정을 기대하고 있던 거란의 사신 야율의(耶律義) 등은 빈손으로 돌아갈 수밖에 없었다.

예종은 비서교서랑 정양직(鄭良稷)을 안북도호부 아전으로 위장해 거란 동경에 가도록 해 고려 사신들의 억류 내막을 염탐하게 했다. 이는 거란과 금의 전황을 살펴보려는 목적도 있었다. 그리고 동경 거주 발해 유민이 동경 유수를 죽이고 고영창(高永昌)을 세워 황제라 하고는 국호를 '대원(大元)', 연호를 '융기(隆基)'라 했음을 알았다. 다만 정양직은 벼슬 이름을 사칭하고 표문을 올려 신하라 하였다. 이 일이 귀국 뒤 알려지자 결국 처벌을 받았다. 이는 당시 요동과 압록강 일대의 정세가 급변하고 있음을 알려 주는 사건이었다.

예종은 서두르지 않았다. 일단 예정된 일정을 소화했다. 1116년(예종 11) 3월 계묘일(9) 천수사 낙성식을 3일간 성대하게 열어 숙종과 명의태후를 추모한 것이 확인된다. 이어서는 이달 을묘일(21)에 일관의 청을 따라 서경까지 간편한 거둥으로 움직여 4월 초하루인 갑자일에 서경에 도착했다. 풍수도참에 따라 새로 조성한 용덕궁(龍德宮) 건원전(乾元殿)에서 개혁 교서를 반포한 뒤 예종은 갑신일(21)에 서경을 출발했다. 그리고 1주일 만인 신묘일(28)에 개경에 도착해 사면령과 함께 제서를 내려 서경 순수(巡狩)의 의례를 행한 까닭과 태사의 요청에 따라 용언에 새로 만든 궁궐 즉 용덕궁을 완공하여 큰 왕업[景業]을 일으키고자 했음을 밝혔다. 더불어 사면 등 큰 은사를 내려 신민들을 위로하고 통합하려 했다.

예종은 거란의 파병 요청을 거절한 뒤 정세를 관망하고 대비했다. 그리고 거란이 금에 의해 급격히 위기에 빠지자 1116년(예종 11) 7월 신유일(30) 변경 관련 사태를 논의하고자 했다. 즉, 선정전에서 재추와 급사중승 이상 시신을 불러 이 상황에 대하여 친히 질문했다. 또 대성(臺省)의 모든 시신과 병마판관(兵馬判官)을 건덕전으로 불러들여 왕명을 널리 알리고 의견을 물었다. 이후 고려의 별다른 움직임이 없었던 것으로 보아 적극 참전을 통한 영토 확보 등 계획은 없었던 듯하다. 여전히 현재의 영토를 굳건히 지키면서 거란이 차지하고 있던 내원성과 포주성의 확보 기회를 엿보는 정도였다.

같은 해(1116) 8월 내원성과 포주성이 금의 공격으로 무너지고 거란의 통군 야율영은 도망하려 했다. 이때 예종은 한교여(韓皦如)를 보내 귀부를 설득했다. 거절되자 예종은 사신을 금에 보내 포주가 본래 고려 땅이므로 돌려받기를 원한다는 뜻을 전했다.

아골타는 이에 대해 고려가 스스로 취하라 하였다. 이듬해 1117년(예종 12) 2월 예종은 의외로 여진과의 전쟁에 반대한 바 있었던 김연 즉 김인존을 판서북면병마사로 삼아 군무를 맡겼다. 같은 해 3월 신묘일(3) 거란의 통군 야율영과 내원성 자사 상효손이 달아나자 결국 내원성과 포주성이 고려에 귀부했다. 이에 포주를 의주방어사(義州防禦使)로 고치고 압록강을 경계로 관방을 설치했다. 이때 정해진 '의주(義州)'는 대의에 따라 고려의 영토가 된 땅을 뜻했다. 결국 전쟁 참여로 인한 인명 및 재산 피해 없이 두 성을 차지함으로써 고려의 영토는 압록강까지 이르게 된 것이다.

소식이 전해지자 대신들은 같은 달 갑오일(6) 예종에게 하례 표문을 올렸다. 그 내용 중 일부를 소개하면 다음과 같다.

> 요즈음 두 적국이 전쟁을 벌여 2성의 소속에 대하여 크게 우려하였습니다. 그런데 말갈(靺鞨)이 바치겠다고 간청한 것은 하늘의 계시에 따른 것이며, 선비(鮮卑)가 몰래 도망간 것도 진실로 사람의 힘으로 이루어진 일이 아닙니다. 우리의 샘과 못이 다시 우리 영토가 되어 문서에 올려 경작할 수 있는 땅이 되었으며 국토를 더욱 확장하게 되었습니다.

이는 본래 용만현(龍灣縣) 혹은 화의현(和義縣)이라 불린 압록강 연안 지역을 1019년(현종 10) 이래 거란이 차지하면서 보주(保州) 혹은 포주(抱州)라 부르며 지배했는데 이제 다시 이 일대를 고려가 회복하였음을 뜻했다. 보주 회복과 의주방어사 설치까지 근 100년에 이르는 영토 분쟁이 이렇게 고려의 끝없는 관심과 노력 속에 해결된 것이었다. 다만 고려의 적극적인 영토 획득 노력보다는 어부지리의 성격으로 얻었던지라 찜찜한 면이 남게 되었다. 이는 다시 금과의 외교 교섭으로 결국 해결을 보게 되지만 고려는 그 이상 압록강을 넘어가지는 못하였다.

그리고 1117년(예종 12) 3월 계축일(25) 금의 아골타는 사신 아지 등 5명을 예종에게 보냈다. 그 서한의 서두는 '형 대여진 금국 황제가 아우 고려 황제에게' 보낸다는 것이었다. 그리고 내용은 자신들의 선대가 거란을 대국으로, 고려를 부모의 나라로 여겨 마음을 다해 섬겨 왔는데, 거란이 무도하여 하늘의 도움으로 거란을 섬멸할 수 있었다는 것이었다. 결론은 다음과 같은 화친 요청이었다.

> 생각하건대 우리와의 화친을 허락하고 형제의 관계를 맺어 대대로 무궁한 우호 관계를 이루기 바랍니다.

예종은 이에 조정 대신들을 모아 어떻게 할 것인지를 논의했다. 대부분의 대신들은 화친 반대론에 서 있었고 사신으로 온 아지 등을 참수하려고까지 했다. 그러나 화친 반대론은 금과의 적대를 의미했고, 다시 전쟁이 시작됨을 뜻했다. 어사중승으로 있던 김부의(金富儀) 즉 김부철(金富轍)은 한나라가 흉노에게 그리고 당이 돌궐에게, 송이 거란에게 행했던 사례를 들어 화친론을 주장했다. 굴욕적이지만 화친을 통해 평화를 이룬 선례들이었다. 주장의 후반부에는 어떻게 해야 할지에 대한 방책을 제안했다.

> 천자(天子)의 존귀함은 천하에 대적할 것이 없으나, 오랑캐의 나라[蠻胡之國]에 대하여 몸을 굽혀 그들을 섬기는 것은 이른바 성인(聖人)이 권도(權道)로써 도(道)를 이루어 나라를 온전히 보존하는 좋은 계책입니다. 옛날

성종 대에 변방 방비에 실수하여, 곧 거란의 침입을 불러오게 된 일을 진실로 거울로 삼을 만합니다. 신이 원하건대 성조(盛朝)에서 길게 도모하고 멀리 보는 대책을 생각하여 국가를 보전함으로써, 훗날 뉘우치는 일이 없도록 하십시오.

이 글 중 성인이 권도로써 도를 이뤄 나라를 온전히 보존하는 좋은 계책으로 삼았다는 대목을 주목할 필요가 있다. 권도란 임시방편이라는 의미도 있으나 여기서는 대의명분이라는 본질적 목적을 달성하기 위해 합당한 방법을 동원해 뜻을 이룬다는 면도 있다. 그간에는 여진이 고려를 부모의 나라로 섬겼으나 이미 강국이 된 현재 여진이 화친을 청한 만큼 나라와 백성의 안녕을 위해 이를 받아들여 국가를 보존하자는 주장이었다.

여진을 여전히 오랑캐로 보는 입장에서 화친은 굴욕일 수밖에 없는 것이 당시 대부분의 생각이었을 것이다. 그러나 김부철은 잠시의 굴욕이 백 년의 안녕을 도모할 수 있다고 생각했다. 시간을 벌어 부국강병을 이룬 뒤 치욕을 갚겠다는 의지도 있었으리라 여겨진다. 예종은 김부철의 상소에 응답을 내리지 않았다.

예종이 이후 화친 요청에 어떻게 응하였는지는 기록이 없어 분명치 않다. 다만 김부철의 상소에 응하지 않은 점으로 보아서는 선뜻 화친에 응한 것은 아니었으며, 그렇다고 당장이라도 금과 전쟁을 벌일 뜻도 없었던 듯하다. 내부적으로는 전쟁에 대비하되 의주방어사 등 북계를 지키는 데 일단 주안점을 둔 것으로 여겨진다. 즉 1118년(예종 13) 5월의 기록을 보면 이자겸을 판서북면병마사 겸 중군병마사, 김연을 판동북면병마사 겸 행영병마사, 박경인을 서북면병마사 겸 지중군병마사, 왕자지를 동북면병마사 겸 지행영병마사로 임명한 것이 확인되기 때문이다.

금은 이사이에도 승전을 거듭했다. 1119년(예종 14) 2월 금에서 사신을 보내 자신들이 북쪽으로는 상경에서부터 남쪽으로는 바다에 이르기까지 모든 부족 백성들을 위무하였다고 알려 왔다. 이에 예종도 금과의 관계 개선을 더 이상 미룰 수는 없어 같은 해 8월 중서주사 조순거(曺舜擧)를 금에 보내 서신을 전달토록 했다. 그렇지만 글 내용에 금이 꺼려 하는 구절이 있었다. 그것은 "하물며 금나라의 근원이 우리 땅에서 시작되었음에랴[況彼源發乎吾土]"라는 문구였다. 이를 받은 금의 입장은 아마도 불편했을 터였다. 즉 자신들이 그 근원을 고려나 신라로 자처할 수 있을지라도 이제는 자신들보다 소국이 된 고려가 이를 굳이 군주 간 서신에 표현하는 것은 곤란하다고 여겼을 것이다. 그 때문에 이를 받아들이지 않았던 것이다. 금에 대한 자존심의 표현이었지만 이는 크게 문제 삼을 수 있는 일이었다.

이에 대한 대비가 필요했다. 이러한 연고로 장성(長城)을 3척 더 높여 침략에 대비하였으나 금에서 이를 문제 삼자 공사를 진행하면서 옛 성을 보수하는 것일 뿐이라 알렸다. 이러한 일련의 상황을 보면 고려는 섣부른 화친은 나라의 위상을 떨어뜨리는 것이라 인식했고, 그렇다고 안 하기에는 위험한 딜레마 상태에 있었다. 그럼에도 만일을 대비해 방비를 철저히 하고자 한 점은 높이 살 필요가 있겠다. 결국 예종 대에 금과의 통교는 이뤄지지 못했고, 이는 예종의 죽음으로 더욱 미뤄지게 되었다.

3) 예종의 죽음과 시대 과제

1122년(예종 17) 4월 병신일(8), 예종이 17년간 재위하다 45세의 나이로 죽음을 맞았다. 인종은 선왕의 시호를 '문효(文孝)'라 하고 묘호를 '예종(睿宗)', 능호를 '유릉(裕陵)'이라 정했다. 시호를 '문효'라 정한 것을 이해할 수 있는 자료가 전하는데, 바로 박승중(朴昇中)이 쓴 「예왕시책문(睿王諡冊文)」이다. 이 글에서 박승중은 예종의 성품과 업적을 시호 두 글자에 압축하였다.

대행대왕은 어질고도 또 효성스러우며, 성스러우면서 재능이 많으셨습니다. 문장(文章)은 모든 왕 중에 가장 뛰어났고, 예악(禮樂)은 중국과 나란히 일으키셨습니다. 학교를 세워 어진 이를 기르는 제도[養賢之制]를 설립하였고, 경술(經術)을 존중하여 선비를 뽑는 과거(科擧)를 개혁하였습니다. 백성[黎蒸]을 사랑하고 아껴서 전쟁에 동원하며 일을 만들지 않았고, 시종하는 신하를 자주 맞이하여 항상 강독하게 하는 것으로 즐거움을 삼으셨습니다. 그리하여 다스리는 제도가 다 펼쳐지고, 나라의 기초가 단단해졌습니다.

효성과 함께 문물 제도를 갖췄으면서도 함부로 전쟁에 백성을 동원하지 않았으며, 신하들과의 강독을 즐겨 했기에 '문효'라 정했다 하였다. '예종'의 묘호 역시도 마찬가지였다. 많은 면에 있어서 명철하였고 그에 따라 이룬 왕업이 있음을 뜻하기 때문이다. 예종은 그만큼 부모에게는 효를 다하고 신민들에게는 은혜를 베푸는 데 인색하지 않았으며, 의주가 고려의 땅으로 되돌아오고, 금과는 더 이상 전쟁을 하지 않아도 되는 평화를 맞게 되었다는 의미도 있었다. '유릉'의 묘호는 넉넉함으로 신하를 대하고 백성과 여진인들을 다스렸던 예종의 업적을 반영한 것이었다.

한편 예종은 1109년(예종 4) 10월 을해일(4)에 태어난 원자를 1115년(예종 10) 2월 왕태자로 책봉했다. 태자 교육을 받고 있던 인종이 예종의 유조를 받고 즉위할 때 나이는 14세였다. 예종은 태자에게 직접 자신의 정치가 득은 적고 실이 많았다 하면서 자신을 본받지 말고 옛 성현의 도와 태조의 유훈을 받들라 말하였다. 예종의 정치 득실에 대한 자평은 의미심장했다.

예종은 사실 앞에서도 언급한 바처럼 많은 업적을 쌓았다. 문종 대에 이어 많은 문물 제도를 갖추고 나아가 송과 직접 교류해 그 수준을 높였다. 또한 유학이나 불교 및 도교, 전통 산천신앙이나 사선에 이르기까지 폭넓게 그 의례 등을 갖췄다. 숙종에 대한 3년상을 마친 뒤 추진한 여진 정벌을 통해서도 9성을 축조하고 숙종의 소원대로 사원을 창건해 고려의 위상을 떨쳤다. 비록 곧 9성을 반환하기는 했지만 침범하지 않고 대대로 섬기겠다는 여진의 약속을 받아 냈다. 또한 서경에 용덕궁을 짓고, 남경에 자주 행차하면서 풍수도참의 덕을 보고자 했다. 천수사와 정국안화사를 창건하기도 했다. 서경에는 분사 제도를 시행하였으며, 100년간 거란이 지배하고 있던 내원성과 포주성을 회복하여 의주방어사를 두었다. 『해동비록』을 편찬케 하고 『정관정요』를 주해하였으며, 많은 사신들이 송에 들어가 문명을 떨쳤다. 청연각에서의 경연과 보문각을 통한 강론, 국자감의 7재 설치 등을 통해 문·무학의 균형 등을 추구했다.

예종 묘정에 배향된 체협공신은 류인저(柳仁著)·윤관(尹瓘)·김인존(金仁存)·위계정(魏繼廷) 등 네 사람이었다. 류인저는 정주(貞州) 출신으로 아버지는 선종 묘정에 배향된 류홍(柳洪)이었다. 그 딸이자 류인저의 누이는 숙종비인 명의태후 류씨였다. 이미 류인저는 선종 때 시중의 지위에 있었고, 『춘추좌전』과 『병가비결(兵家秘決)』 등에 통달하였다. 1113년(예종 8)에 죽었다. 대를 이어 현달한 가문이었다 할 수 있다. 시호는 '정간(貞簡)'이라 했다.

윤관은 파평현 사람으로 삼한공신 윤신달(尹莘達)의 후손이었다. 윤관은 숙종의 밀지를 받는 등 신뢰를 얻었고, 이어 등극한 예종의 뜻을 받들어 여진 정벌의 원수로서 동북 9성을 축조하고 고려의 영토 경계를 공험진으로 정하기도 했다. 1111년(예종 6)에 죽었으며, 1130년(인종 8)에 예종 묘정에 배향되었다. 시호는 처음에 '문경(文敬)'이라 했으나 1130년 피휘를 위해 '문숙(文肅)'으로 고쳤다.

김인존은 경주 출신으로 본래 이름은 김연(金緣)이었다. 아버지는 김상기(金上琦)로 류홍처럼 선종 묘정에 배향된 체협공신이었다. 김인존은 1127년(인종 5)에 죽었으며, 『논어신의』와 『해동비록』, 『정관정요』 주해, 『시정책요』를 저술하였다. 류인저처럼 김인존도 대를 이은 체협공신이 되었다. 부인은 경원 이씨이고 외조부는 경원군개국백 이호(李顥)였다. 그의 세 아들 김영석(金永錫)·김영윤(金永胤)·김영관(金永寬)도 모두 과거에 급제하였다. 그야말로 최고 문벌 가문 중 하나였다. 시호는 '문성(文成)'이라 했다.

위계정은 남해 수령현 출신으로 문종 때 과거에 급제하였다. 예종 즉위 때에 옥새를 받들어 예종에게 건네줄 정도로 예종과 인연이 깊었다. 위계정은 청렴 검약, 정직과 절조를 지켜 예종으로부터 믿음을 얻었다. 인종은 위계정을 배향공신으로 정하면서 "위계정은 숙종의 유명을 받들어 선왕을 보필하였고 청렴하고 정직하여 한결같이 절개를 지켰으니 예종의 묘정에 배향함이 마땅하다"라 한 바 있었다. 시호는 '충렬(忠烈)'이라 했다.

이처럼 예종이 수많은 업적을 남겼음에도 태자인 인종에게 스스로 득보다 실이 많았다 한 것은 무엇 때문일까? 이것은 예종이 인종에게 남긴 시대 과제를 보면 될 듯하다.

첫째, 여진 정벌의 후폭풍을 감당해야 했다. 정벌에는 17만 이상의 별무반 등 정예 고려군이 투입되었다. 병력 및 인명 손실과 재산상의 피해가 막대했다. 또한 여진정벌론, 9성반환론, 윤관·오연총 등에 대한 패전책임론 등이 계속 논의되면서 정치적 갈등 소지를 만들었다. 더불어 이 때문에 직접 전투에 참여하여 싸우는 무반에 대한 적극적인 배려가 필요해졌다. 문무학을 아울러 양성하는 것은 그 일환이었다. 고려의 입장으로서는 그동안의 방어 전쟁이 아닌 대규모 전쟁 수행에서의 실패로 인해 국경을 넘는 정복 전쟁 시도가 만만치 않게 되었다. 따라서 여러 가지 명분을 들어 강대국과의 전쟁을 점차 피하는 일이 생겼다. 사관이 예종에 대해 "뜻이 척경(拓境)에 있어 요행히 공을 이뤘지만 적과 갈등이 있게 되었다"라 평한 것은 이를 뜻했다. 군주에게는 이러한 상황에서 정치 통합과 명분 및 실리를 모두 챙길 수 있는 합리적, 정치적 판단이 요구되었다.

둘째, 과도한 종교 행사를 줄여야 했다. 당시 고려는 유학이 발달하여 성명 도덕을 논하는 단계에 올라 송과 같은 궤도에 있음을 자랑하였지만 지나치게 다양한 사상적, 종교적 편력을 보여 주었다. 종교 사회를 지향했다 할 정도였다. 도량과 초제, 명산대천 신에 대한 제사, 왕릉과 태묘 및 진전

사원 참배, 사찰 창건 및 도교 사원 수립 등이 행해졌다. 이를 통해 재해를 없애고 복을 비는 소재(消災) 및 기복(祈福)을 추구했다. 긍정적으로는 왕실의 국태민안을 위한 노력을 의식으로 보여 주는 장치였다 판단되지만 정기적, 비정기적으로 행해지는 지속적 행사는 피로감을 주고 재정 낭비, 효험 없는 종교 행위 등으로 비쳐지기도 했다. 따라서 이후로는 국가와 왕실이 실질적인 이익을 얻을 수 있는 노력을 집중할 필요가 있었다.

셋째, 지나친 화풍 추구를 경계해야 했다. 예종은 자신의 화풍 추구 노력과 그 성과에 대해 자부심을 가졌다. 청연각과 보문각을 설치해 6경에 대한 경연 및 강론의 장으로 만든 것은 큰 공이었다. 반면 호종단과 같은 송 출신 문사를 중용하면서 중국식 제도를 무비판적으로 수용하고, 송에 매년 사신을 보내 문물을 수입하고 송 사신을 후대했다. 문물 수입에 있어서는 큰 성취를 보였지만 그 이면에 생긴 화려함에 따른 소비가 컸다. 이에 사관의 평을 보면 "화풍을 흠모한 나머지 호종단을 신뢰해 쓰면서 그 말에 미혹되어 실수하는 바가 많았다"라 한 대목이 있다. 쉬운 일은 아닐 터이지만 지나친 화풍 추구에 대한 경각심과 비판적 수용 태도가 필요했다.

넷째, 풍수도참의 영향에 따른 국가적 부담을 줄여야 했다. 예종은 태사와 일관의 말에 미혹되어 풍수도참을 맹신했다. 고려삼경론에 입각해 이미 남경이 숙종 대에 건설되었지만 예종은 서경의 궁성을 새로 조성했다. 그리고 남경과 서경에 대한 순수를 행하였다. 순수를 통해 백성의 질고를 살피고 지방관의 근태를 조사하면서 산천신에 대한 감사를 올리는 등의 일은 분명 덕치의 일환이었다. 여기에 더해 풍수도참에 기반하여 천수사와 안화사를 새로 조성했다. 이들은 왕권과 왕실의 위상을 보여 줄 수 있는 상징적 시설임에 틀림없지만 그 공사를 위해 많은 인력과 재정이 낭비되어야 했다. 게다가 대부분의 대신들이 도참에 따른 시설 정비에 찬성했을 정도로 풍수도참이 정국을 주도한 면이 있었다. 이에 대한 국가적 차원의 재검토로 국력 낭비를 줄일 필요가 있었다.

다섯째, 금과의 관계 문제였다. 금의 등장으로 인한 국제 정세의 변화 및 국제질서의 재편에 중립적 입장을 취함으로써 고려는 의주방어사를 설치하고 안정을 도모할 수 있었다. 거란의 원병 요청을 거절하고 송의 금과의 연합 의도 등에 모두 반대했다. 하지만 새로 등장한 금과의 화친 통교 문제가 남아 있었다. 금 주도의 화친은 그간의 반여진 정서에 더해 반금론으로 이어져 고려 조정은 화친 반대론으로 기울어졌다. 예종은 이를 조정하면서 금에 대한 통교와 화친을 행하고 양국의 위상 관계 등을 설정하려 했다. 하지만 예종이 죽으면서 이는 일단락되었고, 인종 정권이 이를 해결해야 했다.

여섯째, 특정 세력의 형성을 경계하고 무반의 불만을 잠재워야 했다. 당시 문반 고위층이 여진 정벌 등을 이끌고, 외척 및 유력 가문 간의 혼인이 중첩되고 있었다. 여기에 송의 문화가 대거 유입되면서 이를 향유하는 소위 특수 계층이 형성되었다. 이는 긍정적으로 작용하였을 때는 문물 제도의 수준을 높일 수 있었다. 그러나 그 이면에는 다른 부정적 요소도 잠복해 있었다. 정치 및 군사, 외교 등의 문제로 결정을 내려야 했을 때 말 그대로 공정하고 합리적인 주장을 펴기보다 대세를 따르려는 사람이 많아졌고, 무반 3품 이상 직으로의 승진 등은 여전히 제한적이어서 무반의 불만도 쌓일 수밖에 없었다. 예종이 전쟁을 그치게 하고 문치를 닦아 예악으로써 풍속을 교화한 측면은 분명히 크지만 문치 중심이었다는 점이 양반 체제의 불균형을 낳았다. 이를 다각도로 해결할 필요가 있었다. 특히 변경은 전쟁의 일상화 혹은 훈련의 일상화가 일어난 지역이었기에 그 불만과 불안은 커졌다. 숭문경무(崇文輕武)와 문벌 및 외척 세력에 대한 대책이 요구되었다.

일곱째, 왕실의 안정이 필요했다. 숙종의 자녀는 예종을 비롯한 7남과 대령공주 등 4녀였다. 반면 예종은 인종과 두 명의 공주에 불과했다. 종실이 강해지고 왕실 직계는 그렇지 않은 상황이었다. 예종은 이에 왕태자를 위해 동궁 관제 등을 재정비하고 왕태자 교육을 철저히 하려 했다. 또 한편으로는 경원 이씨 특히 이자겸가의 존재를 무시할 수 없었다. 왕실로서는 이자겸의 보호를 받아야 하는 한편 이자겸의 지나친 권력 남용 등을 막아야 했다. 예종은 이를 위해 나름 친왕실 세력이라 할 정치 세력을 세웠으나 14세에 즉위한 인종에게 이는 큰 정치적 부담이 될 수밖에 없었다. 그래도 해야 할 일이었다.

예종의 17년간의 왕업은 후세에 물려줄 훌륭한 것이기는 했으나 14세에 즉위한 인종도 그럴 수 있을는지는 물음표가 붙여질 수밖에 없었다. 성군이라 칭해지는 군주를 잇는 다음 왕대가 대체로 몰락하는 것은 성군의 시대에 양성된 학사 및 정치 세력이 자신들의 정치적 자산을 다음 대 군주에게 강요하는 측면이 있어서였다. 또 다음 대 군주는 성군인 선왕이 만든 정치적 자산에 기대어 안주하면서 이를 누리려고만 하는 경향이 생기곤 했다. 과연 예종을 이은 인종은 어떠한 군주상을 보여 주었을까? 인종을 통해 12세기 대전환기 고려의 모습을 살펴보도록 하자.

2.

국제질서의 대전환과 인종

1) 인종의 즉위와 왕실

1122년(예종 17) 4월 을미일(7) 예종은 죽음을 예감하고 재추들을 불러 유조를 내려 어린 태자를 도와 왕업이 손상되지 않도록 도우라 했다. 이어서는 태자를 불러 왕위를 잇게 했다. 유언으로 예종 자신을 본받지 말고 성현의 말씀과 태조 유훈을 받들어 부지런히 백성을 편안케 하라 하였다. 한안인(韓安仁, ?~1122)을 불러서는 국새를 가져다 태자에게 주도록 했다. 이튿날인 병신일(8) 예종은 훙서했고, 선정전을 빈전으로 삼았다. 왕태자였던 인종은 평장사 이자겸의 도움을 받으며 중광전에서 즉위했다.

인종(仁宗, 1109~1146)은 1109년(예종 4) 10월 을해일(4)에 순덕왕후(順德王后) 이씨에게서 태어났다. 순덕왕후는 이자겸의 둘째 딸이었다. 인종 즉위 후 문경왕태후(文敬王太后)로 추존되었다. 인종은 1115년(예종 10) 2월 7세 되던 해에 왕태자가 되었다. 인종의 이름은 처음에 '구(構)'로 지었다가 왕태자 책봉 후 즉위 전에 '해(楷)'로 바꿨다. '해'는 모범, 법식, 배우다 등의 뜻이 있다. 아마도 모든 이의 모범이라는 의미를 두고 지었을 듯하다. 자는 '인표(仁表)'였다. 어짊을 드러내다, 혹은 어짊의 표상이라는 의미였다.

왕태자가 되자 생일을 절일로 하였다. 왕태자로서의 절호는 1115년(예종 10) 10월 경자일(4)에 '영정절(永貞節)'로 정해졌다. 오래도록 곧을 것이라는 영원성을 담았다. 이때 왕태자 절일에 동궁 소속 관원이 진하를 하고 양계와 8목, 3도호부에서 전문(箋文)을 올리는 것을 항식(恒式)으로 정했다. 이후 그 시점은 알 수 없지만 즉위 전에 절호는 '안정절(安貞節)'로 바뀌었고, 1122년(인종 즉위년) 9월에 이르러서는 다시 이를 고쳐 '경룡절(慶龍節)'이라 했다. '경룡'은 제왕의 재위를 경축한다는 의미가 있었다. 그러니까 인종의 탄절일은 영정-안정-경룡으로 그 호칭이 바뀐 것이었다.

그런데 특징적인 것은 거란이 고려 군주의 생일에 맞춰 생신축하사를 보내던 것과 달리 금에서는 인종의 경룡절 축하와 관련해 10월 4일에 도착하는 사신을 보내지 않았다는 점이다. 1126년(인종 4) 고려가 금에 대한 사대를 결정한 이후 1127년(인종 5)에 이르러서야 정월부터 매년 생신축하사를 보내온 것이다.

한편 후비는 왕실의 후사만이 아니라 왕실을 위한 외척이라는 울타리를 만드는 왕실의 또 다른 주체였다. 이러한 존재인 후비를 특정 가문에서 독점하고 이를 계기로 권력을 장악하는 것은 역대 왕조에서 모두 금기시하는 일이었다. 그러나 군주의 선택권이 극도로 제한된 상황에서는 후비 결정이 결국 권력자의 손에 들어가게 되고 후사를 통한 권력의 영구화가 추진될 수 있었다. 이미 예종과 문경왕태후가 죽은 상황에서 인종의 후비 결정에 대한 키는 이자겸이 쥐고 있었다.

인종의 후비는 모두 4명이 확인된다. 이자겸의 셋째 딸인 폐비 이씨, 넷째 딸 폐비 이씨, 정안 출신 임원후(任元厚)의 딸인 공예태후(恭睿太后) 임씨, 김선(金璿)의 딸 선평왕후(宣平王后) 김씨가 있었다.

첫째로 이자겸의 3녀인 폐비 이씨는 인종이 예종의 3년상을 마치고 맞이한 후비였다. 1124년(인종 2) 7월 조선국공으로 책봉된 이자겸은 왕실 혼인을 빼앗기지 않기 위해 셋째 딸을 인종의 후비로 들였고, 인종은 연덕궁주(延德宮主)로 책봉했다. 그러나 연덕궁주는 실상 모후인 문경왕태후의 바로

밑 동생으로 인종에게는 이모였다. 1126년(인종 4) 5월 이자겸의 난이 진압된 후 같은 해 6월 폐비 이씨는 출궁되었고 1139년(인종 17)에 죽었다.

둘째로 이자겸의 4녀인 폐비 이씨는 1125년(인종 3) 정월에 맞이한 후비였다. 폐비 이씨는 이자겸이 인종을 해치기 위해 떡에 독을 넣어 올린 것을 알아차리고 이를 까마귀에게 던져 주어 인종을 구해 준 바 있었다. 또 이자겸이 이씨로 하여금 인종에게 독약을 먹이려 하자 약사발을 들고 가다 고의로 넘어져 쏟았다. 두 번씩이나 인종을 구해 준 셈이었다. 이자겸의 난이 있던 1126년(인종 4) 6월 역시 폐비될 수밖에 없었으나 인종은 이씨의 공을 생각해 각별한 은혜를 베풀었다. 1195년(명종 25) 폐비의 신분으로 죽었지만 명종은 왕후의 예로 장례토록 했다.

셋째 후비는 공예태후 임씨였다. 이자겸의 패망 후 두 명의 후비 이씨가 1126년(인종 4) 6월 을묘일(20) 폐비되자 인종은 곧바로 전중내급사 임원애(任元敱) 즉 임원후의 딸을 후비로 맞았다. 공예태후가 인종의 후비가 되기까지의 일화가 그 열전에 잘 소개되어 있어 주목된다. 이는 그만큼 당시 이자겸 세력 영향하에서 후비가 되는 것이 얼마나 어려운 일이었는지를 짐작게 한다.

공예태후 열전에 몇 가지 에피소드가 전하고 있다. 첫째, 문하시중인 외조부 이위(李偉)는 큰 황색 깃발의 꼬리가 궁궐 선경전(宣慶殿)의 치미를 휘감고 나부끼는 태몽을 꾸었다. 둘째, 15세가 되었을 때 평장사 김인규(金仁揆)의 아들 김지효(金之孝)와 혼인하던 날 갑작스레 아파 혼인이 성사되지 못하자 복자(卜者)가 오히려 국모가 될 것이라 예언한 일이 있었다. 셋째, 임원후가 개성부사가 된 뒤 개성부 관원이 태수 청사의 대들보에서 황룡이 나오는 꿈을 꾸고 임원후에게 예사롭지 않은 경사가 있을 것임을 알리고 하례한 바 있었다. 넷째, 인종이 꿈에서 들깨 닷 되와 해바라기 세 되를 얻자〔得荏子五升, 黃葵三升〕 척준경이 이를 임씨 성(姓) 왕비를 맞아 다섯 아들 중 셋이 왕위에 오를 조짐이라 해몽하여 인종이 기이하게 여긴 일이 있었다.

이 중 인종이 꾼 꿈에 대한 척준경의 해몽이 흥미롭다. 어떻게 이를 풀었는지를 보자.

> 들깨[荏]라는 것은 임(任)이니 임씨 성(姓)을 후비로 맞아들일 조짐이며, 그 수가 다섯인 것은 다섯 왕자를 낳을 길조입니다. 황(黃)이란 것은 황(皇)이니 황왕(皇王)의 황과 같고, 규(葵)라는 것은 규(揆)이니 도규(道揆)의 규와 같습니다. 이른바 황규(黃葵)란 것은 황왕(皇王)이 올바른 도리를 붙잡고 나라를 다스릴 상서이며, 그 수가 셋인 것은 다섯 아들 중 세 아들이 나라를 다스릴 조짐입니다.

들깨 '임(荏)'은 '임(任)'으로, '임자(荏子) 오승(五升)'은 다섯 아들로, 해바라기를 뜻하는 '황규(黃揆) 세 되[三升]'는 황왕(皇王) 즉 제왕(帝王)과 그 지위에 오를 세 아들로 해석한 것이다. 비슷한 발음과 색의 상징성을 주목하고 그 숫자는 아들의 수로 명쾌하게 푼 셈이다. 특히 세 아들이 제왕의 지위에 오른다는 것은 선대에도 형제 계승이 자주 있었기에 충분히 이해가 되는 것이었다. 경원 이씨가의 외척 독점과 이자겸의 전횡이 계속된 가운데 이성(異姓)으로서 군주의 후비가 되기 어려웠음을 보여 주는 일화라 하겠다.

실제로 임씨는 후비가 되어 연덕궁주의 칭호를 받았고, 의종·대령후(大寧侯) 왕경(王暻)·명종·원경국사(元敬國師) 충희(冲曦)·신종 등 5남과 승경궁주(承慶宮主)·덕녕궁주(德寧宮主)·창낙궁주(昌樂宮主)·영화궁주(永和宮主) 등 4녀를 낳았다. 1146년(의종 즉위년) 3월에 왕태후가 되었고, 1183년(명종 13) 11월 계미일(22)에 죽었다. 인종 생시에 태후는 둘째 아들인 대령후 왕경을 태자로 세우려 한 바 있었다. 이 때문에 태후는 장남인 의종과 사이가 멀어졌다가 화해하기도 했다.

넷째는 선평왕후 김씨이다. 1127년(인종 5) 2월 기사일(9)에 둘째 후비가 되었는데, 인종 사후 1148년(의종 2) 11월에 왕태비 연수궁주(延壽宮主)로 높였다. 1179년(명종 9) 죽자 시호를 '선평(宣平)'이라 했다.

이자겸 열전을 보면 예종 죽음 후 예종의 동생들이 왕위를 엿보았는데, 이자겸이 태자를 받들어 즉위케 하였다는 대목이 나온다. 그만큼 인종의 숙부가 되는 이들의 세력이 강했다는 서술인데 실제로 왕위를 노릴 만큼의 권력이나 준비가 있었는지 의문이 들기도 한다. 이 사건은 한안인 세력과 이자겸 세력의 대결 구도 속 한안인 일파 50여 명이 결국 숙청당했고, 이자겸이 권력을 장악한 결정적 계기가 된 것으로 잘 알려져 있다. 한안인의 본래 이름은 한교여(韓皦如)였다. 후에 이름을 고쳐 한안인(韓安仁)이라 했다. 그의 당여로 잘 알려진 인물이 문공미(文公美)였다. 문공미도 나중에 이름을 문공인(文公仁)이라 했다.

인종이 1122년(예종 17) 4월 즉위한 뒤 5월 을해일(18)의 인사에서 이자겸이 수태사 중서령 소성후, 한안인이 중서시랑평장사, 문공미가 추밀원부사로 임명된 것을 보면 인종 즉위 후에는 실제 큰 변고가 없었다. 그리고 10월에는 이자겸이 한양공으로 책봉되었다. 이어 12월 병신일(11)에 대방공 왕보(王俌)가 경산부로 유배되고 대원공 왕효(王俲)도 유배되었으며, 한안인과 이중약은 사형, 문공미·정극영·이영 등은 유배된 기록이 보인다. 문공미는 충주 유배 후 돌아와 후일 묘청 세력과 연결되기도 한다. 종실 2명이 연루되었던 사건으로 한편으로는 종실의 위상이 컸음을 알려 준다. 반면 이들을 누를 수 있었던 만큼 이자겸의 권력은 이미 인종 초 조정을 주무를 정도였음을 알 수 있다.

이 사건은 자세히 들여다보면 예종 대 성장한 조정 대신 세력과 이자겸을 중심으로 한 외척 세력의 대결 구도로도 볼 수 있다. 즉위한 인종을 중심으로 한 정치 세력의 재편보다는 두 세력 중심의 정치 구조 형성이 이루어진 것이다. 이는 이미 신권이 왕권을 능가한 상황이 되었음을 의미했다.

이 사건이 일어나게 된 전말은 크게 몇 가지 상황의 중첩으로 요약된다. 첫째, 같은 추밀원에 있었던 한안인·문공미와 이자량·최홍재의 갈등, 둘째, 업무를 제대로 하지 않는 이자겸을 상공으로 높여 실무에서 멀어지게 하려 한 한안인의 계획 누설, 셋째, 예종의 종기를 치료하지 못한 태의 최사전과 그의 처벌을 주장한 한안인의 갈등, 넷째, 노비 20구를 뇌물로 이자겸에게 바친 최유적(崔惟迪)의 급사중 임명 관련 한안인의 반대, 다섯째, 한안인·문공미·이영 등의 잦은 모임에 대한 의심과 최사전·채석(蔡碩)의 참소 등이 엮여 있었다.

이러한 상황의 결론은 최사전 등이 참소하면서 언급한 한마디에 잘 응축되어 있다.

> 한안인·문공미가 당여(黨與)를 맺고 은밀히 모의하니, 장차 이영공(李令公, 이자겸)께 불리하게 될 것입니다.

이는 어떤 구체적인 모반 사실이 있었다기보다는 복수심에 불탄 최사전 등이 한안인 등을 의심하고 제거하려는 의도가 있었던 이자겸에게 그 의심을 확신시켜 주는 말로 도화선을 당긴 것이었다. 왕조 사회에서 신하들이 '당여(黨與)'를 몰래 맺는 일은 따지자면 문제 삼을 수 있는 것으로, 군주의 판단을 흐리고 인사 문제 등을 일으키는 정치 움직임으로 간주되었다.

이 사건을 통해 이자겸은 일석이조의 효과를 거뒀다. 하나는 종실이기 때문에 자기 손으로 어쩔 수 없었던 예종의 동생 대방공과 대원공을 유배 보낼 수 있었다는 점이다. 제안공 왕서는 두문불출하면서 화를 면하고자 했다. 이는 왕실과 종실 중 이자겸을 대적할 세력이 없어졌음을 뜻했다. 다만 긍정적으로 보자면 이자겸이 인종의 정국 운영에 부담이 될 수 있는 종실을 제거해 준 셈도 된다. 다른 하나는 자신에 대해 반대하던 한안인·문공미·이중약 등 예종 대 급성장한 정치 세력을 제거함으로써 자신 주도의 정국을 만들 수 있었다는 점이다. 이자겸 중심의 고려 정부를 구축하는 결정적 계기가 된 것이다.

여기에다 위에서 언급한 바처럼 이자겸은 거리낌 없이 자신의 셋째 딸과 넷째 딸을 인종의 후비로 들여 권력의 영구화를 꾀했다. 그렇지만 이 같은 이자겸의 활동은 당연하게도 인종의 반발을 샀다. 인종은 7세에 왕태자가 되어 당대 최고의 유학자들로부터 태자 수업을 받았다. 그런 만큼 비록 14세에 왕위에 올랐지만 왕권과 왕실, 국가를 위해 무엇을 해야 할지 알고 있었을 것이다.

이자겸의 권력 독주와 이를 막고 왕권을 회복하려는 인종의 갈등은 점차 가열될 조짐을 보이게 되었다. 이자겸의 강력한 권력으로 왕실과 조정은 잠정 정리되었지만 군주가 아닌 이상 이자겸의 권력은 한계가 있었다. 정점에 이르렀던 그의 권력은 자신도 모르게 사방에 보이지 않는 많은 적을 만들었다. 그것은 민심이자 천심이었다.

2) 금과의 통교와 남송과의 외교

예종은 금과의 관계 정립을 마무리 짓지 못한 채 1122년(예종 17) 4월 죽었다. 그사이 송과 금은 1120년 거란 협공을 위한 해상 군사 동맹을 맺었다. 송은 대거란전 패배의 설욕과 연운 16주의 탈환이라는 목표를 이루고자 한 것이었고, 금으로서는 거란 정복이라는 공동의 목표가 있었다. 핵심 내용은 연운 16주 수복 등을 이루면 송은 거란에 매년 주던 공물 즉 세폐(歲幣)를 금에 주겠다는 것이었다. 이를 위해 송은 거란의 남경인 연경을 공격하고, 금은 거란의 상경과 중경, 서경을 동시 공격하였다. 금은 예정대로 거란을 격파하였고, 거란의 마지막 황제 천조제를 내몽골 지역까지 추격했다. 그러나 송은 거란 남경 공격에 실패했다. 게다가 금에 자신들이 실패한 연경 공격까지 청하였다.

금 태조는 연경을 장악한 뒤 해상 맹약에 따라 연경 이하 6개 주를 넘겨주고 송으로부터 거란에 보내던 세폐를 받게 되었다. 그런데 이때 변수가 발생했다. 금 태조가 1123년(금 천보 7) 8월에 갑자기 병으로 죽은 것이다. 그 뒤를 동생 우키마이[吳乞買] 즉 태종이 이었다. 그렇더라도 연경 공격에 실패한 데다 금의 도움으로 연경 이하 6주를 넘겨받았던 송은 금과의 해상 맹약을 지켜야 했다. 구체적인 내역은 100만 관의 전(錢)과 20만 석의 군량미 그리고 세폐 은 20만 냥 및 비단 30만 필이었다. 하지만 송은 이 약속을 지키지 않았다.

이에 금은 송의 수도 변경 공략에 나섰다. 1125년(금 천회 3)의 일이었다. 갑작스러운 공격에 송 휘종은 황제위를 장남인 조환(趙桓) 즉 흠종에게 양위하였고, 자신은 교주도군태상황제(敎主道君太上皇帝)가 되었다. 금의 공격으로 위기에 처한 흠종은 금에 다시 배상을 하기로 약조했다. 황금 5백만 냥, 백은 5천만 냥, 비단 1백만 필, 우마 1만 마리를 바치고 흠종은 금 태종의 조카가 되기로 한 것이다. 그렇지만 이는 위기를 모면하고자 약조한 것이었고, 금이 돌아가자 약조를 파기했다.

연경 공략 실패, 배상과 세폐 지급 약속의 일방적 해제, 변경 공격 후 배상 약조에 대한 두 번째 약속 파기 등 세 차례에 걸친 송의 금에 대한 배신은 결국 '정강(靖康)의 변'으로 이어졌다. 1126년(송 정강 1)과 이듬해에 금은 공격을 개시했고, 휘종·흠종과 태자 등 3천 여 명이 금의 포로로 잡혀간 것이다. 후에 휘종과 흠종은 다시 한번 굴욕을 당하게 된다. 금에서는 휘종을 혼덕공(昏德公)이라 칭하고 흠종은 중혼후(重昏侯)라 불렀으며, 둘은 금의 오국성(五國城) 유배소에서 생활하다 각기 1135년(금 천회 13)과 1161년(금 정륭 6)에 죽었다.

1120년부터 1127년까지 일어난 일련의 사태는 금의 급성장을 보여 준다. 금의 급성장은 다른 한편으로 고려에 위기를 불러올 수 있었다. 다만 금의 고려에 대한 접근 방식은 위협을 통한 화친이었다. 예종에 대해 금 태조는 1117년(예종 12) 3월 형제 관계를 설정한 글을 보냈고, 1119년(예종 14) 2월에는 거란 상경 등을 제패하였음을 알려 왔다. 금의 성장을 확인한 예종은 금의 제안에 응하였다. 1119년 8월 중서주사 조순거를 통해 서한을 보낸 것인데, 금이 고려에서 비롯된 나라라는 내용이 있어 금에서는 이를 받지 않았다. 자칫 충돌이 벌어질 수 있는 상황이었다.

하지만 이때 금은 거란 공격을 위해 송과 해로를 통해 사신을 주고받으며 맹약을 맺는 과정이었기에 금과 고려와의 큰 갈등은 없었다. 또한 금은 여전히 거란과의 전쟁에 집중해야 하는 이유도 있었다. 고려가 거란과의 군사 동맹을 맺는 것은 특히나 금으로서는 경계해야 했다. 고려는 이미 여진과의 전쟁을 통해 금에 맞설 수 있는 군사력을 입증한 바 있기 때문이었다.

1120년(예종 15)에 송은 해상으로 사신을 보내 금과의 군사 동맹을 추진하고 있었다. 앞서 언급했듯 고려는 송과 금의 동맹에 대해 적극 반대했었다. 그러나 거란에 대한 복수와 연운 16주 수복을 위한 송의 꿈은 강력했다. 결국 송과 금의 '해상의 맹'이 이뤄졌고, 금은 이를 통해 날개를 달았다. 금은 해상의 맹 약속대로 거란 침공에 성공했고, 송으로부터 동맹의 대가만 받으면 되었다. 이사이 1122년(예종 17) 4월에 예종이 죽고 인종이 즉위하면서 고려와 송 양국 관계의 진전은 정지된 상태가 되었다. 송에서는 고려에 사신을 보내 관계를 유지하려 했다. 이를 위해 먼저 6월과 이듬해 정월 지첩사(持牒使)를 보내 국신사 파견 예정임을 알렸다.

1123년(인종 1) 6월 송에서 국신사로 예부시랑 노윤적(路允迪)과 중서사인 부묵경(傳墨卿) 등이 왔다. 송 휘종의 연호인 선화(宣和) 연간에 왔기에 이들 사신단 스스로는 '선화봉사(宣和奉使)'라 했다. 양국의 우호 관계 확인 및 예종의 죽음에 대한 조문, 그리고 인종에 대한 즉위 축하 등을 겸한 사행이었다. 송 휘종의 조서를 인종에게 전하면서 사신 노윤적은 거란의 고려 국왕 책봉이 있을 때 송은 고려에 대해 책봉을 할 수 없었으나 이제는 거란이 패망했으므로 책봉을 청할 수 있음을 언급하면서 책봉을 요청하라 했다.

인종은 즉위 직후였지만 신하들과 함께 국제 정세에 대해 살펴보고 있었다. 송이 금과 해상의 맹을 맺어 대거란전을 양국이 수행했으나 송은 역할을 거의 하지 못했고, 금이 전쟁을 주도하여 거란 천조제를 축출했음을 알고 있었다. 이에 인종은 송에 피치 못하게 책봉 요청을 할 수 없다는 점을 알리면서, 금으로부터도 이로 인한 피해를 입지 않을 수 있도록 답변했다. 즉 선왕인 예종의 상중이기에 함부로 책명을 받고자 청할 수 없다는 것이었다. 물론 실제로는 의지만 있으면 책봉을 요청할 수 있었다.

1123년(인종 1) 12월과 이듬해는 이자겸 등이 한안인 세력을 제거하는 와중이었기에 고려로서도 송이나 금과의 관계 재정립에 적극 나설 수 없었다. 1124년(인종 2) 7월에는 추밀원부사 이자덕(李資德)과 어사중승 김부철(金富轍)을 송에 보내 정황 파악을 도모했다. 또한 1125년(인종 3) 5월에는 사신을 금나라에 보내 국서를 전하게 했다. 그러나 금은 국서 양식이 '표문'이 아니고 '신하'를 칭하지 않았다고 하여 받지 않았다. 고려로서는 계속 양국 관계와 정세를 관망하고 있었음이 느껴지는 대목이다.

1125년(송 선화 7) 금이 송을 치자 이해 12월 송 휘종은 흠종에게 내선(內禪)했다. 흠종은 휘종에게 교주도군태상황제(敎主道君太上皇帝)의 존호를 올렸다. 이어 흠종은 즉위하면서 연호를 정강(靖康)이라 개원했다. 흠종은 금에 책임지고 배상하기로 약속을 했으나 금군이 돌아간 직후 금에 대한 주전론(主戰論)을 수용해 송의 자존심을 지키고자 했다. 금의 공격을 다시 불러들인 것이었다. 방어에 돌입한 송이었으나 결국 1126년(송 정강 1) 11월 도성은 함락되었고 금은 이듬해 4월 휘종과 흠종 등을 포로로 끌고 갔다.

금과 송의 전황이 이렇게 전개되고 있던 1126년(인종 4) 3월 이자겸과 척준경 등은 금에 대한 사대(事大) 관련 백관 회의를 주도했다. 그리고 '사대론(事大論)'을 주장했다. 소국이 대국을 섬기는 것은 선왕의 도라는 논리였다. 송의 휘종과 흠종이 위기에 빠지고 송나라 자체도 존망이 불투명한 상황에서 금에 대한 사대는 어쩔 수 없다는 것이었다. 결국 이러한 결정이 내려진 뒤 형식상 이자겸은 아들 이지미(李之美)를 시켜 태묘에 가 금국사대론의 가부에 대한 점을 치도록 했다. 이때 고하는 글은 아래와 같았다.

저 여진은 스스로 존호(尊號)를 칭하면서 남으로 송(宋)을 침략하고 북으로 요(遼)를 멸망시켜, 이미 백성으로 삼은 사람이 많고 개척한 영토 역시 넓습니다. 우리나라는 저들과 강역이 잇대어 있으니 혹 사신을 보내어 강화(講和)를 해야 하는지, 아니면 병사를 길러 전쟁에 대비해야 하는지 의심나는 일에 대하여 점을 치고자 하니 신께서는 이를 결정해 주소서.

이미 권력을 장악하고 있던 이자겸과 척준경의 의견은 곧 왕명이나 마찬가지였다. 결국 같은 해(1126) 4월 정미일(11) 사신을 통해 칭신(稱臣) 표문을 올렸고, 금은 이를 받아들였다. 양국 관계가 금에 대한 사대와 고려의 칭신으로 결정된 순간이었다.

같은 해 5월 이자겸은 난을 일으켜 스스로 '십팔자위왕(十八子爲王)'이라는 도참을 실현하려다 실패하고 유배되었다. '십팔자(十八子)'는 그 한자를 합하면 '이(李)'가 된다. 곧 '이씨가 왕이 된다'는 내용을 담고 있었다. 이자겸의 패망은 다른 측면으로는 인종 중심의 친위 세력이 등장하는 계기가 되었다.

이 당시는 송의 휘종이 흠종에게 양위하고 흠종은 강화론과 주전론 사이에서 갈팡질팡하던 때였다. 흠종은 이때 고려에 사신을 보내 송이 어려운 지금 그동안의 은례(恩禮)를 감안해 함께 적인 금을 물리치자 했다. 인종은 이에 대해 송도 금의 군사력에 눌려 화친을 청한 바 있는 것을 감안해 금에 사신을 보내 화친을 제안해 놓은 상태라 했다. 또한 현재의 군사력으로는 어림없으므로 혹시 송이 금을 압도할 때 강병을 육성해 협공하겠다는 뜻을 밝혔다. 완곡한 청병 거절이었다. 그리고 상황을 알아볼 목적으로 9월에 김부식과 이주연을 송의 흠종 즉위축하사로 보냈다.

금에서는 고려의 사대를 승인하면서 거란에 하듯 예를 갖출 것을 요구하고 조건부로 보주 지역을 고려 영토로 삼도록 했다. 다만 그에 앞서 여진인으로 고려로 들어가 있는 자들을 돌려보내라 했다. 이 조건은 해결하기 어려운 과제였다. 이 때문에 양국 관계의 정상화 과정에서 몇 차례 외교 문제가 되었다. 일단 고려는 돌아가는 금의 사신에게 감사 표문을 써 주었는데 거란에 하듯 구제(舊制)를 따랐다.

이때 송과 금 사이 앞서 언급한 정강의 변이 터졌다. 1127년(인종 5) 2월 서경에 행차한 인종은 금과 송 사이 전쟁의 추이에 대해 듣게 되었다. 다만 고려에는 소위 진위가 불분명한 소식이 전해졌다. 금이 송에 패배하고 송이 여세를 몰아 금을 치기 시작했다는 것이었다. 물론 실제는 정반대였다. 이 같은 가짜 소식이 전해지자 이를 믿은 고려 조정의 정지상(鄭知常)과 김안(金安) 등은 송과 호응해 큰 공을 이뤄야 한다고 주장하기까지 했다. 중대한 결정을 해야 했던 인종은 이 문제에 대해 김인존에게 급히 자문을 구했다.

김인존은 그간 거란과 송 양국에 사신을 다녀온 바 있었으며, 여진 정벌전의 무모함을 비판했을 정도로 국제 문제에 밝았다. 인종은 서경에 있으면서 송의 금나라 정벌설의 진위와 그에 따른 고려의 대처 방안을 김인존에게 물었다. 김인존은 전해 듣는 일은 사실과 다른 것이 많으므로 정확한 사실 파악이 우선이라 지적했다. 이어서는 1126년(인종 4) 9월 송에 사신으로 간 김부식이 돌아오면 정확히 알 수 있으니 기다리자 하였다. 과연 1127년(인종 5) 5월에 귀국한 김부식은 송의 금국정벌론이 허위였음을 보고했다.

정강의 변을 통해 자신감을 가진 금은 고려에 압박을 가했다. 1127년(인종 5) 3월 금에 사신으로 갔던 김자류(金子鏐) 등이 돌아오면서 금 태종의 조서를 가져왔는데, 중요한 사항이 있었다. 여진 호구를 조사하여 이들을 돌려보내는 문제와 책봉 요청에 대한 언급이 없는 문제 등이 지적된 것이다. 이것이 확실히 해결되지 않으면 결국 보주 즉 의주방어사 지역에 대한 보장도 확실히 할 수 없다고까지 하였다. 게다가 김자류의 종자(從者)가 금에서 싸움을 일으켜 물의를 빚었다. 이를 보면 고려와 금의 관계에는 미묘한 긴장감이 지속적으로 흐르고 있었다.

그러나 고려로서는 금국 주도의 국제질서를 따를 수밖에 없었다. 이에

1127년(인종 5) 9월 기축일(2) 처음으로 금 태종의 절일인 천청절(天淸節)에 절일축하사를 보냈다. 같은 달 병진일(29)에 인종은 금의 선경사(宣慶使)를 천성전(天成殿)에서 맞아 조서를 받았다. 선경사란 이름 그대로 자국의 축하할 일을 알리는 사신이었다. 금은 송을 쳐서 휘종과 흠종을 나포하는 성과를 거뒀고, 이어 송의 태재(太宰) 장방창(張邦昌)을 대초황제(大楚皇帝)로 책봉해 지금의 남경 지역인 금릉(金陵)에 도읍하도록 한 것이다. 금의 선경사가 알린 이 소식은 고려가 어디에 위치해야 하는지를 결정지었다. 송에 대한 미련을 접어야 했다.

이 와중에 금에서는 인종의 생신축하사를 1127년(인종 5) 정월 7일에 보낸 것을 필두로 매년 정례적으로 이때 생신축하사를 보내왔다. 그렇지만 사실 인종의 생일은 10월 4일로 경룡절이라 정한 바 있었다. 경룡절과 금의 생신축하사 방문 시점의 차이가 매우 큰 셈이다. 금에서는 왜 이렇게 생신축하사를 보낸 것일까?

한 가지 실마리는 예종의 절일인 함녕절이 정월 17일이었다는 점이다. 거란에서는 함녕절 생일축하사를 대체로 1월 3일 및 1월 5일에 보낸 바 있었다. 또한 예종은 여진 정벌에 나름 성공을 거두고 이를 환부해 주면서 여진에 있어서는 은혜로운 군주였다. 그리고 함녕절 무렵 여진 추장들이 입조하는 일이 잦았다. 이것이 관행이 되어 생일축하사를 정월에 보냈을 듯하다.

고려와 금의 관계가 안착되는 데에는 송과의 관계가 여전히 문제로 남아 있었다. 1128년(인종 6) 6월에 남송 고종은 국신사로 형부상서 양응성(楊應誠) 등을 보내왔다. 주요 내용은 금에 나포된 휘종과 흠종 황제 등에게 안부를 전하고 가능하다면 두 황제를 다시 데리고 올 수 있도록 금으로 들어가는 해상 항로를 빌려 달라는 것이었다. 인종은 이에 대해 해로가 금에 알려진다면 해상전에도 능한 금이 고려와 남송을 모두 엿보게 될 우려가 있으므로 난감한 일이라 했다. 완곡한 거절이었다. 이어 이해 8월 윤언이를 남송에 보내 송에 금으로 가는 해상 가도(假道)를 허락하면 이는 몇 가지 점에서 위험하다는 것을 다시 설명했다.

그것은 첫째, 압록강을 경계로 하고 있는 금이 '가도'를 빌미로 고려를 위협할 수 있다는 것, 둘째, 남송에 대한 답방을 명분으로 고려의 육로 및 해로 통행 요구가 이어질 수 있다는 것, 셋째, 남송도 전쟁의 위협에 다시 직면하게 될 것 등이었다. 이에 고려가 할 수 있는 것은 고려의 형편에 따라 빙문(聘問)하는 제후의 도리를 다하는 것 정도라 했다.

결국 남송에서도 이러한 상황을 인정할 수밖에 없었다. 명분상 이를 강요하기도 어려운 일이었다. 이는 12월 남송으로부터 귀국한 윤언이를 통해 전해졌다. 두 황제를 다시 모시고 오고 싶긴 하나 그로 인한 여러 가지 우환이 예상되는바 고려의 입장을 이해한다라고 한 것이다.

그렇지만 실상은 남송으로서도 이제 정상화되기 시작한 남송의 운명을 북송 패망의 결정적인 원인이 된 휘종과 흠종을 다시 데려오는 데 바칠 수는 없었다. 대의명분상 외친 것으로 볼 필요가 있으며, 또 데리고 오는 순간 남송 조정 내 갈등은 재폭발하고 금에 대한 부담은 더 커질 것이 사실이었다. 또한 1130년(인종 8) 4월에는 남송에서 고려에 사신을 보내 전쟁 중이라 고려 사신을 맞을 수 없다고 알려 왔다. 고려에서도 7월 남송 사신의 귀국 편에 남송이 중흥할 때를 기다리겠다고 하였다. 이를 기점으로 양국 관계는 소원해질 수밖에 없었다.

그렇지만 남송은 정금가도(征金假道)의 의지를 계속 갖고 있었다. 1135년(인종 13) 6월 서경에서 반란이 일어나자 사신 오돈례(吳敦禮)를 통해 다음과 같은 내용의 글을 보낸 것이 확인된다.

최근 서경에서 반란을 일으켰다는 소식을 들었는데 평정하기가 어려우면 10만의 군사를 보내 도우려 한다.

고려로서는 내부의 사정도 사정이려니와 사실 남송의 군사력으로 볼 때 금을 친다는 것은 어렵다고 판단했다. 또한 남송의 군대가 온다는 것은 금과의 전쟁을 의미하는 것이었기에 이를 완곡히 거절했다.

송과의 관계를 정리한 금은 본격적으로 고려에 요구 사항을 보내기 시작했다. 그것은 앞서 있었던 것과 비슷한 맥락이었다. 1128년(인종 6) 12월 금은 사신을 통해 8월 26일 송의 휘종과 흠종을 각기 혼덕공(昏德公)과 중혼후(重昏侯)로 강등했다는 것을 우선 알려 왔다. 이어서는 보주 영토 문제와 여진 호구 조사 및 귀국 조치 여부를 지적하고, 금에서의 사은사 김자류 일행의 잘못에 대한 배상, 금에 보내는 맹세의 글인 서서(誓書)와 표문 등을 요구했다. 인종은 이듬해 11월 사신을 보내 이에 대한 해명과 함께 '진서표(進誓表)'를 전해 금의 자존심을 세워 주었다. 군신의 의리를 지킬 것과 맹서를 어기면 신이 죽음을 내릴 것이라는 표현을 넣은 것이다.

한편으로 이러한 양국 사이의 문제는 자연스레 해결될 기미가 보였다. 금 태종이 1135년(인종 13) 정월에 죽고 이어 희종(熙宗)이 즉위했는데, 희종의 국정 방향은 한화(漢化) 정책의 수행이었다. 더구나 이듬해 2월에는 금의 태황태후도 죽었다. 연이은 국상으로 인해 금은 외교 문제 해결에 적극 나설 수 없었던 것이다. 실제로도 금 태종이 고려에 요구했던 사안들에 대한 재논의는 더 이상 없었다.

그리고 1141년(금 황통 1) 금은 남송과 화의를 맺으면서 거의 모든 양국 간의 갈등을 해소했다. 회수(淮水)를 경계로 정했고, 군신 관계를 맺음과 함께 세폐(歲幣)를 확정해 해마다 받게 되었다. 변경의 주된 군사 및 영토 문제를 매듭지은 금은 고려에 대해 그동안 행하지 않았던 책봉을 내렸다. 1142년(인종 20) 황통 2년 5월 금 희종은 인종을 고려 국왕으로 책봉한 것이다. 이에 인종은 금 희종이 정한 '황통(皇統)'의 연호를 비로소 쓰기 시작하면서 이를 태묘와 12릉에 고했다.

고려 국왕 책봉과 고려에서의 금의 황통 연호 기념은 양국 관계가 군신 관계로 정해졌음을 의미했다. 나아가 그동안 걸림돌이 되었던 보주 문제, 여진 호구 문제, 서표(誓表)의 문구 문제, 사신에 대한 처벌 문제 등은 일부 해결되거나 시간이 지남에 따라 논의 선상에서 사라졌다. 고려와 금, 고려와 남송은 이렇게 새로운 국제질서 속에서 움직이게 되었다.

3) 왕실을 흔든 조선국공 지군국사 이자겸

문종 대에서 인종 대에 이르기까지 역대 고려 왕실은 헌종과 숙종을 제외하고는 경원 이씨가 출신의 후비를 맞았다. 문종은 이자연의 세 딸을, 순종은 이호(李顥)의 딸을, 선종은 이예(李預)·이석(李碩)·이정(李頲)의 딸들을, 예종은 이자겸의 둘째 딸을 후비로 삼은 것이다. 여기에다가 인종은 이자겸의 셋째와 넷째 딸을 후비로 맞게 되었다. 일찍 죽은 헌종과 왕위에 오르기 전 혼인한 숙종을 제외하고는 모두 경원 이씨가와 혼인을 한 것이다.

이자겸은 이호(李顥)의 장남이다. 이호의 처는 평장사 김정준(金廷俊)의 딸 광산 김씨이며, 이들의 자녀로는 이자겸과 함께 이자량(李資諒)·이자함(李資諴)·이자원(李資元), 순종 후비 장경궁주 이씨와 김인존의 처 경원군부인 이씨가 있었다. 이자겸의 처는 해주 최씨로 숙종 묘정에 배향된 최사추(崔思諏)의 딸이었다. 최사추의 부친은 최유길(崔惟吉)이고, 최유길은 최충의 둘째 아들이었다. 이자겸과 해주 최씨 사이에는 7남 3녀가 있었다. 이지미(李之美)·이공의(李公儀)·이지언(李之彦)·이지보(李之甫)·이지윤(李之允)·이지원(李之元)·승려 의장(義莊), 둘째 딸인 예종 후비 문경태후 이씨와 인종 후비였다가 폐비된 셋째와 넷째 딸이었다. 이 중 이공의는 왕자지(王字之), 이지언은 김인규(金仁揆), 이지보는 김향(金珦), 이지원은 척준경(拓俊京)의 사위가 되었다. 이자겸의 직계 존속과 비속, 처가, 친족만 보더라도 이자겸은 당대 최고의 가문 및 신흥 가문, 최고 무신 등과 혼맥이 닿아 있었다.

이처럼 대를 이은 경원 이씨가와의 왕실혼은 이자겸 대에 이르러 기형적 모습을 띠게 되었다. 게다가 14살 왕태자였던 인종의 즉위를 돕고, 한안인 일파를 제거하면서 권력 독점에 성공한 이자겸은 거칠 것이 없었다. 문종 대 이후 경원 이씨가는 그간 유력 문벌 가문과 혼맥을 만들었고, 이는 왕실 혼과 더불어 경원 이씨가를 이자겸 등을 중심으로 한 뿌리 깊은 거목으로 성장토록 했다. 이를 상징적으로 보여 주는 것이 이자겸의 작위 변화와 절 호 사용 등이었다.

이자겸은 1122년(인종 즉위년) 5월 소성후(邵城侯)로 책봉되었다. 인종의 외 조부로서 즉위에 따른 책봉이었다. 같은 해 10월 경자일(15)에는 한양공(漢 陽公)으로 높였다. 이자겸은 12월에 대방공과 한안인 등을 제거해 위협적인 반대 세력을 축출했다. 이는 이자겸 등을 견제할 정치 세력이 남아 있지 않 다는 것과 또 이자겸의 정치적 위상이 이미 무소불위의 단계에 있음을 상 징한 사건이었다. 『고려사』 열전 중 최기우(崔奇遇) 편을 보면 인종이 즉위 하자 이자겸이 '전제국명(專制國命)' 하였다는 기록이 나온다. 이는 군주만이 할 수 있는 명령을 이자겸이 독단적으로 행하였다는 뜻으로 신하가 할 수 없는 행위였다. 인종 즉위 때 이자겸의 위상을 보여 주는 용어인 것이다.

이듬해(1123) 3월에는 유언비어라 할 와언(訛言)이 떠돌았다. 그야말로 뜬 금없는 내용으로 유사(有司)에서 민간의 아이를 취해 강에 던진다는 것이었 다. 이 때문에 산으로 숨는 자들까지 생겨날 정도였고, 특히 서해도 지역이 심했다고 하였다. 요즘 식으로 얘기하자면 가짜 뉴스인 것이다. 그렇지만 '삼인성호(三人成虎)' 즉 세 사람이 말을 만들기 시작하면 없는 호랑이도 만 들어 낸다는 고사성어는 예나 지금이나 통한다. 그 영향력 때문에 위정자 는 와언·요언(謠言, 妖言)이나 유언비어, 동요(童謠) 등에 잘 대처해야 했다. 그것은 사회 분위기 즉 민심을 상징하는 문구가 될 수도 있기 때문이다. 또 한 이러한 가짜 뉴스는 막지 않으면 급속도로 확산되기 마련이었다.

한편 김연 즉 김인존은 1123년(인종 1) 4월 판비서성사 감수국사가 되었 다. 그는 출근길에 동요를 듣고는 일부러 말에서 떨어져 사직을 청해 물러난 바 있었다. 이때의 동요는 3월에 민간에 떠돌던, 아이를 강물에 던져 희생으로 삼는다는 내용이었을 가능성이 있다. 또 하나는 당시 유행하던 '십팔자지참(十八子之讖)' 즉 '이(李)'씨가 왕이 될 것이라는 도참이었을 가능성이다. 본래 십팔자위왕설은 당나라를 건국한 태조 이연(李淵)의 등장과 관련이 있었다. 공교롭게도 고려에 이 도참설이 유행한 것이다. 이는 명종 대 이의민이 신라 부흥의 뜻을 품은 계기로 등장한 '용손십이진 갱유십팔자(龍孫十二盡更有十八子)'의 옛 참언이나, 1388년(우왕 14)에 돈 '목자득국(木子得國)'의 참언과도 통하는 것이었다.

이자겸 열전에 '십팔자'의 도참이 언급되고 있고, 실제로 이자겸이 인종을 독살하려 한 내용이 기록되어 있다. 이것을 보면 김인존이 들었다는 동요는 아이를 강물에 던져 희생시킨다는 와언보다는 십팔자의 도참일 가능성이 크다. 그만큼 이자겸이 불궤(不軌) 즉 반역을 도모할 여지가 있었던 것이다.

이자겸은 1124년(인종 2) 정월 모친 김씨가 죽자 자리에서 물러나 삼년상을 마치겠다고 하였다. 그러나 실상은 효심보다는 자신의 정치 공백기에 있을 우려를 잠재우기 위한 일종의 꼼수가 있었다. 인종이나 조정 신료들이 자신을 어떻게 예우하는가를 살펴보고자 한 측면이 있었기 때문이다. 이에 인종은 이자겸에게 상중이라도 다시 조정에 나와 정무를 살피라는 기복(起復) 조서를 내리면서 앞으로 이자겸을 이름이나 '경(卿)'으로 부르지 않겠다 했다. 말하자면 신하가 아닌 다른 위상으로 예우하겠다는 것이었다. 이어 7월에 이르러 이자겸을 더 높이 책봉했다.

공식 칭호는 양절익명공신 영문하상서도성사 판이병부서경유수사 조선국공(朝鮮國公)이며 예우는 식읍 8,000호, 식실봉 2,000호였다. 개부(開府)하면서 부(府)의 이름을 숭덕(崇德)이라 정했고, 그 궁 이름을 의친(懿親)이라 하였다. '양절익명(亮節翼命)'의 공신호는 높은 절개로 왕실을 도왔다는 의미로 이는 인종 즉위와 대방공과 한안인 세력 제거에 공이 있었다는 것을 뜻했다. 영문하상서도성사 판이병부서경유수사는 재추와 문무 양반 인사를 좌우할 수 있는 지위를, 판서경유수사는 혜종 대 왕규의 난을 진압할 때 공을 세웠던 왕식렴처럼 왕실 보위의 자리를 준 것이었다. 여기에 종실에게 주어지는 작위 이상이라 할 '조선국공'으로 책봉하였다.

군주가 신하를 다섯 등급으로 나눠 봉작을 주는 제도는 문종 때에 정비되었다. 공(公)·후(侯)·백(伯)·자(子)·남(男)이 그것이었다. 그리고 이에 따라 예우 차원의 식읍이 정해졌다. 공·후·국공(國公)은 식읍 3,000호 정2품, 군공(郡公)은 식읍 2,000호 종2품, 현후(縣侯)는 식읍 1,000호, 현백(縣伯)은 식읍 700호, 개국자(開國子)는 식읍 500호로 모두 정5품이며, 현남(縣男)은 식읍 300호이고 종5품이었다. 이를 근거로 보면 이자겸은 국공의 지위로서 식읍 3천 호에 해당해야 했다. 그렇지만 그는 소위 특별 예우를 받았다.

국공을 책봉할 때 일반 신하의 경우 봉지(封地)의 군현 명칭에 개국공을 붙이는 것이 원칙이었다. 예컨대 이자겸의 조부인 이자연의 경우 경원군 개국공(慶源郡開國公)이었다. 이자겸은 이를 넘어 왕태자가 받던 '국명+공'을 받은 것이다. 즉 1023년(현종 14) 거란에서 덕종을 왕태자로 책봉할 때 고려국공이라 했고, 1031년(현종 22)에는 문종의 동생이 되는 왕기(王基)에게 개성국공(開城國公)이라 했으며, 문종 초에는 평양공이라 높였다. 죽은 뒤 1069년(문종 23)에는 정간왕(靖簡王)이라 추봉했다. 1055년(문종 9) 5월에는 왕태자인 순종에 대해 거란에서 삼한국공(三韓國公)이라 했다. 1077년(문종 31)에는 아들 왕도(王燾)를 조선국공으로 정했다. 이처럼 국명+공은 타국으로부터 왕태자가 책봉을 받을 때, 왕실 직계이자 종친으로 최고 예우를 받을 때 정해지는 것이었다. 따라서 조선국공의 지위는 이미 신하라기보다는 왕태자와 같은 반열임을 뜻했다.

여기에 식읍과 식실봉의 경우도 국공은 식읍만 3천 호에 해당하였는데 이자겸은 식읍 8천 호, 식실봉 2천 호로 정했다. 참고로 숙종이 동생인 조선국공 왕도에게 내린 예우로 식읍 5천 호와 식실봉 5백 호가 보인다. 또 예종이 왕태자로서 거란의 책봉을 받을 때 식읍 3천 호, 식실봉 5백 호였다. 이

점과 비교하면 그 예우가 과함을 넘어섰음을 알 수 있다.

또한 왕태자나 태후 등의 지위에 이르러서야 열 수 있던 부(府)와 궁호(宮號)를 내렸다. 숭덕부(崇德府)를 설치하고 처소를 의친궁(懿親宮)이라 한 것이다. 숭덕부라는 명칭은 높은 덕을 가진 이가 있는 곳임을 뜻하였고, 의친은 군주와 매우 가까운 인척 즉 지친(至親)을 의미했다. 또한 이자겸의 생일을 왕태자의 칭절처럼 '인수절(仁壽節)'로 정하여 축하하자는 논의까지 나왔다.

김부식이 "생일을 절(節)이라 칭하는 것은 예로부터 없는 바입니다. 당 현종(玄宗) 때 비로소 황제의 생일을 칭하여 천추절(千秋節)이라 하였는데 신하가 절을 칭한 것은 듣지 못하였습니다"라 함으로써 이는 일차 제지된 듯했다. 하지만 실제로는 1126년(인종 4) 2월 기록을 보면 예수(禮數) 즉 예법으로는 왕태자로 대하고 그 생일을 인수절이라 하면서 내외에서 올리는 축하글의 형식도 '전(箋)'으로 하였다.

이에 앞서 이자겸은 이미 1124년(인종 2) 7월 태묘 체제(禘祭)가 끝나면서 예종의 진영을 경령전에 모시고 태묘 부묘가 이뤄지자 곧 위에 언급한 조선국공이 되었다. 이어서는 8월 무오일(14)에 자신의 셋째 딸을 인종의 후비로 들여 더욱 지위를 공고히 했다. 이도 미덥지 못해서인지 1125년(인종 3) 정월에는 넷째 딸마저 인종 후비로 맞게 했다. 왕실 외척 자리를 더욱 굳건히 한 것이었다.

이자겸은 이에 더해 개인적으로 숭덕부의 주부(主簿) 소세청을 송나라에 보내 표문을 올리고 표문에는 '지군국사(知軍國事)'라 칭했다. 왕태자의 지위를 넘어선 참월한 행위였다. 왕태자라 하더라도 개인적으로 타국에 표문을 올릴 수 없었고, 더욱이 군주가 있는데 지군국사 즉 임시로 국정을 책임지고 있다는 표현을 쓸 수 없기 때문이었다. 이는 이미 이자겸이 비공식적으로는 섭정으로서 '십팔자위왕'을 실현한 것이었다.

인종은 자신의 외조부이자 장인이 되는 이자겸의 권력에 눌려 그를 논죄할 수 없었다. 이를 알아챈 내시지후 김찬(金粲)과 내시녹사 안보린(安甫麟)

은 동지추밀원사 지녹연(智祿延)과 상장군 최탁(崔卓) 등과 함께 1126년(인종 4) 2월 이자겸과 척준경 세력을 치기 시작했다. 여기서 내시는 환관이 아닌 근시직으로서 군주의 측근이었다. 이들의 공격에 대한 척준경과 이자겸의 반격도 시작되었다. 이들은 궁궐 승평문을 포위했고, 이자겸의 아들인 승려 의장이 원병으로 현화사 승려 3백여 명을 데리고 왔다.

결국 척준경 등은 궁궐을 불태워 저항 세력을 제거했고 인종은 경령전에 가 선왕들의 진영을 옮기게 한 후 서화문으로 나가 말을 타고 연덕궁에 이르렀다. 이자겸과 척준경은 저항하던 최탁과 안보린 등을 모두 죽였고, 인종은 이자겸의 거처인 중흥택(重興宅) 서원(西院)에 유폐되었다. 이때가 1차 이자겸의 난인 셈이었다. 그러고는 같은 해(1126) 3월 대금 관계를 이소사대로 정하였다.

인종은 이자겸에 대한 반격을 몰래 준비했다. 같은 해 5월 병인일(1) 이자겸의 중흥택 서원에서 연경궁으로 처소를 옮기면서 인종은 이자겸의 군사력을 와해시키는 문제를 고민했다. 때마침 이자겸의 아들인 이지언의 종과 척준경의 종 간에 갈등이 생기면서 척준경과 이자겸의 사이가 소원해지는 일이 생겼다. 인종은 내의(內醫)이자 군기소감으로 있던 최사전을 시켜 은밀히 척준경을 끌어들이고자 하였다. 최사전은 밀명을 받들어 몰래 척준경을 찾아갔다. 그리고 다음과 같이 척준경을 설득했다.

> 태조와 열성(列聖)의 신령(神靈)이 하늘에 있으니 화복(禍福)이 가히 두렵습니다. 이자겸은 특히 궁 안의 세력에 의지할 뿐이고 신의가 없어 좋든 싫든 함께할 수 없습니다. 공은 마땅히 한마음으로 나라를 받들어 영원히 전할 불후의 공적을 세워야 합니다.

이를 들은 척준경은 인종을 위해 충의를 다지기로 마음을 정했다. 그리고 인종은 숭덕부의 군사들이 침입해 자신을 해치려 한다는 소식을 직접 써서 환관을 통해 척준경에게 전했다. 고려 왕실이 자신의 대에 이르러 무너지고 다른 성씨로 왕실이 바뀐다면 인종 자신만이 아니라 재상과 대신들에게도 수치가 되는 일이라 한 것이다. 결국 척준경은 이자겸 세력을 모두 제거혹은 체포하는 데 성공하였다. 인종은 이에 민심을 안정시키고자 광화문에 사람을 보내 다음과 같이 선포하게 했다.

> 화(禍)가 궁중[蕭牆]에서 일어나 대역부도(大逆不道)한 일이 발생했지만 충신 의사(忠臣義士)의 의거에 힘입어 해악을 제거하였다.

이후 인종은 이자겸과 처 최씨 및 아들 이지윤을 영광(靈光)으로 유배했다. 또한 이지미는 합주(陜州)로, 이공의는 진도(珍島)로, 이지언은 거제(巨濟)로, 이지보는 삼척(三陟)으로, 의장은 금주(金州)로, 이지원은 함종(咸從)으로 유배했으며 그 심복들도 유배하거나 죽였다. 이자겸은 영광에 유배된 지 얼마 되지 않아 12월에 죽었으며, 인종은 그 처 최씨를 3년 뒤 소환했다. 이

사진 16 영광으로 유배된 이자겸과 굴비 이야기, 진실은 무엇일까?

영광으로 유배된 이자겸이 소금에 절여 말린 조기를 맛보고 인종에게 진상하면서 '비굴하게 굽히고 살지 않겠다'라 해 굴비(屈非)라는 이름이 붙었다는 영광굴비. 그렇지만 이는 어딘가 어색하다. 조기의 경우 대체로 머리 모양 때문에 석어(石魚) 혹은 석수어(石首魚)라 하는데, 조선 시대 『여지도서(輿地圖書)』를 보면 구을비(仇乙非)라 한 사례가 많다. 새끼줄 등으로 등과 배를 묶어 해풍에 말리다 보니 등이 굽었고, 이에 '굽다'에서 유래한 것이라 한다.

자겸의 두 딸은 이때 폐비되었고, 인종은 새로운 후비를 맞이해 왕실을 근본적으로 바꾸고자 했다. 공예태후 임씨와 그에 이어 선평왕후 김씨를 맞이한 것이다.

2차 이자겸의 난이 이렇게 진압되면서 왕실은 안정을 찾게 되었다. 그러나 궁궐이 소실된 데다가 많은 대신들과 장군, 군사 등이 두 차례에 걸친 난 속에 희생되었다. 또한 이자겸 세력 제거에 큰 공을 세운 척준경에 대한 처리 문제도 남아 있었다.

척준경이 마음을 바꿈으로써 외손자인 북주(北周) 정제(靜帝)를 내쫓고 수나라 문제(文帝)가 된 양견(楊堅)처럼 왕위를 찬탈하려 한 이자겸을 제거할 수 있었다. 인종은 척준경의 역할을 높이 평가하였지만 그에 상응해 이자겸 일파의 한 축으로 궁궐을 불태우고 많은 이들을 죽인 죄를 가벼이 여길 수도 없었다. 결국 이 갈림길에서 인종은 좌정언 정지상(鄭知常)의 상소를 빌미로 척준경을 암타도로 유배했다가 다시 현재의 황해도 곡산군인 본향 곡주(谷州)로 옮기도록 했다. 정지상은 척준경이 2월에 행한 일은 영원히 남을 죄악이고 5월에 행한 일은 일시적인 공에 불과하므로 벌해야 함을 주장했다.

자칫 역성혁명으로 이어질 수 있는 사태를 막은 것이기는 하지만, 인종은 안주하지 않고 이자겸의 난에 대한 반성과 새로운 정치 개혁을 통해 왕실 및 사회 안정을 추구하고자 했다. 1126년(인종 4) 10월에는 남경을, 이듬해 1127년(인종 5) 2월에는 서경을 순주했다. 그리고 3월 무오일(28) 조서를 내려 유신(惟新)의 교(敎)를 중외에 포고하였다. 모두 15개 조항에 이르는 개혁 교서의 주된 축은 민생을 위한 것이었다. 즉 민심을 안정시키고자 한 목적이 컸다.

다만 서경 행차와 개혁 교서 반포 등이 진실로 인종 주도로 이뤄졌는지에 대해서는 의문이 든다. 유신의 교에 일관의 건의라는 내용이 있기 때문이다. 이는 또 다른 문제가 1127년(인종 5) 이후 누적되어 갈 것을 예고했다. 특

히 3월 갑진일(14) 묘청과 일관 백수한이 등장해 서경 상안전에서 관정도량
을 연 것은 주목할 점이었다.

4) 인종의 개혁 정치와 묘청의 서경 천도, 칭제건원

인종의 서경 행차는 모두 1125년(인종 3) 8월, 1127년(인종 5) 2월, 1128년(인
종 6) 8월, 1129년(인종 7) 2월, 1130년(인종 8) 8월, 1132년(인종 10) 2월, 1134년(인
종 12) 2월 등 7차례가 확인된다. 인종 대 정국 운영에서 서경 행차는 새로운
정치를 도모하거나 새로운 정치 세력의 주도에 응했다는 점에서 중요하다.

특히 서경 세력으로 일컬어지는 정지상이나 묘청, 백수한, 김안 등과 뜻
을 같이하거나 포섭된 이들은 묘청과 백수한, 정지상을 '세 성인(聖人)'이라
고까지 일컬었다. 이들이 주도한 정치 목표는 황제를 칭하고 연호를 세울
것[稱帝建元], 서경 임원역에 대화궁을 세워 천도할 것, 금나라를 정벌할 것
등이었다. 이들 정치 세력이 어떻게 자리 잡아 가면서 새로운 정치를 펼쳤
는지 검토하면 다음과 같다.

인종은 이자겸의 난을 마무리하면서 새로운 변화를 꾀하고자 한 듯하다.
1126년(인종 4) 10월 계축일(21)부터 11월 경오일(9) 사이 남경을 순행했고,
이듬해 2월 을해일(15)부터 7월 신해일(23)까지 서경을 순주한 것이 보이기
때문이다. 특히 서경 순주는 이례적으로 5개월여나 머물렀다. 즉 의례적 측
면보다는 다른 목적일 가능성이 있었다. 역대 군주의 서경 순행은 대체로
10월 서경 팔관회를 앞두고 이뤄졌고 기간도 한 달 내외였기 때문이다.

그렇다면 그 이유는 무엇이었을까? 두 가지 단서가 찾아지는데 첫째는
1127년(인종 5) 5월 3일 내려진 유신의 교를 담은 조서 서문에서 일관(日官)
의 건의에 따라 서도(西都)를 순행하게 되었다 한 점이다. 둘째는 김인존 열
전에 언급된 내용이다. 즉 송과 금의 전쟁에서 금이 패하고 송이 역으로 금
을 쳐 금이 막기 어려울 지경에 빠졌다는 보고가 조정에 올라온 것이다. 이

에 정지상과 김안 등이 인종에게 "이때를 놓치지 말아야 합니다. 청컨대 군사를 내어 송나라와 호응해 큰 공을 이룸으로써 주상의 위업을 중국 역사에 실어 만세에 전하게 하옵소서"라 하였다. 인종이 서경에 있을 때의 논의였다.

이를 종합하면 이때 이뤄진 서경 순행은 일관 및 금국정벌론과 연관이 있었던 듯하다. 특히 금국정벌론이 후일 묘청 세력의 주장과 연관된다는 점, 이를 언급한 이가 정지상 등이었다는 점, 서경에서 이를 인종에게 주장하였다는 점을 참고할 필요가 있다. 더구나 정지상은 1127년(인종 5) 3월 무렵 척준경에 대해 죄는 크고 공은 일시에 불과하다 하면서 탄핵했고, 결국 척준경은 암타도로 유배되었다. 정지상의 금국정벌론은 송과 금의 전쟁 실상을 파악해야 한다는 김인존의 의견에 막히기는 했지만 이미 정지상 등은 인종을 움직일 정도로 세력을 갖췄던 것으로 볼 수 있다. 인종으로서도 개경에서의 참화를 극복하면서 다시 왕실 중흥의 공업을 세우고자 했을 것이다. 이러한 이해관계가 맞아떨어진 셈이었다.

그런데 사실 이 시점에서 고려에서 유행한 풍수도참에 대해 다시 언급할 필요가 있다. 특히 1096년(숙종 1) 8월 『도선비기』 등을 공부한 김위제(金謂磾)와 일자(日者) 문상(文象) 등은 송악을 중경으로, 평양을 서경으로 삼고 목멱양(木覓壤)에 남경을 세워 소위 고려삼경론을 완성하자 했고, 숙종은 이를 추진해 1104년(숙종 9) 5월 남경 신궁을 완공했다.

이어 예종 대에도 남경에 순주하고 서경에 행행하여 고려삼경론의 도참을 수행해야 한다는 주장이 있었던 듯하다. 이 때문에 서경 용언궁 건설이 이뤄진 바 있었다. 여기에 역할을 한 이가 김위제와 은원중(殷元中), 사천소감 최자현(崔資顯), 태사령 음덕전(陰德全) 등이었다. 게다가 평장사 최홍사(崔弘嗣)는 송도 도읍 역사가 2백여 년이나 되었으니 왕업 연장을 위해 서경 용언에 신궁을 짓고 거처를 옮겨 조회를 받으며 새로운 법령을 반포해야 한다고 말을 보탰다.

여기에 김위제 열전을 보면 예종 때 은원중 역시 도선의 설로써 상서하여 이를 언급했다는 내용이 있다. 1106년(예종 1) 3월에는 유신(儒臣)과 태사관들로 하여금 음양지리 관련 책들을 검토하게 하고 이를 정리해 『해동비록』을 만들었다. 이 편찬 작업은 음양지리 즉 풍수도참의 유행에 기여했다. 특히 이는 일관이나 술사들의 활동을 더 자극했을 듯하다. 이처럼 일관·일자·술사로 불린 이들은 왕업 연장과 국가 중흥, 왕실 번창이라는 보이지 않는 미래를 가지고 왕실과 조정을 움직일 수 있는 정도의 영향력을 발휘한 것이 확인된다.

따라서 일관이나 술사 등은 숙종과 예종에게 왕업 연장을 도모한 중흥군주가 될 것이며, 이를 위해서는 고려삼경론에 따라 도읍을 경영해야 한다 건의했다. 군주로서는 자신의 대에 큰 업적을 세우고, 왕실 번창의 기운을 불러들이는 일에 관심이 클 수밖에 없었다. 이에 남경과 서경의 신궁 조성은 일부 유신들의 반대가 있었지만 군주의 적극적인 후원에 힘입어 완공되기에 이르렀다. 그리고 더 나아가 중흥을 위해 무엇을 해야 하는지에 대한 논의가 있었을 듯하다.

인종 역시 이를 믿었다. 특히 이자겸 세력이 '십팔자위왕'의 도참과 동요를 믿고 유행시킨 만큼 이를 불식하고 중흥을 꾀하는 노력이 필요했다. 그것이 음양술사 즉 일관 등이 주장하는 풍수도참을 다시금 꺼내 고려삼경론에 입각한 순주를 행하며, 고려 왕조의 국제적 위상을 높이는 일이었으리라 생각된다.

다만 이 가운데 국제적 위상을 높인다는 것의 의미를 짚어 볼 필요가 있다. 여진도 이미 칭제건원을 한 마당에 고려가 못 할 이유가 무엇이겠는가라는 인식과, 정지상 등이 송과 힘을 합해 금을 치자고 주장한 일, 고려는 여진이 스스로 칭한 '부모의 나라'였다는 것 등을 고려한다면 인종의 서경 행차 때 칭제건원론과 서경 천도, 금국정벌론 등이 이미 나왔다 생각된다.

서경은 태조가 고려 왕실을 보위하고 대업을 만대에 전할 땅이라 이른 이래로 고려를 지키는 또 다른 수도 역할을 한 신성한 곳이었다. 더구나 그동 안에도 여진 정벌과 거란의 침입을 막고 공격하기 위해 많은 정예 군사력 이 집결되어 있던 야전사령부 같은 도성이었다. 이자겸의 난은 개경 궁궐 을 중심으로 일어났던 것이라 서경은 어떠한 피해도 없었다. 인종은 이러 한 서경을 든든한 심리적, 군사적 기반으로 생각했다고 여겨진다.

개경 궁궐을 불태운 이자겸 세력의 반란으로 인해 인종은 심리적으로 위 축되어 있었을 것이다. 이러한 상태에 있던 인종은 자기통제력을 잃고 충 동적 행위를 할 가능성이 있었다. 심리적 공황 상태인 '아노미(anomie)'가 그 것이었다. 이러한 인종을 빠르게 회복시킨 것은 공교롭게도 새로운 고려를 추구한 묘청 등이었다. 이들은 실의에 빠져 있던 인종에게 이자겸의 난과 개경 궁궐의 소실은 고려 중흥을 위한 하늘의 뜻이라 주장했을 것이다. 그 리고 그 뜻은 서경 천도 등을 통해 왕업을 다시 일으키고 칭제건원 하며 금 을 쳐 영토를 넓히는 것이라 했을 가능성이 크다.

정지상과 김안, 그리고 묘청의 말은 이러한 이해를 뒷받침해 준다. 먼저 정지상은 묘청이나 백수한 등과 뜻을 같이하고 음양비술 즉 도참을 믿었다.

상경(上京)의 기업(基業)이 쇠한 데다 궁궐마저 다 불타 버리고 남은 것이 없으나 서경에는 왕기(王氣)가 있으니 임금이 옮겨 가 상경으로 삼아야 한다.

그는 이처럼 개경의 지기쇠망을 언급하고 서경왕기론을 주장하면서 이 제는 서경을 개경 대신 상경으로 삼아야 한다 했다. 고려삼경론을 유지하 면서 고려의 중심축을 서경으로 옮기자는 것이었다. 이는 인종의 측근인 내시낭중(內侍郎中) 김안의 동조 주장에도 나온다.

우리가 주상을 모시고 서도로 옮겨 가 그곳을 상경으로 삼는다면 틀림없이 중흥공신(中興功臣)이 될 것이니 우리 한 몸의 부귀만이 아니라 자손도 무궁한 복을 누릴 것이다.

서경상경론을 주장하면서 이를 통해 중흥의 공업을 이루자 한 것이다. 이들 두 사람의 의견은 그들만의 주장으로 그치지 않았다. 여기에 더해 태조가 「훈요」에서 언급한 서경수덕론도 서경상경론의 근거가 되었을 것이다. 이들은 인종의 근시 세력 및 대신들을 포섭하기 시작했다. 근신(近臣)인 홍이서(洪彝敍)·이중부(李仲孚)와 대신(大臣) 문공인(文公仁)·임경청(林景淸)도 부화뇌동했다는 기록은 이를 말해 준다. 그리고 이들은 묘청과 백수한에 대해 각각 성인(聖人)과 그 다음가는 사람이라 칭송하면서 국정 자문 역할을 맡겨야 한다 주장했다.

윤관의 아들로서 여진 정벌군 원수로 활약하고 후일 서경 반란 진압에도 참여한 윤언이(尹彥頤)의 경우 백수한의 천거나 대화궁 건설 등에는 동의하지 않았지만 칭제건원에는 부분적으로 동의했다. 그는 광주목사 임명에 대한 감사 표문에서 스스로를 해명한다 하면서 건원에 대해 언급하였다. 윤언이와 입장이 같은 이들도 당시 인종 조정에 어느 정도 있었을 것이라 여겨진다.

묘청 등의 주장은 1127년(인종 5) 2월 인종의 서경 순주를 통해 현실이 되기 시작했다. 이해 3월 묘청과 일자 백수한(白壽翰)은 인종을 설득해 상안전(常安殿)에 관정도량(灌頂道場)을 열었다. 관정도량은 1101년(숙종 6) 4월 송충이가 소나무를 갉아먹자 이것이 병란이 일어날 징조라 하면서 이를 막기 위해 태사가 관정도량, 문두루도량, 보성도량 등의 도량과 노군부법을 실행하자 한 데서 등장했다. 이때의 관정도량은 재해를 물리치려는 소재도량의 의미가 강했다.

묘청 등이 행한 관정도량의 성격은 이와 달랐던 듯하다. 묘청 등이 인종의 정수리에 물을 부으면서 『관정경(灌頂經)』을 독송했을 관정도량은 그 실시 연원을 감안하면 가벼이 볼 수 없는 것이었다. 본래 관정 의식은 인도에서 태자가 즉위하기 전 사대해수(四大海水)를 떠서 태자의 정수리에 부어 사해 장악을 기원하는 데서 출발했고, 불교에서도 수행자의 입문 혹은 각성 때 이를 행했다.

특히 상안전에서 이 도량을 열 때 그 술법이 괴이하고 허황되었다 한 것을 보면 1101년(숙종 6)의 관정도량과는 달랐다고 볼 수 있다. 묘청과 백수한은 그들이 주장한 칭제건원과 금국 정벌의 염원을 담아 이 의식을 행한 것이라 여겨진다. 인종이 서경에 체류할 때 송이 금을 정벌하기 시작했다는 보고가 온 것이나 이 오보를 신빙하여 송과 함께 금을 치자고 한 정지상의 주장은 묘청 등이 행한 관정도량과 맥이 닿아 있었던 것이다.

이어 서경에 체류하면서 인종은 즉위 후 처음으로 유교 경전에 대한 강론을 시작했다. 정당문학 김부일로 하여금 『서경』 홍범(洪範) 편을 강의하게 한 것이다. 이튿날에는 정항에게 『서경』 열명(說命) 편과 주관(周官) 편을, 그리고 다음 날에는 정지상에게 『서경』 무일(無逸) 편을 강하게 하였다.

공교롭게도 대상 경전이 모두 『서경』으로 천명 사상과 왕도정치를 담은 것이었으며, 정치적 성향이 다른 이들이 강론하였다는 것이 확인된다. 김부일과 정항은 풍수도참에 따른 정국 변동을 긍정적으로 보지 않은 반면 정지상은 적극적으로 이를 받아들여 정치 개혁을 꾀하자는 쪽이었다.

특히 무일 편의 경우 태조의 「훈요」 중 10조에서 그 내용을 그림으로 그려 걸어 놓고 출입 때마다 성찰하라 한 책이었다. 이렇게 보면 인종은 의도적으로 상반되는 정치 세력을 배치한 것이라 여겨진다. 이는 이자겸의 난을 통해 얻은 교훈이었을 듯하다.

정국 운영과 관련해 인종의 선택은 중요했다. 이 상황에서 인종은 일방 주도의 정치보다는 경쟁과 비판, 소통과 통합이라는 운영 방식을 택하였다. 결정은 조금 늦어지더라도 조심하고 삼간다는 '소심(小心)' 즉 신중을 다하겠다는 의지였다. 인종의 정치 자세는 묘청 등이 강력하게 추진한 서경

천도나 칭제건원, 금국정벌론 등을 제어하는 기제가 되었다. 또 반대로 지나치게 기존 체제를 지키거나 금국사대론에 경도된 정국 운영론자들에게는 자극제 역할이 되었다.

그리하여 1126년(인종 4) 5월 발생한 2차 이자겸의 난이 마무리된 지 1년이 채 되지 않았지만 인종은 1127년(인종 5) 3월 서경에서 유신의 교를 반포했다. 국정 운영의 새로운 방향과 그 추진을 위한 방책 등이 제시되리라는 기대가 컸다. 이때 발표된 15개 조항은 다음과 같았다.

첫째, 방택(方澤)에서 지신(地神)에게 제사하여 4교(四郊)에서 기운을 맞아들일 것.

둘째, 사자를 군국(郡國)에 보내 자사·현령의 현명함과 어리석음을 염찰(廉察)할 것.

셋째, 수레와 의복의 제도는 힘써 검약(儉約)할 것.

넷째, 쓸데없는 관원과 급하지 않은 업무를 없앨 것.

다섯째, 권농하여 힘써 농사를 짓게 해 이로써 백성들의 식량을 넉넉하게 할 것.

여섯째, 시종관(侍從官)은 1인씩을 천거하되, 천거된 사람이 형편없으면 그를 죄줄 것.

일곱째, 힘써 관곡(官穀)을 저축하여 백성을 구휼하는 데에 대비할 것.

여덟째, 수취에는 제도가 있으니 정한 조세와 공물[租調] 외에는 횡렴(橫斂)을 없앨 것.

아홉째, 군사를 무휼함에 정해진 때의 열무(閱武) 외에는 노역을 시키지 말 것.

열째, 백성을 보살펴 사는 곳에 정착하게 하여 도망하여 흩어지지 않게 할 것.

열한째, 제위포(濟危鋪)와 대비원(大悲院)에 넉넉히 축적해 질병을 구제할 것.

열두째, 관고의 묵은 곡식을 빈민에게 억지로 나누어 주고 그 이자를 강제로 거두지 말 것이며, 또한 썩은 곡식을 백성에게 주어 강제로 찧으라고 함이 없게 할 것.

열셋째, 사(士)를 선발하는 데 다시 시(詩)·부(賦)·논(論)으로 할 것.

열넷째, 여러 주에 학교를 세워 교화를 넓힐 것.

열다섯째, 산림천택[山澤]의 이익은 백성들과 함께 공유하고 침해함이 없게 할 것.

이 15개 조항은 『고려사절요』에 실린 것으로 내용만 본다면 대부분 내치 개혁이 중심이었다. 모두 민생 안정과 교화를 위해 중요한 것들이었다. 다만 인재 선발 및 인사, 관리 운용과 관련한 조항(2·4·6·13)이 있으나 사실 새로운 것은 없었다. 숙종 말엽처럼 별무반 설치와 같은 군제 개혁을 한다거나 송이나 금에 대하여 외교 자세를 수정한다는 등의 내용은 보이지 않는 것이다. 천하에 큰 사면을 내린다는 '대사천하(大赦天下)'의 내용도 찾을 수 없다. 물론 대사는 주로 개경에서 내렸다는 점을 고려할 필요는 있다. 일관의 건의로 서경을 찾아온 것이었음에도 대화궁 건설 및 서경 천도와 관련한 언급이 없다.

이를 어떻게 보아야 할까? 당시 정지상 등이 송과 함께 금국정벌론을 주장하던 상황에서 이 같은 개혁 교서의 반포는 일단 보수적 결정이었다. 다시 말하면 이는 아직 이자겸의 난으로 인한 혼란을 극복하지 못해 어수선한 상황에서 섣부른 어떤 행동보다는 내정 정비에 우선 주안점을 둔 것이었다. 또 여기에는 강론에 참여했던 김부일이나 정항, 그리고 금을 치자는 주장을 불식시키는 데 주요 역할을 한 김인존 같은 원로의 기여가 있었다.

그렇지만 이 무렵 인종에게 가까이 다가설 수 있었던 묘청은 풍수를 동원해 서경 임원역(林原驛)의 지세를 대화세(大華勢)라 하면서 궁궐을 세워 거처할 것을 청하였다. 이렇게 하면 천하를 아우를 수 있으며 금이 스스로 항복해 오고 36국이 신하가 될 것이라는 도참적 주장이었다. 한마디로 천하를 다스릴 수 있다는 것이었다.

이러한 주장이 나오는 가운데 이듬해인 1128년(인종 6) 정월부터 인종과 고려에는 묘한 기운이 발생했다. 이해 정월 인종은 몸이 불편해 불안함이 있었다. 그리고 2월에는 남경 궁궐에 화재가 일어났다. 6월에는 남송의 사신 양응성이 와서 금으로 가기 위한 해로(海路) 등을 빌려 달라 했다. 또한 4월부터 8월까지 태백성이 낮에 나타나 하늘을 가로지르는 이변이 계속되었다. 모두 인종과 고려를 불안하게 하는 요소들이었다.

이에 인종은 1128년(인종 6) 8월 을해일(23)에 다시 서경을 찾았다. 묘청과 백수한, 그리고 호종한 재추들에게 임원역 지세를 살피게 하고는 10월 갑인일(3)에 개경으로 돌아왔다. 그리고 같은 해 11월 무신일(28) 김안으로 하여금 임원역을 옮기고 그 자리에 궁궐을 짓게 했다. 신궁은 이듬해(1129) 2월 기사일(20)에 낙성되었고, 3일 후인 임신일(23)에 인종은 서경에 또 행차하였다. 그리고 무인일(29) 신궁에 들어가 3월 초하루에 신궁의 건룡전(乾龍殿)에서 하례를 받았다.

일련의 진행 과정을 볼 때 신궁 공사는 불과 2개월 만에 이뤄진 셈이 된다. 감독관인 김안이 아무리 다그쳤다 하더라도 2개월 만에 그것도 겨울에 신궁 대화궁을 지었다는 것은 뭔가 이상하다. 어쨌든 인종은 건룡전에서 하례를 받고 3월 계미일(5)에 연회를 베풀었다. 묘청 열전을 보면 1129년(인종 7) 칭제건원을 청한 것과 북송 멸망 후 금나라의 책봉으로 대제(大齊)의 황제가 된 유예(劉豫)와 힘을 합쳐 금나라를 협공하자 한 것이 기록되어 있다. 다시금 금국정벌론을 꺼내 든 것이다.

다만 여기서 의문이 드는 것은 대제의 유예와 연합하자는 묘청 등의 주장이다. 대제는 1130년(금 천회 8) 9월에 세워진 금의 괴뢰국이었는데, 어떻게 1129년(인종 7) 3월 무렵 대제와의 연합과 금국정벌론 주장이 나올 수 있었을까? 기록에 착오가 있었지 않을까 한다.

인종은 1129년(인종 7) 3월 경인일(12)에 개경으로 돌아와 사면과 은사(恩賜)를 내리면서 서경 대화궁 창건과 자신의 이어에 대해 왕업 연장을 위한 것이라고 긍정적으로 평가했다. 같은 해 5월 윤언이와 정지상, 권적이 시정 득실을 논하는 상소를 올리자 인종이 이를 우납(優納) 즉 받아들였다는 기록이 보인다. 그 내용이 무엇이었는가는 기록에 없어 알 수 없으나 최소 윤언이와 정지상의 경우 칭제건원에 뜻이 같았던바 이에 대한 논의가 있었으리라 여겨진다. 다만 이해 11월 금에 대한 사대의 서표(誓表)를 올린 것이 확인되므로 정지상이나 묘청 등이 주장한 금국정벌론은 벽에 부딪쳤던 듯하다.

그렇지만 금에서 보주 지역을 놓고 고려에 귀부한 여진 호구를 조사하여 이들을 돌려보내라는 요구가 계속되자 불안함이 가중되었다. 게다가 가뭄과 우박이 잇따르자 인종은 다시금 1130년(인종 8) 8월 을미일(25) 서경에 행차하였다. 이 행차는 일자와 음양가류의 건의에 의한 것이었다.

이때를 기해 묘청은 다시금 인종에게 홍경원에서 아타파구신도량(呵吒波拘神道場)을 열고 선군청(選軍廳)에서 반야도량을 27일간 열 것을 건의했다. 도량을 통한 호국 기원 행사였다. 개경에 돌아온 뒤 같은 해(1130) 10월 정축일(8)에 인종은 선군청에서 무능승도량(無能勝道場)을 21일 동안 열도록 했다. 이는 『무능승대다라니경(無能勝大陀羅尼經)』을 외우면서 승전과 호국을 비는 것이었다. 인종은 금의 압박과 계속된 재해로부터 나라를 지키기 위한 차원에서 다시금 서경을 찾고 도량을 연 것이었다. 이러한 도량을 행한 것을 보면 인종은 서경과 개경에서 군사 점검과 훈련을 재개하였을 가능성도 있다.

1131년(인종 9) 3월 즉위 10년째를 맞으면서 인종은 다시금 군국(軍國)의 이해와 관련해 문제점과 개선책, 나아갈 방향을 논의하고자 했다. 가장 큰 문제는 역시 금의 압박과 이에 대한 고려의 대응이었다. 이 때문에 인종은 다음과 같은 제서를 내렸다.

문관 상참(常參) 이상과 한림(翰林) · 사관(史館) · 국학(國學) · 보문각(寶文閣) · 식목(式目) · 도병마사(都兵馬使) · 영송도감(迎送都監) · 행영녹사(行營錄事) · 군후원(軍候員)과 무관(武官)의 4품 이상은 각각 봉사(封事)를 올려 군사(軍事)와 국정(國政)의 이로움과 해로움을 말하라.

제서가 내려진 후 1131년(인종 9)의 상황을 보면 군사 문제에 대한 논의는 찾아지지 않는다. 동서대비원과 제위포를 수리하는 문제, 제생(諸生)이 하는 노자와 장자의 학문 공부를 금한 것, 매년 사계절 첫 달에 조회를 보되 이때 시령(時令)을 읽도록 한 것, 궁궐 중수 때 지나치게 많은 수의 양부 재추가 궁궐 중수를 감독하고 있으므로 그 수를 줄인 것 정도가 확인된다. 또 8월에도 양부 재신을 불러 국가 중요사를 논의했지만 군사 문제 관련 결정 사항은 없었다. 문공인을 서경유수사로 삼은 것 정도에 불과했다.

무언가 엄중한 결정은 없었다. 그런데 묘청은 1131년(인종 9) 8월 법술을 행하였다. 소위 성인(聖人)의 법이자 나라를 이롭게 하고 왕업을 연장하는 술수[利國延基之術]라 하면서 임원궁 즉 대화궁에 성을 쌓고 궁중에 팔성당(八聖堂)을 설치한 것이다. 그리고 여기에 팔성의 화상을 그려 두었다. 호국백두악(護國白頭嶽), 용위악(龍圍嶽), 월성악(月城嶽), 구려평양(駒麗平壤), 구려목멱(駒麗木覓), 송악(松嶽), 증성악(甑城嶽), 두악(頭嶽)이라고 하는 선인·존자·천선·거사·신인·천녀 등이었다. 이들은 모두 묘청의 말에 의해 만들어진 8명의 신인이었다. 따라서 인종이나 다른 신료들에게는 낯선 존재였다.

다만 「고려세계」에 팔진선(八眞仙)과 관련한 언급이 보인다. 즉 당 숙종으로 알려진 이와 그를 따른 자가 개경 곡령 남쪽을 보고 '도읍이 될 땅' 그리고 '팔진선이 사는 곳'이라 한 바 있었다. 이때의 팔진선은 아무래도 중국 송나라 초까지의 인물로 구성된 팔선과 연관이 있다 여겨진다. 이들 팔선은 6명의 남신과 2명의 여신으로 구성되어 있었다. 그런데 공교롭게도 묘청이 언급한 팔성에서 셋째인 월성악 천선(月城嶽天仙) 실덕대변천신(實德大辨天神)과 여덟째 두악 천녀(頭嶽天女) 실덕부동우바이(實德不動優婆夷)도 천선·천녀였다. 정지상은 팔성당 제문을 쓰면서 팔성을 모신다 하지 않고 팔선을 모신다 하였다. 묘청이나 정지상 등은 팔선 혹은 팔성을 중국이 아닌 우리 전통 속에서 재해석해 고려를 지키는 수호신으로 설정한 것이라 보인다.

그런데 팔성당의 설치와 같은 해인 1131년(인종 9) 8월에 서북면병마사가 중요한 첩보를 보고했다. 금 황제가 군사 3만을 거느리고 동경(東京)에 도착했다는 것이었다. 고려에서는 비상이 걸릴 수밖에 없었다. 보고가 있은 지

6일 후 인종은 지례사(持禮使) 유퇴(庾償)를 동경으로 보냈고, 이어 천청절 하
례사를 보내 금의 동태를 확인하려 했다. 그러나 이들은 금 태종을 만나지
못한 채 돌아왔다. 지례사가 억류되지 않고 무사히 돌아온 것을 본다면 금
태종의 거둥에 위험성은 없었던 듯하다. 이후 12월에 지례사 유퇴를 다시
보냈다. 그만큼 고려로서는 촉각을 곤두세우고 있었던 것이다.

어쨌든 긴장하면서도 한시름 놓은 인종은 1132년(인종 10) 2월 묘청 등의
건의를 받아들여 다시금 서경을 찾았다. 여섯 번째 인종의 서경 순행이었
다. 그 직전인 정월에 인종은 개경의 궁궐을 수축하면서 평장사 최홍재 및
문공인 등에게 공사의 감독을 맡도록 했다. 묘청은 이때 도선국사가 강정
화(康靖和)에게 전수하고 강정화가 자신에게 전수한 '태일옥장보법(太一玉帳
步法)'이라는 술법을 행하였다. 강정화에 대한 기록은 단지 이때만 등장해
어떤 인물, 술법인지 알 수 없다. 다만 그 표현으로 보면 우주의 중심을 축
으로 옥장(玉帳)으로 상징되는 우주의 기운을 사방으로 늘이고 당겨 우주의
힘을 모으고 그 힘을 사방으로 퍼뜨린다는 의미였던 듯하다.

인종은 묘청을 수가복전(隨駕福田)으로 삼고 백수한을 내시로 삼아 개경
에서 떠났다. 이윽고 서경 장락전에 도착해 인왕도량을 연 뒤 대화궁 등을
찾았다. 이어서는 건룡전에서 군신연(群臣宴)을 베풀어 신하들을 위로했다.
이때 이지저가 올린 「서경대화궁대연치어(西京大花宮大宴致語)」가 『동인지문
사륙』에 전한다. 이를 보면 주목할 표현이 나온다. 인종을 황상(皇上)이라
하면서 요임금의 성덕과 문왕의 소심(小心)을 갖고 있다 했고, 대화의 형세
를 갖춘 곳을 찾아 천하의 중심으로 삼았다 했다. 또한 만국에서 옥백을 갖
고 오고 있으며, 사방에서 빈례를 갖추고 있다 하였다. 인종이 거처한 대화
궁 건룡전은 제소(帝所)나 북신(北宸)으로 비유되었다. 온갖 미사여구가 동
원되는 치어(致語)인 점을 감안하더라도 이지저의 이 표현들은 인종을 들뜨
게 하기에 충분했을 것이다.

이러한 상황을 고려하면 칭제건원과 서경 대화궁 이어 및 천도, 금국정벌

론 등 가운데 대화궁 이어나 칭제건원 일부는 실현된 셈이라 볼 수 있다. 많은 관련 기록이 보이지 않아 구체적인 언급은 어렵더라도 몇 가지 남아 있는 기록은 그 편린이라 보인다. 첫째가 바로 앞의 이지저가 올린 치어의 내용이다.

둘째는 1132년(인종 10) 11월의 제서 내용이다. 이달 초엿새 동지에 드는 갑자(甲子)와 관련해 인종은 이때를 상원갑자라 하면서 일월오성이 북쪽에 모이므로 이를 기념해 옛것을 혁파하고 새로운 것을 정립[革舊鼎新]하고자 한다 했다. 그리고 서경에 대화궐을 세웠으니 삼사(三事)·대부(大夫)·백관(百官)·서사(庶事)는 유신(惟新)의 정치를 함께 도모하라고 명을 내렸다. 새로운 체제와 새로운 정치를 언급하고 있는 것이다. 다만 구체적인 체제와 정치가 무엇인지는 역시나 모호한 면이 있다.

셋째는 1138년(인종 16) 2월에 내린 조서 내용에 금후로 장소(章疏) 및 공행안독(公行案牘) 등 문서에 '신성제왕(神聖帝王)'을 칭하지 말도록 한 것이다. 그러니까 이때까지는 신성제왕의 칭호가 쓰였다는 얘기가 된다. '신성'은 태조의 시호였다. 이를 모를 리 없었을 터인데도 신성과 제왕을 합쳐 칭하였다는 것은 더 생각할 부분이 있다. 『제왕운기』에서 1117년(예종 12) 3월 금에서 서한을 보낼 때 '고려국 황제'를 칭했다 한 것이나 인종 대에 제왕을 칭한 것은 예종과 인종 대에 제왕의식이 강했음을 뜻한다. 다만 1138년은 1135년(인종 13) 서경 반란이 끝난 지 얼마 되지 않은 시점이었으므로 신성제왕은 묘청 등의 주장과 더 연관이 있었다 판단된다. 사료가 파편화되어 있는 탓에 이를 확신하지 못하는 것이 아쉬울 따름이다.

하지만 묘청이나 정지상, 백수한 등에 대해 인종은 어느 순간부터 신뢰를 거둬들였다. 계기는 서경 중흥사탑 소실이었다. 재앙을 가라앉히기[鎭災] 위한 목적의 서경 순행인데 태조가 세운 중흥사 9층탑이 불에 탄 것이었다. 묘청은 인종이 개경에 있었더라면 더 큰 재앙을 입었을 터인데 서경에 왔기에 그나마 이 정도로 그친 것이라 둘러댔다. 또한 새로 설치한 팔성당의 팔성 혹은 팔선에 대한 제문을 정지상이 지으면서 '득일의 신령[得一之靈]'이니 '본래의 부처[本來之佛]'이니 '실덕(實德)이 곧 여래(如來)'라는 등의 표현을 썼는데, 알 수 없는 허황된 표현이라고들 하였다. 이는 점차 여론으로부터 의심을 받고 있음을 의미했다.

이후 결정적 두 장면이 연이어 나왔다. 묘청이 수가복전으로 호종하였음에도 심한 비바람과 진눈깨비, 추위가 몰아쳐 사람과 말과 낙타가 죽은 것이었다. 이에 대해서도 묘청은 우사와 풍백에게 비바람을 일으키지 말라해 응답을 이미 받았다 하면서 이들 두 신이 식언을 했다 변명했다. 또 대동강에서 신룡이 침을 토해 오색구름을 만드는 상서를 일으킨 것과 관련해서 일종의 사기 행각이 드러나기도 했다.

묘청이나 정지상, 서경의 원로 등은 칭제건원을 계속 청했다. 나아가 정지상은 위로는 하늘의 뜻에 응하고 아래로는 사람들의 바람을 따라 금을 정벌하자고 했다. 대화궐 거둥이 어려우면 건룡전 등에 옥좌를 설치하고 어의를 안치해 둘 것을 청하기도 했다. 이렇게 하면 복과 경사가 인종이 친히 갈 때와 다름없이 내릴 것이라 하였다. 인종은 이를 수락하여 묘청 등의 주장에 힘을 보탰다.

나아가 인종은 1134년(인종 12) 정월에 정심(淨心) 즉 묘청을 삼중대통(三重大統) 지누각원사(知漏刻院事)로 임명하고 자줏빛 가사를 내렸다. 그리고 2월에 다시 서경을 찾았다. 하지만 이때도 친종장군의 말이 무언가에 놀라 어가 앞을 달려가는 불미스러운 일이 일어났고, 대동강 용선 놀이 때 갑작스러운 북풍이 불어 환궁을 서둘렀으며, 3월 대화궐로 거처를 옮기려 출발하자 먼지바람이 심하게 부는 등의 돌발 사고가 일어났다.

이 같은 상황 속에서 김부식(金富軾), 임원애(任元敱), 이지저(李之氐), 임완(林完), 이중(李仲), 문공유(文公裕) 등은 묘청 세력의 주장에 반대하기 시작했고, 그 세력은 점차 커져 갔다. 그럼에도 1134년(인종 12) 12월 우정언 황주첨(黃周瞻)은 다시금 인종에게 칭제건원을 청했다. 그러나 인종은 답하지 않았다. 묘청 등은 인종의 서경 행차를 다시 주도하면서 역모를 행하려 했다. 하지만 인종은 서경행을 허락지 않았다. 인종과 대신, 간관들은 더 이상 묘청 등의 주장을 신뢰하지 않게 된 것이다.

이는 결국 이듬해인 1135년(인종 13) 정월 서경 반란으로 이어졌다. 이들은 국호를 '대위(大爲)'라 하고 연호를 '천개(天開)'라 했으며 자신들의 군대를 '천견충의군(天遣忠義軍)'이라 했다. 이를 보면 새로운 군주를 추대하거나 자칭한 일이 없었다. 이는 달리 말하면 인종을 받든다는 것이었다. 그러면서도 새로이 정했다는 국호 '대위'를 보면 이것이 국호가 맞나 하는 생각이 들 정도로 모호했다. 한마디로 체계적으로 준비된 반란이 아니었다 할 수 있다.

1135년(인종 13) 일어난 서경 반란과 관련해 송은 10만의 군사를 보내 돕겠다 했다. 인종은 이를 완곡히 거절했다. 또 이를 계기로 금나라가 개입할 여지도 있었다. 다만 인종이 금으로부터 아직 책봉을 받지 않은 상태인 데다가 이는 고려의 내전이었기 때문에 명분상 금의 개입이 어려웠다. 더구나 이때 금 태종이 죽었다. 고려로서는 그나마 안심할 수 있는 일이었다.

동아시아 국제질서의 변동을 가져올 수 있었던 묘청의 서경 천도 운동과 칭제건원, 금국정벌론은 1136년(인종 14) 2월 조광의 자결을 끝으로 마무리되었고 정서원수(征西元帥) 김부식 등은 개선했다. 근 10년간에 걸친 묘청과 정지상 등의 노력이 그들 자신의 죽음으로 마침표를 찍게 된 것이다. 그리고 1142년(인종 20) 5월 금으로부터 인종은 고려 국왕으로 책봉되었다. 금국정벌론은 나오기 어렵게 되었고, 금나라와의 관계는 이로써 더 이상 논란의 여지가 없게 된 것이다.

이상에서 살펴본 묘청과 정지상 등이 주장한 서경천도론은 풍수도참과 불교 도량, 팔선 사상 등을 토대로 일어났다. 개경 지기쇠왕론을 토대로 한 왕업 연기와 중흥정치를 위한 노력이었고, 이를 왕실 위상 강화를 위한 칭제건원 및 금국정벌론의 실현으로 이루려 했다. 묘청 등의 주장은 동아시아 국제질서 변환기에 고려가 취할 수 있는 선택지 중 하나였다. 인종 역시도 정치 개혁을 위해 묘청 등의 주장을 경청했고 이자겸의 난 이후 어수선한 정국 속에서도 대화궁궐 및 팔성당을 세우도록 허락했다. 하지만 금에 대한 사대가 결정되는 속에서 칭제건원과 금국정벌론은 현실적으로 어려움이 있었다. 이들의 계속된 주장과 끊임없이 벌어지는 재해 그리고 묘청의 변명 등은 '성인' 묘청의 권위를 의심케 했다.

이들이 주장한 서경 천도나 칭제건원, 금국정벌론 등 세 가지는 인종의 정치 개혁 노력과 맞물려 있었다. 인종은 실제로 스스로 중흥정치를 이끄는 강력한 스타일도 아니었다. 사신(史臣) 김신부(金莘夫)는 인종의 성품에 대해 '자애롭기만 하고 우유부단하였다'라 평했다. 묘청이나 정지상 등은 확실한 언질이나 결정을 미루는 인종의 대응 방식을 자기들의 주장에 호응하는 것으로 보았을 수 있다. 이것이 결국 서경 천도 운동이 벌어지고 서경 반란으로까지 이어진 하나의 원인이 되었다. 고려 건국 이래 가장 크고 오랜 기간 벌어진 반란 사건이 된 것이다. 다른 면으로 보면 인종 대 중흥정치를 위한 변혁의 좌절이었다.

따라서 이 사건은 인종이 자초한 것이나 마찬가지였다. 중흥정치를 꾀하기 위해서는 군주의 분명한 방향 제시와 강력한 지도력이 필요했다. 그러나 인종은 그러지 못했다. 서경 반란 사건은 12세기 초 소위 동아시아 질서 재편에 있어 고려의 주도권 상실을 야기했다. 또한 칭제건원론이 힘을 잃으면서 인종과 고려 왕실의 위상은 큰 상처를 입었다. '신성제왕' 사용 금지는 이를 뜻했다. 또한 개경 중심의 문벌 귀족을 견제할 수 있는 정치 세력을 잃게 되었다. 고려삼경론에 입각한 균형발전 추구는 그 힘을 잃었다. 그러면서도 일자나 술사 등의 역할은 유지되었다. 여진 정벌처럼 고려 스스로 국경 밖으로 정벌을 나가는 일도 없어졌다. 태조 유훈 속 서경수덕론에 입각한 서경 중시는 약화되었고, 서경은 늘 불안한 상태에 놓이게 되었다. 다만 금과의 긴장과 갈등 관계가 없어지면서 태평한 시대가 도래했다. 그나마 다행이랄 수 있는 면이었다.

5) 인종의 죽음과 시대 과제

인종의 생애와 정치에 대해 김부식은 사찬을 남겼다. 덕으로 은혜를 베풀고 백성을 편안하게 했으며, 금에 대해 '상표칭신(上表稱臣)' 하고 예로 그 사신들을 대했을 뿐만 아니라, 이자겸과 척준경의 죄에도 불구하고 목숨을 보전하게 해 주었다 등을 언급하며 진실로 묘호를 '인종(仁宗)'이라 한 것이 마땅하다고 했다. 그러면서 애석한 일을 꼽았다. 그것은 묘청의 천도론에 빠져 서경 반란을 야기한 일로 결국 이것이 성덕(盛德)에 누가 되었다고 하였다.

반면 사관 김신부는 좀 더 신랄했다. 일단 예종은 처족 즉 외척이 탐욕스럽고 방자한 행동을 할 수 있도록 방치했고, 인종 즉위 직후 한안인 일파가 조급하게 이자겸 등을 제거하려다 도리어 유배와 살육을 자초했다 하였다. 이자겸 등에 의해 인종의 측근이 제거되고 국권까지 빼앗겨 왕업이 땅에 떨어질 뻔한 위기를 겪었는데도 또 승려 정심 즉 묘청과 백수한의 음양설에 현혹되어 서경 반란을 초래하였다 평하였다.

그 이유를 그는 인종의 천성에서 찾았다. 오로지 자애롭기만 하고 우유부단했던 성품을 지적한 것이다. 이로 인해 이자겸 세력 처리가 공정하지 않았고, 서경 반민(叛民)이 제대로 다스려지지 않았다고 하였다. 또 불교를 깊이 믿어 백성들의 폐단을 가중시켰다고 비판했다. 그나마 유연(遊宴)을 즐기지 않고 환시(宦寺)를 줄인 것, 공검(恭儉)으로 자신을 닦고 성신(誠信)으로 교린(交隣)한 것은 옛 제왕들과 비교하더라도 훌륭하다고 평하였다.

김부식과 김신부는 이처럼 인종에 대한 사찬을 쓰면서 비슷하면서도 완전히 다른 역사 평가를 남겼다. 이를 토대로 보자면 인종의 정치는 인종 시대가 추구한 중흥정치의 내실을 기하지 못하였음을 찾아낼 수 있다. 다만 몇 가지 인종 시대가 이룬 성과에 대해 다시 돌아볼 필요가 있을 듯하다.

첫째는 예종 대에 이어 경연 강경을 계속해 고려 유학을 심화시켰다는

점이다. 즉, 『서경』이나 『예기』·『역경』·『시경』 등의 주요 편들을 강론하
고 의심이 드는 부분을 토론토록 했다. 이 외 1129년(인종 7) 8월 서적소(書
籍所)를 설치하고 『충의집』을 강론하게 하는 한편 1131년(인종 9) 5월 태조가
쓴 『계백료서』를 베껴 집에 두고 자손을 가르치라 하였다. 1134년(인종 12)
3월에는 『효경』과 『논어』를 민간 아이들에게 나눠 주어 효와 학문을 장려했
다. 여기에 더해 사마광의 「유표(遺表)」와 「훈검문(訓儉文)」도 언급되었다. 특
히 1138년(인종 16) 11월에는 연영전을 고쳐 집현전(集賢殿)이라 하여 학사들
이 학문과 강론을 하는 곳으로 삼았다.

인종이 친히 임하는 경연의 자리가 정례적으로 열리지는 않았지만 유학
에 대한 이해가 심화되었다. 참외 문신들에게 각기 전문적으로 공부하는
경전을 정해 인사 기록 장부라 할 정안(政案)에 기록도록 하고 그 깊이를 헤
아려 학관(學官)으로 보내게 했다. 이에 유학자들은 경전에 대한 자신의 견
해를 정리해 책을 편찬했다. 김인존은 『논어신의(論語新義)』를 저술하고 『역
경』에 밝았던 윤언이는 『역해(易解)』를 저술했다. 김부식은 여러 사관들과
함께 유교적 관점을 토대로 해동 삼국의 역사를 정리해 1145년(인종 23) 12월
『삼국사』를 편찬했다.

둘째는 유교 경전에 대한 이해가 높아지고 송의 문물이 수용되면서 국자감
을 비롯한 관학 및 그 교육에 대한 재정비가 이뤄졌다는 점이다. 1127년(인종
5)에는 여러 주에 학교를 세우도록 장려했다. 또 문종 대 이래 유지되어 온
국자감 체제에 변화를 주었다. 즉, 국자학(國子學)·태학(太學)·사문학(四門
學)·서학(書學)·산학(算學) 등 5학 체제에 인종은 율학(律學)을 추가해 소위
경사6학(京師六學)으로 정비했던 것이다.

『고려사』 선거지 학교 조에서 확인되는 국자감 학식 규정은 정확한 연대
기록은 찾아지지 않는다. 인종 대 식목도감에서 국자감 학식을 규정한 것
정도가 확인된다. 국자학·태학·사문학의 입학 자격과 정원을 정하고 이들
3학에는 박사와 조교를 두어 가르치도록 했다. 문무관 품계를 기준으로 그

자제의 입학 자격을 정하였으며, 각기 3백 명을 정원으로 하였다. 입학 자격이 주어지지 않는 이들도 정했다. 이는 귀족제 사회의 성격을 반영한 것이기도 했다. 다만 그 수가 지나치게 많아 실제 시행 여부는 분명치 않다. 여기에 율학·서학·산학 입학생의 자격도 정했는데, 다만 이들 3학에는 조교 없이 박사만 두었다. 각기 율령, 여덟 가지 서체[八書], 산술을 가르쳤다.

교육 과목은 『효경』과 『논어』는 반드시 통달하는 것을 전제로 『주역(周易)』·『상서(尙書)』·『주례(周禮)』·『예기(禮記)』·『모시(毛詩)』·『춘추좌씨전』·『춘추공양전』·『춘추곡량전』 등을 공부해야 했다. 학생의 과업(課業) 기한 즉 경전 이수 기한은 『효경』·『논어』 1년, 『상서』·『춘추공양전』·『춘추곡량전』 2년 반, 『주역』·『모시』·『주례』·『의례』 2년, 『예기』·『춘추좌씨전』 3년이었다. 다만 『상서』·『춘추공양전』·『춘추곡량전』의 기한은 잘못 기록된 것으로 1년 반이라 보기도 한다. 이 경우 과업 기한은 최대 7년 반이 된다. 그렇지만 이 기한을 꽉 채우기보다 국학생은 객관적 수학능력을 토대로 과업 이수를 건너뛰고 과거에 응하기도 했다. 매월 성적 평가인 월서(月書)와 계춘·계하·계추·계동에 행한 사시(私試)의 성적을 매기는 사계(四季) 행예분수(行藝分數)를 살펴 과거에 응하도록 한 것이다.

1130년(인종 8) 어사대에서 국학의 정원을 비용 문제로 줄이려 하자 국학생들이 유학을 숭상하는 뜻을 살리고 사찰에 지원하는 만큼이라도 지원해 줄 것을 청했다. 인종은 이를 허락한 것으로 보인다. 그러면서 국학 7재 중 무학재가 유명무실해진 데다가 혹여 무학이 번성하면 문학과 각을 세워 문제가 될 수 있다는 점을 들어 1133년(인종 11)에는 무학재를 혁파했다.

셋째는 어쩔 수 없었던 것이기는 하지만 개경과 서경의 궁궐을 다시 세우고 그 이름들을 새롭게 정하였다는 것이다. 이자겸의 난으로 개경 궁궐이 소실되자 다시 이를 세워야 했고, 묘청 등의 주장을 받아들여 서경 임원역 자리에 대화궁을 조성했다. 대화궁에는 건룡전(乾龍殿)을 두어 제소(帝所)로 삼기도 했으나 서경 반란 이후 인종은 더 이상 찾지 않았다. 또한 개경 궁궐을 다시 중수하면서 1138년(인종 16) 5월 전각과 궁문 이름을 대부분 바꾸고 직접 액호를 썼다. 예컨대 회경전(會慶殿)은 선경전(宣慶殿), 건덕전(乾德殿)은 대관전(大觀殿), 신봉문(神鳳門)은 의봉문(儀鳳門) 등으로 한 것이다. 그리고 같은 해 10월에는 새로 조성된 궁궐에 돌아와 백관의 하례를 받았다. 이듬해 2월 사면을 내려 은덕을 베풀었다.

인종의 이 같은 조치는 의미가 있는 것이었다. 이자겸의 난이 남긴 후유증을 정리하고 묘청으로 인한 서경 대화궁 시대를 마무리하면서 새로운 정치를 시작하는 것이기 때문이었다. 그리고 1140년(인종 18) 4월에는 태묘에서 5년마다 행하는 체향(禘享)을 올리면서 9묘에 시호를 더했다. 예종에게는 명렬(明烈), 숙종에게는 문혜(文惠)를, 선종에게는 관인(寬仁), 순종에게는 영명(英明), 문종에게는 강정(剛正)을, 정종은 영렬(英烈), 덕종은 강명(剛明), 현종은 덕위(德威), 태조에게는 인용(仁勇)을 더하고 중외에 사면의 은택을 내린 것이 확인된다.

그렇지만 인종은 김신부가 사찬에서 비판했듯이 각종 불교 도량을 많이 개설했다. 새삼스러울 것 없이 선왕들처럼 도량을 열어 재해를 없애고 복을 비는 차원이었다. 묘청의 요청에 따라서 호국과 승전을 위한 도량을 열기도 했다. 초제 역시도 궐정(闕庭)이나 선경전에서 친히 행하여 재액을 없애고자 했다. 당시의 분위기가 또 음양술수를 믿고 있었기 때문이기도 하지만 인종은 건강을 위해 점복에 의지하기도 했다. 건강이 좋지 않자 점복에 따라 이자겸의 처를 인주(仁州)로 안치시키거나 척준경 원혼의 저주라 해 척준경을 문하시랑평장사로 추복하고, 나아가 김제에 새로 쌓은 벽골지의 제방을 트게 했다. 또 백관이 선경전에 모여 황천상제에게 기도를 올리기도 했다. 이는 유교 경전의 강론 경연을 벌여 수덕(修德)을 강조하면서도 불교 도량 및 음양술수나 점복에 의지하고 있었던 당시의 한계를 보여 주는 것이었다.

어쨌든 이러한 기도에도 불구하고 인종의 병은 위중해졌다. 결국 인종은

1145년(인종 23) 2월 갑자일(25) 태자에게 왕위를 전하는 제서를 내리고 3일 후인 정묘일(28)에 유조(遺詔)를 내린 뒤 보화전(保和殿)에서 죽었다. 24년간 재위했지만 나이는 38세에 불과했다. 이후 왕위를 이은 의종은 선왕의 시호를 '공효(恭孝)'라 하고 묘호를 '인종(仁宗)', 능호를 '장릉(長陵)'이라 하여 추모했다.

시호 '공효'는 문종 대에 본격화한 효치(孝治) 이념에 따른 것으로 예종에서 인종으로, 인종에서 의종으로 왕위계승이 이어짐을 뜻했다. 삼가면서 효를 다했다는 의미이기도 했다. '인종'의 묘호는 인종이 본래 지닌 자애로운 성품과 전쟁이 아닌 평화를 택하고 은덕과 사면을 통해 통합 정치를 행한 업적을 반영한 것으로 보인다. '장릉'의 능호는 햇수로 24년간 재위한 덕을 기리기 위한 것이라 여겨진다.

태묘 인종실에 배향된 체협공신은 두 사람이었다. 재위 기간이나 인종 대 여러 가지 업적을 고려하면 의외라고 여겨진다. 배향공신은 김부식(金富軾)과 최사전(崔思全)이었다. 최사전은 현 전남 강진군이 되는 탐진 출신으로 의술로 관직에 나아갔다. 이후 예종의 죽음에 대한 책임이 있었으나 한안인 일파 제거에 기여했고, 인종의 측근으로서 척준경을 이용해 이자겸을 제거하였으며 인종 정권 안정에 도움을 주는 등 공과가 있는 인물이었다. 시호는 '장경(莊景)'이라 했다. 김부식은 송과의 외교, 금과의 관계 정립, 이자겸에 대한 비판, 묘청과 서경 천도 운동에 대한 비판 등을 주도하였다. 서정원수(西征元帥)로서 반란을 진압하였고, 1차례 동지공거(同知貢擧)와 2차례 지공거(知貢擧)를 지냈으며 『삼국사』를 편찬한 공이 있었다. 시호는 '문렬(文烈)'이라 했다.

인종 시대가 마무리되면서 다음과 같은 몇 가지 과제가 남아 있었다. 첫째는 분열과 차별의 극복이었다. 당시는 한안인 세력, 이자겸 세력, 척준경 세력, 묘청과 정지상 등 서경 세력, 김부식으로 대표되는 개경 세력 등 여러 분열된 세력, 그리고 금에 대한 사대와 그 반대, 칭제건원에 대한 동조와 그 반대, 금국정벌론과 그 반대, 서경천도론과 그 반대 등 반대되는 주장들이 어지럽게 충돌한 뒤였다. 이 밖에도 서경 진압 방식과 사후 처리 문제, 서경에 대한 차별 등 많은 분열과 차별 관련 쟁점이 있었다. 이는 인종의 방식대로 사면을 통해 해결될 일이 아니었다. 이 키워드들은 문벌 귀족 사회의 동요를 상징하는 것이었기 때문에 수성의 정치를 위해서는 그 해결 노력이 필요했다.

둘째는 왕실의 위상과 군주상의 재정립이었다. 더 이상 칭제건원론은 언급되지 않았지만 왕실 위상 정립, 왕업 연기나 중흥정치를 위한 노력은 필요했다. 풍수도참이나 음양술수, 도교나 불교 등에 의한 것보다는 성군이 되기 위한 노력 즉 수신(修身)과 수덕(修德)에서 비롯된 왕도정치가 행해져야 했다. 또 한편으로 군주와 왕실을 중심으로 신민(臣民)이 어우러지는 의례의 정비도 다시금 요구되었다. 시대에 맞게 제도화된 국가 의례의 설행은 자연스레 군주를 중심으로 한 질서 체계의 수립을 의미하기 때문이었다. 이 점에서 경연의 정례적 실시와 의례상정소 등의 운영이 더욱 요구되었다.

셋째, 각종 미사여구를 동원해 군주를 미혹시키는 측근이나 폐첩 등을 경계해야 할 필요가 있었다. 예컨대 왕실에 각종 경사로운 일이 있을 때 신하들이 올리는 하표에는 온갖 좋은 말들이 담겨 있었다. 또 궁궐 내외 모임에서는 군주와 신하가 시문을 창화(唱和)하면서 백성의 삶과 동떨어진 태평성대를 노래하기 마련이었다.

이는 제도적으로 어사대 등 간관의 활동을 보장하고 군주가 이를 수용해 바로잡는 것으로도 충분히 해결될 문제였다. 다만 비판적 직언과 올바른 대안 제시를 할 수 있는 간관이 요구되는데 이는 인사를 통해 해결될 문제였다. 즉 능력과 학식, 현명함을 갖춘 인재 선발이 필요했다. 이를 위한 제도는 이미 예종 및 인종 대에 갖춰져 있었다. 가장 큰 문제는 군주의 강명함과 의지였다.

넷째, 셋째와 연관하여 군주는 무일(無逸)의 근정(勤政), 공검(恭儉)의 모범을 행해야 했다. 군주는 만사를 총괄하는 존재이므로 하루라도 그에 대한 관심을 놓게 되면 많은 일들의 흐름이 끊기게 된다. 이 때문에 수많은 사건이 벌어질 수 있었다. 따라서 태조가 무일의 경계를 「훈요」에서 중요시했던 것이고, 역대 군주도 마찬가지였다. 유연(遊宴) 등으로 인해 정사를 게을리해서도 안 되었다.

다섯째는 종실을 바로 세워 왕실 번창을 도모하고 왕권을 수호하는 일이었다. 이미 인종 즉위 과정 및 즉위 초 큰 분란을 겪은 만큼 더 이상 왕권을 흔드는 일이 반복되어서는 안 되었다. 그 과정에서 예종의 동생 대방공이나 대원공 등이 희생되기도 했기 때문이다. 인종 이후 왕권 찬탈까지는 아니더라도 군주가 비정상적일 경우 유덕자나 천명을 앞세워 선양 형식으로 왕위를 교체할 수도 있는 조건과 상황이 얼마든지 있었음을 고려할 필요가 있다.

여섯째, 특정 종교 활동이 지나치게 많아지고 그것이 국정과 사회에 악영향을 미치는 일을 막아야 했다. 이미 묘청이 이러한 일로 비판받은 바 있었고, 결국 서경 반란으로까지 이어지기도 했다. 임완 즉 임광(林光)이 인종에게 상서했던 바처럼 태조와 문종의 정치를 본받아 행하되 백성의 올바른 신앙 생활을 도울 수 있는 정치를 행해야 했다.

일곱째, 국제 정세가 안정을 찾고 문물 제도의 운영이 정상적이 된 만큼 새로운 고려 왕조의 상을 만들어 가야 했다. 해동천하나 대고려국을 이미 표방한 바 있었으므로 그에 걸맞은 자기의식과 정체성을 계속 찾아 가야 했다. 이는 문자나 말로 이뤄지는 것이 아니었다. 그 정립은 또한 당시 국제 질서 속에서의 고려의 위상을 뜻하는 것이었으므로 문물과 제도가 갖춰져 어떤 나라보다도 안정적이며 태평성대를 누리는 군자의 나라임을 알릴 필요가 있었다.

이를 위한 노력과 성취는 오로지 인종의 뒤를 잇게 될 의종에게 달려 있었다. 7세에 왕태자로 책봉되고 20세에 즉위하게 된 의종이었다. 인종은 의종에 대해 지혜와 덕이 있는 후계자로 충효를 일찍이 이뤘다고 평가했다. 의종에 대한 기대가 그만큼 컸음을 알 수 있다. 그렇지만 이는 의례적인 미사여구에 불과할 수도 있었다. 인종의 평가와 달리 공예태후는 둘째 아들인 명종을 태자로 세우려 한 바 있었기 때문이다.

인종은 중흥군주라고 높이 평가하기도 하나 실제로 그에 걸맞은 강력한 왕권을 행사하지는 못했다. 오히려 두 차례 큰 왕실의 위기를 초래했던 데

사진 17 의종이 올린 인종대왕 시책(부분)

사진 18 인종대왕 시책 탁본

다 시대 전환을 앞서가는 방향으로 개혁을 추진하지도 못했던 것이다. 그리하여 12세기 중엽으로 치닫는 이 시기, 고려의 군주는 정국을 주도하지도, 국제질서를 선도하지도, 부국강병을 이루지도 못했다. 결국 다사다난했던 인종의 시대를 극복하고 새로운 고려를 만드는 대업이 이제 20세가 된 의종에게 맡겨졌다.

제5장

제왕과 무신정권

1.
의종과 총행 세력의 태평호문

1) 의종의 즉위와 왕실

1146년(인종 24) 2월 갑자일(25), 병이 위중해지자 인종은 태자에게 왕위를 전하는 제서를 내렸다. 3일 뒤인 정묘일(28)에는 보화전에서 백관에게 유조(遺詔)를 남기고 죽었다. 이어 태자인 의종이 유조를 받들어 대관전(大觀殿)에서 즉위했다. 적장자로서 20세의 나이였기에 의종의 즉위는 문제 될 것이 없었다.

의종(毅宗, 1127~1173)은 인종과 공예태후 사이 5남 중 장남이다. 나머지 넷은 대령후(大寧侯) 왕경(王暻), 명종, 원경국사(元敬國師) 충희(冲曦), 신종이었다. 의종은 1127년(인종 5) 4월 경오일(11)에 태어났으며, 그의 탄생과 관련해 백관은 표를 올려 하례했다. 첫 원자 탄생은 친형제가 없었던 인종에게 남다른 의미가 있었고, 신하들도 이를 인지하고 축하한 것이었다. 1131년(인종 9) 2월 원자에게 '창(昌)'이라는 이름을 내려 주면서 중서문하성 청사에 임시로 동궁위(東宮位)를 설치하고 조서를 받도록 했다. 5살이 되던 때였다. 그리고 같은 해 4월 생일을 넘긴 12일에 이름을 환하다 혹은 통하다라는 의미를 가진 '철(徹)'로 고쳤다. 이때 최유(崔濡)와 정준후(鄭俊侯)를 좌·우첨사(左右詹事)로 임명해 동궁을 보좌하게 했다.

의종에 대한 태자 책봉은 1133년(인종 11) 2월 계묘일(17)에 있었다. 7살 무렵 행해진 것으로 이미 문종이 순종을 책봉할 때 한 무제가 7세에 태자가 된 사례를 언급한 것과 통한다. 다만 『고려사』 의종 총서에서 1143년(인종 21)에 태자 책봉을 받았다는 기록은 오기(誤記)이다. 인종은 이때 책문을 내리면서 태자가 영민한 성품으로 원량(元良)이 될 만한 덕행이 있다고 하였다. 그리고 태자가 되는 의종에게 힘쓰고 경계해야 할 사항을 다음과 같이 언급했다.

> 배운 것을 부지런히 익히고 수양에 힘쓸 것이며, 간사하고 아첨하는 이들[邪佞之人]을 멀리하고 곧고 올바른 선비[方正之士]를 가까이하라. 충과 효에 힘쓰고 예의(禮義)가 아니면 행하지 말아서 조종(祖宗) 이래의 영광을 계승하고 국가의 대업을 영원하게 하라.

이는 김부식(金富軾)이 지은 것으로 왕태자의 학문과 행실, 그리고 올바른 인재를 살피고 택하여 쓰는 방도를 밝힌 것이었다. 크게 새로운 내용은 없었다. 이어 왕태자 책봉을 기념하여서는 다음 달인 3월에 사면을 행하여 은혜를 베푼 것이 확인된다. 인종은 이때를 전후해 왕태자의 자호를 정했을 것이라 여겨지는데 '일승(日升)'이라 했다. 이는 '광영이 지극해 백일(白日)이 하늘에 오름' 혹은 '도를 극진히 닦아 선인(仙人)이 되어 하늘에 오름'의 의미가 있었다. 이 뜻이라고 한다면 이는 천하를 인덕과 형정으로 다스려야 할 태자의 자호로는 어울리지 않아 보인다.

이름인 '철(徹)'의 경우 즉위 전에 '현(晛)'으로 바꾸었다. 인종이 죽기 전 전위하면서 태자 왕현(王晛)에게 제서를 내렸다 한 사실이 있기 때문이다. '현'은 밝은 햇살을 뜻한다. 이름과 자호가 연관이 있는 것으로 여겨진다.

생일인 4월 11일에 대해 칭절(稱節) 즉 절일의 명칭을 정했다. 1146년(의종 즉위년) 4월 경술일(11)에 '하청절(河淸節)'이라 한 것이다. '하청(河淸)'의 의미는 여러 성어들로 짐작할 수 있다. '백년하청(百年河淸)', '하청난사(河淸難俟)', '하청지회(河淸之會)'는 각각 백 년에 한 번 황하의 물이 맑아지는 때, 늘 흐린 황하의 물이 맑아지길 기다림, 황하의 물이 맑아지는 때의 모임을 뜻한다. 물론 의종의 하청절은 경하와 축수의 의미를 담은 것이기에 만나기 어려운 성군의 시대가 도래하리라는 바람을 담았다고 여겨진다. 그만큼 즉위 초에는 왕도정치를 펴 성군이 되겠다는 의지가 어느 정도는 있었을 것이다.

의종의 후비로는 장경왕후(莊敬王后) 김씨와 장선왕후(莊宣王后) 최씨가 있었다. 장경왕후는 본래 종실 강릉공 왕온(王溫)의 딸이었다. 1143년(인종 21) 윤4월 태자의 비가 되었는데, 이때의 기록을 보면 을사일(18)에 왕씨를 태자비로 맞았다고 하였다. 군주가 아니었기에 종실의 성씨인 왕씨를 그대로 쓴 것이라 여겨진다. 왕온은 조선공 왕도(王燾)의 아들이었고, 왕도는 문종의 아들이었다. 특이점은 강릉공 왕온의 세 딸이 각기 의종과 명종, 신종의 비가 되어 왕실 족내혼을 잇는 종실이 되었다는 것이다. 장경왕후는 의종이 즉위하면서 그녀의 외가 성이었을 김씨로 칭성하였기 때문에 장경왕후 김씨가 되었다.

장경왕후는 효령태자(孝靈太子) 왕기(王祈)와 경덕궁주·안정궁주·화순궁주 등 세 명의 딸을 낳았다. 효령태자는 1149년(의종 3) 4월 무인일(27)에 태어났다. 이에 의종은 직접 경령전에 원자 탄생을 고하는 의식을 행했다. 처음 이름은 '홍(泓)'이었는데, 1153년(의종 7) 정월에 정한 것이었다. 맑고 깊은 물을 뜻한다. 이후 의종은 태자의 이름을 바꿔 '기(祈)'라 했다. 신에게 고한다는 뜻을 가진 글자로 불교나 도교 등에 빠져 있던 의종의 의도가 담긴 것이라 보인다. 1153년 4월에 왕태자로 책봉되었으나 의종 폐위와 함께 의종은 거제현으로, 태자는 진도현으로 쫓겨났다.

장선왕후 최씨는 참지정사 최단(崔端)의 딸이었다. 최단에 대해서는 구체적인 기록이 보이지 않는다. 1148년(의종 2) 8월에 비가 된 것이 확인된다. 자녀 등과 관련한 기록은 없다. 이 외 폐첩(嬖妾) 무비(無比)가 있었는데 의종의 총애를 받았다. 사신 김양경(金良鏡)의 글을 보면 무비는 궁내 일을 주관하였고 의종에게 아첨을 잘했다고 평한 것이 보인다. 폐첩 무비의 경우 후비 열전에는 기록되지 않았다.

절차상 의종은 1146년(의종 즉위년) 3월 인종을 장릉(長陵)에 모시고는 모후를 왕태후로 높였다. 1148년(의종 2) 3월 인종의 초상을 경령전에 봉안했고, 5월에는 금에서 낙기복사와 함께 책봉사를 보내왔다. 1147년(의종 1) 6월 명인전과 혼당에서 보살계를 받은 데 이어 이해 6월에도 대관전에서 보살계를 받았다. 그리고 이어 7월에는 모후를 왕태후로 높여 책봉하는 글을 올리고 궁전을 후덕전(厚德殿), 관련 관부를 선경부(善慶府)로 하였다. 아마도 이때 태후의 생일을 절일로 정했을 듯하다. 절호는 곤령절(坤寧節)이라 했다. 10월에는 태묘에서 3년에 한 번씩 올리는 협제(祫祭)를 친히 행하였다. 11월에는 동생과 누이들을 높여 책봉했다. 이때 인종의 2남인 왕경은 대령후(大寧侯), 3남인 왕호(王晧)는 익양후(翼陽侯)가 되었다. 선대 조상에 대한 제사와 왕실 구성원을 높이는 의식이 모두 행해진 것이었다.

의종에 대한 인종 및 공예태후의 평가는 이미 태자 책봉 때부터 다른 면이 있었던 듯하다. 정습명(鄭襲明) 열전을 보면 인종은 원자 의종이 장차 군주로서의 역할을 할 수 있을까 걱정하고 있었다. 이에 정습명이 충심으로 원자를 보필해 폐위되지 않았다 했다. 또 왕비였던 공예태후가 차남인 대령후 왕경을 아껴 태자로 세우려 했다는 내용이 공예태후 열전에 나와 있기도 하다. 이 일로 의종은 태후를 원망하였고, 관계는 소원할 수밖에 없었다.

이러한 모후와 형제에 대해 의종은 긴장감을 가졌다. 이 때문인지 태자였던 의종은 유모나 측근과 애착 관계가 형성되었다. 더군다나 인종과 공예태후의 아들 5명 중 3명이 왕위에 오를 것이라는 예지몽은 의종의 불안감을 더 높였다.

의종은 인종의 원자이자 적장자였다. 그럼에도 그 자질과 관련해 인종과 공예태후로부터 확실한 인정을 받지 못했다. 정습명의 충심 어린 보위를 토대로 태자 책봉 후 왕위계승이라는 정해진 코스를 밟을 수는 있었지만 의종 자신의 능력은 아니었다. 사실 인종 대부터 조성된 왕실의 불안감은 태자인 의종의 자리를 흔들었다. 이자겸의 난과 두 명의 왕후 폐비, 인종과 공예태후 임씨가 혼인하고 세 명의 아들이 왕위에 오르리라는 예지몽, 풍수도참에 따른 묘청의 난 등이 그 배경이었다. 실질적으로는 공예태후 열전에 나오듯 태후가 장남보다는 차남에게 마음을 주면서 생긴 불신이 있었다. 이는 의종이 일부 환관 등 측근 세력에 둘러싸이고 형제와의 갈등을 거듭하면서 어질고 강직한 신하들을 멀리하는 계기가 되었을 것이다.

그러나 사실 이러한 국내 상황은 달리 볼 면이 있었다. 정중부의 무신란을 경험하고 명종 대에 활동했던 이인로(李仁老)의 다음과 같은 글이 『파한집』에 전한다. 의종 시대 이후에 지어진 것이지만 군주라면 유념해야 할 말이었다.

한(漢) 문제(文帝)의 치세 때에 나라 안은 편안히 다스려지고 백성들이 풍족하였어도 가의(賈誼)는 이를 통곡할 일이라 여겼다. 당(唐) 태종[文皇]이 나라를 세운 이후부터 날마다 더욱 삼가며 두려워하여 조금도 게으른 바가 없었으나 위징(魏徵)은 오히려 「십점소(十漸疏)」를 아뢰었다. 그러므로 전(傳)에 이르기를, "간언하는 자는 그 근원을 구하여 (나쁜 일이) 일어나지 못하도록 하는 것이니, 서리에서 얼음을 미리 경계하고 칠기(漆器)에서 미리 옥배(玉盃)를 막는다"라고 하였다.

가의가 통곡할 일이라 하고, 위징이 군주의 태만을 경계하는 10개조를 아뢴 것은 그 시대가 위기의 시대여서가 아니었다. 오히려 번영과 태평을 구가하는 때였다. 이들이 경계의 글을 아뢴 것은 태만과 사치, 아첨, 놀이 등 작은 일을 삼가지 않으면 그것이 나라에 큰 화가 된다고 보았기 때문이었다. 길게는 몇십 년간 천하 경영을 하게 될 군주 일인의 마음가짐과 행동,

판단은 왕실만이 아니라 왕조의 운명을 좌우하는 문제였다. 이 때문에 이인로는 위와 같은 말로 의종 대에 대한 아쉬움을 표현했다. 태평 시대는 즐겨야 할 때가 아닌 경계해야 할 때라고 경고한 것이다. 의종의 정치를 보면 그 이유가 분명하게 드러난다.

2) 의심왕 의종

『고려사절요』의 의종 총서에서는 의종의 성품에 대해 "성품은 노는 것과 잔치를 좋아하였고, 여러 군소배와 가까이하였다"라고 했다. 이를 본다면 인종이나 공예태후가 원자였던 의종에 대해 우려할 만했다. 인종이나 공예태후가 의심한 구체적인 이유는 밝혀져 있지 않으나 태자 폐위론은 의종에게 긴장감을 고조시켰을 것이다. 그리고 이러한 상황의 지속은 의종이 자신의 측근을 더욱 의지하게 되는 악순환을 가져왔다.

사실 의종은 자신을 둘러싼 의심을 불식시키기 위해서라도 덕성과 학문 수양을 위해 노력해야 했다. 나아가 의종은 군주로서 왕실 및 종실과의 화목을 다지고 태후와 선왕에 대한 효를 다해야 했다. 정치에 힘쓰고 게을러서는 안 되었으며 유락(遊樂)을 즐겨 해서도 곤란했다. 어질고 강직한 신하를 가까이해야 했다. 그리고 이들과 함께 근정하면서 이를 토대로 천하를 덕치로 다스려야 했다. 사실 이는 이미 인종이 의종을 태자로 책봉할 때 내린 경계와 힘써야 할 바에도 나타나 있었다.

그러나 실제 의종은 태후에게 효를 다하지 못했고 동생들과도 화목하지 않았다. 노는 것과 잔치를 좋아했다. 즉위하면 정습명의 말을 들어 나라를 다스리라는 인종의 유언을 따르지 않았고 정습명의 강직한 간언을 꺼렸다. 오히려 의종은 유모의 남편이었던 환관 정함(鄭諴)과 춘방시학(春坊侍學)을 지낸 김존중(金存中) 등이 정습명을 헐뜯는 말을 들었다. 1151년(의종 5) 마침 정습명이 병이 들자 의종은 김존중으로 하여금 정습명의 직을 대신토록 했

사진 19 정습명 묘지명

다. 의종은 자신을 지지하고 올바른 군주가 될 수 있도록 보좌해 온 정습명을 내친 셈이었다. 의종의 의심이 정습명을 향한 것이다.

이 같은 의종의 조치로 정습명은 의종에 대해 더 이상 자신이 할 수 있는 역할이 없음을 알았다. 나아가 환관 정함이나 김존중 등이 자신들의 세력을 총동원해 자신에 대한 무고를 계속 제기하고 이를 결국 왕실 전체의 문제로 만들려 한다고 보았다. 그것이 아니라면 이해 3월 정습명이 약을 먹고 자결한 까닭이 찾아지지 않는다. 이로 인해 정함과 김존중 등은 득세하게 되었고, 환관 정치 혹은 총신(寵臣) 정치가 자리 잡는 계기가 되었다.

의종 즉위 후의 일로 보이는 다음의 에피소드는 왕권 기반이 굳건하지 못하였음을 보여 준다. 즉, 어느 날인가 의종은 태후에게 귀에 거슬리는 말을 하였고, 태후는 맨발로 전(殿)을 내려와 하늘을 우러러 결백을 호소한 바 있었다. 그 순간 갑자기 왕이 앉은 자리로 번개가 쳐 의종이 기겁하며 태후의 옷자락 아래로 숨었고 잠시 후 궁전 기둥에 벼락이 떨어졌다 한다. 이 일 이후 모자 관계는 회복되었다 하였다.

이 사건이 언제 있었는가는 확인되지 않는다. 다만 상황을 놓고 보자면 의종의 바로 밑 동생인 대령후 왕경 사건과 연관이 있다고 여겨진다. 대령후는 이미 인종 시절 모후인 공예태후로부터 그 자질을 인정받았고, 의종 즉위 후에도 도량이 넓다 하여 많은 사람들이 추종했다. 이 같은 면은 동생이라 하더라도 형 의종에게 정치적 부담이 되었다. 그 때문에 의종은 기회가 닿는다면 동생 대령후 문제를 처리하고 싶어 했다 생각된다.

결국 의종이 의도한 대령후 처리는 정함과 김존중 등이 대령후 모반 사건을 만들어 냄으로써 해결되었다. 이 사건은 공예태후와 대령후 왕경의 관계, 그리고 이들에 대한 의종의 의심을 배경으로 일어났다. 이를 익히 알고 있던 환관 정함과 간관 김존중 등이 대령후 왕경의 역모를 꾸며 무고한 것이다. 이들은 이를 위해 공예태후의 매서(妹壻)인 내시낭중 정서(鄭叙) 및 공예태후의 아우 승선(承宣) 임극정(任克正) 등이 관련되었다 하였다. 재상 최유청이나 간관 최자영 및 어사대 등은 정서 등이 종실과 친교를 맺고 밤에 모여 주연을 베풀었다고 탄핵하고 관련 죄목을 만들었다.

바라던 바를 확인하면서 의종은 1차로 자신의 둘째 동생인 익양후의 집을 빼앗아 이궁을 창건했다. 명목은 영의(榮儀)가 궁궐 동쪽에 새로 익궐(翼闕)을 조성하면 왕업을 연장할 수 있다는 의견을 아뢰어서였다. 그렇지만 내면에는 익양후의 집에 왕기가 있다는 풍수도참에 대한 혹신과 동생들에 대한 의심이 있었다. 의종이 도참을 믿어 동생들을 멀리했다는 기록은 이와 관련한 것이기도 하다.

그리고 의종은 본래 목적인 대령후 제거를 도모했다. 정서나 임극정 등이 대령후를 왕으로 추대하려 한다는 무고를 받아들인 것이다. 이로 인해 1157년(의종 11) 2월 대령후 왕경은 천안부로, 그와 관련되었던 공예태후의 매서 정서는 동래(東萊)로 유배되었다. 당시 의종은 공예태후가 이들을 구제할까 염려해 태후를 보제사(普濟寺)로 옮기기까지 했다. 의종은 모후나 형제, 충신을 믿지 않고 측근에게 더 의지한 것이었다.

의종은 자신의 행차에 안전을 기하고자 어가 주변으로 장막을 치도록 했다. 1166년(의종 20) 7월의 기록을 보면 보제사에서부터 궐문에 이르기까지 장막을 치게 한 후 미행(微行)하여 수문전에 거둥했다. 그리고 이후 놀러 다니는 행차인 유행(遊幸) 길에는 모두 장막을 치도록 했다. 심지어 1170년(의종 24) 정월에는 광화문 좌우 행랑에 채색한 장막인 채막(綵幕)을 치게까지 했다.

이 같은 조치 속에서 1167년(의종 21) 정월 왕의 행차에 화살이 떨어지는 사고가 발생했다. 의종의 불안과 의심이 다시 일어났다. 이른바 '유시 사건(流矢事件)'이었다. 사실 이는 길이 잘 들지 않은 김돈중의 말이 놀라 뛰는 바람에 의종의 호위 기사(騎士)와 부딪쳐 시방(矢房) 즉 화살통에서 화살이 떨어져 나온 것에 불과했다. 그러나 이를 빌미로 의종은 계엄을 내리는 한편 시가에 방을 붙여 역적을 고하는 자에 대한 처우를 약속했다. 그 내용은 다음과 같았다.

> 능력껏 역적을 고하는 자는 현재 관직이 있든 없든 논하지 않고 동반(東班) 정랑(正郎)이나 서반(西班) 장군(將軍)의 직을 원하는 바에 따라 제수할 것이다. 공사(公私) 천예(賤隸)라 하더라도 또한 관직에 오르는 것을 허락하고 아울러 은 200근을 지급할 것이며, 여자인 경우는 은 300근을 줄 것이다.

상상하기 힘든 관직과 현상금을 보상으로 내건 것이다. 그래도 잡지 못할까 우려해 황금 15근과 은병(銀瓶) 200개를 가구소(街衢所)에 현상금으로 내걸기까지 하였다. 이러한 계엄 정국의 끝은 정적 제거로 이어지기 마련이었다. 의종은 대령후의 가노 등을 문초, 고문하여 거짓 자백을 받아 내도록 했다. 또 호위를 늘려 궐정에 부병(府兵)을 주둔시키고, 날쌔고 용맹한 자들을 선발해 '내순검(內巡檢)'으로 삼았다.

이러한 사태를 겪은 후 의종은 가뜩이나 궁궐에서 정사를 돌보지 않았는데, 더 자주 출궁하기 시작했다. 그리고 남경과 서경을 찾기도 했다. 1167년

(의종 21) 8월 남경에 행차하였고, 이어서는 1168년(의종 22) 3월 서경에 갔다. 특히 3월 서경 행차 때의 기록을 보면 그 계기와 관련해 익양후와 평량후가 백성의 신망을 얻게 되자 변란이 발생할까 이어한 것이라고 하였다. 의종의 정치적 불안감은 한편으로는 측근 중심의 정치를 낳았고 다른 한편으로는 형제에 대한 의심을 증폭시켰다. 이렇게 본다면 의종의 종실에 대한 불화와 의심은 사실상 재위 기간 내내 계속되었던 것이다. 이는 동시에 태후의 존재에 대한 불안감이기도 했다.

의종은 부병을 궐정에 주둔시키고 내순검을 운영하면서도 신변 안전을 늘 우려했다. 또 측근 문신들과 계속해서 장소를 바꿔 가면서 시문 창화나 뱃놀이, 수희(水戲), 가무 등을 즐겼다. 의종의 놀이터라 할 연복정 제방을 수리하는 데 많은 공역을 들여 원성을 샀다. 그것은 호위 군사들의 불만을 키우는 요인이었고, 민심의 이반을 불러오는 실정이기도 했다. 의종의 이 같은 실정은 의종의 총애를 받아 온 측근에 의해 반복되었고, 또 의종은 종실 등 주변을 의심하면서도 자신의 문장 능력을 인정받으려는 욕구가 있었다.

이렇게 본다면 의종 시대는 의종의 불안과 의심, 그리고 측근에 대한 의지, 인정욕구의 발현 등이 거듭되고 혼재되어 있었다. 이는 충언을 멀리하는 원인이 되었고, 그나마 자신이 뛰어나다고 생각하는 문장가로서의 능력을 과신하는 계기가 되었다. 또한 종실과 비교되기를 싫어하고 신하들로부터 성덕을 갖춘 성군이라는 소리를 듣길 원했다. 현실은 그렇지 않음에도 불구하고 신하들이 올리는 '태평호문의 군주'라는 말에 더욱 취한 것은 이를 뜻했다. 달리 보면 이는 의심왕 의종의 파탄을 의미했고, 새로운 군주의 등극을 예고하는 것이었다.

3) 지나친 사불사신(事佛事神)

왕조 사회에서 종교와의 밀착은 신앙의 차원도 물론 있지만 실제로는 왕권의 신성화를 위한 측면이 컸다. 종교신앙의 중심에 왕조 건국자나 현 군주 등이 있을 경우 그것은 자연스레 왕실의 위상을 하늘로부터 혹은 부처나 신으로부터 위임받은 것으로 높여 신민들에게 영향을 미칠 수 있었다. 그렇지만 모든 행위에는 정도가 있는 법이다. 군주의 지나친 혹신이나 편향은 국가 운영을 혼란에 빠뜨리고, 국가 재정을 악화시키기 마련이었다. 많은 종교 시설 건설이나 잦은 행차, 새로운 행사의 연속, 풍수도참에 따른 궁성 등의 조성이 그 과정에서 이뤄져 국력의 낭비나 정치 혼란이 일어났다. 이 때문에 종교신앙과 왕권은 일정한 거리를 두어야 했다.

하지만 절대 권력을 가진 군주에게 있어 종교신앙과의 거리 두기는 쉬운 일이 아니었다. 오히려 군주가 방심하고 소위 추앙과 찬양을 받기 시작하는 순간 깨달음과 구제를 위한 종교신앙은 군주와 국가에 다른 방식으로 접근하기 마련이었다. 그것은 한지에 물이 배듯 아주 천천히 스며들어 경계 의식을 해체시켰다. 그리고 잘못되었다 깨닫는 순간 이미 돌이킬 수 없는 나락에 있게 되었다. 의종 대의 종교신앙과 관련해 사신은 다음과 같이 비판했다.

> 무릇 왕이 불법(佛法)을 봉숭하고 신기(神祇)를 삼가 믿은 나머지 경색(經色)·위의색(威儀色)·기은색(祈恩色)·대초색(大醮色)을 별도로 세웠으며, 재회(齋會)와 초제(醮祭)의 비용을 함부로 징수하여 쓸데없이 부처와 귀신을 섬겼다. (중략) 구차스럽게 아첨하는 영의(榮儀)·김자기(金子幾) 등과 같은 자들을 술사(術士)로 두었다.

이 글을 남긴 이는 『명종실록』 편찬에 참여한 김양경(金良鏡)이었다. 김양경은 명종 대에 과거에 급제하고 직사관(直史館)을 지냈다. 후일 김인경(金仁鏡)으로 이름을 고쳤다. 위의 글은 의종 대 사관이 남긴 사초를 토대로 작성했기에 구구한 사불(事佛)과 사신(事神), 술사의 활동이 어떠했는지를 실감하고 쓴 것이라 여겨진다. 실제 어떠한 정도였기에 이렇게까지 비판하였는가를 보자.

김양경이 남긴 사찬과 관련해 우선 의종 대 지나치다 할 불교 봉숭 관련 사례는 생각보다 많지 않다. 특히 정월 제석도량 및 연등회와 봉은사 행차, 6월 초 봉은사 행차와 15일 보살계 수계, 11월 팔관회 및 법왕사 행차는 이전과 마찬가지였다. 이 외 제석도량, 소재를 위한 반야도량, 12월 마지막 날의 제야도량, 비를 빌기 위한 용왕도량, 역질을 막기 위한 마리지천도량, 금강경도량, 장경도량, 소재도량 등과 함께 승려들에게 식사를 공양하는 반승이 행해졌다. 또 문종 대 흥왕사처럼 새로이 거대 사찰을 창건한 기록도 없었다. 이처럼 도량 유형이나 사찰 창건 관련 내용을 보면 예종 및 인종 대에 비해 오히려 적은 면이 있다. 그렇다면 김양경이 의종 대를 의도적으로 지나치게 혹평하기 위해 이 같은 평을 남긴 것일까?

도량이나 재회, 경색은 그래도 국가적 차원의 기복이나 소재라는 명분이 있어 행해진 것이었다. 그러나 국가나 왕실을 위하기보다는 군주 자신을 위한 과도한 재회일 경우 이는 백성의 원망을 사기 마련이었다. 의종의 사원 행차에서 특이점을 찾아보면 이 같은 면이 확인된다.

예컨대 1151년(의종 5)의 사찰 행차를 보면 봉은사, 영통사, 묘통사, 봉은사, 외제석원, 법왕사 등에 불과했다. 하지만 1157년(의종 11)을 보면 정월에는 국청사와 경천사, 2월 경천사, 3월 천수사, 4월 보제사와 천수사 및 해안사, 5월 관정사·국청사·안화사, 6월 안화사, 8월 총지사, 9월 천수사와 흥왕사, 10월 천수사와 외제석원, 11월 보제사 행차 등이 이어졌다. 또 유시 사건이 있었던 1167년(의종 21)의 경우 정월 봉은사, 2월 신중원, 3월 영통사·장홍원·금신굴·현화사·귀법사, 4월 보현원·장홍원, 5월 임진현 강변 승사(僧舍)와 보현원·자효사·안화사, 6월 봉은사·현화사, 7월 귀법사·현화사, 8월 귀법사·가돈원, 9월 삼각산 승가사·문수사·장의사, 10월 용흥사·흥왕사, 11월 행생원 등으로 이어하였다. 따라서 의종 대 불교와 관련해 주목할 것은 의종의 증가한 사찰 행차였다.

의종은 왜 이렇게 사찰 행차를 늘려 갔을까? 다음 영의(榮儀) 관련 기록은 그 실마리를 찾는 데 도움이 된다. 복자(卜者)인 내시 영의는 1157년(의종 11) 나라에 우환이 있을 것이라는 태사의 말을 빌미로 이를 없애는 방도로서 영통사와 국청사 등 5개 사찰에 1년간 불사를 열 것을 의종에게 청했고, 의종은 이를 수용했다. 의종의 마음을 사로잡은 영의는 이후 "모년 모월 재앙이 있을 것 같아 걱정되는데, 만약 이러저러한 법회에 의지하여 그것을 물리친다면 우환이 없을 것입니다"라든가, "만약 수명을 늘리고자 한다면 반드시 천제석(天帝釋)과 관음보살(觀音菩薩)을 섬겨야 합니다"라 했다.

이에 의종은 제석천과 관음보살의 상을 그려 중외 사원에 보내 범채(梵采) 즉 불사를 열었다. 이를 일러 성인(聖人) 즉 의종의 무병장수를 위해 기도하는 법회라 해 축성법회(祝聖法會)라 하였다. 나아가 영의는 안화사에 관음과 수보리(須菩提) 소상을 만들어 두고 승려를 모아 밤낮으로 여러 보살의 이름을 계속 소리 내어 부르게 하면서 축성을 하였다. 그러고는 이를 일러 연성법석(連聲法席)이라 했다. 이후 영의의 말을 믿은 의종은 여러 신사(神祠)에서 두루 제사를 지내고 민간의 집을 빼앗아 이궁이나 별관으로 삼아 원성을 샀다. 게다가 1,000일 혹은 10,000일 기한의 법회를 베풀게 하기도 했다.

1157년(의종 11) 이후 의종의 사불(事佛)은 승려들이 군주의 환심을 사고자 경쟁하면서 더욱 가관이 되었다. 1158년(의종 12) 2월 기록을 보면 인종의 기일이라 해 태평정에서 반승을 행하였는데, 의종이 불사를 즐겨 행해 승려가 궁궐에 가득 차고 이들은 앞다퉈 백성의 재산을 빼앗으면서 절과 탑을 세워 폐해가 날로 심해졌다 했다. 기일 명복을 빌기보다는 의종 자신이 은혜를 베푸는 군주임을 드러내고자 한 목적이 더 컸던 것이다. 1159년(의종 13) 3월 현화사 행차 때는 동원과 서원 승려들이 각기 경쟁적으로 화려하고 사치스러운 다정(茶亭)을 설치하고 어가를 맞이한 내용이 보인다. 또 의종은 반승과 함께 보현원에서 걸인들에게 음식을 나눠 주는 반갱(頒羹)도 행해 복을 지으려 했다.

보현원은 장단현 치소에서 남쪽 25리 정도 떨어진 곳에 있었다. 인제원(仁濟院)처럼 원관사찰(院館寺刹)이었으리라 여겨지는데, 인제원의 경우 이부시랑 한정(韓靖)이 그 안에 따로 절을 짓고 의종의 복을 빌던 곳이었다. 1170년(의종 24) 8월 정변 전에 유행했다는 동요에서는 "어느 곳이 보현찰인가, 이 그림을 따라가면 모두 도살되리[何處是普賢刹, 隨此畫同刀殺]"라 하여 불안한 정국을 예고한 바 있었다. 그림이란 의종이 행차 때 길옆에 친 장막의 문양을 의미했을 것이다. 여기서 등장하는 '보현찰'은 보현원이기에 보현원 역시도 인제원처럼 사찰 기능이 함께 있었던 것으로 보인다.

그렇지만 1170년(의종 24) 8월 정축일(30) 의종이 보현원에 행차하려던 때 참변이 일어났다. 많은 사찰 행차나 축성법회 및 연성법석 등을 통해 무병장수를 꾀하였던 의종이었지만 결국 그 많던 복전 행위는 실제 복으로 돌아오지 않았다. 오히려 보현원에서 정중부와 이고 등이 난을 일으켜 많은 문신과 환관 등이 죽었고, 의종 자신도 폐위되었다가 이의민에 의해 경주 곤원사 북쪽 연못가에서 죽임을 당하였다. 정중부는 보현원에서 죽은 시신들을 의종이 보현원 북쪽에 조성한 연못에 넣어 메웠다 한다. 이러한 이유로 당시 사람들은 이곳을 일러 '조정침(朝廷沈)'이라 하여 역사적 사건을 기억하려 했다.

의종 시대를 보면 선대왕들과 달리 도교 신격에 대한 초제가 잦았다. 초제 자체야 기복과 기양을 위한 것이었지만 특이점이 있었다. 천계신 격인 삼청(三淸)에 대해 1차례, 삼계(三界)에 대해서는 6차례 초제를 행했다. 천신(天神)인 천조(天曹) 1회, 천황대제 1회, 태일(太一) 6회가 있었다. 또한 성수신(星宿神)인 16신(神) 1회, 남두(南斗) 4회, 북두(北斗) 4회, 노인성 2회, 12궁신(宮神) 2회, 72성(星) 2회, 27위신(位神) 3회, 28수(宿) 3회, 본명(本命) 1회, 11요(曜) 4회 등 초제를 올린 것이 확인된다.

천신이나 천계신에 대한 초제는 대체로 전쟁 극복이나 재이 소멸을 빌어 호국이나 민생 안정을 꾀하는 목적이 컸다. 이와 달리 성수신에 대한 초제는 군주의 구복과 장수를 비는 경향이 보다 컸다. 따라서 의종 대에 천신이나 천계신에 대한 초제도 비록 상당했지만 그보다 성수신에 대한 초제의 거행이 많았던 것은 의종 개인의 구복과 장수, 건강을 빌기 위함이라 볼 수 있다.

1162년(의종 16) 3월 간관(諫官)이 별궁(別宮)에 물품 바치는 일을 중지하길 청했던 사료를 보면 이 같은 면이 드러난다. 즉, 의종이 음양비축설(陰陽秘祝說)을 혹신하여 승려와 도사 수백여 인을 모아 항상 재초(齋醮)를 열어 조정에서는 이에 소비되는 재물을 감당하지 못했고, 내탕고(內帑庫)도 비게 되었다. 간관의 상소에도 불구하고 의종은 별궁에 바치는 '별공(別貢)'을 중지시키지 않아 환자(宦者)가 사익을 챙기고 나라에는 가뭄과 역질이 돌아 굶어 죽는 자가 서로를 바라보는 지경에 이르렀다고 했다.

이는 1169년(의종 23) 2월에도 비슷하게 기록되었다. 사료에서는 초제를 지내는 비용과 관련해 도제고(都祭庫)와 도재고(都齋庫)에서 감당하지 못했다고 하면서 관북궁(館北宮)·봉향궁(奉香宮)·천동궁(泉洞宮) 3궁을 세워 운영한 데 따른 것으로 그 원인을 지적했다. 의종은 이 3궁에 각기 관료를 두어 각 도로부터 비용을 징수하면서 자신의 수명 연장을 빌었던 것이다.

더구나 의종은 풍광이 좋은 곳을 보면 누정을 갖추는 한편 그 누정의 이름에 도교적 시각을 반영했다. 이미 이는 1152년(의종 6)부터 시작되었는데, 내시 윤언문(尹彥文)이 수창궁 북쪽 뜰에 괴석을 모아 가산(假山)을 만들고 만수정(萬壽亭)을 세웠다. 이때 그는 금빛 비단으로 벽을 씌우는 등 사치를 다했다 한다. 괴석으로 세워진 가산이나 만수의 이름을 가진 정자, 금빛 비단 등은 도교의 신선 세계를 떠올리게 한다. 따라서 만수정은 윤언문이 의종의 만수를 빈다는 명목으로 세운 것이지만 그 위치나 규모, 사치스러움 등을 볼 때 내시가 독자적으로 할 수 있는 일이 아니므로 의종의 지원이 있었다고 봐야 할 것이다.

1156년(의종 10) 10월에는 궁궐 동북쪽에 황금빛과 푸른빛이 도는 전각을 지어 놓고는 '충허각(冲虛閣)'이라 하고 내각(內閣)에는 좋은 약을 두고 '선구보(善救寶)'라 했다. 그 옆으로는 정자를 지어 괴석과 아름다운 꽃을 모아 놓고는 이름하여 '양성정(養性亭)'이라 했다. 이듬해 4월에는 대궐 동쪽에 이궁을 지으면서 궁호를 '수덕(壽德)', 전호를 '천녕(天寧)'이라 했으며, 안창궁(安昌宮)·정화궁(靜和宮)·연창궁(連昌宮)·서풍궁(瑞豊宮)도 조성했다. 민가를 헐고는 태평정(太平亭)·관란정(觀瀾亭)·양이정(養怡亭)·양화정(養和亭)을 만들었다. 또 옥석(玉石)을 갈아서는 환희대(歡喜臺)와 미성대(美成臺)를 조성하고 선산(仙山)과 비천(飛泉)을 만들어 화려함을 다했다. 12월에는 음양가들이 개가 주인을 향해 짓는 형세라 하여 반대했던 정함의 사저를 경명궁(慶明宮)으로 삼았다.

1167년(의종 21) 3월 기사를 보면 청령재(淸寧齋) 남쪽 기슭에 정자를 세우고 '중미정(衆美亭)'이라 했다 한다. 아름다움이 모인 정자라는 뜻이었다. 그런데 그 풍광 묘사를 보면 정자 남쪽에 토석(土石)으로 물을 저수했는데, 오리와 기러기가 날고 갈대가 우거져 강호의 모습과 같았다고 했다. 신선이 노니는 모습을 연상하면서 만든 것이라 할 수 있다. 같은 해 4월 기록을 보면 3년에 걸쳐 완성했다는 판적요(板積窯) 만춘정(萬春亭)에 대한 것이 있다. 여기에 의종은 전각으로 '연흥전(延興殿)'을 두고 남쪽으로 좌우로 돌아 흐르는 냇물을 조성하면서 소나무와 대나무 그리고 화초 등을 심었다. 그 사이에 모정(茅亭)과 초루(草樓) 7채를 짓고는 영덕정(靈德亭)·수어당(壽御堂)·선벽재(鮮碧齋)·옥간정(玉竿亭) 등이라 하고 다리는 '금화교(錦花橋)', 문은 '수덕(水德)'이라 했다. 6월에도 성동 사천(沙川) 용연사 남쪽 호암(虎巖) 석벽이 있는 곳에 제방을 쌓아 연못을 만들고는 '연복(延福)'이라 하고 진귀한 꽃과 나무를 심어 풍광을 더했다.

이들 이름이나 경관 및 조성 목적을 보면 도교 신선 사상을 반영하면서 의종 개인의 기복과 뱃놀이 등 유락(遊樂)을 취하려는 것임을 알 수 있다. 신선의 풍도를 만끽하고 복을 구하고자 한 일들의 이면에는 중미정 건설 때 공역에 동원된 역졸과 머리를 팔아 겨우 끼니를 준비한 부인의 애달픈 사연이 있었다. 결국 의종의 개인적 취향을 위해 백성의 노역과 별공이라는 끝없는 희생이 있었던 것이다.

이러한 조처들은 의종이 도교적 군주의 이미지를 갖고자 했음을 보여 준다. 의종은 신선이 사는 이상향을 누정 등을 조성해 구현하려 했다. 이는 1162년(의종 16) 12월 춘첩자 글 속 의종이 직접 지은 다음과 같은 시에서 드러난다.

꿈속에서 참 길지(吉地) 분명히 들었나니,
부소산(扶蘇山) 아래 신선(神仙) 사는 별천지라.
새해 맞아 경사 받는 오늘 이 아침에,
만복(萬福)이 함께하고 서기(瑞氣)가 어리도다.

실제 불로장생의 도교 신선술 수양이나 선단(仙丹)의 제조 등보다는 풍광 유람과 유희가 주가 되고 있었다. 의종은 이를 통해 자신을 과시하고 성군으로 찬양받고자 했다. 술사의 말을 지나치게 믿었던 의종의 총신정치(寵臣政治)는 이를 가능하게 했다.

나아가 훗날의 시각으로 볼 때는 너무나도 어이없는 일까지도 일어나 의종 폐망의 한 원인으로 지적된다. 의종은 원자 때 부모와의 애착 관계가 잘 이뤄지지 않았다. 그로 인해 즉위 후 의종은 주위로부터 인정을 받고자 했는데, 그것은 군주로서의 수덕과 실질적인 덕치를 통한 것이 아니었다. 무조건적인 인정과 존경, 아첨이 군주가 된 의종에게는 더 쉽게 다가왔다. 이 때문에 태평과 호문, 성덕 등의 단어에 의종은 몰입하였고, 무조건적인 인정과 찬사를 받고자 했다. 또 주변에서 일어나는 특이한 일에 견강부회하여 의미를 부여하기도 했다. 대표적인 것이 노인성(老人星) 사건이었다.

　　1170년(의종 24) 2월 천문관의 관측에서는 약탈을 상징하는 별인 낭성(狼星)의 출현이 있었다. 그런데 서해도 안렴사 박순하(朴純嘏)는 이를 노인성이라 보고 조정에 급히 알렸다. 노인성은 본래 수성(壽星) 혹은 남극노인성이라 불리는 별로 수명(壽命)을 관장하는 것으로 알려져 있었다. 이 보고를 들은 의종은 이를 하늘이 내리는 상서라 보았다. 대단한 착각이었지만 본인만 아니라 주변 신하들이 모두 그러하다고 찬동했다. 이에 의종은 더욱 노인성에 집착했다. 3월에는 서경 노인당과 해주 상산에 사신을 보내 초제를 올렸고, 중외에 노인당이 있는 곳에는 모두 그렇게 했다. 4월에는 내전에서 의종이 친히 노인성에 초제를 올렸고, 3일 뒤에는 충주목부사가 죽장사에서 노인성 제사를 올리니 노인성이 나타났다가 사라졌다고 보고했다. 의종은 신하들의 축하를 받았다. 이어서는 태자에게 복원궁에서 초제를 올리게 하고 상춘정·죽장사에 신하를 보내 제사를 행하도록 했다. 의종 자신이 친히 노인성 초제를 올리려 진관사 남쪽 기슭에 노인당을 짓게 하였으며, 별기은소(別祈恩所)를 세워 금꽃과 은꽃, 금그릇과 옥그릇을 만들게 한 기록이 여러 차례 있다.

　　이러한 노인성 사건은 사실 낭성을 노인성으로 잘못 보고한 데서 비롯된 것이지만 실제로는 과도한 인정욕구와 자기애 속에서 의종이 이를 상서로 확신한 때문이었다. 일반적인 상황이었다면 노인성과 낭성이 다르다는 것, 혹은 설령 노인성이 나타났다 해도 오히려 더 경계해야 할 것임을 일관이나 간관(諫官)은 알려야 했다. 그러나 해 봐야 소용이 없고 오히려 따돌림이나 처벌을 받을 수 있다는 무기력함이 당시 이들에게 있었다. 결국 이러한 분위기는 의종과 그 측근 신하들의 착각을 병적 지경으로까지 몰았다.

　　1170년(의종 24) 5월 화평재에서의 연회에서 신하들은 의종의 성덕(聖德)을 칭송하면서 '태평을 이루고 글을 좋아하는 군주[太平好文之主]'라 하였다. 이후에도 의종은 수주(水州) 농민이 밭에서 찾은 금덩어리가 '하늘이 내린 금구(金龜)이자 성덕(聖德)의 감응'이라는 하례의 말에 좋아했다. 연복정 근방에 난 풀과 물새를 상서로운 풀[瑞草]과 현학(玄鶴)이라 하며 시를 지어 찬미하는 것을 즐겼다. 그러나 태평이나 성덕, 상서 등은 모두 허황된 것이자 아첨의 말일 뿐이었다. 이해 8월의 마지막 날 의종과 그 총신에 대한 역사적 평가가 이뤄졌다. 보현원 참변으로 많은 문신들이 죽고 의종 자신도 폐위 및 유배, 죽음을 맞은 것이다. 올바른 정치를 버리고 과도한 불교 숭배[事佛]와 허황된 도교 신 숭배[事神]에 매달리며, 태평 시대 성군을 자처하고 호문 군주의 과시 등에 집착한 결과였다.

4) 간유폐첩(姦諛嬖妾)

사신(史臣) 김양경(金良鏡)은 의종 시대의 정치와 관련해 간신(姦臣)과 내환(內宦)인 환관, 그리고 술사(術士)와 폐첩(嬖妾) 등이 득세해 정치 질서가 혼란에 빠지고 결국 변란에 이르게 되었음을 지적했다. 이 때문에 의종의 총애를 바탕으로 정국을 움직인 신하와 궁인의 정치 참여 방식에 대해 '총신제(寵臣制)'라고까지 하였다. 여기서 생각해 볼 점은 왜 의종은 이들 총애와 사랑을 받는 총신 혹은 총행(寵幸)을 가까이하게 되었는가와, 다른 면으로 이들은 어떻게 의종의 총애를 받을 수 있었고 의종 시대를 무너뜨리는 정치 세력이 될 수 있었는가이다.

의종의 치세 기간은 네 시기로 구분된다. 1151년(의종 5)과 1157년(의종 11), 1163년(의종 17)을 기준으로 볼 수 있을 듯한데, 대간 세력의 왕권 견제와 총애를 받는 측근 세력의 득세에 따라 구분된다. 1151년까지는 의종이 정함을 중심으로 한 측근 세력을 만들어 가는 시기, 그 이후 1157년까지는 정함이나 김존중 등을 중심으로 한 측근정치 혹은 총신정치의 틀이 형성된 시기, 1157년 2월 대령후 왕경 세력 제거 이후 의종의 독주 시기, 1163년 8월 문극겸(文克謙)의 환자 백선연(白善淵) 및 궁인 무비(無比), 술인 영의와 좌상시 최유칭(崔褎偁) 탄핵 실패로 의종의 실정이 폭주하는 시기 등으로 구분되

는 것이다. 사실상 군주인 의종의 은총을 받은 세력의 성쇠 변동이라 할 수
있다.

이에 총행을 받은 이들은 누구이고 어떻게 의종의 관심을 끌고 총애를 받
았는가, 또 어떻게 권력을 유지할 수 있었는가에 대한 정리가 필요하다. 위
에서 언급했듯이 의종의 총행은 정함과 같은 내시 환관, 김존중 등과 같은
대관, 영의와 같은 술사, 무비와 같은 폐첩 등에게 쏟아졌다. 특히 그 계기
를 만든 이는 의종의 성품과 행동을 지극히 잘 아는 정함으로 보인다.

정함의 선대는 본래 1158년(의종 12) 신숙 등이 올린 간쟁 내용을 보면 태
조가 개국할 때 귀부하지 않아 노비로 전락한 집안이었다. 정함은 잡로(雜
路)로서 인종 대에 들어와 내시서두공봉관(內侍西頭供奉官)이 되었고 의종의
유모를 처로 삼았다. 고려 시대 내시서두공봉관은 1076년(문종 30) 남반직
36인 중 종7품직에 해당하였다. 남반직은 궁중 숙직이나 왕명 전달, 시종
등의 일을 맡아보았으므로 자연스레 군주의 측근이 될 수 있었다. 그런데
여기에 의종 유모의 남편이 되었으므로 더욱 의종과 가까워졌을 것이다.
그러한 까닭에 의종은 즉위하자 정함을 남반직의 최고위인 내전숭반(內殿崇
班)으로 삼았고, 좋은 집 한 채를 내려 주기도 했다. 정함은 이를 계기로 자
신의 정치력을 넓혀 가기 시작했다.

1151년(의종 5) 윤4월의 기록을 보면 이미 그는 의종의 총애를 바탕으로
남반직이 해서는 안 될 일을 해 간쟁의 대상이 되었다. 의종에게 받아 착용
한 것으로 말하고는 있지만 남반 신분으로 서대(犀帶)를 해 문제를 일으킨
바 있었다. 의종은 정함의 죄를 묻지 않고 남반직 환자(宦者)인 그를 권지합
문지후(權知閣門祗候)로 삼았다. 어사대에서는 이 일로 들고일어났다. 환자
가 조관(朝官)이 되는 것은 고제에 없는 일이라 한 것이다. 이에 의종은 합문
지후 임명을 거둬들이면서 물러섰다.

하지만 정함은 달랐다. 여기에 원한을 품고 대관들이 의종의 동생 왕경을
추대하려 한다고 모함하였고, 김존중도 정함과 뜻을 같이했다. 이로 인해

1151년(의종 5) 5월에는 정함이 사사로운 원한으로 대간을 모함했다 하여 재상 최유청과 간관 왕식 등이 복합상소를 올린 바 있었다. 이 당시 모함을 당한 대관은 1151년 3월에 죽은 정습명과 서대 사건으로 해를 입은 이들을 포함하였을 것이다. 정습명의 졸기를 보면 김존중과 정함이 의종에게 밤낮으로 그의 단점을 말해 결국 의종을 보필하던 직을 그만두고 음독자살했다는 내용이 보인다. 의종은 간관들의 간쟁을 무마하면서 넘어가려 했으나 결국 정함을 파직하여 억지로 국정을 정상화하기에 이르렀다. 하지만 이듬해인 1152년(의종 6) 8월 정함을 다시 내시로 충원해 정함이 의종의 실세임을 드러냈다. 이후 정함과 김존중은 더욱 결탁하여 권력을 토대로 인사 문제에 관여하고 부를 쌓는 등 위세를 부렸다.

1152년(의종 6) 무렵에는 정함의 영향하에 있었을 것으로 추정되는 내시 윤언문(尹彦文)이 괴석과 금빛 비단 등으로 만수정을 지어 의종의 총애를 받고자 했다. 그러나 이해 4월 만수정 연회 때 괴석으로 만든 모형산(假山)이 무너지고 암탉이 우는 사건이 일어나 대간들은 만수정 축조와 내시 윤언문 등에게 그 원인을 돌렸다. 그리고 의종에게 극력 간쟁해 만수정 축조나 의종 행차에 관여한 윤언문·한취(韓就)·이대유(李大有)·영의(榮儀) 등을 내쫓았다. 그리고 정함을 8월에 다시 내시로 불러들였던 것이니 의종의 판단력이 상당히 흐려져 있었다고 볼 수 있다.

또 1156년(의종 10) 3월 무렵 정함과 함께 의종 총신정치의 한 축을 이루던 김존중이 죽자 승선 자리에 이원응(李元膺)을 앉혔다. 이해 10월 궐내에 양성정·충허각·선구보 등을 지어 그 화원 등을 과시할 수 있었던 것은 그만큼 의종과 정함 등의 정치 체제가 자리 잡은 덕분이었다. 그리고 이듬해 2월 정함은 정적이라 할 정서와 대령후 왕경 등을 모함해 쫓아내는 데 성공했다.

이후 1157년(의종 11) 4월 무렵 의종은 수덕궁과 천녕전을 조성하고 안창궁·정화궁·연창궁·서풍궁, 태평정·관란정·양이정·양화정, 환희대와 미

성대, 순어소(巡御所) 등을 만들었다. 이 무렵 영의가 다시 등장하면서 풍수도참과 관련한 조언을 한 것이 확인된다. 의종의 즐거움과 사치스러운 생활을 상징하는 이러한 전각과 정자 등의 조성은 그만큼 총신 세력이 정치권력의 중요 축이 되었음을 보여 주었다.

대령후 왕경 무고 혐의로 정함도 일시 파직되었으나 의종은 1157년(의종 11) 4월 복직시켰다. 이어 1151년(의종 5) 윤4월 뜻을 굽혔던 정함의 권지합문지후 임명을 1157년 5월에 다시 행했다. 의종은 재신 및 간관의 반대를 뚫고 정함에 대한 고신 서명을 받으려 지속적으로 대간들을 압박했다. 고신에 반대한 간관들을 좌천시킨 의종은 심지어 이듬해 6월 다음과 같은 말을 할 정도로 이 문제에 집착했다.

> 정함은 과인이 강보에 있을 때부터 부지런히 보호하고 길러[阿保] 오늘에 이르렀으므로 권지합문지후(權知閣門祗候)를 제수하여 그 공로를 갚으려 하였다. 이미 3년이 지나도록 경들이 고신에 서명하지 않으니 (이는) 실로 신하가 되어 임금을 사랑하는 마음이 아닌 것이다. 만약 서명하지 않는다면 너희들을 모두 죽여 젓갈을 담글 것[菹醢]이다.

군주로서 일개 내시에게 이렇게까지 하였다는 것은 의종이 정함에 대해 정치적으로까지 의지하고 있었다는 해석도 가능하게 한다. 이 과정에서 일부 서명을 받아 잠시나마 조정 반열에 있게 된 정함은 이후 관노(官奴)인 왕광취(王光就)와 백자단(白子端, 백선연)을 천거해 끌어들였다. 백자단이 의종 측근이 된 데 대해 『고려사』나 『고려사절요』에는 모호하게 기록되어 있다. 백자단의 경우 남경 관노였는데, 의종이 남경에 행차했을 때 그를 아끼게 되었고, 이후 '양자(養子)'라고까지 하였다는 대목이 있기 때문이다. 의종의 남경 행차는 1150년(의종 4) 9월과 1167년(의종 21) 8월에 있었다. 이를 고려하면 1150년 9월 이후 이미 백자단은 의종의 총애를 받아 환자(宦者)가 되었다 여겨지며, 정함 등과 함께 세력을 형성했을 것이다.

의종 초부터 정함과 함께 세력을 형성한 내시 폐환(嬖宦) 및 행신(倖臣) 등은 다음과 같았다. 내시사령으로서 권력을 잡은 영의는 김자기(金子幾)와 함께 의종의 술사(術士) 역할을 했다. 환시로는 지숙(之淑), 관노였다가 의종의 양자(養子)라고까지 불린 폐환 백자단·왕광취(이들은 후에 백선연과 왕숙공으로 개명 가능성 있음), 총환(寵宦) 이영(李榮) 등이 있었다. 내시로 확인되는 이들로는 김거공(金巨公), 김헌황(金獻璜), 김류(金鏐), 박회준(朴懷俊), 유장(劉莊) 등이 있었으며, 특히 1169년(의종 23) 2월 기록을 보면 내시 유방의(劉邦義)·진득문(秦得文)·이송(李竦)·김응화(金應和)·김존위(金存偉)·정중호(鄭仲壺)·희윤(希胤)·위작연(魏綽然) 등이 환시(宦寺)와 결탁해 의형제를 맺기까지 했다.

여기에 더해 의종의 사랑을 받은 폐첩 무비는 백선연과 추잡한 소문이 돌기도 했고, 무비의 사위 최광균(崔光鈞)은 식목녹사로 임명되기도 했다. 1162년(의종 16) 9월 왕의 사랑을 받던 폐행(嬖幸)인 궁인이 환심을 유지하기 위해 방술인 미도(媚道)를 행하고자 침상 이부자리 밑에 닭을 그려 두었다가 발각되는 일도 있었다. 이때 궁인이 처벌받지 않고 주부동정 김의보와 내시 윤지원이 음모를 꾸민 것이라 무고해 오히려 이들이 처벌을 받았다.

사실 물리적으로 볼 때 의종 대 군주의 최측근은 환관과 내시였다. 최측근인 만큼 이들은 군주의 명을 따르고 군주를 보위하는 세력이었다. 이 중 환관은 남반직으로 액정국(掖庭局)에 소속되었다. '액정(掖庭)'은 말 그대로 군주를 전정(殿庭)에서 부축한다 혹은 모신다는 의미를 띠고 있었다. 액정국은 왕명 전달이나 물품을 바치는 공어(供御), 궐내 소용되는 필연(筆硯)과 견직(絹織) 준비, 궐내 자물쇠 관리 및 궁내 정원 뜰과 길의 포설(鋪設) 등을 맡은 관서였다. 이곳의 내알자감이나 내시백, 내알자 등은 환관직이 아닌 계통과 환관직이라 할 남반직 계통이 있었다. 이 중 남반은 정7품의 내전숭반 4명이 최고위직으로 36명이 정원이었다.

내시 정원은 문종 대에 20명 내외였고, 인종 대에는 한때 25명 이상이었다. 이들은 궐내에서 숙위 및 근시를 맡았다. 이들과 관련한 관청은 내시원으로 좌번(左番)과 우번(右番)으로 나눠져 있었다. 여러 곳에 내시별감과 내시원별고 등을 두기도 했다. 의종 대 기록을 고려하면 우번에는 환고자제(紈袴子弟)가 속했고, 좌번에는 유사(儒士)가 속했다. 이들은 군주 의종의 명을 받드는 근시직이다 보니 환자 즉 환관들과 연결될 소지가 컸다. 그렇기에 1148년(의종 2) 3월 내시와 환관 7명을 쫓아낼 것을 청하는 간쟁이 나왔고, 1169년(의종 23) 2월 기록처럼 내시와 환관이 의형제를 맺는 일까지 생겼다.

한편 고려 시대부터 제도화된 고신서경(告身署經)은 어사대와 문하성 낭사 즉 대간(臺諫)의 중요 역할 중 하나였다. 군주의 독단적인 인사 처리나 권신의 인사 전횡 등을 막고 올바른 인재를 등용토록 하기 위한 장치였다. 군주가 인사 결재를 하였더라도 대간의 고신 서명을 받아야 비로소 관직에 나아갈 수 있도록 했기 때문이다.

의종은 자신의 인사 결정에 대한 고신 서명 혹은 고신서경이 이뤄지지 않는 데 대해 큰 불만을 표시했다. 하지만 의종조차도 제도와 명분을 갖춘 서경권을 없앨 수는 없었다. 따라서 의종 정치에서 고신 서경권은 무너지는 고려 조정을 그나마 유지시키는 제도적 장치 역할을 했다.

우승선 지어사대사 이공승(李公升)이나 지문하성사 신숙(申淑) 등은 강력하게 정함 고신 서명에 반대했고, 심지어 신숙은 의종에게 자신이 틀리다면 자신을 베어 버리고 자신이 옳다면 정함을 삭탈관직해 줄 것을 청하였다. 대간으로서 할 수 있는 절의(節義) 표현이었다. 제도와 명분을 무시할 수 없었던 의종은 결국 3년에 걸쳐 이어진 정함 고신 서명 건과 관련해 정함을 삭탈관직하는 선에서 정리했다. 1158년(의종 12) 7월의 일이었다. 이는 이때까지만 하더라도 의종이 제도와 명분을 갖춘 고신서경 등을 인정하고 있었다는 방증이다.

하지만 1158년(의종 12) 8월 의종은 신숙을 수사공 상서우복야로 좌천시키고, 박순충을 지문하성사로 삼았다. 정함 고신서경 문제를 해결하기 위한 의종의 꼼수였다. 이후 9월 의종은 다시 정함을 권지합문지후로 삼았고, 이 때 고신 서명을 하지 않은 전중시어사 김돈중을 호부원외랑으로 좌천시켰다. 의종은 자신에게 있는 인사권을 휘둘렀던 것이다. 결국 권지합문지후 직을 갖게 된 정함은 1159년(의종 13) 정월 의종에게 음식과 의대(衣襨)를 바쳤고, 이때 잔치에 최윤의와 이원응 등이 참여했다. 이로 인해 당시 세간에서는 "권력이 내수(內豎)에게 있다"라는 조롱 어린 말로 의종 정치에 대한 불신을 드러냈다.

의종의 정함 고신서경과 관련한 이 같은 인사 처리 방식으로 대간들은 사직하거나 혹은 시류에 편승하는 선택을 했다. 결과는 점차 의종과 내시 즉 총신 중심 정치를 막기 어려운 지경으로 정국이 흘러가게 되었고, 의종은 자신이 하고 싶은 일을 거리낌 없이 총신들과 더불어 할 수 있게 되었다. 다만 1159년(의종 13) 정월 정함이 의종 등에게 향연을 올린 뒤 정함의 정치 활동은 더 이상 기록에 남아 있지 않다. 심지어 죽음과 관련한 이야기조차도 없어 의아할 따름이다.

그렇지만 정함을 이어 앞서 언급한 백선연과 무비, 술인 영의, 좌상시 최유칭 등 의종의 총행 세력은 인사에 관여하고, 의종을 좌도(左道) 즉 잘못된 길로 계속 이끌고 갔다. 이러한 의종 정치에 대해 거의 마지막으로 극간을 한 인물이 문하성의 낭사직에 있었던 좌정언 문극겸(文克謙)이었다. 문극겸은 1163년(의종 17) 8월 합문에 엎드려 백선연과 무비, 영의와 최유칭 등 대표적인 의종의 총행 세력이 권력을 마음대로 하고 눈을 속이고 있음을 들어 상소하였다. 백선연과 무비는 목을 베고, 영의는 목자(牧子)로 충당하며 최유칭은 파직할 것을 청한 것이다. 이에 의종은 이들 총행 등을 벌주기보다는 오히려 문극겸을 황주판관으로 좌천시켰다. 그리고 같은 해 12월 최유칭을 지문하성사로 임명해 대간 세력을 제어토록 했다.

이로써 의종은 총행과 측근 세력을 더 가까이할 수 있게 되었으며, 대간 세력을 자신의 뜻대로 할 수 있는 기반을 갖게 되었다. 그 덕분에 1163년(의종 17) 이후 의종은 대간의 큰 반대 없이 총행 세력 및 학사들과 함께 잔치를 열어 풍월을 감상하고 읊으며, 시문을 지어 창화했다. 그것도 풍광이 좋은 곳을 찾거나 그러한 곳을 조성하면서까지 소위 태평 시대 호문유락(好文遊樂)을 만끽했다. 머리채를 팔아 끼니를 조성한 아낙네의 이야기나 추위로 동사한 호위 병사의 아픔은 태평호문 군주의 눈과 귀에 보이지도 들리지도 않았다.

5) 의종의 정치와 죽음, 그리고 시대 과제

의종의 죽음은 그의 행태로 볼 때 예견된 것이었다. 하지만 의종 자신도 그러할 것이라고는 전혀 생각지 못했을 것이다. 1170년(의종 24) 2월부터 5월까지 이어진 가짜 노인성 출현을 둘러싼 의종 조정의 이해는 이를 보여 준다. 즉 노인성 출현을 나라의 평안과 군주의 수명 연장의 상징으로 이해해 이를 하례하고 초제를 지내 축하하는 등 부산 떠는 모습이 기록된 것이다. 이를 의심하지 않고 믿은 의종은 하늘도 자신의 수명을 연장시켜 주고 있다 여겼을 것이다. 또한 즉위 초 '하청절'의 절호를 정함으로써 스스로 특별한 성덕이 있다는 이해를 보여 준 바 있었다. 그러나 과연 그러했을까? 죽음은 모두에게 평등하게 찾아오지만 언제, 어디에서, 어떻게 죽을지 알 수 없다. 또 죽은 뒤 어떠한 처우를 받을지도 마찬가지이다.

사실 의종의 폐위와 비참한 죽음은 그 자신의 생애 전반에 걸쳐 징조가 있었다. 잉태와 성장 과정, 재위 기간 중 언행 등이 그것이다. 먼저 혈통과 잉태를 보자. 의종은 인종과 공예태후 사이의 적자였다. 이자겸의 두 딸이 폐비되며 공예태후 임씨가 왕후가 되었는데, 이자겸과 경원 이씨 천하에서 이러한 일이 일어나리라는 것은 사실 아무도 예상치 못했다.

다만 공예태후 임씨가 왕후가 되리라는 것은 여러 징조가 있었다. 첫째는 외조부 이위(李偉)의 꿈이었다. 자기 집 중문에 세워진 황대기(黃大旗) 꼬리가 선경전 치미에 휘감겨 나부끼는 꿈을 꾼 것이다. 둘째는 평장사 김인규의 아들 김지효에게 시집가기로 하던 날 갑자기 배가 아파 죽을 지경이 되어 파혼하게 되자 점쟁이가 병에 대해 점치면서 반드시 국모(國母)가 될 것이라 하였다는 이야기이다. 셋째는 아버지 임원후가 개성부사로 근무하던 때 개성부 관리가 태수 청사의 대들보가 갈라지면서 황룡이 나오는 꿈을 꾼 뒤 임원후에게 특별한 경사가 있을 것이라 한 일이다. 넷째는 인종의 예지몽에 나타난 '들깨 5되[荏子五升]와 황규 즉 해바라기 3되[黃葵三升]' 이야기였다. 이러한 태몽과 길몽, 점복에 따른 징조는 결국 공예태후가 왕후가 되고 세 아들이 군주의 자리에 오름으로써 실현되었다.

의종의 혈통과 잉태 관련 이 이야기들은 경원 이씨가 독점하다시피 한 왕실이 무너지고 정치 세력이 재편되며, 그 과정에서 임씨가 왕후가 된 뒤 그 아들 3명이 군주가 됨으로써 새로운 체제가 성립되고 전개된다는 의미였다. 특히 이자겸을 중심으로 한 정치 체제의 붕괴는 이후 묘청 세력의 등장과 새로운 정치 개혁의 흐름으로 이어지기도 했다. 그 결과 약화된 왕권과 대간을 중심으로 한 문벌 귀족 세력의 강성함이라는 변화를 낳았다. 왕권과 귀족 세력은 이자겸과 같은 외척 세력의 재등장을 막는 선상에서 일종의 타협을 본 셈이었다.

그 타협의 산물 중 주목할 것이 고려 이전 역사를 감계적 입장에서 정리한 역사서의 편찬, 도선국사에 대한 재평가, 고금 예제를 정리한 의례서와 왕실 국조에 관한 설화적 내용을 담은 서적의 편찬이다. 고려 이전 역사와 관련해서는 김부식 주도하에 『삼국사(三國史)』가 1169년(인종 23)에 찬술되었다. 도선국사와 관련한 비문 찬술은 인종 대에 시작되어 1149년(의종 3) 최유청(崔惟淸)에 의해 도선과 세조의 만남, 그리고 신성한 태조의 탄생을 중심으로 한 「백계산옥룡사선각국사비명(白鷄山玉龍寺先覺國師碑銘)」으로 완성되었다. 최윤의(崔允儀) 등 17명은 인종의 명을 받들어 군주와 왕실을 중심으

로 고금의 의례를 정리하여 의종 대에 『상정예문(詳定禮文)』을 편찬했다. 의
종 대에 김관의(金寬毅)는 여러 가문에 전하는 태조 왕건의 신이한 6대조 관
련 설화를 모아 『편년통록(編年通錄)』으로 정리해 고려 왕실 혈통의 신성함
을 상징화했다.

　이 도선 관련 비명과 세 책은 고려 이전 역사와 태조 왕건을 중심으로 한
왕실의 신성한 혈통, 왕실 중심 의례를 정리한 것이었다. 한편으로는 역사
를 정리하여 고금의 치란을 살펴보면서 군신의 감계로 삼고 다른 한편으로
는 신성한 왕실 혈통과 왕권을 강조하여 권위 회복과 왕실 중흥을 꾀하려
노력한 것이다. 다만 인종 말 및 의종 대 이뤄진 이 같은 서적과 비문의 찬
술이 의종의 정치에 반영되지 않은 점은 의종의 의도가 왕권과 왕실의 내
실을 다지기보다는 단지 표면상의 왕권과 왕실 신성함을 강조한 것에 불과
함을 보여 준다.

　한편 성장 과정을 보면 의종은 인종의 원자 및 태자로서 정해진 과정을
밟은 것이 분명했다. 하지만 그 과정에서 드러나지 않은 내밀한 문제가 있
었다. 앞에서 언급한 바대로 인종과 모후인 공예태후가 원자였던 의종이
임금의 무게를 감당할 수 있을까 걱정하고, 또 대령후 왕경에 대한 사랑이
더 깊어 태자로 책봉하려 해 당시 의종이 그 처사를 원망했다는 기록이 있
다. 또한 인종의 세 아들이 왕위를 잇는다는 예지몽이 있기도 했다. 이러한
대목만 본다면 의종으로서는 태자 지위 유지에 대한 불안을 떨칠 수 없었
을 것이다. 또 이로 인해 유모와 그 남편 정함, 의종 초 내시사령이 된 영의
등과 가까워졌고, 의지하게 되었다. 태후의 불신과 의종의 원망, 그 사이에
서 충신인 정습명의 희생과 정함·영의 등의 아첨이 혼재되었고, 결국 의종
은 의심을 풀지 않았다. 의종이 평소 도참설을 믿고 동생들과 화목하지 못
하여 의심을 풀지 않았다는 기록은 이를 말해 준다.

　즉위 후에도 이러한 상황이 계속되는 가운데 의종은 자신의 결정에 대립
하는 대간 세력을 인사 처리 등으로 정리해 갔다. 그리고 정함이나 백선연,

왕광취, 무비 등을 총애했고, 신료들은 이들과 가까이하면서 인사상의 이익을 보고자 했다. 영의는 의종 재위 기간 중 풍수도참을 토대로 의종을 꾀어 백순궁(百順宮)과 관북궁(館北宮)을 세우고, 축성법회 및 연성법석과 만일기도 등을 열도록 했다. 여기에 군주의 최측근이 되는 환관과 내시의 결합, 시문 창화를 즐기면서 자신의 능력을 뽐내려 하는 의종과 학사 그리고 대신들의 빈번한 향연과 유락은 의종 시대 정치 문란을 낳았다. 이들은 세 줄기로 난 쑥을 '상서로운 풀[瑞草]'이라 하거나 물새를 '현학(玄鶴)'이라 하고, 거북이같이 생긴 금덩이를 의종의 성덕에 감응해 하늘이 내린 금거북[金龜]이라 하면서 온통 의종의 성덕 찬양에 바빴다.

더구나 잦은 사찰 행차와 초제, 중흥을 명분으로 한 이궁 건설, 풍광 있는 곳에 도교적 분위기를 띤 강호 누정 조성 등은 재정 문제와 함께 문반과 무반 사이의 갈등, 일반 민과의 괴리 등을 야기했다. 특히 비가 오나 눈이 오나 순찰과 호위를 담당한 내순검과 순검군의 불만이 컸다. 이고와 이의방이 정변을 일으킬 때 왕명을 위조해 순검군을 모았고, 이들은 의종을 지키기보다는 의종을 수행하던 내시와 환관, 문관 등을 살해해 보현원 정변에 참여했다. 이때 의종의 총행이라 할 영의와 백자단, 왕광취, 유방의 등이 피살되었고, 그 목은 저잣거리에 걸렸다.

의종과 그 총행 신료들이 자신이 속한 시대를 성덕 군주가 다스리는 태평 세상이라 치부하는 가운데 오히려 이들의 죽음이 비극적으로 끝나리라는 직간접적 예언이 있었다. 관상을 볼 줄 아는 금나라 사신이 의종이 입을 화란을 말한 것이 그 중 하나였다. 의종은 자신의 수명이 얼마나 될까를 사신에게 물었고, 사신은 "국왕의 수명은 길어서 셀 수 없습니다. 지금 조정에 가득한 늙고 젊은 신하들이 모두 죽은 뒤에 왕에게는 냇가 옆의 화[臨川之患]가 있을 것입니다"라고 했다. 의종의 관심은 장수하리라는 말에만 있었다. 그렇기 때문에 가짜 노인성 출현도 진짜로 믿은 면이 있다. 그러면서 정작 중요한 냇가 옆의 화가 무엇인지는 다시 묻지 않았다. 이러한 금나라 사신의 말과 관련해 사관은 이렇게 기록했다. "경인년(1170)·계사년(1173)의 난[庚癸之亂] 때 늙고 젊은 문신이 모두 살해되고 왕도 연못가에서 변을 당했으니, 그 말이 과연 맞았다"라 한 것이다. 또한 보현원에 이르러 모두 도살될 것이라 한 동요가 민간에 돌았던 일도 있었다.

의종의 자아도취는 다른 면에서도 나타났다. 의종은 1168년(의종 22) 정월 계사일(30) 꿈속에서 지은 일종의 태평시를 신하들에게 보였다. 그 마지막 연에 "인은(仁恩)으로 나라를 윤택하게 다스리니 삼한의 태평이 지극하다"라고 하여 신하들에게 칭하를 받았다. 1170년(의종 24) 정월 임자일(1)에는 대관전에서 정단 하례를 받고는 스스로 하표를 지어 보였다. 그 내용 중에 『고려사절요』에 소개된 다음 대목은 수사가 필수로 들어가는 표문이라 하더라도 낯 뜨거울 정도였다.

공손히 생각하건대 폐하께서는 요(堯)의 성철(聖哲)과 순(舜)의 총명(聰明)을 거듭 쌓으시고 만기를 살피는 여가에 하루 세 번 신하들을 만나는 부지런함[三接之勤]을 닦으셨습니다. 사신(詞臣)과 더불어 즐기시며 사륙변려문의 훌륭한 문장을 지으시고 친히 밀석(密席)에 임하시어 시서 경사의 묘한 문장을 강론하시었습니다. 금나라 사신[北使]은 장수의 술잔을 올리고[上壽] 칭송하는 글을 올렸으며[致辭], 일본[日域]은 보물을 올리고 황제라고 불렀으니 나라가 생긴 이래 오늘에 비할 데가 없습니다.

결국 의종은 스스로 시문과 흥에 취하고자 총행 및 학사, 대신들과 유락을 즐겼고, 위험 신호가 있었음에도 이를 거꾸로 해석했다. 1170년(의종 24) 8월 병자일(29)의 기록을 보면 의종 일행은 연복정에서 흥왕사로 갔고, 이튿날인 정축일에는 보현원으로 이어했다. 이 과정에서 의종은 무신들의 불만을 잠재우기 위해 오병수박희(五兵手搏戲)를 열어 이들의 마음을 위로하고자 했으나 거꾸로 기거주 한뢰가 대장군 이소응을 조롱하고 모욕을 주었다.

이는 시위를 하던 무신 전체에 대한 무시나 마찬가지였다.

정중부를 중심으로 무신들은 의종과 그 총행 세력에 대해 강한 불만을 가지고 있었고, 정변을 일으킬 계획을 세우고 있었다. 한뢰와 이소응의 이 장면은 일종의 도화선 역할을 했다. 정중부는 이때까지만 하더라도 어가가 보현원으로 가지 않고 환궁할 시 거사를 늦추자고 하여 여지를 두었다. 그러나 의종이 보현원으로 향하자 상황은 급변했다. 행동대장 역할을 한 이고와 이의방은 왕명이라 속여 순검군을 집합시키고 우부승선 임종식과 지어사대사 이복기 등을 죽이고 호종 신하 대부분을 살육했다. 이때 무신들은 어두움 속에서 피아를 식별하기 어려울 것을 대비해 오른쪽 어깨를 드러내고 복두를 벗음으로써 자기편을 확인하고자 했다. 그 외는 모두 죽인 것이다.

이후 정중부는 일단 의종을 환궁시킨 뒤 정치 재편을 꾀하고자 했다. 그렇지만 그 전후로 위협적인 상황이 있었다. 우선 정중부 등은 좌승선으로 있던 김돈중의 도주를 우려했다. 시도에까지 이르지는 못했지만 김돈중 등이 태자와 결탁해 난을 평정하려 할 가능성이 있었다. 이에 김돈중을 감악산에서 잡아 사천(沙川) 가에서 죽였다. 또 의종의 환궁 뒤 환관 왕광취가 정중부 등을 죽이려 하다 실패하자 정중부 등은 이 일에 관여한 내시와 환관 20여 명을 죽였다. 결국 의종의 존재가 이러한 움직임의 원인이라 파악한 이들은 9월 무인일(1)에 의종을 우선 군기감으로 강제 이감하고 태자를 영은관으로 옮겨 있게 했다. 이튿날인 기묘일(2)에 의종을 거제현으로 유배하고 태자는 진도현으로 보냈으며, 어린 태손은 죽여 버렸다. 정변에 대한 역공의 근원을 없애려는 조치의 일환이자 혹시라도 있을 금나라의 왕위 교체 관련 물음에 대한 대비였다.

이후 폐위되어 거제현에 있던 의종은 정중부·이의방 토벌과 의종 복위를 꾀한 김보당(金甫當) 세력에 의해 계림으로 나와 있게 되었다. 이것이 1173년(명종 3) 8월의 일이었다. 그러나 9월 계묘일(13)에 김보당이 실패해 처형되자, 의종의 안위는 장담할 수 없는 지경이 되었다. 계림에 있던 남로병마사 장순석 세력과 의종으로 인한 이의민 등의 공격을 우려한 경주인들은 장순석 등을 제거했고, 의종을 객사에 가뒀다. 그리고 의종을 이의민 등에게 인도했다.

무혈입성한 이의민은 의종의 생사를 결정했다. 1173년(명종 3) 10월 경신일(1), 이의민은 의종을 계림 즉 경주 곤원사 북쪽 연못가에서 술을 몇 잔 올린 뒤 죽였고, 시신을 가마솥에 묶어 연못에 던졌다. 이는 냇가에서 화를 입을 것이라는 '임천지환'이 현실화된 것이자 정중부를 중심으로 한 무신정권 체제가 명종을 내세워 정국을 장악했음을 뜻했다.

의종의 나이 47세였다. 폐위된 지 3년 만인 1173년(명종 3) 10월에 죽은 후 전 부호장 필인(弼仁) 등이 몰래 관을 마련해 묻었지만 묘호나 능호, 시호 등은 정해지지 않았다. 1174년(명종 4) 이후 조위총(趙位寵)은 이의방이 군주를 죽이고 장례를 치르지 않은 죄를 물으면서 명분을 세웠다. 이에 1175년(명종 5) 5월 병신일(16)에 이르러서야 전왕의 국상을 선포하고 임인일(22)에 능호 등을 정했다. 명종은 죽은 형이자 전왕에 대해 능호를 '희릉(禧陵)', 시호를 '장효(莊孝)', 묘호를 '의종(毅宗)'이라 했다. 그리고 그의 진영을 마련해 해안사(海安寺)에 안치했다.

능호나 시호, 묘호만을 본다면 비극적인 의미가 담겨 있지 않았다. 희릉의 '희(禧)'는 복이나 경사를 뜻하고, 장효의 '장(莊)'은 성대하고 엄숙하다는 뜻을 담고 있었다. 또한 의종의 '의(毅)'는 굳세고 과감하다는 의미였다. 명종의 형을 위한 마음을 반영한 것인지 혹은 모후인 공예태후의 아픔을 감안한 것인지는 알 수 없으나 이들 호칭은 의종의 생애와 반대인 측면이 있어 매우 역설적일 수밖에 없다.

정식으로 묘호 등이 정해진 만큼 의종은 태묘에도 부묘되었다. 그리고 의종 대를 대표한다 할 수 있는 체협공신도 정해졌다. 다만 이것이 언제 정해졌는가는 분명치 않다. 이들은 최윤의(崔允儀), 유필(庾弼), 문공원(文公元)으로 모두 재상직을 지냈다.

최윤의는 해동공자 문헌공 최충의 현손(玄孫)이었다. 처음 이름은 최천우(崔天佑)였는데 개명했다. 문벌 귀족 가문을 일컫는 벌열(閥閱)에서 성장해 인종 때 『상정예문』을 찬수하기 시작하여 의종 대에 완성했다. 의종 대에 인재로 임용되고 두 차례 지공거를 맡은 바 있었다. 1162년(의종 16) 61세로 죽었다. 최충 이래로 최유선, 최사추, 그리고 최윤의는 한 집안이었다. 4대가 체협공신이 된 것이었다. 유필은 무송(茂松) 사람으로 문장과 덕행이 있었으며, 환관 정함의 고신에 끝까지 반대했다. 문하시랑평장사를 지내다가 1155년(의종 9)에 죽었다. 아들이 금나라로부터 명종의 책봉을 받아 내는 데 공을 세운 유응규(庾應圭)이다. 문공원은 남평(南平) 출신으로 1150년(의종 4) 지공거를 지냈으며, 1151년(의종 5) 대령후 왕경과 가까웠던 정서와, 대령후와 정서를 무함한 환관 정함을 모두 탄핵하였다. 중서시랑평장사 판이부사 수국사를 끝으로 치사했으며, 1156년(의종 10) 12월 73세로 죽었다.

의종은 재위 기간 중 술사와 내시, 환관 등의 말을 듣고는 수많은 이궁과 중흥궐과 같은 별궁, 죽은 대신들의 집으로 조성한 별제(別第), 강호의 모습을 모방한 괴석으로 쌓은 석가산 및 누정과 정원, 연못과 천변 조경을 만들었다. 그리고 역대 어느 왕보다도 빈번하게 이들 이궁과 누정, 사찰 등을 유람하면서 술자리를 베풀어 잔치를 벌이고 시문을 창화했다. 또한 수희(水戲)나 농마희(弄馬戲), 활쏘기, 격구, 오병수박희 등을 열어 상을 내렸다. 이는 막대한 재정 낭비가 있었음을 뜻했다. 의종은 환관들이 화려하고 사치스러운 가옥을 짓는 것을 금하도록 하는 조서를 내리고, 백관의 근무 태도가 엉망이어서 관을 병들게 하고 녹봉을 도둑질하므로 이들을 살펴 고과(考課)하여 출척하라 했다. 의종 스스로가 문제를 일으키고, 대간들의 간언을 무시하면서 도리어 해당 사항을 살펴 그만두게 하라는 이율배반적인 조치를 내린 것이다.

한편, 태평호문을 즐긴 군주인 만큼 의종은 시문 수집에도 열정을 보였다. 이인로가 저술한『파한집』을 보면 의종이 5도 양계에 조서를 내리고 관리를 나눠 파견해 원우(院宇)와 우역[郵置]에 쓰여 있는 시를 모두 채집해 바치도록 했다. 이어 풍속을 노래한 시와 뛰어난 문장을 보인 글을 모아 시선집(詩選集)을 찬진토록 했다. 다만 이때의 시선집은 전하지 않는다.

결국 의종 시대는 무신정변으로 마무리되었다. 의종 시대는 인종 시대가 남긴 7가지 시대 과제인 분열과 차별 해소, 왕실 위상과 군주상의 재정립, 측근에 대한 경계, 근정의 정치 모범 세우기, 종실과 왕실 번창 도모, 특정 종교에 대한 혹신 경계, 새로운 고려 왕조의 상 정립과 관련해 하나도 제대로 해결하지 못했다.

이 때문에 이는 고스란히 명종 대 시대 과제가 되었다. 그러나 의종이 무신정변으로 폐위 축출되고 무신이 문신을 겸하며 왕권을 좌지우지하는 무신정권 시대가 열린 관계로 명종 대 최우선 과제는 무엇보다도 왕권 회복이었다. 둘째 과제는 무신정권과의 관계 재정립이었다. 왕권 회복이 어렵다면 이를 통해서라도 왕실을 보존해야 했기 때문이다.

의종의 강제퇴위 후 명종은 정중부 등의 옹립으로 왕위에 올랐다. 수많은 문신과 내시, 환관들이 죽음을 당한 후 무신들의 세상이 되었다. 옹립이라 하더라도 모든 권력이 무신에게 있었던 만큼 인종의 아들로서 두 번째로 왕위에 오른 명종은 군주의 역할을 제대로 할 수 있을지 의문이었다. 다만 스스로 왕위에 오르고자 했던 만큼 자신과 세상이 원하는 제왕이 되리라는 포부는 있었다고 하겠다.

2.
명종의 왕권과 무신 시대 개막

1) 명종의 즉위와 왕실

명종(明宗, 1131~1202)은 정중부 등이 중심이 되어 일으킨 무신정변으로 40세의 나이에 등극했다. 익양공 신분으로 있던 명종은 1170년(의종 24) 경인년 9월 기묘일(2) 의종이 거제로 쫓겨난 날 정중부·이의방·이고 등의 옹립으로 왕위에 오르게 된 것이다. 인종이 꿈에서 '들깨 닷 되와 해바라기 세 되[荏子五升, 黃葵三升]'를 얻은 것은 임씨 성을 가진 후비와의 사이에서 5명의 왕자가 탄생하고 세 명의 군주가 나올 조짐이라는 척준경의 해몽 중 일부가 실현된 셈이었다.

명종의 즉위를 미리 알았다는 예지몽 이야기가 하나 더 있다. 익양공으로 있던 때 그 부(府) 소속 전첨(典籤) 최여해(崔汝諧, 1101~1186)의 꿈에 태조가 등장했고, 태조가 홀(笏)을 익양공에게 주니 이를 받고 용상에 앉았다는 것이었다. 최여해 자신은 하례를 올리는 백관 사이에 끼어 있었다. 꿈 이야기를 들은 익양공 즉 명종은 혹여라도 도참을 믿고 동생들을 멀리하는 의종의 귀에 들어가면 안 된다면서 다시는 입 밖에 내지 말라 당부했다 한다. 최여해는 이 일로 후일 명종의 특별 대우를 받으면서 77세의 나이에 정당문학을 받고 치사(致仕)하기에 이르렀다.

명종은 인종의 셋째 아들로 1131년(인종 9) 10월 경진일(17)에 태어났다. 본래 이름은 '흔(昕)'으로 아침 혹은 해 돋을 무렵을 뜻했다. 이어 언제인가 분명치 않으나 '호(晧)'로 이름을 바꾸었는데 흔과 마찬가지로 해 뜨는 모양을 의미했다. 자는 이름과 비슷한 의미를 가진 '지단(之旦)'이라 했다. 다만 옛 이름이 '흔'이었다는 기록과 달리 『고려사』와 『고려사절요』에서는 1131년 10월 탄일 때부터 이름을 '호(晧)'라 했다. 『명종실록』 편찬 시, 개명한 '호'라는 이름을 태어난 때부터의 것으로 바꾼 결과라 여겨진다. 어쨌든 흔이나 호, 그리고 지단이라는 명칭은 모두 뜨는 해를 의미한 것으로 명종의 즉위를 암시한 측면이 있었다.

생일의 절일 명칭은 1171년(명종 1) 10월 정사일(16)에 '건흥절(乾興節)'이라 정했다. '건흥'의 의미는 천명으로 흥한다는 것이었다. 즉 명종이 당대에 왕조의 중흥을 바라면서 지었다 여겨진다. 이때는 군주의 절일이기 때문에 축하연과 함께 축수를 바라는 도량과 초제 등이 열렸다. 예컨대 김극기(金克己)는 「건흥절태일청사(乾興節太一靑詞)」를 지어 명종의 강녕과 복을 빈 바 있었다.

명종의 후비로는 광정태후(光靖太后) 김씨가 있었다. 광정태후는 강릉공(江陵公) 왕온(王溫)의 딸이었다. 처음에는 의정왕후(義靜王后)였는데, 죽은 뒤 아들 강종이 즉위하자 광정태후라 추존했다. 강릉공 왕온은 문종의 손자였다. 부친은 조선공 왕도(王燾)였고, 강릉공의 세 딸은 의종의 후비인 장경왕후 김씨, 명종의 후비인 광정태후 김씨, 신종의 후비인 선정태후 김씨였다. 세 명의 군주에게 딸을 시집보낸 셈이었다. 소생 자녀로는 강종과 연희궁주(延禧宮主)·수안궁주(壽安宮主)가 있었다. 두 딸은 각기 영인백(寧仁伯) 왕진(王稹)과 창화백(昌化伯) 왕우(王祐)에게 시집갔다.

명종의 후비는 광정태후 1명이었지만 폐첩(嬖妾)·폐행(嬖幸) 혹은 내폐(內嬖)라 불리는 후궁은 다수 있었다. 이를 보여 주는 대목이 1180년(명종 10) 6월 내폐 명춘(明春)의 죽음과 관련한 기사이다. 명종의 총애를 받은 후궁은 명춘과 순주(純珠) 등 5명이 있었고, 이 외에도 더 있었다. 그런데 1179년(명종 9) 겨울 순주가 죽고 이듬해 6월에 명춘이 죽자 명종은 크게 호곡하면서 슬픔을 표했다. 공예태후는 지나치게 애도하는 명종을 위로하고자 혼인한 두 명의 공주를 궁으로 불러 곁에 있게 했다. 이것이 도를 넘자 그 사위가 절혼까지 하려 했고, 이를 달래고자 결국 사위를 태후궁에 머물도록 함으로써 불만을 잠재우기도 했다. 또한 명종은 순주나 명춘 등 후궁에게서 소생 자녀가 많았다. 명종은 후궁 소생 자녀들을 내정에 불러 알록달록한 옷을 입히고 비둘기 모양의 수레에 태워 놀게 하여 빈축을 사기도 했다.

명종 후궁 소생은 소군(小君)이라 칭해졌다. 소군에 대한 『고려사』에서의 설명을 보면 "궁인이 군주를 모시다가 아들이 있게 되면 머리를 깎아 승려로 만들고 소군이라 불렀다"라 했다. 이 같은 조치는 이들 소군이 군주의 총애를 빌미로 내정을 무너뜨리는 것을 방지하기 위함이었다. 이러한 명종 소생 소군 왕자는 10여 인으로, 왕선사(王善思)·왕홍기(王洪機)·왕홍추(王洪樞)·왕홍규(王洪規)·왕홍균(王洪鈞)·왕홍각(王洪覺)·왕홍이(王洪貽) 등이었다.

특히 이 중 왕선사의 경우는 10살에 승려가 되었지만 의복이나 예우, 품질 등은 군주의 적자(嫡子)와 다름없었다 할 정도였다. 소군들을 승려로 만들면서 명종은 특별히 삼중대사(三重大師)를 내려 주고 유명한 절을 택해 살수 있도록 배려했다. 삼중대사의 승계(僧階)는 교종과 선종에 공통적으로 설계된 법계(法階) 중 가장 위의 것이었다. 이 위로 교종의 경우는 수좌(首座)를 거쳐 승통(僧統)에 이르게 되고, 선종은 선사(禪師)에서 대선사(大禪師)로 가게 되어 있었다. 특히 삼중대사 이상의 승직은 왕사와 국사가 될 수 있었다. 명종의 총애를 받은 이들이었기에 처음부터 삼중대사의 승계를 받을수 있었고, 벼슬을 바라는 자들은 뇌물로 이들에게 청탁하기도 해 인사 문란을 가져오기도 했다.

이들은 얼자승(孽子僧)이라 불리기도 했는데, 명종 및 신종 대에 활동한 민식(閔湜)은 이들로 인한 혼란상을 겪으면서 "무지개 같은 사미 무리들이 국가를 망치고 있다[虹沙彌輩, 敗國家]"라고 하였다. 이러한 표현을 쓴 데는 이유가 있었다. 즉 무지개는 한쪽은 땅에 닿아 있고 한쪽은 하늘로 이어지는데, 하늘인 군주와 미천한 모계를 빗대었던 것이다. 아무튼 이러한 비유의 표현이 시중에 돌 정도로 명종의 소군들에 의한 국정 질서 혼란은 심각했다.

명종 대 왕실은 문란했고 위태로웠다. 명종의 공주 연희궁주는 종실인 영인백 왕진에게 시집갔고, 수안궁주는 창화백 왕우와 혼인했다. 하지만 명종의 친동생인 승려 충희(冲曦)는 공예태후를 간호하면서 궁인을 간음하고 공주와도 통정하여 물의를 일으켰고, 정중부의 아들 정균(鄭筠)은 여색을 탐하는 인물이었는데, 공주를 부인으로 맞으려 기도한 바 있었다.

1171년(명종 1) 정월 원자(元子)의 관례(冠禮) 후 여정궁에서의 잔치 때 무신정변의 주역인 이고(李高)는 스스로 왕이 되고자 했다. 그러나 일이 발각되어 그를 못마땅해하며 경계하던 이의방에게 죽었다. 같은 해 10월에는 밤중 궁궐에서의 화재를 정중부와 이의방 형제로 인하여 막지 못해 궁궐이 모두 소실되었고, 명종은 수창궁으로 옮겨야 했다. 이어 건흥절을 정하여 중흥을 도모한다 했지만 실제로는 어려움투성이였다. 1173년(명종 3) 4월 태자와 두 공주를 모두 책봉했지만 이해 8월 김보당의 난이 일어나자 정국은 불안해졌다.

한편, 정중부 등에 의해 폐위된 의종은 그해(1170) 9월 기묘일(2)에 거제현으로 가게 되었다. 태자 왕기(王祈)는 영은관으로 옮겨졌다가 진도현으로 쫓겨났고, 태손은 죽음을 당했다. 다만 의종은 1173년(명종 3) 8월 김보당의 난 때 그 일파인 장순석이 의종을 복위시키고자 하면서 계림 즉 경주로 옮겨 거처하게 되었다. 하지만 결국 같은 해 10월 초하루 경신일(1)에 이의민은 복위를 기대하고 있던 의종을 살해했다. 목종의 죽음 이래 두 번째 일어난 시해 사건이었다. 이듬해 1174년(명종 4) 3월에는 이고의 죽음 이후 권력을 장악했던 이의방이 자신의 딸을 태자비로 삼게 했다. 이의방이 정균에 의해 죽은 뒤 태자비였던 이의방의 딸은 역적의 딸이라 해 폐비되어 쫓겨났다.

명종과 왕실의 입장에서 이 같은 일련의 사태는 무신정변 후 집정 무신들로 인해 일어난 왕권과 왕실 추락의 비극을 의미했다. 그렇지만 명종에게는 이를 돌이킬 만한 힘도 의지도 없었다. 오히려 외방에서는 김보당이 폐위된 의종의 복위를 꾀하고 조위총은 의종 시해의 책임을 묻는다는 명분으로 각각 난을 일으켰다가 1176년(명종 6) 모두 생포되어 죽었다. 명종은 꿈꾸던 용상에는 앉게 되었지만 이후 재위 28년간 다시 왕실을 일으키려는 노력은 생각지도 않았다. 그저 왕실 보존에만 급급했다. 이에 『명종실록』 편찬에 참여했던 사신은 명종을 신랄하게 비판했다.

> 정중부(鄭仲夫) · 이의방(李義方) · 이의민(李義旼) 등이 의종(毅宗)을 시해하고 나라를 마음대로 농단하면서부터 명종이 해야 할 계책은 마땅히 맹세코 스스로 힘을 키워 반드시 역적을 토벌한 이후에 끝내야 하는 것이었다. (중략) 그러나 왕은 그렇게 하지 않았고 연회와 안일에 빠져 베풀기만 할 뿐 평소 지낼 때와 하등 다름이 없었다.

2) 유응규와 명종 책봉

정중부 · 이고 · 이의방 등은 보현원과 궁궐에서 문신과 내시 등을 도륙하면서 무신정권을 세웠다. 그리고 신하로서 군주인 의종을 폐위하고 그 동생 익양공을 왕으로 맞이했다. 여기까지는 무신들 스스로 벌인 일이지만 이들에게 힘으로 해결할 수 없는 난제가 닥쳐왔다. 의종에서 명종으로 왕위가 바뀐 일에 대해 금나라에 알려야만 했기 때문이다.

금의 황제에게 고려에서의 왕위 교체를 알린다는 것은 쉬운 일이 아니었다. 더구나 무신들이 웬만한 문신들을 모두 죽인 상태였기에 적임자를 찾기는 매우 어려웠다. 그나마 무시무시했던 참극 속에서 살아남은 문신들은 평상시 무신들과 친했거나, 장졸들로부터 신망이 있었던 이들이었다. 그렇지만 죽음을 두려워하지 않고 자청해 금나라에 사신으로 가려는 신료는 없었다.

명종이나 무신들 입장에서는 의종으로부터의 자연스러운 정권 계승이라는 목표를 신속히 이뤄야 했다. 그렇지 않을 경우 반란을 일으킨 역적이자 형을 내쫓고 왕위에 오른 군주라는 오명을 감수하면서 내외의 질타 혹은 더 나아가 다시 왕정을 복고한다는 '반정혁명'에 시달릴 수밖에 없었다. 이러한 상황에서 명종은 금나라에 보낼 사신으로 유응규(庾應圭, 1131~1175)를 지목했다.

유응규는 후일 의종 묘정에 체협공신으로 책봉된 유필(庾弼)의 다섯 아들 중 장남이었다. 동생은 유자량(庾資諒, 1150~1229)으로 16살의 나이 때 문무를 아우르는 계모임을 만들어 여기에 참여한 문신 혹은 자제들이 무신란 때 죽음을 모면할 수 있었다. 아버지 유필은 죽을 때까지 내시 정함(鄭諴)에 대한 고신 서명을 거부해 강직함으로 이름이 높았다. 그의 장남인 유응규는 문장도 잘했지만 당시 사람들이 '옥인(玉人)'이라 부를 정도로 풍채가 아름다웠다. 자호를 '빈왕(賓王)'이라 한 것을 보면 사신(使臣) 혹은 손님으로서 평소에도 응대를 잘해 냈다는 평가가 있었을 듯하다. 유응규는 과거에 급제하지는 못했으나 내시로 의종 조정에 들어가 참관이 되었고, 이후 남경을 잘 다스리면서 뇌물이든 사소한 선물이든 일체 받지 않았다. 명종은 유응규의 아버지인 유필, 그리고 유응규의 성품과 능력을 익히 알고 있었던 듯하다. 그렇기에 유필을 의종 묘정에 배향토록 할 수 있었을 것이다.

정중부의 난 직후 즉위한 명종은 10월 경술일(4)에 유응규를 내시로 불러들여 공부낭중으로 삼은 뒤 자신과 전왕인 의종이 올리는 표문을 가지고 금나라에 가도록 했다. 의종이 올린 것으로 된 표문의 내용은 자신의 숙환과 태자의 총명하지 못함 등으로 나라를 다스리기 어려우므로 왕위를 물려

줄 일이 있게 되면 동생을 우선하라는 선왕 인종의 명을 받들어 충순한 덕과 효와 우애가 도타운 동생 왕호에게 국정을 맡도록 했다는 것이었다. 그리고 이어 즉위한 명종의 표문에는 형인 의종이 병이 들어 갑자기 자신에게 왕위를 잇도록 해 금나라에 이를 알릴 겨를이 없어 먼저 즉위하고 이 사실에 대해 알린다는 내용이 있었다.

금의 국경에 들어서려고 하는 유응규에게 금의 세종황제는 어떠한 요청도 없었는데 갑자기 고려의 왕위가 왜 교체되었는가를 물었다. 그러면서 왕위 찬탈과 상국을 기만하고 있는 데 대해 토벌에 나서겠다고 겁박했다. 유응규는 굴하지 않고 표문의 내용대로 다시 한번 강조했다. 그러면서 유응규는 "비록 끓는 가마솥에 던져지고 도끼에 죽음을 당할지언정 다시 말을 바꿀 수 없습니다"라 했다. 유응규의 굳건한 태도에 황제는 의심만 하던 태도에서 벗어나 상황 파악을 위한 논의가 필요하다 느꼈다.

결국 이 문제는 금 조정 내부 재상회의에 논제로 부쳐졌다. 특히 금의 승상 양필(良弼)의 문제 제기와 주장은 합리적이었다. 그가 지적한 네 가지 문제점은 다음과 같았다.

> 그 말은 믿을 수 없습니다. 왕현(王晛)은 한 명의 아들이 있고, 지난해에 손자가 태어나 일찍이 표문에 손자를 본 기쁨이 적혀 있었던 것이 첫째입니다. 왕호(王晧)가 일찍이 혼란을 일으켜 왕현이 그를 가둔 일이 있었던 것이 둘째입니다. 지금 왕현이 사신을 보내지 않고 왕호가 사신을 보낸 것이 셋째입니다. 조정(朝廷)에서 왕현의 생일에 사신을 보냈는데 왕호가 왕현에게 전달하지 않고 조서를 감히 받을 수 없다고 말한 것이 넷째입니다. 이는 분명히 왕호가 형을 찬탈하고서 거짓으로 천자에게 승습 요청한 것이니 어찌 차마 할 수 있겠습니까?

여기서 왕현은 의종이고, 왕호는 명종이다. 이 내용만 보면 금 조정에서 고려 조정 상황에 대해 상당히 자세히 파악하고 있었다 여겨진다. 어쨌든 승상 양필의 주장은 고려의 양위 문제에 대한 금 조정의 입장을 대변하게 되었다. 이에 따라 금의 세종은 유응규에게 전왕의 양위를 허락하지 않겠다는 회답 조서를 주려 했다.

유응규는 전왕 의종의 것과 현왕인 명종의 것 2개 표문이 있는데 전왕의 표문에만 회답 조서를 준다면 받을 수 없다고 주장했다. 금 세종으로서는 명종의 표문에 대한 회답 조서를 내리면 이는 새로운 국왕으로 인정한다는 의미가 내포되는 것이라 허락할 수 없었다. 그런데 유응규는 승습 인정을 요청한 고려 명종의 표문에 죽음을 각오하고 끝까지 회답을 받고자 했다. 이때 그가 말한 대목은 자칫하면 벌어질 수 있는 국가적 위기를 막는 데 결정적 기여를 했다.

> 배신(陪臣)이 올린 표문은 2장이었습니다. 새 임금의 표문에는 어찌 회답이 없는 것입니까? 어느 곳에 사신으로 가더라도 군명(君命)을 욕되지 않게 하는 것이 신하의 직무입니다. 신이 이제 명을 욕되게 하였으니, 그 죄는 죽어도 용서받을 수 없으므로 살아서 본국으로 돌아가느니 차라리 상국에서 목숨을 끊어 천하가 알게 하겠습니다.

유응규는 음식을 먹지 않은 채 의관을 갖추고 뜰에서 궐을 바라보며 명을 기다렸다. 3일씩이나 미동도 않은 채 음식도 거부하면서 군주와 고려를 위하는 모습은 비장했다. 사신 유응규에 대한 접대를 맡았던 금의 관반은 이를 황제에게 알렸고, 황제는 식사를 여러 차례 권했다. 하지만 유응규는 결사불식을 그치지 않았다. 5일째에 이르자 황제는 유응규를 회유하면서 고려 조정의 죄를 묻겠다는 논의를 그치겠다 하였다. 그러고는 조서를 내려 양위를 허락할 것이라 했다. 하지만 이는 아직 말뿐인 것이라 유응규는 더 강경하게 확실한 조서를 받을 때까지는 음식을 먹지 않겠다고 하였다. 7일째가 되자 결국 황제는 회답 조서를 주면서 유응규에게 황실 음식과 폐백을 하사하여 극진히 위로했다.

이는 고려를 대표한 사신 유응규의 소위 고려 왕조를 위한 단식 투쟁이 빛을 발하여 전쟁의 위기를 벗어나는 계기를 마련해 준 것이다. 사실 이때 유응규 자신도 깊은 고민을 했으리라 생각된다. 정중부 등이 의종이라는 군주를 폐하고 많은 신하를 죽이면서 새로운 군주를 옹립하여 정권을 마음대로 하려는 현실은 '충군(忠君)'의 명분을 거스르는 것이었다. 하지만 자신은 이미 새로 즉위한 명종의 명을 받들게 되었다. 절의를 택할 것이냐 현실을 인정할 것이냐는 모순의 상황에 처한 것이다. 여기서 유응규는 명종이나 정중부 등 무신 세력이 아닌 고려 왕조를 택하면서 자신의 선택에 나름의 명분을 부여했다. 자신이 사실 그대로 금에 알릴 경우 금은 고려 정벌을 전개할 것이고 이로 인해 고려는 엄청난 인명 및 재산 피해를 입게 된다 보았다. 심각할 경우 금의 뜻에 의해 고려의 군주가 임명되거나 왕조 멸망이라는 결과도 이어질 수 있으리라 생각했을 것이다.

이러한 면에서 1170년(명종 즉위년) 10월에 있었던 유응규의 금으로의 사행과 그 성과는 달리 보면 무신정권의 명맥을 잇는 데 기여한 셈이었다. 또한 이 사례는 현왕을 폐하고 신왕을 세울 때 하나의 전례가 되어 무신정권하 명종의 폐위와 신종의 즉위 때에도 전거로 활용되었다. 국제 관계 면으로 보자면 고려에서 일어난 일에 대해 금은 관여치 않겠다는 내정불간섭론의 성립이었다. 비록 사실 관계 확인을 위한 순문(詢問)과 선문(宣問)은 하였지만 형식적일 따름이었다. 이에 고려가 왕위 교체 사실을 알려 올 경우 이에 대한 승인과 책봉이 이어졌고, 고려는 금에 대해 사대의례를 다하면 그만이었다.

유응규는 1171년(명종 1) 5월에 귀국하였고, 일단 금 황제는 전왕의 양위를 허락하지 않으며, 사실 관계 확인을 위해 순문사를 곧 보낸다는 회답 조서를 보냈다. 그리고 7월에는 금에서 순문사 완안정이 와 전왕에게 내리는 조서를 명종에게 전했다. 그렇지만 순문사는 전왕 의종을 만나려는 의지가 없었다. 또 의종이 멀리 거처하고 있고 병이 깊어 올 수 없으며, 순문사가 가려 해도 어려울 것이라는 말을 받아들였다. 결국 순문사 완안정은 의종을 만나지 못했고, 다만 전왕의 표문을 가지고 돌아가게 되었다. 그리고 고려는 다시금 고주사(告奏使)를 보내 사실 관계를 알리고 책봉을 요청했다. 이에 1172년(명종 2) 2월에는 왕위를 인정한다는 유음(俞音)을 알려 왔고, 5월에는 대관전에서 개부의동삼사 고려국왕(開府儀同三司高麗國王)으로의 책명과 함께 구류면(九旒冕)과 구장복(九章服) 등 예복과 예물을 전했다. 명종의 즉위에 대한 완전한 인정이었다.

3) 무신정권이라는 괴물의 탄생

1170년(의종 24) 경인년 8월 정축일(30)과 9월 무인일(1) 이틀간 정중부와 이고·이의방 등 무신들은 순검군을 동원해 보현원에서 궁궐 강안전에 이르기까지 모여 있던 많은 문신과 내시 등을 살해했다. 이때 무신들과 순검군의 졸오들은 오른쪽 웃옷[袒右]과 복두를 벗어[去幞頭] 피아를 구별했고, 그렇지 않은 자들은 모조리 죽였다 한다. 이틀간의 비극이 끝나 갈 때 의종은 수문전에 앉아 술을 마시고 음악을 들으면서 자신의 마지막을 예감했다. 이때 정변 주동자인 이고와 채원(蔡元)은 의종을 시해하려 했으나 양숙(梁淑)의 저지로 무산되었다. 양숙은 1165년(의종 19) 이미 신호위대장군이었을 정도로 고위층이었다. 그런 점에서 정변 당시 이의방과 함께 견룡행수 산원의 직에 있던 이고와는 지위가 달랐다. 그 때문에 이고 등은 할 수 없이 양숙의 저지를 받아들일 수밖에 없었다.

그렇다고 해서 의종의 운명이 달라질 것은 없었다. 정중부 등은 의종을 군기감으로, 태자를 영은관으로 일단 옮겨 있도록 했다. 그리고 기묘일(2) 의종과 태자의 운명이 결정되었다. 의종은 거제현, 태자는 진도현으로 보낸 것이다. 의종과 태자를 시해하지 않았던 것은 당시로 보아서는 의미가 있는 선택이었다. 의종이 살아 있어야 일단은 왕위계승 문제의 정당화를 문서상으로라도 꾀할 수 있었기 때문이다. 그렇지만 무신정변 주동 세력 입장에서 의종 제거는 시행만 안 되었을 뿐 손바닥 뒤집듯 쉬운 일이었을 것이다. 태자 왕기(王祈)의 생사에 대해서는 기록이 남아 있지 않으나 시해되었다 여겨진다.

정권을 장악한 무신들은 1170년(명종 즉위년)부터 1270년(원종 11)까지 집권을 이어 갔다. 이루고자 하는 정치적 이상과 이를 뒷받침할 이념 등이 없이도 무신정권은 100년간 지속된 것이다. 100년이나 되다 보니 집권 무신의 안정성 등을 중심으로 초기-중기-말기 혹은 성립기-확립기-붕괴기로 나누는 것이 일반적이다. 아니면 집권 무신의 이름을 따서 부르기도 한다. 그렇지만 대체로 명종 대 무신정권기의 경우는 성립기, 최충헌 등이 장악했던 시기는 확립기, 최의가 죽은 1258년(고종 45)부터는 붕괴기라는 시각이 이해하는 데 수월성을 준다.

성립기에 해당하는 명종 대의 집권 무신을 보면 이의방·정중부·경대승·이의민 등이었다. 여기서는 명종 대를 중심으로 성립기 무신정권에 대해 살펴보기로 하자.

정중부 등은 살육의 밤을 보냈다. 그렇지만 언제까지 그럴 수는 없었다. 그들 자신은 사실 불만 해소를 극단적으로 행한 것이었지만 정권을 어떻게 운영할지와 관련한 청사진은 없었다. 단지 익양공을 새로운 군주로 옹립하고 막후에서 정권을 장악하려는 정도의 생각이 있었을 따름이다. 그렇지만 그들이 간과한 점이 있었다. 주인 없는 권력이라는 괴물의 고삐를 누군가는 잡아야 한다는 것이었다. 그렇지 않으면 고삐가 풀린 괴물은 모든 것을 해치울 수 있었다. 그러나 이를 잡기는 쉽지 않았다. 잡더라도 순종시키기는 어려웠고, 언제든 날뛸 우려가 있었다. 더구나 사람들의 욕망에 의해 괴물은 죽지 않는 속성을 갖고 있기도 했다.

무신정변의 주역들로 명종을 추대할 때 직접 나선 이들은 정중부·이의방·이고 등이었다. 무신 중 최고위층이라 할 정중부는 당시 종3품 대장군이었다. 이의방 등은 산원으로서 200명 정도를 지휘하는 정8품의 하급 장교였다. 무신의 자제들은 대개 산원의 직을 가졌는데, 이들이 금군(禁軍)이 될 때는 행수(行首)를 맡았다. 그런 만큼 이의방·이고는 정중부와의 지위 차이는 컸지만 정변 과정에서 행동대장으로서 주동적 역할을 수행했다. 따라서 이들은 성공한 쿠데타로 보상을 받았을 뿐만 아니라 권력의 중심에 설 수 있는 여지가 컸다.

선행 연구에서 무신란에 가담한 집단을 분류한 바 있다. 이를 다시 정리하면 다음 〈표 2〉 '무신란 참여 무신과 이들의 전후 직위 변화'와 같다. 이들 무신들이 왜 무신란을 일으켰는지 또 그 가담 정도가 어떻게 달랐는지를 살펴보는 데 도움이 되는 것이 이들 무신의 출신이라 할 수 있다. 또한 이들이 무신란 이후 어떻게 집권했는지, 또 어떻게 제거되었는지를 살펴보기 위해 무신란 직전의 관직과 직후의 관직, 그리고 죽기 전 최고 관직을 함께 정리하였다.

이를 보면 주동 집단으로 본 이의방이나 이고, 채원 등의 경우 무신란 때 직위는 대체로 산원으로 하급 무신에 불과했다. 이들의 경우 그 출신이 밝혀져 있지 않으나 산원을 지낸 것으로 추측하면 준수한 외모와 키에 용력이 남달랐을 것이다. 혹은 그렇지 않더라도 이의방의 경우 무신 집안을 배경으로 출신했을 가능성도 있다. 견룡행수는 의종을 호위하는 자리라 소위 인기직이었기 때문인데, 아무나 할 수 없었다.

행동 집단으로 분류된 이들의 출신은 모계에 관기 혹은 노비가 있는가 하면 농사를 짓거나 한미한 집안 등이었다. 의종 정권이 이어졌더라면 의종 호위나 굶주림 혹은 노역, 전쟁 동원 등으로 고달픈 생애를 살았을 것이다. 난의 발생은 일종의 도화선으로 이들에게 다른 삶을 살 기회가 되었고, 실제로도 최고 관직을 보면 그것이 확인된다.

〈표 2〉 무신란 참여 무신과 이들의 전후 직위 변화

구분	인명	출신 신분	직전 지위	직후 지위	최고 관직
주동 집단	이의방 (?~1174)	전주인	견룡행수 산원 (낭장)	대장군 전중감 겸 집주	지병부사
	이고 (?~1171)		산원	대장군	대장군
	채원 (?~1171)		(산원)	장군	내시장군
행동 집단	조원정 (?~1187)	부: 옥공(玉工) 조모·모: 관기		낭장	공부상서 치사
	이영진 (?~1191)	고령 군인, 가세 미약, 물고기 판매, 나졸 충원	나졸		병부상서
	석린 (?~1187)	미천, 대대로 창방(倉傍) 거주, 금군 보임	금군	낭장	상장군
	박순필 (?~1191)	문지 미천, 중금군으로 입위(入衛)	(금군)	좌중금지유	참지정사
	백임지 (?~1191)	남포현인(藍浦縣人) 농민, 날쌔어 선발됨	대정(隊正)		지문하성사
	정방우	전리(電吏) 출신			대장군 지어사대사
	최세보 (?~1193)	본래 한미, 금군으로서 대정 충원	대정		특진 수태사
	이의민 (?~1196)	경주인 부: 소금과 체를 팖 [販賣塩鬻篩爲業] 모: 연일현(延日縣) 옥령사(玉靈寺) 비, 경군(京軍)에 뽑힘	별장	중랑장·장군	동중서문하평장사 판병부사
온건 집단	정중부 (?~1179)	해주인 공학금군(控鶴禁軍) 충원	대장군	참지정사	문하시중
	양숙		(상장군)	참지정사	중서시랑평장사

온건 집단	진준 (?~1179)	여양현인(呂陽縣人) 행오(行伍) 출신	대장군	추밀원사	참지정사
	경진	청주인	(대장군)	지문하성사	중서시랑평장사
	기탁성 (?~1179)	행주인(幸州人) 교위(校尉)	장군	지어사대사	문하시랑평장사
	이소응 (?~1180)	행오 출신	대장군	좌산기상시	참지정사
	홍중방 (?~1179)	행오 출신	(장군)	대장군	수사공좌복야
	이광정 (?~1194)	행오 출신	(장군)	대장군	문하시랑평장사
비가담 집단	우학유 (?~1179)	목주인(木州人) 부: 상서우복야 방재 (邦宰)	(대장군)	금오위대장군	동지추밀원사
	송유인 (?~1179)	부친이 사직 수호하 다 죽음, 산원(散員)	대장군	서북면병마사 대장군	중서시랑평장사
	오광척 (?~1179)	부: 상서 오정(吳挺)	별장	내시장군	이부시랑
	문장필 (?~1190)	강릉군 부: 수사공좌복야 용 호군상장군 모: 병부상서 윤선지 의 생질, 문음(門蔭)	(낭장)	중랑장	참지정사
	두경승 (?~1197)	전주 만경현(萬頃縣) 장인: 상장군 문유보 (文儒寶), 공학군(控 鶴軍)	대정 후덕전견 룡	산원-내순검군 지유	중서령
	경대승 (1154~1183)	청주인 부: 경진, 음서로 교 위(校尉) 보임	(교위)	(장군)	장군
	최충헌 (1149~1219)	우봉인(牛峯人) 부: 상장군 최원호(崔 元浩), 음서로 양온 령(良醞令) 보임	(흥위위 보승산 원)		중서령 상주국 상장군 판어사대 사 진강공

※ 김당택, 『高麗의 武人政權』, 국학자료원, 1999, 5쪽 및 25쪽 인용 재편집. 직위의 소괄호는 추정 표시.

온건 집단으로 분류된 이들은 대부분 행오(行伍) 즉 병졸 신분에서부터 출신한 것이 보인다. 그렇지만 이들은 의종 대를 거치면서 무신란이 일어나던 때 장군이나 대장군, 상장군 등의 지위에 이르러 있었다. 하급 장교가 아닌 이미 무신으로서는 최고위에 오른 상황이었기에 적극적으로 난을 주도하지는 않았다. 그렇다고 반대한 것도 아니었다. 말하자면 난에 중립 참여라는 자세를 가졌다. 다만 이후 이 집단으로 분류된 이들은 상대적으로 죽기 전 최고 관직을 보면 고려의 관직 체계에서 문신으로서도 가장 최고위직까지 올라갔던 것이 보인다.

비가담 집단에 속한 이들도 온건 집단과 비슷한 면이 있었다. 다만 이 경우는 음보로 관직에 나아간 경우들이 대부분이기에 성향상 무신란을 주도하지는 않았다. 이 가운데 명종 즉위 후 가장 먼저 주도권을 장악한 이는 누구였을까? '정중부의 난'이라고까지 일컬을 정도라면 정중부가 그러했으리라 짐작할 수 있다. 놀란 의종이 정중부를 상장군으로 올리고 명종이 즉위한 뒤 그를 참지정사로 삼는 등 남다른 대우를 한 것으로 보아도 알 수 있다.

하지만 실제 주도권은 이의방과 이고, 채원 등 무신란 주동 집단이자 행동대장 역할을 한 이들이 잡았다. 정중부는 비교적 온건한 면을 보였기에 차이가 있었다. 이에 순서대로 이의방과 이고·채원을 살펴보고 이어서는 정중부에 대해 검토해 보도록 하겠다. 나아가 실제 무신란 참여 여부는 알 수 없지만 정중부 등을 제거한 경대승, 그리고 이어 명종의 부름을 계기로 집정 무신이 된 이의민, 이의민을 제거하고 60년 무신정권의 기반을 확립한 최충헌 등에 이르기까지 정리해 나가겠다.

(1) 이고(李高)와 채원(蔡元)

『고려사』와 『고려사절요』를 보면 이고는 1170년(의종 24) 8월 말 당시 이의방과 함께 견룡행수 산원의 지위에 있었다. 이고 등은 정중부에게 문신에 대한 불만을 토로하면서 자신들의 곤궁한 호위 군사 처지를 참을 수 없다고 하였다. 의종의 행차가 보현원에 이르자 드디어 정중부는 이고와 이의방에게 거사를 일으킬 것을 말하였고, 보현원 오문(五門) 앞에서 오병수박희 때 한뢰(韓賴) 등이 대장군 이소응에게 모욕을 주자 정중부 등은 마음을 굳혔다. 이고는 이의방과 함께 왕명이라 속여 순검군을 모았고 1차로 우부승선 임종식(林宗植)과 지어사대사 이복기(李復基), 기거주 한뢰 등을 죽이면서 무신란을 주도했다. 이고가 이처럼 과감하게 행동하자 광기에 찬 무신과 순검군 등은 의종을 제외하고 시종 문신과 내시·환관 등 대부분을 죽였다. 개경 내에 있던 문신 50여 명도 살해되었다.

두려워하던 의종은 난을 그치게 할 목적으로 행동대장 격이었던 이고와 이의방을 정5품 응양용호군중랑장(鷹揚龍虎軍中郎將)으로 삼아 달래려 했다. 어쩔 수 없었던 조치이기는 했지만 이는 오히려 이고 등에게 더욱 자신감을 불어넣는 계기가 되었다. 개경으로 돌아온 이고는 채원과 함께 침전에 든 의종을 시해하려 할 정도로 과감해졌다. 이고는 정중부 및 이의방과 함께 의종을 폐위하고 수문전에서 익양공 즉 명종을 맞아 즉위케 했다.

명종 즉위 직후 이어진 인사에서 이고는 대장군 위위경의 지위와 함께 은밀히 내려지는 왕명을 전달하는 집주(執奏)를 겸했다. 승선이 공식적 왕명 출납을 맡는 지위라면 집주는 비밀리에 왕명을 전하는 자리였기에 이고와 이의방은 집주를 겸했고, 이의방의 형 이준의는 좌승선 급사중을 맡았다. 이후 이고는 정중부·이의방과 함께 벽상공신이 되었고 그의 초상화는 공신각에 걸리게 되었다. 의종이 운영한 사저 관북택(館北宅)·천동택(泉洞宅)·곽정동택(藿井洞宅) 및 재물 등도 셋이 나눠 가졌다. 그만큼 이고의 위세는 대단했다.

이고는 여러 무신과 중방(重房)에 모여 문신 중 살아남은 자들을 모두 불렀다. 중방은 본래 2군 6위의 상장군과 대장군 등이 모여 군사 문제를 논의하던 기구였다. 하지만 무신란 직후 중방은 최고 권력 및 행정 기구의 역할을 맡게 되었다. 그것은 바로 이고 등이 살아남은 문신 처분 문제를 논의한 때부터 시작되었다. 이고는 무신란 직후 열린 중방에서 문신 모두를 죽이려고까지 했다. 이고의 과격성을 견제하기 어려운 분위기였다. 이를 계기로 이고는 중방 회의 등에 큰 발언권을 가질 수 있었다.

권력의 중심부까지 단숨에 뛰어오른 이고는 새로운 꿈을 꾸기까지 했다. 그것은 '바라서는 안 되는 꿈[非望之志]'이었다. 1171년(명종 1) 정월 그는 악소배 및 법운사와 개국사 승려 등과 함께 말머리를 베어 피를 나눠 마시면서 난을 일으킨 뒤 왕위에 오르고자 했다. 하지만 이 일은 그의 구사(驅使) 일을 맡아보던 자가 채원·이의방에게 알림으로써 좌절되었고, 평상시 이고에게 불만이 있었던 이의방은 채원과 함께 이고 등 무리를 철퇴로 죽였다. 극단으로 치달은 무신 이고는 결국 극적인 최후를 맞은 것이었다. 이때 이고의 죽음은 무신정권 내 권력 갈등의 새로운 도화선이 되었다.

채원은 무신란 당시 이고와 함께 의종을 시해하려 했다는 기록을 염두에 두면 이고와 비슷한 순검군 혹은 견룡군(용호군)에 속한 산원이었을 것이다. 의종 시해를 기도할 수 있었다는 것은 채원 역시도 행동대장 역을 맡았음을 뜻한다. 하지만 무신란 모의 관련 참여는 보이지 않는다. 난의 진행 과정에서 적극 참여한 것으로 파악할 수 있다. 그러한 만큼 채원은 명종 즉위 직후 논공행상성 인사에서 정4품의 장군직을 맡을 수 있었고, 1170년(명종 즉위년) 10월에는 벽상공신 정중부·이의방·이고의 다음 순서에 놓였다.

채원은 이고와 함께 무신란의 주역 역할을 했으나 행보는 달랐다. 이고가 왕위 찬탈을 꿈꾸자 이의방과 같이 궁문 밖에서 그를 기다려 철퇴로 죽인 것이다. 채원은 이를 계기로 이의방과 함께 무신란 후 새로운 체제의 주역으로 올라설 기회를 잡을 수 있었다. 하지만 이의방과 사이가 틀어지면서 채원 역시 위기에 놓였던 것으로 보인다. 결국 이고의 제거에 적극 나서기는 했지만 채원 역시도 이의방에게 죽었다. 채원이 조정 신료들을 모두 죽이고자 모의하다가 음모가 누설되어 이의방에게 빌미를 제공한 때문이었다. 채원 역시도 권력의 게임에서 중도 탈락한 셈이었다.

(2) 이의방(李義方)

이의방의 무신란 직전 직위는 정8품 정도의 견룡행수 산원이었다. 요즘으로 치면 하급 장교 격이었다. 하지만 군대 실무를 맡고 있었다는 점에서 중요한 지위였고, 이들 산원의 경우 대체로 무신의 자제들이 나아가는 자리였다. 산원은 산원방을 통해 여러 가지 일에 대해 합좌하여 처리했는데, 무신란 전 산원방은 이의방과 이고 등이 주도하였을 것이라 여겨진다. 산원방을 장악했기에 순검군 동원도 가능했던 것이다.

이의방은 이고나 채원과 달랐다. 논공행상 과정에서 정중부와 함께 최고의 예우를 받았으며 이고와 채원을 차례로 제거했다. 무신란 주역 삼인방 중 정중부와 이의방이 남게 된 것인데, 보다 적극적이면서 과단성을 가졌던 이의방은 나이나 지위 면에서 그보다 위였던 정중부를 제치고 정권을 장악했다. 명종 즉위 후 이의방은 승승장구했다. 형인 이준의는 승선이 되었고, 이의방은 대장군 전중감 겸 집주가 되었다. 이후 용호군 대장군을 겸하여 왕명 전달과 금군을 장악했다. 1170년(명종 즉위년) 10월에는 벽상공신이 되는 영광을 누리기도 했다. 전주 출신이었던 이의방은 외향 금구(金溝)를 현령관(縣令官)으로 높였다.

이의방이 정중부 등을 누르고 집정자 위치를 차지하게 된 계기는 그가 직접 이고나 채원의 제거를 주도했던 때문이었다. 어제의 동지였지만 이제는 경쟁자가 된 이 둘을 제거하게 되자 자연스레 힘이 쏠린 면이 있었다. 여기에 더해 이의방은 1173년(명종 3) 8월 의종 복위를 도모하고자 일어난 김보당(金甫當)·한언국(韓彦國)의 난 진압을 지휘했다. 이어서는 이의민으로 하여금 전왕인 의종을 시해토록 해 더 이상 의종 복위 운동이 일어날 수 없도록 했다. 이후 같은 해 10월 이의방은 병권을 장악했다. 위위경흥위위섭대장군 겸 지병부사가 된 것이다.

1174년(명종 4) 정월에는 귀법사 승려들이 주동이 되어 이의방 형제를 죽이고자 했다. 이의방은 이때 관련된 중광사(重光寺)·홍호사(弘護寺)·귀법사(歸法寺)·용흥사(龍興寺)·묘지사(妙智寺)·복흥사(福興寺) 등의 사찰을 파괴하고 승려들을 죽였다. 지나친 살생이 이어지자 이의방의 형인 이준의는 이를 말리고자 했으나 도리어 형제간 싸움이 되었는데 이는 정중부도 바라만 볼 수밖에 없을 정도였다. 형 이준의는 이의방에게 당시 이런 말을 했다.

네게는 세 가지 대악이 있다. 군주를 추방해 죽이고 그 저택과 희첩(姬妾)을 취한 것이 첫째이다. 태후의 여동생을 위협하여 간통한 것이 둘째이다. 국정을 전단한 것이 셋째이다.

이의방은 이에 분노해 형을 죽이려 했으나 문극겸의 만류로 골육상쟁은 면할 수 있었다. 하지만 형조차도 이의방에게 이런 말을 할 정도로 이의방의 죄과가 컸음을 알 수 있다. 그러면서도 힘으로 권좌를 차지하고 있었으나 언제든 틈이 생기면 이의방 자신도 죽음을 면하기 어려울 정도로 위태로웠다. 피가 흐르는 칼 위에서 권력을 누린 때문이었다.

이의방의 권력에 누수가 생긴 것은 이의방이 자신의 딸을 태자비로 만든 때문이었다. 1174년(명종 4) 3월의 일이었다. 왕실과도 혼인을 맺은 이의방은 거칠 것이 없었다. 이해 9월 서경과 동북 양계 등에서 조위총의 난이 일어나자 직접 싸움에 나아갔으나 그 자신은 패배하고 말았다. 이는 이의방의 권좌에 균열이 생긴 것을 의미했다. 조위총의 난 진압을 위해 승려들도 종군토록 했는데 정중부의 아들 정균(鄭筠)은 승려 종참(宗旵)으로 하여금 이의방의 뒤를 따르다가 살해하게 했다. 배후 습격을 막지 못했던 것이다. 이후 형 이준의나 그를 따르던 도당들은 제거되었고 태자비 역시 폐비되었다. 화무십일홍이란 말이 실감 나는 순간이었다.

그렇더라도 이의방은 당시 무신들 사이에서는 영웅이었다. 이의방이 무신란 이후 대장군과 상장군 등의 합좌기구였던 중방을 주도하면서 중방정치를 연 데다가 왕명 및 병권 장악 등을 계기로 국정을 중방 중심으로 운영했기 때문이었다. 무신정치의 본격적인 전개는 이의방에 의해 열린 셈이지만 정중부의 아들에 의해 갑작스레 죽음으로써 과격한 무신정치의 한계는 드러났다.

(3) 정중부(鄭仲夫)

정중부는 해주 출신이었다. 해주 군적(軍籍)에 올랐다는 것을 보면 신분은 평민 정도에 불과했다. 다만 그가 금군의 하나인 공학군(控鶴軍)에 들어가는 데는 그의 외모가 한몫했다. 즉, 7척이 넘는 키에 넓은 이마와 흰 피부를 가졌으며 수염이 아름다워 보는 사람이 두려워할 만했다는 기록이 남아 있어서이다. 인종 대에 들어와서는 견룡대정으로 올라 궁궐의 여러 행사에 동원되었고 숙위 등을 맡으면서 주목받기 시작했다.

인종 대에는 12월 말일인 섣달 그믐(除夕)에 묵은 잡귀 및 잡신을 쫓는 나례(儺禮) 행사를 벌인 적이 있었다. 이때 잡기(雜技)를 하였는데 여기에는 내시와 다방, 견룡 등이 참여했었다. 견룡대정이었던 정중부도 참여했다. 그런데 내시에 속해 있던 김부식의 아들 김돈중이 촛불로 정중부의 수염을 태웠고 정중부는 김돈중을 잡아 욕을 보여 속을 풀었다. 하지만 아버지인 김부식으로서는 용납하기 힘들었다. 이에 정중부를 잡아 매질하여 분을 풀려 했는데, 인종의 만류로 그만두었다. 그러나 이 일은 두고두고 정중부와 김돈중 간의 갈등 요소로 남게 되었고, 무신란의 한 요인으로 거론되기도 한다. 무신의 처지가 문신에 비해 보잘것없었기 때문이다.

의종 초에 이르러 정중부는 교위(校尉)에 올랐고, 이후 수창궁 북쪽 문을 마음대로 출입한 죄로 어사대가 문초하려 했으나 의종은 어사대의 말을 듣지 않았다. 그만큼 신임이 있었고, 대장군을 거쳐 상장군에까지 승진했다. 무신으로서는 최고 지위에 오른 것이다. 그렇지만 의종의 잦은 출궁과 외유를 호위하면서 이미 1164년(의종 18) 무렵부터 불궤(不軌) 즉 모반의 싹이 트기 시작했다. 의종의 행차는 매우 잦았고 금군이나 순검군 등은 추위 속 밤새는 일도 많았다. 결국 1170년(의종 24) 4월 이의방과 이고가 주동이 된 역모에 동의하면서 같은 해 8월 보현원 참극이 일어났다.

당시 정중부는 상장군의 무반 최고위직으로서 응양군과 용호군 등 친위군을 중심으로 활동하며 무신을 대표했던 듯하다. 그렇기에 이의방이나 이고가 정중부에게 역모를 알리고 동의를 얻었다 생각된다. 무신란이 성공적으로 끝난 뒤 의종을 축출하고 명종을 세우면서 정중부는 문반직인 참지정사(종2품)에 제수되었고, 이어서는 중서시랑평장사(정2품)와 문하평장(정2품)을 받았다. 1등 공신으로서 공신각에 초상이 걸리는 영광을 누렸으며, 덩달아 그의 고향 해주는 서해도 군현을 관할하는 위치로 승격되었다.

그렇지만 명종 초의 정국은 이미 60대 중반이 넘은 정중부가 주도하기보다는 이고와 이의방이 이끌었다. 이고가 죽은 후 이의방은 중방을 중심으로 문신들의 생사를 결정했으며, 1173년(명종 3) 8월 김보당의 난을 계기로 다시 한번 많은 문신을 죽였다. 같은 해 10월에는 3경 4도호 8목에서 군현 및 관역의 직임에 무인을 아울러 임용토록 하는 결정을 주도했다. 이에 이의방은 무신들로부터 숙원 해결사로 추켜세워졌다. 그렇지만 이의방이 지나치게 과격하게 정국을 이끌면서 귀법사 등 승려들에 대한 학살이 자행되고, 1174년(명종 4) 9월 서경 조위총의 난이 발생하여 전국으로 확산되는 등 혼란의 상황은 더욱 커져 갔다. 결국 정중부의 아들 정균이 이의방을 제거함으로써 정중부는 소위 얼굴마담 격 무신란의 주역에서 실세로 자리 잡게 되었다.

우연찮게 권력의 중앙에 선 정중부와 이의방 제거의 주역 정균은 하지 못할 것이 없는 권력자가 되었다. 정중부는 명종과 둘만 술을 마시고 싶어 했고, 정균은 후궁에 마음대로 드나들면서 승선의 자리까지 꿰찼다. 70세가 넘었어도 은퇴하지 않으려 명종으로부터 궤장을 받기도 했다. 국정을 전단하면서 중방에서 형벌을 결정했다. 이때는 그의 사위 송유인(宋有仁)도 국정 농단에 참여했다. 이들 일가의 횡포가 도를 한참이나 넘어서자 여러 영(領)의 군사들은 익명의 방을 붙여 자신들의 의견을 공공연하게 밝혔다. 1176년(명종 6)에 있었던 방의 내용은 다음과 같았다.

시중 정중부 및 아들 승선 정균, 사위인 복야(僕射) 송유인은 권력을 마음대로 휘두르고 횡포를 자행하고 있다. 남적(南賊) 봉기의 근원은 여기에 있다. 만약 군사를 출동시켜 그들을 토벌하려면, 반드시 먼저 이들 무리를 제거한 뒤에야 가능할 것이다.

방문의 내용과 관련해 1176년(명종 6)에는 공주 명학소의 망이·망소이가 난을 일으켜 1년 넘게 이어졌고, 1177년(명종 7)에는 남도, 가야산, 서해도, 미륵산, 천안 홍경원, 서경 등지에서 계속 봉기가 있었다. 정균은 이에 겁을 먹고 해직을 상신했으며, 정중부는 1178년(명종 8)에 치사했다. 그러나 정중부 등의 태도는 바뀐 것이 없었다. 이후 정중부 암살 모의 관련 무고가 이어지자 잇달아 옥사가 일어났다. 정균은 광덕리 공예태후의 별궁을 거저 받아 내어 집을 지으면서도 지병부(知兵部)로서 인사 청탁을 계속 받았다. 정균의 여성 편력은 더욱 가관으로 상서 김이영의 딸 등까지도 취하였던 데다가 공주를 처로 삼으려고까지 했다.

권력은 반드시 부패하기 마련이고 부패한 권력은 나라를 망칠 뿐만 아니라 권력자 자신을 죽음으로 내몬다. 해주 출신 무신으로서 일인지하의 자리에까지 오른 정중부와 그의 아들 정균, 사위 송유인 등은 결국 1179년(명종 9) 9월 20대의 청년 장군 경대승과 견룡군 허승 및 대정 김광립 등 결사대[死士]에 의해 최후를 맞았다. 정중부의 나이 74세 때였다.

(4) 경대승(慶大升)

경대승은 이고나 이의방, 정중부 등과 달리 부모가 분명히 밝혀져 있다. 청주 출신인 그의 아버지는 무신으로서 무신란에 참여한 경진(慶珍)이었다. 다만 적극적 가담자는 아니었던 듯하다. 이는 경진이 무신란 당시 장군 이상의 지위에 있어서 행동대 역할을 맡지 않았다고 보는 것이 좋을 듯하다. 어쨌든 아버지 경진의 덕택으로 경대승은 의종 때 나이 15세에 불과했지만 음서로 교위에 임명되었다. 명종 즉위 후 상장군으로서 중방정치에 참여했을 경진은 1174년(명종 4) 12월 지문하성사를 받았고, 조위총의 난 때는 동지추밀원사로서 우군병마사가 되었다.

경대승의 부친 경진은 명종 대 무신정치의 한 축을 이룬 사람이었다. 하지만 경대승은 부친 경진을 비롯한 이고·이의방·정중부 등과 뜻이 달랐다. 장군의 지위에 올라 앞날이 보장되었던 그였지만 정균이나 정중부 등의 횡포와 그로 인해 자주 발생하는 옥사 그리고 민란 등에 대해 부심했으며 그 원인을 정중부·정균의 국정 독점과 농단, 부패 등에서 찾았다. 1178년(명종 8) 청주 사심관으로 있던 경대승은 파직된 후 정중부나 송유인 등의 몰락을 꾀했다. 이들이 인심을 잃자 경대승은 견룡군을 장악해 결사대 30여 인을 모았고, 결국 숙직하던 정균을 죽이면서 반정중부 정치를 이끌었다.

안일함에 빠져 있던 정균 등에 대해 전격적인 습격을 가해 기회를 잡은 것이었다. 이어 곧바로 명종에게 아뢰어 금군을 동원한 정중부·송유인 체포를 명하도록 했다. 경대승 등은 소수 정예로 신속하게 정중부를 제거하였다. 권력 내부에서 대의명분을 갖고 결사 항전을 다짐할 경우 어떠한 일이 벌어질 수 있는가를 보여 주었다. 게다가 백관이 조정에 나아가 명종에게 하례하려 하자 서릿발 같은 의지를 밝혔다. 즉, "군주를 시해한 자가 살아 있는데 어찌 하례를 행하는가?"라 했다. 이의민을 두고 한 말이었다.

소수 정예로 일으킨 정변이었던 만큼 경대승의 중방에서의 위치, 무신들 사이에서의 신망 등은 위태로웠다. 또한 자신이 결사대를 조직해 정중부 등을 제거한지라 자신도 그러한 처지에 놓일까 우려했다. 실제 일부 무신들은 다음과 같이 말하면서 경대승 제거를 외치기도 했다.

> 정시중(鄭侍中)이 앞장서 대의를 외치고 문신을 억눌러 우리의 여러 해 쌓인 울분을 씻어 줌으로써, 무반의 위세를 펼친 공이 막대하다. 이제 경대승이 하루아침에 네 공을 죽였으니 누가 그를 토벌할 것이냐?

이에 경대승은 결사대 백수십 명을 조직해 변란에 대비하면서 이를 '도방(都房)'이라 했다. 불안함 속에서 집정한 처지라 유언비어가 돌거나 조그마한 의심이라도 생기면 이를 옥사로 연결했다. 이 때문에 명종은 1179년(명종 9) 11월 중외에 사면령을 내려 민심을 달래려 할 정도였다. 그러나 요언이나 도적질 등은 끊임없이 계속되었다. 심지어 '경대승 도방'을 칭하면서 도적질하는 자들도 생겨났다. 경대승은 자신과 관련된 자들에 대해 관대했고, 잡혀 들어오더라도 곧 풀어 줘 원망을 샀다.

다만 경대승은 군주를 위한다는 명분을 세우고 있었다. 그 때문에 측근이라 하더라도 국정을 함부로 농단하려 하는 것을 극도로 꺼렸다. 대표적 예가 정중부 제거 때의 1등 공신이라 할 최측근 태자부지유별장 허승과 견룡행수 김광립을 죽인 것이다. 하지만 도적 떼 등이 창궐해 대창을 약탈하고 봉은사 태조진전에 들어가 은병 30개를 훔쳐 갔으며 전주에서 반란이 일어나는 등 사회 분위기는 흉흉했다. 1183년(명종 13) 2월에는 "나라에서 흰 개를 기르는 것을 금하는데 이 금령을 따르지 않는 자는 베어 죽인다"라는 소문이 돌아 흰 개를 기르는 사람들은 개를 죽이거나 강에 던졌고 그렇지 않은 경우 털을 검게 물들여 화를 피하고자 했다. 이러한 사건들은 그만큼 무신란 이후 사회 동요 현상이 심각했음을 보여 준다.

이는 경대승의 집권 체제가 불안한 것임을 뜻했다. 그러나 나이가 상대적으로 어린 경대승은 자신의 지위를 마구 올리지 않았다. 장군의 지위를 갖고 중방을 주도하고 명종에게 왕명을 청해 일을 처리해 갔다. 이 속에서 이의민은 경대승이 자신을 죽이리라 생각하고 이를 막기 위해 용사를 모으고 거리에 큰 문을 세워 경계토록 했다. 당시 이 문을 일러 '여문(閭門)'이라 했다.

경대승의 죽음은 다소 어이가 없는 면이 있다. 경대승의 꿈에 정중부가 나타나 칼을 잡고 크게 꾸짖자 이후 깨어난 경대승이 병을 얻어 죽은 것이다. 꿈이 원인이었을 수도 있으나 사실은 많은 사람을 죽인 데 따른 신변의 불안감, 옥사 처리 등 다양한 일들이 그에게 큰 스트레스를 주었으므로 이로 인한 신경성 과로사로 볼 수 있을 것이다. 이때 그의 나이 30세에 불과했다. 그의 죽음은 그에게 의지했던 도방 세력의 와해를 뜻했다. 명종은 경대승 죽음 직후 곧바로 도방의 회합이 잦아 모반이 예상된다는 무고를 듣고는 도방 소속 세력을 찾아 조금이라도 연관된 경우까지 체포해 죽였다.

(5) 이의민(李義旼)

명종은 경대승의 죽음을 이용해 도방 세력을 완전히 와해시켰다. 그리고 뚜렷한 권력자가 없는 중방이 어떠한 행위를 벌일까 우려했다. 무신란 이래로 10년 이상이나 계속 집정 무신의 죽음과 교체, 많은 모반과 민란 등이 반복되었기 때문이었다. 명종은 무신 중심이 된 세상을 인정하고 일단 힘을 갖춘 무신을 통해 정국을 안정시키고자 했다. 그 선택은 경대승을 꺼려해 경주에 낙향해 있던 이의민이었다.

이의민의 출신은 『고려사』에 구체적으로 남아 있다. 경주 출신으로 부친 이선(李善)은 소금이나 죽, 체[篩]를 팔던 이였다. 또 모친은 연일현 옥령사에 속한 노비였다. 이의민과 관련해서는 여러 가지 기이한 꿈과 두두을(豆豆乙)이라는 나무 도깨비[木魅] 이야기가 『고려사』에 전하고 있다. 그만큼 이의민의 성공은 의외성을 띤 것이었다. 그의 아버지는 아들 이의민이 청의를 입고 황룡사 9층탑으로 올라간 꿈을 꾼 적이 있었다. 이의민 자신은 경군으로 뽑혀 개경으로 올라가다 성문이 닫혀 어쩔 수 없이 도성 남쪽 연수사에서 묵던 중 성문에서 궁궐까지 걸친 사다리를 타고 올라간 꿈을 꾸었고, 붉은 무지개가 두 겨드랑이 사이에서 일어나는 꿈을 꾸기도 했다.

이의민은 글자를 깨치지 못해[不會文字] 무격을 신봉하고 있었다. 경주에 있으면서 두두을이라는 나무 도깨비를 믿다가 이를 개경 집의 사당에 모셔 놓고 치성을 드려 복을 빌었다. 하지만 어느 날 도깨비는 통곡을 하면서 더 이상 이의민을 지켜 줄 수 없고 자신도 의탁할 곳이 없어질 것이라 하였다. 그리고 과연 도깨비 말대로 이의민은 곧 최충헌 형제에 의해 패망해 버렸다.

이를 보면 어쨌든 이의민은 당시 특이한 존재였음을 알 수 있다. 이의민은 기골이 장대해 키가 8척이나 되고 힘이 있었다. 하지만 가정환경 탓인지 위의 두 형과 함께 마을에서 횡포를 부리다가 잡혀 감옥에서 이의민만 살아남았다. 안렴사 김자양이 그의 사람됨을 장하게 여겨 경군으로 선발해 보냈다. 이때 이의민은 수박을 연마하였던 듯하다. 훤칠한 키와 뛰어난 수박 실력으로 이의민은 의종의 총애를 받아 대정(隊正)에서 별장으로 승진했다. 평상시였다면 이의민은 죽음의 위기를 겪은 뒤 여기까지 온 것도 크게 출세한 셈이었다. 그런데 당시 정치적 환경은 그를 괴물로 만들었다.

가장 큰 계기는 무신란이었다. 이의민은 이때 적극 나서서 많은 이들을 죽였고 그 덕에 중랑장과 장군에 올랐다. 그리고 계림으로 옮겨 가 있던 전 왕 의종을 시해했으며 이를 계기로 대장군이 되었다. 조위총의 난 때 정동 대장군 지병마사로 출전해 용맹을 떨쳤고, 이후 상장군이 되었다. 하지만 이렇게 승승장구하던 이의민의 행보에 장애물이 생겼다. 경대승이 정중부 일파를 죽이면서 의종을 시해한 이의민에게 칼날을 돌렸기 때문이다. 이에 1181년(명종 11) 형부상서 상장군이 되었다가 병마사로 북변에 나가게 된다. 경대승이 죽었다는 오보를 듣고 좋아하다가 허승의 죽음이 잘못 전달된 것을 알고는 스스로 병을 핑계로 낙향해 안위를 도모하기도 했다.

하지만 그에게는 다른 기회가 기다리고 있었다. 경대승이 갑자기 죽은 것이다. 경대승의 죽음과 도방의 와해는 이의민에게 도약의 기회였다. 더구나 명종은 국가 혼란 등을 염려해 이의민에게 공부상서의 지위를 주면서 조정으로 올라오도록 명분을 만들어 주었다. 1184년(명종 14) 2월의 일이었다. 조정에 들어오자 명종은 그를 수사공 좌복야로 있게 했다. 1190년(명종 20)에는 동중서문하평장사 판병부사가 되어 중서성과 병권을 장악했다.

시장에서 횡포를 부리다가 죽을 뻔한 이가 일약 고려의 재상이 된 것이다. 무신으로서 재상의 자리에 오른 자는 이의민 외에도 여럿 있었다. 금군에 있다가 출세하여 문하시랑평장사가 된 최세보(崔世輔), 공학군(控鶴軍)에 뽑혔다가 무신란 후 급승진하여 평장사 및 문하시중과 중서령이 된 두경승(杜景升), 중금군(中禁軍)이었다가 참지정사까지 오른 박순필(朴純弼), 내순검군이었다가 지문하성사까지 된 백임지(白任至) 등이었다. 이는 그만큼 무신의 시대가 전개되었음을 보여 준다. 때로 이의민과 두경승은 중서성에서 서로 힘자랑을 하기도 했다. 그럼에도 이 둘은 공신으로 책록되기까지 했다.

사실 이의민 정권이라고는 하더라도 위의 내용을 토대로 본다면 무신 출신 권력자들이 포진하고 있어 협의를 해야 하는 시대였음을 알 수 있다. 그중 이의민이 앞서의 집정자들처럼 병권을 쥐고 중방을 주도한 것 정도였다. 하지만 1193년(명종 23) 운문의 김사미와 초전 효심의 난이 일어났을 때 용손이 12대로 끝나고 다시 십팔자가 나타난다는 용손십이진설 및 십팔자위왕설 등의 예언이 이의민과 관련하여 돌았다. '왕(王)' 자를 파자해 '십이(十二)'로 표현하고 '이(李)'를 흩어 '십팔자(十八子)'로 표현한 것이었다. 이때 이를 계기로 이의민이 왕이 되려 했다는 설이 있었다. 그만큼 이의민이 당시 정국을 주도한 것은 분명했다.

하지만 이의방이나 정중부 등의 사례에서 드러나듯 힘만을 앞세운 정국 주도력은 한계가 분명했다. 더구나 그의 아들이나 딸들도 문제를 크게 일으키곤 했다. 아들인 이지순은 재물을 탐했고, 이지영과 이지광은 횡포를 많이 부려 당시 사람들이 '쌍도자(雙刀子)'라 불렀을 정도였다. 이의민의 본처나 그 딸들 역시도 음탕해 손가락질을 받았다.

10년을 넘게 이어진 이의민 정권이 무너진 직접적 계기는 비둘기 사건이었다. 아들 이지영이 최충수의 비둘기를 빼앗아 가자 이에 격분한 최충헌·최충수 형제가 무리 몇 명을 데리고 미타산 별장에 들른 이의민을 죽인 것이다. 최충수가 일격을 가했으나 실패하자 최충헌이 다시 달려들어 그의 목을 베고는 그 머리를 저자에 효시했다. 최고 권력자의 죽음치고는 허술함이 느껴진다. 하지만 그만큼 이의민은 자신의 힘과 세력을 믿었다 볼 수 있다. 사신은 이와 관련해 다음과 같은 말을 남겼다.

이의민은 본래 노예의 미천한 신분으로 주제넘게 의종의 아낌을 받아 여러 번 승진하여 현달했다. 이처럼 은총이 지극하였는데도 감히 큰일을 행하여 그 흉악한 죄는 위로 하늘에까지 통해 진실로 용서할 여지가 없다. 다만 애석한 것은, 의종이 호랑이를 길러 후환을 남겼다는 것이다. 대역(大逆)을 범하고서도 창문 아래에서 죽을 수 있었다는 말을 전에 들어보지 못하였으니, 제 몸이 도륙되고 족속이 멸망한 일은 불행한 것은 아니다. 하늘의 그물[天網]이 넓고 넓어서, 성긴 듯하지만 빠뜨리지는 않는다는 말이 믿을 만하다.

이는 이의민과 의종의 관계, 그리고 이의민의 패망에 대하여 엄정하게 살펴 적은 사관의 서릿발 같은 역사적 평가라 여겨진다. 이의민의 죽음 후 젊은 최충헌 형제는 정권을 장악했는데, 이는 명종의 허락을 득한 것은 아니었다. 최충헌은 이의민의 남은 아들들을 모두 죽였고 경주에 사람을 보내 삼족을 도륙했다. 그리고 자신에게 반대하거나 뜻이 다른 이들 역시도 죽여 주변을 평정해 나갔다. 이로써 최씨 무신정권의 발판이 놓이게 되었다.

4) 명종의 정치와 시대 과제

40세로 즉위한 명종의 재위 연수는 28년이었다. 근 30년간 치세가 이어진 것이었다. 그리고 그는 폐위된 지 5년 만인 1202년(신종 5) 11월 창락궁에서 죽었다. 72세의 나이였다. 고려 시대에서는 73세로 죽은 충렬왕 다음으로 장수했다. 시호는 '광효(光孝)', 묘호는 '명종(明宗)', 능호는 '지릉(智陵)'이라 했다. 폐위되었던 전왕의 호칭으로서는 큰 무리가 없는 칭호였다. 동생인 신종이 즉위한 데다가 무신정권을 진압 혹은 반대하지 않았고, 최충헌이 집권할 때도 크게 저항하지 않았던 면이 반영되었으리라 여겨진다.

'광효'의 시호는 그 효심이 빛났음을 뜻했다. 효 자 시호는 문종 이래 제왕의 시호에 공통적으로 들어가고 있었다. 명종은 모후인 공예태후를 잘 모셨고 또한 형제간 우애도 좋은 편이었는데, 이 사실이 반영된 것이라 보인다. 묘호 '명종'의 경우는 효를 중심으로 정해졌을 가능성이 있다. 조선 명종의 묘호와 같은데 그는 평상시 시호로 '명(明)' 자이면 족하다 하였고, 공교롭게도 묘호에 '명' 자가 들어가게 되었다. 조선 명종과 같은 맥락에서 볼 수는 없으나 숙종의 시호가 '명효'였던 것을 고려하면 제왕의 묘호나 시호의 경우 굳이 피휘까지는 하지 않았다 볼 수 있다. 능호 '지릉'의 '지(智)'는 지혜나 슬기를 뜻하는데 굳이 살펴보자면 무신정권의 영향하에서 오랫동안 군주의 지위에 있었던 면을 떠올릴 수 있겠다. 좋은 의미를 반영했다 보기는 어려울 듯하다.

『고려사절요』를 보면 명종의 죽음 후 국장을 하는 데 따른 일화가 실려 있다. 위에서 시호·묘호·능호가 정해진 것을 보면 정상적인 절차로 이뤄진 듯하지만 실제는 좀 다른 면이 있었다. 즉, 창락궁에서 명종이 죽자 신종이 왕례(王禮)로 장례하려 했으나 최충헌이 강하게 불가하다 하여 명종 비 경순왕후(景順王后)의 장의(葬儀)에 맞게 낮추고 간간이 인종의 의례를 적용해 지냈다는 것이다. 또한 폐하여진 태자의 경우는 강화로 쫓겨나 있어서 명종의 장례에 참여치 못하기도 했다. 여기서의 경순왕후는 태자의 모후로 나중에 태자가 왕위에 올라 강종이 된 후 광정태후(光靖太后)라 추존하여 책봉했다. 명종의 국장은 최충헌의 힘에 눌려 왕례를 제대로 적용하지 못했음을 알 수 있다. 그렇더라도 명종은 의종과 달리 나름 천수를 다 누린 것이라 할 수 있겠다.

30여 년은 사실 강산을 세 번이나 바꿀 수 있는 기간이다. 그렇지만 무신란 이후 즉위한 명종이 자신의 정치를 펴 나갔는지에 대해서는 의문이 있다. 그 때문에 이 시기의 정치를 명종의 정치라 하기보다는 무신정치 혹은 중방정치 등이라 하여 권력의 중심에 따라 이해하기도 한다. 다만 금의 승상 양필(良弼)이 "왕호(王晧)가 일찍이 혼란을 일으켜 왕현(즉 의종)이 그를 가둔 일이 있었던 것이 둘째입니다"라고 언급했던 것을 볼 때나, 최여해의 꿈에 태조가 홀을 명종에게 주었다는 것, 도참에 따라 의종이 동생들을 멀리했다는 사례를 고려하면 실제로 명종의 군주가 되려는 의지는 매우 강했다 보인다.

적자 왕위계승이 아니면서 군주의 자리에 오르는 경우 대개는 새로운 정치를 펴기 마련이었다. 즉 유신의 정치가 기대되었는데, 자신의 정치 업적을 세워야 즉위 및 재위의 명분이 완성되기 때문이었다. 따라서 이러한 군주의 정치 개혁 의지는 강했다. 선대로는 광종이나 성종, 현종, 문종, 숙종 등이 그러한 면이 있었다.

그런데 이와 비교할 때 명종의 정치는 어떠했을까? 군주가 되려는 의지만큼 개혁 의지가 있으면서 이를 성공적으로 추진해 성과를 이루었는가? 숙종 등의 왕대와 상황이 다르니 이를 고려해야 한다는 입장도 있을 것이다. 무신정권으로 인한 군주권 행사의 제약이 이것이었다. 이를 반영하면서 명종의 정치를 보면 다음과 같다.

즉위 초의 첫 인사를 보면 정중부·노영순(盧永醇)·양숙(梁淑)을 참지정사(參知政事)로, 이준의를 좌승선 급사중(左承宣給事中)으로, 이소응(李紹膺)을 좌산기상시(左散騎常侍)로, 이고를 대장군 위위경(大將軍衛尉卿)으로, 이의방을 대장군 전중감(大將軍殿中監)으로 각각 임명했으며 이고·이의방은 둘 다 집주(執奏)를 겸하게 한 것이 보인다. 품계와 서열을 뛰어넘고, 무신이 문신직을 맡으며 겸직을 하는 것이 이미 확인되고 있는 것이다. 이후에도 무신들은 재상직에 진출하였고 중방을 장악해 정국 운영을 주도했다.

또한 1173년(명종 3) 10월에는 3경 4도호 8목에서 군현과 관역의 직임에까지 모두 무인을 임용토록 하는 제서를 내렸다. 즉, 무신의 관직 임용 확대가 있었다. 또한 1186년(명종 16) 10월에는 중방에서 건의해 아직까지 겸직이 허락되지 않았던 내시원(內侍院)과 다방에 무신의 겸직을 청하자 이를 허락했다. 이에 장군 차약송 등 43인이 내시원 및 다방에 겸하여 소속될 수 있었다. 그렇지만 사실 정중부가 있던 때에 내시장군(內侍將軍) 등이 활약하고 있었으므로 이전부터 겸직이 허락되었음을 알 수 있다. 무관 출신으로서 유관(儒官)을 겸하는 일도 생겼다. 상장군 최세보를 동수국사(同修國事)로, 장군 최연과 김부를 예부시랑으로 삼은 것이다. 두경승 역시도 글을 알지 못했지만 감수국사(監修國史)가 된 바 있었다.

여기서 상장군이었던 최세보를 동수국사로 삼은 과정을 보면 명종이 어느 정도로 무신들의 뜻을 어기기 어려웠는지 알 수 있다. 즉, 어떤 자가 중방에 수국사 문극겸이 의종 관련 기록을 남긴 데 대해 무고한 바 있었다. 그 내용은 문극겸이 의종 시해와 관련해 '군주를 시해한 것은 천하 대악이다'라 하였다는 것이었다. 이에 중방에서는 무관이 사관을 겸해 이를 막고자 하였고 최세보가 동수국사를 맡게 되었다. 원래 동수국사의 관직명은 '同修國事'였다. 그렇지만 최세보는 수국사(修國史)라는 이름을 탐냈는지 아니면 '사(史)'가 '사(事)'보다 좋아 보였는지 스스로 동수국사(同修國史)로 했다. 최세보나 두경승 등이 이처럼 사관직을 겸하면서 『의종실록』에는 빠지거나 생략된 것이 많게 되었고 이로써 부실해졌다는 면이 지적되었다.

더구나 중방에서는 개경이나 지방의 반란 사건을 직접 처리하고자 했다.

심지어는 변란이 있으리라는 요언을 듣고는 금군을 움직여 대궐을 에워싸게 했다. 새로이 조성된 강안전의 문 이름을 처음에는 '향복문(嚮福門)'이라 했는데 이름이 항복과 소리가 비슷하다 하여 결국 중방의 중 자를 따서 '중희문(重禧門)'이라 한 바도 있었다. 또한 성의 서쪽 해안사에 봉안되었던 의종의 어진을 방위상 무방(武方)에 두는 것이 마땅치 않다 해 성 동쪽에 있는 오미원을 고쳐 선효사라 부르고 이리로 옮겨 안치하기도 했다. 중방에서는 또 재추와 대간과 함께 시장의 물가와 평두곡(平斗斛)을 정하는 등 경제에도 개입했다. 1183년(명종 13) 5월에는 중방에서 동반 즉 문반 관직을 줄일 것을 청한 바 있었다. 이처럼 무신들이 인사나 경제, 군사 등을 주도해 나가는 데 있어 명종은 그저 고개만 끄덕거릴 따름이었다.

더구나 기록을 보면 명종은 그림 그리기를 좋아했다는 대목이 있다. 그림에 정통하여 화공(畫工) 고유방(高惟訪)·이광필(李光弼) 등과 함께 물건의 모양을 종일 그리면서 피로함도 잊었는데, 특히 산수(山水)를 잘 그려서 군국(軍國)의 만기(萬機)에 뜻을 두지 않았다고 한 내용이 보인다. 군주가 예능에 뛰어날 경우 대체로 그 시대는 문란해지고 붕괴되는 일이 잦았다. 명종 자신에게 왕권을 운영할 실권이 있었다 하더라도 실상 이러한 면을 본다면 개혁 정치를 주도했을 가능성은 거의 없었다.

이 때문에 사신 권경중은 명종 시대의 정치에 대해 엄혹한 평가를 가하였다.

경인(1170)·계사(1173)의 난 이래 시정에서 도축하거나 술을 팔던 자, 활을 당기던 군사 가운데 외람되고 부당하게 외직에 임명된 자들이 많았다. 저 김광윤의 무리들은 평일에는 송곳 끝을 다투고, 한 되 한 홉의 이익을 다투어 빼앗고 속이는 것을 계책으로 삼고 속여서 파는 것을 좋은 모의로 삼아 왔다. 이런 때에 어찌 염치가 나라의 기강이 되고 생민이 나라의 근본이 됨을 알겠는가. 하루아침에 100리 땅의 수령이 되어 주고 빼앗는 권한을 가지게 되면 그들이 재물을 탐하고 이익을 취하는 것은 당연한 것이었다. 아, 소와 말을 벼와 기장 밭에 풀어 두고 매와 사냥개를 꿩과 토끼가 있는 들판에 풀어 두고서 그들이 뜯어먹고 물어뜯는 것을 금하고자 한다면 그것이 가능하겠는가.

또한 명종이 정치 개혁을 추진할 의지가 없음은 경대승이 죽은 후 의종을 죽인 주역인 이의민을 불러 정치를 주도하게끔 한 데서도 찾아진다. 여기서 드는 의문은 명종이 왜 하필이면 형인 의종을 죽인 이의민을 선택하였을까이다. 이는 형인 의종이 재위 시에 자신을 의심하고 가둔 데 따른 단순 복수심의 발로였을지도 모른다. 그렇더라도 군주로서 모범을 보여야 하는 자리에서 이는 비판을 넘어 비난을 받아 마땅한 일이었다. 이러한 명종의 정치에 대해 사관의 붓은 냉혹하고 엄정하게 글을 남겼다.

정중부·이의방·이의민 등이 의종을 시해하고 국가의 권력을 마음대로 농단하면서부터 명종을 위한 계책은 마땅히 마음을 다잡고 자강(自强)하여 반드시 적을 토멸한 이후에 마쳐야 하는 것이었다. (중략) 이의민 같은 자는 한낱 필부일 뿐이어서 사자 한 명을 보내 그가 군주를 시해한 죄를 들어 목을 베고 멸족하는 것이 옳았을 것이다. 그러나 도리어 불러들여 작위를 갑자기 올려 주고는 그로 하여금 왕실을 업신여기고 조신을 살해하며 벼슬을 팔고 형옥을 거래하며 조정의 정치를 흐리고 어지럽히게 하였으니, 그 화가 참혹하였다. 최충헌(崔忠獻)이 틈을 타서 일어나니 왕은 도리어 추방당하고 자손도 보전하지 못하였다.

이러한 점들을 고려한다면 명종은 사실 군주로서의 지위만 누리려 한 것이라 여겨진다. 사관이 지적한 것처럼 무신의 위세가 거셌다면 무신 집정자 중 왕실에 대한 충정을 가졌던 경대승이 집권했을 때 그 힘을 빌려 군주권을 회복했어야 했다. 그러나 오히려 경대승을 꺼려 했다는 기록이 남아 있고, 위에 언급한 바처럼 형을 죽인 이의민을 불러올린 바 있었다. 이것이 의미하는 바는 명종이 강한 권력을 가진 무신 집정 뒤에 안주하면서 보신에 급급했고, 그 결과 28년이나 되는 재위 기간 중 자신을 뒷받침할 개혁적 측근 세력을 전혀 구축하지 못한 결과를 낳았다는 것이었다.

명종 시대를 대표하는 체협공신은 문정공(文定公) 윤인첨(尹鱗瞻)과 충숙공(忠肅公) 문극겸(文克謙)으로 정해졌다. 사실 이에 앞서 정중부·이의방·이고 등은 1170년(명종 즉위년)에 벽상공신으로서 그들의 반신상을 초상화로 그려 공신각에 걸도록[圖形閣上] 한 바 있으며, 이의민의 경우도 공신으로 책록된 바 있었다. 두경승은 삼한후벽상공신이 되었다. 그의 초상을 그린 화공 이광필이 본래 살아 있을 때는 반신상만 그린다고 하자 두경승은 전신상을 그리도록 강요하기도 했다. 그렇지만 이들의 경우는 거의 대부분 제거된 후 공신에서 폐해졌고, 그들의 도형도 불태워졌을 것이라 여겨진다. 교위(校尉) 출신으로 조위총의 난 때 공을 세운 기탁성(奇卓誠)의 경우도 1179년(명종 9)에 죽은 뒤 1197년(명종 27)에 추충협모좌리동덕공신 수태사 문하시중(推忠協謀佐理同德功臣守太師門下侍中)을 추증해 공신각에 도형이 걸리는 공신이 된 바 있었다.

윤인첨은 자가 태조(胎兆)로 윤관의 손자이자 윤언이(尹彦頤)의 아들이다. 조위총의 난 때 원수가 되어 진압하는 데 공을 세웠다. 1176년(명종 6) 12월 중서시랑평장사로 죽었다. 이어 1197년(명종 27)에 윤인첨을 추충정난광국공신 수태사 문하시중 상주국(推忠靖亂匡國功臣守太師門下侍中上柱國)으로 삼고 공신각에 초상을 걸도록 했다. 특히 윤관과 윤인첨의 경우 원수를 지낸 바 있어 그 집안을 일러 이수택(二帥宅)이라 했고, 윤인첨 3형제가 과거에 급제하고 그 아들 셋도 과거에 급제하자 삼제택(三第宅)이라 칭송했다.

한편 문극겸은 남평군 사람으로서 묘청의 서경 천도 등을 반대하고 지문하성사를 지낸 문공유(文公裕)의 아들이다. 처음에는 음서로 출사했지만 여러 차례 과거를 보아 결국은 급제했던 인물이다. 문극겸은 무신란 직후인 1170년(명종 즉위년) 9월 기묘일(2) 명종이 첫 인사를 할 때 인사명단이라 할 비목(批目)을 작성한 바 있고 이때 우승선 어사중승이 되었다. 이후 무신정권기 문신으로서는 처음으로 상장군을 겸하면서 중방 회의에 참여했고, 재상이 되어 인사를 맡아 세 번이나 과거를 주관한 바 있었다. 명종 대 무신정권이 주도한 정국 운영 속에서 문관으로서 자기 역할을 비교적 충실히 했다 할 수 있다.

결국 명종은 많은 시대 과제를 남겼다. 그것은 첫째, 왕권 회복을 어떻게 할 것인가였다. 무신을 두려워하고 눈치를 보면서 집정자와 중방의 허락을 받는 지경까지 갔다는 것은 군주 스스로 잔약하다는 것을 인정한 셈이었다. 그렇더라도 왕조 국가에서 이는 있을 수 없는 방식이었다. 따라서 명종 이후의 군주는 왕권 회복을 최우선 과제로 세워야 했고, 이를 위한 정치 세력 양성에 나서야 했다.

둘째, 무너진 질서와 체제의 회복이었다. 명종 즉위 과정과 재위 기간 중 수많은 문신들이 죽음을 당했다. 더불어 무신들은 문신 즉 동반이 가졌던 관직 등을 수없이 겸했다. 당시 상황하에서 이를 급격히 반전시키기는 어렵다 하더라도 계속해서 행하는 과거나 음서 등을 통해 문신을 늘리고 이들의 역할을 기대해야 했다. 더불어 무신란에 참여했던 무신들이 모반 혹은 나이 등으로 세대 교체가 계속 이뤄지는 상황을 이용해야 했다.

셋째, 집정 무신에 의한 군주의 폐위와 왕실 파괴의 상황을 극복해야 했다. 집정 무신 혹은 그와 관련된 이들이 왕실과의 혼인을 요구하거나 태자를 폐하고, 후비와 공주 관련 요구를 지속하는 것을 막아야 했다. 이는 결국 왕권 및 질서 회복 등과 연관되는 것이었다. 군주와 왕실의 위상을 회복하려는 노력이 필요했다. 이는 국가 의례의 시행 등을 통해서라도 점차 밝혀 갈 필요가 있었다.

넷째, 사회 혼란의 극복과 안정화가 필요했다. 상부 질서의 붕괴와 혼란은 고려의 기층사회에 큰 파도를 일으켰다. 한편으로는 기존 지배 질서 속에 있던 이들이 의종 복위를 꾀하고 군주를 시해한 책임을 묻고자 난을 일으키고, 다른 한편 지방관까지 차지한 무신들의 수탈 등으로 지방민들이 난을 일으켰다. 이러한 상황 극복을 위해 국가 체제의 회복을 꾀하면서도 실질적으로 기층민들이 혜택을 얻어 안정을 취할 수 있는 정책의 시행이 요구되었다.

다섯째, 결국 이를 이루기 위해서 태조나 문종이 추구했던 신성한 군주의 역할이 요구되었다. 이를 통해 무신정권의 등장 명분을 없애야 했다. 무신정권을 극복하기 어렵다면 동행을 하면서 군주권의 회복을 꾀해야 했다. 무신정권의 우산하에 있는 것이 아닌 무신정권과 함께 우산을 쓰려는 노력이 필요했던 것이다.

여섯째, 왕위계승 문제가 외적의 침입을 야기해도록 해서는 안 되었다. 책봉을 받는 고려의 입장에서 군주위의 변화는 금에 반드시 알려야 했고, 이를 통해 책봉을 받아야 했다. 그렇지만 자칫 역모로 인해 군주가 폐위되거나 시해되었다는 것이 드러나면 금에 빌미를 주어 곤란했다. 따라서 내부의 상황이야 어쩔 수 없지만 외부적으로는 왕위 교체가 전왕의 의지에 의한 것임을 계속해서 소명해 가야 했다.

일곱째, 농민 안정을 위한 정책이 계속 세워져야 했다. 명종 대에는 많은 기층민들의 모반 혹은 봉기가 있었다. 이는 기존 지배 체제의 붕괴와 무신정권의 수탈적 구조에 기인했다. 따라서 권농과 구휼, 체제 안정을 위한 노력이 말로만이 아닌 실질적으로 전개되어야 했다. 1186년(명종 16) 윤7월의 제서에 "백성이 나라의 근본이니 근본이 굳건해야 나라가 평안하다"라 하면서 수령과 서리들의 수탈로 유랑민이 늘어나고 있다 지적하고 이를 다스리라 한 바 있었다. 하지만 사신(史臣) 권경중은 입으로만 개혁 정치를 논하고 실제 권력 농단과 매관매직의 폐단을 그대로 두고 있다고 통렬히 비판하였다. 그만큼 백성이 실질적으로 지속적인 안정을 찾을 수 있는 진정성 있는 정책의 추진이 요구되고 있었던 것이다.

여덟째, 불교계와의 관계 개선이 필요했다. 의종 폐위 및 명종 즉위 후 귀법사 등 불교계에서는 의종 복위 운동을 벌인 바 있으며, 종군(從軍)하던 승려 종참(宗旵)이 정균을 죽이는 등 무신 집정 교체에 승려들이 기여한 바도 있었다. 또 명종의 소군(小君)들이 승려가 되면서 질서를 문란하게 만들기도 했다. 이러한 움직임들은 때로 불교계의 위축을 가져왔고, 혹은 뇌물 청탁 등 많은 폐단을 일으켰다. 따라서 불교계의 개혁과 고려 조정과의 관계 재설정이 필요해졌다.

이상에서처럼 명종 시대의 정치와 권력 구조, 명종의 정국 운영 방식 등은 비정상적인 것이었다. 군주가 독자적으로 할 수 있는 일이 실제 거의 없었다 하더라도 군주권 회복을 위한 노력을 기울였어야 했다. 또한 폐위된 의종에 대한 신원(伸冤)을 해야 했다. 그것은 단지 시호나 묘호, 능호 등을 정하는 데 그쳐서는 안 되었다. 그럼에도 명종은 의종 시해의 주역들에 대해 눈치만 보았고 이 모든 것을 하지 않았다. 그 때문에 사신은 논찬의 마지막 문구에서 이렇게 말하였다.

이로부터 권신이 서로 이어 집정하고 조정의 명령을 내리니 왕실이 망하지는 않았으나 관에 달린 구슬[綴旒]처럼 거의 백 년간 위태로워졌다. 참으로 애통하다.

3.
고려 왕실과 최씨 무신정권:
신종, 희종, 강종, 고종

1) 네 군주의 즉위와 왕실 구성

1197년(명종 27) 9월 갑인일(14) 최충헌 형제는 초제를 열고 명종 폐위와 새로운 군주의 옹립을 하늘에 고했다. 그리고 명종은 같은 달 계해일(23)에 핍박을 받으면서 홀로 말을 타고 향성문을 나서 창락궁(昌樂宮)에 유폐되었다. 『고려사』나 『고려사절요』에는 명종이 최충헌 형제를 제거하고자 도모했다는 등의 내용은 없어 폐위와 유폐는 갑작스러운 전개였다고 할 수밖에 없다.

다만 금에 보낸 표문의 내용 중에 "갑작스레 병에 걸려 한쪽 다리를 쓸 수 없게 되어 걸을 때 반드시 부축을 받아야 하며, 두 눈은 모두 어두워져서 한 발짝 밖은 아예 볼 수조차 없다"라 한 부분이 보인다. 또 최충헌 묘지명에서는 '늙고 게을러져[耄倦于勤]' 황태제에게 양위하였다고 했다. 이를 고려하면 명종의 폐위와 황태제였던 신종의 즉위는 명종의 질병으로 인한 것이라 판단된다.

그렇지만 그 과정이 최충헌 형제에 의해 주도되었다는 점은 무신정권기라 이해는 되더라도 의문점이 있다. 즉, 장성한 태자가 있음에도 그가 왕위를 잇도록 선양하지 않았다는 점, 그뿐만 아니라 태자를 강화도로 방축하였다는 점 등을 고려하면 그 이면에 다른 내용이 있었을 것이라 짐작되어 서이다.

군이 찾자면 명종 왕실의 문란함을 들 수 있을 듯하다. 명종 폐립과 관련한 논의는 최충수와 박진재(朴晉材)가 먼저 시작했다. 이때 명분은 명종과 태자가 소군과 소인배들을 가까이하여 국정을 어지럽히고 있다는 것이었다. 그리고 현종의 6대손이자 명종의 사위인 사공 왕진(王縝)을 추천했다. 하지만 최충헌은 최충수와 달리 명종의 친동생인 평량공 왕민(王旼)을 꼽았고, 의종을 대신해 동생 명종이 들어선 것처럼 명종을 대신해 그 동생이 즉위토록 하는 것이 명분에 맞다 판단했다. 그리고 이를 추진하고자 병력을 동원해 모든 성문을 폐쇄하고 시중 두경승을 자연도로 유배하는 한편 명종 측근으로 분류되는 추밀원부사 류득의 등 12명과 대선사 연담(淵潭) 등 승려 10여 명, 홍기(洪機) 등 소군 10여 명을 해도로 유배했다. 이렇게 명종 폐위를 위한 사전 정지 작업을 한 후 최충헌 형제는 명종의 폐위와 신종의 즉위를 마쳤다.

신종은 이렇게 최충헌 형제의 옹립으로 1197년(명종 27) 9월 계해일(23) 대관전에서 왕위에 올랐다. 54세의 나이였다. 인종의 몽조였던 해바라기 서되[黃葵三升]의 마지막 셋째 군주가 된 것이다.

신종(神宗, 1144~1204)은 인종과 공예태후 사이의 5남이었다. 1144년(인종 22) 7월 경신일(11)에 태어났으며 처음 이름은 왕민(王旼)이었다. 1154년(의종 8) 정월에 평량후로 책봉되었고, 1182년(명종 12) 12월에 수태사 평량공이 되었다. 즉위 후에는 이름을 '탁(晫)'으로 바꾸었는데, 이는 금 태조 아골타의 이름 '민(旻)'의 피휘 차원에서 이뤄졌다. 자호는 지화(至華)였다. 지극히 빛난다는 의미를 갖고 있었다. 의종의 일승(日升)이나 명종의 지단(之旦) 등에 해가 솟는 모습이 반영되었다면 지화는 이와 달리 정점에 다다른 영광의 모습을 뜻했다.

절호는 1198년(신종 1) 7월 정미일(11)에 함성절(咸成節)이라 정했다. 글자상으로 본다면 모든 것이 이뤄진다는 의미였다. 이는 신종의 바람을 담은 것이라 볼 수 있지만 다른 한편으로는 군주가 됨으로써 모든 것을 이루었다는 의미도 반영했다 여겨진다.

후비로는 신종이 잠저 때 맞이한 선정태후(宣靖太后) 김씨가 있다. 선정태후는 강릉공 왕온(王溫)의 딸이었다. 강릉공 왕온의 부친은 조선공 왕도(王燾)이고 조선공 왕도는 문종의 아들이었다. 강릉공의 세 딸은 각기 의종 비 장경왕후 김씨, 명종 비 광정태후 김씨, 신종 비 선정태후 김씨였다. 선정태후 소생 자녀는 희종, 양양공 왕서(王恕)와 효회공주·경녕궁주가 있었다.

태후는 희종이 신종을 계승하면서 왕태후가 되었고, 관련 부(府)의 명칭을 경흥부(慶興府), 궁을 장추전(長秋殿)이라 했다. 후에 경흥부와 장추전은 응경부(膺慶府)와 수복전(綏福殿)으로 고쳤다. 1222년(고종 9)에 죽은 뒤 능호를 진릉(眞陵)이라 했다.

신종은 1204년(신종 7) 정월 연로한 데다 병까지 있음을 들어 최충헌에게 태자 왕영(王韺)으로의 양위를 원한다고 두 차례에 걸쳐 말했다. 최충헌은 총재(冢宰) 최선(崔詵)과 평장사 기홍수(奇洪壽)를 집으로 불러 양위 문제를 논했다. 그 결과 신종은 천령전으로 거처를 옮긴 뒤 조서를 내려 태자에게 양위할 수 있었다. 희종이 그였다.

희종(熙宗, 1181~1237)은 신종과 선정태후의 아들이었다. 1181년(명종 11) 5월에 태어났으며, 처음 이름은 왕연(王淵)이었다. 신종 즉위 후 태자가 된 것으로 보이는데, 기록에 따라 다른 내용이 확인된다. 『고려사』의 1197년(명종 27) 9월 계해일(23) 신종 즉위 때 기록을 보면 왕연을 태자로 삼았다 하였는데, 1200년(신종 3) 3월에 이름을 '덕(悳)'으로 고친 뒤 같은 해 4월 원자 왕덕을 태자로 책봉했다 하였다. 정국 전개를 고려하면 후자가 정확할 듯하다. 태자 왕덕은 후에 이름을 왕영(王韺)이라 다시 고쳤다. 영(韺)은 풍류 혹은 음악을 뜻했는데, 어려운 이름을 쓴 것은 백성들이 피휘하는 데 따른 불편함을 없애고자 한 의지라 보인다. 자호는 불피(不陂)라 했다. 역대 군주의 자호와는 차이가 있다. 불피의 의미는 방죽 혹은 고여 있는 연못이 아니라는 것이었다. 그만큼 넓은 세상과 소통하는 이가 되겠다는 뜻이 담겨 있었을 것이라 생각된다.

태자 왕영은 1204년(신종 7) 정월 신종의 양위 조서를 받고는 왕위를 사양하다가 최충헌의 권유를 받아들였다. 최충헌은 희종을 강안전으로 인도하고는 관복을 바친 후 두 번 절하여 예를 표했다. 그리고 대관전에서 백관의 하례를 받게 했다. 희종의 즉위가 이뤄진 것이다. 이를 보면 신종의 즉위도 최충헌의 뜻에 따른 것이었고, 신종의 양위와 희종의 즉위도 최충헌의 뜻과 허락이 있어 가능했다. 그만큼 이 시기 고려 군주는 나무로 만든 허수아비 즉 '목우인(木偶人)'일 따름이었다.

태자 때 희종의 절호는 수기절(壽祺節)이었다. 1204년(희종 즉위년) 5월 경오일(8) 명칭을 수성절(壽成節)로 바꾸었다. 수기는 천수를 누리고 복을 다한다는 의미가 있는 명칭이었다. 어떻게 보면 최충헌 정권하에서 불안한 왕실의 모습이 투영된 것으로 여겨진다. 수성의 경우도 천수를 다한다는 의미가 있었다. 달리 보면 왕실이 오래도록 이어진다는 의미도 있었을 듯하다.

희종의 후비로는 성평왕후(成平王后) 임씨가 있다. 성평왕후는 종실 영인후(寧仁侯) 왕진(王稹)의 딸로 원비(元妃) 임씨가 되었는데, 1211년(희종 7)에 이르러 함평궁주(咸平宮主)로 책봉되었다. 소생 자녀로는 창원공(昌原公) 왕지(王祉), 시령후(始寧侯) 왕위(王禕), 경원공(慶原公) 왕조(王祚), 대선사(大禪師) 경지(鏡智), 충명국사(冲明國師) 각응(覺膺), 안혜태후(安惠太后) 및 영창궁주(永昌宮主)·덕창궁주(德昌宮主)·가순궁주(嘉順宮主)·정희궁주(貞禧宮主) 등 5남 5녀를 두었다. 1247년(고종 34)에 죽었고, 능호는 소릉(紹陵)이라 했다. 이 중 안혜태후는 고종의 후비가 되었다.

1211년(희종 7) 12월 경자일(22)에 내시낭중 왕준명(王濬明)과 참지정사 우승경(于承慶), 추밀 사홍적(史弘績), 장군 왕익(王翊) 등은 수창궁에서 최충헌을 죽이려 시도했으나 실패했다. 최충헌은 도움을 요청한 자신을 그대로 죽게끔 내버려두려 한 희종을 그대로 두지 않았다. 곧바로 희종을 폐위하고 강화현으로 쫓아냈다. 이어 태자 왕지(王祉)를 폐하고 인주(仁州)로 유배했다. 강화현으로 유배되었던 희종은 얼마 뒤 지금의 인천공항이 되는 자연도(紫燕島)로 옮겨졌다.

최충헌 모살의 실패는 당시 정국을 꽁꽁 얼어붙게 했다. 그리고 최충헌은 명종의 태자였던 한남공 왕정을 군주로 세웠다. 한남공은 1197년(명종 27) 9월 강화에 추방되어 유배 생활을 하고 있었다. 어떤 이유에서인지 1210년(희종 6) 12월에 이르러 다시 개경으로 불러들였고, 이듬해 정월 계사일(9) 수사공 상주국 한남공(守司空上柱國漢南公)으로 책봉해 연등회에 참석도록 했다. 물론 여기에는 최충헌의 의지가 반영되었다 보아야 한다. 그리고 이때 원래의 이름인 왕숙(王璹)을 고쳐 왕정(王貞)이라 했다. 강안전에서 즉위하고는 이름을 다시 왕오(王祦)로 바꿨다. 정(貞)이 곧음을 뜻했다면 오(祦)는 복을 뜻했다. 1152년(의종 6) 4월 을사일에 태어났다고 하였으나 4월 1일이 을축일이므로 을사일이 4월일 수는 없다. 절일이 4월 5일인 점을 고려하면 기사일(5)이 맞을 것이다. 즉위 때 나이는 60세에 달하였다. 강종이 그였다.

강종(康宗, 1152~1213)의 자호는 대화(大華) 또는 법주(法柱)였다. 대화의 경우는 태자였을 때 정해진 것으로 여겨진다. 만개한 꽃 혹은 그러한 과정을 밟는다는 의미가 있기 때문이다. 법주의 경우는 사료에는 기록이 없으나 그 명칭으로 추측건대 태자에서 폐위되고 강화도에 있으면서 불교에 심취하여 정한 또 하나의 자호가 아닌가 싶다. 불법의 기둥을 의미해서이다.

강종의 절호는 광천절(光天節)이었다. 1212년(강종 1) 4월 신사일(5)에 정한 것이었다. 이 절호의 경우는 태자 지위에서 폐위되었다가 우여곡절 끝에 왕위에 올라 천하를 다스리게 되었다는 의미라 여겨진다.

후비는 사평왕후(思平王后) 이씨와 원덕태후(元德太后) 류씨(柳氏)가 있다. 사평왕후는 사실 이의방의 딸로 이의방이 죽은 뒤 축출되었다. 강종과의 사이에는 수녕궁주(壽寧宮主)가 있다. 강종 대에 왕후로 추존된 것이라 여겨지기는 하지만 왕후 추존에는 여전히 의문이 남는다. 원덕태후 류씨는 종실 신안후(信安侯) 왕성(王珹)의 딸이었다. 아들 고종을 1192년(명종 22) 정월에 낳았다 한 것을 본다면 명종이 폐위되고 태자였던 강종이 쫓겨날 때 함께 갔던 태자비로 여겨진다. 1212년(강종 1) 10월 갑오일(22)에 연덕궁주(延德宮主)로 책봉되었으며, 1239년(고종 26) 5월 왕태후로서 죽었다. 능호는 곤릉(坤陵)이라 했다.

강종은 재위 2년 만에 62세의 나이로 수창궁 화평전에서 죽었다. 죽기 전 조서를 내려 태자 왕진(王瞋)으로 하여금 왕위를 잇게 하고는 능묘를 검소하게 조성하고 이일역월제로 상기를 짧게 하라고 하였다. 태자 책봉-폐위-한남공-즉위라는 파란만장한 생애를 겪었지만 재위 기간은 2년에 불과했다.

그래도 강종은 자신의 맏아들 고종에게 왕위를 잇도록 하는 데 성공했다. 고종(高宗, 1192~1259)은 1192년(명종 22) 정월 임술일(18)에 원덕태후 류씨에게서 태어났다. 이후 1212년(강종 1) 7월 태자로 책봉된 후 그 이듬해 8월 정축일(9)에 유조를 받고 무인일(10)에 강안전에서 즉위했다. 즉위 때 나이 22세였다.

고종은 강종처럼 여러 차례 개명했다. 처음 이름은 진(瞋)이었고, 즉위한 후인 1217년(고종 4) 7월에 질(晊)로 이름을 바꿨다. 질은 크다 혹은 밝다는 의미를 갖고 있었다. 이후 언제인지는 명확지 않으나 이름을 다시 철(暾)로 고쳤다. 역시 밝다는 의미가 있었다. 몽골과 사신을 주고받을 때 고종의 이름을 왕철이라 한 것이 확인된다.

고종 역시도 생일명인 절호를 정했다. 정월 18일이 고종의 생일이었기에 1214년(고종 1) 정월 절호를 '경운절(慶雲節)'이라 한 것이 보인다. '경운'은 말 그대로 경사스러운 구름 혹은 기운을 뜻했다. 고종 재위 기간 중 경사가 지속되기를 바라는 마음이 반영되었던 듯하다. 1241년(고종 28) 강화도에 있을 무렵 지방에서 올린 절일표가 전한다. 『보한집』 권하에 실린 내용을 보면 다음과 같다.

비단같이 아름다운 강물은 성곽을 둘렀으니,

제왕이 만세(萬世)를 누릴 수도이네.

수놓은 듯 아름다운 언덕에 궁궐을 열어

다시 천추(千秋)의 절일(節日)을 노래하네.

고종의 후비는 안혜태후(安惠太后) 류씨(柳氏)였다. 안혜태후는 희종과 성평왕후 임씨 소생이었다. 1211년(희종 7) 승복궁주(承福宮主)로 책봉되었다가 1218년(고종 5)에 고종의 비가 되었다. 고종의 경우 즉위한 때 22세였으므로 27세에 후비를 맞은 셈인데 상당히 늦은 것이다. 아마도 안혜태후를 맞기 전에 누군가가 있었을 가능성이 있다. 안혜태후는 원종과 안경공 왕창(王淐), 수흥공주(壽興公主)를 낳았으며 1232년(고종 19)에 죽었다.

이렇게 보면 신종-희종-강종-고종의 경우 종실로부터 후비를 맞이하거나 고종의 경우처럼 희종의 딸을 후비로 맞은 것이 확인된다. 물론 이의방이나 최충수의 경우처럼 태자비를 납비하거나 납비 시도를 한 경우도 있었지만 대체로 군주 혹은 태자와의 혼인은 족내혼으로 전개된 것이다. 여기에는 족내혼이라는 고려의 왕실혼 전통이 큰 몫을 차지했을 것이다. 다른 하나는 무신정권기에 왕실과의 혼인은 이의방이나 최충수처럼 집정자의 위치가 아니라면 어려웠다는 점을 고려할 필요도 있겠다. 결국 네 명의 군주와 왕실 구성을 보면 철저하게 군주와 종실로 한정되면서 무신정권의 정국 운영 속 왕실에 갇힌 '목우인'이 되었던 현실을 가늠하게 한다.

2) 최씨 무신정권

(1) 최충헌(崔忠獻, 1149~1219)

고려 시대의 경우 음양오행을 믿어 자연 현상을 천인감응론에 따른 구징과 휴징으로 해석하고 이에 대한 대응을 하곤 했다. 구징은 좋지 않은 일이 일어나리라는 징조이고, 휴징은 반대로 좋은 일이 생길 것이라는 징조였다. 특히 명종 대 왕실 구성원이나 무신들의 경우 이름을 정할 때에도 그것이 복이 있는 것인가 등을 살폈다. 그만큼 와언(訛言) 즉 유언비어 등도 많이 돌아 민간을 어지럽히기도 했다. 그런데 1196년(명종 26) 3월과 4월의 기록에 기이한 장면이 적힌 것을 볼 수 있다.

즉, 이해 3월 정해일(7)에 까마귀가 대관전의 목판[榜]에 둥지를 틀고, 4월 갑인일(5)에는 수창궁과 중서성의 문이 저절로 무너졌다. 뭔가 수상쩍은 일이 일어나고 왕실과 조정에 변고가 닥친다는 구징에 해당했다. 그렇지만 명종이나 무신 집정인 이의민이 어떠한 일을 했는가는 기록에 남아 있지 않다. 다만 명종의 경우 4월 무오일(9)에 태조가 창건한 개경 10대 사찰의 하나인 보제사에 갔던 내용이 보인다. 아마도 이 괴이한 일에 대한 기양 차원에서 갔던 듯하다.

그리고 이날 최충헌과 최충수 형제는 이의민 제거라는 거사를 벌였다. 이의민은 병을 핑계로 명종을 호종하지 않았고, 대신에 미타산 별서 즉 별장에 갔다. 갑작스러운 일정 변경이었음에도 불구하고 최충헌 형제가 이를 파악했다는 것은 그 모의가 오래된 것임을 짐작게 한다. 최충헌 형제는 별장에 있다가 나와 말을 타려는 이의민을 급습했다. 최충수가 1차 공격했으나 한 번에 목숨을 끊지 못하자 2차로 최충헌이 달려들어 목을 벴다. 이의민의 죽음은 그 일당의 몰락을 의미했다. 동시에 최충헌은 이 일의 명분을 갖추고자 명종에게 이렇게 아뢰었다.

적신(賊臣) 이의민은 일찍이 시역(弑逆)의 죄를 범하고 백성을 학대하였으며 왕위[大寶]를 엿보았으므로 신 등은 미워한 지 오래되었습니다. 지금 국가를 위해 그를 토벌하였으나, 다만 모사(謀事)가 누설될까 우려해 감히 명을 청하지 못하였으니 죽을죄를 지었습니다.

이를 들은 명종은 어떠한 자세를 취했을까? 이때 명종은 다만 최충헌 등을 위유(慰諭)했다고 한다. 그것은 이미 벌어진 사태를 인정하겠다는 것이었다. 명종은 내심 이의민 제거에 찬성하면서도 이의민과 같은 또 다른 위협적인 세력이 들어설 것을 걱정할 수밖에 없었다. 이의민 제거는 이어 또 다른 유혈사태로 전개되었다. 이의민의 세 아들인 대장군 이지순과 장군 이지광, 이지영 등이 죽었고, 경주에 있는 이의민의 삼족이 멸족당했다. 최충헌 등을 막고자 했던 상장군 길인(吉仁), 평장사 권절평, 경대승의 족형이었던 손석, 장군 권윤과 류삼백 등 많은 이들 역시 죽음에서 벗어나지 못했다. 참지정사 이인성과 상장군 강제·문득려, 좌승선 문적과 우승선 최광유 등도 궁궐에서 잡혀 죽음에 이르렀다. 이의민 제거 후 그 세력들에 대한 급습은 전격적으로 이뤄졌고 성공을 거둔 것이었다. 명종은 그저 궁에서 소군 및 폐첩 등과 두려움에 떨었을 따름이었다.

피의 숙청이 끝난 뒤 민심을 수습하고자 최충헌 형제는 10개조의 봉사(封事)를 올렸다. 이는 그간의 무신 집정들에게서는 볼 수 없던 것이었다. 이를 명종도 기뻐하며 받아들였다. 왕실과 백성을 위한 정치 추구라는 대의를 담고 있기 때문이었다. 이들이 주창한 큰 구호는 '구태 정치를 혁파하고 새로운 정치를 도모할 것[革舊圖新]', '한결같이 태조의 정법을 준수할 것[一遵太祖正法]', '중흥의 정치를 밝게 열 것[光啓中興]'이었다. 봉사문의 내용을 요약하면 다음과 같다.

첫째, 궁궐은 태조가 신에게 점쳐 명당위에 정한 것인데 화재 후 다시 지은 궁궐에 대해 구기(拘忌)의 설을 믿어 궁궐에 들어가지 않는다면 도리어 음양에 어긋남이 있을 수 있으므로 길일을 택해 입궐하여 천명을 이어받도록 할 것.

둘째, 관료 수가 정원보다 많아 녹봉이 부족해 폐단이 일어나고 있으므로 옛것을 참작해 관원을 줄이고 적정 인원을 헤아려 관직을 제수할 것.

셋째, 공전(公田)을 제외한 나머지를 신민에게 차등 있게 나눠 주었는데 지위가 있는 자들이 공사전(公私田)을 빼앗아 겸병함으로써 부세가 줄어들어 군사의 몫이 결핍되었으므로 유사에 명해 공문(公文)을 조사하여 원래의 주인에게 토지를 돌려주도록 할 것.

넷째, 공사(公私)의 조부(租賦)는 모두 백성으로부터 나오는데 불량한 관리와 세력가의 가노들이 전조를 다투어 거둬들여 백성이 고통을 호소하므로 인재를 뽑아 외직에 임명해 세가가 백성을 파산시키지 못하게 할 것.

다섯째, 5도 양계에 보내는 사신이 지방 관리 등에 대한 안찰의 임무를 다하지 않으면서 재물을 수탈해 가렴주구 및 사적 용도로 충당하는 일이 많으므로 이들의 공진(供進)을 금하고 오로지 핵문(覈問)하는 일에 전념토록 할 것.

여섯째, 몇몇 승려가 명종의 불교 혹신과 은총을 빙자하여 왕궁을 배회하고 내전까지 드나들면서 청탁을 일삼고 있는 데다가 명종이 내신(內臣)에게 삼보(三寶)의 일을 맡기고 이자를 받도록 하여 폐단이 되고 있으므로 승려를 물리치고 이자를 받지 못하도록 할 것.

일곱째, 양계 도통사와 5도 안찰사로 하여금 지방관의 능부(能否)를 살펴 장계(狀啓)를 갖춰 아뢰도록 해 유능한 자는 발탁하고 그렇지 않은 자는 징계토록 할 것.

여덟째, 신하들이 절검하지 않고 진귀한 보물로 장식하며 다니고 있어 풍속이 상하고 있으므로 백료를 아울러 훈계하여 화려함과 사치를 금하고 검소함을 숭상케 할 것.

아홉째, 산천의 길흉을 살피지 않고 불우를 세우고는 원당(願堂)이라 해 지맥을 손상시켜 재변이 여러 차례 일어나고 있으므로 음양관으로 하여금 검토케 하고 비보(裨補) 외에는 없애 버려 후대 사람들이 관망하는 일이 없게 할 것.

열째, 언로를 주관하는 성대(省臺)의 신하는 군주에게 두려움 없이 간언해야 하는데 지금 구차하게 관망하거나 영합하고 있으므로 적임자를 정해 직언하게 하고 끝까지 할 일을 하게 할 것.

최충헌 형제는 10개조의 봉사문을 올려 명종에게 이를 시행할 것을 청했다. 곧이어 실제로 2조와 관련해 내시로 부적절한 이들 50명을 축출했다. 6조와 관련해서는 소군으로서 승려가 되었지만 궁궐에 머무르고 있는 홍기(洪機)·홍추(洪樞)·홍규(洪規)·홍균(洪鈞)·홍각(洪覺)·홍이(洪貽) 등을 본래 사원으로 돌려보냈고 명종의 총애를 받는 운미(雲美)와 존도(存道)를 내쫓았다.

명종은 최충헌에게 인사 및 왕명 전달 권한, 그리고 간언할 수 있는 권한을 갖는 직을 내렸다. 좌승선과 지어사대사가 그것이었다. 결국 10조의 경우 최충헌 자신을 위한 봉사이기도 했던 것이다. 1197년(명종 27)에는 최충헌과 최충수에게 각기 충성좌리공신(忠誠佐理功臣)과 수충찬화공신(輸忠贊化功臣)의 호를 내리고 공신각에 초상을 걸도록 해 종묘사직을 안정시킨 공을 치하했다. 이는 새로운 무신 집정자에 대한 예우 차원이기도 했다.

명종의 이러한 조치에도 불구하고 최충헌 형제의 무소불위 권력은 명종 폐위와 태자 축출을 도모하는 데까지 이르렀다. 명종의 병환을 이유로 들고 있으나 태자까지 강화도로 보냈다는 것은 자연스럽지 않다. 예컨대 최충헌 열전을 보면 흥왕사 승통 요일(寥一)이 중서령 두경승과 함께 흥왕사 불상을 경축하러 가는 최충헌을 죽이려 한다는 투서가 있었다는 기록이 보인다. 흥왕사는 왕실 호국사찰이었고, 두경승은 문하시중으로서 명종과 가까웠다는 점을 고려하면 최충헌이 이 일에 명종과 태자가 간여되었으리라 의심했을 가능성이 있다. 그리고 명종 폐위와 평량공 왕민(王旼)의 즉위가 이어진 것이다.

명종과 태자의 폐위 그리고 신종 즉위를 도모한 최충헌 형제의 권력은 누구도 견제하기 어려웠다. 그러나 최충헌 형제의 권력은 내부에서 1차적으로 금이 가기 시작했다. 그것은 동생 최충수로부터 시작되었다. 최충수는 이의민 제거에서부터 명종 폐위, 그리고 70여 명의 관원 축출 등에 이르기까지의 일을 최충헌보다 더 적극적으로 주도했다. 자신감을 얻은 최충수는 폭주하기 시작했다.

그것은 최충수가 딸을 태자비로 삼으려 무리수를 둔 데서 비롯되었다. 본래 태자비는 종실 창화백 왕우(王祐)의 딸이었다. 왕우는 명종의 딸 수안공주와 혼인한 인물이었다. 최충수가 태자비를 내쫓고 딸을 그 자리로 앉히려 하자 최충헌은 이의방의 전례를 들어 설득하려 했다. 최충수는 그 말을 따르려 하다가 결국은 혼인을 그대로 진행하는 것으로 결단을 내렸다. 이는 그 어머니와의 충돌을 낳았고, 최충헌은 최충수의 불효를 꾸짖고 조카 딸을 궁에 들어가지 못하게 막겠다 하였다. 최충수는 누구도 자신의 행동을 막지 못하는데 형이 그러는 것은 수하가 많음을 믿기 때문이라 하면서 수하를 모으기 시작했다. 두 사람의 충돌이 세력 싸움으로 번진 것이다.

최충헌은 신종과 왕실의 지지를 받은 데다가 최충수의 태자비 축출 비판 및 모친에 대한 효 등의 명분을 등에 업고 군사와 무기를 충분히 마련했다. 결국 최충수는 패배하여 파평현 금강사까지 도망갔으나 추격군은 그를 참수하고 머리를 개경으로 보냈다. 이로써 형제의 권력은 최충헌에게 집중되었다. 병부상서와 지이부사로 임명되어서는 문무반 모두의 인사를 주관할 정도가 되었다.

하지만 그럴수록 최충헌의 위기도 계속되었다. 우선 1198년(신종 1) 5월 사노비인 만적(萬積)·미조이(味助伊)·연복(延福)·성복(成福)·소삼(小三)·효삼(孝三) 등 6명이 최충헌과 주인 등을 죽이고 자신들의 세상을 만들자고 하면서 무리를 모아 난을 일으키려 했다. 다만 일이 누설되어 결국 죽음을 맞았다. 이어서는 황주목사와 상주목사로 좌천된 김준거(金俊琚) 형제와 최충헌의 조카 박진재의 문객 이적중(李勣中) 등이 난을 도모하다가 제거되었다.

이처럼 신변의 위협을 지속적으로 받자 최충헌은 아예 자신을 위한 무장 숙위 기관을 두었다. 도방(都房)이었다. 여기에 속하게 된 이들은 다양했다. 문관·무관·한량·군졸 중 용력이 있는 자들로 만들었기 때문이다. 최충헌은 이들을 6개 조로 나눠 숙위하게 했고 최충헌 자신이 출입할 때는 모든 번이 무장하고 지키게 했다.

1202년(신종 5)에 이르러 최충헌은 또 다른 차원의 권력자가 되었다. 이부와 병부의 인사 즉 전주(銓注)를 각 관부에 나아가 처리하다가 이때 자기 집에서 이부원외랑 노관(盧琯)과 함께 인사를 주의(注擬)한 것이다. 신종은 그저 끄덕거릴 뿐이고 이부나 병부의 판사는 단지 살펴보기만 했다. 사저에서 관부 문무반 인사를 처결했다는 것은 그만큼 최충헌의 권력이 공고히 다져졌다는 의미이기도 했다. 이에 따라 관직은 계속해서 올라갔다. 1203년(신종 6)에는 중서시랑평장사 이부상서 태자소사(中書侍郎平章事吏部尚書太子少師)가 되었고, 희종 즉위 후에는 벽상삼한 삼중대광 개부의동삼사 수태사 문하시랑 동 중서문하평장사 상장군 상주국 판병부어사대사 태자태사(壁上三韓三重大匡開府儀同三司守太師門下侍郎同中書門下平章事上將軍上柱國判兵部御史臺事太子太師)가 되었다. 게다가 희종은 자신의 즉위가 최충헌으로 인한 것이라 하면서 최충헌을 '은문상국(恩門相國)'이라 불렀다.

희종을 즉위시킨 후 최충헌의 권력은 더욱 공고해져 갔다. 1206년(희종 2) 3월 희종은 최충헌을 진강후(晉康侯)로 봉하고 흥녕부(興寧府)를 두게 했다. 흥녕부 개부(開府)는 독자적으로 관료와 속리를 둘 수 있다는 의미였다. 후일 최충헌은 진강공이 되고 부는 진강부라 바꾼 바 있다. 개부하면서 최충헌은 남산(男山)에서 책명을 받았는데 당시 의례는 삼한 이래 가장 성대했다 한다. 이후 최충헌을 시종하는 문객은 3천여 명에 달해 그 위세가 당시로서는 군주 이상이었다. 더구나 이를 통해 인사를 사적으로 농단하기 시작했다.

하지만 불안한 요소는 계속 존재했다. 그 자신이 이의민을 급습해 정권을 차지한 것처럼 자신도 언제든 당할 수 있다는 불안감 때문이었다. 도방을 두어 호위케 하는 것으로도 모자란 면이 있었다.

실제로 자신의 집권에 가장 큰 공을 세운 조카이자 대장군 박진재와 갈등이 생기기 시작했다. 어떤 자가 박진재가 최충헌을 제거하려 모의한다는 익명의 방문을 붙여 의심의 싹이 튼 바 있었다. 여기에 박진재는 자신의 문객들이 관직에 오르지 못하자 불만을 표하기 시작했고, "외삼촌[舅氏]이 군주를 군주로 알지 않는다"라는 말을 퍼뜨렸다. 결국 최충헌은 박진재를 집으로 불러 그의 두 다리 힘줄을 끊은 뒤 백령진으로 유배해 죽게 했다.

1209년(희종 5)에는 청교역 역리 3인이 최충헌 부자를 암살하고자 공문을 위조해 승려들을 모았다. 이때 귀법사 승려 중의 한 사람이 관련자를 잡아 고발하자 최충헌은 영은관(迎恩館)에 교정별감(敎定別監)을 설치해 조사하고 가담자들을 죽이거나 유배했다. 이때 설치되었던 교정별감은 이후 관리 규찰과 세금 행정, 인사 등을 담당하는 최씨 정권의 최고 권력기관인 교정도감이 되었다. 교정도감은 형식적으로 장군으로서 군주의 임명을 받은 자가 그 수장이 되었는데, 최씨 집정자들 및 김준이나 임연도 교정별감에 임명된 바 있다.

게다가 사적인 원한을 풀기 위해 상대방이 최충헌을 살해하려는 음모를 꾸미고 있다고 무고하거나 익명의 투서 등이 잇따르기도 했다. 관련하여 류익겸이란 인물이 직장동정 원서와 재상 우승경을 모해하려 한 것이 발각되었다.

또한 1211년(희종 7) 12월에는 수창궁에 입시한 최충헌을 희종의 묵인하에 내시 왕준명과 중관(中官)들이 제거하려다 끝내 실패로 돌아간 일이 일어났다. 수창궁에서 내시와 중관, 그리고 일부 승려 등이 동원되었고 관련자는 참지정사 우승경으로부터 위로는 군주인 희종에까지 이르렀다. 결국 최충헌은 다시금 희종도 폐위시키고 한남공 왕정을 즉위케 하는 조치를 취했다. 한남공 왕정은 명종의 태자이자 강종이 되는 인물이었다.

한편 승승장구하면서 실질적으로 최고의 권력을 누리던 최충헌이었으나 1216년(고종 3) 본격화되기 시작한 소위 '거란유종[丹兵]'의 침입으로 위기에 빠졌다. 북계병마사는 금나라 동경총관부에서 이해 윤7월 황제의 뜻[聖旨]이라면서 이첩(移牒)한 내용을 보고했다. 달단 즉 몽골이 금의 수도를 침범하여 물리친 바 있으며 또한 거란이 무리를 모아 침구했으나 이들의 항복을 받아 냈다 하였다. 다만 포선만노(蒲鮮萬奴)가 선무사(宣撫使)로서의 임무를 저버리고 요동에 자리를 잡고 천왕(天王)을 자칭하면서 나라 이름을 대진(大眞)이라 정해 어지럽히고 있으나 곧 섬멸할 것이라는 내용이 담겨 있었다. 또한 요동의 동쪽으로 이들이 이동했다가 고려로 갈 수 있으니 대비하라 하면서 군량과 전마(戰馬)를 보내 달라 요청하였다.

당시 금은 큰 혼란에 빠졌다. 몽골의 침입을 물리친 것이 아니라 수도인 연경을 버리고 개봉으로 천도했다. 또한 거란의 후예들은 요왕(遼王)을 자처한 야율유가를 중심으로 뭉쳤고 금산·금시 두 왕자는 무리를 이끌고 고려에 침입했다. 야율유가는 몽골에 항복했지만 야율사포는 대요수국(大遼收國)을 세웠다. 이들을 진압하려 한 금의 선무사 포선만노는 오히려 대진 즉 동진을 세우고 천왕을 자처하는 한편 연호를 천태(天泰)라 정했다. 고려는 이들을 막아서야 했다.

1217년(고종 4) 거란군이 도성에까지 접근해 오자 최충헌은 흥왕사·홍원사·경복사·왕륜사·안양사·수리사 등에서 승려들을 종군케 하였다. 이때 종군 승려들은 오히려 패잔병을 가장해 최충헌을 죽이고자 했다. 그러나 순검군과 최충헌의 가병에 의해 승려군의 수장이 죽음을 맞자 무리들은 흩어졌고, 결국 최충헌에 의해 승려 800여 명 이상이 희생되었다.

이처럼 국난의 위기 속에서도 최충헌은 자신의 안위를 위해 가병을 더욱 강화하는 한편 모의에 가담한 자들에 대해서는 가차 없이 숙청했다. 고종은 그러한 최충헌에게 70세 치사를 무효화시키고자 궤장을 하사했으며 1219년(고종 6)에는 왕씨 성을 내려 주었다. 죽음을 앞두고서도 최충헌은 거란유종 및 포선만노와의 싸움에서 공을 세운 이들에게 뇌물을 받고 관직을 주려 해 원망을 샀다. 그러나 끝내 최충헌은 참회하는 모습을 보였다. 병이 들자 사직을 청하는 표문을 올리고 궤장을 반환했다. 왕씨 성도 반환하겠다 청했다. 그리고 유배된 이들을 석방시켰다. 천문에서는 달이 형혹성을 침범하는 일이 발생했다. 일관은 이를 두고 귀인이 죽을 징조라 하였고, 최충헌도 죽음을 짐작한 듯 악공 수십 명을 불러 모아 음악을 듣다가 밤 3경 무렵에 졸했다. 71세의 나이였다. 앞선 집정자들과는 달리 권력을 최대한 즐기면서 최후를 맞이한 것이다.

최충헌의 부인으로는 상장군 송청(宋淸)의 딸 송씨, 예부상서 임부(任溥)의 딸 수성택주(綏成宅主) 임씨, 강종의 서녀(庶女)인 정화택주(靜和宅主) 왕씨가 있었다. 송씨와의 사이에서는 최이(崔怡, ?~1249)와 최향(崔珦, ?~1230) 그리고 1녀를, 임씨와의 사이에서는 최성(崔珹)을, 왕씨와의 사이에서는 최구(崔球)와 승려가 된 아들을 하나 두었다.

아들 최향은 종실(宗室) 수춘후(壽春侯) 왕항(王沆)의 딸과 혼인하였고 보성백(寶城伯)으로 책봉되었다. 최성은 희종의 딸과 혼인하였고 영가후(永嘉侯)가 되었는데 혼인 관련 친영일(親迎日)에는 제왕(諸王)과 재추·백관이 공복 차림으로 뒤를 따랐다 한다.

최충헌의 권력은 죽은 뒤에도 이어졌다. 시호는 '경성(景成)'이라 했다. 환히 밝은 세상이 최충헌의 정치로 이뤄졌다는 의미라 여겨진다. 장례는 군주의 것과 같은 규모로 행해졌다. 그의 공신호는 그가 누린 권력의 크기를 보여 준다. 묘지명에 따르면 그것은 다음과 같았다.

벽상삼한삼중대광익성정국동심좌명치리우모일덕안사제세희재찬화협보익량상즙주번한주당경광찬우익복벽재조격천관일늑정기상문경호위향리조안선기촉물전주결승한광한림악강천수평형보아정전화일금려갱매연사득체선▨명▨질진타초대외소회반국정세제뢰인사보상광구총관▨사종덕화민계옥재성제천보곤섭리미륜촉유정원공신(壁上三韓三重大匡翊聖靖國同心佐命致理訏謨逸德安社濟世熙載贊化夾輔翼亮商楫周藩漢柱唐鏡光贊羽翼復辟再造格天貫日勒鼎紀常文經虎緯嚮理措安先機燭物轉籌決勝寒纊旱霖嶽降天授平衡保阿定典畫一金礪羹梅練事得體先▨明▨叱秦吒楚大畏小懷磐國鼎世帝賚人師輔相匡救摠管▨事種德和民啓沃裁成濟川補衮爕理繼綸燭幽定遠功臣)

여기서 앞뒤의 벽상삼한삼중대광, 공신을 빼고 공신 칭호는 모두 138글자에 달한다. 고려에서 어떤 신하도 살아생전 받지 못한 호칭이었다. 최충헌은 지주사 병부상서 지이부어사대사(知奏事兵部尚書知吏部御史臺事)를 항상 겸대했었다. 따라서 이 호칭은 최충헌 자신이 인사를 좌우하면서 나라를 수호했다는 극단적 미화 상징이었다. 마지막 관직명은 '특진 금자광록대부 수태사 개부의동삼사 중서령 상주국 상장군 판어사대사 식읍 1만 호 식실봉 3천 호 진강공'이었다. 진강공으로서 공신 최고의 직을 받은 것이 확인된다. 그러면서도 상장군의 직을 유지했던 것이 눈길을 끈다.

그의 묘지명을 지은 조충(趙冲, 1171~1220)은 옛사람의 말을 빌려 "공은 세상을 덮을 수 없고, 위세는 군주를 떨게 할 수 없다[功不可以蓋世, 威不可以震主]"라 하면서도 최충헌에 대해 "인신(人臣)의 아름다움, 우리 공만큼 존귀한 이 없으리[人臣之美, 莫我若尊]"라 했다. 참고로 조충은 시중 조영인(趙永仁, 1133~1202)의 아들이었으며, 문과 급제한 문관으로서 문극겸 이래 처음으로 상장군을 겸한 인물이었다. 최충헌으로부터 강동성 전투의 공에 대한 시샘을 받기도 했으나 인정을 받았던 셈이었다.

그렇지만 사관은 48세의 나이로 최씨 무신정권을 열어 20여 년 넘게 최고의 권력을 누린 최충헌의 생애와 죽음을 다음과 같이 엄중하게 비판했다.

최충헌은 미천한 데서 일어나 국운을 마음대로 하였다. 재물을 탐하고 여색을 좋아하면서 벼슬을 팔고 옥사를 흥정했다. 심지어 두 왕을 내쫓고 조신(朝臣)을 많이 살해하였다. 극도의 악함이 위로 하늘까지 통했는데 목숨을 보전하여 집 안에서 죽었다. 천도(天道)를 알 수 없음이 이와 같은가?

(2) 최이(崔怡, ?~1249)

최이의 첫 이름은 최우(崔瑀)이다. 최이로 개명한 것은 최충헌의 뒤를 이은 1243년(고종 30) 무렵으로 여겨진다. 그는 최충헌과 부인 송씨 사이 2남

1녀 중 첫째 아들이었다. 그의 집권 과정에는 아버지 최충헌의 배려가 있었고, 동복동생 보성백 최향(崔珦)과의 경쟁도 있었다. 최고 권력자였던 최충헌의 자리를 공백 없이 계승했고, 권력 기반을 더욱 공고히 했다. 어떻게 이것이 가능하였는가를 보자.

우선 최충헌은 권력 이양을 위해 죽기 전에 최이를 지주사와 추밀원부사, 병부상서 상장군에 있도록 했다. 이어서는 측근 세력의 발호 혹은 최이 암살을 막고자 했다. 최충헌은 죽기 전 최이를 은밀히 불렀다. 20여 년간 최고의 권력자로 살아온 이답게 자신의 죽음과 동시에 일어날 일을 대비했다. 그리고 최이에게 이렇게 말했다. "병이 낫지 않을 경우 측근에 의한 우환[蕭墻之患]이 있을까 염려되니 너는 다시 오지 말라." 이 말을 들은 최이는 자신도 병들었다고 하면서 자신의 사위인 김약선(金若先)으로 하여금 최충헌의 병시중을 들게 했다.

그리고 우려대로 최충헌의 우익(羽翼)인 대장군 최준문, 상장군 지윤심, 장군 류송철, 낭장 김덕명 등은 최이의 동생 최향을 집정으로 올리려 했다. 최이가 최충헌의 문병을 오면 이때 급습해 제거한다는 계획도 세웠다. 하지만 이는 낭장 김덕명이 생각을 바꿈으로써 무산되었다. 최충헌이 죽자 최이는 왕실과 민심을 잡기 위해 최충헌이 쌓아 놓은 금은보화를 바치고 이듬해에는 강탈한 공사(公私) 전민을 주인에게 돌려주었으며, 한미한 선비를 많이 발탁하기도 했다.

그사이 최이는 최준문 등이 추대하려 했던 동생 최향 등을 홍주로 유배했다. 집안 단속을 한 것이었으나 불만을 가진 최향은 1230년(고종 17)에 이르러 난을 일으키려다 결국 잡혀 옥중에서 죽었다. 최이는 최향과 관계된 이들도 모두 찾아 죽였다. 민심을 수습하려 했던 집정 초기의 모습과 달리 최이 자신의 안위와 관련된 것은 가족이라 하더라도 일말의 온정을 두지 않았다. 또 이 외에도 최충헌 사후 곧바로 의주에서 반군이 일어나 북계의 많은 성들이 함락되는 등 위기를 겪은 바도 있었다. 이에 의주제치병마(義州制

置兵馬)를 구성해 진압도록 했다.

최이와 개경을 향한 모반은 끊이지 않았다. 1226년(고종 13) 5월 서경인 조영수(趙永綏)·석준(石俊)·김대지(金大志)·김광영(金光永) 등의 모반, 1228년(고종 15) 3월 반란을 모의한 서경인 체포, 같은 해 9월 청새진 호장이 마음대로 동요를 지어 퍼뜨리고 모반을 도모한 일, 1232년(고종 19) 정월 충주 관노의 반란, 주연지(周演之)로 이름을 바꾼 최산부(崔山甫)와 폐위된 희종과의 편지에 드러난 복위 도모 사건, 1233년(고종 20) 5월 서경인 필현보와 홍복원 등의 모반, 1237년(고종 24) 봄 전라도 초적 이연년(李延年)의 봉기 등이 확인된다.

이 과정에서 최이는 도적이 많다 하여 용사(勇士)를 모아 이들을 야별초로 삼고 매일 밤 순행(巡行)케 하면서 포악한 짓을 금하도록 하였다. 사실 야별초의 용어는 『고려사』 지리지 동경유수관 조에서 이미 최충헌 집정 때인 1202년(신종 5) 동경야별초가 난을 일으켰다는 대목에 나오고 있다. 이와 달리 이때의 야별초를 같은 때 기록인 『고려사』 1202년 10월 조에서는 경주별초군(慶州別抄軍)이라 칭했다. 다만 최충헌 집정 때의 야별초 언급은 이때만 있어 야별초는 별초군의 일원 정도였다 보인다. 그런데 최우 집정 때에 들어 야별초의 활동은 더욱 두드러졌고, 야별초의 지휘를 도방(都房)에서 맡은 사례가 보인다. 1235년(고종 22) 8월, 도방 야별초 도령인 이유정(李裕貞)이 몽골과 싸우겠다고 나서자 최이가 병사 160인을 주어 보낸 것이다. 이를 고려하면 1202년의 동경야별초는 중앙과 지방에 두었던 별초군으로 보이며, 삼별초의 한 축이 되는 야별초는 최이 집정 때 정비된 것이라 여겨진다.

여러 도에서 도적들이 일어나고 최이 정권에 도전하는 일이 잦아지자 별초군 특히 야별초 조직은 더욱 정예화되었던 듯하다. 치안 유지와 반란 토벌, 몽골군과의 전투 참여 등 군사 동원 수요는 더욱 많아졌다. 이들은 최이 정권을 위한 사병적 성격을 보다 강하게 띠긴 했으나 공병으로서의 역할 또한 있었다. 이 때문에 그 군사는 점차 많아졌고, 결국 이들을 좌우로 나누게 되었다. 좌·우별초의 탄생인 것이다. 여기에 더해 몽골에 포로로 잡혔다 귀환한 이들을 부대로 편제하고는 '신의군(神義軍)'이라 했다. 이렇게 해서 삼별초(三別抄)가 되었다.

1211년(희종 7) 도방은 죽을 위기에 빠졌던 최충헌을 구하는 공을 세워 권력 기구의 한 축이 되었다. 여기에 마별초(馬別抄)와 삼별초가 갖춰졌다. 최씨 정권 호위를 위한 가병 혹은 사병적 성격을 갖는 군대는 이로써 최이 정권에서 완비되었다. 최충헌이 집권 후 도방을 더욱 강화해 6번(番)으로 구성된 내도방과 외도방이 갖추어졌다. 여기에 명칭상으로 볼 때 말을 다루는 솜씨와 용맹이 있는 자들로 구성된 마별초, 3천여 명 이상이었던 문객과 가노·사병 등이 있었다. 도방은 3대 최씨 집정 최항(崔沆) 때에는 36번까지 늘어 있었고, 이들은 최항의 뒤를 이은 최의(崔竩)의 집권을 옹위했다.

최충헌이나 최이는 도방의 힘 있는 자들에게 수박(手搏)을 경합시키고 승자에게 교위·대정을 제수하여 포상하기도 했으며, 도방과 마별초 등에게는 격구를 시켜 뛰어난 자들에게 관작과 상을 내렸다. 그럴수록 도방과 마별초에 속한 이들은 말 장식이나 의복, 화살 등을 더욱 화려하게 갖추고자 경쟁했다. 심지어 도성 안의 자제들은 안마(鞍馬)와 의복을 마련하려고 처가로부터 도움을 받거나 처가가 능력이 없을 경우 부인을 버리기도 했다.

1221년(고종 8) 최이는 참지정사 이병부상서 판어사대사(叅知政事吏兵部尚書判御史臺事)가 되었다. 사실 최이는 지위에 상관없이 이미 최고 권력자였다. 사료에는 보이지 않으나 교정도감의 교정별감 지위도 차지해 공식·비공식 인사와 규찰 등을 맡았다. 이미 1202년(신종 5) 최충헌은 사저에서 내시 이부원외랑 노관과 함께 문무관의 임명을 결정하여 이를 알렸고 당시 신종과 양부의 판사들은 이를 받아들일 따름이었다. 최충헌 혼자 정권을 마음대로 했던 것이다. 그래도 이때는 신종에게 아뢰고 이부나 병부 판사도 정당(政堂)에 앉아 인사명부라 할 정안을 보기라도 했었다. 그리고 겸직을 활용해 중요 권력직을 맡았던 것이다. 하지만 권력 기반을 완전히 장악한 최이에게 이는 형식에 불과한 것이 되었고, 가장 중요한 기구가 된 교정도감을 토대로 재추 회의나 인사 처리 관련 도목정사(都目政事) 등을 진행해 갔다.

1225년(고종 12) 최이는 백관이 올리는 정부(政簿) 즉 정년도목(政年都目)을 군주처럼 자기 집 청사에 앉아서 받았다. 정부나 정년도목은 정안(政案)이라고 했다. 이는 연월의 차례를 매기고[第其年月], 근로와 그렇지 않음을 분류하며[分其勞逸], 공과를 표시하고[標其功過] 재능의 있고 없고를 논해[論其才否] 문서에 모두 기재한 것이었다. 이를 토대로 인사는 1년에 두 차례, 6월과 12월에 행하였다. 이를 각기 권무(權務)와 대정(大政)이라 했다. 이 외 각사(各司) 서리의 경우는 동정(動靜)이라 하면서 1년에 한 차례 행했다. 그리고 인사는 이부와 병부에서 정안을 올리면 중서성(中書省)에서 승진과 퇴출을 심사해 군주에게 아뢰었고, 문하성(門下省)에서는 제칙(制勅)을 받들어 이를 시행하는 것이 규정으로 운영되었다.

그러나 이는 무신 집정 이후 특히 최충헌 집정 때부터 본격적으로 무너졌고, 최이는 아예 인사를 관할하는 기구를 사저에 두기에 이르렀다. '정방(政房)'이 그것이었다. 그리고 여기에 전주(銓注)를 다루는 문사를 두고는 '필자적(必者赤, 必闍赤이라고도 씀)'이라 했으며, 비칙치나 비제치라고 읽었다. 정방에 소속된 관원으로는 최고 책임자인 정색승선(政色承宣), 3품관 정색상서(政色尙書), 4품 이하 정색소경(政色少卿), 붓을 잡고 그 아래서 일하는 정색서제(政色書題) 등이 있었다.

최이가 정방을 운영하던 때의 광경 기록을 보면 청사에 앉아서 백관으로부터 정부를 받았으며, 6품 이하 관리들은 당 아래에서 재배하고 엎드려 감히 올려다보지도 못했다 한다. 정방에서 비목(批目)을 만들어 올리면 고종은 거기에 점만 찍을[下點] 따름이었다. 예컨대 최이가 정하면 그것은 곧바로 인사가 이뤄진 것이나 마찬가지였다. 사노(私奴)의 아들인 안석정(安碩貞)이란 인물이 어사대의 종4품 벼슬인 어사중승으로 임명되기도 했던 것이다. 심지어는 글씨를 잘 써 이름이 알려진 임환(任峘)을 총애해 양자로 삼고 성씨를 최씨로 바꾼 뒤 장군으로 삼았다. 사성(賜姓)과 장군 임명에 이어 임환은 강안전 뒤쪽 벽 황색 비단에 무일(無逸) 편을 써서 고종에게 상을 받기도 했다.

또한 최이는 중방보다는 재추 회의에서 국가 중대사를 논의했다. 예컨대 1224년(고종 11) 정월 최이가 몽골과 동진 양국 사신을 접대하는 의례를 재추와 의논한 것, 1232년(고종 19) 정월 충주 관노의 난을 진압하기 위해 최이의 집에서 재추 회의를 가진 것, 같은 해 2월 재추와 강화 천도 논의를 주관한 것 등이 보인다. 중방을 통해 결정하기보다는 재추 회의를 주관해서 정한 것이다. 결국 최이는 인사와 관련해서는 정방을 두고 최고 의결과 관련해서는 재추 회의를 주관하여 '군약신강(君弱臣强)' 상태를 만들고는 군주의 역할까지 한 셈이었다.

최이는 여기에 더해 명유(名儒)를 문객으로 많이 두었다. 명종 대 무신정권이 문신이나 문사들을 적대시하던 것과는 다른 면이었다. 물론 문객이라고 해서 모두가 문사는 아니었던 듯하다. 날쌔고 용감한 군사로서 가병 역할을 한 문객도 있었던 것이다. 특히 최충헌 대에 이미 문객이 3천여 명이나 되었다는 것은 사실 이들에 대한 관리가 필요한 시점이 되었음을 뜻했다.

최충헌 대에는 보이지 않지만 최이는 문객 가운데 명유를 중심으로 '서방(書房)'을 설치, 운영했다. 일종의 문사들에 대한 회유책이자 최이 스스로 문무를 아우르는 권력을 장악했음을 상징하는 의미가 있었다. 그렇기에 『동사강목』을 쓴 안정복은 서방 관련 기사에서 "사대부 중 탐리(貪利)하고 권세에 아부하는 자는 최씨가 있는 것만 알고 나라가 있는 줄은 알지 못했다"라고 비판한 바 있다.

견제받지 않는 최고 권력자가 된 최이는 권력 운영 방식에 일정한 원칙을 세웠다. 소위 당근과 채찍, 그리고 칼을 적절히 휘둘렀다. 자신을 따르는 문무관에게는 후한 상과 관직, 그리고 연회 등을 베풀었다. 이는 몽골과의 전쟁 중에도 그치지 않았고 오히려 더 성대해진 면이 있었다. 1245년(고종 32)

4월 8일 화려한 연등회를 열었고, 5월 사공(司空) 이상 종실 및 재추에게 연회를 베풀면서 산봉우리 모양 얼음을 담은 큰 화분 4개와 10여 종의 꽃을 꽂은 네 개의 항아리를 놓고 팔방상(八坊廂) 공인(工人) 1,350여 명을 동원해 천지를 진동케 하는 연주를 들려주었다. 이뿐만 아니라 1246년(고종 33) 고종을 위해 여섯 개의 상에 칠보 그릇을 진열하고 음식을 담아 연회를 베풀었으며, 재추 및 문무 4품관 이상, 때로는 장군 등에게 잔치와 음식을 내린 것이 확인된다.

이러한 최이였지만 그에게 모든 복과 권력이 주어졌던 것은 아니었다. 그의 모친은 송씨로 상장군 송청의 딸이었다. 최이의 부인은 정씨(鄭氏)로 아들은 없고 김약선(金若先)의 처가 된 딸이 확인된다. 정씨는 평장사 정숙첨(鄭叔瞻)의 딸이었다. 김약선과 부인 최씨 사이의 딸은 원종의 태자비 경목현비가 되었고, 원종이 즉위한 뒤에는 정순왕후(靜順王后)로 추봉되었다가 아들 충렬왕이 즉위하자 순경태후(順敬太后)로 추존되었다. 부인 정씨는 1231년(고종 18) 7월에 죽었으며, 당시 순덕왕후의 예에 따라 장례를 치렀다. 이때에는 모든 관료가 참석하기도 했다. 최이는 후실로 후군진주(後軍陣主) 대집성(大集成)의 딸로 과부가 된 대씨를 맞이했다. 그렇지만 이 외에도 희첩이 있었던 것으로 보이며, 특히 폐기(嬖妓) 서련방(瑞蓮房)은 최이와의 관계에서 만종(萬宗)과 만전(萬全) 두 아들을 낳았다.

적통이 없자 최이는 사위인 김약선에게 병권을 줄 마음이 있었다. 이 때문에 두 아들인 만종과 만전이 불만을 품고 난을 일으킬까 염려해 이들을 송광사로 보내 승려가 되게 하고 선사(禪師)로 삼았다. 다만 김약선이 태자의 장인이 되고, 그 세력이 강해지자 최이는 경계의 마음이 생겼다.

여기에 더해 김약선과 그의 처 최씨가 서로 음란한 짓을 해 부부 사이가 멀어졌고, 최씨는 최이에게 김약선을 참소해 결국 최이로 하여금 김약선을 죽이게 했다. 김약선을 죽음으로 몰 정도였다면 그 참소는 최이 제거 모의를 주도했다는 내용이었을 것이다. 최이가 참소를 받아들인 것은 김약선이 최이 자신과 왕실과의 관계를 통해 권력을 장악하자 경계심이 생긴 탓이라 보아야 한다. 장인과 사위 관계가 아닌 정치적 경쟁자로서 긴장 관계가 형성되었던 것이다. 결론은 더 강력한 권력을 가졌던 장인의 승리였으나 최이도 후에 딸이 참소한 것임을 알고 죽을 때까지 그 딸을 보지 않았다 한다. 그만큼 아쉬움이 컸고, 그 대안은 만종과 만전 형제밖에 없게 되었다.

최이는 단속사 주지 만종과 쌍봉사 주지 만전이 지방민에게 해악을 끼침을 들어 이들을 개경으로 불러올렸다. 그러나 이들이 최이에게 "공께서 살아 계실 때에도 우리를 이렇게 핍박하는데, 돌아가신 뒤에는 우리 형제가 (언제) 죽을지 모르겠습니다"라고 읍소하자 최이는 만종과 만전의 처벌을 꾀했던 형부상서 박훤을 흑산도로 유배했다. 그리고 만전은 환속시켜 이름을 최항(崔沆)으로 고치게 했다. 후계자를 염두에 둔 조치였다. 그러고는 좌우위 상호군 호부상서로 삼고 측근들에게 글과 예법을 가르치도록 했다. 이어 1248년(고종 35) 3월에는 최항을 추밀원지주사로 올린 뒤 가병 5백여 명을 나눠 주었다. 1249년(고종 36) 정월 최항이 고종을 위해 향연을 베풀었다는 기록을 본다면 이미 권력 승계가 이뤄졌다 여겨진다. 최이는 같은 해 (1249) 11월에 마침내 죽었다.

최충헌이 1219년(고종 6) 9월에 죽으면서 권력을 승계했던 최이는 30년간 집권한 셈이었다. 최이는 최충헌과 달리 군주를 폐위하거나 옹립하지 않았다. 교정도감, 도방, 마별초, 삼별초, 정방, 서방 등 권력 기구와 가신 및 가병적 성격을 띤 호위 기구를 두어 권력을 공고히 했다. 그러면서도 고종과 태자, 종실, 재추 및 장군, 문사, 무신들을 당근과 칼을 통해 관리했다. 명종 대 무신정권, 최충헌 정권 등과는 다른 권력 운영 방식을 띠었던 것이다. 몽골의 침입과 전쟁을 강화도 천도를 통해 견뎌 낼 수 있었던 데에는 최이의 권력 운영 방식과 부의 분배, 관직 제수 등을 통한 인재 관리 등이 유효했다. 하지만 최이 자신을 옹위한 권력 기구 내의 문제는 최고 권력자 최이가 죽음으로써 통제 불능의 상태가 되었다. 그것은 차기 집정자가 해결하든 혹은 반정 등을 통해 풀든 해야 했다. 최이가 남긴 큰 숙제였다.

(3) 최항(崔沆, 1209~1257)

최항은 최이의 희첩 기생 서련방의 둘째 아들이었다. 소위 천첩 소생이었다. 기생이었던 서련방의 부친 즉 최항의 외조부는 상장군 판예부사 사홍기(史洪紀)였다. 최항은 최이에 의해 순천 송광사에서 출가해 만전(萬全)이라 불렸고, 화순 쌍봉사 주지가 되었다. 그 자신을 비롯해 그를 추종하는 승려 문도가 멋대로 행동하고 약탈과 강간을 일삼아 결국 최이에 의해 개경으로 올라오게 되었다. 이 무렵 최이는 후계로 꼽고 있던 사위 김약선을 죽였고, 그 공백을 둘째 아들 만전으로 대신케 하고자 했다. 그러나 여기에는 여러 가지 난관이 있었다.

김약선의 아들로 김미(金粃)가 있었다. 김미는 신종의 아들인 양양공(襄陽公) 왕서(王恕)의 딸과 혼인하였고 어려서 최이에 의해 장군이 되었다. 하지만 최이는 김미에 대해 무뢰배를 모아 일을 꾸민다 하여 머리를 깎아 하동으로 유배했다. 물론 관련자들을 모두 죽였다. 이후 최이는 김미를 불러 종실이 맡는 직인 사공(司空)을 주었다. 김약선이 죽은 뒤 김미는 자신에게 외숙이 되는 최이이지만 자신도 제거될 수 있다 보고 선수를 치고자 했다. 그러나 숙부인 김경손(金慶孫)이 최이에게 이 일을 알림으로써 결국 김미 일당은 모두 잡혀 국문을 당했고 사형, 유배 등에 처하게 되었다. 김미 역시 고란도(高瀾島)로 유배되었다.

최이가 죽자 최항은 1차로 승계 준비는 되어 있었지만 불안했다. 이를 해결하기 위해서는 최이가 장악했던 권력 기구의 도움이 절대적으로 필요했다. 그중에서도 무력 기구가 가장 중요했다. 이때 야별초와 내외도방을 지휘한 이는 지이부사 상장군 주숙(周肅)이었다. 그는 처음에는 고종에게 전권을 넘기는 '복정(復政)'을 꾀하려 했으나 결단을 못 내리고 있었다. 하지만 김준 등 70여 명이 최항 편을 들자 결국 복정이 아닌 최항 집권을 돕기에 이르렀다. 최이라는 권력자의 공백이 낳은 불안감 속에서 기존 질서를 유지하려는 관성이 발현된 순간이었다. 그 최대 혜택을 최항이 받은 것이었다.

최항은 집정에 성공했지만 출신이 낮은 데다가 정치 기반이 약해 불안했다. 그는 최이가 죽자 그 불안함의 스트레스를 이상하게 풀었다. 도방이나 야별초, 서방 등 합번(合番)이 그를 옹위했지만 스스로도 현실 적응에 어려움이 있었을 것이다. 최항은 아버지 최이를 위한 복상(服喪)을 이틀 만에 끝냈다. 장례 때에도 참여하지 않은 채 두문불출했고, 이때 부친 최이의 희첩들을 간음했다[烝] 한다.

이 같은 모습은 일종의 자격지심을 해소할 계기가 필요하다는 의미였다. 최항은 기생의 아들이라는 출신의 한계를 넘어서야 했다. 동시에 그만한 자격과 실력을 갖췄음을 폭력적 형태로 보이려 했다. 이는 최항이 보일 행보를 예고하는 피바람의 전조이기도 했다.

동서북면병마사와 교정별감을 겸하고, 합번의 옹위를 받은 최항인 만큼 집권 초에 무엇이든 할 수 있는 권력이 있었다. 하지만 일단은 조심스레 접근했다. 이에 먼저 생모를 높였다. 서련방을 정안택주(靜安宅主)로 추증한 것이다. 그리고 인심을 얻는 정책을 폈다. 1251년(고종 38) 2월 도성 내 질서를 어지럽히는 무격(巫覡)을 성 밖으로 내쫓았다. 교정별감으로서 청주의 설면자(雪綿子) 및 홍주 등지의 어량세와 선세를 감면했고, 각 도에 파견한 교정수확원(敎定收穫員)의 임무를 안찰사에게 위임했다. 가렴주구를 일삼던 선지사용별감(宣旨使用別監)을 파직해 백성의 고통을 덜었다.

대경 최온의 딸과 혼인했다가 병을 핑계로 버리고 좌승선 조계순(趙季珣)의 딸을 맞았다. 이 과정에서 자신의 위상을 확인했다. 혼인 때 고종은 견룡군, 순검군 및 내시와 다방 등에게 호위토록 했고 어좌와 견여, 등촉, 황금 경대와 화장 도구 등을 하사했다. 최충헌과 최이의 진영을 창복사(昌福寺)와 선원사(禪源社)로 옮길 때는 태조 진영을 옮기듯 거창하게 했다.

승려로 있을 때 관계가 껄끄러웠던 이들을 찾아내어 보복하고 모반을 핑계로 강물에 던져 죽였다. 계모 대씨가 김미를 도와주었다 하여 택주 봉작을 빼앗고 재산을 몰수했다. 최이와 혼인 전 낳은 아들인 오승적(吳承積)을 죽였으며 대씨는 후일 섬으로 보냈다가 독살했다. 오승적의 인척이자 김약선의 동생 김경손(金慶孫)도 바다에 빠뜨려 죽였다. 최이와 동서 간인 주숙은 처음에 최항의 집권을 도왔다. 그렇지만 최항과 경쟁 관계가 되면서 둘의 관계는 위태로워졌다. 최항 집권 전 주숙이 고종에게 복정(復政)하려 했다는 이유로 최항은 주숙도 물에 빠트려 죽였다.

이 과정을 거치면서 최항의 권력은 끝없이 커지고 강해져 갔다. 그럴수록 그에게는 무고와 참소 등도 많아졌다. 최항은 몽골과의 전쟁 상황임에도 불구하고 이를 그대로 믿고 무고의 대상이 된 이들을 모두 죽였다. 정안(鄭晏)은 최이의 장인인 정숙첨의 아들이었다. 그는 대장경 조판에 큰 역할을 한 인물로 백성들로부터 인심을 얻고 있었다. 또한 최이의 외손자를 양자로 삼기도 해 최씨 정권과 끈을 놓지 않았다. 그는 최항 정권에서 처음에 참지정사가 되었다. 그런데 문생과 대화 도중 "인명은 귀한 것인데 최 영공은 어찌 살상을 저리하는가?"라 하였고, 이것이 최항에게 전해졌다. 정안을 내심 시기하고 있던 최항은 정안이 결국 모반할 것이라 하면서 백령도로 유배했다가 물에 빠트려 죽였다[沉殺]. 최항은 권력이라는 괴물 그 자체가 되었던 것이다.

그러나 이러한 괴물 같은 최항에게도 죽음의 순간이 찾아왔다. 1249년(고종 36) 11월 최이가 죽고 집권한 지 8년 만인 1257년(고종 44) 윤4월 무렵이었다. 그는 집권 기간 중 최충헌·최이가 남긴 유산 위에서 산 셈이었다. 그의 권력 기반은 여기서 시작되었고 칼부림 역시도 그 위에서 이뤄졌기 때문이다. 그리고 그의 죽음과 함께 3대를 거친 최씨 정권은 더욱 가속페달을 밟으며 내리막길로 치달았다. 그는 본처인 조계순의 딸과의 사이에 자녀가 없었다. 최항은 승려 생활을 할 때 아버지 최이의 사위 송서(宋偦)의 노비와 통정을 한 바 있었다. 이때 낳은 아이가 최의(崔竩)였고, 최항은 최의를 후계자로 삼았다.

　8년 남짓한 최항의 정치는 사실 30여 년간 계속된 최이의 집권에 비하면 길지 않았다. 어찌 보면 고독한 권력의 괴물로서 압축된 8년을 보냈다. 그의 마지막은 그 자신이 후원 정자에 올라가 지은 시에 감상이 실려 있다. 많은 피눈물과 생명을 앗아 간 권력자의 생각은 다음과 같았다.

복사꽃 향기는 수천 집을 감싸고	桃花香裏幾千家
비단 휘장 향취는 십 리 골짜기 가득하네.	錦幄氤氳十里斜
무뢰광은 호사가를 바람으로 불어 내	無賴狂風吹好事
붉은 꽃잎 마구 몰아 긴 강을 지나가네.	亂驅紅雨過長河

　이를 보면 복사꽃 향기와 비단 휘장 향취 가득했던 자신의 삶을 운명 앞에 갑작스레 마무리하게 되었음이 보인다. 최항이라는 권력자는 복사꽃 향기나 비단 휘장에 취하였겠으나 그와 다른 쪽에 서 있던 사람들은 복사꽃보다 붉은 피로 신음해야 했다.

　그리고 그의 시대를 거치며 최씨 정권의 붕괴 가능성은 더욱 높아졌다. 최충헌이나 최이와 달리 상대적으로 짧았던 집권 기간도 영향을 미쳤다. 그의 가노 혹은 문객, 도방이나 삼별초 등의 권력은 언제든 집권자가 약해질 때를 기다리고 있었던 상황이기도 했다. 그리고 이는 최항의 대를 넘어서면서 더욱 거세졌다. 더불어 몽골과의 화친도 요구되었으며 군주의 친정을 의미하는 복정도 더욱 가까워졌다.

(4) 최의(崔竩, ?~1258)

　최의는 최항의 하나뿐인 아들이었다. 후계자로 삼을 수밖에 없었지만 2대에 걸쳐 기생과 노비의 아들이 집권자가 된다는 것은 정국에 큰 불안 요소가 될 수 있었다. 최항은 이를 고려해 어쩔 수 없는 선택을 당연한 선택으로 바꾸고자 했다. 즉, 최의에게 다각도로 후계자 교육을 시킴으로써 집권자로서의 능력과 위상을 갖추게 했던 것이다.

최항은 1255년(고종 42) 8월 최의에 대해 경림(景琳)과 사예기(師芮起)로 하여금 시와 글씨를, 권위(權顗)와 임익(任翊)으로 하여금 정사(政事)를, 정세신(鄭世臣)으로 하여금 예법을 가르치게 했다. 그리고 선인렬(宣仁烈)과 류능(柳能)에게 최의의 호위 등을 부탁했다. 죽기 직전에는 이들에게 "그대 등이 이 아이를 보살펴 호위해 준다면 나는 죽어도 여한이 없겠다"라 유언했다. 선인렬이나 류능 등은 최항의 최측근이었기에 이 같은 언급이 가능했을 것이다.

1257년(고종 44) 윤4월 최항이 죽자 최양백(崔良白)과 선인렬·류능 등은 최의의 옹위를 위해 최항의 죽음을 비밀로 하고 시비들에게는 곡소리를 내지 못하도록 했다. 최양백은 최항이 최의를 후계로 정했다는 말을 문객에게 전했고, 이것이 전파된 뒤에야 최항 집권 때처럼 야별초와 신의군, 서방 3번과 도방 36번이 집합해 최의를 집권자로 삼았다. 그리고 고종은 최의를 차장군 교정별감으로 삼았다. 최씨 정권의 4대 집정이 된 것이다.

측근의 적극적인 호위 속에 집정자가 된 최의는 일단 집권 초에는 민심 회유책을 썼다. 창고를 열어 굶주린 백성을 구휼하고, 쌀 2,570석을 내장택에 바치는 한편 포백과 유밀을 대부시에 바쳤다. 또한 고종이 내리는 관직을 사양하는 겸손의 모습도 보였다. 추밀원부사 판이병부 어사대사의 직을 사양한 것이다.

하지만 이는 표면적인 것인 데다가 잠시에 불과했다. 아버지 최항의 애첩 심경(心鏡)을 가까이하다가 결국 최항이 죽은 날 후실로 들였다. 용맹함을 앞세운 외삼촌 거성원발(巨成元拔)을 측근에 두었으며, 용렬하고 경박한 무리를 가까이했다. 즉, 자신이 중심이 된 인사를 하길 원했다. 졸오(卒伍) 출신으로 야별초 지유가 되었던 송길유(宋吉儒)라는 인물이 있었다. 그는 고문을 혹독하게 했는데 장군-어사중승-대장군 겸 경상도 수로방호별감으로 승승장구했다. 백성들을 못살게 하고 쥐어짜자 안찰사가 이를 보고했고, 이는 일단 송길유와 친했던 김준 등에게 알려졌다. 김준은 이를 무마하고자 류경과 류능에게 알려 자신이 최의에게 말하기 전까지는 처리하지 않기를 바랐다. 그렇지만 이 같은 과정이 자신을 제외하고 진행되었다는 사실에 집정자인 최의는 불만을 가졌다. 송길유를 유배하고 류경과 류능, 김준을 꾸짖었다. 이로 인해 최의는 류경·류능·김준과 사이가 벌어졌다.

신의군 도령낭장 박희실(朴希實)과 지유낭장 이연소(李延紹) 등은 최의의 정무 처리 방식을 보고 최의를 제거하고자 했다. 즉, 새삼스러운 일은 아니었지만 최의가 간사한 소인배를 가까이하고 참소를 믿으면서 남을 꺼리는 일이 많아 제거하지 않으면 무슨 일이 벌어질지 명약관화하다는 이유에서였다. 이에 이들은 이를 류경과 김인준, 이공주, 박송비 등에게 알렸고 공모를 시작했다.

마침내 1258년(고종 45) 3월 김준은 야별초를 동원해 최의의 집 벽을 무너뜨리고 공격했다. 최의의 외삼촌 거성원발은 최의를 구하고자 했다. 하지만 기록에 따르면 최의가 너무 살찌고 무거워서 업고 달아나지 못했다 한다. 탐욕만 남은 권력자의 전형적 모습이었던 것이다. 결국 거성원발도 최의도 별초군에 의해 죽음을 맞았다.

사전 밀고 등이 있었기에 최의가 가병 등을 곧바로 동원했더라면 그전의 많은 사례처럼 암살 모의는 반대 결과를 낳았을 것이다. 그렇지만 최양백이나 류능, 그리고 최의의 대처는 곧바로 이뤄지지 않았다. 날이 이미 저물었다는 이유에서였다. 이 같은 상황 발생은 최의에 대한 민심의 이반을 뜻했다. 더 직접적으로는 최의 정권에 대한 불신이 있었다. 게다가 암살 모의에서 김인준 등은 당시 위망을 갖춘 추밀원사 최온과 응양군상장군 박성재를 문무 양반의 지도자로 끌어들였고, 결과적으로 성공을 거둘 수 있었다. 거사를 이룬 후 김준은 편전에 나아가 고종에게 그 대의명분을 아뢰었다.

최의는 생민(生民)을 불쌍히 여기지 않아, 굶어 죽는 것을 좌시하며 진대(賑貸)하지 않았으므로 신들은 의(義)를 들어 그를 죽였습니다. 조(粟)를 풀어 굶주린 이를 진휼하여 인망(人望)을 위로하소서.

이처럼 최의의 시대는 최씨 정권의 몰락으로 끝났다. 당시는 탐욕과 약탈로 대의명분을 이미 잃어버린 집정자의 권력 운영 모습이 극대화되고 있었다. 그리고 이러한 권력은 내부에서 금이 가기 시작했다. 최씨 정권의 가노 출신인 김인준과 이공주 등이 최의의 마지막을 끝내게 된 것이다. 1196년(명종 26) 4월 최충헌 형제의 이의민 제거로부터 1258년(고종 45) 3월 최의의 죽음에 이르기까지 60년이 넘게 이어진 최씨 정권은 이렇게 막이 내렸다.

최씨 정권이 무너지자 이들의 재산은 몰수되어 왕실로부터 일반 백성에 이르기까지 나눠졌다. 최씨 정권을 위해 세워졌던 많은 추모 및 기념 시설과 공간도 불태워졌다. 그것은 재추가 고종에게 다음과 같은 말을 올린 데서 확인된다.

최충헌은 죄악이 가득히 쌓였으며, 최이는 권력을 독점하고 명령을 마음대로 하였으니, 마땅히 공신각 도형(圖形)을 철거하고 묘정 배향을 없애야 합니다.

이러한 청을 들은 고종은 그동안 왕실을 유지하고자 어쩔 수 없이 최씨 정권의 요청을 따랐던 때와는 다른 기분이었을 것이다. 류경과 김준 등이 찾아 준 군권으로 응하는 자리였기 때문이다. 복정(復政)이 이뤄진 뒤 최씨 정권 지우기는 이렇게 진행되었다. 하지만 무신정권의 역사는 그리 쉽게 권력을 군주에게 넘기지 않았다. 1170년(명종 즉위년) 경인년 무신란을 기점으로, 본격적으로는 1196년(명종 26) 병진년에서부터 1258년(고종 45) 무오년까지 근 90여 년의 무신정권이 갖는 세월의 무게가 있기 때문이었다. 그것은 이미 모든 분야에 구조화되어 있었다.

3) 여몽 전쟁과 강도(江都) 시대

1216년(고종 3) 윤7월 병술일(5) 북계병마사가 급보를 올렸다. 금 동경총관부가 황제 선종(宣宗)의 성지(聖旨)를 이첩(移牒)해 오자 이를 조정에 보고한 것이다. 그 내용은 달단 즉 몽골이 연경(燕京)을 쳤으나 이들을 물리쳤으며, 이 틈을 타고 일어난 거란의 무리를 진압하기 위해 포선만노(蒲鮮萬奴)에게 명을 내렸으나 그가 오히려 흉모를 꾸미고 있어 위험하다는 것이었다. 그리고 거란의 남은 도적들이 파속(婆束) 즉 고려의 의주와 가까운 곳으로 움직였다고 했다. 이를 해결하기 위해 군량과 전마를 고려로부터 빌리고자 한다는 요청도 있었다.

이 보고를 본다면 금에 큰 변고가 있었음을 알 수 있다. 그 변고의 배경을 알기 위해서는 몽골의 흥기 과정을 살필 필요가 있다. 이때 바야흐로 세계사에 있어 대격변이 일어났고 그 주역이 몽골이었기 때문이다.

이미 13세기 초 몽골부의 키야트 테무친[奇渥溫鐵木眞]은 부족을 통일하고 1206년 부족장회의라 할 쿠릴타이를 열어 칭기즈 칸[成吉思汗]으로 추대되었다. 『원사』에서는 성길사황제(成吉思皇帝)라 하고 있다. 그리고 나라 이름은 '예케 몽골 울루스' 즉 번역하면 '대몽골 제국'이라 했다. 칭기즈 칸은 서하와 금을 치기 시작하면서 영토를 확장해 갔다. 1214년에는 금의 중도(中都) 대흥부(大興府, 현재 베이징)를 포위 공격하였다. 이때 금의 선종은 일단 화친을 맺었다가 변경(汴京) 즉 카이펑[開封]으로 천도해 몽골의 공격을 피했다. 칭기즈 칸은 이에 이듬해인 1215년 금의 중도를 완전히 장악했다.

몽골의 흥기라는 대충격은 금과 남송, 금 내부의 거란족과 유력자, 그리고 고려에 이르기까지 높은 파장을 일으켰다. 금은 끝내 송과 연합 공격한 몽골에 의해 1234년 멸망하였고, 남송은 1279년 원 세조가 보낸 총사령관

바얀에 의해 수도 항주(杭州)가 함락되고 전국새(傳國璽)를 바침으로써 왕조의 명을 다했다. 금 내부에서는 앞서 금 선종이 알려 온 바처럼 금의 북변 거란족 수장 야율유가(耶律留哥)가 봉기해 요국(遼國)을 세우고 연호를 원통(元統)이라 했다. 하지만 내란으로 결국 야율유가는 몽골에 투항했고, 자신을 따랐던 거란을 공격했다. 금의 선무(宣撫) 포선만노는 야율유가의 반란을 진압하는 임무를 맡았다. 그러나 그는 야심을 갖고 요동에 자리 잡은 뒤 나라 이름을 대진(大眞)이라 하고 자신을 천왕(天王)이라 했으며 천태(天泰)라 연호를 정했다. 몽골과 야율유가의 공격을 받으면서는 두만강 유역으로 쫓기어 나라 이름을 동진국(東眞國)으로 바꿨다.

야율유가와 몽골군의 공격으로 쫓긴 거란족은 계속 동쪽으로 몰려왔다. 금의 선종이 알려 왔던 일이 현실이 된 것이다. 이들 거란족은 대요수국(大遼收國)을 칭하였고, 1216년(고종 3) 8월 이후 거란유종(契丹遺種) 금산(金山)·금시(金始) 두 왕자가 군사 수만 명과 함께 압록강을 건넜다. 거란은 자신들이 여진에게 함락되었던 것을 모두 되찾았다 하면서 고려의 항복을 회유했다. 하지만 고려는 이에 응하지 않았다. 여기에 금에서는 계속해서 포선만노의 침입 가능성에 대해서도 고려에 알려 왔다. 이들의 공격으로 고려는 쑥대밭이 되었다. 개경 지근거리 및 원주와 충주 등지에까지 이르기도 했다. 1218년(고종 5) 7월 당시 집정 최충헌은 조충을 서북면원수, 김취려를 병마사로 임명해 거란병을 격퇴하기 시작했다.

고려군의 공격이 체계적으로 지속되자 거란병은 수세에 몰렸다. 결국 이들은 강동성으로 들어가 농성하기 시작했다. 이때 1218년(고종 5) 12월 몽골 원수 카치운[哈眞]과 차라[札剌], 동진국의 완안자연 등은 거란 토벌을 선언하고 화주(和州)·맹주(猛州)·순주(順州)·덕주(德州)를 공격한 뒤 강동성에 다다랐다. 몽골과 동진국 연합군은 고려에 군량미와 원군을 요청했다. 카치운은 거란을 토벌한 후 고려와 형제 관계를 맺고자 했다. 하지만 몽골에 대한 구체적인 정보가 없는 데다가 몽골이 흉폭하다는 점 때문에 고려 조정에서는 결정을 내리지 못했다.

1219년(고종 6) 정월 강동성에 있던 거란병들은 결국 항복하고 나왔다. 당시 몽골의 카치운은 첫 만남의 자리에서 김취려의 웅대 태도를 시험했다. 몽골과 우호를 맺기 위해 몽골 황제에게 요배하고 동진국 포선만노 황제에게도 요배해야 한다고 했다. 김취려는 이에 "하늘에는 두 해가 없고 백성에게는 두 왕이 없는데 천하에 어찌 두 황제가 있겠는가?"라면서 몽골 황제에게만 예를 취했다.

또한 카치운은 김취려의 나이가 자신보다 많다 하여 동향하여 앉도록 하고 형으로 예우했다. 그리고 조충이 오자 카치운은 두 사람 사이에 앉고는 몽골 풍속에 따라 잔치를 열었다. 잘 드는 칼로 고기를 꿰어 주객이 서로 먹여 주는데 한눈을 팔 경우 뜨거운 칼과 고기로 해를 입을 수 있었기에 주의가 필요했다. 조충과 김취려는 카치운과 익숙하게 이를 행해 분위기를 잘 맞췄다. 조충은 술내기를 해서는 일부러 카치운에게 져 주면서 자신이 이겨서 약속대로 카치운이 벌을 받는다면 주인으로서 옳지 않다고 응대해 카치운을 즐겁게 했다.

조충과 김취려 그리고 카치운의 만남은 나름 화기애애했다. 그리고 이튿날부터 공성을 시작해 결국 거란군의 항복을 받았다. 몽골과 고려는 전후 처리를 시작했다. 5만여 명이나 되는 포로였기에 그 처리는 쉬운 일이 아니었다. 카치운이 일부 포로를 데려간 뒤 대부분은 조충에 의해 정리가 된 듯하다. 이때 조충이 거란 포로들을 각 고을에 분산시킨 뒤 토지를 차등 있게 나눠 주고는 농사를 짓게 했는데 이를 당시 '거란장(契丹場)'이라 불렀다고 한다.

카치운과 차라는 조충 등에게 "두 나라가 영구히 형제가 되어 만세 자손에까지 오늘을 잊지 말 것이다"라 하면서 동맹을 요청했다. 그만큼 화기애애한 분위기가 이어졌던 것으로 보인다. 하지만 카치운이 보낸 열 명의 몽골 사신은 그와 완전히 달랐다. 풍속의 차이로도 볼 수 있겠으나 이들은 객관에 머물면서 고종의 영접을 요구했고, 대관전에 활과 화살을 가진 채로 올라와 품속 편지를 전하려 했다. 무례를 범하는 분위기를 보았을 때 카치운이 제안한 형제 관계의 동맹은 허울뿐이었음이 명백했다.

결국 1219년(고종 6) 8월 동북면병마사는 몽골과 동진국이 함께 군대를 보내 세공(歲貢)을 바치라 채근하고 있다는 보고를 올렸다. 사료에는 보이지 않으나 1220년(고종 7)부터는 세공을 보냈던 듯하다. 그렇지만 여전히 불만을 가졌던 몽골은 더 까다롭게 요구하기 시작했다. 1221년(고종 8) 8월에 온 몽골 사신 저고여(著古與)와 동진인이 대관전에서 조서를 전하면서 조공 물목과 그 양을 일방적으로 알린 것이다. 그러고는 자신들이 1년 전에 받은 질 나쁜 주단을 내던졌다. 여기에 더해 원수 차라와 포흑대(蒲黑帶) 등의 물품 요구도 전했다.

고려는 수많은 모반 및 내란과 거란유종의 침입 등으로 그야말로 내우외환에 시달리고 있었다. 이러한 현실 속에서 많은 양의 고급품을 갖춘 세공을 한다는 것은 어려운 일이었다. 그럼에도 불구하고 몽골 사신이 올 때 그 수량을 맞춰 주었지만 여전히 이들은 불만을 표했다. 1224년(고종 11) 정월 기록을 보면 몽골 사신 저고여(札古也)가 돌아가는 길에 압록강에 도달해서는 비단 등 물품은 다 버리고 수달피만 가지고 갔다는 내용이 있다. 같은 해 11월에도 몽골 사신 저고여(著古與) 일행이 고려에 와서 세공 물품을 가지고 이듬해인 1225년(고종 12) 정월 돌아가다가 또 비단 등을 버리고 수달피만 가지고 갔다. 다만 이때 사신 저고여 등이 살해당하는 일이 발생했다.

사신의 죽음은 실제 고려가 일으킨 일은 아니었다. 이는 국가 간 전쟁을 불러올 큰 사태이기에 그동안 많은 전란에 시달린 고려가 일으켰다 보기는 힘들다. 저고여 피살이 문제가 된 것도 몽골의 침략이 시작된 1231년(고종 18)에 이르러서였다. 당시의 기록을 보면 몽골은 고려의 해명을 믿으려 하지 않았다. 사실 관계를 확인하기보다는 고려가 죽였음을 단정하고 그에 따라 침략의 명분으로 삼을 따름이었다.

이 사건과 관련한 상황을 이해하기 위해서는 1224년(고종 11) 이후 고려와 동진국의 움직임을 주시할 필요가 있다. 이해(1224) 정월 병오일(9)에 몽골 사신이 온 뒤 무신일(11) 동진국 사신이 왔다. 동진국 사신은 문서를 가져왔는데[賫牒] 그 내용은 첫째, 몽골의 칭기즈[成吉思]가 먼 나라에 가 있는 데다가 막냇동생인 옷치긴[訛赤忻]이 포악하여 화호를 끊었다는 것, 둘째, 동진국 청주(靑州)와 고려의 정주(定州)에 각기 각장을 두어 전처럼 무역을 행하자는 것이었다. 고려의 대응이 어떠했는지 기록은 없으나 몽골 사신에게 국신 예물을 주었다 한 것을 보면 동진국의 요청을 거절한 것으로 보인다. 동진국의 첩문은 몽골이 왜 고려에 본격적으로 접근하고 있지 않은지 알려 주었다. 그렇다고 고려가 일방적으로 동진국의 말만 믿을 수도 없었다. 다만 상황을 주시할 따름이었다.

동진국의 첩문을 고려하면 1231년(고종 18) 이전에는 왜 사신 피살 문제가 커지지 않았는지 이해되는 면이 있다. 첫째는 칭기즈 칸의 정복 사업이 계속되고 있었다는 점이다. 둘째는 1227년(고종 14) 칭기즈 칸이 죽고 툴루이 [睿宗]가 임시로 그 뒤를 이어 2년간 재위한 사실이다. 그리고 셋째는 툴루이가 1229년의 쿠릴타이에서 칭기즈 칸의 셋째 아들인 형 오고타이[窩闊台]가 칸이 되도록 도왔다는 것이다. 오고타이 칸[太宗]의 등극이었다. 오고타이 칸의 시대는 1229년에서 1241년까지 12년간이었다. 이렇게 몽골의 지배자가 바뀌는 상황은 고려에게 유리했다. 다만 이때 고려가 더 적극적인 외교 교섭을 하지 않은 점은 아쉬운 면이었다.

그런데 정권을 완전히 정비한 오고타이 칸은 본격적으로 금과 동진에 대한 압박을 가했다. 이후 남송에 대한 정벌을 개시할 예정이었다. 고려는 그 사이에 놓여 있었다. 아마 몽골 내에서도 고려에 대한 논의는 있었을 것이다. 이때 조충과 카치운의 화기애애했던 분위기나 형제 관계를 맺은 사실이 도움이 되었을 것이라 여겨진다. 강동성 전투 때 원수 카치운과 함께 있던 부원수 차라가 1231년(고종 18) 8월 고려를 공격하는 살리타이[撒禮塔]였다는 점도 고려할 필요가 있다. 하지만 오고타이 칸의 입장에서는 보다 신속(臣屬)하는 고려의 모습을 원했을 것이다. 그래야 몽골의 입장에서 더 강력하게 금과 동진, 남송에 대한 완전 정복을 꾀할 수 있었기 때문이다.

다만 고려의 집정자 최이는 몽골에 대해 적극적으로 접근하지 않았다. 정치적 측면에서 본다면 몽골의 간섭을 받으면서 인사와 영토 문제까지 양보해야 할 상황이 올 수도 있다는 점이 고려되었을 것이다. 경제적 측면에서 본다면 그간에도 매우 많은 세공을 보내야 했고, 이와 관련해 사신으로부터 굴욕을 당하기도 했다. 사회적인 면에서는 모반을 주도했던 이들이 몽골에 귀부하거나, 몽골인과 내통하고 길을 안내하는 등의 일이 발생하기도 했다. 후에 이들이 고려에 돌아올 경우 '신의군'에 넣기는 했지만 그것은 일부였을 것이다. 결정적으로는 일인독재라 할 최이 자신의 정권 기반이 무너질지 모른다는 불안감 때문이었다.

그러는 사이 1229년에서 1241년까지 집권한 몽골 오고타이 칸은 더욱 정복 전쟁을 확대해 그 성과를 이뤄 갔다. 전쟁의 명분은 만들면 되었다. 군사 협력 약속을 위반한 경우, 군사와 군량미 협조를 거부할 경우, 세공을 충실히 하지 않을 경우, 국왕이 몽골 황제 친조를 하지 않을 경우 등 얼마든지 있었다. 오고타이 칸은 칭기즈 칸에 이어 금을 공격해 1234년 멸망시켰다. 근 30년이 걸렸다. 이어 동진국의 포선만노가 1233년 몽골군에 잡혀 죽었다. 고려에 대해서는 1231년(고종 18) 8월부터 살리타이가 공격을 개시했다. 남송에 대해서도 1234년 금나라 멸망 이후 정벌을 시작했다.

몽골의 정복 전쟁으로 동아시아는 지금까지와는 전혀 다른 큰 충격을 받았다. 왕조는 멸망과 생존의 기로에서 선택해야 했다. 그것은 아시아를 넘어 유럽에까지 다다른 세계사적 충격을 낳았다. 다만 세계사의 흐름에서 볼 때 이는 지역과 왕조로 구획되었던 중세 왕조의 시대를 강제로 열어 동서 세계를 연결했다. 뼈아픈 일을 당했지만 당시로서는 새로운 세계가 열린 것이었다.

1231년(고종 18) 8월 몽골은 고려를 공격했다. 그리고 살리타이는 투항과 싸움 중 선택할 것을 강요했다. 투항을 한다면 한 가족처럼 살 것이고 싸움을 택한다면 도륙당할 것이라 위협했다. 같은 해 12월 살리타이가 개경의 4대문 밖에 진을 치고 홍왕사를 공격하자 결국 고려는 화친을 요청했다. 그리고 황제를 대신한 권황제(權皇帝) 살리타이와 원수 탕꾸[唐古] 등에게 황금과 수달피 등을 선물하며 달래기도 했다. 이에 몽골군은 철수하여 화친이 성립하는 듯했다. 다만 몽골은 투항할 경우 자신들이 요구하는 물품으로 세공을 보내라 강압했다. 그 내용은 다음과 같았다.

너희가 금·은과 의복을 보낼 때 많은 경우 2만 필을 말에 실어 보내고, 적을 경우 1만 필을 말에 실어 보내라. 우리 대군(大軍)은 집을 떠난 지 오래되어 입은 옷이 모두 해어졌으니 백만 명 군인의 옷을 너희가 참작하여 보내오라. 그 밖에 진품의 자색 비단[眞紫羅] 1만 필을 진상해야 할 것이다. 너희가 보낸 수달피 230장은 좋다. 그와 같은 것들을 보내라. 이제 좋은 수달피 2만 장을 가지고 오라. 너희는 관마(官馬) 중에서 선별하여 대마(大馬) 1만 필, 소마(小馬) 1만 필을 가지고 오라. (왕족인) 공주(公主)·대왕(大王) 등과 군주(郡主)들은 남아(男兒) 1천 명을 황제께 진상해야 할 것이다. 그 밖에 대관인(大官人)들의 여아(女兒)도 역시 보내야 할 것이다. 너희의 태자(太子)·장령(將領)·군(君)의 아들[兒子], 아울러 대관인의 남아 1천 명을 요구한다. 여아 역시 1천 명을 황제께 인질로 진상해야 할 것이다.

이 내용을 들은 고종이나 최우 등은 그저 아득해졌을 것이다. 요청을 승낙하자니 그 세공량과 몽골의 압박이 극심했고 거절하자니 참혹한 전쟁이 이어질 것이 뻔했기 때문이다. 고려는 조숙창을 대장군으로 임명해 오고타이 칸에게 표문을 보냈다. 내용은 저고여 피살 사건, 사신에게 화살을 쐈다는 일, 사신 아토(阿土) 포박 사건에 대한 해명이었다.

고려의 투항을 요구하면서 불응 시 정복하려 했던 몽골의 입장에서 볼 때 이는 성에 차지 않는 반응이었다. 고려는 다시 이듬해인 1232년(고종 19) 4월 칭신 표문을 몽골에 보냈다. 그 내용은 겨우겨우 수달피 977장을 마련하였으며, 국왕·제왕·공주·군주·대관인의 자제와 제반(諸般) 공장(工匠)을 보내는 일, 의주의 민호 조사 건 등은 실현하기 어렵다는 것이었다. 앞서 1232년 2월 회안군 왕정(王侹)이 몽골 사신 도단(都旦)과 상하절 24명을 데리고 오면서 고려는 몽골의 의도를 확실히 알 수 있었다. 도단이 자신은 고려의 국정을 모두 감독하는 일을 맡아 왔으므로[都統高麗國事] 고종과 같은 자리에 앉겠다고 한 것이다. 이 같은 상황 속에 같은 해 5월 선경전에서 재추 회의를 열어 몽골군 격퇴를 논의했다. 그리고 이달 5월부터 북계의 용강과 선주 등지에 다루가치[達魯花赤]가 배치되기 시작했다. 투항한 복속국 지역에 대한 감독관으로서 파견 배치된 것이다. 『원고려기사(元高麗紀事)』에서는 1231년 (원 태종 3) 고려의 경(京)·부(府)·현(縣)에 72인의 다루가치를 두어 감독하게 했다 하고 있다. 고려와 몽골의 기록에 차이가 보인다.

이렇게 몽골의 고려에 대한 질책과 압박이 계속되고 도단에 의해 자신의 지위가 흔들릴 위기에 놓이자 최우는 독단적 결정을 내렸다. 1232년(고종 19) 6월 을축일(16) 강화로의 천도였다. 강도 시대(江都時代)가 열린 것이다. 이는 몽골에 대한 저항을 의미했다.

고려의 강화도 천도는 몽골과의 전쟁 기조를 바꿨다. 이제까지는 몽골의 위압으로 인해 화친을 전제로 모든 상황이 전개되었으나 이제는 섬이나 산성으로 들어가 싸우는 방식이 되었다. 이는 최우가 몽골의 통제 아래가 아닌 자신이 통제할 수 있는 공간을 택했음을 의미했다. 이로 인해 장기전의 양상으로 바뀌면서 강도와 육지의 상황은 완전히 정반대가 되었다. 강도에서는 최씨 정권이 모든 상황을 주도하였지만 육지에서는 각 지방 백성들이 몽골의 침략에 고스란히 그 피해를 입어야 했다. 섬으로 피하는 해도입보나 산성에 들어가 싸우는 산성입보 등의 저항도 한계가 있었기 때문이다.

몽골의 침략은 고종 연간에만 9차례나 있었다. 정리하면 다음과 같다.

〈표 3〉 고종 연간 몽골의 침입과 회군

구분	기간	몽골 원수	회군 이유
1	1231년 8월~1232년 1월	살리타이[撒禮塔]	화친 이후 철군
2	1232년 8월~1232년 12월	살리타이	처인성 전투에서 살리타이 사살됨
3	1235년 윤7월~1239년 4월	탕꾸[唐古]	홍복원(洪福源)이 향도 역할을 함, 황룡사 9층탑 소실
4	1247년 7월~1248년	아무간[阿母侃]	몽골에 사신 파견, 몽골 황제 정종의 죽음(1249)
5	1253년 7월~1254년 1월	예쿠[也窟] 대왕	예쿠 득병 및 화친
6	1254년 7월~1255년 3월	쟈릴타이[車羅大]	국왕 출륙 화친
7	1255년 8월~1255년 10월	쟈릴타이	제포로 나가 몽골 사신 영접, 화친
8	1256년 5월~1256년 10월	쟈릴타이	황제의 회군 명령(사신 김수강의 요청)
9	1257년 6월~1258년 3월	쟈릴타이	태자 입조 약속

이 가운데 특기할 사실은 몽골병의 침략이 고려 전 국토에 걸쳐 장기간 전개되었다는 것이다. 특히 1254년(고종 41) 전개된 6차 침입 때 고려의 피해는 극심했다. 쟈릴타이는 이해에 지금의 경상남도 합천과 산청군에 해당하는 합주 및 단계에까지 가 주둔했다. 『고려사』의 기록에 따르면 이해 고려인 포로가 20만 6천 8백여 명이었고, 살육된 이들은 헤아릴 수 없었다고 하였다. 몽골군이 지나간 주군은 재와 불씨[煨燼]가 되었다 한 것은 그 참상을 알려 준다.

이 무렵 명주(溟州) 향리 김해장(金海莊)의 어머니와 동생 덕린(德麟)이 몽골 포로로 끌려가 노비가 되었다. 15살 때였다. 19년 후 그는 우연히 모친이 살아 있다는 소식을 접하고는 어머니를 모시고자 원나라 동경 북주 천로채(天老寨)를 찾은 바 있었다. 군졸 요좌(要左)의 집에 노비로 있던 모친과 백호 천로(天老)의 집 종으로 있던 덕린을 각각 은 55량과 은 86량을 주고 속량했다. 이들에게는 눈물의 상봉과 재회의 기쁨이 있었던 것이다. 하지만 이 경우는 드문 사례였을 것이다. 실제 수많은 고려인들은 노비로서 삶을 마감하는 일이 다반사였으리라 여겨진다.

한편 고려는 신앙의 힘을 믿고 불교에 의지해 몽골병을 물리치려 했다. 그렇기에 몽골과의 전쟁기에 고려는 강도에서도 개경에서와 같이 사찰을 경영하고 많은 불교 의례를 행하였다. 예컨대 봉은사·현성사·법왕사·왕륜사·묘통사·건성사·복령사·창복사 등이 고종 재위 때 강화도에 세워졌고, 원종 대에도 천수사·안화사·보제사·미륵사·혈구사·묘지사 등이 건립되었다. 이 중 혈구사는 강도 주변에 세워진 것이었다. 이 외에도 선원사나 용장사, 전등사 등도 창건된 것이 확인된다. 불교 의례로서는 호국을 위한 성격을 가진 인왕도량이 고종 대에만 21회 열렸고, 불법과 국토를 수호하는 신중(神衆)을 모시는 신중도량은 36회나 열렸다. 또한 호국 경전 『금광명경』에 의거한 공덕천도량(功德天道場)이 고종 대에 10회 열렸다. 이 외 정례적인 연등회와 팔관회는 거의 매년 열렸다.

그런데 몽골은 강화도에서의 불교신앙에 대해서는 어찌할 수 없었지만 고려의 도처에 산재한 사찰과 불상, 범서 등을 불태워 고려가 의지하는 불교의 힘을 없애려 했다. 1232년(고종 19)에는 현종 대 거란을 물리치기 위해 새겼던 부인사 대장경 판본을 불태웠다. 이러한 사실은 1251년(고종 38) 9월 임오일(25)의 기록에 현종 대 새긴 대장경 판본이 임진년 몽골병에 의해 훼손되었다고 한 데서 알 수 있다. 여기서의 임진년은 고종 19년의 간지 기년이었다. 또한 1238년(고종 25) 윤4월에는 몽골병이 동경 즉 경주에 이르러 황룡사탑을 불태웠다.

고려는 다시 제불다천의 힘을 빌리고자 했다. 이에 몽골군에 의해 소실된 대장경 판본을 다시 만들기 시작하여 1251년(고종 38) 9월에 이를 완성했다. 16년 만에 공역을 마쳤다 한 것을 보면 1235년(고종 22)부터 시작된 것으로 보이며, 1237년(고종 24) 정유년에는 이규보가 대장경을 판각할 때 제불성현 삼십삼천 등의 호법영관(護法靈官)에게 고하는 글인 「대장각판군신기고문(大藏刻板君臣祈告文)」을 지은 바 있었다. 이를 통해 몽골군을 물리치려 한 것이다. 이것이 다시 판각한 『재조대장경』이며, 현재 『팔만대장경』이라 부르고 있기도 하다.

사실 전란이 이렇게 길어지고 그 피해가 극심해진 것은 최씨 무신정권의 정권 유지 때문이었다. 몽골은 정복 전쟁을 수행하면서 투항할 경우 6사(六事)를 요구한 것으로 잘 알려져 있다. 그것은 다음과 같았다.

첫째, 인질을 보낼 것[納質].

둘째, 원군을 보낼 것[助軍].

셋째, 군량을 보낼 것[輸糧].

넷째, 역을 설치할 것[設驛].

다섯째, 호구를 조사해 보고할 것[供戶數籍].

여섯째, 다루가치를 둘 것[置達魯花赤].

여기에다가 막대한 세공과 함께 몽골군 원수 등에게 주어야 했던 선물 등은 국가 재정에 극심한 타격을 주었다. 고려가 강화도로 입도한 뒤에는 고려 군주와 최 영공 즉 최이가 친조해야 한다는 강화 조건이 붙었다. 그러나 최이는 거절을 표했고 군주의 입조는 있을 수 없다는 고려 측 입장은 완강했다. 결국 1258년(고종 45) 3월 집정 최의가 류경과 김인준 즉 김준에 의해 제거되고 복정(復政)이 이뤄지면서 상황은 급반전되기 시작했다.

이때를 기점으로 쟈릴타이는 적극적으로 고종과 태자가 강화도에서 나와 서경에서 항복하면 곧장 철군할 것이라 회유했다. 만약 그렇지 않으면 다시 군대를 남쪽으로 보내 공격할 것이라 협박했다. 고종은 몽골군을 믿지 못했다. 자신은 나이가 많고 병이 들었고, 태자 역시 병이 들었다 하면서 항복을 거절했다. 이 같은 외교 공방 속 쟈릴타이는 1258년(고종 45) 8월 개경으로 와 진을 치고 승천부 교하와 봉성, 수안 등지를 약탈했다. 나아가 몽골군은 각 도의 곡식을 약탈했다. 이러한 상황이 지속되자 고려는 결국 이해 12월 다루가치에게 장군 박희실 등을 보내 권신 최의가 죽어 육지로 나가고자 하나 몽골의 군대가 사방을 봉쇄해 나가기 어렵다는 뜻을 전했다. 출륙환도(出陸還都) 즉 개경으로 다시 도읍을 옮기고, 고종은 못 하더라도 태자가 입조를 행하겠다는 의향이 전달된 것이다.

결국 1259년(고종 46) 4월 경자일(27)로 태자의 입조 날짜가 정해졌다. 그리고 각 주현의 수령들에게 백성을 이끌고 섬에서 나와 농사를 지으라 했다. 몽골에 대한 항복과 화친이 이뤄지기 직전 단계가 된 것이다. 그리고 실제로 태자는 예정했던 4월 경자일보다 앞선 4월 갑오일(21)에 참지정사 이세재(李世材), 추밀원부사 김보정(金寶鼎) 등과 함께 고종이 올리는 표문을 가지고 몽골로 출발했다. 표문 내용은 권신 즉 최씨 무신정권이 무너졌다는 것과 육지로 나아가 옛 터전으로 돌아가겠다는 것, 그리고 노병(老病)이 있는 고종 자신을 대신해 태자가 간다는 것, 이에 소국에 대해 자소(字小)의 은혜를 베풀라 요청하는 것이었다. 자소란 사대하는 제후국 즉 소국에 대해 상국이 그 나라를 도와 살펴 준다는 의미였다.

이는 기나긴 전쟁이 끝남을 상징했다. 그런데 이때 변수가 발생했다. 몽골 원수 쟈릴타이가 갑자기 죽은 것이었다. 이에 몽골은 다시 고려를 의심해 원수 예쉬데르[余愁達]와 송길 대왕(松吉大王)을 보내 고려 정벌을 꾀했다. 5월 19일 몽골의 동경에서 태자는 이들을 만나 자신이 입조해 황제를 만나러 가고 있다고 밝히고 도읍을 완전히 옮기는 것은 황제의 처분을 기다렸다 행할 것이라 해명했다. 이를 통해 몽골군의 군사 행동을 막을 수 있었다.

이렇게 태자가 몽골에 입조하여 처분을 받으려는 사이 공교롭게도 고려와 몽골 양국에 큰 변고가 생겼다. 1259년(고종 46) 6월 임인일(30)에 고종은 류경의 집에서 68세의 나이로 생을 마감했다. 몽골 황제 몽케 칸[憲宗]도 같은 해 7월 계해일(21)에 남송 동천부로(東川府路)에 있는 조어산(釣魚山)에서 52세로 졸했다. 남송을 정벌하던 중이었다. 태자의 입장에서는 선왕 고종과, 친조해야 하는 몽케 칸이 거의 동시에 죽은 것이라 고종의 국상과 몽케칸 친조 문제를 해결할 대안을 찾아야 했다. 이는 고려의 운명을 선택해야 하는 중요한 순간이었다.

4) 네 명의 군주와 시대 과제

명종 대부터 고종 대에 이르기까지는 무신정권의 시대였다. 제왕의 권위는 목우인(木偶人)이라는 풍자가 나올 정도로 이름만 남았다. 말 그대로 신종과 희종, 강종, 고종 등은 최충헌과 최우, 최항, 최의의 시대와 연결되면서 제왕으로서의 삶을 단지 의례 속에서만 누렸을 뿐이었다.

1204년(신종 7) 정월 정묘일(3) 신종은 최충헌이 문병하자 자신이 왕위에 오른 것은 최충헌의 덕분이라 치하하면서 늙고 병이 있어 태자에게 왕위를 전하겠다는 의사를 밝혔다. 군주의 자리를 놓고 최충헌의 힘이라 한 것이다. 그만큼 최충헌의 권력이 절대적이었음이 확인되는 순간이었다. 선위의 뜻이 강하자 최충헌은 태자를 군주로 삼고는 북면하여 두 번 절했다. 신하로서의 예를 갖춘 것이었다. 신종은 대관전에서 백관의 하례를 받는 희종을 보면서 최충헌에게 자신들 부자가 공덕을 입었는데 보답할 길이 없다고 했다.

신종의 이 같은 언사와 태자의 양위 거절 의사는 결국 최충헌이 달리 마음먹으면 왕위계승이 어려워지는 상황에서 나온 것이었다. 최충헌의 결정이 없으면 안 되기 때문이었다. 선위와 태자의 즉위가 이뤄지자 신종이 자신의 소원이 이뤄졌다 표현한 것은 이러한 상황을 방증한다.

신종은 이후 덕양후의 집으로 이어해 1204년(신종 7) 정월 정축일(13)에 죽었다. 7년간 재위했으며, 나이는 61세였다. 시호는 정효(靖孝), 묘호는 신종

(神宗), 능호는 양릉(陽陵)이라 정했다. 정효의 시호는 신종이 자연스레 효를 다했다는 의미였다. 묘호인 신종에는 자신의 천명을 알고 무신 집정자에게 양보하며 왕위를 태자에게 무사히 이었다는 의미가 있을 것이다. 능호 양 릉은 밝다는 의미가 있는 호칭이었다. 즉 후대를 위해 뜻을 밝혔다는 의미 가 있었을 것이다.

그렇지만 신종에 대한 사찬(史贊)에는 이러한 묘호나 능호 등의 호칭을 무 색게 하는 신랄함이 담겨 있다.

신종은 최충헌이 세운바 생살(生殺)과 관직의 폐치는 모두 그 손에서 나왔 다. 다만 이름뿐인 왕위를 차지하였으니 신하와 백성의 위에 있는 허수 아비[木偶人]일 뿐이었다. 슬프도다.

신종 묘정의 체협공신으로는 조영인(趙永仁)이 정해졌다. 그는 횡성 출신 으로 의종 대에 과거에 급제한 문신 관료였다. 명종과 신종의 왕위계승 때 금나라 사신에게 기지를 발휘해 신종의 왕위계승 문제를 해결한 바 있었 다. 1202년(신종 5) 9월 70세의 나이로 죽었으며 시호는 문경(文景)이었다. 그 의 아들이 고종 묘정에 배향된 조충(趙冲)이다.

희종은 1200년(신종 3) 4월에 태자로 책봉되었다. 그리고 1204년(신종 7) 정 월 기사일(5)에 24세의 나이로 즉위했다. 희종은 신종에 대한 국상을 치른 뒤 금나라에 이를 알렸고, 금에서는 6월 제전사(祭奠使)와 위문사(慰問使), 기 복사(起復使)를 보내왔다. 그리고 11월에는 8세가 된 원자 왕지(王祉)를 왕태 자로 책봉했다. 희종에 대한 책봉은 1206년(희종 2) 2월에 이뤄졌다. 대내외 적으로 고려의 군주임이 확인되었고, 그 태자 또한 정해졌던 것이다. 이어 이해 9월에는 양릉 옆 창신사를 고쳐 효신사(孝信寺)라 하고 신종의 명복을 빌도록 했다.

즉위 후 희종은 최충헌에게 극도로 신경을 썼다. 관직을 높인 것은 물론

이고 '은문상국(恩門相國)'이라 불러 자신의 즉위가 최충헌의 덕임을 표현했다. 이후에도 희종은 최충헌의 지위를 해마다 높여 주어 환심을 샀다. 그 때문에 최충헌의 세력은 실질적으로 희종과 다툴 정도가 아닌 그 위나 마찬가지가 되었다. 신하로서 받을 수 있는 지위는 모두 받은 상태였던 것이다.

이러한 상황하에 있던 희종이었지만 늘 제왕으로서의 왕권을 행사할 수 있기를 바랐던 듯하다. 겉으로는 최충헌의 비위를 맞춰 갔지만 내심은 그와 달랐던 것이다. 그렇지만 왕실의 눈과 귀, 병장과 군사 등이 모두 최충헌에게 있는 상황하에서 그를 무너뜨리기란 쉽지 않았다. 1211년(희종 7) 12월 내시 왕준명(王濬明) 등은 희종의 묵인하에 수창궁으로 들어온 최충헌을 암살하고자 했다. 성공했다면 복정(復政)을 이뤘겠지만 지주사방(知奏事房)에 숨어 간신히 위기를 넘긴 최충헌을 잡지 못했다.

늘 암살의 위협에 노출되어 있던 최충헌인지라 무사히 궁을 나온 후 관련 자들을 색출했다. 이때 최충헌의 족인(族人) 상장군 김약진(金躍珍)은 궁궐에 있는 자들과 함께 희종까지 모두 죽이겠다고 할 정도였다. 최충헌은 희종을 폐위하고 강화도로 보냈다가 자연도로 다시 옮겼다. 태자 왕지는 인주로 유배했다. 그리고 명종의 태자였던 한남공 왕정(王貞)을 옹립해 강안전에서 즉위토록 했다. 바로 강종이었다.

희종은 강화도와 자연도, 그리고 교동 등을 오가면서 폐위된 채 살았다. 한번은 최충헌이 희종을 교동으로 옮기게 했는데, 이를 행하기 위해 간 장군 이광유는 희종이 놀라 어쩔 줄 몰라 했으며, 물품도 쌀 6석 정도만 있었다고 최충헌에게 보고했다. 이를 들은 최충헌은 자신이 관대하여 희종 부자가 목숨을 보전하고 있는 것이라 했다. 1227년(고종 14) 최우가 집정하고 있을 때 희종은 다시금 최우 암살 무고 및 희종 복위 기도 사건에 휩싸였다. 주모자였던 주연지(周演之)의 집에서 "맹세컨대 생사를 같이하고 아버지처럼 섬기겠습니다"라는 내용이 적힌 편지가 발견되었던 것이다. 이로 인해 다시 교동으로 옮겨졌다.

1232년(고종 19) 6월 최우는 자연도에 있던 희종을 봉영해 오도록 했다. 아마도 이 무렵 희종의 다섯 딸 중 셋째인 덕창공주와 최충헌의 아들 최성(崔珹)의 혼인이 있었던 듯하다. 영가후 최전(崔瑼)이 그였다.

최충헌이 1219년(고종 6) 9월 71세로 죽은 뒤로도 신원되지 못했던 희종은 1237년(고종 24) 8월 무자일(10) 57세의 나이로 강화도 법천정사(法天精舍)에서 죽었다. 그렇지만 희종의 딸 안혜태후 류씨는 고종의 후비가 되어 원종을 낳았다.

고종은 강도(江都)의 낙진궁(樂眞宮)에 빈소를 차린 뒤 시호를 성효(誠孝), 묘호를 정종(貞宗), 능호를 석릉(碩陵)이라 했다. 묘호 정종은 후일 희종(熙宗)으로 고쳤다. 성효의 시호는 성실히 효를 실천했다는 의미가 있었다. 첫 묘호인 정종은 곧은 성품과 행실을 가진 군주임을 반영한 것이었다. 그렇지만 중국사를 포함해 역대 군주의 묘호에 정종(貞宗)이라 한 경우는 없었다. 이것을 의식해서인지, 언제인지는 밝혀져 있지 않으나 빛난다는 의미를 가진 '희(熙)'로 이를 대신했다.

희종 묘정의 체협공신으로는 최선(崔詵)과 임유(任濡)가 있다. 최선은 무신정변 때 덕망이 높아 무신들로부터 존중을 받은 문숙공 최유청(崔惟淸)의 아들이었다. 『증속자치통감(增續資治通鑑)』과 『태평어람(太平御覽)』을 교정한 바 있으며, 최충헌과 함께 신종의 내선과 희종 즉위를 의논하기도 했다. 동지공거를 한 차례, 지공거를 두 차례 역임한 바 있다. 치사한 뒤 1209년(희종 5)에 죽었다. 임유는 처음 이름이 임극인(任克仁)이었다. 명종 때 과거에 급제했으며 16년간 제고(制誥)를 맡았다. 동지공거를 한 차례, 지공거를 세 차례 맡았는데 문생으로 조충·이규보·유승단 등이 있었다. 1212년(강종 1) 64세로 죽었으며 시호를 양숙(良淑)이라 했다.

강종은 명종의 장남으로 태자로 책봉되었다가 명종이 폐위되며 강화로 추방된 바 있었다. 하지만 희종이 폐위되면서 갑작스레 1211년(희종 7) 12월 즉위하게 되었다. 이때 그의 나이는 60의 고령이었다. 1212년(강종 1) 2월 고주사(告奏使)를 금에 보내 희종의 유고 시 강종이 왕위를 이으라는 신종의 유언이 있었음을 밝혔다. 즉, "네가 나에게는 조카[猶子]가 되지만 이치로 보아 가업을 계승해야 마땅하므로 만약에 왕위를 물려줄 경우 반드시 먼저 너에게 맡기겠다"라 했다는 것이다. 물론 이는 확인이 안 되는 내용이었다. 하지만 금에서는 강종 즉위를 별다른 문제 제기 없이 인정했다. 그리고 이해 7월에는 아들 왕진을 태자로 책봉했으며, 이듬해(1213) 8월 정축일(9)에 태자가 왕위에 오르도록 하고 수창궁 화평전에서 62세의 나이로 죽었다.

고종은 선왕의 시호를 원효(元孝), 묘호를 강종(康宗), 능호를 후릉(厚陵)이라 했다. 원효는 효행을 잘 실천했다는 의미였으며, 강종은 건강하게 살아 왕위에 올랐음을 상징했던 듯하다. 그리고 후릉은 오랫동안 폐위되어 고생하다 왕위에 올라 죽은 만큼 그 복이 두터워야 함을 기원하고자 정했을 것이다.

강종 묘정의 체협공신으로는 정극온(鄭克溫)이 정해졌다. 정극온은 전주 상질현 사람으로 부친은 대장군 정원령(鄭元寧)이었다. 전공을 세워 대장군이 되었고 어사대부와 참지정사 등을 역임했다. 1215년(고종 2)에 죽자 시호를 익렬(翼烈)이라 했다. 강종 대에 중추원의 업무를 맡은 인연이 반영되었다.

고종은 22세의 나이로 강종의 유명을 받고 즉위했다. 최충헌-최우-최항-최의-김준에 걸친 무신정권하에서 군주의 자리를 보전했다. 거란유종·동진국·왜에 침략을 당했으며, 몽골과의 전쟁을 겪었다. 특히 1231년(고종 18)부터 27년간 몽골로부터 9차례 대규모 침략을 받으면서도 왕위를 지켜 결국 왕정복고라는 '복정(復政)'의 시대를 맞았다.

고종은 46년간 재위하였으며 강도에서 군주로서 유일하게 죽었다. 이때 고종의 나이는 68세였다. 시호는 안효(安孝), 묘호는 고종(高宗), 능호는 홍릉(洪陵)이라 했다. 1310년(충선왕 후2) 원에서 충헌(忠憲)의 시호를 추증했다. 안효라는 시호는 효를 잘 실천해 왕실이 편안했음을 뜻했다. 묘호 고종은 오래도록 왕위에 있었고 끝내 왕정복고를 이루면서 몽골과의 전쟁을 화친으로 마무리한 것을 반영했을 듯하다. 홍릉의 능호는 고종의 덕이 크다는 의미를 담았다 여겨진다.

고종 묘정의 체협공신은 조충(趙冲)과 이항(李杭), 김취려(金就礪)이다. 조충은 신종 묘정에 배향된 조영인의 아들이었다. 조충은 명종 대 과거에 급제했으며 문신으로서 1216년(고종 3)에 추밀부사 한림학사승지 상장군이 되었다. 문극겸 이래 문신으로서 상장군을 겸한 것인데 그만큼 문무의 재능을 갖춘 것이 인정된 면이 있었다. 동진의 황기자군을 물리치고 몽골 원수 카치운과 함께 강동성 전투를 이끌었다. 초기 몽골과의 형제 관계를 맺는 데 기여했으며, 전쟁에서 돌아온 이듬해인 1220년(고종 7) 9월 불과 50세의 나이로 죽었다. 시호를 문정(文正)이라 했다. 이항은 합천 사람으로 1179년(명종 9) 상서좌복야 태자소보로 치사한 이문저(李文著)의 넷째 아들이었다. 그 행적이 잘 알려져 있지 않으나 문하시중으로 치사한 뒤 1231년(고종 18) 11월에 죽었다. 김취려는 언양현 사람으로 예부시랑을 지낸 김부(金富)의 아들이었다. 음서로 정위(正尉)에 임명된 뒤 동궁위가 되었다. 신장이 6척 5촌인 데다가 수염이 길어 위풍당당해 몽골 원수 카치운도 그를 기이하게 여겼다. 조충과 함께 강동성 전투에 참여해 공을 쌓았고 문하시중이 되었다가 1234년(고종 21)에 63세로 죽었다. 시호는 위열(威烈)이라 했다.

이제현과 사관은 고종의 치적에 대해 묘한 평가를 남겼다. 이제현은 고종에 대해 덕을 쌓고 늘 근신하는 자세로 임해 왕위를 보전했다고 평했다. 사관은 고종이 군주로서 견디기 힘들었지만 조심스러운 마음으로 법도를 지키고[小心守法] 수치를 참을 줄 알아 보위를 온전하게 유지했으며 마침내 왕권을 되찾게 되었다고 했다. 이어서는 몽골이 공격하면 수비하고 물러가면 사신을 보내 화친을 맺었으며 태자를 몽골에 친조케 하여 사직을 보전했다고 평했다. 훌륭한 업적을 세운 것은 아니지만 왕위와 왕실을 지킨 것으로도 그 역할을 잘 해냈다는 평이었다.

사실 최씨 무신정권은 60년간 중방·교정도감·진강부·진양부·도방·정방·서방·삼별초·마별초 등의 지배 기구를 통해 고려 사회를 통제했다. 이들 기구에 최씨 정권이 임명한 무신과 문신, 군사들이 소속되었다. 그리고 그들은 군주에게보다는 최씨 집정자에게 충성을 바치면서 집정의 수족 역할을 한 것이다.

최씨 무신정권기 지배 세력은 무신 중심이었으나, 군주와 문신 등도 나름의 역할을 해 나가고 있었다. 이는 최씨 무신정권이 자신들의 권력을 유지하기 위해서도 필요했다. 예컨대 신종을 옹립하면서 명종을 죽이거나 하지 않았다. 최충헌을 죽이려는 것을 묵인한 희종이었지만 유배했을 뿐 죽이지 않았다. 명종의 태자였다가 폐위되었던 강종을 다시 왕위에 앉혔으며, 그 아들 고종이 왕위를 잇도록 했다. 이를 보면 왕권을 능가하는 권력을 과시했으나 스스로 왕위에 오르려 하지는 않았던 것이다.

오히려 최씨 집정자들은 왕권의 상징이라 할 왕실 및 국가 의례를 성대하게 진행할 수 있도록 했다. 연등회나 팔관회를 열고 강종의 신어를 경령전에 모시도록 했다. 1208년(희종 4) 10월에는 국로(國老)와 서로(庶老), 효순·절의를 행한 이들에게 음식을 대접하는 향례(饗禮)를 베풀었다. 국가를 위한 각종 대장경을 제작하고 소재 도량 관련 불교 의례를 행할 때 그것은 최씨 집정자의 뜻이 아닌 군주의 명으로 이뤄진 것이었다.

더불어 1253년(고종 40) 6월 기록을 보면 특이한 내용이 연속되었다. 6월 신해일(4)에는 선왕과 선비에게 존시(尊諡)를 더해 올렸다. 예컨대 태조는 용렬(勇烈), 헌종은 정비(定比), 희종은 인목(仁穆), 강종은 명헌(明憲) 등 역대 모든 제왕에게 이를 더했다. 이와 함께 고종은 최항에 대해서도 진강공 최충헌, 진양공 최이처럼 봉작을 행하려 했다. 아마도 이뤄졌다면 진평후(晉平侯)가 되었을 것이다. 최항 묘지명을 보면 그의 봉작은 진평군개국공(晉平郡開國公)에 이르고 있었다.

그러면서 최씨 집안은 왕실과의 혼인을 맺을 따름이었다. 최충헌은 강종의 서녀(庶女)인 정화택주 왕씨를 취했고, 아들 최항(崔沆)은 종실 수춘후(壽春侯) 왕항(王沆)의 딸, 그리고 아들 최성(崔珹)은 희종의 딸과 혼인했다. 최우의 사위인 김약선의 아들 김미(金敉)는 종실 양양공의 딸과 혼인했고, 김약선의 딸은 원종의 비가 되었다. 이를 통해 최씨 정권은 왕실을 배경으로 삼을 수 있었고, 통치 권위 역시도 세울 수 있었다.

신종~고종 시기 많은 모반과 민란, 그리고 외적 침입이 있었다. 하지만 과거는 물론이고 음서 등은 그대로 행해졌다. 특히 과거 시행을 보면 신종 재위 7년간 제술업과 명경업 등 양대업이 6회, 희종 재위 7년간 5회, 강종 재위 2년간 2회, 고종 재위 46년간 27회가 시행되었다. 급제자 수도 명종 대 573명을 포함하면 총 1,794명이나 되었다. 신종~고종 대에는 1,221명의 급제자가 나온 것이다. 이는 국자감시도 마찬가지였다. 신종 대에는 6회, 희종 대 4회, 강종 대 2회, 고종 대 27회가 열린 것이다. 역시 명종 대 1,217명의 급제자를 포함한 합격자 수는 4,405명이었다. 이들 급제자 수의 규모만 본다면 오히려 예종~의종 대보다도 많았다. 이는 물론 최씨 무신정권에 불만 혹은 모반을 꾀하지 않는다는 전제하에 이뤄진 것이었다. 이를 통해 최씨 정권은 문무를 아우르는 지배 세력이라는 인식을 확대해 갈 수 있었다.

한편 중서문하성에는 2품 이상이 속한 재부(宰府)의 재상으로 진재(眞宰)가 있었다. 추밀원에는 판원사(判院事)·원사(院使)·지원사(知院事)·동지원사(同知院事) 등 종2품직을 포함해 정3품 부사와 직학사까지 포함되었다. 즉 5재(宰) 7추(樞)의 재추 양부가 있었다. 따라서 신료로서 재추의 직에 들 수 있다는 것은 큰 영광이었다. 그런데 최씨 무신정권기를 보면 이들 재추직 구성에 특징적 면이 나타난다.

선행 연구에 따르면 재추직에 횡천 조씨 가문에서는 조영인(趙永仁)·조충(趙冲)·조계순(趙季珣), 경주 김씨 가문에서는 김봉모(金鳳毛)·김태서(金台瑞)·김기손(金起孫), 정안 임씨가에서는 임유(任濡)·임경숙(任景肅)·임경겸(任景謙)·임효순(任孝順), 철원 최씨가에서는 최당(崔讜)·최선(崔詵)·최종준

(崔宗峻)·최린(崔璘)·최온(崔昷)·최평(崔坪) 등이 있었다. 이 외 새로이 발탁된 인물들도 다수 있었다. 금의(琴儀)·송순(宋恂)·이규보(李奎報)·김창(金敞)·최자(崔滋) 등이 그러했다. 첨서추밀원사 금의와 추밀원부사 정방보는 재추로서 최충헌을 수행했다. 재추라 하더라도 이처럼 최씨 집정자의 측근이 되어야 했다.

게다가 최씨 집정자들은 인사를 결정하는 전주(銓注)를 군주에게 보고하는 승선(承宣)직을 장악하고 있었다. 정방 소속 정색승선이 이들이었다. 이들은 중추원 소속이기도 했다. 정방에 승선을 둠으로써 전주권을 장악하여 인사 흐름을 통제한 것이다. 여기에 간쟁과 봉박, 관리의 탄핵 및 규찰을 담당하며 서경권을 가지고 있는 대간(臺諫)도 좌지우지했다. 최충헌과 최이 그리고 최항이 판어사대사직을 지냈던 것은 이를 뜻했다.

최우 즉 최이는 과거 급제자를 포함한 문신 발탁 기준을 세운 바 있었다. 최자(崔滋) 열전에 이것이 보이는데 다음과 같았다.

> 최이(崔怡)는 조사(朝士)에 대해 품평하면서 문(文)·이(吏)가 모두 우수한 자를 제일로 하였고, 문장은 있으나 능리(能吏)하지 못하면 그다음으로, 능리이나 문장에 능하지 못하면 또한 그다음으로, 문·이에 모두 능력이 없으면 최하로 여겼는데 모두 직접 병풍에 기록하였다. 매번 전주(銓注) 때마다 이를 상고하여 살폈다.

즉, 능문(能文)과 능리(能吏)가 갖춰져야 문신 발탁에 우선했다는 것이다. 능문이란 서표(書表) 및 조칙(詔勅)과 시문 등을 잘 짓는 것을 말하고 능리란 행정 실무에 능하다는 것을 뜻했다. 이에 따르면 최이는 개인의 능력을 가문보다 중시한 것이었다. 이 때문에 한미하거나 그동안 잘 알려지지 않아 등용되지 못한 한사(寒士)가 많이 뽑혔다. 특히 믿을 만한 측근이 능문능리의 조사(朝士)로 추천하면 발탁될 가능성이 높아졌다. 이는 결국 최씨 집정자에게 충성하는 세력의 양성을 뜻했다. 여기에 조충처럼 도량과 식견[器識], 덕행(德行) 및 문무(文武)를 겸비하면 더할 나위 없었다. 이에 조충은 문신이었지만 상장군을 겸하기도 했다. 물론 지나치면 최씨 집정자의 견제를 받아야 했다.

신종-희종-강종-고종의 시대는 최씨 무신정권과 그 명운을 같이했다. 무신정권으로부터 또는 외적으로부터 왕실을 보전해야 했다. 그렇지만 동시에 자신들의 시대가 가진 폐단이 무엇인지도 살펴야 했다. 이러한 현실을 고려할 때 복정(復政)이 이뤄지면서 전개될 고려 사회의 시대 과제는 다음과 같았을 것이다.

첫째, 무너진 질서와 체제의 정비였다. 그동안 통치 질서가 무너져 야기된 혼란을 바로잡아야 했다. 무고와 모반, 민란, 외적의 침입 등으로 질서가 무너졌고 이에 근본적인 대책을 강구해야 했다. 건국 이래 3백 년이 넘어간 시점이었기에 국가 체제에 대한 재정비도 필요했다.

둘째, 새로운 무신정권의 출현에 대비해야 했다. 류경과 김준 등에 의해 최씨 무신정권이 와해되었다. 하지만 그 권력 기구와 최씨 무신정권을 따랐던 이들은 그대로 남아 있었다. 또한 무신정권의 정치 경험을 이어받은 또 다른 무신정권의 등장이 있을 수 있었다. 그 때문에 이에 대한 대비가 필요했다. 그렇지만 단적으로 김준이 최씨가의 가노 출신이어서 무신정권 출현에 대한 대비는 사실 어려웠을 것이다.

셋째, 몽골과의 관계를 빠른 시일 내에 정립해야 했다. 태자 즉 원종이 몽골로 친조를 위해 출발했지만 고려와 몽골 양국에 국상이 일어났다. 일차적으로 고려에서는 이미 강화도에서 나와 개경으로 돌아가는 출륙환도를 결정한 마당이었다. 다만 환도는 몽골의 의사를 본 후에 확정하려 했다. 태자로서는 귀국하여 즉위한 후 국상을 마무리할 것인가 아니면 원래의 목적대로 몽골과의 강화 협상을 맺을 것인가를 결정해야 했다.

넷째, 그간 몽골은 9차례씩이나 고려를 침략하면서 다루가치를 두었고 영토를 앗아 가기도 했다. 승자의 입장에 선 몽골이니만큼 고려에 대한 요구는 더욱 많아질 가능성이 농후했다. 이에 고려로서는 몽골과 강화하면서 몽골군의 철군을 청하고 몽골의 내정 간섭을 제도적으로 막아야 했다.

다섯째, 30년간 지속된 몽골의 침략과 대몽항쟁은 전 국토를 황폐하게 만들었다. 그 때문에 당연한 것이지만 조세 수취도 어려워 국가 재정은 파탄 나고 있었다. 어려운 생활을 꾸려 가는 백성들은 더욱 힘들었을 것이다. 이에 피폐해진 민심을 바로 세우고 농민 안정을 꾀하는 유신 정책의 마련이 필요했다.

여섯째, 최씨 무신정권기의 인재상은 소위 능문능리였다. 사실 이는 무신정권기만이 아니라 어느 때라도 마찬가지였다. 게다가 문무를 겸비하고 있으면 더욱 좋았다. 따라서 과거제의 정상적 운영을 지속하면서도 이들 조사(朝士)를 등용할 필요가 있었다.

일곱째, 무신정권기에는 중방과 도방, 교정도감과 정방, 서방, 삼별초 등 많은 기구가 국가 기구와 병립했다. 혹은 그것 자체가 국가 기구적 성격을 띠기도 했다. 이는 복정이 이뤄진 상황에서 왕권의 행사에 걸림돌이 될 수 있었다. 이를 감안해 무신정권에 의해 설치된 권력 기구를 정비해 가야 했다.

여덟째, 무고와 뇌물은 어느 때나 있는 것이지만 권력이 소수에게 집중될 때 이는 더욱 극심하게 나타났다. 무고는 옥사와 형벌의 지나친 행사로 이어지고 송사(訟事)를 일으켜 관련 인물들이 희생당하기 마련이었다. 뇌물의 경우도 그 양에 따라 관직을 주거나 혹은 죄인을 풀어 주는 것이기에 능력과 성품을 갖춘 이들의 진출을 막았다. 그 때문에 이로 인한 정치 사회 혼란을 막을 수 있는 제도적 혹은 법적 조치가 요구되었다.

아홉째, 무신정권의 재등장을 막는 것은 물론이고 그와는 다른 형태의 권신 등장을 근원부터 차단해야 했다. 또한 측근 세력들이 멋대로 굴게 해서는 안 되었다. 이 경우 대간 세력 등 간관의 역할을 충분히 보장할 필요가 있었고, 동시에 군주는 그 간언을 듣고 물리치지 않아야 했다. 이를 위해 재추도 힘을 합치는 노력이 있어야 했다.

열째, 가장 중요한 것은 올바른 군주상을 세우고 이를 이루기 위해 다각도로 노력해야 한다는 것이었다. 결국 왕조 사회에서 모든 일은 군주에 의해 결정되기 때문이다. 경연을 통해 군주의 능력과 덕을 키우고 군신이 소통하며 개혁해 가는 모습이 필요했다. 그리고 왕도정치 시행을 위한 일종의 계획과 실천이 요구되었다.

하지만 역사는 늘 뜻한 바대로 움직이지 않는다. 그렇다고 아무것도 하지 않을 수도 없는 일이다. 할 수 없을 때는 생존을 우선시할 수밖에 없지만 할 수 있을 때는 그 성과가 이뤄질 수 있도록 해야 한다. 신종~고종 대에 이르는 역사는 군주가 할 수 없을 때 생존하는 모습을 보여 주었다. 이제는 군주가 할 수 있는 시대가 열리는 전환점이었다. 과연 고려 왕조는 어떠한 모습을 찾고자 했을까?

4.
무신정권의 종식과 왕권 회복 : 원종

1) 원종의 즉위와 왕실

원종(元宗, 1219~1274)은 1219년(고종 6) 기묘년 3월 을유일(19)에 태어났다. 고종과 안혜태후(安惠太后) 류씨(柳氏) 사이 2남 1녀 중 장남이었다. 동생으로 안경공(安慶公) 왕창(王淐)과 수흥공주(壽興公主)가 있다. 안혜태후는 희종과 성평왕후 임씨 사이 5남 5녀 중 장녀였다. 성평왕후 임씨는 종실 영인후 왕진(王稹)의 딸이며, 모친은 명종의 딸 연희궁주였다. 안혜태후는 고종과 족내혼을 행한 것이기에 성씨를 류씨라 한 것이나 류씨가 어떻게 비롯되었는지는 기록이 없어 불분명하다.

원종의 생일 관련 절일 명칭은 '함녕(咸寧)'이었다. 3월 19일이 함녕절로 정해진 것이다. 무신정권이 계속되는 와중에도 고려의 군주는 이처럼 절일을 정하고 축하를 받고 있었다. 예컨대 1265년(원종 6) 3월 함녕절을 맞아 김준이 사치스럽고 풍성하게 준비하여 원종에게 바쳤다는 기록이 보인다. 다만 '함녕'의 절일명은 이미 예종이 정해 쓴 바 있었다. 대체로 절일명의 경우 중복을 피하는 것이 일반적이었는데 그러지 않은 점은 의문이 든다.

처음 이름은 왕전(王倎)이었다. '전(倎)'은 착하다 혹은 두텁다는 의미가 있었다. 이후 원자로서 1235년(고종 22) 정월 갑인일(20) 관례(冠禮)를 행하고 곧

이어 태자로 책봉되었다. 17세의 나이였기에 다소 늦었다 할 수 있다. 자호는 일신(日新)이었다. 일신의 자호는 『대학(大學)』 중 탕왕(湯王)의 반명(盤銘)에 "진실로 어느 날 새로워졌거든 나날이 새롭게 하고 또 날로 새롭게 하라[苟日新, 日日新, 又日新]" 한 데서 비롯되었다. 최씨 무신정권하에서 유신의 정치를 행할 수 없었던 고종이 태자에게 덕을 닦으면서 기다려야 한다는 의미를 간접적으로 전한 것이라 여겨진다.

그리고 같은 해(1235) 6월 을유일(24)에는 최충헌의 사위인 지주사 김약선(金若先)의 딸을 비로 맞았다. 1244년(고종 31) 2월 태자비 김씨 즉 순경태후 김씨가 죽자 신안공(新安公) 왕전(王佺)의 딸을 비로 맞았다. 경창궁주(慶昌宮主) 류씨(柳氏)였다. 경창궁주는 현종의 4남 평양공 왕기의 7세손인 신안공 왕전의 딸이었다. 왕전은 희종의 딸 가순궁주와 혼인했다. 여몽 전쟁기에 사신으로 몽골을 오가며 몽골 사신 접대 역할을 수행하여 공이 있었다. 경창궁주의 아버지인 신안공 왕전, 숙부라 할 영녕공 왕준(王綧)은 몽골 황실 및 고려 왕실에서 중요한 역할을 했다.

순경태후 김씨와의 사이에서는 충렬왕이 있었고, 경창궁주와의 사이에서는 시양후(始陽侯) 왕태(王珆), 순안공(順安公) 왕종(王悰), 경안궁주(慶安宮主)·함녕궁주(咸寧宮主) 등 2남 2녀가 있었다. 하지만 신안공의 딸 경창궁주는 1277년(충렬왕 3) 서인으로 강등되었다. 경창궁주가 충렬왕을 저주한다는 무고 사건이 일어났기 때문이었다.

경창궁주는 원종 즉위 후 충렬왕을 태자로 책봉하려 하자 그가 김약선의 외손자인 데다 태손 시절 원종이 몽골에 입조했다 돌아올 때 그 귀국을 기뻐하지 않았다고 하여 충렬왕의 태자 책봉을 막고자 한 바 있었다. 김약선은 2대 최씨 정권의 집정자인 최이의 사위였다. 더구나 자신의 아들을 태자로 세울 생각이 있던 경창궁주는 충렬왕과 사이가 좋을 수 없었다. 자신의 친족은 왕실 및 몽골 황실과 연결되고 있었다. 하지만 결국 당시 집정 김준이 태자를 그대로 유지하려는 생각이 강해 원종에게 극간했다. 이로써 일단 태자 지위는 안정을 찾게 되었다.

원종의 즉위에는 상당한 우여곡절이 있었다. 태자로서 나이 많고 병이 있는 고종을 대신해 1259년(고종 46) 4월 갑오일(21) 몽골에 입조하여 강화를 맺고자 했다. 몽골은 화친을 요청하는 복속국에 '6사'를 강요했다. 칭키즈 칸이 정했다는 6사는 ① 인질을 보낼 것[納質], ② 원군을 보낼 것[助軍], ③ 군량을 보낼 것[輸糧], ④ 역을 설치할 것[設驛], ⑤ 호구를 조사해 보고할 것[供戶數籍], ⑥ 다루가치를 둘 것[置達魯花赤] 등이었다. 그런데 장기간 전쟁을 거친 몽골은 화친을 위해 국왕 친조와 출륙환도라는 고려의 입장을 수용하고자 했다. 태자의 친조는 몽골에 이 약조를 지키는 차원에서 이뤄진 것이었다.

그런데 원종이 4월에 입조한 후 1259년(고종 46) 6월 고종이 죽었다. 김준은 안경공 창을 추대하고자 했다. 그러나 양부(兩府)에서 적자 계승과 태자의 몽골 입조를 들어 안경공의 즉위를 반대했다. 고종의 유조는 태자가 왕위를 잇되 그의 귀국 전까지는 태손이 군국 서무를 처결케 하라는 것이었다. 이에 김준은 태손을 받들었고, 태손은 문무백관의 하례를 받았다. 이때 태손의 나이 24세였다.

태손은 곧 귀국할 원종을 대신해 군국 서무를 처결했다. 처음에는 관리 임명에 대해 원종의 귀국을 기다려 행하여야 한다고 하면서 그 처결을 미뤘지만 양부에서 강력히 요청하자 5품 이하 관직을 임명하기 시작했다. 이어서는 종2품 참지정사와 추밀원사, 정3품 추밀원부사 등에 대한 인사 조치도 행하였고, 재추 이하 종4품 급사·중승 임명 시 사례하는 전문(箋文)을 올리는 일을 금지했다. 국왕권을 행사한 것이나 다름없었다.

원종은 몽골 경조부(京兆府)에서 선왕 고종의 상을 듣고 상복을 입었다가 사흘 만에 벗었다. 몽골의 몽케 헌종은 재위 9년(1259) 7월 계해일(21)에 사천 중경(重慶) 조어산(釣魚山)에서 남송을 공격하다 죽었다. 한 달 사이로 일어난 고종과 몽케 헌종의 죽음은 태자 입장에서 본다면 난감한 일이었다. 태자에게 주어진 길은 빈손으로 귀국할 것인가, 아니면 유력한 황제 후보자를 만날 것인가였다. 태자는 유력 황제 후보자와의 만남을 선택했다. 몽골 황제 후계자 싸움이 시작되려는 급박한 순간에 태자는 몽케 헌종의 동생인 쿠빌라이를 만나고자 한 것이다.

이때의 만남은 사관이 원종에 대해 "천명과 민심의 거취를 알고 가까이 있던 아리크부카를 외면하고 멀리 있는 세조를 찾아갔다"라 할 정도로 고려의 입장에서는 천운이기도 했다. 쿠빌라이 또한 고려 태자가 찾아온 것에 대해 다음과 같이 기뻐했다.

> 고려는 만 리(萬里)의 나라이다. 당 태종이 몸소 정벌했으나 복속시킬 수 없었는데, 지금 세자가 스스로 오니 이는 하늘의 뜻이다.

개평부에 이르자 강회선무사(江淮宣撫使) 조양필(趙良弼)은 쿠빌라이에게 몽골에 입조하여 체류한 지 햇수로 2년이 되 가는 태자를 후대하여 국왕으로 세워 돌아가게 한다면 기꺼이 신하의 직분을 닦을 것이라 조언했다.

태자 원종의 귀국은 1260년(원종 1) 2월 임술일(24)에 시작되었고, 을축일(27)에 서경을 통과했다. 쉬리다이[束里大]와 강화상(康和尚)이 다루가치로서 원종을 수행했다. 3월 임오일(15)에 제포에 다다르자 태손과 제왕, 문무백관 및 삼별초가 영접했다. 영접을 받은 뒤 원종은 쉬리다이와 개경에 가 궁궐 건설 상황을 보고 승천부 북교에 머물렀다. 다만 이때 원종이 쉬리다이보다 앞서 승천궐로 들어가자 그는 원종과 고려의 의도를 의심했다. 태손은 이러한 상황이 되자 앵무잔과 백은 30근을 뇌물로 주면서 회유해 원종과 함께 강도의 궁에 비로소 입궐했다.

이 무렵 쿠빌라이가 황제의 자리에 올랐다. 원종은 기대하던 화친이 이뤄질 수 있다 보았다. 곧바로 경령전에 환국을 고하고 출륙환도를 위한 준비를 하게 했다. 의심하는 쉬리다이와 강화상이 알 수 있도록 문무 양반과 각 영부(領府)를 3조로 나눠 개경에 왕래토록 했다. 쿠빌라이는 원종의 안위를 확인하고 보장하기 위해 조서를 고려에 보내왔다. 그 내용 중 김준 등에 대한 사면을 내린 것과 개경 환도를 꾀하도록 한 것이 보인다. 그리고 말미에서는 또다시 모반을 일으키거나 군주를 능멸하는 경우 죽일 것이라 했다. 그만큼 원종에 대한 보호를 천명한 것이었다.

이 조서를 받은 고려 측과 원종은 안심했다. 그리고 원종의 본격적인 즉위식을 준비했다. 4월 무오일(21) 원종은 경령전에서 불교 의례인 관정(灌頂)을 행하고 보살계를 받았다. 이어 강안전으로 행차하여 백관의 하례를 받은 뒤 황의를 입고 용상에 앉아 남면했다. 마침내 표문을 받고 만세의 축수를 받았다. 몽골 쿠빌라이 황제의 전격 지원을 받은 고려 국왕의 즉위였다. 감개무량했을 것이나 현실은 그 감정과 매우 달랐다.

그것은 앞으로 원종이 헤쳐 가야 할 험로 때문이었다. 김준을 위시한 무신정권은 마음대로 통제할 수 없는 존재였다. 게다가 쿠빌라이가 기대하는 출륙환도가 쉽게 이뤄지지 않는다면 몽골의 공격이 다시 추진될 수 있는 상황이었고, 원종 자신에 대한 위해와 폐위 등의 경우까지 염두에 두어야 했다. 여기서 원종이 할 수 있는 일은 지금까지처럼 몽골을 적극 이용하는 것이었다. 동시에 원종은 안경공 창 등 종실과 무신정권의 눈치를 봐야 했다. 이는 다수의 친위 개혁 세력을 갖지 못한 왕실의 한계를 여실히 보여 주었다. 김준이 복정을 선언했다 해도 출륙환도를 포함한 고려의 정국 운영 주도권은 김준 등 무신에게 있었던 것이다.

2) 무신정권과 출륙환도

1258년(고종 45) 3월 병자일(26)은 고려 왕실 입장에서 잊지 못할 날이었다. 대사성 류경(柳璥)과 별장(別將) 김인준(金仁俊) 등이 집정 최의를 죽이고 복정을 선언했기 때문이었다. 김인준은 후일 이름을 최우, 최항, 최의처럼 외자로 바꾸어 김준이라 했다. 본래 김준은 최충헌의 가노 김윤성(金允成)의 아들로 그 또한 최충헌의 가노 신분이었다. 이러한 그가 어떻게 집정자의 자리에 오를 수 있었을까?

김준에 대한 기록을 보면 용모와 성품이 뛰어났으며 아랫사람에게도 겸손해 인심을 얻었고 활을 잘 쐈다 했다. 가노 신분이기는 했으나 실제로는 노비가 아닌 문객 정도였다. 최충헌의 문객이 3천 명이었다는 것이 이를 방증해 준다. 어떤 술승은 그를 보고 후일 당국자(當國者) 즉 나라를 이끌 자가 되리라는 평을 했다. 그만큼 김준은 젊어서부터 남다른 면이 있었던 것이다. 김준은 최우 즉 최이의 좌우에 있으면서 전전승지가 되었고, 최항이 최이의 뒤를 잇는 데에도 막후 역할을 했다. 최항에 의해 별장이 되었으나 최의가 들어서자 김준은 권력에서 밀려나게 되었다.

이러한 갈등 속에 김준은 문신 중 뜻이 통할 듯한 대사성 류경에게 비밀 제의를 했다. 이 둘은 모두 최항으로부터 후대를 받았었다. 특히 류경의 경우는 오랫동안 정방에 있으면서 최씨 정권을 위해 일했다. 김준이 최의를 제거하겠다 했을 때 류경은 말없이 노복을 시켜 살구[杏]를 한 사발 김준에게 주었다. 김준은 류경의 뜻을 알아차리고 최의를 죽이기에 이르렀다. '행(杏)'은 바란다, 희망한다는 뜻의 '행(幸)'과 음이 같았기 때문이었다.

이들은 고려 왕실을 위해 복정을 한 것이었으나 고종 등 왕실의 입장에서는 이를 마냥 환영할 수 없었다. 결국 왕실의 호위를 무신 집정에게 맡겨야 했기 때문이었다. 다만 최씨 정권 때와는 다른 면이 있었다. 류경은 정방을 편전 옆에 두고 인사와 국가 중대사를 결정하게 했다. 류경은 문신이었지만 좌우위 상장군이 되었고 이어 우부승선도 맡아 고종을 보좌했다. 김준은 고종의 죽음 후 태손의 임시 국왕 역할을 도왔고, 원종의 귀국 및 즉위 때에도 옆에 있었다.

원종은 1264년(원종 5) 5월 황제로부터 상도(上都)에서 제후를 불러 서로 마주하는 예를 올리니 국왕이 입조토록 하라는 조서를 받았다. 8월에 이르러 원종은 입조를 결정하면서 태자가 있었음에도 김준에게 국사를 임시로 말도록 했다. 감국(監國)의 자리였다. 원종은 그만큼 김준을 신뢰했다. 8월 계축일(12)에 출발한 원종은 같은 해 12월 임술일(22)에 돌아와 제포관에 머무르며 태자와 제왕(諸王)의 영접을 받았다. 이때의 입조 상황만 놓고 본다면 고려와 몽골 간에는 큰 문제가 없었던 것으로 여겨지고, 고려는 출륙환도를 차질 없이 추진하면 되었다.

그런데 이 시기의 기록을 보면 주목할 내용이 있다. 1264년(원종 5) 8월 몽골 출발 전 원종이 김준을 교정별감에 임명했다는 것이다. 김준은 이로써 국가 비위를 규찰할 수 있게 되었다. 스스로 되거나 승계한 것이 아닌 왕명에 의한 것이었다. 이는 교정도감 역시 국가 기구가 되었음을 의미했다. 원종이 입조한 때 김준은 교정별감으로서 감국의 역할을 충실히 해냈다. 이어 1265년(원종 6)에는 시중으로서 해양후(海陽侯)로 책봉되었다. 집정자의 자리에 오른 것이었고, 원종이 이를 인정한 것이었다.

1266년(원종 7) 11월 몽골에서는 조서를 보내 고려인 조이(趙彝)가 올린 일본에 대한 이야기를 들은바 일본과 통교를 원하니 이를 도울 것을 언급했다. 일본 원정 즉 동정(東征) 관련 서막이 열리기 시작한 것이다. 1267년(원종 8) 정월 몽골 사신과 고려의 대신 송군비 등은 거제현 송변포에서 풍랑을 보고는 다시 돌아왔다. 관련 보고를 할 때 표문에 중대한 실수가 있어 몽골은 이를 계기로 고려의 의도를 의심하기 시작했다. 즉, 고려는 일본과 통교한 바 없으며 대마도인들이 물물교환을 위해 오갈 따름이라 언급했던 것이다. 이에 다시 몽골은 일본에 사신을 보내도록 하면서 일본이 자발적으로 몽골에 복속도록 할 것을 천명했다. 고려는 선택의 여지가 없었다. 고려는 일본에 보낸 국서에서 몽골 황제의 덕화가 일본에 미칠 수 있도록 일본이 사신을 몽골에 보내 확인할 것을 청했다.

이 무렵 몽골의 쿠빌라이 황제는 사신으로 온 안경공 창을 질책했다. 1268년(원종 9) 2월의 일이었다. 지적한 점은 다음과 같았다. 고려가 몽골 내 반란 사건에 도움을 주려 한다는 점, 군사와 군량을 내어 몽골을 돕지 않고 있다는 점, 다루가치를 청해 민호를 파악하도록 했어야 한다는 점, 3년 이내 출륙환도를 한다 약조했는데 이행하고 있지 않다는 점, 고려인들이 몽골 사신을 감시하고 있다는 점, 공물의 수량이 줄었고 그 질도 매우 나쁜 것이라는 점, 고려와 일본이 교통한 일이 있었던 것을 속인 점 등이었다.

3월에도 황제는 조서를 보내와 고려를 다그쳤다. 출륙환도를 할 것, 칭기즈 칸이 정한 6사를 행할 것, 죽은 인질을 대신할 새로운 인질을 보낼 것, 남송 정벌에 요구되는 병력과 전함·군량 등을 파악해 알릴 것, 다루가치 설치와 호구 조사를 수용할 것 등이 핵심 내용이었다. 그리고 가장 중요한 요구는 김준 부자 및 동생 김충(金冲) 등이 몽골로 들어올 것이었다.

이에 대해 원종은 4월 해명의 표문을 올렸다. 취륙(就陸)하라는 지적에 대해서는 고려가 옛 수도 개경에 새로이 궁궐을 짓고 있다고 했다. 함선과 군량 및 군사를 보내기 위해 노력하는 중이며, 다루가치를 두고 호구 수를 바치는 것은 환도와 개경을 다시 일으키는 중이므로[出排] 끝나는 대로 따르겠다고 했다. 김준과 이장용 입조 지시에 대해서는 이미 이장용은 입조토록 했으며 김준은 환도와 개경 건설을 관리하고 있어 이를 마치면 원종 자신이 함께 입조하겠다고 전했다.

몽골은 지시 사항 이행 점검을 위해 사신을 보내 전함과 병력 수[軍額]를 조사했다. 또한 고려는 일본으로 보냈던 사신이 돌아오자 그 사신을 몽골에 함께 보내 보고토록 했다. 보고 내용은 조서에 대한 일본 측 답장이 없었으며 여러모로 설득했지만 끝내 듣지 않고 있다는 점 등이었다. 이에 몽골은 10월에 이르러서는 도통령(都統領) 톡토르[脫朶兒] 등 14명을 보내 군함과 병력을 재차 확인한 후 남송과 일본 정벌을 위해 흑산도에서 해로를 살펴보게 했다. 그리고 다시 11월에 조서를 보내 고려의 일본 관련 보고 표문을 믿을 수 없으므로 흑적과 은홍을 일본에 보내 직접 확인하겠다 하였다. 이같은 일련의 전개 상황은 점차 고려에 대한 의심이 쌓여 고려와 몽골 간 틈이 벌어지고 있음을 의미했다.

김준은 교정별감이자 감국의 역할을 수행하면서 권력을 누리고 있었다. 그러나 그러한 그조차도 몽골에 대해서만큼은 어찌할 수 없었다. 특히 1268년(원종 9) 3월 쿠빌라이 황제의 김준 부자 입조 지시는 출륙환도의 진정성을 확인하려는 의도와 함께 이들이 원종의 명을 받는 것인가 아니면 무신 집정으로서 군주를 조정하고 있는가를 알아보려는 목적이 있었다. 더불어 이든 저든 무신정권 체제를 왕정 체제 및 다루가치 체제로 전환하려는 의도도 있었다. 따라서 김준은 몽골 입조를 당연히 거부할 수밖에 없었다. 그러나 내색할 수는 없었고, 환도 등이 이뤄지면 가겠다는 일종의 공수표만 남발했다.

이즈음 김준은 이의민을 닮고 있었다. 추밀원부사 임연(林衍)이 김준의 아들과 토지 문제로 다투자 김준은 아들 편을 들었다. 임연은 본래 이름이 임승주(林承柱)였다. 대장군 송언상(宋彦祥) 밑에서 군졸로 있다가 고향 진천으로 돌아가 있었는데 이때 진천으로 쳐들어온 몽골군을 쳐 대정(隊正)으로 임명되었다. 김준은 임연의 용력을 높이 사 낭장(郎將)으로 삼았고 임연은 김준을 아버지로 모셨다. 김준을 도와 최의를 제거하면서 위사공신으로 책봉되었다. 그만큼 김준과 임연은 끈끈한 관계였다.

그렇지만 무신정권기 집정자와 그 측근 세력의 갑을관계에서는 종종 을에 의해 갑이 죽기도 했다. 임연과 김준 아들의 토지 문제는 그 발단이었다. 틈이 벌어지기 시작하자 임연은 자신도 언제든 제거당할 수 있다고 생각했다. 당시 김준은 요사한 무당 요방(鷂房)을 가까이하고 그녀의 말로 국사를 결정지어 원망을 샀다. 몽골 사신을 직접 영접하지도 않아 몽골 측으로부터도 큰 의심을 받았다. 원종은 이처럼 국정을 마음대로 하는 김준을 꺼려했다.

이러한 상황은 임연으로 하여금 다른 마음을 먹게 하는 계기가 되었다. 원종의 측근인 장군 강윤소(康允紹)는 임연과 친한 관계였다. 그 때문에 김준과 임연이 관계가 틀어진 것을 알고 원종과 임연에게 김준 제거를 획책했다. 임연은 임금의 명이 있다면 따르겠다 했다. 원종은 그러한 임연에 대해 "참으로 충신이다"라 했다. 김준 제거는 이렇게 결정되었다.

1268년(원종 9) 12월 정유일(21) 환관 김경(金鏡)은 왕명이라 속여 김준을 편전으로 유인했다. 그리고 다시 원종이 몸이 편찮다 하면서 정당(政堂)으로 끌어들였다. 그 순간 김준을 향한 공격이 시작되었고, 이내 상황은 종료되었다. 최고 집정자의 최후가 이렇게 끝난 것이었다. 임연 등은 김준의 동생 김충과 김준의 아들들, 김준 일파로 분류된 많은 이들을 죽였다. 새로운 권력자의 탄생 순간인 무신정변(戊申政變)이었다. 1269년(원종 10) 정월에는 강윤소를 몽골에 보내 이를 알렸다.

같은 해(1269) 4월 세자 왕심 즉 태자이자 후일의 충렬왕은 몽골에 입조했다. 수행원은 참지정사 채정(蔡楨)과 승선 임유간(林惟幹), 대장군 정자여(鄭子璵) 등이었다.

김준 제거는 김준에서 임연으로 권력이 수평 이동했음을 뜻했다. 그러나 이미 김준 제거에 원종이 깊숙이 관여한 것을 본다면 원종은 그동안의 왕들과 다른 면이 있었다. 비록 한계는 있었더라도 원종은 그간의 왕들과 달리 상대적이나마 적극적인 왕권 운영을 의도하고 있었던 것이다. 임연은 미묘한 변화를 눈치챘다. 이에 임연은 김준 제거에 함께 공을 세웠던 환관 김경과 최은을 경쟁 세력으로 여겨 제거했다. 이들의 세력이 커질 것을 우려했다는 대목이 임연 열전에 나오고 있어 이를 말해 준다. 그러고는 거꾸로 이들이 자신의 제거를 도모했다 하였다. 동시에 삼별초와 도방 6번을 모아 놓고 이를 독려한 것이 원종이었다고 재상들에게 밝혔다.

임연의 이 선언으로 원종은 폐위된 후 해도로 유배되었다. 그리고 임연은 원종의 양위를 추진했고, 공포 상황을 연출하면서 삼별초와 도방 6번과 함께 원종의 친동생 안경공 창을 옹립했다. 1269년(원종 10) 6월 을미일(21)의 일이었다. 안경공은 이튿날 병신일(22) 갑작스럽지만 문무백관의 하례를 받으면서 왕위에 오르게 되었다. 다만 의종-명종-신종-희종-강종-고종-희종의 사례를 아는 터이라 그저 따를 뿐이었다. 어쩔 수 없이 왕위에 오른 안경공은 겉으로나마 사례차 임연을 교정별감으로 임명했다. 임연은 김준의 옛집으로 이사해 권력의 달콤함을 누렸다.

원종 폐위와 안경공 창의 즉위를 주도한 임연이었지만 원종이 몽골 황제를 친조하고 화친 약조를 받아 왔던 만큼 이 일에 대한 몽골 측의 반응을 예의 주시 했다. 그 때문에 1269년(원종 10) 7월 중서사인 곽여필을 보내 원종의 손위(遜位) 표문을 올렸다. 이어 원종을 태상왕으로 올리고 숭녕부를 설치했다.

마침 몽골 입조를 마치고 돌아오던 세자는 부왕의 폐위 사실을 들었다. 그리고 제교(諸校) 정인경(鄭仁卿)의 말을 듣고 귀국 대신 몽골로 되돌아갔다. 임연의 입장에서 볼 때 이는 중대한 실책이었다. 그간 임연은 원종의 양위와 그 동생 안경공의 즉위가 원종의 질병 및 세자가 입조한 때문이라고 표문을 통해 변명했기 때문이다.

예상대로 몽골은 원종 폐립을 문책하기 시작했다. 1269년(원종 10) 11월 몽골은 사신 흑적을 보내 원종과 안경공 그리고 임연을 불러 관련 사실을 확인코자 했다. 이에 임연은 결국 다시 이달 갑자일(23) 안경공을 폐위하고 원종을 복위시켰다. 안경공은 후일 '영종(英宗)'이라 시호를 받았고, 원종은 다섯 달 만에 두 번째 즉위식을 올린 셈이었다. 몽골 병부시랑으로서 사신으로 온 흑적은 원종이 몽골 황실 부마의 부친이라 하여 예우했다. 이는 임연이 원종과 그 세자인 충렬왕을 함부로 할 수 없음을 은연중 강조한 것이었다. 그렇지만 이것으로 일이 마무리될 리가 없었다.

쿠빌라이 황제는 진상 파악을 위해 원종과 임연 등을 입조토록 했다. 임연은 아들 임유간을 대신 보내 원종을 호위케 했다. 1269년(원종 10) 12월 경인일(19) 원종이 떠난 뒤 감국은 순안후 왕종(王悰)에게 맡도록 했다. 물론 임연의 입장에서 이는 자신의 안위를 지키면서 원종을 감시하기 위한 목적이 있었다. 하지만 이미 원종 폐위 사실을 알았던 세자와 복위 후 입조한 원종은 임연 등을 그대로 두고자 하지 않았다. 입조한 원종은 다시금 세자와 황녀의 혼인을 청하고 무신정권 제거를 위한 파병을 요청했다. 쿠빌라이 황제는 파병을 허락했다. 그리고 친자식은 이미 모두 혼인했으므로 다시 논의하겠다 했다. 청혼에 대한 허락도 한 셈이었다.

황제는 원종 폐위 사건과 관련해 임유간과 당시 시중 이장용 등을 대질 심문했다. 임유간은 결국 옥에 갇혔고, 황제는 중서성에 명해 임연의 입조를 재촉하는 조서를 내리게 했다. 임연은 이에 최씨 무신정권 때처럼 해도입보를 통해 저항을 지속하려 했다. 그러나 임연은 이를 추진하지 못했다. 등창이 나서 죽었기 때문이다.

원종과 세자가 몽골에 입조한 사이 임시로 국사를 처결한 것은 충렬왕의 이복동생이라 할 순안후 왕종이었다. 순안후는 임연이 죽자 그 아들 임유무(林惟茂)를 교정별감으로 임명했다. 임유무가 집정자 지위를 계승한 것이었다. 하지만 당시 임유무는 나이가 어려 독자적으로 정권 운영을 하기 힘들었고, 이에 사공(司空) 이응렬(李應烈)과 추밀원부사로 은퇴한 송군비(宋君斐)의 도움을 받았다. 원종과 몽골 동경행성 두련가국왕이 군대를 거느리고 귀국한다는 소식이 전해지자 정국은 급변하기 시작했다.

원종은 임유무에게 먼저 상장군 정자여와 대장군 이분희를 보내 황제의 명과 자신의 명을 함께 전했다. 그 요지는 황제의 허락하에 몽골군과 함께 자신이 귀국하고 있다는 것, 황제는 고려가 출륙환도를 하면 몽골군은 철수하겠다고 했다는 것, 출륙을 위해 문무 양반과 백성이 모두 처자식을 데리고 나올 것과 그 비용을 신흥창 곡식 1만 석으로 충당할 것 등이었다. 이를 들은 임유무는 왕명을 거역했다. 그리고 수로방호사(水路防護使)와 산성별감(山城別監)을 각지에 보내 산성 및 해도입보로 저항, 방어하고자 했다. 만약 이대로 임유무가 추진한다면 또다시 몽골군에 의한 대규모 학살이 전개될 수 있었다. 그 때문에 임유무 정권 내부에서 분열이 일어나게 되었다.

임연의 사위 어사중승 홍문계(洪文系)와 직문하성사 송송례(宋松禮)는 임유무 제거를 모의했다. 마침 송송례의 두 아들이 위사장(衛士長)으로서 삼별초를 설득할 수 있는 위치에 있었다. 이들은 왕명을 받드는 것이 대의(大義)라는 점을 들어 삼별초를 설득했다. 이어 임유무 등을 공격하기 시작하여 제거하는 데 성공했다. 서방 3번과 출륙을 위해 설치했지만 악명이 있었던 조성색(造成色)을 없앴다. 이때가 1270년(원종 11) 5월 계축일(14)이었다. 이 소식은 원종에게 전해졌다. 신하들은 원종에게 역도가 하늘의 화를 입어 제거되었고, 이로 인해 중흥의 위업이 열려 사대의 의례를 행하여 그동안의 우환을 씻어 버리게 되었다는 표문을 올렸다.

이어 같은 달 임술일(23)에는 재추 회의를 통해 구경 즉 개경 도읍을 회복할 것을 정하고 방을 붙여 날짜를 게시했다. 출륙환도의 본격 추진을 알리는 신호탄이었다. 원종도 이에 맞춰 태조의 어진과 소상(塑像)을 개경으로 모셔 오도록 했고, 비빈들과 함께 개경 사판궁에 머물렀다. 출륙환도는 이미 오래전부터 추진되어 왔던 것이지만 막상 이것이 현실화되자 무신정권 체제에 길들여져 있던 이들의 입장에서는 폭탄과 같은 의미로 다가왔다. 그것은 이제 대몽 항전을 넘어 고려-몽골 연합군과 삼별초 정부와의 전쟁을 예고하는 것이었다.

3) 삼별초의 항전과 의미

현재 진도의 용장성과 제주도의 항파두리는 삼별초의 항몽을 상징하는 역사 유적지로 잘 알려져 있다. 용장성 앞에는 배중손 장군의 상을 만들어 기리고 있고, 항파두리 항몽 유적지에는 김통정 장군 관련 영웅 설화가 전한다. 이민족 몽골의 침략에 맞서 싸운 가치를 인정하는 속에서 만들어진 것이다. 그렇지만 삼별초의 항쟁은 여러 가지 면에서 달리 봐야 할 점이 존재한다.

1270년(원종 11) 5월 출륙환도 즉 복도(復都)와 삼별초 해체가 결정되자 삼별초는 딴마음을 품고 부고(府庫)를 함부로 열어 개방했다. 삼별초가 반발한 것이다. 이는 당연히 예상되는 일이었다. 이에 원종은 상장군 정자여를 강화경으로 보내 삼별초를 회유하고자 했다.

삼별초의 입장에서 그 반발 이유를 생각할 필요가 있다. 삼별초는 그동안 무신정권 창출 및 유지의 주역 역할을 했다. 따라서 그들이 누려 온 특권 및 그들 스스로가 정권을 위해 희생했다는 생각이 적지 않았고 실제로 항몽 전쟁에서 큰 역할을 해 왔었다. 이러한 그들은 강화경에서 강한 기득권으로 자리 잡고 있었다. 따라서 그들에게 무신정권 붕괴와 개경으로의 복도는 항몽 포기 선언을 넘어 삼별초 해체와 제거를 의미할 수도 있었다. 더구나 원종은 장군 김지저를 보내 명단(名籍)을 가져오게 하는 한편 삼별초를 없애도록 했다. 삼별초의 해체와 관련한 안전 보장, 신분 전환, 경제 보장 등이 약속되지 않은 상태에서 이 조치는 곧 삼별초에 대한 대대적 숙청을 의미했다.

결국 장군 배중손(裵仲孫)과 야별초지유 노영희(盧永禧) 등은 삼별초를 이끌고 반란을 일으켰다. 강화경 도성에서 이들은 다음과 같이 외치면서 사람들을 모이게 했다.

몽골병이 크게 이르러 인민을 살육하고 있다. 나라를 돕고자 하는 자는 모두 구정(毬庭)으로 모이라.

이에 많은 이들이 호응했다는 기록이 보인다. 1270년(원종 11) 6월 기사 삭(1)의 일이었다. 배중손 등은 현종의 8대손 승화후 왕온(王溫)을 핍박해 왕으로 삼고, 관부를 설치한 뒤 좌우승선을 두었다. 새로운 왕조를 꾸리고자 한 것이었다. 승화후 왕온은 1241년(고종 28) 몽골에 뚤루게(禿魯花), 즉 볼모로 태자를 대신해 간 영녕공 왕준(王綧)의 형이었다. 영녕공은 이후 몽골 황제의 신뢰를 얻고 고려와 몽골을 중재하는 역할을 맡은 바 있었다. 이렇게 본

사진 20 진도 용장산성 행궁지   **사진 21** 제주도 항파두리

다면 형과 아우가 자기 의지보다는 타인에 의해 완전히 다른 길을 걷게 된 셈이었다.

배중손 등 삼별초는 천여 척의 배를 마련해 강화경을 출발하여 진도로 들어갔다. 새로운 정부를 세운 것이었다. 다만 강화경 출발 전 당시 사람들의 선택을 좌우한 실소할 수밖에 없는 장면이 하나 보인다. 판태사국사 안방열(安邦悅)이 강화경 봉은사에 안치된 태조 어진 앞에서 점을 쳤는데, 그 점괘가 묘하게 나왔다. 반은 죽고 반은 살 것이라는 조짐을 얻은 것이다[得半存半亡之兆]. 이를 두고 그는 "죽는 자들은 출륙하는 이고, 사는 자들은 삼별초를 따라 해도로 들어가는 사람들이다"라고 하였다. 또한 삼별초의 사기를 돋우기 위해 "용의 자손은 12대(代)에서 끝나고, 남쪽으로 향해 가서 도읍을 건설한다는 예언이 지금 여기에서 증험(證驗)되었다[龍孫十二盡, 向南, 作帝京之讖, 於此驗矣]"라 했다.

그렇지만 치밀하게 계획한 것이 아닌 갑작스레 조직된 삼별초 정부와 국왕 승화후 왕온은 국가와 군주로서의 위상을 갖추지 못했다. 승화후 왕온은 떠밀려 왕위에 오른 것이었고, 그간의 무신정권에서처럼 '목우인'에 불과했다. 고려 조정은 이들 삼별초를 역적으로 규정했다. 원종은 김방경을 역적추토사로 삼아 1차 대응하게 했다. 이어 세자를 몽골에 보내 배중손의 반란 사실을 표문으로 알렸다. 김방경은 몽골 원수 아카이[阿海]와 함께 삼별초를 공격했고, 이듬해인 1271년(원종 12) 3월 아카이 대신 힌두[忻都]가 오게 되었다.

삼별초는 동래와 김해 등 남해안과 서해안 일대에 영향력을 미치기 시작했다. 또한 몽골의 침탈에 지친 고려인들이 그들을 죽이고 삼별초에 투항하는 모습도 보였다. 이는 고려 조정을 부정한 삼별초 세력이 독자 세력화됨을 의미했다. 이에 고려와 몽골은 보다 많은 병력과 병선을 구성했다. 1271년(원종 12) 5월 김방경·힌두·홍다구(洪茶丘)·왕희(王熙)·왕옹(王雍) 등은 3군을 거느리고 진도를 공격했다. 대규모 공격으로 인해 삼별초는 무너졌고, 승화후 왕온은 죽었다. 김통정은 살아남은 이들을 모아 탐라 즉 제주로 들어가 항쟁을 지속했다.

김통정 등은 탐라에 내성과 외성을 쌓고 고려와 몽골군의 공격에 대비했다. 그리고 간혹 경기 지역까지 군사를 보내 물자와 조운선 등을 빼앗았고, 안남 수령 공유를 사로잡아 가기까지 했다. 이에 다시 원종은 김방경을 중군병마원수로 삼았고, 힌두·홍다구와 함께 탐라를 치게 했다. 결국 김통정 등은 산속으로 숨어 들어갔다가 1273년(원종 14) 윤6월에 죽었다. 이로써 1270년(원종 11) 6월에 시작되어 3년에 걸쳐 전개된 삼별초 항쟁이 마무리되었다.

삼별초 항쟁은 기본적으로 원종과 몽골이 출륙환도 과정에서 무신정권의 무력 기반 역할을 한 삼별초를 해체하려 한 데 대한 저항에서 비롯되었다. 이들은 그간의 무신정권처럼 군주를 폐위하고 새로운 군주를 추대하는 패턴을 반복했다. 그렇지만 치밀한 계획과 준비를 거쳐 이 거사가 행해진 것은 아니었다. 따라서 삼별초 항쟁에 참여한 이들의 죽음은 어찌 본다면 삼별초의 저항을 위해 소비된 죽음일 수밖에 없었다. 이들은 왕명이나 황명을 위조하여 인근 지역을 회유하는 모습을 보이기도 했다. 1271년(원종 12)에는 일본에 외교 문서를 보내 몽골의 일본 침략을 경고하면서 군량을 보내 도와줄 것을 요청한 바 있다.

삼별초가 3년간이나 저항을 지속할 수 있었던 데에는 여러 이유가 있었다. 우선은 삼별초라는 군사 자원의 우수성이었다. 둘째는 강화경을 오랫동안 수비한 덕에 해도입보를 기반으로 한 전략 운영이 뛰어났다는 것이다. 셋째는 고려와 몽골 연합군의 전략이 유기적으로 잘 연결되지 않았다는 점이다. 넷째는 대부분이 그러하지는 않았지만 침탈을 일삼는 몽골군과 고려 정부에 저항하면서 삼별초 정부에 호응한 이들이 있었다는 것이다.

이러한 면에서 삼별초 항쟁은 여러 가지 생각할 점을 남겨 준다. 먼저 원종을 중심으로 한 고려 조정이 몽골의 힘을 빌려 국내 문제를 해결하려 했다는 것은 당시 고려 정부의 몽골에 대한 종속적인 한계를 보여 준다. 무신정권 체제하에서 어쩔 수 없는 왕실의 몸부림이었다 하더라도 스스로 해결하려는 노력을 기울일 필요가 있었다.

다음으로 삼별초는 무신정권의 권력 기구로서 기득권을 누려 왔다. 무신정권의 호위집단 역할을 했고, 무신정권의 교체 때 역시 이들의 향배로 교체의 성공 여부를 가늠했다. 이들에게 있어서는 왕명보다는 집정자의 명이 더 중요했다. 따라서 삼별초를 당시 민의를 대변하는 집단으로 볼 수는 없다.

이어 삼별초는 이미 왕명으로 결정된 출륙환도와 해산령을 거부했다. 그리고 무리를 모아 집단 이탈을 시작하고 저항을 지속했다. 따라서 이들을 대몽항쟁의 상징으로 규정하는 것은 곤란하다. 당시의 시각에서 이들은 김방경을 역적추토사로 이름 붙였듯 역적이었다. 그리고 이들로 인해 수많은 백성의 목숨이 소모되었다는 점을 고려해야 한다.

하지만 이들의 저항은 기록을 통해 드러나지는 않으나 몽골과의 교섭에 있어 약간의 유리한 면을 제공했다. 고려에서 몽골의 침략 혹은 수탈 등에 대한 저항이 언제든지 일어날 수 있다는 것이었다. 따라서 고려의 저항을 줄이려면 간섭은 하되 고려 독자의 정치 운영을 보장해야 했다. 몽골 쿠빌라이 황제가 언급한 '불개토풍(不改土風)'이라는 표현은 이를 상징했다.

마지막으로 정치공학적 면을 생각할 필요가 있다. 배중손이나 김통정 등은 삼별초의 항몽을 이끌었다. 이를 따른 이들이 천여 척의 배를 타고 진도로 가 삼별초 정부를 만든 것을 고려하면 친무신정권 및 반몽 세력 대부분이 포함된 것으로 봐야 한다. 이는 무신정권의 재등장을 가능케 하는 무력 기반이 사라졌다는 의미도 된다. 물론 이들 반왕실, 반원 세력을 진압할 수 있는 힘이 고려 정부에 없어 몽골의 군사력에 의지할 수밖에 없었다는 점은 아쉬움이 남는다.

4) 원종의 죽음과 시대 과제

1274년(원종 15) 6월 계해일(18), 원종이 개경 제상궁(堤上宮)에서 죽었다. 15년간 재위했으며 56세의 나이였다. 죽기 전 유조를 남겨 원량(元良)의 덕이 있는 원자에게 왕위를 잇도록 하였다. 다만 이때 원자 즉 세자는 몽골에 입조해 있는 상태였다. 이튿날 사왕(嗣王)이 없는 상태에서 백관은 죽은 군주의 시호를 '순효(順孝)'라 하고 묘호는 '원종(元宗)'이라 정했다. 능호는 충렬왕의 즉위와 국장이 마무리된 시점에서야 정해졌다. 충렬왕은 1274년(충렬왕 즉위년) 8월 무진일(25) 배우자로 맞은 제국대장공주보다 앞서 귀국하여 제상궁 빈전을 배알했다. 그리고 9월 을유일(12)에 원종의 능호를 '소릉(韶陵)'이라 했다.

'순효'의 시호는 그간 고려 군주의 사후 올려지는 시호 방식을 따른 것이었다. 즉 '순'은 따르다의 뜻으로 선왕인 고종의 명을 잘 따랐음을 의미했다. 또한 천명에 순응했음을 뜻하기도 했다. '효'는 '효' 자 명칭을 넣는 시법을 준수한 것이었다.

다만 '원종'의 묘호는 모호한 점이 있다. 이미 1271년(원종 12) 12월 몽골이 국호를 '대원(大元)'이라 정하였는데 묘호에 같은 글자인 '원(元)'을 넣어서이다. '원'은 시작이나 근본 혹은 으뜸의 의미가 있다. 아무래도 무신정권을 종식시키고 몽골과의 화친을 추진해 부마제후국의 시대를 열었다는 의미가 반영된 듯하다. 이후 원에서는 1310년(충선왕 후2) 7월 충선왕의 3대조를 추증했는데, 그중 고(故) 고려 국왕 원종 왕식(王禃)에 대해 단성봉화보경양절강제좌리공신 태사 개부의동삼사 상서우승상 상주국 고려국왕(端誠奉化保慶亮節康濟佐理功臣大師開府儀同三司尙書右丞相上柱國高麗國王)으로 삼고, 시호를 '충경(忠敬)'이라 했다.

능호 '소릉'의 '소(韶)'는 잇다 혹은 아름답다는 의미가 있는 글자였다. 다만 1276년(충렬왕 2) 10월의 기록을 보면 '소(韶)'는 '소(昭)'로 표기되어 있다. 이는 빛나다 혹은 환하다 등의 의미가 있는 것으로 원종이 왕정을 회복하고 원과 화친하였으며 삼별초의 항전을 진압했다는 점을 반영했을 수 있다. 아마도 충렬왕은 선왕의 능호를 후자인 '소릉(昭陵)'의 의미로 정했다고 여겨진다.

원종 묘정의 체협공신은 평장사 이세재(李世材)와 채정(蔡楨)이었다. 이는 1276년(충렬왕 2) 7월 원종의 신주를 종묘에 모시면서 정해졌다. 이세재는 대장군으로서 사환을 한 것이 보이며 서반 출신이라 여겨진다. 그렇지만 그는 1259년(고종 46) 4월 당시 태자이던 원종과 함께 참지정사로서 몽골에 입조했다. 당시 40명이 호종했는데, 수행원 중 가장 높은 지위에 있었다. 1263년(원종 4) 12월 문하시랑평장사로서 치사했다. 채정은 무관 출신으로 중서시랑평장사의 지위에 올랐던 채송년(蔡松年)의 아들이었다. 음서로 벼슬에 나아갔으며, 원종의 몽골 입조 때 잘 보좌하여 참지정사에 올랐고, 1269년(원종 10) 세자가 몽골에 입조했을 때 같이 갔다가 연로하다 하여 먼저 돌아왔다. 이렇게 보면 이세재와 채정이 원종 묘정에 배향될 수 있었던 것은 원종의 몽골 입조와 관련해 공을 세운 것이 주된 이유였음을 알 수 있다.

원종은 격동기 혹은 전환기라는 위기 속 군주였다. 고려 역대 군주 가운데 가장 파란만장했다. 태자로서 몽골에 입조하였다가 왕위를 곧바로 계승하지 못했다. 이때 김준은 동생 안경공 창을 추대하고자 했었다. 결국 그 자리를 태손이 감국했다. 태자로서 귀국 후 몽골의 후원하에 즉위해야 했다. 김준 정권하에서는 폐위의 위기에 놓인 적도 있었다. 1258년(고종 45) 무오년 위사공신 중 한 명인 장군 차송우는 1268년(원종 9)에 몽골의 출륙환도 강요와 김준 부자 등의 입조 조칙에 대항해 몽골 사신을 죽이고 섬으로 들어가려는 김준에게 왕씨의 자손이 원종만이 아니며 태조도 장군의 신분으로 거사를 일으켰다 하면서 은연중 김준의 왕위 찬탈을 부추기기도 했다. 이어 1268년 임연 정권 탄생 후 이듬해 6월에 폐위되었고 동생 안경공 창이 즉위한 바 있다. 임연은 몽골의 압박으로 안경공 창을 폐위하고 원종을 복위시켰다. 대내외적으로 불안정함이 극에 달하였던 것이다.

원종은 김준 정권-임연·임유무 정권 동안 왕정 회복을 꾀하였다. 하지만 실질적인 왕권을 갖지 못했다. 정국을 장악하지 못한 것이다. 핍박받았다고는 하나 자강을 꾀하지 않은 채 100년 무신정권에 의존한 왕실의 민낯이었다. 원종은 1269년(원종 10) 6월 임연에 의해 폐위되었다가 11월에 복위하였다. 이 과정에 몽골의 군사적, 정치적 후원을 받아야 했다. 1270년(원종 11) 2월 몽골군의 파병을 요청했고, 5월 다루가치 톡토르[脫朵兒]가 임명되어 국정 운영에 관여하기 시작했다. 이 시기 다루가치는 개경에 상주하면서 강화도의 허실을 살핀다든가, 출륙환도의 진행 상황을 감독한다든가, 고려의 병기를 수거한다든가 등의 일을 했으며, 충렬왕 초에는 왕실 호칭의 참람함을 지적하기도 했다. 정치 간섭을 행하기는 하였지만 다른 면으로 본다면 이들의 존재가 다른 무신정권의 등장을 막은 면도 있다 여겨진다. 또한편으로 홍다구 등 몽골 귀화 세력의 고려에 대한 침탈 또한 고려 왕권의 허약함을 드러낸 것이었다.

원종 대에는 몽골과의 약속 이행이 가장 큰 사안이었다. 그것은 강화에서 개경으로의 출륙환도였다. 이에 따라 1268년(원종 9)에는 출배도감(出排都監)을 설치하여 환도를 추진했다. 하지만 이는 무신정권의 뜻과 맞지 않았다.

그 때문에 원종은 폐위되기도 하였으며 결국 1270년(원종 11) 5월 몽골의 군사적 후원하에 강화도에서의 완전한 개경 환도 추진을 선언했다. 이는 임유무의 죽음으로 더 빨라졌다. 그렇지만 여기에는 한 가지 난제가 있었다. 무신정권의 권력 기구이자 무력 기반이라 할 삼별초의 존재였다. 따라서 삼별초의 저항은 원종의 정치력 회복에 큰 장애가 될 수밖에 없었다.

1273년(원종 14)은 삼별초의 항전이 마무리되었던 때였다. 원종은 6월 임오일(1) 탐라의 적들을 평정했음을 원에 대장군 김수를 보내 보고했다. 이어 탐라에는 다루가치가 설치되었다. 3년간의 삼별초 항전은 정리되었으나 고려는 또 다른 문제에 직면했다. 쿠빌라이 황제가 일본 정벌을 꾀했기 때문이었다. 몽골은 이미 1271년(원종 12) 정월 고려에 둔전경략사(屯田經略司)를 설치하겠다고 통보했다. 원종이 이를 반대하는 표문을 올렸으나 3월에 힌두와 사추(史樞)를 행경략사로 임명해 이를 추진했다. 일본 정벌을 위한 준비가 시작된 것이었다. 이후 몽골은 지속해서 전함을 건조했고, 그에 따른 인력과 군량, 군사는 고려가 준비해야 했다. 이미 대원이라 국호를 바꾸었지만 원 세조황제는 일본 정벌을 진행했다. 그리고 고려-원 연합의 일본 정벌은 원종이 죽은 뒤 1달도 채 되지 않은 1274년(충렬왕 즉위년) 7월에 개시되었다.

그야말로 극적인 생애를 산 원종에 대해 사관은 원 세조를 만나 강화를 맺은 사실을 높게 평가했다. 그것이 '백년승평의 즐거움'을 누리게 했다 보았다. 하지만 삼별초의 난을 초래한 것이나 연회에 빠지고 궁녀를 가까이 한 것, 엄인 즉 환관들이 왕명 출납을 멋대로 한 것 등에 대해서는 아쉬움을 표했다.

원종 재위 15년의 기간은 고려 역사에 있어 매우 중요했다. 세계 제국이라 할 원과의 관계를 정립해야 했기 때문이다. '불개토풍'의 약속을 얻은 것이나 원 황실의 부마가 된 것은 의미가 있었다. 그러나 원 및 부원 세력의 국정 간섭과 영토 문제, 나아가 국왕의 폐위 및 복위, 고려인 입질과 동남동녀 등에 대한 요구 등은 지속적으로 문제가 될 수 있었다. 더구나 고려는 지금까지와는 다른 형태의 왕권 운영과 경제적 부담을 감수해야 했다. 앞으로 장기간에 걸친 국왕의 연경 입조와 관련 비용, 관련 인사 등이 난제로 대두될 것이기 때문이었다. 이러한 문제는 결국 시대 과제로서 고려 역사에서 최초로 이민족 황실 출신 공주와 혼인한 충렬왕에게 남겨질 수밖에 없었다.

제6장

고려와 원 그리고 부마고려국왕

1.
원과의 관계 정립과 충렬왕의 정치

1) 충렬왕의 즉위와 왕실

충렬왕(忠烈王, 1236~1308) 왕거(王昛)는 1236년(고종 23) 2월 계축일(26)에 강도(江都)에서 태어났다. 왕위를 이은 군주 중 강도에서 태어난 첫 번째 경우였다. 원래 이름은 왕심(王諶)이었다. 즉위 이후에는 넉넉하다는 의미의 '춘(賰)'으로 고쳤다. 하지만 이 글자는 공문서나 민간에서 많이 쓰여 피휘 문제가 있었다. 이에 1293년(충렬왕 19)에 밝다는 의미의 '거(昛)'로 개명했다. 본래 이름 '심(諶)'은 참 혹은 진실을 뜻하는 글자였다. 이를테면 '진짜 왕실 혈통' 혹은 '진짜 왕이 될 것'이라는 의미가 반영된 것이었다. 이러한 이름을 정한 데는 이유가 있었다.

충렬왕은 당시 태자였던 원종과 태자비 경목현비(敬穆賢妃) 경주 김씨 소생이었다. 현비 김씨는 2대 최씨 집정자인 최이의 사위 김약선의 딸이었다. 김씨는 1237년(고종 24) 7월 정축일(29) 16살의 나이에 병으로 사저에서 죽었다. 그녀는 1262년(원종 3) 정순왕후(靜順王后)로 추존되었고 1274년(충렬왕 즉위년) 12월 순경태후(順敬太后)가 되었다. 그런데 그 부친 김약선은 문하시랑평장사를 지낸 김태서(瑜台瑞)의 아들이었고, 김태서는 신라종성(新羅宗姓) 출신이었다. 즉 신라 왕실 후예였다. 따라서 충렬왕은 혈통상 고려 왕실과 신라 왕실 사이에서 태어난 셈이었다. 이는 고려 전기 현종의 경우와 비슷한 사례였다.

1274년(원종 15) 6월 계해일(18)에 원종은 제상궁에서 죽었다. 이어 갑자일(19)에 백관이 본궐에 모여 원에 있던 태자를 추대했다. 그리고 7월에 이르러 원나라에서는 충렬왕을 국왕으로 책봉해 왕위를 잇도록 했다. 원 세조는 책봉 조서에서 원종이 살아 있을 때 세자가 왕위를 이을 만하다고 여러 차례 말했음을 들어 책봉한다 하였다. 그렇지만 이미 제국대장공주와의 혼인이 이뤄졌기 때문에 이는 단지 책봉 조서에서의 문구에 불과했다. 그만큼 왕위계승은 이미 결정되어 있었던 것이다.

이후 충렬왕이 8월 무진일(25)에 원으로부터 귀국하자 백관은 마천정까지 나와 영접했다. 다만 원에서는 충렬왕에 앞서 원 사신이 조서를 받들고 먼저 입경해 분위기를 살피도록 했다. 문제가 없자 충렬왕은 장전에서 백관 배례를 받고 의장을 갖춰 제상궁으로 가 빈전을 참배했다. 이어서는 강안전으로 가 황제의 조서를 받았다. 경령전 참배 후 강안전으로 돌아와 황포를 입고 어좌에 올라 조하를 받았다. 이때가 39세였다. 1275년(충렬왕 1) 2월 무진일(27)에는 태자 시절 칭절호로 삼았던 수원절(壽元節)을 그대로 하여 생일을 수원절이라 정했다.

한편, 원종과 관련해서도 언급했지만 충렬왕은 태손으로서 몽골과의 전쟁과 강화가 오가는 격동기 속에 있었다. 원종이 고종을 대신해 몽골에 입조하여 여몽 관계 강화를 추진할 때 고종이 죽자 태손으로서 원종의 역할을 대신한 바 있었다. 태손은 1259년(고종 46) 6월 고종이 재상 류경의 집에서 죽자 그 유서에 따라 군주의 일을 임시로 맡았다. 다만 본격적인 왕권을 행사했다는 의미는 아니었다. 최씨 정권을 대신한 김준이 국정을 장악했기 때문이다. 그리고 태손은 태자가 귀국하기 전까지 임시로 국사를 처결했다. 원종은 1259년 4월 갑오일(21)에 고려를 떠났다가 1260년(원종 1) 3월 임오일(15)에야 제포(梯浦)에 돌아와 태손의 영접을 받았다. 근 1년을 출국해 있었던 것이다.

원종은 공식적으로 1260년(원종 1) 4월 무오일(21)에 강안전에서 즉위했다. 귀국 1년 만에 이뤄진 것이었다. 그리고 원종은 같은 해 8월 신안공 왕전의 딸인 경창궁주 류씨를 왕후로, 아들 왕심을 태자로 책봉했다. 충렬왕의 태자 책봉에는 우여곡절이 있었다. 경창궁주 류씨의 반대 때문이었다.

아들 왕심에 대한 태자 책봉 후 원종은 충렬왕의 정치적 지위를 안정시켜야 했다. 하지만 이는 경창궁주의 사례에서 보듯 쉬운 일이 아니었다. 우선 원종은 이해(1260) 8월에 경창궁주 류씨를 왕후로, 아들 왕심을 태자로 동시에 책봉했다. 세조황제로부터는 원종 자신의 지위를 상징할 호부(虎符)와 국왕인[國王之印] 등을 받았다. 그리고 같은 해 11월에 태자비로 사도 왕인(王綱)의 딸을 맞도록 했다. 시안공 왕인은 신종의 아들 양양공 왕서의 4남 중 3남이었다. 여담이지만 고려 마지막 군주 공양왕의 핏줄은 위로 양양공과 시안공으로 연결된다. 왕족임에는 틀림없으나 위세 면으로 본다면 경창궁주 측에 비해 약했다. 이때 태자비는 제국대장공주가 왕비가 되면서 충렬왕 즉위 후 왕비가 아닌 정화궁주로 책봉되었다. 후일에는 정신부주(貞信府

사진 22 원 세조 쿠빌라이 칸 초상

主)가 되었다. 강양공(江陽公) 왕자(王滋)와 정령원비(靜寧院妃)·명순원비(明順院妃)를 낳았다.

세자에게 비가 있었지만 원종은 정치적으로 약세인 점을 보완하기 위해 원 세조의 황녀와 세자의 혼인이라는 카드를 꺼내 들었다. 이 시기 고려는 태자를 낮춰 세자라 칭하기 시작했다. 그리고 원종은 자신이 원 황실의 책봉을 받아 지위 안정을 꾀한 것처럼 원 황실의 부마가 되면 세자 지위 및 고려 왕실이 크게 안정될 수 있다고 판단했다. 충렬왕은 세자 시절 두 번 원을 방문했다. 1271년(원종 12) 6월 질자(質子) 뚤루게로서 6개월여 머무르면서 몽골의 분위기를 익혔다. 그리고 다시 원 황실과의 혼인 문제로 1272년(원종 13) 12월에 원에 간 이후 1274년(원종 15) 5월 병술일(11)에 이르러 마침내 황제의 딸 쿠투루칼리미시[忽都魯揭里迷失] 공주와 혼인하였다. 공주는 원 세조의 제2황후였던 오식진(烏式眞)의 딸로 제1황후 소예순성태후의 딸은 아니었다.

제국대장공주는 1274년(충렬왕 즉위년) 11월 개경에 도착하여 본격적인 고려 생활을 시작했다. 원 세조는 사람을 먼저 보내 몽골식 궁려(穹廬, 파오)를 만들고 흰 양의 기름을 칠해 불제(祓除, 복을 구하고 재해를 물리치는 행위)를 행하였다. 이어 공주는 처음으로 팔관회를 관람했다. 이듬해 정월에는 원성공주(元成公主)로 책봉되었다. 궁을 경성궁(敬成宮), 전각을 원성전(元成殿), 부를 응선부(膺善府)라 해 높였다. 안동과 경산부는 공주를 위한 탕목읍(湯沐邑)이 되었다. 지금까지 없었던 책봉 예우가 전개된 것이다. 슬하에는 충선왕과 딸을 두었다. 1294년(충렬왕 20) 원 세조가 죽고 성종이 즉위하자 공주를 높여 안평공주(安平公主)에 책봉했다. 1297년(충렬왕 23) 5월 39세의 나이로 죽었으며, 고릉(高陵)에 장사하고 시호를 장목인명왕후라 했다. 충선왕 즉위 후에는 인명태후(仁明太后)라 했고, 원 무종은 제국대장공주 고려국왕비라 추봉했다.

제국대장공주는 원에 머무르다가 1297년(충렬왕 23) 5월 귀국했는데, 갑작스레 현성사에서 죽었다. 당시 세자였던 충선왕은 원나라에 있다가 상을 치르기 위해 귀국했다. 모친의 죽음을 충렬왕이 총애하던 궁인 무비(無比)가 저주를 걸어 그리되었다 보고는 7월에 무비와 환관 도성기(陶成器) 등 40여 인을 죽이거나 유배했다.

이어 세자는 제국대장공주 및 무비를 잃은 충렬왕을 위로한다는 명목하에 과부였던 김양감의 딸 김씨를 충렬왕에게 들였다. 김양감은 김취려의 아들이었다. 김씨는 숙창원비(淑昌院妃)가 되었다. 숙창원비는 미모가 매우 뛰어났다. 충렬왕이 죽은 뒤 충선왕은 숙창원비를 취하고 숙비로 올렸다. 이에 우탁(禹倬)은 있을 수 없는 일이라 해 흰옷 차림에 도끼를 들고 상소했지만 결국 숙비는 충선왕의 후비가 되었다. 그렇지만 『고려사』에서는 숙비를 숙창원비로 보아 충렬왕 후비로 편제했다. 숙비는 충선왕 후비가 된 뒤 또 다른 후비 순비 허씨와 상당한 경쟁 관계를 유지했다. 연회 때 두 후비는 옷을 다섯 번이나 갈아입으면서 미모와 옷차림에 신경 쓰기도 했다. 숙비는 제국대장공주와 다름없는 옷차림을 했다고 기록이 남을 정도였다.

이렇게 본다면 충렬왕을 둘러싼 당시 왕실은 상당히 복잡했다. 하지만 군이 권력 순위를 따지자면 제국대장공주와 세자인 충선왕, 그리고 충렬왕 순이라 할 수 있었다. 이러한 현실에서 충렬왕이 왕실과 고려 왕조를 어떻게 운영할 것인가는 결국 원 황실과의 관계 정립에 달려 있었다. 그것이 충렬왕 대가 맞이한 현실이었다.

2) 원과의 관계 설정: 황제를 이용하라

충렬왕은 고려 역사상 최초의 부마국왕이었다. 사실 이미 고종이나 원종 대에 몽골에 대한 사대를 결정한 바 있었으나 이들이 원 황실과 직접 혼인을 맺은 것은 아니었다. 그런 만큼 원종이 추진하여 결실을 맺은 원 황실과의 혼인은 고려의 군주와 왕실로서는 매우 중요했다. 그러나 이는 생존을 위해서는 필요하지만 거꾸로 생명을 위협할 수 있는 양날의 검이었다. 다음과 같은 면이 그러했다.

첫째, 무신정권 때와 달리 왕권이 안정될 수 있었다. 둘째, 권신에 의한 강제적 왕위 교체가 있을 수 없게 되었다. 셋째, 혼인을 통해 양국 관계가 가까워짐으로써 현안 문제에 대한 직접 논의가 가능해졌다. 넷째, 충렬왕의 지위가 원 황실 부마가 됨으로써 원 출신 관료에 대하여 상대적 우위에 있게 되었다. 반면 다섯째, 일원적 국제질서 속 부마제후국왕이 됨으로써 그동안 고려 왕실이 지속해 온 왕실 칭호 및 관제, 의례 속 천자국 체제 요소 등에 대한 조정이 불가피해졌다. 여섯째, 여몽 전쟁 및 삼별초의 대몽항쟁으로 침탈당한 영토 및 호구 등에 대한 조정이 요구되었다. 일곱째, 원에서 고려에 대한 많은 간섭이 있을 수 있었다.

그래도 가장 중요한 것은 충렬왕이 원 세조황제와 어떻게 관계를 설정하느냐였다. 당시 세조황제의 뜻과 말은 곧바로 행동으로 이어질 수 있는 무상의 권위를 지니고 있었다. 이에 충렬왕은 원 세조의 뜻을 맞추면서도 고려 왕실과 왕조의 이익을 극대화할 방안 모색에 집중해야 했다. 쉽지 않은 일이었겠지만 원 세조를 만나면서 혹은 원 세조의 조서를 보면서 그가 진시황제처럼 자기 과시적 면이 있으면서 복잡함보다는 간명함을 선호하는 정복군주임을 알았을 것이다.

이에 충렬왕은 부마국왕으로서 세조의 만수무강을 비는 행사를 열었다. 1275년(충렬왕 1) 11월 을해일(9)의 기록을 보면 부처와 관세음보살상 12구(軀)를 그림으로 그리고 궁중에서 법석을 열어 장수를 빈 것이다. 원 세조는 1215년 을해년 8월 을묘일(28)에 태어났다. 황제에 즉위한 뒤 이날을 기념하는 절일 칭호는 별도로 정하지 않았다. 대체로 이날을 일컬어 '성탄절(聖誕節)'이라고만 하고 있어서이다. 1275년(충렬왕 1) 4월에는 현성사에 가서 황제를 위해 만수무강을 빌었다. 그리고 충렬왕은 성탄절이 되면 원에 하성탄절사를 보내 축하를 올렸고, 1276년(충렬왕 2) 정월부터 보제사에서 매년 황제의 갑일(甲日)이 될 때마다 을해법석(乙亥法席)을 벌여 만수무강을 빌었다[祝釐]. 여기서 갑일이란 원 세조가 태어난 해가 을해년이기 때문에 날짜가 을해일이 되는 날을 말했다. 한편 충렬왕은 매달 8일과 15일, 23일 그리고 황제 본명일로 날짜가 을해 간지가 되는 날에는 도살을 금하고 관아는 쉬게 하였다.

원에서는 충렬왕을 부마국왕이라 우대한 바 있지만 충렬왕의 이러한 황제 만수무강 기원은 보다 고려와 충렬왕에 대한 신뢰를 갖게 했을 것이다. 이에 충렬왕이 제국대장공주와 함께 처음으로 원에 입조할 때인 1278년(충렬왕 4) 6월의 원에서의 대우는 신뢰 관계를 보여 주는 면이 있었다. 황제의 사냥터인 향아(香阿)에 머물게 하고, 황후는 두 명의 궁빈을 보내 영접하게 했다. 또한 황자 토곤[脫歡]을 보내 영접게 하고 4개의 대형 파오인 궁려를 개평부 동문 밖에 설치한 것이다. 또한 세조황제가 죽었을 때는 상례상 친족만이 가까이할 수 있는 황제의 빈전에 제물을 바치고 추모의 정을 나탈 수 있었다. 원 황실과 고려의 관계가 보이는 것이다. 물론 이 같은 충렬왕의 원 황실에 대한 예우는 거저 이뤄진 것이 아니었다. 원에 입조할 때나 일본을 정벌할 때 소요된 수많은 고려의 재물이 그 바탕에 있었다.

다음 해결 과제는 고려로 시집오는 제국대장공주의 위상을 조정하는 것이었다. 일단 공주에 대해 왕실 최고 위상으로 예우했다. 추밀원부사를 원으로 보내 맞아 오게 하고 충렬왕 자신은 서북면까지 나가 공주를 맞았으며 공주를 위한 궁과 전, 부를 두는 한편 탕목읍을 설정했다. 그리고 공주가 하는 일에 대해서는 별도의 간섭을 하지 않았다.

공주가 흥왕사 금탑을 궁으로 가져가 다른 용도로 쓰고자 했을 때도 충렬왕은 그저 말리기만 하다가 듣지 않자 울 뿐이었다. 그나마 이 금탑은 충렬왕의 병을 구호하기 위해 돌려보낼 것을 재추가 청하자 다시 흥왕사로 되돌아가게 되었다. 또한 종실 광평공 왕혜의 노비 300명을 빼앗았으며, 가늘기가 매미 날개와 같았던 백저포를 만든 비구니의 여종을 달라 요구했다.

고려의 각지에서 거두어들인 잣과 인삼을 원 강남으로 수출해 많은 이익을 봤다. 그렇지만 공주는 충렬왕의 사냥이나 음악, 인사 문제에 간여하여 바로잡기도 하는 등 나름의 역할을 했다. 이는 나름대로 충렬왕이 공주에게 고려인으로서의 정체성을 일정 정도 갖게 하는 데 성공했다는 의미였다.

한편 원 세조는 일본을 초유(招諭)해 원에 대한 사대 조공을 강요하고자 했다. 남송에 대한 정벌이 차츰 완성되어 가는 단계에서 고려에 이어 일본까지 원의 세력권으로 만들려 했다. 이럴 경우 몽골은 원 세조에 의한 대제국의 완성에 방점을 찍을 수 있었다. 고려는 원 세조의 요구에 따라 일본 초유에 나섰다. 하지만 일본의 가마쿠라막부[鎌倉幕府]는 이를 거절했다. 원은 1271년(원종 12) 고려에 둔전경략사를 설치해 전쟁을 대비하기 시작했고, 배 900척과 몽한군 및 고려군의 연합군이 준비되었다. 그러나 1274년(원종 15) 6월 일본 정벌을 준비하던 원종이 죽어 출병이 약간 늦춰졌다.

일본 정벌군은 1274년(충렬왕 즉위년) 10월 원의 도원수 쿠둔[忽敦] 즉 힌두[忻都]와 고려 도독사 김방경 등을 중심으로 몽한연합군 2만 5천, 고려군 8천, 초공(梢工)과 인해(仁海, 바닷길 안내자) 6,700명, 전함 900척 등 대군단으로 꾸려졌다. 일본 정벌이 시작된 것이다. 이들은 대마도(對馬島)와 일기도(一岐島)를 치는 데 성공했으나 갑작스러운 태풍으로 많은 희생자들이 있자 돌아와야 했다. 1차 원정의 실패였다.

그러나 원 세조는 포기하지 않았다. 전쟁 준비를 계속하는 한편 1280년(충렬왕 6)에 정동행성(征東行省) 즉 정동행중서성을 두고 일본 정벌의 일을 맡도록 했다. 충렬왕은 같은 해 8월 원의 대도에서 원 세조와 만나 정동의 일에 대해 직접 요청했다. 총 7가지 조항으로서 고려가 보다 정동을 주도적으로 지휘하는 면이 있었다.

첫째, 탐라(耽羅)를 지키고 있는 우리나라 군대를 동정군(東征軍)에 보충할 것.

둘째, 고려군(高麗軍)과 한군(漢軍)을 줄이고 토리테무르[闍里帖木兒]로 하여금 몽골군을 더 징발하여 출정토록 할 것.

셋째, 홍다구의 직임(職任)을 더 높이지 말고 성공하기를 기다려서 상을 줄 것, 또 토리테무르로 하여금 신(臣)과 함께 일본 원정에 관한 일을 관장하게 할 것.

넷째, 우리나라의 군관(軍官)에게 모두 패면(牌面)을 하사해 줄 것.

다섯째, 중국 땅[漢地]의 바닷가 사람들을 함께 뱃사공[梢工]과 선원[水手]으로 충당할 것.

여섯째, 안찰사(按察使)를 파견하여 백성들의 애로 사항을 파악할 것.

일곱째, 충렬왕 자신이 직접 합포에 가서 군사와 말을 검열하고 보낼 것.

이 건의를 원 세조는 모두 받아들였다. 이후 몽골에서는 정동원수부를 두었고, 같은 해(1280) 9월에는 힌두·홍다구와 우승(右丞) 범문호(范文虎) 및 좌승(左丞) 이정(李庭) 등에게 일본을 정벌하고 거두는 행중서성의 일[征收日本行中書省事]을 맡도록 했다. 정동행중서성이 설치된 것이다. 하지만 셋째 조항에서 보듯 충렬왕은 정동의 일을 토리테무르와 공동으로 맡을 수 있도록 해 달라 요청했다.

충렬왕은 1280년(충렬왕 6) 12월 개부의동삼사 중서좌승상 행중서성사(開府儀同三司中書左丞相行中書省事)로 책봉되었고, 1281년(충렬왕 7) 7월에는 부마국왕 책봉과 함께 정동행중서성의 인신을 받았다. 이로써 충렬왕은 정동의 일을 논의할 때 그동안 동서로 대면하던 자리 위치에서 충렬왕은 남면하고 힌두와 홍다구 등은 동쪽을 향해 앉게 되었다. 이는 고려에서 부마국왕의 위치가 정해진 것을 상징했다. 이후 정동행성의 책임자 역할이라 할 정동중서성좌승상으로 책봉된 것은 1283년(충렬왕 9) 6월에 이르러서였다.

2차 일본 정벌은 1차 때보다 훨씬 군사와 군량, 무기, 지휘 체계 등이 잘 정비되었다. 충렬왕은 일본 정벌 참여가 고려에 이익보다는 피해가 있을 것임을 알았지만 원의 요청을 거절할 수 없었다. 다만 원의 요청에 이리저리 오랫동안 끌려다니고 많은 인적, 물적 지원을 해야 하는 상황이라면 오히려 적극적으로 나서는 것도 한 방안이라 여겼을 것이다. 그렇기에 앞의 7개 조항이 나올 수 있었을 것이고 정동행성의 지휘를 맡을 수 있었을 것이다.

2차 정벌군은 고려에서 병선 900척에 뱃사공과 선원 15,000명, 정군 1만 명, 병량 11만 석을 준비했다. 원에서는 몽한군 3만 명과 송의 범문호가 지휘하는 만군(蠻軍, 강남군)으로 병선 3,500여 척과 군사 10만 명이 갖춰졌다. 그리고 1281년(충렬왕 7) 4월 힌두와 홍다구, 김방경 등이 수군을 거느리고 정벌에 나섰지만 또다시 풍랑 등으로 실패했다. 결국 윤8월 힌두·홍다구·범문호 등이 원으로 돌아갔고 귀환하지 못한 자가 십만 명에 이르렀다.

2차 정벌이 진행되는 동안 충렬왕은 1281년(충렬왕 7) 4월 합포현에 도착해 정벌군을 사열했고, 6월에는 경주에 머무르면서 승전 소식을 기다렸다. 그러다가 공주가 원나라로 입경하던 중 황제의 귀국 명령으로 돌아오게 되자 충렬왕도 7월에 개경으로 다시 돌아왔다. 8월에 이르러 충렬왕은 공주와 더불어 다시 경상도로 출발해 현 충주 인근인 용안역, 영주 지역인 순안현, 예천에 해당하는 보주에 차례로 이르렀고 안동부에 도착해 행궁을 차렸다. 김방경이 일본 정벌에서 돌아와 행궁에서 충렬왕을 알현했으며, 윤8월에는 좌사의 반부(潘阜)를 보내 힌두·홍다구·범문호 등을 위로하게 하였다. 그리고 안동을 출발해 개경으로 돌아왔다. 기대하던 대승의 소식은 없었다. 그렇지만 충렬왕 입장에서는 고려가 최선을 다했음에도 일본 정벌이 쉽지 않았음을 몽한군과 강남군 등의 손실로 알릴 수 있었다.

그렇지만 원 세조는 일본 정벌을 계속 추진했다. 칙령을 내려 현 김해시인 금주(金州)에 진변만호부를 설치하고 제국대장공주의 케링구[怯怜口] 즉 사속인이었던 인후와 장순룡을 각기 소용대장군 진변만호와 선무장군 진변관군총관으로 임명한 것이다. 전함 건조도 계속되었다. 이러한 일본 정벌 시도는 결국 1294년(충렬왕 20) 원 세조가 죽어서야 마침표를 찍게 되었다. 당시 충렬왕은 3차 정벌의 어려움을 설명하고 바닷가 재목이 고갈됨을 들어 최소한 전함 건조나마 늦추고자 했었다. 세조가 죽자 홍다구의 동생인 홍군상(洪君祥)이 승상 울제이[完澤]에게 건의해 일본 정벌이 중지되었다. 고려로서는 큰 고비를 넘긴 셈이었다.

충렬왕은 원 황제와의 관계를 잘 활용하고자 했다. 고려의 안전과 이익을 도모한 것인데 주로 친조(親朝)를 통해 해당 현안을 해결했다. 특히 1294년(충렬왕 20)의 상황은 이를 잘 보여 준다. 충렬왕은 1293년(충렬왕 19) 10월 기해일(17)에 원나라 입조를 위해 개경을 출발했다. 양갓집 딸 3인을 선발하고 문무 관료 80명을 호종신으로 삼았다. 왕경을 유수하는 일은 제안공(齊安公) 왕숙(王淑)과 첨의찬성사(僉議贊成事) 홍자번(洪子藩) 등에게 맡겼다. 목적은 신년 하례와 원 세조 병환에 대한 안부 전달 등이었다. 연경에는 12월 신축일(20)에 도착해 첨서중추원사 홍군상의 집에 머물렀다.

그런데 이미 이때 원 세조는 위독한 상태여서 직접 알현할 수는 없었다. 이에 우선 황태자 친킴[眞金]의 비[妃子] 코코진[闊闊眞]을 만나 예물을 주어 돈독한 관계를 맺었다. 1294년(충렬왕 20) 정월 계유일(22)에 세조가 죽자 충렬왕과 공주는 양 10마리와 말 1필로 제사를 올리면서 추모의 정성을 극진히 했다. 그리고 4월 계사일(13)에는 원의 첫 수도였던 상도(上都) 개평(開平)에 가서 황태자를 영접했다. 이미 충렬왕은 황태자와 황태자비에 대해 정성을 기울였던 만큼 곧 즉위할 황태자에 대한 기대가 있었을 듯하다. 이튿날 갑오일(14)에 황태자는 성종황제로 즉위했다. 이에 충렬왕은 금은과 모피 등을 예물로 바치면서 하례를 행했다. 즉위 하례 후 대연(大宴)이 있자 충렬왕과 공주 등은 잔치에 참여해 서열 7위 자리에 앉았다. 그만큼 충렬왕이 새로 즉위한 성종황제의 신뢰를 얻었다는 의미였다.

이후 5월 원에 있으면서 충렬왕은 4가지 고려의 현안을 황제에게 건의했다. 그것은 첫째, 탐라를 돌려줄 것, 둘째, 잡혀간 고려 인민을 돌려보내 줄 것, 셋째, 공주를 책봉해 줄 것, 넷째, 자신에게 작위를 덧붙여 줄 것이었다. 황제는 이를 모두 받아들였다.

탐라는 고려에 돌려주고, 기미년(고종 46, 1259) 이후 포로로 잡혀 왔거나 유
망해 온 사람들은 사신을 보내 요양행성(遼陽行省)과 함께 심사해 고려로
돌려보내라. 공주를 책봉하는 문제는 의논하여 보고할 것이며, 국왕의 작
위는 이미 여러 차례 내렸으니 내년까지 기다리도록 하라.

충렬왕은 목적한 바를 일종의 조문외교를 통해 해결한 것이다.

3) 풍속과 제도의 변화

고려는 원에 대한 사대를 결정함과 함께 부마국이 되었다. 이에 고려 역
사 최초의 부마국왕이 된 충렬왕은 원과의 관계에서 그동안 고려가 유지해
왔던 전통을 버리거나 바꿔야 하는 상황에 직면했다. 말하자면 원 중심의
일원적 국제질서하에서 이전까지의 자주성을 더 이상 지키기는 어려워진
것이다.

고려의 정체성을 보여 주는 중요한 문화적 지표로 꼽을 수 있는 것이 체
형(剃形)과 복식이다. 원과의 관계 본격화는 체형과 복식의 변화로 구체화
되었다. 우선 몽골식 두발형태가 상징적으로 나타났다. 그간 고려에서의
남자 머리는 머리카락을 끌어모아 올려 정수리 위에서 틀어 감아 매는 것
으로 상투라 했다.『고려도경』에서는 이에 대해 추결(椎結, 魋結)의 풍속이라
했다. 여성의 머리모양에 대해서도 언급했는데 오른 어깨 쪽으로 머리를
늘어뜨리고 나머지 머리카락은 아래를 덮는데 이를 진홍 비단[絳羅]으로 묶
고 작은 비녀를 꽂는다 했다. 그만큼 고려인들의 머리모양은 특징적 면이
있었다.

원종 대 인공수(印公秀)가 이미 이러한 고려의 머리와 의복에 대한 자발적
변화를 건의한 바 있었다. 당시 이를 표현하길 '개형역복(改形易服)'이라 했
다. 원의 풍속에 따라 머리와 의복을 바꾸자는 의견에 대해 원종은 "나는 차

마 하루아침에 조종의 가풍(家風)을 갑자기 바꿀 수 없으니 내가 죽은 후에 경들은 마음대로 하라"라고 대꾸했다.

그런데 1274년(충렬왕 즉위년)부터 전통적 머리모양은 본격적으로 바뀌게 되었다. 모양을 보자면 정수리에서 이마까지 머리를 네모로 깎고 가운데 머리카락을 남겨 두는 것이었다. 이를 겁구아(怯仇兒, 케쿠르) 혹은 개체(開剃) 라 표현했다. 충렬왕은 즉위 전 원에 입조했을 때 이미 이 머리를 하고 있었다. 같은 해 10월 제국대장공주가 원에서 고려로 들어올 때 영접하는 신하들 상당수가 겁구아를 하지 않고 있자 충렬왕은 이를 책망했다. 당시 지주사 이분희는 충렬왕에게 "신 등이 개체하길 싫어해서가 아니라 오직 많은 사람이 하길 기다렸을 뿐입니다"라 한 기록이 보인다. 이어 12월에는 드디어 재추도 개체를 택하였고, 다만 잡류인 하급 아전 정도가 그대로였는데 이 역시도 곧 바뀔 터였다. 그만큼 몽골식 개체 변발인 겁구아는 충렬왕을 비롯한 고려의 지배층에게 폭넓게 받아들여졌다. 고려 스스로 이를 택해 간 것이다.

1275년(충렬왕 1) 때만 하더라도 융복(戎服) 즉 호복은 상당수 고려인들이 입었으나 모두가 그러한 것은 아니었다. 이는 동방의 색은 목(木)의 기운에 따라 청(靑)을 숭상해야 하므로 금(金)의 기운을 뜻하는 백색의 융복으로서 백저의(白紵衣)를 덧입는 것은 목이 금에 눌리는 형상이라 백색복을 금할 것을 청한 데서 알 수 있다. 같은 해 7월에는 허리띠와 버클인 과대(銙帶) 착용 때 통서(通犀)와 금(金) 소재의 과다 착용을 금하고 옥(玉)·서(犀)·흑대(黑帶)만 하도록 했다. 그렇지만 1278년(충렬왕 4) 2월에는 경내(境內)에 영을 내려 모두 상국 즉 원의 의관(衣冠)을 착용하게 했다. 소위 '의관개변령(衣冠改變令)'이었다. 원의 의관은 호복(胡服)이라 했다. 몽골과의 전쟁기에는 개체 변발과 호복 착용을 거부했으나 상황이 바뀌면서는 고려의 지배층이 서둘러 호복을 착용하기 시작한 것이다.

이는 털옷과 털모자, 가죽부츠 등 모피를 소재로 한 것이었다. 여기에 몽골족은 좁은 소매와 좌임(左衽)의 직령(直領) 교임(交衽)을 하고 아랫부분이 치마와 같이 퍼져 기마 활동에 적합한 형태의 포(袍)를 착용했다. 햇빛을 가리기 위해 챙이 달린 입(笠)을 관모로 썼다. 이 입은 형태에 따라 원정립(圓頂笠)이나 다각립(多角笠), 후렴(后簾)이 달린 종모(椶帽) 등으로 나눠진다. 여성들은 몽골 부인 등이 쓰는 '고고(姑姑)'를 썼는데 이는 2척에서 5척의 나무로 심을 만들어 비단 등으로 표면을 감싸고 여기에 금과 진주 등을 화려하게 장식한 것이었다.

원 세조는 고려에 대해 토풍을 바꾸지 않아도 된다는 '불개토풍(不改土風)'을 약조했다. 하지만 위에서처럼 원의 강요 혹은 고려의 자발적 선택에 따라 개체 변발과 호복 착용이 늘어났다. 고려의 토풍 즉 국속(國俗)이 변하기 시작한 것이다.

원의 강요에 따른 변화는 국왕 조복(朝服)이나 제후국제(諸侯國制)의 의례 사용으로 나타났다. 정동행주서성평장사 고르기스[闊里吉思]는 1299년(충렬왕 25) 11월 팔관회, 1300년(충렬왕 26) 2월 연등회 때 고려가 세 번 정편(淨鞭)을 들어 산호만세(山呼萬歲)를 외치는 것이 천자의제(天子儀制)와 같아 참월하다 했다. 이러한 지적에 따라 1301년(충렬왕 27) 4월에는 자황포(赭黃袍)가 아닌 지황포(芝黃袍)를 쓰고 황산(黃傘)이 아닌 홍산(紅傘)을 썼으며, 무도(舞蹈)와 경필(警蹕)의 예를 없앴다.

1274년(충렬왕 즉위년)부터 1278년(충렬왕 4) 사이에는 상국 즉 원의 제도와 같다[擬上國者] 하여 관직과 칭호 등을 바꿨다. 관제 개정이 있게 된 것이다. 성(省)·원(院)·대(臺)·부(部) 등의 관명(官名)과 작호(爵號) 등이 대상이었으며, 새로운 관청이 신설되기도 했다. 이를 보면 다음 〈표 4〉와 같았다.

충렬왕은 원과의 관계 정상화를 위해 세조의 요구에 따라 1279년(충렬왕 5) 5월과 1284년(충렬왕 10) 11월 두 차례 입조한 바 있었다. 모두 2개월 이상 걸렸다. 충렬왕은 재위 기간이 긴 면도 있었지만 양국의 첨예한 이해 관계로 인해 실제 입조한 것은 11차례나 되었다. 1278년(충렬왕 4) 4월~7월,

<표 4> 충렬왕 대 관제 개정

	개편 전	개편 후 및 신설
충렬왕 즉위년(1274)	(없음)	홀적(忽赤, 쿠치 혹은 코르치)
충렬왕 원년(1275)	중서문하성·상서성 추밀원 어사대 이부·예부 병부 호부 형부 공부 예문관 보문각 국자감 금자광록대부(金紫光祿大夫) 은청광록대부(銀靑光祿大夫) (없음) 왕실족내혼	첨의부(僉議府) 밀직사(密直司) 감찰사(監察司) 전리사(典理司) 군부사(軍簿司) 판도사(版圖司) 전법사(典法司) (폐지) 문한서(文翰署) 보문서(寶文署) 국학(國學) 광정대부(匡靖大夫) 중봉대부(中奉大夫) 응방(鷹坊) (금지)
충렬왕 2년(1276)	선지(宣旨) 짐(朕) 사(赦) 주(奏) (없음) (없음) (없음)	왕지(王旨) 고(孤) 유(宥) 정(呈) 통문관(通文館) 포마차자색(鋪馬箚字色) 과부처녀추고별감(寡婦處女推考別監)
충렬왕 3년(1277)	(없음) (없음)	인물추고도감(人物推考都監) 농무도감(農務都監)
충렬왕 4년(1278)	(없음) (없음) (없음)	필도적(必闍赤, 비칙치) 신문색(申聞色) 순마소(巡馬所)

1278년 12월~1279년(충렬왕 5) 2월, 1280년(충렬왕 6) 8월~9월, 1284년(충렬왕 10) 4월~9월, 1287년(충렬왕 13) 8월~12월, 1289년(충렬왕 15) 11월~1290년(충렬왕 16) 3월, 1293년(충렬왕 19) 10월~1294년(충렬왕 20) 8월, 1296년(충렬왕 22) 9월~1297년(충렬왕 23) 5월, 1300년(충렬왕 26) 4월~7월, 1302년(충렬왕 28) 12월~1303년(충렬왕 29) 5월, 1305년(충렬왕 31) 11월~1307년(충렬왕 33) 5월 등으로 고려와 원의 필요에 따라 이뤄진 것이었다. 여기에 실제 입조 요청을 했다

가 중지 혹은 거절된 사례 9건을 포함하면 20차례나 된다. 입조 기간도 짧게는 2개월에서 길게는 19개월까지 있었다.

이러한 입조에는 많은 비용과 함께 관원들이 동반되었다. 첫 입조 때인 1278년(충렬왕 4) 4월 갑인일(1) 행렬을 보면 충렬왕과 제국대장공주, 그리고 세자를 중심으로 역마 70필, 원부(元傅)·이분희(李汾禧)·박항(朴恒)·송분(宋玢)·강윤소(康允紹) 등 190명의 호종 인원이 있었다. 그 경로를 보면 서경-의주(義州)-압록강-요양-애두참-의주(懿州)-북경과요관(北京鍋窯館)-향아(香阿, 원 세조 사냥터)를 거쳐 입조 알현으로 이어졌고, 기간은 4월 1일 출발-6월 9일 개평부 동문 대궁려(大穹廬) 도착-6월 기사일(17) 북경 입조 알현으로 이어져 두 달 넘게 걸렸다.

1296년(충렬왕 22) 9월의 입조 때는 왕과 공주가 갔는데 수행하는 호종 신료가 143인, 시중드는 겸종 590인, 말 990필이 동원된 대규모 행차였다. 이때 세자의 혼례가 예정되어 있었기 때문이다. 세조를 알현할 때 금병(金瓶), 금종(金鍾) 2개, 누은호(鏤銀壺)·은탕병(銀湯瓶) 각 1개, 은잔(銀盞) 1벌, 은호병(銀胡瓶)·은대준(銀大樽) 각 1개, 반루은호병(半鏤銀胡瓶) 2개, 은대종(銀大鍾) 1개, 은우(銀盂) 50개, 호랑이 가죽과 표범 가죽 각 13장, 수달 가죽 76장, 자라(紫羅) 10필(匹), 백저포(白苧布) 100필, 대모초자(玳瑁鞘子) 10개 등의 물품을 바쳤다.

충렬왕의 잦은 입조와 긴 체류 기간 등은 여러모로 고려에 큰 부담이 되었다. 물론 입조는 김방경 무고 사건이나 동녕부 반환, 고려인 쇄환, 동정(東征), 세자 가례 등 현안을 해결하고 원 조정의 황실 의례나 통혼, 숙위(宿衛)로서 케식[怯薛] 등에 참여하는 목적이 있었다. 이는 부마제후인 고려 국왕의 위상을 대외적으로 보여 주는 측면이 있었다. 예컨대 1300년(충렬왕 26) 입조 때 한 가지 색의 옷[一色服]인 '지순[只孫, 質孫]'을 입고 '지순연'이라는 대연회에 참석해 제4위의 자리에 앉은 것은 이를 뜻했다. 1296년(충렬왕 22) 11월 장조전에서 열린 연회 때 제왕이 자리를 꽉 채운 상황에서 충렬왕은 서열 7위에 앉은 바 있었다.

그렇더라도 충렬왕의 잦은 입조와 긴 체류, 이에 따른 고려 관원의 수행이나 원 황실 케식 숙위 참여 등은 친원 혹은 부원이라는 측면으로 이어질 수밖에 없었다. 고려인으로서 몽골인화하는 현상이 벌어지게 된 것이다. 여기에 고려인으로서 몽골식 이름을 받는 등 이는 고려인의 정체성 문제에 이르기도 했다. 당시 기준으로 세계인화되었다는 점에서는 긍정할 수 있는 부분이지만 이는 어디까지나 고려인으로서의 자의식을 가지고 있을 때 평가되는 부분이었다.

대표적인 집단이 뚤루게[禿魯花]였다. 사실 고려에는 태조 대부터 '질자(質子)'나 기인제(其人制)가 있었으므로 받아들이기는 그다지 어렵지 않았다. 그렇지만 뚤루게의 경우는 귀족 자제로서 먼 이국땅에 보내져 황실 숙위에 참여했다. 한둘이 아닌 다수의 왕실 및 귀족 자제들이 선발되어 보내진 것이다. 예컨대 1241년(고종 28)에 처음으로 영녕공 왕준(王綧)과 귀족 자제 10명이 파견되었고, 1271년(원종 12)에 세자 왕심 즉 충렬왕과 함께 20인의 귀족 자제들이 들어가게 되었다. 1275년(충렬왕 1) 12월에는 대방공 왕징(王澂)을 포함한 10인의 자제를 뚤루게로 보냈지만 원에서는 이들 중 일부가 귀족 가문 자제가 아니라 해 돌려보냈다. 그만큼 혈통과 지위를 철저히 살핀 것을 읽을 수 있다. 1279년(충렬왕 5) 3월에는 보다 대규모로 뚤루게를 보냈다. 대방공 왕징으로 하여금 김방경의 아들 김흔(金忻) 등 의관 자제 25명을 입원 숙위토록 한 것이다. 안향(安珦)도 뚤루게로 선발된 바 있었다.

뚤루게로 선발되면 3등급을 뛰어넘는 관직을 주었고, 돌아오게 되면 홀적(忽赤, 쿠치 혹은 코르치)에 넣고 번을 나눠 국왕에 대한 숙위를 맡게 했다[分番宿衛]. 이에 따라 뚤루게는 원 황실과 고려 국왕에 대한 숙위 경험을 쌓았고 이후 이들은 뚤루게 호칭을 가지면서 관직도 받았다. 번을 나눌 때는 4번 혹은 3번으로 구성하기도 했다. 각 번은 사흘간 근무 후 교대토록 했다. 다만 홀적에는 뚤루게만 있었던 것은 아니었다. 달달인들도 홀적에 들어갔기 때문이다.

몽골과의 전쟁 중 협상이 오가던 때인 1232년(고종 19)의 기록에 눈에 띄는 내용이 있다. 즉, 몽골에서 고려에 국왕과 제왕, 공주와 군주, 대관인의 자제로 동남(童男) 500개(箇)와 동녀(童女) 500개를 반드시 보내라 한 것이다. 이는 인질로서가 아닌 일종의 공물로 요구되었다. 사람의 단위를 인이나 명이 아닌 개(箇)라 한 데서 알 수 있다. 물론 당시 고려에서 이러한 수의 자제를 보내지는 않았다. 그런데 이 장면에서 드러나듯 몽골은 전쟁 과정에서 복속을 증명받기 위해 전략적으로 이러한 동남동녀를 요구했다. 수용하기 어려운 요구를 해 전쟁을 지속하고자 하는 면도 있었기 때문이다.

동남동녀를 요구하는 일은 원과의 관계가 정상화된 충렬왕 대에도 잦았다. 1287년(충렬왕 13) 12월 동녀 선발이 이미 있었으며 1300년(충렬왕 26) 5월에는 직접 동녀를 헌상했다. '헌동녀(獻童女)'라 표현되어 있다. 이후 동녀 헌상은 이해 7월 등 모두 8차례가 이뤄졌다. 이는 동녀에만 국한되지 않았다. 처녀도 마찬가지였다. 기록에서는 처녀를 헌상하였다[獻處女], 처녀를 선발하였다[選處女], 양가녀를 뽑았다[選良家女] 등으로 나타난다. 이들은 헌상된다는 의미에서 공녀(貢女)로 일컬어졌다. 원의 부마제후국이 된 데 따른 대가였다.

한편 원과의 관계가 안정되어 가는 시기에는 전쟁으로 인한 위협은 사라졌지만 고려인들의 자기선택권은 크게 약화되었다. 특히 여성들의 경우가 심했다. 앞서 언급한 동녀 헌상의 문제도 그러하지만 이와 더불어 원 측 요구에 따른 혼인에 여성들이 동원될 수밖에 없었기 때문이다. 이는 왕실도 예외가 아니었으며, 사대부가의 딸도 마찬가지였다. 동녀 선발 및 헌상과 관련해 가정 이곡(李穀)은 1337년(충숙왕 복위 6)에 글을 올려 이 같은 일이 한 해에 한두 번 혹은 격년으로 이뤄지는데 그 숫자가 많은 때에는 4, 50명에 이르러 부모와 종족이 분노하고 통곡한다고 그 참상을 전하였다. 이에 일시동인(一視同仁) 하는 덕화를 드러내어 동녀 문제를 해결해 달라 청한 바 있었다.

　이러한 동녀 문제는 일반 민에게서 일어나기보다는 소위 의관가(衣冠家)인 귀족 가문에서 일어나는 일이 잦았다. 그도 그럴 것이 원에서도 혈통과 미모 등을 중요시했기 때문이다. 예컨대 고려 다루가치로 온 톡토르는 1271년(원종 12) 2월 자신의 아들과 결혼시킬 대상을 재상가에서 찾았다. 그리고 재상가에서는 이를 피하고자 사위를 먼저 들이기도 했다. 당시 고려 풍속에 나이 어린 사람을 데려다 집안에서 길러 나이가 차면 사위로 삼는 것을 데릴사위 즉 예서(預婿)라 했다. 당시 김련(金鍊)은 추밀원사의 재상 신분으로 원에 들어가 세자와 원 황실과의 혼인을 꾀하려 했었다. 그런데 그의 둘째 딸을 아버지가 없는 상황에서 다루가치 톡토르가 며느리로 삼아 버린 일이 있었다.

　1305년(충렬왕 31) 12월 기록을 보면 제안공 왕숙(王淑)의 사례가 보인다. 제안공 왕숙은 현종의 아들 평양공 왕기의 후손으로 원종의 사위이자 충렬왕의 사위였다. 그가 충렬왕의 요구에 의해 손녀를 황후에게 바치려 원에 갔다는 것이다. 제안공은 원종의 장공주인 경안궁주와 1260년(원종 1)에 혼인한 바 있다. 하지만 어떤 이유에서인지 충렬왕과 정화궁주 사이의 딸 정녕원비(靖寧院妃)에게 다시 장가들었다. 정화궁주는 세자빈이었다가 충렬왕 즉위 후 정화궁주가 되었다. 제국대장공주가 오면서 후비가 되었고 제국대장공주 생전에는 별궁에서 살며 충렬왕과 통서하지 못했다 한다. 이러한 제안공 왕숙조차도 손녀를 황후에게 바쳐야 했던 것이 당시 현실이었다.

　1275년(충렬왕 1)에는 장차 원나라에 처녀를 바치기 위해 혼인을 금지하였다. 이윽고 관제를 개정하면서 처녀 10인을 바쳤다. 2명만 남겨지고 8명은 다시 돌아왔지만 이는 원의 요구를 최대한 수용해야 한다는 의식 구조를 낳았다. 그리고 이듬해인 1276년(충렬왕 2)에는 원의 요구로 과부와 처녀를 뽑아 원에 항복한 귀부군(歸附軍) 500명의 아내로 보냈다. 이때 충렬왕은 과부처녀추고별감을 두고 정랑 김응문(金應文) 등 5인을 여러 도로 파견해 뽑도록 했다. 과부처녀추고별감은 귀부군행빙별감(歸附軍行聘別監)으로 바뀌기도 했다. 또한 1287년(충렬왕 13)에는 교지를 내려 양가처녀(良家處女)는 먼저 관에 신고하고 혼인토록 하되 위반자는 처벌하라 했다. 1307년(충렬왕 33) 전왕인 충선왕은 도평의사사에 명해 13세 이상 16세 이하 처녀는 함부로 혼인하지 못하게 하고 관에 보고 후 혼인을 허락도록 했다. 혼인을 통제하고 금하며 여러 도에서 500명의 과부와 처녀를 추고한 것은 고려의 혼속만이 아니라 가정의 평화를 깨는 일이었다. 그럼에도 불구하고 이를 추진한 것은 결국 원의 압력을 의식한 때문이라 볼 수밖에 없다. 이에 고려인들의 원망은 나날이 커졌다.

충렬왕 대에는 아무래도 당시 대제국 원의 화려한 문화 수입이 두드러졌다. 연회에 물들인 비단 즉 채랍(綵蠟)으로 만든 꽃을 쓰기 시작하였고, 내연이 열릴 때 나견(羅絹)으로 꽃을 만들어 계단을 장식했다. 또한 충렬왕 자신이 직접 춤을 추기도 했다. 1300년(충렬왕 26) 6월에는 성종황제가 연 지손연(只孫宴)에 참석해 크게 대우받았고, 이후 부두연(扶頭宴)을 열었을 때에는 충렬왕과 충선왕이 박자를 맞추고 춤을 추었다. 황제가 베푸는 화려하고 성대한 연회 분위기에 충렬왕은 빠져 있었던 것이다.

충렬왕 대에는 이처럼 화려하면서도 군신 간 격이 없는 연회가 다수 열렸다. 그 때문에 이를 이용하여 국왕의 총애를 차지하려는 이들이 생겨났다. 행신(倖臣) 오기(吳祈)·김원상(金元祥)과 내료(內僚) 석천보(石天補)·석천경(石天卿) 등은 성색(聲色)으로 아첨하면서 여러 도에 사람을 보내 관기(官妓) 가운데 자색과 기예가 있는 자를 선발했다. 도성 안에서는 관비(官婢)와 무당 가운데 가무에 능한 자를 뽑아 비단옷과 말총갓을 씌워 무대에 올리고서 남장(男粧)이라 했고, 「삼장(三藏)」과 「사룡(蛇龍)」 등 노래를 부르게 했다. 「삼장」은 "삼장사(三藏寺)에 등불을 켜러 갔더니 사주(社主)가 내 손을 잡더이다. 만약 이 말이 절 밖으로 새어 나간다면 상좌(上座) 네가 퍼뜨린 말이라고 하겠노라"라는 부분이 있었고, 「사룡」은 "뱀이 용의 꼬리를 물고 태산봉우리를 넘어갔다고 들었네. 온 사람이 각각 한마디씩 하더라도 짐작하는 것은 두 사람의 마음에 달렸으리"라 했다. 당시 기록을 보면 "군소들과 더불어 밤낮으로 노래하고 춤추면서 무례하고 방자히 굴어 군신의 예의를 회복하지 못하였으며, 접대하고 내려 주는 비용을 이루 기록할 수 없었다"라 했다.

이 외 몽골과의 전쟁 종료, 일본 정벌 전쟁과 중단, 군량(軍糧)이나 구휼을 위한 양곡의 수입과 유출, 다루가치와 같은 원 관인들의 고려 진출, 몽골에 귀부한 홍다구 같은 이들의 입국과 간섭, 제국대장공주를 수행한 게링구들 및 응방 관련 원 출신 인물의 활동 등이 있었다. 또한 고려인으로서 포로 혹은 상객으로, 톡토르로, 국왕 호종 신하로 다녀온 이들이 늘었다. 더불어 공녀 출신 궁인들과 귀족 가문의 부인이 된 이들이 원에서 자리 잡기 시작했다. 환관으로 출세하기 시작한 케레[撤勒], 바둑을 잘 둬 원 세조의 부름을 받은 조윤통(曹允通), 고려 종실 출신으로 원에서 관료 생활을 한 함녕후 왕유(王維) 같은 이들도 있었다. 이 같은 인적 교류를 통한 문화와 제도의 수입 및 정착은 양국 특히 고려 내부의 변화를 일으키기에 충분했다. 물론 이는 긍정적인 면만 있는 것은 아니었다.

4) 충렬왕의 죽음과 정국 운영이 남긴 시대 과제

충렬왕은 1307년(충렬왕 33) 5월 정축일(14)에 원 대도 체류를 마치고 귀국했다. 1305년(충렬왕 31) 11월 무오일(16) 출발하여 거의 19개월간 머물렀다. 가장 오랫동안 체류한 것인데 이 기간 동안 많은 일이 일어났다. 우선 1305년 12월 성종황제의 아들인 황태자가 책봉된 지 불과 5개월 만에 죽었다. 이어 1307년 정월에는 성종황제(재위 1294~1307)가 죽었다. 그리고 무종황제(재위 1307~1311)가 즉위했다. 이 같은 상황으로 충렬왕의 귀국이 지체된 면이 컸다.

이때 충렬왕과 전왕인 충선왕 부자간에 큰 알력이 터지기 시작했다. 이미 1297년(충렬왕 23) 5월 제국대장공주가 죽자 귀국한 세자 충선왕은 공주의 죽음이 무비(無比)와 환관 도성기·최세연 탓이라 하여 주요 인물 6명을 죽이고 40여 명을 유배했다. 세자 자신이 직접 처결한 것이다. 세자의 이 조치는 실상 부왕인 충렬왕의 뜻을 거스른 것이나 마찬가지였고, 충렬왕은 이후 정사에 뜻을 잃어 갔다.

결국 충렬왕은 1298년(충렬왕 24) 정월에 제국대장공주의 죽음, 그리고 자신의 노환, 세자의 영민함 등을 들어 양위하고자 했고, 원 황실에서도 충렬왕에게 추충선력정원보절공신 개부의동삼사 태위 부마 상주국 일수왕(推忠宣力定遠保節功臣開府儀同三司大尉駙馬上柱國逸壽王)을 더해 내리면서 세자의 즉위를 인정했다. 세자는 이로써 개부의동삼사 정동행중서성좌승상 부마 상주국 고려국왕(開府儀同三司征東行中書省左丞相駙馬上柱國高麗國王)이 되었다. 충렬왕은 강안전에서 세자에게 전위한 뒤 장순룡의 집으로 퇴거했으며, 거처하는 곳을 덕자궁(德慈宮)이라 했다. 그리고 같은 달 충렬왕은 불은사 자리를 살펴보고 궁을 지어 덕자궁을 이리로 옮겼다. 이어 충선왕은 자포(紫袍)를 입고서 황포(黃袍)를 입은 충렬왕에게 '광문선덕태상왕(光文宣德太上王)'이라 존호를 올렸다. 그러나 충선왕과 태상왕 충렬왕의 병존 시대는 오래 가지 않았다.

이미 무비 사건으로 둘은 간극이 벌어져 있었다. 게다가 1298년(충선왕 즉위년) 3월 태상왕은 숙창원비 김씨를 위해 노비를 받고자 충선왕에게 사사로이 내리는 내전(內傳)을 구한 바 있었다. 그러나 충선왕은 내전은 숙폐(宿弊) 즉 적폐의 하나로 혁파하려 한다면서 이를 거절했다. 요청과 거절 속 부자간 갈등의 골은 더욱 깊어졌다. 다만 충선왕은 태상왕을 자주 문안하여 외형상 효를 다하는 군주의 모습을 갖췄고 빌미를 주지 않으려 했다. 하지만 충선왕의 개혁은 충렬왕의 의견을 구한 것도 아닌 데다가 광정원(光政院)·자정원(資政院)·사림원(詞林院) 등 독자적 관제를 갖추기도 했다. 더구나 조인규의 딸인 조비(趙妃)가 계국대장공주를 저주했다는 조비 무고 사건이 원 황태후에게 알려졌다. 7월과 8월에는 충선왕과 공주의 입조를 재촉하는 명이 내려왔다.

이 같은 상황은 원 황실이 충선왕에게 더 이상 호의적이지 않음을 뜻했다. 너무 파격적인 개혁은 기득권을 누려 온 많은 이들에게 불만을 야기했고 그것은 충렬왕으로부터 응방이나 별감 등 관원, 환관에 이르기까지 그러했다. 원 황실의 이해를 구하고자 할 수 없이 충선왕은 원에 입조하기로 결정했다. 그리고 1298년(충선왕 즉위년) 8월 임신일(19) 금교에서 태상왕과 전송연을 즐기던 중 충선왕은 충격적인 일을 당하게 된다. 연회에 참여한 원 사신이 황제의 명이라 하며 국왕인을 빼앗아 충렬왕에게 준 것이다.

이는 원 황실에 의한 전격적인 폐위와 충렬왕의 복위를 의미했다. 이때 폐위된 충선왕의 나이는 당시 24살이었고, 충렬왕은 63세였다. 혈기 왕성한 충선왕의 폐위는 원 황실 세력에 의해 고려 정치가 직접 영향을 받는 상황을 뜻했다. 하지만 충선왕이 여기서 가만히 있을 리 없었기에 원 황실 내에서도, 고려의 정치에서도 또 다른 파국이 만들어질 가능성이 높았다. 역사는 대체로 새로운 세력의 편을 들어주는 경향이 있다.

충렬왕은 이미 노쇠했으나, 복위 이후 세 차례나 원에 입조했다. 게다가 앞서 언급했듯이 이 기간 원 황실 내에 큰 변동이 있었다. 황태자가 죽고, 성종황제가 죽었으며, 무종황제가 즉위한 것이다. 원 황실을 숙위하면서 충선왕은 1307년(충렬왕 33) 5월 성종황제의 조카 회녕왕(懷寧王) 카이산[海山] 옹립에 성공했다. 이 일의 의미는 충선왕이 원 황실 내 실력자가 되었다는 것이었다. 새로운 황제는 무종이었다. 1308년(충렬왕 34) 5월 충선왕은 일단 심양왕(瀋陽王)으로 책봉되었고 중서성에서 정사를 논하는 데 참여하게 되었다. 고려 조정에 대대적인 인사 이동이 있었음은 물론이다. 충선왕은 전 왕이었지만 실질적인 인사권을 장악했고, 충렬왕은 고개만 끄덕일 따름이었다.

1308년(충렬왕 34) 2월 충렬왕은 연등회로 봉은사에 행차했다. 이때 시종한 신하들에게 술잔을 주면서 자신의 최후를 예감하는 말을 남겼다. 즉, "오늘 연등을 보는 것이 내 평생 마지막일 터이니 경들은 술잔을 사양하지 말라"라고 한 것이다. 그리고 7월 기사일(13)에 신효사(神孝寺)에서 죽었다. 빈전은 숙창원비 집에 차렸다. 죽기 전 충렬왕은 충선왕을 보지 못한 데 대해 아쉬움을 표했으나 국정을 심양왕 즉 충선왕에게 위임한다는 유언을 남겼다. 원에 있던 충선왕은 부왕의 임종을 지키지 못했다.

부고를 받은 심양왕은 출발한 지 10일 만인 8월 임자일(26)에 개경의 빈전에 도착해 곡을 하고 제물을 올렸다. 8월 갑인일(28)에는 강안전에서 관정도량을 열고 경령전에 나아가 왕위계승을 고했다. 이어 수녕궁에 이르러 즉위하면서 조하를 받았다. 충렬왕 시대의 종언과 충선왕 시대의 개막이 이뤄진 것이다.

충렬왕의 죽음 후 시호나 묘호, 능호 등을 정하는 과정은 기존과 달랐다. 일단 영정인 수용(睟容)을 원으로부터 받게 되는데 10월 갑오일(9)에 도착해 이를 맞아 빈전 안에 봉안했다. 유사에서 대행왕의 시호 추증을 의논하자 충선왕은 원에 시호를 청해 이를 따르겠다 하면서 다만 '순성수정상승대왕(純誠守正上昇大王)'이라는 호만 올렸다. 능호는 이미 정했던 듯하다. 경릉(慶陵)이었다. 경릉 장례의 모습도 기존과 달랐다. 운구의 출발 때 최마질(衰麻絰)을 입고 손에는 경향로(擎香爐)를 들었으며 걸어서 십천교(十川橋)에 이르러 가마를 타고 산릉에 도착했다. 이어 석복도량(釋服道場)을 열고 혼전에 영정을 모신 뒤 영진전(靈眞殿)이라 이름을 지었다. 시호를 받지 못한 상황에서 충선왕은 대행왕을 상승왕이라 호칭했다. '충렬'이라는 시호는 1310년(충선왕 후2) 7월 고종-원종-상승왕의 추증이 이뤄지면서 정해졌다.

대행왕인 상승왕은 순성수정추충선력정원보절인량홍화봉경공신 태사 개부의동삼사 상서우승상 상주국 부마 고려국왕(純誠守正推忠宣力定遠保節寅亮弘化奉慶功臣太師開府儀同三司尙書右丞相上柱國駙馬高麗國王), 시호 '충렬(忠烈)'

로 정해졌고, 비인 안평공주는 황고제국대장공주 고려왕비(皇姑齊國大長公主
高麗王妃)가 되었다. 이는 충선왕이 조종(祖宗) 묘호를 쓸 수 없게 된 데 따른
것이었다. 이에 옛 한나라 때 제후들이 모두 한의 시호를 받았음을 들어 원
에 표문을 올려 시호를 청했고, 원에서도 한제(漢制)에 의거해 시호를 내려
주었다.

충렬왕의 묘정에는 문경공(文敬公) 허공(許珙, 1233~1291)과 문량공(文良公)
설공검(薛公儉, 1224~1302)이 배향되었다. 공암현(孔巖縣)인인 허공은 자호가
온독(韞匵)이고 초명(初名)은 의(儀)였다. 아버지 허수(許遂)는 추밀부사(樞密
副使)를 지냈으며, 고종 말에 급제했다. 젊어서 거문고를 잘 탔는데 이웃 처
녀가 그를 사모해 담장을 넘어왔지만 가까이하지 않고 예의로 깨우쳐 돌려
보냈다. 사방에 수습되고 있지 않던 시신과 뼈를 시종과 함께 돌아다니며
묻어 주기도 했다. 총명 민활하여 허공은 최녕(崔寧)·원공식(元公植)과 함께
정방(政房) 3걸(三傑)이라 불렸다. 신종(神宗)·희종(熙宗)·강종(康宗) 3대 실록
편찬에 참여했으며, 임연이 아들 임유무와 허공의 딸을 혼인시키고자 했으
나 허공이 죽음을 무릅쓰고 거절했다. 원종을 호종하여 원에 입조한 바 있
으며, 1290년(충렬왕 16)에는 충렬왕 입조 때 홍자번과 함께 개경에 남아 지
켰다.

부인이 죽은 후 처제의 딸과 혼인하여 탄핵을 받은 바 있으나 그 사이에
서 낳은 첫째 딸이 순비 허씨였다. 충선왕은 순비를 맞은 후 자신의 외동
딸이라 할 수춘옹주(壽春翁主)를 허공의 손자에게 시집보냈다. 허공 자신의
왕실과 국가에 대한 공로와 혼맥 등은 이처럼 대단하여 공암 허씨는 왕실
과 혼인할 수 있는 가문 즉 재상지종(宰相之宗)이 되기도 했다. 1291년(충렬왕
17) 8월에 59세로 죽었으며, 1310년(충선왕 후2)에 충렬왕 묘정 배향공신이 되
었다.

설공검은 순창군(淳昌郡)인으로 고종 말에 과거에 급제했다. 아버지 설신
(薛愼)은 추밀원부사에 올랐다. 설신의 어머니 조씨 부인은 8명의 아들을

낳았으며, 그 가운데 3명이 과거에 급제했다. 1271년(원종 12) 6월 세자 즉 충렬왕이 원나라에 들어갈 때 군기감으로서 호종했으며, 1276년(충렬왕 2) 10월 과거에서 허공은 지공거, 설공검은 동지공거를 맡았다. 1285년(충렬왕 11) 10월에는 지공거를 역임했다. 설공검은 1302년(충렬왕 28) 2월 첨의중찬으로 치사하고 79세의 나이로 죽었다.

설공검은 공손함과 검소함을 다하는 한편 6품 이상 관료의 친상(親喪)이 있으면 반드시 소복을 입고 조문하였으며 찾는 이가 있으면 귀천을 가리지 않고 나와 맞았다 한다. 또한 죽음을 맞이할 때는 베 이불과 왕골자리만 있어 마치 승려가 사는 것 같아 그를 진찰하러 갔던 채홍철은 "우리 무리와 공을 비교한다면, 이른바 벌레와 황학(黃鶴)의 차이와 같다"라 할 정도였다. 설공검 역시 기록에는 구체적으로 남아 있지 않으나 허공의 경우처럼 1310년(충선왕 후2)에 충렬왕 묘정에 배향되었을 것으로 여겨진다.

재위 35년, 나이 73세로 죽은 충렬왕은 고려의 최장수왕이었다. 재위 기간은 고종보다 짧았지만 여러모로 충렬왕은 고려 역사에서 의미 있는 첫 번째에 해당했다. 원과 혼인한 고려부마국왕이라는 점, 정동행중서성좌승상에 책봉된 점 등이 그러했다. 또한 세자를 승려로 만들고 조카 서흥후 왕전(王琠)을 세자에 책봉한 후 계국대장공주를 개가시키려 했고, 세자에게 강제로 양위했다가 복위하였으며 많은 관제와 칭호 등을 제후국 제도에 맞춰 고쳤다. 원 세조 등 황실과 밀접한 관계를 유지해 11차례나 입조했고, 신효사에서 죽은 뒤 숙창원비 집에 빈전을 마련하기도 했다.

충렬왕은 재위 기간 동안 양국 관계 정상화를 이루는 한편 원에 의한 폐해를 해결했다. 원이 군대를 철수토록 하였으며 동녕부를 돌려받고 탐라를 고려에 속하게 했다. 또한 포로가 된 고려인을 쇄환토록 했다. 그렇지만 사관의 평가에 따르면 원과의 관계가 안정된 모습을 갖추게 되자 원의 화려함을 추구하고 성색(聲色)과 연락(宴樂)을 즐기기 시작하였다. 이로써 인사 문란이 본격화되어 국정은 무너지기 시작했다. 더군다나 측근의 무고 참소에 귀 기울여 부자간에 갈등이 커지기도 했다. 이러한 점을 들어 사관은 다음과 같은 말을 남겼다.

> 아아, 시작을 잘하고[有初] 끝도 좋은[有終] 이가 드물다는 말이 바로 충렬왕을 두고 한 것이 아니겠는가?

35년 충렬왕의 시대를 돌이켜 보았을 때 앞으로의 시대 과제는 무엇이었을까? 이제 원과의 관계는 상수이자 중요한 변수였다. 여기에는 많은 것이 관련되어 있었다. 국왕의 지위, 국가 재정, 정치 세력, 영토, 풍속과 사상 등이 그러했다. 이 관계 속에서 고려는 첫째로 원 세조가 약조한 '불개토풍(不改土風)'을 고수해야 했다. 그러면서도 원 황실이 천하에 대해 '일시동인(一視同仁)' 해야 한다는 대의명분을 주장해야 했다. 새로 즉위할 충선왕은 그럴 만한 자질과 정치력이 있었다.

둘째는 국내 정치의 정상화였다. 그간 충렬왕과 세자, 태상왕 충렬왕과 충선왕, 충렬왕과 전왕 충선왕 등으로 부자 군주 간 입장이 변동되면서 정치 갈등이 심하였고 정치 세력 또한 갈피를 잡지 못했다. 게다가 원 대도인 연경 입조가 잦아지고 체류 기간이 장기화됨에 따라 이른바 '전지정치'가 이뤄졌다. 국왕의 부재가 낳은 기형적 정치였다. 이러한 일이 잦아지면 결국 일부 친왕 세력의 인사 전횡 등이 나타날 가능성이 높아진다. 따라서 어쩔 수 없는 경우라면 몰라도 입조를 최소화, 단기화하면서 국내 정치에 집중할 필요가 있었다.

셋째는 국내 개혁 정치 세력의 양성과 등용이었다. 그간 원 출신 관인과 친인척 관계이거나 그에게 신임을 얻은 자, 고려 출신 원 관인의 친인척, 충렬왕 및 충선왕의 연경 잠저 및 입저 호종 세력, 제국대장공주의 호종 신료, 원 황실 관련 관서 소속 관원 등이 주로 권력 근처에 있었다. 따라서 이들로 인해 본격적인 개혁 정치의 추진과 지속이 어려웠다. 그렇기에 앞으로 충선왕은 자신과 정치적 지향점이 일치하는 관원을 양성해야 했다. 하지만 그러기 위해서는 군주 자신이 먼저 바로 서야 했다.

넷째로는 위와 관련, 고려의 군주로서 법도를 세우고 모범을 보여야 했다. 특히 어쩔 수 없는 몽골 풍속은 행하되 잦은 사냥, 사치스럽고 음란한 일, 화려한 공연과 연회 등은 금해야 했다. 또한 조양환(助陽丸)과 같은 약물을 금해야 했다. 그러면서 재정 낭비를 줄여야 했으므로 특히 사적으로 자주 궁 밖에 행차하거나 머무는 일을 자제하고 쓸데없이 많은 관원과 관사를 줄여야 했다. 신료들과의 소통을 통한 정치 운영을 추구하며 국왕을 둘러싼 인물들에 대한 무고 사건이 자주 일어나지 않도록 엄정하고 공정해야 했다. 더불어 군주 스스로 효를 실천하면서 왕실의 위상을 세워야 했다.

마지막으로 영토와 인구, 정체성을 지켜야 했다. 충렬왕 대에는 동녕부와 탐라를 돌려받는 등 일부 영토를 회복했다. 포로가 되었던 고려인들에 대한 조사를 통해 이들을 귀국도록 했다. 성과가 분명히 있었긴 하나 쇄환되지 않은 철령 이북의 고려 영토와 고려인은 여전히 많았다. 1302년(충렬왕 28)에 있었던 요양행성의 건의에 의한 정동행성과의 합병 시도는 고려 왕조의 자주성을 흔들 수 있었다. 이는 고려의 자주 의식과 정체성의 약화를 뜻했으므로 반드시 막을 필요가 있었다. 비록 『삼국유사』나 『제왕운기』 등이

사진 23 충렬왕 대 일연에 의해 편찬된 『삼국유사』

사진 24 1287년(충렬왕 13) 이승휴에 의해 편찬된 『제왕운기』(상권)

편찬되어 고려의 전통과 왕조 의식을 고취한 면이 있기는 했으나 이들은 국가 주도의 저술이 아니라 일부가 노력한 결과였다. 따라서 원의 좋은 문명은 받아들이되 고려의 전통과 자주 의식을 되살릴 필요가 있었다.

이러한 점을 누구보다도 잘 알고 개혁하려던 이가 충선왕이었다. 더구나 원 황실에서의 그의 위상을 고려할 때 고려 왕조는 그간 잃었던 영토나 인구를 되찾고 관제 개혁을 추구해 원에 대한 예속성을 없앨 수도 있다는 기대를 가졌다. 왕조의 정통성 회복 역시도 마찬가지였다. 고려에서는 충선왕이 충렬왕과 달리 처음과 끝이 모두 좋은 유시유종(有始有終)을 거두고 왕조 중흥을 이루리라 기대하였다.

2.

두 얼굴의 개혁 군주 충선왕

1) 충선왕의 두 번 즉위와 왕실

충선왕(忠宣王, 1275~1325)은 1275년(충렬왕 1) 을해년 9월 정유일(30)에 개경 사판궁(沙坂宮)에서 태어났다. 모친은 제국대장공주였다. 그의 탄생은 고려 왕실과 원 황실 사이 화호 및 부마제후국 관계의 상징이었다. 핏줄로는 원 세조의 외손에 해당했다. 처음 이름은 원(諴)이라 했고, 몽골식으로는 이지르부카[益智禮普化]라 지었다. 자는 중앙(仲昻)이라 했다.

처음 이름 원(諴)은 끊이지 않다 혹은 근본을 캐다라는 뜻이 있었다. 이는 결국 새로운 시작으로 이어진다는 의미를 담아 지었을 가능성이 있다. 그리고 1298년(충렬왕 24) 충선왕이 즉위 7개월 만에 폐위된 후부터 1308년(충렬왕 34년) 5월 사이 어느 때인가 이름을 '장(璋)'이라 바꿨다. 충렬왕이 1277년(충렬왕 3) 7월에 원 중서성에 글을 올려 고려에서는 구례(舊例)에 세자가 습작하면 반드시 이름을 바꾼다 한 것을 고려하면 심양왕으로 책봉될 때 이름을 바꿨을 가능성이 있다. 이때 바뀐 이름 장(璋)은 밝다는 의미가 있었다.

자호인 중앙(仲昻)은 어떤 의미일까? 중(仲)은 버금 혹은 가운데의 의미가 있다. 앙(昻)은 밝다, 오르다 등의 뜻이 있다. 이를 고려하면 중앙은 가운데 오르다 혹은 밝음 가운데 있다는 의미이지 않을까 싶다. 어찌 보면 고려와 원 사이에서의 자신의 존재를 상징하고자 정했을 가능성도 있겠다.

충선왕은 고려에서 생후 가장 빨리 세자로 책봉되었다. 1277년(충렬왕 3) 정월에 아들 왕원을 책봉해 왕세자로 삼았다 했다. 태어난 지 불과 16개월 만에 책봉이 이뤄진 것이다. 이렇게 급하게 한 데에는 여러 가지 상황이 있었다. 첫째는 이미 충렬왕과 정화궁주 사이에 아들 강양공 왕자(王滋)가 있어 서열을 분명히 정리해야 할 필요성이 있어서였다.

둘째는 이와 관련해 이미 1276년(충렬왕 2)에 익명인이 다루가치의 관아에 무고를 행한 적이 있었다.

> 입을 것이 있거든 입고 먹을 것이 있거든 먹어서 다른 사람이 가지지 못하게 하라.

즉, 이같이 소리치면서 투서를 하였고 투서의 글에는 정화궁주가 왕의 총애를 되찾고자 무녀(巫女)를 시켜 공주를 저주했다는 내용이 있었다. 이 글로 인해 제안공 왕숙 및 김방경 등 43인이 반란을 도모한다는 이유로 옥에 갇히는 무고 사건이 일어났다.

셋째는 1276년(충렬왕 2) 10월 원에서 충렬왕과 공주에게 이듬해 5월 입조하라 한 상황이었다. 이듬해 정월 출발하고자 한 것으로 보아 충선왕을 왕세자로 책봉해 데리고 가는 것이 의미가 있으리라고 판단했다 보인다. 물론 이때 입조는 어떤 이유에서인지 실현되지 못했다. 다만 공주가 당시 임신을 하고 있었던 정황이 보여 참조가 된다.

세자로서 충선왕의 입조는 1278년(충렬왕 4) 4월 처음으로 이뤄졌다. 4살에 불과했을 때였다. 6월에는 개평부에 도착해 황제 세조를 알현했다. 즉위 후 첫 번째 직접 대면이었다. 같은 해 윤11월에는 세자의 태(胎)를 제국대장공주의 탕목읍인 안동부에 묻어 건강과 장수 등을 기원했다. 세자의 탄일이 9월 30일이었으므로 1279년(충렬왕 5) 9월 갑술일(30)에 새로운 궁전에서 탄신연을 베풀었다. 충렬왕의 절일 호칭으로 수원절(壽元節)이 있었는데 이 때부터는 특별히 세자 탄일을 칭절한 경우가 보이지 않는다. 하지만 1288년 (충렬왕 14) 9월의 기록을 보면 세자 생일이라 하여 군신에게 잔치를 베풀었 고, 난쟁이 흉내 놀이[侏儒戲]나 광대 놀이[倡優戲] 등이 행해진 바 있었다. 절 일 칭호만 없었을 따름이었다.

세자의 학문 수양 등을 위해 충렬왕은 여러 조치를 취했다. 1279년(충렬 왕 5) 2월에는 명신이자 명장인 김방경을 세자부(世子傅)로 삼아 세자의 학문 등을 기르도록 했다. 이어 1280년(충렬왕 6) 12월에는 허공(許珙)을 세자보(世 子保)로, 홍자번(洪子藩)을 세자이사(世子貳師)로, 송분(宋玢)·이존비(李尊庇)를 모두 세자원빈(世子元賓)으로 삼아 세자 교육을 담당토록 했다. 세자 사부 등이 정해진 셈이었다. 이듬해인 1281년(충렬왕 7) 2월 충렬왕과 공주가 세자 부(世子府)에 행차한 것으로 보면 당시 동궁 소속 사부와 관료 등이 모두 정 해져 운영되었음을 알 수 있다.

세자는 이후 1282년(충렬왕 8) 9월 길상사 오백성재(五百聖齋) 설행에 참여 하거나 잔치를 열기도 하는 등 세자로서의 활동에 참여했다. 충렬왕은 이 러한 세자를 보호하고 그 친위 세력을 만들고자 했다. 1283년(충렬왕 9) 8월 에 고관 자제를 선발해 세자부 숙위에 충원토록 한 것이다. 누가 참여했는 지 알 수는 없으나 당대 고관 자제가 망라되어 있었으리라 짐작된다. 이듬 해 4월 원나라 입조 때 세자도 참여했는데 이때 호종 인원은 역대급이었다. 호종 신료가 모두 1,200여 명이나 되었다. 이후 세자는 국학(國學)에 입학하 여 6경(六經) 강학에 참여했다.

세자로서 충선왕이 정치적 입지를 마련한 계기는 1290년(충렬왕 16) 11월 정묘일(28) 입조 때였을 듯하다. 당시에는 원 세조에게 반란을 일으켰다가 정벌된 나얀대왕[乃顔大王]의 잔당인 카단[哈丹]이 쳐들어와 충렬왕 등이 다 시 강화도로 피난하려 하고 있었다. 이에 충렬왕은 세자를 원 세조에게 보 내 카단 토벌을 위한 원병을 요청하려 했던 것이다. 원 세조는 이를 받아들여 이듬해인 1291년(충렬왕 17) 나이만다이[那蠻歹] 대왕이 이끄는 토벌군 1만을 보냈다. 이에 강화도 선원사에 피신해 있던 충렬왕 등은 숨을 돌릴 수 있었다. 그리고 5월에 이르러 카단 정벌이 끝나게 되어 6월에는 개경으로 환도했다.

원 세조는 당시 세자의 활약에 인상이 깊었던 듯하다. 충렬왕이 직접 하지 못한 일을 해냈기 때문이다. 이에 원 세조는 같은 해인 1291년(충렬왕 17) 9월 세자인 충선왕을 '특진 상주국 고려국왕세자(特進上柱國高麗國王世子)'라 책봉하고 금인(金印)을 내렸다. 세자는 이즈음부터 충렬왕과 뜻을 달리했다. 1292년(충렬왕 18) 4월 귀국길에 기근이 들어 백성들이 굶주리는데 어가 행차는 백성들에게 부담이 되며 더구나 아들을 위해 아버지가 몸을 굽혀 출영하는 것은 도리에 어긋난다 직언을 한 데서 그 계기가 확인된다. 또한 왕과 공주는 세자에게 잔치를 베풀었지만 세자는 사흘간 굶주린 백성에게 죽을 끓여 먹여 애민을 밝혔다.

이후 세자는 1292년(충렬왕 18) 윤6월 원 세조의 성절을 축하하기 위해 원에 들어간 이래로 이듬해 12월까지도 원에 체류했다. 이때 세자는 원 세조의 죽음과 성종황제의 즉위를 겪었다. 세자의 귀국은 1295년(충렬왕 21) 8월에 이르러서였다. 세자의 귀국 전 충렬왕은 찬성사 인후를 보내 세자와 원 황실과의 혼인을 요청했다. 다만 이때 원 성종이 이를 허락하지 않자 일단 귀국하는 것으로 돌아섰다. 세자는 귀국 후 충렬왕을 대신해 도첨의사에서 국사를 대신 처리하기 시작했다. 이를 세자서사(世子署事)라 했다. 이어 이 해에 판중군사(判中軍事)로서 인사 처리, 호세가가 빼앗은 전민(田民) 처리, 김방경에 대한 식읍 하사 요청 등을 행했다.

충렬왕의 입장에서도 그렇고 세자의 입장에서도 원 황실과의 혼인은 중요했다. 이는 고려 왕실에 대한 원 황실의 후견을 확인하는 의미가 있었기 때문이었다. 따라서 원종이 충렬왕과 원 황실의 혼인을 추진해 그 결과를 봤듯이 충렬왕 또한 이를 원했다. 세자는 다시 1295년(충렬왕 21) 12월 원으로 출발했다. 그리고 1296년(충렬왕 22) 정월 충렬왕은 세자의 혼인을 요청했고 4월에 혼례를 위해 전폐(錢幣)를 보냈다. 이를 보면 세자의 혼례는 상당히 진척되었던 듯하다. 그리고 실제로 8월에 이르자 원에서는 세자의 혼기(婚期)를 알리는 한편 충렬왕의 입조를 재촉했다. 11월에 이르러 세자는 백마(白馬)를 황제에게 납폐(納幣)하고 진왕(晉王)의 딸을 맞았다. 그리고 세자는 당분간 원에 머물렀다. 세자의 급거 귀국은 1297년(충렬왕 23) 5월 임오일(23) 제국대장공주가 현성사에서 39세에 죽은 데 따른 것이었다. 모친상을 확인한 세자는 6월 병오일(15) 개경에 도착하여 분상했다.

세자는 제국대장공주가 죽은 원인을 찾았다. 원에서 고려로의 귀국길에 따른 여독 탓도 있었겠으나 그보다는 정치적 이유를 찾았다. 그리고 이를 충렬왕의 총희 무비(無比)와 엄인(閹人) 즉 내시 도성기(陶成器)·최세연(崔世延)·전숙(全淑)·방종저(方宗氏) 및 중랑장(中郞將) 김근(金瑾) 등의 탓이라 보고 이들을 충렬왕의 재가를 받지 않고 죽였다. 세자의 이 행위는 일반적인 경우라면 부왕을 능멸하는 것이라는 비판과 세자에 대한 폐위론까지도 나올 수 있는 사안이었다. 하지만 그러한 일은 일어나지 않았다. 그만큼 세자가 고려 조정 내 정치 세력을 이미 아우르고 있었다는 의미였다. 세자는 충렬왕의 기분을 풀어 주고자 김양감(金良鑑)의 딸로 과부가 된 김씨가 자색이 뛰어남을 듣고는 충렬왕의 후비로 들였다. 숙창원비(淑昌院妃) 김씨였다.

세자의 국사 처결은 여기서 그치지 않았다. 일단의 국정을 처리한 세자는 1297년(충렬왕 23) 10월 다시 원에 입조했다. 이때 충렬왕은 조인규와 인후, 류비 등을 원에 보내 중대한 요청 사항을 알렸다. 그것은 전위(傳位)하겠다는 것이었다. 세자가 고려에 없는 상황에서의 전위 요청은 처음 있는 일이었다. 충렬왕은 제국대장공주가 죽은 데다가 자신은 노환이 있다 하면서 세자가 원 황실 숙위 경험이 있고 황실 종친 딸과 혼인한 점, 종사를 이을 능력이 있는 점 등을 들어 왕위를 잇도록 청한 것이다. 이어 12월에는 세자부 관료에 대한 인사를 행했다. 세자는 1298년(충렬왕 24) 정월 병신일(9)에 먼저 귀국했고, 이어 경자일(13)에 세자비 부다시린[寶塔實憐] 공주가 왔다. 그녀는 후에 한국장공주(韓國長公主)로 책봉되었고, 죽은 후인 1343년(충혜왕 후4)에 계국대장공주(薊國大長公主)로 봉해졌다.

같은 달 계묘일(16)에 세자에게 왕위를 이으라는 명을 내린 데 이어 갑진일(17) 원 성종황제는 고려 종실 함녕후(咸寧侯) 왕유(王維)를 보내 세자를 개부의동삼사 정동행중서성좌승상 부마 상주국 고려국왕(開府儀同三司征東行中書省左丞相駙馬上柱國高麗國王)으로 삼는다고 했다. 공식적으로 전위 요청이 승인된 것이다. 이 과정을 거쳐 병오일(19)에 충렬왕은 강안전에서 세자에게 전위하고 덕자궁(德慈宮)으로 물러났다. 세자는 24세의 나이에 즉위하였고, 이때 충렬왕은 63세였다.

충선왕은 1298년(충선왕 즉위년) 8월 갑자일(10)에 원의 입조 독촉을 받았다. 임신일(18)에 금교(金郊)에서 충렬왕의 전송연을 받고 떠나려 할 때 원 사신 보로우[孛魯兀]는 황제의 명이라 하면서 국왕인을 취하여 태상왕인 일수왕(逸壽王) 즉 충렬왕에게 주었다. 충선왕의 폐위와 충렬왕의 복위였다. 충렬왕이 수녕궁에서 받은 조서의 대강은 이러했다. 즉, 충선왕이 충렬왕의 도움을 받지 않은 채 독단으로 정치를 하고 처결 사항도 적절하지 않은 것이 많은 데다가 장년(壯年)이 아니어서 경험과 훈련이 필요하다 했다. 이에 충렬왕이 다시 국정을 모두 다스리도록 하되 충선왕은 원에 들어와 궐정을 숙위하면서 국정을 배우도록 할 것이라 했다.

그러나 실제 폐위 배경은 계국대장공주의 질투인 면이 컸다. 조인규의 딸인 조비(趙妃)가 충선왕의 총애를 받자 계국대장공주는 황태후에게 조비가 자신을 저주해 충선왕이 자신을 멀리하게 되었다 한 것이다. 이에 충렬왕이 나서서 공주의 화를 풀고자 했으나 실패했으며, 다시 익명의 글이 궁문에 붙여졌다. 내용은 조인규의 처가 영험한 무당으로 하여금 공주를 저주하고 충선왕이 자신의 딸만을 사랑하도록 저주하게 했다는 것이었다. 다시 공주는 이 내용을 원에 알렸고, 결국 조비는 순마소에 갇히게 되었다. 조인규는 원에 붙들려 갔으며 그 처는 참혹한 고문을 당해 거짓 자백하기에 이르렀다. 원에서는 다시 사람을 보내 조비 등을 잡아갔다. 이후 원에서는 홍군상 등을 보내 충선왕과 공주를 화해시키려 노력했다. 하지만 충선왕의 입장에서 볼 때 이는 공주가 원 황실을 등에 업고 자신을 가벼이 여긴 것으로 느껴졌을 것이다. 두 사람의 관계는 더 가까워질 수 없었다.

갑작스레 폐위된 충선왕은 그 후 10년간 원에서 숙위 활동을 했다. 이때의 숙위 10년은 충선왕 자신과 고려의 운명을 바꿨다. 절치부심(切齒腐心)·와신상담(臥薪嘗膽)·권토중래(捲土重來)라는 말이 딱 들어맞는 과정이었다.

그간 충선왕은 원 성종을 이어 황제위에 오른 무종·인종 형제와 함께 기거하며 떨어지지 않았다. 무종 형제는 원 세조의 황태자 친킴[眞金]의 아들 다르마발라[答剌麻八剌]의 아들들이었다. 성종황제에게는 조카였다. 원 세조의 외손인 충선왕은 혈통상 그들과 가까이할 수 있었기 때문에 가능했다. 회녕왕(懷寧王) 카이산[海山]이 곧 무종인데 성종황제가 후계자 없이 죽자 충선왕은 후일 인종황제가 되는 아유르바르와다[愛育黎拔力八達]와 함께 카이산을 맞아 황제로 추대했다. 다만 당시 상황을 보면 인종황제의 위상이 오히려 무종보다 높았으며, 두 형제의 배경에는 다기황후[쭘己皇后]의 역할이 있었다.

무종 즉위에 공을 세운 충선왕은 1308년(충렬왕 34) 5월 추충규의협모좌운공신 개부의동삼사 정동행중서성좌승상 부마(推忠揆義協謀佐運功臣開府儀同三司征東行中書省左丞相駙馬)의 지위에서 개부의동삼사 태자태부 상주국 부마도위 심양왕(開府儀同三司太子太傅上柱國駙馬都尉瀋陽王)으로 진봉(進封)되었다. 고려인으로서 처음으로 원 황실에서 심양왕의 자리에 오른 것이다. 이어 원 중서성에 들어가 정사(政事)에 참의하고 금호부(金虎符)와 옥대 및 칠보대 등 많은 보물을 받았다. 충선왕으로서는 목숨을 건 도박이었지만 결과적으로는 성공함으로써 원 황실에 기여함과 동시에 그 스스로도 고려에 대한 영향력을 강화할 수 있었다.

심양왕이 된 충선왕은 곧바로 실력 행사에 들어갔다. 같은 해 5월 병술일(28)에 이혼(李混)·최균(崔鈞)·김원구(金元具) 및 승지 권준(權準) 등을 보내 자신이 정한 관제(官制)와 인사발령장인 비판(批判)을 행하도록 하였다. 이로써 세신과 구관들은 배척되었고 충선왕을 호종했던 측근들이 품계와 서열을 넘어 임명되었다[超資越序]. 권력 및 세대 교체를 꾀한 것이었다. 그리고 충렬왕은 결국 6월 신축일(14)에 심양왕이 정한 관제를 반포토록 하여 심양왕의 권력을 인정했고, 왕위를 내려놓을 준비를 했다.

게다가 이미 73세의 충렬왕은 노환으로 몸이 좋지 않았다. 7월 병인일(10)에 위독해졌고 이를 심양왕에게 알리도록 했다. 기사일(13)에 신효사에서 훙서하면서 유교(遺敎)를 내려 심양왕에게 국사를 맡기도록 했다. 35년간 재위의 마침표였다. 심양왕은 8월 임자일(26) 출발한 지 10여 일 만에 개경에 도착했다. 이튿날에는 수녕궁에 행차해 백관을 거느리고 즉위 의례를 연습했다. 그리고 갑인일(28)에 고려의 군주로서 즉위 과정을 거쳤다. 우선 자포(紫袍)를 입고 강안전에서 관정도량을 열었다. 이어 경령전에 나아가 즉위를 고하였다. 다음으로는 수레를 타고 수녕궁에 이르러 즉위하고 군신의 조하를 받았다.

구체적인 의례 내용은 남아 있지 않으나 충선왕의 기질로 짐작건대 원 황제 즉위를 방불케 하지 않았나 한다. 끝난 뒤 첨의사에서 연회를 열고 제군(諸君)과 재신(宰臣), 군관(軍官), 코르치[忽赤] 등이 충선왕에게 백마를 바친 것은 이를 뒷받침한다.

충선왕의 후비로는 모두 6명이 기재되어 있다. 후비의 기재 순서는 원 황실 및 몽골 출신 후비, 그리고 이어서는 후비를 맞이한 순서대로 적고 있다. 즉, 계국대장공주(薊國大長公主) 부다시린[寶塔實憐], 의비(懿妃) 예쉬진[也速眞], 종실 서원후(西原侯) 왕영(王瑛)의 딸인 정비(靜妃), 남양부원군(南陽府院君) 홍규(洪奎)의 딸인 순화원비(順和院妃) 홍씨(洪氏), 평양군(平壤君) 조인규(趙仁規)의 딸인 조비(趙妃), 중찬 허공(許珙)의 딸 순비(順妃) 허씨(許氏)가 그들이다.

여기에 충렬왕의 후비로 기록된 숙창원비(淑昌院妃) 김씨가 있다. 숙창원비는 충선왕의 후비로서 숙비(淑妃) 김씨가 되기도 하였다. 다만 부자로 연결되는 인륜적 문제가 있기에 충렬왕의 후비로서 기록되었다.

사실 충렬왕 자신이 원 황실의 부마였기에 원 출신 공주와의 혼인이 갖는 이중성을 잘 알고 있었을 것이다. 그럼에도 원 황실과의 혼인 관계 유지는 당시로서는 피할 수 없는 현실이었다. 이 같은 피치 못할 혼인이 예상된다고 해서 관례(冠禮)를 치르는 세자의 혼인을 늦출 수는 없었다. 실제로 원 황실과의 혼인이 이뤄질지 장담하기 어려운 면도 있었기 때문이다.

먼저 세자는 정비(靜妃)를 맞이했다. 1289년(충렬왕 15) 2월 임자일(2)에 관례를 행하고 종실 서원후 왕영의 딸을 세자비로 삼았던 것이다. 세자의 나이 15세 때였다. 정상적인 경우라면 후비 중 첫째로 기록되어야 했으나 관련 기록은 이때의 혼인과 1345년(충목왕 1)에 죽었다는 것이 전부이다. 소생 자녀는 없었던 듯하다.

또한 1290년(충렬왕 16) 8월에는 전 추밀원부사 홍문계(洪文系)의 셋째 딸을 비로 맞았다. 순화원비 홍씨였다. 홍문계는 홍규의 초명이었다. 그는 임유무의 자부(姉夫) 즉 매형이었지만 원종의 요청을 받아들여 송송례 및 삼별초와 함께 임유무를 잡아 죽여 공을 세웠다. 한편 충렬왕이 양가 처녀를 선발해 원 황실에 바치려 할 때 홍규의 장녀도 이에 뽑혔다. 홍규는 이를 피하고자 딸의 머리를 잘랐으나 제국대장공주가 이를 듣고는 노해 홍규를 가두고 고문했으며, 딸 역시도 신문했다. 결국 장녀는 원 사신 아쿠다이[阿古大]에게 보내졌다. 홍규의 또 다른 딸은 충숙왕의 덕비(德妃)가 되었다. 후에 명덕태후 홍씨라 일컫게 된다.

1292년(충렬왕 18) 윤6월에는 조인규의 딸을 세자비로 삼았다. 조비(趙妃)로 일컬어졌다. 조인규는 1308년(충렬왕 34) 72세의 나이로 죽기 전까지 원에 30회 이상 사신으로 다녀올 정도로 양국 간의 징검다리 역할을 잘 수행한 인물이었다. 그렇지만 계국대장공주가 충선왕에게 시집오면서 조비와 조인규 부부는 수난을 겪었다. 조인규의 처가 무당을 시켜 충선왕의 총애가 자신의 딸 즉 조비에게만 있도록 했다는 무고가 계국대장공주 측에 알려졌기 때문이었다. 원에서는 이들을 불러들여 곤장을 치고 조인규는 안서(安西)로 유배된 바 있었다.

　세자인 충선왕은 계국대장공주를 1296년(충렬왕 22) 11월 임진일(27)에 원에서 맞이했다. 1298년(충렬왕 24) 정월에 태자 아무간[阿木罕]과 승상 옹기라다이[甕吉剌歹]의 호위 속 금교(金郊)를 통해 개경에 도착했다. 계국대장공주 도착 직후 충렬왕은 충선왕에게 양위하겠다는 교서를 내렸다. 결국 충선왕이 즉위하게 되면서 공주궁을 중화궁(中和宮), 부를 숭경부(崇敬府)라 했다. 그러나 계국대장공주가 조비 무고 사건을 처리하는 과정에서 원 황실과 함께 독단적으로 사건 처리를 하자 결국 충선왕과 별거 상태에 있게 되었다. 충렬왕과 대신들은 1301년(충렬왕 27)과 1303년(충렬왕 29) 3월, 1306년(충렬왕 32)에 걸쳐 공주의 이혼과 개가를 세 차례 추진하였으나 모두 무산되었다. 1303년 3월 시도부터는 개가 대상까지도 물망에 올랐는데 아름다운 용모를 가졌던 서흥후(瑞興侯) 왕전(王琠)이 그였다. 그러나 공주 개가 움직임이 실패로 돌아가면서 그 주동자라 할 왕유소 등이 참수되자 결국 서흥후도 그 대상자가 되었다. 1310년(충선왕 후2) 공주는 한국장공주(韓國長公主)로 책봉되었고 1313년(충선왕 후5) 정월에는 충선왕의 환국을 청하는 이들이 나오기 시작했다. 『고려사』 충선왕 후비 계국대장공주 열전을 보면 1313년에 왕과 공주가 환국했으며, 충선왕이 약간 늦게 들어오는 공주를 순비와 숙비로 하여금 금암역에서 마중하도록 하였다는 내용이 보인다. 이 기록만 본다면 이해에 충선왕이 잠시 고려로 환국했다 여겨진다. 다만 그것은 아들 강릉대군 왕도(王燾)로의 전위를 청해 허락받고 조카인 연안군(延安君) 왕고(王暠)를 세자로 삼은 뒤였다. 실제로도 1313년(충숙왕 즉위년) 4월 병술일(27)에 충숙왕이 귀국하고 싶지 않았던 상왕과 공주를 모시고 돌아왔다는 기록이 보인다.

잠시 충선왕과 함께 환국했던 계국대장공주는 연덕궁(延德宮)에 머물렀으며, 1314년(충숙왕 1) 정월 정미일(22) 상왕이 된 충선왕은 원으로 되돌아갔다. 2월 정사일(3)에 황태후는 학사(學士) 이가노(李家奴)를 보내 왕과 공주에게 술을 하사해 위로했다 하였지만 계국대장공주의 경우는 충선왕과 함께하지 않았다. 계국대장공주는 1315년(충숙왕 2) 9월 원으로 출발했고, 심양왕 즉 충선왕의 세자 왕고(王暠)가 통주(通州)에서 공주를 알현했다. 원에 체류하고 있던 상왕 충선왕은 공주를 계주(薊州) 남쪽으로 나아가 맞이했다. 하지만 계국대장공주는 병을 앓다가 12월 갑오일(20)에 죽었다.

의비(懿妃) 예쉬진[也速眞]은 몽골 여자로 그 혈통이 불분명하다. 주로 원에 체류하고 있었던 것으로 보이며, 세자 왕감(王鑑)과 충숙왕을 낳았다. 1316년(충숙왕 3) 7월 무오일(18)에 원에서 죽었으며, 충숙왕은 청운사에 모셨던 의비 진영을 묘련사에 모셨다.

순비(順妃) 허씨(許氏)는 본래 종실인 평양공(平陽公) 왕현(王眩)에게 시집가 3남 4녀를 낳았다. 하지만 남편이 죽자 1308년(충렬왕 34) 10월 충선왕이 맞아들였고, 즉위 후 순비로 봉했다. 순비의 셋째 딸은 바얀쿠투[伯顔忽篤] 황후였다. 순비의 공암 허씨가는 당시 아버지인 허공을 기점으로 더욱 성세를 이뤘는데, 이러한 가문 배경에다가 미모가 있었던 순비는 충선왕의 총애를 받고 있던 숙비 김씨와 더불어 소위 미모와 옷차림 등을 경쟁했다. 충선왕과의 사이에 자녀는 없었으며, 1335년(충숙왕 후4) 9월 갑진일(25)에 65세로 죽었다.

충선왕은 아들 셋을 두었다. 의비(懿妃)가 세자 왕감(王鑑)·충숙왕을 낳았으며, 생모가 밝혀지지 않은 덕흥군(德興君) 타스테무르[塔思帖木兒]가 있다. 장자인 왕감은 어렸을 때 자가 의충(宜忠)이었으며, 광릉군(廣陵君)의 지위를 받았다가 충선왕의 세자로 책봉되었다. 하지만 1310년(충선왕 후2) 충선왕이 원에서 세자 왕감을 죽였다. 덕흥군 타스테무르는 충숙왕과 충혜왕 등이 즉위하면서 왕위계승에서 일찌감치 밀려 승려가 되었던 듯하다. 1351년(충정왕 3)에 원으로 도망가서 살았는데 공민왕이 기철을 죽인 사건 이후 기황후의 후원을 받아 공민왕을 내쫓고 고려 국왕이 되고자 하기도 했다.

충선왕 대 왕실은 이처럼 모든 것이 충선왕의 의지에 의해 만들어졌다. 물론 그도 어찌할 수 없는 존재가 있었다. 바로 계국대장공주였다. 그 때문에 공주와는 소위 쇼윈도 부부로서 서로의 이해관계를 끝까지 맞추었다. 그 외에 충선왕은 후비를 매우 자유롭게 구성해 갔다. 종실녀인 정비(靜妃)를 비롯해 순화원비 홍씨, 조비(趙妃), 순비 허씨, 숙비 김씨 등의 집안은 모두 당대 명문가였다. 이러한 혼맥을 가짐으로써 충선왕은 원에 체류하면서도 소위 후비 가문을 친위가문으로 활용할 수 있었다.

후비 문제에서 드러나듯 충선왕에게는 여러 과제가 있었다. 원 황실과의 관계 정립, 자신이 구상한 정치의 실현, 국내 정치 세력에 대한 장악 등이 그것이었다. 공교롭게도 계국대장공주로부터 순비 허씨 및 숙비 김씨에 이르기까지의 혼인은 이러한 과제를 잘 보여 주는 것이기도 하다. 그렇다면 즉위와 폐위, 다시 복위를 거듭한 충선왕은 실제 어떠한 정치를 행하였을까를 보자.

2) 개혁인가 권력 지키기인가, 변질된 개혁

신은 즉위한 날부터 백성을 위하여 하늘에 맹세코 묵은 폐단을 없애겠다고 하였습니다. 내전(內傳)은 그중의 하나이므로, 저는 감히 명을 따를 수 없습니다.

위 내용은 1298년(충선왕 즉위년) 3월 충선왕이 즉위 후 태상왕이 된 충렬왕의 요청을 거절하면서 한 말이다. 위민정치 즉 백성을 위한 정치만을 행하겠다는 의지가 느껴진다. 이처럼 새로 즉위한 충선왕의 선언은 당시 고려 사회에 큰 반향을 일으켰다. 그것은 이미 세자 때부터 충선왕이 행한 일 등에서 짐작되는 것이기도 했다.

『고려사』의 충선왕 세가 편을 보면 다른 군주들과는 달리 세자로서 행한 에피소드를 싣고 있다. 그 사례들을 보면 다음과 같다.

1283년(충렬왕 9) 2월 충렬왕이 충청도로 사냥을 나가려 하자 눈물을 흘리며 "지금 백성은 곤궁하고 또 농사를 시작할 때인데, 부왕께서는 어찌하여 멀리 사냥을 나가십니까?"라 하여 위민(爲民)의 마음을 표현했다. 찢어진 베 적삼을 입고 땔나무를 등에 지고 들어오는 장작감 기인을 보고서는 마음이 편치 않다고 했다. 궁중 노비가 동네 아이의 종이연[紙鳶]을 취하여 바치자 이를 즉시 돌려주도록 했다. 행리별감(行李別監)에게는 기괴요망한 일은 얻을 것이 없으니 옛 성현의 일[前修之事]을 고하게 시켰다. 관상을 보는[相師] 천일(天一)은 세자 충선왕에 대해 자비로운 눈을 하고 있어 매와 개를 좋아하지 않을 것이라 했다. 이에 세자는 곁에 있던 박의(朴義)를 보며 "매일 매와 개로 우리 군주에게 아부하는 자가 바로 이 노구(老狗)로구나!"라 했다. 박의는 매와 개로 충렬왕의 총애를 받았는데 특히 일반적인 12개의 꼬리깃이 아닌 14개의 꼬리깃을 가진 매를 원 황제에게 바쳐 출세 가도를 달린 인물이었다. 원 세조황제의 침전에 들어가서는 무슨 책을 읽었느냐는 물음에 북송 사마광이 쓴 『자치통감(資治通鑑)』을 읽고 있다 하였다. 그리고 역대 제왕 중 한고조와 당 태종이 현명하다 답을 하는 한편 세조가 자신과 그들을 비교해 말하라 하자 아직 어려서 잘 모르겠다고 답했다.

한편 사관의 기록을 보자. 사관은 충선왕의 성품에 대해 총명하고 강직하며 강단성이 있다고 하고, 이로움을 일으키고 폐단을 제거했다 하였다. 즉위 후 위에 보인 충선왕의 말에서 그의 결심을 읽을 수 있는데, 즉위한 날부터 백성을 위해 하늘에 맹세코 숙폐(宿弊) 즉 적폐를 혁거하겠다고 한 것이다. 위민정치를 위해 숙폐 혁거를 맹세했다는 것은 달리 보면 기득권 세력 나아가 충렬왕과의 충돌을 의미했다. 또한 이와 연결된 원 황실 및 정치 세력과도 갈등을 일으킬 소지가 있었다. 충렬왕 재위 24년간의 세월은 소위 측근 세력과 원세력이 결합하면서 정치 세력화하기에는 충분한 시간이었다. 더구나 충선왕 자신도 그러한 관계에서 자유롭지 않았다. 이에 따른 '이해충돌'과 원 황실의 직접 개입 여지가 큰 점도 감안해야 했다.

그럼에도 충선왕은 과감했다. 원의 영향력과 관계를 고려하면서 대대적 개혁은 하지 못하더라도 고려의 정체성을 어느 정도 선에서는 유지하려 했다. '불개토풍(不改土風)'의 명분은 이를 가능하게 했다. 그리고 이를 명분으로 인적 쇄신과 사회경제 개혁, 관제 개혁 등을 추진했다.『고려사』에 있는 흩어진 조항을 합하면 27개조에 달하였다. 그것은 일수왕이자 태상왕이 된 충렬왕의 허락이나 자문 등을 받은 것이 아니었다. 동시에 원 제국의 양해 하에 이뤄진 것도 아니었다.

그러면 실제 즉위 초 충선왕의 개혁은 무엇이었는가를 보자. 1298년(충선왕 즉위년) 정월 무신일(21) 충선왕은 7개 조항의 즉위 교서를 내렸다. 각 조항의 구체적 내용은 포상과 인사, 사면, 승려의 비직(批職) 축소, 공신전·직전의 정상화 등 전반에 걸쳐 있었다. 이를 보면 전대 군주의 즉위 조서 반포에 보이는 정치적 은사(恩賜) 조처와 크게 다르지 않았다. 아직 본격적인 개혁의 내용은 구체적으로 드러나지 않은 것이다.

약간 구체적인 개혁으로는 다음이 보인다.『고려사』식화지 전제(田制) 경리(經理) 조에서 확인된다. 호활의 무리[豪猾之徒]가 진전(陳田)을 빼앗자 이에 따른 폐해를 지적하면서 각 도 안렴 및 수령이 끝까지 조사해 주인을 찾아 돌려줄 것을 지시했다. 이어 경기 8현의 토지도 자기의 이익을 우선하는 자들[自利爲先者]이 토지를 하사받는 폐단이 있어 피해가 크므로 유사(有司)가 조사해 합의 후 나눠 지급하도록 했다.

'호세가(豪勢家)'나 '호활의 무리', '자기 이익을 우선하는 자'는 대체로 충렬왕의 측근들이자 부원 세력이었다. 따라서 이러한 진전과 경기 8현 토지에 대한 조사는 백성을 위하는 길이자 호세가들을 경제적 측면에서 견제하는 개혁 조치이기도 했다.

한편『고려사』형법지 직제(職制)에 실린 1308년(충선왕 복위년) 정월의 하교
에는 세가와 달리 13개 조항의 개혁 사항이 실려 있다. 그것은 다음과 같다.

첫째, 양반가가 사사로이 세워 지덕(地德)을 훼손시키는 원당(願堂) 창건을 금하고
사찰 주지와 함께 뇌물을 받는 것을 금단토록 할 것.

둘째, 정전(丁田) 다소에 따른 주부군현 설치 원칙에 어긋나는 양반 향관(鄕貫) 승격
에 대해 유사에서 의논해 없앨 것.

셋째, 권세가에 의탁한 이들이 백성을 침탈하고 관원을 능멸하며, 직역을 피하는 등
의 불법을 행하므로 유사는 이들의 직첩을 거두어 본래 역에 충당할 것.

넷째, 자주 파견하는 별감(別監) 및 장교(將校)·하전(下典)으로 인한 폐해와 안렴사 및
여러 별함(別銜)이 권세가에 보내는 선물로 인한 폐해, 안렴사가 수령에 대해 제대로
규찰하지 않는 폐해가 있으므로 고과(考課)를 행한 후 보고할 것.

다섯째, 항산이 없으면 항심도 없기 마련인데, 유망민을 세력가들이 초집(招集)해 농
장을 만드니 안렴사와 소재지 관에서는 조사해 환본(還本)하고 결과를 보고할 것.

여섯째, 소송에 대해 사심(私心)으로 지연시키고 즉시 판결하지 않는 경우 그 주사
(主司)를 처벌할 것.

일곱째, 친조(親朝) 행차 호종을 명분으로 등급을 뛰어넘어 상을 받고 자손 녹용 및
본관(本貫) 등급을 올리기까지 하니 이를 조사해 허물 있는 자는 파직도록 할 것.

여덟째, 각 도 안렴사와 별함이 백성의 재물을 빼앗아 사선(私膳)이라 하면서 역마
편으로 나르는 폐해가 크므로 작은 물품일지라도 일절 금할 것.

아홉째, 수령이 편의에 따라 3년의 임기를 채우지 않고 서로 바꾸어 임지를 옮기는
폐단이 있으므로 이를 금할 것.

열째, 조정에서 근무하는 양반이 차와 약 및 종이와 먹 등 뇌물[賄賂]을 받는 일을 금
할 것.

열한째, 지금 이후로 각사(各司)가 필요한 것은 시전(市廛)을 침탈하여 얻지 말 것이
며, 부득이하여 징구(徵求)하는 것은 마땅히 그 값을 주도록 할 것.

열두째, 신임 관원 부임 때 코르치[忽只]·응방(鷹坊)·상승(尙乘)·순마(巡馬)·궁궐도감(宮闕都監)·아거적(阿車赤) 등이 봉송(封送) 물품을 징발하는데 이를 금할 것. 또한 안렴사와 여러 별함의 초(抄)와 정리(丁吏)에게도 이를 금할 것.

열셋째, 사원(寺院) 및 재초(齋醮)를 지내는 곳에서 양반 토지를 점탈하고, 사패(賜牌)를 함부로 받아 농장을 만들고 있으므로 철저히 규찰하여 원주인에게 돌려줄 것.

이러한 개혁은 분명히 사회경제적으로 중외 관료 사회에 충격을 주었을 것이다. 이미 성립되어 관행화된 뇌물, 토지 점탈과 농장 형성, 물품 징발, 소송 지연, 수령 임기 만료 전 교체, 유망민의 환본 등에 대한 것이었기 때문이다. 이와 관련한 관청과 관료 등의 경우 개혁 대상이 되었다. 특히 안렴사 및 지방관을 통해 이를 추진하려 한 점이 확인되는데, 같은 해 3월 충선왕은 각 도 안렴사를 파견할 때 백성을 다스리는 일로 유시하다가 백성을 위해 눈물을 흘리기까지 했다. 그러면서 문한학사(文翰學士) 최참(崔旵)·박전지(朴全之)·오한경(吳漢卿)·이전(李瑱) 등 4학사와 정치 개혁을 추진해 갔다. 현직 및 치사한 신하들에게 시무 관련 시비(是非)와 관련해 직언토록 해 구언의 정치를 실시한 것이 보인다.

그런데 같은 해 5월 신묘일(6)의 교서에서는 관제 개편의 원칙이 제시되었다. 충선왕은 원의 제도를 기반으로 개편하고자 함을 밝혔다. 이어서는 재상의 수를 줄이려 한다 하였다. 또한 같은데도 고치지 않은 것, 같지 않은데도 고친 것, 개정한 것이 고제를 본받지 않아 적합하지 않은 것 등이 있다고 하였다. 그리고 역대의 관직 제도를 살펴 원의 관호(官號)에 관계되지 않은 것은 바꾸고 급하지 않은 관사는 혁파하여 하나의 관청으로 합하려 한다고 했다. 말하자면 이는 1275년(충렬왕 1)의 관제 개편을 다시금 재조정하는 것이기도 하였다.

관제 개편 내용의 핵심은 광정원(光政院)·사헌부(司憲府)·사림원(詞林院), 전조(銓曹)·병조(兵曹)·민조(民曹)·형조(刑曹)·의조(儀曹)·공조(工曹) 등 6조,

자정원(資政院) 등의 설치였다. 그리고 재상의 수를 줄였다. 첨의부에서 바뀐 도첨의사사 소속의 찬성사 및 정당문학과 지도첨의사사를 모두 혁파하고 시중과 좌·우복야를 두었으며 당제 등에 보였던 참지기무(參知機務)를 신설했다. 참지기무의 신설은 왕권 강화와 연결되었고, 6조는 충선왕에게 직계(直啓)하는 체제가 되었다. 여기에 사림원의 직무로서 문한과 관료 인사 및 왕명 출납 등을 둠으로써 충선왕의 개혁 기구이자 보좌 기구로 만들었다.

하지만 이때의 광범위한 관제 개편은 반원적 개혁은 아니더라도 태상왕과 원의 심기를 건드렸다. 제국대장공주 죽음 이후 정치에 뜻을 잃은 데다가 측근 세력에 의지했으나 그렇더라도 충렬왕은 이미 25년간이나 재위를 한 노련함이 있었다. 원은 고려 조정에 대한 영향력 약화를 그대로 두고 보지 않으려 했다. 이러한 상황에서 터진 계국대장공주에 대한 '조비 무고 사건'은 원의 간섭을 최소화하는 독자적 개혁을 추진한 충선왕을 폐위하는 데 중요한 도화선이 될 수 있었다.

충선왕 입장에서는 원과의 관계 훼손이나 고려의 자주적 개혁이 아니라 생각했을 것이지만 충렬왕이나 원의 입장에서는 다를 수 있었다. 결국 충선왕은 급진적으로 개혁을 추진하다 1298년(충선왕 즉위년) 8월 임신일(18)에 국왕인(國王印)을 황제의 명을 받은 사신 보로우[孛魯兀]에게 뺏겼고, 이것을 충렬왕에게 넘겨야 했다. 궁지에 몰렸던 충렬왕과 그 측근 세력은 이를 계기로 기사회생했다.

아들인 전왕 충선왕과 현왕인 충렬왕의 관계는 일반적인 부자 관계와 달랐다. 대표적인 것이 앞서도 언급했던 계국대장공주 개가 시도 사건이었다. 1306년(충렬왕 32) 충렬왕의 측근 세력이라 할 왕유소(王惟紹)·송방영(宋邦英)·송린(宋璘)·한신(韓愼) 등은 충렬왕과 원의 황후 등에게 참소해 전왕을 승려로 만들고 계국대장공주를 서흥후(瑞興侯) 왕전(王琠)에게 개가시키려 했다. 그리고 서흥후 왕전을 후계자로 삼으려 했다. 그러나 충렬왕을 호종해 원에 머무르던 최유엄(崔有渰)은 이를 반대하면서 왕유소 등의 악역(惡逆)을 비판하고 충렬왕에게 서흥후의 세자 책봉이 명분 없는 것임을 간하였다. 즉 서흥후가 즉위하게 되면 경령전에 고종과 원종 대신 서흥후의 조부와 부친인 서원후(西原侯)와 시양후(始陽侯)가 추존되어 모셔져 왕실 정통성이 바뀌게 됨을 언급한 것이다. 충렬왕은 이 일로 인해 매우 참담함을 느꼈다.

더구나 이때 갈등으로 인하여 아버지인 충렬왕은 아들 충선왕에 의해 죽을지도 모른다는 두려움을 표하기도 했다. 충렬왕의 환국을 청하는 신하들에게 충렬왕이 호소한 다음의 말은 이를 알려 준다.

> 내가 듣기로 전왕이 사람을 보내어 길에서 나를 기다렸다가 강물에 빠뜨리려 한다고 한다. 내가 비록 늙었지만 어찌 죽음이 두렵지 않겠는가?

이에 고의로 약을 마시고 설사병이라 할 이질(痢疾)을 앓고는 귀국을 미뤘다. 그사이 계국대장공주는 오히려 왕유소 등의 편에 서서 개가 반대 운동을 한 이들에 대해 보복을 가하기 시작했다. 그리고 이들의 출입을 금지했다. 충렬왕의 근처에는 이조년과 내수(內豎) 최진(崔晉) 두 사람만 남았을 따름이었다.

그리고 1307년(충렬왕 33) 정월 원 황제 성종의 죽음과 5월 무종의 즉위는 충선왕의 집권을 가속시키는 계기가 되었다. 충선왕이 무종 즉위에 지대한 공헌을 했고, 이는 곧 고려 국왕 세력의 향배를 완전히 역전시켰다. 3월 전왕 충선왕이 동지밀직사사(同知密直司事) 김문연(金文衍)과 상호군(上護軍) 김유(金儒)를 보내 순군부에서 재상으로부터 승지에 이르기까지 31명의 인사 발표와 그 외 80여 명의 관직 제수 등을 일방적으로 행한 것은 이를 상징한다. 더불어 충선왕은 충렬왕을 경수사(慶壽寺)에 옮기도록 하여 감시했고 국권을 완전히 장악했다. 4월에는 서흥후 왕전과 왕유소 등을 처형했다. 부자의 전쟁은 이로써 아들 충선왕의 승리로 끝난 것이다. 이어 원에서는 충렬왕의 귀국을 종용했다. 5월 귀국한 충렬왕은 이후 숙창원비의 집에 거처하면서 충선왕이 원에서 보내오는 전지(傳旨) 및 전왕의 명령이라 일컬어지는 요구를 수용해야 했다.

여기서 잠시 충렬왕의 정치를 평가한 사신(史臣)의 말을 보자. 사신은 "급기야 말년에는 측근 신하의 참소에만 귀를 기울여 적자(嫡子)를 폐하고 조카를 후계로 세우려고까지 했다"라고 했다. 사실 부자의 전쟁은 둘만의 전쟁이 아니었다. 이는 고려 정치 세력의 양분을 가져왔고, 넓게는 원 황실에서도 마찬가지였다. 긍정적으로 보자면 개혁을 추진한 충선왕과 그 세력, 이에 대한 견제 역할을 한 충렬왕 세력의 대립이라고도 볼 수 있을 것이다. 또한 충선왕의 복위에 따른 충격 완화 등도 고려할 수 있다. 그러나 그 과정에서 정치 세력에 대한 숙청, 인사 및 관제 급변, 그리고 전왕과 현왕에 따른 왕명의 혼란이 있었다. 전왕인 충선왕의 전지정치(傳旨政治)이자 재원하교정치(在元下敎政治)가 이뤄졌기 때문이다.

1308년(충렬왕 34) 5월 전왕인 충선왕은 무종황제 옹립 공으로 책봉 제서(制書)를 받았다. 개부의동삼사 태자태부 상주국 부마도위(開府儀同三司太子太傅上柱國駙馬都尉)와 심양왕(瀋陽王)이었다. 이어 6월에는 심양왕으로서 새로 정한 관제를 반포했다. 이때의 관제 재편의 원칙은 대체로 1298년(충선왕 즉위년) 때와 비슷했다. 관부의 통폐합이나 관부·관직의 대대적 명칭 변경, 언론 관련 관부와 관직의 승격 등이 표명되고 현실화되었기 때문이다.

이·병·예조를 선부(選部)로 하고, 삼사(三司)·군기시(軍器寺)·도염원(都鹽院) 등과 호조를 민부(民部)로, 감전색(監傳色)·도관(都官)·전옥서(典獄署) 등의 관서와 형조를 언부(讞部)로 하여 6조 체제를 선부·민부·언부 3부로 전환했다. 많은 도감 등 임시관부를 혁파해 관련 유사 부서로 속하도록 했다. 결국 충선왕은 복위하면서 도첨의사사·3부·사헌부·예문춘추관 체제로 고려의 관제를 정비했던 것이다.

이어 7월 기사일(13) 신효사에서 충렬왕이 죽자, 8월 서둘러 10일 만에 귀국한 충선왕은 수녕궁에서 다시 즉위 의식을 행하고 백관의 조하를 받았다. 그리고 제군(諸君)·재신(宰臣)·군관(軍官)·코르치[忽赤]들로부터 백마(白馬) 헌상을 받았다. 10월 원에서 충선왕에 대해 심양왕의 관작에 더해 정동행중서성우승상 고려국왕(征東行中書省右丞相高麗國王)으로 책봉했다. 충선왕의 복위 책봉이 이뤄진 것이다.

책봉을 받은 후 충선왕은 11월 신미일(16)에 복위 개혁 교서를 내렸다. 그 내용은 자신이 원 세조·성종·무종 3대를 19년간 숙위했으며 무종이 자신의 즉위를 허락해 책봉하였다는 것이었다. 더불어 충선왕 자신은 충렬왕의 유훈을 받들었고 신민의 추대를 받아 즉위하게 되었다고 했다. 복위의 명분을 분명하게 밝힌 것이다. 이어 간신(奸臣)이 득세해 국권과 기강을 우롱, 훼손하면서 공사(公私) 전민(田民)을 강탈하고 있다 지적했다. 이 때문에 인민은 굶주리고 국가 재정은 파탄이 났는데 사문(私門)은 부가 넘쳐 나므로 이를 개혁하려 한다고 했다. 이에 사자(使者)를 선발해 민전(民田)을 조사하고 조부(租賦)를 균정해 예전의 법식을 따르려 함을 밝혔다.

그 외 13개조에 달하는 세부 조항을 반포했다. 역대 선조에 대한 덕호(德號) 가상(加上), 사전(祀典)에 실린 성황 및 명산대천에 대한 가호(加號), 국가의 복을 비는 원구·적전·사직 등과 관련한 희생 마련을 위해 재주(齋廚)를 세울 것, 전의시(典儀寺)를 두어 침원(寢園)과 조종 분묘를 보수 수축할 것, 대성지성문선왕에 대한 춘추 석전 및 삭망 제향을 정결히 올릴 것, 효자·순손·절부·열녀에 대한 정문 표창과 관직을 허락할 것, 지리국사(地理國師) 도선과 유종(儒宗)인 홍유후 설총과 문창후 최치원에 대해 가호할 것, 여러 아문을 통폐합하여 각각의 직책에 이바지하게 할 것, 1275년(충렬왕 1) 및 1291년(충렬왕 17)에 내려졌던 성지(聖旨)에 따라 동성불혼(同姓不婚)을 행하고 종친과 재상의 자녀를 혼인시키되 누대 공신·재상가의 으뜸[累代功臣宰相之宗]이 되는 15개 가문으로 한정할 것, 1290년(충렬왕 16)부터 1297년(충렬왕 23)

까지와 1298년(충렬왕 24)부터 지금 즉 1298년 11월까지 시종한 신하들을 서용할 것, 1299년(충렬왕 25) 만호(萬戶) 쿠라다이[忽剌歹] 즉 인후(印侯)와 김흔(金忻) 등이 충렬왕 측근이라 할 한희유(韓希愈, ?~1306) 등이 반란을 도모한다 무고해 충선왕을 위해 공을 세운 것에 대해 특별 서용할 것, 1303년(충렬왕 29)에 충렬왕 행재소인 향수원(香水園)에서 충선왕을 해하려는 무리들이 일을 꾸미는 것을 막는 데 공을 세운 이들을 서용할 것, 1305년(충렬왕 31)에 홍자번(洪子藩)·최유엄(崔有渰)·류청신(柳淸臣)·김심(金深)·김이용(金利用) 등이 충선왕의 귀국을 원 황실에 설득한 공로를 기려 서용할 것 등이었다.

충선왕은 여기에 그치지 않고 제업(諸業)의 동당감시(東堂監試)에는 각 한번, 진사(進士)와 명경(明經)에 응시한 것이 이미 10번이 차 버린 자들 역시 관직에 나아가는 것을[脫麻] 허락하였다. 양현고에 은 50근을 하사하고 예문관에 명해 군현의 재주 있는 자를 불러 모아 첩(牒)을 주어 훈도(訓導)를 맡게 했다. 재신의 친아들 1명에게 7품을 처음 제수토록 하고 현관(顯官) 및 치사한 3품은 각각 아들 1명에게 직사(職事)를 허락하게 했다. 현관은 아들이 없으면 생질과 사위 중 1명에게 음직을 받게 했다. 현관은 직사가 있는 현직 관원을 말한다. 문무 4, 5품의 현관·해관(解官)은 각각 아들 1명에게 음직을 허락했다. 여기서 해관이란 현직에서 물러나 있는 관원을 뜻했다. 태조 및 역대 선왕의 후손에 대한 인사 관리를 행해 관직을 수여토록 했다. 태조 때의 6공신과 벽상공신, 현종 대 공신, 역대 배향공신 자손 등에 대해 벼슬을 허락하게 했다.

이 같은 조치는 복위에 따른 은사(恩賜)의 하나였다. 과거 준비를 하던 자를 위로하고 왕실 및 공신, 고위 관직 자손에 대한 입사(入仕) 등의 은혜를 내리는 것이었다. 왕실의 위상을 높임과 함께 공신을 예우하는 보훈의 조치라 할 수 있었다. 하지만 이것으로 인해 관직은 늘어날 수밖에 없었다. 이는 국가 재정 문제, 인사 문제 등으로 이어지게 되었다.

이어 전농사(典農司)에도 6개 조항의 개혁 유시를 내렸다. 그것은 전농사에 비축한 미곡을 아낄 것, 전농사에 이미 납입된 사급전(賜給田)의 조는 환급하지 말 것, 호세가가 사급전을 조업전(祖業田)이라 속이고 그 족정이 본래 수보다 많을 경우 각 도 무농사가 탈루액을 계산해 전농사에 조세로 납부토록 할 것, 경기 8현의 녹과전과 구분전 이외 전조(田租)는 징수해 비축도록 할 것, 동(東)·서(西)의 적창(積倉)을 적절히 축조하도록 할 것, 농원창(農元倉)·동적창(東積倉)·서적창(西積倉)에 대해 오위(伍尉)와 대정(隊正)이 수직(守直) 때 공을 세우면 등용할 것 등이었다.

자신감이 넘친 충선왕은 이처럼 6월의 대대적 관제 개편을 뒷받침할 개혁을 추진했다. 이를 위해 11월에 본래 행했어야 할 팔관회 추진을 중지시켰다. 그리고 신미일(16)에 재정 및 민생 안정을 위한 개혁과 선대 군주에 대한 가호, 각종 국가 제사와 동성불혼 및 누대 공신·재상 가문을 정하는 등의 내용을 담은 개혁 교서를 반포한 것이다. 여기에 더해 자신을 보호하고 왕위에 다시 오를 수 있게 공을 세운 이들에 대한 등용 혹은 서용을 추진했다.

이같이 충선왕 복위 후 3달간은 숙폐 제거와 '개혁'의 시간이었다. 잇따른 교서 반포와 이를 행하도록 한 조치는 신민(臣民)의 입장에서 볼 때 새로운 시대를 기대하게 했다. 그런데 충선왕은 이러한 개혁 조처가 어떻게 추진되는지 혹은 고려 사회를 어떻게 바꿔 가는지 확인하고 수정 보완해야 했으나 신미일(16) 이현 신궁 개혁 교서 반포 후 이튿날인 임신일(17)에 이상한 결정을 내렸다. 자신이 완전히 고려 조정을 장악했고, 기획 반포했던 개혁 사항이 추진되리라 믿었는지 원으로 가고자 했다. 물론 명분은 원 무종의 입조 요청에 따른 것이라 했다. 그리고 원으로 가면서 제안대군(齊安大君) 왕숙(王淑)에게 임시로 정동행성(征東行省)의 일을 맡아보게 했다.

이후 1308년(충선왕 복위년) 11월 이래 1309년(충선왕 후1)부터 1313년(충선왕 후5) 3월 갑인일(24)까지 충선왕 관련 『고려사』 세가 기록의 정월 첫날 첫째 기록은 이랬다.

왕이 원에 체류했다[王在元].

앞서 언급한 무종황제 즉위 때까지 이미 충선왕은 자신이 언급한 바에 따르면 19년간 원에서 숙위하고 복위했다. 복위 때 충선왕의 나이가 34세였음을 고려하면 원 체류 기간은 더 길었다. 그리고 원 황실과 깊숙이 연관되고 있었다. 그것은 충선왕의 제일 큰 정치 목표가 고려보다는 원에 있었다는 짐작을 뒷받침한다.

충선왕은 원에 체류하면서 고려 국내의 모든 인사와 정국 운영을 앞서 언급한 바처럼 '전지(傳旨)'를 통해 해 나갔다. 각염법(榷鹽法) 제정 명, 충헌왕과 충경왕 실록 편찬 명, 강안궁(康安宮)과 연경궁(延慶宮) 중수 명, 이미 혁파했던 근시(近侍)와 다방(茶房) 및 삼관(三官)과 오군(五軍)의 재설치 명, 밀직(密直)과 중방(重房) 재편성의 명, 원 황제 존호 축하를 올리라는 명, 상승왕(上承王) 즉 충렬왕 시호 요청 등과 관련한 표문과 전문을 오양우(吳良遇)에게 짓게 하라는 명, 각 도에 쇄권별감(刷卷別監)을 파견하여 각 도 감찰을 실시하라는 명 등이 포함되어 있었다.

이를 고려하면 충선왕이 추진한 개혁의 진정성이 의심될 만도 했다. 일반적으로 군주가 직접 사안을 하나하나 챙겨 행하는 것이 아니라 신료들의 간접 보고를 받고 전지를 통해 명을 내리는 형태였기 때문이다. 이 때문에 고려에서는 충선왕의 환국을 원하였고, 원 황실에서 충선왕의 귀국을 독촉하기도 했다. 그러나 충선왕은 귀국 결정을 하지 않았다. 이렇게 충선왕이 원에 체류하는 동안 드는 비용은 그 자신의 재정 개혁과 민생 정책에 따른 성과를 무색하게 만들었다.

국왕께서 오래도록 경사(京師)에 머무르고 계시므로 황제와 황태후께서 누차 조(詔)를 내려 나라로 가도록 하셨으나 왕께서는 갈 생각이 없으시다. 우리에게 포(布) 십만 필과 쌀 400곡(斛)을 해마다 수송하게 하셨고 다른 물품은 이루 헤아릴 수조차 없어 나라 사람이 조전(漕轉)하는 폐해가 더욱 심해졌다.

한편 1309년(충선왕 후1) 고려 출신 요양등처행중서성 우승 홍중희는 고려 국왕으로서 심양왕에 봉해진 충선왕에게 위기감을 느꼈다. 무종황제가 충선왕에게 심왕과 고려 국왕을 모두 갖추도록 하자 요양행성 우승으로서 해당 지역에서 오랫동안 지배권을 가지고 있던 홍중희가 이를 막고자 했다. 그는 "한 몸으로 두 왕의 인장을 함께 갖는 것은 마땅하지 않습니다"라 하였고, 더불어 고려에 새로운 행성(行省) 즉 행중서성을 설치할 것을 주장했다. 홍중희가 올린 입성론 관련 논의는 충선왕이 고려가 대대로 원의 신하로 복속해 왔다는 논리로 반대함에 따라 결국 황제의 명으로 1312년(충선왕 후4) 6월 설치가 이뤄지지 못하게 되었다. 하지만 입성 논의가 제기되면서 이를 통해 원이 고려에 대한 견제를 원하는 대로 할 수 있게 되었다. 이처럼 입성론은 고려 왕조의 자주성을 흔드는 폭탄이 될 수 있다는 점에서 차후에도 유의해야 할 사항이었다.

1313년(충선왕 후5) 정월 고려에서 온 밀직사사(密直司事) 이사온(李思溫)과 화평군(化平君) 김심(金深)을 충선왕이 황태후에게 청해 가두는 사건이 벌어졌다. 위의 인용은 이사온과 김심 등이 충선왕의 환국을 요청하고자 의논하며 나눈 대화의 일부였다. 그리고 이들은 충선왕이 원에 체류하면서 귀국할 생각이 없는 데다 그 측근인 권한공(權漢功)과 최성지(崔誠之), 박경량(朴景亮) 등이 뇌물과 총애를 즐겨 이를 더욱 부추긴다 하였다. 이를 들은 황태후는 원 휘정원(徽政院)에 명해 조사토록 했고 김심 등은 권한공 등 3인의 죄상을 갖춘 뒤 수백 명의 서명을 받아 휘정원에 제출했다. 3인이 옥에 갇히자 불안했던 충선왕은 황태후에게 3인의 충성심은 의심할 바 없다 하면서 김심 등이 자신에게 보고하지 않았다 해 오히려 김심과 이사온을 가두도록 했다.

다만 1321년(충숙왕 8) 4월의 기록을 보면 상왕 충선왕의 측근인 권한공과 채홍철(蔡洪哲)을 장형에 처한 후 먼 섬으로 유배했다 하였다. 그러면서 상왕이 연경에 있을 때 국정과 국고 출납을 일체 측근에게 맡겼지만 재정이 풍족해 민심이 복속하고 있었다 하였다. 사관이 권한공과 채홍철 등을 언급한 것을 보면 충선왕의 개혁과 인사가 일정 정도 성과를 거두고 있었던 듯하다.

다시 돌아가서 1313년(충선왕 후5) 정월 이사온·김심이 주도한 충선왕 환국 요청 사건에 대한 충선왕의 처리 방식을 보면 충선왕에게 귀국할 뜻이 전혀 없었음을 알 수 있다. 그러나 원 황실에서는 고려에서의 충선왕 환국 요청이 계속될 수 있다 보고 충선왕의 귀국을 종용하기 시작했다. 충선왕은 이를 피할 묘책을 찾았다. 자신의 관작을 내려놓고자 했다. 기왕 전지정치를 하고 있는 상황에서 관작을 내려놓은들 크게 달라질 것은 없다 보았기 때문이다.

결국 1313년(충선왕 후5) 3월 충선왕은 인종황제에게 20세가 된 아들 강릉대군(江陵大君) 왕도(王燾)에게 왕위를 물려주기를 청하였다. 황제는 이에 왕도를 금자광록대부 정동행중서성좌승상 상주국 고려국왕(金紫光祿大夫征東行中書省左丞相上柱國高麗國王)으로 책봉했다. 그리고 충선왕은 이복형인 강양공(江陽公) 왕자(王滋)의 아들이자 자신에게는 조카가 되는 일명 울제이투[完澤禿] 연안군(延安君) 왕고(王暠)를 심양왕 관작의 세자로 삼았다. 이로써 충선왕은 자신의 지위로 인한 귀국 요인을 제거했다 판단했으나 일단은 새로 왕이 된 충숙왕과 귀국해야 했다. 1313년(충숙왕 즉위년) 4월 병술일(27)의 일이었다.

충선왕의 귀국은 당시 원 황실에서도 일대 사건이었으므로 그만큼 귀국 행렬을 신경 써야 했다. 충선왕과 충숙왕이 원 연경(燕京)에서 출발한 규모를 보면 이를 알 수 있다.

짐을 옮기는 수레[傳車]가 140량(兩)이고, 말도 그 정도였다. 황제는 승상(丞相) 나라쿠[納剌忽]와 환관 요수(遙授), 평장(平章) 이바이테무르[李伯帖木兒] 등 36명, 황태후는 케식텐[怯薛丹] 나린[納憐] 등 18명, 중서성(中書省)은 직성사인(直省舍人) 톡토테무르[脫脫帖木兒] 등 16명, 휘정원(徽政院)은 에센부카[也先不花] 등 3명, 중정원(中政院)은 환관 차칸테무르[察罕帖木兒] 등 3명, 선정원(宣政院)은 바가스[八哈思] 화상(和尙) 등 16명을 파견하여 호송하게 하였다.

이를 보면 원 측 관료가 92명 이상에 달하는 규모로서 당시 충선왕이 원 황실에서 차지한 위상을 짐작할 수 있다. 귀국하면서 충선왕은 상왕(上王)으로서의 지위를 누렸다. 그리고 귀국한 지 1년도 안 되어 다시 원으로 돌아갔다. 1314년(충숙왕 1) 정월에 이르러서였다.

이처럼 충선왕은 개혁을 꿈꾸고 그것을 이루기 위해 심혈을 기울인 군주로 보이지만 또 한편으로는 자신의 권력 기반을 지키고 원 황실로부터 멀어지지 않기 위해 온갖 노력을 다했다. 햇수로는 7년에 불과한 재위 기간이었지만 충선왕의 전방위적인 개혁과 그 관리는 일차적으로는 성공을 거둔 면이 있다. 반면에 전지정치로 인한 폐해나 원 체류로 인한 재정 소모 등은 매우 컸다. 고려 국왕과 심양왕의 지위를 모두 가지면서 원 황실의 신뢰를 얻었지만 이 왕위를 아들 강릉대군 왕도와 조카 연안군 왕고에게 각각 계승함으로써 분란의 씨를 남기게 되었다.

3) 충선왕의 죽음과 과제

『고려사』에서는 충선왕의 죽음을 담백하게 표현했다. 1325년(충숙왕 12) 5월 신유일(13) "상왕이 연저(즉 연경 사저)에서 훙(薨)했다"라 한 것이다. 연경 사저에서 훙했다는 것은 충선왕이 원나라 수도인 연경에 머물렀다는 뜻이다. 이를 좀 더 구체적으로 본다면 충선왕은 복위 후 5년간 재위하였는데, 전위 후 10년 이상 원에 머무른 셈이다. 죽을 때의 나이는 51세였다.

충선왕은 고려의 세자이자 국왕, 상왕으로서 역할을 하였다. 원 황실에서는 원 세조의 외손자이자 막후 실력자로서 무종과 인종황제 즉위에 공을 세웠다. 그런 충선왕의 죽음은 나름 처세를 잘한다고 했던 자신감에서 비롯된 면이 있었다. 원 황실과의 근접성은 양날의 검이나 마찬가지였기 때문이다. 한편으로 공을 세워 보상받을 수 있지만 다른 한편으로는 보복을 받을 수도 있었다.

자신만만하게 고려 국왕의 자리와 심왕의 자리를 각기 아들과 조카에게 넘겨주고 연경 생활을 즐기던 충선왕은 왜 51세라는 나이에 죽었을까? 이는 바로 위에서 언급했듯이 원 황실의 권력 싸움에서 비롯된 면이 컸다. 그중 황제위 계승을 둘러싼 갈등이 중요 원인이었다. 그렇지만 그는 고려 왕실과 원 황실에 커다란 족적을 남기기도 했다. 전위 후 충선왕의 활동을 짚어 보면서 생애 마지막 10년을 보면 다음과 같다.

먼저 상왕이 된 충선왕은 1314년(충숙왕 1) 정월 원 인종황제의 허락을 얻어 연경에 머물게 되었다. 그리고 사저에 만권당(萬卷堂)을 지은 뒤 원의 대유(大儒)인 염복(閻復)·요수(姚燧)·조맹부(趙孟頫)·우집(虞集) 등을 초대해 교류했다. 사저의 거처하는 곳을 제미기덕당(濟美基德堂)이라 이름하기도 했다.

이 시기 원 조정에서는 몽골문자를 창제한 제사(帝師) 파스파[八思巴]에 대한 추숭 논의가 있었다. 충선왕은 이와 관련해 국공(國公) 양안보(楊安普)에게 파스파가 국가에 공을 세운 것은 맞지만 공자는 천하 모든 왕의 스승이기에 제사하는 것이고 공적이 있어서는 아니라며 조심스럽게 정할 필요가 있음을 밝혔다. 또한 원에서의 과거제 실시 배경에도 충선왕의 역할이 있었음이 기록에 보인다. 인종황제는 충선왕을 우승상에 임명하려 했으나 충선왕은 영화를 탐내지 않겠다고 하면서 사양하기도 했다. 황제는 이에 웃으면서 권력을 기피하는 것을 잘 알겠다 하였다.

여기에 더해 1316년(충숙왕 3) 3월에는 심왕의 지위를 세자 왕고에게 전하고 스스로 태위왕(太尉王)이라 했다. 고려의 상왕이자 심왕의 태위왕이 된 것이다. 이렇게 모든 관작을 내려놓은 뒤 충선왕은 권한공(權漢功)과 이제현(李齊賢) 등의 수행을 받으면서 불교 성지인 지금의 저장성 푸퉈산(寶陀山)까지 갔다 돌아왔다. 이것이 1319년(충숙왕 6) 때의 일이었다.

그런데 1320년(충숙왕 7) 2월 원에서 인종황제가 죽고 그 황태자가 즉위했다. 영종(英宗)황제였다. 그리고 이때 무종과 인종의 모후이자 충선왕의 후원자라고도 할 수 있는 다기[答己]태후 즉 흥성황태후인 소헌원성황후(昭獻元聖皇后)가 인종황제의 죽음 뒤 별궁으로 물러났다. 황제의 죽음과 황태후의 퇴진은 충선왕에게 위기를 뜻했다.

이 위기는 고려 출신 환관 임바얀투구스[任伯顏禿古思]와 관련이 있었다. 충선왕과 황태후에 의해 여러 차례 처벌을 받았던 그는 충선왕에게 앙심을 품고 있었고, 바스기[八思吉]에게 뇌물을 주면서 충선왕을 무고하기 시작했다. 더구나 영종황제는 황태후 세력을 견제하기 시작했다. 이 과정에서 임

사진 25 이제현 초상

사진 26 이제현 문집 『익재집』 책판

바얀투구스의 노력은 결국 영종황제를 움직였고 충선왕을 토번으로 유배하는 데 성공했던 것이다.

충선왕은 그 기미를 알고 피하고자 강남 지역 어향 하사를 요청하여 내려가려 했다. 하지만 황제는 충선왕을 소환하면서 기병을 동원해 강제로 연경으로 옹위했다. 그리고 중서성에 명해 고려로 호송하도록 했다. 일종의 타협책이었던 듯하다. 충선왕은 황제의 명과 달리 지체하면서 즉시 떠나지 않았다. 충선왕은 형부(刑部)에 하옥되었다. 곧 강제로 삭발을 당한 뒤 석불사(石佛寺)에 안치되었다. 그러고는 왕의 신분으로 불경을 배운다는 죄목으로 두 달 뒤인 12월 연경에서 1만 5리 떨어진 토번(吐蕃) 살사길(撒思吉) 지역으로 유배되었다.

충선왕이 유배되자 고려 국내에서는 충선왕의 개혁에 대한 반동(反動) 움직임이 있었다. 토번으로 충선왕이 유배된 후 영종황제는 1321년(충숙왕 8) 정월 충숙왕의 입원(入元)을 요구했다. 이에 우선 충숙왕은 사신을 보내 상왕의 기거(起居) 즉 안녕함을 묻고 노자를 보냈다. 그리고 백관들로 하여금 원 중서성에 상왕의 억울함을 호소하는 글을 올리게 했다.

그러나 같은 해 12월의 조치를 보면 이러한 상왕을 위한 움직임과는 다른 시도가 보이기 시작한다. 즉 이달에 다시 정방(政房)을 설치하고 대언(代言) 안규(安珪)로 하여금 전주(銓注)를 관장토록 했다. 이어 우상시(右常侍) 임중연(林仲沇), 의랑(議郎) 조광한(曹光漢), 응교(應敎) 한종유(韓宗愈) 등을 참여시켰다. 충숙왕의 인사권 장악 시도가 이뤄진 것이다.

1321년(충숙왕 8) 4월 충숙왕은 류청신(柳淸臣)·오잠(吳潛)·원충(元忠)·한악(韓渥) 등의 호종 속에 원나라로 출발했다. 그리고 이어 충선왕 세력이라 할 구신(舊臣)들에 대한 축출을 시도했다. 하지만 이는 사관의 비판을 받을 만큼 문제가 있었다. 즉, 충숙왕의 환관과 측근들이 충선왕의 정치를 고치려고 권한공·채홍철 등 구신을 내쫓아 국고가 탕진되었다는 지적이 이를 말해 준다.

충선왕은 1321년(충숙왕 8) 7월에 서번(西蕃)의 독지리(獨知里)에 도착했다. 그리고 최유엄(崔有渰)·권부(權溥)·허유전(許有全)·조간(趙簡) 등에게 도움을 요청하는 우려의 글을 보냈다. 대강의 내용은 여러 국로(國老)가 자신의 환국(還國)을 황제에게 청해 달라는 것과 충숙왕이 어려 자신을 꺼려 하던 군소배에게 농락당할까 우려된다는 것이었다. 이에 허유전이 민지(閔漬) 등과 함께 원나라에 가 왕의 환국을 요청했지만 심왕 세력이 훼방하는 바람에 뜻을 이루지 못하고 돌아왔다.

이후 충선왕은 같은 해 10월 병오일(6) 본래 유배지라 할 토번에 도착했다. 그리고 11월에는 다시 최유엄과 권부 등에게 서한을 보냈다. 환국을 허락했다는 소문을 들었음과 함께 그렇지 않을 경우 류청신·오잠과 논의해 고종·원종·충렬왕 대 원 황실에 대한 귀부와 자신의 황실에 대한 공을 표문에 적어 황제에게 올리고 승상에게도 의견을 적은 문서를 보내라 했다.

이처럼 충선왕의 환국 요청 운동은 충선왕 자신에 의해서도, 국로 및 충선왕 측근들에 의해서도 전개되고 있었다. 하지만 이때에 들어와 묘한 움직임이 감지되었다. 심왕 세력이 등장하고 있었기 때문이다. 한편에서는 충선왕의 복위와 환국을 요청하자 하고, 다른 한편에서는 심왕 왕고(王暠)의 옹립을 청하려 했다. 특히 1322년(충숙왕 9) 8월과 9월에 심왕이 고려 국왕 옹립을 원 중서성에 청하려 한 시도는 성공 직전에까지 이르렀다. 심지어 심왕이 상호군(上護軍) 양기(楊起)와 삼사부사(三司副使) 이겸(李謙)을 원나라에 보내 신년을 하례하게 하는 일이 있었다. 1323년(충숙왕 10) 정월에는 류청신과 오잠이 원의 도성(都省)에 글을 올렸다. 내용은 본국에 성(省)을 설치해 원나라와 같이 통치해 달라는 요청이었다. 이러한 상황은 충선왕이 교통 정리를 해야 함을 뜻했으나 유배된 몸으로는 이를 해결할 수 없었다. 이 당시 나이 20세에 달한 충숙왕이었지만 스스로 결단하지 못했다.

그래도 민지나 최성지, 이제현 등이 원에 가 상왕 소환 운동을 계속 벌인 결과 약간의 변화가 생겼다. 1323년(충숙왕 10) 영종황제가 도스마[朶思麻] 지역으로 충선왕을 양이(量移)시키라는 지시를 내렸기 때문이다. 이는 충선왕에게 희망이 되었다. 그런데 이해 8월 영종은 어사대부 테쿠시[鐵失]에 의해 시해당했고 황제의 숙부 진왕(晋王)이 즉위했다. 곧 태정제(泰定帝) 진종(晋宗)이었다. 태정제는 즉위 기념으로 천하에 크게 사면령을 내렸고 충선왕도 이때 소환될 수 있었다.

같은 해 11월 10일에 충선왕은 고대하던 연경에 도착해 13일 태정제를 만났다. 그간 있었던 일들에 대한 면죄를 분명히 받은 셈이었다. 이후 12월 충선왕은 재추들에게 국왕 즉 충숙왕이 간사한 자들을 측근으로 삼아 의롭지 않은 일들을 할까 걱정된다며 재상의 역할을 강조하는 서한을 썼다. 여기에 더해 1324년(충숙왕 11) 정월 황제는 억류 상황에 있던 충숙왕에게 환국의 명과 국왕인장(國王印章)을 다시 하사했다. 고려 국왕으로서의 위상을 되살린 것이었다. 물론 여기에는 상왕 충선왕의 의지도 담겨 있었다. 상왕은 고려로 돌아가려 하지 않았기 때문이다.

충숙왕은 곧바로 귀국하지 않았다. 이 과정에 충숙왕의 지위 공고화를 위한 충선왕의 물밑 작업이 있었던 듯하다. 복국장공주(濮國長公主)가 1319년(충숙왕 6)에 죽은 뒤 원 황실과의 혼인 관계가 없어 이를 보완하려 한 것이다. 그리고 1324년(충숙왕 11) 8월 충숙왕은 위왕(魏王) 아무가[阿木哥]의 딸 금동공주(金童公主)와 혼인하기에 이르렀다. 금동공주는 조국장공주(曹國長公主)였다. 여기에다 상왕인 충선왕은 국내 인사에 직접 개입해 지시를 내리기도 했다.

원 조정에서는 1325년(충숙왕 12) 정월 고려에 행중서성(行中書省)을 설치하려던 계획을 중지했다. 이를 계기로 충선왕은 제국대장공주의 능인 고릉(高陵)과 충렬왕의 능인 경릉(慶陵)에 이를 고하도록 했다. 이를 보면 충선왕이 당시 원에서 논의되던 입성론(立省論)을 저지했다 볼 수 있다. 그렇지만 여전히 충선왕은 환국하려 하지 않았다. 이에 충숙왕은 공주와 더불어 5월에 먼저 개경에 도착해 환영을 받았다.

공교롭게도 충숙왕이 1325년(충숙왕 12) 개경에 도착한 날 태위왕 충선왕은 연경 사저에서 죽었다. 51세의 나이였다. 충선왕은 처음으로 연경에서 죽은 고려 군주로 기록되었다. 충선왕의 영구는 7월 계유일(26)에 도착했다. 빈소는 숙비궁에 마련되었다. 그리고 11월에 충선왕을 덕릉(德陵)에 모셨다. 덕릉이라는 능호에 대한 설명은 기록에 없으나 짐작한다면 충선왕이 있어서 입성론 등을 견제할 수 있었으며, 고려 국왕과 심양왕의 지위를 누렸고, 개혁 정치의 성과가 어느 정도 있었다는 평가가 가능할 것이다. 더불어 백성을 위한 덕치를 행하고자 노력했다는 점도 고려되었을 듯하다.

충선왕에 대한 시호는 뒤늦게 올려졌다. 비록 충선왕이 생전에 정동행중서성우승상 고려국왕(征東行中書省右丞相高麗國王) 개부의동삼사 태자태사 상주국 부마도위 심양왕(開府儀同三司太子太師上柱國駙馬都尉瀋陽王)의 지위를 누렸지만 둘 다 양위를 하고 유배를 당한 바 있었다. 더불어 원 내부에서도 황위 계승 갈등이 컸다. 즉, 태정제 진종(재위 1323~1328)-천순제 문종(1328~1329)-명종(1329)-천순제 문종(1329~1332)-영종(1332~1333)-순제(1333~1367)로 황제위가 이어진 것이다. 시호가 늦게 정해진 데에는 원 내부의 사정이 있었던 것이다.

1344년(충목왕 즉위년) 12월에 이르러서야 원에서는 '충선(忠宣)'의 시호를 내리는 시책을 보내왔다. 여기서 '충(忠)'은 원 황실의 입장에서 볼 때 상투적이지만 원에 대한 충을 뜻하며, '선(宣)'은 군주가 뜻을 발표한다는 의미가 있다. 곧 충선왕이 개혁 정치를 위한 교서를 많이 반포하고 추진하였음과 함께 원 무종 옹립 등 원 황실 안정에 공헌하였음을 상징화했다 생각된다.

충선왕 묘정에 배향된 체협공신은 충정공(忠正公) 홍자번(洪子藩)과 문정공(文靖公) 정가신(鄭可臣)이었다. 이들은 1330년(충혜왕 즉위년) 6월 충선왕이 태묘에 합사되던 때 배향공신이 되었다. 홍자번은 당성인(唐城人)으로 자(字)가 운지(雲之)이다. 좌복야(左僕射) 홍관(洪瓘)의 후손이며, 아버지 홍예(洪裔)는 동지밀직에 올랐다. 김준 정권 당시 홍자번은 어린 나이임에도 김준에게 직접 아버지를 위해 변호한 바 있었다. 이에 김준이 "뛰어나구나! 세상에 어찌 이같이 아름다운 아이가 다시 있겠는가?"라 할 정도로 두각을 보였다.

과거에 급제하지는 못했으나 3번이나 수상(首相)을 역임했고, 충렬왕~충선왕 대 백성을 위한 개혁을 추진하고 왕실에 충절을 다한 인물로 꼽힌다. 홍자번은 충선왕비 계국대장공주의 개가 시도를 저지한 바 있으며, 1296년(충렬왕 22) 6월 편민(便民) 18사(事)를 올려 충선왕 복위년 개혁의 모델이 되기도 하였다. 홍자번이 1306년(충렬왕 32) 9월 원에서 죽자 충선왕은 제문을 친히 썼다. 공신호를 내리는 교서에서는 그의 공을 치하하면서 "홍자번의 공은 사직에 있으니, 황하가 허리띠처럼 가늘어지고 태산이 숫돌처럼 작아진다 해도[帶礪] 잊을 수 없으므로, 추성동덕익대공신 벽상삼한삼중대광(推誠同德翊戴功臣壁上三韓三重大匡)을 내린다"라 하였다.

문정공 정가신은 나주(羅州) 사람으로 자는 헌지(獻之)이고 초명(初名)은 홍(興)이었다. 나중에 자호(自號)를 설재(雪齋)라 하였다. 아버지 정송수(鄭松壽)는 향공진사(鄕貢進士)였다. 가난했지만 그는 태부소경 안홍우(安弘祐)의 데릴사위로 들어가 1255년(고종 42) 과거에 급제했다. 충렬왕에게 아뢰어 나주·진도와 탐라 정벌에 힘을 보탰다는 금성산신(錦城山神)을 정녕공(定寧公)으로 봉하고 해마다 제사토록 하였다. 정가신은 1290년(충렬왕 16) 세자인 충선왕이 원에 숙위하러 갈 때 민지(閔漬)와 함께 호종하면서 충선왕의 스승[師儒]으로서 역할을 했다. 명성이 알려지자 원 황제로부터 한림학사 가의대부(嘉議大夫)의 관직을 받은 바 있으며 두 차례 지공거를 맡았다. 충렬왕이 충선왕에게 선위하는 표문을 지었고, 『금경록(金鏡錄)』을 찬하였다. 1298년(충선왕 즉위년) 6월에 죽었다.

충선왕의 재위 기간은 10년도 채 되지 않는다. 그럼에도 그가 세자 혹은 폐위왕, 재위왕, 퇴위왕으로서 남긴 공과는 고려 사회를 크게 바꿨다. 충선왕 개인으로서는 충렬왕과의 갈등, 아들인 세자 왕감을 죽인 일, 계국대장공주와의 불화, 충렬왕 후궁 숙비 김씨를 맞아들인 일, 토번으로 유배된 일 등 어려움을 겪었다. 충선왕이 즉위하여 이룬 성과에 대해 사관은 다음과 같이 평가했다.

> 즉위해서는 상국(上國)의 제도를 피하기 위하여 관명(官名)을 바꾸었는데, 이는 제후로서의 법도를 엄하게 한 것이었다. 토지 제도와 조세[田賦]를 바르게 하고 염법(塩法)을 제정한 것은 정치의 근본을 안 것이었다. 인군(人君)의 지위는 많은 백성[庶民]이 우러러보며 모든 정무[萬機]가 집중되는 곳이므로 하루도 비워서는 안 되는 것이었다. 왕은 이미 황제의 명을 받아 복위(復位)하고서도 부녀자와 내시의 꾐에 빠져 연경(燕京)에 눌러앉은 지 5년이나 되었다. 나라 사람들은 필요한 물자를 대느라[供饋] 고초를 겪었고 따르는 신료들은 오랜 노고로 귀국할 것만 생각하면서 서로 모함을 꾀하였다. 원 역시 이를 꺼리게 되어 두 번이나 귀국하라고 하였다. 왕은 사양할 수 없자 이내 아들 왕도(王燾)에게 왕위를 물려주고 또 조카 왕고(王暠)를 세자로 삼았다. 이 일로 끝내 부자 형제간에 온갖 시기와 질투가 일어나서 그 화(禍)가 여러 세대에 이르도록 그치지 않았다. (후손에게) 남긴 계책[貽謀]이 이처럼 좋지 않았으니, 토번(吐藩) 유배도 우연한 것이 아니었다.

사관 평가의 요지는 충선왕이 전부(田賦)를 바르게 하고 염법을 제정해 백성에게 도움을 주었지만 연경 체류 관련 공궤 비용, 오랜 체류 기간, 고려 국왕과 심왕 지위의 양분 전위 등으로 후대에 큰 문제점을 남겼다는 것이었다. 따라서 충선왕 퇴위 후 혹은 죽음 후 고려 왕조는 계속해서 심왕을 축으로 하는 입성론(立省論) 논의와 심왕 추대 등의 사태로 갈등을 빚었다.

고려 후기 개혁 군주의 아이콘이라 할 충선왕의 정치 이후 고려는 여러 과제를 안게 되었다. 몇 가지 점을 제시하면 다음과 같다.

앞서도 언급했듯 고려 군주는 원과의 관계를 원만하게 유지해야 했다. 또한 원 황실 출신 공주와의 관계도 마찬가지였다. 원과의 관계는 이미 고려 군주의 연경 체류, 부마 왕실로서의 지위, 정동행성의 운영 등으로 정상화되고 있었다. 하지만 원 황실과 그 정치 세력과의 관계는 늘 관심을 갖고 있어야 했다. 특히 고려에 대한 입성론의 등장이나 심왕의 고려 국왕 책봉 등은 고려의 정체성과 고려 군주의 정통성을 무너뜨리는 일이 될 수 있으므로 철저히 이를 예방하고 저지해야 했다. 더불어 혹시라도 공주 관련 무고 사건이나 개가 시도 사건, 고려 군주에 의한 공주 폭행 사건, 공주의 질투 등이 있을 경우 이는 고려 군주의 지위에 영향을 미치기도 했다. 따라서 이 역시도 주의를 기울여야 할 사안이었다.

다음으로는 국내 정치를 안정시켜야 했다. 국왕의 원 장기 체류로 국내 정치의 부재가 길어졌으며 재정 소모가 극심했기 때문이다. 특히 충선왕의 체류는 유례가 없는 것이었으며, 전지정치와 측근정치가 이뤄졌고, 장기 체류로 인한 비용 소비가 어마어마했다. 따라서 이를 최소화하고 국왕의 국내 정치 전념을 도모해야 했다. 또한 인사도 포폄 결과에 따라 공정하게 전담 기구에서 행할 필요가 있었다. 공신 책봉으로 인한 공신전 및 사패전의 남발, 측근에 의한 사급전(賜給田) 점유 등을 방지해야 했다.

셋째로는 상왕과 현왕 사이의 갈등 조율이 필요했다. 충렬왕과 충선왕, 충선왕과 충숙왕이 그러했는데, 앞으로도 이 같은 일이 벌어지지 않으리라는 법이 없었다. 군주의 폐위와 복위는 일종의 상존하는 변수 역할을 하게 된 것이다. 이에 관련된 측근 세력 간 갈등이 일어나는 것은 일면 당연한 일이었다. 더구나 여기에 심왕과 그 추대 세력도 개입할 여지가 커졌다. 또한 충선왕 사후 유산 승계에 대한 고민도 해결해야 했다. 부자와 형제간의 효와 우애 회복이 절실한 때였다.

마지막으로 백성을 위한 위민정치가 필요했다. 농상의 장려나 조세의 경감, 다양한 명목의 잡세 폐지 등을 행해야 했다. 호세가에 의한 토지 점탈, 농민의 유망 및 노비화 현상 등도 막아야 했다. 더불어 중앙과 지방의 유기적 관계를 위해 청렴하고 유능한 이들을 지방관으로 임명하고 지방관과 아전에 대한 철저한 관리 감독이 필요했다. 원나라 풍속에 따른 지나치게 화려한 연향과 공연의 개설, 지방으로의 사냥 출행 등을 자제해야 했다. 그 비용은 모두 백성의 조세이고 사냥으로 인한 피해 역시 백성들이 입었기 때문이다.

충선왕의 뒤를 이은 충숙왕은 충선왕의 철저한 통제하에 왕위에 오른 것이나 마찬가지였다. 그 때문에 충선왕이 남긴 시대 과제를 해결할 수 있을지는 미지수였다. 그렇지만 충선왕의 개혁 추진과 정치 장악력이라는 장점과 충숙왕 자신이 그러한 충선왕의 후계라는 점을 철저히 활용한다면 충분히 위의 과제를 해결할 수 있었다. 그러나 충숙왕의 형이자 세자였던 왕감이 충선왕에 의해 죽은 뒤 강릉대군으로 책봉되었다가 1313년(충선왕 후5) 3월 충선왕이 원에 머물려고 어쩔 수 없이 전위한 것이기에 군주로서의 카리스마를 보일지 그 확신은 어려웠다. 다만 이때 충숙왕의 나이는 20세에 불과했으므로 앞으로 그가 새로운 정치를 할 수 있으리라는 기대감을 갖게 했다.

3.

부자상이(父子相夷) 탕욕(湯浴) 군주 충숙왕

1) 충숙왕의 즉위와 왕실

1313년(충숙왕 즉위년) 3월 갑인일(24) 고려 국왕이 바뀌었다. 원 대도에 체류하던 충선왕이 내린 전위(傳位) 결정에 따라서였다. 충선왕은 장자인 강릉대군(江陵大君) 도(燾)를 인종황제에게 보이고 전위를 청했으며, 국인(國印)을 물려주었다. 황제는 무오일(28) 왕도를 고려 국왕으로 책봉했다. 27대 충숙왕(忠肅王, 1294~1339)이 그였다.

사실 충숙왕은 1294년(충렬왕 20) 7월 을묘일(7)에 충선왕의 둘째 아들로 태어났다. 생모는 신분 불명 몽골 여성인 의비(懿妃) 예쉬진[也速眞]이었다. 충숙왕의 몽골 이름은 아라트나시리[阿剌訥忒失里]이며, 1335년(충숙왕 후4)에 꿈을 꾼 뒤 이름을 스스로 '만(卍)'으로 바꿨다. 5살 때인 1298년(충렬왕 24) 5월 강릉군승선사(江陵軍承宣使)로 책봉되고 이듬해에는 강릉군, 그리고 이후 강릉대군이 되었다. 이어 1313년(충선왕 후5) 3월 갑인일(24)에 원의 대도 연경에서 즉위하였다. 20살 때였다. 충숙왕이 왕위에 오른 것은 충선왕이 원 연경 생활을 지속하고자 한 목적 때문이었다.

본래 충선왕의 세자는 충숙왕의 동복형 왕감(王鑑)이었다. 1298년(충렬왕 24) 5월 영가군승선사(永嘉軍承宣使)로 봉해질 때 그의 자호가 보인다. 의충

(宜忠)이었다. 충숙왕은 의효(宜孝)였다. 이렇게 한 것을 보면 충선왕이 아들들의 자호를 지어 준 것이라 여겨진다. 마땅히 충효를 다해야 한다는 의미였기 때문이다. 왕감이 언제 세자로 책봉되었는지는 구체적으로 보이지 않으나 적어도 1309년(충선왕 후1) 무렵일 가능성이 크다. 1310년(충선왕 후2) 정월 충선왕이 세자에게 양위를 하려다가 중지한 뒤 같은 해 5월 어떠한 이유에서인지 알 수 없으나 세자 왕감과 그 호종 신하인 김중의 등을 죽인 기사가 보이기 때문이다. 아버지가 아들을 죽이는 초유의 사태가 일어난 것이다.

충숙왕의 즉위는 동복형의 죽음 이후 갑작스레 이뤄져 의외성이 있었다. 하지만 왕위를 전한 충선왕의 목적은 비교적 단순했다. 인종황제와 원 조정이 충선왕의 고려 귀국을 종용하자 이를 거절할 명분을 만들고자 왕위를 물려준 것이다.

충숙왕은 1313년(충숙왕 즉위년) 4월 병술일(27) 상왕인 충선왕 및 계국대장공주와 함께 화려한 귀국길에 올랐다. 황제와 황태후, 중서성·휘정원·선정원 등이 승상을 비롯한 이들을 파견해 호송하도록 했고, 짐 운반 수레만 140량(兩)에 달해 당시 원 황실의 예우 정도가 확인되었다. 충숙왕과 상왕 일행이 개경에 도착한 것은 6월 병자일(18)이었다. 그리고 이틀 뒤 선의문으로 계국대장공주가 들어왔다. 기묘일(21) 연경궁에서 호종한 원의 관인 및 고려 관인들과 함께 축수연을 성대하게 열었다. 상왕 충선왕과 계국대장공주의 위상이 체감되는 자리였으며, 충숙왕은 상대적으로 위축될 수밖에 없었다.

이러한 충숙왕이 개경에서의 즉위 절차를 밟은 것은 그 뒤였다. 계미일(25)에 상왕이 민천사에 행차해 백관을 모아 놓고 황제의 충숙왕 책봉 조서를 보여 주면서부터 본격 시작된 것이다. 그리고 갑신일(26)에야 충숙왕은 경령전에 참배하고 연경궁에서 즉위했다. 충숙왕은 원 연경에서 왕위를 물려받는 과정, 황제의 책봉을 받는 과정을 거치고 고려 귀국 후 상왕의 지시에 따라 즉위 절차를 밟았다. 충숙왕 자신의 의지는 느껴지지 않았다. 상왕 충선왕이 결정하면 따른 것이다. 충숙왕 자신이 교서에서 위로 부왕을 섬기고 아래로 백성을 다스려야 한다[上之事父, 下之長民]고 표현하기는 했으나 실은 백성을 다스리는 일도 상왕의 명을 받아야 가능했다.

충숙왕의 후비는 5명이었다. 복국장공주(濮國長公主), 조국장공주(曹國長公主), 경화공주(慶華公主), 명덕태후(明德太后) 홍씨(洪氏), 수비(壽妃) 권씨(權氏)가 공식적으로 후비 열전에 기록되어 있다. 기재 순서는 원 황실 출신 후비가 우선, 그리고 고려 출신은 후순위였다.

복국장공주는 영왕(營王) 에센테무르[也先帖木兒]의 딸 이린지발라[亦憐眞八剌]였다. 영왕은 원 세조의 5남인 운남왕(雲南王) 보르지긴 쿠게치[孛兒只斤忽哥赤]의 아들로 운남왕의 지위를 이었다가 영왕으로 올랐다. 1316년(충숙왕 3)에 상왕이 황제에게 청혼해 허락을 받았다. 충선왕이 원 황실과의 혼인을 기어코 이룬 것은 그것이 고려 왕실의 안전장치로서 원의 후원을 상징하기 때문이었다. 더불어 이 과정을 거쳐 고려의 세자나 군주 등이 원 황실의 케식에 참여할 수 있는 일종의 자격을 부여받을 수 있어서였다. 이에 충숙왕은 원으로 들어가 체류하면서 7월에 혼인했다. 같은 달에 충숙왕의 생모인 의비(懿妃)가 죽었다. 복국장공주는 덕비 즉 명덕태후를 시샘하다가 충숙왕과 불화가 생겨 끝내 폭력을 당하는 등의 일을 겪었다는 기록이 보인다. 1319년(충숙왕 6) 9월에 죽자 정화공주(靖和公主)로 추증(追贈)했으며, 1343년(충혜왕 후4)에 원에서 복국장공주로 추봉(追封)했다.

조국장공주 금동(金童)은 순종(順宗)황제의 장남인 위왕(魏王) 아무가[阿木哥]의 딸이었다. 순종의 2남과 3남이 각기 무종과 인종황제였다. 순종은 보르지긴 다르마발라[答剌麻八剌]로 무종이 황제위에 오른 뒤 추존되었다. 1324년(충숙왕 11) 충숙왕이 원에 체류하던 중 8월에 혼인했다. 원 황실과의 혼인 관계를 중시하고 혼맥을 지키려 한 상왕 충선왕이 추진한 결과라 여겨진다. 이들 부부는 이듬해 1325년(충숙왕 12) 5월 개경에 들어와 환영을 받았는데, 이달에 상왕이 연저에서 죽었다. 이해 10월 한양 용산에서 아들을 낳다가 행궁에서 18살의 나이로 죽었다. 아들은 용산원자(龍山元子)라 칭해 졌다. 1343년(충혜왕 후4)에 원에서 조국장공주로 추봉했다.

경화공주 역시 몽골 여인으로 바얀쿠투(伯顔忽都)인데 충숙왕이 왕위를 충혜왕에게 잇도록 한 뒤 원에 머무르던 중 혼인했다. 출신에 대한 언급은 없으나 1333년(충숙왕 후2)에 원을 출발할 때 황태자(皇太子)가 원사(院使) 아에치(阿也赤)를 보내 배웅토록 한 것을 보면 황실 인물이었을 가능성이 높다. 충숙왕은 경화공주의 부를 열어 경화부(慶華府)라 하고 관속(官屬)을 두도록 하여 예우했다. 자녀는 없었다. 충숙왕이 죽고 충혜왕이 복위한 뒤 충혜왕에게 겁탈을 당하자 이를 원에 몰래 알려 충혜왕이 원에 잡혀갔고 결국 게양(揭陽) 유배 도중 악양현(岳陽縣)에서 죽었다. 경화공주는 1344년(충목왕 즉위년) 6월에 죽었다. 1367년(공민왕 16) 원에서 숙공휘령공주(肅恭徽寧公主)라는 시호를 추증했다.

명덕태후 홍씨는 남양부원군(南陽府院君) 홍규(洪奎)의 딸로 충숙왕 후비 중 가장 먼저 간택되었다. 즉 1313년(충숙왕 즉위년) 8월에 납비되었으며 12월에 덕비로 책봉되었다. 하지만 복국장공주 등 원 황실 출신 공주가 들어오면서 덕비는 그들로부터 시샘의 대상이 되었다. 1315년(충숙왕 2) 정월 왕자 왕정(王禎)이 태어났는데 충혜왕이 그였다. 공민왕 역시도 명덕태후가 낳았다. 복국장공주의 투기가 있자 정안공(定安公)의 집에 머무르면서 충숙왕과 함께 있었다. 덕경부(德慶府)의 부가 있었는데 공민왕 즉위 후 문예부(文睿府)라 했으며, 대비로 높여졌다. 문예부는 다시 숭경부(崇敬府)가 되었다. 아들인 충혜왕은 원에 잡혀 게양으로 귀양 가다가 죽었으며, 공민왕이 신돈의 말을 듣자 이를 말리다가 사이가 멀어지기도 했다. 공민왕이 시해된 후 태후는 종실 중 후사를 택해 정하려 했으나 실현되지 않았다. 1380년(우왕 6) 정월 죽었다.

수비 권씨는 좌상시(左常侍) 권형(權衡)의 딸이다. 본래 밀직상의(密直商議)

전신(全信)의 아들과 혼인했다. 그러나 신랑의 가문이 한미해 권형은 이혼 시키려 했다. 결국 1335년(충숙왕 후4) 왕명을 빙자해 이혼토록 하고 딸을 충숙왕에게 주어 맞게끔 했다. 수비로 책봉되었는데 충숙왕 사후 충혜왕은 수비를 간음했다. 1340년(충혜왕 후1)에 죽었다.

다섯 명의 후비 중 충숙왕의 자녀를 낳은 후비는 조국장공주와 명덕태후였다. 조국장공주는 용산원자와 공주를 낳았으나 공주는 곧바로 죽었다. 용산원자는 혈통상 고려 왕실에서 적자에 해당했지만 어떤 이유에서인지 관련 기록이 거의 없다. 단지 17세 때 원에서 죽었다는 내용과 시신을 고려로 옮겨 장례를 치렀다는 정도만이 나온다. 그리고 명덕태후는 충혜왕과 공민왕을 낳아 고려 왕실의 명맥을 이었다. 이 둘은 국왕이 되었지만 결국 유배 도중 죽거나 시해를 당하는 등 비극적 최후를 맞았다.

이처럼 충숙왕의 즉위는 실상 상왕인 충선왕에 의해 주도되었고, 경화공주나 수비 권씨를 제외하면 그 후비 역시도 상왕이 주선했다. 특히 충숙왕은 모친이 몽골 출신이지만 신분이 불분명한 의비였기에 더욱 상왕의 영향을 많이 받았다. 더구나 친형인 세자 왕감이 충선왕에게 죽음을 맞자 20살이 되어 즉위했음에도 불구하고 충숙왕은 상왕의 그늘을 벗어나기 힘들었다. 충숙왕 자신도 자신의 정치철학을 갖고 정국 운영을 주도하려 하지 않았다. 그러면서도 그 자신은 반듯한 모습을 유지하려 했다. 충숙왕이 25년간 재위 후 46세로 죽자 사신은 다음과 같은 평가를 남겼다.

성품이 엄격, 침착하고 총명했다. 글을 잘 짓고 예서(隸書)에 능했다. 또 성격은 유달리 깔끔한 것을 좋아해 한 달 탕욕 비용으로 각종 향이 열 동이가 넘었고 저포(苧布)가 60여 필이나 들었다. 이를 수건(手巾)이라 불렀다.

2) 음울한 충숙왕의 정치

　　새로운 군주의 즉위는 여러 가지 기대를 동반한다. 즉위에 따른 개혁과 은혜를 베푸는 덕치 등의 표방이 있기 때문이다. 그런데 이 점을 놓고 본다면 충숙왕의 즉위 모습은 여러 면에서 달랐다.

　　1313년(충숙왕 즉위년) 3월 갑인일(24) 소위 서류상 왕위를 이은 충숙왕은 4월 병술일(27)에 상왕 충선왕과 계국대장공주를 모시고 연경을 출발해 6월 서보통사를 거쳐 병자일(18)에야 개경에 들어오게 되었다. 그 사이 5월 병오일(17) 입국하면서 충숙왕은 고려 조정에 83글자의 짤막한 교서를 내렸다. 교서의 주요 내용은 다음과 같았다.

　　첫째, 자신은 황제와 부왕의 은혜로 3월 24일 국인(國印)을 받고 28일에 책봉되었음.

　　둘째, 위로 부왕을 섬기고 아래로 백성을 다스려야 하는데 걱정되어 어찌할 바를 모르겠음.

　　셋째, 여러 도에서 올리는 삭선(朔膳)은 먼저 부왕에게 올리고 문무관료의 하례 및 사례도 부왕에게 먼저 행할 것.

　　이를 보면 충숙왕 자신의 개혁을 위한 정치적 포부와 의견은 단 1글자도 찾아지지 않는다. 왕위가 갖는 무거움을 고려하면 더욱 아쉬운 점이었다. 굳이 찾자면 모든 것을 부왕에게로 돌리고 있다는 점이다. 충숙왕의 즉위 과정이나 그가 가졌을 정치력을 고려하면 일면 당연하게 느껴진다. 그렇다면 이러한 충숙왕이 군주로서의 자기 위상을 세우고 정치 개혁을 추진하려면 어떻게 해야 했을까?

　　충숙왕이 스스로 군주가 되고자 노력을 기울이거나 혹은 세자로서 왕위 계승 수업 등을 충실히 이수했다는 등의 기록은 보이지 않는다. 1305년(충렬왕 31) 11월 충렬왕의 입조 때 광평공 왕감과 강릉후 왕도가 함께 따라 들어간 기록이 보이나 이들이 그 후 어떠한 활동을 했는지는 확인되지 않는다. 다만 충선왕을 따라 입원(入元)했다는 내용이 보인다. 대개의 경우처럼 뚤루게[禿魯花]가 되었다는 기록도 없다. 오히려 나중의 고려 국왕이자 심왕의 조카인 세자 왕고(王暠)가 뚤루게가 되었다. 이를 본다면 충숙왕은 충선왕의 둘째 아들이라는 점 외에 정치적 기반이 거의 없었다.

이러한 상황에서 즉위한 충숙왕인 만큼 왕권 장악을 통한 국정 운영에는 한계가 있었다. 이를 고려할 때 충숙왕의 정치 과제는 몇 가지로 추려진다. 첫째, 상왕의 그늘에서 벗어나 군주로서의 자기 위상을 찾고 강화하는 것, 둘째, 경쟁자라 할 심왕 왕고와의 갈등을 극복하고 왕권을 온전히 하는 것, 셋째, 원 황실로부터 공고한 지위를 인정받고 입성책동론 등을 소멸시키는 것, 넷째, 자기 정치 세력을 구축하는 것, 다섯째, 국가 재정을 넉넉하게 하고 관원의 부정부패 등을 없애 백성의 삶을 지켜 주는 것 등이었다. 한마디로 말하자면 충숙왕 자신의 왕권을 바로 세우는 것이라 할 수 있었다.

충숙왕은 25년간 재위했다. 상왕 충선왕은 1325년(충숙왕 12) 5월에 51세로 연경의 저택에서 죽었다. 사실 즉위 후 이때까지 충숙왕은 상왕의 계속된 전지정치 혹은 요령정치라 일컬어지는 원격 정치에 따라야 했다. 상왕은 1313년(충숙왕 즉위년) 6월 개경에 도착한 후 이듬해 정월 다시 원의 연저로 돌아갔다. 이 6개월간의 상황만 보더라도 충숙왕은 상왕의 지시에 따를 뿐이었다. 더구나 상왕은 이때도 원에 입조하려는 마음이 더 컸으며 충숙왕의 정치 기반을 마련해 주려 하지 않았다.

충숙왕은 닷새마다 상왕에게 문안을 행했다. 상왕은 승려 10,800명에게 음식을 대접하고 같은 수의 등을 켜 발원하는 만승회(萬僧會)를 열어 재정 낭비를 불러왔다. 또한 재추와 기로들로 하여금 전민(田民) 계정(計定)의 일을 의논하게 했으며, 조계종(曹溪宗) 승려 경린(景麟)과 경총(景聰)을 총애하여 대선사의 관작을 주려다가 간관의 반대를 받기도 했다. 자신의 10여 가지 덕목을 스스로 쓴 뒤 이를 식목도감에 보냈으며 원에 이를 알리려고까지 했다.

다만 1314년(충숙왕 1) 윤3월의 기록을 보면 상왕이 전 선부의랑 윤신걸(尹莘傑), 사헌집의 윤선좌(尹宣佐), 전 전교령 백원항(白元恒)으로 하여금 왕을 모신 자리에서 『통감(通鑑)』을 강론케 하고 충숙왕에게 국정을 전단케 하면서 불법(佛法)을 숭상하라 했다. 국정을 책임지고 처리하라고는 했지만 인사 문제는 자신이 임명한 신하로 하여금 전주(銓注)토록 했다. 여기에 더해 '어린 군주의 명[幼主之命]'이라는 표현을 쓸 정도로 충숙왕은 여전히 국정 운영의 실질적 주체로 인정받지 못하고 있었다.

상왕이 내린 1316년(충숙왕 3) 3월의 조치를 보더라도 이는 마찬가지였다. 충숙왕이 혼인을 위해 원에 들어왔을 때 상왕은 심왕의 자리를 세자 왕고에게 양위하였고, 식목도감에 전지(傳旨)하여 5도에 사자를 파견해 무뢰배의 횡포를 금하도록 지시한 것이다. 1318년(충숙왕 5) 4월에도 상왕의 균지(鈞旨)로 대호군(大護軍) 장공윤(張公允)과 제주부사 장윤화(張允和)를 순군(巡軍)에 하옥시켰다.

그런데 1318년(충숙왕 5) 4월과 5월 충숙왕이 중대한 결단을 내린 것이 보인다. 4월에 사심관을 혁파했고 5월에는 관련 8가지 조항의 개혁 교서를 발표한 것이다. 그 주요 내용은 다음과 같았다.

첫째, 사심관이 설치 취지와 달리 향촌에 이익 됨이 없으므로 이미 혁파했고, 그들이 은닉한 전호(田戶)를 추쇄해 복구토록 할 것.

둘째, 각 도의 섬에 풀어 기르는 우마로 죽어 없어진 것을 부근 촌락에서 충당하여 민폐가 크니 일체 금지할 것.

셋째, 기인(其人)의 역이 심해 도망하는 이들이 잇따르고 관사에서는 이들 도망 기인에게 벌금을 징수하니 폐단이 심해지므로 사심관 및 제역소(除役所)의 역을 면제받은 호인 음호(蔭戶)로 대신토록 하고 기인이 모두 도망한 주군은 면제해 줄 것.

넷째, 제도(諸道) 사신(使臣)과 수령이 호위 종자가 많은데 역에서 말을 타는 것으로 민을 병들게 하는 경우 죄를 줄 것.

다섯째, 원에 사대한 이래 국용을 위해 사신을 파견해 공물을 징수하는데 이들로 인한 폐단이 많으므로 공물과 정역(程驛)의 일은 제찰(提察)에게 맡기도록 할 것.

여섯째, 제도의 홀치·사복·순군 및 권문에서 보낸 사람들로서 인민을 은닉하고 전토를 탈점하는 경우 형틀에 매달고 먼 섬으로 유배할 것.

일곱째, 제도 존무사(存撫使)·제찰사(提察使)·염장사(鹽場使) 등이 왕실에서 내놓은 은폐(銀幣)를 판다는 명목으로 이를 억지로 팔아 사리사욕을 취하고 있으니 조사하여 보고할 것.

여덟째, 황제에게 별도 진공하는 해산물을 도진승 신훤(申烜)이 연례(年例) 외에 크게 증액해 공안(貢案)에 기재해 민에게 해가 되었는바 신훤이 증액한 것을 삭제토록 할 것.

이상의 8조 개혁안은 백성들의 입장에서 충분히 의미가 있는 조치였다. 이에 이어 충숙왕은 이 개혁안을 실행하기 위해 제폐사목소(除弊事目所)를 설치했다. 개혁 의지가 확인되는 것이지만 문제는 상왕과의 조율이었다. 당시 고려 조정은 상왕의 영향력이 절대적이었다. 따라서 충숙왕이 단독으로 개혁 정치를 한다는 것은 상왕과의 갈등을 의미했다. 게다가 충숙왕이 시도하려는 전민 개혁 관련 내용은 기득권 즉 충선왕의 측근 세력에 대한 개혁을 뜻했다. 따라서 이 시도는 시작 단계서부터 벽에 부딪칠 수밖에 없었다.

이는 제폐사목소의 잦은 치폐로 나타났다. 1318년(충숙왕 5) 5월 설치, 6월 찰리변위도감(拶理辨違都監)으로 개칭했다가 이윽고 폐지, 7월 변위도감 재설치 요구에 따라 설치, 11월 폐지, 1321년(충숙왕 8) 3월 찰리변위도감(察理辨違都監) 재설치 그리고 얼마 뒤 혁파 등 변동이 심했던 것은 이 때문이었다. 더불어 1320년(충숙왕 7) 12월 무신일(4)에 충선왕이 유배된 뒤 같은 달

신미일(27)에 충숙왕이 행한 주목할 조치가 있었다. 전주권 즉 인사권 관할을 위해 정방(政房)을 다시 설치하고 자신이 신뢰하는 대언 안규(安珪)에게 이를 관할토록 한 것이다. 그러나 이듬해 정월 황제의 입조 명으로 4월 개경을 나섰으므로 정방도 찰리변위도감도 충숙왕의 본래 의도를 모두 반영했다 보기 어렵다. 여기에 충선왕의 의중이 반영되었는가를 짐작하기 어려운 면이 있지만 충숙왕은 상왕 충선왕의 죽음이 다다르기 전까지 사실상 독자적 정치는 거의 불가능했다 하겠다.

그리고 마침내 1325년(충숙왕 12) 5월 상왕이 죽자 10월에 개혁 교서를 내렸다. 그 배경은 복합적이었다. 교서에서는 우선 고려 국왕 지위의 회복과 위왕의 딸 조국장공주와의 혼인 등에 따른 기쁨이 지적되었다. 이어서는 부왕 충선왕의 죽음, 백성들의 원통함에 따른 천변과 기후 불순 등에 두려움이 생겨난다 했다. 기쁨과 슬픔, 그리고 두려움과 억울함 등을 없애기 위해 대화합을 이루면서 풍속을 바꾸고자 한다고 하였다. 그것은 유신의 교화를 펴 백성과 만물에 인애(仁愛)를 베푸는 데 있다 보았다. 이에 따른 유신의 방책은 11개 조항에 걸쳐 있었다.

그것은 대체로 왕실을 높이고 왕실을 위해 고생한 신료 등에 대해 보답하도록 할 것, 국가 제사를 모시며 효자 열녀 등 행실을 살펴 미풍양속을 장려할 것, 공적 없이 승격시킨 대소 군현은 옛날 명칭을 따를 것, 각 도 존무사와 제찰사가 지방 수령의 근무 고과를 보고하고 금인(金印)과 검교(檢校)의 관직을 함부로 받는 이들을 살펴 본역에 종사하도록 할 것, 각 영부(領府) 대정인(隊正人) 등의 녹봉을 보호하고 1274년(충렬왕 즉위년) 이래 전공 있는 자 및 전사자 자손을 서용할 것 등이었다.

이러한 유신개혁 조치 이래로 충숙왕은 1326년(충숙왕 13) 7월과 1327년(충숙왕 14) 11월 딱 두 차례 더 교서를 내렸다. 주된 내용은 입성책동론 저지에 공을 세운 찬성사 김이 등을 1등 공신으로 책봉한다는 것(1326), 5년간 원에 머무를 때 심왕 옹립 운동을 막고 자신을 잘 보좌한 첨의정승 윤석 등을 1등

공신으로, 그리고 찬성사 정방길 등을 2등 공신으로 책봉한다는 것(1327)이었다. 말하자면 충숙왕의 정치에 이것 이상의 개혁은 없었으며 기대할 바도 없었다. '유신의 교화'라는 말은 정치 미사여구에 불과한 측면이 강했다 하겠다.

한편 1320년(충숙왕 7)에는 상왕 충선왕에게 중요한 변화가 생겼다. 인종황제가 죽고 그 황태자가 즉위했는데 바로 영종황제였다. 무종 및 인종과의 친분으로 그들의 즉위에 공을 세워 한때 원 조정의 승상 자리까지 받을 뻔했던 충선왕이었지만 영종이 즉위하면서 상황이 바뀌기 시작했다. 특히 고려 출신 원 황실의 환관인 임바얀투구스가 충선왕을 모략했고, 결국 인종과 영종의 총애를 받은 그의 참소로 충선왕은 유배가 결정되었다. 불교에 관심 있다 하여 불경 공부를 명분으로 현 티베트인 토번(吐藩)의 살사결(撒思結) 땅으로 유배한 것이다. 충선왕은 1323년(충숙왕 10) 2월 도스마[朶思麻]로 옮기게 되었고, 같은 해 9월 영종황제가 남파(南坡)에서 어사대부에 의해 시해된 후 태정제가 즉위하면서 대사면령에 따라 소환되었다.

이러한 충선왕의 유배는 다른 면으로 볼 때 충숙왕이 상왕의 영향력을 배제하면서 자기 정치를 할 수 있는 기회였다. 하지만 고려 조정은 상왕 충선왕의 억울함을 밝히고 신원을 회복하기 위한 운동에 매진했다. 충선왕은 재추들에게 서신을 보내 자신이 11월 정유일(10)에 대도에 도착했고 신축일(13)에 황제를 뵈었다 하면서 국왕이 연소(年少)해 판단력이 없음을 우려했다. 그리고 재추의 보국(輔國)을 당부했다. 상왕정치를 다시 본격화하겠다는 의지였다.

한편 충선왕이 유배되던 시기 충숙왕은 1321년(충숙왕 8) 정월 영종황제로부터 입조하라는 명을 받았다. 이에 같은 해 4월 정묘일(24) 새벽 4시 무렵인 4경(更), 류청신·오잠·한악 등의 수행을 받으면서 원으로 출발했다. 그렇지만 언제 원의 대도인 연경에 도착하였는지 등의 기록은 보이지 않는다. 다만 이때부터 충숙왕은 1325년(충숙왕 12) 5월 신유일(13) 개경 도착 때까지 원에 머물러야 했다.

충숙왕은 한편으로는 상왕 충선왕을 위한 신원 운동을 해야 했고, 또 한 편으로는 심왕을 고려 국왕으로 옹립하려는 운동에 맞서면서 고려에 대한 입성책동 및 제도 변경 등을 막아야 했다. 1321년(충숙왕 8) 4월 입조할 때 이미 국왕인은 회수당했다 보인다. 그가 원에 체류하는 동안 고려는 상왕이나 충숙왕 자신이 해 왔던 관행대로 전지를 통해 국정 운영을 해 나갔다. 다만 이 시기 주목되는 인물은 심왕 왕고였다. 그가 균지(鈞旨)를 보내 고려 국정을 움직인 면이 보이기 때문이다.

3) 심왕 옹립 운동

상왕 충선왕과 충숙왕이 각기 유배와 체류라는 상황에 처했던 것과 달리 심왕 왕고(王暠, ?~1345)는 영종황제에게 총애를 받았다. 왕고의 몽골 이름은 울제이투[完澤禿]이다. 그는 강양공(江陽公) 왕자(王滋, ?~1308)와 안비(安妃)의 3남 중 둘째였다. 강양공은 충렬왕과 정신부주(貞信府主, ?~1319) 사이 아들이었다. 따라서 왕고는 충선왕에게는 조카에 해당했다.

충선왕은 조카 왕고를 특히 자기 아들처럼 여겨 궁에서 양육하였다. 충숙왕은 강릉대군 지위에서 곧바로 충선왕의 전위를 받았기에 실제로 뚤루게를 했는지는 불분명하다. 그렇지만 충선왕의 총애 속 왕고는 심왕 충선왕의 세자로서 뚤루게가 되었다. 이어 1316년(충숙왕 3)에 충선왕은 왕고에게 심왕의 자리를 양위했으며, 원 황실 양왕(梁王)의 딸을 비로 삼게 했다. 양왕은 충선왕비 계국대장공주의 오빠였다. 그 때문에 왕고는 충선왕과 계국대장공주로부터 총애를 받았다.

심왕의 자리에 있게 되었지만 왕고는 그 지위가 실권이 아닌 직위만 가진 것이기에 고려 국왕이 되고자 했다. 원 영종황제와 충선왕 부부의 총애 등은 충분히 그의 뜻을 실현케 할 기반이라 여겨졌을 것이다. 이에 심왕 왕고는 충선왕이 충숙왕에게 전위하고 자신을 심왕의 세자로 삼은 뜻과 달리 고려 국왕이 되고자 했다. 그 계기는 공교롭게도 충선왕과 뜻이 다른 영종황제의 즉위 이후였다. 게다가 충선왕은 인종황제를 섬기던 고려 출신 환관 임바얀투구스와 사이가 원만하지 못했다. 인종황제 죽음 후 황태후도 별궁에 거주하게 되자 임바얀투구스는 충선왕을 지속적으로 무고 참소했다. 결국 이 일로 인해 충선왕은 토번으로 유배되기에 이르렀다.

충선왕이 유배되자 충숙왕은 1321년(충숙왕 8) 정월부터 친정 체제 구축을 도모했다. 충선왕의 측근인 권한공·김정미·채홍철 등이 순군부에 갇혔다. 이 사건은 권한공 등이 심왕에게로 뜻을 돌리는 계기가 되었다. 더구나 같은 해 4월 원에 입조한 충숙왕은 충선왕 유배 원인을 제공한 임바얀투구스의 집에 머물렀다. 이는 충선왕과 충숙왕 관계에 틈이 생겼음을 뜻했다. 이를 계기로 충숙왕의 입조를 시종했던 이들은 심왕 쪽으로 돌아섰다. 이에 대해『고려사절요』에서는 "왕의 시종이 모두 이반해 누구도 따르는 자가 없었다"라고 기록했다.

같은 해 8월 전 정윤 채하중은 원의 사신 김가노와 함께 고려에 와서는 "황제가 왕고를 국왕으로 삼았다"라 하였다. 이에 백관은 왕고의 모친인 안비(安妃)에게 하례하는 장면을 연출하기도 했다. 이후 호군 이연이 귀국해 충숙왕은 만복(萬福)하다며 바로잡아 채하중의 거짓말이 드러나게 되었다. 그러나 원 황실에서는 정화공주 즉 복국장공주의 죽음에도 의심을 갖고 있었다. 그러하기에 영종황제는 충숙왕보다는 심왕에게 마음이 기울어져 있었다. 1322년(충숙왕 9) 심왕부의 재정을 맡았던 사복정 백응구(白應丘)가 고려로 도망치는 일이 발생했다. 왕고는 황제에게 건의해 그를 돌려보내라는 지시를 내릴 것을 청했다. 연경 체류 중이던 충숙왕이 이를 즉시 따르지 않자 왕고는 충숙왕이 황제의 칙서를 찢었다고 참소했다. 결국 충숙왕은 영종황제의 의심을 사게 되었다.

이 때문에 충선왕과 충숙왕이 모두 실권을 잃어버린 상태가 된 셈이었다.

더구나 왕고는 충숙왕이 연경에 체류하는 데 쓰는 재물 등에 대해 황명을 빙자해 모두 거둬 가기도 했다. 이러한 상황에서 충숙왕에게 원한을 품은 권한공·채홍철·이광봉 등은 민지·이호 등을 끌어들였고, 이들은 왕고를 고려 국왕으로 옹립하려 했다. 권한공 등은 1322년(충숙왕 9) 8월에 연경 자운사에 백관을 모으고 원 중서성에 심왕 왕고를 세우는 청을 써 올리려 했다. 간신이 충숙왕의 곁에 자리 잡아 백성들이 고통을 받고 있다 하고는 왕고는 성품이 어질고 선하며 충렬왕의 적손이라 하면서 백관의 서명을 받고자 했다. 하지만 서명은 다 받지 못하였다.

원 중서성과 한림원에 연이어 청을 올렸으나 반려되었고 이때의 심왕 옹립 시도는 1323년(충숙왕 10) 9월 영종황제가 시해됨으로써 결과적으로 실패로 돌아갔다. 하지만 심왕의 모친인 안비에 대한 영종황제의 잦은 은사(恩賜)가 있었던 점, 심왕이 균지로서 원에 사신을 보내 신년을 하례하게 한 것 등을 보면 심왕 왕고는 책봉을 받지 못했으나 임시 국왕으로서의 역할을 한 것이었다.

1323년(충숙왕 10) 9월 태정제 즉위 후 사면되어 11월에 연경에 도착한 상왕 충선왕은 그간 있었던 충숙왕과 심왕, 그리고 자신을 둘러싼 갈등의 원인을 파악하면서 이를 미봉하려 했다. 적극적으로 처벌함으로써 기강을 잡기보다는 다음과 같이 훈계하여 깨우치게 했다.

호종하는 신하들이 무리를 지어 국왕과 심왕을 서로 모함하여 형제간에 싸우는 변고[閱墻之變]에 이르게 되었다. 간신(姦臣)의 잘못된 유혹을 듣고 심왕을 옹립해 달라고 청한 자들은 내가 이미 국왕에게 '구악(舊惡)은 생각하지 말고 모두 다 용서하라'고 타일렀으니, 모두 알지어다.

충선왕의 이러한 계유(戒喩)는 심왕파에 있던 이들에게는 면죄부였다. 사실 심왕파에 있던 상당수는 충선왕의 신하들이기도 했다. 반면 충숙왕의 입장에서는 자신의 정치력을 정비하기도 전에 상왕 충선왕이 이러한 뜻을 관철하자 조용히 있을 수밖에 없었다.

이후에도 류청신과 오잠은 1328년(충숙왕 15) 원 중서성에 충숙왕을 무고했다. 즉, 충숙왕이 눈과 귀가 멀고 말도 못 해[盲聾喑啞] 직접 정사를 돌보지 않는다 했다. 그리고 영종황제 때 임바얀투구스와 모의해 상왕을 설득하여 왕고의 세자인을 빼앗았다며 참소했다. 태정제는 7월에 평장정사 매려 등을 보내 사실 관계를 확인하고자 했다. 충숙왕은 사신의 질문에 조목조목 대답하였고 결과적으로 류청신이나 오잠, 조적 등의 참소는 무고가 되었다. 그렇지만 사실 이러한 일이 일어난 계기는 충숙왕이 자처한 면이 있었다. 그동안 원 사신들을 접견하지 않은 데 따른 오해가 쌓여 심왕파에게 정사를 게을리하고 있다는 빌미를 주었던 것이다.

그리고 이해 7월 태정제가 죽고 9월 무종황제의 차남인 회왕(懷王)이 즉위했다. 문종이었다. 문종은 이듬해 1329년(충숙왕 16) 4월 형인 주왕(周王)에게 양위하고 황태자가 되었다. 주왕은 명종황제였다. 그렇지만 명종은 같은 해 8월 죽었고 다시 황태자인 문종이 복위했다. 문종 역시도 재위가 길지 못했다. 1332년(충숙왕 후1) 8월에 죽었으며, 그 뒤 명종의 차남이 즉위했다. 7살의 영종(寧宗)이었다. 영종은 불과 2개월만인 12월에 죽었다. 그리고 이듬해인 1333년(충숙왕 후2) 6월 명종황제의 장자인 토곤테무르[妥懽帖睦爾]가 즉위했다. 순제(順帝)가 그였다.

순제는 11살 때인 1330년(충혜왕 즉위년) 고려의 대청도로 1년 반 정도 유배된 바 있었으며, 황제에 오른 뒤 기황후를 맞이한 바 있었다. 이처럼 5년 사이에 원 황실 내에서는 황제 자리가 자주 바뀌었고, 이는 충숙왕과 고려 왕실에도 미묘한 영향을 끼쳤다.

이러한 상황에서 충숙왕은 1328년(충숙왕 15) 2월 세자 왕정(王禎)을 원에 보내 숙위토록 해 만일을 대비했다. 세자의 나이 14세 때였다. 이 당시 원 황실의 정국이 어지러운 데다가 충숙왕 자신 역시 심왕 옹립 운동 영향으로 정치력이 흔들리고 있었다. 여기에 충숙왕은 정치보다는 평주 천신산(天神山)에 가건물을 짓고 유숙하거나 사냥에 빠져 정사를 멀리했다. 건강도 좋지 않았다. 충숙왕은 1329년(충숙왕 16) 10월 김지경을 원에 보내 세자에게 전위할 것을 청하였다. 그리고 복위한 문종황제는 이듬해 2월 세자를 국왕으로 책봉했다. 사신을 보내 충숙왕에게서 국새를 받은 후 황제는 규장각에서 국인(國印)을 충혜왕에게 주었다. 그리고 이해 윤7월 상왕 충숙왕은 원에 갔다.

충숙왕은 1332년(충혜왕 2) 정월 계유일(3) 문종황제로부터 복위하라는 명을 받았다. 그리고 황제의 명을 받은 장백상 등이 고려에 와서 국새를 거두고 충혜왕은 원에 다시 들어가게 되었다. 원에 체류하고 있던 충숙왕은 이듬해 3월 원의 우승상 엘테무르[燕帖木兒]의 귀국 요청으로 윤3월에 경화공주와 함께 연경을 떠나 귀국하였다. 3년 만의 귀국이었다. 1335년(충숙왕 후 4) 윤12월 원 순제는 충숙왕에게 입조토록 하였다. 이듬해 3월 출발하려다 지체하였는데, 10월 한인(漢人) 노강충(盧康忠)·왕의(王誼)·왕영(王營) 등 12명이 원 조정에 고려 국왕을 고발해 고려를 없애고 원의 군민(軍民)으로 만들려 모의한다는 소식을 듣고서야 12월에 압록강을 건너 입조하였다. 그리고 순제는 전왕인 충혜왕이 근신하지 않는다 하여 환국도록 했다.

1337년(충숙왕 후6) 충숙왕은 1년 내내 원에 체류했다. 주목할 점은 이때 원 순제가 반란 등을 우려해 한인(漢人)·남인(南人)·고려인(高麗人)은 이유 없이 무기를 은닉해 두거나 활과 화살을 소지하지 말 것과 현재 소유하고 있는 마필 외의 것은 모두 거둬들이라는 명을 내렸다는 것이다. 이러한 조치는 이후 같은 해 12월 병기 수거의 명을 거둬들이고 백관의 말 이용을 허락하면서 해제되었고 충숙왕의 귀국도 이뤄졌다.

원의 거듭된 고려 국왕에 대한 입조의 명은 잦은 권력 교체라는 원 내부의 사정도 있었으나 계속되는 고려 국왕에 대한 참소 등도 한몫하고 있었다. 이러한 때 전왕인 충혜왕은 사냥 등을 일삼으면서 소일하고 있었다. 귀국한 충숙왕도 다시금 기행을 벌였다. 즉 백주(白州) 등암사(藤巖寺)에 머무르면서 원의 사신을 직접 접견하지 않은 것이다. 충숙왕과 충혜왕의 이러한 정치 스타일은 고려 조정의 문란을 만들었고 측근정치는 더욱 심해졌다. 따라서 이에 대한 해결 노력이 필요하였으나 충숙왕은 어떠한 조치도 취하지 않았다. 다만 죽기 직전 맏아들인 충혜왕이 왕위를 계승하도록 원에 주청하라고 원로인 권부(權溥) 등에게 유훈을 남겼을 따름이었다. 그리고 1339년(충숙왕 후8) 3월 침전에서 죽었다. 이에 따라 충혜왕은 충숙왕 죽음 후 실질적 군주로서 위상을 가질 수 있었다.

정국이 이렇게 흘러가는 동안 심왕 왕고는 어떠한 역할을 하였을까? 충숙왕은 심왕 왕고와 함께 1333년(충숙왕 후2) 4월 원에서 환국했다. 심왕이 입국한 뒤 어떠한 정치 활동을 했는지는 기록이 없어 불분명하다. 단지 심왕은 고려에 있다가 충숙왕이 1339년(충숙왕 후8) 3월 침전에서 죽자 원으로 다시 들어가던 중 평양에 머물며 추이를 살폈다.

이해 8월 조적(曹頔)은 경화공주가 충혜왕에게 강제로 추행당한 사실을 알게 되자 이를 계기로 다시금 심왕 즉위를 도모했다. 그리고 충혜왕과 그 휘하 군소배를 쫓아내려 했으나 여의치 않았다. 조적은 다만 국인(國印)을 거두는 데 성공했을 뿐 죽임을 당했다. 결국 심왕 왕고는 빈손인 채로 원에 간신히 돌아갔고, 충혜왕이 원에 잡혀가 유배되어 죽은 뒤 1344년(충목왕 즉위년) 12월 귀국했다가 이듬해 7월 죽었다. 심왕이 죽자 충목왕은 경화공주의 장례에 따라 상을 치르도록 했다. 파란만장한 일생이 마감된 것이다.

그런데 여기서 충선왕-충숙왕·심왕 등의 왕권 갈등으로 고려 왕실이 혼돈에 빠졌을 때 원 황실도 앞서 언급한 바처럼 황제권 갈등으로 혼란을 겪었다. 이는 군주만의 문제가 아니었다. 당연히 그와 연결된 정치 세력의 이해와 다툼이 무고·참소·유배 등 정쟁으로 나타났다. 이는 또한 군주의 측근 세력에 의한 부와 권력의 독점을 뜻했다. 기층민은 더욱 수탈의 대상이 되어 가혹한 징세와 토지 탈점 등에 시달리면서 민심은 더욱 동요하였다.

4) 입성책동론과 그 저지 운동

이 와중에 가장 큰 문제로 대두된 것 중의 하나가 고려에 대한 입성(立省) 논의였다. 이는 고려 국호와 정동행성을 없애고 행중서성을 고려에 세워 원의 내지로 만들려는 시도였다. 원에 설치된 전체 10개의 행성처럼 지방 행정 기구 기능을 갖추도록 하려던 것이었다. 이는 사실 이미 1309년(충선왕 후1)에 홍중희에 의해 제기되었다가 1312년(충선왕 후4)에 중지된 바 있었는데 1323년(충숙왕 10) 소위 심왕파가 된 류청신·오잠 등이 다시금 입성론을 주장한 것이었다. 이는 2차 입성책동이라 불리는데 충선왕과 충숙왕이 왕권을 거의 상실한 상황이었기에 심왕을 배후로 한 류청신 등의 입성론은 상당한 성사 가능성을 갖고 있었다. 특히 정동행성을 파하고 설치하려는 행성의 이름도 삼한행성(三韓行省,『원사』에서는 三韓省)으로 나올 정도로 구체적인 진전을 보였다.

다만 이때의 입성책동론은 설치 반대와 관련한 원 내부 및 고려의 주장이 매우 강했다. 원에서는 승상 배주(拜住)가 충선왕과 충숙왕의 억울함을 풀어 주려 했고, 또 집현전대학사 왕약(王約) 및 전 통사사인(通事舍人) 왕관(王觀) 등이 승상에게 반대 의견을 밝혔다.『원사』왕약 열전을 보면 당시 류청신 등이 청한 바를 반영해 원 조정에서 정동성을 파하고 삼한성(三韓省)을 세워 제식(制式)을 다른 성(省)과 같이 할 것을 논의한 상황이 나온다. 이에 왕약이 조종 구제 즉 세조 구제를 지키는 것만 같지 않다고 반대해 영향을 끼친 내용이 보인다. 이 일로 인해 고려인들이 왕약의 형상을 그리고 사당을 지어 섬겼다 하고 있다. 또한 왕관은 입성 불가 이유 6조항을 들어 구체적인 주장을 폈다. 주요 내용은 다음과 같았다.

첫째, 입성론을 채택한다면 고려 국왕을 부마·친왕으로 삼은 세조황제의 뜻과 같지 않은 바가 생겨 우려할 일이 있을 수 있음.

둘째, 멀리 떨어진 고려는 중국과 다른 풍토와 습속, 형벌, 혼인 등이 있어 중국의 법으로 다스리기 어려운 근심이 있음.

셋째, 삼한 땅은 척박하므로 풍요로움이 없으며, 호적을 만들고 세금을 매기는 일을 하면 뜻밖의 일을 초래할 수 있음.

넷째, 행성 설치는 한 명의 백성과 한 자의 땅도 이롭게 하는 바가 없을뿐더러 막중한 국가경비를 소모할 수 있음.

다섯째, 성을 세울 경우 정동(征東)에 주둔할 군사를 어떠한 곳에서 징발할 것인지 알지 못하며 백성들이 명을 감당하지 못할 수 있음.

여섯째, 입성책을 주장한 류청신·오잠은 군주를 팔고 자신을 팔아 간계를 달성하려 하는데 이들의 주장이 이뤄진다면 정치 교화에 폐를 끼칠 수 있음.

당시 원에 머물고 있던 도첨의사사 이제현도 서한을 써 원의 도당에 올렸다. 대략의 내용은 왕관의 입성 반대 6개 조항과 같았다. 특히 그 내용 중에 "간사한 것과 올바른 것을 따로 나누어 나라 안을 평안하게 다스리고, 이로써 중통(中統)과 지원(至元)의 정치를 회복한다"라고 황제의 조서를 인용하여 언급했다. 이어 세조황제의 본래 뜻을 따라 "나라를 나라답게, 사람을 사람답게 두어 그 정치와 부세를 관리하게 하고 번병으로 삼을 것[國其國, 人其人, 使修其政賦而爲之藩籬]"을 주장했다. 이제현이나 원 측 왕약·왕관 등의 주장은 원 조정의 입장에서 볼 때 명분과 근거가 충분했다.

입성론이 저지되자 상왕 충선왕은 1325년(충숙왕 12) 윤정월 원에 있으면서 사람을 보내 고릉(高陵)·경릉(慶陵)에 이 사실을 고하는 제사를 올리도록 했다. 고릉과 경릉은 각각 제국대장공주와 충렬왕의 능이었다. 제국대장공주의 고릉이 먼저 언급된 것은 원 황실의 서열을 반영한 것이었다. 충렬왕은 특히 원과 고려의 혼인을 통한 첫 번째 고려 국왕이자 부마제후라는 위상이 있었던 데다 가장 중요한 요인은 충선왕 자신의 부모이기 때문이었을 것이다. 따라서 이는 고려의 자주성과 왕실의 안녕을 지킨 데 따른 제사로서 의미가 있었다.

충숙왕도 입성론 저지 운동을 높이 평가했다. 이에 따라 1326년(충숙왕 13) 7월 입성책동론을 저지한 찬성사 김이와 전영보 등을 공신으로 책봉하면서 그 교서에서 '나라를 다시 만든[再造邦家]'이라고까지 의미 부여를 한 바 있었다. 그만큼 당시 입성론은 고려의 입장에서 국력을 모두 기울여서라도 막아야 하는 중차대한 일이었다.

사실 원 세조가 약속한 고려 왕조의 유지와 부마·친왕으로서의 고려 국왕에 의한 지배 형태는 원이 직접 지배, 관리하는 것보다 정치적, 경제적, 군사적 면에서 원에 유리한 면이 있었다. 고려로서는 정동행성을 통해 원 조정의 간섭을 받더라도 고려국의 유지가 자주성 면에서 더 중요했다. 이 점은 그동안 1302년(충렬왕 28)부터 1343년(충혜왕 후4)까지 7차례 입성론이 제기되었음에도 그 주장이 관철되지 못한 주된 이유였다. 다만 고려 내부 혹은 고려를 둘러싼 정치 세력의 이해득실 차원에서 논의된 측면이 컸을 따름이었다.

5) 충숙왕의 죽음과 과제

왕도(王燾)·아라트나시리[阿剌訥忒失里]·왕만(王卍)의 이름을 가진 충숙의 효대왕(忠肅懿孝大王)의 재위 기간은 25년, 향년 46세였다. 충숙왕은 32세 때인 1325년(충숙왕 12) 5월 상왕 충선왕이 죽으면서 본격적으로 정권을 장악했다. 이어 37세 때인 1330년(충숙왕 17) 2월 전위하고 1332년(충숙왕 후1) 2월 다시 복위할 때까지 24개월간 군주의 자리에서 물러났다. 자신의 의지로 전위를 결정했다가 원 황실의 뜻에 따라 복위하였으며 이후 8년간 왕위에 있었다.

충숙왕의 죽음에 대한 기록은 간단하다. 즉, 1339년(충숙왕 후8) 3월 계미일(24) "왕이 침전에서 훙서했다"라고만 되어 있는 것이다. 왕위와 관련해 당시 폐위되었던 충혜왕을 불러 왕위를 맡기겠다는 등의 유훈이 전혀 없었다. 충혜왕이 처음 폐위되었을 때인 1332년(충혜왕 2) 2월 기록 뒤 부기 내용에 "충숙왕은 늘 왕을 발피(撥皮)라고 부르면서 박절하게 대했으나 그에게 왕위를 계승시키라고 유언했다"라고 했다. 이는 충숙왕 죽음 뒤 기록에 실린 것이 아니었다. 그렇다면 충숙왕 죽음 당시에는 무언가 비상한 상황이 있었을 것임을 짐작할 수 있다.

다만 이는 당시 고려 국내에 폐위된 상태였던 충혜왕이나 고려 국왕 자리를 노리고 있던 심왕이 있었음을 고려할 때 의외라 여겨진다. 너무나 갑작스러운 죽음이었을 경우나 혹은 후계 자리가 확정되어 있을 때라면 이해되는 상황이지만 현실은 그렇지 않았기 때문이다. 충숙왕 사후 전개된 내용을 본다면 충혜왕은 실질적으로는 군주로서 역할을 했으나 원 순제로부터 책봉과 함께 국인을 받은 것이 아니었다. 국인은 1339년(충혜왕 복위년) 11월에야 받았고, 원 순제의 복위명 결정은 1340년(충혜왕 후1) 3월에야 이뤄졌다. 이렇게 본다면 충숙왕이 죽었던 때는 충혜왕의 습위를 충숙왕이 유언으로 남겼더라도 공식 군주가 없는 무군(無君) 상황이었다.

이러한 상황을 만든 이는 충숙왕 자신이었다. 그는 사실 재위 기간 중 원 황실과의 특별한 인연을 맺었으나 재위 중 기행을 보여 고려 및 원 황실의 우려를 샀다. 특별한 인연을 맺었다는 점에서 주목할 부분이 있다. 원 황실 출신의 공주를 세 명이나 맞이한 것이 그것이다. 복국장공주, 조국장공주, 경화공주가 그들이었다. 복국장공주는 1316년(충숙왕 3)에 원에서 혼인하고 1319년(충숙왕 6)에 죽었으며, 조국장공주는 1324년(충숙왕 11) 혼인해 1325년(충숙왕 12) 18세에 죽었다. 경화공주도 원에 있을 때 맞이한 뒤 1333년(충숙왕 후2) 함께 입국했지만 다분히 형식적 부부였다. 이러한 상황을 보면 후비 복이 없었다고 할 만하다. 원 황실과의 관계가 거의 절대적이었던 당시에 이는 사실 원으로부터 의심을 살 여지가 있었고, 실제로 충숙왕은 복국장공주 죽음 후 곤욕을 겪기도 했다.

다음으로 기행의 면을 보자. 1328년(충숙왕 15) 7월의 기록을 보면 심왕파로 돌아선 이들이었지만 류청신과 오잠이 원 중서성(中書省)에 나아가서 충숙왕이 눈과 귀가 멀고 말도 못 하는 지경이라 직접 정무를 보지 않는다고 무고한 바 있었다. 당시에는 충숙왕을 무고하고자 억지로 끌어 붙인 면이 있지만 이러한 말이 나올 수 있었던 것은 충숙왕 자신이 그 빌미를 제공했기 때문이었다. 예컨대 "왕의 성품이 사람 만나기를 싫어하여[厭見] 좌우 신하들도 가까이 가지 못하였다"라는 내용이 기록에 보이기도 한다. 원으로부터 오는 사신을 목욕을 핑계로 만나지 않으려 해 오해를 산 적도 있었다. 이러한 충숙왕에 대해 "성격은 유달리 깔끔한 것을 좋아해 한 달 탕욕 비용으로 각종 향이 열 동이가 넘었고 저포가 60여 필이나 들었다. 이를 수건이라 불렀다"라고 사신이 평가한 적이 있었는데 이 같은 성향은 '대인기피증'과 '결벽증'이라 할 수 있는 측면이었다.

이러한 군주의 행태는 국정 혼란을 불러올 수 있었다. 그리고 이는 정치를 좌우하는 인사 문제부터 크게는 경제에 이르기까지 악영향을 주어 소위 악순환을 만들어 내는 출발점이 될 수 있었다. 그래서 역사라는 기록은 엄정하면서도 그 실태를 고스란히 남기기도 하는 것이다. 실제 1329년(충숙왕 16) 10월 기록을 보면 다음과 같다.

> 광흥창 녹봉 지급 때 나라에 기강이 없고 사람들은 염치가 없어져 위(衛)의 별장(別將)과 산원(散員) 등이 직접 창고 문까지 와서 어떤 이는 속여서 더 받았고 어떤 이는 강탈하기도 하였다.

그뿐만 아니라 충숙왕의 목욕 때 쓰인 수건 등을 내수(內豎) 즉 내시들이 훔쳐 가도 몰랐다 하였다.

더불어 군주의 이름은 국가 행정과도 연결되는 중요 사안이었다. 군주의 이름자는 문서 작성, 그리고 관료 및 백성들의 이름에 쓸 수 없게 되기 때문이었다. 이른바 '피휘(避諱)'가 그것이었다. 따라서 군주의 이름은 신중하게 정하고 정말 피치 못할 일이 아니라면 고치지 않는 것이 관행이라면 관행이었다. 그런데 충숙왕의 경우에는 그렇지 않았다. 1335년(충숙왕 후4) 11월의 사례가 그러하다. 이해에는 유독 해주에서 사냥하는 등 유렵을 일삼았고, 때로 해주 신광사(神光寺)와 개경 국청사에 머물기도 했다.

특히 국청사는 문종 후비 인예태후가 발원해 만든 사찰로 왕실 원찰이었다. 충선왕이 중수를 시작해 1315년(충숙왕 2)에 금당이 완공되었다. 이러한 인연이 있기에 나름 충숙왕에게도 친숙한 사찰이었다. 충숙왕의 꿈에 신광사와 국청사와의 인연이 등장했는지는 구체적으로 확인하기 어렵지만 1335년(충숙왕 후4)에 이 두 사찰을 중시한 것이 분명하다. 충숙왕은 11월에 꿈을 꾸고서 이름을 '만(卍)'이라 바꾸었고, 전리사(典理司)에서는 방(膀)을 붙여 사람들에게 이 사실을 알렸다.

충숙왕은 개경의 궁궐에서 정사를 돌보는 일을 멀리하고 교외 및 지방에 체류하는 일이 잦았다. 1329년(충숙왕 16) 정월 평주 천신산(天神山) 아래 머무르며 가옥(假屋)을 짓고 지냈다는 기록이 보인다. 이때 충숙왕은 가옥의 지붕을 덮는 데 떡갈나무 껍질[樸木皮]이 좋다는 소리를 듣고 곳곳에 사람을 보내 이를 채취하라 명을 내려 백성들에게 괴로움을 끼치기도 했다. 또한 배주(白州) 등암사(燈巖寺, 藤巖寺)에 오랫동안 머물기도 했는데 원 황제의 사신 시리미[失里迷]를 접견하지 않아 권한공 등은 충숙왕이 편찮아 그렇다고 둘러대야 했다.

충숙왕이 죽은 뒤 그에 따른 국상과 능 조성, 시호 및 존호 추존, 충숙왕 묘정 체협공신 선정 등의 일은 충혜왕이 해 나가야 했다. 우선 국상을 보면 1339년(충숙왕 후8) 3월 계미일(24)에 시작되었다. 빈전 마련과 국상 조문 관련 기사는 충혜왕 복위가 8월에 결정된 때문인지 보이지 않는다. 다만 왕릉에 국장한 것과 관련해 『고려사』에서는 1339년(충혜왕 복위년) 6월 기유일(22) 의릉(毅陵)에 국장했다 하였고, 『고려사절요』에서는 1339년 7월 기유일(16)

의릉에 국장했다고 하여 차이가 있다. 이후 1344년(충목왕 즉위년) 12월에야 원에서 '충숙(忠肅)'이라는 시호를 보내왔는데 엄숙 단정했던 충숙왕의 성품을 고려해 정해진 것이었다. 이후 1357년(공민왕 6) 윤9월 공민왕은 부친인 충숙왕에 대해 의효(懿孝)라는 존호를 더해 올렸다. 효치와 관련한 이념적 면을 존호로 구현한 것이었다.

다만 충숙왕 묘정 체협공신과 관련해 의아한 부분이 있다. 체협공신은 대개 해당 군주의 정치가 이뤄지도록 돕고 왕위 및 신변을 보호하는 등 공을 세운 인물들로 선정되었다. 충숙왕 이전 유일하게 체협공신이 없는 군주가 헌종이었다. 워낙 짧은 기간 재위한 데다가 숙종에게 쫓겨나다시피 왕위에서 물러났기에 이해할 부분이 있다. 하지만 충숙왕은 재위 기간이 25년이나 되고 심왕 옹립 운동이나 입성책동론을 모두 저지하고 개혁 정치를 도모한 면도 있었기에 충숙왕을 도운 인물을 정해야 했다. 하지만 기록을 보면 '궐(闕)' 즉 해당 자가 없어 공란으로 빠져 있다. 충혜왕이 폐위된 까닭도 있었겠으나 어쨌든 충숙왕 사후 고려 조정의 혼란스러움을 반영한 측면이 있는 듯하다.

충숙왕 관련 실록을 정리한 사관은 충렬왕부터 충선왕, 충숙왕, 충혜왕 그리고 이후 왕대에 이르기까지의 문제점을 신랄하게 꼬집은 바 있다. 효는 만행의 근본인데 부자간의 소송이나 싸움이 내적으로만 불거진 것이 아니라 원 황실을 이용해 일어나 그 파장이 매우 크게 되었다고 보았다. 그리고 그것이 고려 왕실과 왕위계승, 고려 왕조에 미친 영향까지도 헤아리면서 다음과 같은 사찬을 남겨 놓았다.

충렬·충선·충숙·충혜 4대로부터 부자가 서로 상하게 하고 심지어 천자(天子)의 조정에 소송까지 하면서 천하 후세의 비웃음을 샀다. 부자 사이는 하늘로부터 맺어진 친한 관계[天性之親]이며, 효(孝)는 모든 행실의 우선으로서 정사의 근본이다. 그런데 근본이 이미 상실되었으니 다른 것은 볼 것도 없다. 충숙왕은 만년에 국사(國事)를 버려두고 외곽에서 지내면서 박청(朴靑) 등 3명의 내수[三豎]들을 신임하여 권력[威福]을 아랫사람에게 주어 버렸다. 그 아들이나 손자 같은 이들이 모두 나쁜 일에 얽혀서 요절하였으니 참으로 한탄할 일이다.

사관의 이 사찬은 충숙왕의 정치와 그 말로, 그리고 후대 왕들의 즉위와 죽음을 모두 기록을 통해 접하고 내린 평가였다. 그런 만큼 신랄한 통찰과 비판이 담겨 있어 충숙왕의 정치가 갖는 의미를 이해하는 데 도움을 준다. 동시에 이를 통해 충숙왕이 고려의 정치에 남긴 과제에 대해 살펴볼 수 있다.

첫째는 왕권과 개혁, 측근 등을 둘러싼 정치 모순과 갈등 요소에 대한 이해와 문제 해결 노력이 필요하다는 점이었다. 이러한 문제 발생의 근본적 요인은 일차적으로 왕권이 갖는 기본적인 속성에 있었다. 본래 왕실 정통 왕자라면 군주가 되고자 하는 욕망을 갖고 있고 기본적으로 그를 둘러싼 정치 세력이 함께 존재했다. 혹은 무신정권 때처럼 입맛에 맞는 군주를 왕실 혈통 중에서 추대할 수 있었다. 하지만 원 간섭기 이후의 경우는 이와 달랐다. 원 황실의 선택이 고려 군주를 정하는 데 중요 요소였다. 물론 기본적으로는 고려 군주의 선택을 존중하는 것이었지만 친원적, 친황실적 정치를 하느냐가 주요 관건이었다. 따라서 고려 군주라면 원 황실 및 원 조정과의 관계를 적절하게 설정해야 했다.

여기에 군주의 원 체류가 길어지거나 빈번해지자 측근 세력을 통한 전지 정치가 많아졌고 그에 따라 각 군주와 연결된 소위 측근 등의 정치 농단도 비례해 증가했다. 충숙왕은 이를 해결하지 못했고 이는 충혜왕에게로 그 숙제가 넘어가기에 이르렀다.

둘째는 지속 반복되는 고려 군주와 심왕의 고려 국왕 지위를 둘러싼 문제를 해결하고 나아가 입성책동론의 문제를 풀어야 한다는 점이었다. 앞선 문제는 사실 1국 2왕 병존 체제로서 갈등을 낳아 왔고 입성책동론의 문제는 고려국의 소멸과 삼한행성 설치로 원 제국 내지화를 부추기는 것이었다. 그렇지만 이는 고려만의 노력으로 해결될 문제는 아니었다. 원 황실과 중서성의 논의와 결정을 통해야 했고, 조금이라도 고려에 유리한 결정이 될 수 있도록 영향력을 미치기 위해 노력해야 했다. 따라서 이 문제를 해결하기 위해서는 고려의 자주성을 확보하려는 친원 세력 및 고려의 이익을 대변할 원 내 친고려 세력에 대한 양성 지원이 요구되었다.

셋째는 원 황실 내의 황제권 변동을 계속해서 주시해야 한다는 점이었다. 원 황실과 원 조정은 순제황제의 즉위로 대체로 안정을 찾아 갔다. 하지만 잦은 재해에 대한 대처는 미흡했고 황제권 갈등 이후 지방과 중앙의 지배 체제인 행성 체제가 이완되었다. 이것이 의미하는 바는 원 지배 체제가 무너질 수 있다는 것이었다. 예컨대 원 순제 1337년(충숙왕 후6) 시작된 광동성 주광경(朱光卿)의 난이 있었다. 그 이후 절강 태주에서 방국진(方國珍), 안휘·호북에서 서수휘(徐壽輝), 강소에서 장사성(張士誠), 안휘 북부에서 곽자흥(郭子興) 등이 봉기했다. 따라서 이에 대한 대책을 마련할 필요가 있었다.

넷째는 왕위계승을 위한 왕실 혈통 보호와 왕도(王道)의 훈육이었다. 원 간섭기의 경우 대체로 왕위계승권자 및 왕자·귀족 자제들은 뚤루게로 원 황실 숙위에 참여하는 경우가 많았다. 이는 원 황실과의 인적 관계를 맺고 원 풍속을 익히는 데 도움이 되었다. 하지만 고려의 정치를 올바르게 하기 위한 왕도를 배우는 데는 한계가 있었다. 또한 올바른 왕실 혈통이라는 자격을 우선 갖춰야 했는데 이는 고려 국왕과 원 황실 출신 공주 사이의 소생 왕자를 뜻했다. 하지만 이에 해당하는 이로는 충선왕 이후 충숙왕의 아들인 용산원자만 있었다. 충선왕은 세자 왕감과 충숙왕 및 덕흥군을 두었고, 충숙왕은 용산원자와 충혜왕 및 공민왕을 낳았다. 충선왕의 경우 왕감과 충숙왕은 몽골녀인 의비가 낳았지만 덕흥군의 모친은 기록에 전하지 않는다. 이들은 원 황실 출신 공주의 혈통이 아니었다. 또한 충숙왕과 황실 공주

사이의 용산원자는 17세에 죽었는데 그의 활동 기록은 없다. 충혜왕과 공민왕은 명덕태후 홍씨 소생이었다.

왕도의 가르침을 담은 훈육에 있어서는 충숙왕 자신도 사냥을 자주 나가고 사치스러운 연향을 즐긴 데다가, 결벽증과 대인기피증 및 정치에 대한 염증 등을 갖고 있어 세자 교육에 직접 나서지 않았다. 더구나 난잡한 총희(寵姬) 후궁 등과의 관계, 부자간의 갈등 등으로 효 질서조차 무너져 있었다. 따라서 고려 군주가 되기 위해서는 원 황실 혈통 공주와의 혼인 및 왕자 출산이 필요했고, 올바른 왕권 운영을 위해서는 세자의 왕도정치 교육이 요구되었다.

다섯째로는 국가 재정의 정상적 확보와 측근 세력에 의한 편중된 인사 문제 해결, 새로운 학문 경향 대두에 따른 인재 교육과 그 선발에 대한 전향적 개선이 필요했다. 박청(朴靑)·신청(申靑)·이청(李靑) 등 삼청(三靑)에 의한 인사 문란과 같은 일이 반복되어서는 곤란했다. 여기에 더해 원 제국과의 다양한 교류를 어떻게 고려에 이익이 되는 방향으로 바꿀 것인지에 대한 고민, 농업 생산 증진을 위한 노력, 농업 생산 안정을 위한 전민 변정과 공정한 조세 정책의 마련과 시행이 요구되었다. 이는 올바른 왕권 확립과 왕도정치를 위한 개혁 정치의 전개로 해결될 수 있는 사안이었다. 이에 개혁을 위한 정치 세력의 양성, 백성의 안정을 위한 전민 변정과 그들의 소유권 보장 등이 필요했다.

또한 당시에는 신학문으로서 주자학 즉 성리학이 유행하고 있었다. 이에 주자가 집주한 사서(四書) 공부가 유행하였다. 사서는 원의 과거제에 성리학이 중요한 역할을 하면서 그 이해가 더욱 심화되었다. 이에 따라 성리학의 연구와 이를 토대로 한 인재 양성 그리고 그에 따른 교육과 왕도정치가 요구되었다. 특히 성리학이 불교와의 대척점에서 개인 심성의 수련과 실천, 개혁 정치를 요구한 면이 있었으므로 개혁에 대한 저항이 나타날 수 있었다. 이에 대한 조율이 있어야 했다.

마지막으로는 입성책동론이나 심왕 옹립 운동 등에서 보이듯이 고려의 왕권을 위협하는 일이 발생할 수 있으므로 이에 대비해야 한다는 점이었다. 즉 충선왕처럼 강력한 왕권을 전개할 수 있었던 군주도 위험에 처했던 적이 있음은 주지의 사실이다. 그보다 약했던 충숙왕은 그 자신이 이를 해결하기 위한 큰 힘을 발휘하기 힘들었다. 특히 권력을 직접 행사하기 싫어했던 충숙왕의 성향은 재위 때에도 그러했지만 그의 죽음 후 신료들에 의한 반란 그리고 지방 사회의 혼란으로 이어질 가능성이 있었다. 따라서 조정 내 군신 간 질서의 확립과 충효 윤리의 실천을 추진해야 했다.

이러한 시대적 문제이자 과제에 대한 해결은 충숙왕의 뒤를 이은 충혜왕이 추진해야 했다. 그렇지만 충숙왕이 충혜왕을 발피라 불렀던 면이나 원 황실이 충혜왕을 불과 즉위 2년 만에 폐위시켰던 것을 고려할 때 충혜왕이 과연 올바른 왕권의 확립과 고려의 자주성 지키기, 개혁적 정국 운영에 얼마나 기여했는지 의문이 들 수 있다. 그럼에도 충혜왕이 충선왕과 충숙왕의 정치를 경험한 바 있기에 그에게 기대할 바는 있었다 하겠다.

4.
아야마고지나(阿也麻古之那)
악양망고지난(岳陽亡故之難) 충혜왕

1) 충혜왕의 즉위와 왕실

충혜왕(忠惠王, 1315~1344)은 1315년(충숙왕 2) 정월 정묘일(18)에 태어났다. 충숙왕과 덕비(德妃) 홍씨 즉 명덕태후 홍씨 사이 장남이었다. 둘째는 공민왕으로 1330년(충숙왕 17) 5월에 태어났다. 충혜왕의 이름 정(禎)은 상서로움이나 복을 뜻했다. 충숙왕이 처음으로 본 핏줄인지라 그만큼 의미를 부여한 면이 있었다. 몽골 이름은 부다시리[普塔失里]였다.

사실 충혜왕의 모계는 원 황실계가 아니었다. 충숙왕이 3명의 원 황실 관련 공주를 맞이했으나 충혜왕은 그 소생이 아니었다. 모후 명덕태후 홍씨는 남양부원군 홍규(洪奎)의 딸이었다. 1313년(충숙왕 즉위년) 8월 충숙왕이 홍씨를 맞이했고 12월 덕비로 책봉되었다. 그리고 충혜왕을 잉태한 덕비는 복국장공주의 시샘을 피해 정안공의 집에 거처하기도 했다. 공교롭게도 원 황실 출신 공주들은 아이를 갖지 못하거나 낳았더라도 건강하지 않았다. 이에 충혜왕은 어린 시절부터 원으로부터의 관심 대상이 되었다.

충혜왕은 1328년(충숙왕 15) 2월 14살 때 세자 신분으로 원에 가서 숙위를 시작했다. 관례적인 것이기는 했지만 이는 고려의 세자로서 반드시 거쳐야 하는 코스였다. 그래야 원 황실 케식에 참여할 수 있고 원 황태자 및 제후,

귀족들과 교유할 수 있었다. 원 간섭하에 있다는 것은 이를 적절히 이용할 줄 알아야 살아남을 수 있음을 뜻했다. 이러한 세자 충혜왕의 숙위는 얼마 뒤 충숙왕이 세자에 대한 전위를 원 황실에 요청함으로써 마무리가 되었다.

충숙왕의 세자 전위 요청은 1329년(충숙왕 16) 10월이었다. 충숙왕의 나이 36세 때였다. 젊은 나이였지만 당시 충숙왕은 이미 전해 8월부터 평주 천신산에 떡갈나무 껍질로 가건물 지붕을 짓고 거처하는 등 기행을 보이고 있었다. 1329년 원에서는 문종황제가 형인 주왕(周王) 즉 명종에게 양위하고 아우로서 황태자가 되었다가 불과 4개월 만에 명종이 죽자 다시 황제가 되었다. 그리고 우승상 엘테무르[燕帖木兒]가 집권함으로써 충숙왕의 입지가 좁아지기도 했다. 충혜왕은 즉위 직후 엘테무르와 유림(柳林)에서 매사냥을 하는 등 관계가 돈독했다. 반면 이 시기 충숙왕은 건강이 좋지 않기도 했다. 기행 속에서 건강이 좋지 않던 충숙왕은 문종황제가 보낸 조서를 나와 받지도 못해 우려를 샀다. 국가 재정은 관원의 녹봉 지급도 녹록지 않을 정도였다.

원 황실의 충숙왕에 대한 비우호적 입장과 충숙왕 개인의 정치에 대한 염증 및 측근에의 의지, 세자 충혜왕에게 우호적인 원 황실 상황, 국가 재정 문제 등이 얽히고 있었던 것이 1329년(충숙왕 16)과 이듬해의 상황이었다. 결국 이 과정에서 충숙왕은 건강 등을 이유로 1328년(충숙왕 15) 2월부터 원에서 숙위하고 있던 세자 왕정에게로의 전위를 원 황실에 요청했다. 그리고 이듬해인 1330년(충혜왕 즉위년) 2월 초하루에 충숙왕의 요청과 원 문종황제의 재가를 받아 충혜왕은 고려 국왕으로 책봉을 받았다. 책봉문에서는 "마침 그대의 아비가 왕위에서 물러나 한가로이 지내고자 하므로[求閑], 이에 정통[正系]인 그대가 왕위를 계승하도록 하노라"라고 했다. 그의 나이 16살 때였다.

1330년(충혜왕 즉위년) 2월 문종황제 및 권력을 장악한 엘테무르의 후원을 받은 충혜왕은 문종황제로부터 규장각에서 국새를 받았다. 그리고 3월에는 관서왕(關西王) 초스발[焦八]의 장녀를 맞이했다. 덕녕공주(德寧公主)였다. 이때 원 선휘원(宣徽院)은 엘테무르의 집에서 왕과 공주를 위해 잔치를 벌였다. 그리고 5월 귀국하라는 황제의 명을 받은 충혜왕은 윤7월에 연경궁에 거처를 정했고 8월 병진일(8)에 강안전에서 즉위하였다. 명실상부하게 새로운 고려 국왕이 즉위한 것이다.

충혜왕과 원 조정의 실세 엘테무르는 위에 언급된 것처럼 매우 친밀했다. 이는 집권자와 관계가 돈독했음을 보여 주는 대목이지만 반대로 이는 충혜왕에게 큰 독소가 될 수 있었다. 엘테무르의 실각 등은 충혜왕의 몰락과 연결될 수 있기 때문이었다. 실제로 충혜왕이 폐위되고 충숙왕이 복위하게 될 때가 그러했다.

원 명종황제의 장자인 토곤테무르는 11살 때인 1330년(충혜왕 즉위년) 7월 고려의 대청도에 유배되었다. 그런 그는 문종 옹립에 공을 세운 집권자 엘테무르의 감시 대상이었다. 그런데 1332년(충혜왕 2) 정월 고려와 요양에서 토곤테무르를 황제로 옹립하려 한다는 무고가 원에 전해졌다. 사실 엘테무르와 충혜왕의 관계를 생각한다면 이는 금방 허위로 판명될 수 있는 일이었다. 그렇지만 이러한 소문이 돌 정도로 문종과 엘테무르 정권은 위태로운 면이 있었다.

결과적으로 원 황실은 평판이 좋지 않은 충혜왕을 폐위했다. 그리고 다시 충숙왕을 복위시키는 결정을 같은 해 정월 3일에 내린 뒤 이를 전 이문낭중 장백상을 보내 통보했다. 충혜왕은 국새를 회수당한 채 원으로 출발해야 했다. 그리고 충혜왕의 복위는 7년 뒤 충숙왕의 죽음 이후 이뤄졌다. 하지만 그조차도 험난했다.

1339년(충숙왕 후8) 3월 충숙왕이 침전에서 죽기 전 충혜왕에게 다시 왕위를 맡으라는 유시를 남겼으나 원의 승상 바얀(伯顔)은 이를 받아들이지 않았다. 바얀은 충혜왕을 매우 좋지 않게 평가했다. 그에 대해 망종 혹은 망나니라는 의미의 발피(撥皮)라고 손가락질할 정도였고, 황제에게는 "왕정(王禎)은 평소 행실이 나쁜지라 숙위에 누를 끼칠까 우려되니 그 아비가 있는 곳으로 보내 올바르게 가르치도록 해야 합니다"라고 했다. 따라서 충혜왕의 복위는 어려울 수밖에 없었다. 결국 이해 6월 고려의 원로 및 재추 등이 함께 충혜왕 복위를 청하는 글을 간절하게 써 올리기까지 했으나 복위는 불투명했다.

오히려 같은 해 8월 충혜왕은 충숙왕의 후비 경화공주를 강제 겁탈했고 이에 수치를 느낀 공주는 이를 원에 알렸다. 1340년(충혜왕 후1) 정월 충혜왕은 충숙왕 후비 경화공주 겁탈 사건으로 형부에 수감되는 상황에까지 몰렸다. 이러한 충혜왕의 복위는 같은 해 3월에 원의 어사대부 톡토대부(脫脫大夫)가 백부 바얀 숙청을 주도한 뒤에야 이뤄졌다. 그리고 4월 계사일(11)에 원에서 귀국했다. 충혜왕의 본격적 복위 후 정치가 있게 된 것이다.

충혜왕은 덕녕공주와의 사이에서 충목왕과 장녕옹주(長寧翁主)를 낳았다. 덕녕공주의 몽골 이름은 이린지발(亦憐眞班)이었다. 덕녕공주는 충혜왕 죽음 후인 1350년(충정왕 2)에 원에 갔다가 1354년(공민왕 3) 돌아왔고 시동생 격인 공민왕은 덕녕공주를 후대했다. 그리고 1367년(공민왕 16)에는 원이 공주를 정순숙의공주(貞順淑儀公主)로 봉했고, 1375년(우왕 1)에 죽었다. 능 이름은 경릉(頃陵)이라 했으며 1390년(공양왕 2)에 태묘에 부묘하고 제사를 올렸다.

장녕공주는 원나라 노왕(魯王)에게 시집갔으나 원의 폐망 때 북평에서 실종되었다. 그 후 명 태조가 북경에서 찾아 고려로 돌려보낸 바 있는데 이때 신돈이 사람을 시켜 장녕공주를 변방에 보내 여생을 마치게 하자는 의견을 내게 했다. 하지만 공민왕은 장녕공주를 덕녕공주전에 살게 하는 조치를 취하였다. 어쨌든 충혜왕의 후손은 일찍 죽거나 비극을 경험하는 당사자가 되었다.

이 외 충혜왕은 여러 후비를 두었다. 파평 출신인 찬성사 윤계종(尹繼宗)의 딸을 맞았는데 희비(禧妃) 윤씨가 그녀였다. 소생으로는 충정왕이 있다. 충정왕이 공민왕에게 전위하고 강화도에 물러나 있을 때 먹을 것이 충분치 않자 근심하고 있다가 공민왕에게 간청해 며칠간 머물고 돌아오기도 했다. 1380년(우왕 6)에 죽었다. 화비(和妃) 홍씨는 평리 홍탁(洪鐸)의 딸로 미모가 뛰어났다. 1342년(충혜왕 후3)에 궁궐에 들이지 않은 채 화비로 책봉하고 재상 윤침의 집에 머물게 하면서 침소에 드나든 바 있었다. 소생 자녀는 없었다. 마지막으로는 상인 임신(林信)의 딸이자 단양대군 왕후(王珝)의 여종이었던 은천옹주(銀川翁主) 임씨가 있다. 사기그릇을 팔아 생계를 삼은 바 있어 사기옹주로도 불렸다. 충혜왕이 폐위될 때 은천옹주 등 궁인 126명이 추방되었다. 소생으로는 석기(釋器)가 있었다. 은천옹주는 석기를 낳은 후 복을 빌기 위한 잔치[福宴]를 열면서 상인들의 비단을 빼앗아 원성을 샀다.

석기는 충정왕 때 만덕사에 출가시켜 왕권과 거리를 두게 했다. 공민왕도 원이 석기를 불러들이려 하자 먼저 소환한 뒤 역모 사건으로 엮어 제주에 안치하면서 죽이려 했으나 탈출했다. 이후 1373년(공민왕 22) 평양부에서 석기가 모반을 도모한다고 하여 그로 보이는 자를 잡아 참수해 머리를 개경으로 보냈다. 하지만 이때 죽은 이는 석기가 아니었다. 결국 1375년(우왕 1) 안협 백성 백언린의 집에 숨어 있던 석기는 다시 잡혔고, 죽음에 이르게 되었다. '석기의 옥사'는 이렇게 마무리되었다. 석기의 양민 소생 아들 역시 계룡산으로 피신하는 과정에서 살해되었다. 이렇게 충혜왕 소생 후손으로 천수를 누린 이는 하나도 없었다.

사실 충숙왕은 충선왕의 양위로 왕위에 올랐고, 충선왕의 상왕정치를 받아야 했다. 따라서 충숙왕 자신의 정치를 하는 데는 한계가 있었다. 이러한 경험을 한 만큼 충숙왕은 16살의 충혜왕에게 양위를 한 후 최소한의 상왕정치를 하고 이후는 충혜왕의 정치를 기대하고자 했을 것이다. 또한 고려의 조야에서도 정치에 염증을 내고 기행을 일삼으면서 쉬려는 충숙왕보다는 그래도 젊은 군주가 즉위해 새로운 정치를 해내기를 바랐을 것이었다. 원의 입장에서도 문종-명종-문종-순제(혜종)로 황제 교체가 이뤄지는 어수선함이 있었지만 원 황실에 충순하면서도 건강한 고려 왕실로의 개변을 도모하려 했다. 과연 충혜왕은 이러한 기대에 어떻게 부응했을까?

2) 탐음무도 충혜왕의 폐행정치

충혜왕은 즉위하여 무엇을 어떻게 하려 했을까? 원 황실에서 세자로서 숙위하는 도중 어찌 보면 갑작스레 양위를 받아 즉위했지만 그래도 세자였기에 나름 정치에 대한 뜻을 세웠을 것이다. 그렇지만 충혜왕 대 기록을 보면 워낙 상반되는 분위기가 느껴져 판단하기 어려운 면이 있다.

하나는 충혜왕이 사냥과 놀이, 음행을 일삼아 정치와 인사, 기강 확립 등이 제대로 이뤄지지 않았다는 것이다. 충혜왕의 잦은 사냥과 놀이, 여성 편력은 그 자신의 왕위를 위태롭게 했다. 이는 제왕으로서 절대 해서는 안 될 일이었지만 충혜왕은 이를 다반사로 벌여 국가를 위태롭게 했다. 이것이 아버지인 충숙왕이나 충혜왕을 싫어한 바얀 등이 그를 '발피'라 부르는 이유 중의 하나였다. 이와 관련된 일들을 정리하면 다음과 같다.

1330년(충혜왕 즉위년) 2월에는 사냥, 3월에는 내수(內竪)들과 각력희(角力戲), 1331년(충혜왕 1) 정월 강음에서 사냥, 2월 갑인일(9) 서교 및 해주에서 사냥, 4월 교외에서 사냥 및 연복정에서의 수희(水戲)와 격구, 6월 광덕사에서

의 수희 구경, 8월 마제산에서의 사냥, 10월 도성 서교에서의 사냥, 1332년
(충혜왕 2) 2월 서해도에서의 사냥, 1339년(충혜왕 복위년) 5월 장인인 삼사좌사
홍융의 계실 황씨 간음 및 서모인 수비 권씨와의 통정, 환관 유성의 처 인씨
유혹, 8월 재혼한 노영서의 처 남씨와의 통정, 계모인 경화공주 강제 겁탈,
1341년(충혜왕 후2) 3월 권한공의 부실(副室) 강씨와 호군 박이라치를 때려 죽
임, 8월 도성 동교에서 사냥, 10월 동교에서 사냥, 11월 내시 전자유의 처 이
씨 강제 겁탈, 12월 강음에서의 사냥, 1342년(충혜왕 후3) 정월 도성 밖 사냥,
2월 도성 밖에서 사냥, 4월 숭인문 밖에서 격구, 5월 시전에서의 격구와 불
꽃놀이, 수박희 관람, 1343년(충혜왕 후4) 2월 폐행(嬖幸) 임홍보가 여종을 왕
에게 바침, 3월 도성 동교에서 탄환으로 사람을 쏨, 재상 배전의 처와 그 동
생 김오의 처를 간음, 4월 진사정동에 산다는 미녀를 찾아다님, 5월 윤환의
처 류씨와 통정 및 산대암에서의 격구희, 씨름 구경, 6월 마암에서의 수박
희 구경, 청교에서의 매사냥, 8월 맹인과 무녀들에게 미녀를 찾도록 함, 청
교에서 유희, 11월 큰 거리 누각에서 격구와 씨름 구경 등이 있었다.

　이러한 충혜왕의 행실은 고려만이 아니라 원 황실에서도 문제가 되었다.
결국 1343년(충혜왕 후4) 11월 원의 사신 도치[朶赤]와 나이주[乃住] 등은 순제
의 명을 받들어 충혜왕을 정동성(征東省)에서 순식간에 나포했다. 사태를 짐
작했는지 처음에 충혜왕은 병을 핑계로 원 사신을 나아가 맞이하려 하지
않았다. 하지만 고룡보가 "황제가 늘 국왕이 불경하다 말하는데 만일 출영
하지 않으면 더욱 의심이 커질 것입니다"라 하자 어쩔 수 없이 백관과 함께
영접했다. 그리고 갑작스레 잡혀 원으로 끌려가게 된 것이었다.

　끌려가는 도중 숙주(肅州)에 머무르게 된 충혜왕이 이불을 요구한 데 대해
수령 안균(安鈞)이 원 사신 도치에게 말한 대목은 상징하는 바가 크다. 즉,
안균은 도치 등에게 "왕이 탐욕과 음행 때문에 죄를 받았으면서[貪淫得罪] 도
리어 제 이불을 빼앗으려고 하니 어떻게 할까요?"라 물었고, 도치는 그럼에
도 신하 된 도리로서 충혜왕을 모셔야 함을 언급하며 쇠자로 안균을 때려

벌한 일이 있었다.

　인사 문제는 사실 역대 군주에게서 공통되게 나타난 것이었다. 그렇지만 그것이 조정의 기강을 무너뜨리는 주요 원인이 되었다면 이는 해당 군주의 정치적 자질을 의심할 수 있는 요인이었다. 1330년(충혜왕 즉위년) 3월의 기록을 보면 이미 이때 충혜왕이 기무(機務)를 폐신(嬖臣) 배전(裵佺)·주주(朱柱) 등에게 맡기고 날마다 내수(內竪)와 함께 씨름[角力戱]을 해 상하가 대하는 예가 없어지고 이로 인해 군자가 배척되었다고 하였다. 원에서 16살의 어린 나이로 즉위한 것이라 하더라도 이는 즉위 초의 유신 정치가 불가능함을 뜻했다. 더구나 배전은 궁비(宮婢) 소생이었고 원에 있던 충혜왕에게 자신의 처를 바침으로써 폐행의 자리를 굳힌 인물이었다. 폐행으로 인한 인사 문란이 지나칠 수 있다 싶었는지 상왕으로 물러난 충숙왕은 충혜왕에게 "듣건대 속유(俗儒)로서 부당하게 승진하는 자가 있다 하니 왕은 그런 자들을 쓰지 말도록 하라"라고 당부하였다.

　하지만 여전히 충혜왕은 왕권을 가벼이 여겼다. 1330년(충혜왕 즉위년) 5월 기록에서 그 내용이 확인된다. 즉, 대언(代言) 이군해(李君侅), 전 장령(掌令) 안목(安牧), 성균승(成均丞) 정오(鄭䫨), 도관좌랑(都官佐郞) 정세충(鄭世忠)으로 하여금 관리의 선발을 주관하게 하고 호종한 신하들에게는 작위를 하사했다. 이때 폐행으로서 분수에 넘치는 관직을 받은 자가 많아 문제가 되었다. 이들의 출세는 기존 관료의 제거 및 퇴출을 의미했다. 개혁을 위한 것이 아닌 자기 사람을 위한 인사는 문제를 낳기 마련이었다. 특히 상왕과 원 황실은 충혜왕의 이러한 조치를 긍정하지 않았다. 충혜왕의 진중하지 못한 그리고 공정하지 않은 인사는 그의 폐위를 불러왔다.

　1332년(충숙왕 후1) 정월에 복위한 충숙왕은 2월과 3월 충혜왕의 폐행인 정승(政丞) 윤석(尹碩), 재상(宰相) 손기(孫琦)·김지경(金之鏡), 상호군(上護軍) 배전(裵佺)·오자순(吳子淳)·강서(康庶)·박련(朴連), 대언(代言) 이군해(李君侅) 등 28명을 순군에 가두게 하였다. 충숙왕과 충혜왕 부자 사이 측근 세력 즉 폐

행을 두고 옥사가 벌어진 것이었다. 특히 장백상 등이 윤석 등 충혜왕의 폐
행을 국문하며 지적한 4가지 일은 주목되는 바가 있다.

> 국왕(충숙왕)께서 원에 입조(入朝)했을 때 너는 국왕의 임시 거처(行邸)에 돈
> 과 곡식(錢粮)이 보내지는 것을 억지로 막았다. 전왕이 소인배들과 함께
> 정치를 어지럽힐 때 너는 재상이 되어 아무 말도 하지 않았다. 또한 전왕
> 과 함께 원(上國)을 배반하려고 모의하였다. 또한 내수(內竪) 박련 등과 함
> 께 왕 부자 사이를 교묘하게 꾸며 내어 이간질했다.

사실 여부를 떠나 이 같은 언급이 나왔다는 것 자체가 충숙왕과 충혜왕,
충혜왕과 원 황실 간 불화를 의미했다. 그리고 그 중심에 충혜왕을 직접 언
급하지 않고 정승 윤석과 내수 박련 등만 언급하였으나 이것만으로도 폐행
으로 인한 정국 혼란이 있었음이 짐작된다. 이러한 사태는 충혜왕 재위 기
간 내내 지속되었다.

한편 충숙왕의 폐행이었던 신청(申靑)과 관련한 충혜왕의 처리 방식을 보
면 충숙왕과 충혜왕의 폐행 혹은 측근정치가 어떠했는가를 알 수 있다. 즉
충숙왕이 훙서하자 충혜왕은 신청을 이문소에 가두고 그의 죄를 정동행성
에 알리는 소를 기로부원군 권부 등에게 짓게 했다. 여기서 죄목으로 언급
된 것은 무려 7가지나 되었다.

첫째, 본래 역호 출신이며 도망했다가 외람되이 큰 벼슬을 받은 것.

둘째, 친인척의 참역(站役)을 면제시켜 주려 하고 인호를 불법 차지해 공역(貢役)을
사사로이 부린 것.

셋째, 충숙왕의 궁궐에서 몰래 큰 나무를 파 결과적으로 충숙왕의 죽음을 앞당기고
20여 일간 병석에 있는 충숙왕에게 다른 이들이 가까이 가지 못하게 한 것.

넷째, 충숙왕의 명이라 하면서 다른 이의 금을 강제로 빼앗고 그 값을 주지 않았

으며 덕천고(德泉庫)의 베 1,800필과 의성창(義成倉)의 베 2,450필, 사사전(寺社田) 260여 결을 도둑질하고 다른 사람의 전민을 빼앗은 것.

다섯째, 친족에게 함부로 역마를 타도록 하고 현리의 노비를 빼앗았으며 타인의 딸들을 강간한 것.

여섯째, 친족 200여 인을 이끌고 군리(郡吏) 50여 인을 잡아다가 노비로 삼고 말을 듣지 않는 관원을 충숙왕의 명이라 속이고 소요를 일으킨 것.

일곱째, 분수에 맞지 않게 사치스러운 집을 꾸민 것.

충혜왕은 신청을 순군으로 옮겨 수감했다. 이어서는 측근 폐행을 보내 신청의 입에 똥을 칠하게 하는 한편 그의 가산을 몰수하고 누각을 철거했다.

죄목을 근거로 충혜왕 대 폐행의 정치 행태를 보면 그야말로 대동소이했다. 따라서 이 당시의 상황은 다 같이 나쁜데 누가 더 나쁘냐의 차이일 뿐이었다. 이러한 와중에 그 피해를 당하는 것은 온전히 일반민과 충혜왕 측근이 아닌 관료들이었다. 이는 인사와 재정 관련한 사항에서 고스란히 나타나고 있었다.

예컨대 1330년(충혜왕 즉위년) 2월 국새와 문무백관 인사를 담당하는 기관으로 기존 정방(政房)을 고쳐 지인방(知印房)을 두었다. 그리고 여기에 측근인 삼사우윤 윤지현과 도관정랑 이군해 등을 보임시켰다. 1339년(충혜왕 복위년) 5월에는 사사로이 보흥고(寶興庫)를 설치해 전토와 노비 등을 늘리고 1343년(충혜왕 후4)에 유비창(有備倉)을 합쳤다. 1342년(충혜왕 후3)에는 의성창(義成倉)·덕천창(德泉倉)·보흥고의 베 48,000필을 내어 저자에 점포를 열고 시전 상업을 주도하게 했다. 1343년 3월 부자인 대호군 임회(林檜) 등을 불러 내고(內庫)의 물건을 주고 원나라에 가 팔아 오도록 한 바 있다. 이러한 상황은 왕실 재정을 확보하려는 충혜왕의 의지를 보여 주는 것이기는 하나 이것이 국가 재정으로 활용되지는 못했다. 내시 중에 녹봉을 받지 못한 자가 생기기도 했다는 점은 이를 말해 준다.

사실 말이 좋아 왕실 재정 확보이지 실상은 충혜왕과 그 폐행들의 소비를 위한 측면이 컸다. 그나마 1331년(충혜왕 1) 8월 기내 사급전(賜給田)을 혁파해 녹과전(祿科田)에 충당한 것은 관료의 녹봉 지급과 관련한 중요한 조치였다. 또한 소은병을 새로 만들어 1개가 5종포 15필에 해당하게 하고 옛 은병 사용을 금하는 조치를 내렸다. 이는 시전의 화폐 유통을 충혜왕이 장악하려는 시도였다. 염장별감(鹽場別監)을 설치했다가 곧 혁파하는 등 난맥상도 확인된다.

이후 충혜왕은 복위한 1339년(충혜왕 복위년) 장모[外姑] 김씨가 죽음에 이르게 되자 장획하고 있던 전토를 찾아내 가져오게 했다. 1343년(충혜왕 후4) 3월 왕실 마필을 관리하는 내구(內廐)를 지으면서 민가 백여 구를 헐어 넓혔다. 다른 이들의 토지를 빼앗아 내구에 속하게 하고 호군을 시켜 조세를 거두었는데 이를 운반하는 데 매일 수레 1백 대가 동원되었다 했다. 즉, 대규모의 토지 수탈이 이뤄졌다. 같은 달 3월 정승 채하중은 향리로 퇴거한 관직자 혹은 관직을 갖고 외방에 거주하는 자에게 직세(職稅)를 거두는 것을 혁파하자 했다.

직세 내용을 보면 6품 이상은 포 150필, 7품 이하는 100필, 산직은 15필이었다. 이에 해당자들은 가족을 데리고 산으로 섬으로 도망하기까지 했다. 액수를 채우지 못하는 경우 그 딸이 머리카락을 팔아 메꾸기도 했다. 결국 직세 혁파는 이뤄지지 않았다. 게다가 충혜왕은 선세(船稅)도 거두었는데 배가 없는 자도 피해를 입자 연해 주군 백성들도 도망해 숨었다. 7월에는 오교양종(五敎兩宗)의 사찰 중 망한 절의 전토 및 선대 공신전을 모두 내고에 속하게 하였다. 11월에는 각 도로부터 공부(貢賦)를 추징해 여미현 아전이 자살하기까지 했다.

여기에 더해 1343년(충혜왕 후4) 3월 충혜왕은 삼현에 새 궁궐을 짓기 시작했다. 궁궐 신축이야 필요했지만 당시 정치·사회·경제적 어려움을 고려한다면 신중해야 할 일이었다. 하지만 충혜왕은 이를 적극적으로 추진했다.

이에 혼란이 심해지자 유언비어가 돌았다. 즉, 개경민 사이에 충혜왕이 민가 어린이 수십 명을 잡아다가 신궁의 주춧돌 밑에 묻으려 한다는 소문이 돈 것이었다. 아무리 요언이라 하더라도 다른 이도 아닌 군주가 이러한 일을 벌이려 한다는 소문은 그만큼 충혜왕에 대한 민의 신뢰가 완전히 무너진 것을 뜻했다.

궁궐 역사에 동원된 인부에게 음식을 대접하기 위해 문무관과 각 창고에서 술과 음식, 비단 등을 준비하게 했다. 이는 거창한 잔치로 바뀌기도 했는데 나희(儺戲)나 걸호희(乞胡戲) 등이 공연되기도 했다. 당시 비용이 한 끼에 베 2~300필에 이르러 폐단이 일어나자 결국 충혜왕조차 이를 어려워하여 중단시켰다.

충혜왕은 신궁 궁궐 조성도감 명의로 방을 붙여 모자란 건축 자재를 민간에서 거둬 원성을 샀다. 방문의 내용은 다음과 같았다. "나무와 돌 납부에 기한을 맞추지 못한 자는 베를 징수하고 섬으로 유배하겠다[納木石, 不及期者, 徵布配島]"라는 것이었다. 마침 이를 본 원나라 사신 실덕(實德)은 충혜왕이 시의적절하게 백성을 다스려야 함에도 백성을 역부로 부리면서 농사를 방해하니 어찌 살 수 있겠는가라 하면서 이를 황제에게 아뢰겠다고까지 했다.

정승 채하중은 화를 내는 충혜왕에게 함부로 화를 내지 말고 경솔한 행동을 금해야 한다고 충언했다. 그러나 결국 누군가가 실덕에게 이를 알게 한 것이 전 판각 최대우(崔大雨)라 했고 충혜왕은 그를 불러 피가 나도록 뺨을 때렸다. 사료상의 내용이 실제 상황이었다면 어이가 없다 할 사건이었다.

상반되는 다른 하나는 그나마 충혜왕이 긍정적 역할을 한 바가 있다는 것이다. 1330년(충혜왕 즉위년) 윤7월 원 조정에서 충숙왕의 측근이었던 전 정동행성좌우사낭중(征東行省左右司郎中) 만인(蠻人) 장백상(蔣伯祥)이 고려에 행성을 설치할 것을 건의한 적이 있었다. 충혜왕은 원의 권력 실세인 태사 우승상 엘테무르에게 이를 저지해 달라 청했다. 황제가 아닌 대승상이라 칭한 엘테무르에게 이를 청한 것은 그만큼 엘테무르와의 친분이 있어 가능했다. 이에 입성론은 일단 다시 잠잠해졌다.

하지만 입성론은 1343년(충혜왕 후4) 8월에도 있었다. 이때의 전개 상황을 보면 충혜왕이 긍정적 역할을 한 것은 아니었다. 입성론 재론의 원인을 보면 역시 충혜왕에게 있었다. 원에 있던 이운(李芸)·조익청(曹益淸)·기철(奇轍) 등이 중서성에 상서하여 충혜왕의 탐욕과 음탕함 그리고 부도(不道)함을 극언하면서 입성(立省)하여 백성의 안정을 도모할 것을 청했기 때문이다. 이에 대한 충혜왕의 구체적인 조치는 확인되지 않는다. 대신 11월에 충혜왕은 원의 사신 도치 등에게 나포되어 원으로 떠나게 되었다.

한편 1331년(충혜왕 1) 4월 5도 백성이 쌍성(雙城)·여진(女眞)·요양(遼陽)·심양(瀋陽) 등지로 유랑해 들어가 숨는 일이 있었다. 사실 이들이 요양과 심양 등지로 유입되는 이유는 단순했다. 주현 백성 그리고 관(官)·사(寺)·사(私)의 노비 등이 혹독한 역을 피하거나 신분을 감추려는 목적에서였다. 이들에 대한 생활 안정 정책이 당연히 요구되는 대목이었지만 일단은 고려로 다시 쇄환하는 것이 우선이었다. 이를 위해 충혜왕은 원 조정에 고려인의 쇄환에 협조해 줄 것을 청하였다. 다만 이후 어떻게 처리되었는가는 기록에 나타나지 않는다.

3) 충혜왕의 죽음과 시대 과제

1343년(충혜왕 후4) 3월 기록을 보면 다음과 같은 내용이 보인다.

왕은 줄곧 음탕함을 즐기면서도 재물을 거래하고 이익을 계산하는 데에는 털끝만 한 것까지 따졌으며 항상 경영을 일삼아 남의 전민(田民)을 빼앗고 모두 보흥고(寶興庫)에 속하게 했다. 군소배가 부탁하면서 서로 다투어 계책을 올리면 그 간사함을 행하니, 온 나라가 소란하였다.

왕은 성품이 호협하고 주색(酒色)을 좋아하였으며 놀이와 사냥에 탐닉하였다. 황음무도(荒淫無度)하여 남의 처나 첩이 아름답다는 소문을 들으면 그 사람이 가까운 사람인지[親疏] 귀한지 천한지에 관계없이 모두 들여서 후궁(後宮)으로 삼았는데 거의 100여 명이나 되었다. (중략) 신궁(新宮) 공사에서는 깃발을 벌여 놓고 북을 설치한 다음 친히 담에 올라가서 감독하였다. 궁이 완성되자 각 도에서 옻칠을 거두었고, 단청을 칠할 물감을 기한보다 늦게 가져온 사람에게는 몇 배의 베를 징수하였다. 관리들은 이를 기회로 간사해졌으며 백성들은 근심하고 원망하였다. 군소(群小)들은 출세하고 충직한 사람들은 배척당했으며, 한 사람이라도 직언하는 자가 있으면 반드시 죽여 버렸으므로 사람들마다 죄를 얻을까 두려워하여 감히 말하는 자가 없었다.

이 기사들은 충혜왕의 실제 성품을 알려 주는 내용을 담고 있다. 이는 충혜왕 즉위 전부터도 줄곧 문제가 되었던 것이었다. 하지만 충숙왕에게는 당시 선택의 여지가 없었다. 그렇다면 반대로 충혜왕은 군주가 될 몸으로서 혹은 군주이면서 왜 이렇게 되었을까?

충혜왕은 사실 군주로서 서연(書筵)을 열어 강학(講學)에 참여하기도 했다. 예컨대 이제현이나 원송수(元松壽), 민식(閔湜)은 서연을 통해 충혜왕이 성군이 될 수 있도록 이끌고자 했다. 이제현은 충혜왕에게 임금도 실수가 있을 수 있으나 어진 신하가 충언으로 인도하면 성덕을 이룰 수 있다 했다. 그리고 자신들과 함께 도의(道義)를 갈고 닦을 것을 청하였고 충혜왕은 이를 따랐음이 보인다.

하지만 충혜왕의 행동은 이와 달랐다. 세자로서 원에 입조해서는 당시 승상 엘테무르가 자신을 아들처럼 대하자 그 환대에 빠진 바 있다. 즉위해서는 폐행과 사냥 및 미행(微行), 수희 등 관람으로 소일했다. 1332년(충혜왕 2) 2월 폐위되어 다시 원에 들어가 숙위하게 되었을 때에는 엘테무르의 자제 및 위구르[回鶻] 소년배와 음주를 즐기고 위구르 부인을 사랑하게 되어 숙위에 빠지기도 했다. 이 때문에 당시 원 조정 권력자인 바얀은 충혜왕을 발피(撥皮)라 일컬었고 심지어 "왕정(王禎)은 평소 행실이 나쁜지라 숙위에 누를 끼칠까 우려되니 그 아비가 있는 곳으로 보내 올바르게 가르치도록 해야 합니다"라고까지 하였다. 충숙왕도 아들 충혜왕을 못 미더워하면서 그 또한 발피라고 했다. 좋은 뜻으로 발피는 '호협(豪俠)'이었지만 실제 의미는 망나니에 가까웠다.

이조년(李兆年)은 충혜왕에게 예의를 버리고 방종하면 허물을 빨리 불러들인다고 경계하면서도 이를 자라 온 환경 탓으로 보았다. 즉 원에서 보모라 할 아보(阿保) 집에서 성장하면서 박중인(朴仲仁)과 이인길(李仁吉) 등 무뢰한 자들과 가까이 있어 그러하게 되었다 하였다. 충혜왕을 인도하기 위한 말이었다. 하지만 충혜왕은 가까이해야 할 유자(儒者)를 오히려 세상물정 모르는 사개리(沙箇里)라 했고 이조년의 말을 지겨워하다 결국은 담을 넘어 달아나기까지 했다. 결국 이조년은 충혜왕에 대해 포기하였고 "왕의 나이가 지금 한창때라 하고 싶은 대로 하는데 나는 이미 늙었고 또 돕는 것도 없으니, 떠나지 않으면 반드시 화가 미칠 것이다"라 하면서 고향으로 돌아가 세상일에 관여하지 않았다.

이러한 상황들이 계속 누적되자 충숙왕이 죽었을 때 바얀은 태사의 신분으로서 충혜왕이 아닌 심왕 왕고를 추천하려 한 바 있었다. 충숙왕이 죽자 충혜왕은 자연스레 복위했다. 1339년(충혜왕 복위년) 3월 복위한 충혜왕은 국왕으로서의 자격을 갖추려면 원에서 주는 국인(國印)을 받아야 했다. 두 차례 요청 끝에 11월 마침내 원 중서성으로부터 국인을 받았으나 불안한 면이 있었다. 그 원인은 충혜왕 자신에게 있었다.

복위 후 8개월간 충혜왕의 행실과 관련한 기록을 보면 국왕으로서의 위엄이 없었다. 예컨대 외숙 홍융의 후실로 자색이 뛰어난 황원길의 딸 황씨, 좌상시 권형(權衡)의 딸이자 충숙왕의 후비인 수비(壽妃) 권씨, 환관 유성(劉

成)의 처 인씨(印氏), 노영서의 처 남씨(南氏), 충숙왕비인 경화공주 등을 사통 혹은 강제로 취하였다.

이 가운데 경화공주나 수비 권씨 등은 충숙왕의 후비였다. 특히 경화공주는 치욕을 입은 뒤 원으로 돌아가려 말을 사고자 했으나 충혜왕이 이를 방해했다. 때를 기다리다가 경화공주는 충혜왕에게 줄 국인을 가져온 원 사신 중서성 단서관(斷書官) 두린(頭麟)에게 이 사실을 알렸다. 두린은 황제의 명이라 하여 낙안군(樂安君) 김지겸(金之謙)과 전 첨의평리(僉議評理) 김자(金資)에게 국정을 임시로 맡도록 했고 충혜왕을 잡아가 1340년(충혜왕 후1) 정월 원의 형부에 가두었다. 그리고 그 측근인 김인연·노영서 등을 중서성·추밀원·어사대·한림원·종정부(宗正府) 등으로 하여금 합동으로 신문토록 했다. 고려의 입장에서 볼 때 이는 치욕에 가까운 일이었다. 이러한 충혜왕에 대한 석방 및 복위는 실상 1340년 3월에야 이뤄졌다.

충혜왕의 이러한 행태와 심왕 왕고, 그리고 원 황실 등의 불만이 복합되면서 충혜왕에 대한 반발이 커졌다. 원 황실에서는 사신을 보내 두 차례 충혜왕을 원으로 끌고 간 바 있었다. 두 번째 폐위될 때 결국 충혜왕은 원 악양으로 유배 가던 중 죽었다. 심왕 왕고와 관련해서는 1339년(충혜왕 복위년) 8월 조적(曹頔)의 난이 있었다. 조적은 역리(驛吏) 출신으로 충렬왕 대부터 활동한 인물이었다. 충선왕과 충숙왕의 측근으로도 활약했다. 그러다가 1328년(충숙왕 15)에는 심왕 세력으로 전환했으며, 충숙왕이 죽자 심왕 옹립을 위해 난을 일으켰으나 실패로 돌아갔다. 이른바 조적의 난이었다. 충혜왕은 조적과 함께 난을 일으켰던 권정동성사 홍빈(洪彬)이 원 조정에 충혜왕의 사면을 청해 무사했던 바 있다. 이와 더불어 1341년(충혜왕 후2) 윤5월 신분은 알 수 없지만 현도효(玄道孝)라는 인물이 충혜왕을 독살하려 했다가 실패한 바 있다.

이처럼 충혜왕은 실정을 넘어선 탐욕과 음탕, 사치, 겁탈, 겁략, 과렴, 인사 파동, 과소비 등으로 재위 기간 내내 위태로웠다. 이제현이나 이조년 등의 충언이 있었으나 소위 '소 귀에 경 읽기'였다. 이 때문에 고려 역사상 최초로 1343년(충혜왕 후4) 11월 갑신일(22) 원 사신 등에 의해 결박되어 원으로 끌려가게 되었다. 고려 조정에서는 재상과 백관, 국로 등이 충혜왕의 언행에도 불구하고 고려 국왕이라는 명분을 들어 사면을 요청했으나 수락되지 않았다. 그리고 이듬해 정월 병자일(15) 충혜왕은 결국 원의 게양으로 유배 가던 중 악양현(岳陽縣)에서 죽었다.

그러나 아무도 슬퍼하지 않았고 오히려 소민(小民) 중에는 기뻐하면서 다시 살 만한 날을 맞게 되었다 하는 이들도 나왔다. 그만큼 충혜왕은 군주로서는 소위 최악의 경우였고, 그 피해는 고스란히 고려의 신민이 받아야 했다. 이러한 상황은 당시 널리 알려졌다는 다음의 노래 가사에 고스란히 담기게 되었다.

아야마고지나, 종금거하시래?(阿也麻古之那, 從今去何時來)

처음에는 이것이 무엇인가를 잘 몰랐으나 누군가가 이를 해석하자 비로소 사람들이 고개를 끄덕이게 되었다. 내용은 이러했다. "악양에서 죽을 위기를 만났으니, 오늘 가면 언제 돌아오리요?[岳陽亡故之難, 今日去何時還]"

충혜왕은 전후 재위 기간이 6년이었으며 향년 30세였다. 1344년(충목왕 즉위년) 6월에 이르러서야 충혜왕의 영구가 고려에 도착했다. 그리고 새로 즉위한 충목왕이 8월에 영릉(永陵)에 안치했다. 1357년(공민왕 6) 윤9월에는 공민왕이 '헌효(獻孝)'란 존시(尊諡)를 올렸다. 이때에는 충렬왕·충선왕·충숙왕·충혜왕·충목왕 등 5왕에게 함께 올린 것으로 정월에 선대 왕과 왕후에게 존호를 올려 왕실 추숭을 행한 것과 관련이 있었다. 이는 1356년(공민왕 5)에 기철 세력 제거 및 원 지정 연호 중지 등 자주개혁을 추진했던 바와 연결되기도 한다.

한편 1367년(공민왕 16) 정월에는 원에서 충혜왕 등에게 공신호와 시호를 추서했다. 원 순제는 새롭게 등장한 홍건적 혹은 홍건군 등에 의한 어려움을 극복하기 위해 고려의 군사 협조가 필요한 면이 있었다. 하지만 사료상 이는 드러나지 않는다. 1368년(공민왕 17) 8월 명의 진격으로 원의 대도가 함락될 위기에 빠지게 되었고, 9월 원 순제 즉 혜종은 명에 패해 상도(上都)로 옮겨 갔다. 그리고 공민왕은 이달 명과의 교류를 준비한 후 11월에 예의판서 장자온(張子溫, ?~1388)을 보내 오왕(吳王) 즉 주원장 홍무제를 예방토록 해 본격적 교류를 추진하고자 했다.

원 황실의 내홍은 자연재해를 계기로 홍건적의 난이라는 내란으로 확대되었고, 나아가 이는 홍건군 조직과 명의 건국으로 이어졌다. 바로 이러한 때인 1367년(공민왕 16) 정월의 공신호와 시호 추서는 순수한 관례에 따른 조치로 보기 어렵다. 당시 원은 영릉(永陵, 충혜왕)에 터성선충숭인병덕협공인량공신(攄誠宣忠崇仁秉德協恭寅亮功臣)의 칭호와 충혜(忠惠)라는 시호(謚號)를 추서했다. 이 외 충목왕과 충정왕에게도 마찬가지였다. 비로소 고려에서는 영릉으로 충혜왕을 칭하기보다는 '충혜왕'이라 본격적으로 언급할 수 있게 되었다.

충혜왕의 태묘 묘정에는 체협공신이 배향되었다. 충혜왕은 어쨌든 공식적으로 군주로서 재위하였고 나름의 정치를 추진하였기 때문이다. 다만 충숙왕도 그러한데 충숙왕 묘정에는 체협공신이 정해지지 않았다. 또한 충목왕 대는 충혜라는 시호가 정해지지도 않은 때였다. 그럼에도 불구하고 충목왕은 1346년(충목왕 2) 대행왕 즉 충혜왕을 태묘에 합사한 후 정승(政丞) 한악(韓渥, 1274~1342)과 참리(參理) 이규(李揆)를 배향토록 했다.

한악은 심왕 왕고의 충숙왕 모해 음모 등을 저지한 바 있었고, 1340년(충혜왕 후1) 우정승이 되기도 했다. 이규는 충숙왕의 5년간의 원 체류 때 절개를 다해 보좌했다 하여 한악과 함께 1327년(충숙왕 14) 11월 공신으로 책봉되었다. 이규는 충숙왕 죽음 뒤 충혜왕 복위에 있어 즉위를 청하는 역할을 하였다.

충혜왕이 고려 왕실에 소위 시대 과제로 남긴 것은 충숙왕이 남긴 것과 같았다. 첫째는 원 황실과의 관계 정립, 둘째는 왕실 안정, 셋째는 정치 안정, 넷째는 재정 안정, 다섯째는 폐행정치 및 인사 문란의 해소, 여섯째는 사회 안정 등이었다. 관련 사항을 좀 더 언급하면 다음과 같다.

첫째, 원 황실과의 관계 정립의 문제를 보자. 충혜왕은 1343년(충혜왕 후4) 11월 원 사신에 의해 갑작스레 발로 차이고 포박되었다[蹴王縛之]. 군주를 이렇게 처리했다는 것은 사실 있을 수 없는 일이었다. 말 그대로 체포된 충혜왕에 대해 원 순제 즉 혜종은 "백성을 극심하게 수탈했으니 비록 너의 피를 천하의 개들에게 먹여도 오히려 부족하다[剝民已甚, 雖以爾血啖天下之狗, 猶爲不足]"라 했다. 충선왕의 유배에 이은 것이었지만 그 차원이 달랐다. 어쨌든 이러한 사태는 충혜왕이 자초한 면이 있지만 반대로 본다면 그만큼 원 황실이 마음만 먹으면 고려 조정을 교체할 수 있다는 것을 뜻했다. 따라서 원 황제의 의중과 조정의 흐름을 파악하면서 관계를 설정하고 고려의 정치를 해 나가되 선정을 펴야 했다. 일반론적인 지적이지만 실제 과정에서는 전체 흐름을 보기 힘들다. 그렇기에 이는 늘 문제가 될 수밖에 없었다. 과연 그 아들, 8살의 어린 충목왕이 이에 대응할 수 있을지와 관련해 기대되는 바는 있었다. 모친이 원 황실 출신 덕녕공주였기 때문이다.

둘째, 왕실 안정의 문제였다. 일단 1339년(충혜왕 복위년) 8월 조적의 난으로 충혜왕은 위기에 빠진 바 있었다. 이 또한 스스로 불러일으킨 면이 있다. 당시만 하더라도 심왕 세력, 혹은 충혜왕보다는 심왕을 선호하는 생각을 가진 이들이 있었다. 조적·박인길·류청신·오잠 등이 그러했다. 다만 심왕이 1345년(충목왕 1)에 죽으면서 고려 왕실과 심왕과의 갈등 관계는 1차 정리되었다. 하지만 충혜왕의 동복동생 강릉대군 왕기(王祺), 그리고 아들 왕흔(王昕) 및 희비 윤씨 소생 왕저(王㫝)가 있어 갈등의 소지가 있었다. 여기서 가장 유력한 후계자는 일단 1337년(충숙왕 후6)에 태어난 왕흔이었다. 충혜왕과 덕녕공주 사이의 장자였기 때문이다. 따라서 충목왕의 혈통으로 본다면 추후 원 황실과의 관계 유지를 통해 고려 왕실의 안정을 취할 수 있으리라 기대되었다. 충목왕은 원에서 숙위하다가 즉위했다.

셋째, 정치 안정의 도모였다. 1343년(충혜왕 후4) 11월 충혜왕이 잡혀가면서 충혜왕의 정치에 참여한 많은 폐행 및 신료가 함께 갔다. 이는 고려 왕실만이 아니라 왕조 존망의 문제이기도 했기에 12월 재상 및 국로 등은 중서성에 상서해 왕의 죄를 사면해 달라 청했다. 1344년(충혜왕 후5) 정월에도 청하려 했으나 국로의 사면요청 청원서 서명 참여가 저조해 결국 성사되지 못했다. 그만큼 충혜왕과 그 폐행 세력은 인심을 잃은 셈이었다.

이 와중에 원 황실과 연관되어 있었고 충혜왕 체포에 협조했던 원 황실 환관 출신 고룡보(高龍普)는 원 황실의 명에 따라 국사(國事)를 바로잡는 일에 착수했고, 덕성부원군(德成府院君) 기철(奇轍)과 이문(理問) 홍빈(洪彬)은 권정동성사(權征東省事)로 임명되어 고려 조정을 지휘하게 되었다. 그리고 이들은 충혜왕의 재정 기반이었던 내탕(內帑)을 봉인했다. 역시 충혜왕 체포에 적극 협조한 신예(辛裔)는 고룡보의 매제였다.

폐위된 왕, 그리고 어린 충목왕 사이 고룡보와 신예의 권세와 인사 문란 등이 예상되었다. 후일 고룡보의 권세를 뒷배로 삼은 신예는 오랫동안 정방(政房)에 재임하기도 해 사람들이 '신왕(辛王)'이라고까지 부를 정도였다. 따라서 이 문제를 바로잡을 방책 마련이 필요했다. 여기에 어린 군주의 등장에 따른 덕녕공주의 정치 참여를 올바르게 인도할 필요도 있었다.

넷째, 재정 안정 문제였다. 고룡보 등은 충혜왕을 체포해 가면서 곧바로 내탕을 봉인했다. 충혜왕은 그간 재정 면에 있어 새로운 조세원을 다양하게 만들었다. 예컨대 은퇴하여 혹은 직역을 쉬면서 향리로 물러나 거주하는 관원들에게 직세(職稅)를 거뒀다. 6품 이상은 포 150필, 7품 이하는 100필, 산직은 15필이었다. 배가 있는 자를 중심으로 선세(船稅)를 거두었는데 때로 배가 없는 경우도 피해를 입었다. 보흥고(寶興庫)를 두고는 이를 경영하면서 전민을 빼앗아 이에 속하게 하였다.

삼현(三峴)에 신궁을 짓게 하면서는 근신에게 명해 노비 1~2명을 바치게 했다. 신궁 건축을 위해 악소배로 하여금 다른 사람의 우마를 빼앗아 벽돌과 기와를 운반하게 하고 여러 군의 정부(丁夫)를 징발해 벌목에 참여하게 했다. 신궁 건설에 필요한 유동(鍮銅) 수급을 위해 각 도에서 구리와 철을 거둬 민간의 농기구가 남아 있지 않았다는 기록이 나올 정도였다. 1343년(충혜왕 후4) 11월 기록에서는 강릉도에서 산세(山稅)로 잣 3,000석을 바쳤다 했다. 이를 통해 충혜왕 자신과 폐행·내수는 화려한 생활을 즐겼지만 그렇지 않은 신민은 곤궁함에 처하게 되었다. 따라서 이러한 다양한 수탈과 방만한 재정 등에 대한 정리가 필요했다.

다섯째, 폐행정치 및 인사 문란의 해소가 필요했다. 사실 폐행정치는 왕조 국가에서 일부 군주의 기호에 영합하면서 총애를 받는 이들이 정치와 인사 등을 좌우하는 현상을 말한다. 고려에는 이러한 존재들이 상당수 있었기에 『고려사』 찬자들은 열전에 '폐행(嬖幸)' 편을 일부러 두어 경계를 삼고자 했다. 이들은 천예(賤隷) 출신, 혹은 궁비(宮婢)의 아들, 사노(寺奴), 궁노(宮奴)의 아들, 상인(商人), 관노(官奴)의 자손, 역리(驛吏), 승려, 고위 관원의 아들 등 매우 다양했다. 그러나 공통점은 이들이 군주와 더불어 정치를 어지럽히고 인사 문란을 일으켰다는 것이었다.

좀 앞선 기록이기는 하지만 1329년(충숙왕 16) 밀직 김지경(金之鏡)은 인사를 관장하면서 멋대로 매관매작을 통한 제수(除授)를 남발해 인사책자인 비목(批目)이 붉은색과 검은색이 뒤섞여 분별할 수 없는 지경이 되기도 했다. 그 때문에 '흑책정사(黑冊政事)'라는 말까지 나왔다. 기록의 세주를 보면 "흑책은 아이들이 두터운 종이에 먹칠을 하고 기름을 먹여 글씨 쓰기를 연습하는 책을 말한다"라고 한 것이 있다. 또한 당시 동요에서는 "종포(綜布)를 사용하여 도목(都目)을 만들었으니 정사(政事)가 참으로 흑책(黑冊)이 되었도다. 나도 여기에 기름칠하고 싶지만 올해는 삼(麻)의 씨가 적으니, 아! 할 수가 없구나"라고까지 했다. 이 같은 문제는 어린아이도 과거에 급제케 하는 현상을 낳았다. '유취중제(乳臭中第)'라는 표현이 생길 정도였다. 모두 비정상적인 폐행정치와 인사 문란 등이 낳은 것으로 이는 특히 시급히 해결해야 할 문제였다.

여섯째, 사회 안정을 위한 다각도의 정책이 마련되고 그 성과가 가시화되어 현실적인 도움을 주어야 한다는 것이었다. 사실 원 간섭기 동안 고려는 한편으로는 원 제국에 의한, 다른 한편으로는 왕실에 의한, 그리고 또 다른 한편으로는 폐행이나 간신, 부원 세력 등에 의한 수탈에 노출되어 있었다. 전쟁 후유증에 시달리면서 토지와 노비를 빼앗기고 스스로 노비가 되는 이들이 늘어나기도 했다. 반대로 환관 및 그 족속, 권세가, 간활한 향리 등은 농장을 설치하고 토지 탈점 및 우마 강탈 등을 자행했다. 바로 이들을 되돌리고 백성이 자기 자리에서 땅을 경영하고 정상적인 세금을 내는 체제가 마련되고 시행될 필요가 있었다.

사실 이상의 조항은 개혁 군주가 개혁 세력과 더불어 추진할 수 있다면 약간의 시간은 걸리더라도 충분히 그 성과를 볼 수 있는 것이었다. 하지만 현실 정치 속에서 이는 어려웠다. 군주와 권세가와 연결되는 세력들, 원과 고려에 연결된 신료들, 원의 고려 출신 환관과 폐행 등의 행태가 복합되어 있었기 때문이다. 누적된 이들 문제와 그 해결 방향 등에 대해서는 충렬왕·충선왕·충숙왕·충혜왕 대에 걸쳐 개혁이 시도된 바 있기에 사실 당시 사람들도 알고 있었다. 문제는 해결 의지와 이를 이룰 강력한 왕권이 있는가였다. 과연 8살에 즉위하게 된 충목왕이 그러할 수 있었을까 의문이 들지만, 원 혜종이 충목왕의 선을 좋아하고 악을 미워하는 천성에 기대를 건 바 있기에 일말의 희망은 있었다.

5.

유충(幼沖) 군주와 왕실의 위기 :
충목왕과 충정왕

1) 충목왕의 혈통과 즉위

고려 왕조 역사상 가장 어린 나이에 즉위한 군주가 바로 충목왕(忠穆王, 1337~1348)이다. 8살의 나이에 즉위했다. 다음으로 9살에 즉위한 창왕이 있으며, 11살에 즉위한 헌종과 충정왕이 그 뒤를 이었다. 어린 군주의 탄생은 여러모로 왕조 역사에 부정적 면을 드리운다. 더구나 그것이 연속될 경우는 왕실의 위기를 불러오기도 한다. 그만큼 왕조사에 있어서는 치명적인 약점을 드러내는 것이기 때문이다.

사실 충목왕은 몇 가지 면에서 안타까움이 있는 군주이다. 첫째는 그의 혈통, 둘째는 그의 성품과 자질, 셋째는 그에게 우호적이었던 정치 환경이다. 이를 중심으로 충목왕에 대해 살펴보면 다음과 같다.

충목왕은 충혜왕과 덕녕공주 사이에서 태어난 장자이다. 1332년(충혜왕 2) 2월 갑자일(24)에 충혜왕은 폐위되고 국새를 회수당한 채 원으로 떠났다. 충숙왕이 같은 날 복위했다. 그러나 원에서 유수(留守) 보수(寶守)와 전 이문낭중(理問郎中) 장백상(蔣伯祥) 등이 가져온 황제의 성지(聖旨)에서는 이미 정월 3일 충숙왕 복위를 명하였다 했다. 이후 폐위된 충혜왕은 원에서 다시금 숙위 생활을 하게 되었다. 1336년(충숙왕 후5) 12월 원 순제 즉 혜종은 충혜왕이 근신하지 않고 있다[不謹]며 고려로의 환국을 명했다. 5년 만에 돌아오는 탕자(蕩子)의 귀국이었다.

그런데 이사이 충혜왕은 원에 있으면서 위구르[回鶻] 소년배와 놀러 다녔고 위구르 부인을 사랑해 의무사항인 숙위를 거르기도 했다. 폐위되던 해는 18세의 혈기 왕성하던 때였으므로 이해할 바는 있으나 소위 근신해야 할 처지에서 해서는 안 될 일이었다. 사서에는 정확한 구체적 기록은 없지만 원에서 숙위 근신하는 5년 사이에 진서무정왕(鎭西武靖王) 초스발[焦八]의 딸인 이린지발[亦憐眞班]을 맞았다. 무정왕은 원 세조의 증손자에 해당했다. 충혜왕이 폐위되어 원에서 체류하던 때인 1337년(충숙왕 후6) 4월 을유일(15)에 충목왕이 태어났다.

충목왕의 이름은 왕흔(王昕)이었다. 몽골 이름도 가졌다. 바스마도르지[八思麻朵兒只]였다. 여기서 '흔(昕)'이라 이름한 것이 주목된다. '흔'은 해가 돋는 아침을 뜻하기 때문이다. 이는 새로운 고려 왕실을 열라는 희망이 담긴 이름이라 여겨진다. 이러한 점에 부응이라도 하듯 성품은 '총혜(聰慧)'가 있다고 했다. 총명하고 지혜롭다는 뜻이다. 충목왕 총서의 기록을 따르면 원에서 태어났던 충목왕은 충혜왕의 귀국길에 고려에 잠시 들어왔다가 다시 원에 들어가 숙위를 했던 것으로 추정된다. 몇 살에 들어갔는지는 알 수 없다. 다만 원에서 원자로 있었는데 이는 판밀직사사 박인간(朴仁幹)이 1343년(충혜왕 후4) 11월 원자사부(元子師傅)로 있다가 죽었다고 한 기록이 있다.

1343년(충혜왕 후4) 11월 충혜왕은 원에 의해 폐위되어 잡혀가고 이어 12월에는 황제의 명으로 대도 연경에서 2만 리나 떨어진 게양현 유배가 결정되었다. 게다가 죄수 호송용 수레인 함거(檻車)를 타도록 했다. 원자였던 충목왕은 떠나는 부왕을 위해 옷 한 벌을 배전(裴佺)으로 하여금 올리게 했으나 만나지 못했고, 충혜왕은 수행원 없이 의복을 스스로 가져가야 했다. 원자 충목왕의 안타까운 마음이 느껴지는 대목이다.

충혜왕 폐위에 결정적 역할을 한 고룡보는 1344년(충목왕 즉위년) 2월 정미일(16)에 원자 충목왕을 황제에게 알현시켰다. 고룡보의 이 시도에는 사실 8살의 나이에 불과한 원자인 충목왕을 황제에게 군주감으로 다시금 각인시키고자 하는 의도가 있었다. 이 자리에서 황제는 원자에게 물었다. "부친을 배우려는가, 모친을 배우려는가?[汝學父乎, 抑學母乎]" 이에 원자는 모친 즉 덕녕공주를 배우겠다 하였다. 황제는 모친을 배우겠다는 대답을 한 점, 원자가 선을 좋아하고 악을 미워하는 천성이 있다는 점, 그리고 충혜왕의 동복동생 강릉대군 즉 공민왕이 있었지만 원자가 덕녕공주의 아들로서 혈통상 보다 원 황실과 연결되고 있다는 점, 어린 나이라 정치력이 부족할 수 있지만 덕녕공주 및 고려 국로의 도움을 받아 해결할 수 있다는 점 등을 들어 습위(襲位)를 허락했다.

원자 충목왕의 즉위는 1344년(충목왕 즉위년) 2월 정미일(16) 원의 대도에서 이뤄졌다. 국새는 4월에 정승 기철과 만호 권겸, 전 총랑 노영이 충목왕의 행궁을 찾아 전했다. 충목왕은 원자로서 숙위를 하고 있던 데다 아직 8살에 불과했기에 고려 국내 정치에 대해 몰랐을 것이다. 그렇지만 새로 즉위한 군주의 지위로서 2월 첫 하교를 내렸다. 그것만으로도 사실 고려 조정에서는 기대할 만했다. 그것은 다음과 같았다.

국내 신료에게 알리노니 폐정을 모두 개혁하고 백성을 위로 및 구휼하라 [戒國內臣僚, 一革弊政, 慰恤百姓].

2) 4년간의 치세와 12살의 죽음

8살의 군주가 무엇을 할 수 있을까? 그러한 의구심으로 충목왕 대의 역사를 바라볼 수 있다. 어린 군주가 주는 이미지는 이처럼 우선 부정적일 수밖에 없다. 하지만 충목왕은 뭔가 달랐음이 확인된다.

원 대도에서 즉위한 충목왕은 다시 한번 충혜왕의 폐행을 솎아 내고 유배하는 조치를 내렸다. 1344년(충목왕 즉위년) 윤2월 한범(韓范)·장송(張松)·심노카이[沈奴介]·전두케부카[田頭乞不花] 등 15명을 섬으로 유배하고 정천기(鄭天起)·소경부(蘇敬夫)·조성주(趙成柱) 등을 전리로 쫓아 보냈다. 이어서는 감찰사에서 충혜왕이 악소배에게 남발했던 고신(告身)을 회수했다.

이러한 조치는 사실 1343년(충혜왕 후4) 11월 충혜왕 압송 과정에서 국사를 바로잡는 일을 맡은 고룡보와 국왕 부재 시 고려의 국정을 임시 처리한 권정동행성사 기철과 홍빈, 정승 채하중 등에 의해 진행된 것으로 볼 수 있다. 그렇지만 이미 2월에 고려 국왕으로 즉위하게 된 충목왕에게 이를 알렸고 처리된 것으로 여겨진다. 결과적으로 본다면 충목왕 초반의 국정 방향은 충혜왕의 폐행 숙청과 정상적 인사 처결에 있었다. 또한 불법 혹은 강압적으로 처리된 전민 문제 및 내탕(內帑) 등의 개혁도 있었다.

충목왕은 4월 행궁에서 기철 등으로부터 국새를 받은 뒤 숙부 공민왕을 강릉부원대군으로, 채하중을 우정승, 한종유를 좌정승, 이제현을 판삼사사로, 김윤(金倫)·권겸(權謙)·박충좌(朴忠佐)를 찬성사(贊成事)로, 나익희(羅益禧)·손수경(孫守卿)을 참리(參理)로, 김승사(金承嗣)·김상기(金上琦)를 삼사우좌사(三司右左使)로 각각 임명했다. 채하중과 한종유는 조적의 난 때 충혜왕을 위해 공을 세웠고, 특히 한종유는 황제가 원자 즉 충목왕을 부탁하기 위해 원으로 부르기도 했었다. 그만큼 이 둘은 충혜왕에게 공신으로 인정받았고, 또 한편으로 충목왕을 위해서도 그러하리라 기대되었다. 이제현은 당시 자타공인 유신(儒臣)이었다. 사람들은 그를 헤아릴 수 없는 그릇과 같은 군자[不器君子], 혹은 괄목상대(刮目相待)의 선비라고 할 정도였다. 이 점을 놓고 본다면 종실과 조정 인사에서 앞으로의 개혁 추진을 위한 밑그림이 그려진 것이라 할 수 있었다.

충목왕의 정치 방향은 원 황실과도 그 이해관계를 같이했다. 즉 원 혜종 황제는 충목왕에게 조서를 보냈다. 일부분을 소개하면 다음과 같다.

부다시리[寶塔實里]가 행한 학정(虐政)을 개혁할 것이며 산림으로 도피한 인민은 해당 관청으로 하여금 신속히 초무(招撫)하여 농업을 권장하고 학문을 흥기시키도록 하라. 무릇 정치(整治)는 사의(事宜)에 맞게 하되 모두 기존의 제도를 준수해 그대 나라의 백성들로 하여금 각자의 생업을 지키게 하여 승평(昇平)의 즐거움을 누리게 한다면 어찌 위대한 일이 아니겠는가?

부다시리는 바로 충혜왕의 몽골식 이름이었다. 그러니까 충혜왕 대 행한 정치를 개혁하되 백성을 위한 정치를 성제(成制) 즉 기존의 제도를 토대로 행하여 백성의 생업을 지키게 하라는 조서였다. 이는 원과 고려의 이해관계가 일치하는 점이었고, 고려에서는 이를 개혁 정치로서 실행하면 되었다.

특히 1344년(충목왕 즉위년) 5월에 이르러서는 판삼사사 이제현이 도당에 상서하여 충목왕의 조정이 고쳐 행해야 할 개혁안을 정리해 아뢰었다. 내용은 다음과 같았다.

첫째, 군주의 수덕을 위한 학문 수양이 중요하므로 사부와 시학 등을 지정해 사서(四書) 육경(六經)으로 격물치지 성의정심의 도 즉 성리의 도를 익힐 것. 서연(書筵)의 개최가 이에 해당함.

둘째, 군신의 의(義)는 한 몸과 같으므로 편전에서 매번 신하와 정사를 논하여 군주가 환관을 가까이하지 못하도록 할 것.

셋째, 정방을 혁파하고 전리사(典理司)와 군부사(軍簿司)로 그 권한을 넘기고 고공사(考功司)를 두어 관원의 공과를 살펴 매년 6월과 12월 도목(都目)을 받고 정안(政案)을 조사해 인사를 행할 것. 이를 통해 인사문란[黑冊之謗]을 막을 것.

넷째, 응방(鷹坊)과 내승(內乘)을 혁파하고 덕녕고(德寧庫)·보흥고(寶興庫)를 없앨 것.

다섯째, 자사(刺史)와 수령(守令)으로 적합한 사람을 쓰기 위해 참직에 나아가지 않은 자를 감무와 현령으로 삼아 이를 거치도록 하고 4품에 이르면 목사와 태수로 삼되 감찰사와 안렴사가 포폄을 반드시 행하도록 할 것.

여섯째, 근래 사치스러운 풍속으로 민생이 곤궁하고 재정이 부족하니 검약에 힘쓰고 위로는 간곡한 간언(諫言)을 아뢰면서 아래를 감화시켜 풍속이 후하게 만들 것.

일곱째, 강제와 횡포로 거둬들인 포를 납부한 자에게 돌려주되 관원의 농간이 우려되는 경우 내년의 잡공(雜貢)으로 충당케 할 것.

여덟째, 신하들의 재산을 가져가 정한 세 곳의 식읍에 대해 양궁(兩宮) 즉 경화공주 및 덕녕공주궁에 보고해 이를 폐지하고 광흥창에 다시 속하게 할 것.

아홉째, 경기에 있는 녹과전(祿科田)을 권세가가 탈점해 폐지하지 못하고 있는데 이를 혁파해 많은 신료들이 그 혜택을 보도록 할 것.

열째, 주군의 공부(貢賦)로 납부되지 않은 것은 앞으로도 거두기 힘드므로 1343년(충혜왕 후4) 이전 납부되지 않은 공부는 일체 면제할 것.

열한째, 횡렴(橫斂)으로 인해 궁민(窮民)이 자녀를 전당 잡히거나 파는 자가 생겼는데 각 도 존무사와 안렴사로 하여금 방을 내걸어 궁민이 개경에 와 보고토록 하고 관청 재물로 이를 갚아 주되 구매한 자가 자수하지 않으면 해당 값을 주지 말고 강제로 부모에게 돌려주게 할 것.

11개 조항에 달하는 이제현의 이 상서는 개혁 정치의 구체적 방향을 지적한 것이었다. 그리고 우연인 듯 이와 관련해 원나라에서 취한 조치가 눈에 띈다. 그것은 충혜왕의 폐행으로 지목된 이들에 대한 유배였다. 최화상(崔和尙)을 정주로(靖州路) 정주현(靖州縣)으로 유배하는 것을 시작으로 임신(林信)·박양연(朴良衍)·민환(閔渙)·김첨수(金添壽)·임이도(林以道)·승신(承信)·남궁신(南宮信)·왕석(王碩) 등을 원의 여러 지방에 보낸 것이다. 이로써 충혜왕의 측근 폐행 등에 대한 정리가 고려 및 원에서 모두 이뤄지게 되었다. 충목왕 즉위년 행한 이러한 충혜왕 세력 제거 조치로 일단 충목왕은 군주로서의 지위를 보다 확고히 하게 되었다.

이제현의 상서 등으로 우선 충목왕은 군주로서의 학문을 닦고 수덕을 행하고자 했다. 그것은 1344년(충목왕 즉위년) 서연 설치로 이어졌다. 시강은 우정승 채하중, 좌정승 한종유, 판삼사사 이제현 등으로부터 시작해 전교승(典敎丞) 전충(全忠), 전의주부(典儀主簿) 손용(孫涌), 덕녕부주부(德寧府注簿) 홍준(洪俊) 등에 이르기까지 48명이나 되었다. 서연 강론은 상당히 지속되어 조정이 모두 그 성과를 기대했다.

이를 이어 충목왕은 충혜왕의 역사를 바로잡는 또 하나의 조치를 취했다. 충혜왕이 남긴 학정(虐政)이자 화려함의 유산이라 할 삼현에 세운 신궁을 헐어 버린 것이다. 1344년(충목왕 즉위년) 8월의 일이었다. 그리고 그 자리에는 경서 강론과 자문 등을 맡은 학관(學館)을 세웠다. 숭문관(崇文館)이었다.

충목왕은 대행왕 즉 충혜왕의 사후 처리를 해 나갔다. 1344년(충목왕 즉위년) 6월 대행왕의 영구가 도착하자 이를 맞고는 8월에 영릉(永陵)에 모셨다. 1346년(충목왕 2) 4월에는 대행왕의 영정을 마련해 경령전에 안치했다. 5월에는 대행왕을 태묘에 합사하고 한악과 이규를 체협공신으로 배향했다. 이를 보면 폐위되어 유배 중 죽은 충혜왕이었지만 그 아들로서 왕위를 이은 입장에서는 효를 위해서도 자신의 정통성을 위해서도 관련 추숭 의례는 필요했음을 알 수 있다. 그리고 이러한 노력을 완성하기 위해 충혜왕의 죄과에 대한 판결의 정정, 시호 하사 등을 원에 요청하기도 했다. 하지만 이는 이뤄지지 못했다. 대신 1344년 12월 원 혜종황제는 충선왕과 충숙왕의 시호를 정하는 조서를 보내온 바 있다.

한편으로 충목왕은 고려 왕조의 역사 정리를 시도했다. 충선왕과 충숙왕의 시호가 정해지자 1346년(충목왕 2) 10월 관련 하교를 내렸다. 충선왕이 민지(閔漬)를 시켜 편찬한 『본국편년강목(本國編年綱目)』 42권이 국조문덕대왕부터 고종 대까지로 마친 데다가 누락된 부분이 많다 하여 이제현·안축·이곡·안진·이인복 등에게 명해 보완토록 했다. 또한 충렬왕·충선왕·충숙왕 실록 편찬을 명했다. 이는 본래 각기 후사왕 대에 정리했어야 하지만 결과적으로 본다면 충숙왕과 충혜왕이 여러 가지 일로 하지 못했던 것을 충목왕이 진행한 것이라 볼 수 있겠다. 이를 합쳐 충렬·충선·충숙 삼조실록(三祖實錄)이라 일컫기도 한다.

충목왕의 활동 내용을 보면 주목할 면이 보인다. 도교의 영보도량(靈寶道場), 초제(醮祭), 백고좌도량(百高座道場), 연등회 및 팔관회, 봉은사 행향 및 보살계 수계, 경령전 참배, 기우도량(祈雨道場), 기양도량(祈禳道場), 장경도량(藏經道場), 소재법석(消災法席) 등을 친히 나아가 행한 것이다. 연등회와 보살계 수계 그리고 팔관회 개최 등을 통해 고려 왕실의 전통적 왕실의례를 다시 복원하고 각종 불교 도량 및 도교 초제 등을 통해 복을 구하려 했다. 이들 대부분 행사에 어린 군주가 직접 참여했음이 확인된다. 재변 중 주목되는 현상이 있었다. 별자리나 혜성, 유성 등으로 인한 성변(星變)이 자주 일어나고 가뭄, 우박, 기근과 전염병, 폭우와 산사태가 잇따른 것이다. 이는 점차 안정을 찾아 가려는 충목왕의 정치에 불길함을 주는 것이었다.

그렇지만 어린 충목왕은 개혁을 추구한 이들의 도움을 받아 몇 가지 면에서 성과를 보기도 하였다. 이제현의 상서에 담긴 정방 혁파 주장과는 달리 충목왕은 1345년(충목왕 1) 정월 정방을 다시 설치하고 찬성사(贊成事) 박충좌(朴忠佐)·김영후(金永煦), 참리(參理) 신예(辛裔), 지신사(知申事) 이공수(李公遂)를 제조관(提調官)으로 임명했다. 이러한 조치는 아직 정방 중심의 인사 관리가 필요함을 뜻했다. 달리 보면 그것은 제도보다 담당 신료의 도덕성과 역량 등이 중요하다 여겼기 때문이었을 것이다.

하지만 이는 오산이었다. 정방을 통한 인사권 장악으로 결국 신예와 같은 소수 인물이 정국을 좌우할 수 있게 되었다. 이 때문에 신예는 몇 달 사이에 친인척과 친구들을 경상(卿相)의 지위에 포진시켜 사람들은 그를 일러 '신왕(辛王)'이라 부르기까지 했다.

여기에 이어 1345년(충목왕 1)에는 정리도감(整理都監)에서 행성에 역마 이용 자격을 규정하고 처벌을 강화할 것을 청한 바 있다. 이어지는 정리도감의 개혁 내용을 보면 대체로 이제현이 상서한 글과 일치하는 면이 있었다. 이 정리도감은 1347년(충목왕 3) 2월에는 충혜왕의 폐정 개혁 기구인 정치도감(整治都監) 설치로 연결되었다. 특히 정치도감은 원 황제의 명으로 운영된 면이 있었다.

이러한 정치도감의 규모를 보면 충목왕의 개혁 의지가 느껴진다. 여기에 계림군공(鷄林君公) 왕후(王煦), 좌정승(左政丞) 김영돈(金永旽), 찬성사(贊成事) 안축(安軸), 판밀직사사(判密直司事) 김광철(金光轍)을 판사(判事)로 삼고, 그 밑으로 사(使)와 부사(副使), 판관과 녹사 등 34명의 속관(屬官)을 둔 것이 확인되기 때문이다.

정치도감의 개혁 노력은 성과가 있었다. 예컨대 속관을 여러 도에 나눠 파견해 양전(量田)을 하게 한 것이 확인된다. 전영보 등이 천인으로 만든 양인 160명을 정치도감에서 법대로 처리해 다시 양민이 되도록 한 것이나, 이천현(利川縣) 아전이 공전(公田)을 정승 채하중과 이문 윤계종에게 뇌물로 바친 것을 찾아낸 것, 기황후 집안사람인 기삼만(奇三萬)이 권세를 믿고 남의 토지를 불법으로 빼앗은 것을 찾아내 장형에 처하고 순군옥에 가둔 것, 노책의 죄를 찾아내 벌한 것 등이 확인된다.

하지만 이 가운데 기삼만을 잡아들여 장형에 처하고 순군옥에 가둔 사건은 원 황실에서 크게 문제가 되었다. 기삼만이 순군옥에서 죽었고, 그가 기황후 집안사람이기 때문이었다. 원에서는 직성사인 승가노를 보내 정치관(整治官) 백문보 등 16인을 장형에 처하는 등 정치도감의 일에 개입했다. 판정치도감사였던 김영돈은 충목왕에게 규정대로 일을 한 정치관을 어째서 감옥에 가두는지를 물었다. 충목왕은 "기삼만이 다른 사람의 전지(田地) 5결(結)을 빼앗았지만 어찌 죽음을 당할 정도였겠는가?"라 하였다. 하지만 김영돈은 "기삼만은 권세를 믿고 방자하였으니 어찌 5결의 전지를 빼앗은 데 그쳤겠습니까?"라 대답하면서 원악(元惡)을 다스렸을 뿐이라 주장하고는 스스로 행성 옥에 들어갔다.

이 일로 인해 충목왕은 다시 김영돈을 내보냈다. 이를 보면 정치도감의 개혁에는 한계가 있었음이 확인된다. 즉 모든 이에게 법대로, 곧이곧대로 규정을 적용해서는 안 된다는 일종의 정치적 불문율이 있었던 것이다. 그 중 핵심은 원 황실이었다. 다만 원 혜종황제의 정치도감 운영에 대한 의지가 있자 다시 정치도감을 두고 왕후를 판사로 임명했다. 정치도감은 결국 1349년(충정왕 1) 8월에 혁파되는 운명에 처했고, 그만큼 당시 고려 왕조의 정치 개혁 노력도 무산되어 갔다.

충목왕 대에는 이 외에도 1347년(충목왕 3) 해아도감(孩兒都監)이라는 버려진 아이들을 양육하는 것으로 추정되는 기구를 둔 바 있다. 또한 폭우나 기근 등으로 어려움을 겪는 민의 소생을 위해 소복별감(蘇復別監)을 여러 도에 파견했다. 이를 이어 1348년(충목왕 4) 2월에는 서해도와 양광도 기근 진휼을 위해 진제도감(賑濟都監)을 설치, 운영했다. 3월에는 1331년(충혜왕 1) 설치되었던 이학도감(吏學都監)을 보다 늘렸다. 판사 7인, 부사 3인, 판관 3인, 녹사 4인 등 17명을 둔 것이 확인된다. 이와 함께 유학 진흥을 위해 경사도감(經史都監) 제조로 판삼사사 이제현과 영산군 장항(張沆), 밀직제학 안목(安牧) 등을 임명했다.

8살에 즉위해 서연을 거치면서 적극적으로 성군이 되고자 성학(聖學)을 습득한 충목왕이었다. 그러면서도 원과의 원만한 관계 유지를 위해 두 차례 입조 요청을 했다. 하지만 어린 나이에 오른 군주의 자리가 주는 압박감, 그리고 여러 차례의 서연 강학, 친히 나아가 올린 초제와 도량, 연등회와 팔관회, 여러 사찰 행향 등은 충분히 어린 충목왕의 건강에 영향을 줄 만했다. 게다가 1348년(충목왕 4) 4월 이후에는 기근과 전염병, 폭우, 산사태, 천변(天變) 등이 잇따랐다. 결국 10월 들어 충목왕은 몸이 편치 않았고 여러 사원과 사제(私第)를 옮겨 다녔다. 기도와 안정을 위해서라고는 하지만 이는 오히려 요즈음의 관점에서 보면 요양에 좋지 않았다.

충목왕의 모후인 덕녕공주의 경우 충목왕 대 정치에 미친 영향에는 좋은 면과 그렇지 않은 면이 있었다. 좋은 면으로 본다면 원 혜종황제가 원자였던 충목왕에게 부모 중 누구를 배울 것인가라 물었을 때 모후를 배우겠다 한 때를 생각할 수 있다. 이는 그만큼 덕녕공주가 명철함이 있었기 때문이라 여겨진다. 다른 면으로 본다면 충혜왕이 죽은 후 성년(盛年)이 된 덕녕공주에게 추문이 될 수 있는 여지가 많아 측근에 대한 유의가 필요했고, 동시에 덕녕공주의 정치·인사 등에 대한 참여를 줄였어야 한다는 것이었다. 충목왕 대 덕녕공주 측근 강윤충 사건과 충목왕 죽음 후 관련 일을 기록한 사신의 말은 덕녕공주의 정치 간여 정도를 엿보게 한다.

> 찬성사 강윤충은 한 명의 환관과 한 명의 시녀를 통해 국왕의 모친과 연결되어 음란한 짓을 자행하고 내전에서 총애를 받고 있다.

> 모비(母妃)가 성년(盛年)으로 안에 있으니, 강윤충과 배전(裴佺)이 출입하며 총애를 얻어 정권을 잡고 권력[威福]을 마음대로 행사하였다.

1348년(충목왕 4) 12월에 들어서도 모후인 덕녕공주는 충목왕의 요양을 위해 궁궐이 아닌 사제를 택하도록 했다. 어떤 이유에서인지 충목왕은 7월에 죽은 좌정승 상락부원군 김영돈의 사제로 가 있었다. 그리고 12월 정묘일 (5) 충목왕은 12살의 나이로 죽음을 맞게 되었다. 물론 후사를 지명하지 못하였다. 모후인 덕녕공주는 충목왕이 죽자 덕성부원군 기철과 정승 왕후에게 정동성사(征東省事)를 섭행하게 하여 국왕 부재 상황을 메꾸었다.

이어 호군 신원보를 원에 보내 충목왕의 죽음을 알리고 이제현을 보내면서는 하루라도 왕위를 비워 놓을 수 없으므로 19살의 왕기 즉 공민왕과, 충혜왕의 서자인 11살의 왕저 중 한 사람을 택해 줄 것을 청했다. 비상 상황이라 하더라도 고려 내부의 국왕 추대와 원에서의 인정이 아닌 원에서의 국왕 선정과 고려에서의 즉위 및 책봉 순서로 정하는 것이 기정사실화되어서 였다. 과연 원 황실의 선택은 무엇이었을까?

충목왕의 죽음 후 국장 과정은 알려지지 않았다. 간단히 언급만 되어 있다. 즉, 1349년(충정왕 1) 3월에 명릉(明陵)에 모셨고, 1351년(충정왕 3) 2월에 태묘에 부묘했다. 1357년(공민왕 6) 윤9월에 '현효(顯孝)'라는 시호가 정해졌으며 이어 1367년(공민왕 16) 정월에 이르러서야 '충목(忠穆)'이라 군주 시호가 내려지게 되었음이 확인된다.

'명릉'의 능호가 정해진 것은 충목왕의 총명한 성품을 반영한 것으로 여겨진다. 재위 4년간 학문을 닦으면서 정무 처리를 한 것을 보면 적절한 능호였다 볼 수 있겠다. '현효'라는 시호에서 '현(顯)'은 태조 왕건의 능호이고 현종의 묘호였다. 가벼이 쓰기 어려운 글자였다. 그럼에도 공민왕이 현효라 시호를 올린 것은 충목왕이 부왕인 충혜왕과 모후인 덕녕공주에게 효를 다하고자 했음을 표현한 것이었다. 이어 '충목'의 시호에서 보이는 '목(穆)'은 화목하다, 공경하다의 의미를 갖는데 이는 충목왕이 원 황실을 잘 공경하였다는 의미였을 것이다.

많은 기대를 받았지만 오히려 그 기대의 중압감 속에 충목왕은 12살의 생애를 마감했다. 하지만 충목왕 시대가 남긴 것은 분명했다. 새로운 군주의 모습이 보다 분명히 나타나기 시작한 것이다. 그것은 우선 성학(聖學)에 눈떠야 한다는 점이었다. 물론 예종이나 인종 때도 경연 형태의 강론이 있었다. 하지만 충목왕 대에 들어서는 4서 6경을 통한 격물치지(格物致知)와 정심성의(正心誠意) 치국평천하(治國平天下)의 공부와 수덕(修德)이 보다 강조되었다. 당시 이제현 등은 충혜왕의 학정(虐政)이 군주가 폐행을 가까이하면서 수양을 멀리해 생겨난 것이라 보고 이를 해결하기 위해 군주가 끊임없이 성학을 공부할 필요성을 주장했던 것이다. 이상적 성학군주론(聖學君主論)의 등장이고 이를 우선해야 하는 것으로 보았다.

다른 한편 그 양상은 약화되었더라도 여전히 고려 왕조의 정체성을 이루고 있었던 신성한 왕실에 대한 의지가 있었다. 충목왕은 보살계를 받고 봉은사를 참배했다. 경령전을 찾고 팔관회와 연등회를 열며, 장경도량이나 백고좌도량 등 불교 도량을 설행했다. 영보도량이나 삼계에 대한 초제 등 도교적 행사를 군주가 직접 행하였다.

이러한 모습은 특히 성리학에 바탕을 두고 성학 군주 혹은 성인 군주를 추구하려는 사상적 움직임과 궤를 달리했다. 더구나 과거시험에서 이미 사서가 중심이 되어 가고 있고 경사도감이나 숭문관, 성균관 등을 통해 성리학을 공부한 이들이 늘어 가고 있었다. 따라서 군주의 성학과 정치이념 등의 면에서 성리를 공부한 유신들과 전통적 불교·도교·전통신앙 등을 통해 신성화를 꾀하려는 신하들 양측의 충돌이 예견되었다.

그러면서도 충목왕 후사 문제에서 드러났듯이 왕실 혈통이 축소된 상황에서 돌파구 마련이 필요했다. 용손 혈통과 원 황실 혈통의 결합 속에 후계자가 등장하면 이상적이었지만 일단 그러한 혈통은 단절된 것이나 마찬가지였다. 원 황실 혈통이 아니더라도 군주는 후사를 둘 수 있도록 후비를 맞을 때 그 가문 등에 대해 유의할 필요가 있었다. 예컨대 그나마 명덕태후 홍씨가 충혜왕과 공민왕을 낳아 고려 왕실이 유지된 측면이 있었다.

또한 군주의 생애 주기가 매우 짧은 상황이 연속되었다. 그나마 충렬왕은 73세로 장수하였으나 이후 충선왕은 51세, 충숙왕은 46세, 충혜왕은 30세, 충목왕은 12세에 죽었다. 그 원인에 대한 분석과 대응 방안이 필요했다. 천수를 누리지 못한 면이 많았던 것이다. 건강과 장수를 위한 노력이 강구되어야 했다.

충목왕 재위 4년간은 새로운 고려 왕실과 왕조 개혁을 위한 밑거름이 만들어지고 단초가 생긴 때였다. 그 성장과 수확은 이후 즉위하게 되는 고려의 군주와, 다양한 생각과 이해관계를 가진 조정 신료들의 몫이었다. 역사가 어떠한 방향으로 흐를 것인가를 강물 속 물고기는 구체적으로 알지 못하나 본능적으로 그 흐름에 몸을 맡기고 거슬러 올라가는 등 자기 역할을

사진 28 1348년(충목왕 4)에 만들어진 개성 경천사지 10층 석탑

사진 29 경천사지 10층 석탑 탑신부 조식

하는 것만은 분명하다. 시간과 역사, 그 속에서 인간의 역동성은 결국 미래를 만들고 있기 때문이다.

3) 충정왕의 즉위와 3년 재위 그리고 강화로의 축출

충혜왕은 고려 역사에서 황음무도(荒淫無度)한 폭군의 대명사로 묘사되었다. 대표적 내용이 "남의 처나 첩이 아름답다는 소문을 들으면 그 사람이 가까운 사람인지[親疏] 귀한지 천한지에 관계없이 모두 들여서 후궁(後宮)으로 삼았는데 거의 100여 명이나 되었다"라는 것이었다. 1343년(충혜왕 후4) 11월 고룡보가 충혜왕을 체포하고 내탕을 봉인한 후 추방한 궁인의 수가 옹주 등 126명이라 했다. 이 기록과 후비와 후궁의 수를 고려하면 100명을 훨씬 넘길 것으로 예상된다. 하지만 자녀는 덕녕공주에게서 1남 1녀, 희비 윤씨에게서 1남, 은천옹주에게서 1남에 불과했다.

이러한 가운데 태어난 충정왕(忠定王, 1338~1352)은 충혜왕과 후비 희비 윤씨 사이 아들이다. 이름은 왕저(王眡)였다. 원 간섭기 대개의 왕이 그러하듯 몽골 이름도 갖고 있다. 미스젠도르지[迷思監朶兒只]였다. 충정왕의 어릴 때 기록은 거의 없다. 다만 1338년(충숙왕 후7) 폐위되었던 충혜왕이 고려에 있을 때 윤계종의 딸을 맞아 낳은 것으로 알려져 있다. 생년은 1338년이었지만 태어난 월일은 현재의 『고려사』나 『고려사절요』에 보이지 않는다. 심지어 1344년(충목왕 즉위년) 4월 이뤄진 종실 책봉 때에도 언급이 없다. 5살에 불과했기 때문에 없을 수는 있다. 그러다가 1348년(충목왕 4) 4월에 이르러서야 종실 책봉 때 등장했다. 11살 경창부원군(慶昌府院君)이 그였다. 다만 몇 월에 태어났는지를 추정할 기록이 『고려사절요』 1350년(충정왕 2) 8월 기사에 보인다. 탄일이라 하여 군신에게 연회를 베풀었다 하고 있기 때문이다. 『고려사』의 같은 시기 기록에는 없다.

충목왕이 1348년(충목왕 4) 재위 4년 만에 12살의 나이로 죽자 고려는 원에 그 부음을 전했고, 정승 왕후(王煦)는 이제현을 원에 보내 표문을 올렸다. 그 가운데 가장 중요한 것은 하루라도 군주의 자리를 비워 놓을 수 없으므로 현재 원에 입시하고 있는 충혜왕의 동모제인 19살 강릉대군 왕기와 충혜왕의 서자인 11살 왕저 중 민망(民望)에 따라 황제가 후사 결정의 덕음을 내려주었으면 한다는 점이었다. 이에 대해 원 혜종황제는 충목왕의 숙부가 아닌 이복동생 왕저를 택했다. 1349년(충정왕 1) 5월 황제는 왕저로 하여금 왕위를 잇게 한 것이다.

그에 앞서 2월 황제는 왕저의 입조를 지시했고, 노책과 손수경·이군해·민평·윤시우·최유 등이 왕저를 수행했다. 이에 대해 대간과 전법관이 모여 이들의 원나라행을 저지하려 했다는 것을 보면 당시 고려 조정에서는 강릉대군과 경창부원군 지지 세력이 나눠져 있었던 듯하다. 하지만 일차적으로는 입조하라는 황제의 명이 우선이었기에 원나라행을 막을 수는 없었다.

3월에는 정승 왕후가 원에 가서 황제의 생일을 축하했다. 이를 보면 원 황실에서도 결정이 쉽게 내려지지 않았음을 알 수 있다. 다만 고려 왕실의 안정을 보다 원했다면 강릉대군 왕기로 했을 법도 했지만 황제는 왕저를 택했다. 그리고 충정왕은 7월 원에서 고려로의 귀국길에 올랐고, 한림학사 생게[雙哥]는 고려국왕인을 전달했다. 이어 충정왕은 마침내 강안전에서 즉위했다.

충정왕 대의 정치는 재위 기간이 불과 3년이라 재단할 수조차 없이 짧다. 그러나 한 가지 분명한 것은 충목왕 대 시도되었던 정치 개혁에 대한 반동이 일어났다는 점이다. 대표적인 사례가 정치도감(整治都監)의 혁파였다. 1349년(충정왕 1) 8월의 일이었다. 이미 1347년(충목왕 3)의 기록을 보면 강윤충(康允忠)과 하유원(河有源)이 정치도감의 일을 방해하고 있다는 내용이 언급되었다. 실제 강윤충은 정방제조가 되어 원 황제가 명하여 폐정을 바로잡기 위해 설치한 정치도감의 일을 방해했다. 인사를 통해 소기의 목적을 이룬 것이다.

김륜·이제현·박충좌 등은 충목왕과 덕녕공주에게 강윤충의 죄를 물을 것을 청했다. 그러나 고룡보에게 뇌물을 준 강윤충은 1359년(공민왕 8)까지 살았다. 어쨌든 원 황제의 명으로 설치되어 폐정 개혁의 주체가 되었던 정치도감의 혁파는 원 황실에서도 고려 조정에서도 더 이상 개혁 정치가 어려워졌다는 것을 보여 주었다. 즉 개혁 소멸의 상징이 된 것이다.

동시에 이는 인사권 장악이 얼마만큼 중요한 것인가를 알려 주었다. 그렇지만 충목왕 대를 이은 충정왕 대의 인사는 더욱 문제가 있었다. 민심을 따르는 개혁을 추진하지 않은 것이다. 일부 군주의 측근 혹은 폐행 간의 권력 나눠 먹기에 불과했다. 또한 이들의 소위 정치생명력은 타의 추종을 불허할 정도였다. 예컨대 '신왕(辛王)'이라고까지 불린 신예(辛裔), 덕녕공주와 불미스러운 소문이 돌았던 강윤충 등이 있었다. 여기에 더해 충목왕~충정왕 대를 좌지우지한 몇몇 인물을 살펴보면 배전(裴佺)과 윤시우(尹時遇, ?~1356), 최유(崔濡) 등을 대표적 인물로 들 수 있다.

배전은 본래 그 모친이 궁비였다. 그는 충혜왕의 폐행으로 승승장구했다. 특히 1339년(충혜왕 복위년) 8월에 있었던 조적의 난 때 충혜왕을 호종하여 1등 공신이 되었다. 배전은 강윤충과 함께 덕녕공주의 총애를 받았고, 공주의 궁에 있으면서 권력을 장악했다. 충정왕을 알현할 때에는 배전에게 청탁을 넣으면 된다 할 정도였다.

윤시우는 충정왕 때 도첨의이자 측근으로서 권력을 농단한 인물이었다. 충정왕 즉위 전 충정왕을 호종해 원에 들어가 그 즉위에 공을 세웠다. 충정왕의 모후 희비 윤씨와 인척이기도 했다.

최유는 몽골 이름이 최테무르부카로 동지밀직 최안도(崔安道, 1294~1340)의 아들이었다. 최안도의 모친은 궁비였으며 최안도는 충선왕과 충숙왕의 폐행으로 매관육작(賣官鬻爵)을 자행했다. 최유는 조적의 난 때 충혜왕을 시종해 1등 공신이 되었다. 원에서도 관직을 지내 어사(御史)가 되었다. 부호(富豪)로 이름났지만 여색을 지나치게 밝혔으며 충정왕의 즉위에 공을 세워 성근익대협찬보정공신(誠勤翊戴協贊保定功臣)이 되었다. 당시 이들의 인사 농단이 어떠한 지경이었는지를 보여 주는 일화가 있다. 배전이 최유에게 참리(叅理)로의 임명은 자기 덕이라 하자 최유는 배전을 때렸고 이어서는 충정왕에게 다음과 같이 방자하게 말했다.

전하의 즉위를 도운 공은 신보다 나은 자가 없으나, 지도첨의를 거쳐 겨우 참리로 승진하였습니다. 윤시우는 무슨 공이 있다고 밀직부사에서 삼재(三宰)로 임명하셨습니까? 그 아비 윤신계(尹莘係)와 숙부 윤안숙(尹安淑)도 모두 일찍이 삼재가 되었는데, 그것이 저 집안이 대대로 이어받는 관직이란 말입니까?

이를 보면 실제 최유는 충정왕 옹립에 크게 공을 세웠던 듯하다. 그것은 그가 원에서도 부호라 소문났다 한 점을 고려할 필요가 있겠다. 충정왕의 즉위를 위해 호종했던 것은 윤시우도 마찬가지였으나 최유는 직접적으로 원 조정에 일정 정도의 영향력을 발휘했다 여겨진다. 그렇기에 이러한 언급이 가능했을 것이다.

어쨌든 이 당시는 윤시우도 희비 윤씨의 인척이자 충정왕의 측근으로서 권력을 마음대로 부리고 있을 때라 사람들은 그를 '윤왕(尹王)'이라 했다. 최유의 언행이 지나치자 민사평이 "그대는 곧 초노(抄奴)의 후손이니, 6재도 그대에게 지극한 것인데, 어찌하여 만족할 줄을 모르는가"라 꾸짖었는데 이에 최유는 오히려 민사평을 구타하면서 분풀이를 했다. 충정왕은 이러한 최유를 어쩌지 못했다.

감찰사에서는 최유와 민사평이 싸운 것을 탄핵하고 이어 최씨 집안의 비(婢)를 잡아 오게 했다. 최유는 또 이를 집행하러 온 아전을 구타하고 비를 다시 찾아갔다. 그의 동생 판도판서 최원(崔源)도 충정왕을 원망하며 불손한 말을 내뱉었다. 이에 그를 국문토록 했는데 최원은 당당하게 "정승(政丞)은 황제의 케식[怯薛]을 실로 꾸짖고 욕할 수 없으며, 또한 국문할 수도 없다는 것을 알지 못하는가. 꾸짖고 욕하는 것에도 나라의 법이 있는 것이다"라 하고는 옥에서 나갔다. 이 지경에 이르자 최유는 동생인 최원, 그리고 최유룡을 데리고 원으로 달아났다.

최유는 이후 고려를 적극 모함하고 공격하려 했다. 원 황실에서도 벼슬을 하고 그 덕에 공민왕 대에도 삼사사로 용성부원군에 봉해지기도 했다. 하지만 그는 기황후를 움직여 공민왕을 폐위토록 하고 덕흥군을 옹립하려다 실패했다. 원에서 압송되어 온 그를 1364년(공민왕 13) 11월에 처형했다. 폐행이었지만 군주와 신료를 무시, 모욕하고 원으로 들어가 반고려 활동을 벌인 희대의 간신 최유는 이렇게 최후를 맞게 되었다.

그렇지만 이러한 일련의 사태는 충혜왕~충정왕 대의 정국이 초래한 결과라 볼 수 있었다. 최유의 입장에서 본다면 충정왕과 그 세력에 의해 토사구팽되었다 여길 상황이었다. 폐행 및 측근 간의 세력 싸움은 이처럼 큰 파장을 낳았다. 여기에 더해 최유처럼 원 황실을 등에 업고 있는 경우 그것은 반 고려 세력을 양성하는 계기가 되기도 했다.

4) 충정왕의 죽음과 강릉대군의 숙제

충정왕은 1349년(충정왕 1) 2월 원에 입조하였다가 황제의 승인으로 즉위 하게 되었다. 1348년(충목왕 4) 12월부터 1349년 5월까지는 기철과 왕후가 정동성사를 섭행했는데, 왕위를 잇게 되자 철성군 이군해(李君侅)에게 국사 를 처결하게 했다. 이어 귀국한 뒤에는 인사권을 맡은 정방제조로 이군해·민사평·홍준을 임명했으며, 계속해서 공신 책봉을 했다. 10월에 이르러 정 방제조를 다시 정하였는데, 손수경(孫守卿)·민사평·윤시우·이배중(李培中) 등이었다. 대체로 이들은 충정왕 입조 때 호종한 측근이자 공신들이었다. 따라서 충정왕의 정치는 이들 측근에 의한 정치에서 벗어나지 못했다.

다만 충정왕 대 행해진 조치 중에서 눈에 띄는 것은 각 도를 대상으로 한 1349년(충정왕 1) 10월의 찰방별감(察訪別監) 파견과 이듬해 9월 소복별감(蘇 復別監)의 파견이었다. 그 성과에 대한 기록은 없지만 지방 행정 등을 살피 는 안렴이었을 것이다. 그러나 충정왕 대에 시도된 정치 제도 등에 대한 개 혁은 없었다.

관행적으로 행하는 의례 등도 그대로 따랐던 것으로 보인다. 예컨대 충목 왕 대에 이어 10월에 영보도량을 열어 축수와 왕실 번창 등을 빌었고, 충혜 왕의 신위가 모셔진 신효사(神孝寺)를 찾았으며, 충목왕을 태묘에 부묘하였 고, 삼계 초제를 올렸다. 다만 이는 어떤 군주가 되었더라도 당시에는 해야 하는 일들이었을 것이다.

한편 충정왕 스스로는 갑작스레 군주의 지위에 오른 처지라 무엇을 어떻 게 해야 할지 몰랐을 듯하다. 그 방향을 잡기 위한 학문 수양 면을 보면 이 를 위한 노력도 없었음이 드러난다. 충목왕 대 행한 서연(書筵)을 통한 강학을 충정왕이 행했다는 내용은 보이지 않기 때문이다. 오히려 시학관(侍學官)의 옷에 먹물을 뿌리는 등의 장난을 치고 한겨울에 얼은 밥에 얼음물을 부어 사람에게 먹도록 하는 등 광패한 면이 있었다는 평가가 나타난다.

그런데 충정왕 대부터 동아시아 질서가 붕괴되는 조짐이 본격적으로 나타났다. 물론 이는 충정왕의 실정 탓은 전혀 아니었다. 외부적 요소이기 때문이다. 하나는 원 내부에서 방국진(方國珍, 1319~1374)이 저장 연안 송문도(松門島)에서 반원 운동을 벌이기 시작해 제국의 분열이 시작되었다는 것이다. 이는 이후 장사성(張士誠, 1321~1367)의 난, 주원장(朱元璋)과 명(明)의 등장 등으로 이어지게 된다. 다른 하나는 왜구의 출몰과 약탈이 고려와 원의 연안 지방 등을 휩쓸기 시작했다는 것이다. 그 기록은 이렇게 시작되었다. 즉, 1350년(충정왕 2) 2월 왜구가 고성·죽림·거제 등지를 침구하자 합포 천호 최선(崔禪)과 도령 양관(梁琯) 등이 격퇴했는데 300여 명을 죽였다고 하였다. 그리고 왜구의 침략이 이때부터 시작되었다 했다.

이에 충정왕은 경상도안렴사로 지평 최용생을 임명하는 한편 경상·전라도지휘사와 전라·양광도 도순문사를 임명하여 왜구 격퇴를 이끌도록 했으나 쉽지 않았다. 또한 충정왕은 연경궁에서 친히 왜적기양법석(倭敵祈禳法席)을 열어 왜구를 물리치길 빌었다. 하지만 왜구의 침구는 더욱 자주 생겼고, 더욱 대규모화하면서 광범위한 지역에까지 이르게 되었다. 공민왕과 우왕 대 왜구 침구는 천도론이 나올 정도로 극심해진 바 있다.

결국 충정왕 스스로가 보여 준 정치에 대한 무관심, 노력 부재, 그리고 폐행 및 측근 관리 실패 등은 원 황실에 폐위의 빌미를 주었다. 더구나 충정왕 대에 원으로 도망한 최유 같은 인물은 적극적으로 충정왕 및 고려 왕실에 대한 적개심을 드러냈을 것이다. 이러한 상황이 종합되면서 원 내부에서는 고려 군주에 대한 태도 변화가 형성되었다. 그리고 이는 전격적으로 진행되었다. 즉, 1351년(충정왕 3) 10월 임오일(6) 원에서는 갑작스레 강릉대군 왕기를 고려 국왕으로 삼았다. 충혜왕이 두 번 폐위되는 과정도 그러했지만 순식간의 일이었다. 그만큼 충정왕은 전혀 예상치 못했던 사건이었다.

강릉대군 왕기는 원에서 고려 국왕이 되었다. 그리고 원은 충정왕 폐위의 일을 처리하기 위해 단사관 울제이부카[完者不花]를 보냈다. 이어 여러 창고와 궁실을 봉인하는 한편 국새를 거두어 돌아갔으며 충정왕은 강화도로 쫓겨났다. 원 황제가 마음먹으면 언제라도 고려 국왕의 자리는 이처럼 교체 가능했던 점을 충정왕과 그 정치 세력은 가볍게 보았던 것이라 하겠다.

사신(使臣)은 이에 대해 몇 가지를 지적했다. 첫째, 어린 나이에 즉위한 점, 둘째, 희비가 모후임을 내세워 안에서 권력을 휘두른 점, 셋째, 간신과 외척이 밖에서 용사(用事) 즉 인사를 휘두른 점, 넷째, 여러 윤씨가 파당을 지어 탐욕을 부리다가[朋比逞欲] 화근을 키운 점 등이 그것이었다. 사신의 입장에서 본다면 답답한 노릇이었을 것이다. 그간의 역사를 통해서 증명된 것이었음에도 불구하고 왜 간관이나 충신의 말을 듣지 않고 멋대로의 정치, 측근 폐행의 정치를 행하다가 패망하는지 말이다.

강화도로 물러난 충정왕을 호종하는 신하로는 1명만 허락되었다. 게다가 음식물도 충분치 않았으며 사람의 왕래도 끊겼다. 모후인 희비 윤씨만이 공민왕에게 간청해 며칠 머물다 돌아왔을 뿐이었다. 갑작스러운 환경 변화에 따른 두려움과 외로움은 이제 14살의 충정왕에게 죽음을 강요했다. 결국 충정왕은 1352년(공민왕 1) 3월 신해일(7) 독으로 인해 죽었다. 공민왕이 1351년(공민왕 즉위년) 12월 귀국해 경령전을 참배하고 강안전에서 즉위한 뒤였다. 재위는 햇수로 3년, 나이는 14살에 불과했다.

1352년(공민왕 1) 7월에 이르러 공민왕은 충정왕의 국장을 치렀다. 능호는 총릉(聰陵)이라 했다. 충목왕의 능호가 명릉(明陵)이었음을 염두에 둔다면 '총명'이라는 단어가 완성되는데, 둘이 모두 일찍 죽었음을 고려하면 똑똑하고 명석하다는 원래 의미보다는 자질은 있었지만 천수를 누리지 못하였다는 의미로 해석하는 것이 좋을 듯하다. 공민왕은 총릉 국장을 행하면서 장례물품 구비나 상복 착용 등을 잘 지키지 않았다. 다만 그 신위는 보제사

(普濟寺)에 모시고 사당은 선명전(宣明殿)이라 해 명복을 빌도록 했다.

그리고 원에서는 1367년(공민왕 16) 정월 그동안 고려에서 요청했던 충혜왕부터 충정왕까지의 시호와 공신호를 정해 주었다. 총릉 즉 충정왕에게는 이때 '수성이정좌리익순보의적경공신(守誠履正佐理翊順保義迪慶功臣)'의 공신호와 '충정(忠定)'의 시호가 추서(追敍)되었다. 이렇게 충정왕의 역사는 그 시호와 공신호가 정해짐으로써 뒤늦게야 마무리되었다. 원 간섭과 부마제후국을 상징하는 '충' 자 돌림 시호의 마지막이었고, 동시에 이는 고려와 원의 관계가 끝나 감을 뜻했다.

한편 1375년(우왕 1) 4월에 이르러 우왕은 충정왕을 태묘에 부묘했다. 그리고 체협공신을 정했다. 문정공(文貞公) 이암(李嵒, 1297~1364)과 문충공(文忠公) 이인복(李仁復, 1308~1374)이 그들이었다. 다만 왜 이들을 충정왕 체협공신으로 정했는가에 대해서는 의문이 들 수 있다. 예컨대 충목왕실에는 정해지지 않았기 때문이다.

이암의 본래 이름은 이군해(李君俀)로 이존비(李尊庇)의 손자였다. 충혜왕의 폐행으로 몰려 해도로 유배되기도 했지만 충혜왕이 복위하자 다시 등용되었다. 이어 충목왕 대에는 정방제조를 역임했으며 충정왕 즉위 전 원에 호종하여 다녀와 공신이 되었다. 홍건적 격퇴와 공민왕 호종에 공을 세워 1등 공신으로 책봉되었다가 1364년(공민왕 13)에 68세로 죽었다.

이인복은 이조년(李兆年)의 손자로 원의 제과(制科)에 급제하였으며, 충목왕 대에 밀직제학의 관직으로 서연에 나아가 강론한 바 있었다. 충정왕 대 활약한 내용은 보이지 않는다. 오히려 1352년(공민왕 1) 9월 조일신의 난 때 그를 과감히 제거해야 한다는 의견을 올려 받아들여졌고, 기철을 죽인 일과 변방 침범을 용서한다는 원의 조서에 대한 사례사로 원에 다녀왔다. 공민왕의 복위에 대한 사례사로도 다녀왔다. 다만 신돈에게 거슬려 파직되기도 하였는데 공민왕에게 신돈의 제거를 몰래 아뢰기도 했다. 자신의 두 동생인 이인임(李仁任)과 이인민(李仁敏)을 싫어해 "나라를 패망케 하고 가문을

망하게 할 자들이 필히 이 두 동생일 것이다"라 하기도 했다. 그만큼 선견지
명이 있는 인물이었다. 1374년(공민왕 23) 3월 67세로 죽었다.

충정왕의 갑작스러운 폐위는 공민왕 시대의 개막을 알렸다. 그간 고려에
서는 강릉대군 왕기에 대한 기대가 컸었다. 이에 강릉대군 즉 공민왕이 즉
위해 충목왕 대 추진된 개혁 정치를 더욱 확대하여 백성들이 살기 좋고 신
료들이 자신의 뜻을 펼칠 수 있는 새로운 왕조를 만들기 바랐다. 다만 역사
는 개혁 의지만으로 이뤄지지 않음을 염두에 두어야 한다. 수많은 욕망과
실패가 얽혀 역사를 만들기 때문이다. 다만 의지로 그 방향을 잡을 수는 있
다. 다른 한편으로 왕조 말의 개혁 실패는 왕조의 멸망을 앞당기기 마련이
었다. 그러한 면에서 공민왕의 개혁 정치는 여러모로 신중해야 했고 과감
해야 했다. 공민왕은 이를 어떠한 방향으로 어떻게 추진했을까? 공민왕의
의지와 성과가 기대되는 순간이었다.

제7장

왕조의 가을과 역성혁명

1.
원명교체기 속 공민왕 대 개혁 정치의 명암

1) 공민왕의 즉위와 왕실

공민왕(恭愍王, 1330~1374)은 고려 역사에서 손꼽히는 개혁 군주이다. 반원 자주개혁(反元自主改革) 혹은 자주개혁을 시도한 군주라는 점에서이다. 하지만 실제 공민왕 23년간의 정치를 살펴보면, 또 1374년(공민왕 23) 9월 환자(宦者) 최만생(崔萬生)과 행신(幸臣) 홍륜(洪倫) 등에 의해 시해된 것을 보면 과연 그러한가라는 의문이 든다.

우선 공민왕은 측근에 의한 정란 및 홍건적과 왜구에 의한 외란을 많이 겪었다. 1352년(공민왕 1) 9월 최측근이었던 조일신의 난, 1356년(공민왕 5) 5월 기철(奇轍)·권겸(權謙)·노책(盧頙)의 모반, 1363년(공민왕 12) 윤3월 흥왕사 김용의 난, 1363년 및 그 이듬해 원의 후원을 받은 덕흥군과 최유 등의 고려 침입, 1365년(공민왕 14) 신돈을 등용했다가 1371년(공민왕 20) 결국 내치고 모역을 범했다 하여 수원으로 유배했다가 죽인 일, 1374년(공민왕 23) 결국 환자 최만생과 폐행이라 할 홍륜·권진(權瑨)·홍관(洪寬)·한안(韓安)·노선(盧瑄) 등에 의한 시해 등을 겪었다. 또한 홍건적의 침략을 받고서는 왕실 보위를 명분으로 안동까지 피난을 간 점, 끊임없이 왜구의 노략질에 시달린 점 등이 확인된다.

공민왕이 태조와 문종의 정치 성과를 되살리려는 일련의 복고적 개혁을 추진한 것은 사실이었다. 용손 혈통으로서 해동천자가 다스리는 천하를 다시 세우고자 한 면이 있었다. 하지만 그 구상과 현실은 달랐다. 원과 일본과의 관계, 국내외 정치 세력의 욕망과 왕권에 대한 도전, 공민왕 개인의 측근 정치 선호, 노국대장공주의 죽음 후 실정 등이 그러했다. 이렇게 본다면 공민왕의 개혁은 용두사미가 되는 셈인데 과연 어떠한지 다시 살펴볼 필요가 있겠다.

하나의 왕조는 탄생서부터 시작해 흥망성쇠를 겪는다. 인간의 태어남과 죽음에 이르는 과정과 유사하다. 또한 새로운 인간이 태어나 그 뒤를 잇거나 새롭게 세우거나 하는 계승과 파괴라는 방식도 나타난다. 이 점을 고려할 때 쇠망의 단계에서 그동안의 제도문물이 가진 관성의 힘으로 왕조를 유지하려는 시도는 늘 있었다. 이는 다시금 새로움을 추구하는 쪽과 유지하려는 쪽 즉 '관성과 개혁' 대 '파괴와 혁명'이라는 대립으로 나타났다. 역사는 늘 시간문제이지만 결국 파괴와 혁명 쪽으로 간 경향이 많았다. 물론 대부분은 과거와 현재가 공존하지만 새로운 사회에는 새로운 틀이 제시되었던 것이다.

『고려사』 공민왕 23년 9월 갑신일(22)의 기사를 보면 간단한 상황 묘사가 있다. "왕이 갑자기 죽었다[王暴薨]. 재위 23년이었고 나이는 45세였다"라 했다. 흉서 하루 전 공민왕은 왕륜사(王輪寺) 영전(影殿)에 갔다가 화원(花園)에서 연회를 베풀었다. 이틀간의 일을 놓고 보면 공민왕의 갑작스러운 죽음 관련 원인을 찾을 수 없다.

『고려사절요』에서는 어떠할까? 같은 공민왕 23년 9월 갑신일(22)의 기록 첫마디는 이러했다. "환자(宦者) 최만생과 행신(幸臣) 홍륜 등이 왕을 시해했다"라 한 것이다. 행신 홍륜 등이라 하였기에 연루자는 더 있었다. 권진·홍관·한안·노선 등이었고, 이들은 잡혀 국문을 당했다. 그들은 내로라하는 명문가의 자손들로 자제위(子弟衛) 소속이기도 했다. 결국 최만생과 홍륜은 수레로 잡아당겨 죽이는 거열형을 당했고 권진 등은 참수형을 당했으며 그들의 아버지는 장형 후 유배되었다. 가산은 몰수되고 부인과 첩은 관비가 되었다. 친숙부와 친조카, 사촌들도 장형 후 유배되었다. 이처럼 상세하게 공민왕의 죽음과 그 후 처리 과정을 기록했다.

그렇다면『고려사』의 기록이 엉망인 것일까? 그렇지는 않다. 관련 기록의 상당 부분은 열전 반역 편 홍륜 전에 실려 있다. 이를 보면 공민왕 시해 연루자들은 자제위에 속해 있었다. 그리고 이들이 왜 공민왕 시해에 참여했는지뿐만 아니라 그 과정과 사후 숙청 과정 등이 상세하게 기록되어 있다. 이를 일러 '갑인지변(甲寅之變)'이라고도 하였다. 그러면『고려사』찬자들은 왜 이러한 내용을 보다 공신력이 있다 할 공민왕 23년 9월 갑신일(22) 기사에 넣지 않았을까? 여기서는 23년간 개혁 군주로 자리매김한 공민왕이 왜 시해당했을까 혹은 갑자기 죽었을까라는 화두를 통해 공민왕 죽음의 이유와 그 의미를 살펴보도록 하겠다. 그에 앞서 공민왕의 즉위 과정을 보자.

공민왕은 충숙왕과 명덕태후 홍씨 사이 둘째 아들이다. 1330년(충혜왕 즉위년) 5월에 태어났다. 동복형인 충혜왕이 1315년(충숙왕 2)에 태어난 것을 고려하면 나이 차가 무려 15년이나 된다. 처음 이름은 왕기(王祺)였다. '기(祺)'는 복이나 길조, 즐거움을 뜻했다. 충혜왕 이후 오랜만에 낳은 아들이었기에 그 의미를 담아 지었다 여겨진다.

이후 공민왕은 충혜왕의 재위 때 강릉대군(江陵大君)으로 책봉되었다. 강릉대군이라는 대군호가 주목되는데, 이는 충숙왕이 충선왕의 장자로서 장성하여 강릉대군이 된 바 있어서이고, 심왕 왕고의 아들 왕덕수(王德修)도 강릉대군으로 책봉되었다. 이를 보면 강릉대군이라는 봉호는 왕위를 이을 수 있는 후계자를 의미하기도 했다. 그리고 1341년(충혜왕 후2) 5월 12살의 공민왕은 원 순제의 부름으로 입조하여 숙위에 참여했는데 그에 대해 '대원자(大元子)'라 높였다. 충혜왕 이후 후계자로서의 위상을 반영한 것이었다.

충혜왕 2차 폐위 및 죽음 후 고려 국왕은 충혜왕의 맏아들이 이어받았다.

충목왕이었다. 충목왕이 1344년(충목왕 즉위년) 2월 8살로 즉위하자 공민왕은 4월에 15세의 나이로 강릉부원대군(江陵府院大君)으로 책봉되었다. 당시 원 황실 케식으로 있으면서 공민왕은 몽골식 이름을 갖게 되었다. 바얀테무르[伯顏帖木兒]였다. 그리고 후에 이름을 왕전(王顓)이라 고쳤다. 이때가 1366년(공민왕 15) 8월이었다. '전(顓)'은 전단하다, 자신의 뜻대로 정한다는 의미를 가진 글자였다. 따라서 이 개명은 공민왕이 국정을 직접 운영하겠다는 의지를 담고자 해서였을 것이다.

다만 여기서 고민할 점은 공민왕이 태어난 생년월에 대한 표기이다. 『고려사』와 『고려사절요』에서는 충숙왕 17년(1330) 경오년 5월에 태어났다 기록하고 있다. 충숙왕은 1329년(충숙왕 16) 10월에 세자 왕정에게 전위할 것을 원에 요청했고, 원에서는 이를 받아 1330년 2월 임오삭(1)에 16살의 세자를 고려 국왕으로 책봉했다. 이를 고려하면 태어난 해에 대한 표기는 사실 충숙왕 17년이 아닌 충혜왕 즉위년이라 해야 할 필요가 있다. 또한 태어난 날짜에 대한 기록이 없다. 단, 1352년(공민왕 1) 5월 무인일(6)의 행사를 보면 이 날이 생일인 것을 알 수 있다. 즉, "무인일. 탄일이기에 내전에서 3일간 도량을 열었다"라 하고 있어서이다. 따라서 공민왕은 1330년(충혜왕 즉위년) 5월 병진일(6) 태어났던 것이다.

공민왕의 즉위 과정은 파란만장했다. 1343년(충혜왕 후4) 11월 충혜왕 폐위 및 이듬해 정월 충혜왕 죽음 뒤, 1348년(충목왕 4) 12월 충목왕 죽음 뒤 후계자 문제가 나왔다. 이때 강릉대군 즉 공민왕 추대에 대한 고려 조정 내외에서의 논의, 그리고 원 황실의 관심 등이 있었다. 하지만 모두 선택은 강릉대군이 아니었다. 충목왕이 12살의 나이로 죽었을 때 공민왕의 나이는 19살이었다. 조카에 해당하는 경창부원군 충정왕은 이때 11살이었다. 정승 왕후는 원에 이제현을 보내 표문을 올리게 했다. 19살의 왕기와 11살의 왕저(王眡) 중 한 사람을 간택해 백성의 바람을 따라 달라는 것이었다. 여기서 말하는 '백성의 바람[民望]'은 무엇이었을까?

사실 공민왕은 이때 원에서 숙위를 하고 있어 원 황실과 더 가깝다면 가까웠다. 반면 충정왕은 기록상 원에 입조한 바가 없었다. 충목왕이 1348년(충목왕 4) 12월에 죽자 원에서 이듬해 2월 충혜왕 서자 왕저를 입조하게 한 것이 첫 기록이었다. 이때 호종한 이들이 경양부원군(慶陽府院君) 노책(盧頙), 전 판삼사사(判三司事) 손수경(孫守卿), 전 찬성사(贊成事) 이군해(李君侅)·민평(閔評)·윤시우(尹時遇)·최유(崔濡) 등이었다.

사실 나이로 보나 원에서의 숙위를 통한 원 황실과의 친밀도로 보나 고려 조정 내에서의 선호도를 보나 모든 면에서 숙위 경험도 없고 나이도 어린 충정왕보다는 공민왕이 가능성이 더 높았다. 또한 충숙왕은 일찍이 윤택(尹澤)에게 후사에 대한 뜻이 아들 공민왕에게 있다 하고 이를 부탁하기도 했다. 윤택은 이때 충숙왕에게 "전하께서는 번민하지 마십시오"라 호언한 바 있었다. 충목왕이 죽자 윤택은 전 밀직(密直) 이승로(李承老) 등과 함께 중서성에 "본국에서는 형제와 숙질(叔姪)간에 왕위를 서로 계승하는 까닭에 어린 임금은 보위와 정치를 감당할 수 없습니다"라는 내용의 글을 올렸다. 하지만 윤택의 바람과는 결말이 달랐다.

결과적으로는 충정왕이 즉위했다. 여기에는 충정왕을 호종했던 이들이 원 황실에 더 강하게 진정한 덕이 있었을 것이다. 말하자면 원에서의 고려 국왕 지명이 중요한 상황에서 원 황실의 핵심 권력자 즉 황제와 황후, 대신들에게 누가 더 접촉하고 동의를 얻어 내느냐가 중요했다. 물론 여기에는 막강한 재력이 필요했다.

여기서 주목되는 인물이 최유이다. 당시 최유는 원과 고려에서 상당한 부를 축적하고 있었다. 예컨대 재신(宰臣) 조분(趙芬)의 아내 마씨가 과부가 되자 최유가 마씨를 강제로 겁탈한 일이 있었다. 조분의 동생이자 원의 환관 원사(元使) 조바얀부카[趙伯顔不花]는 원에서 이를 듣고 중정원에 고소했다. 하지만 최유가 부호(富豪)라 단지 장 50대에 처해지는 데 그쳤다고 했다. 이를 보면 최유는 중죄에 대한 처벌을 면할 정도로 재력이 있었던 것이다. 물론 고려 국왕 책봉에 영향을 끼치는 것은 재력만 가지고는 어려웠다. 그것은 나름의 정치력이 동반되어야 했다.

이와 관련해 후대의 기록을 통해 최유의 정치력을 가늠해 볼 수 있다. 충정왕을 호종했던 윤시우는 충정왕 때 인사를 총괄하면서 '윤왕'이라 불리기도 했다. 더불어 최유는 충정왕 옹립에 자신보다 공이 큰 자가 없다고 소리치기도 했다. 후에 최유는 원에서 고려로부터 군사 10만을 징발할 것을 주청하고, 공민왕을 폐위하고 덕흥군을 고려 국왕으로 세우도록 꾀하였으며, 덕흥군과 함께 1만 병사로 고려를 치기도 하는 등 대표적인 고려 역신(逆臣)이 되었다. 이러한 일을 주도한 것을 본다면 최유는 재력과 모사(謀事) 능력이 있었다 하겠다.

한편 충정왕은 1351년(충정왕 3) 10월 임오일(26) 원에서 강릉대군 왕기를 고려 국왕으로 삼고 단사관(斷事官) 울제이부카[完者不花]를 보내 창고를 봉인하고 국새를 거둬 돌아갈 때 강화도로 유배되었다. 실제 원에서는 9월 임술일(16)에 충혜왕 부다시리[不荅失里]의 동생 바얀테무르[伯顔帖木兒]를 고려 국왕으로 책봉했다. 충정왕은 폐위와 동시에 유배되었다는 말인데 이 조치는 충혜왕이 갑자기 폐위, 유배되었던 것과 비슷하면서도 달랐다. 충혜왕은 심각한 실정이 있었지만 충정왕은 어린 나이인 데다가 그 자신의 큰 문제로 인한 것이 아니었기 때문이다. 따라서 이때의 충정왕 폐위와 유배, 강릉대군 즉 공민왕의 고려 국왕 지명과 즉위에 대해 원 황실 내에서 논란이 있었으리라 여겨진다.

여기에는 원 국내의 혼란한 상황도 반영되었다. 1351년(원 지정 11) 5월 영주(潁州) 사람 유복통(劉福通)과 기주(蘄州) 사람 서수휘(徐壽輝) 등이 난을 일으키면서 '홍건(紅巾)'이라 호칭했다. 하북 난성(欒城) 출신 한산동(韓山童)은 송 휘종의 8세 손이라 자칭하고 '중국주(中國主)'라 했다. 그들은 '천하대란(天下大亂) 미륵불하생(彌勒佛下生)'을 주장하며 난을 일으켰다. 본격적인 원 내부의 내란과 한족부흥운동(漢族復興運動)이 시작된 것이다.

물론 원 국내의 불온한 기운이 하루아침에 갑자기 일어난 것은 아니었다. 원의 통치에 대한 반감, 그리고 자연재해로 인한 불안감, 새로운 세상을 꿈꾸려는 이들의 욕망 등이 결합되자 강한 폭발성을 띤 것이었다. 이러한 정국에서 원 황실은 전국 각지에서 동시다발로 일어나는 대란은 피해야 했을 것이다. 충혜왕 이래로 고려 왕조가 흔들리는 상황도 반영해야 했다.

그렇기에 원에서는 충정왕에 대해 확신이 없었다. 이즈음 충정왕의 즉위가 결정되고 국왕인이 전해진 후 1349년(충정왕 1) 10월 강릉대군 왕기는 원의 종실 위왕(魏王) 보루테무르[孛羅帖木兒]의 딸 부다시리[寶塔失里]를 배우자로 맞았다. 강릉대군이 위왕의 딸과 혼인했다는 것은 그에게 원 황실의 정치적 배경이 생겼다는 것을 의미했다. 이때가 공민왕 나이 20살이었다. 그리고 이때 부다시리는 승의공주(承懿公主)로 책봉되었다. 그러니까 강릉대군이 부다시리 공주와 혼인하고 최유 등이 고려로부터 도망 와 충정왕 세력에 대해 반감을 가지고 있는 상황, 여기에 고룡보나 박불화 등 고려 출신 환관과 기황후 등이 충정왕보다는 결국 강릉대군 왕기를 선호하게 되고 게다가 국인(國人)이 강릉대군을 원하고 있는 정국 등은 황제로 하여금 빠른 고려 국왕 교체를 결정하게 한 동인이 되었다.

공민왕은 1351년(공민왕 즉위년) 9월 임술일(16)에 국왕으로 지명되었다. 그리고 귀국을 위한 사전 정비 작업을 본격화했다. 10월 충정왕 폐위 및 강화로의 폄출이 결정되었다. 충선왕의 얼자로서 승려가 된 바 있었던 덕흥군 타스테무르[塔思帖木兒]는 10월 원으로 도망쳤다. 그의 모친은 알려져 있지 않다. 하지만 그도 왕실 혈통이 귀했던 당시 상황 속에서 공민왕의 경쟁자가 될 수 있었다. 실제로 후에 원에서는 공민왕을 폐하고 덕흥군을 고려 국왕으로 임명한 바도 있었다. 이어 12월에는 충혜왕과 은천옹주 사이 얼자 석기(釋器)의 머리를 깎아 만덕사(萬德寺)에 두었다.

원에 있으면서 공민왕은 판삼사사 이제현에게 명해 정승직을 겸하게 하고 정동성사(征東省事)를 임시로 처리[權斷]하게 했다. 이어 찬성사 조일신은 인사 관련 비목(批目)을 가지고 원에서 귀국했다. 공민왕의 첫 인사 조치인 것인데 이제현을 도첨의정승으로 삼는 등 모두 18인을 임명했다. 이후 이제현은 권한을 발동해 배전·박수명을 옥에 가두고 노영서·윤시우를 유배하는 한편 정천기·한대순을 각기 제주목사와 기장감무로 낮춰 보냈다. 충정왕과 희비 윤씨 세력에 대한 제거였고, 이는 공민왕의 귀국 후 정국 운영을 감안한 사전 정비 작업이기도 했다.

22살의 공민왕은 11년간의 숙위 등의 생활을 마치고 1351년(공민왕 즉위년) 12월 경자일(25)에 원에서 귀국했다. 공주와 함께 들어온 뒤 본격적으로 왕실 혈통으로서의 직무를 시작했다. 신축일(26)에는 여러 능에 축판을 전해 즉위를 고했고, 임인일(27)에는 경령전을 알현한 후 강안전에서 즉위했다. 그리고 1352년(공민왕 1) 2월 병자일(2) 즉위 후 선유(宣宥) 교서를 발표했다. 고려 국왕 공민왕의 향후 23년간의 정치 방향을 예고하는 글이었다. 공민왕의 즉위 자체만으로도 사실 조정 내외에서는 기대하는 바가 컸다.

공민왕의 공식 후비는 노국대장공주를 포함해 5명이다. 노국대장공주는 앞서 언급했듯이 원 종실 위왕 보루테무르의 딸이며 충숙왕비 조국장공주의 조카이다. 조국장공주의 아버지 위왕 아무가(阿木哥)는 1317년(충숙왕 4) 정월 고려에 유배되었으며, 1323년(충숙왕 10) 10월에 원으로 다시 소환되었다. 6년간 고려에 있었던 셈인데 그만큼 친고려적인 면이 있었다 하겠다. 노국대장공주는 바로 아무가의 손녀에 해당했다. 1349년(충정왕 1) 10월 공민왕과 혼인했고 1351년(공민왕 즉위년) 12월 공민왕과 함께 고려로 입국했다. 공민왕은 공주의 부(府)를 숙옹부(肅雍府)라 했다.

노국대장공주는 담대함이 있었다. 예컨대 홍건적이 침입하자 1361년(공민왕 10) 공민왕과 함께 안동까지 몽진했다. 이후 1363년(공민왕 12) 윤3월 피난길에서 개경으로 돌아왔다. 임시로 머물던 홍왕사 행궁에서 행신(幸臣) 김용(金鏞)이 난을 일으키자 노국대장공주는 방문을 막고 앉아 공민왕을 보호했다. 또한 자식을 두지 못하자 공민왕이 후비를 두는 것을 허락했으며,

가까스로 임신했으나 1365년(공민왕 14) 2월 난산으로 결국 숨을 거뒀다.

공민왕은 노국대장공주의 죽음을 안타까워했다. 다만 지아비로서의 애도 방식이 지나쳤다. 노국대장공주의 장례에 온갖 사치를 다했던 것이다. 국장을 위해 빈전(殯殿)·국장(國葬)·조묘(造墓)·재(齋)도감을 두었고 산소색(山所色)부터 진영색(眞影色)에 이르기까지 13색을 설치했다. 7일마다 승려에게 범패(梵唄)를 부르게 하고 수놓은 비단으로 사원을 덮었다. 이 때문에 부고(府庫)가 텅 빌 정도였다 하였다. 그뿐만 아니라 공민왕은 3년간 육선(肉膳)을 먹지 않았다.

능호는 정릉(正陵)이라 했고, 인덕공명자예선안왕태후(仁德恭明慈睿宣安王太后)의 시호를 올렸다. 1367년(공민왕 16) 원에서는 공주에게 노국휘익대장공주(魯國徽翼大長公主)의 시호를 내렸다. 다만 공민왕은 휘익이 아닌 휘의(徽懿)로 시호를 다시 고쳤다. 운암사(雲巖寺)를 원찰로 삼으면서 절 이름을 광암사(光巖寺)로 고쳤다. 신위를 모신 혼전은 인희전(仁熙殿)이라 했다. 그리고 공민왕은 1370년(공민왕 19) 노국대장공주의 명복을 빈다는 명목으로 군신(群臣)과 동맹(同盟)하고는 맹서문을 지었다. 그 마지막 말은 다음과 같았다.

우러러 태조 이래 역대 성규(成規)를 살펴보고 광대함을 더하여 나의 마음을 다하고자 기약하노라. 이에 여러 신하와 더불어 인희전에서 같이 서원(誓願)을 내고자 한다. 천수도량(千手道場)을 세우고 또 덕천고(德泉庫)·보원고(寶源庫)·연덕궁(延德宮)·영화궁(永和宮)·영복궁(永福宮)·영흥궁(永興宮)을 여기에 속하게 하여 공용(供用)을 갖추겠다. 또 보원고에 따로 해전고(解典庫)를 두고 장차 궁중에서 쓰던 물품으로 베 15,293필을 사서 주군(州郡)에 나누어 주었다가 본전(本錢)의 많고 적음에 따라 이자(息)를 거두게 한다. 각 도(道) 각 색(色)의 장인바치들에게 공포(貢布)를 합쳐 받아내 보원고에 아울러 맡겨 관리하게 한다. 운암사에는 밭 2,240결과 노비 46구(口)를 시주하여 명복(冥福)을 비는 데 쓰게 한다. 능호(陵戶) 114호를 두어 만기(滿期)가 되어도 바꾸지 않게 한다. 불천(佛天)이 위에 계시고 종사(宗社)가 아래에 있으니, 지금 우리 동맹 및 후대 군신(君臣)이 이 맹서를 따르지 않거나 혹은 침탈하고 도용하는 자가 있거든, 신께서는 반드시 그를 죽일 것이다.

일부이긴 하지만 그렇더라도 다소 긴 글을 인용해 보았다. 그 정도로 이 맹서문은 의외라 하면 의외였다. 역대 고려 군주로서 이렇게까지 한 일이 없었다. 공민왕이 죽은 노국대장공주를 위해 사치를 다한 상장례 및 천수도량, 그리고 군신 맹서 등을 행한 것을 어떻게 보아야 할까? 공민왕이 인간적으로 남편으로서 부인을 아끼고 사랑한 절절함을 담은 것으로 볼 수 있을까? 그렇더라도 지나침이 너무 컸다. 당시 고려는 홍건적, 왜구, 덕흥군과 최유 등의 침입, 잦은 역모 사건 등을 겪었고, 앞으로도 어떠한 일이 벌어질지 몰랐기 때문이었다.

공민왕이 노국대장공주 이외 처음 맞은 후비는 혜비(惠妃) 이씨(李氏)였다. 1359년(공민왕 8) 4월 재추가 "공주에게 아들이 없으니 명문가의 딸로 아들을 낳을 만한 이를 뽑기를 바랍니다"라 하자 이씨를 간택한 것이다. 혜비 이씨는 당대 명문가인 계림부원군 이제현(李齊賢)의 딸이었다.

이 간택에는 명문가일 뿐만 아니라 나름 이제현의 집안이 번성했다는 점도 고려되었을 듯하다. 이제현은 3번 혼인을 했다. 권부(權傅)의 딸인 길창국부인(吉昌國夫人) 권씨, 박거실(朴居實)의 딸 수춘국부인(壽春國夫人) 박씨(朴氏), 서중린(徐仲麟)의 딸 서씨인데 각기 2남 3녀, 1남 3녀, 2녀 등을 낳았다. 혜비 이씨는 이 중 수춘국부인 박씨 소생이었다. 어쨌든 이를 보면 공민왕은 혜비에 대해 명문가 출신에다가 자손도 볼 수 있다고 여겼을 법하다. 하지만 공민왕과의 사이에 자녀는 없었다. 홍륜 등에게 강제로 욕을 당할 뻔했으나 절개로써 이를 물리쳤으며, 1374년(공민왕 23) 9월 공민왕이 시해되자 삭발하고 비구니가 되었다. 정업원(淨業院) 주지로 있었으며, 조선에 들어서는 혜화궁주(惠和宮主) 이씨로 불렸다. 1408년(태종 8) 2월에 죽었다.

둘째와 셋째 후비는 익비(益妃) 한씨(韓氏)와 정비(定妃) 안씨(安氏)였다. 익비는 종실 덕풍군(德豊君) 왕의(王義)의 딸이었다. 정비는 죽주(竹州) 즉 안성 출신으로 안극인(安克仁, ?~1383)의 딸이었다. 두 후비는 1366년(공민왕 15) 10월 공민왕이 판방암(板房庵) 행차 때 맞이했다. 이들은 공민왕이 죽기 직전 및 그 후 음울한 고려 왕조의 최후를 극명히 보여 준 후비이기도 했다. 다만 당시 후비 지위의 엄중함을 고려할 때 판방암에서 익비와 정비를 맞이했다는 내용은 약간 신빙성이 떨어지는 면이 있다.

마지막 넷째 후비는 신비(愼妃) 염씨(廉氏)였다. 서원현(瑞原縣) 즉 현 파주를 본관으로 한 곡성부원군(曲城府院君) 염제신(廉悌臣, 1304~1382)의 딸이었다. 염제신의 부친은 염세충(廉世忠)이고 모친은 조인규(趙仁奎)의 딸 가순택주 조씨였다. 원의 진종황제를 숙위했고, 고려에 와서는 공민왕을 도와 곡성부원군에 책봉되었다. 그만큼 공민왕 당시 염제신 가문은 고려 왕실의 명문으로 꼽혔다. 염제신은 두 번 혼인했다. 첫째 부인은 완산군부인(完山郡夫人) 배씨(裵氏)로 배정(裵挺)의 딸이었다. 소생 자녀는 없었으며 일찍 죽었다. 둘째 부인이 권한공(權漢功)의 딸인 진한국대부인(辰韓國大夫人) 권씨(權氏)였다. 3남 5녀를 두었는데 신비 염씨는 5녀 중 넷째였다. 염씨의 경우 명문가 출신에 다산한 모친이 있었던 것이다.

네 후비는 『고려사』 및 『고려사절요』에 따르면 공민왕이 자제위 소속 김흥경·홍륜·한안 등을 시켜 강제로 욕보여 임신시키려 한 적이 있다. 세 후비는 이를 거절했지만 결국 익비 한씨가 겁을 먹고 응하여 아이를 가졌다 했다. 혜비 이씨와 신비 염씨는 절개를 지켜 거부했으며, 공민왕이 시해된 뒤 비구니가 되었다. 정비 안씨도 마찬가지인 것으로 기록되었다. 익비 한씨는 공양왕 대까지도 살았으며, 정비 안씨는 우왕의 희롱 대상이 되기도 했다.

특히 정비 안씨는 우왕 폐위 때 백관으로부터 국새를 받고 교서를 내려 우왕의 아들 창왕을 국왕으로 세웠다. 이어 이성계는 정비의 교서를 명분으로 창왕을 폐하고 공양왕을 국왕의 자리에 앉혔다. 공양왕은 정비 안씨를 왕대비로 높였다. 그렇지만 왕대비 안씨는 공양왕을 폐하고 이성계를 왕위에 앉히는 역할을 했다. 고려 왕조의 마지막을 정비 안씨가 결정지은 셈이었다. 정비 안씨는 왕대비가 되었다가 1392년(태조 1) 8월에 의화궁주(義和宮主)로 낮춰졌다. 1428년(세종 10) 5월 을축일(14)에 죽었으며, 고려의 예제에 따라 왕비례를 써 장례를 치르도록 했다. 정비 안씨는 고려의 마지막에 국새로 국인을 찍어 이성계를 군주로 앉힌 것이었다.

후비 열전에는 들어가지 않았지만 공민왕이 가까이한 여성이 더 있었다. 신돈의 비첩으로 묘사되기도 한 반야(般若)였다. 반야는 『고려사』나 『고려사절요』에서 우왕의 생모로 나온다. 1374년(공민왕 23) 9월 공민왕이 시해되기 전의 기록을 보면 죽은 궁인 한씨의 부친 준(俊)과 조부 평(平), 증조부 통(通)을 면양부원대군(沔陽府院大君)으로 추증하고 외조부인 한량(韓良)을 면성부원대군(沔城府院大君)으로 추증했다 하였다. 외조부를 한량이라 한 것을 보면 궁인 한씨는 종실 소생일 가능성이 있다. 그러면서 공민왕이 우왕을 한씨 소생으로 거짓 칭해서 그 부친과 외조를 추증하게 되었다고 부언 설명했다. 그런데 이 시기 공민왕이 굳이 그런 거짓 추증을 할 필요가 있었을까 의문이 든다.

공민왕 후비 한씨로는 익비가 있다. 익비를 궁인 한씨로 볼 수 있을까? 다만 익비의 경우 종실 덕풍군 왕의(王義)의 딸이라 한 앞의 내용을 고려할 때 궁인 한씨가 익비 한씨인지 아니면 반야의 원래 성씨가 한씨였는지 등 진실이 무엇인가에 대해서는 불분명하다. 이러한 상황이 발생한 것은 말하자면 증거 기록이라 할 사료가 많이 오염된 탓이 크다.

다만 『고려사절요』 공민왕 15년 9월 기록을 보면 모니노(牟尼奴) 즉 우왕은 신돈의 비첩 반야 소생이라 했다. 신돈이 공민왕에게 "바라건대 전하께서 양자로 삼아 후사로 세우십시오"라 했고, 공민왕은 속으로 이를 허락했

다는 내용이 보인다. 물론『고려사』와『고려사절요』두 사료 모두 기본 전제
는 우왕은 반야 소생이며, 반야는 신돈의 비첩이라 했다. 『고려사』신돈 열
전에서는 우왕 아지(阿只) 모니노에 대해 반야가 낳은 아이로 공민왕이 자
기 자식으로 오인했다 하였다. 이어지는 기록에는 신돈의 두 살 된 아이와
신돈의 이복동생 판사 강성을의 목을 베었다는 내용이 보인다. 우왕 즉위
시 나이가 10살임을 고려하면 두 살 된 아이는 다른 존재였다.

　즉위 때인 1374년(우왕 즉위년) 우왕의 나이가 10살이었다면 태어난 때는
1365년(공민왕 14)이 될 것이다. 몇 월 몇 일생인지는 기록에 보이지 않는다.
다만 1365년 2월은 노국대장공주가 난산으로 죽은 때이기도 하다. 그리고
5월에 이르러 공민왕은 승려 편조를 사부로 삼아 자문을 구하기 시작했다.
아이를 갖길 비는 문수회(文殊會)도 이해 7월부터 행하였다. 따라서 신돈의
비첩 반야 이야기는 사실로 받아들이기 어려운 면이 있다. 좀 더 상세한 내
용은 우왕의 즉위와 왕실 편에서 재정리토록 하겠다.

2) 여전한 폐행과 환관의 세상

　과거와 현재는 다르다. 당연한 말이다. 과거의 상황과 그 속에서의 개인
의 의지, 시간이 흐른 뒤 현재 상황과 바뀐 자신은 당연히 같은 선상에 놓을
수 없다. 과거와 현재의 괴리가 생기는 것이다. 그렇지만 후대의 입장에서
그 두 상황을 놓고 판단한다면 도대체 왜 변했을까라는 의문을 가질 수밖
에 없다. 때로는 그에 대한 변명을, 때로는 변심을 설파하면서 인간적인 한
계를 들먹이기도 한다. 하지만 그것으로 그 상황에 대한 명쾌한 해석을 제
시할 수는 없다.

　공민왕은 1341년(충혜왕 후2) 12살의 나이로 원에 입조 숙위하였고 11년간
그 생활을 하다 국왕으로 책봉된 뒤 귀국했다. 그사이 친형인 충혜왕이 유
배 도중 죽었다. 조카인 충목왕은 즉위했다가 일찍 죽었다. 또 다른 조카 충

정왕은 폐위 뒤 의문이 남는 죽음을 맞았다. 아버지인 충숙왕은 1339년(충숙왕 후8) 즉 공민왕의 나이 10세 때 죽었다. 앞서 잠깐 언급했듯이 충숙왕이 죽기 전 윤택에게 후사로 폐위되어 있던 충혜왕이 아닌 공민왕을 지목했다는 얘기는 충분히 가능성이 있다.

그렇지만 이 시기를 거치면서 공민왕은 충숙왕과 충혜왕의 죽음을 겪었다. 조카 충목왕의 죽음도 원에서 들었다. 또 원 황실에 의해 어린 조카 충정왕에게 왕위 지명이 이뤄지는 것도 보았다. 이러한 경험을 하면서 공민왕은 원 황실을 어떻게 생각했을까? 또 자신은 어떠한 처세를 해야 한다고 생각했을까?

이는 공민왕 자신의 정치 지향점에 영향을 주었다. 그러면서도 자신이 처한 현실은 인정해야 했다. 그것은 원 황실이 없으면 곤란하다는 것이었다. 즉위 지명과 공인은 원 황제의 몫이라는 점을 받아들여야 했다. 이에 일단은 원 황실과의 연결점이 필요했다. 충혜왕이 덕녕공주를 맞이했듯이 그 자신도 배우자를 원 황실의 종실 혈통에서 찾았다. 이미 충숙왕이나 충혜왕도 없는 상황에서 그 연줄을 만들어 줄 수 있는 누군가도 찾아야 했다.

당시 원 황실에서 고려와 연결될 수 있는 인물들은 많았다. 고룡보, 박불화, 기황후 등이 대표적이었다. 여기에 대도 연경에는 원 황실 숙위 즉 케식을 위해, 혹은 고려 국왕의 호종을 위해, 왕위에 오르지 않은 고려 세자 혹은 왕족의 수발을 위해, 원으로부터 책봉을 받아 원 황실에 입조를 위해 등 여러 이유로 체류하는 이들이 많았다. 또한 원 지배층 내에도 기황후나 고려 출신 환관 및 궁인, 혹은 원 귀족가와 혼인을 한 여성과 그 수종인들 등 다양한 인물이 있었다. 물론 상인층도 있었다. 게다가 그간 충렬왕부터 시작해 원의 대도 연경에 체류하면서 만든 인적, 물적 자산이 있었다.

특히 연저(燕邸)로 일컬어지는 연경의 세자 혹은 국왕 저택에 연결된 호종 신료가 그러했다. 예컨대 공민왕은 즉위 후 1352년(공민왕 1) 6월 연저수종공신(燕邸隨從功臣)으로 1등 상공신 6명, 1등 공신 18명, 2등 공신 8명, 3등 공신

4명을 책봉했다. 이들만 하더라도 36명이었다. 이 외 그들의 부인 혹은 수발하는 이들을 포함한다면 100명 이상은 되리라 여겨진다.

여기에 더해 고려에서도 기회가 될 때마다 강릉대군 왕기의 즉위를 요청하는 글들을 원 조정에 보냈다. 결국 이러한 인적, 물적 자원들이 공민왕의 혼인과 즉위 등을 진전시키는 데 도움을 주었다. 윤택과 이승로는 백성의 바람이 강릉대군 왕기에게 있다고 했다. 이들은 중서성(中書省)에 글을 올려 형제와 숙질간 계승한 고사와 어린 임금이 편안하게 다스리는 일[保釐]을 감당할 수 없음을 말했다.

하지만 이러한 상황이 늘 긍정적인 것만은 아니었다. 소위 '덕택'에 즉위했지만 그에 상응하는 혹은 그 이상의 빚이 생긴 것이기 때문이었다. 사실 새로운 정치 권력의 생성과 안정, 강화에는 늘 이러한 관계가 있었다. 공민왕 역시도 마찬가지였다. 11년간의 원 황실 숙위와 연저 생활, 혼인, 즉위 등은 여러 도움 없이는 불가능하기 때문이었다. 그리고 그 대가는 '인사(人事)'와 '선물' 등이었다. 그것이 이제 막 즉위하게 되는 공민왕이 짊어질 '부채'였다.

부채와 개혁은 때로 병존할 수 있지만 상충하는 경우가 훨씬 많았고 어느 한쪽으로 기울면 결과적으로 파국으로 가는 경우가 대부분이었다. 그리고 그것은 때로 소수 측근에 의지하는 방향으로 흘러가기도 했다. 조일신(趙日新, ?~1352)이 대표적이었다.

조일신은 앞서 언급한 연저수종공신 1등 상공신이었다. 그만큼 공민왕의 지척에 있었다. 조일신의 원래 이름은 조흥문(趙興門)이었다. 1340년(충혜왕 후1) 3월 소부윤(小府尹)으로 고려에 와 왜인을 원으로 압송해 가기도 했다. 조부는 조인규(趙仁規)였다. 조인규는 무장으로서 몽골어를 익혀 출세 가도를 달리면서 충선왕의 장인이 되기도 했다. 하지만 충선왕 후비 조비(趙妃)가 계국대장공주를 저주했다는 조비 무고 사건으로 7년간 유배되면서 위기에 처한 바 있었다. 그럼에도 곧 신원되어 석방되자마자 황제의 명으로 판도첨의사사가 되었다. 그만큼 원과의 관계를 통해 가문을 세운 인물이었다.

원 세조와 자연스레 몽골어로 대화한 조인규처럼 조일신도 몽골어에 능했을 것이다. 가풍이 있었기 때문이다. 이에 1340년(충혜왕 후1) 원에서 소부윤이 될 수 있었다. 그는 공민왕이 원 황실 숙위를 위해 연경에 들어왔을 때 곧바로 연저수종에 참여했다. 그러니까 조일신은 어느 날 갑자기 공민왕의 총애를 받아 측근이 된 것은 아니었다.

이미 상당한 기반이 있었던 조일신은 원의 조야에서 나름의 역할을 했다. 단지 측근 이상을 넘어 어찌 보면 공민왕 후원자로서도 위상이 있었던 듯하다. 그것은 『고려사』 열전 조일신 편 속 다음과 같은 공민왕과의 대화 기록이 말해 준다.

> 원의 권신과 행신[權倖]이 그 친족에게 관직을 주고자 이미 전하께 청하였고, 또한 신에게도 청탁했습니다. 지금 전리사(典理司)와 군부사(軍簿司)가 전선(銓選)을 관장하면서 유사(有司)가 법조문에 구애되어 많이 지체될까 우려됩니다. 청하건대 다시 정방(政房)을 설치하고 의견을 좇아 제수하소서.

여기서 전리사와 군부사가 문무관의 인사를 관장하게 된 것은 1352년(공민왕 1) 2월 을해일(1)에 정방을 폐지하면서였다. 그리고 다음 날인 병자일(2)에는 즉위 선유(宣宥) 즉 즉위 교서를 내렸는데 그 내용 중 전리사와 군부사, 감찰사와 전법사의 역할을 강화하는 부분이 있었다. 말하자면 관리 인사와 감찰 및 판결 등을 엄격히 하겠다는 것이었다. 인사와 청탁, 선물 등의 관행을 금하려는 조치였지만 조일신은 당장 이것이 갖는 문제점을 위의 언급을 통해 지적하였다. 여기서 '종중제수(從中除授)'라 표현했지만 실제는 조일신 자신의 의견에 따라 제수해야 한다는 것이었다. 공민왕은 이에 대해 무엇이라 응했을까? 당연히 군주로서는 이 말을 언급한 조일신을 처벌해야 했다. 하지만 그러지 않았다. 일단 조심스레 접근했다. 즉, 다음처럼 말한 것이다.

> 옛 제도를 복구한 것이 얼마 되지도 않았는데 또 바꾸면 필경 비웃음거리가 될 것이다. 경이 청탁받은 것이 있으면 나에게 고하도록 하라. 내가 인사를 맡은 관청[選司]을 잘 타이르면 누가 감히 따르지 않겠는가?

청탁받은 바를 자신에게 알리면 그에 따라 이를 들어주겠다는 뜻이었다. 하지만 이 말도 사실은 군주로서 해서는 안 될 말이었다. 인사는 절차대로 능력과 인품, 공적 등에 따라 공정하게 이뤄져야 하기 때문이다. 공민왕이 이렇게까지 말하였음에도 조일신은 바로 반발했다.

> 신의 말을 따르지 않으신다면 무슨 면목으로 다시 원나라 조정의 사대부들을 볼 수 있겠습니까?

이렇게 말한 후 그는 사직해 버렸다. 물론 진짜 사직은 아니었다. 공민왕과 조일신의 이러한 대화는 비정상적이었다. 왜 이런 상황이 나오게 되었을까? 이 대화는 앞서 말한 즉위 관련 어떤 행위를 요구할 수 있는 채권자 그리고 그에 응해 어떤 의무를 행하여야 하는 채무자의 관계를 보여 주는 면이 있다. 공민왕은 채무자가 되는 것이고 조일신은 채권자였다. 다른 한편으로 원 조정 사대부는 채권자이고 조일신은 채무자가 되는 셈이었다. 원 조정 사대부는 구체적으로 나오지 않으나 대체로 고려 출신 환관, 기황후 관련 친족들, 고려인으로 원에 정착한 이들 등 어떤 식으로든 고려와 연관된 이들이었을 것이다.

채권자 입장에서 이들은 공민왕에게 채무 이행을 요구했다. 그 과정이 조일신의 언행에서 드러났다. 공민왕은 무턱대고 채무 이행을 시행하거나 채무 불이행을 선언할 수 없었다. 그렇기에 자신에게 얘기하면 인사기구를 통해 처리하겠다는 것이었다. 반면 조일신은 보다 임명이 자유로운 정방의 재설치를 요구했다. 정방은 1352년(공민왕 1) 2월 을해일(1)에 혁파되었기 때문이다.

결국 공민왕은 1352년(공민왕 1) 2월 병자일(2) 11개 조항의 즉위 개혁 교서를 발표하면서 한 대목으로 연저수종 신료에게 이미 관직을 내려 포상한 외에도 공신호를 내리라 하고 먼저 죽은 이들에게는 시호와 함께 자손을 녹용하라 했다. 그런데 윤3월에 감찰집의 김두(金㺱)와 지평(持平) 곽충수(郭忠秀)가 조일신을 탄핵하고 그 가노를 감옥에 가두어 조일신 측과 소송이 오갔다. 이제현은 조일신을 끼려 세 번이나 사직하려고까지 했다. 6월 임인일(1)에는 연저수종공신을 책봉했다. 앞서 얘기한 바대로 1등 상공신 6명 등 3등까지 총 36명에 달했고, 1등 상공신에는 당연히 조일신이 있었다. 일종의 관행을 활용한 달래기였다.

조일신은 공민왕의 최측근이었다. 공민왕과 함께 나란히 난간에 기대어 화산잡희(火山雜戲)를 구경하기도 했다. 측근으로서 위상을 갖고 있었지만 일련의 흐름 속 조일신 등의 입장에는 불안 요소가 많았다. 6월의 연저수종공신 책봉 직후 환관이 검교관(檢校官)에 올라 봉록을 많이 받고 있어 이를 감원해야 한다는 상소가 올라왔다. 이어 8월 봉은사 태조진전 참배 후 공민왕의 교서에서는 첨의(僉議)·감찰(監察)·전법사(典法司)·개성부(開城府)·선군(選軍)·도관(都官)에서 송사에 대해 판결한 내용을 닷새마다 보고토록 하였다. 같은 달에는 서연을 열어 신료들에게 돌아가면서 시독(侍讀)하게 했다. 교서를 내려서는 권세가가 빼앗은 전택·노비 및 오래된 소송과 억울한 데다가 지체된 옥사를 살펴 처리토록 하면서 첨의와 감찰은 직언을 올리라 했다. 일련의 움직임은 충정왕 대 실정을 극복하고 새로운 정치를 하기 위한 개혁 조치였다.

이 과정에서 대호군 성사달(成士達, ?~1380)에 대한 하옥 처분이 있었다. 정방 재임 때 사사로이 40개 넘는 관직을 준 바가 있어서였다. 이러한 처분은 인사 문제와 관련이 있었고, 다른 면으로 본다면 이 같은 인사 문란이 있어서는 안 된다는 신호였다. 그것은 조일신 등의 인사 개입을 앞으로 불허하겠다는 의미이기도 했다.

이 대목에서 조일신은 9월 기해일(29) 전 찬성사(贊成事) 정천기(鄭天起) 및 최화상(崔和尙)·장승량(張升亮)·고충절(高忠節)·임몰륜(林沒輪)·장항주(張降注)·한범(韓範)·손노개(孫奴介)·박서등(朴西磴)·염바얀테무르[廉伯顏帖木兒]·이송경(李松景)·곽윤정(郭允正) 등과 악소배를 모았다. 조일신을 포함한 정천기·최화상 등은 충혜왕의 총행(寵幸)에 해당했다. 특히 정천기는 공민왕이 고려에 입국하기 전 이제현이 도첨의정승으로서 정동성의 일을 맡았을 때 제주목사로 좌천시킨 바 있었다. 당시 조일신이 모은 이들 면면을 본다면 충혜왕 세력이라 일컬어질 수 있었다. 더구나 조일신은 평리 홍탁(洪鐸)의 딸을 부인으로 맞았는데, 홍탁의 또 다른 딸이 미모로 유명했던 화비 홍씨로 충혜왕의 후비였다. 조일신은 충혜왕과 동서지간이 되는 셈이었다. 이러한 상황을 고려하면 충혜왕 세력이 결집해 그 반대 세력을 제거하려는 움직임으로도 읽혔다.

조일신 등은 기세를 몰아 거사를 일으켰다. 기철(奇轍)·기윤(奇輪)·기원(奇轅)·고룡보(高龍普)·박토라다이[朴都羅大]·이수산(李壽山) 등을 없애고자 했지만 기원만을 죽였을 뿐이었다. 일단 조일신은 이를 계기로 공민왕을 겁박하여 자신을 우정승, 정천기를 좌정승으로 임명하게 하고 기철 등을 잡고자 하면서 그 모친과 부인을 체포했다. 이러한 조일신의 움직임은 당시 최대의 권력을 잡고 있던 기씨 세력을 제거하고 원 황실에 큰 영향력을 발휘하고 있던 고룡보 등을 없애려는 쿠데타적 성격을 갖고 있었다.

이후의 상황은 급반전되었다. 우선 조일신은 쿠데타를 자신이 아닌 최화상 등이 주도한 것으로 만들려 했다. 동지였던 최화상의 칼을 속임수로 빼앗아 죽였다. 이어 의심하는 공민왕을 인도해 적도들을 잡겠다 했다. 자신이 주도한 쿠데타를 거꾸로 자신이 진압하는 퍼포먼스를 보인 것이다. 결국 공민왕은 백관을 모아 장승량 등을 참수하고는 다시 인사를 단행했다. 조일신 자신은 이때 좌정승 판군부감찰사가 되었다.

공민왕에게 있어 며칠 사이에 벌어진 일련의 사태는 어이가 없는 것이었다. 자신의 최측근으로서 즉위에 공을 세운 조일신이 인사를 농단하면서 자신에 대한 탄핵을 막고자 정변을 일으키고 동시에 이를 빌미로 원 황실과 연결된 기씨 세력과 고룡보 등을 제거하고자 해서였다. 이는 실현이 되었더라도 공민왕에게 큰 화근이 될 수 있었다. 원에서의 사건 조사 등에 따라 조일신이 혹여 공민왕의 묵인이 있었다고 무고하면 폐위의 빌미가 되기 때문이었다. 다만 다행히도 기철이나 고룡보 등이 살아 피신한 데다가 관련 내용이 곧바로 원에 전달되지 않고 있었다. 공민왕은 결정을 내려야 했다. 가능한 빨리 조일신에 대한 처결이 있어야 했다.

공민왕은 전 좌사 이인복(李仁復)을 불러 비상사태에 대해 의논했다. 이인복은 우왕 대 권신 이인임의 친형이었다. 이인복은 결단을 내려 조일신 등을 제거할 것을 청했다. 이에 공민왕은 10월 갑진일(4) 행성에 나아가 기로를 모아 의논하고는 을사일(5)에 행성에 다시 행차해 조일신을 잡도록 하고 참수했다. 조일신이 별다른 저항 없이 체포된 것은 의아한 면이다. 그만큼 조일신은 공민왕에 대해 자신이 있었던 듯하다. 하지만 도리어 그것이 자신의 최후를 앞당겼다. 이어 일당 28명도 전격 체포되었다. 그리고 1353년(공민왕 2) 3월에는 원에서 종정부단사관(宗正府斷事官) 카르장[哈兒章]과 병부낭중(兵部郎中) 강승(剛升) 등을 보내 정천기 등의 목을 베었다. 이렇게 소위 조일신의 난은 일단락되었다.

이 사건은 공민왕 대 정치 이해에 중요한 시사점을 준다. 그것은 공민왕의 정치가 몇몇 측근과 환관 등을 중심으로 운영되었다는 점이다. 이는 재위 기간 내내 이어졌다. 공민왕 대 기록을 보면 환자(宦者) 신소봉(申小鳳), 환관의 처족 윤수상(尹守常), 환자 김현(金玄), 환관 방도치[方都赤], 환자 강원길(姜元吉)·이강달(李剛達)·안도치[安都赤] 등이 활동했다. 1356년(공민왕 5) 10월 원에 상서하길 근래 행성 관리가 궁녀와 환관[婦寺]에게 의탁해 조정의 명을 함부로 받아 위복(威福) 즉 인사 등을 멋대로 하고 있다 한 것, 1362년(공민왕 11) 6월 감찰사에서 환관은 정해진 녹봉이 없어 녹미를 소모하는 것이 매우 많다고 상언한 것 등은 이를 잘 보여 준다. 더욱이 1362년 10월 감찰사에서는 위기의 시국에 구언교를 내린 공민왕에게 환관을 가까이하고 있는 잘못을 상서하여 간언했다.

환관[刑餘]은 음류(陰類)인데, 전하께서 날마다 더불어 서로 가까이하시면서 비속하고 황당무계한 이야기를 즐겨 들으시고, 한밤중에도 자지 않고는 한낮이 되어서야 일어나십니다. 이 때문에 대신을 소원하게 하시니, 아름다운 계책과 올바른 의논이 들어갈 통로가 없습니다. 지금부터는 3전(三殿)의 환관[宦者]은 각기 10인씩만 남기고 나머지는 모두 내보내셔서, 바른 사람과 단정한 선비들로 하여금 항상 곁에서 시중하게 하십시오.

사진 30 〈고려공민왕 엽기도(獵騎圖)〉

사진 31 〈공민왕필 한창려 선생상〉

즉, 환관을 멀리하고 그 수를 왕대비전, 공주전, 대전 등에 각 10인씩만 남기자 했다. 하지만 공민왕은 구언교를 통해 올라온 상서임에도 불구하고 이들 대간을 불러 꾸짖었다. 비판과 비난을 듣지 않겠다는 의미였다. 미천한 신분이지만 궁궐에서 국왕을 수발하는 내수(內竪)·내환(內宦)·환수(宦竪) 같은 존재도 조일신과 같은 폐행(嬖幸) 혹은 행신(幸臣)과 더불어 국정을 문란케 하는 이들이었다. 이들을 끊임없이 가까이하고 총애한 공민왕의 정국 운영 태도는 다른 사태로 이어질 수 있는 여지를 주고 있었다.

3) 개혁 추진과 분기점들

공민왕의 즉위 후 개혁 방향은 사실 그리 새롭지 않았다. 그동안 제기된 개혁 정책안과 다르다 하기 어려웠다. 이미 충목왕 즉위 때 원 혜종황제 즉 순제는 고려 신료에게 폐정 일체 혁파와 백성 진휼의 명을 내렸다. 그에 따라 고려는 한범(韓范)·장송(張松)·심노카이[沈奴介]·전두케부카[田頭乞不花] 등 15명을 섬으로 유배 보내고 정천기(鄭天起)·소경부(蘇敬夫)·조성주(趙成柱)를 전리(田里)로 쫓아 보냈다. 감찰사에서는 충혜왕 대 악소배에게 주었던 관리 임명장이라 할 고신(告身)을 모조리 회수했다. 나아가 충혜왕의 폐행인 최화상 등 9명을 원의 각지로 유배하기도 했다.

충목왕은 빼앗거나 비축한 재물들을 원래 위치로 환원시키도록 했다. 서연을 설치 운영하면서는 유신들에게 번갈아 시독하게 했다. 이러한 개혁 분위기는 한동안 지속되었다. 이에 기황후조차 원의 병부상서(兵部尚書) 부카[溥花]와 동지자정원(同知資政院) 도르치[朶兒赤]를 보내 자신의 친족이 권세를 내세워 전민을 강탈하지 못하게 하였고 어길 시 반드시 처벌하라 하였다.

충목왕은 이즈음 중요한 결정을 내렸다. 개혁 기구를 설치한 것이다. 이는 1269년(원종 10), 1288년(충렬왕 14), 1301년(충렬왕 27) 설치 운영되었던 전민

변정도감(田民辨正都監)의 계보를 잇는 것이었으나 보다 확대되었다. 일체의 폐정 혁신을 도모했기 때문이었다. 1347년(충목왕 3) 2월에는 마침내 정치도감(整治都監)을 두었고 여러 도에 속관을 보내 양전(量田)을 실시했다.

동시에 충목왕은 인사기구인 정방(政房)을 운영했다. 정치도감과 정방은 운영의 묘를 살리면 상생하면서 정치 개혁을 원활히 할 수 있지만 현실은 그렇지 못했다. 정방에서는 인사를 통해 정치도감의 개혁을 차단했다. 정방은 정치도감이 원칙대로 권세가들의 전민 탈점 등을 바로잡는 것을 방해했다. 결국 정치도감의 개혁은 실패로 돌아갔다. 정치도감은 1349년(충정왕 1) 8월 혁파되었다.

공민왕은 고려의 신민들도 폐정 개혁을 원했지만 뜻대로 이뤄지지 않았음을 살폈다. 즉, 그 원인에 대한 파악을 먼저 했다. 원 황제의 지지를 받은 충목왕 대에도 하지 못한 것을 하려면 그 이상의 접근이 필요했기 때문이다. 그러나 즉위 초 원 황실 및 조정의 영향력, 고려 내부의 친원 권문세가 세력, 충숙왕 대 이후 왕대별 폐행 및 환관 세력 등을 고려하면 사실상 공민왕이 독자적으로 무엇을 할 수 있는 상황이 아니었다.

개혁 방향을 어떻게 잡을 것인가에 대한 모색이 필요했다. 그것은 사실 충렬왕~충정왕 대에 걸쳐 노정되었던 폐단과 실정 등을 개혁하면 되는 것이었다. 동시에 왜 실패했는가도 살펴야 했다.

우선 권문세가의 전민 탈점, 인사 및 과거제 문란, 환관 및 측근 폐행의 발호, 국왕 자신의 사냥 및 연향 과다, 국왕 및 신료 등의 풍기문란 등이 그 폐단 및 실정에 해당했다. 그런데 이들 대부분의 문제는 고려와 원의 비대칭적 상하관계에서 나왔다. 국왕의 원 대도 체류 및 생활로 인해 원 황실 내 환관 궁인과의 관계가 생겨났으며, 세자 및 국왕의 체류로 인해 수종공신 즉 폐행 세력이 등장했기 때문이다. 따라서 단칼에 자를 수 없는 원과의 관계를 살피면서 실정과 폐정의 내용을 개혁해야 했다.

다른 하나는 개혁 세력의 양성과 이들에 대한 국왕의 지속적 지지였다.

결과적으로 본다면 개혁은 국왕 자신이 할 수 있는 것이 아니었다. 뜻을 같이하면서 백성과 국가를 위해 충을 다할 수 있는 추진 세력이 요구되었다. 성균관을 통한 인재 양성과 공정한 과거를 통한 인재 선발, 포폄과 공로를 반영한 인사 등이 필요했다. 다만 이들이 또 다른 폐행 세력이 되지 않도록 유의해야 했다.

셋째는 민심의 지지를 받는 것이었다. 이는 결국 백성이 무엇을 원하는지를 파악하는 데 달려 있었다. 과다한 공적, 사적 조세 수취의 중지, 과도한 공역 징발의 감면, 생산과 유통에 전념할 수 있는 생산 및 시장 구조 구축, 공녀 선발 등으로 인한 사회 혼란 방지, 외적 침입으로부터의 안전 확보 등이라 할 수 있었다. 위정의 첫째는 결국 민생 안정이고 민생은 말 그대로 식생활과 관련한 농업·유통의 안정으로 연결되기 때문이었다.

마지막으로는 고려 왕실의 자주성을 회복하는 것이었다. 태조 왕건으로부터 이어져 온 신성 왕실과 그 혈통을 확인하면서 이를 신민에게 알리는 것이 필요했다. 제불(諸佛) 천령(天靈)과 산천신기(山川神祇) 그리고 용신(龍神)의 가호를 받는 신성군주상(神聖君主像) 및 유교적 성군 정치를 주도하는 성인군주상(聖人君主像)의 실현이 그것이었다. 이는 '세조구제'에서 보장한 풍속 등을 고치지 않아도 된다는 원의 입장을 넘어서는 시도에 해당했다. 이를 과감히 추진할 수 있는가도 관건이었다.

그런데 사실 앞의 세 가지는 다른 것 같아도 하나의 방향으로 연결되는 개혁이었다. 즉 이 세 축과 관련한 개혁이 동시에 혹은 균형 있게 전면적으로 추진되어야 했다. 그래야만 백성과 조정, 그리고 왕실이 바로 설 수 있었다. 공민왕이 이를 실행한다면 자주성 회복은 자연스레 이뤄질 수 있었다. 특히 원 제국 질서가 내부에서부터 무너지고 있었다는 점은 고려에는 긍정적이었다. 물론 반대로 혼란 속에서 튕겨져 나와 고려로 들어오는 적도들이 있음을 고려해야 했다.

공민왕은 즉위 후 실제 어떻게 개혁을 추진했을까? 공민왕 재위 23년간은 크게 세 시기로 나눠진다. 1기 개혁기(1351~1356), 2기 홍건적과 왜구 격퇴기(1357~1365), 3기 신돈의 개혁과 실패 및 대명 관계 설정기(1365~1374)가 이에 해당한다.

4) 1기 개혁과 한계

첫째 시기는 즉위 때부터 1352년(공민왕 1) 정방 혁파와 조일신의 난 진압, 1356년(공민왕 5) 기철(奇轍)·권겸(權謙)·노책(盧頙) 등의 모반 진압과 정동행중서성이문소 폐지, 만호(萬戶)·진무(鎭撫)·천호(千戶)·백호(百戶)들의 패(牌) 회수, 원의 지정(至正) 연호 사용 중지, 충용(忠勇) 4위(衛) 설치, 문종 대 관제로의 개정, 내첨사(內詹事)와 내상시(內常侍) 신설 등이 이뤄진 때까지이다. 이 시기의 경우 조일신의 난 이후 기철 세력의 준동, 원 조정에서의 고려 국내 인사 관여 등으로 어려움을 겪다가 결국 기철 세력 제거 이후 반원 개혁을 추진했던 것이 확인된다.

개혁 방향은 치밀하게 준비되었다. 공민왕은 고려 왕실의 정통성을 이음을 의례를 통해 확인하였다. 한편으로는 원 황실의 부마제후국왕임을 강조하면서 원 혜종황제가 내세운 바 있었던 폐정 개혁 재도모를 명분으로 삼았다.

이를 이끈 이는 전 판삼사사 이제현이었다. 이제현은 왕명을 받아 공민왕 귀국 전 정승(政丞) 직무를 대신해 정동성사(征東省事)를 임시로 맡아 처결했다. 권성정승(權省政丞)의 직을 맡은 것이었다. 이때 이제현이 한 일을 보면 도관(道觀)과 신사(神祠) 수리, 법관(法官)을 통한 각 도 존무사(存撫使)와 안렴사(按廉使)의 업무상의 공과 감찰 등이었다. 이어 도첨의정승이 되어서는 충정왕 실정에 책임이 있던 정동행성 이문 배전(裵佺)과 박수명(朴守明)을 하옥하고, 찬성사 윤시우를 각산으로 유배했다. 또한 정방을 폐지하고 변정도감을 재설치했다.

더불어 전리판서 백문보(白文寶)는 송의 사마광이 건의한 10과(科)를 두어 인재를 등용하자 했다. 이는 다음과 같았다.

첫째, 행동과 의리가 굳세어 사표가 될 수 있을 것.

둘째, 경술(經術)에 해박하여 가히 고문(顧問)에 대비할 수 있을 것.

셋째, 품행이 방정하고 대체를 알아서 대간(臺諫)이 될 수 있을 것.

넷째, 문장이 고상하고 아름다워서 저술(著述)에 대비할 수 있을 것.

다섯째, 옥송(獄訟)과 법령 집행 시 득실에 공정함을 다할 것.

여섯째, 염의(廉義)로 재정 부세를 맡아 공사(公私)를 편리하게 할 것.

일곱째, 공정하고 위엄[風力]이 있어서 한 지방을 맡을 수 있을 것.

여덟째, 애민(愛民)하고 절개를 닦아 가히 수령(守令)이 될 만할 것.

아홉째, 지략과 용맹을 갖추어 방어하는 장수(將帥)가 될 만할 것.

열째, 행동거지가 법도에 맞아서 가히 전례(典禮)로 삼을 만할 것.

전민변정사업의 추진이나 백문보가 올린 거사 10과(擧士十科) 등은 궁극적으로는 폐정 개혁을 위한 조치이자 개혁에 동참할 수 있는 인재의 등용과 인사 관리 등을 꾀한 것이었다. 문제는 이것이 뜻대로 이뤄지지 않았다는 점이었다.

이어 공민왕은 1351년(공민왕 즉위년) 12월 노국대장공주와 함께 귀국한 후 정통성 계승을 확인하는 의례를 행했다. 경령전 참알과 강안전에서의 즉위가 바로 그것이었다. 이어 1352년(공민왕 1) 2월 연등회 때에는 봉은사에 갔다. 3월에 다시 봉은사에 가 태조의 존호를 더해 올렸고, 충숙왕의 기일을 맞아 민천사(旻天寺)에 가 분향했다. 6월에는 강안전에서 보살계를 받았다. 8월에는 봉은사에 가 태조진전을 참배했다. 1354년(공민왕 3) 12월에는 봉은사 효사관에 가 천재지변을 없애 달라 빌었다. 이러한 면은 고려 역대 군주가 취한 태조 숭배와 연관이 있는 것이었고 이는 공민왕 스스로가 고려 왕조의 자주성을 회복하려는 의지가 있음을 나타낸 것이기도 했다.

충혜왕 이후 폐행 세력과 조일신으로 대표되는 공민왕의 폐행 세력이 결탁하여 정권을 장악하려 했다. 더불어 이들은 인사 문제 등과 관련해 도처에서 원 황실과 연결되는 기철 세력과의 대립이 있었다. 물론 충목왕 즉위 후 개혁을 추진했던 세력과도 충돌했다. 이는 결국 조일신의 난으로 이어졌고, 결과는 조일신 등 폐행 세력의 몰락이었다.

동시에 이는 기철 세력의 집권력을 높여 주었다. 더구나 기황후의 아들이 1353년(공민왕 2) 6월 황태자로 책봉되었고, 원은 천하에 대사면령을 내려 이를 축하했다. 그리고 8월에는 영안왕대부인(榮安王大夫人)에게 보르차[孛兒札] 잔치를 열도록 하니 연경궁에서 이를 벌였다. 보르차연은 이튿날 태자관(太子館)에서의 방몰연(防沒宴)으로 이어졌다. 당시 소요된 비용과 관련해 『고려사』 공민왕 2년 8월 조에 다음과 같은 기록이 실렸다.

> 왕과 공주가 참석하였다. 이 잔치에 포를 써서 꽃을 만들었는데, 모두 5,140여 필이 사용되었다. 다른 장식품도 그에 못지않게 사치를 다했다. 이에 물가가 폭등하여 공사(公私) 간에 유밀과(油蜜果)를 일절 사용하지 못하게 하였다. 당시 국가 재정이 완전히 고갈되자 영복도감(永福都監)에 베 2,600필을 2배로 징수하고 또 부유한 백성에게서도 2배로 거두었다.

약간의 과장은 있겠지만 축하연으로 인해 국가 재정인 국용(國用)이 완전히 고갈되었다[罄竭]고 하고 있다. 그만큼 기황후와 기철 세력의 영향력이 커지고 있었다. 여기에 더해 원에서는 영안왕으로 추존되었던 기황후의 부친을 1356년(공민왕 5) 경왕(敬王)으로 책봉하고 3대조에게 왕호(王號)를 추증했다. 그리고 기철을 대사도(大司徒)로 임명하려 했다. 이는 기황후와 기철의 영향력이 공민왕을 능가할 수 있다는 우려를 자아냈다.

그것은 이해 정월 천문에 이상 변고가 있음이 보고되면서 고조되었다.

즉, 태양 좌우에 육안으로 식별되는 붉은 기운이 보이자 사람들은 "3개의 해가 함께 나왔다"라며 떠들어 댔다. 정국에 대한 불안감의 또 다른 표현이었다. 4월에는 태조진전을 참배했고, 5월에 이르러 원에서 경왕 및 3대조 왕호를 추증하자 공민왕은 기철 친당 세력 제거를 전격 도모했고 결과는 성공적이었다. 명분은 대사도(大司徒) 기철·태감(太監) 권겸·경양부원군(慶陽府院君) 노책의 반역에 따른 처형이었다.

이후 문제는 두 가지였다. 하나는 기철 제거 후 원과의 관계를 어떻게 설정하면서 그 반응에 대응할 것인가였고, 다른 하나는 자주개혁을 어떻게 추진할 것인가였다. 사실 이는 동전의 앞뒷면 같은 것이기도 했다.

먼저 기철 제거 후 조치를 보면 다음과 같았다. 1356년(공민왕 5) 5월 ① 정동행중서성이문소(征東行中書省理問所) 폐지, ② 압록강 서쪽 팔참(八站) 공격 및 쌍성 등지 수복 하명, ③ 여러 군의 만호·진무·천호·백호의 패 회수 및 5일간 강안전 및 여러 사찰에서 진병도량(鎭兵道場) 설행 등을 행하였다. 기철 세력 제거 후 같은 달에 곧바로 이뤄진 것이기에 공민왕이 이때 상당한 준비를 했었음을 짐작할 수 있다. 이어 6월에는 ④ 원의 지정(至正) 연호 사용 중지와 개혁 교서 반포, ⑤ 남경 지세 관찰 등이 이어졌다. 7월에는 ⑥ 충용 4위 설치 및 문종 관제로 개정, ⑦ 쌍성 및 함주 이북 지역 수복을 이루었다.

이러한 일련의 일곱 가지 조치 상황을 보면 공민왕은 기철 세력 제거 전 미리 원의 반응에 대비를 하고 일정 지역에 대한 선제 공격을 행했다 볼 수 있다. 이어진 개혁 조처는 원에서 참칭했다고 하여 체강한 관제를 다시 문종 대 고려 관제로 회귀시킴을 의미했다. 이들이 상징하듯 공민왕은 고려의 자주성 회복에 그 방점을 두었던 것이다.

공민왕은 기철 제거 후 원의 동태를 주시했다. 7월에 원에서 중서성(中書省) 단사관(斷事官) 사데이칸[撒迪罕]과 상의봉어(尙衣奉御) 도타이[朶歹]를 압록강까지 보내 원 혜종의 조서를 전달하려 했다. 원에서는 기철 제거 진위를 파악하고 압록강 서쪽을 공격한 이유 등을 알고자 했다. 이에 ⑧ 공민왕은 서북면병마사로 압록강 서쪽을 쳐 공략에 성공했던 인당(印璫)을 참형에 처했다. 압록강 서쪽 공략을 인당 개인의 활동으로 몰아 희생양으로 삼은 것이다. 이어 기철 등 제거는 이들이 5월 정유일(18) 모반을 꾀한 데 대한 진압 결과였다 하였다. 그러면서도 9월에는 원의 침공에 대비해 ⑨ 염제신을 서북면도원수로 삼아 월(鉞)을 주어 출정토록 하고 구정(毬庭)에서 열병을 행하였다.

10월 원은 다시 사데이칸을 보내 황제의 조서를 전했다. 이때 공민왕은 충혜왕처럼 될까 우려하여 병위(兵衛)를 성대하게 도열토록 하고 궁문 밖에 출영하여 조서를 받았다. 조서 주요 내용은 인당 등의 유병(游兵) 제거와 역적 기철 등 진압 처리에 양해하며 다만 늦게 알린 점은 유감이나 크게 은덕[大造之心]을 베풀어 지인(至仁)의 덕을 펴겠다는 것이었다. 이는 지난 일은 용서하겠다는 요지였다. 이 일로 사신 왕래 등이 회복되었다.

이에 공민왕은 ⑩ 정당문학 이인복(李仁復)을 시켜 사은의 표문과 함께 고려의 요청 사항을 담은 글을 보냈다. 주요 내용은 다음과 같았다.

첫째, 정동행성 관원 인사권을 국왕이 행사토록 할 것과 도진무사(都鎭撫司)·이문소(理問所)·유학제거사(儒學提擧司)·의학제거사(醫學提擧司) 인사 역시 국왕이 처결하도록 할 것.

둘째, 정동행성 좌우사에 대한 인사권을 국왕이 행사토록 할 것과 이문소 등은 일체 폐지할 것.

셋째, 증설한 5개 만호부와 도진무사는 모두 폐지할 것.

넷째, 원 추밀원에서의 체복사(體覆使) 파견과, 선휘원(宣徽院)·자정원(資政院)·장작원(將作院)·대부감(大府監)·이용감(利用監)·태복시(太僕寺) 각 관청에서의 관원 파견을 일절 중지토록 할 것.

다섯째, 원에서 필요로 하는 방물은 고려에서 자발적으로 진헌할 수 있도록 할 것.

여섯째, 본래 고려의 땅인 쌍성 및 삼살을 돌려주고 그 이북 땅에 관방을 설치토록 허락할 것이며 여진인들의 무단 침범을 금하도록 할 것.

일곱째, 충선왕의 서자라 자칭하는 타스테무르[塔思帖木兒] 등을 본국으로 돌려보낼 것.

공민왕이 보낸 7개 조항 관련 요청에 대한 원에서의 반응은 적어도 『고려사』에는 보이지 않는다. 조항별 수락 여부가 전해지지 않았던 데에는 원 조정의 혼란과 지방 사회에서의 동요 등이 영향을 주었을 것이다. 이처럼 수락 여부에 관한 원의 반응이 직접적으로 확인되지 않자 공민왕은 지속적으로 원과 외적의 침입에 대비하고 문종 대 관제로의 개혁과 그 운영에 나섰다. 즉, 1357년(공민왕 6) 정월 ⑪ 선대 왕과 왕후의 존호를 가상하고 봉은사에 이제현을 보내 남경 천도 가부 점을 쳐 남경 궁궐 수축 명을 내렸으며, ⑫ 12월에는 이부와 병부에 전선(銓選)의 권한을 다시 행사토록 했다.

그렇지만 사신의 원 왕래와 1358년(공민왕 7) 12월 인삼을 바치는 등의 조치를 행한 점, 1359년(공민왕 8) 6월 기철 주살에 공이 있는 신하들을 '주기철공신(誅奇轍功臣)' 1등과 2등 공신으로 나눠 정한 점 등이 보인다. 이러한 조치가 말해 주는 것은 원에서 고려가 취하는 이들 개혁 진행과 관련해 직접 간섭 및 요구를 할 수 없었다는 점이다. 즉, 고려가 독자적으로 개혁을 추진할 수 있었다는 이해가 가능하다. 그 과정에서 나온 개혁 내용이 ①~⑫의 사항들이었다.

5) 2기 개혁과 한계

그렇다면 공민왕 집권 둘째 시기에는 문종 관제로의 회복이 의미하는 자주성 확보가 이뤄질 수 있었던 것일까?

그러나 둘째 시기에 기대했던 자주성 회복이나 본래 고려가 추구했던 해동천하의 문명의식 심화 확대 등은 이루어지지 않았다. 사실 이 시기에는 1357년(공민왕 6)부터의 원과의 안정 모색과 홍건적·왜구의 침략에 대한 대응, 1361년(공민왕 10) 11월 홍건적의 공격을 피한 복주(福州, 현 안동)까지의 피난과 1362년(공민왕 11) 3월 상주 체류 중 충렬왕 대 관제로의 복원, 1363년(공민왕 12) 윤3월 흥왕사에서의 김용 모반 사건 및 5월 원에서의 공민왕 폐위와 덕흥군 왕위 책봉, 같은 해 7월 8위(衛)에 제도 양가 자제 선발 보충 및 숙위 번상, 1364년(공민왕 13) 9월 복위 등이 이뤄지는 한편 1365년(공민왕 14) 2월 노국대장공주의 죽음과 5월 신돈의 등용 등이 있었다.

가장 큰 문제는 홍건적, 다음은 왜구였다. 홍건적은 『고려사』 원문에는 대부분 홍적(紅賊)이라 했고, 간혹 홍두적(紅頭賊)이라 했다. '홍건(紅巾)'의 표현은 1354년 6월 원의 하남 반군 등이 군사를 일으켜 '홍건'이라 칭한 데서 나왔다. 이때 고려는 원에 홍건적 토벌 원병으로 참전한 바 있었다. 이후 고려에서는 대부분 홍적이라 칭하여 약간의 차이는 있다.

이들은 1359년(공민왕 8) 2월 고려에 글을 보내 자신들은 '의를 내걸고 군사를 일으켜[倡義擧兵]' 중원을 회복하고 북쪽으로 유연(幽燕)까지 이르렀으니 귀부하라 했다. 고려는 이에 응하지는 않았지만 방비를 더 견고하게 했다. 11월에 이르러서는 홍건적의 영향으로 요양과 심양 유민 2,300여 호가 내투해 왔으며, 압록강 건너 거주하던 고려인들도 병란을 피해 스스로 돌아왔다. 같은 달 29일에는 홍건적 3,000여 명이 노략질하고 돌아가는 등 대규모 침입의 전조가 있었다.

홍건적의 본격적 고려 첫 침입은 1359년(공민왕 8) 12월 시작되었다. 홍건적 우두머리 중 한 명인 모거경(毛居敬)이 자칭 병사 4만 명을 거느리고 의주 등을 공략한 데 이어 12월 28일에는 서경까지 함락시킨 것이다. 공민왕은 적을 피해 피난해야 할 상황을 고려해 공주와 함께 후원에 나아가 말타기를 연습하기에 이르렀다. 그러나 이내 고려군이 정비되기 시작했다. 이듬해인 1360년(공민왕 9) 2월 안우와 이방실 등의 활약으로 이들은 격퇴되었다.

단지 300여 명이 압록강을 건너 도주했다.

그러나 홍건적과 왜구의 침구는 상존하는 위협이 되고 있었다. 1360년(공민왕 9) 3월에는 홍건적이 배 70척과 100여 척을 타고 각기 서해도와 서경, 그리고 안악군 원당포 등을 침략하고 있었다. 5월에는 왜구가 양광도 평택 및 용성현 등 10여 현을 불태웠고 이들의 위협은 강화 및 개경에까지 이르렀다. 이에 고려는 각 방리의 장정을 징발해 군사로 삼고 백관으로 하여금 전투를 돕게 하였으며, 7월에는 백악(白岳)에 행차해 천도 예정지를 살펴보기도 했다. 이는 앞서 남경 천도에 따른 궁궐 수축과는 다른 공사였다. 그 때문에 백악의 경우는 신경(新京)이라 불렀다.

공민왕은 7월 이공수(李公遂) 등을 원에 보내 홍건적의 형세를 살피도록 했다. 재침에 대비하기 위한 것이었으나 이공수 등은 빈손으로 되돌아왔다. "비록 죽더라도 돌아와서는 안 된다"라며 다시 보냈으나 역시 심양까지 가 몇 개월 있다가 귀국했다. 원과의 통로가 막힐 정도로 원에서도 병란은 심각성을 띠고 있었던 것이다. 8월에는 인재를 등용하고 병란에 대처하기 위해 삼년상 제도를 폐지하라는 명을 내릴 정도가 되었다. 11월에는 백악의 신궁으로 거처를 옮겼다가 이듬해인 1361년(공민왕 10) 3월에야 개경으로 돌아왔다. 어느 정도 가라앉았다고 느낀 면이 있었던 것이다. 그리고 실제로 같은 해 9월 원과의 교통로가 복구되었으며 정동성에 관원을 다시 두기도 했다.

하지만 이는 섣부른 판단이었다. 10월 정유일(20)에 반성(潘誠)·사유(沙劉)·관선생(關先生)·주원수(朱元帥) 등이 10만여 명을 이끌고 압록강을 건넜기 때문이다. 고려는 이방실을 서북면도지휘사로 삼고 절령(岊嶺)에 목책(木冊)을 설치했다. 이어 개경 도성 성문을 수리하여 침략에 대비하기 시작했다. 11월에 이방실은 홍건적의 공격에 맞서고자 병력을 후퇴시키는 한편 백성들과 양곡을 절령 목책으로 옮겼다. 하지만 절령 목책이 무너지자 사태는 위급해졌다. 결국 공민왕은 공주와 함께 모후인 태후를 모시고 남쪽

구분	내용
1361년(공민왕 10)	◦ 11월 19일 남수(南狩) 시작, 임진강을 건너 두솔원에 도착, 시중 홍언박과 이암 등 28명만이 호종 참여. ◦ 11월 20일 분수원(焚修院) 도착, 영서역(迎曙驛) 당도. ◦ 11월 21일 사평원(沙平院)에 이름. 어가가 광주(廣州)에 도착. ◦ 11월 22일 경안역(慶安驛)에 도착. ◦ 11월 24일 이천현(利川縣)에 당도. ◦ 11월 25일 음죽현(陰竹縣)에 당도. ◦ 11월 28일 충주(忠州)에 도착. ◦ 12월 15일 복주(福州)에 도착. 정세운(鄭世雲)을 총병관(摠兵官)으로 삼아 교서(敎書)를 내려 파견.
1362년(공민왕 11)	◦ 정월 1일 복주에서 신년 하례를 받음. ◦ 정월 17일 총병관 정세운 등이 여러 장수와 20만 병사를 독려해 개경을 포위. ◦ 정월 18일 홍건적 사류(沙劉), 관선생(關先生) 등 10만여 명을 죽임. ◦ 정월 23일 승전보가 복주 행재소에 전달됨. ◦ 2월 25일 복주를 출발. ◦ 2월 27일 상주에 머무름. ◦ 3월 18일 충렬왕 대의 관제로 개정함. ◦ 8월 13일 상주를 출발함. ◦ 8월 15일 속리사 도착. 통도사 소장 불골과 사리 및 가사를 가져와 구경. ◦ 8월 16일 원암역(元岩驛)에서 머무름. 큰비로 여러 관청 장막 유실됨. ◦ 8월 18일 옥주(沃州) 행차 중 범람으로 보령현(報令縣)에 머무름. ◦ 8월 19일 회인(懷仁)에서 묵음. ◦ 8월 20일 청주(淸州)에 도착. 체류함. ◦ 12월 2일 원에서 덕흥군 타스테무르를 국왕으로 삼음.
1363년(공민왕 12)	◦ 정월 1일 청주에 머무름. 이인복(李仁復)을 개태사(開泰寺)의 태조진전(太祖眞殿)으로 파견해 환도(還都)를 점치자 길함이 나옴. ◦ 정월 6일 양부와 기로를 불러 환도 논의. 흥왕사에 머물면서 강안전 보수 완료 후 환도 결정. ◦ 2월 4일 청주를 출발하여 진주(鎭州)에서 머무름. 왕의 행차를 환영하면서 오색 비단으로 장식한 무대[綵棚]를 만들고 연회를 베푸는 것을 전국적으로 금지시킴. ◦ 2월 5일 죽주(竹州) 체류 중 봉업사(奉業寺)에서 태조 어진을 배알. ◦ 2월 10일 봉성현(峯城縣) 도달. 개경에서 머무르던 재추들이 임진(臨津)까지 와 마중함. ◦ 2월 11일 백관이 통제원(通濟院)에서 줄을 지어 왕을 맞이함. ◦ 2월 12일 흥왕사에서 묵음. ◦ 2월 13일 백관이 환도를 하례함. ◦ 3월 2일 이공수와 허강을 원에 보내 진정표(陳情表)를 올림. 또한 해주(海州)와 개주(盖州)의 적을 평정한 것에 대해 하례하는 표문을 보냄. ◦ 윤3월 1일 김용이 일당 50여 인과 함께 흥왕사 행궁을 침범 후 홍언박 등을 살해. 최영 등이 행궁으로 달려가 반란을 평정함.

으로의 몽진[南狩]을 결정했다. 성을 비우는 공성책(空城策)을 쓴 것이었다. 하지만 이는 개경이 홍건적에게 수개월 동안 점령되는 결과를 낳았다.

이때 공민왕의 몽진 경로와 환도 과정을 보면 〈표 5〉와 같았다. 표에 보이는 바와 같이 공민왕은 2차 홍건적의 침입에 대해 공성책을 쓴다면서 15개월간 몽진했다. 복주 즉 안동까지 내려가는 과정에서는 지방민으로부터 그다지 환영을 받지도 못했다. 물론 그사이 뜻한 바대로 개경에 있던 홍건적 10만여 명을 베고 섬멸하는 데 성공을 거두었다. 하지만 민심은 공민왕과 그 조정에 대해 신뢰하지 않았다. 원에서는 공민왕 대신 덕흥군 타스테무르를 왕으로 세웠다. 덕흥군이 황제에게 공민왕이 홍건적에 의해 홍서했다 무고한 때문이었다. 몽진 중에 승장이라 할 총병관 정세운, 삼원수로 일컬어지는 김득배·안우·이방실 등이 공민왕 측근 김용에 의해 억울한 죽임을 당했다. 공민왕은 이들 삼원수의 죄목에 대한 교서를 내렸는데 '임금을 무시한 죄[無君之罪]'라고 명분을 삼았다. 또한 개경 환도 후 공민왕은 홍왕사에서 김용에 의해 죽을 위기에 처하기도 했다.

원에서의 덕흥군에 대한 국왕 옹립을 빌미로 김용의 무리들은 황제의 명이라 칭하면서 환자 강원길(姜元吉) 등을 죽였다. 공민왕의 안위가 위태로워졌다. 이때 환관 이강달(李剛達)이 공민왕을 업고 창문을 통해 도망한 뒤 다시 대비의 밀실에 이르러 담요를 씌워 숨겼다. 환관 안도치[安都赤]가 공민왕으로 분하여 대신해 죽었다. 공민왕이 죽었다 판단한 적들은 만세를 부르기까지 했다. 물론 최영 등이 반란을 평정함으로써 마무리가 되었지만 왕권은 삽시간에 무너질 정도로 취약했다.

이러한 일련의 사태는 공민왕의 왕권을 흔들 만한 사안이었다. 1362년(공민왕 11) 3월에는 문종 대 관제로 고쳤던 것을 다시 충렬왕 대 관제로 바꾸었다. 이는 자주성의 약화를 의미했다. 또한 1363년(공민왕 12) 윤3월 홍왕사 변란 진압의 공[興王討賊功] 1등 공신 16명과 2등 공신 12명, 홍왕사의 변란 때 부축 시위한 공[扶侍避難功] 1등 공신 6명 및 2등 공신 4명, 병력을 모을 것을 건의해 변란을 진압한 공[建議集兵定難功] 1등 공신 1명, 신축년(공민왕 10) 몽진 때 왕을 호종한 공[辛丑扈從功] 1등 공신 73명 및 2등 공신 53명, 홍건적의 난 때 병사를 소집해 왕을 보좌한 공[斂兵輔佐功] 1등 공신 6명 및 2등 공신 3명, 개경 수복의 공[收復京城功] 1등 공신 53명 및 2등 공신 53명 등을 녹훈하는 등 논공행상을 진행했다. 하지만 김득배나 안우, 이방실 등의 억울한 죽음을 풀어 주는 조치는 없었다.

한편 4월 고려에서 원의 어사대와 중서성 및 첨사원에 올린 글을 보면 당시 공민왕이 원 내부에서 참소를 당하고 있었음을 알 수 있다. 그것은 앞서 있었던 원의 기황후가 주도한 덕흥군 타스테무르 국왕 옹립 및 김용에 의한 홍왕사의 난과 연결된 면이 있었다. 공민왕의 폐위가 진행되고 있었기 때문이었다.

이에 고려는 어사대 등에 글을 올려 홍건적 정벌의 공에 대한 표창을 요청하는 동시에 공민왕이 사악한 참소를 당하고 있는데 이를 해결해 달라고 요구했다. 하지만 5월 역관 이득춘이 원에서 돌아와 보고한 것을 보면 원은 이미 공민왕의 폐위와 덕흥군 국왕 책봉을 정해 놓고 있었다. 내용은 다음과 같았다.

황제가 덕흥군(德興君)을 국왕으로 삼고 기삼보노(奇三寶奴)를 원자(元子)로 삼아, 요양(遼陽)의 군대를 출병시켜 그들을 호송하게 하였습니다.

이 같은 조치가 이뤄진 데에는 앞서 언급한 최유(崔濡)가 중요한 역할을 했다. 즉 원 조정을 속여 불화를 조성하고 국왕을 바꾸려 한 것이었다. 이어 6월에 원에서는 이가노(李家奴)를 보내 국왕인을 거두려 했다. 하지만 공민왕은 이들과의 직접 만남을 피했다. 그리고 재추와 백관, 기로 등은 이가노에게 중서성에 글을 써 올려 달라 부탁했다. 즉, 타스테무르는 사실 충선왕이 내쫓은 궁녀가 백문거(白文擧)에게 시집가 태어난 자라 밝혔다. 그런데 간신 최유가 원에 거짓으로 아뢰어 고려 국왕위를 빼앗으려 하므로 오히려 타스테무르와 최유를 잡아 고려로 보내 달라 한 것이었다.

이해 12월 덕흥군은 요동에 진을 치고 척후 기병을 압록강으로 보내 정탐하기 시작했다. 그리고 이듬해인 1364년(공민왕 13) 정월 초하루에 최유는 1만 명의 원 병사와 함께 덕흥군을 받들고 의주를 포위했다. 2월 경천흥과 최영 등은 덕흥군 세력을 물리치고 개선하였다. 그리고 이해 9월에 이르러 원에서는 공민왕을 복위시키는 결정을 내렸다. 이어 고려 출신 간신 추밀원동지 최테무르부카[崔帖木兒不花] 즉 최유에게 형틀을 씌워 고려로 송환토록 했다. 실제로 11월 원은 사신을 통해 공민왕 복위 조서를 보냈으며, 이달에 공민왕은 최유를 처형했다.

이처럼 둘째 시기 공민왕은 개혁 추진에서 그 성과를 보기 어려웠다. 홍건적과 왜구의 침략을 받고 국방의 취약점을 고스란히 드러냈을 뿐이었다. 안동까지의 몽진 및 환도 과정에서는 민심의 적극적인 지지를 받지 못했다. 원의 침공 대비라고 하더라도 남경 혹은 백악 천도 및 신경 건설은 국력 낭비를 가져왔다. 실체적 폐위에까지 이르지는 않았지만 최유의 농간과 기황후의 협잡으로 원으로부터 폐위되고 복위되었다. 또한 고려의 자주성을 상징한 문종 대 관제를 다시 원 간섭에 따라 조정했던 충렬왕 대의 것으로 고쳤다. 측근 농간으로 홍건적 격퇴에 공을 세운 이들의 죽음을 방조하고 그들의 죽음 명분을 '무군지죄'라 하였다. 최측근 김용이 주도한 흥왕사의 난으로 죽음 직전까지 몰리기도 했다. 이 상황은 공민왕이 개혁 군주가 아닌 무능한 군주라는 인식을 줄 수 있었다. 따라서 공민왕은 다시금 왕권을 확인하고 새로운 정치를 펼 기회를 찾아야 했다.

6) 3기 개혁과 한계

셋째 시기는 1365년(공민왕 14) 2월 노국대장공주의 죽음과 정릉 조성, 신돈의 등용과 잦은 문수회 개최, 1368년(공민왕 17) 9월 명의 공격에 따른 원 황제의 상도(上都) 개평부(開平府) 몽진, 명과의 교유 모색, 1369년(공민왕 18) 5월 원 지정 연호 사용 금지와 명 태조 즉위 축하, 1370년(공민왕 19) 5월 명 태조의 공민왕에 대한 고려 국왕 책봉, 7월 명의 홍무 연호 사용, 1371년(공민왕 20) 7월 신돈 모반 사건과 수원 유배 후 숙청, 1372년(공민왕 21) 6월 관제 개정과 10월 자제위(子弟衛) 및 두리쉬구치[頭裏速古赤] 설치, 1373년(공민왕 22) 8월 의용좌우군(義勇左右軍) 설치, 1374년(공민왕 23) 7월 양광·전라·경상도 도통사(都統使) 최영의 제주 정벌 등이 이뤄진 때이다.

사실 이 시기는 원과 고려에 큰 변동이 일어난 때였다. 우선 원 내부에서는 반원 운동이 홍건적과 지방 세력가들을 중심으로 크게 일어 동요가 있었다. 스스로 송 휘종의 8대손이라 주장하면서 반란을 일으킨 한산동(韓山童)의 죽음 후 그의 아들 한림아(韓林兒)를 추대하여 대한송제국(大韓宋帝國)을 세운 유복통(劉福通), 호북과 호남에서 황제에 올라 국호를 '천완(天完)'이라 한 서수휘(徐壽輝), 공민왕과 사신을 주고받던 한족 태주(泰州) 출신 오왕(吳王) 장사성(張士誠), 스스로 국호를 '한(漢)'이라 하고 황제를 칭한 진우량(陳友諒), 사천성 일대를 장악하고 '하(夏)'를 세워 황제로 즉위한 명옥진(明玉珍), 남경을 장악하고 1363년 파양호(鄱陽湖) 전투 속 진우량을 이기고 1368년 정월 국호를 '명(明)'이라 정한 주원장(朱元璋) 등이 있었다. 이 중 주원장은 천하를 평정해 가면서 '반원흥한(反元興漢)'에 마침표를 찍었다.

이렇게 혼란이 가중되고 있었으나 1364년(공민왕 13) 10월 공민왕은 일단 원과의 관계를 복원했다. 원이 복위토록 한 데 대해 사은 표문을 올렸고, 원 기황후의 천추절을 축하했다. 11월에는 신년 축하 사신을 보냈다. 이듬해 2월에는 황제의 생일을 축하했다. 3월에는 원에서 공민왕을 태위(太尉)로 책봉했다. 4월에는 황태자와 심왕 톡타부카[篤朶不花] 등에게 선물을 보냈다. 그리고 1367년(공민왕 16) 정월에는 충혜왕, 충목왕, 충정왕이라는 시호가 추서되는 등 양국 관계의 회복을 보여 주는 상징적인 조치들이 있었다.

1364년(공민왕 13) 12월에는 재상들에게 편민(便民)을 위한 사항들을 조목별로 아뢰게 했다. 복주까지 몽진하면서 공민왕 자신이 보고 느낀 점이 있었기에 이러한 요구를 했을 가능성이 있다. 그 내용은 알 수 없지만 이듬해인 1365년(공민왕 14) 정월에 경상도·전라도·서북면·서해도·양광도에 순문사(巡問使)를 보내 지방의 어려운 상황을 살펴보게 한 점이 확인된다. 그리고 5월에는 죄수의 억울함을 살펴 해결하는 형인추정도감(刑人推整都監)을 두었다. 5월 이전까지 상황을 보면, 지진과 노국대장공주의 죽음이 있었으며 왜구 침입 및 가뭄 등이 지속되었고, 이들 중 가뭄의 피해가 컸다.

그런데 1365년(공민왕 14) 5월부터 공민왕의 정국 운영에 매우 큰 변화가 있었다. 편조(遍照) 즉 신돈을 사부(師傅)로 삼아 정치에 대한 자문을 구하기 시작한 것이다. 사실 공민왕은 신돈 등용 이전인 1356년(공민왕 5)에도 승려 태고 보우(普愚)를 왕사로 봉하고 원융부(圓融府)를 두는 등 우대하며 사제의 예를 갖추고 선종 및 교종의 각 사찰 주지 추천을 일임한 바 있었다. 또한 보우가 한양 도읍 36국 조공설을 담은 풍수도참을 들어 한양 천도를 주장하자 이를 받아들여 남경 궁궐을 지어 백성들의 공역이 크게 늘기도 했다. 정치에 대한 자문을 넘어선 면이 있었다. 비록 태고 보우는 신돈 등용에 대해 사승(邪僧)이라 멀리해야 한다는 우려를 표하기는 했지만 사실 보우가 그간 공민왕에게 한 역할이 있었기에 신돈이 보다 쉽게 공민왕의 측근이 된 면이 있었다.

다만 신돈이 중용되기 전 이미 그에 대한 우려가 있었다. 1360년(공민왕 9) 5월에 죽은 문하시랑평장사 이승경은 신돈을 '나라를 어지럽힐 자'라 했고, 1362년(공민왕 11)에 죽은 정세운은 신돈을 '요승'이라 하여 죽이려 했다. 다만 공민왕이 그를 피신시켜 화를 모면하게 했다. 이승경과 정세운이 죽은 뒤 신돈은 머리를 기르고 두타(頭陀) 즉 행각승 행세를 하며 다시 공민왕을 알현했고, 이후 신돈은 서서히 공민왕의 측근이 되었다.

신돈의 집권 기간은 1365년(공민왕 14) 5월부터 1371년(공민왕 20) 7월까지

6년간이었다. 공민왕이 신돈을 가까이한 계기는 꿈에서 암살 위기에 있던 자신을 구해 준 승려가 신돈의 모습이었다는 데서 시작되었다. 불안한 정국과 홍건적 및 왜구의 위협에 놓여 있던 위기 심리가 발동된 면이었다. 이후 궁에 들어오게 된 신돈은 공민왕에게 청한거사(淸閑居士)의 호를 받고 왕의 사부가 되었다. 국정 자문을 맡게 되자 사대부들은 신돈을 신승(神僧)이라 부르며 설법을 듣고 복을 빌려 했다. 신돈의 영향력이 커지기 시작한 것이다.

사실 처음에 공민왕과 신돈은 뜻하는 바가 비슷했던 듯하다. 공민왕이 자기 뜻에 맞는 재상을 구하려 하였다는 것과 관련한 다음의 기록은 신돈 등용의 계기를 보여 준다.

세신대족(世臣大族)이 친당(親黨)으로 뿌리 깊게 얽혀 있어 서로 덮어 주고, 초야신진(草野新進)은 교만하게 행실을 꾸미며 명예를 낚다가 현달하게 되면 문지(門地)가 한미한 것을 부끄럽게 여겨 대족(大族)과 혼인하여 연결하려고 하니, 처음의 뜻을 다 버리게 된다. 유생은 강직하지 못하고 유약하며 또 문생(門生)이니, 좌주(座主)니, 동년(同年)이니 칭하면서 서로 당파[黨比]가 되어 사정에 끌리니, 세 부류 모두 등용할 만하지 못하다.

이러한 생각을 가졌던 공민왕에게 신돈은 세 부류 어디에도 속하지 않는 인물이었다. 소위 '속세를 탈피하여 홀로 선 자[離世獨立之人]'로 본 것이었다. 이에 공민왕은 수행을 그만두고 세상을 구하라고 하면서 손수 신돈에게 신임 약속을 굳게 하였다.

대사는 나를 구하고 나는 대사를 구하여, 죽고 사는 것을 이로써 할 것이며 사람들의 말에 의혹되지 않을 것임을 부처와 하늘이 증명할 것이다.

군신의 관계에서 군주가 이를 맹세하였다는 것은 한쪽으로는 그만큼 신뢰한다는 것이지만 다른 면으로 본다면 군권의 추락을 가져올 수 있는 내용이었다.

어쨌든 이를 기반으로 신돈은 등용되던 첫해 12월에 이미 공민왕을 대신하는 권력을 손에 쥐게 되었다. 이를 말해 주는 상징적 공신호와 관직이 '수정이순논도섭리보세공신 벽상삼한삼중대광 영도첨의사사사 판감찰사사 취성부원군 제조승록사사 겸 판서운관사(守正履順論道變理保世功臣壁上三韓三重大匡領都僉議使司事判監察司事鷲城府院君提調僧錄司事兼判書雲觀事)'였다. 국정 최고 의결기관인 도첨의사사를 이끌고 감찰사를 책임지며, 불교 제반 사무 포함 승직을 관할하는 한편 천재지변과 역법, 지리 등을 담당한 것이다. 군사를 책임지는 부분은 없지만 실제로 영도첨의사사사는 모든 것을 의결할 수 있었다. 7월에 진평후(眞平侯)로 책봉됨으로써 집권 5개월 만에 공민왕 대 누구도 받지 못한 지위를 받은 것이었다. 자질과 성품, 지도력 등이 확인되지 않은 상황이었음에도 공민왕은 이러한 결정을 내렸다.

한편 신돈은 공민왕이 후사 문제를 고민하자 그 해법을 불교 도량에서 찾아 건의했다. "문수회(文殊會)를 열면 군신이 화합하고 부처와 하늘이 기뻐하여 반드시 원자를 낳으실 것입니다"라 한 것이다. 신돈이 주도한 문수회는 1365년(공민왕 14) 7월, 1366년(공민왕 15) 3월과 8월, 1367년(공민왕 16) 3월, 1368년(공민왕 17) 4월, 1369년(공민왕 18) 4월, 1370년(공민왕 19) 4월, 1371년(공민왕 20) 4월 등 모두 8차례 기록에 보인다. 왕실과 그 후사를 위한다는 명분은 공민왕이 신돈을 더욱 신임하는 계기가 될 수 있었다.

하지만 문제는 공민왕의 왕권이 신돈에게 옮겨 가고 국가 재정은 악화되고 있다는 점이었다. 문수회를 포함해 신돈은 연등회를 자기 집에서 열면서 화려한 장식의 백만 개 등을 만들었다. 천왕사에서 가져온 사리를 왕륜사에서 맞이할 때 신돈은 서서 공민왕에게 연화문(緣化文)에 서명토록 했다. 정릉 제사 때 공주의 신위 앞에서 왕과 함께 식사하였다. 격구 관람 때 왕과 함께 나란히 누대에 앉아서 즐겼다. 팔관회 때는 왕을 대신해 의봉루 위에서 신하들의 조회를 받았다. 게다가 신돈 자신과 친한 승려 선현(禪顯)과 천희(千禧)를 각각 왕사와 국사로 책봉토록 하기도 했다. 공민왕이 왕권과 그 권위를 같이하는 신돈을 인정한 면이 나타난 것이지만 동시에 이는 신돈이 정국을 완전히 장악했음을 뜻했다.

이러한 권력의 무게와는 달리 신돈이 공민왕과 뜻을 같이하면서 개혁한 내용은 기록이 그리 많지 않다. 대표적 개혁 성과라 할 것은 전민변정도감의 설치였다. 신돈은 직접 그 판사로서 불법적인 토지와 백성 탈점과 관련해 개경은 15일 이내, 여러 도는 40일 이내 스스로 고치는 자는 책임을 묻지 않고 기한을 넘기는 경우 처벌하도록 한 것이었다. 특히 천예로서 양민임을 호소하는 경우는 모두 양인으로 신분을 바꿔 주었다. 이에 그 혜택을 받은 이들은 신돈을 '성인(聖人)이 나왔다'며 받들었다. 개혁의 성격이라 볼 수는 없지만 『도선비기』에 근거한 평양 천도를 건의해 신돈이 직접 다녀온 바 있었다. 이 외 성균관 중수를 위해 이색 등과 더불어 숭문관 터를 살펴본 것 등이 보일 따름이다.

그간 신돈은 공민왕과 버금가는 지위를 누렸다. 원으로부터는 '집현전대학사'의 직을 받은 이후 '권왕(權王)'으로 불리고 명으로부터는 '상국(相國) 신돈(辛旽)'이라 칭해진 조서를 받았다. 진(辰)과 사(巳)가 든 해에 성인(聖人)이 나온다는 참서를 가지고 자신이 바로 그 성인이라 했다. 신돈 덕에 양인이 된 천예들은 '성인'이라 그를 칭하고, 부녀들은 '첨의가 곧 문수의 후신'이라 했다. 공민왕은 신돈을 신임하긴 했으나 이러한 호칭이 자주 등장하고 신돈이 왕권과 그 반열을 나란히 하는 점 등은 의심을 살 여지가 있었다. 또 신돈 역시도 공민왕이 서로를 위하겠다고 한 맹서의 말을 믿지 않았다. 신돈 열전에 나온 다음 기록은 이를 말해 준다.

왕의 성품이 시기심이 많고 잔인하여 비록 복심(腹心) 대신(大臣)이라도 그 권세가 성하게 되면 반드시 꺼려서 죽이곤 하였다. 신돈(辛旽)이 스스로 권세가 지나치게 심해졌음을 알고, 왕이 그를 꺼릴 것을 두려워하여 몰래 불궤(不軌)를 꾀하였다.

신돈이 누리는 명성과 권력의 크기에 비례해 점차 공민왕의 시기와 기피도 커지며 결국은 죽음을 당할 수도 있다는 불안함이 확인된다. 사실 공민왕이 신돈을 제거할 명분은 이미 충분했다. 앞서 많은 이들이 신돈의 중용이 위험함을 지적했기 때문이다.

즉, 이제현은 신돈의 골상이 '흉인(凶人)'이니 공민왕에게 가까이하지 말 것을 청한 바 있었다. 또한 국사였던 태고 보우는 1366년(공민왕 15) 10월 국사의 직위를 신돈으로 인해 내려놓으며 신돈을 논박했다. 진승(眞僧)과 사승(邪僧)을 거론하며 신돈을 멀리하라 청하였고 신돈은 태고 보우를 해치려 했다. 간관 정추와 이존오는 신돈이 공민왕과 대등한 예[抗禮]를 쓰면서 위복(威福)을 함부로 행한다고 지적했다. 이는 나라에 두 군주가 있는 것[國有兩君]이니 그를 쓰지 말 것을 간언했다. 한때 신돈과 가까웠던 판밀직사사 임군보는 공민왕에게 사부 신돈은 일개 승려 그것도 천승(賤僧)이라 하며 국정을 맡겨서는 안 된다고 했다. 지도첨의 오인택 등은 『도선밀기』에 "승려도 속인도 아닌 자가 정치와 나라를 어지럽힐 것이다"라고 한 대목을 들어 국가 대환인 신돈을 제거하려다 실패해 유배되기도 했다. 이처럼 태고 보우를 비롯한 많은 신료들이 신돈을 멀리하거나 제거해야 함을 청하고 있었기에 공민왕이 마음먹으면 그 실행은 충분히 지지를 받을 수 있었다.

신돈을 꺼려 하는 공민왕의 태도는 1370년(공민왕 19) 7월 기사에 엿보이기 시작한다. 즉 전라도 체복사 최용소가 개경으로 돌아와 공민왕을 먼저 알현하지 않고 신돈을 먼저 본 후 알현하였기에 그를 장형에 처한 것이다. 또한 11월에 6부 대성 관원에게 매월 1·5·11·15·21·25일의 육아일(六衙日)에 직접 보고하게 하고 사관(史官)에게 좌우에서 따르게 하는 조치를 취하였다. 육아일 건은 12월에 다시 신돈의 건의를 받아 초2일과 16일 정무를 보길 청한 것을 따르긴 하였으나 공민왕이 직접 정무를 돌보려는 움직임이 확인되는 것이다. 더구나 이 당시 신돈은 병질이 있어 공민왕이 그 집으로 문병을 하기도 했다. 1371년(공민왕 20) 3월에는 보평청에 나와 정무를 처리하면서 간관에게 월 2회 처결에 구애받지 말고 중요 안건은 곧바로 알리라 했으며, 오랫동안 찾지 않았던 태후를 문안했다.

결국 1371년(공민왕 20) 7월 선부의랑(選部議郎) 이인(李韌)의 밀고에 따라 신돈 세력인 기현(奇顯)·최사원(崔思遠)·정구한(鄭龜漢)·진윤검(陳允儉)·기중수(奇仲脩) 등을 국문했다. 이어 신돈을 수원으로 유배했다가 이틀 후 사형에 처했다. 신돈 세력으로 분류된 인물들의 제거가 잇따르면서 신돈의 시대는 막을 내렸다. 이후 신돈과 관련한 추한 이야기는 '늙은 여우 요정[老狐精]'으로 상징화되기도 했다. 머리를 기른 승려로서 현자와 같은 이야기를 늘어놓으면서도 양도(陽道)를 취하기 위해 오골계와 백마 고기를 즐기고 사냥개와 사냥을 싫어했다는 이야기가 그것이었다. 앞서 인용한 『도선밀기』속 "승려도 속인도 아닌 자가 정치와 나라를 어지럽힐 것이다"라는 내용이 현실화된 셈이다.

7) 명에 대한 사대와 불편한 관계

또한 이 시기 공민왕은 원과의 교류를 지속하였지만 이전처럼 크게 의식하지는 않았다. 원도 공민왕이 요청했던 사항들을 대부분 수용했다. 예컨대 1367년(공민왕 16) 정월 원은 그동안 정해 주지 않았던 영릉(永陵), 명릉(明陵), 총릉(聰陵)에 대한 공신호와 시호를 추증했다. 각기 충혜왕, 충목왕, 충정왕이 이에 해당했다. 충숙왕비에 대해서는 숙공휘녕공주, 충혜왕비에 대해서는 정순숙의공주, 공민왕비에 대해서는 노국휘익대장공주로 책봉했다. 이와 같은 조치는 사실상 원 황실이 고려 공민왕을 달래는 성격이 강했다.

공민왕은 오왕 장사성과 교류를 하면서, 또 원에 사신을 보내면서 원의 내부 상황을 파악해 갔다. 원 내부의 전국(戰國) 상황은 주원장이 세운 명이 등장하면서 정리되기 시작했다. 1368년(공민왕 17) 8월 명이 원의 수도를 포위하자 조민수를 의주와 정주 등지 안위사로 파견해 변방의 위기에 대비했다. 그리고 9월에는 원 황제와 황후 및 황태자 등이 대도 연경을 버리고 상도 개평부로 도망갔다는 소식을 확인했다. 이제 원의 패망이 눈앞에 보이기 시작한 것이다.

이에 공민왕은 명과의 사신 왕래 방도를 논하게 했고, 11월에는 예의판서 장자온을 보내 예방토록 했다. 원이 사신을 보내 명에 점거된 영토 회복을 위한 전략을 고려에 요구하고 이듬해 3월 공민왕을 우승상으로 높였으나 이미 고려와 원의 사신 왕래조차 막힌 상황이었다.

결국 1369년(공민왕 18) 4월 명의 사신이 오자 공민왕은 친명사대를 선택했다. 즉 명 황제가 부보랑 설사를 통해 친서 등을 보내자 원 사신을 맞이할 때와 달리 백관을 거느리고 숭인문까지 출영해 맞이했던 것이다. 친서의 주요 내용은 사방을 통일함에 따라 자신이 1368년 정월에 황제로 추대되었다는 것, 국호를 대명(大明)이라 정했다는 것, 연호를 홍무(洪武)로 건원했다는 것 등과 함께 공민왕을 '고려국왕'으로 삼는다는 것이었다. 5월 공민왕은 원의 지정(至正) 연호 사용을 정지했고, 예부상서를 명의 금릉으로 보내 황제 등극을 축하하는 표문을 올리게 했다. 그리고 6월에는 다시 관제를 개정했다.

명과 북원 사이에서 공민왕은 결국 명에 대한 사대를 결정한 것이었다. 그리고 이어지는 조치로서 1369년(공민왕 18) 11월 원 황제의 조서를 가지고 온 사신을 죽여 버리고 이성계 등으로 하여금 동녕부(東寧府)를 공격해 북원과의 관계를 단절하려 했다. 그 결과는 1370년(공민왕 19) 정월 변방 영토에 대한 다음 표현에서 확인된다. 즉, 동으로는 황성(皇城), 북으로는 동녕부, 서쪽으로는 바다, 남쪽으로는 압록에 이르기까지 평정하게 되었다고 했다.

이와 같은 상황은 고려에 고무적이었다. 하지만 명이 자리를 잡아 가면서 상황은 달라지기 시작했다. 명은 원과는 다른 방식으로 고려를 통제하려 했다. 우선 1370년(공민왕 19) 4월과 5월 명은 천명을 받아 중화의 정통을 계승하니 사해와 내외에서 모두 신속하게 되었다고 하면서 천하의 모든 백성을 사랑하는 뜻(一視同仁)을 드러내고자 한다고 하였다. 그리고 조천궁(朝天宮) 도사 서사호(徐師昊)를 보내 고려의 수산(首山)인 대화악(大華嶽)의 신 및 그 외 모든 신령, 그리고 주수(主水)와 그 외 모든 물들의 신령들에게 제사를 올리도록 하였다. 그리고 이를 기념하는 비석을 회빈문 밖 양릉정(陽陵井)에 세웠다. 소위 고려의 명산대천에 대한 제사를 주원장이 올린 셈이었다. 이는 달리 본다면 고려 국왕이 제향 주체가 되어 올리는 명산대천 신기에 대한 제사를 주원장이 행한 것으로서 공민왕의 입장에서 본다면 난처한 일이었다.

게다가 주원장은 다시 5월에 고려 사신 성준득에게 새서(璽書)를 주었는데, 그 내용 중에도 소위 조언이라는 명분이 있기는 하지만 실제로는 내정 간섭이라 할 요소가 다분히 있었다. 예컨대 공민왕의 불교 숭상을 비판하고, 왜노(倭奴) 침구를 우려하면서 갑병 체제를 갖출 것, 성곽 수축과 왕성 수축이 필요함을 역설했다. 그리고 이어서는 인의예악(仁義禮樂)을 지켜 백성과 풍속을 바르게 하는 화민성속(化民成俗)을 행하고 왕도(王道)를 숭상하라 했다. 군대를 갖추고 사전(祀典)에 따라 산천 성황 제사를 행할 것 등을 언급했으며, 육경(六經) 사서(四書), 『통감』과 『한서』를 내려 주었다.

이후에도 명은 고려에 편종과 편경 등 악기와 봉사조근(奉祀朝覲) 때 입는 9촌의 규(圭)와 구류관과 구장복을 갖춘 면복(冕服), 군신조하를 받을 때 입는 원유관(遠遊冠)을 보내왔다. 또한 군신(群臣)이 제사를 올릴 때 입는 관복을 하사하였는데, 중국 조정의 신하가 입는 9등에 비하여 2등을 낮춘 7등으로 조정했다. 예컨대 제1등은 관질(官秩)이 중국 조정의 제3등에 해당하는 방식이었다. 여기에 주원장은 『조하의주(朝賀儀註)』 1책, 과거 실시 방식을 정한 과거정식(科擧程式)을 정리해 고려에 보내기도 했다.

이는 이소사대 결정에 따라 예악과 복식 등을 고려가 요청하고 명이 내려주는 수순에 해당하였다. 다만 불교 숭상 비판과 산천 성황 제사, 외적 대비 방략 등의 경우는 고려 내정 간섭에 들어갈 수 있는 내용이었다. 명의 이러한 조처에 대해 공민왕은 한편으로는 수긍했지만 또 한편으로는 우려했다. 대표적인 것이 조천궁 도사 서사호가 왔을 때 공민왕 스스로 직접 그를 맞이하지 않고 백관을 시켜 조서를 받게 했는데, 그 이유가 서사호가 부적을 붙여 술법을 행하는 압승술(壓勝術)을 쓸까 두려워해서였다는 것이다. 도사의 압승술을 두려워했다는 것은 그럴 수 있지만 그 내면에는 명이 혹시 자신을 해할 위험을 예방하려는 목적이 있었다 여겨진다.

이처럼 고려는 사대를 하면서도 고려에 대한 명의 지나친 자소(字小)를 우려했다. 명은 1372년(공민왕 21) 5월에 원나라의 원사(院使)를 지낸 연다마시리[延達麻失里]와 손 내시(孫內侍)를 보내 왕에게 비단을 내린 바 있었다. 그리고 황제의 말이라 하면서 ‘대한황제(大漢皇帝)’ 진우량(陳友諒)과 ‘대하황제(大夏皇帝)’ 명승(明昇)의 가족 27명을 고려가 수용할 것을 요구하자 중서성에서는 22살의 진리(陳理)와 18살의 명승 등을 받아들여 정착시켰다. 고려로서는 사실 명이 자리 잡아 가는 과정에서 패망한 각지 세력가들의 후손을 수용해야 하는 처지에 놓인 것이다. 명에서는 이들을 수용할지 말지를 알아서 결정하라 했지만 이미 그 가족들을 보내 놓고 돌려보내라는 것은 고려에 책임을 묻겠다는 말이나 마찬가지였다. 이들이 귀국길에 몰살당할 경우 이를 고려의 소행으로 몰 수도 있기 때문이었다. 이 때문에라도 고려는 명의 요구를 수용해야 했다. 명승의 경우 이후 총랑(摠郎) 윤희종(尹希宗)의 딸과 혼인하였음이 확인된다.

그리고 이때 사신으로 온 고려 출신 손 내시가 불은사 소나무에 목을 매 자결하는 사건이 벌어졌다. 고려 출신이긴 하지만 명의 사신 자격으로 고려에 온 손 내시의 죽음은 그것이 타살로 밝혀질 경우 양국 간 무력 충돌이 벌어질 수 있는 사안이었다. 하지만 이 문제와 관계없이 고려는 7월에 방물을 올리고 황제의 탄일을 축하했다. 1372년(공민왕 21) 9월에 귀국하는 장자 온 편에 약재를 보내면서 홍무제는 몽골 출신 탐라 목자 소탕과 고려 동북 지역 여진에 대한 경계를 강하게 지적했다. 이때까지는 손 내시 등의 죽음은 거론되지 않고 있었다.

손 내시 등의 죽음이나 명의 고려에 대한 불만과 요구 사항이 실제 문제가 된 것은 1373년(공민왕 22) 7월 찬성사 강인유와 서장관 정몽주 등이 명으로부터 돌아와 전한 황제 주원장의 언급에서부터였다.

홍무제가 당시 말한 주요 내용은 양국 관계에서 첨예한 문제가 되던 것들이었다. 즉, 고려에 사신으로 간 환관 출신 관원의 죽음 및 고려 측 정조사 일행의 지각 도착을 문제 삼았으며, 사신에 대해 육로 귀국을 권했으나 해로 귀국을 선택한 것은 산동 일대 병선과 군마의 동정을 살피기 위한 것이라는 판단하에 그렇게 가지 못하게 하였음을 밝혔다. 또한 염탐하지 않고 청렴하며 글자를 아는 인재 2~3백 명을 명에 보내 관원이 되게 하고, 진헌을 1년 3공이 아닌 3년 1공으로 하라 했다. 자신은 충혜왕의 딸 장녕공주를 찾는 일에 협조하였고 충혜왕이 환관 고룡보에게 나포되어 끌려갔던 행태를 하지 않을 것이며 고려 정벌에 대한 뜻이 없다고 언급했다. 이 밖에는 1,000여 필의 말 교역 때 나하추의 부하가 속해 있어 명을 염탐한 후 우가장을 습격해 큰 피해를 입혔으며, 제주말의 진헌이 실상 1년 동안 4필에 불과했다는 등등의 협조와 불만 사항을 지적했다. 이어서는 소인배의 말을 듣지 말 것과 국왕 주변 시중드는 환관 4~5명을 보낼 것, 해로로 명 입국 불허, 3년 1차례 조빙에서 진헌 방물은 베로 하되 3~5짝[對]을 넘지 않도록 하고 성의를 표시할 것, 동지 및 황제와 황태자 생일에 하례 표문을 올리지 말고 신년 표문만 올릴 것 등을 지시했다.

공민왕은 이 같은 홍무제와 명 중서성이 보낸 글에 대해 해명할 수 있는 것은 해명하고자 했다. 신년 하례사를 보내면서 진정표와 사은표를 부쳤는데, 유생을 보낸 것에 대해 정탐 목적이라 한다면 추후 승인될 2~3백 명의 인재를 보내야 할지 고민이 되며 실제는 정탐 등의 목적이 전혀 없었음을 우선 밝혔다. 이어서는 원사 연다마시리와 손 내시의 사이가 좋지 않아 손 내시가 결국 화를 당했을 것이라는 점, 사신이 묶는 빈관에 무기를 배치해 위협을 끼친 일이 없다는 점, 고려의 명 정탐은 사실이 아니며 고려와 명 사이를 이간질해 위기 상황을 만들려는 간책이라는 점 등을 들어 해명했다. 이에 따른 명의 반응은 보이지 않으나 분명한 것은 명의 홍무제가 고려와 공민왕에 대해 불만과 함께 오해를 쌓아 가고 있다는 점이었다. 그러면서도 지속적으로 말의 진헌에 대해 문제 삼았다. 다른 한편으로 홍무제는 고려 정벌 의지가 없으며 공민왕을 폐위시키거나 잡아가는 일은 없을 것이라 했다. 명에서 보내는 이러한 신호는 사실 고려에게 딴 뜻을 품지 말라는 것이었다.

그리고 그 의심은 실제로도 1373년(공민왕 22) 11월 고려가 왜선 추포용 함선에 장착할 병기·화약·유황·염소(焰硝) 등 물품 조달을 요청했을 때, 1374년(공민왕 23) 2월 신년 하례사를 보내 육로로의 조공, 1년 3공 등을 청했을 때 이에 대한 반응에 나타났다. 신년 하례 및 사은 표문에서는 장녕공주를 찾아 귀국하게 해 준 데 대해서 감사를 표하고 제후로서의 책무를 다하겠다 하였다. 그런데 화약 요청 및 육로 조공, 1년 3공 등에 대해 홍무제와 중서성은 부정적인 대응을 보였다. 우선 홍무제는 한과 수, 그리고 당나라가 동방을 친 것과 같은 우를 범하지 않겠다 하면서 어려운 요구를 했다.

> 짐이 있는 오늘날에는 나를 업신여기거나 거짓으로 대하지 않는다면, 어찌 감히 상제(上帝)를 어기고 생민(生民)을 수고롭게 하겠는가? 만일 혹 자신의 분수를 지키지 않고 망령되게 사단을 일으킨다면, 그 천재와 인재가 반드시 미치게 될 것이니, 왕은 그것을 살피도록 하라. 이후에 (조공이) 박하더라도 정이 넉넉하면 가할 것이요, 만약 (조공이) 후하게 오더라도 정이

박하다면 이는 불가하다. 왕은 잘 살피도록 하라.

한마디로 사대를 지성으로 실천하라는 요구였다. 그리고 중서성에서는 황제의 명에 따라 3년 1공을 행할 것, 예물은 규정한 베 3~5짝을 넘기지 말 것을 다시 언급했다. 그리고 이미 보낸 물품은 규정을 넘어선 데다가 그중 원의 관서였던 태부감에 보낸다고 표현한 것은 의아하며 보내온 공마 50필은 모두 타기 어려운 것들뿐이라고 불만을 표했다. 이에 금은·기명(器皿)·채석(彩席)·저마포(苧麻布)·표달피(豹獺皮) 및 태부감 명으로 보내온 백저포 3백 필은 다시 돌려보내겠다 하였다. 화약의 경우 고려에서 초(硝) 50만 근을 수집해 모으고 유황 10만 근을 구해서 가져오면 명에서 배합하여 돌려보내겠다고 역제안을 했다. 왜적 추포선의 경우 새로 건조하면 배를 인솔해 와서 보이라고도 했다. 조공로와 관련해서도 3년 1공을 하되 해로로 오라고 하였다. 공민왕이 요구한 대부분의 조항에 대해 거절과 함께 명이 정한 규정을 지키라는 강압 아닌 강압이었다.

여기에 더해 1374년(공민왕 23) 4월에는 사신을 통해 중서성의 글을 보내 황제의 지시라 하면서 탐라말 2천 필을 선별해 가지고 오게 했다. 공민왕은 한방언을 탐라로 보내 몽골 출신 목호(牧胡) 시데리비스[石迭里必思]·샤오쿠투부카[肖古禿不花]·관음보(觀音保) 등에게 말을 선별해 바칠 것을 요구했다. 하지만 이들은 원 세조가 방목하여 기르던 말을 바칠 수 없다고 하면서 3백 필만 보내겠다 하였다. 명 사신에게 이를 알리자 그들은 2천 필에 모자라면 자신들은 도륙될 터이니 차라리 공민왕의 손에 죽겠다고 하였다. 공민왕은 어쩔 수 없이 다시 최영 등을 중심으로 제주 정벌군 25,605명과 전함 314척을 마련해 보냈다. 공민왕은 8월 제주 공마(貢馬)를 채우지 못한 한방언을 유배했고, 탐라는 결국 평정되었다. 공마 3백 필은 명 사신과 함께 밀직부사 김의가 정료위를 통해 수송하는 한편 명에 육로 조빙로를 터 준 데 대해 사은 표문을 보냈다.

이처럼 명은 고려가 명 내부 사정을 살피고 있다는 점을 염탐하면서 기회를 엿본다는 것으로 해석하고 점차 고려에 대해 고압적인 자세를 취해 갔다. 특히 1년 3빙과 3년 1공의 문제는 양국 간 계속해서 논의가 이뤄졌고, 공마에 대한 요구는 양적, 질적인 부분까지 감안해 보내야 했다. 다만 북원 문제나 나하추 문제, 명 내부의 불안한 요소가 잠재한 상황 등이 겹쳐 있었다. 명분상 명이 고려에 대한 불침공을 천명하였지만 고려 입장에서는 이를 100% 믿을 수는 없었다. 양국 관계가 이처럼 약간의 평행선을 달리고 있는 가운데 고려에서 중요한 변수가 발생했다. 공민왕의 갑작스러운 죽음이었다. 따라서 모든 문제는 공민왕 이후 새로 즉위하는 군주에게 그 해결의 무게가 넘어갔다.

8) 공민왕의 죽음과 과제

앞서 언급했듯이 1374년(공민왕 23) 9월 공민왕은 폐행이라 할 환자(宦者) 최만생과 행신(幸臣) 홍륜 등에 의해 시해되었다. 그동안 측근에 의한 위기 등을 숱하게 극복해 온 공민왕이었는데 왜 갑자기 죽음에 이르게 되었을까?

『고려사』나 『고려사절요』의 기록을 본다면 공통된 사항이 있다. 공민왕이 익비 한씨가 잉태한 아이의 아버지가 홍륜이었음을 측간(廁間)에서 최만생을 통해 알았다는 것이다. 이어 이를 확인한 공민왕은 최만생에게 자제위 소속 홍륜·권진(權瑨)·홍관(洪寬)·한안(韓安)·노선(盧瑄) 등을 죽여 입을 막겠다고 말했다. 이에 최만생이 홍륜 등과 모의해 공민왕이 취한 틈을 타 시해에 나섰다. 취한 공민왕을 찌르고는 "적이 밖으로부터 이르렀다"라고 소리친 것이다.

정상적이라면 위사들은 삼엄한 경계를 펴고 재상 등은 급히 달려와 공민왕 시해 관련 상황을 정리하면서 범인을 잡고 심문을 해야 했다. 하지만 한 사람도 궁에 이르지 않았다. 날이 밝을 무렵에야 명덕태후에게 이 소식이 전해졌고, 태후는 강녕대군 우와 함께 안으로 들어갔다. 하지만 비밀로 하면서 국상을 발표하지 않았다. 그나마 환관 이강달(李剛達)이 왕명을 내세워 경복흥·이인임·안사기 등에게 이를 알렸다. 이로써 사후 처리 논의가 있게 되었다.

이인임은 우선 궁중에 있던 승려 신조(神照)를 의심했다. 궁중에 있었다는 점, 완력이 셌다는 점, 간사한 꾀가 많았다는 점 등과 함께 심왕의 아들 톡토테무르와의 내통 가능성이 있다는 점 때문이었다. 하지만 참극의 현장을 찾으면서 병풍과 최만생의 옷에 혈흔이 있음을 보고 순위부에 가둬 국문한 결과 홍륜 등과 벌인 시해 전말에 대한 파악이 가능해졌다. 최만생과 자제위 소속 홍륜·한안·노선·권진·홍관 등이 저지른 것이었다. 이에 최만생과 홍륜은 거열형에 처하고 한안·권진·홍관·노선 및 그들의 아들을 효수(梟首)했으며 재산을 몰수하고 처첩을 관비로 삼았다. 이들의 아버지와 형제들 또한 처형되기에 이르렀다.

고려 왕조 역사상 만취 후 측근에 의해 시해된 군주는 1명도 없었다. 그런데 어째서 개혁 군주로 잘 알려진 공민왕이 그 첫 번째 비극의 주인공이 되었을까? 사실 공민왕 시해는 최만생과 홍륜이 주도한 것이었지만 관련 기록을 보면 그 빌미는 공민왕에게 있었다. 신돈 세력 제거 후인 1372년(공민왕 21) 10월 1일 공민왕은 자제위(子弟衛)를 설치했다. 대언 김흥경에게 총괄하게 했는데 그에 뽑힌 이들은 나이가 적고 용모가 아름다운 고관대작의 자손들이었다. 공민왕은 이들을 총애하며[寵幸] 항상 와내(臥內)에서 시중하게 했다. 측근 세력으로 양성하려는 목적도 있었다.

하지만 자제위에 소속된 홍륜 등은 그 행실이 좋지 않았다. 그냥 좋지 않은 정도가 아니라 홍륜의 부친 홍사우가 공민왕에게 "홍륜은 인간의 탈을 쓴 짐승이오니 제발 궁중에 두지 마소서"라 할 정도였다고 한다. 전라도 도순문사로 나가서는 아들 홍이(洪彝)에게 편지를 보내 동생 홍륜의 방자함을 경계시키라고 당부하기까지 했다. 또 홍이는 처형장에서, "저 악독하기 그지없는 홍륜이 우리 가문을 멸망시킬 줄 진작 알았으나 차마 빨리 제거하지 못하다가 이 지경에 이르렀도다!"라 한탄하면서 끝내 죽음을 맞았다.

이들이 이렇게 된 데에는 이유가 있었다. 세족 대가의 자손으로서 어려서부터 거칠 것이 없어서였는지도 모른다. 예컨대 홍륜의 부친은 전라도 도순문사 홍사우(洪師禹), 한안의 부친은 찬성사(贊成事) 한방신(韓方信), 노선(盧瑄)의 부친은 밀직(密直) 노진(盧稹), 권진(權瑨)의 부친은 밀직부사(密直副使) 권용(權鏞), 홍관(洪寬)의 부친은 판합문사(判閤門事) 홍사보(洪師普)였다. 홍사우와 홍사보는 문하시중 홍언박(洪彦博)의 아들들이었다. 이 중 홍언박은 김용이 일으킨 흥왕사의 난 때 죽음을 당했다. 홍륜이나 한안 등의 부친과 그 형제들은 자식과 형제를 잘못 둔 죄로 집안이 풍비박산된 것이다.

공민왕의 재위는 23년간이었다. 죽을 때 나이는 45세에 불과했다. 『고려사』에서 공민왕 세가를 집필한 사신은 공민왕의 성품과 행실 그리고 정치에 대해 이렇게 적었다.

왕은 즉위 이전 총명하고 어질고 후덕하여 민의 기대를 모았고, 즉위 이후에도 온갖 힘을 다해 정치를 도모했다. 중외(中外)가 크게 기뻐하면서 태평 시대가 오기를 기대하였다. 노국공주가 훙서하고 나서 슬픔이 지나쳐 뜻을 잃어버렸다. 정치를 신돈(辛旽)에게 맡겨 공을 세우거나 현명한 신하들이 내쫓기거나 죽임을 당했으며, 큰 토목공사를 일으켜 백성의 원망을 샀다. 완악하고 연소한 무리를 가까이하면서 음탕하고 더러운 짓을 하였고, 시도 때도 없이 술주정을 부리며 좌우의 신하를 마구 때렸다. 또 후사가 없음을 근심하여 남의 아들을 데려다가 대군(大君)으로 삼았다. 다른 사람들이 믿지 않을까 염려하여 몰래 폐신(嬖臣)으로 하여금 후궁을 욕보이고, 임신하게 되면 그를 죽여 입을 막아 버리곤 했다. 도리에 어긋나는 행동이 이와 같았으니, 죽음을 면할 수 있었겠는가?"

이 같은 사신의 글에서 읽을 수 있는 것은 공민왕이 즉위 전후에는 뜻이 컸으나 노국대장공주 죽음 이후 정치에 뜻을 잃어 실정과 실덕, 음행을 되풀이하였다는 점이다. 그리고 결국 자제위 소속 홍륜 등과 같은 무뢰한 이들을 가까이하다 시해를 피할 수 없었던 것이다.

1374년(공민왕 23) 9월 갑신일(22) 공민왕의 죽음 후 강녕대군 우는 곧바로 즉위하지 못했으나 대군의 자격으로 국상을 선포하고 거애했다. 병술일(24) 국상 및 거애가 있었고 다음 날 시중 이인임 등은 10살 된 강녕대군 우를 국왕으로 옹립했다. 그리고 10월 경신일(28)에 이르러 공민왕을 현릉(玄陵)에 묻고 시호를 경효(敬孝)라 했다.

능호 '현(玄)'은 검다, 하늘빛, 그윽하다 등의 뜻을 담은 글자인데, 노국대장공주의 능호 정릉(正陵)이 바르다, 바로잡다 등의 의미임을 고려하면 하늘빛이라는 뜻이 강할 듯하다. 참고로 현릉(玄陵)의 능호는 이미 정종(靖宗) 비 용신왕후 한씨의 것과 같다. 이름이 같게 될 경우 피휘하는 것이 일반적이나 급히 정해서인지 관련 기록은 없다. 시호 '경효'는 효를 공경히 잘했다는 의미이다. 선왕인 충숙왕을 잘 모시고 명덕태후를 공경했다 하여 올린 시호에 해당한다. 이에 원이나 명에서 시호를 정할 때까지 공민왕은 경효대왕이라 불렸다.

사진 32 공민왕 현릉과 노국대장공주 정릉

사진 33 경기 장단군 진서면 대원리 화장사 공민왕 영정

1376년(우왕 2) 윤9월에 이르러 경효대왕의 진영을 왕륜사 영전에 봉안하고 혜명전(惠明殿)이라 했다. 혜명은 은혜로 세상을 밝게 하였음을 뜻한다. 공민왕이 개혁을 도모하여 백성이 편하게 살 수 있게 하였다는 의미가 반영된 듯하다. 물론 이러한 뜻은 실제 현실과는 괴리가 있었다. 그럼에도 군주의 위상을 드러내는 호칭을 정하는 것이 왕조 사회에서는 일반적이었다. 같은 달에는 현릉에 대해 인문의무용지명렬경효대왕(仁文義武勇智明烈敬孝大王)이라 존호를 올렸다. 문무와 용맹함과 지혜 등이 뛰어났음을 반영한 것이었다.

1385년(우왕 11) 5월 우왕은 사신을 명에 보내 선왕에 대한 시호 요청 및 왕위계승에 대한 표문 세 개를 보냈다. 이에 대해 9월 명에서는 조서사(詔書使)와 시책사(諡冊使)를 보내 우왕에게 삼한 통치 관련 고려 국왕 책봉 조서를 내리는 한편 전왕에 대해 '공민(恭愍)'의 시호를 정해 주었다. 사실 '공민'은 삼가 근심하다의 의미가 있는 글자였다. 당시 시호 관련 조서를 보면 천명을 이루는 데에는 근정 무일하여야 하는데 고려 국왕 왕전은 정사에 태만하고 안일하다 결국 비참한 죽음[凶隕]을 당함에 이르렀다고 비판한 내용이 우선 보인다. 이어서는 덕을 닦으며 성심(誠心)을 다하라고 하면서 '공민'의 시호를 준다고 하였다. 이는 공민왕도 공민왕이지만 우왕에 대한 책망과 선정을 행하라는 의미를 함께 담은 면이 있었다. 그동안 원에서 '충(忠)'을 넣어 일관된 시호를 정한 것과 달리 이후 명에서는 군주의 성품과 언행, 그리고 업적을 토대로 시법(諡法)을 참고해 시호를 정한 것이었다.

예컨대 조선 태조에 대해 명에서는 시법에 "백성을 무휼하여 안락하게 한 것[撫民安樂]을 '강(康)'이라 하고, 착한 일을 행하여 기록할 만한 것[行善可記]을 '헌(獻)'이라 한다"라는 대목을 들어 1408년(태종 8) 9월 태조의 시호를 '강헌(康獻)'이라 정했다. 이후 정종은 '공정(恭靖)', 태종은 '공정(恭定)', 세종은 '장헌(莊憲)', 문종은 '공순(恭順)', 세조는 '혜장(惠莊)', 예종은 '양도(襄悼)' 등으로 정해진 바 있었다.

한편 공민왕이 태묘에 부묘된 후 공민왕 대 관련 체협배향공신이 정해졌
다. 5명이 확인되는데, 정헌공 왕후, 문충공 이제현, 문충공 이공수, 양평공
조익청, 문희공 류숙 등이었다.

왕후(王煦, 1296~1349)의 경우 안동인으로 본래 성과 이름은 권재(權載)이며
부친은 권부(權溥)이다. 충선왕의 양자로 입적되면서 왕씨 성과 이름을 받
게 되었다. 충선왕과 충숙왕의 시호를 원으로부터 받아 왔으며 기황후 세
력인 기삼만(奇三萬)이 남의 전민을 빼앗자 곤장을 때리고 순군옥에 하옥시
킨 바 있다. 충목왕이 죽은 뒤 그 후사로 공민왕과 충정왕 중 선택해 달라는
표문을 원에 올리기도 했다. 1349년(충정왕 1) 3월에 죽었다. 공민왕의 잠저
때 연경에서 호종한 공이 있었음이 확인된다. 이를 보면 실제 공민왕 대 업
적은 없었으며 단지 공민왕 즉위와 관련해 약간의 공이 있는 정도였다.

이제현(李齊賢, 1287~1367)은 경주인으로 본래 이름이 이지공(李之公)이었다.
충렬왕 말년에 과거에 급제하였고 권부의 딸을 부인으로 맞아 후원을 받기
시작했다. 충선왕의 총애를 받았으며 세 번에 걸쳐 중국 각지를 여행한 경
험이 있었다. 고려를 원의 행성으로 만들고자 한 입성책동을 적극 저지하
는 한편 유배된 충선왕을 풀어 줄 것을 원 황실에 요청하기도 했다. 기씨 일
가와 혼맥이 많이 닿아 있기도 했다. 민지가 쓴 『본조편년강목(本朝編年綱
目)』을 증수하는 한편 『충렬왕실록』·『충선왕실록』·『충숙왕실록』 등 삼대
의 실록을 수찬했다. 공민왕 추대 운동을 벌였고, 실제 공민왕이 즉위하자
도첨의정승이 되었다. 이후 4차례 문하시중 등을 역임하면서 공민왕의 개
혁에 기여했다. 홍건적이 쳐들어오자 공민왕을 시종하여 복주 즉 안동까지
다녀왔다. 이때 그는 공민왕에게 "오늘의 피난이 당나라 현종(玄宗) 때 안록
산(安祿山)의 반란과 무엇이 다르겠습니까?"라 하며 눈물을 흘리고 탄식했
다. 공민왕의 후비 중 혜비 이씨가 이제현의 딸이었다.

이공수(李公遂, 1308~1366)는 익주(益州) 사람으로 충혜왕 때 과거에 급제했
고, 충목왕 서연관(書筵官)의 한 사람으로 역할을 했다. 기황후의 외사촌 오

빠이기도 하다. 공민왕 대 홍건적이 평정되자 찬성사로서 몽진해 있는 공민왕을 대신해 분사(分司) 관료와 함께 개경을 지켰다. 이어 원에서 1363년(공민왕 12) 공민왕을 폐위하고 덕흥군을 왕으로 세우려 하자 이를 막기 위한 사신으로 원에 가면서 서경 태조 원묘에서 "왕께서 복위되지 않으면 저는 죽어도 돌아오지 않겠습니다"라고 맹세했다. 이후 덕흥군과 최유 등이 패망하자 원에서는 공민왕을 복위시켰고, 이공수는 공신에 책봉되었다. 하지만 신돈이 그를 꺼리고 파면시키자 공민왕은 그를 익산부원군으로 봉했다. 1376년(우왕 2)에 공민왕 묘정에 배향되었다.

조익청(曹益淸, ?~1353)은 창녕군 사람으로 충숙왕 때 중랑장이 되었고, 원나라에 있을 때에는 중서성에 충혜왕의 성품에 대해 극언을 하면서 고려에 성을 설치할 것을 청했다. 충혜왕의 폐행을 제거하려 송팔랑(宋八郞)과 홍장(洪莊) 등을 구금하고서 모진 고문을 가했다. 다만 조익청은 공민왕이 연저수종공신 1등으로 책록한 것을 볼 때 공민왕의 최측근으로 분류되었음이 확인되며 좌정승 하성부원군(夏城府院君) 순성직절동덕찬화공신(純誠直節同德贊化功臣)이 되었다. 1353년(공민왕 2)에 죽었으며 1376년(우왕 2)에 공민왕 묘정에 배향되었다.

류숙(柳淑, 1316~1368)은 서주(瑞州) 사람으로 충혜왕 때 과거에 급제했으며 강릉대군 즉 공민왕을 시종해 4년간 원에 체류했다. 연저수종공신 1등으로 책록되었으며 기철 처형에 공을 세워 안사공신(安社功臣) 칭호와 철권을 받았다. 그러면서 류숙은 모든 공신에게 파당을 만들지 말 것과 마음을 합쳐 왕실을 받들 것을 권하기도 했다. 홍건적이 황주(黃州)까지 쳐들어오자 공민왕에게 성곽과 군량이 부족하다 보고하여 복주까지의 몽진 결정이 이뤄지게 되었다. 몽진 및 흥왕사의 난 때 호종하여 1등 공신이 되었다. 신돈의 모함과 공민왕의 결정으로 장형에 처해졌고 가산은 몰수되었다. 신돈은 영광군에 물러나 있던 류숙을 교살하기에 이르렀다. 신돈 처형 이후에야 공민왕은 비로소 모든 사정을 알고는 그의 죽음을 깊이 애도하고 조서를 내려 억울함을 밝혀 주었다. 1376년(우왕 2)에 공민왕 묘정에 배향되었다.

1374년(공민왕 23) 9월 공민왕의 갑작스러운 죽음은 원명교체기 및 나하추 세력의 준동, 왜구 출몰과 노략질 등 혼란기의 동북아시아 국제 관계라는 지형에 파문을 일으켰다. 동시에 더 큰 문제는 공민왕 후사 문제였다. 강녕 대군 즉 왕우가 있었지만 우왕 폐위 후 지속적으로 '폐가입진론(廢假立眞論)' 이 등장하듯 그 혈통에 대한 의심으로 왕권이 불안했다. 공민왕은 왕권과 왕실, 그리고 왕조를 안정시키고자 다양한 개혁과 이를 행할 세력을 시시 때때로 등용했다. 그러나 측근 세력에 의한 모반이 자주 일어났던 것을 본 다면 유신(惟新)을 위한 개혁 세력은 실상 부재했다 여겨진다.

심지어 충렬왕 이후 충정왕 대까지 원의 보이지 않는 압력으로 왕업 연기 를 위한 천도론이나 순주론 등은 거의 나오지 않았지만 공민왕 대에는 자 주 등장했다. 1356년(공민왕 5) 4월 왕사 태고 보우가 9산 선류(禪流)를 일문 (一門)으로 통합하여야 하며, 개경의 왕기를 처음처럼 회복하기 어려우니 한 양으로 천도해야 한다 건의했다. 이어 같은 해 5월 기철 세력을 제거한 후 반원 개혁을 하면서 6월에 남경을 상지토록 하였다. 그리고 이듬해 1357년 (공민왕 6) 2월 남경을 다시 살펴보고 궁궐을 수축했다. 하지만 이조차도 사 실은 왜구의 침구로 인해 중지되었고 1360년(공민왕 9) 정월에도 불길하다는 점괘를 얻어 중단되었다. 그렇지만 다시 이해 7월 장단(長湍) 백악(白岳)을 살펴본 뒤 궁을 지은 바 있다. 이는 대명(大命) 즉 천명이 무궁하기를 비는 마음에서 행한 것이었다. 또한 신돈도 『도선기』를 들어 고려의 삼소(三蘇)로 이해되는 평양과 충주로의 순주를 건의했다. 다만 이 순주는 결행되지 못 했는데, 판사천감사가 성변과 흉년이 있어 움직이면 흉하다는 말을 올려서 였다.

이처럼 순주 및 천도론이 공민왕 대에 다시금 나오기 시작한 점이 주목된 다. 그만큼 공민왕 대에 새로운 정치가 추진되고, 불교에서도 일문 통합을 위한 개혁이 전개되면서 순주와 천도를 통해 왕업 연기 및 외적 방어, 구산

문의 일문 통합을 꾀한 면이 컸던 것이다. 결과적으로 본다면 도선의 풍수
도참과 천도를 통한 왕업연기설, 외적 방어론 등이 공민왕을 움직인 힘이
었다 여겨진다. 이러한 논리는 이후 우왕 및 공양왕 대에도 계속 제기됨으
로써 국력의 낭비를 가져왔다.

공민왕의 죽음에 따라 고려 왕조는 그동안 풀지 못한 문제를 다음 왕대로
넘기게 되었다. 동시에 새로운 과제에 대해서도 대처해야 했다. 이를 간단
히 요약하면 다음과 같다.

먼저 왕권의 안정이 무엇보다 시급했다. 그동안 폐행정치와 잦은 모반,
외적의 침입을 겪으면서 왕권은 매우 불안정했다. 빈번한 천도 논의도 있
었다. 여기에 명과 북원에서의 고려 국왕에 대한 직간접적인 불만 토로나
요구 등은 고려 조정을 전전긍긍하게 만들었다. 따라서 이러한 불안정한
정치 구조 문제를 해결함과 동시에 명 및 북원과의 관계 정리도 분명히 해
야 했다. 공민왕은 이러한 문제를 계속해서 풀지 못한 채 시시때때로 대응
하기에 바빴다. 그렇기에 폐행이나 측근 혹은 권문세력 중심이 아닌 개혁
신료를 중심으로 왕권을 안정시킬 필요가 있었다.

다음으로는 왕실 직계 혈통이 거의 없는 상황이라는 점이었다. 이는 이
미 원의 부마제후국이 되면서 겪을 수밖에 없는 문제였다. 원 황실 출신 공
주가 출산하든가 아니면 공주의 허락을 받아 후비를 들여 왕자를 낳아야
했다. 원 황실과의 혼인은 안전장치이기도 했지만 족쇄이기도 했다. 원 황
실에서는 국왕이 새로 후비를 맞이하는 것을 꺼려 했을뿐더러 이는 공주도
마찬가지였다. 따라서 국왕이 자손을 보는 경우는 점점 줄어들고 있었다.
충렬왕-충선왕-충숙왕-충혜왕-충목왕·충정왕으로 이어지는 왕계나 충
혜왕의 동생으로 즉위한 공민왕이 자손이 없는 상황은 이를 말해 주었다.
그나마 공민왕이 강녕대군을 두었기에 공민왕 후사가 가능했다. 따라서 우
왕은 즉위 후 종실과 재상지종 가문 혹은 각 유력 가문과의 혼인을 통해 왕
자를 둘 수 있도록 해야 했다.

그다음으로는 동녕부나 쌍성총관부, 탐라 등 영토 문제에 대한 정리였다. 이들 지역은 원이 직간접적으로 실효적 혹은 실질적 지배를 하던 곳이었다. 공민왕은 군사 공격으로 동녕부나 쌍성총관부 일대를 차지한 바 있었다. 쌍성총관부의 경우 1356년(공민왕 5) 7월 수복 이래 함주(咸州) 이북 합란(哈蘭)·홍헌(洪獻)·삼살(三撒) 지역을 회복했다. 동녕부에 대해서는 1370년(공민왕 19) 8월 이성계가 공격을 진행한 바 있었다. 탐라는 1374년(공민왕 23) 8월 최영이 원의 잔당 세력 3,000여 기병을 진압하여 고려의 영토로 완전 편입했다. 따라서 고려는 이들 지역에 대한 지배력을 지속해 고려의 영토로 확고히 해야 했다.

명과 북원 사이에서 어디를 중심으로 사대할 것인가도 결정해야 했다. 공민왕은 명에 대한 사대를 진행하면서도 북원에 대해 완전히 절연하지 않았다. 그동안의 원에 대한 관성이 반영되었을 것이지만 이는 공민왕만의 문제가 아니었다. 왕실과 마찬가지로 신료들도 그간 원과 수많은 인연으로 얽혀 있었기 때문이었다. 따라서 명-북원 사이 관계에 대한 단호한 입장 정리가 필요했다. 이는 결국 우왕에게로 숙제가 넘겨졌다. 여기서 중요한 것은 명과 북원 중 어느 쪽이 보다 고려에 우호적 태도를 보일 것이냐였다. 국제 관계는 결국 주고받는 관계이기 때문이었다.

한편 공민왕은 재위 기간 동안 많은 불사와 도량 등을 벌였다. 그것은 왕업 연기나 외적 진호, 후사 탄생, 노국대장공주 위령 등을 위한 목적이 컸다. 종교적 차원의 기복은 마음의 위로와 희망을 위한 것으로 군주이든 백성이든 상관없이 행할 수 있었다. 그러나 군주의 경우 불사와 도량을 행할 때는 유의할 점이 있었다. 군주가 행하는 것들은 일반 백성과 다르게 왕실 의례의 차원에서 접근해야 하기 때문이었다. 여기에는 재화가 소요되었고, 많은 노동력과 공간 등이 필요했다. 공민왕은 문수회를 열거나 노국대장공주를 위한 영전 및 관음전을 짓는 데 많은 비용과 노동력을 들여 원성을 산 바 있었다. 차기 군주는 이러한 점에 유의하면서 불교를 태조나 최승로가 이해한 바대로 수신(修身)을 위한 도로 여겨야 했다.

공민왕은 환관과 특정인을 자주 의지했다. 이들이 공민왕을 수종하면서 공민왕의 안위를 지킨 면은 있었다. 조일신이나 정세운과 김용 등은 연경에서 공민왕을 수종했으며 홍왕사의 난 때 공민왕을 대신해 죽은 환관 안도치가 있었다. 또한 신돈과 같은 이들도 있었다. 하지만 이들은 결국 안도치와 같은 이들을 제외하면 대개 공민왕에게 도움이 되지 못했다. 이러한 문제를 해결하기 위해서는 인덕이 높고 충절이 있으며 학문 수양이 깊은 이들이 필요했다. 공민왕은 조일신이나 김용 같은 스타일이 아닌 최영이나 정몽주 같은 충신들을 양성해야 했다. 하지만 이는 결과적으로 성공하지 못했다. 역설적이게도 공민왕이 행한 폐행정치 때문이었다. 따라서 후왕은 이러한 문제의 해결을 도모해야 했다.

이러한 시대 문제와 과제는 하나하나 국운을 결정지을 수 있는 사안이었다. 10살에 즉위한 강녕대군이 분석하고 논의해 판단, 결정할 수 있는 문제는 아니었다. 따라서 어쩔 수 없이 명덕태후가 섭정하면서 대신들의 도움을 받아 해결해 가야 했다. 어린 강녕대군이 군주로서의 위상을 갖추고 올바른 판단을 내릴 수 있는, 적어도 16~20세까지는 말이다. 과연 명덕태후와 어린 우왕, 그리고 조정 대신들은 이 과정을 밟으면서 고려 왕실과 왕조의 부흥을 꾀할 수 있었을까? 저물어 가는 고려 왕조를 다시 일으킬 수 있을지의 여부는 공민왕을 잇게 되는 10살의 우왕에게 달려 있었다.

2.
우왕, 창왕의 실정과 혁명의 단초

1) 우왕의 즉위와 왕실

우왕이란 명칭은 그간의 원종이나 충렬왕 혹은 공민왕 같은 묘호나 시호의 호칭과 다르다. 그 이유는 간단했다. 죽은 뒤 추존 과정이 전혀 없었기 때문이었다. 대개의 경우 폐위되었더라도 후에 억울함을 풀거나 혹은 왕실 정통 계승 등의 명분을 들어 복위시키고 시호를 올려 종묘에 신주를 모시곤 했다. 예컨대 목종의 경우 처음에는 민종(愍宗)이라 했으나 1012년(현종 3) 현종이 고쳐 목종(穆宗)이라 한 것이었다. 선종의 아들 헌종은 숙종에게 양위한 뒤 시호만 있었다. '회상(懷殤)'이었다. 1105년(예종 즉위년)에 이르러서야 시호를 공상(恭殤)이라 하고 묘호를 정해 '헌종(獻宗)'이라 한 것이었다.

그렇지만 우왕의 경우는 폐위 뒤 공양왕 대에 죽음을 당한 데다가 공양왕이 그를 신원해 주지 않았으며 조선 건국 후에도 그를 복권시키지 않았다. 시호 및 묘호의 추증은 그를 정통 군주로 인정한 것이 되기 때문이었다. 이에 우왕은 그 아들 창왕과 더불어 '이름+왕'이라는 고대의 방식을 적용했다. 예컨대 신라 지증왕 등과 같은 방식이었다.

더구나 조선 왕조가 중심이 되어 고려 시대 역사를 편찬하면서 우왕과 창왕의 역사를 『고려사』 권44, 세가(世家) 44 공민왕 다음으로 편제하지 않았다. 『고려사』권132, 열전(列傳) 45 반역 신돈 편의 뒤인 권133~137, 열전 46~50으로 두었던 것이다. 그 성에 대해서도 왕씨가 아닌 신(辛)으로 칭해 '신우(辛禑)'라 했다. '폐가입진(廢假立眞)'의 명분을 들어 왕실의 혈통을 바로 잡는다는 논리였다. '춘추대의(春秋大義)'의 명분론 반영이었다.

우왕(禑王, 1365~1389)은 10살의 나이에 즉위했다. 어릴 적 자(字)는 '모니노(牟尼奴)'였다. 1371년(공민왕 20) 7월 신유일(11) 신돈을 처형한 후 무진일(18) 공민왕은 모니노를 태후전에 들였다. 1373년(공민왕 22) 7월에는 모니노의 이름을 복을 뜻하는 '우(禑)'라 정하고 강녕부원대군(江寧府院大君)으로 책봉했다. 이에 백관이 하례했다. 공민왕은 직후 정당문학(政堂文學) 백문보(白文寶)·전녹생(田祿生)과 대사성(大司成) 정추(鄭樞) 등을 사부로 임명했다.

즉위(1374) 때 10살이면, 태어난 때는 1365년(공민왕 14) 무렵이 된다. 이해에는 노국대장공주가 만삭이었다가 2월에 죽었다. 5월에 공민왕은 요승 편조(遍照)를 사부로 삼아 국정에 대한 자문을 구하기 시작했다. 7월 신사일(25)에는 문수회를 열었고, 계미일(27)에는 편조를 진평후(眞平侯)로 삼았다. 이해에 태어난 우왕의 생일은 재위 중 생일 축하 및 죄수 사면 등이 있었던 시기를 보면 7월 계해일(7)이었다.

그리고 폐가입진론에 따르면 우왕의 생부는 공민왕이 아닌 신돈이 된다. 생모의 경우는 우선 노국대장공주가 2월에 죽었으므로 생모라 볼 수 없다. 다음 대상은 사료에 보이는 바를 따르면 신돈의 비첩이었던 반야(般若)가 있으며, 공민왕이 맞이한 바 있으나 1374년(공민왕 23) 이전에 죽은 궁인 한씨(韓氏)가 있었다.

이 중 반야의 경우를 먼저 보자. 반야가 임신하자 신돈은 친구인 승려 능우(能祐)의 모친 집에 가서 해산하게 했다. 그러나 1년도 안 되어 아이가 죽자 능우는 생김새가 비슷한 이웃집 대졸(隊卒)의 아이를 훔쳐 다른 곳에서 길렀다 한다. 그리고 1년 뒤 신돈이 그 아이를 데려와 기르면서 노비 금장(金莊)을 유모로 삼았는데 반야도 그 아이를 자신의 아이로 생각했다는 것이다. 1366년(공민왕 15) 9월 신돈은 자신의 원찰인 낙산사 관음이 영험 기이하다 하여 몰래 발원문을 쓰길 "제자의 분신인 모니노가 복을 받고 장수하여 나라에 살게 하여 주시기를 원합니다[願令弟子分身牟尼奴福壽住國]"라 했다는 대목이 보인다. 이어서는 신돈이 공민왕에게 아지(阿只) 모니노를 양자로 삼아 입후(立後)케 할 것을 청하자 왕은 대답하지 않았으나 마음으로 이를 허락했다 하였다.

이 기록을 그대로 신뢰한다면 모니노라는 아이는 공민왕과 반야 혹은 신돈과 반야의 아이도 아니고, 승려 능우의 이웃집 대졸의 아이일 따름이었다. 그럼에도 반야도 신돈도 몰랐던 셈이다. 특히 반야는 1376년(우왕 2) 2월 밤중 명덕태후궁에 몰래 들어와 자신이 우왕의 생모인데 궁인 한씨를 어찌 어머니라 하느냐며 울부짖다가 옥에 갇혔다. 이후 홍국사에서 양부·대간·기로 등의 반야 처분 논의가 진행되었다. 3월 반야를 임진강에 던지고 그 친족인 판사 강거실(姜居實)을 참수했다. 이것이 반야에 대한 처분 결정이었다.

이러한 전개 과정을 보면 모순점이 많다. 첫째, 우왕이 1365년(공민왕 14) 7월 7일에 태어났다면 그가 잉태된 것은 1364년(공민왕 13)이 된다. 이해 정월에는 최유가 1362년(공민왕 11) 고려 국왕으로 책봉된 덕흥군 타스테무르[塔思帖木兒]와 함께 원군 1만 명으로 고려를 치려다가 최영 등에 의해 격퇴되었다. 계속된 왜구의 노략질로 조운이 끊기는 등 위기에 처했으며, 9월에는 공민왕의 복위가 있었다. 말하자면 1364년은 아직 편조 즉 신돈이 정국 주도 인물로 부상하기 전이었던 데다가 신돈 및 반야에 대한 언급이 보이지 않는다는 점이다.

둘째, 공민왕이 아무리 신돈과 정치적 생사를 같이하는 동맹을 맺었다 하더라도 자신의 핏줄이 아닌 아이를 양자로 삼아 후사로 세운다는 것은 고려의 왕실 혈통을 고려할 때 이치에 맞지 않는다. 후비를 더 맞아들이고 문수회를 열어 원자 얻기를 기원하거나 영험하다는 곳에 가 발원한 상황을 고려할 때 이는 더욱 그러하다. 더구나 신돈의 핏줄을 후사로 삼는다는 것은 원이나 명으로부터도, 조신들로부터도, 태후로부터도 동의를 얻기 힘든 부분임을 고려할 필요가 있겠다. 더구나 다른 종실도 있었다.

셋째, 반야라는 여인이 우왕의 생모임을 주장한 바 역시도 그러하다. 사료대로라면 생모가 자신의 아이가 바꿔치기되었음을 몰랐다는 것은 의문의 여지를 준다. 또한 명덕태후는 1379년(우왕 5) 10월 명에 왕태후 명의의 표문을 올렸다. 이때 태후는 "왕우(王禑)는 왕전(王顓)이 남긴 아들로서 국사를 임시로 맡고 있으면서 왕전의 시호를 추증해 줄 것과 왕위계승을 공식으로 승인해 줄 것을 표문으로 요청한 지가 이미 해를 넘겼습니다"라 하고, "제가 진실로 참을 수 없는 일은, 죽은 아들 왕전의 일편단심 폐하를 믿고 따르던 그 아름다운 마음씨가 그대로 묻혀 버려 드러나지 못하게 되는 것과 혈혈단신으로 외로운 처지에 있는 손자가 세상에 국왕으로 떳떳이 행세할 수가 없는 것입니다", "더구나 늙은 소가 송아지를 핥아 주듯이 이 늙은 할미가 손자를 생각하는 마음은 어떠하겠습니까?"라 했다. 그리고 이러한 요청 등에 따라 1385년(우왕 11) 9월 명에서는 우왕의 고려 국왕 습위를 인정하고 책봉했다. 이는 당시 고려와 명 사이에서 공식적으로 우왕의 혈통을 인정하는 조치였다.

1388년(창왕 즉위년) 6월 이인임의 죽음 이후 윤소종 등이 그 죄를 청하는 상소문의 구절도 우왕이 공민왕의 아들임을 태후가 인정했다는 내용을 담고 있었다. 즉, "상왕께는 다른 형제가 없었으므로 명덕태후가 오조(五朝) 삼한(三韓)의 어머니이자 태임·태사와 같은 성덕(聖德)으로 상왕을 아들로 인정해 옹립했습니다上王無他兄弟, 明德太后, 以五朝三韓之母, 太任太姒之聖, 擁立上王於膝下"라 한 것이다. 여기서 상왕은 우왕을 뜻한다.

넷째, 당대의 사실에 대해 잘 파악하고 있었을 목은 이색이 우왕의 혈통을 의심한 바가 없다는 점이다. 물론 친공민왕의 입장에 있었던 그이기에 약간의 문제는 있지만 이색은 우왕이나 창왕의 즉위를 추진한 인물로 잘 알려져 있다. 또한 당시 원주에 기거하고 있던 운곡 원천석(元天錫)에게도 관련 사실을 알린 바 있었다. 우왕과 창왕의 사사에 대해 "지극한 지위 된 것 임금의 은혜이건만[位高鍾鼎是君恩] 반목하고 앙심 품어 한 집안을 멸했네 [反目含讎己滅門]"라 했고 후세에서는 알 수 없었던 신우(辛禑)가 공민왕의 진짜 아들이라는 것까지 말하였다.

이들 관련 기록을 종합한다면 폐가입진론의 주장에 근거해 말하는 '신돈=반야-신우' 설은 의문의 여지가 있다 하겠다. 동시에 '공민왕=반야-왕우' 설 역시도 사료상 반야가 자신의 아들도 몰라보고 있다는 점에서 신빙성에 문제가 있다. 그렇다면 공민왕 및 우왕 대 사료에서 주로 언급하고 있는 궁인 한씨에 대해 주목할 필요가 있다.

『고려사』의 경우 세가, 지, 열전 등이 있는 편제이기에 기전체 사서라고 한다. 열전에는 후비, 왕자, 공주, 그리고 제신 등의 편이 있다. 이 중 후비는 군주의 후비 등을 소개하는 부분인데 공민왕 후비를 보면 노국대장공주와 함께 혜비 이씨, 익비 한씨, 정비 안씨, 신비 염씨 등 5명만이 소개되어 있다. 궁인 한씨나 반야의 경우는 아예 오르지도 않았다. 그 이유는 비교적 간단하다. 우왕이 폐위된 데다가, 그 혈통이 공민왕을 이은 것이 아니라는 폐가입진론의 입장과 조선 건국 명분 합리화라는 대의가 반영된 때문이었다.

공식적으로 우왕의 생모로 인정된 궁인 한씨는 이 점에서 지하에서나마 억울할 듯하다. 궁인 한씨가 사서에 드러난 것은 1374년(공민왕 23) 9월의 일이었다. 공민왕이 이때 궁인 한씨의 부·조·증조와 외조를 각각 면양부원대군(沔陽府院大君)과 면성부원대군(沔城府院大君)으로 추증한 것이 확인되어서이다. 친가와 외가를 모두 한씨로 표기하고 면양·면성이라 한 것을 보면 현재의 당진 면천 쪽이 근거지였다 보인다. 다만 양가를 한씨로 쓴 점이 의아하다. 종실 출신 관련성을 배제할 수 없을 듯하다.

1376년(우왕 2) 윤9월 기록에 보면, 궁인 한씨가 죽은 뒤 친족이라는 한략

(韓略)과 승려 능우(能祐)가 시신을 화장해 봉은사 송림(松林)에 묻었다고 하였다. 능우라는 승려는 또한 신돈의 불교의례를 도왔던 반승(伴僧)으로도 기록에 보인다. 앞에서 언급했듯 그는 신돈과 반야 사이 아이를 자신의 모친이 거둬 기르게 하였는데 아이가 죽자 이웃집 대졸(隊卒)의 아이를 훔쳐 길렀다 한다. 이어 1년이 지난 뒤 신돈이 그 아이를 자기 집으로 데려와 양육한 내용이 보인다.

이들 기록을 보면 한씨들과 능우라는 승려의 존재가 부각된다. 특히 궁인 한씨나 신돈-반야나 아이를 기른 여성 모두 능우라는 승려와 연결되는 것이 공통점이다. 또한 능우도 그렇지만 궁인 한씨의 친가와 외가의 경우 1376년(우왕 2) 윤9월 기록 외에는 찾아지지 않는다. 이를 고려하면 이들은 가상의 존재라 볼 수 있을 정도이다. 하지만 실제 관련 기록이 소위 검열 삭제되었다면 다른 얘기가 된다. 의도적인 증거 인멸에 해당해서이다. 단지 추정에 불과한 가설이지만 후에 이는 다시 분석해 볼 여지가 있다.

궁인 한씨는 1374년(우왕 즉위년) 11월 순정왕후(順靜王后)로 시호가 추증되었고, 1376년(우왕 2) 윤9월에는 의릉(懿陵)에 안장되었다. 시호와 능호가 정해지자 우왕은 공민왕의 영전인 혜명전(惠明殿)에 한씨를 선명제숙경의순정왕후(宣明齊淑敬懿順靜王后)로 추존 배향하는 한편 노국공주는 별실에서 제사토록 했다. 우왕의 모계를 정통화한 조치였다. 물론 1388년(우왕 14) 위화도 회군 이후 우왕이 폐위되면서 폐가입진론과 우창비왕설이 대의가 되자 순정왕후 한씨도 역사 속에 한 줌 흔적만 남기게 되었을 따름이다.

우왕의 후비는 당연히 공민왕이나 공양왕의 경우와 달리 후비 열전에 없다. 우왕이 폐위 후 사사되면서 제왕으로서의 위상을 완전히 상실했기 때문이다. 그렇지만 우왕 대 기록에 보이는 후비를 정리하면 〈표 6〉과 같다. 9비(妃) 4옹주(翁主)가 그들이다.

우왕 대의 기록을 보면 탐음무도한 면이 확인된다. 총애하는 기생이나 아끼게 된 노비를 옹주 혹은 비로 봉하였다. 영선·화순·명순옹주가 모두 기

<표 6> 우왕의 비·옹주·기생

구분	시기	봉호	부	비고
후비	1379년(우왕 5) 4월	근비(謹妃) 이씨	고성현 판개성부사 이림(李琳)	창왕의 모, 왕대비
	1382년(우왕 8) 2월	의비(毅妃) 노씨*	대호군 노영수 (盧英壽)	근비 궁인 석비(釋婢)
	1384년(우왕 10) 11월	숙비(淑妃) 최씨*	밀직사 최천검 (崔天儉)	의비 궁인, 통제원 (通濟院) 비(婢) 용덕(龍德), 1386년 (우왕 12) 2월 폐비
	1385년(우왕 11) 12월	안비(安妃) 강씨*	전 판삼사사 강인유 (姜仁裕)	
	1388년(우왕 14) 3월	정비(正妃) 신씨*	전 판사(判事) 신아(申雅)	
	1385년(우왕 11) 12월 → 1386년(우왕 12) 8월 → 1387년 (우왕 13) 9월	숙녕옹주(肅寧翁主)* → 헌비(憲妃) 조씨 → 덕비(德妃)	밀직부사 조영길 (趙英吉)	조영길과 이인임 비 사이의 딸, 봉가이 (鳳加伊)
	1388년(우왕 14) 2월	현비(賢妃) 안씨	지밀직사사 안숙로 (安淑老)	공민왕 후비 정비 안씨 질녀
	1388년(우왕 14) 3월	영비(寧妃) 최씨	최영(崔瑩)	영혜부(寧惠府)
	1388년(우왕 14) 3월	선비(善妃) 왕씨*	지문하사 왕흥 (王興)	
옹주	1385년(우왕 11) 12월	영선옹주 (寧善翁主)*		기생 칠점선(七點仙), 밀직 남질(南秩)의 첩, 1398년 (태조 7) 정월 김해 김씨 칠점선을 화의옹주(和義翁主)로 삼음
	1388년(우왕 14) 2월	화순옹주 (和順翁主)		기생 소매향(小梅香)
	1388년(우왕 14) 2월	명순옹주 (明順翁主)		기생 연쌍비(燕雙飛)
		화혜옹주 (和惠翁主)*		전 개성윤(開城尹) 오충좌(吳忠佐)와 의순고 비 사이 딸 (추정)
기생	용둔(龍屯), 신월(新月), 개성(改成), 세류지(細柳枝), 수정(水精), 초생(初生) 외			

※ * 표시가 된 비와 옹주는 1388년(창왕 즉위년) 6월 친가로 돌려보내진 이들임.

생 출신이었다. 의비 노씨나 숙비 최씨, 덕비 조씨 등도 각기 석비(釋婢), 통제원비(通濟院婢), 이인임 집안 비의 딸이었다. 신분을 넘어선 옹주와 비 책봉은 우왕 당대에도 문제가 되었지만 우왕은 이를 모두 무시했다. 1385년(우왕 11)의 다음 기록을 보자.

> 강인유(姜仁裕)의 딸을 안비(安妃)로, 봉가이(鳳加伊)를 숙녕옹주(肅寧翁主)로, 기생 칠점선(七點仙)을 영선옹주(寧善翁主)로 책봉하였다. 사비(私婢)나 관기(官妓)를 옹주로 책봉하는 것은 예전에 듣지 못한 바로서, 국인(國人)이 깜짝 놀랐다.

여기에 보이는 칠점선은 본래 관기로서 밀직 남질의 첩이었다. 우왕이 칠점선을 취하고자 남질의 가노(家奴) 10명을 가두어 압박했고, 남질은 부득이하게 칠점선을 왕에게 내주었다. 우왕이 이처럼 후비 등을 마음대로 정하고 빼앗는 일은 우왕 개인의 문제가 아니었다. 이들이 거처하는 궁전 등을 정해 줘야 하고 이를 유지하는 데 필요한 세곡이나 공물 등을 지출해야 했기 때문이다. 1388년(우왕 14) 3월의 기록에서는 그 낭비가 어느 정도인가를 보여 주고 있다.

> 이근비(李謹妃)로부터 아래로 최영비(崔寧妃)·노의비(盧毅妃)·최숙비(崔淑妃)·강안비(姜安妃)·신정비(申正妃)·조덕비(趙德妃)·왕선비(王善妃)·안현비(安賢妃) 및 소매향(小梅香)·연쌍비(燕雙飛)·칠점선(七點仙) 등 세 옹주의 여러 전(殿)에서 쓰이는 물품이 너무 많아 창고에 가득하였던 포를 1달에 3,900필이나 써서 여러 창고가 모두 고갈되었다. 이에 미리 3년간의 공물을 거두었는데도 여전히 부족하여 추가로 또 거두어들였다.

문제는 우왕이 여기에서 그치지 않고 계속해 비와 옹주를 봉할 가능성이 높다는 점이었다. 출세를 위해 자신의 딸을 우왕에게 바치는 이들이 많았기 때문이었다. 1387년(우왕 13) 9월 전 판사 김희인(金希仁)이 나인을 통해 딸을 바쳤다는 대목이 이를 보여 준다. 다만 추후의 책봉은 우왕의 폐위로 더 이상 보이지 않게 된 것이 다행이라면 다행이었다.

그리고 창왕이 즉위하면서는 근비 이씨와 영비 최씨 외 의비(毅妃)·숙비(淑妃)·안비(安妃)·정비(正妃)·선비(善妃)·덕비(德妃) 등 여섯 왕비와 영선옹주(寧善翁主)·화혜옹주(和惠翁主) 등 두 옹주를 친정으로 돌려보냄으로써 우왕의 비와 옹주 문제는 일단락되었다. 또 동시에 그녀들의 아비인 강인유(姜仁裕)·최천검(崔天儉)·조영길(趙英吉)·신아(申雅)·왕흥(王興)·오충좌(吳忠佐) 등은 유배되었다.

우왕이 죽은 뒤 후비들의 생애는 기구했다. 1388년(우왕 14) 6월 우왕은 강화도로 축출될 때 영비 최씨와 명순옹주 즉 연쌍비를 데리고 갔다. 영비 최씨는 1389년(공양왕 1) 12월 왕명으로 주살된 우왕을 위해 애도를 다하여 주위의 동정을 샀다. 그 후의 삶에 대한 기록은 보이지 않는다. 왕흥의 딸 선비 왕씨는 우왕이 폐위 주살된 후 류만수(柳曼殊)의 아들 류은지(柳殷之, 1369~1441)와 재혼하게 되었다. 류만수는 위화도 회군공신 중 한 명이었다. 그러나 1403년(태조 3) 윤11월 사간원에서는 위주(僞主)라 하더라도 우왕의 비를 그 신하였던 류은지가 처로 삼은 것은 용서할 수 없다 하여 상소해 국문토록 청하였고, 결국 이들은 이혼하게 되었다. 그리고 왕씨는 배주(白州)로 귀양을 보냈다.

2) 명덕태후와 경복흥, 이인임

우왕의 즉위는 10살 때였다. 공민왕 시해에 따른 갑작스러운 즉위였다. 『고려사』에 따르면 명덕태후와 문하시중 경복흥은 종친 중에서 후사를 정할 것을 염두에 두었고, 수문하시중 이인임은 공민왕이 강녕대군 즉 우를 후사로 세우려 했다는 명분을 내세웠다. 그리고 백관을 인솔하고 우를 국왕으로 세웠다. 공민왕 후사를 정하는 문제에 대한 갈등이 벌어진 것이었다. 다만 양측의 입장은 모두 일리가 있었다. 대내외적으로 극심한 혼란에 빠진 고려 왕조의 정국을 과연 어린 강녕대군이 헤쳐 나갈 수 있을 것인가, 아니면 보다 나이가 많은 종친 중 한 명이 이를 해결할 수 있을까의 문제였기 때문이었다.

그런데 이때는 공민왕 시해의 주동자들과 그 가족들에 대한 국문이 행해지던 시기였다. 그리고 여기에는 명덕태후의 친정이라 할 남양 홍씨 가문이 직접 연루되어 있었다. 홍륜과 홍관이 대표적이었다. 더불어 태후가 공민왕의 실정을 바로잡기 위해 간언을 하면서 두 사람의 관계가 소홀해진 면도 있었다. 따라서 아무리 왕실에서 큰 위상을 가졌다 하더라도 태후의 발언에 한계가 있었다.

그나마 경복흥(慶復興)이 문하시중이자 정방제조로서 태후를 보좌할 수 있었다. 경복흥은 청주 사람으로 본래 이름은 경천흥(慶千興)이었다. 경복흥은 태후의 인친이기도 했다. 경복흥의 아버지 경사만(慶斯萬)이 태후의 조카딸과 결혼했고, 경복흥이 그 아들이었기 때문이다. 여기에 경복흥은 기철 제거, 기해년(1359) 홍건적 격퇴 및 신축년(1361) 공민왕 호종, 덕흥군과 최유 격퇴 등에 가장 큰 공을 세운 공신이었다. 다만 신돈 제거에 가담하였다가 홍주(興州)로 유배되기도 하였다.

청렴 강직한 성품을 가진 인물이었지만 개혁을 적극 주도하지는 않아 이인임의 집권을 용인했고, 실의에 빠져 술에 취한 적이 많았다. 인망이 있는 데다가 강직한 그를 꺼린 이인임과 임견미 등은 명덕태후가 죽자 그를 청주로 유배하였다. 그리고 1380년(우왕 6) 정월 명덕태후가 죽으면서 "원하건대 왕께서는 대의를 살피거나 큰일을 결정할 때에 반드시 시중(侍中) 경복흥(慶復興)·이인임(李仁任), 판삼사(判三司) 최영(崔瑩) 및 여러 재상들에게 자문을 구하라"라고 유언을 남겼으나 이미 이인임과 지윤에 의한 인사 농단 등이 자행되던 시기라 경복흥은 수상으로서의 임무를 방기했다. 그리고 이 인임과 임견미 등이 우왕에게 경복흥이 술에 빠져 정무를 돌보지 않는다고 무함해 그해 9월 유배지인 청주에서 죽었다. 시호는 '정렬(貞烈)'이었다.

이인임은 성산군(星山君) 이조년(李兆年)의 손자이자 이인복(李仁復)의 친동생이었다. 이인복은 1373년(공민왕 22) 검교시중으로서 경산에서 부친상을 치르고 이듬해에 죽었다. 『편년강목(編年綱目)』을 중수했으며 『충렬왕실록』·『충선왕실록』·『충숙왕실록』 및 『고금록(古今錄)』·『금경록(金鏡錄)』 등을 수찬하여 문명이 있었다. 그리고 그는 동생들인 이인임·이인민(李仁敏)에 대해 "나라와 집안을 패망시킬 자[敗國亡宗者]는 필시 두 동생일 게다"라 비판한 바 있다.

이인임은 음서로 관직에 나아간 뒤 집안과 형의 후광으로 1359년(공민왕 8) 홍건적 평정 2등 공신, 1362년(공민왕 11) 개경 수복 1등 공신이 된 바 있었다. 원은 홍건적의 난 때 최테무르부카[崔帖木兒不花] 즉 최유의 참소를 믿고 1363년(공민왕 12) 5월 공민왕을 폐위하고 덕흥군 타스테무르를 고려 국왕으로 임명했다. 덕흥군과 최유 등은 원나라 군사 1만을 이끌고 압록강을 건넜다. 이인임은 이때 서북면(西北面) 도순문사(都巡問使) 겸 평양윤(平壤尹)으로서 공을 세웠고, 좌시중에까지 올랐다. 1374년(공민왕 23) 4월 파직되었다가 동·서강도통사(東西江都統使)로 임명되어 승천부(昇天府)를 지켰다. 그리고 이어 6월에는 수문하시중이 되었다.

우왕 즉위 후 이인임은 공민왕의 죽음, 우왕의 즉위, 명 사신 채빈 살해 사건과 관련해 사대를 약속한 명에 곧바로 알리지 않았다. 이후 명에서는 집정대신 즉 이인임의 입조를 요구했으나 다른 신료를 보내 이들이 국문을 당하고 축출, 유배되어 나라의 체면이 구겨지기도 했다. 이인임은 사람들이 '이묘(李猫)'라고 부를 정도로 겉은 유순, 속은 시기로 가득 찬 사람이었다. 이에 경복흥 등을 무함해 유배토록 하였다. 우사의대부 윤소종(尹紹宗)은 창왕 즉위 후 올린 상소문에서 그에 대해 다음과 같이 직언하였다.

뇌물을 주어 청탁하는 자는 어진 인재가 되고, 절조와 염치를 갖춘 사람은 불초한 자가 되었으며 그가 한번 웃으면 공신이 탄생하고 그가 한번 찡그리면 사람이 처형당했습니다. (중략) 개국 이래로 그 간악함과 죄악이 견줄 데가 없으니 임견미와 염흥방의 악행도 모두 이인임이 빚어낸 것입니다. 흉악한 무리들이 이미 멸족되었지만 이인임만은 처형당하지 않고 수명대로 죽었으며 작위만 삭탈당하고 그 집안은 온전하니, 이는 후대의 간특한 적당들을 오히려 격려하는 꼴입니다. (중략) 이인임의 죄상을 헤아린 다음 부관참시(剖棺斬屍) 하고 그 집을 연못으로 만듦으로써 천지와 조종의 노여움을 풀게 하시고 수많은 백성의 울분을 풀어 주십시오.

한마디로 우왕의 실정과 외교 참사, 염흥방과 임견미 등의 토지 탈점 사건, 인사 농단 등의 국정농단은 결국 이인임으로부터 비롯된 것이라는 얘기였다. 이어진 상소문의 글에서는 '임(林)과 염(廉)이 패망한 것은 간계(姦計)가 미숙했을 뿐이요, 간계가 성숙하면 사람이 죄주지 못하며 하늘도 죄주지 못하니 악을 행한들 아무런 피해를 입지 않는다'라는 표현을 써 이인임이 편안하게 죽었음을 안타까워했음이 보인다.

명덕태후와 경복흥, 그리고 이인임 이 세 사람 가운데 태후와 경복흥은 1380년(우왕 6)에 죽었다. 이들은 『고려사』에 따르면 어린 우왕보다는 종실을 옹립하길 원했다. 그리고 우왕 즉위 후 태후는 섭정을 통해, 경복흥은 우왕 보좌를 통해 우왕이 군주로서의 위상을 갖추도록 노력했다. 그러나 역사는 원한다고 해서 이뤄지지 않는다. 결과적으로 본다면 세 사람 중 최후 승자는 이인임이었다. 그가 집권하면서 대외관계도, 우왕의 정치도, 고려의 사회경제도 뒤흔들렸고, 개혁으로 이를 해결할 수 없었다. 이미 누대에 걸쳐 쌓여 온 정치와 사회경제 모순, 그리고 외교 실패는 고려를 고칠 수 없는 나락으로 떨어뜨렸다. 그 방점을 찍은 이가 이인임이었을 따름이다. '이인임이 한번 웃으면 공신이 탄생하고, 한번 찡그리면 처형당하는 사람이 생겼다'는 무서운 비유는 이를 상징적으로 보여 준다.

3) 명 사신 채빈 살해 사건과 그 후폭풍

채빈(蔡斌)은 1374년(공민왕 23) 4월 진상용 탐라말 2천 필을 가져오는 일을 맡은 명 사신이었다. 예부주사 임밀(林密)과 함께 왔다. 채빈의 직함은 자목 대사(孳牧大使)였다. 풀이하자면 새끼를 낳도록 하고 이를 기르는 일을 맡았다는 의미였다. 실무일을 맡은 사신이었기에 말이 사신이지 사신으로서의 예의 등에 대해서는 무지했다. 즉, 그는 고려에서 진상하려는 말의 품질을 검사하고 소위 '품질검사 합격 혹은 불합격'을 찍는 역할을 맡았다 여겨진다. 이 때문에 고려에서도 채빈을 우대해 주려 했다.

하지만 채빈은 같은 해 6월 도당에서 베푼 연회 때부터 무례를 범했다. 기생이 채빈의 관모에 꽃을 가지런히 꽂지 않았다 하여 화를 내며 돌아가려 했고, 조정에서는 그를 달래려 더욱 후한 대접을 해야 했다. 비용이 많이 들어 관사별로 돌아가며 연회를 베풀어야 했다. 성격은 횡포하고 거칠어 다른 사람을 때리고 꾸짖는 것을 좋아했다. 이로 인해 시중 이하 재상들까지 모욕을 당하기도 했다.

홍무제는 공민왕에게 원에서 2~3만 필의 말을 탐라에 남겨 두고 사육했으니 그중 좋은 말 2천 필을 가려 보내도록 하라고 중서성에 명을 내렸다. 그 용도는 북원 원정에 쓸 예정이라 했다. 중서성에서는 이를 문서로 만들어 사신과 함께 고려로 보냈다. 하지만 이를 고려에서 수행하는 데는 몇 가지 난제가 있었다. 첫째는 말의 수량 문제였고, 둘째는 탐라에서 이에 협조할 것인가의 문제가 있었다. 셋째는 이 말을 어떻게 명까지 건강하고 무탈하게 보낼 수 있을까의 문제였다. 마지막으로는 성격과 행실이 좋지 않은 채빈과 동행하여야 한다는 것이었다.

고려에서는 채빈 문제를 감내하면서 탐라말 2천 필을 갖춰 보내고자 했다. 우선 문하평리 한방언(韓邦彦)을 탐라로 보냈다. 탐라의 목호인 하치[哈赤] 시데리비스[石迭里必思]·샤오쿠투부카[肖古禿不花]·관음보(觀音保) 등은 2천 필의 말 헌상을 거절하고 3백 필만을 보냈다. 임밀과 채빈 등은 공민왕에게 2천 필에 미달하면 황제에게 도륙당할 것이니 차라리 공민왕의 손에 죽겠다고 협박했다. 이 문제를 해결하기 위해 공민왕은 최영과 염홍방 등 2만 5천 명의 토벌군을 조직해 탐라 정벌에 나섰다. 그리고 모자라는 공마(貢馬)는 종친(宗親)과 재추(宰樞) 및 대언(代言) 등 정3품 이상에게 1인당 1필의 말을 내어 채우도록 했다.

임밀과 채빈은 9월에 귀국길에 올랐다. 고려는 우선 좋은 말 3백 필을 선별하여 밀직부사 김의(金義)에게 정료위 운송을 맡겼다. 김의는 본래 호인(胡人)으로 원나라 사람이었다. 사신 살해 사건의 빌미는 임밀과 채빈이 제공했다. 이들은 가는 도중 이르는 곳마다 지체해 머물렀고, 채빈은 술주정이 심했다. 그리고 원 출신인 김의를 죽이려 했다. 결국 11월에 개주참(開州站)에서 김의는 채빈과 그 아들을 살해했다. 임밀을 잡은 뒤 갑사 3백 명과 말 200필을 데리고는 북원으로 달아났다. 단독범행으로 읽힐 수 있는 사안이었지만 실상은 그렇지 않았다. 이사이 9월에 원에서 심왕의 손자를 고려 국왕으로 삼으려 한다는 소식이 전해졌고, 이달에 공민왕이 시해되었다.

일련의 중요한 사건이 갑작스레 터진 것이었다. 동시에 이는 고려와 명, 고려와 북원, 명과 북원 모두에 관련된 일이기도 했다. 명의 사신을 고려의 신하가 죽이고 공마와 사신 그리고 병사를 데리고 북원으로 투항한 사건이기 때문이었다. 문제의 발단을 제공한 나라는 어쨌든 고려였다. 따라서 고려는 신속히 공민왕의 죽음과 채빈의 죽음, 그리고 김의의 북원 투항 등에 대해 명에 알리고, 북원에는 김의 등의 체포 송환을 요구해야 했다.

하지만 그러지 않았다. 공민왕 시해 사건 후 실권을 장악하게 된 이인임은 우선 명으로부터의 공민왕 시해 문책을 피하고자 했다. 1374년(우왕 즉위년) 11월 밀직사 장자온(張子溫)과 전공판서 민백훤(閔伯萱)을 보내 공민왕의 죽음을 알리고 시호를 청하는 한편 왕위계승 인정을 요청했다. 하지만 이들은 명에 들어가지 않았다. 이인임이 명 사신 채빈 등의 귀국 때 찬성사 안사기(安師琦)를 보내어 전송한다고 둘러대고서 비밀리에 김의(金義)를 꾀어 중도에서 채빈 등을 죽이게 했기 때문이다. 그리고 김의는 위에서 언급한 바대로 북원으로 달아났다.

이 때문에 이후 더더욱 명에 사신을 보내지 못하였다. 1375년(우왕 1) 정몽주와 박상충(朴尙衷), 정도전(鄭道傳) 등은 재상들에게 속히 사신을 명에 보내 왕의 죽음을 알려야 한다고 건의했다. 하지만 이인임은, "사람들이 모두 두려워하고 꺼리는 판에 누가 가려 하겠는가?"라며 반대했다. 결국 판종부사 최원(崔源)이 사신으로 가겠다고 자원하면서 일단락될 듯했다. 명에 세공마도 바치게 했으며 제주도에서의 반란 진압에 대한 사실도 알리게 했다. 사신을 보내 신년 하례도 참여하게 하였고 정료위에 사신을 보내 화친을 맺기도 했다.

하지만 또 일이 터졌다. 북원에서 김의의 말을 듣고 심왕(瀋王) 왕고(王暠)의 손자 톡토부카[脫脫不花]를 고려 국왕으로 삼으려 한다는 소식이 전해진 것이다. 북원에서 돌아온 사신은 태후에게 재상 중 누군가가 김의를 원에 보내 왕이 죽고 후사가 없어 심왕을 왕으로 삼기를 원한다고 했다는 사실을 알렸다. 이인임에게 책임이 돌려질 수 있었다. 하지만 이인임은 이를 원에서 관직을 지낸 소위 친원 세력이라 할 강순룡(康舜龍), 조희고(趙希古), 성대용(成大庸) 등에게 돌렸다. 안사기는 자결했다. 그리고 북원에 일의 전말을 알리는 글을 종친과 기로, 문무백관 명의로 써 보냈다. 북원에서는 이와 관련해 다음과 같이 알려 왔다.

바얀테무르가 우리를 배반하고 명나라에 귀부(歸附)하였기 때문에, 너희 나라에서 그를 시해했던 죄를 용서한다.

바얀테무르는 공민왕의 몽골식 이름이었다. 북원은 공민왕을 배신자로 간주해 그를 죽인 것을 오히려 합리화해 주었다. 그리고 사신을 보내 고려에 이를 알렸다. 고려에서는 사신을 맞이할 것인가를 두고 큰 충돌이 있었다. 그만큼 사안이 중대했기 때문이었다. 간관 이첨(李詹)과 전백영(全伯英)은 상소하여 이인임이 범한 네 가지 죄를 조목조목 지적하면서 그의 처형을 요구했다. 이때의 죄목은 다음과 같았다.

첫째, 김의를 시켜 명 사신을 죽이도록 하였고 오계남이 정료위 사람을 죽인 데다 장자온은 김의의 살인을 정료위에 알리지 않아 죄를 추궁해야 하는데 그러하지 않은 죄, 둘째, 지윤이 김의의 편지를 받고 이인임에게 주었는데 이를 곧바로 알리지 않은 죄, 셋째, 지윤이 북원의 문서에서 중요 부분을 삭제하고 다시 적어 바친 뒤 이인임에게 원본을 주었는데 즉시 이를 고하지 않은 죄, 넷째, 백관과 함께 전하를 섬기기로 맹세하고서는 북원과 내통해서 심왕에게 공을 세우려 하고 간사하게 말을 번복한 죄 등이었다.

1375년(우왕 1) 5월 성균대사성 정몽주도 강력하게 같은 내용으로 상소하였다. 상소의 말미에는 관련 대응책도 제시했다. 그것은 다음과 같았다.

엎드려 바라건대, 결단을 내리시어 원 사신을 사로잡고 그 조서를 거둘 것이며, 오계남과 장자온, 아울러 김의를 수행하였던 자를 결박하여 경사(京師)로 보내신다면, 애매한 죄는 변명하지 않고도 스스로 밝혀질 것입니다. 이어서 정료위와 약속하여 군사를 양성해서 변란에 대비하기로 하고 북쪽으로 향하겠다고 선언한다면, 원의 유종(遺種)은 자취를 거두어 멀리 도망가고 국가의 복은 무궁해질 것입니다.

그러나 이러한 상소에도 이인임의 권력은 끄떡하지 않았다. 오히려 상소를 올린 이첨·전백영 두 사람을 포함해 정몽주 등은 이인임을 모함했다 하여 유배되었다. 그것은 이인임 등이 당시 인사를 행하는 정방제조로 있었기에 가능했다.

1376년(우왕 2) 6월 판사 김용은 정료위로부터 돌아와 중대사항을 보고했다. 채빈을 통해 거둔 말의 수가 채워졌다면 보낼 것, 북원과의 싸움에 힘을 보탤 것, 고려 국내의 사정을 원로 대신을 보내 설명할 것 등이었다. 이와 반대로 10월에는 북원에서 고려에 글을 보내 명에 대한 협공에 참여할 것과 원의 중흥을 도울 것을 청했다. 고려의 선택은 이때 북원으로 기울어졌다. 즉, 우왕의 왕위계승 인정을 청하자, 1377년(우왕 3) 2월 우왕에 대해 북원은 정동성좌승상 고려국왕(征東省左丞相高麗國王)으로 책봉했다. 이어 고려는 북원의 선광(宣光) 연호를 사용토록 하고 옥사(獄事) 결정은 지정 연간의 조례를 따르도록 했다. 친원 정책으로의 회귀였다.

고려의 이러한 외교노선은 매우 곤란한 것이었다. 이인임을 중심으로 친원 중심 대명 정책이 전개되었고, 경복흥이나 명덕태후 역시 동조한 면이 있었다. 이인임의 이 같은 태도는 염흥방·임견미 등과 함께 토지 탈점 사건이 터져 실각할 때까지 계속되었다. 소위 '수정목공문(水靑木公文)' 사건이자 염흥방 토지 탈점 사건이 이에 해당하였다. 즉, 이들의 가노가 좋은 땅을 빼앗는 과정에서 수정목이라 불리던 물푸레 나무로 때려 가며 강제 탈취했기 때문이었다. 1387년(우왕 13) 12월과 이듬해 정월 염흥방의 가노 이광(李光)은 전 밀직부사 조반의 토지를 강제로 빼앗았다. 이에 항의하는 조반을 염흥방이 모반으로 무고했다가 결국 전말이 알려져 1388년(우왕 14) 정월 임견미·염흥방·이성림·도길부 등 일파는 제거되었다. 당시 참수된 이들만 해도 고관대작 50여 인에 달했다. 일이 이렇게 커진 것은 우왕의 총애를 받았던 왕복해(王福海)가 모반하면서 돌격대 기병을 모아 최영을 치고자 했고 왕복해의 양부(養父) 문하찬성사 김용휘(金用輝)가 모반하려 칼을 찬 채 입궐했기 때문이었다.

당시 이 일을 처단했던 최영은 이인임에게 책임을 묻지 않았다. 경산부에 안치시키는 데 그쳤다. 이 사건은 우왕 대 최대 정치 세력 물갈이 사건이었다. 그럼에도 불구하고 최영은 오히려 우왕에게 "이인임이 사대를 결정하여 국가를 안정시켰으니 공이 가히 허물을 가립니다"라 하면서 다만 유배 안치했던 것이다. 그리고 1388년(우왕 14) 6월 무렵에 이인임이 죽었다. 그의 죽음을 두고 사람들은 기뻐하며 "사람이 주살하지 못하니 하늘이 그를 죽였다"라 했다. 이러한 표현은 그만큼 그의 죄과가 컸음을 뜻하였다.

결과적으로 본다면 우왕이 이인임 세력의 제거를 명한 것이지만 다른 한편으로 이인임 세력의 몰락은 어떻든 친우왕 세력의 약화를 뜻했다. 그리고 우왕은 명의 철령위 설치 통보에 반발하면서 당시 명에 귀속되었던 요동 정벌을 꾀하는 악수를 두었다. 우왕과 최영의 결단이라 하겠으나 실질적으로 이를 막을 수 있는 이는 없었다.

4) 철령위 설치와 요동 정벌

1371년(공민왕 20) 윤3월 북원 요양행성 평장 유익(劉益) 등은 명으로의 귀부를 결정했다. 그 직전에 그는 고려에 이상한 요청을 하려 했다. 요양이 본래 고려 땅이므로 고려가 명에 귀속을 청하면 백성의 이주를 막을 수 있다 하면서 사신을 보내 공민왕에게 이를 고한 것이다. 공민왕은 이에 대해 특별한 조치를 취하지 않았다. 그러는 사이 유익은 명에 귀부했고, 명 중서성에서는 고려에 요양행성의 귀부 사실을 알려 왔다.

유익이 요양을 본래 고려 땅이라 한 이유는 무엇일까? 충선왕이 심왕으로 책봉되고 그 후로도 심왕 고 등이 심왕의 지위를 이었기 때문일까? 혹은 많은 고려인들이 요양에 체류해서였을까? 아니면 1370년(공민왕 19) 정월 이성계의 정복 활동에 따라 동으로는 황성(皇城), 북으로는 동녕부, 서쪽으로는 바다, 남쪽으로는 압록에 이르기까지 평정하게 되었다고 한 데서 보이듯 고려의 영토로 편입되어서였을까? 유익의 요양 고려영토론 주장은 아마도 이 셋 모두 작용했을 가능성이 있다. 다만 앞서 두 가지는 문서상의 일일 뿐 실효적이지는 않았다. 셋째 공민왕의 정복 활동에 따른 영토화는 정세가 급변하고 있기에 영구적이지 않았다. 이로써 본다면 유익은 말 그대로 친고려적 표현만 했을 뿐 명에 독단 귀부했다 할 수 있겠다.

명은 귀부해 온 요동에 1371년 7월 정료도위(定遼都衛)를 두었고, 1375년 10월 이를 고쳐 요동도지휘사사(遼東都指揮使司)라 했다. 정료중위(定遼中衛)부터 25위가 그 관할에 있게 되었는데, 일시에 25위가 정해진 것은 아니었다. 상황에 따라 순차를 두고 설치되었다. 이러한 상황이 만들어진 데에는 1371년(공민왕 20) 유익의 명 귀부, 그리고 이어 1387년(우왕 13) 원 출신 장군으로 만주 일대에서 세력을 만들었던 나하추[納哈出]의 명에 대한 항복이 있었다. 1387년 9월 우왕은 사신을 명에 보내 이를 축하하는 표문을 지어 올렸다. 또 명의 의관을 입고 명을 섬겨야 한다는 유시를 내리기도 하는 등 친명사대의 면을 보였다.

하지만 이는 표면적인 것일 뿐 고려로서는 불안함이 많았다. 그러한 불안은 명이 고려를 칠 것이라는 가짜 소문과 연결되었다. 예컨대 1386년(우왕 12) 어떤 자가 요동에서 도망쳐 와 명 황제가 장차 처녀와 수재(秀才) 및 환관 각 1천 명과 소와 말 각 1천 마리를 요구할 것이라고 도당(都堂)에 제보했다. 이에 당시 최영은, "진실로 그렇다면 군사를 일으켜서 명나라를 쳐야 한다"라고 주장했다. 하지만 이는 어떤 자의 보고일 따름이었다. 또한 이듬해 5월 요동 조운선이 서해 여러 섬에 표류한 바 있었다. 그런데 어떤 자가 선의문으로 들어와 중국 배를 타고 온 군인들이 개경을 습격하려 한다고 외쳤다. 물론 거짓으로 판명되었다.

하지만 이러한 소문을 사실로 부추기는 일이 계속 이어졌다. 1387년(우왕 13) 11월 명은 고려가 약속을 지키지 않고 공물 등에 성의가 없음을 들어 고려국 사신의 입경을 허락지 않을 것이며 여러 절후나 행례(行禮) 때도 오지 말라고 했다. 이후로 교류를 끊고 왕래하지 않겠다고 하였다. 양국 관계가 경색된 것이다. 그 여파로 1388년(우왕 14) 정월 정몽주도 요동까지 갔다가 명에 입국하지 못하고 귀국했다.

그래도 우왕은 임견미·이성림·염흥방 등 세력을 처단하고 나라를 다시 운영하겠다는 의지를 밝히면서 제후의 도리를 다하고자 하니 입조를 허락할 것을 요청했다. 하지만 역시 마찬가지로 사신은 요동까지 갔다가 돌아와야 했다. 2월 명으로부터 귀국하는 설장수 편에 홍무제는 고려에 매우 중대한 조치를 취한 데 따른 설명을 했다.

첫째, 고려가 홍무제 자신의 뜻을 따르겠다 하면서도 바친 말들이 좋지 않은 것, 둘째, 이는 장자온 등 사신이 원래 말을 팔고 나쁜 말로 바꾸어 온 때문이라 판단해 이들을 여러 해 동안 수감토록 했다는 것, 셋째, 고려가 계속 몰래 사람을 보내 명의 군비 상황을 정탐한 것 등 때문이라 했다. 그리고 이어서는 철령 이북 지역이 본래 원에 속했던 곳이므로 요동으로 귀속시키며 개원로(開元路)·심양(瀋陽)·신주(信州) 등지 군민은 다시 생업에 종사하게 한다고 하였다.

즉, 요동도지휘사사에 철령위를 두겠다는 일방적 선언이었다. 고려와 명 관계가 경색된 상태에서 명 홍무제의 통고가 내려진 것이었다. 철령 이북 지역 귀속은 이후 고려와 명 관계에서 영토 분쟁의 상징이 되었다.

사실 이때의 철령위 위치에 대해서는 여러 설이 존재한다. 첫째, 강원도 북부 함경도 안변에 있었을 것이라 보는 함경도 안변설, 둘째, 서북면 도안무사 최원지가 요동도사가 강계부(江界府)에 철령위를 설치하려 한다고 보고한 데 따른 강계부설, 셋째, 요동의 황성(皇城)에 두었을 것으로 보는 설, 넷째, 요동 봉집현(奉集縣)에 두었다고 보는 설 등이 그것이다.

이와 관련한 기록으로는 『명사』 지리지가 참고된다. 여기에서는 명 홍무 21년 즉 1388년 3월에 옛 철령성에 철령위를 두었다가 이후 홍무 26년 즉 1393년 4월에 옛 은주(嚚州) 땅으로 옮겼다 하였다. 같은 책에서 옛 철령성은 범하성 동남에 있는 봉집현(奉集縣)이라고 서술하고 있다. 이를 고려하면 명은 1388년 2월 설장수 편에 철령위 설치를 통보한 뒤 3월에 실제 철령위를 둔 것이 된다.

설장수의 보고를 받은 뒤 우왕은 5도의 성곽을 수리하게 하는 한편 원수(元帥)를 서북변으로 보내 명의 군사 움직임에 대비토록 했다. 또한 최영과 의논해 요동 공략을 위한 준비를 시작했다. 그러면서 같은 달 밀직제학 박의중(朴宜中)을 보내 표문을 올려 철령위 설치 중지를 청하였다.

그 주된 내용은 철령 이북 문주(文州)·고주(高州)·화주(和州)·정주(定州)·함주(咸州)를 거쳐 공험진(公嶮鎭)에 이르는 지역은 고려의 영토임을 밝힌 것과, 지정 16년 즉 1356년(공민왕 5)에 쌍성총관부를 다시 고려가 회복하여 귀속시켰다는 것이었다. 그리고 철령은 개경과 3백 리밖에 떨어져 있지 않다 하고는 앞의 영토를 고려가 차지한 바 있으므로 일시동인(一視同仁)의 차원에서 그 몇 주의 땅을 고려로 인정해 줄 것을 요청했다.

하지만 3월 서북면 도안무사 최원지는 명의 요동도사가 철령위를 두고 요동에서 철령까지 70개소의 참(站)을 설치하면서 각 참마다 백호(百戶)를 두었다 하였다. 철령위 설치와 그에 따른 고려 영토의 상실이 예견되는 상황이었다. 이에 우왕은 요동 정벌 전략에 대한 반대가 이러한 결과를 가져왔다며 분통을 터트렸다는 기록이 보인다. 우왕은 계속되어 온 명의 움직임이 결국 철령위 설치 문제를 필두로 고려 영토를 귀속시키기 위한 것이라 판단했다.

우왕과 최영은 이에 요양 공략을 결정했다. 이미 1386년(우왕 12) 최영은 명을 쳐야 한다고 거론한 바 있었는데, 이 시점에 우왕과 최영이 뜻을 같이한 것이었다. 그리고 이성계를 불러 요양 공격에 진력하라 했다.

이성계는 이 전략에 네 가지 근거를 들며 반대했다. 4불가론이 이것이었다.

첫째, 작은 나라로서 큰 나라를 거스를 수 없다[以小逆大].
둘째, 여름에는 발병할 수 없다[夏月發兵].

셋째, 거국적인 원정으로 왜가 그 틈을 탈 것이니 할 수 없다[擧國遠征, 倭乘其虛].

넷째, 때가 바야흐로 장마 때가 되어 궁노의 아교가 느슨해지고 대군에는 역질이 돌 것이니 불가하다[時方暑雨, 弓弩膠解, 大軍疾疫].

그런데 백전노장이라 할 최영은 이를 몰랐을까? 아니면 알면서도 명에 대한 무력 대응이 우선이라 판단해서 우왕과 함께 요동 정벌을 추진했을까? 앞에서도 언급했듯이 이해 정월에는 임견미·염흥방 제거 및 이인임 축출이라는 큰 정국 변동이 있었다. 명은 계속해서 공물 문제와 고려의 명-북원 간 양단 외교 등을 놓고 압박을 가해 왔다. 특히 압록강과 연결되는 철령위 설치는 언제라도 명이 마음만 먹으면 고려를 칠 수 있다는 위기의식을 불러왔다.

이에 대한 외교적 노력에 대해 명 홍무제는 계속해서 고려가 진정성을 갖고 사대를 하고 있지 않다 했다. 오히려 염탐을 하며 기회를 엿보고 있다고 비난했다. 이 상황을 고려하면 우왕과 최영은 이성계가 말한 4불가론의 타당성을 인식했지만 그보다는 계속되는 명의 요구와 압박을 끊기 위해서라도 명에 대한 군사 대응이 필요하다 본 것이었다.

그리고 『고려사』 우왕 14년 4월 기록을 보면 요동정벌론에 따른 선군(選軍)과 편제는 일사천리로 진행되었다. 최영을 팔도도통사(八道都統使)로, 조민수를 좌군도통사, 이성계를 우군도통사로 삼았고, 좌우군 총병력은 38,830명, 동원된 말은 21,682필에 달했다. 그리고 우왕은 육정(六丁)에 초제를 올려 군대를 도울 것을 기도했다.

그런데 이때 어이없는 일이 발생했다. 서경에 있으면서 전쟁을 총괄해야 할 우왕이 술로 인해 제대로 출정식을 행하지 못한 것이다. 이어 명의 홍무 연호를 중지시키고 몽골식 호복을 입도록 했다. 팔도도통사 최영은 우왕 곁을 지키고 있었다. 이상한 일이었다. 최영은 이성계가 중심이 되어 반발할 수 있음을 전혀 예상치 못하고 있었던 것일까?

어쨌든 이성계와 조민수는 일단 압록강 위화도에 주둔했다. 이미 압록강에는 대호군 배구(裴矩)가 부교(浮橋)를 놓아 요동 정벌군이 강을 건널 수 있도록 준비해 놓고 있었다. 하지만 이성계 등은 이때 큰비로 진군하지 못하고 있다 하면서 우왕에게 이소사대에 입각해 회군을 명할 것을 요청했다. 이를 허락지 않자 아사자가 많이 발생하고 수심이 깊어져 진격이 곤란하다며 회군을 다시 청했다. 역시 받아들여지지 않자 이성계는 직접 장수들과 함께 우왕을 만나 정벌 관련 시비를 가리고 측근의 악인을 제거하겠다고 하면서 회군 결정을 내렸다.

5) 위화도 회군과 창왕 즉위

1388년(우왕 14) 4월 임술일(18) 평양을 출발한 요동 정벌군은 압록강 위화도 언저리에서 주둔했다. 이들은 날씨나 사대의 명분 등을 핑계로 우왕의 뜻을 받들 생각이 없었다. 5월 병술일(13) 좌우군도통사는 다시 한번 이성계가 올린 4불가론에 입각해 회군의 명을 내릴 것을 우왕에게 상언했다. 한 달이나 되었는데도 이성계 등은 압록강을 본격적으로 건너지 않고 있었다. 최영은 이들의 움직임을 우려했다. 이에 그는 우왕에게 한 달의 지체가 어떤 의미인지를 설명하고 자신이 직접 가 독려하겠다 했다.

중요한 순간이었다. 역사의 큰 흐름을 결정짓는 상황임에도 의외로 실패의 이유는 사소한 데서 나오는 경우가 많다. 결정을 미루거나 결정권자가 직접 현장에 가지 않는 경우 등이 그것이었다. 우왕은 최영의 말을 듣고는 최영이 가는 것을 만류하고 정 간다면 자신도 같이 가겠다 하였다. 그런데 이 시점에 어떤 자가 와 요동군이 북원을 정벌하러 가고 성에 지휘 1명만이 있다는 보고를 했다. 쉽게 함락시킬 수 있다는 얘기였다. 결국 최영과 우왕은 요동 정벌군에 합류하지 않았다.

따라서 서경에 있던 우왕과 최영은 좌우군도통사의 회군 요청을 거절했고 오히려 북원 세력과의 연합을 도모하여 요동을 치고자 했다. 같은 달 을미일(22) 좌우군도통사는 다시 사람을 보내 회군을 요청했으나 역시 최영에게 거부되었다. 그러는 사이 요동 정벌군이 압록강을 넘지 않는 상황은 최영이 우려한 한 달을 넘어서고 있었다.

5월 정유일(22) 조전사(漕轉使) 최유경(崔有慶)은 급히 우왕에게 요동 정벌 좌우군이 회군한 사실을 알려 왔다. 무술일(25)에 이들은 안주(安州)에 이른 뒤 회군 속도를 늦췄다. 그 목적은 회군의 명분을 백성들에게 알리기 위한 것이었다. 이성계의 다음과 같은 말은 이를 알려 준다.

빨리 간다면 반드시 싸우게 돼서 사람을 많이 죽이게 될 것이다.

너희가 임금을 범한다면 내가 너희들을 용서하지 않을 것이다. 백성들의 오이 하나라도 뺏으면 마땅히 죄를 줄 것이다.

회군이 정당하며 이를 진행하는 군대는 의군(義軍)임을 자처하려는 의도였다. 이 시기에 군과 민간에는 다음과 같은 동요가 떠돌기도 했다. 즉, '목자가 나라를 얻는다[木子得國]'라든가, "서경성 밖에는 불빛이, 안주성 밖에는 연기가 있네. 그 사이 왕래하는 이 원수(元帥)여, 바라건대 이 백성을 구제하소서"라든가, 이인임이 일찍이 이성계가 모름지기 나라의 주인이 될 것이라 예언했다는 등이 그것이었다. 백성을 구제하고 나라를 얻어 주인이 될 것이라는 이 말들은 집권 명분을 넘어 이성계의 역성혁명이 있을 것임을 예언한 말이기도 했다.

기해일(26)에 우왕은 대동강을 건너 중화군으로 물러났다. 그리고 개경으로 들어온 때가 임인일(29)이었다. 요동 정벌 좌우군은 6월 계묘일(1)에 개경 근교에 진을 쳤다. 그리고 우왕에게 글을 보내 최영이 공민왕의 지성사대 결정을 거역하고 명을 치려 한 것, 무더운 여름 군사 동원으로 농사 시기를 잃게 된 것, 왜노가 자주 침구해 온 것, 한양으로 천도한다 한 것 등에 책임이 있다 하여 최영의 제거를 청하였다. 우왕으로서는 받아들일 수 없는 요구 조건이었다. 허락하지 않자 군대는 도성 근처로까지 진군했다. 최영은 수세에 몰려 우왕과 함께 화원 팔각전으로 은신했다. 하지만 군사들은 궁정으로 들어와 최영 등을 찾았으며, 결국 우왕은 최영을 내줄 수밖에 없었다.

이성계는 잡혀 온 최영에게 이 사태는 원성이 하늘에 이르러 부득이한 것이라 하면서 "잘 가십시오, 잘 가십시오[好去好去]"라 했다. 곧바로 최영은 고봉현으로 유배되었다. 그리고 다시 지장사(地藏寺)에서의 회의를 거쳐 요동 정벌군에 저항했던 이들을 선별하기 시작했고 처벌 결정을 내렸다. 최영은 합포(合浦)로 이배하고, 송광미는 원주, 안소는 안변, 정승가는 영해, 인원보는 함창, 안주는 봉주, 정희계는 음죽으로 유배했다. 이들 조치는 1차 최영 세력 제거에 해당하였다. 그리고 이어서는 새로운 국왕 즉 창왕이 즉위하는 때를 기다려 실질적인 최영 제거를 도모했다. 처형이 그것이었다. 73세의 최영은 죽음을 맞았다. 다만 이때 그의 죽음에 대해 개경 사람들이 자발적으로 철시(輟市)하고 많은 백성이 눈물을 흘렸으며, 시신이 길가에 버려지자 길 가는 사람들이 말에서 내렸다 했다. 그만큼 최영에 대한 당시 사람들의 경의의 마음이 깊었음을 읽을 수 있다.

6월 무신일(6) 우왕은 회군 세력에 대한 최후의 저항을 시도했다. 환관과 내수 80여 명과 함께 갑옷을 입고 이성계 및 조민수(曹敏修)·변안렬(邊安烈)의 집을 친 것이었다. 하지만 이들 회군 주역들이 집에 없었기에 결과적으로 실패했다. 그만큼 우왕 등은 회군 세력의 움직임을 제대로 파악하지 못한 상태였던 것이다. 우왕은 그 대가를 치러야 했다. 또한 요동 정벌군 출병에 대한 명이나 백성을 제대로 다스리지 못한 죄 등에 대해 군주로서 모든 책임을 져야 했다.

전세를 뒤집을 한 가닥 희망은 자신의 즉위를 인정한 명 측의 군사 동원이었다. 명분은 사대자소(事大字小)였다. 책봉 조공 관계로 얽혀 있기에 명이 우왕을 보호해야 한다는 것이었다. 하지만 자신이 명의 요동 정벌을 꾀한 바 있기에 그것은 희망 사항에 불과했다. 오히려 명에서는 이와는 반대의 명분으로 고려를 치려 했다. 6월 병오일(4)의 『고려사』 기록을 보면 우왕의 거병 소식을 듣고 홍무제가 군대를 일으키기 위해 3일간 재계 후 종묘에서 점을 치려다가 중지했다 하고 있기 때문이다. 회군 세력들이 홍무 연호를 사용하고 명의 의복을 입어 친명사대를 표명한 것이 주효했다. 비록 회군 세력 용인이 반란에 대한 인정이 된다 하더라도 말이다. 이에 명에서도 이때의 반란 논리를 인정하는 면에 고심을 하게 된다. 그리고 그 고민은 머지않아 정리되었다. 그것도 고려의 요청이 빌미가 되었다. '폐가입진(廢假立眞)'이 그것이었다.

　우왕의 무신일(6) 이성계 제거 시도가 무산된 뒤 이튿날인 기유일(7)에 회군 세력은 숭인문(崇仁門)에서 회의를 하고 중대 결정을 내렸다. 1차로 궁중에 보관된 모든 무기를 내놓고 무장 해제하게 했다. 2차로는 최영의 딸인 영비 최씨를 내보내라 했다가 우왕이 거절하자 결국 우왕의 강화 유배를 결정했다. 그리고 6월 경술일(8) 우왕은 영비 최씨와 연쌍비와 함께 회빈문을 나와 강화로 나아갔다. 폐위를 행한 것이다. 그리고 백관은 국보를 받들어 정비전(定妃殿)에 두고 명분상의 조서를 내리게 했다.

　당시 이성계와 조민수 등 회군 세력들은 우왕 및 저항 세력 처리를 놓고 회의를 했다. 조인옥 등이 올린 안은 다시 왕씨를 세워야 한다는 것이었고, 실제 우왕 폐위 및 강화 출배 후 이 같은 원칙하에서 우왕의 후사를 정하고자 했다. 『고려사』의 기록에 따르면 우왕의 후사 문제는 두 가지 의견으로 나뉘었다. 1안은 이성계 등이 주장한 왕씨 후손을 택해 옹위하는 것, 2안은 조민수가 주장한 바 세자인 창을 옹립하는 것이었다. 결론은 세자 창의 즉위였다. 사료에 조민수가 이를 주장한 이유는 이인임이 자신을 천거해 준 은혜를 생각한 때문이라 하고 있다.

　창왕의 모친은 근비(謹妃) 이씨로 판개성부사 이림(李琳)의 딸이었다. 이림의 증조부는 이존비(李尊庇)이며 조부 이우(李瑀)는 판삼사사, 부친 이교(李嶠)는 이부상서를 지냈다. 수시중 이암(李嵒)은 이림의 숙부가 된다. 모친은 검교시중 이포(李褒)의 딸이다. 이포는 충혜왕 묘정에 배향된 성산후 이조년(李兆年)의 아들이다. 이포의 아들로는 이인복(李仁復)·이인임(李仁任)·이인미(李仁美)·이인립(李仁立)·이인달(李仁達)·이인민(李仁敏)이 있었다. 이렇게 본다면 이림은 이인임의 조카가 된다. 그러니까 조민수가 이인임과의 관계로 근비 이씨의 아들 창을 왕으로 세우자는 정서가 만들어질 수 있었던 것이다.

여기에 더해 조민수는 창의 즉위를 관철하기 위해 당시 명유로서 신망을 받고 있던 목은 이색의 의견을 물었다 한다. 이색의 의견은 "당연히 전왕의 아들을 세워야 한다"였다. 이성계가 조민수에게 회군 때 정한 왕씨의 후손 중에서 세우자는 말은 어떻게 된 것인가 물었지만 이미 조민수는 이색의 말을 명분으로 창왕 즉위를 기정사실화하고 있었다. 그리고 6월 신해일(9)에 조민수는 공민왕의 정비(定妃) 안씨의 교서로써 9살이 된 창의 즉위를 공식화했다.

이 같은 결정은 조민수나 이색 등의 입장에서 본다면, 또 우왕의 입장에서 본다면 바라던 바였다. 근시안적으로 본다면 최악의 상황에서 최선의 결과가 나온 셈이었다. 하지만 폐위된 왕의 아들, 그것도 9살에 불과한 어린 군주, 붕괴된 우왕 지지 세력, 강력한 집권력을 갖지 못한 좌군도통사 조민수 세력 등 이 네 박자는 불안한 앞날을 예고할 뿐이었다.

6) 우왕, 창왕의 죽음과 시대 과제

1388년(창왕 즉위년) 6월 창왕(昌王, 1380~1389)은 즉위 후 곧바로 모친 근비 이씨를 왕대비로 높였고, 우왕의 후비들인 의비(毅妃)·숙비(淑妃)·안비(安妃)·정비(正妃)·선비(善妃)·덕비(德妃)와 영선(寧善)·화혜(和惠) 두 옹주(翁主)

는 모두 집으로 돌아가게 했다. 그 부친인 강인유(姜仁裕)·최천검(崔天儉)·
조영길(趙英吉)·신아(申雅)·왕흥(王興)·오충좌(吳忠佐) 등도 먼 곳으로 유배
했다. 왕실에 대한 정리가 시작된 셈이었다.

창왕의 즉위는 창왕에 의한 정치의 시작이지만 실제로는 그렇지 않았다.
앞의 우왕 후비에 대한 출궁 조치도 그렇고 아래의 다양한 개혁도 마찬가
지였다. 즉, 이는 위화도 회군을 주도한 개혁 세력에 의한 것이었다. 그리고
그들은 충목왕 이후 공민왕 대에 걸쳐 양성된 인재들이라 볼 수 있었다. 이
들은 고려 왕조 전 부분에 걸친 개혁을 실시하고자 했다. 그것은 때로 태조
의 숭불을 부정하는 데까지도 이르렀다. 그렇지만 그보다 중요한 것은 이
들이 군주의 수덕과 민심을 받들어야 한다는 명분을 강조하고 있다는 점이
었다. 간단히 말하자면 민생이 중요하다는 것이었다. 이에 입각하여 개혁
론은 경쟁적으로 여러 분야에 걸쳐 일어났고, 일부는 시행되고 일부는 반
대에 부딪치곤 했다. 이를 보면 다음과 같다.

첫째, 도평의사사와 대성(臺省), 6조는 공정·청렴·재능 등을 갖춘 이를 천거해 지방
관을 맡길 수 있도록 하고 이들에 대해 도순문사와 안렴사가 엄히 그 공과 등을 살피
도록 할 것.

둘째, 호강자의 토지겸병으로 인한 전제(田制) 붕괴에 대해 도평의사사·사헌부(司憲
府)·판도사(版圖司) 등이 그 개혁책을 논하여 보고할 것.

셋째, 요물고 소속 360곳의 장(莊)과 처(處)의 토지[田]를 다시 확보토록 해 왕실 재
정을 채울 것.

넷째, 동북면·서북면에서 나타난 사전(私田)은 있을 수 없으므로 이를 금하되 혹시
문서가 있다면 몰수토록 할 것.

다섯째, 각 도 주부군현에서 올리는 공물을 경감 혹은 면제하고 개인이 공물에 해당
하는 돈을 먼저 내고 고을에 내려가 배로 징수하는 경우 단지 원금만을 갚으라 할 것.

여섯째, 관(館)·역(驛) 설치에 따라 두었던 토지로서 권세가가 겸병해 잃었던 토지를

복구할 것.

일곱째, 각 도의 원수(元帥)·도순문(都巡門)·안렴사(按廉使)가 주부(州府)의 대소(大小) 군민관(軍民官)에게 올리게 한 사사로운 선물을 금하고, 지방에 내리는 명을 군사는 도순문사, 민사는 안렴사가 행하도록 할 것. 사사로이 왕래하는 관리의 경우 존비를 막론하고 비용 공급을 정지할 것.

여덟째, 벼슬을 구하는 행위인 분경(奔競)과 궁인에게 청탁하는 여알(女謁)이 성행하여 염치와 도리가 없어졌으므로 사헌부에서 이를 금단토록 할 것.

아홉째, 형정을 공정하게 하여 원통하고 억울한 일이 발생하지 않게 할 것. 또한 관청에 적몰된 노비로 연한이 다 된 자는 석방할 것.

열째, 노비의 경우 변정도감에서 그 인원을 살펴 장부를 만들도록 하고 영선(營繕)할 일이 있으면 이들을 동원하되 방리의 잡역은 면제할 것.

실제로 이들 개혁 사항들이 어느 정도 추진되었는가는 현재로서 정확히 알 수 없다. 다만 창왕 즉위 초의 구체적인 개혁 정책은 지금까지와는 달리 왕권이나 권신의 견제 없이 개혁 세력의 의지만으로 추진 가능했다. 그러나 이 정책이 얼마나 진정성을 가진, 백성과 나라를 위한 것이었을까는 지금까지 수없이 행해진 개혁 정책과 그 실패 등을 보았을 때 예단하기 어려웠다.

한편 철령위 설치에 대한 명 측의 설명과 시정을 요구하기 위해 명을 방문했던 박의중이 귀국했다. 명 예부에서는 황제의 명이라 한 내용을 정리해 고려에 문서를 보내왔다. 그 내용은 다음과 같았다.

우선 철령위 문제와 관련해 본래 고려에 예속되어 있었던 땅이라고 고려에서 주장하나 이미 원에 통합되어 있었고 지금은 요동에 합쳐져 있으므로 이에 대해서는 더 상세히 살펴본 후 그만두겠다 하였다. 압록강을 경계로 고려는 스스로 성교(聲敎)를 펼쳐 왔음을 인정하나 여러 차례 정벌을 당한 것은 대개 흔단(釁端) 즉 틈이 생겨서라 했다. 그런데 그 틈이 현재 고려가 명을 모욕하는 데서 생기고 있다고 보았다.

홍무제는 이에 고려가 명을 업신여기는 사항 다섯 가지를 들었다. 간략히 정리하면 다음과 같다. 첫째, 지극정성으로 하겠다는 세폐 약속이 지켜지지 않고 있다는 점, 둘째, 좋은 말이라고 바치는 공마가 실제는 잡종에 불과했다는 점, 셋째, 공물을 가지고 오는 사신이 명의 형세를 정탐하고 있다는 점, 넷째, 고려인들의 수륙왕래와 상업을 허락했음에도 간사한 짓을 하고는 소인들에게 속았다고 하는 점, 다섯째, 1387년(명 홍무 20, 우왕 13) 비단으로 고려말과 바꾸게 하였으나 그 말들이 쓸모가 없을 정도였다는 점 등이었다. 여기에 더해 명에 귀부한 원의 여러 왕들을 탐라에 안치토록 하고 군사를 보내 호위토록 하되 양절(兩浙)에서 곡식을 내어 보내 돕겠다 하였다.

이는 앞서 언급한 바대로 요동 정벌군을 편성해 진군하기보다는 사신으로 보낸 박의중이 귀국해 올리는 회답을 들은 뒤 행동으로 옮기자는 주장을 고려했을 때 우왕과 최영의 전격적인 결정에 아쉬움을 표할 수 있는 대목이다. 그러나 이미 술은 엎질러져 주워 담을 수 없었다. 결국 새 술은 새 잔에 담아야 했다.

하지만 폐위된 우왕은 그럴 생각이 없었다. 깨진 그릇을 다시 붙이려는 무리수를 두었다. 1388년(창왕 즉위년) 7월에 이르러 조정에서는 우왕의 명의로 명에 문하찬성사 우인렬과 정당문학 설장수를 사신으로 보내 우왕 자신의 양위와 창왕 습봉을 청했다. 우왕은 명분상으로는 충렬왕-충선왕-충숙왕 등 3대의 전례를 살펴 어린 창왕에게 양위하고 강도(江都)에서 정양하려 한다 했다. 또한 요동 정벌 건은 여러 장수가 반대했음에도 정권과 병권을 장악한 최영이 문하시중이 되어 멋대로 군대를 일으킨 것이라 해명했다. 그리고 6월 경술일(8) 아들 창에게 국사를 임시로 처결하게 하였는데, 우왕이 받은 명작(名爵)을 물려받게 해 달라고 했다.

하지만 실제는 폐위 축출이었다. 이러한 상황은 사실 우왕이나 창왕 등이 모순적 심리를 가졌다는 점을 보여 준다. 즉, 물러나긴 했지만 다시 복위 가능하다는 희망을 품은 우왕, 즉위했지만 부왕과 집권 세력의 갈등 속에서 고뇌하는 창왕의 모습이 노출된 것이다. 결국 이러한 모순적 상황은 의외의 돌발 변수로 폭발되었다.

이러는 동안 요동 정벌 후 집권 세력은 정치사회 개혁을 논의하고 추진했다. 7월에 조준과 이행 등이 올린 개혁 상서문이 이를 뜻했다. 조준은 안렴사 문제 해결, 전제 개혁, 역로 피해 방지 등을 건의했고, 이행과 황순상·조인옥 등도 토지겸병 및 토지 제도의 문란을 지적했다. 그 원칙은 인정(仁政)이 필요하며 이를 위해 경계(經界) 즉 전제를 바로 세워야 한다는 것이었다. 여기에 더해 지방관의 정치 행정 능력을 강조하여 어질고 능력이 있는 자를 세우고자 했다. 8월과 9월에도 개혁 상서가 이어졌다. 특히 사전 개혁의 성과도 가시화되었다. 8월에 6도 관찰사로 하여금 각기 부사와 판관을 선발해 토전(土田)을 개량(改量)토록 하고 전제(田制)를 개정한 것이었다. 이러한 개혁론은 당시 '신법(新法)'이라 불렸다. 이들은 신법 수행이 기대에 못 미칠 경우 그 강력한 실행을 요구하는 상서문을 올려 창왕을 압박하기도 했다.

조준 등에 의한 개혁 추진이 의미하는 것은 우왕이나 창왕, 그리고 창왕을 추대한 조민수와 그를 지지하는 세력이 설 땅의 축소였다. 결국 1차로 조민수가 7월에 창녕으로 유배되었다. 반면 이성계는 수시중이 되었다. 이어 9월에는 우왕을 강도에서 여흥군으로 옮기고 군의 병사로 숙위하게 하면서 세금을 거둬 공봉(供奉)토록 했다. 감시가 용이한 점이 반영되었을 것이다. 10월에는 상서시(尙瑞寺)의 관직을 정했는데 이성계 및 이색(李穡)·문달한(文達漢)·안종원(安宗源)이 판상서시사(判尙瑞寺事)를 겸하게 했다. 상서시는 상서사(尙瑞司)를 의미한다. 상서사는 정방(政房)에서 행하던 관원 제배(除拜)와 부인(符印) 등을 관할하였는데 곧 인사기구였다. 말하자면 이성계 등의 집권 세력이 이를 장악한 것이었다.

창왕 측은 밀직사 강회백과 부사 이방우를 명의 경사로 보내 창왕의 친조를 요청했다. 즉, 이듬해에 있을 만국회동(萬國會同)에서 일인의 부귀와 장수를 축하하는 자리에 참가함을 청한 것이다. 이에 대한 회답이 오지 않은 사이 양국 사이에서는 중요한 현안이 처리되었다. 우선 12월에 명은 고려에 말과 엄인(閹人) 즉 환관을 요구하는 한편 북정 때 명에 귀순한 몽골 친왕(親王) 80여 호를 탐라에 거주케 하려 한다고 알려 왔다. 이에 고려는 제주에 거처할 만한 집 85개소를 수리토록 했다. 그리고 이달 최영에 대한 처형이 이뤄졌고, 이듬해 2월 명에 사신을 보내 최영의 처형을 알렸다. 고려로서는 명이 요구한 사항과 명에서 껄끄러워한 최영 문제를 모두 해결한 셈이었다.

그러나 친조 문제에 대한 명의 회답은 '동자내조불필(童子來朝不必)'이었다. 그 명분은 다음과 같았다. 신자(臣子)가 그 아비를 내쫓고 아들을 세운 것은 이륜(彝倫) 즉 인륜이 크게 무너진 것이고 또한 군도(君道)가 전혀 없어 신자의 반역이 크게 일어난 것이라 했다. 세운 것도 폐한 것도 저들이 마음대로 하였으니, 중국은 상간하지 않겠다고 하였다[不與相干]. 이러한 답신은 사실 해석의 여지는 있으나 창왕 측에게도 집권 세력 측에게도 고민의 여지를 주었다. 창왕 즉위에 대한 인정인가 아닌가 또는 집권 세력에 대한 면죄부인가 아닌가 등이 이에 해당했다.

그렇지만 집권 세력에게 고무적인 것은 왕을 폐위하고 어린 왕을 세운 것을 대역이라 하면서도 그에 대한 책임을 묻지 않고 간여치 않겠다는 점이었다. 다만 원칙적으로는 반명이 아닌 친명인 한에서였다. 명의 이 입장은 결국 '사대자소'라는 대원칙을 스스로 거두면서도 자신들의 요구는 관철시키는 방안이었다. 고려로서는 명이 고려의 왕위계승 문제에 적극 개입할 명분을 만들고자 했다. 하지만 결과적으로 분열되어 있던 고려로서는 시국을 해결하려 하지 않았다. 오히려 집권 세력의 명분 즉 개혁 추진을 통한 민생 안정을 강화시키려 했을 뿐이다. 이에 따라 신권은 강하고 왕권은 약한 '신강군약(臣强君弱)'이 지속되었다.

한편 이성계 등은 폐위된 우왕에 대한 예우를 갖췄다. 의복을 보내고 우왕의 생일인 7월 1일을 맞아 경미한 죄를 범한 죄수를 석방했다. 또 직접 판삼사사 심덕부와 판개성부사 배극렴 등과 함께 여흥 황려부에 가 우왕을 위한 잔치를 베풀었다. 우왕에 대한 위로 차원으로 보이지만 우왕과 이성계가 군신 관계로서 서로를 대했다 보기는 힘들다. 그렇다면 이는 사실 이성계가 우왕의 의중과 동향을 살펴보려 한 목적이 강했을 것이다.

우왕의 의도 중 하나는 자신의 복위가 어렵다면 1차적으로 창왕의 왕권 기반을 다지는 데 도움을 주는 것이었다. 이를 위한 선결 과제는 역설적이지만 명 황실과의 관계 개선으로 국왕의 친조를 통해 왕위를 인정받는 것이었다. 앞서 시도했다가 거절되었지만 그렇다고 포기할 수는 없었다. 우왕의 의지가 반영된 것인가는 알 수 없으나 조정에서 6월 윤승순과 권근을 명에 보내 창왕의 친조와 명 황실과 고려 처녀들과의 혼인을 추진한 것은 이와 관련이 있다 보인다. 실제 9월에 이르러 창왕 조정은 명에의 입조를 준비했다. 이에 영삼사사 홍영통과 판문하부사 이색, 판삼사사 심덕부, 문하평리 설장수 등을 종행관(從行官)으로 삼았다. 이 정황만 놓고 본다면 명에서 창왕의 친조를 허락한 것이라 볼 수 있다.

하지만 성사되지 못했다. 기록상으로는 창왕의 모친 왕대비 이씨가 창왕의 나이가 어리므로 어렵다 판단해 도당에 말해 입조를 중지시켰다고 한다. 과연 당시 이 같은 결정이 왕대비의 입김으로 이뤄질 수 있었는지 의문이다. 어쨌든 이때의 친조 철회 결정은 역사 흐름을 바꾼 사건으로 꼽을 수 있겠다. 더불어 우왕이 의도한 창왕의 왕권 안정도 실패로 돌아가는 순간이 되었다. 이후 정몽주는 창왕에게 청해 이색과 이림, 그리고 이성계는 칼을 차고 신발을 신은 채 전각에 오르는 특권을 줄 것을 청했다. 검리상전(劍履上殿)이었다. 그만큼 신뢰와 공경을 표하는 것이지만 반대로 이성계에 의해 왕권이 위험해질 수도 있었다.

같은 9월 창왕 친조 승인을 청하고자 명에 갔던 윤승순과 권근이 홍무제의 명이 담긴 예부의 자문을 가지고 왔다. 그리고 그 내용 중에는 우왕과 창왕의 혈통을 부정하는 중대 사안이 적혀 있었다. 뜬금없는 내용이었다. 고려의 국정에 관여치 않겠다는 전날의 언급과는 사뭇 다른 것이었다. 왜 친조를 청하러 간 사신에게 이런 국기를 흔드는 말을 한 것일까?

사실 윤승순과 권근이 받아 왔다는 예부의 자문은 의혹의 여지가 있다. 명『태조고황제실록』권199 홍무 23년 정월 19일의 기록과 시점이 배치되고 있기 때문이다. 두 기록을 놓고 비교해 볼 필요가 있겠다.

〈표 7〉『고려사절요』와『태조고황제실록』의 기록 비교

『고려사절요』창왕 원년(1389) 9월	『태조고황제실록』홍무 23년(1390) 정월 19일
예부(禮部)에서 성지(聖旨)를 받들어, 도평의사사(都評議使司)에 자문(咨文)을 보내어 이르기를, "고려 국내에 사변이 많고 배신(陪臣)이 된 자 가운데 충신과 역적이 뒤섞여 있어 하는 일이 모두 좋은 계책이 아니다. ① 군주의 자리는 왕씨(王氏)가 시해되어 후사가 끊긴 이후로 비록 왕씨를 거짓으로 칭하고 있으나 다른 성을 왕으로 삼고 있으니, 또한 삼한(三韓)이 대대로 지켜 온 좋은 계책이 아니다. 옛날에도 군주를 시해한 도적이 있었으나 군주의 악행이 차고 넘쳤던 데에서 비롯된 것이었으며, 무릇 군주를 시해한 자 가운데에는 비록 난신(亂臣)·적자(賊子)라 하더라도 또한 정치를 펼쳐 인자함을 베푸는 것으로써 하늘의 뜻을 돌려놓고 백성을 편안하게 한 자도 있었다. 지금 고려의 배신들은 은밀한 모의에 거짓말까지 더하고 있기에 여태까지 안녕하지 못한 것이다. 설사 역행(逆行)으로 나라를 얻었다고 하더라도 역행으로 그것을 지켜 내는 것이 가능하겠는가. 만약 역행을 일상으로 삼는다면 역신(逆臣)들이 연이어 그것을 일삼을 것인데, 모두 처음으로 역행한 자가 그들을 가르친 것이니 또한 누구를 원망하겠는가. ② 예부에서는 문서를 보내어 어린아이[童子]는 경사에 올 필요가 없다고 하라. 과연 어질고 지혜로운 배신이 자리에 있어 군신의 분의를 위에서 정하고 백성을 안녕하게 할 계책을 나라에서 만든다면 비록 수십 년 동안 조회하지 않더라도 또한 무엇을 걱정하겠으며, 매년 와서 조회하더라도 또한 무엇을 꺼려 하겠는가" 하였다.	고려에서 사자를 보내와 말하길, "① 국왕 왕창(王昌, 창왕)은 왕씨의 후예가 아니라 실은 신돈(辛旽)의 아들인 신우(辛禑)의 아들이므로 나라 사람들이 믿고 복종하지 않는 자가 많습니다. 그런 까닭에 별도로 왕씨 종친을 구하여 정창국원군(定昌國院君) 왕요(王瑤, 공양왕)를 맞이하여 세워 왕위를 잇게 함으로써 왕씨의 후대를 잇게 하였습니다. 엎드려 바라건대 조정에서는 청한 바를 윤허해 주십시오"라고 하였다. 황상이 예부상서(禮部尚書) 이원명(李原名)에게 효유하여 말하기를, "고려는 산과 바다로 막히고 떨어져 있으며 그 사람들이 거짓이 많다. ① 이제 말하기를 이성(異姓)을 폐하여 축출하고 왕씨 종친을 택하여 세웠다고 한다. 그렇다면 ② 앞서 와서 동자(童子)가 입조하겠다고 말한 것을 내가 들어주지 않은 것은 그 뜻이 분명 집정자의 소위일 것이라고 생각했기 때문이었는데 이제 그 정황이 드러난 것이다. 또한 그것이 진실인지 거짓인지를 알 수 없으니, 만약 과연 그 나라 신민이 추대한 것이라면 또한 그들이 스스로 행하도록 허락할 것이나, 만약 음모를 꾸며 거짓으로 세운 것이라서 하루아침에 변경한다면 매우 허망할 것이며 반드시 장차 화가 일어나 예측할 수 없는 것도 모두 스스로 초래한 일이 될 것이다. 너는 마땅히 이 뜻을 자문으로 갖추어서 그 나라 사람들에게 보내 알게 하라" 하였다.

두 기록을 보면 홍무 22년 8월 8일에 명 예부상서 이원명이 봉천문에서 받았다는 황제의 성지는『명사』나『태조고황제실록』에는 없다. 또한『태

조고황제실록』의 내용을 본다면 오히려 고려에서 공양왕을 세운 뒤 사신을 보내와 창왕이 신돈의 아들인 우의 아들이라 국인이 복종하지 않고 있어 특별히 왕씨 종친을 구해 세웠다는 보고를 받았다 했다. 이에 비로소 홍무제는 고려가 이성(異姓)을 폐출하고 왕씨 종친을 세운 것을 알았다고 언급되고 있다. 동자 즉 창왕의 입조를 허락지 않은 것은 집정자가 행하는 바 때문이라 생각했다는 내용이 보인다. 따라서 창왕 원년 9월의 기록 중 소위 다른 성 즉 신씨가 왕씨를 거짓 칭하고 있다는 내용은 없는 것이다. 두 개의 사료에 표시된 ①과 ②를 비교하면 금방 드러난다.

그렇다면 홍무제가 언급한 바도 없는 내용을 윤승순이나 권근 등이 거짓으로 만든 것일까? 실제 이들이 관련 문서를 조작했다 볼 수는 없다. 또한 권근이 도중에 글을 먼저 열어 보고 이림에게 보인 뒤 도당에 교부했다고 하나 이림이 우왕의 장인이라는 점을 고려하면 이 상황을 이해하기 어렵다. 그렇다면 이 당시와 관련한 기록을 정리하여 사서를 만들 때 사실 관계 내용을 의도적으로 뒤섞은 것으로 봐야 할 것이다. 그 의도는 결국 명 홍무제가 먼저 폐가입진론을 꺼냈고, 이에 근거해 왕씨 종친인 공양왕을 세웠다는 명분을 만든 것이었다.

이러한 상황은 1389년(창왕 1) 9월부터 소위 집권 세력이 창왕의 폐위를 도모하였음을 추측게 한다. 그리고 10월 그간 명으로부터 공민왕이 시호를 받고 우왕이 왕위를 인정받는 데 문장으로서 공을 세운 이숭인에 대한 탄핵이 간관 오사충에 의해 이뤄졌다. 이는 그나마 창왕을 옹위하는 세력에 대한 본격적 공격을 의미했다. 이색은 책임을 느낀다며 전을 올려 사직을 청했다. 이숭인을 옹호하던 권근은 우봉현으로 유배되었다가 영해부로 옮겨졌다.

조정에서 벌어지고 있던 이러한 상황은 황려부에 있던 우왕에게 위기감을 가중시켰다. 결국 그 칼끝이 자신과 아들 창왕, 나아가 고려 왕실에 미치는 것임을 알고 있었기 때문이었다. 이에 그는 판을 일거에 뒤집을 수 있는 방법을 택하려 했다. 이성계 등에 대한 제거 시도였다. 그러나 이는 도리어 공민왕 이래 자신과 아들 창왕의 고려 왕실을 무너뜨리는 선택이 될 수도 있었다.

11월 김저(金佇)와 정득후(鄭得厚) 등이 우왕을 알현하러 오자 우왕은 역사(力士)를 구해 이성계를 해하고자 한다는 뜻을 밝혔다. 그리고 예의판서 곽충보(郭忠輔)와 도모하라 하면서 그에게 칼 한 자루를 주도록 했다. 그러면서 팔관일에 거사하라 주문했다. 곽충보는 이를 듣고는 곧바로 이성계에게 고하였고, 김저는 사로잡혀 문초를 당하면서 변안렬, 이림, 우현보, 우인렬과 함께 여흥왕(驪興王)을 맞이하기로 했다 하였다. 이 사건은 실제 일어나지 않았지만 결론은 우왕의 이 시도로 인해 그나마 친우왕 쪽에 있던 사람들이 일거에 제거되었다는 것이었다.

사실 이 음모는 시작부터 결말까지 허술했다. 우선 여흥에 있는 우왕과 관련해서는 일거수일투족이 감시의 대상일 터인데 여기에 김저와 정득후가 찾아왔다는 것, 이어 우왕이 용사를 구해 이성계를 팔관일에 해하려 했다는 것, 그리고 이를 곽충보와 상의해 진행하라 한 것 등이 그러했다. 전해지는 기록이 그러해서인지 몰라도 허술하기 짝이 없는 것이다. 그리고 이 일을 처리하던 이성계는 흥국사 회동을 주도하면서 지금까지 없었던 이야기를 꺼냈다.

우와 창은 본래 왕씨가 아니니, 조종 제사를 받들도록 할 수 없다. 또 천자의 명이 있었으니 마땅히 가짜를 폐하고 진짜를 세워야 한다. 정창군(定昌君) 왕요(王瑤)는 신왕(神王)의 7대손으로 그 족속이 가장 가까우니 왕위에 세울 만하다.

이성계의 입에서 처음으로 폐가입진이 나오고 있다. 이때 우왕은 강릉으로 옮겼고 창왕은 서인으로 폐하여 강화로 쫓아냈다. 전왕과 현왕을 축출하는 데 집정자를 죽이려는 음모 주도라는 것만큼 이들을 한 번에 제거하는 좋은 수단이 없다. 우왕의 이성계 제거 시도 사건은 결과적으로 본다면 이성계 세력이 권력을 다시 장악하는 중요한 계기가 되었다.

그리고 새로운 왕을 정하고자 했다. 무신집권기 때 최씨 정권이 군주를 정한 것이나 다를 바가 없었다. 방법은 종실 몇몇의 이름을 써서 심덕부·성석린·조준을 보내 계명전(啓明殿)에 가서 태조에게 고하도록 하고 제비를 뽑는[探籌] 것이었다. 답은 사실 정해져 있었다. 탐주는 얼마든지 의도한 바대로 만들 수 있기 때문이었다. 정창군 왕요(王瑤)가 이 과정을 통해 뽑혔다.

이성계 등 집권 세력이 신자로서 군주를 폐위, 옹립, 다시 폐위, 옹립하는 일을 행한 것이었다. 그 명분은 우왕이 행하고자 한 김저 종용 사건을 계기로 몇 가지 만들어졌다. 그중에서도 가장 놀라운 논리는 '폐가입진'이었다. 우왕의 즉위부터 창왕의 폐위에 이르는 동안 자신들이 섬기고 명에서도 인정한 군주를 진짜 왕씨가 아니라 단정한 것이었다. 또 명 태조가 폐가입진을 하라 명하였다는 언급이었다. 역사는 승자의 몫이라고는 하더라도 이같은 방식의 집권은 많은 역사상 모순을 가져오기 마련이었다. 즉 이제는 폐가입진론에 따라 많은 선후 기록을 맞춰 가야 했던 것이다.

첫째로 행해진 것은 앞의 〈표 7〉에 언급한 바대로 홍무제가 선제적으로 폐가입진론을 명했다는 기록이었다. 다음으로는 1390년(공양왕 2) 정월 이후의 기록에 있어야 할 폐가입진을 1389년(창왕 1) 9월에 등장시키고 이를 이림과 권근이 사적으로 열어 보았다는 내용을 삽입하였다. 그러나 홍무제측의 기록을 본다면 폐가입진론은 황제가 먼저 꺼낸 것이 아니라 우왕과 창왕 폐위 명분을 만들고 공양왕을 즉위시키기 위해 고려가 먼저 올린 글에 근거해 언급한 것이었다. 집권 세력에 의한 우·창의 폐위와 공양왕 즉위를 정당화하기 위해 교묘하게 기록을 뒤섞어 놓은 것이 확인된다 하겠다.

그리고 다음 수순은 무엇이었을까? 혁명 혹은 쿠데타로 집권한 후의 단계는 폐위된 군주를 명분을 갖춰 제거하는 일이었다. 그 명분의 실마리는 이미 갖춰져 있었다. 신돈의 핏줄이라는 것이었다. 또한 명에서는 고려에서 집권 세력이 마음대로 군주를 폐위, 옹립하는 현실을 비판하면서도 간여치 않겠다고 선언했다. 이는 새로 즉위하는 공양왕의 명을 빌리면 우·창을 죽이는 것도 가능함을 의미했다. 특히 이성계 등은 정비 안씨 궁으로 가 정비의 교지로써 공양왕을 맞아 세웠다. 그리고 정비가 내린 교서에 다음과 같은 명분을 언급했다. 우왕의 폭정, 거병하여 요동을 치려 한 것, 홍무제가 왕씨가 아닌 이성을 세운 일을 질책했다는 것, 이에 국론으로 정창군 왕요가 즉위토록 하였다는 내용이었다.

우왕과 창왕을 서인으로 강등하고 이어서는 이색을 탄핵해 파직함과 함께 조민수는 서인으로 강등시켰다. 권근은 명 예부 자문을 열어 보았다 하여 유배하였다. 이인임의 집은 몰수하여 못을 파 없애고, 이색 부자와 이숭인·하륜·이분·문달한을 유배 보내고 조민수를 삼척(三陟)으로 옮기라 했다. 우왕의 모후로 공민왕이 세워 만든 의릉(懿陵)을 없앴다. 아직 이배되지 않고 창녕에 있던 조민수에게 사람을 보내 국문했고, 조민수는 국문 끝에 이색과 창왕을 세우고자 모의했다 하였다.

이처럼 우와 창에 대한 처분 논의가 전개되었고, 그 마지막 결정을 위한 상소는 간관들과 사재부령 윤소종(尹紹宗)에 의해 제기되었다. 『춘추』에 따르면 난신적자(亂臣賊子)는 사형시켜야 한다는 것이었다. 1389년(공양왕 1) 12월 공양왕은 이 건과 관련해 재상들 한 명 한 명에게 의견을 물었다. 하지만 아무도 말이 없었다. 암묵적 동의였다. 그런데 단 한 사람만이 이에 대해 신중을 기할 필요가 있으며, 쉽게 결정할 일이 아니라 했다. 바로 이성계였다. 이성계는 왜 이러한 언급을 했을까? 사실 이는 당시 최고 집권자라 할 그가 우·창 처형을 주도하지 않았다는 의도를 드러내고자 한 것이었다.

공양왕은 결국 절대 다수의 의견을 따라 우왕이 무고한 사람들을 많이 죽였다 하여 정당문학(政堂文學) 서균형(徐鈞衡)을 강릉에 보내 우왕을 처형하고, 예문관대제학(藝文館大提學) 류구(柳珣)를 강화에 보내 창왕을 처형하게 했다. 1389년(공양왕 1) 12월 무신일(14)의 우·창 주살(誅殺)이었다. 죽을 때 나이는 우왕이 25세, 창왕이 10살에 불과했다. 주살된 것이기에 이들에게는 작호도 능호도 주어지지 않았다. 역사에서는 난신적자로서 분류되어 묘호는 당연히 정해지지 않았고, 이들의 죄를 사하고 신분을 복원시키는 신원 노력도 없었다.

우왕과 창왕에 대한 주살이 의미하는 것은 단순히 그 둘만의 죽음에 그치는 것이 아니었다. 고종으로부터 이어지는 고려 왕실이 신종 계열로 바뀌는 것을 의미했다. 이는 사실 공양왕 이후 왕통이 이어졌다면 종묘에 모셔지는 신위가 바뀔 수 있는 상황이기도 했다. 동시에 이는 군약신강이라는 정국 운영 분위기가 더욱 강화되었음을 상징하는 것이었다. 즉 집권 세력이 마음만 먹으면 상소와 탄핵을 통해 명분을 만들고 누구든 난신적자로 몰아 처형을 할 수 있게 되었다. 이는 국왕의 경우도 마찬가지였다. 제2의 무신정권기라 해도 과언이 아닌 시기가 된 것이다. 다만 무신 집정자 1인 체제가 아닌 이성계를 중심으로 조준이나 이행, 윤소종, 정도전, 정몽주 등과 같은 집권 개혁 세력이 주도하고 있다는 점이 달랐다.

따라서 우왕이나 창왕이 죽으면서, 공민왕과 우왕 대와 같은 왕권 중심의 체제는 더 이상 운영이 어려웠다. 공양왕은 차후 이들 개혁 세력의 뜻을 따라야 했다. 이미 앞서서는 고종의 사례가 있었다. 즉, 왕실과 왕권을 위해 무엇을 하려 하지 않고 집정자의 뜻을 따르는 목우인이 되어야 했다. 하지만 이조차도 이제는 쉽지 않았다. 군주에게 끊임없이 성인 군주가 되기 위한 경연과 수학을 요구했다. 그렇다고 군주가 개혁 의지를 갖고 독자적으로 무엇인가를 할 수는 없었다. 군주가 뜻한 바대로 인사를 행해서는 안 되었다. 군주가 마음대로 사찰을 짓거나 해서도 안 되었다. 개혁을 표방하는 대간(臺諫)의 시정득실론을 직접 들어야 했다. 한마디로 새로운 시대가 열린 것이었고, 군주는 이를 적극 청취해야 했다.

3.
공양왕의 즉위와 역성혁명

1) 탐주로 즉위한 공양왕과 왕실

1389년(창왕 1) 11월 정축일(13) 강화에서 여흥으로 이배되어 있던 우왕은 복위를 위한 계획을 꾸몄다. 최영의 조카인 김저와 전 부령 정득후를 움직여 예의판서 곽충보 등과 함께 팔관회 때 이성계 등을 제거하고자 했다. 하지만 곽충보가 오히려 이를 이성계에게 알리면서 계획은 무산되었다. 즉, 11월 무인일(14) 팔관소회 때 이성계는 집에 머무르며 참가하지 않았다. 이에 김저와 정득후는 이성계의 사저로 갔다가 문객에게 잡혔다. 정득후는 자결을 택했다. 하지만 김저가 잡히고 심문당하면서 이 일의 전말이 드러나게 되었다. 당시 김저는 이렇게 말했다.

> 변안렬(邊安烈)·이림(李琳)·우현보(禹玄寶)·우인렬(禹仁烈)·왕안덕(王安德)·우홍수(禹洪壽)도 함께 여흥왕(驪興王)을 맞이하기로 도모하여 내응하기로 하였습니다.

김저의 말은 이성계 등에게 중요한 명분을 주었다. 자신들을 제거하려 도모했다는 명분으로 우왕·창왕과 정적 제거를 이룰 수 있기 때문이었다. 나아가 이성계 등은 다시금 창왕을 폐위하고 새로운 왕을 추대할 수 있게 되었다. 집정자의 의지와 그 명분을 만들어 줄 측근 및 문객 등이 있으면 가능했다.

김저를 심문하고 곧바로 당일인 무인일(14)에 이성계는 판삼사사(判三司事) 심덕부(沈德符), 찬성사(贊成事) 지용기(池湧奇)·정몽주(鄭夢周), 정당문학(政堂文學) 설장수(偰長壽), 평리(評理) 성석린(成石璘), 지문하부사(知門下府事) 조준(趙浚), 판자혜부사(判慈惠府事) 박위(朴葳), 밀직부사(密直副使) 정도전(鄭道傳) 등 8인과 함께 흥국사 회동을 가져 우·창 비왕론을 명분으로 우왕의 강릉 이배를 결정했다. 동시에 새로운 왕을 추대하고자 했다. 홍무제의 명이라 하면서 폐가입진(廢假立眞)을 내세우고는 신종의 7대손 정창군 왕요(王瑤, 1345~1394)를 태조 혈통으로 가장 가깝다 하여 옹립하려 했다. 이 같은 흐름에 조준은 다른 의견을 내세웠다. 군주를 세우는 데 택현(擇賢)을 해야지 족속의 친소를 논할 필요가 없다는 것이었다.

이성계는 일단 조준의 택현론을 따랐다. 그래도 태조 혈통 즉 종실의 범주를 지켰다. 이에 종실 여러 명의 이름을 쓴 뒤 심덕부·성석린·조준을 보내어 계명전(啓明殿)에서 태조에게 고하고, 산가지를 뽑았다. 이를 탐주(探籌)라 하는데 결국 정창군 왕요의 이름이 붙은 산가지가 나왔다. 그리고 곧바로 이성계는 8인과 함께 정비궁으로 가 정비의 교서를 받들어 창왕을 폐위해 강화로 보내고 정창군을 왕으로 세웠다. '봉비교(奉妃敎)'의 절차였다. 물론 교서의 내용 등은 이성계 측이 미리 작성한 것에 불과했고, 정비는 이를 따른 것이었다.

11월 기묘일(15) 어느샌가 정창부원군이 된 왕요는 봉비교를 통해 태조정파(太祖正派)로서 신종의 7대손이니 공민왕의 후사가 될 만하다는 명분으로 왕위에 지명되었고, 이날 수창궁에서 즉위하였다. 이 과정에서 보이듯 공양왕(恭讓王)은 태조정파이자 신종 7대손이 맞지만 왕권이 위엄을 갖지 못하는 당시 상황에서나 본래 공양왕 자신의 의지로서나 군주로서의 뜻이 없었다. 즉위한 그날 공양왕은 좌우 신료에게 다음과 같이 말하며 눈물을 흘렸다 한다.

내 평소 의식(衣食)과 사령(使令)이 모두 풍족했는데, 지금 와서 이렇게 무거운 짐을 지게 되었으니 어찌할 바를 모르겠다.

이러한 공양왕의 즉위 첫 조치는 무엇이었을까? 우왕과 창왕을 서인으로 삼은 것이었다. 물론 이 결정이 공양왕 자신의 뜻에 의한 것이라 보기는 어렵다. 이성계를 비롯한 소위 흥국사 9인 회동 세력 즉 9인회에 의한 것이라 보아야 할 것이다. 이어서는 왕실을 다시 재편했다. 모친 왕씨를 복녕궁주(福寧宮主)로, 왕비 노씨를 순비(順妃)로, 장남 정성군(定城君) 왕석(王奭)을 세자로 책봉하고는 전국에 사면령을 내렸다. 태묘에도 즉위를 고하였다. 공식적으로 국왕 즉위를 선언한 셈이었다.

이어 이듬해인 1390년(공양왕 2) 정월에는 4대 조상을 추봉하고 제사를 받들기 위해 적경원(積慶園)을 세웠다. 물론 이것은 공양왕의 독단적 결정은 아니었다. 예관이 건의하고 공양왕이 허락하는 절차를 거쳤다. 일반적인 경우라면 당연하게 여겨지는 것이나 이조차도 공양왕 추대 세력이라 할 9인회의 뜻에 의한 것이라 보인다. 다시 이달에 공양왕의 모친인 복녕궁주를 위해 숭녕부(崇寧府)를 설치했다. 또한 공양왕 자신과 세자를 위한 경연관과 세자시학을 두었다.

경연도 이달부터 열었다. 당시 참석한 경연관의 면면을 보았을 때 공양왕은 긴장해야 했을 것이다. 심덕부와 이성계를 영경연사로, 정몽주와 정도전을 지경연사로, 김사형과 박의중을 동지경연사로, 이행·성석용·민개·이사위를 참찬관으로, 윤소종과 이첨을 강독관으로, 우홍득·한상경·신원필 등을 검토관으로 하여 4조로 나눠 진강을 하겠다는 것이어서였다. 경연관 명단을 본다면 당대 최고의 권력자와 성리학자 등이 포진한 것이라 군주의 도를 닦는 데 최상이었을 듯하다. 하지만 실제로 공양왕은 이들의 권력과 권위에 그저 고개를 끄덕여야 했다.

3월에는 태조정파로서의 혈통과 왕위계승을 공표하고자 왕릉 참배를 시작했다. 신종의 양릉(陽陵), 세조 창릉, 태조 현릉, 공민왕 현릉 등을 차례로 찾고 예를 올린 것이 이에 해당하였다. 4월에는 선왕과 선비에 대한 추존 시호를 더하였으며, 모친 복녕궁주를 자예정명익성사제혜덕삼한국대비(慈睿貞明翼聖思齊惠德三韓國大妃)로 높이고 궁을 정명전(貞明殿)이라 했다. 더불어 덕녕공주와 노국대장공주를 태묘에 합사해 각기 충혜왕비와 공민왕비로 공식화했다. 윤4월에는 장녀를 숙녕궁주, 차녀를 정신궁주, 삼녀를 경화궁주로 각기 책봉했다. 6월에는 고조까지의 4친에게 관작과 시호를 올리고 그 신주를 적경원에 두어 동생 왕우(王瑀)로 하여금 제사를 맡게 했다. 그리고 이어 7월에는 이를 기념하여 전국에 대사면을 선포했다.

숙녕궁주는 종실 익천군 왕집(王緝)에게 시집을 갔다. 정신궁주는 우현보의 손자인 단양군 우성범(禹成範)과 혼인했다. 우현보는 이색과 같은 정치색을 가졌던 인물로 정도전과는 정적 관계였다. 경화궁주는 진원군 강회계(姜淮季)와 혼인했다. 강회계는 진주 출신으로 문하찬성사를 지낸 강시(姜蓍)의 아들이자 대사헌 강회백(姜淮伯)의 동생이었다. 우성범과 강회계는 1392년 (공양왕 4) 7월 신묘일(12) 공양왕이 폐위되어 원주로 추방된 뒤 곧바로 회빈문 밖에서 참수되었다. 친공양왕 세력이자 반이성계 세력의 상징성을 띠었기 때문이었다.

1391년(공양왕 3) 정월 예조에서는 몇 가지 왕실 관련 사항을 정해 건의하여 시행을 보았다. 첫째, 원종의 친동생으로 왕위에 잠시 있었던 영종(永宗) 안경공 왕창(王淐)에 대한 재평가가 이뤄졌다. 즉 원종의 왕위를 찬탈한 것이었다 하여 사전(祀典)에서 빼고 기일 제사를 제외하도록 했다. 둘째, 명덕태후 홍씨와 충혜왕비 윤씨에 대해 각기 정통군왕(正統君王)을 후사로 둔 후비로서 기일 및 진전제향은 모두 근대선후(近代先后)의 예에 맞춰 올리게 했다. 예조의 이 같은 청은 공양왕에 이르기까지의 정통을 바로잡는다는 의미의 조치라 할 수 있었다. 공양왕은 이어 국대비 왕씨의 생일인 1월 17일을 맞아 사면을 행했다. 국왕 생신이나 국대비 생신 등에 덕치를 행한 것이다.

2월에는 전 정당문학 이원굉(李元紘)의 딸을 세자비로 맞았다. 3월에는 그동안 못 올린 순비와 세자 책봉식을 거행할 것을 도평의사사에서 아뢰자 이를 허락했다. 7월에는 왕대비 안씨, 국대비 왕씨, 순비 노씨의 3대조에게 시호를 추증했다. 9월에 이르러 공양왕은 세자 왕석을 신년하례사로 명에 보냈다.

이처럼 제사와 생신 축하, 책봉과 시호 추증은 왕실의 정통을 세우면서 위상을 다시 갖춘다는 의미와 더불어 외척에 대한 예우를 다한다는 명분이 반영된 것이었다. 더불어 세자의 명에 대한 입조는 여러모로 의미가 있었다. 첫째는 공양왕의 세자로서 공식 입조한다는 것으로 그 지위를 확인받는 데 있었다. 둘째는 그간 명에서 묵인한 공양왕의 국왕으로서의 지위를 세자를 통해 공식화하는 효과도 있었다. 셋째, 윤이·이초 사건과 관련해 이들을 처형한 명에 사은함으로써 공양왕의 지위가 정당하다는 것을 확인하는 것이기도 했다.

공양왕은 자신의 의지로 즉위한 것이 아니었다. 태조정파이자 신종 7대손이라는 혈통을 토대로 폐가입진론의 명분으로 옹립된 것이었다. 이것이 의미하는 바는 집정 세력이 새로운 명분을 갖다 붙여 폐위시키고자 할 때 이를 막을 방도가 없다는 것이었다. 명으로부터 국왕으로서의 지위를 인정받더라도 이는 마찬가지였다. 홍무제가 불상간 원칙을 천명하였기 때문이었다.

따라서 공양왕은 억지 군주가 되었더라도 이제 말 그대로 고려 왕실의 중흥을 위해 군주로서 할 일을 해야 했다. 그러면서도 쉽지 않은 일이지만 왕권과 왕실의 위상을 갖춰야 했다. 세자의 지위를 확고히 해야 했으며 또한 공신 세력과의 관계를 군신 관계로 전환해야 했다. 그러기 위해서는 경연을 통해 군주로서의 위엄과 왕도정치를 꾀하려는 의지를 보여 줘 공신들의 자신에 대한 인식을 바꾸도록 해야 했다. 때로는 고종처럼 집권 세력의 움직임에 따라야 했다. 때를 기다려야 했던 것이었다. 하지만 고려의 마지막 군주 공양왕은 이 같은 기대에 부응하지 못했다. 고려 왕조 중흥 구호는 물거품으로 남았고, 곧 새로운 그릇에 새로운 물이 채워질 운명에 처했다.

2) 새로운 권력의 탄생과 집권 세력 간 갈등

1389년(공양왕 1) 11월 기묘일(15) 팔관대회일에 해당하는 뜻깊은 날 공양왕은 즉위했다. 하지만 왕권 행사에는 조심스러워야 했다. 즉위를 태묘에 고하고 환궁한 뒤 남면(南面)하려 하지 않아 이색이 권한 뒤에야 앉았다. 또 이성계와 심덕부 등에게 자신이 덕이 없음에도 외람되게 왕위에 올랐지만 국사는 이성계 등이 잘 처리해 달라 했다. 그리고 11월 경인일(26) 동지가 된 때 사신을 명에 보내 자신이 공민왕비 안씨의 명을 받들어 즉위하였음을 고하고, 친조면주(親朝面奏)를 청하였다. 물론 실현되지는 않았으나 이는 즉위 관련 공식 수순이었다.

다음 단계는 왕명으로 우·창을 죽이도록 하고 이색이나 이인임, 조민수, 이숭인, 권근 등 친우왕 세력으로 분류될 수 있는 이들을 제거하는 것이었다. 12월 기해일(5) 간관 등이 이를 주장하고 나섰고, 그들의 청은 곧바로 이뤄졌다. 12월 무신일(14) 윤회종의 상소를 기점으로 정당문학 서균형과 예문관대제학 류구를 각기 강릉과 강화로 보내 우왕과 창왕을 죽였다. 당시 공양왕의 말은 "우가 죄 없는 사람들을 많이 죽였으니 그 스스로도 당해야 한다"라는 한마디였다. 대개 당시 명의 공양왕 승인 여부를 봐야 하는 것이었지만 관련 명의 조처가 내려오기도 전에 주살한 것이었다. 이는 훗날 되풀이된다. 공양왕 스스로도 똑같은 과정으로 제거되었기 때문이다.

12월 임자일(18)에는 교서로 이성계 등 9인에 대해 홍무제의 명과 공민왕비 안씨의 명을 받들어 자신을 즉위케 하여 왕실을 재조(再造)케 하였으니 그 공이 태조의 개국공신에 못지 않다고 하였다. 그러고는 벽에 그들의 모습을 그려 걸게 하고[壁上圖形], 부모와 처를 봉작도록 하며, 자손에게 음직을 내리면서 대대로 죄를 지을 경우 사면토록 하라 했다. 공신으로서 최고의 영예를 누리도록 한 것이었다. 을묘일(21)에는 우왕 대 관제와 관직을 다시 고쳤다. 계해일(29)에는 태조 어진이 모셔진 효사관(孝思觀)에 이르러 우·창을 주살했음을 고했다. 이어 9공신에 대한 책봉도 하였다. 이는 다음 표와 같다.

〈표 8〉 9공신의 공신호

이름	공신호
이성계	분충정난광복섭리좌명공신(奮忠定難匡復燮理佐命功臣) 화령군 개국충의백(和寧郡開國忠義伯) 식읍(食邑) 1,000호·식실봉(食實封) 300호, 전(田) 200결·노비 20구
심덕부	충근양절익찬좌명공신(忠勤亮節翊贊佐命功臣) 청성군 충의백(菁城郡忠義伯) 전 150결·노비 15구
정몽주	순충논도좌명공신(純忠論道佐命功臣) 익양군 충의군(益陽郡忠義君) 중흥공신(中興功臣) 전 100결·노비 10구
설장수	충의군(忠義君) 중흥공신(中興功臣) 전 100결·노비 10구
지용기	충의군(忠義君) 중흥공신(中興功臣) 전 100결·노비 10구
성석린	충의군(忠義君) 중흥공신(中興功臣) 전 100결·노비 10구
조준	충의군(忠義君) 중흥공신(中興功臣) 전 100결·노비 10구
박위	충의군(忠義君) 중흥공신(中興功臣) 전 100결·노비 10구
정도전	봉화군 충의군(奉化郡忠義君) 중흥공신(中興功臣) 전 100결·노비 10구

1390년(공양왕 2) 4월에는 회군공신으로 이성계와 조민수, 심덕부와 왕안덕 등 45명의 명단을 정하였다. 이어서는 이미 죽은 변안렬, 조인벽 등 7명

에 대해서도 공을 인정하고자 했고, 윤소종과 남재는 우창비왕설을 들어 왕씨 혈통을 세우려 했다는 사직 대계 수립의 공을 인정받았다. 당시 회군 1등 공신은 이성계, 2등 공신은 심덕부 등 17명, 3등 공신은 최단 등 30명이었다. 1391년(공양왕 3) 2월에는 3등급의 공신에게 각기 토지 1백 결, 50결, 30결이 하사되었다.

그런데 다음 달인 5월 계사일(1) 왕방과 조반이 명에 입국했을 때 윤이(尹彝)·이초(李初)의 무고 사건이 있었음이 알려졌다. 이들이 명에 입국해 고려의 정국을 알리고 명의 군대가 고려를 토벌할 것을 청했다는 것이었다. 소위 윤이·이초의 난 혹은 이초(彝初)의 옥(獄)으로 알려진 사건이었다. 전반적인 사건 개요를 본다면 이색·우현보·김종연 등이 이들을 보내 황제에게 이성계 등을 무고했다는 것이었다. 무고의 내용은 첫째, 이성계가 세운 왕요는 종실이 아닌 이성계의 인친(姻親)이라는 것, 둘째, 왕요와 이성계가 장차 명을 치려 할 때 이색 등이 불가하다 하자 이색·조민수·이림·변안렬·이숭인·권근 등 10명을 살해하고 우현보·김종연 등 9명을 유배했다는 것, 셋째, 유배지로 간 우현보 등 재상이 자신을 파견해 명의 친왕이 군사를 이끌고 와 이성계 등을 토벌해 줄 것을 청한 것 등이었다.

여기에 언급된 이들은 윤이·이초의 당으로 분류되었고, 윤이와 이초 등이 관련 인물을 적어 제출한 명단은 부메랑이 되어 고려의 정국에 큰 파문을 일으켰다. 예컨대 김종연(金宗衍)은 도망쳤고, 우현보 등은 순군옥에 갇혔다. 이색 등은 청주의 옥에 가둬졌다. 김종연은 도망친 후 무리를 모아 이성계·정몽주·설장수·조준·정도전 등을 제거하려 했다. 그러나 김종연의 음모는 발각되었고, 결국 김종연은 사로잡혔다가 굶어 죽었다. 잇따른 사건의 발발은 또 다른 사건을 물고 올 수도 있었다. 정적 제거 혹은 복수를 꾀하는 데 이만한 사건도 없었기 때문이었다. 따라서 이에 대한 일정한 정리 혹은 결단이 필요했다.

3) 공양왕과 정몽주의 군신연대

김종연 사건에서 나타나듯 이성계나 정몽주 등은 하나의 정치 세력으로 묶여 있었다. 그렇지만 이성계와 정몽주 등 공신들은 몇 가지 사안을 두고 정치적 선택을 달리했다. 정치변동기에 있어 그 분기점이 되는 계기를 보면 대체로 군주의 폐위와 복위 그리고 이를 둘러싼 명분 만들기 등과 관련한 인적 청산인 경우가 많다. 소위 '당여(黨與)'라는 것으로 사당화(私黨化)라는 표현과 맥락을 같이한다. 신돈의 당이나 이인임의 당여, 윤이·이초의 당 등이 이에 해당한다. 공양왕의 즉위 이듬해부터 그의 옹립에 기여한 집권 세력은 본격적으로 소위 왕실 바로잡기 및 역사 청산에 나서기 시작했다.

앞서 폐가입진에 따라 공양왕 즉위를 결정하고, 이에 직접 흥국사 회동에 참여한 이들을 좌명공신과 중흥공신으로 책봉한 것, 회군공신으로 책봉한 것 등은 상훈 정책에 속했다. 이어서는 앞 장에서 언급한 바처럼 왕실 혈통 바로잡기 프로젝트를 전개했다. 우왕과 창왕에 대한 혈통 문제를 신돈의 핏줄로서 가짜 왕씨라는 프레임으로 구축했다. 이에 대해 이의를 제기하거나 혹은 우왕 복위 및 복권, 신원을 주장하는 경우 관련자들은 또 다른 청산의 대상이 되었다.

하지만 이를 둘러싼 되풀이되는 처벌과 논의는 공양왕뿐만 아니라 집권 세력에게도 부담이 되었다. 직접 관련된 이들은 선명하게 드러나지만 옥사를 통해 연루자를 고발, 탄핵, 처벌하는 방식은 계속해서 관련자를 늘릴 수 있기 때문이었다.

왕실 혈통과 관련한 왕익부(王益富) 사건은 이 점에서 또 다른 시발점이었다. 1391년(공양왕 3) 2월 계미일(26) 충선왕의 서얼증손[孼曾孫]을 자칭하는 중랑장 왕익부를 교형에 처한 일이 있었다. 이 일이 갑자기 드러난 데에는 이유가 있었다. 지용기는 회군공신으로서 판삼사사를 역임한 인물이었다. 윤이·이초의 홍무제에 대한 무고 사건과 연루되어 지용기는 이를 주도한 김종연의 당여라 해 삼척에 유배된 바 있었다. 그런데 지용기가 처 왕씨의 재종형제 왕익부를 충선왕의 증손이라 하여 몰래 드나들게 함으로써 의심을 샀다. 결과적으로 왕익부와 그 동생 및 족속 13명이 교형을 당하고 지용기는 다시 장 100대에 유배 및 가산 적몰형을 받았다. 이 사건은 공양왕 왕실이 경쟁이 될 수 있는 왕실 세력을 제거한 것으로 이해될 수 있다. 공민왕이 석기를 제거한 사건과도 맥락이 닿는다고 할 수 있다.

이해 7월 정몽주는 재상들과 함께 김종연·윤이·이초·왕익부 일당과 관련한 다섯 가지 죄목을 논의해 그에 연루된 자들을 정할 것을 청하였다. ① 왕씨를 올리자는 의논을 저지하고 창(昌)을 옹립한 자, ② 김종연의 음모에 참여하여 내응(內應)한 자, ③ 신우를 맞아서 왕씨를 영원히 끊고자 도모한 자, ④ 윤이·이초의 글에 보이는 자, ⑤ 선왕의 얼손 즉 왕익부를 몰래 기른 자 등이 이에 해당하였다.

이들 내용은 결국 공양왕의 즉위 명분과 왕실을 바로 세우려는 의미가 반영된 것이었다. 다만 이들 오죄에 따라 형을 결정할 경우 공술 등이 명확하지 않아 이로 인해 조정의 어지러운 일이 그치지 않을 것이라 하여 공양왕은 형벌을 완화하고자 했다. 더불어 이 조치를 법령으로 삼아 다시 오죄를 논하는 경우 무고(誣告)로 논죄할 것을 정몽주가 청하자 이를 따르고, 정몽주에게 안사공신(安社功臣)의 호를 내렸다. 공양왕의 즉위 명분과 정통을 확인하면서 왕실과 조정의 혼란을 막으려는 조치였다. 이는 달리 보면 정몽주가 정국을 주도하는 위치에 서게 됨을 뜻했다.

하지만 이 오죄와 관련한 공양왕과 정몽주의 조치는 반대 세력 즉 이성계와 정도전 등에게 공양왕에 대한 의심을 불러일으키고 정몽주 제거의 빌미를 주게 된다. 즉 공양왕과 정몽주가 군신일체가 되어 오죄 관련 인물을 적극 제거하려는 이성계와 정도전 등을 몰아세우는 것으로 읽혔던 것이다. 공양왕의 의도는 그것이 아니었다 하더라도 이성계 등의 해석은 공양왕이 어떻게 할 수 있는 것이 아니었다. 따라서 공양왕과 정몽주 등에게 오죄 재논의 불가는 일시적으로는 유리한 듯한 결정으로 판단되었으나 결과적으로는 이성계 등 제거로 추진되며 그 반발이 극단적으로 나오게 되었다.

이러한 조짐은 1391년(공양왕 3) 3월 이성계가 병으로 사직을 청하고 평주 온천으로 가 요양하려 하자 불거지기 시작했다. 이때 공양왕은 좌대언 이첨을 보내 위로하고 이어서는 문하시중으로 임명했다. 5월에는 천문의 변괴와 가뭄이 혹심한 데 대해 억울한 형 집행을 원인으로 보면서 공양왕은 형벌을 신속히 행하되 억울함이 없도록 하여 천심에 순응하라 했다. 앞서 정몽주와 논의했던 바를 실현하는 내용이었다.

하지만 공양왕은 우현보 등을 철저하게 논죄하지 않았다. 대간에서는 번갈아 가며 유배를 요청했다. 공양왕은 이러한 대간의 상소 뒷배경을 의심했다. 이는 결국 문하시중 이성계의 뜻이라 보았다. 6월 상소 읽기를 미뤄두고 공양왕은 이방원을 보내 이성계에게 상소를 금지하게 하라 했다. 이에 이성계는 다시 사직하겠다는 카드를 내밀어 자신이 대간의 뒷배가 아님을 밝히려 했다. 허락하지 않았지만 이성계는 투병을 핑계로 직무를 보지 않았다. 결국 공양왕은 사돈이라 할 우현보를 유배했다. 인사와 형벌의 시행에서 공양왕과 이성계 간 권력 투쟁의 면이 보인 것이다.

이 과정에서 정도전 등은 이색을 극형에 처하고 우현보를 먼 곳으로 유배해야 함을 지속적으로 강조했다. 공양왕은 이미 정리된 일이라 하면서 정도전을 불쾌하게 여겼다. 정도전을 실각시킬 계기를 찾았고, 정국 운영에 깊이 관여하고 있던 정도전인지라 관련 계기 찾기는 어렵지 않았다.

1391년(공양왕 3) 9월 무렵 우현보의 아들 우홍득은 정3품 사헌집의의 지위에 있었다. 관서에 나아갔는데 종6품 박자량이 우홍득을 영접하지 않았다. 또 헌관들은 박자량 등이 직무를 게을리한다 비난했다. 이에 대사헌 김주는 이는 결국 아랫사람이 윗사람을 능멸하는 것이라 하여 논죄를 청했다.

이에 따른 박자량의 진술은 한편에서 본다면 시원한 일갈이었지만 다른 한편에서 본다면 나는 옳고 상대방은 그르다는 인식을 보여 주었다. 즉, 우현보가 이색과 더불어 왕씨 즉 공양왕 즉위를 반대하였음에도 이색은 논죄되고 우현보가 이를 면한 것은 아들 우홍득이 막아서라 하였다. 같은 죄를 지었는데 이색만 논죄한 것은 결국 우홍득이 아비를 논죄한 것과 마찬가지이며 우현보 논죄를 막은 것은 다른 한편으로 공양왕 즉 왕씨를 무시한 것이라 했다. 따라서 사헌부 규정의 지위에 있는 자신으로서는 아비도 임금도 무시해 버린 우홍득을 영접할 수 없다는 논리를 세운 것이었다.

논리상 결코 틀린 말은 아니었고, 언관으로서 그 강직함을 칭찬해야 할 사안이었다. 그 때문에 가벼운 처벌 정도를 내리면서 칭찬을 함께 언급해야 했다. 하지만 이러한 박자량의 언급을 짚어 봤을 때 문제가 되는 사항이 있었다. 당시 조정에서는 유사에서 우현보 논죄 건은 밀봉해서 보고했는데 박자량이 어찌 이를 알고 있느냐 했다. 규정 지위에 있는 자로서는 알고 있어서는 안 될 사항이었기 때문이다. 이는 요즘식으로 정보가 맞다 하더라도 그 증거를 정당한 경로로 취득한 것이 아닐 경우 증거가 될 수 없다고 보는 인식에 해당하였다. 박자량은 이에 규정 안승경으로부터 들었다 하였고, 안승경은 성헌과 형조에서 신우·신창·윤이·이초 일당들을 논죄한 글을 정도전이 보았고 이를 자신에게 알려 주었다고 했다. 결국 정도전이 규정 안승경과 박자량 등을 움직이려 한 것이라는 논리 구조가 성립한 셈이었다.

그렇지만 이 일과 관련해 어느 일방만 편들 수는 없었다. 따라서 양시양비(兩是兩非)의 결정을 내렸다. 국문 후 박자량과 안승경은 장형 후 수군 편배, 우홍득은 전교령(典校令) 임명에 처했다. 성헌과 형조는 정도전 탄핵 상소를 올렸고, 공양왕 측은 정도전을 봉화현으로 유배하는 결정을 내렸다. 결과적으로 이성계의 최측근이라 할 정도전을 이 박자량 사건을 토대로 유배하여 정치적 제거를 끌어낸 것이었다. 10월에는 윤이·이초 사건을 처음

으로 보고했던 개성윤 조반에 대해 토지탈점과 관청 기녀 탈취 등을 명분
으로 관직을 삭탈하고 죽림으로 유배했다. 더불어 정도전의 직첩과 공신녹
권을 회수하고 나주로 옮겨 유배했다.

이어 11월 권중화와 정지가 복직되었다. 윤이·이초 무고 사건 후 이들의
복귀가 시도된 것으로 그 시점이 정도전이나 조반의 실권과 연결되고 있
다. 더불어 우현보의 복직도 예견되었다. 이색과 이숭인, 이색의 아들 이종
학도 소환되었다. 12월에는 대대적인 인사조치가 이뤄졌다. 이색을 한산
부원군 영예문춘추관사, 우현보를 단산부원군, 강회백을 정당문학 겸 사헌
부대사헌 등으로 삼았다. 그리고 균형을 맞추기 위해 이성계와 심덕부, 정
몽주에게는 안사공신, 설장수와 조준 및 성석린에게는 정난공신 호를 더해
주었다.

4) 정몽주 제거와 더 결속된 이성계 세력

그렇지만 11월과 12월의 연이은 인사가 무엇을 뜻하는지 알 만한 사람은
알고 있었다. 이에 공양왕과 정몽주 등에 대해 의심을 갖고 있던 이방원은
이를 뒤집을 방도를 찾았다. 결국 핵심은 공양왕이 믿고 의지하는 정몽주
라 보았다. 1392년(공양왕 4) 2월 이성계는 다시 사직을 청했다. 하지만 그 청
을 들어주었다가는 오해를 살 만했기에 잔치를 베풀면서 그대로 있도록 했
다. 3월 공양왕은 이성계와 왕우에게 명에서 귀국하는 세자를 황해도 황주
까지 가서 영접도록 했다.

당시 세자는 홍무제로부터 고려의 세자로서 총애를 받았으며 서열은 공
후의 다음으로 인정받고 내전에서 다섯 차례의 연회 대접을 받았다. 홍무
제의 이러한 조치는 명과 고려의 관계 정상화 과정에 해당했고, 고려로서
는 세자 지위를 인정받은 것이었다. 따라서 국내외에서 공식적으로 인정받
은 세자가 된 셈이었다. 그러한 세자 영접을 이성계와 세자의 숙부 왕우에

게 맡긴 것은 적절한 일이었다. 더구나 이성계의 처 강씨가 낳은 첫째 아들 이방번과 왕우는 장인과 사위 관계였다. 왕우의 딸이 이방번의 처가 되었기 때문이었다. 따라서 사돈 관계인 두 사람의 영접은 문제가 될 것이 없었다.

그런데 역사는 때로 우연을 빙자한 사건으로 인해 새로운 파문이 일어나기도 한다. 3월 무술일(17) 이성계가 사냥하다가 낙마해 큰 부상을 입은 것이다. 마상무예의 달인 중 달인이라 할 이성계가 낙마했다는 것은 사실 원숭이가 나무에서 떨어진 것이나 마찬가지였다. 이 사건은 58세에 이른 이성계의 노환 탓이라 볼 수도 있었다. 하지만 정치적 견제를 받는 집정자의 낙상은 정적들에게는 좋은 징조였다.

더구나 당시 정몽주는 이성계의 위망이 더욱 커지자 경계하고 있었다. 이성계의 낙마 전 이미 정몽주는 조준·남은·정도전 등이 이성계를 추대하려는 움직임이 있음을 포착했다. 이에 정몽주는 상당한 대비와 함께 이성계를 제거할 틈을 엿보았다. 그러던 차에 이성계 낙마 소식이 긴급으로 조정에 전해졌다.

이를 들은 공양왕과 정몽주는 어떤 반응을 보였을까? 경연 자리에서 공양왕은 강독관이 이성계의 낙상은 나라의 큰 손실이라 하자 대꾸도 하지 않았다. 정몽주는 얼굴에 기쁜 빛을 나타냈다 한다. 실제 그러했는지 사관이 첨언했는지는 불분명하다. 하지만 이성계와 점차 행로를 달리하고 있던 정몽주인지라 그럴 가능성은 충분히 있었을 것이다. 그리고 곧이어 이성계 세력에 대한 본격적인 공격을 시작했다.

누가 먼저 성공할지의 관건은 시간 싸움이었다. 이를 위한 전격적인 조치가 요구되었는데 이 점에서는 정몽주 측이 우세했다. 4월 초하루부터 이는 본격화되었다. 조준과 정도전을 먼 곳으로 유배했고, 남은·윤소종·남재·조박의 관작을 삭탈한 뒤 역시 먼 곳으로 유배했다. 전통적인 방식이었다. 이러한 조치가 이뤄지자 이성계는 이튿날인 계축일(2)에 개경으로 귀가했다. 이는 단순한 귀가가 아니었다. 그 무게는 군주의 귀환이나 마찬가지였다. 이때 이방원은 숙부인 이화 및 그 책사들과 함께 이 일을 논의했다. 선기를 빼앗겼지만 이를 만회할 수 있는 파격적인 방식을 찾았다. 결론은 정몽주에게 무함을 받아 악명을 뒤집어쓰기보다는 이성계 문병 후 귀가하는 정몽주를 제거하자는 것이었다.

이방원과 조영규 등은 이성계를 위문하고 귀가하던 정몽주를 격살했다. 그리고 56세로 비극적 죽음을 맞이한 정몽주의 머리를 잘라 큰 거리에 매달았다. 정몽주 세력 제거라는 상징 효과를 노린 것이었다.

당시 이성계와 이방원이 나눈 대화, 그리고 이성계가 공양왕에게 아뢴 내용, 정몽주에게 내려진 죄명을 보면 양측의 정쟁이 결국 비극으로 바뀐 정황을 알 수 있다. 아래는 순서대로 ① 정몽주 격살 사실을 알게 된 이성계의 분노, ② 이방원의 대답, ③ 공양왕에게 올린 정몽주 세력 국문 요청, ④ 정몽주의 죄명이다.

① 너희들이 대신을 함부로 살해하였으니, 나라 사람들이 내가 몰랐다고 하겠느냐? 우리 가문은 평소 충효(忠孝)로 소문났는데, 너희들이 감히 불효(不孝)를 저질러 이렇게 되었구나.

② 정몽주 등이 장차 우리 가문을 무너뜨리려 하는데, 어찌 앉아서 망하기만을 기다리겠습니까? 이것이야말로 효(孝)이니, 마땅히 휘하 군사를 불러 모아 뜻밖의 일을 대비해야 합니다.

③ 정몽주 등의 당(黨)이 죄인을 비호하면서 몰래 대간을 꾀어내어 충량(忠良)한 신하들을 모함하다가 지금 이미 죄를 자복하였습니다. 조준·남은 등을 불러 대간과 함께 변명하게 하시기를 청합니다.

④ 거짓된 일을 꾸미고 대간을 꾀어 대신을 해치려 하였고, 국가를 어지

럽혔다[飾虛事, 誘臺諫, 謀害大臣, 擾亂國家].

이 과정은 삽시간에 이뤄졌다. 그만큼 전격적이었다. 결과적으로 이로 인해 공양왕은 조준을 소환하였고, 배극렴을 수문하시중으로 삼았다. 그리고 정몽주의 당여로 분류된 대간과 신료 등을 국문해 유배했다. 정몽주는 유신(儒臣)으로서 전통적인 방식 즉 대간을 통한 탄핵 상소, 국문, 유배 등으로 이성계 세력을 제거하려 했다. 반면 이성계와 이방원은 수뇌인 정몽주 제거를 통해 정국주도권을 강화하고자 했다. 승리는 이성계에게 돌아갔다. 5월에 이르러 이성계는 또 사직을 청했다. 물론 허락하지 않았다. 공양왕으로서는 허락할 수 없었기 때문이다. 사헌부 대사헌 민개(閔開)는 이성계와 조준을 적극 변호했다. 민개는 이방원의 장인인 민제(閔霽)의 친동생이었다.

그러면서 정몽주와 그 당여에 대해서는 첫째, 정몽주는 본래 용렬하였지만 이성계가 그를 천거해 이끌어 주었고 자신의 직책도 대신 맡겨 신뢰했었다는 점, 둘째, 정몽주가 부귀를 탐내 뇌물을 챙기고 마음에 들지 않는 강직한 자들은 모조리 제거한 뒤 아부하는 이들을 조정에 포진시켰다는 점, 셋째, 이성계를 도와 왕실을 일으킨 조준과 남은 등을 꺼려 대간을 꾀어 논죄해 극형에 처한 후 이성계를 처단하려 획책했다는 점, 넷째, 이로 인해 그 일당들이 권력을 장악하였다면 조정과 나라가 혼란에 빠져 존망의 위기에 처했을 것이라는 점 등을 들어 상소했다. 그리고 관련자들로 판삼사사 설장수, 예조판서 김리 등을 국문, 파면, 유배토록 했다.

6월에는 다시 우현보 등을 멀리 유배 보내는 한편 반대로 정도전과 남은을 소환했다. 지방 병권 장악을 위해 조준을 경기좌우도절제사, 남은을 경상도절제사로 임명하는 등 각 도를 지휘토록 했다. 또 조준을 판삼사사, 이방과를 삼사우사, 남은을 동지밀직사사로 임명하여 재정과 왕명 출납 등을 장악했다. 남은 자리는 딱 한 자리였다. 용상이었다.

5) 공양왕의 마지막 한 수, 군신동맹

공양왕은 이러한 현실을 잘 알고 있었다. 그나마 고려 왕조 혹은 군주의 자리를 지키고자 했다. 자신의 폐위는 곧 태조 이래 고려 왕실의 패망을 의미했기 때문이었다. 이에 우선 다시 한번 이성계를 찾았다. 술과 악기 등을 선물하면서 다음과 같이 호소했다.

> 내가 크게 보답은 못 하더라도 어찌 배은망덕이야 하겠습니까?

군주로서의 체통은 이 말에 담겨 있지 않았다. 오로지 이성계에게 의존하겠다는 철저한 신뢰 표시였다. 그러는 한편 공양왕은 문하평리 김주(金湊)를 명에 보내 자신의 책봉 관련 고명(誥命)을 요청했다. 그러나 사신 김주는 압록강을 건너지도 못하였다. 숙주에서 공양왕 폐위를 들었기 때문이었다. 사실 1392년(공양왕 4) 7월에 이르러 공양왕은 배은망덕하지 않겠다는 구두 맹세를 넘어 이성계와의 맹서를 꾀했다. 이미 '개국백(開國白)'의 지위를 가진 이성계에게는 지위 자체가 중요치 않았기 때문이었다. 이에 이방원과 사예 조용(趙庸)을 불러 이성계와의 맹서를 꾀하는 글을 초하도록 시켰다. 본래 열국 간의 동맹은 있었으나 군신 간의 동맹은 있을 수 없는 것이었다. 그럼에도 불구하고 이를 추진한 것은 공양왕 자신의 의지를 이성계에게 나타내고자 하였던 것이었다. 그리고 조용과 이방원이 작성한 맹서의 초안 글은 다음과 같았다.

> 경이 있지 않았다면 내가 어찌 이에 이를 수 있었겠는가? 경의 공과 덕을 내가 감히 잊을 수 있겠는가? 황천(皇天)이 위에 있고 후토(后土)가 곁에 있으니, 자손 대대로 서로 해함이 없을 것이다. 내가 경을 저버리는 일이 있을 경우에는 이 맹세와 같이 할 것이다.

　7월 신묘일(12) 공양왕은 북천동궁(北泉洞宮)에 있다가 이 맹서문을 들고 이성계의 집으로 가 동맹을 맺고자 했다. 백관과 위장 행렬은 이 행사를 위해 이성계의 집 앞에 도열해 있었다. 그런데 뜻하지 않은 일이 발생했다. 우시중 배극렴이 왕대비 즉 공민왕 후비였던 정비 안씨를 찾은 것이다. 그리고 왕대비에게 이렇게 말했다.

　　지금 왕이 혼매하여 군도(君道)를 이미 잃었고, 인심이 이미 떠나 사직과 생령의 주인이 될 수가 없으니, 청컨대 (왕을) 폐하십시오.

　배극렴의 공양왕 폐위 요청은 일차적으로 동맹을 꾀하는 자리에 참석하지 않았던 것을 고려할 때 이미 이성계와 사전 준비되었던 것으로 보인다. 그렇지 않고서야 왕명을 거스르고 왕대비를 찾을 수 있었을까 하는 의문이 드는 것이다.

　이 과정에서 드러나듯 공양왕은 명에 사신을 보내 책봉을 받고자 하는 한편 이성계와 동맹을 맺어 왕실을 보존하고자 했다. 실현되었다면 그나마 고려 왕실의 명맥은 조금 연장될 수 있었을 것이다. 반면 이성계는 정몽주가 우려했던 대로 그 당여로 하여금 공양왕을 떠보면서 동맹의 맹서를 만들게 하고, 우왕과 창왕을 폐위시킴과 함께 공양왕을 즉위시켰던 방식대로 왕대비로 하여금 폐위 교서를 내리게 했다. 왕대비로서는 배극렴 등이 작성해 온 왕대비의 공양왕 폐위 교서에 협조할 수밖에 없었다. 그러나 이는 고려 왕실을 멸망케 하는 결정이었다.

　이와 관련한 기록에는 차이가 있다. 『고려사절요』에서는 왕이 손위(遜位)하고 원주로 물러났다[王遜于原州]고 했다. 『고려사』에서는 마침내 왕을 폐하여 원주로 추방했다[遂廢王, 放于原州]라 하였다. 『태조실록』에서는 왕대비의 교지를 받들어 왕을 폐하기로 이미 결정되었다 하고는 공양왕이 손위한 뒤 원주로 갔다 하였다. 무슨 차이가 있을까? 손위와 폐위의 표현이 보인다.

손위는 자기 의지로 자리를 사양하며 물려주거나 내놓는 것을 말하며, 폐위는 자기 의지에 반해 자리에서 쫓겨나는 것을 뜻한다. 『고려사』와 『고려사절요』에서의 모순적인 공양왕 폐위 관련 표현은 결과적으로 공양왕이 스스로 물러난 것이 아님을 행간으로 묘사한 것이었다.

그리고 이날의 날씨에 대한 기록이 보인다. 7월임에도 "서리가 내리고 매우 추웠다"라 하였다. 사관은 이렇게 말했다.

> 천명이 스스로 떠나가서 왕씨(王氏) 500년 종사(宗社)의 제사가 홀연히 끊어지게 하였으니, 슬프지 아니한가?

6) 혁신의 시대 속 공양왕

고려 역사상 최대의 개혁이 공양왕 대에 시도되었다. 반면 국왕은 왕업 연기와 왕실 안녕을 위해 불사(佛事)를 일으켰고 한양 천도를 꾀했다. 이것만 본다면 공양왕은 개혁을 주도적으로 도모하기보다는 방관하거나 혹은 반대 입장을 꾀한 것이라 여길 수 있다. 실제로도 그러한 면이 있었다. 즉위할 때도 폐위될 때도 같은 표현을 쓴 것이 확인되기 때문이다.

> 내 평소 의식(衣食)과 사령(使令)이 모두 풍족했는데, 지금 와서 이렇게 무거운 짐을 지게 되었으니 어찌할 바를 모르겠다.
>
> ─『고려사』 권45, 공양왕 원년 11월 기묘일(15)

> 내가 본디 군주가 되고 싶지 않았는데 군신(群臣)이 나를 강제로 왕으로 세웠습니다. 내가 성품이 불민(不敏)하여 사기(事機)에 어두웠는데, 어찌 신하의 심정을 거스른 일이 없겠습니까?
>
> ─『태조실록』 권2, 태조 원년 7월 병신일(17)

공양왕 원년 11월 기묘일(15)의 기록은 즉위했을 당시의 심경이고, 태조 원년 7월 병신일(17)의 기록은 7월 신묘일(12) 폐위되었을 때 공양왕이 폐위 교지를 듣고 말한 내용이다. '무거운 짐을 지었으나 어찌할 바를 모르겠다'거나 '군주가 되고 싶지 않았다'는 표현 등은 군주가 된 공양왕으로서는 해서는 안 될 언급이었다. 물론 현실적으로 즉위도 폐위도 자신의 의지가 아니었겠으나 최소한 군주로서의 정치적 의지를 갖고 왕실과 백성을 위해야 함이 정상적이었다.

공양왕 대의 정치를 보면 가장 급진적 개혁이 추진되었다. 물론 공양왕 자신의 의지는 아니었다. 공양왕은 이에 대한 속도 조절을 주문하지도, 반대 의견을 내지도 못했다. 다음의 내용을 보자.

개혁 상서는 즉위 원년인 1389년(공양왕 1) 12월 대부분 올려졌다. 이는 당시 개혁 세력을 대표한다 할 대사헌 조준, 대간 등이 주도해 실현되었다 해도 과언이 아니었다. 개혁의 주요 골자만 정리하면 다음과 같다.

첫째, 우왕 대 관직을 모두 개하(改下)하고 관제를 고칠 것.

둘째, 급제한 4품 이하 관원의 대책(對策) 재시험을 행하고 합격자를 우대할 것.

셋째, 5도에 교수관(敎授官) 각 1명씩을 파견할 것.

넷째, 중외관의 제수 때 경관 3일 및 외관 10일 기한으로 궁궐에 와 사은 부임토록 하고 신구 교대토록 할 것.

다섯째, 환관의 6품 임명 반대 및 위조 때 참관이 된 자들에 대한 고신을 추탈하고 전리로 축출할 것.

여섯째, 환관의 조관(朝官) 임명 금지를 행할 것.

일곱째, 사직 안정 및 먼 곳 평정 공신의 경우만 군(君)으로 재상을 봉할 것.

여덟째, 향역(鄕役) 면제 관련 원칙을 세워 지킬 것.

아홉째, 선공시와 군기시의 경우 일은 많고 관원이 적으므로 중방(重房)의 상장군(上將軍)·대장군(大將軍)과 낭장(郎將)·별장(別將)이 판사 이하 관직을 겸하게 할 것.

열째, 전제(田制) 관련 서울 거주자에게만 경기 내 토지를 지급할 것.

열한째, 공판도감(供辦都監)의 보미(寶米) 이자 운영과 관련해 원금과 이자가 같을 때까지로 운영 제한하고 더 거두지 못하게 할 것.

열두째, 사전 혁파 후 저축한 곡식을 토대로 군현에 상평창을 설치 운영할 것.

열셋째, 역호(驛戶)의 피폐 문제를 해결하기 위해 5, 6품의 역승 1인을 두고 수령의 예처럼 반인(半印)을 주어 보낼 것.

12월에만 집중적으로 이 같은 개혁안이 올려졌고 시행된 것이다. 개혁 내용만을 본다면 인사 문제의 폐단 혁파나 민생 도모, 교육을 통한 교화 확대 등에 걸쳐 있어 정상적 시행이 이뤄질 경우 고려 왕조의 중흥을 위해 기여할 바가 컸다.

1391년(공양왕 3)에 이르러 공양왕의 군주로서의 행태와 정국 운영에 대한 비판 상서가 많아졌다. 예컨대 3월에 겸 전의시승 방사량(房士良)이 검소함을 숭상하고 화려함을 배척할 것이나 안우(安祐)·이방실(李芳實)·김득배(金得培)·박상충(朴尙衷) 등과 같이 억울하게 죽은 공신에게 포상과 추증을 더할 것 등 11개 조목의 상서를 올렸고, 공양왕은 이를 받아들이면서 그를 형조정랑에 제배했다.

4월 공양왕은 일관이 성변이 매우 극심하다 하여 이를 극복하기 위해 대소신료에게 직언 상서를 올리라 했다. 이와 관련하여 5월 및 6월 상서문이 올라왔는데, 5월에는 성균대사성 김자수(金自粹), 간관 허응(許應), 이조판서 정총(鄭摠), 정당문학 정도전, 밀직부사 남은(南誾), 성균박사 김초(金貂) 등이 상서하였다. 각각의 내용을 보자.

김자수는 모후인 왕대비에 대한 효를 행할 것, 공양왕의 책봉 선명(宣命)이 없으므로 세자에게 먼저 책봉의 명을 내리지 말 것, 태조의 유훈을 명심하여 연복사 탑 수리를 중지할 것, 사전(祀典) 등재 이외의 일체의 음사(陰祀)는 금지하고 여러 무당들이 궁궐에 드나드는 일을 엄격히 금지할 것 등을 말하였다.

간관 허응 또한 왕대비에 대한 효를 펼쳐 백성의 모범이 될 것, 세 명의 궁주에 대한 공상(供上) 명목을 파하고 토지로 줄 것, 연복사 탑 수리 등 공역을 파하여 만민의 생업을 두텁게 할 것, 사치를 금하고 검소한 풍속을 숭상하되 몰래 상행위를 하면 체포할 것, 개성부에 등록된 상인의 말 500필 등을 명에서 구매하려는 공마에 보충할 것 등을 상언했다.

정총은 재변 구제를 위해 임금이 마음을 바로잡는 수정(修政) 즉 수덕을 행할 것, 상벌을 공정하게 행할 것, 관직 등용에 공정하게 할 것과, 불교는 윤리를 패멸시키니 숭상할 만한 것이 아님을 정리해 구언에 응했다.

정도전은 천견과 관련하여 삼공과 대신의 책임이 있으므로 자신의 직을 파면할 것, 타고난 선함을 믿지 말고 덕을 닦아 정사를 행할 것, 상과 벌을 군주가 사사로이 행하지 말 것, 우·창의 족당과 당여를 처형하거나 먼 변방으로 쫓아낼 것, 공과 죄의 유무를 살펴 임용하고 인사를 공정히 하여 천도에 순응할 것, 도량과 법석 및 초제와 무격 제사 등을 금지하여 재용을 절약할 것, 사면을 절제하고 바른 선비와 참소하고 아첨하는 이를 구분할 것 등을 아뢰었다.

밀직부사 남은은 공양왕이 재변에 대해 8가지 폐단으로 자책하고 구언 교서를 내려 직언을 구한 것에 대해 칭송하고는 몇 가지 일에 대해 상언했다. 직언에 따른 정치 운영이 보이지 않음은 속으로 욕심이 많으면서 겉으로만 인의를 베푸는 것으로 보인다고 공양왕을 비판했다. 그리고 9공신이 공양왕을 추대하여 반정한 것임을 다시 지적하고는 이어 변안렬(邊安烈), 김종연(金宗衍)과 조유(趙裕), 윤이·이초, 지용기와 왕익부 등은 대역 불충한 무리이므로 난신적자를 징계하는 춘추의 법으로 징계할 것을 청하였다. 마지막으로는 군자를 가까이하여 시정의 득실을 문의하고 고금의 치란을 공부할 것과 이단을 배척하고 천리를 보존하면서 인욕(人欲)을 없애 정교를 새롭게 할 것을 언급했다.

성균박사 김초는 천인감응적 입장에서 재변의 원인에 대해 먼저 진단했다. 즉 인사(人事)와 천도(天道)가 아래와 위에서 응하여 천재지변이 발생한다 했다. 덕과 정사, 상벌과 임용, 원통함과 억울함, 재물 낭비, 괴이함을 좋아하여 중용을 잃은 것 등을 언급했다. 괴이는 불교의 화복설(禍福說), 금찰·보탑을 통한 지리진압설, 낳고 기르는 생양(生養)의 도를 금하고 청정적멸을 구하는 설 등이라 하고 음사(淫祀) 또한 마찬가지라 했다. 이에 출가자들을 본업으로 돌아가게 하고 오교양종을 없애 군사에 보충하거나 중외 사찰을 소재 관사에 나눠 소속시키자 했다. 무격은 경성에 살지 못하게 할 것, 사람들로 하여금 가묘(家廟)를 세워 음사를 끊게 할 것, 금령을 세워 머리를 깎는 자와 음사를 지내는 자를 용서치 않을 것 등을 청하였다.

3월에 있던 방사량의 시무 상서나 5월에 올린 이들 6인의 상서나 사실 내용은 대동소이했다. 즉, 공양왕의 수덕, 불교에 대한 비판, 검소함을 숭상하는 풍속 진작, 효를 다할 것, 난신을 처단할 것, 음사와 무당의 궁궐 출입 금지 등이 주요 내용이었다. 특별하다 할 것은 없었으나 불교의 폐단과 무용론, 음사 폐지 및 무당 출입의 금지 등이 나오고 있음은 유의할 대목이었다. 더불어 조민수와 이색부터 지용기와 왕익부에 이르기까지 소위 난신에 대한 적극적 처벌이 필요하다는 내용을 지속적으로 강조하고 군자를 등용하자 했다. 결국 이는 공양왕 추대 세력 중에서도 진정한 군자를 선별하여 등용하자는 것으로 집권 세력 간 분열이 잠재되어 있었다. 결과적으로 본다면 이는 공양왕과 이색 및 정몽주 등이 같은 부류로 묶인 양상이었다.

이어 6월 불교 무용론에 대한 반론이 나왔다. 그간에는 공양왕이 불교에 밀착되어 숭불의 면을 보이고 있는 것에 대한 비판이 대부분이었다. 하지만 숭불과 왕업 연기 등 불사의 필요성이 전 전의부정(典醫副正) 김전(金琠)과 전 호조판서 정사척(鄭士倜)에 의해 주장되었다. 김전은 태조가 창업 후 산수의 순역과 지맥을 살펴 절을 짓고 불상을 조성해 기복하고 재변을 없앴다 하고는 이것이 삼한 왕업의 근본이라 했다. 이에 불사를 중영하고 전정을 더 지급해 불교를 일으킬 것을 청했다. 정사척도 불법(佛法)은 국가에 복리를 가져다주므로 숭상하고 받들어야 한다 했다. 불교에 심취했던 공양왕은 이들의 상서에 고무되었고, 결국 연복사 탑을 다시 수축하게 했다.

재변에 대한 구언상서 결과는 군신 관계 및 신료들 간의 개혁 및 이해관계를 더 틀어지게 만들었다. 특히 이 과정에서 5월에는 과전법(科田法) 개혁이 있었다. 고려 5백 년간 할 수도 없었고 하지도 못한 일을 해낸 것이다. 그간 전민변정도감 등을 통해서도 못 이룬 사전 개혁에 성공한 것으로, 그 내용을 간단히 정리하면 다음과 같다.

사전 개혁은 대사헌 조준 등이 1388년(창왕 즉위년) 7월 전제 개혁 상서, 8월 관제 개혁 등의 시무 상서를 올리면서 본격화되기 시작했다. 그 내용 중 다음 사항을 주목할 필요가 있다. 즉, 7월에는 전제를 바로잡아 국용과 민생을 풍족하게 하고 인재를 가려 기강을 잡아 정령을 거행하는 것이 급히 힘써야 할 일이라 하였다. 이에 전제를 균등하게 하고 부세를 가볍게 할 것 등을 포함한 개혁을 주장했다. 핵심은 사전 혁파로서 간관(諫官) 이행(李行), 판도판서(版圖判書) 황순상(黃順常), 전법판서(典法判書) 조인옥(趙仁沃) 등도 이를 주장했다. 8월에 이르러서는 양전(量田)하는 때를 맞이하였으니 경작지를 조사해 토지의 다소에 따라 호를 편적하기를 상·중·하 세 등급과 양(良)·천(賤)으로 하며, 수령은 안렴에게 바치고 안렴은 판도사에 바치게 하자 했다.

사헌부·판도사·전법사 등의 수장 격에 해당하는 이들의 주장에서 사전 혁파가 연이어 나온 데에는 이유가 있었다. 호강자 즉 권세가가 다양한 방법으로 장처전(莊處田)과 전시(田柴), 외역전(外役田)과 군전(軍田) 등의 토지를 겸병 탈점하고 횡렴하면서 그 전후로 토지 문권 조작 및 토지 소송이 남발되고 풍속 붕괴가 이어져 전제가 무너졌다 본 것이다. 따라서 사전을 혁파하고 바르게 하여 인정(仁政)을 행해야 한다 주장했다. 이러한 사전혁파론은 거스를 수 없는 대세가 되었다. 다만 이를 행하는 데는 위로는 군주로부터 아래로는 권세가와 그의 친인척 및 가노 등의 이해관계가 있어 진척이 어려웠다. 전민변정도감을 두어 행하고자 했음에도 해결이 안 된 주요 이유 였다.

그런데 공양왕 추대 집권 세력은 이를 과감히 진행했다. 이를 행하는 과정에서 1389년(공양왕 1) 기사년부터 전국적으로 양전을 하였다. 이를 기사양전(己巳量田)이라 한다. 그리고 1390년(공양왕 2) 9월 마침내 공·사 전적(田籍)을 시가에서 불태워 원점으로 돌렸다. 토지문서가 있으면 이를 근거로 소유권 등을 주장하면서 계속 소송을 진행하고자 할 것이기 때문이었다. 공양왕은 이 광경을 보고 조종에서 만든 사전의 법이 자신의 대에서 없어지게 되었다 하면서 애석하다고 탄식하였다.

이어 1391년(공양왕 3) 5월 도평의사사(都評議使司)에서 상서하여 과전법(科田法)을 정하였다. 문종 대처럼 경기 주군을 좌도(左道)와 우도(右道)로 나누고, 1품(品)부터 9품의 산직(散職)에 이르기까지 나누어 18과(科)로 하였다. 또한 경기와 6도(道)의 토지를 모두 답험(踏驗)하고 양전[打量]하여, 실경작지와 황원전(荒遠田)을 파악했다. 경기의 경우 실경작지 13만 1,755결(結)과 황원전 8,387결, 6도에서는 실경작지 49만 1,342결과 황원전 16만 6,643결 등이 확인되었다. 경기는 사방의 근본이라 하여 마땅히 과전(科田)을 두어 사대부를 우대하고, 무릇 서울에 거주하며 왕실을 시위(侍衛)하는 사람에게는 현직[時職]인지 산직(散職)인지를 묻지 않고 각각 과(科)에 따라 받게 하였다. 제1과 재내대군(在內大君)에서 문하시중(門下侍中)까지 150결을 지급하고 이하 순서대로 감하여 제17과 동반(東班)·서반(西班)은 9품 15결, 제18과 권무(權務)와 산직(散職)은 10결 등을 지급도록 했다.

액수를 헤아려 정(丁)을 만들었는데, 정에는 각각 자호(字號)가 있어 대장[籍]에 이를 기재하였다. 옛 공사(公私) 토지대장[田籍]을 강제로 거두어 모두 조사를 진행하여 그 진위를 판별하고, 옛것을 기준으로 덜거나 더하여 능침전(陵寢田)·창고전(倉庫田)·궁사전(宮司田)·군자시전(軍資寺田) 및 사원

전(寺院田)·외관직전(外官職田)·늠급전(廩給田), 향리전(鄕吏田)·진리전(津吏田)·역리전(驛吏田)·군전(軍田)·장전(匠田)·잡색전(雜色田)을 정하였다.

공전(公田)과 사전(私田)의 조(租)는 수전(水田) 1결(結)마다 조미(糙米) 30두(斗), 한전(旱田) 1결마다 잡곡 30두로 하고, 이 외에 횡렴(橫歛)하는 자가 있으면 뇌물을 받은 죄[贓]로 처벌토록 했다. 능침전·창고전·궁사전·공해전(公廨田)·공신전(功臣田) 이외에 무릇 토지가 있는 자는 모두 세(稅)를 납부하는데, 수전 1결마다 백미(白米) 2두, 한전 1결마다 황두(黃豆) 2두이며, 옛 경기 지역은 요물고(料物庫)에 납부하며, 새로운 경기 지역 및 지방은 풍저창(豊儲倉)과 광흥창(廣興倉)에 나누어 납부하라 했다.

이처럼 1391년(공양왕 3) 5월 도평의사사 명의의 과전법 시행 건의와 공양왕의 승인은 고려 역사에서 큰 의미가 있었다. 이를 정리하면 다음과 같다. 첫째, 전시과 체제 붕괴에 따른 권세가의 겸병과 탈점, 사패(賜牌)와 대농장 형성이라는 사회경제적 문제를 일시에 해결하였다. 둘째, 그간 이루지 못한 전민변정사업 개혁의 방점을 찍어 사전 혁파라는 개혁 의지를 확인하였다. 셋째, 토지 분급과 조세 수취, 전주·전객 규정, 토지 관리를 위해 작정(作丁)하고 자호(字號)를 기입하는 규정 등을 정했다. 넷째, 과전 지급 대상을 관직자 개인으로 한정했다. 다섯째, 수조권 분급제의 재정비를 통해 양반 관료의 경제 기반 마련과 국가재정 확충이 이뤄졌다. 여섯째, 결과적으로 이를 통해 국가의 토지 관리 권한을 강화함으로써 권세가의 개입을 약화시켰고, 민생을 우선한다는 인정(仁政)의 상징성을 제시할 수 있었다. 말하자면 사전 혁파와 민생 우선이라는 대의명분 아래 이루어진 전제 개혁이자, 이후 사회 전반의 개혁을 가능하게 한 토대를 마련한 것이었다.

7) 이성계의 사직론과 명분 쌓기

이들 개혁은 고려 말의 상황에서 매우 중요했다. 그리고 이를 추진하는 세력의 정점에는 이성계가 있었다. 사실 이성계는 무장 출신이었다. 따라서 이러한 개혁의 내용을 파악하고 진행할 수는 없었다. 그렇지만 위화도 회군 및 우왕·창왕 폐위, 공양왕 추대에 연이어 성공함으로써 이성계는 소위 반정 개혁의 상징이 될 수 있었다. 이처럼 공고한 권력 기반을 구축해 새로운 형태의 무신·신진유신 연합 정권을 만든 이성계였지만 그 자신도 지위 자체는 신하였다. 즉 '일인지하 만인지상'의 지위에 있었다. 따라서 군주의 의향에 따라 지위의 약화 내지는 퇴출도 가능했다. 이성계는 이를 극복하고자 했고, 결과적으로 공양왕 폐위와 자신의 추대 즉위를 이룰 명분을 만들었다. 이 과정에서 주목되는 것은 사직하겠다는 의지 표명이었다.

1390년(공양왕 2) 3월 이성계는 공양왕 즉위 후 처음으로 병을 이유로 관직에서 물러났다. 하지만 공양왕은 곧바로 환관을 보내 문병하게 하고 복귀토록 하였으며, 이어 이성계를 비롯한 9공신에 대한 표창을 행했다.

같은 해 11월 사직을 청하는 글을 올렸으나 공양왕은 눈물을 흘리며 허락지 않았다. 시중직을 이성계가 거듭 사양하자 결국 이성계를 영삼사사(領三司事)로 삼았다. 그리고 전국의 군대를 이성계가 총괄토록 하고 여러 원수의 인장(印章)을 모두 회수했다. 12월 문하시중에 임명된 이성계가 사양하는 글을 올리자 중관을 보내 설득하였고, 결국 이를 맡았다.

1391년(공양왕 3) 정월 이성계는 삼군도총제사의 지위를 겸했고, 배극렴은 중군총제사, 조준과 정도전은 좌우총제사를 맡았다. 3월 병으로 사직을 청하는 글을 올리고 평주 온천으로 가자 공양왕이 좌대언 이첨을 보내 위로하고 다시 문하시중으로 삼았다. 6월 병을 이유로 또다시 문하시중직의 사직을 청하였다. 이에 좌대언 이첨을 보내 사직 불허의 비답을 내렸다. 7월 공양왕이 직접 이성계의 집에 가서 잔치를 베풀고 자신의 부족한 점을 바로잡아 달라 하였다. 9월 사직을 간청하자 공양왕은 이성계를 판문하부사로, 심덕부를 문하시중으로 삼았다. 그리고 10월에는 인물추변도감 제조관을 맡겼다.

1392년(공양왕 4) 2월 사직을 간청하자 잔치를 베풀면서 직에 있도록 하였다. 이후 이성계가 왕을 위해 잔치를 열었다. 3월 공양왕이 동생 왕우 및 이성계로 하여금 명에서 돌아오는 세자를 영접도록 했는데 사냥하다가 낙상했다. 이에 의원과 약을 보내 주었다. 이성계가 해주에서 집으로 돌아오자 환관 김사행을 보내 위로했다. 그리고 4월 을묘일(4) 이방원의 사주를 받은 조인규 등이 이성계를 문안하고 귀가하는 수시중 정몽주를 죽였다. 세자가 문병차 이성계를 찾았고, 이어 문하시중으로 다시 임명했다. 5월 사직을 청했으나 허락하지 않았다. 7월 신묘일(12) 공양왕이 이성계의 집으로 가서 동맹의 의식을 행하려 했다. 하지만 이날 배극렴 등이 왕대비에게 청하여 공양왕을 폐하도록 했다.

이를 보면 모두 8차례의 사직 시도가 있었고, 그때마다 실제 사직은 허락되지 않았으며 오히려 지위는 높아지거나 공고해졌다. 이것이 의미하는 것은 무엇일까? 이성계 자신이 의도했든 그렇지 않든 사직을 청하는 과정을 통해 공양왕에게 자신이 의도하는 바를 다시 강조하고 나아가 이성계를 중심으로 하는 정치 세력의 결집과 세력 안정 및 강화를 추구한 것이라 할 수 있었다. 그것은 동시에 공양왕에 대한 압박이었으며 이성계 자신을 치려는 정몽주에 대한 견제이기도 했다. 공양왕의 입장에서도 이성계의 사직 요청 처리는 곤란한 문제였을 것이다. 승인을 하였다가는 군주 자신이 의심을 살 수 있었다. 그 때문에 끊임없이 그럴 때마다 측근을 보내거나 자신이 직접 찾아 복직을 청할 수밖에 없었다. 결과적으로 이는 이성계의 정치적 위상을 높여 주는 계기가 되었다.

8) 공양왕의 시대착오와 폐위 명분

사실 공양왕은 즉위 후 조준이나 정도전, 정몽주 등 자신의 추대 세력 요구대로 경연을 행하면서 제왕학을 연마하고 백성을 위한 정치를 펴야 했다. 물론 공양왕이 자신의 의지로 정치를 하겠다면 이는 곧 왕권의 회복이자 왕권을 위협할 수 있는 추대 세력의 제거를 의미할 수 있었다. 따라서 공양왕이 왕실을 보존할 수 있는 길은 최씨 무신정권기 때처럼 때를 기다리면서 집권 세력의 의도에 부응하는 것이었다. 즉, 하자는 것은 따르고, 하지 말라는 것은 피해야 했다. 목우인의 소리를 듣더라도 일단은 필요한 것이었다.

하지만 공양왕은 그렇게 하지 않았다. 그것이 결국 이성계와 배극렴 등에게 폐위 명분을 주었다. 특히 성리학적 수양 및 효의 실천과 인정과 덕정을 앞세운 도덕적 공의의 왕도정치가 대의명분으로 제시된 상황에서, 군주로서는 마땅히 이를 따르고 적극적으로 솔선수범해야 했다. 공양왕은 이에 태만했다. 더구나 공민왕 대 이후 신돈 파동으로 불교에 대한 민심이 이반하고 성리학을 수학하는 신진 학자가 증가한 정치사상적 동향에 주의하지 않았다. 이로 인해 배불 혹은 척불론이 매우 거세지고 있다는 현실을 망각한 면이 있었다.

예컨대 공민왕 대부터 문수회 및 담선회 등 불사로 주목받았던 연복사(演福寺)가 있었다. 당시 공민왕이나 권력자 신돈이 법회 및 연등회, 반승 등을 베풀었던 것을 보면 왕실 사찰의 의미가 있었다. 신돈은 연복사 불전에 생기는 연기 같은 기운을 두고 부처의 방광(放光)이라 했다. 따라서 신돈 숙청 및 공민왕 시해 후 관련 사찰로서 조정으로부터 배격되었어야 했지만 현실에서는 그렇지 않았다. 우왕 대의 경우에는 가뭄에 따른 기우를 연복사에서 자주 행했던 것이다.

1390년(공양왕 2) 정월 연복사 승려 법예가 사찰에 있는 5층 탑전이 무너지고 연못 3개, 우물 9개가 메워진 지가 오래되었다 하면서 국태민안을 위해 이를 다시 세우고 파자 하였다. 이른바 연기설을 들어 건의를 한 것이었다. 공양왕은 조성도감을 두고 공사에 착수토록 하였다. 그리고 7월에는 근처 민가 30여 호를 철거하게 하고 담장을 넓혔으며, 연못과 우물을 다시 깊게

팠다. 1391년(공양왕 3) 3월에는 홍복도감(弘福都監)으로 하여금 연복사에 베 2천 필을 시납해 탑을 짓는 비용에 쓰도록 했다. 당시 정도전은 공양왕이 연복사 탑전 공사에 쓰일 목재 5천 그루를 경기와 양광도민을 시켜 벌채해 운반하도록 하자 극언하면서 이를 반대했다. 상소가 잇따르자 탑의 수축을 중지하여 여론을 듣는 듯했다. 하지만 곧 숭불론을 주장하는 상서가 올라 오자 다시금 연복사 탑을 세우게 했다. 그리고 마침내 1392년(공양왕 4) 5월 에 이르러 연복사 5층탑이 완성을 보기에 이르렀다.

공양왕이 자기 의지를 관철하고자 한 것은 연복사 중창에만 국한되지 않 았다. 즉위 전부터 가졌던 불자로서의 자기의식이 강했기 때문이다. 즉위 한 이후로 매달 초하루와 보름에 궁중으로 승려를 불러 강경(講經)토록 하 고 매 계절마다 복을 비는 제단 13개소를 정한 뒤 도량과 법석, 별기은을 열 어 신불(神佛)을 혹신하기도 했다. 1390년(공양왕 2) 정월 기록을 보면, 궁궐 별전에 인왕불을 안치해 두고는 매일 아침저녁으로 예불하고, 더 나아가 괴변만 생기면 그때마다 소재 기도를 올렸다고 한다. 앞에서 언급한 승려 법예의 말을 혹신하고 연복사 중창 등에 나선 것도 이러한 바탕이 있어서 였다.

10월의 기록에는 홍미로운 내용이 보인다. 경연 중 공양왕은 순비 노씨 가 병들었을 때 약사법석(藥師法席)을 여니 그날 밤 꿈에 한 승려를 보고 병 이 나았다 말하였다. 강독관이었던 유백유(柳伯濡)는 이 말에 허탈했다 한 다. 실제로 그는 공양왕에게 "유가에서 불교를 배척하는 것은, 임금이 부처 의 힘을 믿고 정사를 게을리하기 때문입니다"라 하면서 숭불혹신으로 인한 폐단을 면전에서 말하기도 했다.

그럼에도 공양왕은 1391년(공양왕 3) 정월에 당시로서는 정전 역할을 하던 보평청(報平廳)에서 제석도량(帝釋道場)을 열고, 2월에는 회암사(檜巖寺)에서 불사를 크게 베풀었다. 이때의 불사에서는 승려 1천여 명에게 반승하고 향 악과 당악을 연주케 하였다. 더불어 손수 향로를 잡고 동서 승당을 돌았고,

순비 노씨 및 세자와 함께 밤새 예불을 행하였다. 베 1,200필을 승려에게 하사하고 회암사 문에서 생일 축하를 받았다.

이 같은 공양왕의 숭불 사례를 어떻게 이해해야 할까? 성리학에 수양 기반을 둔 대신과 간관 등에게 그토록 간언을 들으면서도 이를 고집한 것이기 때문이다. 나아가 공민왕이나 우왕 등의 사례를 통해 숭불로 인한 문제를 익히 알고 있었다 여겨지기 때문이기도 하다. 따라서 이를 종합한다면 단지 공양왕은 군주로서보다는 독실한 불교 신자로서 생활하고자 한 것이라 이해된다. 군주가 되어서도 이러한 모습을 보였다는 것, 심지어 자신을 추대한 이들이 수양과 치도를 위해서 반대했음에도 그러했다는 것 등을 고려하면 공양왕은 왕조 말 마지막 군주로서의 전형을 보여 준 셈이었다.

여기에 더하여 공민왕 대부터 지기쇠왕 및 왕업연기설, 그리고 외적 방어 등의 목적에 따라 도모되었던 천도론이 다시금 일어났다. 공양왕 대의 경우는 남경 한양천도론이 이에 해당하였다. 1390년(공양왕 2) 7월 서운관에서는 『도선밀기』를 인용해 "한양으로 행차하여 송도의 지덕을 쉬게 해야 합니다"라고 상소했다. 공양왕은 신료가 "옛날에 참위술수로서 나라를 보존하였다는 말을 듣지 못했습니다"라 하면서 반대했음에도 "음양의 설이 어찌 거짓이겠는가?"라 하면서 한양 천도를 도모했다. 또한 "『비록(秘錄)』에 '만약 천도하지 않으면 임금과 신하를 폐하게 될 것이다'라고 하였다"라 했다.

9월에 이르러서는 드디어 한양으로 천도했다. 신종의 능인 양릉을 참배하고는 선친의 혼을 모신 효신전(孝愼殿)에서 제사하면서 천도를 고했다. 송도 개경은 판삼사사 안종원(安宗源)과 문하평리 윤호(尹虎)에게 남아 지키도록 했다. 백관으로 하여금 한양에 분사(分司)를 설치하게 했다. 고려 사회에서 그동안 천도론이 송악 지기쇠왕론에 따라 여러 차례 일어났으나 성공한 사례가 없었다. 정쟁과 함께 국력 및 민력 낭비를 가져와 비판이 일었을 따름이었다.

대개의 경우처럼 이때에 천재지변이 기상이변과 함께 잇따르곤 했다. 즉,

한양으로 옮겨 가던 날 저녁에 비바람과 함께 천둥 번개가 치고 갑자기 추워져 사람과 가축이 얼어 죽는 일이 발생한 것이다. 그럼에도 불구하고 한양으로 옮긴 공양왕은 심지어 11월 계묘일(15) 팔관회를 열면서 개경에도 각사(各司)를 나눠 보내 팔관회를 행하게 했다. 한양과 개경에서 팔관회가 동시에 열린 셈이었다.

공양왕의 개경으로의 환어는 1391년(공양왕 3) 2월에야 이뤄졌다. 돌아올 때도 곧바로 환궁한 것이 아니었다. 2월 기미일(2)에 남경을 출발했고, 신유일(4)에 회암사에 행차하여 묵었다. 회암사에서는 병인일(9)까지 머무르며 강경을 행하고 향불 공양 등을 하였다. 개경에 이른 것은 정묘일(10)이었다. 이 과정을 본다면 정치적으로 엄중한 시기에 소위 비난과 비판의 대상이 될 일을 왜 굳이 재화와 인력을 낭비하면서 벌였을까 하는 의문이 든다. 공양왕 입장에서 변명한다면 아마도 왕실의 번성과 왕업 중흥을 위해 필요한 일이라 판단해서라고 했겠지만 이러한 명분과 함께 속으로는 대간들의 상소와 정쟁을 피해 나름 시간을 갖기 위해서였다고 할 듯하다.

9) 공양왕의 폐위와 천인감응적 역성혁명의 논리

1392년(공양왕 4) 7월 신묘일(12) 우시중 배극렴의 건의에 따른 왕대비의 폐위 교지가 갑작스레 내려졌다. 공양왕이 혼암하고 군도(君道)를 잃은 데다 인심이 이미 떠나 사직과 생령(生靈)의 주인이 될 수 없다는 것이 폐위 건의 취지였다. 왕대비 교지로 폐위 절차를 밟은 공양왕은 순비 노씨와 세자, 그리고 세자빈 이씨 등과 함께 원주로 방출되었다. 삽시간에 벌어진 일로 공양왕은 전혀 눈치채지 못하고 있었다. 결과적으로 본다면 이성계 세력이 공양왕을 마음대로 추대하고, 또 마음대로 명분을 붙여 폐위한 것이었다.

7월 임진일(13) 왕대비는 다시 교지를 반포했다. 그 내용은 이성계를 '감록국사(監錄國事)'로 삼는다는 것이었다. 임시이지만 실질적으로 국사를 주관한다는 뜻이었다. 공양왕은 대외적으로 명으로부터 책봉을 받지 않았기에 권서국사(權署國事)를 칭했다. 왕이지만 공식 책봉이 없었기에 임시로 명명한 것이었다. 권서국사는 우왕이나 창왕 등도 칭한 바 있었다. 사실 국왕으로 책봉이 예정되어 있는 경우 우왕 이전 시기의 경우에는 '권지국사(權知國事)'나 '권지고려국왕(權知高麗國王)' 혹은 '권지고려국왕사(權知高麗國王事)'라 하는 것이 관행이었다.

하지만 이성계는 왕실이나 종실 출신이 아니었다. 그렇기에 집권대신으로서 임시로 국사를 감록한다는 뜻을 반영하고자 했을 것이다. 따라서 그 의미만을 본다면 국사를 관리 감독하고 기록 혹은 녹훈 등을 행한다는 뜻이었다. 실상은 개국백 이성계가 국왕의 자격을 갖추도록 하기 위한 사전 단계였다.

그리고 을미일(16)에는 배극렴·조준·정도전 등 대소신료와 한량기로가 국새를 받들고 감록국사 이성계의 집으로 갔다. 해 질 무렵 배극렴 등은 굳게 닫아 둔 문을 열고 내정으로 들어가 국새를 청사(廳事) 위에 놓았다. 배극렴 등은 이성계에게 군국의 일은 하루라도 통솔이 없어서는 안 되니 마땅히 왕위에 올라 신인(神人)의 바람에 부응할 것을 청했다. 일단 이성계는 거절하면서 제왕의 일어남은 천명이 있어야 하는데 자신은 덕이 없어 감당할 수 없겠다고 하였다. 물론 일이 이미 이렇게 된 마당에서의 거절은 사실상 진정한 거절이 아니었다. 삼고(三顧)의 예를 갖추기 위한 예의상 표현일 따름이었다. 그리고 병신일(17) 수창궁에 이르렀다.

여기서 다시 이성계는 천명을 두려워하고 있으며 자신은 박덕한 사람임을 즉위 과정에서 보여 주었다. 백관이 궁문 서쪽에서 줄을 지어 영접하자 이성계는 말에서 내려 전으로 들어갔다. 곧바로 용상에 앉아 위엄을 과시하지는 않았다. 오히려 어좌(御座)를 피하고 기둥 안[楹內]에 서서 신하들의 조하를 받은 것이다. 어쩔 수 없이 즉위하지만 자신은 천명과 민심을 두려워함을 안팎에 나타낸 것이었다. 그리고 이튿날인 정유일(18)에는 천명이 이성계에게 닿아 있음을 확인하였다. 『태조실록』에는 다음과 같이 기록되어 있다.

> 비가 내리었다. 이보다 앞서 오랫동안 가물었는데, 임금이 즉위하자 큰비가 내리니, 인심이 크게 기뻐하였다.

이성계 자신은 부덕(否德)하다 자처하고 있었다. 천명이 이성계에게 있음을 상징화할 수 있는 무언가가 필요했다. 그런데 오랜 가뭄이 즉위 이튿날 큰비로 해소되는 일이 발생했다. 이성계와 조선 건국 세력은 이를 통해 천명과 민심이 이성계에게 있음을 내세우고 기록으로 남겼다. 유덕자에 의한 역성혁명의 논리를 갖춘 셈이었다. 즉, 하늘이 가뭄과 성변, 서리 등으로 군주에게 경고를 내렸지만 공양왕이 책기수덕을 행하지 않아 재이를 내림을 넘어 천명을 고려 왕실로부터 거두게 되었다는 것이었다. 그리고 그 천명을 부덕을 자처한 유덕자에게 옮겨 하늘의 뜻과 민심이 바라는 바를 들어주었다는 천인감응론적 역성혁명의 논리가 완성되기에 이르렀다.

10) 명에서의 이성계 세력 방조와
'자주자요(自做自要)', '성교자유(聲教自由)'

여기에 더해 명에서도 태조 이성계의 즉위를 인정하는 논리를 제공해 주었다. 우왕의 폐위와 창왕의 즉위 때 명의 예부에서는 자문을 보낸 바 있다. 1389년(창왕 즉위년) 3월의 기록이다. 여기에는 당시 객관적 입장에서 고려 군주의 계승 문제를 논한 것으로 주목되는 내용이 보인다.

> ① 신자(臣子)가 그 아비를 내쫓은 후 그 아들을 세우고 입조를 청하니 이는 인륜이 크게 무너지고 군도(君道)가 전혀 없기 때문에 신하답지 못

한[不臣] 역심이 크게 드러나게 된 것이다. 사자를 타일러 돌아가게 하고 어린아이[童子]는 조회하러 올 필요가 없다고 하라. 왕으로 세운 것도 저들에게 달린 것이고, 폐하는 것도 저들에게 달린 것이니[立亦在彼, 廢亦在彼], 중국은 상관하지 않을 것이다[中國不與相干].

위의 사료 ①을 보면 군주의 폐립이 저들에게 달린 것이라 표현하면서 중국은 상간하지 않겠다고 하고 있다. 여기서 저들이란 고려의 권신 특히 집정대신에 해당한다. 우왕 폐위 때부터는 이성계 세력이라 지칭할 수 있을 듯하다. 그리고 저들의 일에 상간치 않겠다는 표현의 이유는 앞 문장에서 나온다. 아비를 내쫓고 아들을 세운 뒤 입조를 청한 것은 인륜이 무너지고 군도가 없으며 역심이 드러난 것이라는 표현이 이에 해당한다. 여기에는 그러므로 한번 이러한 일이 벌어졌는데, 앞으로도 없을 수 있겠는가라는 반문도 담겨 있었다. 그 때문에 간여하지 않겠다는 입장을 표명한 것이었다. 그리고 실제로도 그러한 일이 벌어졌다. 창왕 폐위와 공양왕 즉위, 공양왕 폐위와 이성계의 즉위가 그것이었다.

그 정당성을 표명하기 위한 작업이 이뤄졌다. 그 조짐은 1392년(태조 1) 10월 계유일(25)에 정도전이 명의 남경에 가지고 간 표문에 드러났다. 우(禑) 즉 우왕이 요동 공격으로 고려와 명 사이 불화를 만들었고, 요(瑤) 즉 공양왕 또한 명을 속일 음모를 계속하여[禑旣構釁於攻遼, 瑤亦踵謀於猾夏] 결국 내쫓겼다는 것이었다. 요동 공격[攻遼]은 사실이었다 하더라도 활하(猾夏) 부분은 실제 근거가 없었다. 윤이·이초 사건을 염두에 두었을 가능성은 있다. 하지만 이후 계속된 표문에는 '장차 상국을 범하려 했다[將犯上國]'라는 내용이 있어 윤이·이초 사건과는 관련이 없었다. 이 같은 표문 내용과 그간 명이 표방한 불상간의 원칙 등이 반영되면서 이성계 등에게 결정적인 정국이 전개되었다.

1392년(태조 1) 11월 갑진일(27) 고려권지국사 이성계에게 명의 예부에서는 자문을 보내왔다. 하나는 황제의 칙지 내용이고 다른 하나는 고려에 알리는 홍무제의 선유(宣諭)였다. 차례대로 핵심 내용만 보면 다음과 같다.

② 성교(聲教)는 자유로이 할 것이며, 과연 하늘의 뜻이 따르고 사람의 마음에 합하여 동이(東夷)의 백성을 편안하게 하고, 변방의 흔단(釁端)을 발생시키지 않는다면, 사절(使節)이 왕래할 것이니 실로 그 나라의 복일 것이오.

③ 공민왕이 죽자 그 아들이 있다고 칭하고 이를 세우기를 청하였으나, 나중에 와서 또 그렇지 않다고 말하였고, 또 왕요(王瑤)를 왕손(王孫) 정파(正派)라 하여 세우기를 청하였다가 지금 또 제거해 버렸소. 두세 번 사람을 시켜 왔으나 대개는 자기 스스로 왕이 되기를 요구한 것이므로 나는 묻지 않았소. 스스로 왕이 되었으니 스스로 하시오[自做自要]. 백성들을 어루만져 편안하게 하고 서로 통하여 왕래하게 하오.

여기서 성교자유(聲教自由)란 군주가 자주적 통치를 할 수 있음을 말한다. 인사, 군사, 외교, 제사 등 관련 교화를 행할 수 있다는 의미이다. 흔단(釁端)은 틈 혹은 혼란의 상황 등을 뜻한다. 자주자요(自做自要)란 스스로 군주가 되어 스스로 정치를 행한다는 뜻이라 보면 된다. 이를 고려하면 위의 사료 ②와 ③은 ①에서 언급한 고려에 인륜이 무너지고 군도가 없어졌다는 지적과 다른 뉘앙스가 있다. 그것은 폐립이 현실적으로 일어난 일이고, 이제는 명에 대한 사대통교가 차질 없이 이뤄진다면 문제 삼지 않겠다는 것이었다. 그리고 이를 '성교자유'나 '자주자요'라는 표현으로 인정했다. 이를 받아들게 되자 당시 실질적인 국왕 이성계에 대해 백관은 반열대로 서서 하례를 올렸다. 이제 고려에서 조선으로의 전환이 이뤄지게 된 것이었다.

11) 공양왕의 죽음과 고려 왕실 세력 발본색원

조선 조정의 다음 수순은 고려 왕실 세력의 정리였다. 폐위되어 유배된 공양왕이나 고려 종실에 대한 대대적인 처분이 필요하게 된 것이다. 정벌에 의한 왕조 교체 즉 방벌론(放伐論)에 따른 건국이든, 요임금이 순임금에게 왕위를 물려준 것처럼 선양 형식을 따르든, 이전 왕조 및 왕실에 대한 예우를 갖추고 제사를 올릴 수 있도록 하는 것은 춘추의 명분이었다. 이에 조선 건국 세력의 본래 기본적인 입장은 소위 질서 있는 선양 형식에 따른 방치봉건(放置封建)이었다. 방치봉건이란 일정 지방에 거주케 하고 봉군하여 선대 왕실에 대한 제사를 지내도록 하는 등 예우를 다하는 것을 뜻했다. 공양왕에 대해서는 폐위를 시켰지만 후일 명분을 만들어 선양 형식을 따르고자 했다. 이어서는 간성군(杆城郡) 혹은 현재의 파주 마전 쪽 등에 집단 거주지를 만들려고도 했다.

원주에 있던 공양왕 왕요를 공양군(恭讓君)으로 삼아 강원도 간성군에 가 있도록 했다. 오히려 공양왕의 동생인 왕우에게 현재 파주 일대 마전군을 주고 귀의군(歸義君)으로 봉하여 왕씨 제사를 받들도록 했다. 왕우의 딸이 이성계와 현비 강씨 사이 장남인 무안군 이방번(李芳蕃)과 혼인한 것이 반영되었을 것이다. 이 딸은 태종 때에 경녕옹주(慶寧翁主), 세종 때에는 삼한국대부인(三韓國大夫人)이 되었다. 왕대비 안씨는 의화궁주(義和宮主)로 삼았다. 고려 태조묘는 마전군으로 이안토록 했다. 명칭은 당시 마전군 태조묘라 불렀다. 그리고 여기에 혜왕(혜종)·성왕(성종)·현왕(현종)·문왕(문종)·충경왕(원종)·충렬왕·공민왕 등을 부묘토록 했으며, 고려 태조 동상[鑄像]도 마전군으로 옮기도록 했다. 여러 왕씨는 강화도와 거제도에 안치하고는 미곡 공급을 명했다.

하지만 이 경우 대의명분은 그럴듯하지만 방치봉건이 되는 쪽도, 이를 행하는 쪽도 서로를 의심하고 두려워할 요소가 있었다. 언제 다시 왕실 부활을 꿈꾸면서 반정 쿠데타를 일으킬지 모르고, 실제로 권력을 되찾고자 소위 전 왕조를 위한 충의 세력을 모을 수도 있기 때문이었다. 다른 한편으로는 그러한 전 왕실 세력에 대한 불안함으로 인하여 어떠한 명분을 붙여서라도 이들을 모두 멸하려는 발본색원(拔本塞源) 가능성이 있었다. 그렇지만 이미 모든 군사권은 현 집권 세력이 장악하고 있었으므로 전 왕실 세력의 쿠데타란 거의 불가능했다. 따라서 이러한 움직임이 있다는 얘기는 당시 집권 세력에 의한 조작일 가능성이 농후했다.

1394년(태조 3) 2월부터 대간과 형조에서는 고려 왕씨 세력의 불온함을 들어 그들을 천주(天誅) 즉 죽여 없애고자 했다. 그 계기로 언급된 사건이 있었다. 정월 병진일(16)에 동래현령 박중질(朴仲質)과 염장관(鹽場官) 김가행(金可行)이 참찬문하부사 박위(朴葳)의 말을 듣고 밀성 맹인 점쟁이 이흥무(李興茂)에게 점을 치게 했다. 그들은 "고려 왕조 공양왕의 명운(命運)이 우리 주상 전하(主上殿下)보다 누가 더 낫겠는가? 또 왕씨(王氏)의 가운데서 누가 명운이 귀한 사람인가?"라고 물었다. 이에 이흥무는 왕화(王和)에 대해 "섬에 들어간 지 3년 후에는 나오게 되고, 47세나 48세가 되는 때에 이르면 군사를 거느리고 군주가 되는 명운입니다"라 했다 한다. 그런데 태조는 사건 관련 주요 인물인 박위에 대해 술을 내리면서 풀어 주도록 했다.

대간과 형조는 이를 계기로 '짐승이 궁지(窮地)에 이르면 사람을 치고, 사람이 궁지에 이르면 살기를 꾀한다'라는 말을 들어 왕강(王康)·왕격(王鬲)·왕승보(王承寶)·왕승귀(王承貴) 등을 제거하려 상언했다. 이를 위해 우선 춘추대의를 본받아 이들과 공양군 등을 바다의 섬[海島]에 옮기자 했다. 그러나 이것은 받아들여지지 않았고 왕강은 공주(公州)로, 왕격은 안변(安邊)으로, 왕승보는 영흥(永興)으로, 왕승귀는 합포(合浦)로 귀양 보내는 것으로 마무리되었다. 당시 박위의 이름이 등장하고 그를 중심으로 일이 만들어진 셈인데, 이때 등장한 박위는 이성계의 측근 무장으로 출신한 인물이었다. 말하자면 이성계의 최측근이 공양왕의 명운을 이성계와 비교해 점쳤다는 것이 비논리적이라는 것이다. 따라서 이는 고려 왕실 세력 제거를 위한 절차였다 보는 것이 보다 정확하다 하겠다. 이흥무를 중심으로 하여 고려 왕실 세력 관련 점친 내용은 계속 연결되고 확장되어 갔다. 결과적으로는 모든 왕씨가 이에 연루될 수 있었다.

실제 이에 연루되어 왕화·왕거·김가행·박중질·김유의·이흥무 등의 목이 베어졌다. 이어 1394년(태조 3) 3월 계축일(14) 공양군 삼부자를 삼척으로 옮겨 안치했다. 4월 기묘일(10)에는 대간과 형조가 공양군 부자와 여러 왕씨를 모두 죽여 영절(永絕)해야 한다는 상소를 올렸다. 일단 태조는 이를 거부했다. 계미일(14)에 이르러 태조는 대간과 형조에서 청한 왕씨 영절과 제거를 도평의사사에서 백사(百司)와 기로를 모아 결정했다. 태조 특유의 표현으로 '차마 자신은 할 수 없지만[心不忍]'이라 했으나 결국 왕씨를 모두 제거해 후환을 막으라는 중의(衆議)를 따랐다.

이로써 공양왕 삼부자와 나머지 왕씨들의 제거가 결정되었고[甲戌之誅], 다만 귀의군 왕우 삼부자는 선조에 대한 봉사를 명분으로 제외되었다. 당시 왕씨 제거를 위해 보내진 이들과 관련 사항은 〈표 9〉와 같았다.

결국 4월 병술일(17) 왕명을 받은 정남진(鄭南晉) 등은 삼척에 이르러 태조

〈표 9〉 1394년(태조 3) 갑술년 4월 계미일(14) 이후 왕씨 제거 관련 일람

방치 지역	관련 관원	실제 집행일 및 관련 사항
삼척	중추원부사 정남진(鄭南晉)과 형조의랑 함부림(咸傅霖)	4월 병술일(17) 교살(絞殺)
강화	형조전서 윤방경(尹邦慶)과 대장군 오몽을(吳蒙乙)	4월 갑신일(15) 강화나루에서 왕씨를 던져 죽임[投王氏于江華渡]
거제도	형조전서 손흥종(孫興宗)과 첨절제사 심효생(沈孝生)	4월 기축일(20) 거제 바다에 왕씨를 던져 죽임[投王氏于巨濟之海]

- 4월 기축일(20) 중외를 대대적으로 수색해 남은 왕씨를 모두 죽임[大索王氏餘孽, 盡誅之].
- 4월 을미일(26) 왕씨로 사성된 자는 본성(本姓)을 따르게 하고, 왕씨 성을 가진 이는 고려 왕조의 후손이 아니더라도 모계 성을 따르게 함.

사진 34 삼척시 근덕면 궁촌리 소재 공양왕릉

사진 35 고양시 덕양구 원당동 소재 공양왕릉

의 뜻을 전하였다. 어쩔 수 없이 모반을 도모한 형상이 있어 대간과 법관의 상소를 받아 죽인다는 것이었다. 이에 공양군과 그의 두 아들이 함께 삼척에서 교살되기에 이르렀다. 당시 공양왕의 나이 50세였다. 1416년(태종 16) 8월 갑자일(5)에야 공양군은 공양왕으로 추봉되었고 치제를 받았다. 9월에는 예조의 청에 따라 능호도 정해졌는데, 후주(後周) 정왕(鄭王)에 대해 순릉(順陵)이라 한 예를 따라 한 것이었다.

다만 실제 공양왕릉의 능호나 위치는 불명확하다. 공양왕이 죽은 곳은 삼척이었다. 당시 공양군의 신분이었기에 그 묘는 삼척에 조성되었다. 그런데 1416년(태종 16)의 봉호 및 능호 지정, 능역 위치와 관련한 사항을 본다면 봉호만 공양왕이라 있고 나머지는 정확히 지정되어 있지 않다. 이후 조선 왕조의 여러 기록에서는 공양왕에 대한 제사와 관련하여 '공양왕릉'이라 하고 고양 견달산에 있다고 하였다. 이를 고려할 때 조선에서는 고양의 공양왕릉을 공식화한 것이 된다.

공양왕과 순비 노씨와 관련해 공양왕으로 봉하고 능호를 지정하여 제사를 받들게 할 때 시신을 옮겨 와 고양 쪽에 능역을 마련했을 가능성이 있다. 역대 사례로 본다면 사천에서 죽은 현종의 생부 안종 왕욱, 적성현에서 시해된 목종, 경주에서 죽은 의종이 경기로 이장되었다. 따라서 공양왕이나 순비 노씨의 경우도 공양왕으로 추봉되고 능역을 조성해 제사를 받들게 하는 과정에서 그 시신이 고양으로 옮겨진 것이라 여겨진다.

1397년(태조 6) 2월 정미일(24)에는 귀의군 왕우가 죽었다. 아들로 왕조(王珇)와 왕관(王琯)이 있었으며, 딸은 무안군 이방번에게 시집갔다. 왕조는 1394년(태조 3) 4월 이후 모계 성인 노씨로 바꿔 노조(盧珇)라 했다가 부친이 죽자 그의 봉작을 이으면서 다시 왕씨로 복성했다. 하지만 이 두 아들 역시 1398년(태조 7) 8월 기사일(26)에 함께 죽은 것으로 기록되어 있다. 공교로운 일이었다.

12) 건국의 합리화와 고려 왕씨 자손 보존론

태조는 고려 왕씨의 천도(薦度)를 위해 『법화경(法華經)』 4부를 금으로 써서 각사(各寺)에 나눠 두고 때때로 읽도록 했다. 태조 자신의 인정(仁情)과 선왕조에 대한 예를 다하는 불교적 감성을 보여 주는 것이었다. 하지만 이는 반대편에서 본다면 승자가 된 태조가 이미 아무것도 할 수 없게 된 고려 왕조를 위하는 것으로 과시용 조치였을 따름이었다. 이후 1395년(태조 4) 정월에는 판삼사사(判三司事) 정도전(鄭道傳)과 정당문학(政堂文學) 정총(鄭摠) 등이 고려 태조로부터 공양왕까지의 역사를 정리한 『고려국사』 37권을 바쳤다.

『고려국사』 편찬 당시에 실려 있었는지는 확인되지 않으나 『태조실록』의 7월 병신일(17) 즉위 이전 내용을 주목할 필요가 있다. 즉위 관련 천명의 명분을 만들고 있음이 확인되기 때문이다. 순서대로 정리해 소개하면 다음과 같다.

① 잠저 때 이성계의 꿈에 신인이 금자[金尺]를 가지고 하늘에서 내려와 나라를 바룰 사람이 이성계라 하면서 주었다는 것[夢金尺], ② 지리산에서 얻었다는 도참적 글에 '목자(木子)가 돼지를 타고 내려와 삼한 강토를 바로잡을 것'이라든가 비의(非衣)·주초(走肖)·삼전삼읍(三奠三邑) 등의 내용이 있었다는 것, ③ 고려 서운관에 보관되어 있던 비기(秘記)에 '건목득자(建木得子)'나

'왕씨멸 이씨홍(王氏滅李氏興)', '조명(早明)' 등의 표현이 있었다는 것, ④ 의주(宜州)의 죽었던 나무가 개국 1년 전 살아나 가지가 무성해졌다는 것, ⑤ 경복홍이 이성계를 알아보고 공손히 대하였다는 것, ⑥ 관상을 볼 줄 아는 상명사(相命師) 승려 혜징(惠澄)이 이성계의 명운을 보고 왕씨를 대신해 일어날 것이라 했다는 것, ⑦ 신경인 남경에서 사냥하는데 노루를 화살 하나로 쏴 죽이니 곁에 있던 여러 왕씨들이 이씨가 홍할 것이라 두려워했다는 것 등이 보인다.

물론 후에는 『용비어천가(龍飛御天歌)』를 통해 목조·익조·도조·환조·태조·태종 대 상서로운 조짐과 업적 등을 노래하여 조선 왕조 창업의 신이성과 정당성을 정리하기도 했다.

이보다 앞서 이성계는 군주로서 즉위를 '성교자유' 및 '자주자요'라는 명분으로 묵인받은 바 있었다. 이어 국호는 고려에서 '조선(朝鮮)'으로 바뀌었다. 1393년(태조 2) 2월 경인일(15)에 명에 청하여 정해진 것이었다. 더불어 1395년(태조 4) 정월 『고려국사』가 정리됨으로써 명실상부하게 고려 왕조는 그 명맥을 다하게 되었음이 공표되었다.

그리고 이에 왕조 교체의 명분을 반영하고자 했다. 천변재이로 지속적으로 견고(譴告)했지만 수덕과 개혁을 행하지 않은 공양왕과 고려 왕실을 대신해 인심이 따르는 유덕자인 이성계에게 하늘의 뜻이 닿았다는 역성혁명론이 그것이었다. 그러나 이는 생각보다 쉽지 않았다. 일차적으로 태조가 정벌을 통해 즉위한 것이 아니어서였다. 또 태조는 즉위 후 곧바로 국왕으로서 국호와 연호를 정하고 즉위 교서를 반포하지 않았다. 이는 역성혁명의 전개 과정으로 볼 수 없었다. 또한 공양왕 폐위 과정에서 갑작스레 폐위를 결정한 탓에 요임금이 순임금에게 왕위를 물려주었듯 이상적인 양위로서 요-순 선양의 명분도 갖지 못했다. 그렇기에 1392년(태조 1) 7월 병신일(17) 태조 이성계의 즉위는 불완전했다. 조선 건국 세력은 건국 관련 논리와 명분을 갖추기 위해 '천주(天誅)'라는 개념을 끌어왔다. 이는 고려 왕실 세력이라 할 왕씨에 대한 처분을 뜻했다. 그리고 결국 이는 1394년(태조 3) 4월 공양왕을 비롯한 왕씨를 모두 제거함으로써 왕씨의 절멸로 귀결되었다.

이같이 불완전했던 태조 이성계의 즉위와 조선 건국은 국령으로 반포된 왕씨 주살 영절이 마무리된 시점에 가서야 마침표를 찍었다. 그것은 『고려국사』 편찬으로 끝날 일이 아니었기 때문이었다. 1413년(태종 13) 태종은 예조에 명하여 전 왕조의 자손에 대한 대우 사례를 찾도록 했다. 예조에서는 중국 역대 사례에서 대체로 자손을 보존토록 하였고 베어 없앤 것은 오호(五胡)와 후진 등 오대에 불과하다 했다. 이에 태종은 전조 후손의 보존을 명하고는 "이씨가 도(道)가 있다면 비록 백 명의 왕씨가 있더라도 무엇을 걱정할 것인가?"라 하면서 입장을 정하였다. 즉, 이해 11월 임인일(26) "왕씨 후예로서 생존한 자들은 각각 생업에 종사하여 안정하게 하라"라고 했다. 그리고 이후 태종~단종 대에 걸쳐 『고려사』와 『고려사절요』의 편찬이 이루어졌다. 고려 왕실을 위한 제사 시설도 다시 갖추었고, 그것은 숭의전(崇義殿) 정비로 이어졌다. 고려 왕조는 이렇게 공양왕과 왕씨들의 절멸이라는 파란을 겪은 뒤 그야말로 극소수의 후손들과 함께 제사 의례와 역사 기록 속에서만 명맥을 유지하며 역사라는 시간 속에 머무르게 된다.

사진 36　경기 연천군 미산면 숭의전 전경

사진 37　숭의전 현판

부록 1: 고려 제왕 일람표

	묘호 및 시호	이름 및 자호	생몰 및 재위년(즉위/사망)	탄일 및 절호	후비 수	자녀 수	능호	진전사원	체협공신	숭의전 배향공신
1대	태조(太祖) 장효(章孝) [숭의전(崇義殿)]	건(建) 약천(若天)	877~918~943(42세/67세)	정월 14일	29명	25남 9녀	현릉(顯陵)	봉은사(奉恩寺)	배현경(裵玄慶), 홍유(洪儒), 복지겸(卜智謙), 신숭겸(申崇謙), 유금필(庾黔弼), 최응(崔凝)	배현경(裵玄慶), 홍유(洪儒), 복지겸(卜智謙), 신숭겸(申崇謙), 유금필(庾黔弼)
2대	혜종(惠宗) 명효(明孝)	무(武) 승건(承乾)	912~943~945(32세/34세)	?	4명	2남 3녀	순릉(順陵)	-	박술희(朴述希), 김견술(金堅術)	-
3대	정종(定宗)	요(堯) 천의(天義)	923~945~949(23세/27세)	?	3명	1남 1녀	안릉(安陵)	-	왕식렴(王式廉)	-
4대	광종(光宗) 의효(懿孝)	소(昭) 일화(日華)	925~949~975(25세/51세)	?	2명	2남 3녀	헌릉(憲陵)	-	유신성(劉新城), 서필(徐弼)	-
5대	경종(景宗) 정효(靖孝)	주(伷) 장민(長民)	955~975~981(21세/26세)	윤9월 22일	5명	1남	영릉(榮陵)	-	박양유(朴良柔), 최지몽(崔知夢)	-
6대	성종(成宗) 광효(光孝)	치(治) 온고(溫古)	960~981~997(22세/38세)	12월 26일 천춘절(千春節)-천추절(千秋節)	3명	2녀	강릉(康陵)	숭선사(崇善寺)	최량(崔亮), 최승로(崔承老), 이몽유(李夢游), 서희(徐熙), 이지백(李知白)	서희(徐熙)
7대	민종(愍宗) 목종(穆宗) 극영(克英)	송(誦) 효신(孝伸)	980~997~1009(18세/30세)	5월 20일 장녕절(長寧節)	2명	없음	공릉(恭陵) 의릉(義陵)	-	한언공(韓彦恭), 최숙(崔肅), 김승조(金承祚)	-
8대	현종(顯宗) 대효(大孝) [숭의전(崇義殿)]	순(詢) 안세(安世)	992~1009~1031(18세/40세)	7월 1일	13명	5남 8녀	선릉(宣陵)	현화사(玄化寺)	강감찬(姜邯贊), 최항(崔沆), 최사위(崔士威), 왕가도(王可道)	강감찬(姜邯贊)
9대	덕종(德宗) 선효(宣孝)	흠(欽) 원량(元良)	1016~1031~1034(16세/19세)	5월 2일 인수절(仁壽節)-응천절(應天節)	5명	2녀	숙릉(肅陵)	-	류소(柳韶)	-

10대	정종(靖宗) 홍효(弘孝)	형(亨) 신조(申照)	1018~1034~1046(17세/29세)	7월 18일(17일?) 장령절(長齡節)	5명	3남 1녀	주릉(周陵)	–	서눌(徐訥), 황주량(黃周亮), 최충(崔冲), 김원충(金元冲)	–
11대	문종(文宗) 인효(仁孝) [숭의전(崇義殿)]	서(緖)- 휘(徽) 촉유(燭幽)	1019~1046~1083(28세/65세)	12월 1일 성평절(成平節)	5명	13남 7녀	경릉(景陵)	흥왕사(興王寺)	최제안(崔齊顔), 이자연(李子淵), 왕총지(王寵之), 최유선(崔惟善)	–
12대	순종(順宗) 선혜(宣惠)	휴(烋)- 훈(勳) 의공(義恭)	1047~1083~1083(37세/37세)	12월 9일 장흥절(長興節)	3명	없음	성릉(成陵)	–	이정공(李靖恭)	–
13대	선종(宣宗) 사효(思孝)	증(蒸)-기(祈)-운(運) 계천(繼天)	1049~1083~1094(35세/46세)	9월 10일 천원절(天元節)	3명	2남 3녀	인릉(仁陵)	–	문정(文正), 류홍(柳洪), 김상기(金上琦)	–
14대	헌종(獻宗) 회상(懷殤)- 공상(恭殤)	욱(昱)	1084~1094~1095~1097(11세/14세)	6월 27일	없음	없음	은릉(隱陵)	–	없음	–
15대	숙종(肅宗) 명효(明孝)	희(熙)- 옹(顒) 천상(天常)	1054~1095~1105(42세/52세)	7월 28일 대원절(大元節)[천성절(天成節)?]	1명	7남 4녀	영릉(英陵)	천수사(天壽寺)	소태보(邵台輔), 왕국모(王國髦), 최사추(崔思諏)	–
16대	예종(睿宗) 문효(文孝)	우(俁) 세민(世民)	1079~1095~1122(17세/44세)	정월 7일 창녕절(昌寧節)-함녕절(咸寧節)	4명	1남 2녀	유릉(裕陵)	안화사(安和寺)	류인저(柳仁著), 윤관(尹瓘), 김인존(金仁存), 위계정(魏繼廷)	윤관(尹瓘)
17대	인종(仁宗) 공효(恭孝)	구(構)- 해(楷) 인표(仁表)	1109~1122~1146(14세/38세)	10월 4일 영정절(永貞節)·안정절(安貞節)-경룡절(慶龍節)	4명	5남 4녀	장릉(長陵)	영통사(靈通寺)	김부식(金富軾), 최사전(崔思全)	김부식(金富軾)
18대	의종(毅宗) 장효(莊孝)	철(徹)- 현(晛) 일승(日升)	1127~1146~1170~1173(20세/47세)	4월 11일 하청절(河淸節)	2명	1남 3녀	희릉(禧陵)	선효사(宣孝寺)	최윤(崔允), 유필(庾弼), 문공원(文公元)	–
19대	명종(明宗) 광효(光孝)	흔(昕)- 호(晧) 지단(之旦)	1131~1170~1197~1202(40세/72세)	10월 17일 건흥절(乾興節)	1명	1남 2녀	지릉(智陵)	용흥사(龍興寺)	윤인첨(尹鱗瞻), 문극겸(文克謙)	–

대	묘호·시호	이름·자	생몰·재위	절일		자녀	능	원찰	문신	무신
20대	신종(神宗) 정효(靖孝)	민(旼)-탁(晫) 지화(至華)	1144~1197~1204(54세/61세)	7월 11일 함성절(咸成節)	1명	2남 2녀	양릉(陽陵)	–	조영인(趙永仁)	–
21대	희종(熙宗) 성효(成孝)	덕(悳)-영(韺) 불피(不陂)	1181~1204~1211~1237 (24세/57세)	5월 8일 수기절(壽祺節)-수성절(壽成節)	1명	5남 5녀	석릉(碩陵)	–	최선(崔詵), 임유(任濡)	–
22대	강종(康宗) 원효(元孝)	오(祦) 대화(大華)·법주(法柱)	1152~1211~1213(60세/62세)	4월 5일 광천절(光天節)	2명	2남 1녀	후릉(厚陵)	현성사(賢聖寺)	정극온(鄭克溫)	–
23대	고종(高宗) 안효(安孝) 충헌(忠憲)	진(瞮)-질(晊)-철(皦) 대명(大明)·천우(天祐)	1192~1213~1259(22세/68세)	정월 18일 경운절(慶雲節)	1명	2남 1녀	홍릉(洪陵)	–	조충(趙冲), 이항(李杭), 김취려(金就礪)	조충(趙冲), 김취려(金就礪)
24대	원종(元宗) 순효(順孝) 충경(忠敬) [숭의전(崇義殿)]	전(倎)-식(禃) 일신(日新)	1219~1259~1269(폐위)~1269(복위)~1274 (41세/56세)	3월 19일 함녕절(咸寧節)	2명	3남 2녀	소릉(昭陵)·소릉(韶陵)	–	이세재(李世材)·채정(蔡楨)	–
–	영종(英宗)	간(侃)-창(倡)	1269. 6.(즉위)~1269. 11.(폐위)	–	?	1남	–	–	–	–
25대	충렬왕(忠烈王)	심(諶)-춘(賰)-거(昛)	1236~1274~1298(양위 및 복위)~1308 (39세/73세)	2월 26일 수원절(壽元節)-수원천성절(壽元天聖節)	3명	2남 2녀	경릉(慶陵)	묘련사(妙蓮寺)	허공(許珙), 설공검(薛公儉)	김방경(金方慶)
26대	충선왕(忠宣王) 선효(宣孝)	원(謜)-장(璋)·이지르부카[益智禮普化] 중앙(仲昂)	1275~1298(즉위 및 폐위)~1313(복위)~1325 (24세/51세)	9월 30일	6명	2남	덕릉(德陵)	–	홍자번(洪子藩), 정가신(鄭可臣)	–

27대	충숙왕 (忠肅王) 의효(懿孝)	도(燾)·아라 트나시리[阿 剌訥忒失里] 의효(宜孝)	1294~1313~1330(양 위)~1332(복위)~1339 (20세/46세)	7월 7일	5명	3남	의릉(毅陵)	광명사(廣明寺)	–	–
28대	충혜왕 (忠惠王) 헌효(獻孝)	정(禎)·부다 시리[寶塔失 里]	1315~1330~1332(폐 위)~1339(복위)~1344 (16세/30세)	정월 18일	4명	2남	영릉(永陵)	신효사(神孝寺)	한악(韓渥), 이규(李揆)	–
29대	충목왕 (忠穆王) 현효(顯孝)	흔(昕)·바스 마도르지[八 思麻朶兒只]	1337~1344~1348(8세/ 12세)	4월 15일	없음	없음	명릉(明陵)	–	–	–
30대	충정왕 (忠定王)	저(胝)·미스 젠도르지[迷 思監朶兒只]	1338~1349~1351(폐 위)~1352(12세/14세)	8월	없음	없음	총릉(聰陵)	–	이암(李嵒), 이인복(李仁復)	–
31대	공민왕 (恭愍王)	기(祺)·바얀 테무르[伯顏 帖木兒]-전 (顓)	1330~1351~1374(22세/ 45세)	5월 6일	5명	(1남?)	현릉(玄陵)	보제사(普濟寺)	왕후(王煦), 이제현(李齊賢), 이공수(李公遂), 조익청(曺益 淸), 류숙(柳淑)	안우(安祐), 김득배(金得 培), 이방실(李芳實)
32대	우왕(禑王)	우(禑) 모니노(牟尼 奴)	1365~1374~1388(폐 위)~1389(10세/24세)	7월 7일	9명	1남	없음	–	–	–
33대	창왕(昌王)	창(昌)	1380~1388~1389(폐위 및 사망)(9세/10세)	8월 7일	없음	없음	없음	–	–	–
34대	공양왕 (恭讓王)	요(瑤)	1345~1389~1392(폐 위)~1394(45세/50세)	2월 5일	1명	1남 3녀	공양왕릉 (恭讓王陵)	–	–	정몽주(鄭夢周)

부록 2: 고려 제왕 세계도

· 인물 앞의 * 표시는 족내혼.

1. 태조(太祖)
(재위 918. 6.~943. 5.)
신혜왕후 류씨 (柳氏, 정주 류천궁 딸)
장화왕후 오씨 (吳氏, 나주 다련군 딸)
신명순성왕태후 유씨 (劉氏, 충주 유긍달 딸)
신정왕태후 황보씨 (皇甫氏, 황주 황보제공 딸)
신성왕태후 김씨 (金氏, 경주 김억렴 딸)
정덕왕후 류씨 (柳氏, 정주 류덕영 딸)
헌목대부인 평씨 (平氏)
정목부인 왕씨 (王氏)
동양원부인 유씨 (庾氏)
숙목부인 임씨 (林氏)
천안부원부인 임씨 (林氏)
홍복원부인 홍씨 (洪氏)
후대량원부인 이씨 (李氏)
대명주원부인 왕씨 (王氏)
광주원부인 왕씨 (王氏)
소광주원부인 왕씨 (王氏)
동산원부인 박씨 (朴氏)
대서원부인 김씨 (金氏)
소서원부인 김씨 (金氏)
서전원부인
신주원부인 강씨 (康氏)
월화원부인
소황주원부인
성무부인 박씨 (朴氏)
의성부원부인 홍씨 (洪氏)
월경원부인 박씨 (朴氏)
몽량원부인 박씨 (朴氏)
해량원부인

2. 혜종(惠宗)
(재위 943. 5.~945. 9.)
의화왕후 임씨 (林氏, 진주 임희 딸)
후광주원부인 왕씨 (王氏, 광주 왕규 딸)
청주원부인 김씨 (金氏, 청주 김긍률 딸)
궁인 애이주 (哀伊主, 경주 연예 딸)
홍화군
경화궁부인
정헌공주
태자 제(濟), 명혜부인

태자 태(泰)

3. 정종(定宗)
(재위 945. 9.~949. 3.)
문공왕후 박씨 (朴氏, 승주 박영규 딸)
문성왕후 박씨 (朴氏, 승주 박영규 딸)
청주남원부인 김씨 (金氏, 청주 김긍률 딸)
경춘원군, 공주

4. 광종(光宗)
(재위 949. 3.~975. 5.)
*대목왕후 황보씨 (皇甫氏, 태조 딸, 신정왕태후 소생)
*경화궁부인 임씨 (林氏, 혜종 딸)
문원대왕 정(貞)
증통국사
낙랑공주
흥방궁주

대종 욱(旭)
*선의왕후 류씨 (柳氏, 태조 딸, 정덕왕후 소생)
대목왕후(광종 配)

안종 욱(郁)
*헌정왕후 황보씨 (皇甫氏, 대종 딸, 경종 配)

수명태자

5. 경종(景宗)
(재위 975. 5.~981. 7.)
헌숙왕후 김씨 (金氏, 경순왕 김부 딸)
*헌의왕후 유씨 (劉氏, 문원대왕 왕정 딸)
*헌애왕태후 황보씨 (皇甫氏, 대종 딸)
*헌정왕후 황보씨 (皇甫氏, 대종 딸)
*대명궁부인 류씨 (柳氏)
효화태자, 천추전부인, 보화궁부인, 문덕왕후

효덕태자

6. 성종(成宗)
(재위 981. 7.~997. 10.)
*문덕왕후 유씨 (劉氏, 광종 딸)
문화왕후 김씨 (金氏, 선주 김원숭 딸)
연창궁부인 최씨 (崔氏, 최행언 딸)
경장태자, 헌애왕태후, 헌정왕후

7. 목종(穆宗)
(재위 997. 10.~1009. 2.)
*선정왕후 유씨 (劉氏, 흥덕원군 왕규 딸)
궁인 김씨 (金氏)

원정왕후(현종 配)
원화왕후(현종 配)

8. 현종(顯宗)

– 정덕왕후 류씨(柳氏): 왕위군, 인애군, 원장태자, 조이군, 문혜왕후, 선의왕후, 공주
– 정목부인 왕씨(王氏): 순안왕대비
– 동양원부인 유씨(庾氏): 효목태자 의, 효은태자
– 숙목부인: 원녕태자
– 천안부원부인 임씨(林氏): 효성태자 임주, 효지태자
– 홍복원부인 홍씨(洪氏): 태자 직, 공주
– 소광주원부인 왕씨(王氏): 광주원군
– 성무부인 박씨(朴氏): 효제태자, 효명태자, 법등군, 자리군, 공주
– 의성부원부인 홍씨(洪氏): 의성부원대군

8. 현종(顯宗)
(재위 1009. 2.~1031. 5.)
*원정왕후 김씨
(金氏, 성종 딸)
효선공주, 천수전주
*원화왕후 최씨
(崔氏, 성종 딸)
9. 덕종(德宗)
(재위 1031. 5.~1034. 9.)
*경성왕후 김씨
(金氏, 현종 딸, 원순숙비 소생)
상회공주
경목현비 왕씨
(王氏, 청주 왕가도 딸)
원성태후 김씨
(金氏, 안산 김은부 딸)
*효사왕후 김씨
(金氏, 현종 딸, 원예태후 소생)
이씨
(李氏, 부여 이품언 딸)
공주(元忠의 配)
원혜태후 김씨
(金氏, 안산 김은부 딸)
유씨
(劉氏, 충주 유총거 딸)
10. 정종(靖宗)
(재위 1034. 9.~1046. 5.)
애상군 방(昉)
낙랑후 경(璥)
*원용왕후 류씨
(柳氏, 경장태자 딸)
용신왕후 한씨
(韓氏, 단주 한조 딸)
개성후 개(暟)
용의왕후 한씨
(韓氏, 단주 한조 딸)
도애공주
원목왕후 서씨
(徐氏, 이천 서눌 딸)
용목왕후 이씨
(李氏, 부여 이품언 딸)
용절덕비 김씨
(金氏, 경주 김원충 딸)
원평왕후 김씨
(金氏, 안산 김은부 딸)
연창궁주 노씨(盧氏)
인평왕후(문종의 配)
원순숙비 김씨
(金氏, 경주 김인위 딸)
경숙공주
원질귀비 왕씨
(王氏, 청주 왕가도 딸)
11. 문종(文宗)
진(璡)
평양공 기(基)
거(琚)
*효사왕후(덕종 配)
귀비 유씨(庾氏),
궁인 한씨(韓氏, 한인경 딸),
궁인 이씨(李氏, 이언술 딸),
궁인 박씨(朴氏, 전주 박온기 딸)
영(瑛)
경성왕후(덕종 配)

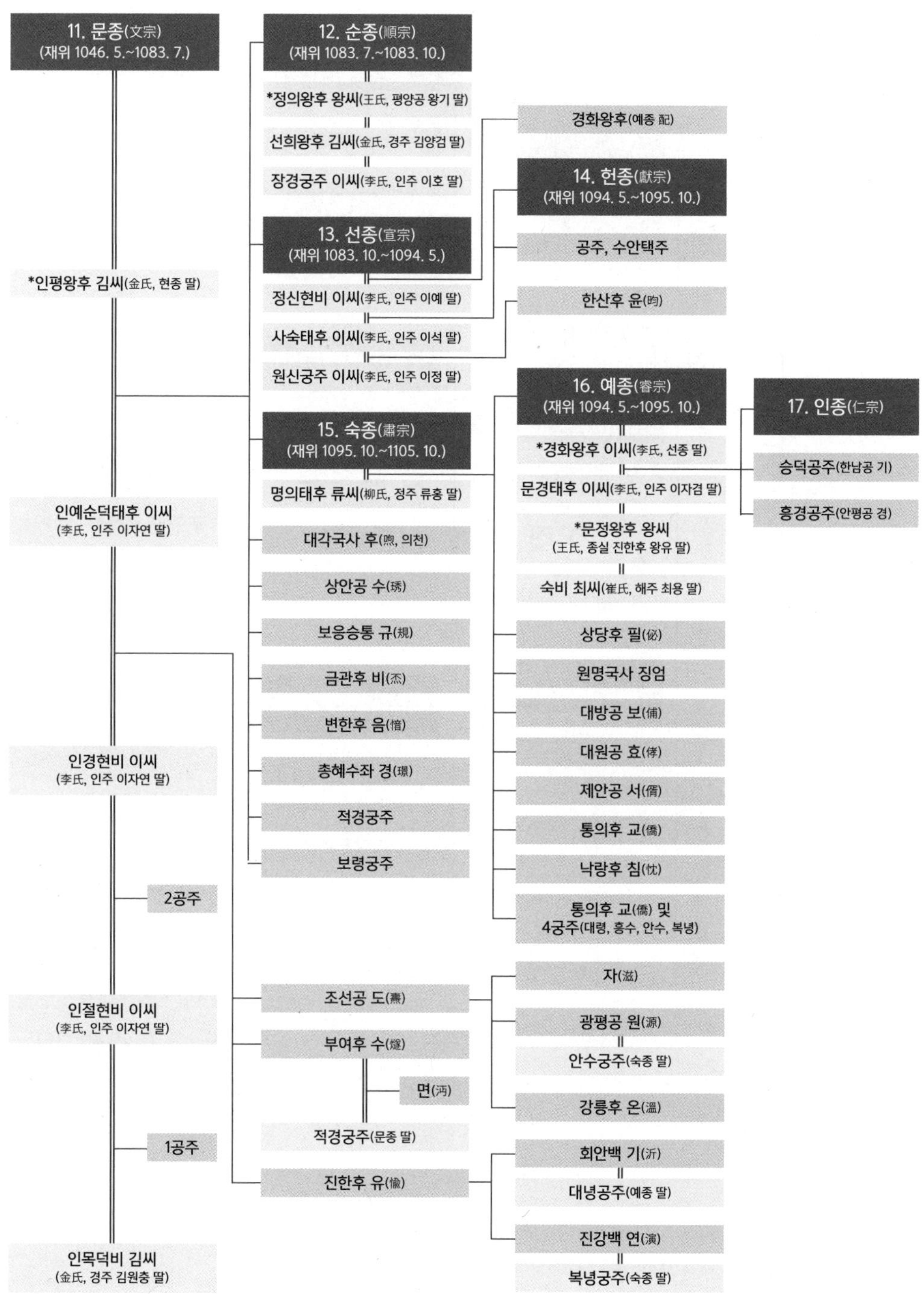

11. 문종(文宗)
(재위 1046. 5.~1083. 7.)
*인평왕후 김씨(金氏, 현종 딸)
인예순덕태후 이씨
(李氏, 인주 이자연 딸)
인경현비 이씨
(李氏, 인주 이자연 딸)
인절현비 이씨
(李氏, 인주 이자연 딸)
인목덕비 김씨
(金氏, 경주 김원충 딸)
12. 순종(順宗)
(재위 1083. 7.~1083. 10.)
*정의왕후 왕씨(王氏, 평양공 왕기 딸)
선희왕후 김씨(金氏, 경주 김양검 딸)
장경궁주 이씨(李氏, 인주 이호 딸)
13. 선종(宣宗)
(재위 1083. 10.~1094. 5.)
정신현비 이씨(李氏, 인주 이예 딸)
사숙태후 이씨(李氏, 인주 이석 딸)
원신궁주 이씨(李氏, 인주 이정 딸)
15. 숙종(肅宗)
(재위 1095. 10.~1105. 10.)
명의태후 류씨(柳氏, 정주 류홍 딸)
대각국사 후(煦, 의천)
상안공 수(琇)
보응승통 규(規)
금관후 비(㶨)
변한후 음(愔)
총혜수좌 경(璟)
적경궁주
보령궁주
2공주
1공주
경화왕후(예종 配)
14. 헌종(獻宗)
(재위 1094. 5.~1095. 10.)
공주, 수안택주
한산후 윤(昀)
16. 예종(睿宗)
(재위 1094. 5.~1095. 10.)
*경화왕후 이씨(李氏, 선종 딸)
문경태후 이씨(李氏, 인주 이자겸 딸)
*문정왕후 왕씨
(王氏, 종실 진한후 왕유 딸)
숙비 최씨(崔氏, 해주 최용 딸)
상당후 필(佖)
원명국사 징엄
대방공 보(俌)
대원공 효(侾)
제안공 서(偦)
통의후 교(僑)
낙랑후 침(忱)
통의후 교(僑) 및
4궁주(대령, 흥수, 안수, 복녕)
조선공 도(燾)
부여후 수(㸂)
면(沔)
적경궁주(문종 딸)
진한후 유(愉)
17. 인종(仁宗)
승덕공주(한남공 기)
흥경공주(안평공 경)
자(滋)
광평공 원(源)
안수궁주(숙종 딸)
강릉후 온(溫)
회안백 기(沂)
대녕공주(예종 딸)
진강백 연(演)
복녕궁주(숙종 딸)

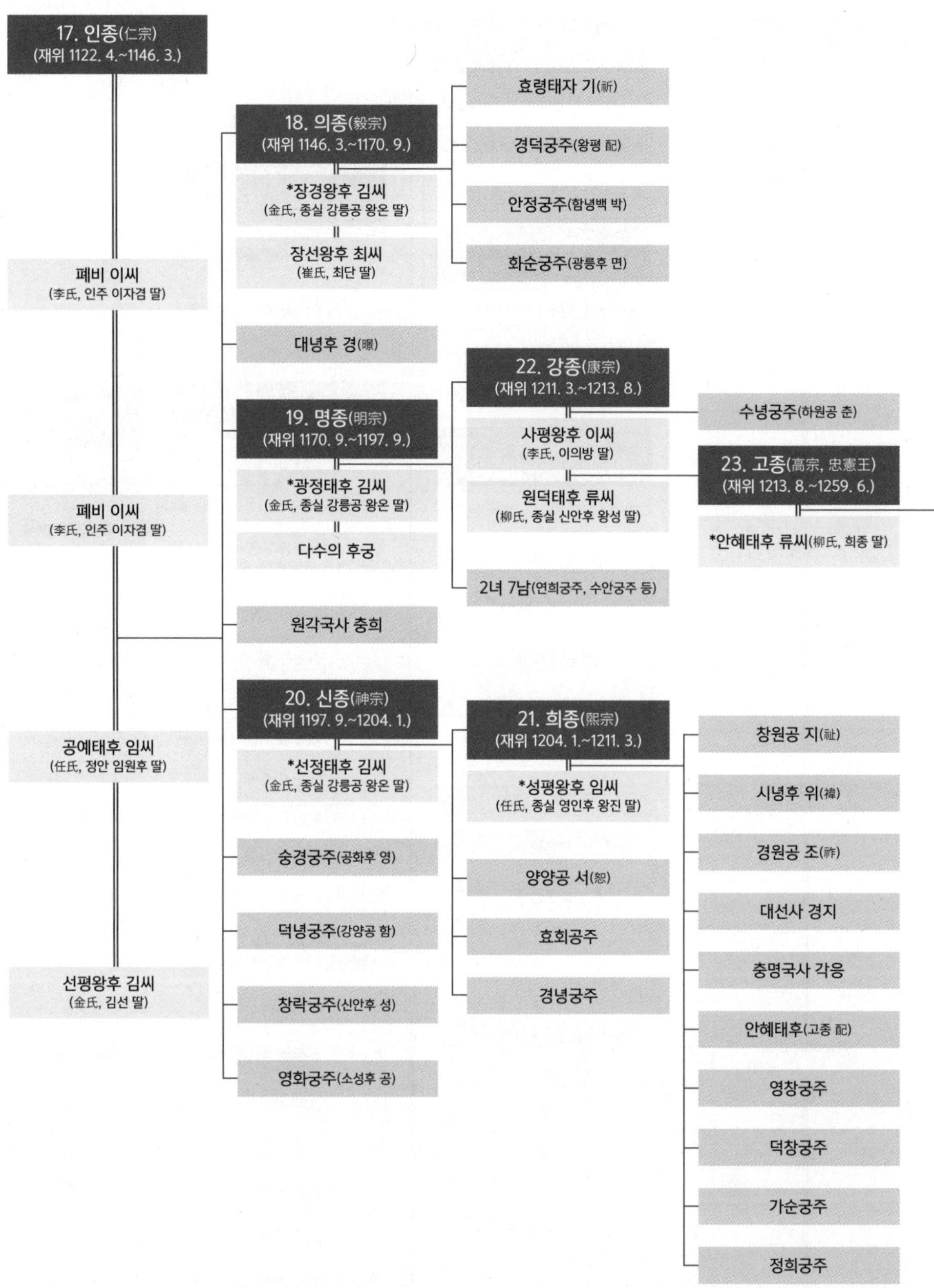

17. 인종(仁宗)
(재위 1122. 4.~1146. 3.)

폐비 이씨
(李氏, 인주 이자겸 딸)

폐비 이씨
(李氏, 인주 이자겸 딸)

공예태후 임씨
(任氏, 정안 임원후 딸)

선평왕후 김씨
(金氏, 김선 딸)

18. 의종(毅宗)
(재위 1146. 3.~1170. 9.)

*장경왕후 김씨
(金氏, 종실 강릉공 왕온 딸)

장선왕후 최씨
(崔氏, 최단 딸)

효령태자 기(祈)

경덕궁주(왕평 配)

안정궁주(함녕백 박)

화순궁주(광릉후 면)

대녕후 경(暻)

19. 명종(明宗)
(재위 1170. 9.~1197. 9.)

*광정태후 김씨
(金氏, 종실 강릉공 왕온 딸)

다수의 후궁

22. 강종(康宗)
(재위 1211. 3.~1213. 8.)

사평왕후 이씨
(李氏, 이의방 딸)

원덕태후 류씨
(柳氏, 종실 신안후 왕성 딸)

수녕궁주(하원공 춘)

23. 고종(高宗, 忠憲王)
(재위 1213. 8.~1259. 6.)

*안혜태후 류씨(柳氏, 희종 딸)

2녀 7남(연희궁주, 수안궁주 등)

원각국사 충희

20. 신종(神宗)
(재위 1197. 9.~1204. 1.)

*선정태후 김씨
(金氏, 종실 강릉공 왕온 딸)

숭경궁주(공화후 영)

덕녕궁주(강양공 함)

창락궁주(신안후 성)

영화궁주(소성후 공)

21. 희종(熙宗)
(재위 1204. 1.~1211. 3.)

*성평왕후 임씨
(任氏, 종실 영인후 왕진 딸)

양양공 서(恕)

효회공주

경녕궁주

창원공 지(祉)

시녕후 위(禕)

경원공 조(祚)

대선사 경지

충명국사 각응

안혜태후(고종 配)

영창궁주

덕창궁주

가순궁주

정희궁주

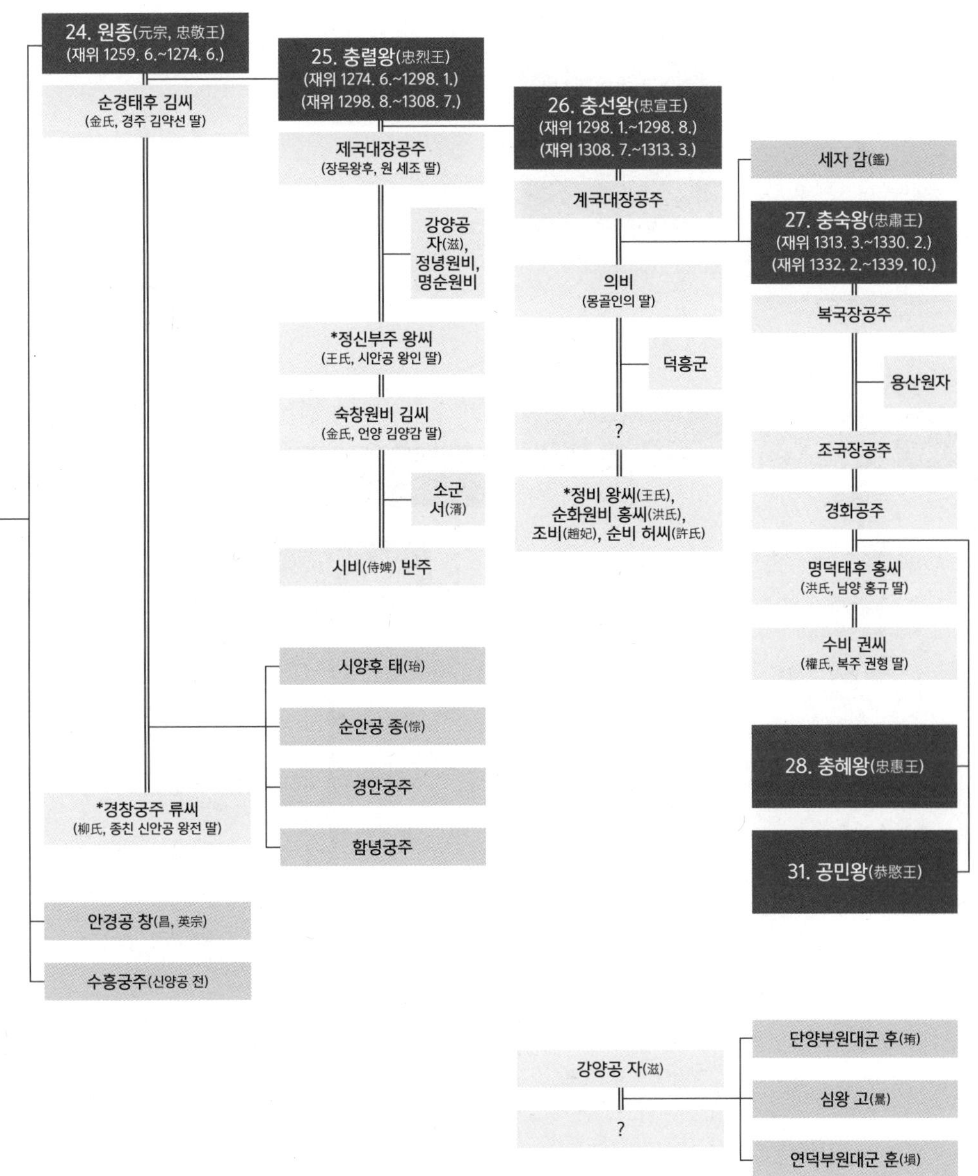

24. 원종(元宗, 忠敬王)
(재위 1259. 6.~1274. 6.)
순경태후 김씨
(金氏, 경주 김약선 딸)
25. 충렬왕(忠烈王)
(재위 1274. 6.~1298. 1.)
(재위 1298. 8.~1308. 7.)
26. 충선왕(忠宣王)
(재위 1298. 1.~1298. 8.)
(재위 1308. 7.~1313. 3.)
제국대장공주
(장목왕후, 원 세조 딸)
강양공 자(滋),
정녕원비,
명순원비
*정신부주 왕씨
(王氏, 시안공 왕인 딸)
숙창원비 김씨
(金氏, 언양 김양감 딸)
소군 서(湑)
시비(侍婢) 반주
세자 감(鑑)
27. 충숙왕(忠肅王)
(재위 1313. 3.~1330. 2.)
(재위 1332. 2.~1339. 10.)
계국대장공주
의비
(몽골인의 딸)
덕흥군
?
*정비 왕씨(王氏),
순화원비 홍씨(洪氏),
조비(趙妃), 순비 허씨(許氏)
복국장공주
용산원자
조국장공주
경화공주
명덕태후 홍씨
(洪氏, 남양 홍규 딸)
수비 권씨
(權氏, 복주 권형 딸)
28. 충혜왕(忠惠王)
31. 공민왕(恭愍王)
시양후 태(珆)
순안공 종(悰)
경안궁주
함녕궁주
*경창궁주 류씨
(柳氏, 종친 신안공 왕전 딸)
안경공 창(昌, 英宗)
수흥궁주(신양공 전)
강양공 자(滋)
?
단양부원대군 후(珛)
심왕 고(暠)
연덕부원대군 훈(塤)

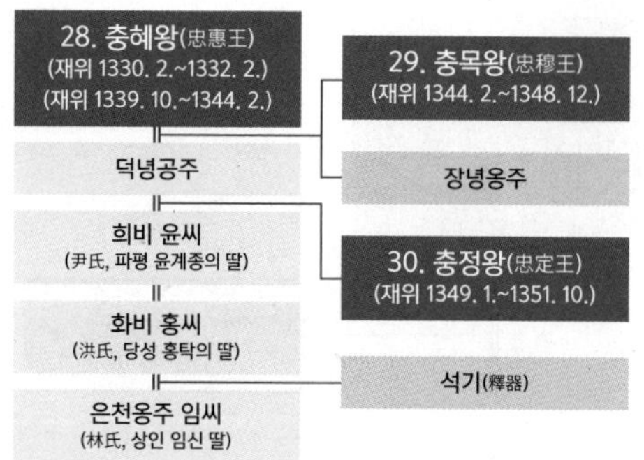
28. 충혜왕(忠惠王)
(재위 1330. 2.~1332. 2.)
(재위 1339. 10.~1344. 2.)
29. 충목왕(忠穆王)
(재위 1344. 2.~1348. 12.)
덕녕공주
장녕옹주
희비 윤씨
(尹氏, 파평 윤계종의 딸)
30. 충정왕(忠定王)
(재위 1349. 1.~1351. 10.)
화비 홍씨
(洪氏, 당성 홍탁의 딸)
석기(釋器)
은천옹주 임씨
(林氏, 상인 임신 딸)

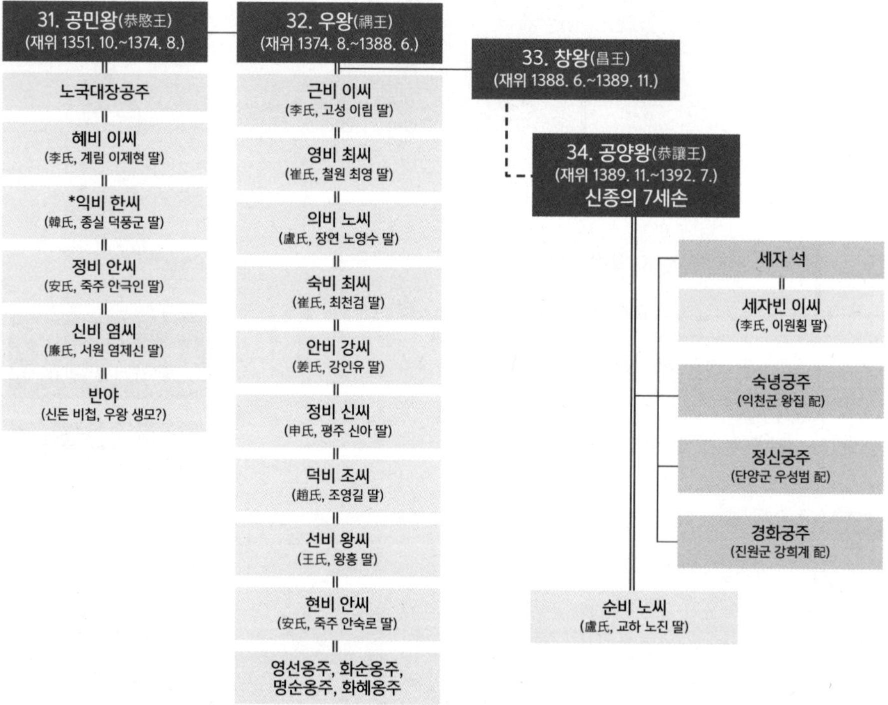
31. 공민왕(恭愍王)
(재위 1351. 10.~1374. 8.)
32. 우왕(禑王)
(재위 1374. 8.~1388. 6.)
33. 창왕(昌王)
(재위 1388. 6.~1389. 11.)
노국대장공주
근비 이씨
(李氏, 고성 이림 딸)
혜비 이씨
(李氏, 계림 이제현 딸)
영비 최씨
(崔氏, 철원 최영 딸)
34. 공양왕(恭讓王)
(재위 1389. 11.~1392. 7.)
신종의 7세손
*익비 한씨
(韓氏, 종실 덕풍군 딸)
의비 노씨
(盧氏, 장연 노영수 딸)
세자 석
정비 안씨
(安氏, 죽주 안극인 딸)
숙비 최씨
(崔氏, 최천검 딸)
세자빈 이씨
(李氏, 이원횡 딸)
신비 염씨
(廉氏, 서원 염제신 딸)
안비 강씨
(姜氏, 강인유 딸)
숙녕궁주
(익천군 왕집 配)
반야
(신돈 비첩, 우왕 생모?)
정비 신씨
(申氏, 평주 신아 딸)
정신궁주
(단양군 우성범 配)
덕비 조씨
(趙氏, 조영길 딸)
경화궁주
(진원군 강희계 配)
선비 왕씨
(王氏, 왕흥 딸)
현비 안씨
(安氏, 죽주 안숙로 딸)
순비 노씨
(盧氏, 교하 노진 딸)
영선옹주, 화순옹주,
명순옹주, 화혜옹주

* 공공누리 제1유형 저작물은 기관명(홈페이지), '저작물명'을 명시하였고 홈페이지는 처음
  한 번만 표시하였다.

〈사진 1〉 충남 논산시 개태사지
국가유산디지털서비스(https://digital.khs.go.kr/), '개태사지 개태사 전경'.

〈사진 2〉 개태사지 석조여래삼존입상(복원 전)
국가유산청 국가유산포털(https://www.heritage.go.kr/), '개태사지석불입상(복원전)'.

〈사진 3〉 개성군 중서면 곡령리 태조 왕건 현릉
문화체육관광부 국립중앙박물관(https://www.museum.go.kr/), '경기개성 고려태조 현릉'.

〈사진 4〉 현릉 석각 탁본
문화체육관광부 국립중앙박물관, '고려 현릉 석각 탁본'.

〈사진 5〉 광종의 명으로 만든 충남 논산시 은진면 관촉리 관촉사 석조미륵보살입상
문화체육관광부 국립중앙박물관, '사료조사5 충남논산 관촉사 석조미륵보살입상'.

〈사진 6〉 경기 하남시 교산동 선법사 마애약사여래좌상
국가유산청 국가유산포털, '하남 교산동 마애약사여래좌상'.

〈사진 7〉 경기 개성군 영남면 현화리(현 개성시 장풍군 월고리) 현화사지 전경
문화체육관광부 국립중앙박물관, '경기개성 현화사지 전경'.

<사진 8> 현화사비 우측면
문화체육관광부 국립중앙박물관, '경기개성 현화사비 우측면'.

<사진 9> 현화사비 전액 탁본
문화체육관광부 국립중앙박물관, '현화사비 전액 탁본'.

<사진 10> 현화사지 석불좌상
문화체육관광부 국립중앙박물관, '경기개성 현화사지 석불좌상'.

<사진 11> 경기 개성군 진봉면 흥왕리 흥왕사지 전경
문화체육관광부 국립중앙박물관, '경기개성 현화사지 전경'.

<사진 12>『고려사』1067년(문종 21) 정월 경신일(11) 흥왕사 낙성 기사
국사편찬위원회 한국사데이터베이스(https://db.history.go.kr/),『고려사』원문 이미지.

<사진 13> 흥왕사 대각국사 의천 묘지명
문화체육관광부 국립중앙박물관, '흥왕사 대각국사 의천 묘지명'.

<사진 14> 숙종 대 주전도감에서 주조한 동전과 활구(왼쪽부터 해동통보, 삼한중보, 활구)
문화체육관광부 국립중앙박물관, '해동통보', '삼한중보'.
한국은행 화폐박물관(https://contents.history.go.kr/), '은병'.

<사진 15> 조선 시대『북관유적도첩』중 윤관이 여진을 몰아내고 '고려지경(高麗之境)'의 비
      를 세우는 장면
고려대학교박물관 소장,『북관유적도첩』중 <척경입비도>.

<사진 16> 영광으로 유배된 이자겸과 굴비 이야기, 진실은 무엇일까?
퍼블릭 도메인.

<사진 17> 의종이 올린 인종대왕 시책(부분)
문화체육관광부 국립중앙박물관, '고려 인종의 시호를 올리며 지은 글'.

<사진 18> 인종대왕 시책 탁본

국립문화유산연구원 국가유산 지식이음, 『조선고적도보(朝鮮古蹟圖譜)』7(1932), 124쪽 '인종시책'.

<사진 19> 정습명 묘지명

국사편찬위원회 우리역사넷(https://contents.history.go.kr/), '정습명 묘지명(1150)'

<사진 20> 진도 용장산성 행궁지

국가유산청 국가유산포털, '용장산성행궁지'.

<사진 21> 제주도 항파두리

국가유산청 나만의 국가유산 해설사(https://m.khs.go.kr/), '제주 항파두리 항몽유적 전경'.

<사진 22> 원 세조 쿠빌라이 칸 초상

퍼블릭 도메인.

<사진 23> 충렬왕 대 일연에 의해 편찬된 『삼국유사』

국가유산청 나만의 국가유산 해설사, '국보_삼국유사_권제1-5_001_문화재대관(국보)'.

<사진 24> 1287년(충렬왕 13) 이승휴에 의해 편찬된 『제왕운기』(상권)

국사편찬위원회 우리역사넷, '『제왕운기』 상권'

<사진 25> 이제현 초상

문화체육관광부 국립중앙박물관, '원나라에서 충선왕을 모시던 성리학자 이제현 초상화'.

<사진 26> 이제현 문집 『익재집』 책판

국가유산청 국가유산포털, '익재집책판'.

<사진 27> 이제현이 찬한 홍규 처 김씨 묘지명

문화체육관광부 국립중앙박물관, '홍규 처 김씨 묘지명'.

〈사진 28〉 1348년(충목왕 4)에 만들어진 개성 경천사지 10층 석탑

한국민족문화대백과사전(https://encykorea.aks.ac.kr), '개성 경천사지 십층석탑(開城 敬天寺址 十層石塔)'.

〈사진 29〉 경천사지 10층 석탑 탑신부 조식

국가유산청 국가유산포털, '탑신부조식'.

〈사진 30〉 〈고려공민왕 엽기도(獵騎圖)〉

문화체육관광부 국립중앙박물관, '고려공민왕 엽기도'.

〈사진 31〉 〈공민왕필 한창려 선생상〉

문화체육관광부 국립중앙박물관, '공민왕필 한창려선생상'.

〈사진 32〉 공민왕 현릉과 노국대장공주 정릉

문화체육관광부 국립중앙박물관, '경기개성 고려 공민왕 현릉과 노국대장공주 정릉'.

〈사진 33〉 경기 장단군 진서면 대원리 화장사 공민왕 영정

문화체육관광부 국립중앙박물관, '경기장단 화장사 고려 공민왕 영정'.

〈사진 34〉 삼척시 근덕면 궁촌리 소재 공양왕릉

국가유산청 국가유산포털, '삼척공양왕릉원경'.

〈사진 35〉 고양시 덕양구 원당동 소재 공양왕릉

국가유산청 국가유산포털, '공양왕릉 전경(촬영년도: 2015년)'.

〈사진 36〉 경기 연천군 미산면 숭의전 전경

국가유산청 국가유산포털, '연천 숭의전지_전경(촬영년도: 2015년)'.

〈사진 37〉 숭의전 현판

국가유산청 국가유산포털, '연천 숭의전지_현판(촬영년도: 2015년)'.

1. 논문 및 보고서

강문식, 「조선시대 학자들의 정몽주 인식: 비판적 평가를 중심으로」, 『숭실사학』 47, 숭실
　　사학회, 2021.

강은경, 「고려후기 신돈의 정치개혁과 이상국가」, 『한국사학보』 9, 고려사학회, 2000.

강형석, 「고려 전기 공신당(功臣堂)의 설치와 운영: 벽상공신(壁上功臣) 제도와 관련하여」,
　　『한국중세사연구』 67, 한국중세사학회, 2021.

고병익, 「高麗 忠宣王의 元 武宗擁立」, 『역사학보』 17·18, 역사학회, 1962.

구범진·정동훈, 「홍무 5년(1372) 명 태조의 고려에 대한 의심과 '힐난 성지'」, 『명청사연구』
　　55, 명청사학회, 2021.

구산우, 「高麗 成宗代 정치세력의 성격과 동향」, 『한국중세사연구』 14, 한국중세사학회,
　　2003.

______, 「고려시기 제도와 정책의 수용과 배제: 成宗代 華風과 土風의 공존과 갈등을 중심
　　으로」, 『한국중세사연구』 42, 한국중세사학회, 2015.

권순형, 「고려 목종대 헌애왕태후의 섭정에 대한 고찰」, 『사학연구』 89, 한국사학회,
　　2008.

권영오, 「신라하대 경문왕가기 김위홍의 정치활동」, 『지역과 역사』 46, 부경역사연구소,
　　2020.

권용철, 「大元帝國 末期 政局과 고려 충혜왕의 즉위, 복위, 폐위」, 『한국사학보』 56, 고려사
　　학회, 2014.

______, 「홍무제의 공민왕 책봉 조서의 實在」, 『역사문화연구』 88, 한국외국어대학교 역사
　　문화연구소, 2023.

김갑동,「고려전기 后妃의 稱外姓 문제」,『한국사학보』37, 고려사학회, 2009.

______,「千秋太后의 실체와 西京 勢力」,『역사학연구』38, 호남사학회, 2010.

김광수,「高麗太祖의 三韓功臣」,『사학지』7, 단국대학교사학회, 1973.

김광철,「高麗 忠宣王의 現實認識과 對元活動: 忠烈王 24年 受禪以前을 중심으로」,『부산사학』
　　　11, 부산경남사학회, 1986.

김규형,「고려 무신집권기 경대승의 집권과 그 정치적 의의」,『역사학보』254, 역사학회,
　　　2022.

김기덕,「高麗時代 開京과 西京의 風水地理와 遷都論」,『한국사연구』127, 한국사연구회,
　　　2004.

김낙진,「고려 무인정권기 명종의 현실인식과 정치운영」,『한국사연구』168, 한국사연구
　　　회, 2015.

______,「高麗 武人政權期 曹元正 亂의 전개과정과 그 특징」,『숭실사학』37, 숭실사학회,
　　　2016.

김난옥,「충혜왕비 덕녕공주의 정치적 역할과 위상」,『한국인물사연구』14, 한국인물사연
　　　구회, 2010.

______,「고려후기의 납속책」,『한국사학보』55, 고려사학회, 2014.

______,「여원관계의 전개와 征東行省理問所의 위상」,『한국사연구』174, 한국사연구회, 2016.

김남일,「정도전의 역사의식: 공양왕 3년의 상소·상서문을 중심으로」,『한국사학사학보』
　　　15, 한국사학사학회, 2007.

김당택,「忠宣王의 復位教書에 보이는 '宰相之宗'에 대하여: 소위 '權門世族'의 구성분자와 관
　　　련하여」,『역사학보』131, 역사학회, 1991.

______,「고려 말 대외관계의 격동과 무장세력의 정치적 지향」,『한국사 시민강좌』35, 일
　　　조각, 2004.

______,「이성계의 즉위와 공양왕」,『역사학연구』38, 호남사학회, 2010.

김도영,「萬卷堂과 濟美基德堂에 대한 재검토」,『역사학보』210, 역사학회, 2011.

______,『고려 우왕 정치행태 연구』, 전남대학교 박사학위논문, 2022.

김두진,「弓裔의 彌勒世界」,『한국사 시민강좌』10, 일조각, 1999.

김명진,「고려 명종대 조위총의 난과 금의 대응」,『동북아역사논총』46, 동북아역사재단,
　　　2014.

김병인·이바른,「고려 명종대 監務 파견의 정치적 성격」,『한국중세사연구』29, 한국중세

사학회, 2010.

김보광, 『高麗 內侍 硏究』, 고려대학교 박사학위논문, 2011.

______, 「고려 초 康兆의 政變과 中臺省의 등장: 선휘원·은대와 중대성의 치폐과정에 담긴 의미」, 『사학연구』 109, 한국사학회, 2013.

______, 「고려 목종대 정치세력과 정국동향」, 『역사와 현실』 91, 한국역사연구회, 2014.

______, 「고려전기 公服制의 정비 과정에 대한 연구」, 『사학연구』 121, 한국사학회, 2016.

김선미, 『高麗前期 王位繼承 硏究』, 고려대학교 박사학위논문, 2022.

김선주, 「신라 진성여왕의 재현과 섹슈얼리티」, 『여성과 역사』 29, 한국여성사학회, 2018.

김아네스, 「고려 전기 태묘의 禘祫 親享과 그 의미」, 『진단학보』 132, 진단학회, 2019.

______, 「고려 무신집권기 왕권과 의례: 왕실 조상 숭배의례를 중심으로」, 『석당논총』 80, 동아대학교 석당학술원, 2021.

김우택, 『10~12세기 高麗 選擧制의 운영 원리와 변천』, 서울대학교 박사학위논문, 2021.

______, 「명종대 전반의 공적 정치에 대한 인식과 그 추이」, 『한국중세사연구』 70, 한국중세사학회, 2022.

______, 「지위의 자격을 둘러싼 고려 명종대 전반기의 충돌과 경쟁」, 『사학연구』 148, 한국사학회, 2022.

김윤정, 「고려전기 집권체제의 정비와 官服制의 확립」, 『한국중세사연구』 28, 한국중세사학회, 2010.

김윤지, 『高麗 僧政 硏究』, 고려대학교 박사학위논문, 2022.

김인호, 「여말선초 군주수신론과 『대학연의(大學衍義)』」, 『역사와 현실』 29, 한국역사연구회, 1998.

______, 「원간섭기 이상적 인간형의 역사상 추구와 형태」, 『역사와 현실』 49, 한국역사연구회, 2003.

______, 「고려말 공양왕대 한양 천도의 배경과 정치운영」, 『서울과 역사』 106, 서울역사편찬원, 2020.

______, 「고려말 말세 의식과 사회적 대응」, 『한국사연구』 196, 한국사연구회, 2022.

김재명, 「高麗後期 王室財政의 二重的 構造: 이른바 私藏의 변화 과정을 중심으로」, 『진단학보』 89, 진단학회, 2000.

______, 「高麗 明宗代의 정치와 內侍」, 『사학연구』 99, 한국사학회, 2010.

김창겸, 「高麗 太祖代 姓貫 賜與와 그 의미」, 『역사민속학』 30, 한국역사민속학회, 2009.

김창현, 「고려말 불교의 경향과 문수신앙의 대두」, 『한국사상사학』 23, 한국사상사학회, 2004.

______, 「고려초기 정국과 서경」, 『사학연구』 80, 한국사학회, 2005.

______, 「고려말 신돈정권과 영남」, 『지역과 역사』 18, 부경역사연구소, 2006.

______, 「고려시대 國王巡御와 도읍경영」, 『한국중세사연구』 21, 한국중세사학회, 2006.

______, 「충선왕의 탄생과 결혼, 그리고 정치」, 『한국인물사연구』 14, (사)한국인물사연구회, 2010.

______, 「신돈의 삶과 역사적 위상」, 『한국중세사연구』 53, 한국중세사학회, 2018.

______, 「공민왕 중반 천도론과 三蘇 경영론」, 『서울과 역사』 106, 서울역사편찬원, 2020.

김철웅, 「고려시대 국왕의 즉위의례」, 『정신문화연구』 139, 한국학중앙연구원, 2015.

김현라, 「원간섭기 忠宣王妃 薊國大長公主의 위상 정립과 의미」, 『지역과 역사』 39, 부경역사연구소, 2016.

김현주, 「高麗 明宗代 武臣使臣의 출현과 활동」, 『사학지』 56, 단국사학회, 2018.

김형수, 「忠宣王의 復位와 復位敎書의 性格」, 『대구사학』 56, 대구사학회, 1998.

______, 「조선왕조의 건국과 태조 즉위교서의 성격」, 『석당논총』 66, 동아대학교 석당학술원, 2016.

김혜원, 『고려후기 瀋王 연구』, 이화여자대학교 박사학위논문, 1999.

김호동, 「고려 명종 23년의 '신라부흥운동' 사료 검토」, 『신라사학보』 26, 신라사학회, 2012.

김희윤, 「고려 공민왕대의 공신 책봉」, 『한국중세사연구』 71, 한국중세사학회, 2022.

도현철, 「조선 건국 과정에서 역사 기록의 상이한 평가와 해석」, 『역사학보』 248, 역사학회, 2020.

문경호, 「공민왕~우왕 시기 고려의 대명 외교와 사행로 변화」, 『해양유산연구』 18, 국립해양유산연구소, 2023.

민현구, 「辛旽의 執權과 그 政治的 性格(上)」, 『역사학보』 38, 역사학회, 1968.

______, 「辛旽의 執權과 그 政治的 性格(下)」, 『역사학보』 40, 역사학회, 1968.

______, 「政治家로서의 恭愍王: 在位 前半期의 행적에 보이는 改革君主로서의 면모」, 『아세아연구』 100, 고려대학교 아세아문제연구원, 1998.

______, 「공민왕(恭愍王): 개혁정치의 꿈과 좌절」, 『한국사 시민강좌』 31, 일조각, 2002.

______, 「고려에서 조선으로의 왕조 교체를 어떻게 평가할 것인가」, 『한국사 시민강좌』

40, 일조각, 2007.

______, 「高麗 恭愍王代 중엽의 정치적 변동」, 『진단학보』 107, 진단학회, 2009.

박윤진, 「順妃 許氏의 가계와 忠宣王과의 결혼」, 『한국중세사연구』 52, 한국중세사학회, 2018.

박재우, 「高麗 忠宣王代 政治運營과 政治勢力 動向」, 『한국사론』 29, 서울대학교 인문대학 국사학과, 1993.

______, 「고려전기 정치제도의 운영과 당송제」, 『역사와 현실』 86, 한국역사연구회, 2012.

______, 「고려전기 영토관념과 邊境」, 『한국중세사연구』 35, 한국중세사학회, 2013.

______, 「고려 崔承老의 정치사상과 그 지향」, 『한국중세사연구』 58, 한국중세사학회, 2019.

______, 「고려 명종대 重房의 기능과 정치적 위상」, 『역사학보』 248, 역사학회, 2020.

______, 「여몽전쟁 후반기 강화 추진과 무신」, 『한국중세사연구』 63, 한국중세사학회, 2020.

박종기, 「원간섭기 사회현실과 개혁론의 전개」, 『역사와 현실』 49, 한국역사연구회, 2003.

______, 「고려 말 왜구와 지방사회」, 『한국중세사연구』 24, 한국중세사학회, 2008.

박종덕, 『고려시대 풍수지리사상 연구』, 부산대학교 박사학위논문, 2019.

박종진, 「忠宣王代의 財政改革策과 그 性格」, 『한국사론』 9, 서울대학교 인문대학 국사학과, 1983.

박찬교, 「신돈의 정치적 위상과 역할에 대한 재검토: 중간자적 존재인 이인임·임박의 중용과 활동에 근거하여」, 『역사교육논집』 78, 역사교육학회, 2021.

백인환, 「高麗 明宗 후반기 무신집권자의 부재와 권력분점」, 『사림』 72, 수선사학회, 2020.

변동명, 「忠宣王과 萬僧會」, 『민족문화논총』 27, 영남대학교 민족문화연구소, 2003.

변은숙, 「高麗 忠宣王代 政治改革과 政治勢力」, 『명지사론』 13, 명지사학회, 2002.

______, 「고려 충목왕대 정치세력의 성격: 整治都監의 整治官을 중심으로」, 『중앙사론』 19, 중앙대학교 중앙사학연구소, 2004.

변태섭, 「武臣政權期의 反武臣亂의 性格: 金甫當의 난과 趙位寵의 난을 중심으로」, 『한국사연구』 19, 한국사연구회, 1978.

서금석, 「궁예의 국도 선정과 국호·연호 제정의 성격」, 『한국중세사연구』 42, 한국중세사학회, 2015.

______, 「고려국왕 생일 節日에 대한 검토」, 『한국민족문화』 64, 부산대학교 한국민족문화

연구소, 2017.

서희종, 「고려 무신집권기 조위총(趙位寵) 반란의 성격과 그 의미」, 『사림』 67, 수선사학회, 2019.

신수정, 「武臣政權과 文克謙」, 『실학사상연구』 10·11 합집, 무악실학회, 1999.

신안식, 「고려초기의 영토의식과 국경 분쟁」, 『군사』 105, 국방부군사편찬연구소, 2017.

신은제, 「원종·충렬왕대 전민변정사업의 성격」, 『한국중세사연구』 21, 한국중세사학회, 2006.

______, 「14세기 전반 원의 정국동향과 고려의 정치도감」, 『한국중세사연구』 26, 한국중세사학회, 2009.

______, 「공민왕의 신돈 등용의 배경」, 『역사와 경계』 91, 부산경남사학회, 2014.

______, 「신돈 집권기 전민추정도감의 설치와 그 성격」, 『역사와 경계』 95, 부산경남사학회, 2015.

신호웅, 「恭愍王代 辛旽의 개혁정치와 禑昌非王說」, 『이화사학연구』 30, 이화사학연구소, 2003.

안주영, 「고려 공민왕·우왕 시기 중방의 정치적 활용」, 『사총』 103, 고려대학교 역사연구소, 2021.

안지원, 「고려시대 帝釋神仰의 양상과 그 변화」, 『국사관논총』 78, 국사편찬위원회, 1997.

오기승, 「공민왕대 여몽분쟁과 접경 고려인 세력」, 『역사와 실학』 78, 역사실학회, 2022.

오수창, 「조선왕조 개창의 형식과 논리: 禪讓論과 추대 사실의 검토」, 『동방학지』 176, 연세대학교 국학연구원, 2016.

오치훈, 『고려 전시과의 분급체계와 운영』, 고려대학교 박사학위논문, 2018.

______, 「고려 전시과의 전개와 지급기준의 변화」, 『한국사학보』 73, 고려사학회, 2018.

______, 「고려 전시과의 성격: 분급토지와 분급대상을 중심으로」, 『역사와 담론』 96, 호서사학회, 2020.

유현주, 『『고려사』 「禮志」 嘉禮를 통해 본 고려시대 國俗 연구』, 한국학중앙연구원 박사학위논문, 2020.

윤경진, 「고려 태조-광종대 북방 개척과 州鎭 설치: 『高麗史』 地理志 北界 州鎭 연혁의 분석과 補正」, 『규장각』 37, 서울대학교 규장각한국학연구원, 2010.

______, 「고려의 三韓一統意識과 '開國' 인식」, 『한국문화』 74, 서울대학교 규장각한국학연구원, 2016.

______, 「고려 성종대 歷史繼承意識의 전개 양상」, 『한국문화』 77, 서울대학교 규장각한국학연구원, 2017.

______, 「고려초기 三韓一統意識과 '高麗三京': 東京 연혁의 역사적 함의」, 『한국중세사연구』 51, 한국중세사학회, 2017.

______, 「고려 건국기의 三韓一統意識과 '海東天下' 인식」, 『한국중세사연구』 55, 한국중세사학회, 2018.

윤기엽, 『高麗後期 寺院의 實狀과 動向에 관한 硏究』, 연세대학교 박사학위논문, 2004.

______, 「元干涉期 元皇室의 願堂이 된 高麗寺院」, 『대동문화연구』 46, 성균관대학교 동아시아학술원, 2004.

윤용혁, 「고려 대몽항쟁기의 불교의례」, 『역사교육논집』 13, 역사교육학회, 1990.

______, 「몽고 침입과 부인사 대장경의 소실」, 『한국중세사연구』 28, 한국중세사학회, 2010.

윤훈표, 「고려말 개혁정치와 경연제도의 개편」, 『사학연구』 93, 한국사학회, 2009.

이강한, 「고려 충선왕·원 무종의 재정운용 및 '정책공유'」, 『동방학지』 143, 연세대학교 국학연구원, 2008.

______, 「고려 충선왕의 국정 및 '구제' 복원」, 『진단학보』 105, 진단학회, 2008.

______, 「고려 충선왕의 정치개혁과 元의 영향」, 『한국문화』 43, 서울대학교 규장각한국학연구원, 2008.

______, 「공민왕대 관제개편의 내용 및 의미」, 『역사학보』 201, 역사학회, 2009.

______, 「고려 충숙왕대 科擧制 정비의 내용과 의미」, 『대동문화연구』 71, 대동문화연구원, 2010.

______, 「'친원'과 '반원'을 넘어서: 13~14세기사에 대한 새로운 이해」, 『역사와 현실』 78, 한국역사연구회, 2010.

______, 「1307년 "依上國之制, 定軍民" 조치의 내용과 의미: 고려 충선왕대 軍役制 정비 방향에 대한 試論」, 『한국사학보』 45, 고려사학회, 2011.

______, 「고려후기 군제(軍制)의 변화상 연구: 만호(萬戶) 및 외관(外官)과의 관계를 중심으로」, 『한국문화』 75, 서울대학교 규장각한국학연구원, 2016.

______, 「13~14세기 고려와 원제국의 '탐라(제주) 정책'」, 『한국학논총』 48, 국민대학교 한국학연구소, 2017.

______, 「고려 충렬~충정왕대의 밀직-재신 간 轉職양상 검토」, 『한국사학보』 76, 고려사

학회, 2019.

______, 「고려 충숙왕대 인사정책 연구: 재추의 관직겸임 양상을 중심으로」, 『역사학보』 244, 역사학회, 2019.

______, 「공민왕대 인사정책 연구: 재위전반기(~1365), 재추의 겸직 및 전직 양상에 대한 검토를 중심으로」, 『한국중세사연구』 62, 한국중세사학회, 2020.

______, 「고려 충선왕대의 문산계 개편 및 이후의 변화」, 『대동문화연구』 117, 대동문화연구원, 2022.

이기남, 「忠宣王의 改革과 詞林院의 設置」, 『역사학보』 52, 역사학회, 1971.

이명미, 「高麗·元 王室通婚의 政治的 의미」, 『한국사론』 49, 서울대학교 인문대학 국사학과, 2003.

______, 「奇皇后세력의 恭愍王 폐위시도와 高麗國王權: 奇三寶叔 元子책봉의 의미」, 『역사학보』 206, 역사학회, 2010.

______, 「공민왕대 초반 군주권 재구축 시도와 奇氏一家: 1356년(공민왕 5) 개혁을 중심으로」, 『한국문화』 53, 서울대학교 규장각한국학연구원, 2011.

______, 『고려-몽골 관계와 고려국왕 위상의 변화』, 서울대학교 박사학위논문, 2012.

______, 「몽골 복속기 고려국왕 위상의 한 측면: 忠烈~忠宣王代 重祚를 중심으로」, 『동국사학』 54, 동국역사문화연구소, 2013.

______, 「恭愍王代 후반 親明정책의 한 배경: 몽골 복속기 권력구조에 대한 트라우마」, 『사학연구』 113, 한국사학회, 2014.

______, 「고려국왕의 몽골 入朝 양상과 국왕권의 존재양태」, 『한국중세사연구』 46, 한국중세사학회, 2016.

______, 「성지(聖旨)를 통해 본 여말선초의 정치·외교 환경」, 『역사비평』 121, 역사문제연구소, 2017.

______, 「고려후기 權署征東行省事설치의 양상과 배경」, 『한국사연구』 182, 한국사연구회, 2018.

______, 「몽골 복속기 立省論의 구성 과정과 맥락: 초기의 立省 관련 논의를 중심으로」, 『역사학보』 252, 역사학회, 2021.

______, 「중학교 역사 수업에서 '정동행성'은 왜 학습되고 있을까?: 2015 개정 교육과정 역사 교과 '학습 요소' 설정의 맥락」, 『역사교육』 163, 역사교육연구회, 2022.

______, 「몽골에 대한 고려의 '貢女' 양상과 배경」, 『학림』 52, 연세사학연구회, 2023.

이미지, 「고려 명종대 忠義 담론의 대두와 그 의미」, 『한국사학보』 81, 고려사학회, 2020.

이민우, 「고려 말 私田 혁파와 과전법에 대한 재검토」, 『규장각』 47, 서울대학교 규장각한
　　　　국학연구원, 2015.

______, 『여말선초 私田 혁파와 토지제도 개혁 구상』, 서울대학교 박사학위논문, 2015.

______, 「고려 말 조선 초 토지제도 개혁과 사회 변화」, 『역사비평』 120, 역사문제연구소,
　　　　2017.

______, 「조준의 전제 개혁 상소: 어진 정치에 적합한 토지제도는 무엇인가?」, 『내일을 여
　　　　는 역사』 70, 내일을 여는 역사재단, 2018.

______, 「중세 경제사 연구에서 토지 소유권과 수조권에 대한 재검토」, 『한국중세사연구』
　　　　61, 한국중세사학회, 2020.

이바른, 『고려시대 外國人 移住 연구』, 고려대학교 박사학위논문, 2021.

이익주, 「高麗 對蒙抗爭期 講和論의 硏究」, 『역사학보』 151, 역사학회, 1996.

______, 『高麗·元關係의 構造와 高麗後期 政治體制』, 서울대학교 박사학위논문, 1996.

______, 「14세기 유학자의 현실인식과 성리학 수용과정의 연구: 민지의 사례를 중심으
　　　　로」, 『역사와 현실』 49, 한국역사연구회, 2003.

______, 「고려 말의 정치사회적 혼돈과 신흥사대부의 성장」, 『한국사 시민강좌』 35, 일조
　　　　각, 2004.

______, 「고려 말 정도전의 정치세력 형성 과정 연구」, 『동방학지』 134, 연세대학교 국학
　　　　연구원, 2006.

______, 「공민왕대의 개혁정치와 한양천도론」, 『향토서울』 68, 서울특별시사편찬위원회,
　　　　2006.

______, 「고려 우왕대 이색의 정치적 위상에 대한 연구」, 『역사와 현실』 68, 한국역사연구
　　　　회, 2008.

______, 「1356년 공민왕 反元政治 再論」, 『역사학보』 225, 역사학회, 2015.

______, 「14세기 후반 고려-원 관계의 연구」, 『동북아역사논총』 53, 동북아역사재단,
　　　　2016.

______, 「고려 충목왕대의 整治都監 再論」, 『진단학보』 134, 진단학회, 2020.

이재범, 「나말여초 "압록(鴨綠)"의 위치 비정」, 『사림』 27, 수선사학회, 2007.

이정기, 「고려 태조대 북방 개척과 鎭頭 파견」, 『군사』 79, 국방부군사편찬연구소, 2011.

이정란, 「辛旽 黨與 家門의 조상 감추기와 褒貶論」, 『한국사학보』 27, 고려사학회, 2007.

______, 「『高麗史』「辛禑傳」의 편찬방식과 자료적 성격」, 『한국사학보』 48, 고려사학회, 2012.

______, 「고려 전기 太后의 이념적 지위와 '太后權'의 근거」, 『사학연구』 111, 한국사학회, 2013.

______, 「기황후(奇皇后)의 정체성 논란, 사실은 무엇인가?」, 『내일을 여는 역사』 54, 내일을 여는 역사재단, 2014.

______, 「왜구의 충청 지역 침구의 시기별 추이와 고려의 대응」, 『사림』 52, 수선사학회, 2015.

______, 「高麗末의 易姓革命과 조선 '제후국'의 성립」, 『한국중세사연구』 46, 한국중세사학회, 2016.

______, 「신돈의 영산신씨 가계와 가족들」, 『한국중세사연구』 53, 한국중세사학회, 2018.

______, 「1361년 홍건적의 침입과 공민왕의 충청지역 피난정치」, 『지방사와 지방문화』 21(1), 역사문화학회, 2018.

______, 「고려 전기 국왕 謚號制의 내용과 그 의미」, 『한국사학보』 82, 고려사학회, 2021.

이정신, 「忠宣王의 요동회복 의지와 高麗王·瀋王의 분리 임명」, 『한국인물사연구』 21, 한국인물사연구회, 2014.

______, 「고려 후기 입성론과 국왕의 역할: 입성론의 양면성을 중심으로」, 『한국사연구』 179, 한국사연구회, 2017.

이정호, 「원간섭기 勸農政策의 추진방향: 충렬왕대와 충선왕대를 중심으로」, 『민족문화논총』 28, 영남대학교 민족문화연구소, 2003.

이정훈, 「忠宣王代 官制 改革과 관청간의 統屬관계」, 『한국중세사연구』 32, 한국중세사학회, 2012.

______, 「원간섭기 첨의부의 위상과 역할: 충렬왕과 충선왕대를 중심으로」, 『역사와 현실』 88, 한국역사연구회, 2013.

______, 「고려시대 '고려세계(高麗世系)'에 대한 기록과 인식」, 『역사와 현실』 104, 한국역사연구회, 2017.

______, 「원간섭기 監察司의 지위와 역할: 충렬왕과 충선왕대를 중심으로」, 『역사와 실학』 65, 역사실학회, 2018.

이종서, 「羅末麗初 姓氏 사용의 擴大와 그 背景」, 『한국사론』 37, 서울대학교 인문대학 국사학과, 1997.

이태진,「金致陽 亂의 性格: 高麗初 西京勢力의 政治的 推移와 관련하여」,『한국사연구』17, 한국사연구회, 1977.

이형우,『高麗 禑王代의 政治的 推移와 政治勢力 硏究』, 고려대학교 박사학위논문, 1999.

______,「변신과 처세에 능했던 권신 이인임」,『역사비평』48, 역사문제연구소, 1999.

______,「高麗末 新進士類의 정치적 역할: 朝鮮 建國勢力의 정치·사회적 기반 재검토의 일환으로」,『한국사학보』12, 고려사학회, 2002.

______,「高麗 禑王代의 遷都論과 정치세력」,『한국학보』113, 일지사, 2003.

______,「노국대장공주와 공민왕의 정치」,『한국인물사연구』12, 한국인물사연구회, 2009.

______,「고려 공양왕대의 천도론」,『역사와 담론』57, 호서사학회, 2010.

______,「우왕의 정치에 대한 일고찰: 출생배경과 폐위, 죽음을 중심으로」,『한국인물사연구』16, 한국인물사연구회, 2011.

______,「고려말 정치적 추이와 김저 사건」,『포은학연구』16, 포은학회, 2015.

______,「망할 수밖에 없었을까, 멸망시킨 것일까」,『내일을 여는 역사』58, 내일을 여는 역사재단, 2015.

______,「공양왕대 윤이·이초 사건」,『포은학연구』18, 포은학회, 2016.

______,「한국사 교과서 속 '신흥 무인 세력'」,『한국중세사연구』55, 한국중세사학회, 2018.

______,「고려 후기 포은(圃隱)의 정치적 입장과 그 의미」,『포은학연구』24, 포은학회, 2019.

______,「공민왕대 후반의 국정 운영과 주도 세력」,『한국중세사연구』62, 한국중세사학회, 2020.

임영희,『고려전기 형제 왕위계승의 정치적 성격』, 전남대학교 박사학위논문, 2020.

______,「고려 이의민 집정시기 명종의 정치적 위상」,『역사학연구』87, 호남사학회, 2022.

임지원,『고려 현종의 국정운영 연구』, 경북대학교 박사학위논문, 2022.

임형수,「13~14세기 高麗 官人層의 元都宿衛와 그 전개 양상」,『역사와 담론』86, 호서사학회, 2018.

장동익,「新資料를 통해 본 忠宣王의 在元活動」,『역사교육논집』23·24 합집, 역사교육학회, 1999.

장상주, 「고려 명종의 측근 세력의 동향」, 『대구사학』 112, 대구사학회, 2013.

______, 『高麗 明宗代 政治勢力과 政局運營 硏究』, 경북대학교 박사학위논문, 2014.

______, 「曹元正의 반란을 통해본 명종대의 재조명」, 『대구사학』 135, 대구사학회, 2019.

______, 「고려 의종대 王弟 大寧侯 사건」, 『대구사학』 144, 대구사학회, 2021.

장일규, 「高麗 明宗 擁立의 政治勢力에 대한 諸問題」, 『대구사학』 103, 대구사학회, 2011.

장지연, 「고려 초 卽位儀禮와 喪禮를 통해 본 권위의 성격」, 『한국중세사연구』 47, 한국중세사학회, 2016.

정다함, 「공민왕대 고려-명 관계의 성립과 고려의 東寧府 공격 그리고 호발도(胡拔都)의 침입」, 『한국사학보』 87, 고려사학회, 2022.

정동훈, 「고려 元宗·忠烈王대의 親朝외교」, 『한국사연구』 177, 한국사연구회, 2017.

정서윤, 「고려 명종대 別祈恩 主唱者 術僧 致純」, 『지역과 역사』 49, 부경역사연구소, 2021.

정선용, 『高麗太祖의 新羅政策 硏究』, 서강대학교 박사학위논문, 2010.

조명제, 「신돈의 불교 정책과 불교계의 동향」, 『한국중세사연구』 53, 한국중세사학회, 2018.

최동녕, 「고려 충선왕대 지방제도의 개편」, 『역사와 담론』 95, 호서사학회, 2020.

최봉준, 「고려 의종대 다원적 사상지형과 『編年通錄』·『詳定古今禮』 편찬」, 『한국사학사학보』 44, 한국사학사학회, 2021.

______, 「공민왕의 정치개혁과 회암사 중창」, 『한국중세사연구』 75, 한국중세사학회, 2023.

최윤정, 「14세기 초(1307~1323) 元 政局과 고려: 1320년 충선왕 토번유배 원인 재론」, 『역사학보』 226, 역사학회, 2015.

______, 「몽골의 탐라에서 고려의 제주로: 13~14세기 탐라 관할권의 변화와 그 원인」, 『대구사학』 154, 대구사학회, 2024.

최의광, 『신라하대 왕위계승 양상과 성격』, 고려대학교 박사학위논문, 2012.

최종석, 「1356(공민왕 5)~1369(공민왕 18) 고려-몽골(원) 관계의 성격: '원간섭기'와의 연속성을 중심으로」, 『역사교육』 116, 역사교육연구회, 2010.

______, 「조선초기 국가 위상과 '聲敎自由'」, 『한국사연구』 162, 한국사연구회, 2013.

______, 「베트남 外王內帝 체제와의 비교를 통해 본 고려전기 이중 체제의 양상」, 『진단학보』 125, 진단학회, 2015.

______, 「13~15세기 천하질서하에서 고려와 조선의 국가 정체성」, 『역사비평』 121, 역사

문제연구소, 2017.

______, 「조선 건국의 대외적 정당화 작업과 중화 보편의 추구」, 『한국사연구』 180, 한국사연구회, 2018.

______, 「왜 고려전기의 國制는 황제국 체제로 보일까?: 후대 감각과 지식의 소급 적용으로 탄생한 고려전기 황제국 체제」, 『역사학보』 250, 역사학회, 2021.

추명엽, 『8~11세기 해동천하의 형성과 전개』, 서울대학교 박사학위논문, 2022.

한기문, 「高麗時代 開京 奉恩寺의 創建과 太祖眞殿」, 『한국사학보』 33, 고려사학회, 2008.

______, 「고려시대 鄭襲明 묘지명의 검토」, 『목간과 문자』 9, 한국목간학회, 2012.

한정수, 「고려 초의 국제관계와 年號紀年에 대한 재검토」, 『역사학보』 208, 역사학회, 2010.

______, 「고려 말 국왕 잔치의 양상 및 왕권」, 『역사교육』 122, 역사교육연구회, 2012.

______, 「고려시대 태조 追慕儀의 양상과 崇拜」, 『사학연구』 107, 한국사학회, 2012.

______, 「조선 초기 崇義殿 설치와 四位 享祀-16位 功臣從祀의 성립」, 『조선시대사학보』 67, 조선시대사학회, 2013.

______, 「高麗 太祖代 八關會 설행과 그 의미」, 『대동문화연구』 86, 성균관대학교 동아시아학술원, 2014.

______, 「고려 후기 王室婚과 恭愍王代 后妃 冊封의 의미」, 『한국사연구』 165, 한국사연구회, 2014.

______, 「조선 초기 王氏處分論의 대두와 전개」, 『사학연구』 114, 한국사학회, 2014.

______, 「고려 太祖代 대외 교섭과 外交儀禮」, 『한국사연구』 170, 한국사연구회, 2015.

______, 「고려 전기 養老政策의 성립과 그 정치문화적 의의」, 『한국사연구』 176, 한국사연구회, 2017.

______, 「고려 초 왕규의 난에 대한 재검토」, 『역사와 실학』 62, 역사실학회, 2017.

______, 「10~12세기 초 국제 질서와 고려의 年號紀年」, 『한국중세사연구』 49, 한국중세사학회, 2017.

______, 「고려 말 安祐의 생애와 조선 초 崇義殿 배향」, 『한국사연구』 181, 한국사연구회, 2018.

______, 「고려 태조 왕건(王建)과 풍수도참(風水圖讖)의 활용」, 『한국사상사학』 63, 한국사상사학회, 2019.

______, 「고려 우왕대 재이·병란과 천도론의 정치적 의미」, 『서울과 역사』 106, 서울 역사

　　　　　편찬원, 2020.

______, 「고려 초 서희의 생애와 정치 활동」, 『사학연구』 144, 한국사학회, 2021.

허인욱, 「고려 성종대 거란의 1차 침입과 경계 설정」, 『전북사학』 33, 전북사학회, 2008.

______, 「高麗 明宗 3년의 金甫當 亂 연구」, 『한국중세사연구』 43, 한국중세사학회, 2015.

______, 「고려 太祖代 對中 외교 연구」, 『한국중세사연구』 49, 한국중세사학회, 2017.

______, 「君主號로 본 고려 전기의 대외인식」, 『한국중세사연구』 55, 한국중세사학회,
　　　　　2018.

______, 「高麗 光宗·景宗代 宋과의 교류」, 『전북사학』 60, 전북사학회, 2020.

현종민, 「고려 초기 正胤과 太子 검토」, 『서강인문논총』 62, 서강대학교 인문과학연구소,
　　　　　2021.

홍민호, 「고려·몽골 전쟁기 방호별감(防護別監)의 운영과 내륙 입보의 보완」, 『한국사연구』
　　　　　193, 한국사연구회, 2021.

홍영의, 「高麗末 田制改革論의 기본방향과 그 性格」, 『국사관논총』 95, 국사편찬위원회,
　　　　　2001.

______, 「개혁군주 공민왕: 공민왕의 즉위와 초기 국왕권 강화노력」, 『한국인물사연구』
　　　　　18, 한국인물사연구회, 2012.

______, 「고려말 李成桂의 婚姻關係와 경제적 기반: 포천 滓斃洞과 鐵峴의 田莊을 중심으
　　　　　로」, 『한국학논총』 45, 국민대학교 한국학연구소, 2016.

______, 「이방실 장군의 생애와 군사활동」, 『군사』 103, 국방부군사편찬연구소, 2017.

______, 「고려 말 안우 장군의 군사활동과 '삼원수' 살해 사건의 당대 인식」, 『역사와 실
　　　　　학』 69, 역사실학회, 2019.

______, 「공민왕대 후반의 정국운영과 신돈의 집정」, 『한국중세사연구』 62, 한국중세사학
　　　　　회, 2020.

황병성, 「金甫當亂의 一性格」, 『한국사연구』 49, 한국사연구회, 1985.

2. 단행본

강진철, 『改訂 高麗土地制度史硏究』, 일조각, 1991.

고병익, 「몽고·고려 형제맹약의 성격」, 『東亞交涉史의 硏究』, 1970.

구산우, 『高麗前期 鄕村支配體制硏究』, 혜안, 2003.

국사편찬위원회 편, 『한국사론 18: 高麗史의 諸問題』, 국사편찬위원회, 1988.

_______________, 『신편 한국사』 12, 국사편찬위원회, 2002.

_______________, 『신편 한국사』 13, 국사편찬위원회, 2002.

_______________, 『신편 한국사』 14, 국사편찬위원회, 2002.

_______________, 『신편 한국사』 15, 국사편찬위원회, 2002.

_______________, 『신편 한국사』 16, 국사편찬위원회, 2002.

_______________, 『신편 한국사』 17, 국사편찬위원회, 2002.

권영오, 『新羅下代 政治史 硏究』, 혜안, 2011.

김갑동, 『고려전기 정치사』, 일지사, 2005.

______, 『고려의 토속신앙』, 혜안, 2017.

______, 『고려 태조 왕건정권 연구』, 혜안, 2021.

김광철, 『원간섭기 고려의 측근정치와 개혁정치』, 경인문화사, 2018.

김기덕, 『고려시대 봉작제 연구』, 청년사, 1999.

김당택, 『高麗의 武人政權』, 국학자료원, 1999.

______, 『고려 양반국가의 성립과 전개』, 전남대학교출판부, 2010.

김두진, 『고려시대 사상사 산책』, 국민대학교출판부, 2009.

김명진, 『고려 태조 왕건의 통일전쟁 연구』, 혜안, 2014.

김아네스, 『고려의 국가제사와 왕실의례』, 경인문화사, 2019.

김영수, 『고려의 가을: 여말선초의 인물과 사상』, 포럼, 2022.

김용선, 『먼 고려사 가까운 이야기』, 일조각, 2022.

김인호, 『高麗後期 士大夫의 經世論 硏究』, 혜안, 1999.

김창겸, 『新羅 下代 王位繼承 硏究』, 경인문화사, 2003.

______, 『신라 하대 국왕과 정치사』, 도서출판 온샘, 2018.

______, 『고려 초기 정치사회사』, 선인, 2022.

김창현, 『신돈과 그의 시대』, 푸른역사, 2006.

______, 『고려후기 정치사』, 경인문화사, 2017.

______, 『한국 중세의 사상과 문화』, 경인문화사, 2022.

김철웅, 『한국중세의 吉禮와 雜祀』, 경인문화사, 2007.

______, 『고려시대의 道敎』, 경인문화사, 2017.

노명호, 『고려국가와 집단의식』, 서울대학교출판문화원, 2009.

______, 『고려 태조왕건의 동상: 황제제도·고구려 문화 전통의 형상화』, 지식산업사, 2012.

동북아역사재단 한국외교사편찬위원회, 『한국의 대외관계와 외교사: 고려 편』, 동북아역사재단, 2018.

민병하, 『高麗武臣政權 硏究』, 성균관대학교출판부, 1990.

민현구, 「高麗 恭愍王代의 「誅奇轍功臣」에 대한 檢討: 反元的 改革政治의 主導勢力」, 이기백선생고희기념한국사학논총간행위원회 편, 『李基白先生古稀紀念韓國史學論叢(上): 古代篇·高麗時代篇』, 일조각, 1994.

______, 『고려정치사론』, 고려대학교출판부, 2004.

박용운, 『고려시대 開京 연구』, 일지사, 1996.

박재우, 『고려전기 대간제도 연구』, 새문사, 2014.

박종진, 『고려시기 재정운영과 조세제도』, 서울대학교출판부, 2000.

박현모 외, 『백 년간의 프로젝트(1351-1450): 고려인은 어떻게 조선인이 되었나?』, 문우사, 2023.

서금석, 『시간의 역사, 고려시대 달력을 복원하다』, 혜안, 2019.

슐츠, 에드워드, 『무신과 문신: 한국 중세의 무신 정권』, 김범 옮김, 글항아리, 2014.

신성재, 『후삼국 통일전쟁사 연구』, 혜안, 2018.

신호철, 『後百濟甄萱政權硏究』, 일조각, 1993.

심재석, 『高麗國王 冊封 硏究』, 혜안, 2002.

______, 『高麗 初期 政治史 硏究』, 도서출판 미주, 2014.

안병우, 『高麗前期의 財政構造』, 서울대학교출판부, 2002.

안지원, 『고려의 국가 불교의례와 문화』, 서울대학교출판부, 2005.

연세대학교 국학연구원 편, 『중세사회의 변화와 조선 건국』, 혜안, 2005.

윤용혁, 『고려대몽항쟁사연구』, 일지사, 1993.

______, 『고려 삼별초의 대몽항쟁』, 일지사, 2000.

______, 『여몽전쟁과 강화도성 연구』, 혜안, 2011.

이기백, 『高麗貴族社會의 形成』, 일조각, 1990.

이기백 외, 『崔承老上書文硏究』, 일조각, 1993.

이기백 편, 『고려광종연구』, 일조각, 1981.

이명미,『13~14세기 고려·몽골 관계 연구: 정동행성승상 부마 고려국왕, 그 복합적 위상
　　　에 대한 탐구』, 혜안, 2016.

이미지,『태평한 변방: 고려의 對거란 외교와 그 소산』, 경인문화사, 2018.

이범직,『韓國中世禮思想研究: 五禮를 중심으로』, 일조각, 1991.

이인철,『신라정치제도사연구』, 일지사, 1993.

이재범,『後三國時代 弓裔政權 研究』, 혜안, 2007.

장일규,『최치원의 사회사상 연구』, 신서원, 2008.

장지연,『고려·조선 국도풍수론과 정치이념』, 신구문화사, 2015.

전기웅,『羅末麗初의 政治社會와 文人知識層』, 혜안, 1996.

＿＿＿＿,『新羅의 멸망과 景文王家』, 혜안, 2010.

정요근 외,『고려에서 조선으로: 여말선초, 단절인가 계승인가』, 역사비평사, 2019.

정용숙,『高麗王室族內婚研究』, 새문사, 1988.

＿＿＿＿,『고려시대의 后妃』, 민음사, 1992.

정청주,『新羅末高麗初 豪族研究』, 일조각, 1996.

조인성,『태봉의 궁예정권』, 푸른역사, 2007.

채웅석,『高麗時代의 國家와 地方社會』, 서울대학교출판부, 2000.

＿＿＿＿,『고려중기 정치사의 재조명』, 일조각, 2021.

최근영,「高麗 建國理念의 國系的 性格」,『韓國史論 18: 高麗史의 諸問題』, 국사편찬위원회,
　　　1988.

최종석,『한국 중세의 읍치와 성』, 신구문화사, 2014.

하현강,『韓國中世史研究』, 일조각, 1988.

한기문,『高麗寺院의 構造와 機能』, 민족사, 1998.

한정수,『한국 중세 유교정치사상과 농업』, 혜안, 2007.

한준수,『신라중대 율령정치사 연구』, 서경문화사, 2012.

허흥식,『高麗佛敎史研究』, 일조각, 1986.

홍승기 외,『高麗 太祖의 國家經營』, 서울대학교출판부, 1996.

홍영의,『高麗末 政治史 研究』, 혜안, 2005.

황병성,『고려 무인정권기 문사 연구』, 경인문화사, 2008.

황선영,『高麗初期 王權研究』, 동아대학교출판부, 1990.

김향(金珦) 411

김훈(金訓) 223, 227, 229, 230, 236

김흔(金忻) 646

김흥경(金興慶) 747, 787

ㄴ

나얀대왕[乃顔大王] 628

나하추[納哈出] 783, 786, 793, 815

낙랑공주(樂浪公主) 57, 72, 79, 112, 139

낙랑백(樂浪伯) 왕영(王瑛) 326

낙랑왕(樂浪王) → 경순왕 김부

남송(南宋) 고종(高宗) 408

남은(南誾) 849, 851, 856, 857

남재(南在) 843, 849

노관(盧琯) 530, 537

노국공주(魯國公主) → 노국대장공주

노국대장공주(魯國大長公主) 738, 744-746,
　　　749, 762, 767, 772, 774, 779, 788,
　　　789, 795, 798, 801, 839

노국휘익대장공주(魯國徽翼大長公主) → 노국
　　　대장공주

노선(盧瑄) 737, 786-788

노영(盧永) 714

노영서(盧英瑞) 744

노영순(盧永醇) 510

노영희(盧永禧) 586

노윤적(路允迪) 404

노의비(盧毅妃) 804

노진(盧稹) 788

노책(盧頙) 741, 761, 764

능산(能山) → 신숭겸

능식(能寔) 66

능예(能乂) 56

능창(能昌) 19, 25

ㄷ

다련군(多憐君) 25, 92

단종(端宗) 878

당 태종(唐太宗) 97, 119

대각(大覺) → 대각국사 의천

대각국사(大覺國師) → 대각국사 의천

대각국사(大覺國師) 왕후(王煦) → 대각국사 의천

대각국사(大覺國師) 의천(義天) 274, 265, 312,
　　　317, 323, 338, 339, 343

대광현(大光顯) 76

대량원군(大良院君) → 현종

대령공주(大寧公主) → 대령궁주

대령궁주(大寧宮主) 333, 394

대령후(大寧侯) → 대령후 왕경

대령후(大寧侯) 왕경(王暻) 453, 455, 465, 468,
　　　474, 479

대명궁부인(大明宮夫人) 류씨(柳氏) 140

대명주원부인(大溟州院夫人) 왕씨(王氏) 73

대목왕후(大穆王后) 황보씨(皇甫氏) 110, 122

대방공(帶方公) 왕보(王俌) 333

대방공(帶方公) 왕징(王澂) 613

대서원부인(大西院夫人) 김씨(金氏) 73

대원공(大原公) 왕효(王侾) 333

대종(戴宗) → 대종 왕욱

대종(戴宗) 왕욱(王旭) 139, 185, 190

대집성(大集成) 540

덕교(德交) 92

덕녕공주(德寧公主) 692, 708, 712, 714, 717,
　　　722, 723, 725, 727, 728, 750, 779,
　　　839

덕비(德妃) → 덕비 조씨

덕비(德妃) 조씨(趙氏) 804, 805, 823
덕종(德宗) 186, 217, 241, 244, 249, 253, 263,
        264, 266, 301, 414, 438
덕주(德周) 36
덕창공주(德昌公主) 564
덕풍군(德豊君) 왕의(王義) 747
덕흥군(德興君) → 덕흥군 타스테무르
덕흥군(德興君) 타스테무르[塔思帖木兒] 636,
        687, 729, 737, 742, 743, 746, 767,
        769, 770-772, 792, 799, 806, 807
도군황제(道君皇帝) → 휘종
도선(道詵) → 도선국사
도선국사(道詵國師) 33, 34, 83, 108, 421, 430,
        473, 645, 794
도성기(陶成器) 601
도화녀(桃花女) 35
동명왕(東明王) 223
동산원부인(東山院夫人) → 동산원부인 박씨
동산원부인(東山院夫人) 박씨(朴氏) 57, 73, 79
동양원부인(東陽院夫人) 유씨(庾氏) 73
두경승(杜景升) 494, 507, 511, 514, 519, 528
두두을(豆豆乙) 505, 506
두악(頭嶽) → 두악 천녀
두악 천녀(頭嶽天女) 429
두은점(豆恩坫) 39

ㄹ

류경(柳璥) 547, 548, 560, 570, 577, 578, 598
류구(柳珣) 841
류긍순(柳矜順) 19
류덕영(柳德英) 72
류득의(柳得義) 519
류비(柳庇) 630

류소(柳韶) 249, 253
류숙(柳淑) 791, 792
류인저(柳仁著) 349, 391
류천궁(柳天弓) 72, 82
류청신(柳淸臣) 646, 654, 655, 672, 676, 679,
        680, 683, 708
류홍(柳洪) 323, 333, 391

ㅁ

마난(麻煖) 66
마세안(馬世安) 276
마조(馬祖) 260
만(卍) → 충숙왕
만세(萬歲) 57
만적(萬積) 529
만전(萬全) 540-542
만종(萬宗) 540, 541
만춘(萬春) 314
망이(亡伊)·망소이(亡所伊) 502
명덕태후(明德太后) → 명덕태후 홍씨
명덕태후(明德太后) 홍씨(洪氏) 634, 664-666,
        688, 690, 724, 739, 787, 789, 796,
        799, 800, 805, 806, 808, 813, 839
명복궁대부인(明福宮大夫人) → 신정왕태후
        황보씨
명순옹주(明順翁主) → 연쌍비
명의왕태후(明懿王太后) → 명의태후 류씨
명의태후(明懿太后) → 명의태후 류씨
명의태후(明懿太后) 류씨(柳氏) 333, 355, 359,
        361, 370, 382, 391
명종(明宗) 266, 413, 442, 447, 449-451, 478,
        480-482, 484-487, 489-492, 495,
        496, 498, 501, 503, 505, 507-510,

부여후(扶餘侯) 왕수(王燧) → 부여공 왕수

부인 강씨(康氏) 31

부인 류씨(柳氏) 50

ㅅ

사도귀(思道貴) 77

사숙태후(思肅太后) → 사숙태후 이씨

사숙태후(思肅太后) 이씨(李氏) 313, 325, 327, 334

사평왕후(思平王后) 이씨(李氏) 522

살리타이(撒禮塔) 553, 555, 557

상당후(上黨侯) 왕필(王佖) 333

상승왕(上昇王) → 충렬왕

상안공(常安公) → 상안공 왕수

상안공(常安公) 왕수(王琇) 322, 323, 326

상애(商哀) 56

서(緖) → 문종

서균형(徐鈞衡) 841

서긍(徐兢) 365

서눌(徐訥) 248, 253, 254, 262

서련방(瑞蓮房) 540, 542, 543

서사호(徐師昊) 781, 782

서원후(西原侯) 왕영(王瑛) 634

서전원부인(西殿院夫人) 73

서중린(徐仲麟) 746

서천축(西天竺) 홍범대사(弘梵大師) 126

서필(徐弼) 127, 133, 135, 164, 225

서해(西海) 용왕(龍王) 38, 44, 72

서흥후(瑞興侯) 왕전(王琠) 622, 635, 642, 643

서희(徐熙) 135, 163, 179, 182, 225, 228

석기(釋器) 694, 743

석린(石隣) 493

석총(釋聰) 27

선령(宣靈) 205, 221

선비(善妃) → 선비 왕씨

선비(善妃) 왕씨(王氏) 803, 805, 823

선양(宣讓) 206, 222

선의왕후(宣懿王后) 류씨(柳氏) 139, 185

선의태후(宣懿太后) 류씨(柳氏) → 선의왕후 류씨

선정왕후(宣正王后) 유씨(劉氏) 148, 188

선정태후(宣靖太后) → 선정태후 김씨

선정태후(宣靖太后) 김씨(金氏) 482, 520

선종(宣宗) 265, 266, 303, 310-312, 314, 315, 317, 319, 320, 331, 340, 342, 350, 357, 391, 411, 438, 797

선평왕후(宣平王后) 김씨(金氏) 397, 399, 418

선필(宣必) 73

선희왕후(宣禧王后) 김씨(金氏) 309

설공검(薛公儉) 621

설문우(薛文遇) 123

설장수(偰長壽) 816, 826, 837, 842, 843, 848, 851

설총(薛聰) 645

성골장군(聖骨將軍) → 호경

성무부인(聖茂夫人) 박씨(朴氏) 57, 73

성석린(成石璘) 833, 837, 842, 848

성석용(成石瑢) 838

성왕(成王) → 성종

성종(成宗) 72, 146, 183, 185, 190, 197, 241, 301, 510, 600, 643, 645, 872

성종황제(成宗皇帝) 607, 616, 617, 619, 629, 631, 632

성평왕후(成平王后) 임씨(任氏) 521, 524, 573

성효(誠孝) → 희종

세민(世民) → 예종

세자(世子) 왕감(王鑑) 636, 687

세조(世祖)　34, 35, 41, 48, 75, 82, 104, 120,
　　　359, 576, 593, 599, 610, 612, 790,
　　　839
세조 위무대왕(世祖 威武大王) → 세조
세조황제(世祖皇帝) → 세조
세종(世宗)　790
소(昭) → 광종
소광주원부인(小廣州院夫人) → 소광주원부인
　　　왕씨
소광주원부인(小廣州院夫人) 왕씨(王氏)　73,
　　　76, 95
소매향(小梅香)　804
소배압(蕭排押)　233
소서원부인(小西院夫人) 김씨(金氏)　73
소손녕(蕭遜寧)　179
소태보(邵台輔)　328, 348, 363
소황주원부인(小黃州院夫人)　73
손수경(孫守卿)　741
손흥종(孫興宗)　874
송국화(宋國華)　337
송길 대왕(松吉大王)　560
송송례(宋松禮)　584
송악(松嶽)　429
송양경(宋良卿)　117
송유인(宋有仁)　494, 502, 503
송청(宋淸)　540
송함홍(宋含弘)　47
송(宋) 휘종(徽宗) → 휘종
수비(壽妃) → 수비 권씨
수비(壽妃) 권씨(權氏)　664-666, 696, 704
수원(守元) → 왕수원
숙공휘녕공주(肅恭徽寧公主)　779
숙녕옹주(肅寧翁主)　803, 804

숙목부인(肅穆夫人)　73, 94
숙비(淑妃) → 숙비 최씨(우왕 후비)
숙비(淑妃) 김씨(金氏) → 숙창원비 김씨
숙비(淑妃) 최씨(崔氏, 우왕 후비)　803-805, 823
숙비(淑妃) 최씨(崔氏, 예종 후비)　356, 357
숙종(肅宗)　265, 266, 289, 294, 317, 324, 328,
　　　330, 331, 334, 336, 337, 339, 340,
　　　342, 343, 345, 346, 348, 349, 351,
　　　355, 356, 358, 359, 363, 370, 374,
　　　375, 380, 382, 391, 392, 394, 411,
　　　420, 421, 426, 438, 509, 510, 797
숙종황제(肅宗皇帝)　36
숙창원비(淑昌院妃) → 숙창원비 김씨
숙창원비(淑昌院妃) 김씨(金氏)　601, 618, 620,
　　　622, 630, 634, 637, 644, 659
순(舜)　82, 103
순(詢) → 현종
순(舜)임금 → 순(舜)
순경태후(順敬太后) → 순경태후 김씨
순경태후(順敬太后) 김씨(金氏)　540, 574, 597
순덕왕후(順德王后)　396
순비(順妃) 노씨(盧氏)　867, 875
순비(順妃) 허씨(許氏)　601, 621, 633, 636, 637
순식(順式) → 왕순식
순안후(順安侯) 왕종(王悰)　583, 584
순정왕후(順靜王后)　802
순제(順帝)　676
순종(順宗)　265, 266, 300, 301, 307, 312-315,
　　　320, 324, 331, 349, 411, 414, 438,
　　　448
순주(純珠)　483, 793
순행(順行)　73
순화원비(順和院妃) 홍씨(洪氏)　633, 634, 637

순효(順孝) → 원종

쉬리다이[束里大] 576

승덕궁주(承德宮主) 357

승영(昇英) 21

승화후(承化侯) 왕온(王溫) 586, 588

시조 원덕대왕(始祖 元德大王) 41

식회(式會) 116

신강(信康) 116

신검(神劍) 51, 98

신광보살(神光菩薩) 26

신덕왕(神德王) 박경휘(朴景暉) 20

신돈(辛旽) 665, 733, 748, 749, 767, 772, 774-
　　　779, 788, 792, 793, 796, 798-802,
　　　806, 830, 831, 833, 844, 864

신명순성왕태후(神明順成王太后) 유씨(劉氏)
　　　→ 신명순성태후 유씨

신명순성태후(神明順成太后) 유씨(劉氏) 72,
　　　99, 102, 113, 121, 139

신명왕태후(神明王太后) → 신명순성태후 유씨

신명왕태후(神明王太后) 유씨(劉氏) → 신명순
　　　성태후 유씨

신무왕(神武王) 48

신비(愼妃) 염씨(廉氏) 747, 801

신성(新城) → 유신성

신성대왕(神聖大王) → 태조

신성왕태후(神成王太后) → 신성왕태후 김씨

신성왕태후(神成王太后) 김씨(金氏) 57, 72

신숙(申淑) 466, 470

신숭겸(申崇謙) 50, 53, 66, 75, 87, 163, 225

신예(辛裔) 709, 719, 727

신왕(辛王) → 신예

신우(辛禑) → 우왕

신정비(申正妃) 804

신정왕태후(神靜王太后) → 신정왕태후 황보씨

신정왕태후(神靜王太后) 황보씨(皇甫氏) 72,
　　　110, 185

신조(神照) 787

신조(申照) → 정종

신종(神宗) 266, 447, 449, 456, 483, 489, 509,
　　　518, 519, 521, 524, 528, 530, 537,
　　　542, 561, 564, 565, 567, 570, 572,
　　　582, 599, 621, 835, 839, 840, 866

신주원부인(信州院夫人) 강씨(康氏) 73, 112

신창(辛昌) → 창왕

신청(申靑) 688, 698, 699

신혜왕후(神惠王后) 류씨(柳氏) 72

심덕부(沈德符) 829, 833, 837, 838, 841, 842,
　　　848, 862

심양왕(瀋陽王) → 충선왕

심왕(瀋王) → 심왕 왕고

심왕(瀋王) 고(暠) → 심왕 왕고

심왕(瀋王) 왕고(王暠) 635, 636, 650, 651,
　　　653, 655, 659, 668, 669, 673-676,
　　　678, 682, 686, 704, 705, 708, 739,
　　　773, 787, 810-812, 814

ㅆ

쌍기(雙冀) 115, 123, 126, 135

쌍도자(雙刀子) → 이지영 · 이지광

ㅇ

아골타(阿骨打) → 금 태조

아달라왕(阿達羅王) 20

아리크부카[阿里不哥] 576

아무간[阿母侃] 557

아스티아게스(Astyages) 37

왕원(王諴) → 충선왕

왕유(王愉) → 진한후 왕유

왕유(王柔) 73, 124

왕융(王融) 126, 144

왕익부(王益富) 844, 845, 857, 858

왕인(王絪) 599

왕자(王滋) 673

왕자지(王字之) 371, 388, 411

왕저(王眂) → 충정왕

왕전(王佺) 574

왕전(王顓) → 공민왕

왕전(王佃) → 원종

왕정(王侹) 556

왕정(王貞) → 강종

왕정(王禎) → 충혜왕

왕제(王濟) 96, 103

왕준(王綧) → 영녕공 왕준

왕준명(王濬明) 563

왕진(王縝) 519, 565

왕진(王稹) 573

왕창(王淐) → 안경공 왕창

왕창(王昌) → 창왕

왕창근(王昌瑾) 45

왕총지(王寵之) 302, 316

왕태(王泰) 99

왕탱(王竀) 361

왕평달(王平達) 104

왕필(王泌) 358

왕항(王沆) 568

왕현(王晛) → 의종

왕호(王晧) → 명종

왕효(王侾) 358, 400

왕후(王煦) → 대각국사 의천

왕후(王煦, 정헌공) 720-722, 726, 730, 740, 791

왕훈(王勳) → 순종

왕휘(王徽) → 문종

왕흔(王昕) → 충목왕

왕흠(王欽) → 덕종

요(堯) → 정종

요(堯, 전설상의 성군) 82, 103

요방(鷂房) 581

요수(姚燧) 652

요(堯)임금 → 요(堯, 전설상의 성군)

용건(龍建) → 세조

용녀(龍女) 39, 82, 104

용목왕후(容穆王后) 이씨(李氏) 251

용산원자(龍山元子) 665, 666, 687

용신왕후(容信王后) 한씨(韓氏) 251, 789

용위악(龍圍嶽) 429

용의왕후(容懿王后) 한씨(韓氏) 251

용절덕비(容節德妃) 김씨(金氏) 251, 252

용혜(容惠) → 정종

우(俁) → 예종

우(禑)·창(昌) 834, 841, 842, 857, 862

우사(雨師) 260

우성범(禹成範) 839

우왕(禑王) 747-749, 787, 789, 790, 793, 794, 796-801, 804, 805, 807, 813, 814, 816-820, 822-824, 826, 828-831, 833, 835-838, 841, 844, 845, 847, 848, 853, 863, 864, 866, 868-870, 872, 874, 876

우왕(禑王)·창왕(昌王) → 우·창

우인렬(禹仁烈) 826, 832, 836

우탁(禹倬) 601

우학유(于學儒) 494

최광윤(崔光潤) 106

최구(崔球) 533

최단(崔端) 449

최당(崔讜) 568

최량(崔亮) 163, 179, 182, 225

최만생(崔萬生) 737, 738, 786, 787

최사위(崔士威) 240, 245

최사전(崔思全) 401, 416, 439

최사제(崔思齊) 357

최사추(崔思諏) 343, 345, 348, 357, 411, 479

최선(崔璿) 369

최선(崔詵) 520, 564, 568

최섬(崔暹) 125

최성(崔珹) 533, 564, 568

최성지(崔誠之) 649, 655

최세보(崔世輔) 493, 507, 511

최숙(崔肅) 206, 225

최숙비(崔淑妃) → 숙비 최씨

최승로(崔承老) 69, 79, 81, 97, 101, 106, 115,
　　　129, 133, 135, 141, 182, 225, 302,
　　　795

최승우(崔承祐) 106

최안도(崔安道) 728

최언위(崔彦撝) 59, 69, 106

최여해(崔汝諧) 481

최연(崔連) 511

최영(崔瑩) 769, 770, 772, 773, 785, 795, 796,
　　　799, 806, 810, 813, 815, 817-820,
　　　826, 828, 836

최영비(崔寧妃) → 영비 최씨

최용(崔湧) 357

최우(崔瑀) 534, 555, 556, 561, 563, 565, 568,
　　　577, 578

최원(崔遠) 62, 69

최유(崔濡) 447, 727-729, 731, 737, 741, 746,
　　　741, 771, 772, 792, 799, 806, 807

최유길(崔惟吉) 308, 411

최유선(崔惟善) 237, 302, 303, 305, 316, 358,
　　　479

최유엄(崔有渰) 643, 655

최유적(崔惟迪) 401

최유정(崔惟正) 375

최유청(崔惟淸) 454, 467, 473, 564

최유칭(崔褒偁) 465, 471

최윤의(崔允儀) 471, 473, 478, 479

최응(崔凝) 46, 32, 58, 69, 86, 87, 124, 225

최의(崔竩) 491, 537, 544, 546-548, 559, 561,
　　　565, 577, 578, 581

최이(崔怡) 533, 534, 536-538, 540-543, 545,
　　　548, 554, 559, 567, 569, 574, 578,
　　　597

최자(崔滋) 569

최자현(崔資顯) 369, 420

최제안(崔齊顔) 81, 245, 279, 302, 316

최지몽(崔知夢) 59, 69, 100, 124, 133, 144,
　　　164, 225

최질(崔質) 223, 227, 229, 230

최총진(崔聰進) 100

최충(崔冲) 126, 213, 226, 236, 245, 255, 262,
　　　279, 302, 303, 305, 308, 316, 350,
　　　357, 358, 363, 411, 479

최충수(崔忠粹) 508, 519, 524, 525, 528, 529

최충헌(崔忠獻) 303, 491, 494, 495, 506, 508,
　　　509, 513, 518, 520, 521, 524-530,
　　　532, 534, 536, 537, 541, 543, 545,
　　　548, 550, 561-563, 565, 567, 569,

작품

482, 483, 495, 505, 518, 601, 635,
638-640, 651, 684, 710, 726, 738-
740, 747-749, 763, 766, 767, 786,
797, 801, 805, 808, 818, 822, 853,
878

『고려사절요(高麗史節要)』 65, 95, 120, 122,
186, 250, 426, 452, 468, 476, 482,
495, 509, 518, 674, 684, 726, 738,
740, 747-749, 786, 853, 878

「고려세계(高麗世系)」 38, 429

『곡례(曲禮)』 124

『관정경(灌頂經)』 423

『금경록(金鏡錄)』 658, 807

『금광명경(金光明經)』 558

『금자화엄경(金字華嚴經)』 274

ㄴ

『노자(老子)』 364

『논어(論語)』 124, 125, 245, 436, 437

『논어신의(論語新義)』 391, 436

ㄷ

『대학(大學)』 574

『덕종실록(德宗實錄)』 250

『도선기(道詵記)』 289, 343, 793

「도선답산가(道詵踏山歌)」 343

『도선밀기(道詵密記)』 778, 779, 866

『도선비기(道詵秘記)』 420, 777

『동경몽화록(東京夢華錄)』 248

『동사강목(東史綱目)』 539

『동인지문사륙(東人之文四六)』 262, 430

ㅁ

『명사(明史)』 816, 830

『명종실록(明宗實錄)』 457, 482, 485

『모시(毛詩)』 437

『무능승대다라니경(無能勝大陀羅尼經)』 428

「무일(無逸)」 85, 113, 424, 441

『문선(文選)』 124

『문원영화(文苑英華)』 320, 346

ㅂ

『반야경(般若經)』 258, 274

「백계산옥룡사선각국사비명(白鷄山玉龍寺先
覺國師碑銘)」 473

『법화경(法華經)』 876

『병가비결(兵家秘決)』 391

『보한집(補閑集)』 63, 523

『본국편년강목(本國編年綱目)』 718

『본조편년강목(本朝編年綱目)』 791

『비록(秘錄)』 866

ㅅ

『사기(史記)』 125

「사룡(蛇龍)」 616

「삼각산명당기(三角山明堂記)」 343

『삼국사(三國史)』→『삼국사기』

『삼국사기(三國史記)』 22, 58, 436, 439, 473

『삼국유사(三國遺事)』 22, 37, 624

「삼장(三藏)」 616

『삼한회토기(三韓會土記)』 341

『상서(尙書)』→『서경』

『상서지(祥瑞志)』 118

『상정예문(詳定禮文)』 474, 479

『서경(書經)』 113, 364, 424, 436, 437

용어

과거 제도 → 과거제
과부처녀추고별감(寡婦處女推考別監) 615
과의도교(科儀道敎) 366
과전법(科田法) 859-861
관북궁(館北宮) 461
관정(灌頂) 577
관정도량(灌頂道場) 419, 423, 620, 633
관현방(管絃房) 283
광군(光軍) 106
광덕(光德) 114, 119
광산 김씨(光山金氏) 411
광순(廣順) 120
광암사(光岩寺) 745
광정원(光政院) 618, 641
광종 정적평(光宗政績評) 115
광천절(光天節) 522
광학보(廣學寶) 105
교린(交隣) 294
교장도감(敎藏都監) 317
교정도감(敎定都監) 538, 541, 567, 571, 579
교정별감(敎定別監) 531, 543, 546, 579, 581,
    583, 584
9공신(功臣) 857, 862
구룡산(九龍山) 35, 36
구룡산 산신 35
구복원(勾覆院) 283
9성(城) 371, 377, 380-382, 390-392
구신숙장(舊臣宿將) 128, 133
구언교(求言敎) 758
구언상서(求言上書) 859
구요당(九曜堂) 273
9재(齋) 363
구재학당(九齋學堂) 303

구정(毬庭) 258, 318, 326
9층 금탑 45
국사(國師) 318
국선(國仙) 368
국신(國信) 296
국신 관계 296, 346
국왕인(國王印) 619, 642, 771
국왕 친조 575
국인(國印) 662, 704
국자감(國子監) 391, 436
국조성골장군사(國祖聖骨將軍祠) 35
국청사(國淸寺) 458, 459, 684
국학(國學) 363
국학 7재(國學七齋) 437
군부(軍部) 131
군부사(軍簿司) 752
군약신강(君弱臣强) 835
군자국(君子國) 294, 304, 349
군자의 나라 → 군자국
권서국사(權署國事) 868
권정동성사(權征東省事) 709
권지고려국왕(權知高麗國王) 54
귀법사(歸法寺) 317, 458, 517, 531
귀부군행빙별감(歸附軍行聘別監) 616
귀순주(歸順州) 297
근친혼 112
금강경도량(金剛經道場) 273, 316, 365, 458
금강명경도량(金剛明經道場) → 금강경도량
금국 정벌(金國征伐) 424
금국정벌론 420, 421, 425-427, 430, 433,
    440
급가(給假) 166
급전도감(給田都監) 283

법상종(法相宗) 27

법왕사(法王寺) 43, 309, 458, 558

벽상공신(壁上功臣) 67

변정도감(辨正都監) 825

별무반(別武班) 347, 392, 426

별사전시(別賜田柴) 287

별초군(別抄軍) 536

병과권무(丙科權務) 283

보르차[孛兒札] 763

보문각(寶文閣) 364, 374, 382, 391, 393

보살계(菩薩戒) 247, 272, 318, 359, 450, 458,
　　　577, 719, 724, 762

보살계 수계 316

보살 군주 365

보성도량(寶星道場) 423

보원고(寶源庫) 745

보제사(普濟寺) 318, 458, 602, 732

보주(保州) 234

보천(寶泉) 132

보천군(補天軍) 58

보평청(報平廳) 779, 865

보현원(普賢院) 458, 460, 465, 475-477, 485,
　　　496, 501

보흥고(寶興庫) 699, 702, 709, 716

복두점(幞頭店) 283

복업(卜業) 125

복원궁(福源宮) 366, 367

복정(復政) 565, 578

복주(福州) 767, 770, 774, 791

본명성수(本命星宿) 272

봉비교(奉妃敎) 837

봉사문(封事文) 151

봉선고(奉先庫) 316

봉선홍경사(奉先弘慶寺) 221, 242

봉업사(奉業寺) 769

봉은사(奉恩寺) 226, 256, 317, 328, 359, 365,
　　　458, 504, 558, 587, 620, 719, 724,
　　　762, 766

봉행 6조(奉行六條) 236

봉향궁(奉香宮) 461

부두연(扶頭宴) 616

부마국왕(駙馬國王) 601-603, 605, 608

부마제후(駙馬諸侯) 612, 680

부마제후국(駙馬諸侯國) 591, 614, 626, 794

부마제후국왕(駙馬諸侯國王) 602, 761

부인사(符仁寺) 558

북교남사(北交南事) 297, 314, 345, 351

북사남절(北事南絶) 281

북송 도교(道敎) 366

분경(奔競) 825

분사국자감(分司國子監) 371

분사(分司) 제도 371, 391

분사태사국(分司太史局) 371

분사태의감(分司太醫監) 371

불가풍수(佛家風水) 33

불개토풍(不改土風) 589, 593, 610, 623, 639

불교(佛敎) 32

불명경보(佛名經寶) 105

불정도량(佛頂道場) 316, 365

비로자나참회법(毗盧遮那懺悔法) 134

빈공과(賓貢科) 125

ㅅ

사급전(賜給田) 660, 700

사나사(舍那寺) 43

사대(事大) 220, 294, 782, 785, 818

숭교사(崇敎寺) 198, 203, 214, 362

숭녕부(崇寧府) 838

숭릉(崇陵) 359, 361, 382

숭명부(崇明府) 333

숭문관(崇文館) 718, 724, 777

숭의전(崇義殿) 878

승가굴(僧伽窟) 342

승과(僧科) 126, 317

승관(僧官) 126

승록사(僧錄司) 126, 318

시무 28조(時務二十八條) 151

시정전시과(始定田柴科) 143, 193

식년시(式年試) 318

식목도감(式目都監) 282, 436, 669

신강군약(臣强君弱) 828

신광사(神光寺) 684

신궁(神弓) 37

신궁 궁궐 조성도감 701

신궐창성도감(新闕創成都監) 370

신기군(神騎軍) 347, 361, 375

신돈(辛旽) 모반 사건 773

신라삼최(新羅三崔) 106

신법(新法) 827

신보(神步) → 신보군

신보군(神步軍) 347, 375

신봉루(神鳳樓) 308, 326, 356

신봉문(神鳳門) 438

신성군주상(神聖君主像) 760

신성제왕(神聖帝王) 431, 434

신성한 돼지 42

신의군(神義軍) 537, 546, 554

신중도량(神衆道場) 558

신중원(神衆院) 273, 458

신혈사(神穴寺) 214, 229, 342

신효사(神孝寺) 620, 622, 633, 645, 730

신흥사(新興寺) 43

심왕 옹립 675

심왕 옹립 운동 671, 676, 685, 689

10도(道) 12주(州) 171

12공도(公徒) 305

12목(牧) 170, 275

12주(州) 절도사(節度使) 236

십팔자위왕(十八子爲王) 406, 415, 421

십팔자위왕설 507

십팔자지참(十八子之讖) 413

ㅆ

쌍성(雙城) 764, 766

쌍성총관부(雙城摠管府) 795, 817

ㅇ

아타파구신도량(呵吒波拘神道場) 428

안렴사(按廉使) 717, 761, 825, 827

안사공신(安社功臣) 845, 848

안일호장(安逸戶長) 193

안정절(安貞節) 397

안화사(安和寺) 393, 458

야별초(夜別抄) 536, 542, 543, 546

약사법석(藥師法席) 865

약사원(藥師院) 359

양경제(兩京制) 105

양릉(陽陵) 562, 839, 866

양반공음전시법(兩班功蔭田柴法) 285

양안(量案) 122

양전(量田) 117, 285, 720, 759, 859, 860

양현고(養賢庫) 646